2011-2012年出游必备

第8版

ZIZHUYOU ZHONGGUO

第8版

自助游中国

中国人的出行宝典 近十年的游历心得

鲍威·编著

中国旅游出版社

泸沽湖美景如诗如画——本书作者2011年6月份拍到的泸沽湖水上风光

由蓝天、白云、青山、碧水、猪槽船和身穿艳丽民族服装的摩梭姑娘组成的泸沽湖风情画——摄于2011年6月

在泸沽湖南端山间观景台上拍摄的泸沽湖远景——湖中心右侧的岛屿是里务比岛，而左侧湖边的那一小块陆地，就是大名鼎鼎的大落水村

黄昏时的泸沽湖景色

佛光辉映梅里雪山——在梅里雪山观光时看到、拍到佛光是很幸运的事，而笔者就很幸运，看：下方的光环映照着上面的雪山——一个精彩、令人难忘的美妙瞬间

壮丽的罗平油菜花海——每到阳春三月，罗平的30万亩油菜花就会迎着春风绽放，宛如无边无际的大海泛着金色的波浪

泸沽湖里格村风光——下方是泸沽湖水，中央是里格村的民居旅馆群，上方就是湖边名景——巍峨高耸的狮子山主峰

猪槽船离开大落水村（泸沽湖风光）

梅里雪山雄姿——梅里雪山坐落在云南德钦县境内，其主峰卡格博峰山体呈金字塔形。它高耸云天，傲视大地，冰雕玉琢，娇娆壮丽。每个来到高原上眺望到梅里雪山雄姿的人都会备感神圣和幸运

金沙江第一弯风光——从云南香格里拉到德钦的途中可以看到这处江山壮景

怒江大拐弯风光——虽然到怒江观光的游客还不是太多，但那里的风光很美，绝对能够震撼人心

云南元阳多依树梯田壮观景色

建水朱家花园中的精美建筑

元阳老虎嘴梯田美景——云南的元阳梯田层数多但坡度不陡，与广西龙胜梯田形成鲜明的对照

在云南省文山州丘北县普者黑景区青龙山上拍到的湖区美景——这是被公认的经典画面——普者黑为彝语音译，意为“鱼虾多的湖潭”，那里湖泊成群且水面开阔，乘船游览后觉得非常开心。笔者觉得首次入滇的游人应考虑丽江一线，二次到云南，就应该考虑去文山了吧 ……

古镇风情——丽江古城（大研古镇）中有两条很不错的街道，一条是新华街，一条是新义街密士巷；两条街都是两旁古屋林立，中央碧溪欢流，景色非常美丽动人。本图是新义街密士巷水边风情

西双版纳傣族园美景——西双版纳的热带风光和边陲美景都很棒，那里的傣族风情也是多彩多姿。可是如今到云南观光的人大都首选丽江、泸沽湖、香格里拉，西双版纳受到了相当程度的冷落，笔者认为这有些不公平——因为西双版纳是个非常美丽的地方……

丽江古城一角——近年来丽江古城内的人流越来越多，城内亦越发喧嚣嘈杂，这样宁静安详而柔美的画面已经不多见了

古城风光——丽江大研古镇中的新华街街景

虎跳峡上虎跳风光——站在虎跳峡边，你的感受只需用10个字来形容：“狂涛奔涌势如排山倒海”。即使是白天，你一个人站在江岸上也会觉得心慌腿软，到了晚上，你若敢在山峡上向江心看一眼，那就是个胆大无比的勇士

云南腾冲真是个好地方——这里美景众多；火山、温泉、瀑布、湿地、侨乡一应俱全且全都个性鲜明，锋芒毕露，观后令人久久难忘。本图是腾冲坝派巨泉风光——一二百米长、三四十米宽的范围内竟有数百处大小泉眼在汹涌喷流，这样的奇观妙景在国内绝对是独一份

叠水河飞瀑秀色——位于腾冲县城边的叠水河瀑布是笔者见到的国内最好看的瀑布之一

坝美村位于云南省广南县境内，村四周是群山，只通过一两个幽深山洞同外界相通。这里的人过着自给自足、悠然自得的生活，坝美村也被称为当代的世外桃源。图为坝美村田园风光

坝美村过去是通过村西边的一个幽深岩洞同外界相联，现在在村东北边又开凿了一个岩洞，游客进村观光不用再走回头路了——不过徒步可走不出去，若想穿洞而出，还是要乘船

在西双版纳出境游时看到的中缅边境风光——版纳西线出境一日游不久前被批准恢复了，游人又可以到缅甸观光购物了——早上7点钟出发，晚上8点钟回来，一日游程安排得满满当当，虽然有点劳累但还是玩得相当高兴开心

河口县地处云南红河州东南，与越南隔南溪河相望。从这里出关，可到越南境内做1～7日开心畅游。本图就是南溪河和河对岸的越南城市风光

抚仙湖禄冲度假区一角——笔者个人认为：谁要是没去过抚仙湖（尤其是秋冬季节的抚仙湖），那这辈子真是太亏了

位于昆明市中心的金马碧鸡广场

大名鼎鼎的昆明大观楼，这里不光有美丽园林和湖水，还有漂亮的红嘴海鸥群，更有那多达180字的“古今第一长联”

昆明金殿公园中的核心景点——“金殿”

抚仙湖禄冲湾全景——位于昆明东南澄江县境内的抚仙湖风光非常优美，单说水上风景比大理的洱海还要秀丽迷人，建议重点关注

大理名景天龙八部影视城一角

大理洋人街街景——远处就是终年积雪的雄伟苍山

大理古城南门芳姿

格凸河景区位于贵州紫云县，自然风光美而且景点类型多，颇具观光价值

格凸河大穿洞景区内的奇异山峰及岩洞景观

与黄果树大瀑布相距不远的贵州天星桥“银练坠潭”瀑布——笔者拍摄这个瀑布的时机赶得很好，瀑水既不太大也不太小，正好显示出“银练坠潭”的动人场面

位于黔东南榕江县三宝侗寨旁的溪河美景

西江千户苗寨位于贵州凯里市东南，规模宏大而人口众多，密密麻麻的民居木楼整整盖住了两座山头……

地坪风雨桥在贵州黎平县境内，形态别具一格，周边环境也很美。在从肇兴侗寨去广西三江的途中你会在公路边见到它的倩影

三宝侗寨中的鼓楼景观

海螺沟景区位于四川甘孜州境内，风光壮美，景色非常迷人。尤其是沟内的三大主景——冰川、冰瀑和粒雪盆雪山，其壮丽程度绝对能震撼人心！这是在海螺沟观光缆车上拍摄的冰川壮景——缆车刚刚开行了5分钟，此时在车上只能看到冰川，而冰瀑和雪山还未露面呢……

缆车又前行了5分钟，冰瀑和粒雪盆雪山终于现身了，现在海螺沟三大主景一齐展露迷人风姿，真让游客感到欢欣和振奋！抓紧时间观景拍照啊！不要错过这美丽精彩的瞬间

肇兴侗寨美丽景色

在肇兴侗寨上边几公里处还有一个堂安侗寨，风光也很美。而堂安到肇兴之间有一条山间小路（石板路，就在本图中梯田下面那几个人走的地方）。这条小路两旁遍布秀美梯田和古朴村寨，也随处可见牧童骑在牛背上的田园牧歌般的美景，所以笔者把这条路叫做“中国最美的乡间小路”。沿这条小路走一趟要花2～3小时时间，感觉嘛：真是太美好了

肇兴侗寨中的鼓楼和风雨桥——它们往往是相依相邻的

肇兴侗寨中的侗族大歌表演——小黄的侗族大歌表演已名扬天下，而肇兴侗寨中的侗族大歌也唱得出神入化、美妙动听——有人说这张图片有毛病，因为前排的七位歌手中有四位闭着眼睛（意思是说她们正好眨眼睛）。但是笔者告诉您：她们不是正好眨眼而是有意地闭上了眼睛，因为她们在自己的歌声中感受到了一种极为美妙的意境，她们的思绪已经随着歌声飞上云天

堂安侗寨中的精美鼓楼

贵州兴义万峰林山景奇观

在从贵州榕江到从江的公路两侧，汇集着黔东南最美丽的山水及田园佳景，比这张图片更美的画面比比皆是，你就好好观赏拍照过足观光瘾吧（坐在右侧车窗前视野更好）

镇远㵲阳河秀色

肇兴侗寨位于贵州黎平县，寨中有五座鼓楼五座风雨桥，还有数百幢外观古朴而精美的侗族民居，风光秀美而特色鲜明。近年来知名度与日俱增

在海螺沟内不光能远看冰川，还能下到冰川表面去细观美景——看：画面下方就有几个游人顺岩壁上的小路走到了冰川上——这可有点危险，千万不要跌进冰裂缝，要小心……

位于海螺沟一号营地与山门之间的著名温泉，它的名字叫“贡嘎神汤”

位于海螺沟四号营地（缆车上站旁）的最佳观景台——即使在这里呆上两个小时，你仍然会觉得乐不思归、流连忘返

泸定桥秀色——这座因红军长征而天下闻名的桥梁仍然在大渡河上向八方游客展示迷人风姿

穿上红军服装、在泸定桥上留影是很开心很有纪念意义的事

初冬时的四姑娘山双桥沟风光

四姑娘山主峰雄姿——四姑娘山有三条沟谷，分别是双桥沟、长坪沟和海子沟。这是在长坪沟内拍到的海拔6250米的主峰画面，画面下方的那一点点橘红就是长坪沟观光的起点喇嘛庙

四姑娘山的双桥沟观光距离虽然长达34公里，但是沟内有观光公路和观光专线车，乘车游览太方便太舒适太开心了

康定跑马山上的著名宫殿吉祥禅院

川西小金县境内的人文佳景——沃日土司官寨

小金县内的红色旅游名景——红军达维会师纪念碑

康定城城区风光——康定古城因海拔高而气候凉爽（冬季就应该说是有些寒冷了）。这一天，笔者从泸定出发时那里还是艳阳高照、暖风融融，可是下午到了康定，看到的是这番景象

碧峰峡峡谷风光——碧峰峡景区在四川雅安市境内，现在那里开发出三大景点供游人观赏，到那里作1～2日观光游乐还是很令人快活开心的

秋日的小金河河谷风光——小金河是很有名的河，著名的四姑娘山，就耸立在小金河河谷旁

锦里古镇风光——锦里古镇在成都市中心，与名景武侯祠紧紧相邻，把上述两景连在一起游览，非常令人快活开心

锦里古镇一角——锦里古镇中有不少餐馆和美食摊，出售的食品和饭菜非常物美价廉。在古镇中，随处可见开心消费享乐的人们

屹立在峨眉山山巅上的宏伟建筑：金殿和大雄宝殿

在峨眉山金顶上看云海奇观——前方的“海面”真壮阔啊——有的朋友在泰山、黄山上看过云海后就兴奋得不得了，可是泰山才1500余米高，黄山才1800余米高，而峨眉山金顶海拔近3100米，想想这里的云海会瑰丽壮观到什么样的程度呢

云拥万佛顶——这是从峨眉山金顶上拍摄的美丽画面

▲峨眉山清音阁一角——地处本图上方中央的这座殿堂是清音阁寺庙的一部分，现在被开设为茶馆，在那里沐轻爽山风、听涧水轰鸣，其声其景其感受真是舒服透顶而世间难寻——笔者向各位做专门推荐，保您进去落坐后1小时内不想动弹

▲清音阁是峨眉山诸多景点中的绝佳所在，游览峨眉山时您一定要重点关注。这是清音阁最佳观光摄影点牛心亭和双桥清音

◀走到乐山大佛寺和乌尤寺之间，您就能看到这个美丽的画面

连接乐山大佛寺和乌尤寺的精美桥阁濠上大桥

乐山最美的湿地，就在大佛寺和乌尤寺之间

地处宜宾市北缘的五粮液酒厂不光能酿制佳肴美酒，还是一个很出色的工业旅游观光景点，这是酒厂的标志性建筑——高达66.8米的“瓶楼”

蜀南竹海真是个好地方，满山是竹林，遍地流泉水，人一走进去，舒服得真有些浑身发软——这是竹海墨溪景区秀丽风光

绿竹顶天、浓荫蔽日——竹海名景翡翠长廊美丽画面

蜀南竹海忘忧谷一角

李庄古镇屹立在宜宾市郊的长江边，这里有许多古代建筑群落保存尚好，颇具考古观光价值。李庄还是抗日战争时期国家大后方的文化中心，那段历史堪称动人佳话……本图是古镇上的张家祠堂，现被开辟为抗战文化陈列馆

美院学生来到李庄古镇绘画写生

李庄古镇一角

西昌邛海风光——邛海位于西昌市区南缘，湖面开阔、水色碧绿、烟波浩淼、景色迷人。这个美丽的湖泊为西昌市增添了诱人魅力和灿烂光辉，邛海……真美

邛海壮丽风光

在邛海观光不能光在岸边看景，一定要乘上游船横渡湖面，来到画面中央那座美丽的亭阁建筑边——它叫对泸轩，它左侧的那块绿荫叫小渔村，那是一个令游人无比开心享受的极乐世界

西昌市街景

西昌市火把广场南侧的雄鹰雕塑

柳江古镇位于四川省洪雅市境内，山光水色俱佳，景色非常迷人。笔者认为柳江古镇的观光效果决不会低于周庄和丽江……

▲ 瓦屋山位于四川省洪雅县境内，其山姿奇特，在四川省内独树一帜。瓦屋山山水兼备、风光很美。这是瓦屋山下的瓦屋湖秀色。

▲ 夏日雨后的瓦屋山美景

▼ 瓦屋山冰雪童话——山顶上的象尔山庄冬景

大名鼎鼎的青海日月山如今是这个样子

藏族同胞在青海湖畔留影，背景中远方水平线上的小屋子就是湖边美景151基地的标志

青海湖畔的著名景点——金银滩和原子城

每到盛夏时节，油菜花怒放，青海湖南岸就成了金色的海洋，而这时候一年一度的环青海湖国际自行车赛也会隆重开幕——他们真会选时间找地方，在烂漫的花海间骑行穿越；而我们游客此时可以开车、租车在青海湖边遨游，比那些车手还要开心自在

在布达拉宫对面药王山观景台上拍到的布达拉宫雄姿——这座观景台真是好地方，许多布达拉宫的经典图片都是在观景台拍摄的

从哲蚌寺顶上看到的拉萨河谷壮丽风光——在这里看到的拉萨河谷，比在布达拉宫顶上看到的还要美丽壮阔得多

拉萨哲蚌寺一角——看到照片上方的云，有人说这是笔者用电脑合成后出的效果，但绝对不是这样，我有底片为证

青藏铁路边的高原美景——看到这样的画面，您可能觉得很美，但在青藏高原上这样的地方比比皆是

拉萨著名观光点——罗布林卡

祥云笼罩下的拉萨市区

新疆喀纳斯秋景

新疆天山天池秀色

重庆朝天门码头秀色

敦煌月牙泉——虽然有不少拍摄月牙泉的摄影佳作，但笔者认为自己拍的这张不算太差……拍摄地点是在月牙泉西侧

从重庆巫山神女大道上拍摄的长江美景——在三峡沿岸的诸多中小城市中，巫山是最漂亮的一个——市区南侧的神女大道不光是交通干道，还是长江边上的绝佳观光点。坐在神女大道的石阶上看江流奔涌、轮船穿梭，场面无比生动美观——笔者常常在这里一坐就是几个小时，感觉真是如痴如醉……

周庄水乡风情——这个画面绝对经典

锦溪古镇水上风情——锦溪古镇位于江苏省昆山市（与周庄相距不远），镇上溪河密布、古桥众多，甚具江南水乡迷人风韵

浙江缙云山明水秀，风光绮丽。这里有以大名鼎鼎的仙都景区为首的众多山水及人文佳景，非常值得一去。本图为仙都鼎湖峰景区秀丽山光水色

千灯古镇中的顾炎武故居一角——千灯古镇也在江苏省昆山市，镇上有秦峰塔、三桥、顾炎武故居等观光亮点，在江南水乡古镇中占有重要地位

黄山冬景——大雪过后，黄山上到处是冰雕玉琢的景观，宛如美丽的童话世界。此时登山观光，感觉之新奇美妙会令人永生难忘

绍兴东湖精巧玲珑，景色很漂亮很诱人，您去绍兴时一定要到东湖一游啊！图为东湖上的乌篷船群

安徽宏村古镇一角（古镇中的南湖风光）

浙江桃花岛海滨风光——桃花岛风光秀丽而游人稀少，如果说当今还有“世外桃源”的话，桃花岛就是其中当之无愧的一处

被称为“五朵金花”或是“四菜一汤”的福建南靖田螺坑土楼群——这个土楼群太壮观了，虽然去之前我见过它的照片，但是真正看到它的第一眼时（是翻过一座山头后猛然看到的），我还是情不自禁地惊呼起来：哇呀！太棒啦！之后我在土楼群后面山上的观景台边凝望了一个半小时，就是考虑应该用什么样的语言来形容和描绘这个土楼群的壮景，其间几次听到背后的当地人说：“这个人盯着土楼没完没了的看，是不是有神经病啊！”哈哈……

湄洲岛名景"湄屿潮音"——可惜啊，本书的读者只能看到美丽的画面，却无法听见山海间那动人心魄、响彻天际的无尽涛声……

福建海坛岛石牌洋海上礁石奇观——海坛岛上美景众多且特色鲜明，笔者将在《跟我玩转华东》一书中向各位详细介绍那里的风光

雁荡山大龙湫瀑布——没见过丰水期的大龙湫瀑布，就不能领略到雁荡山奇山秀水的迷人风韵——雁荡山的风光太奇异诡怪了，笔者每次去雁荡山畅游后都能在睡梦中与它再次相会，足见这座山是多么的"魅力袭人"

江西婺源彩虹桥美景——这座桥桥身两侧的形态不一样，东侧更美观……

福建连城冠豸山主峰雄姿——冠豸山景区由主峰、石门湖、竹安寨三部分组成，山水兼备，风光秀美。可有一个现象很奇怪，就是如果从主峰正门方向上山很费劲，40分钟都很难登顶，可是如果从石门湖方向上山，仅需15分钟就到达同等高度了——这事我百思不得其解，请各位游友帮助观察分析判断一下吧

石桅岩是楠溪江风景区中的“明星”，但是观赏它的最佳位置是在景区外而不是景区内，越往里走越不行……

江西龙虎山山水风光——龙虎山风光绮丽而景点紧凑集中，游人可在一日内览尽其秀丽全景

三清山佳景巨蟒出山——这个“蟒头”确是栩栩如生——三清山上的中心景区叫南清园，环形观光路线上有不少山石佳景，游人一定要走上完整一圈好好看看哪

凤凰沱江水上风光

湘西武陵源天门山景区的登山索道——这个索道运行距离之长、上升坡度之陡是全国独一份（真是腾云驾雾、直上苍穹）。笔者觉得乘这条索道上的缆车上行，比坐直升机都惊险刺激，真过瘾！这张图片在上一版书已经出现过一次了，这一次实在不忍心割舍，再让读者看一遍吧——你们别光看，亲身体验一次那才叫棒啊

闽西绝景：屏南白水洋——河水只有没踝深，水下有一块面积达1万平方米的平坦岩石构成的河床，形成了天然的水上广场——广场上可滑水、可冲浪、可骑自行车，还能举办各类运动会。这样奇特的奇观妙景绝对是国内独有，把它和鸳鸯溪、鲤鱼溪一起玩很显物有所值

五泄飞瀑——五泄景区位于浙江省诸暨市以西约30公里的群山中，山峰奇异、溪泉汹涌、风光灵秀，颇具观光价值

横店影视城中的老街街景——横店影视城地处浙江中部东阳市境内，是国内规模最大的影视拍摄基地之一。这里有秦王宫、清明上河图、梦幻谷、明清宫苑等多处近年来营造的宏伟（仿古）建筑，其观光和拍摄效果绝对可以以假乱真

西天目山大树王雄姿——西天目山在浙江临安县境内，是国家级自然保护区、国家级森林公园，被称为是“大树王国”。山上有许多参天老树，亦有溪泉和寺庙佳景，观后给人留下独特印象

看到如此美丽动人的山水，你怎能抑制住心中的向往和冲动呢？立即出发，去广西桂林的绮山丽水间做一次开心畅游吧

广西龙胜龙脊梯田美景

广西三江程阳桥景区中并不是只有大名鼎鼎的程阳桥，这座合龙风雨桥造型也很漂亮动人啊

资江晨曲（广西资源）

在广西阳朔西街东口漓江边拍摄到的江山秀色

在阳朔游览遇龙河非常方便，愿意花200余元漂流全程很好，只花100余元漂半程也行。还有更简单更省钱的方法——从县城乘车到工农桥（车程10分钟、车费只3元）后向西边走3分钟，到阳朔河畔度假酒店旁边，就能看到这美丽的画面

乘轻舟漂荡在漓江上，其感觉真是妙不可言

漂流遇龙河，圆一个绿色的梦……

海南文昌椰林湾美景，它与大名鼎鼎的百莱玛度假村紧紧相连

美丽的三亚亚龙湾

亚龙湾海滨秀色——从前见过不少图片展示的都是亚龙湾的壮美和辽阔，但笔者认为自己拍的这张反映了亚龙湾风光的另一面，就是柔美和温馨——那天我是从海南兴隆乘车直达三亚亚龙湾的。正值下午5点钟，光线非常好，刚一走上海滨沙滩上就看到了这个挺好的画面，于是毫不犹豫地按下了快门……

这张图拍的也是百莱玛度假村——上一版书面市后有不少读者给笔者发来短信，叙述他们接受了书中的倡导去百莱玛度假村休闲游乐后留下的精彩记忆和难忘游历。所以我这次再加一张图，让各位好好领略一下百莱玛度假村的风姿和魅力……

隐藏在海南文昌东郊椰林深处的百莱玛度假村——这里海景美、岸上风光旖旎动人，尤其是度假村中的椰子树其身姿挺拔俏立达到了登峰造极的地步，真是亭亭玉立楚楚动人——没见过百莱玛度假村中的美景，枉为海南游

为了让大家更好地欣赏东郊椰林美景，我们这次再加一张图，图的名字叫——百莱玛度假村之晨

看了上一版书上推出的海南文昌云龙湾景区的彩图后，许多读者都说很好并随后就去那里观光游乐。所以这次笔者再加上一幅云龙湾的新图片，让大家好好看看这处壮美的海湾——怎么样，“够味儿”吧

从文昌铜鼓岭山巅看到的山、海、天美景——前几版书中我们提供的铜鼓岭彩图都是从山顶向北拍摄的，这一次我们换个角度——这张图是从山顶向南拍摄的，风光有所不同

海南文昌高隆湾度假区一角——高隆湾与椰林湾（东郊椰林）隔海相望，风光也是很美的啊

漂流万泉河是海南观光中最令人开心快活的游乐方式之一，但是许多游客来海南后只关注三亚、海口却根本不去漂万泉河，笔者觉得他们很"面"并且"亏大发"了——其实去万泉河观光、漂流很容易，您只要在琼海游览博鳌后再抽出半天时间，就可以到万泉河上做一回"快乐魔鬼"，漂流之后那种开心和快慰一定会化做您心中美好永恒的记忆

万绿丛中的小小木屋——这是笔者在漂流万泉河时拍摄到的——住在槟榔掩映、绿叶簇拥的万泉河边，每日沐林间轻风、看河中美景，感觉之妙一定是如幻如梦。只是不知"蜗居"其间的幸运儿是何人……

同样是"蜗居"，但是住在万泉河上的这艘小船中感觉是不是更加美妙呢？笔者同船主（一位孤身老人）聊过——他经常是装上一袋米，拎上一壶酒、一串辣椒后就在船上一住十天半个月，每天到岸上挖点野菜、在河中钓几尾鲜鱼，有鱼有酒的水上生活真开心……

庭院精美、热带风光绚丽的七仙岭温泉度假村

海南中部佳景七仙岭奇异山姿——七仙岭真是个好地方，有奇峰，有密林，有溪河，有温泉，游客不多很显清宁幽静，真是养在深闺人未识的休闲度假胜境，值得重点关注

海口假日海滩美景——虽然风光比不上三亚、文昌，但是海口的西海岸风光带还是值得一看。假日海滩就是西海岸上的观光大亮点

广州珠江北岸沙面岛上的玫瑰园露天餐厅——这里是观赏珠江夜景的绝佳地点。入夜后不光江上彩灯齐放、景色华丽动人；而且每艘江上游轮都要在这里的江心调头转向后返航。坐在玫瑰园里一边喝美酒、品佳肴，一边看江上巨轮穿梭往返，真是广州游览中的高级享受

深圳世界之窗晚间美景——每到夜幕降临、华灯初上之时，世界之窗门前就成了一片欢乐的海洋。这里彩灯闪烁、喷泉欢涌、鼓乐喧天，场面无比欢乐动人，几乎每个到深圳观光的人，晚间都要到世界之窗门口看一看……

广东佛山是华南著名的美景聚集地，全市有八大景观，且个个特色鲜明、锋芒毕露。本图是佛山名景祖庙正门

佛山著名园林佳景——清晖园

广东阳江海陵岛上的特色景观——海上丝绸之路博物馆（它坐落在海陵岛十里银滩海岸上）

广东惠州亦是著名的旅游城市，市区内外的西湖、南昆山、大亚湾及巽寮海滨风光都很美，去做两三天观光游乐绝不嫌多，本图是惠州罗浮山风光

广东增城白水寨巨大瀑布，这处景点距广州市只有1个小时车程，值得一看

韶关乳源名寺云门寺一角

广东韶关丹霞山山岳美景——韶关真是个好地方，幅源辽阔，美景特多——有奇峰，有碧河，有峡谷，有古村落，还有多处寺庙佳景。去韶关旅游，喜出望外是绝对没有问题的……

丹霞山秀丽山光水色

美丽河源——广东河源也是个好地方……这是河源市区风光

放鸡岛海边奇石——放鸡岛位于广东茂名市电白县海岸以东约8公里处。岛上环境整洁、气候温和、风光秀美、一年四季皆可开心畅游

看看他们的表情和姿态你就会知道：广东番禺的长隆欢乐世界能给游人带来多少欢乐

南澳岛名景金银岛——南澳岛在广东、福建两省交界处的海面上。岛屿面积很大且景点众多，旅游设施完善但物价不贵，笔者向大家做郑重推荐

川山群岛坐落在广东台山市以南的南海碧波之中，主要由上川岛和下川岛组成。这里海景壮阔、风光绮丽，是国内不可多得的“养在深闺人未识”的海上观光胜境。图为上川岛金沙滩海景

广东惠州巽寮湾海滨秀色

下川岛滨海名景——王府洲海滨度假区一角

广东湛江湖光岩景区一角——湖光岩是国内少有的玛洱湖泊，地质构造奇特，风光秀丽柔美，观后令人赞叹不绝

广东开平自力村碉楼群——开平碉楼群是广东省的一道靓丽的风景。这里共有各式碉楼1100余座，外形各异、千姿百态，与福建永定、南靖土楼群有异曲同工之妙，观后非常令人新奇振奋

立园庭院美景——立园位于广东开平市境内，建造精美，独具匠心，是岭南不可多得的园林建筑珍品

从另外一个角度看自力村碉楼群

北京前门大街街景

每天清晨，开封市龙亭公园正门前都要举办开园仪式和古装表演，吸引八方游客前来观看

河北赤城温泉沟一角——这里有多家温泉度假村，隆冬时节来此休闲沐浴，备感舒适温馨

钢城明珠——内蒙古包头南海景区风光

王昭君墓坐落在呼和浩特市城南，夏季游人如潮，园区内每天还有大型歌舞表演

穿流不息的驼队——几乎每个来响沙湾游览的人，都要骑上骆驼，到大漠深处去看一看

响沙湾景区全景——对面的沙山上是景区入口和宾馆、餐厅、购物区；中间低洼处是河流故道；脚下的斜坡是滑沙游乐场，“响沙”的声音就是从这里发出来的

屹立在满洲里市区西部的俄罗斯艺术馆和东欧风情园

三股圣泉——济南趵突泉美丽夜景——趵突泉夜色美如画，笔者郑重建议大家晚间入园参观（晚上门票还可打折）

山东乳山是近年来崛起的滨海名景中的新星，这里有银滩、大乳山数处佳景，颇具发展潜力。本图为乳山银滩度假区中的大拇指广场

威海海滨标志性建筑——幸福门

威海国际海水浴场一角——威海是个好地方，城市精巧玲珑、滨海美景众多，笔者每次前去观光度假，都能满意而归

从吉林省珲春市防川边境拍到的俄罗斯境内的美丽风光——远方地平线上的那一条蓝色就是日本海了——防川真是个好地方，这里有中国、俄罗斯、朝鲜三国接壤，再向前行进10余公里，就能“零距离”地接触和欣赏日本海迷人风光。如果中、俄、朝商议好在这开办一个三国跨境游项目，那生意一定会红火兴旺

图们江圈河口岸秀丽风光——从珲春市区去防川的途中，能在公路右侧看到这处边陲美景

红滩鹤影——辽宁盘锦红海滩风光

镜泊湖吊水楼瀑布美景——这样的场面只有盛夏时节暴雨过后才能见到，但一旦见到，就会令人难忘

既似明镜，又是一池玉液琼浆——从吉林省长白县长白山南坡拍到的天池美景

吉林长白县朝鲜族民俗文化村一角

过去游人到黑龙江省去“寻北”，主要是到漠河的北极村——如今去北极村已经不过瘾了，许多游人开始去更远更原始古朴的北红村了。北红村也在黑龙江边，风光很美……

漠河北极村中的神州北极石刻近景——看：石碑后边的木栏下就是碧绿的黑龙江水，江水那边的山林就属于俄罗斯了

▲ 乌苏里江晨曦——不需要再用语言描述这个画面，此时无声胜有声

▲ 北国边陲有奇景——从漠河北红村拍到的黑龙江第一弯秀色

第 8 版出版说明

在 2011 年旅游旺季到来的时候,《自助游中国(第 8 版) 》和大家见面了。本书的作者和编者向广大读者和旅游爱好者朋友表示诚挚的问候和感谢!

《自助游中国》自 2004 年 9 月出版以来，一直受到广大旅游者和各界读者的喜爱和欢迎。其后我社每年都推出了经过修改订正后的新版《自助游中国》，每版都曾数次加印，但仍然销售一空。现在根据广大读者的建议和我国旅游业的发展变化，我们又推出了《自助游中国》的新版书 (第 8 版)，作为献给广大读者和旅游爱好者的珍贵礼物。在本书的修改订正过程中，作者增加了诸多新内容和新资料。

这部大型的导游指南收录了我国所有省份的主要旅游景区和景点的旅游信息，配有数百幅景区景点示意图和数百幅彩色风景插图，既给读者以最具体明确实用的旅游出行指导，亦能让读者用最短的时间领略到国内各省各地最优美的景色。本书的作者鲍威先生（著名旅行家）近十年来走遍了中国各省（直辖市、自治区)，搜集到了大量与自助游览有关的一手资料和信息并编写创作了多本导游图书佳作，他愿将自己的亲身体会和旅游经验奉献给所有热爱旅游的读者朋友们。

本书作者在写作过程中，广泛征求众多旅游发烧友的建议，力求全书文字简洁、资讯翔实、线路明确、计划切实可行。全书采取栏目化编排，通过设置包括吃、住、行、游、购、娱六大旅游要素在内的各种栏目，使读者可以轻而易举地找到所需的内容。以下栏目是读者阅读时要认真关注的：一是书中的主要栏目，有概况、气候与游季、交通、住宿、餐饮、主要景点、周边景点等，读者可以从中查到最基本的旅游信息，精心制定自己的出行计划。二是个性栏目，有发烧友特别关照、推荐游程、旅游锦囊、景区亮点闪击和旅途花絮、补充提示、新奇发现、天外天——还有更好的玩法、预警提示、旅途中、游览指导、游览艺术和经验谈等，读者可以从中读到作者亲身的感受和贴心的提示，以便用最开心和最省钱的方式自由地欣赏各地的风光。

本书将国内各省（自治区、直辖市）分为七大地区，具体是：西南地区，包括云南省、贵州省、四川省、重庆市、西藏自治区；西北地区，包括新疆维吾尔自治区、青海省、宁夏回族自治区、陕西省、甘肃省；华东地区，包括上海市、江苏省、浙江省、安徽省、福建省、江西省；中南地区，包括湖南省、湖北省、河南省、广东省、广西壮族自治区、海南省；华北地区，包括北京市、天津市、河北省、内蒙古自治区、山东省、山西省；东北地区，包括辽宁省、吉林省、黑龙江省；港澳台地区，包括香港特别行政区、澳门特别行政区和台湾省。书中对每个地区的主要景点都有相应详尽介绍。

为了使内容更显简洁明快，本书目录采用简目形式，只是把重要景区景点加以罗列，而书中大量的栏目信息只能靠读者在阅读时自己体会了。同时，作者在写作时，并不是孤立地介绍某省市某景区的风光和交通食宿状况，还为大家设计了不少跨省市跨地区的游览线路和方式，这为读者实际出行提供了便利，读者不妨借鉴一下，看是否可行。

我们真诚地希望新版《自助游中国》能够给您提供最新的旅游资讯，最精彩圆满实用的出行建议和指导，成为您出行的宝典。当您拥有新版《自助游中国》时，您会有和作者一样精彩难忘的经历和感受。如果您对本书编辑出版有任何建议，请直接致电 010-85166735（出版社编辑室电话）或发邮件至 zzyzg@tom.com、zglynj@163.com，本书编者将非常感谢并及时给予认真回复。您也可以给 13811108708 手机发短信，与作者鲍威先生直接交流。

我们期待通过这本国内自助游指南类图书中的精心之作《自助游中国》，和广大旅游爱好者结为最真诚的朋友。

中国旅游出版社

2011 年 8 月 20 日

目 录

西南地区 XINANDIQU

华东地区 HUADONGDIQU

中南地区 ZHONGNANDIQU

华北地区 HUABEIDIQU

东北地区 DONGBEIDIQU

黑龙江省 ········· 842

港澳台地区 GANGAOTAIDIQU

香港特别行政区 ········· 866

澳门特别行政区 ········· 870

台湾省 ········· 872

西南地区

香格里拉游览示意图
地边
金
纳古石棺墓
佛山
沙
飞来寺
德钦
梅里雪山
东旺
竹林寺
香格里拉大峡谷
云岭
永芝石棺墓
奔子栏
格咱
石底石棺墓
江
幸福石棺墓
燕门
尼西
属都海
巴迪
拿帕海
松赞林寺
三江并流
伊拉草原
香格里拉
碧塔海
叶枝
五凤山
天生桥
五境
小中甸
康普
寿国寺
塔城
达摩祖师洞
木天王城堡
金
哥登遗址
铁桥遗址
白水台
沙
托木南
白济汛
攀天阁
塔城
金
土官村
江
沙
江
虎跳峡
中路
维西
虎跳峡
维登
玉龙雪山
长江第一湾
丽江

至香格里拉（中甸）
塔城
三坝
哈巴
大具
虎
跳
峡
新主
巨甸
牦牛坪
黑水河
中兴
虎跳峡镇
金庄
云杉坪
白水河
金
甘海子
沙
玉龙雪山
5596
黎明
各浪打
江
白沙
红岩
束河
黑龙潭
黎光
拉市海
丽江
拉巴支
仁和
石鼓
拉市
石头
白汉场
利苴
七河
老君山
4247
双河
金河
鹤庆
丽江周边景区示意图
剑川
去大理

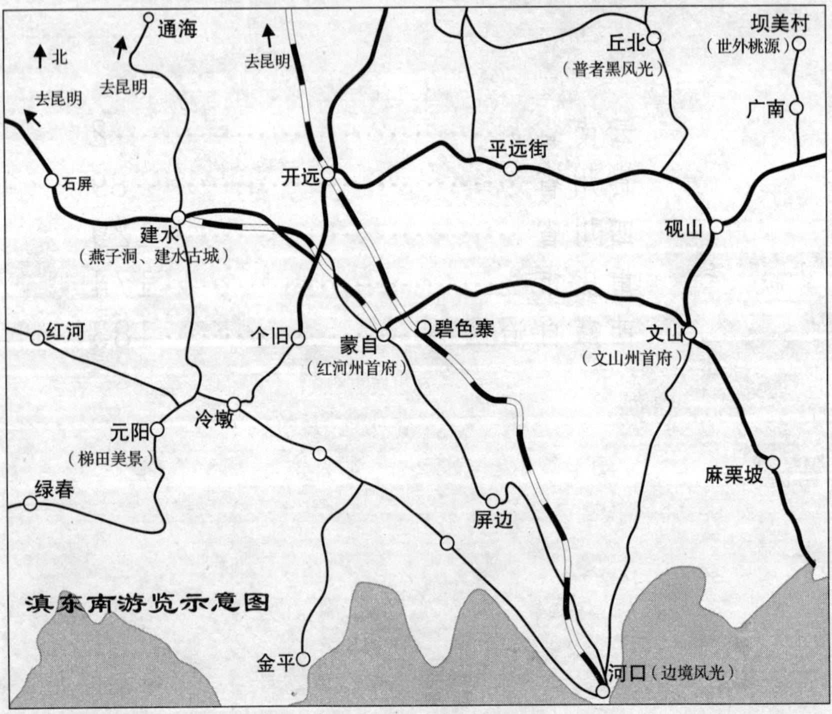
通海
去昆明
丘北
（普者黑风光）
坝美村
（世外桃源）
北
去昆明
去昆明
广南
平远街
石屏
开远
建水
（燕子洞、建水古城）
砚山
红河
个旧
蒙自
（红河州首府）
碧色寨
文山
（文山州首府）
冷墩
元阳
（梯田美景）
麻栗坡
绿春
屏边
滇东南游览示意图
金平
河口（边境风光）

云南省

YUNNANSHENG

关于云南的总体概述——大都是教科书、导游书上的套话

黄金旅游线路

①昆明—大理—丽江—泸沽湖
②昆明—大理—丽江—香格里拉
③昆明—大理—腾冲—瑞丽
④昆明—西双版纳—抚仙湖
⑤昆明—陆良—罗平
⑥昆明—元阳—河口

云南意即“彩云之南”，它位于祖国西南边陲的“尽头和顶点”，以其美丽、丰饶、神奇、壮丽而著称于世。云南省的地形地貌特色鲜明，它呈典型的南低北高形态，省区南缘的河口海拔仅有 76 米，而滇西北高原上的梅里雪山海拔却达 6740 米，崇山峻岭向着西北、东北方向层层隆起，条条浩荡江河向着东南大地汹涌奔流，江河溪流和险峻峡谷纵横交错，共同造就了祖国南疆的这块神奇美丽的乐土。

云南省内有 20 多个世居民族，民风民情瑰丽多姿。这里更有数不胜数、美不胜收的山水风光名胜：省会昆明四季风光如画，大理的苍山洱海壮丽迷人，香格里拉的世外桃源风光宛若仙境，泸沽湖边的摩梭风情举世无双。更有那西双版纳的热带风光、罗平山谷间的油菜花海、边城腾冲的火山温泉、江水奔腾势如排山倒海的虎跳峡和那像钻石般熠熠生辉的丽江古城，云南省内的美景之多真令人目不暇接、眼花缭乱，它留给游人的美好观感更是丰富幽远，如幻如梦。

对云南省内各主要景区的具体评价和游览指导——这可是作者的亲身感受

▼ 泸沽湖——风光就是美，不服不行……

①云南是国内当之无愧的旅游资源大省，笔者在云南玩了一个多月，旅费花了 10000 多，还是有很多地方没去过，想想这里该有多少美景呢?

②省会昆明真是风光优美而又位置绝佳，先且不说这里的石林、西山、九乡、

民族村有多美，单说从昆明出去东西南北各个方向都有全国闻名的风景名胜，数数全国其他省会城市中还有第二个吗——欲去西南观光，首选目标就应该是昆明。

▲ 虎跳峡风光

③丽江太棒了，玉龙雪山冰雕玉琢，虎跳峡中江水奔流震耳欲聋，最精彩诱人的是丽江古城，它是云南省内风光最耀眼的山水明星——至少应该在那儿玩 3 天。

④泸沽湖不光山清水秀，那里居住的摩梭人的生活习俗也真是奇异动人，应该赶紧去泸沽湖，现在那里的原始风光犹存，以后去的人多了恐怕要变味——至少在那儿玩 2~3 天。

⑤纳帕海、属都海是深山间的珍珠，梅里雪山是滇北当之无愧的高原美神，香格里拉值得一去，至少应停留 3~4 天。

⑥西双版纳虽然是云南省内的传统风景，可是那里的热带风光确实绮丽，傣族风情确实动人。近年来那里又新建了傣族园、原始森林公园等数处大型景区，而且建得很成功，所以西双版纳新姿非常美丽，如果你曾经到过那里，现在是不是应该考虑故地重游呢?

⑦你听说过抚仙湖这处名景吗?它虽然距昆明市只有两个小时车程，可湖面太壮美、风光特绮丽，只是这里没有雄伟苍山作依偎，亦没有绚丽多姿的白族风情，否则它真能把大理风光给镇了——至少应该在那儿玩 2~3 天。

⑧大理是滇西高原上的旅游名城，风光独特而位置又那么重要——游人想躲都躲不开，所以没法不游，时间嘛，2 天基本够用!

⑨腾冲的风光极好而又宣传不够，所以你一去，肯定会有喜出望外的美好印象和感受——这个地方以前我怎么不知道——简直盖了帽啦!

⑩瑞丽位置好、气候佳，又能出境观览异国风情，可头些年他们当地人重边贸、轻旅游，所以景区开发得不够好。但是不要忙，2~3 年后那里八成会和西双版纳齐名。

⑪罗平不光有全国最大的油菜花海，溪泉瀑布各景也很迷人，什么时候游览都成，但以春季最佳——停留 2~3 天为宜。

▲ 婉转而壮丽的怒江大拐弯

⑫别以为在广西龙胜才有梯田美景。云南元阳的梯田规模更大且风光更美丽、气势更恢弘。它是滇南人民辛勤劳作的结晶，更是对八方游客的精彩馈赠。

⑬其他较好的地方还有怒江峡谷、独龙江峡谷等，但那里是探险者的乐园，一般游客玩起来稍稍费点劲儿，去不去可由您自己掌握。此外文山州的普者黑和世外桃源坝美村风光美而独特，亦有相当的观光价值。

昆 明

电话区号	0871
旅游咨询	3107859
旅游投诉	3164961
出租车投诉	5631177
旅游局	3163620

在我国西南的各省会城市中，有谁能像昆明这样芳姿独具而又魅力袭人呢？这里气候甚佳——常年繁花吐艳、四季温暖如春；这里美景云集——滇池烟波浩渺、石林奇特瑰丽、九乡峡洞幽深、云南民族村民族风情浓郁迷人。更令人倾慕惊叹的是昆明得天独厚而又无与伦比的重要地理位置——不论您是西去腾冲、瑞丽，北上丽江、香格里拉（中甸）、德钦，还是南下西双版纳，东奔陆良、罗平，抵达云南后您都要和美丽的春城会一次面、握一次手，从此以后，您的脑海心田里，就会永远浮现和铭记着“东方日内瓦”那烂漫秀丽的风姿倩影。

▲ 欢乐之海——云南民族村

气候与游季

昆明地处云贵高原中部，纬度低而海拔高，加之周边有滇池、阳宗海等湖泊调节温湿度，所以形成了夏无酷暑、冬无严寒的宜人气候。最热月平均气温 19.7℃，最冷月平均气温 7.5℃，鲜花常年不谢，草木四季常青，全年皆可畅游。但有时这里昼夜温差稍大，雨后亦显凉爽，所以体质差的游客要注意调节衣服穿着。不过与全国其他城市相比，昆明的气候太好了，令人非常舒服惬意。

- 云南主要少数民族节日（一）

目脑纵歌节，德宏，正月十五。
白水台歌会，香格里拉（中甸），农历二月初八。
插花节，大姚、双江，农历二月初八。
刀杆节，怒江、保山，农历二月初八。

- 云南主要少数民族节日（二）

泼水节，西双版纳、德宏，4月中旬。
三月街，大理，农历三月十五。
赛马会，香格里拉（中甸），农历五月初五。
火把节，石林、楚雄、大理，农历六月廿四。

▲ 大观楼风光

- 昆明火车站

昆明火车站位于昆明市北京路南段，乘2、3、23、24、25、44、50、58、60、64、68、80路公交车可到。

电话：0871-3511534。

- 昆明火车北站

乘23、25、64、78、101路公交车可到。

电话：0871-5172522。

- 从机场至火车站

乘67、52路公交车，票价1元即可到达，67路公交车更合适。

- 昆明至大理汽车

滚动发车，30~60钟1班车，车票80~126元。

- 昆明至大理火车

每天发3班车，晚上两班卧铺车，白天1班普通列车。

- 出租车

夏利出租车3公里起价7元，以后每公里1.6元，22:00后起价9.6元，以后每公里2.4元。桑塔纳、捷达出租车3公里起价8元，以后每公里1.8元，22:00后起价9.6元，以后每公里2.7元。

交通

昆明是一座内陆高原城市，火车和飞机是外省市游客进出昆明的主要交通方式。而云南省内的公路运输业很发达，所以抵达昆明后可乘客车随心所欲地向任何方向作开心旅行。

飞机

昆明有航班飞往全国各省省会和各大中型城市。巫家坝机场是目前为止全国各大城市中离市区最近的机场，距离昆明市区5公里。打车到市区只需要17元左右。乘坐机场大巴也很方便，另外机场还有52、67、78路公交车到达市中心。

机票购票点　　区号 0871

名称	地址	电话
云南民航售票中心	昆明市拓东路塘子巷口	3185862
上海航空公司	昆明市东风东路144号	5122888
西南航空公司		3159171
新华航空公司		3190787/3114687

铁路

昆明站即南窑火车站，是进出昆明的主要铁路站点，所有从外省进入昆明的火车都在这里停靠。而火车北站只承担滇东南方向的客运和货运。

公路

长途汽车是到达云南省内各地区最常见的交通方式，由于云南的公路建设近年来颇见成效，许多公路干线甚至偏远地区的路况是又平又好，所以对于自助旅游者来说，乘长途客车出行是最方便快捷也是最经济的选择。

长途汽车站点及发车方向　　区号 0871

长途客车站点	地址	发车方向	电话
南窑客运站	北京路前段	省内各地长途客运	3510739
东部客运站	菊花立交桥旁	中短途客运	3820484
西客运站	西站立交桥旁	省内各地长途客运	5326258
省旅高快客运	东风东路拓东体育场	省内各地长途客运	7185102
西苑客运站	西苑立交桥附近	省内各地	8217331
关上客运站	关上广场附近	省内各地（高快客车）	7185102

市内交通

公交车和出租车是昆明市区最主要的交通工具，因为全市有百余条公交线路且四通八达，所以，一般情况下1~2元制的公交车就能让你完成市内行程，在城市交通高峰期，因堵车而造成交通不畅时，乘公交车比乘出租车可能要划算得多。

住宿

作为云南省会和全国闻名的旅游城市，昆明的住宿非常方便，市区有各类宾馆酒店数百家，从五星级宾馆到普通招待所一应俱全，数量之多令人眼花缭乱。高档宾馆有金龙饭店（北京路575号，电话：0871-3133015）、昆明饭店（东风东路145号，电话：0871-3162063）等。中档宾馆有金山宾馆（北京路，电话：0871-5149069）、茶花宾馆（东风东路96号，电话：0871-3164403）等。便宜实惠的旅馆有云南民委招待所（大观街37号，电话：0871-5321575），带卫生间的双人标准间只需60~80元/间，单人标准间50元/间。又如位于市中心金碧广场的驼峰青年旅舍，条件较好的普通间25元/床。

主要宾馆酒店 区号0871

名称	地址	电话
金龙饭店	昆明市北京路575号	3133015
昆明饭店	昆明市东风东路145号	3162063
昆明锦华大酒店	昆明市北京路南段	3138888
昆明樱花假日酒店	昆明市东风东路	3165888
昆明翠湖宾馆	昆明市翠湖南路	5158888
红河宾馆	昆明市春城路124号	3515666
昆明茶苑宾馆	昆明市永平路	3559208
锦泰大酒店	昆明市环城南路55号	3333918
昆明金惠大厦	昆明市东风西路33号	5310454
昆明友联宾馆	昆明市北京南段32号	3559988
昆明海棠饭店	昆明市东郊路口	3319668
昆明茶花宾馆	昆明市东风东路96号	3164403

风味饮食和特色餐厅

风味饮食

有过桥米线、气锅鸡、全羊席、野生菌、宜良烤鸭、烧豆腐、大理砂锅鱼、泥鳅钻豆腐、洱丝洱块，傣家风味饮食如竹筒饭、烧竹荪、香草烧鸡、香草烤鱼，等等。

▲ 昆明太和宫金殿是中国最大的铜殿

- **推荐便宜实惠的住处**

①昆明驼峰客栈，是万里路国际青年旅舍连锁店，在昆明金碧路金碧广场驼峰客栈三楼，从火车站乘3路公交车可直达。多人间25元/床，标间80~120元/间。笔者强力推荐，电话：0871-3640359。

②77200部队招待所，在北京路168号，虽设施陈旧但房价便宜，双标间70元/间，电话：0871-3562978。

③永丰宾馆，永丰路19号，从昆明火车站步行10分钟即到。双人标准间100元。电话：0871-3558009。

▲ 昆明市中心的金碧广场

- **普通饭食**

昆明街头上的中、小餐厅饭菜价格适中（比过去上涨了不少），有不少10~15元的肉炒青菜和15~20元的纯肉菜，花25~30元可以吃好一顿。

▲ 品尝云南美食

特色餐厅 区号0871

名 称	地 址	电 话	特色菜
吉鑫滇味城	昆明市东风东路154号	3178538	云南地方菜肴，滇味
过桥园	昆明市东风东路14号	3169135	过桥米线
银河酒家	昆明市圆通东路111号	5153330	烤鸭,川、滇、鲁、粤味
学成饭店	昆明市人民东路82号	3326885	宜良烤鸭，滇、川、粤味
大观楼			
云园餐厅	昆明市拓东路328号	3130783	云南风味小吃
清真风味城	昆明市顺城街76号	3130898	清真菜肴
昆明新世界美食城	昆明市圆通街16号	5140862	过桥米线、火锅，云南风味
潮汕天天海鲜餐厅	昆明市永康路	3513755	各类海产品
昆明北京饭店	昆明市祥云街	3624566	京味、滇味
昆明滇池路餐饮街	昆明市滇池路		云南民族风味

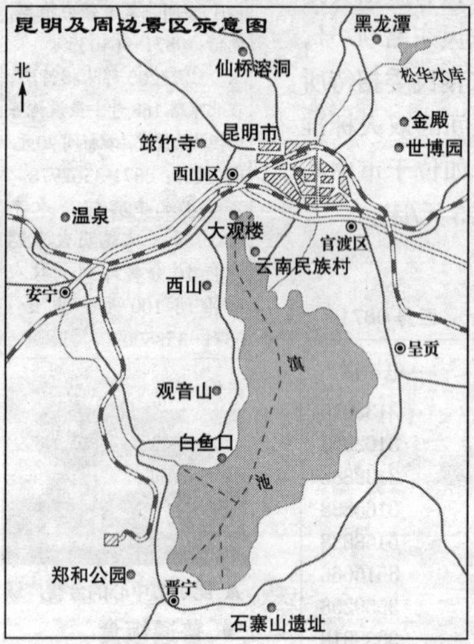

主要景点

滇池风景区

滇池在昆明市区西南方，它面积达297平方公里，烟波浩渺，既有湖泊的秀逸和韵味，又有大海般的气势和情调，享有“高原明珠”之称。滇池风景区包括昆明城边滇池周边的诸多名胜景点，总面积达700多平方公里。滇池东北有海埂公园、云南民族村，西面有龙门公园，西南有白鱼口，它们风光各异但都景色绮丽迷人，游人逐一游览池边各景，可以畅观山水之美妙、领略绚丽多姿的少数民族风情。

• 西山森林公园

从昆明市西端的梁家河乘6路公交车可到。亦可从云南饭店前乘旅游专线车前往。此外，在滇池的海埂公园和云南民族村有缆车跨越滇池抵达西山。

¥龙门门票40元。

从云南民族村旁乘缆车去西山缆车费40元。

从云南南民族村打车去约需20元。

西山森林公园

西山距昆明市区15公里，濒临滇池西岸，由碧鸡、罗汉、华亭、太平诸山组成。西山的山姿轮廓非常秀美，酷似一个仰卧在滇池之滨的妙龄少女，所以被誉为卧佛山和睡美人。

西山森林公园建在山上海拔1900米至2350米之间，绵延数十里，山上有华亭寺、太华寺、三清阁等景点，其中最精彩诱人的是建在山东坡悬崖峭壁间的精美亭阁龙门胜境，这是居高远眺滇池全景和昆明市区全貌的最佳地点。

云南民族村

在昆明西南的滇池之滨，村中数十个少数民族村寨掩映在万绿丛中（都是根据真景仿制而成），游人可在这里看大理三塔、观石林县（路南）石林、登傣家竹楼、游景颇山村，一日之内，尽览云南各少数民族绚丽多姿的民族风情。村内每天有热烈欢快的民族歌舞表演，民族团结广场上的驯象表演更是令人忍俊不禁。

世博园

虽然是1999年世界园艺博览会后留下的会址，但如今仍然对外开放供游人参观。园区内有5座展馆、6个专题展园、34个国内展园和33个国际展园，占地达218公顷，是一个汇集了全世界各国各地区园艺风景的超大型博览会。

太和宫金殿

位于昆明城东8公里处的鸣凤山中，殿高6.7米、宽深各6.2米，用黄铜铸成，总重达250吨，系中国第一大铜殿，此殿始建于明万历三十年（1602年），已有400多年的建造历史，是中国古代劳动人民勤劳智慧的结晶。

黑龙潭

在昆明北郊15公里处，因涌出的池水带有黑色而得名。景区有龙泉观和黑龙宫两组建筑群，均修建在苍天古木、修竹茂林之中。这里有唐梅、宋柏、明茶三株古树，它们与南北两潭之鱼“老死不相往来”，和奇异的凹字碑一起被称为“潭内五绝”。景区内还有占地达28公顷、面积是全国之最的梅花园。

石林风景区（5A级景区）

坐落于昆明以东100公里处的石林彝族自治县境内，由大小石林、乃古石林、大叠水、长湖、月湖、芝云洞、奇风洞诸景组成，总面积达400平方公里，其中大小石林是游览中心。这里石柱、石壁、石峰林立，鬼斧神工、千姿百态、争奇竞秀，游人穿行其间如入迷宫仙境。景区内每天都有歌舞表演和篝火晚会，如遇节日，宾客狂欢可通宵达旦。

• **云南民族村**

乘24、44路公交车可到。

¥门票90元。

游客最好在8:00左右到达，以观看每天开村仪式上的歌舞表演。

入园时应看清园中各村寨歌舞和民俗表演时间，这样可以“赶上点儿”，每时每刻都有收获。

• **世博园**

在昆明市区东北缘，乘47、68、69路公交车可到。

¥门票上午100元，12：00之后50元（但近期半价票可能取消）。

• **太和宫金殿**

乘10、71、76路公交车可到，亦可在参观世博园后在园内乘缆车直达金殿公园。

¥门票25元。

• **黑龙潭**

乘3、22、23、25路等公交车先到火车北站，然后换9路公交车可直达。

¥门票10元。

附近还有甚有名气的昆明植物研究所，很有观赏价值，可前去观览热带植物奇观。

石林示意图

▲ 大观楼远景

九乡风景区

是以溶洞景观为主体的新兴风景区，在昆明东南 90 公里处的宜良县境内，集山峡风光、民族风情、人文景观于一身。这里山陡峡深，多 V 形岩壁和山谷及喀斯特溶洞，系国内规模最大、数量最多的落体系洞穴群，游人观后备感新鲜刺激而又欢乐开心。

• 石林风景区

🚌昆明市区很多地方都有石林一日游班车，往返车费 40 元。另外火车站前的汽车客运站和客运东站及中北客运站有客车直达石林，每 15 分钟一趟，车票 25~27 元，2 小时可到。此外亦可乘火车，1 个半小时可到。

¥石林门票 175 元。

大石林风光最美，小石林中的阿诗玛石像也挺出色，游览中心景点需 2 小时左右。另外古石林特色鲜明也值得一看。

• 九乡风景区

🚌昆明中北汽车站有专线车直达九乡，往返票价 36 元。亦可先从昆明乘车到宜良（去石林的途中经过宜良），然后转车，车票 5 元即到九乡。

¥九乡门票 120 元，索道费 15 元。

• 抚仙湖

🚌昆明市区东南的澄江、玉溪交界处，山光水色甚为迷人，非常值得一游，本书后面有详细介绍。

▲ 乃古石林胜景

发烧友特别关照

①西山（龙门）、大观楼、云南民族村、石林皆为昆明市区绝佳景点，游人哪一处也不应漏掉。

②滇池的水质近年来因受污染而严重恶化，但这并不影响人们登高远望，在西山龙门上看到的滇池全景还是很壮观。

③大观楼（大观公园）既有精美亭阁和碧绿池水，又有红嘴鸥和那副著名的长长的精彩对联，值得一看（52 路可到，门票 20 元）。

④九乡风光非常绮丽迷人，去此一游可能会喜出望外。

⑤论游览效果，世博园比不上云南民族村。民族村的功能很明确，就是让人领略绚丽多姿的少数民族风情，这里风光优美、民风浓郁，歌舞和驯象表演也很动人。可是世博园是个“杂烩”，它园艺建筑、异国风俗民情等什么都有一点儿，但什么都不突出，游人在园中转了半天看到的东西不少，可出了门后可能什么都没记住。确切地说它只是世博会留下的会址，观光效果与世博会召开时不可同日而语。

⑥去石林旅游最好坐单程客车或火车去，这样可以直奔景点。而石林一日游的往返专线车开出后一上午都在拉游客购物、吃饭（为导游赚回扣），下午才开始进入石林，白白耽误了许多时间。

⑦昆明东边陆良县境内的沙林风光与众不同，游览可视情前往观览。

⑧距昆明市只有 2 个多小时车程的抚仙湖，湖面壮观且水质清澈，单说湖上风光比大理洱海还要秀丽迷人，前去一游绝无遗憾!

旅途中

旅游锦囊——为您介绍游览昆明和云南省内其他景点线路的有关学问

旅游锦囊之一：如何在昆明及周边地带选择合理游程

在昆明游览主要景点约需 2~3 天时间。其中市区观光至少要一天时间，西山（龙门）、云南民族村（含歌舞驯兽表演）、大观楼可作首选景点。早晨起床后应先去云南民族村，赶在 8:30 之前到达以便观看盛大的开村仪式和歌舞表演，然后游览全村。民族村面积不小，走马观花也要半天时间。正午时分离民族村乘出租车跨越滇池到西山观赏滇池胜景。之后返回游大观楼。然后可视情游览世博园、金殿和黑龙潭等。第二天可游九乡和石林，一日游览这两处景点需早出晚归且抓紧时间。上面的游程安排非常紧凑但也略显仓促，如果增加一天时间（共 3 日游览）便会轻松许多了。如欲到澄江游风光秀美的抚仙湖，则需再增加 1~2 天时间。如去陆良看沙林奇景，还需增加至少一天时间。另外昆明附近最近涌现一处新景东川红土地，游人可予适当关注。

旅游锦囊之二：如何在云南境内选择常规游览线路

①如果你是初次入滇，最好选择昆明、大理、丽江一线，游毕丽江可去香格里拉或泸沽湖，当然最好是把它们一次都游遍。滇西北是当今云南境内最精彩的黄金旅游线，游客前去定觉精彩圆满。

②同样是初次入滇，你也可选择昆明、西双版纳一线，西双版纳风光虽然听上去有点俗，但不去一次还真有些遗憾。

③如果你是第二次来云南又不想落俗，那可选择滇西南一线，那里主要有滕冲和瑞丽两个观光候选地。但笔者认为腾冲风光够水平而瑞丽风景稍显平淡，游客应有心理准备。

④如果是春季 2~3 月份来云南，游毕昆明、大理后可考虑去滇东罗平，油菜花盛开的时候罗平风光还真挺壮观。

⑤另外滇东南也有个性鲜明的好景点，如红河州的元阳梯田和文山州的普者黑及“世外桃源”坝美村，风光都很诱人，这条线适合于第二次来滇的游客。

旅游锦囊之三：观看《云南映象》大型歌舞表演令人振奋欢欣

这是一场规模甚大的云南少数民族原生态歌舞表演，分为太阳、土地、家园、火祭、朝圣、雀之灵等 6 个场次，由著名舞蹈艺术家杨丽萍担任主创和艺术总监，是昆明夜生活中的特大亮点。笔者强力推荐。表演地点在昆明市北京路市政府旁的昆明会堂，开演时间为 20:00，票价 120~380 元。订票电话：0871-3134218。

▲ 昆明西山美景（左下方是滇池）

旅游锦囊

为您介绍昆明自助游览方面的最新攻略

①当地观光亮点仍然以西山、大观园、石林、云南民族村、世博园为主，周边其他景点可关注九乡、抚仙湖、陆良沙林。

②游览云南民族村后欲去西山可乘缆车但车费很贵，对于结伴旅游者来说乘出租车去西山最适宜，车费 15~20 元即可到达西山山门，再换公交车车费 3 元就到西山的售票口了。以 4 人出游为例，乘缆车要 160（每人 40 元），而按上述方式行进只需 32 元，省钱效果极为明显。

③西山的最佳观景点在龙门胜境，这地方非常狭小游人又拥挤，但确是观赏滇池全景的绝好地点，一定要多停留。

④游毕大观园后再去西山有捷径：园内有游船去海埂（招牌上说是远观西山睡美人），双程票价 60 元，但你一定要坚持买单程票（30~40 元），这船经过滇池的一部分草海湖（湖中风光很好），到海埂上岸后打的 15~20 元即到西山公园大门（与上边第②条说的是一个地方）。此游览顺序也可颠倒进行，即先游西山后去大观园。

⑤云南民族村和世博园的园内风光没有太大变化发展，多次去过昆明的游人可把目光投入昆明周边地带，笔者强力推荐澄江县境内的抚仙湖，单说水上风光，这湖决不比大理的洱海风光逊色，本书后边有专门章节介绍。

⑥从昆明去大理可乘大巴或火车，但价格悬殊太大。快巴低的 80 余元，贵的 126 元；火车晚上开车的两班快车车费 90 元左右，而白天始发的普快列车（9:30开车）坐票才 30 多元。

⑦昆明市晚间共有 4 台有云南特色的大型歌舞表演，笔者强力推荐杨丽萍担任主创和艺术总监的《云南映象》，这场大型歌舞把人类的肢体语言和舞蹈语言发挥到了极限，观后使人心灵上得到极大震撼。加上舞蹈体现出来的丰富思想内涵使人能够在很深的层次上认识到生活的本质和意义，使人深受启迪而觉得观后受益匪浅。《云南映象》绝非是一个晚间的娱乐节目，而是一个不可多得的艺术精品，非常值得一看，订票电话：0871-3134218。

⑧最后为大家补充介绍几个物美价廉的住处和餐厅。一是距火车站只有 1 站路的南国宾馆，交通便利而条件很好的标间 100~120 元，是性价比最好的宾馆，电话：0871-3136305。二是位于市中心金碧广场旁的驼峰客栈，普通间 25 元/床且这里驴友众多能得到的信息丰富，所以是最实惠的住处，电话：0871-3640359。驼峰客栈旁有两家好餐厅，一个是过桥园；一个是桥香园，它们都主营过桥米线和滇味菜肴，其中过桥园名气大而桥香园超级便宜，游人可关注。

▲ 世博园门外的吉祥物造型

另荐景点：东川红土地

去东川红土地观光可以乘昆明至法者的汽车（昆明北站每日 7:50、8:30 有车），行车途中经过红土地、乐谱凹、花石头、锦绣园等景点，整个车程约需 5 小时。红土地目前开发出来的景区有打马坎、七彩坡、锦绣园、落霞沟、乐谱凹等。当日回昆明来不及，应该在那住一晚，张老师家庭旅馆有点名气，可供选择。另外位于乐谱凹的红土地摄影饭店可吃可住（标间 50~60 元），也是不错的落脚点。

云南省

电话区号	0888
旅游咨询	5160370
湖区公安局	5881110

泸沽湖

泸沽湖——镶嵌在川滇两省交界处深山之中的灿烂明珠，这里巍巍群山环抱着盈盈湖水，山青如黛、水明如镜，湖边林木葱郁、湖心礁岛秀立，自然风光极为绚丽迷人，而居住在湖畔的摩梭人的独特生活方式和奇异的风俗民情，更给来自海内外的八方游客带来无限的向往和憧憬。这些年来，已有数以万计的图片、数以千计的文章、数以百计的电视片争相向世人描绘介绍泸沽湖的绚烂风光和摩梭母系社会的文化，去泸沽湖观光已被许多人当作国内旅游中最令人激动和幸福的事情。

气候与游季

泸沽湖冬暖夏凉，四季如春。春夏季节，山青湖绿，百鸟欢歌；严冬时节这里依然艳阳高照，暖风融融（1月份穿毛衣加外套即可）；一年四季风光如画，皆可开心畅游（只是湖区紫外线强烈，游人要适当打伞、戴帽，注意防晒）。

▲ 泸沽湖绚丽风光

交通——如何到达泸沽湖

主要有三条路径可选：

A .从昆明、大理、丽江方向去（这是最传统的路线）：

昆明市客运西站每日有一班长途客车开往宁蒗县（旺季可以直接到泸沽湖边），车票170元，行车约需16小时。

大理市每天开往宁蒗的客车有4~6班，行车需6~7小时，车费90元左右。丽江市每天8:00、8:30有客车（古城停车场发车）直达泸沽湖，单程票价80元、往返130元。另外丽江市每日开往宁蒗的中巴车从6:00至15:00约有8~10班，行车4小时（走新路）可到，车票50~60元。

宁蒗县城到泸沽湖还需2个小时，县客运站随时有车（主要是微面），车票30~40元/人，行车2小时可到（目前正在修二级公路，年底前竣工）。宁蒗客运站电话：0888-5521505。

B .从四川西昌去：

西昌市内每日有2班客车开往泸沽湖，车费约需80元，

- **路途捷径**

北方游客去泸沽湖完全可以不必绕道昆明、大理、丽江。可以先乘火车到四川西昌。西昌旅游客运站每日有两班客车发往泸沽湖东岸的泸沽湖镇，车程8~9小时，车费80元左右。抵达后换乘当地微面，可以轻松抵达凹夸、大嘴、里格、大落水等湖畔观光食宿点，交通很方便。其中从泸沽湖镇到里格车费15元/人、到大落水25元/人，车程均在40分钟以内。

- **西昌客运站**

电话：0834-3082318

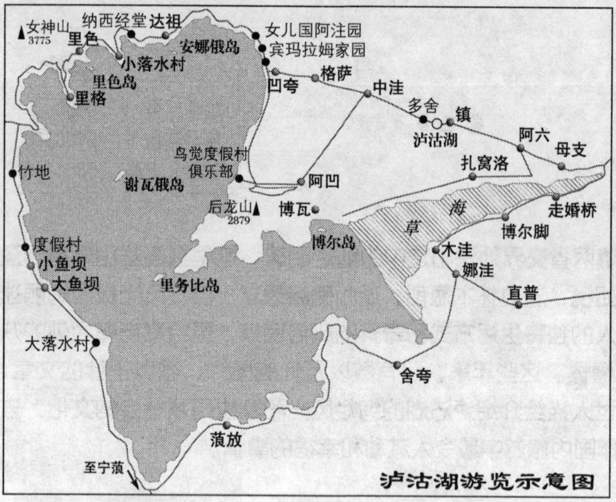

泸沽湖游览示意图

行车需1天时间，此段路况已比过去好了许多，大部分路段铺上了沥青，只有极少路段仍是碎石路面。亦可先从西昌乘车到盐源县，再换车去泸沽湖。

C. 从四川攀枝花去：

攀枝花市汽车站每天8:30和10:50有2班客车开往泸沽湖所在的宁蒗县，车票58元、行车约8小时（许多路段是弹石路面，稍有颠簸但勉强可以忍受），抵宁蒗后再换当地微面，车票30~40元，2小时即到泸沽湖。

- **推荐住宿**

①大落水村

戈瓦新屋宾馆，条件尚好、物美价廉，双标间50~80元，笔者强力推荐。电话：0888-5825839、13187798529。

汝亨大酒店，紧邻湖边，设施新、条件好，湖景房118~168元，笔者强力推荐。电话：15108859648、0888-5825198。

摩梭国大酒店，规模大、房间多，标间60~120元。电话：0888-5881188。

②里格村

里格春天，条件尚好，标间80~140元，电话：0888-5887466。

扎西家，是木屋，标间50~60元，电话：0888-5881055。

浅忘小筑，在里格半岛上，虽然房价贵（标间200元以上）但位置绝好，门前湖上风光如画，因此笔者给予特别推荐。电话：0888-5822400。

③大嘴村

游走部落，紧邻湖水，标间80~100元。电话：0888-5824956。

住在泸沽湖

泸沽湖云南一侧的岸边虽有大鱼坝、小鱼坝、竹地等五六个少数民族村落，但游览的中心和游客的集散地是紧挨湖边的大落水村，村民修建的木楼群距湖水仅有8~10米的距离，几乎每座临湖的木楼都被开辟为家庭旅社并冠以如“摩梭女儿国”、“摩梭伊甸园”、“阿夏风情园”等好听的名字。这些木楼旅社主要是双人普通间，只有床、被、电视等简易设施，50%左右的房间中都没有卫生间（卫生间在院子里），收费亦相当低廉——旺季每床30元，淡季只需15~20元。

另外近年来大落水村新建了不少砖混结构的湖畔观光度假酒店、旅馆，里边的标间都有彩电、卫生间（还有一些有空调），房价淡季50~80元，旺季翻番。此外地处泸沽湖西北角的里格村近年来新建了大量家庭式宾馆酒店，设施新、条件好，标间淡季50~80元，旺季大幅上浮，里格村某些位置好的湖景房标间淡季开价也在120元以上，旺季可达250元/间，算是优质高价吧！

吃在泸沽湖

大落水村内单独开设的大餐厅和酒楼不多，游人用餐大都在每座家庭旅馆中附设的餐厅，用餐形式以点菜为主，当地的风味菜肴基本都能吃到，菜量不少但价格不便宜。有名的猪膘肉 20~30 元一份，摩梭小炒肉 20 元、回锅肉 20 元，米饭 2 元钱可吃饱。此外还有一些旅店为客人提供包餐，正餐 10~15 元/份、早餐 5 元/份，有菜有汤有饭，还算实惠。另外大落水村的湖边还有数家外地人开设的小吃店，主要经营米粉、面条、饺子、炒饭等简单饭食，价格相对便宜（米粉面条不过 5~7 元一碗），人均 10~12 元可吃饱一顿。

▲ 泸沽湖风情

泸沽湖的主要游览项目和方式

①湖边观景。

泸沽湖水面辽阔，湖水清澈碧透，且波平如镜，湖边的狮子峰等山峦形态亦很秀美，山光水色完美交融，活脱脱一幅湖光潋滟的绝佳山水画卷（且每天早、中、晚风光各不相同），令人百看不厌。

②乘船游湖。

泸沽湖湖心有数处岛屿，其中以里务比岛和谢瓦俄岛风姿最为优美——小岛秀立水中，上有茂密树林和精美亭阁，看上去非常玲珑动人。从大落水村西边的游船码头，乘上村民的猪槽船，可横跨湖面到里务比和谢瓦俄岛畅览湖光山色。游兴足、瘾头大的游客还可乘猪槽船到四川一侧的湖边畅游美景（划船到四川一侧需 2~3 小时，船费单程 80 元/人。

③晚上参加篝火晚会大联欢。

每天晚饭后（20:00 左右），当地村民都要在大落水村北侧的民俗博物馆前歌舞表演场举办大型篝火晚会，伴随着熊熊的火光和欢快的乐曲，摩梭姑娘和小伙子要为大家表演十几个精彩的歌舞节目，而游客亦可随时加入他们的行列，一同狂歌劲舞，可以玩得十分欢乐开心。门票 30 元。

④环湖乘车游。

泸沽湖边有较完整的环湖公路，欲看湖区全貌并观览摩梭人真正自然生活状态的游客可以作环湖（或沿湖走一大半）乘车游，这样可以看到比大落水村更加自然原始的摩梭村寨，

- **当地风味食品**

猪膘肉、牛干巴、牛头肉、酸鱼、坨坨肉、糍粑、苏里玛酒、酥油茶。夜晚湖边还有不少烧烤摊，各类鸡肉、牛羊肉一应俱全，湖中捞上来的小鱼小虾烤后更是美味适口。

- **泸沽湖门票**

¥景区通票 100 元。在湖区公路口收取，21:00 以后进入有时没人收票。

- **摩梭节日**

火把节是宁蒗很多民族都喜爱过的一个传统节日，而每年农历七月二十五日的转山节是摩梭人最重大的节日。摩梭人其他节日还有：祭祖节（农历十二月)、祭牧神节（农历十一月十二日)、祭土地神节（农历十一月三十日)、跳神会(农历十月十五日）等。

- **划船去四川**

从大落水村乘猪槽船，只需 2.5 小时就可以划到四川一侧的湖边，那里的风光比云南一侧原始古朴，乘船横跨整个湖面的经历见闻也很新鲜刺激，望君一试，船费需 80 元/人或是 300~400 元/船。

- **夜游泸沽湖**

租一叶轻舟，夜晚划到湖心，沐轻柔晚风，看如水月光，聆听鱼儿跃出水面后的美妙声响，感觉之美如诗似梦。一天晚上，笔者在湖边的高山上看到一只小舟在湖心的月光波影中漂荡到深夜，不知在舟上享受美妙意境和时光的幸运儿是何人。

湖区旖旎多姿的景色风光当然亦会呈现得更加精彩完整。大落水村西侧的停车场上每天有各类轿车揽客，环湖游每天每车收费200元。

⑤在湖边长住畅览摩梭风情。

摩梭原始母系社会的风俗和文化太独特、太丰富、太诱人了，从生下后的起名，到告别童年时的成丁，从长大成人后的走婚，到去世时的葬礼，摩梭人的生活习俗太奇异独特，是整个华夏民族中的“独一份儿”，其中包含的文化底蕴也太深厚复杂。住在泸沽湖边了解、考察摩梭人的生活和文化，是一件甚具情趣和意义的事，不过这是个“细活”，时间太短可不行。

结论

泸沽湖山清水秀，少数民族风情浓郁，是国内最神奇诱人的旅游胜地之一。作为一个中国人，一生中至少应该去那里玩一回（而且应该尽早去，现在当地原始风光犹存，今后能否保持下去还真不好说呢）。

旅途中

景区亮点闪击和旅途花絮

①泸沽湖的水真清，现在湖水的能见度仍可达7~8米，连水底随波摇曳的水草都清晰在目，令乘船游览并俯视湖水的游客颇感新奇开心。

▲ 泸沽湖秀色

②每当我们盖上白天晒过的棉被时，都要发出这样的赞叹：“哇，太阳的味道真好闻!”而你一旦站在泸沽湖边，定会发出同样的赞叹：“哇，湖水的味道真好闻!”当一个湖泊上的水汽清洁新鲜得能让人明显闻到，那这个湖的湖水的碧透纯净程度还有必要用语言来形容吗?

③泸沽湖四周都是山峰，其中以湖西北方狮子峰的形态最美，尽管以它为背景拍照留念吧!

④泸沽湖上每日都有上千只水鸟（鸳鸯、野鸭）觅食游水（且距湖边不过数十米），但从未发生过被当地人猎杀捕食的事情，人与世间万物真应该如此相互依存。

⑤别看划着猪槽船载客人去湖上游览的摩梭船手大都是“大嫂”，可是她们为客人唱歌不收费且歌声特别悠扬动听——“辽阔的泸沽湖泛着清波，雄伟的狮子山披着白云，为什么母亲这样高兴，只因为女儿已经长大成人。”哇，音调俱佳，真棒!

⑥摩梭女人真能干，笔者住宿的那家家庭旅馆就由20岁上下的姐妹俩经营。她俩一个负责餐厅，淘米、洗菜、烧锅、掌勺忙个不停；一个负责旅舍，每天要收拾三四十间客房。难怪有人说摩梭女子天下最优秀——她们白天用万般辛劳支撑母系家庭和社会，夜晚用万种柔情抚慰相爱的心灵，培育爱情的花朵和结晶，谁要是与一个摩梭姑娘相亲相爱，那一定是世界上最幸福的人。

旅游锦囊

为您提供泸沽湖旅游的最新攻略

①泸沽湖山光水色佳俱，风景非常绚丽，虽然已经开发开放多年，但其生态环境并未遭到严重破坏，这里仍然是国内最具诱惑力的景区之一，非常值得一去。

②目前去泸沽湖有 3 条路径：一是从丽江去，游览完丽江再去泸沽湖（中途经过宁蒗县城）顺路也顺理成章（每天有直达车）；二是从四川攀枝花去，中途也经过宁蒗县城，到了宁蒗再换车到达湖边，车程一共需要 9 小时左右；三是从四川西昌去，也有直达车，8 小时可到。目前这 3 条路中前两条中途都有一些砂石路（其中宁蒗与泸沽湖间正在大规模修路，年底竣工后路况就好多了），唯有西昌至泸沽湖是全程柏油和水泥路（但路面有间断破损），又因其大部分是盘山道，所以行车亦显几分艰辛。

③虽然泸沽湖边到处有观光食宿点，但笔者认为云南一侧的大落水村（过去叫落水下村）仍是最佳观光点，这里看到的山水风光都是最佳角度，从大落水乘船到湖上游览也最方便。至于食宿接待条件，大落水村的宾馆、旅馆、餐馆多而价格最便宜，所以笔者给予强力推荐。

④里格村位于泸沽湖西北角的狮子山下，这里山景好看但湖景比不上大落水（当然在里格半岛东缘有一小段湖边绝佳观光处）。从观光的角度说里格决不比大落水强，但是里格近年来兴建了不少度假酒店、旅馆，起点高、条件好，加之这里幽静有野味，因此还是吸引了不少游客（里格的食宿价格要略高于大落水）。

⑤笔者认为去了大落水而不去里格勉强可以，但是只去了里格而不去大落水不合逻辑和情理，会影响观光效果。

⑥云南一侧湖边的大、小渔坝村几乎没什么接待能力，游人可以不停留。尼赛村有情人树和狮子山登山索道等景点，可适当停留；小落水村有杨二车姆娜的庄园和纪念馆，可适当关注。尼赛和小落水村的接待能力远逊于大落水和里格。

⑦四川境内的观光点主要有大嘴、凹夸两个临湖村落（都有些食宿接待设施），从这两个地方观泸沽湖风光也不错。此外还有一个草海景区，那里是一片湖泊湿地，外加一个 600 米长的走婚桥，风光一般，是否前去可适情而定。

⑧综上所述，笔者认为泸沽湖边的最佳观光点是大落水、里格和狮子山上（有缆车上去）。此外在大落水至里格之间、里格到大嘴、凹夸之间的沿湖公路上，亦能看到辽阔壮丽的湖上风光。而湖区最佳食宿点是大落水和里格村（其他地方形不成接待规模）。

⑨如今若想做环湖游即一天内游遍上述各景简直太容易了，在沿湖各地都可以轻而易举地找到各类轿车和微面车，包车 1 天约需 200 元，可乘 4 人，观光无时间限制。

⑩散客乘湖边客车到达上述各点也非常容易——从大落水到里格车费 10 元，15 分钟可到；里格到尼赛和小落水车费 10 元也可，车程 10~15 分钟；小落水到大嘴、凹夸车费 5~10 元，行车 10 分钟；凹夸到四川的泸沽湖镇车费 5~10 元，车程 10~15 分钟；泸沽湖镇到草海车费 5 元即可。

▲ 泸沽湖风光如画

云南省

丽江

电话区号	0888
旅游投诉	96927
旅游局	5169402
旅行社	5308088

十几年前的丽江城像一块刚刚出土甚至尚未完全出土的璞玉，躺在滇北高原上的一角默默无闻。真正把丽江推向引人注目显赫位置的起因竟是1996年闻名全国的滇北大地震，当八方记者前去报道当地抗震救灾的情况时，却突然发现在这南疆的偏僻一隅竟然有这样漂亮壮观的山水和这么精妙玲珑的名城古迹——玉龙雪山巍巍头顶蓝天，傲视滇北大地；龙潭公园亭阁精美，水映蓝天白云；金沙江水在虎跳峡中奔腾狂泻，势如排山倒海；丽江古城中民宅古朴，碧溪欢涌。还有婉转流畅的金沙江大拐弯、宁静幽深的拉市海、皎洁纯丽的白水河，美景之多之丰富之密集真可称之为中国大地上的罕见奇迹。于是一篇篇、一部部报道丽江的文章和电影、电视片从这里传出，流向全国和全世界，丽江的俏丽容颜亦被揭去了掩在头上的神秘面纱而走进了海内海外的千家万户。试问当今国人世人，有谁不知丽江这颗滇北高原上的山水明星呢?云南省虽有大理的苍洱风光、昆明的西山和石林美景、香格里拉的原始秘境和西双版纳的傣家风情，但是全省最美的地方之一是丽江，不作丽江游，枉为云南（西南）行。

▲ 丽江龙潭秀色，背景上白云缭绕的山峰就是玉龙雪山

气候与游季

丽江属高原型西南季风气候，气温比昆明、大理稍低，昼夜温差也显大，通常是正午间艳阳高照，但早晚却凉风习习。总体上说丽江并无明显旅游淡季，春秋时节气温适中最适合游览，盛夏时节因这里地处高原而又逢雨季，因此亦无难耐酷热，冬季这里夜间较冷，但白天因日照充足，中午时分仍然会暖风融融，令人感到很舒服。所以，丽江可以算是一处全年候的游览胜境。

- **笔者关照**

丽江不光风光美，位置也太“黄金”了——南有大理，北有泸沽湖、香格里拉，所以来云南一次把丽江和周边景区一起玩，定会备感物有所值、幸福开心!

- **出租车**

丽江城内起步7元。

交通

丽江虽然地处滇北高原，但交通极为方便。游客有多种交通方式可选择。

飞机

从昆明飞丽江最方便。每天有至少5~6个航班，飞行40分钟可到，机票630元，但经常可打折。

丽江机场距市区约30分钟车程，有专线车直达市区，停车地点在丽江新城云南航空公司售票处门口，车费15元。另外1路公交车亦可以从机场到达市区。

此外，上海每周有至少3个航班飞往丽江。西双版纳每天有1个航班飞往丽江。北京、广州等城市亦有不定期航班飞往，游客可在出发前向民航有关方面问询具体航班时间和票价。

铁路

丽江已开通铁路客运，与昆明、大理间有旅客列车。昆明到丽江的列车夕发朝至。火车站到市内可以坐13路公交车或打车。

公路

丽江地处滇、藏、川三省区交界处，高速及普通公路四通八达，游客从哪个方向进出丽江都方便。

昆明到丽江

昆明市长途客运总站、潘家湾客运站、东西南站、关上广场站均有客车发往丽江，车次每天有20~30班，行车8~10小时可到（全程柏油路，其中部分是高速路），普通客车票价140元，豪华大巴票价160~180元，最高级的大巴车费可达230元以上。

大理到丽江

大理市内的各大客运站包括大理古城都有开往丽江的大客、中巴，行车3.5~4小时可到（全程柏油路、部分是高速路），票价中巴40~50元、豪华大巴60~80元。

攀枝花到丽江

每天有大客、中巴车往返，行车10小时，车票65~82元。行驶8~10小时。

香格里拉到丽江

由于高速路已修通，香格里拉（中甸）与丽江之间只需行车3.5小时即可，每日有多班客车对开，车费42~52元。

住宿

丽江作为滇北旅游的中心和八方游客聚集的焦点，这里

- **飞机**

昆明机场售票电话：0871-96566。

丽江民航售票处，在福慧路，电话：0888-5161289。

- **民航丽江站**

电话：0888-5399999。

▲ 长江第一弯

- **公路**

丽江长途客运站，电话：0888-5122360

昆明长途客运总站，电话：0871-3510617。

大理客运总站，电话：0872-2123436。

攀枝花长途客运站，电话：0812-2222096。

▲ 龙潭美景

- **推荐星级酒店**

①官房大酒店，五星级，电话：0888-5188888。

②黑白水大酒店，三星级，电话：0888-5126688。

③森龙酒店，三星级，电话：0888-5120666。

④剑南春文苑是古城中最好的星级宾馆，位于古城西南角，每天晚上还有盛大的歌舞联欢和表演。电话：0888-5102222。

- **地势绝佳的宾馆**

丽江望古楼宾馆，在其二楼可观丽江古城全貌，画面很动人。双人标准间80元。电话：0888-5129773。

▲ 丽江古城的标志：大水车

的旅馆业非常发达，各类宾馆、招待所、民居客栈一应俱全，而各大宾馆和民居客栈的住宿条件和情调完全不一样。

正式宾馆

在丽江城内有数十家，最高级的是五星级的官房大酒店，标准间价格 500~680 元。四星级的有玉龙花园大酒店，标准间价格 400~500 元。三星级宾馆的代表是丽江宾馆、黑白水大酒店等，标准间价格 250~400 元。二星级的宾馆更多，共同特点是住宿条件好、餐饮娱乐及通信设施全，舒适气派，标准间价格在 120~180 元。

民居客栈

主要分布在丽江古城内，大多用纳西族居民的家居房装修改建而成。主要特点是地处古城中心或周边，游览古城方便，出门就能看到古城风采，同时院内多种有花草，环境优美，房屋装饰得也颇具匠心，特别精美诱人。但缺点是有些客栈房间不大，一般只及正式宾馆的 70%左右，况且是木地板，隔音效果差，一些房间无独立卫生间和浴室，住宿时没有正式宾馆那么方便舒服（但古城内不少新建成营业的家庭客栈客房有独立卫生间，条件不错）。当然，这类民居客栈的房费也非常便宜，标准间（有卫生间）旺季 100 元以上，淡季只需 50~60 元，普通间（无卫生间）旺季 50~60 元，而淡季可降至 20~30 元。游客可根据个人兴趣爱好视情挑选。

餐饮

在丽江吃家常饭菜价格不算太贵，街面上的小餐馆内一般的菜肴价格 12~20 元，米粉 4~5 元一碗，亦可让店主做 10~12 元钱一份的快餐，含一盘肉炒青菜、一碗米饭和一小碗高汤，填饱肚子没问题。

当地的特色菜肴主要有三叠水、丽江粑粑，各类牛肉干、猪膘肉等，既可以在中、高档酒楼、饭店中品尝，亦可在丽江古城中溪水边的小饭店中做开心美食——尤其是在夜晚，每家小店前都是烛光闪烁、灯影朦胧，情调特别美妙温馨。在这样好的就餐环境中用餐真是高级享受而菜价适中，像鸡蛋炒西红柿、鱼香肉丝这样的家常菜 10~16 元，当地风味特色菜 25~40 元，雪碧、可乐一类的饮料单价一般为 4~5 元，在丽江古城中用餐是丽江游览中最美妙的享受之一，请切记。

- **美食佳境大石桥**

大石桥在古城南侧的新义街密士巷，桥身古朴而精美，桥下溪水汹涌奔腾，水边有许多精巧玲珑的个体餐馆。在这里用餐，沐水上轻风、观碧溪欢涌，甚至可以把双脚伸入清波享受无尽的凉爽和清新，感受之美妙难以用语言形容。附近还有一个卖布农铃的工艺品店，不时随风飘来美妙的铃声，非常悦耳动听。

- **民居旅馆住宿参考**

①小桥流水客栈，在新义街密士巷 78 号，位置绝好，住宿条件也行而房价便宜，有独卫、电视的双人间 60 元/间。笔者强力推荐。电话：0888-5111957。

②大石桥客栈，位置很好，在古城名景大石桥溪水边，环境也美，标准间 80 元，电话：0888-5184001。

③全景客栈，在古城新华街黄山下段 57 号（山上），在客房中能看丽江古城全景。双人间 80~100 元。电话 0888-8880844。

④自由生活驿站，环境不错，可免费上网，标间 120 元。电话 0888-5185778。

⑤古城国际青年旅馆，有 40~50 元的床位。电话 0888-5180124。

此类民居客栈在古城中很多，游人可任选。

主要景点

丽江古城（5A 级景区）

丽江古城坐落在玉龙雪山下的丽江坝中部，北依象山、金虹山，西枕狮子山，南临宽坦的平原，现为丽江市古城区，亦是蜚声中外的国家历史名城和当地最富鲜明个性魅力的观光游乐景区。

古城建筑风格古朴、典雅而又生动别致，纳西族独特外形的民居鳞次栉比，城中各式商号店铺林立，清清的溪流穿城过巷，形成了条条街道见流水、户户门前有清溪的独特建筑格局，酷似江南而又胜似江南的奇观妙景，使之享有“高原姑苏”和“东方威尼斯”的美誉。

龙潭胜景

在丽江城北象山西南麓，这里泉涌如珠，潭青如玉，近有得月楼、宝带桥等精美亭阁桥榭，远有玉龙雪峰巍峨身姿挺拔高耸，湖光山色相映衬，风景秀美而绮丽。

玉龙雪山（5A 级景区）

玉龙雪山位于丽江城北 15 公里处，整座雪山由 13 座山峰组成，东西宽约 13 公里，南北绵延近 50 公里。

玉龙雪山是北半球纬度最低而海拔最高的山峰，其主峰扇子陡海拔 5596 米，山顶积雪终年不化，皎洁晶莹而又挺拔秀立，雪山上从海拔 1800 米到 4500 米之间覆盖着浓密的森林植被，4500 米之上则是永久积雪带，森林风姿和雪峰奇景引人入胜，被誉为现代冰川博物馆和“植物王国”。是最早被列为国家重点名胜区的游览胜境。

目前玉龙雪山对游人开发的景区有三大片，一是大索道，位于进入景区大门不远处，可以载客到海拔 4580 米的山颈处（下车后再步行可以到达 4680 米处），从高山上畅览美景并参加滑雪等游乐活动。往返缆车费共 162 元。二是云杉坪，又称小索道，观光缆车可以载客到达 3200 米的山腰处，再步行约 30 分钟可到一处相当平坦的山间谷地（此处就叫云

▲ 丽江古城一角

- **丽江古城**

古城就在市区东南缘，乘 1、3、5 路公交车或步行均可到。

进入古城并不收取门票，但如果游人入住丽江市区的正式宾馆，则由总台代收古城维修费 80 元/人。另外去玉龙雪山游览，景区也要代收古城维修费 80 元。

- **网吧**

古城内外均有网吧，许多民居旅馆中亦可上网，一般网费 2~4 元/小时。

- **龙潭胜景**

在丽江城市东北缘，乘 5 路公交车可到。如果从古城步行去龙潭大约需要 15 分钟。

¥门票免收。

从龙潭向西北方向远眺玉龙雪山是丽江风光摄影中的代表作，就跟北京的长城和故宫似的，一定要照一张啊！

- **玉龙雪山**

从丽江市区的红太阳广场乘 7 路公交车即可到达玉龙雪山各景点，车票 8~15 元。

¥景区门票 190 元/人。

大索道往返 172 元；小索道往返 42 元；中索道往返 60 元。

- **推荐好司机**

夫妇俩，男的姓木、女的姓杨，都可开车载客作丽江周边游，服务态度甚好，电话：13908887357。

- **虎跳峡**

旅游旺季丽江客运站有客车到达游人最常去的上虎跳，但车次极少。此外客运站每日还有多班客车开往或途经虎跳峡镇，车票23~28元。虎跳峡镇距上虎跳只有9公里，打车有20~25元也就差不多了。

¥虎跳峡门票50元。

此外从丽江包车去上虎跳非常容易，一辆微型车往返车费300~350元，可乘4~5人，平摊下来人均不过70元左右，比乘客车贵不了多少。

如果欲游整条虎跳峡谷，那可从丽江乘开往大具的客车，抵达后从渡口过江，再沿下虎跳、中虎跳、上虎跳的顺序走完整条峡谷，这种玩法艰辛但新奇刺激，本文稍后单有介绍。

- **长江第一弯**

长江第一弯及石鼓镇距丽江约50公里，可从丽江客运站乘客车前去。更方便的方式是包车去虎跳峡游览后返回时顺路前去——从公路路口向西拐行20分钟就到了。

¥第一弯不收门票。欲观石鼓收费5元。

杉坪)，在这里可以向南仰望玉龙诸峰雄姿并观看当地少数民族男女表演的歌舞节目。往返索道费42元。三是牦牛坪，又称中索道，距丽江市区最远，这里地势开阔、草场平坦，春季山花烂漫，景色优美而壮观，但是冬天冰雪覆盖大地，风光略显惨淡。往返索道费需60元。

▲ 玉龙雪山

虎跳峡

是金沙江水冲刷切割玉龙雪山和哈巴雪山而形成的世界上最深的峡谷，该峡谷落差近200米，两岸雪峰高出江面3000多米，其惊奇险峻程度国内罕见，令人望而生畏。

虎跳峡分为上、中、下三段，全长约17公里，上虎跳处于峡谷入口处，有许多巨型岩石横卧江心，水石相击，惊涛拍岸，势如翻江倒海；中虎跳一段江水落差近百米，数处险滩中都是乱礁密布，如星石陨落江中，被人称作满天星；下虎跳一带峡口渐渐开阔，江水宽坦浩荡且平静地流向远方，从而享有高峡出平湖的美誉；上、中、下虎跳三段江峡风格迥异但风光同样秀美，游人观后可以得到惊心动魄而又神奇梦幻般的永恒回味。

长江第一弯

长江第一弯（又称金沙江大拐弯）位于丽江市石鼓镇与香格里拉县金沙江沙松碧村之间，距丽江市约50公里。江水在这里由北南流向转向东西流向，形成了一个“U”字形的半圆状巨型弯道，形态流畅、均匀而优美，不远处的石鼓镇山冈上屹立着一面鼓状石碑，直径15米，厚0.7米，是目前丽江所发现的年代最早的石碑之一。它们两者东西相依，亦成为丽江周边的著名景区。

▲ 金沙江虎跳峡

旅途中

旅游锦囊——为您的丽江游览支高招

锦囊之一：如何游好丽江古城

一定要白天和晚上结合起来游览——白天可以细观古城风貌，那种条条街道见流水、户户门前见清溪的美妙环境格局真是世间难寻，另外，像木府大院（门票 60 元）等景点也只在白天才能看清楚。可是要切记：夜晚的古城更美丽，更迷人。溪水边的小酒吧、小餐馆前摆满了玲珑精美的小餐桌，上方挂着串串漂亮的灯笼，桌上点着支支红色的蜡烛，光线柔和而朦胧，人们坐在一起品咖啡、饮美酒、尝美味，一起交流回味白天游览后得到的美好感受，那种温馨柔美的情调真是舒适宜人。古城中餐馆和酒吧集中的地方有两条街，一是新华街（在古城中心街北侧）——这里溪水流得很平缓，真是波平如镜、水流无声，在溪边品茶饮酒谈天非常宁静祥和（但是最近这里不少酒吧内晚间音乐声音放得太大，狂歌劲舞闹腾得太厉害，扰乱了原有的和谐安宁）；二是中心街东南侧的新义街密士巷，这里溪水汹涌奔腾，非常活泼生动，在溪边开怀畅饮更显快活开心。

此外在古城内的四方街广场和剑南春宾馆前，每晚都有篝火联欢活动，游客免费参加，与纳西族人同歌同舞非常令人快乐欢欣。

锦囊之二：如何游好龙潭胜景

园中的最佳观景点在园区东南角湖滨亭东北侧，从这里眺望前方，近有清澈潭水，中有精美亭桥，远有雪峰美景叠加，画面极为生动。另外登上东北侧小山上的观景亭，可以俯视龙潭全貌和古城远景。如欲拍出好照片，可在黄昏时入园，这时夕阳西下，潭水清碧如玉，远处的玉龙雪山山头映衬落日余晖，画面和色彩之美可达全天之最。

锦囊之三：如何游好玉龙雪山

如果欲寻新奇刺激，那当然要乘大索道（乘索道缆车就行，不要骑马上山，费钱还容易与马夫闹纠纷），海拔 4600 米以上的高山雪景非常开阔壮丽，山上的滑雪等活动也很令人欢乐快慰。可是这里海拔稍高，空气稍显稀薄，有些人会出现轻度高山反应，所以年老及体弱者应慎去。

云杉坪海拔只有 3200 米，在此既可以看到雪峰雄姿（仰望）又不会出现任何高山反应，所以这个地方任何人都可以游玩（尤其是团队爱来这里），但缺点是玩起来没有大索道那样惊险刺激。

牦牛坪海拔 3600 米，有不少高原草甸和湖泊，春夏秋三季风光尚可，但冬天积雪盖地什么东西也看不见，风光大打折扣。弄清了上述三处景区的差异，你就可以酌情选择目的地了。

锦囊之四：如何游好虎跳峡

一般游客去虎跳峡只是观览离丽江城最近的上虎跳。丽江市有客车直达但车次不多，而过路客车大都只开到或途经虎跳峡镇，下来后还需打车走 9 公里才到景区，回来时车也不太好等，真是费时又费力。最佳的方式是在客运站门外包私人微型车——一字排开车很多，一辆车去上虎跳往返 300~350 元即可，每车可乘 4~5 人，每人平摊车费后并不比客车贵且可享受专车待遇——一口气开到上虎跳，下车后即是景区大门，玩完了上车就可返回，途中多给司机

◀拉市海上

20~30 元油钱，还可以顺路拉你去长江第一弯一游，何乐而不为?另外现在长江第一弯与上虎跳之间开行了游览船，可是所经之处都是平静的江段，风光一点都不美，所以没必要乘坐。

锦囊之五：如何游好长江第一弯

从摄影图片上看，这个长江第一弯好婉转、好流畅、好优美，可这样的画面要么是在对面的高山上拍摄，要么是在飞机上航拍的，一般游客在江边根本看不到这么壮阔的远景，所以到这里游览不会有太震撼人心的效果。笔者觉得在游毕上虎跳返回丽江途中乘车到第一弯，走马观花逗留 10 分钟就完全可以了，甚至可以在车上观景（参观“石鼓”也没什么劲），这当然只是我的个人意见，仅供“驴友”们参考。

推荐游程

标准而宽松的三日游

D1：上午龙潭观光，午后丽江古城游乐，晚上继续在古城内看夜景。

D2：游览玉龙雪山，大索道、中索道、小索道任选其一，途中观白水河等景点，黄昏后回市区，晚上去束河古镇休闲享乐。

D3：白天游上虎跳，返回途中看长江第一弯，黄昏时返回丽江结束游览。

紧凑而集中的二日游

D1：上午游玉龙雪山，黄昏时回丽江观龙潭胜景，晚上到丽江古城游乐。

D2：上午游览上虎跳，下午返程中看长江第一弯，黄昏时返丽江结束游览。

预警提示

夜晚在丽江古城的入口处，常有三三两两的女子与单个的男性游客搭讪：“大哥，看你一个人怪孤单寂寞的，要不要到我们那里看看脱衣舞表演哪?每人只要 20 元钱……”

笔者进出古城时常遇到这样的事，虽然没有跟她们走过，但根据经验判断此行大概是凶多吉少，区区 20 元钱就可看表演，那老板的房费、小姐的小费从哪里出——不黑你一下才怪呢! 所以笔者要提醒各位游客：你的丽江之旅肯定特别愉快开心，既然已经愉快开心就让它简简单单地结束——别再节外生枝、画蛇添足，去看“脱衣舞”结果是什么虽不能肯定，但至少是“前途未卜”，所以请三思而行。

发烧友特别关照

晚上在古城游览时一定要去欣赏宣科主持的纳西族古乐演奏会。宣科是丽江的一个怪才、鬼才，他曾因家庭出身成分不好而被抓入狱达 20 余年，出狱后从事纳西族古乐和古文化的收集整理工作，并组建了海内外闻名的纳西族古乐演奏团——现在每晚在丽江古城中演出一场（亦经常到世界各地巡演）。宣科负责主持节目亦参加演出，因其主持节目时既宣传纳西族文化又评论当今的时事政治和社会生活且风趣幽默常常妙语连珠，所以在丽江颇受游客喜爱和关注（每天都有诸多人慕名而来看演出）。众多中外名人去丽江时都先后观看过宣科主持的音乐会，留下诸多传闻、佳话。这台音乐会的演出地点就在古城中心街，票价：A 票 140 元、B 票 120 元、C 票 100 元，经常可优惠。

周边景点

白沙壁画

白沙古镇地处丽江以北 11 公里处，镇内的白沙琉璃殿和大宝积宫内有不少明清时期的壁画，其中许多绘画寓意深远，耐人寻味。

白水河

在玉龙雪山东北坡、云杉坪南侧不远处，河水清澈，河底多白色石块，河畔还有矿物质沉积留下的白色台阶状钙化石，是观景拍照佳境。

拉市海

在丽江以西约 8 公里处，是湖泊景区和自然保护区，湖水面积不小，湖边有渔家村寨，风光美，民族风情多姿。

束河古镇

是丽江三大古镇之一，距丽江古城约 4 公里，这里有小桥流水、古街古民居，与丽江古城即大研镇有异曲同工之妙但比大研镇安详宁静（很像 10 年前的丽江古城）。从丽江乘 11 路公交车车费 1 元即到束河，门票 50 元，镇上有不少民居旅店可住宿。

- **白沙壁画**

从市区乘 6 路公交车可到。

门票 30 元。

- **白水河**

丽江到云杉坪的车均路过该河，下车观光即可。

- **拉市海**

从丽江城内乘 11 路车到忠义路市场再换微型车即到。

门票 30 元。

- **束河古镇**

非常值得一看，笔者强力推荐。

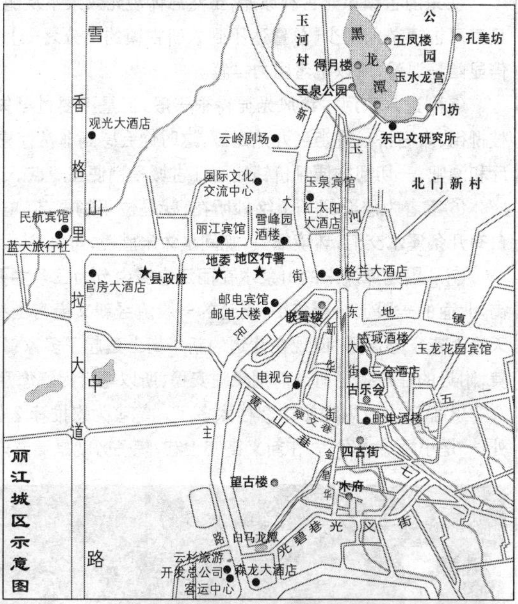

◀丽江古城风光

旅游锦囊

旅游锦囊:为您提供丽江旅游的最新提示

①除了玉龙雪山、虎跳峡、黑龙潭、长江第一弯等传统景点外,拉市海、黎明、老君山、束河古镇等地的观光游览热度有明显升温,成为丽江旅游的新亮点。

②玉龙雪山的门票已涨到190元,加上进山时必须缴纳的古城维护费80元,再加上乘索道上山必须购买的172元门票和索道费,游人游览一次玉龙雪山就要开销440余元。但是交了古城维护费后,去黑龙潭就不收门票了。

③拉市海的售票点在丽江古城区随处有售,去前可做认真咨询。黎明、老君山游览最好跟团,古城入口处有售票点。束河古镇就在丽江市区北侧,白天有客车前去,晚上打车不超过15元。

④束河古镇风光古朴原始,虽然总体观光效果不及丽江大研古城但也甚具观光价值。况且束河古镇游人稀少(总量达不到大研古镇的十分之一),所以很显安详宁静,尤其到了晚间倍显幽静温馨,所以笔者强力推荐。

⑤刚进入束河古镇风光显得很一般,但是不要过早失望,请坚定地朝着西北方向走,沿枝柳街、大石桥一直走到九鼎龙潭,这时你会感到非常惊喜和满足。束河古镇有多家旅馆、餐厅和酒吧,一切都方便且价钱比丽江古城稍稍便宜一点。

⑥笔者为您介绍一个绝妙所在,就是位于烟柳巷(电话0888-5136966)的红酒吧,门口有几条溪水交汇,环境很美,晚间是休闲胜境,可关注。

⑦从黑龙潭流来的山泉水在丽江古城中分为三条主要支流,中间的一股流经古城中心街,北面的一股流经新华街,南边的一股流经新义街密士巷。过去这三条溪泉环绕的古街白天晚上皆宁静温馨,但现在北边的新华街上建起了多家餐厅酒吧,一到晚上里边尽是狂歌劲舞,附近的住户夜里两点前别想睡安稳,所以笔者提醒您别住那条街上的旅馆。

⑧丽江古城内的旅馆客栈太多了,笔者为您推荐2处环境位置绝好而又便宜实惠的住处:一是小桥流水客栈,在新义街密士巷,院子旁就是清清溪流,有独卫的双人间50元/间,电话:0888-5111957;二是全景客栈,在古城背后的狮子山上,在客房和楼顶可把古城全貌尽收眼底。有独卫的双人间50元/间,电话:0888-5101723。而在网上知名度很高的万古楼青年旅舍院内的视野还没有全景客栈好,但它的标间是100元/间,所以还是笔者推荐的全景客栈性价比高。

▲ 束河古镇四方音乐广场夜景

虎跳峡徒步穿越

游虎跳峡有三种方式：一是乘汽车到上虎跳丽江或香格里拉（中甸）的一侧观光，此方式省力快捷，若从丽江出发往返用时不过4~5个小时；二是乘车至长江第一弯，然后改乘船顺江而下（20公里）至峡口，沿丽江新开出的3公里小道，从江边陡峭绝壁底一游，至虎跳石返回。这种方式稍费时间，且乘船游览的前半段江面波平如镜，亦无惊险可言；三是徒步穿越，既可走哈巴小路高路，也可走碎石公路低路，行进方向或从大具到虎跳峡镇或反向行走，近距离全方位地品味虎跳峡之美。

装备

因峡中有数处旅馆，徒步虎跳峡不需要携带露营装备，但一定要穿一双适合徒步登山的鞋，配上透气袜，并带一定数量的应急食品（如巧克力、牛肉干、面包、饼干）和水壶或矿泉水瓶（可在沿途灌山泉水）。由于中途有可能随岩下梯到江边观景，所以要带上护腕、护肘、护膝。数码相机最好多备存储卡和电池。

▲ 虎跳峡

徒步虎跳峡的两条主要路线

虎跳峡全长约36公里，因穿越的进入地点和方向不同，形成了顺江而下和逆江而上两条不同的线路：

第一条路线是逆金沙江而上的线路，行进顺序为由丽江出发乘车到大具—新渡口乘船过江—核桃园山白脸客栈—中峡旅店—中虎跳满天星—中途客栈—诺余村—桥头（虎跳峡镇）。

第二条路线是顺金沙江而下，行进顺序为桥头（虎跳峡镇）—诺余村—中途客栈—中峡旅店—核桃园山泉旅店—乘船过江—大具。

相比较来说走第二条路线要稍稍费点劲。由西向东，途中经过的艰辛路段二十八道拐全是上坡，行进时比较吃力。第一条路线几乎按第二条路线的反方向走，二十八道拐则是下坡，体力耗费小，但是从丽江出发乘车去大具中途经过玉

• **沿途住宿**

①中峡张老师家，电话：13308875575。

②丫叉角村有茶马客栈，电话:13087429048。

③核桃园附近的山泉旅店，电话:0888-5326141。

④至于Half Way（中途客栈，位于本地湾村口）和Tina's（中峡旅店，位于中虎跳高低路交叉口）更是当地人人皆知的旅店，另外五指山客栈也挺干净便宜，游客可视情选择。

以上旅馆设施较简单，住宿条件尚可，住宿费15~20元/人。

龙雪山时要收 80 元/人的门票钱，有的游客对此感到不舒服。另外，虎跳峡边还有简易公路通行，体力稍差的人可在其中部分路段以车代步（没有客车，只能搭车、包车）。

高路（High Path）和低路（Low Path）

高路风景优美，穿行观光感觉很好，但其间岔路较多，容易迷路（不过不可怕，不会迷失方向，只是走冤枉路），可请一个向导（路上有“野导”主动揽客，一般收费 30~40 元）。低路可欣赏沿江风景，但路上塌方、落石多，许多路段要快速通过。

推荐游程

大具—桥头

这是徒步虎跳峡的传统线路。先从丽江（或香格里拉）坐车到大具，从大具的新渡口摆渡上岸后，先步行到核桃园，这里已接近下虎跳，可以先在这里住一夜。如果时间较早，可以继续往前走，走到上游的中峡旅店（中虎跳）再住下（欲到江边看中虎跳石还要走张老师小路或天梯）。第二天继续前行，走高路可沿中途客栈、丫叉角到虎跳峡镇。走低路可到上虎跳，抵达后沿观光石栈道走下山崖，到达金沙江边，站在水边的巨石上看惊涛击岸如山呼海啸般的壮景。随后可以在上虎跳的停车场搭车回丽江（途中可顺路到长江第一弯观光），或者去香格里拉。

桥头—大具

这条路线是顺金沙江而下，从桥头（虎跳峡镇）步行约 2 小时到诺余村，再步行 2.5~3 小时到丫叉角，再走 2 小时到中途客栈，再走 2.5 小时到中峡旅店，（欲去江边观中虎跳石还要走险峻的张老师小路或天梯）再走 1 小时到核桃园，再走 1.5 小时到渡口（以上行进时间为中速行走），乘船过江到大具（过江后先步行上山，再乘机动车到大具，需 1~1.5 小时），然后返回丽江。这条路虽然没有上边一条好走，但因为从丽江到大具必经玉龙雪山进口处，这两年已有许多旅友为避免那 80 元的雪山门票，而走这条线路。

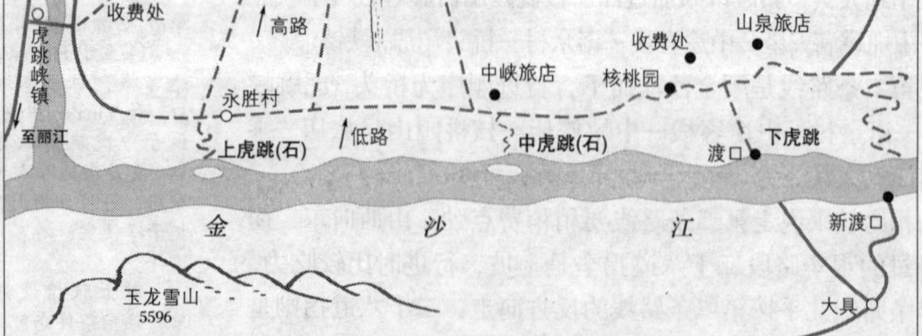

电话区号	0872
旅游投诉	2316779
旅游局	2677775
旅行社	2198200

大理

大理，滇西高原上的政治、经济、文化中心，云南省内风光秀美的旅游名城。这里气候温暖湿润，名胜古迹遍布，以上关花、下关风、苍山雪、洱海月四景著称。其中苍山终年积雪，洱海四季蔚蓝，景色非常优美，而蝴蝶泉、崇圣寺三塔和大理古城亦是当地个性鲜明、引人入胜的佳景。大理还是滇西重要的交通枢纽，从这里游客可以南下腾冲、瑞丽，北上香格里拉（中甸）、德钦、丽江，畅览滇西南和西北的多处美景。以苍山、洱海的壮丽风光和绚烂多彩的白族风情，使驰名中外的大理成为与省会昆明交相辉映的高原明珠，在祖国西南边陲放射着灿烂夺目的诱人光彩。

▲ 从大理三塔倒影公园拍摄到的三塔倩影——三塔倒影公园真是个好地方，这里距大理三塔很近，风光美而清幽宁静，从这里拍到的三塔画面也不错。只是许多游客都说这个公园不好找——可是笔者觉得很好找呀：出了三塔寺景区门口向右走再向右拐再向左拐，15 分钟后三塔倒景公园就到了。

气候与游季

大理属高原型季风气候，无严冬酷暑，四季皆可游览，最佳旅游时节当属 3~6 月份，此时春光明媚，气候温润，让人感到很舒适。12 月到次年 1 月份气温稍低，有时有小雨雪，不过苍山仍可以上，洱海也从不结冰，所以大理是全年候的游览胜境。除了这里风大，经常保持在 3 级左右以外，游人不会有任何不适。

- **当地主要节庆**

①三月街，农历三月十五。

②蝴蝶会，农历四月十一。

③绕三灵，农历四月廿三至四月廿五。

④石宝山歌会，农历七月廿六至七月廿八。

- **从昆明到大理**

昆明火车站问讯电话：0871-3511534。

昆明云航售票处电话：0871-3569777。

- **大理出租车**

夏利起步6元/3公里，以后每公里加1.4元。普桑起步价6元，以后每公里加1.6元。

▲ 洱海公园秀色

- **骑车游大理**

古城中有数处自行车出租点，需交押金或身份证，另付租金10~15元/天。

- **推荐便宜实惠的旅馆**

①馨逸居客栈在大理古城玉洱路16号，从下关乘8路车可直达，条件很好的双人间（独卫、电视）50~60元/间。笔者强力推荐。电话：0872-2669453。

②大理古城南门外的MCA国际青年旅舍，在古城南外约150米处，双人标准间80~120元，多人间15元/床。条件环境均好，笔者强力推荐。电话：0872-2673666。

③三塔青年旅舍，在文笔路，双人标准间80~120元，多人间20~25元/床。条件一般，但背包族游客多，很热闹，另外店内可以免费上网，电话：0872-2670382。

此外国际青年旅舍在古城内的人民路上还有一家店（又称为西藏咖啡馆），位置绝好，带独卫的双人间80元/间。电话：0872-2662391。

交通

航空

云南省会昆明有航班直飞大理，每日1~2班，票价430元，飞行半小时即到，下关机场距大理13公里，有7路公交车和专线车直通市区。此外大理到西双版纳每日有一个航班，票价520元，飞行1小时可到。大理民航售票处电话：0872-2315335。

铁路

昆明与大理间每日有3~5列旅游专列对开，昆明每晚开行时间分别为K9622次23:20、K9626次23:40，次日早晨到大理的时间分别为K9622次06:18、K9626次07:23，硬卧下铺93元，软卧136元。大理火车站前有6、8、10、11路公交车通往市区。大理火车站售票处电话：0872-2126588。

公路

大理与昆明间全程为高速路，每日有多班大巴对开，快巴行驶5小时可到，空调车票价80~125元。大理长途客运站电话：0872-2123436，下关客运中心电话：0872-2124680。此外大理还有多班快巴、普巴发往丽江、剑川、保山、香格里拉（中甸）、楚雄等周边市县。

住宿

大理下关区和古城内有各类宾馆、饭店、招待所数百家，住宿非常方便。

由于下关和大理古城两大部分的城市功能并不一样，所以宾馆、旅馆的分布亦有较大不同。下关是城市政治经济文化及交通中心，所以这里高楼大厦多、星级酒店多，豪华气派。而大理古城还基本保持着古时旧貌，所以这里虽有几家大宾馆，但更多的还是由白族民居改成的中小客栈。星级酒店一般季节的标准间价格在80~220元，许多中小旅店中15~30元/床不难找寻，住宿非常方便。

餐饮

作为一个旅游城市，大理的餐饮业收费并不贵，像大理砂锅鱼、邓州乳扇等特色菜在一般小餐厅里不过是25~30元一份，普通家常菜一般在15~20元。游客一定要品尝一下砂锅鱼，它由鱼块、鸡片、香菇等10余种原料搭配用文火熬成，味道鲜美

主要星级饭店(宾馆)　　区号 0872

名称	地址	电话
漫湾大酒店	下关镇苍浪路中段	2188188
亚星大饭店	古城省级旅游度假区	2670009
金达酒店	下关镇苍浪路中段	2191888
苍山酒店	下关镇苍山路 118 号	2171999
美登大酒店	下关镇苍山路中段	2138999
下关宾馆	下关镇人民路 1 号	2125579
明珠宾馆	下关镇民族广场东侧	2133566
圣元大酒店	下关镇苍浪路中段	
下关饭店	下关镇建设路 58 号	2125859
洱海宾馆	下关镇人民中路 212 号	2122186
昆瑞大酒店	下关镇楚大公路收费站旁	2195888
茶花酒店	下关文昌街与苍山路交叉口	2183777
交通饭店	下关镇建设东路 2 号	2123696
世纪大饭店	下关镇苍山东路	2189898
大理宾馆	古城复兴路 277 号	2671604
红山茶宾馆	古城洋人街	2670406
金花大酒店	古城复兴路 249 号	2673846
三塔苑酒店	古城三塔寺公园北侧	2675521
榆安园	古城洋人街西端	2672093
四季客栈	古城博爱路中段	2670382
大理饭店	下关镇建设东路 1 号	2179898

令人垂涎。另外一种由洱海鱼加上辣椒、青梅和果酸烹制的翠梅酸鱼味道也很诱人。洋人街道口对面还有许多烧烤小吃摊，鱼类、牛羊肉、鸡、各类蔬菜品种一应俱全，15 元钱即能吃得很丰富美满。此外，古城中还有数家小吃店，如果吃饺子、面条、炒饭等简单食品，8~10 元钱就可以吃个“肚圆”。

主要景点

苍山

亦称点苍山，是云岭山脉的主峰，山体南北长约 50 公里、东西宽约 20 公里，东临洱海、西濒黑惠江，共有海拔 3500 米以上的山峰 19 座，山头终年积雪，在阳光的映照下熠熠生辉。苍山山姿巍峨，色彩绚丽，是云南境内漂亮的山岳风景区之一。

洱海

风光绚丽的大型高山湖泊，南北长约 40 公里，面积约为 240 平方公里，海水碧蓝清澈，风光辽阔壮美。洱海亦呈南北走向，且与苍山相依相偎，苍山有多长，洱海亦有多长，湖光山色相映衬，构成了色彩绚烂而又规模宏伟颇具迷人气派的大型高原风景区，甚具神奇美丽的诱人魅力。

- **大理购物**

特色商品有白族蜡染、下关沱茶、剑川木雕、大理雪梨等。大理古城中有多家工艺食品商店，洋人街上更是店摊林立，各类手工艺品种类之多令人目眩，值得好好观赏。另外大理的药材很有名，可以买些虫草、田七、天麻一类的，既能养颜健身，亦可馈赠亲友。

▲ 金镜阁

- **苍山**

上苍山游览有两条索道可乘：①苍山索道，往返 68 元；②感通寺清碧溪索道，往返 80 元。两条索道平时都有打折优惠。苍山很高峻，游人步行上下山很困难，乘索道上下山或只乘索道上山而步行下山是好方法。

山上新开辟了一条玉带云游路，串联起山腰上的许多景点，游人可循路而行。

山上地质公园门票 30 元。

- **洱海**

洱海南侧湖滨(乘 4 路公交车可到) 有多家游船码头，各类游船都有。建议游客乘旅行社或航运公司的大型游船，这些船有稳定的客源，可以保证按时开船。单游洱海船票 142 元，游大理 A 线 (含洱海、蝴蝶泉、三塔寺) 370 元可打折。其中船票、午餐和陆上交通费全包，在船上还可品尝三道菜、看民族歌舞表演。

- **洱海环境保护费**

每个乘游船的人在码头上都要交，30 元整。

- **租条渔船游洱海**

散步到洱海边包一条渔民的小船到洱海上漂荡，任湖心微风拂面，看脚下碧波荡漾，感觉真挺轻柔温馨。这样的小船出游一次船费可以砍到50元左右，虽然不能像大型旅游船那样纵穿洱海游览多处景点，但那种自由自在的方式感觉也挺宜人。

此外也可乘小型游船游洱海，上船地点可以在才村码头，在古城乘2路公交车可到，船票每人138元最低可砍到80元。在桃源码头上船也成。

- **蝴蝶泉**

可乘游览专线车或过路客车抵达，亦可参加苍洱一日游团队，游毕洱海上岸后即到蝴蝶泉。

园内有时有白族姑娘载歌载舞，与她们同唱同跳很快活欢欣，能不能见到蝴蝶要看季节和运气。

¥门票67元。

- **大理古城**

交通：城中游览只能步行。

古城是全国首批历史文化名城之一，古风古韵浓郁迷人。城内还有许多旅游工艺品商店，出售各类精美小商品，可随意选购。洋人街上的小酒吧、小餐馆是消磨时光的佳境，但是整条街道太短，休闲观光的味道和感觉比不上丽江古城和广西阳朔的西街。

下关至大理古城有4、8路公交车可乘，30分钟可到。

▲ 洱海湖心亭

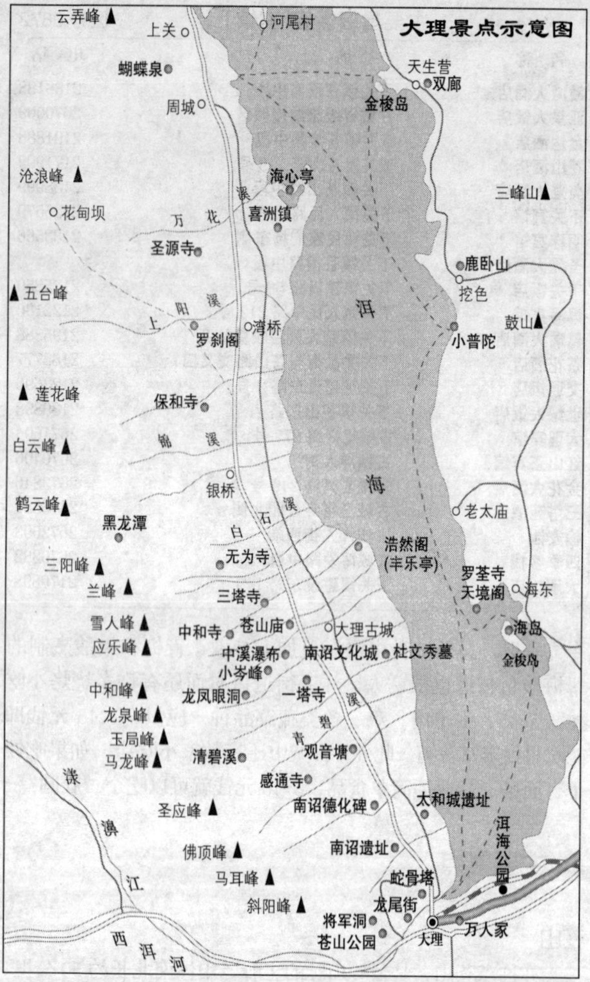

蝴蝶泉

位于苍山脚下，洱海西侧，参天古树下喷涌着清澈泉水，每年春天4月前后，这里的绿树清泉间常有成群蝴蝶结队翻飞，色彩鲜艳、舞姿翩跹，充满诗情画意。多年以前电影《五朵金花》亦在此拍摄过精美片断，“蝴蝶泉边再相会”的美妙歌声和动人的爱情故事给此处风光平添诸多情趣。

大理古城

位于大理下关以北13公里处，西侧是苍山山脉，东侧是辽阔洱海。古城中的街道均呈南北、东西走向，是典型的横贯式布局，这里的建筑均为清一色的青瓦屋面，城中的地面亦都用巨型条石拼砌而成，特色鲜明、风格古朴。经过多年的修整，现在古街中的主要街道和街边店铺都恢复了古时期的旧貌，成为国内少有的保存最完整的白族民居建筑群。古城内商店、民居、寺庙一应俱全，吸引着许多游客前来观景购物，城中店铺、酒吧集中的“洋人街”在大理享有盛名。

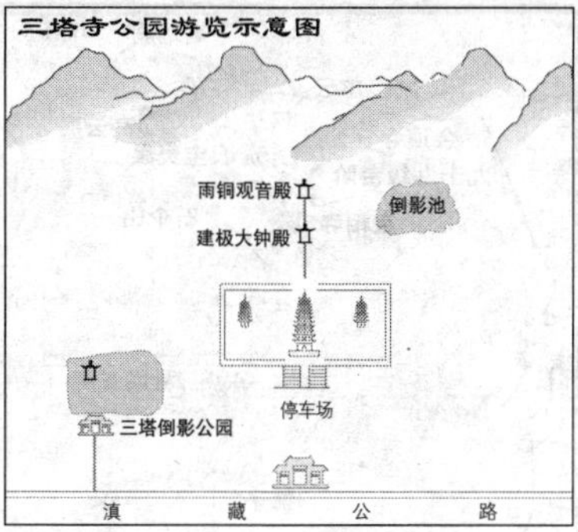

崇圣寺三塔（5A 级景区）

在大理古城西北 1 公里处，这里前临碧波千顷的宽阔洱海，背依雪峦万仞的雄伟苍山，古庙间有俏丽三塔撑天拔地，犹如玉柱凌空，身姿洁白姣美而又雄浑壮丽，是苍洱风光中的佼佼者，亦是大理的标志性景点。

三塔倒影公园

距大理崇圣寺三塔不远，公园很小但风光美，有小湖和亭阁，是拍摄三塔水中倒影的绝好地点。

南诏风情岛

洱海东北部的一个玲珑小岛，是洱海上的一颗明珠。岛上有为展示博大精深的南诏文化艺术而修建的大型建筑群，共有沙壹母群雕码头、云南福星——阿嵯耶观音广场、南诏避暑行宫、渔家傲别景等八大景观，门票 52 元。

在洱海西北侧的湖面，如果参加苍洱一日游，那游船可载客直接上岛游览，如乘渔民的小船上岛更是灵活方便。

喜洲古民居

坐落在大理古城以北约 18 公里处洱海之滨的白族民居建

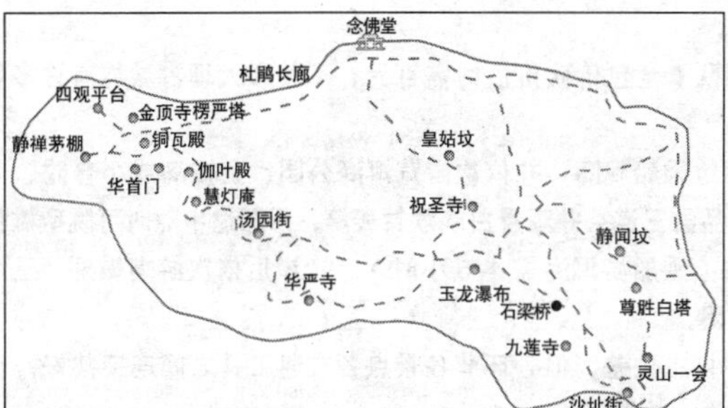

• 崇圣寺三塔

这里是既看苍山又观洱海的绝佳观景地。如果想拍摄三塔的倩影，可去附近的三塔倒影公园，那里前有碧水、后有苍山、中间是三塔的画面确实非常美丽动人。

从大理古城南门乘 19 路公交车车票 1 元即到三塔，从大理古城北缘向北走 15 分钟或乘人力三轮车 10 分钟即到三塔寺，或从蝴蝶泉乘车向南票价 7 元也可到。

• 最新门票信息

崇圣寺、三塔公园、三塔倒影公园三个景点只售联票 121 元。

• 鸡足山

大理有客车直达宾川县城，宾川到鸡足山车费 15 元，2 小时可到，门票 60 元。

鸡足山上有缆车可乘，双程 50 元。山顶上有鸡足山宾馆、金顶宾馆可住宿，在山顶住一晚次日清晨看日出感受很精彩。

▲ 大理古城城楼

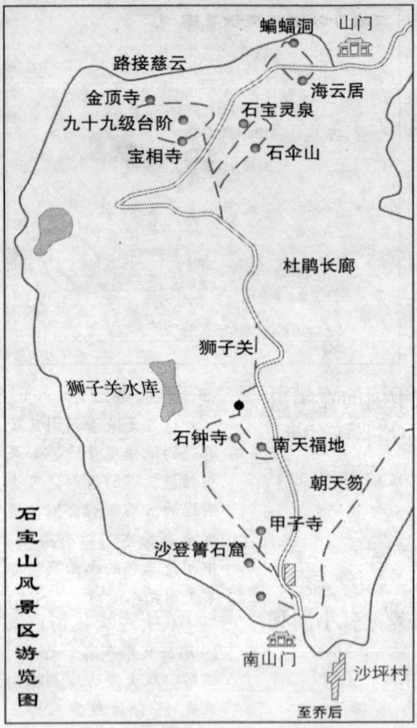

石宝山风景区游览图

筑群，集白族传统民居特色和中西建筑手法于一身，代表建筑有杨品相宅、严家大院、侯家大院等。从大理古城乘中巴车可直达。门票已经免收了。

鸡足山

位于大理州宾川县以西约 30 公里处（距下关 110 公里），因山脉形状酷似鸡爪而得名。全山东西长 17 公里、南北宽 6 公里，共有 40 座奇山、13 座险峰、34 座崖壁和溪潭百余处，以雄秀幽奇著称。

石宝山

在大理以北 120 公里处的剑川县境内，由佛顶山、石伞山、石钟山多处景区组成。这里丹霞地貌特征异常明显，到处矗立着如狮似虎、如塔似箭般的陡峭风化石，高低不平，错落有致，美景迭出。石宝山上有石窟浮雕造像 139 具，是千年以前南诏、大理国时期留下的艺术瑰宝。

游程安排和游览艺术

游览方式可分为自助游和参团游两种：

A. 自助游，用两天时间可游览主要景点，线路可作如下安排：

D❶：洱海公园观光，乘船游洱海，途中看小普陀及南诏风情岛，上岸后去蝴蝶泉，然后乘客车向南返回，途中下车游三塔寺，之后再去不远处的大理古城，晚上在古城休闲游乐。

D❷：乘索道上苍山观光，在山上看清碧溪、佛顶峰、马龙峰、七龙女池、龙溪、龙泉峰、桃溪、梅溪等景，徒步下山，结束游览。

上述游览日程方式自主性、随意性强，但各环节衔接（主要是洱海上的游船和陆上的客车）小有不便但无碍大事。

B.参加苍洱风光一日游团队（全包价砍价后约需百元，下关和大理古城均有许多售票点）。

此游程早晨出发先至洱海边乘船观海，并依次游览洱海公园、金梭岛或小普陀、南诏风情岛，游洱海途中在船上品尝三道茶并观看白族歌舞表演，行船途中随时可眺望雄伟苍山，中午船上或下船后午餐（乘船游洱海需 4~5 小时），上岸后依次游蝴蝶泉、三塔寺和大理古城，16:00 左右散团。

此游览方式须跟团队走，自主性差，但各环节各景点各交通工具之间连接甚好，十分省心省力省时，还有导游讲解，效果较佳。

旅途中

旅游锦囊——团队游和自助游相结合是最佳方案

游人可在第一日参加苍洱风光一日游，毫不费劲地把洱海、蝴蝶泉、三塔寺、大理古城都游遍。第二天自己行动去苍山游览，这样一天随团、一天自助游，一天紧凑、一天宽松自在，可算是游览大理的折中和最佳方案。

预警提示

上苍山游览千万注意安全

苍山雄伟高峻、风光壮美，但山上的气候寒冷且天气多变。游客上山应循游览山路（玉带云游路就很好）观光，不要到人迹罕至的“野地方”去，如遇天气转阴转坏应及时下山。山上的玉带云游路就是最佳观光线路，该路长达 14 公里且非常平坦，串联起山上的许多好景点，游人循路观光即可。

发烧友特别关照

①下关是大理的城市中心、交通中心、政治经济文化中心，它与传统的大理不是一回事。大理古城在下关以北 13 公里处，这里只适合寻古访幽（当然也有开往昆明等地的汽车售票站）和游览，而主要公路干线和大客运站均在下关。

②“下关风”可真厉害，如果在旅店洗衣服后晾在露天，请千万夹好夹子，否则可能被“风扫残云”、席卷一空。

③“金花”是白族姑娘的爱称（主要缘于电影《五朵金花》），电影中和生活中的“金花”都挺美好，可大理有些景区内的身穿鲜艳民族服装让人有偿拍照的“金花”们的表现却差强人意，与她们合影和给她们拍照时请问清是否收费及收费多少，否则易出矛盾纠纷。

经验谈

节约旅费的窍门

①接过大理各旅行社一日游的报价单看（各车站、大宾馆都有售票点），上面的价格A线观光（含洱海、蝴蝶泉、三塔寺）开价都在 370 元以上，你可以毫不费劲地砍到 280~300 元。B 线观光（含苍山大索道、天龙八部影视城和三塔寺、蝴蝶泉）开价在 320~360 元也可砍至 300 元左右，希望各位“驴友”试试看。

②一般游客在大理只停留 2~3 天，所以没必要非去住那些豪华气派的星级宾馆。而大理古城内和周边有许多家庭式客栈，议价后住宿费可降到 15~20 元/床，这样住宿 3 天房费不过 50~60 元，该有多划算。本书在前面推荐的古城南门外的 MCA 国际青年旅舍（0872-2662888）等家庭旅馆即可供您任选。

▲ 大理古城夜景

旅游锦囊

旅游锦囊：为您介绍大理观光的最新攻略

①大理观光的主要目的地仍然是苍山、洱海、蝴蝶泉，新开放的景点有天龙八部影视城和喜洲古民居等。

▲ 大街古城中心街上店铺林立，是购物天堂

②洱海风光壮阔而美丽，乘船在海上观光是初到大理的游客必备的观光方式。现在洱海上的洱海、才村、蝴蝶泉等许多码头都有游船载客在海上观光，但是以洱海码头上发的一日游线路安排最合理——因为是游船载客作洱海全程观光（从洱海南头一直开到洱海北头），观光效果最佳，所以最值得参与（船票 142 元）。其他码头上发的船都只在洱海上行驶一小段，游客坐完后觉得“太不过瘾”。

③欲上苍山观光有两条索道可乘，其中感通索道（大索道）可把游人送到海拔 2600 米处，出索道站后即可走上著名的玉带云游路。这条路非常平坦，走起来非常省力，但是要向北走 3.5 公里才能见到好风景（分别是大理古城全景、玉龙雪山雄姿、七龙女池清溪碧潭），而之前没有太好的观景点，游客应有心理准备。

④体力充沛的人可走完 14 公里长的玉带云游路，从感通索道一直走到苍山索道（反向行走也行），途中可见多处好景，时间约需 4 小时。现在以上两条索道由同一家公司经营，在其中一处买了往返票可以这边上那边下。

⑤天龙八部影视城规模不小，城中每天还有一些表演节目，初来大理的人去一次也无妨。

⑥喜洲古民居观光效果一般，笔者不作单独推荐。

⑦在大理古城中，每天都有一些洱海北端的村民和渔民拉游客到他们那看什么渔鹰捕鱼表演，这个表演意思不大，没必要去耽误时间。

▲ 大理三塔倒影公园正门

⑧最后为大家推荐 1 家干净舒适而房价不贵的小宾馆：是位于玉洱路上的馨逸居客栈，干净舒适有电视、独卫的双人间 50 元/间，且是砖混结构，隔间效果好，笔者强力推荐。电话：0872-2669453。

另外大理古城中心地段的人民路上有不少小餐馆，里边可吃到 25 元/份的砂锅鱼、10~15 元的各种肉炒青菜，非常便宜实惠，大家也可适当关注。

香格里拉 (中甸含德钦)

电话区号	0887
旅游局	8223786
迪庆州旅游投诉	8231460
旅行社	8226411

何谓香格里拉

“香格里拉”一词缘于美国作家詹姆斯·希尔顿的长篇小说《消失的地平线》。书中首次描绘了一个远在东方崇山峻岭中的永恒和平宁静之地“香格里拉”——那是在中国藏区地处雪山环抱中的一条神秘峡谷；附近有金字塔般的雪峰、蓝色的湖泊、宽阔的草甸，还有喇嘛庙、尼姑庵、道观、清真寺和天主教堂；那里人与大自然和谐相生，多种宗教并存，多种民族共处；人们不分种族、男女、宗教信仰，共同在那里生息繁衍；那里的寺庙金碧辉煌，寺内园林典雅，中外藏书丰富，早晚钟声悠扬——显然，那里不仅仅是一片美丽的自然景观，也是一种非常美妙近似于世外桃源般理想化的生存意境……

香格里拉尘埃落定

近年来关于香格里拉究竟在何处的争论此起彼伏且无止无休，云南迪庆的中甸、德钦以及怒江峡谷，四川的稻城以及西藏的阿里等地均认为自己就是《消失的地平线》中描绘的“香格里拉”圣境，且上述各地风光均很优美理由亦很充足。一时间，到底谁是真正的香格里拉的问题真是众说纷纭，扑朔迷离。为了尽早结束无谓的争论，尽快开发景点景区让广大游客畅览东方世外桃源的迷人风光，经国务院及国家旅游局有关方面进行综合调查、衡量后，于 2002 年 5 月正式宣布决定将云南的中甸县定名为香格里拉县 (其景区范围含德钦)，从此关于香格里拉的争论亦算尘埃落定。现在香格里拉县正在抓紧开发景区景点，呈现在广大游客面前的，将是一个日新月异且风姿异常美丽迷人的观光佳境。

▲ 高原美神·梅里雪山

- **香格里拉县城**

即原来的中甸县城，城区不太大，由长征路、建塘路、红旗路等几条主要街道和其他中小街道组成。县城内有不少宾馆、酒店、餐馆，亦有邮局和网吧，手机信号尚好，通信尚属方便，各种银行卡和 ATM 机可使用。

▲ 湖畔的杜鹃花

- **昆明到中甸**

可去南窑客运总站，每天或隔天有高快客车，每天还有2班夜班客车，发车时间分别是17:30和18:30，全程行驶13小时左右。

▲ 中甸藏经堂

- **丽江至中甸**

目前许多路段在筑路施工，虽不影响两地车辆对开但有时影响行车速度，因此客车开行有时会超过5个小时。

▲ 江边雪峰

- **中甸客运站**

电话：0887-8223501。

- **中甸至稻城**

虽然每天有车但有时当天买不到票，请注意提前购票。

- **当地包车游览**

在中甸微面出租一般280~350元/天，当然与你出行的远近有关，具体事宜须面议。

- **德钦客运站**

电话：0887-8413332。

气候与游季

香格里拉地处滇西高原，平均海拔在3000米以上，气温较平原地带低很多，尤其是冬季较冷，大雪覆盖山川、河谷，亦会给交通带来巨大不便；盛夏时节虽气温高，但雨水偏多，同样不适合户外旅游，所以去中甸及德钦的黄金游季是每年的4月中旬到6月初，9~10月的秋景亦非常美丽。因高原上紫外线强烈，所以游客应携带必要的遮阳防晒用品用具。

香格里拉（中甸含德钦）游览指南

交通

如何到达中甸

航空

中甸机场目前有航班同北京、上海、广州、昆明、成都、西藏相连通。其中昆明到中甸每日两班（6:50和7:20，飞行时间约45分钟，票价780元含综合费用但经常可打折），成都至中甸一般旅游季节每周有2个航班（票价980元），拉萨至中甸每周有3个航班（票价1350元）。

中甸民航售票处离中甸车站约300米；中甸机场距县城仅6公里，坐出租车只需20元左右。

公路

1）昆明至中甸660公里，全程柏油路，车程13小时左右，每天有4班卧铺车，票价200元，发车时间13:00~18:00，发车站有潘家湾汽车站（3班），南窑（1班）。大理至中甸300公里，白天乘中巴车票价85~100元。丽江至中甸196公里，路况尚好，车程约5小时，每天7:00~17:00发多班车，票价45~59元。

2）从四川的稻城、乡城和攀枝花均可进入香格里拉。稻城至中甸300多公里，旅游季节基本上每天都有中巴车或大客开行，行程约12小时，票价约150元。行车途中要翻越大雪山及小雪山，可观碧壤峡谷；四川段内的路况较云南段内的要好一些，冬季会积雪封山，最好不要走这条路。攀枝花至中甸470公里，攀枝花（金江）火车站每天发车数班，票价卧铺140元、硬座90~105元。

3）拉萨至中甸1700公里左右，途经昌都、芒康、德钦，行车非常辛苦，即使一切顺利也要4~5天的时间才能到达，这条路适合探险旅游者，一般游客最好还是敬而远之。

如何从中甸到德钦

中甸至德钦 184 公里，路况尚好，每天上午发 4 班车（7:20、8:20、9:20、12:00），票价 45~55 元，行车需 5~6 小时，中途在奔子栏午餐，沿途可观梅里雪山，下午进入中甸县境内。

德钦至中甸每天7:30、8:30、9:30、10:30 有 4 班车；德钦至维西 220 公里，车程约 10 小时，租车费 500~700 元/天；德钦至丽江有直达班车，隔天 6:00 发车，不过人数不够就会停开。

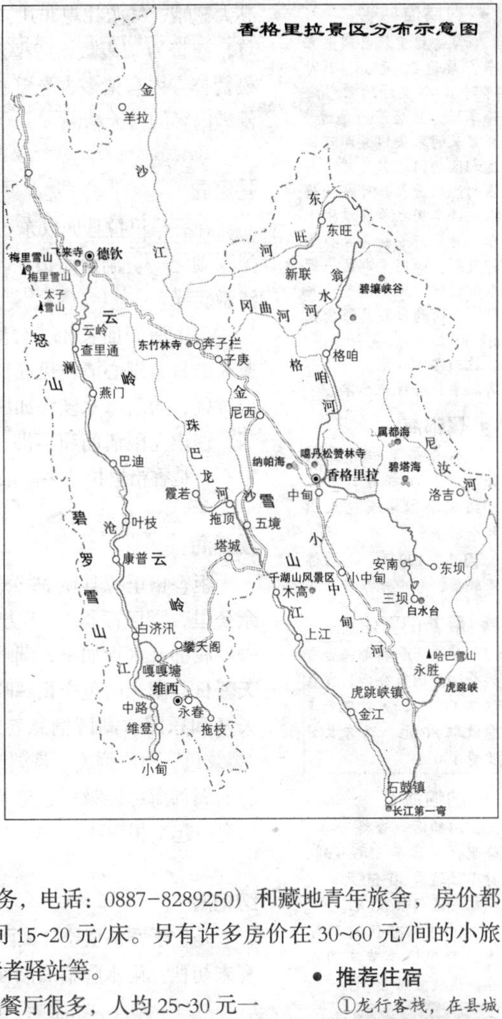

香格里拉景区分布示意图

中甸境内的住宿和餐饮

中甸县城内有诸多宾馆旅店，比较有名的有香格里拉酒店、碧塔大酒店、龙凤祥大酒店、迪庆观光酒店、迪庆宾馆、松赞假日酒店等。条件较好而又房价适中的三星级顺鑫大酒店标准间才 120 元/间。还有永生旅馆（电话：0887−8222448），是藏式建筑风格，特色鲜明，另外龙行客栈（可提供导游、租车、餐饮多种服务，电话：0887−8289250）和藏地青年旅舍，房价都很便宜，双人间 30 元/床，多人间 15~20 元/床。另有许多房价在 30~60 元/间的小旅馆，如交通饭店、广源酒店、旅行者驿站等。

中甸的餐饮业收费适中，各式餐厅很多，人均 25~30 元一般饭菜可吃饱一顿。藏式小吃有琵琶肉、牦牛肉、坨坨肉、奶茶、荞粑粑、高原鱼等，内地客人抵达后可按不同口味选用。

• **推荐住宿**

①龙行客栈，在县城北门街 94 号，从客运站坐 1 路车直达。

②永生旅馆，普通间 20 元/床，能洗热水淋浴。电话：0887−8222448。

中甸境内的香格里拉美景（一）

噶丹松赞林寺

位于香格里拉（中甸）县城以北 5 公里的佛屏山下的一座规模宏大的古堡式建筑群，它不仅是云南最大的藏传佛教寺庙，亦是川滇一带的黄教中心。该寺依山势层叠修建、殿堂

• **噶丹松赞林寺**

中甸县城距松赞林寺 5 公里远，乘 3 路公交车或其他微型车可直达景区，公交车车票 2 元，出租车车费 10 元，行车 10 多分钟即到。

门票 85 元。

高大巍峨、气派壮观非凡，其面积为迪庆地区24个喇嘛院之首，被誉为“集藏族造型艺术之大成”的艺术博物馆。噶丹松赞林寺内有诸多古老壁画和经幡，游人可在其间领略藏传佛教内容的博大精深。

碧塔海

在香格里拉县城以东35公里处，是滇西北高原上著名的淡水湖之一。湖面海拔3540米，最深处40余米，湖水常年清澈碧绿。

碧塔海湖面长约3公里、宽约1公里，湖滨古树成林、遮天蔽日，湖心清波见底，栖息游动着许多珍稀鱼类；清晨或黄昏，碧塔海水幽深如墨，群峰尽映其中，午间水蓝如碧玉，透出无限清丽和生机。碧塔海恰似一块镶嵌在深山中的宝石，是香格里拉众多湖泊佳景中的秀美之最。

属都海

距香格里拉县城35公里（县城东北方向），距碧塔海10余公里，湖区面积15平方公里，是全县最大的高原湖泊之一。属都海水青如玉，湖畔是当地有名的牧场，原始森林遮天蔽日，湖光山色交相辉映，这里人迹罕至，是野生动物的天堂和乐园。湖区栖息着野鸭、鸳鸯等各类水鸟，湖中的“裂纹鱼”肉质鲜美，是湖鲜中的珍品。现在，风光美丽而宁静的属都海已经吸引了越来越多的内地游客，和高山明珠碧塔海一起交相辉映。

纳帕海

是位于香格里拉县城西北约8公里处的高原季节性湖泊，夏末初秋，雨水降临后湖面增大，形成四面群山环抱、湖心波光粼粼的美景，亦有黑颈鹤、白鹤、斑头雁、黄鸭等几十种水鸟飞禽在此觅食、栖息嬉戏。秋末至次年初夏，湖水下落，青翠的牧草像绿色的绒毯，铺遍湖区大地，成群的羊、牛、马在这里尽情吃草，与辽阔的草原融为一体。雪山、草原和牛羊组成了独特的高原壮景，呈现出宁静祥和而又丰饶美丽的盎然生机。

- **碧塔海**

从香格里拉县城乘客车，票价20元，1小时可到30公里外的碧塔海停车场，然后步行通过2公里长的木头栈道即可抵达湖区南门。若打算从景区的西门进入，可在到碧塔海停车场之前在双桥下车，再步行或骑马8公里即可到。西门至湖区一带人烟稀少，风光优美而安静。如骑马每匹马租金在50~60元/天。

¥门票190元。与属都海联票，含观光车票。

- **属都海**

从香格里拉有乡村公路通往属都海，游客可搭乘小客车或包乘出租车前去。

¥门票190元。与碧塔海联票，含观光车费。

- **最新门票信息**

碧塔海和属都海合并为普达措国家公园，发售联票110元，另外观光车费收取80元，两者共计收费190元。

- **纳帕海**

纳帕海距香格里拉8公里，坐客车8元可到，打车往返需40~50元。

¥景区门票30元。

景区内有可住宿的帐篷，费用依季节不同而异，最便宜时20元。

▲ 白茫雪山壮景

石卡雪山

香格里拉县内近年开发的新景，又称蓝月山谷，最高处海拔约4500米，山腰有水草肥美的亚拉青波牧场，山顶上风光壮阔，天气晴朗时可览梅里、玉龙和哈巴雪山远景。现在观光缆车（分两段）可把游人一直送到山巅，缆车费共220元。

碧壤峡谷

是位于香格里拉县城东北103公里处的大型峡谷群，谷长数十公里，谷底与两侧高山的落差达2000~3000米。峡谷内天空蔚蓝、清泉碧澈、密林葱郁、野花飘香，是一块尚未被人类污染的“净土仙境”，因而又被称作是“香格里拉大峡谷”。

游览香格里拉峡谷可以饱览大自然的神秘与富饶，畅观滇西北高原无与伦比的纯净和美丽。由于峡谷异常幽远深长，据说走到接近峡谷尽头处还可眺望到四川境内有名的圣山贡嘎山的绚丽风光。

白水台

在香格里拉县城东南100公里处的三坝乡境内，是由含有碳酸钙白色沉淀物的泉水在轻盈缓慢的流动过程中沉淀覆盖在地表而形成的大型岩溶台地，其造型极像一丘丘上下层叠的精美梯田，造型奇特而又色彩艳丽，被当地人称作“仙人遗田”，纳西语意为“逐渐长大的花”。这里的风光美，只是规模比同样风光的四川黄龙景区要小，但每年农历二月初八，春光明媚的时候，当地纳西族聚集在此欢度“朝白水”节的场面还算热烈欢快（平时也时有民族歌舞表演），游客可视情决定是否前去。

哈巴雪山

位于香格里拉县城东南部120公里处，主峰海拔5396米，景区面积约为220平方公里。

哈巴雪山地形复杂，海拔4000米以上是悬崖陡峭的雪峰以及乱石嶙峋的流石滩和冰川，海拔4000米以下，地势平缓呈阶梯状分布。这里有众多的古冰川遗迹和冰碛湖，茂密的原始森林呈立体状分布，自然保护区内时常可见野驴、云豹和金丝猴的身影，因而享有“天然动植物园”的美称。

▲ 白水台风光

- **碧壤峡谷**

碧壤峡谷距香格里拉103公里，乘香格里拉早晨发往乡城的客车可到峡谷入口处，票价15元。若从香格里拉包车往返约需250元。返回香格里拉可在峡口搭车或搭乡城发往中甸的客车，或在峡谷内找香格里拉包车来此的游客同车返回（当然要奉上适当车费）。

¥景区门票189元（含观光车费）。

峡口有一些中小旅馆可供住宿。

- **白水台**

从香格里拉乘8：30发往三坝乡的大客车，票价16元可到白水台，一去一回约需两天时间，如包出租车可当天往返，包车费约需180~200元。

¥ 景区门票30元。

- **哈巴雪山**

从香格里拉县城至哈巴雪山有公路相通，一天可到达，山下的哈巴村有人家可借宿。欲徒步攀登或穿越雪山非常辛苦，游客应有思想准备。

游览提示

香格里拉及周边

A. 碧塔海、噶丹松赞林寺是香格里拉名气大、风光美的景点，一般游客均去上述两地观光。

B. 属都海的风光也很美且与碧塔海相距甚近，其最大的特点是游人少而特显安详宁静，所以目前有些团队和散客不去碧塔海而游属都海（两海全都游览当然效果更佳）。

C. 从碧塔海景区的南门进入，因游客较多而野味不够足；而从西门进入，因游客罕至所以如入无人之境，感觉甚美。

D. 纳帕海的风光游人观后褒贬不一，有些游客认为那里风光一般且管理水平差（加之景色并非一年四季都美），所以大家可以视情决定是否前去。

E. 白水台风光在当地独树一帜，但路途远，只有包车才可当天返回，乘客车往返则需两天时间。

F. 碧壤峡谷山高谷深，原始风光神奇迷人，但距香格里拉县城有 103 公里路程，一日游往返需早出晚归，有些仓促不太尽兴，二日或三日游才可畅览美景（景区有旅馆可住宿）。

G. 从香格里拉去哈巴雪山一去一回约需三天时间，有的游客还有步行翻越雪山的兴趣和经历，但需强健体魄、充沛精力并做认真准备。

▲ 香格里拉风光

- 住在飞来寺

经过近年来的不断建设开发，飞来寺一带已成为德钦旅游观光的交通要地和游客集散点。这里有颇有名气的梅里往事和其他多家宾馆、酒店、旅馆，从这里看梅里雪山角度也好，另外从这里去明永冰川也方便，如今住宿飞来寺而不是德钦县城的人越来越多。

▲ 飞来寺风光

推荐游程

香格里拉境内

一日游：

D1：噶丹松赞林寺—碧塔海（或属都海）—纳帕海。

二日游：

D1：噶丹松赞林寺—碧塔海（或属都海）—纳帕海。

D2：可去碧壤峡谷观光。

三日游：

D1、D2同上，第三日可去白水台观美景。

德钦境内的食宿

德钦有高中低各档宾馆、酒店和招待所，星级宾馆有太子峰酒店（电话：0887-8413188）、梅里酒店、卡格博酒店等。

低档旅馆有德钦人民政府招待所（电话：0887-8412118），标准间 100 元/间、普通间 20 元/床，条件一般。卫生局招待所普通间 15~20 元/床。交通招待所标准间 80 元、普通间 25~30 元/床（电话：0887-8413210）。县城边上还有一家叫奶子河马店的小旅店，周边是草原，风光优美，住宿费 15~20 元/人。这样的小旅店有很多，游人可任意选择。

在观赏梅里雪山的绝佳地点飞来寺有梅里往事、游子之家、明珠酒店、梅里客栈等宾馆、旅馆，其中梅里往事是特色鲜明的自助游酒店。梅里客栈由一对老夫妻经营，服务挺热情，住宿费普通间20~30元/人。

德钦的餐饮

总体上说消费水平适中，许多小餐馆中的荤菜都在20~30元，素菜10~15元，一些当地风味菜如木瓜鸡、土鸡炖好后视菜量大小50~80元一份。

德钦境内的香格里拉美景（二）

梅里雪山

位于德钦县城以西20多公里，是滇藏两省区界山。这里平均海拔在6000米以上的山峰就有13座，被人称作是著名的“太子13峰”，其主峰卡格博峰山体呈金字塔形，冰雕玉琢，娇娆壮丽，享有“世界最美之山”的盛誉。卡格博峰山上经常有浓雾、乌云、狂风及暴风雨雪相伴，亦时常发生巨大雪崩，因而至今还无人能攀上该山峰顶，1991年因登攀卡格博峰突遇雪崩而形成的巨大“山难”（中日登山队员共19人遇难），曾使梅里雪山为世界所瞩目。现在这座高原上的神秘美神依然高耸云天、傲视大地，每个来到高原上眺望到梅里雪峰雄姿的人都会备感幸运和神圣。

明永冰川

卡格博雪峰下的世界稀有的低纬度、高海拔季风海洋性现代冰川。主体冰川是“明永恰”和“斯恰”，从海拔5500米一直向下延伸到海拔2700米处，宛如冰雪巨龙，场面甚为壮观。

白茫雪山

是云南省内面积最大、海拔最高的自然保护区，亦是金沙江与澜沧江的分水岭，山中有中甸至德钦的214国道穿过，公路两侧美景纷呈。白茫雪山气候寒冷，从每年12月至来年4月汽车一般不能开行，夏秋时节山间林海苍茫，繁花吐蕊，红花绿树与山头残存的洁白冰雪色彩相映，景色绮丽迷人。

飞来寺

距德钦县城10公里处滇藏公路沿线的一处山间古庙，至今已有300余年历史，这里是观赏梅里雪山的绝佳地点，天气晴朗时看到的神山绝景令人永生难忘。

• 梅里雪山

距德钦县城9公里的飞来寺是观赏梅里雪山雄姿的好地点。从县城乘车45分钟就到飞来寺，门票10元，寺旁有宾馆酒店群。另外从山脚下的明永村观山效果也很好。当然从山旁的迎宾台观景效果亦佳。

▲ 竹筠寺

• 明永冰川

这里距县城40公里，冰川前9公里处有明永村，是前往冰川的必经地点。德钦县城每天15:30有去明永村的客车，票价13元，1.5小时可到。村中有旅馆和招待所接待游人。

门票85元，含雨崩神瀑。

明永村离冰川还有9公里，步行单程需2~2.5小时。体弱者或是天气不好时可考虑租马前去，往返需80~110元。

• 白茫雪山

夏秋时节坐客车经过时眺望该山风光即可，有自备车可随时下车观光拍照。

• 飞来寺

县城中有各类机动车45分钟可到。

寺中还有旅馆可供住宿。

门票10元。

如今游客来德钦几乎没有不到飞来寺的，这是个观景的好地方，应重点关注。

- **茨中天主教堂**

从德钦县城乘车一天可到。

可在茨中桥头下车后沿上山小道步行片刻即到。

教堂中还有客房可留宿。

- **雨崩村**

这是一个鲜为人知的小山村，头些年每年来此的游客不过数百人，所以它“养在深闺人未识”。论风光之原始古朴，可谓是德钦之最。

可从德钦先乘车到西当，下车后租马匹去雨崩村，途中可以看到梅里雪山雄姿。

¥门票 80 元，与明永冰川联票。

村中有徒步者之家等多家个体旅馆可投宿。

茨中天主教堂

是法国传教士 1909 年建于德钦以南 80 公里的茨中山村中的，包括大门、前院、教堂、后院及花、菜园等多重建筑，中西合璧且建造精美，是高山峡谷间不可多得的人文佳景，亦是东西方文化交融的历史见证。

世外桃源——雨崩村

梅里雪山山脚下的一个藏民聚居的小山村，人烟稀少，四周只有洁白雪山和小溪、峡谷、森林、草原，这里的自然环境与风光尤为接近《消失的地平线》中描绘的香格里拉仙境。村边还有雨崩神瀑、中日联合探险队大本营遗址和杜鹃花海等佳景。

推荐游程

D1：抵达德钦，观赏街景，下午去飞来寺住宿，观黄昏时的梅里雪山美景。

D2：清晨观梅里雪山雄姿——晨曦、朝霞映照下的梅里风姿甚为动人。然后包租车去明永冰川。抵达明永村后可骑马或步行到 9 公里的冰川去观景，往返需 4~5 小时。下午即可租车回飞来寺住宿，亦可当晚住在明永村，这里有数家宾馆、招待所（如冰川假日饭店、冰川山庄、明永山庄等，标准间 120~200 元/间，普通间 40~80 元/间或 20~40 元/床），次日早晨再乘客车返回中甸。

D3：去世外桃源雨崩村游览，往返需 2~3 天，下页有关于雨崩村行程的详尽介绍。

▶明永冰川壮景

旅途中

旅游锦囊——为您提供德钦梅里雪山、明永冰川及雨崩村游览的最新攻略

①在德钦游览可住县城，但住飞来寺更佳，这里有梅里往事等多家宾馆酒店，也有便宜的普通旅社，还有不少餐厅、酒吧，很热闹。其中梅里往事是当地甚具名气的自助游酒店，条件不错，24 小时热水洗澡，店内可上网、刻光盘，还可为游客提供租车、导游服务等。酒店的二楼有面向梅里雪山的观景阳台（向所有游人开放），是眺望雪山的绝佳地点。电话：0887-8416617。

②观赏梅里雪山的较佳地点有 3 处：一是从中甸至德钦走 214 国道下了白茫雪山之后。在这里有段路上可看雪山但路边无停车场所以无法久留；二是继续前行距德钦还有 15 公里处有个叫雾农顶的地方观雪山也行（标志是路边有 13 座白塔）；三是能住下来踏踏实实观赏雪山倩影的地方还是飞来寺。

③明永冰川距飞来寺 37 公里，每天下午从德钦始发的客车经飞来寺直达明永村，从飞来寺包租机动车前去也成（可不受客车时间限制），从飞来寺至明永途中有观拍梅里主峰和冰川的好地点。

④游明永冰川门票 63 元，上下往返要 4~5 个小时，若骑马上去到较高的景点太子庙上行票价 80 元、下行票价 20 元，骑到最高的景点莲花台往返票价 120 元。砍价余地不大。如果第二天还欲进景区，请在出门时到售票处登记，否则门票出来后即作废。

⑤雨崩村在梅里主峰卡格博南侧，风光原始优美但交通不太方便，前去要费一点事，如步行往返费时费力，笔者建议您先从飞来寺乘客车或租车到西当温泉（行车不超过 2 小时），从西当温泉骑马（票价 105 元）或步行，3 小时后到海拔 3700 米的南宗垭口，再步行 1.5 小时就到雨崩村了（路上有几处食品、饮料商摊）。

⑥雨崩村分为上、下两个村，都有住宿的旅店。如果次日欲看神瀑可住下村，而次日去大本营或冰湖则应住上村，这样去时路程更近。雨崩村的家庭旅店一般 20~30 元/床或 50~60 元/间，条件近年来有改善，许多旅馆有卫生间，提供一次性洗漱用品。可选的地方有上村的徒步者之家（电话：0887-8411173），上村村长家（电话：0887-8411053），下村的农布兄弟家客栈（电话：0887-8411053）等，另外下村的神瀑之家客栈离神瀑近、位置好（电话：0887-8411082），还有下雨崩青年旅社，13705252876 你就视情选择吧。

▲ 梅里雪山神秘身姿

⑦从雨崩下村走到神瀑要 2 小时左右，从雨崩上村走到大本营要 2 小时，再走 1.5 小时至冰湖。依上述行程，从德钦去雨崩村往返要 2~3 天。

西双版纳

电话区号	0691
旅游投诉	2122323
旅游局	2129850
旅行社	2220444

西双版纳——神奇的热带动植物王国，镶嵌在祖国西南边陲尽头风光绚烂的闪亮明珠、绿色翡翠。这里四季阳光明媚，鲜花盛开，万木含春，葱茏秀美的自然风光和绚丽多姿的少数民族风情醉倒了多少慕名而来的海内外游客——可是您最近是否去过西双版纳，是否了解那里的最新发展、最新变化呢?不久前，笔者重游西双版纳，发现那些当地的传统风景青春犹在、风采依然，而近年来新近开放的多处新景则恰似夜空中升起的新星，放射出夺目的光彩。这些新老景点交相辉映，把整个版纳装点得更加多彩多姿、秀丽迷人。下面我们就为您介绍西双版纳大地上的最新气象、最新发展。

▲ 橄榄坝傣族园一角

气候与游季

西双版纳青山常绿，碧水长流，四季皆宜游览，但因夏季稍热，所以还是春、秋、冬三季前往为宜。冬天的西双版纳依然温暖如春，穿毛背心加外套即可，非常舒服。

- **当地主要节庆**

傣族有3个主要节日，一是公历7月的关门节；二是公历10月的开门节；最隆重热闹的是公历4月13日至4月15日的泼水节，届时会全民泼水、万众欢腾。

如何去西双版纳

最好先到达云南省会昆明，之后可选择飞机和汽车两种交通方式去西双版纳。

飞机

西双版纳机场距景洪 5 公里，有航班同昆明、上海、天津、郑州、长沙、成都、大理、丽江对飞。西双版纳民航咨询电话：0691–2159130。

昆明市每日有至少 6~8 班飞机去西双版纳，机票 890 元(机票很好买且很多时候可打折到 600 元以下)，飞行 45 分钟可到西双版纳的景洪市。

汽车

昆明长途客运站（火车站对面）和市区其他客运站每天有多班汽车去西双版纳，车型分为卧铺大巴和高快客两种。卧铺大巴车票 180 元（无空调），9~11 小时（行程约 720 公里）可开到景洪市。高快客豪华大巴只有高级座椅无卧铺，但有空调、录像，另免费提供饮料和一顿一荤两素外加高汤和米饭的途中餐，8~10 小时即可到景洪，车票 185 元。以上两种客车在昆明各客运站均为电脑售票，没有丝毫砍价余地。另外昆明至西双版纳的高速公路已经全线修通了，过去走普通公路在诸多弯道上被摇来晃去弄得晕头转向的事是一去不复返了，当然车费也提高了 10%左右，但我仍要提醒您：还是坐高快客大巴舒服。

食宿在西双版纳

景洪市区遍布高中低各档宾馆招待所，星级宾馆有四星级的傣园酒店（电话：0691–2123888）、辉煌都畅大饭店（电话：0691–2131999），三星级的大连酒店（电话：0691–2130999），二星级的邮电大厦、凰苑大酒店（电话：0691–2152088）等数十家，其房价依不同游季变化甚大，但总体来说价格普遍偏低。夏、秋季三星级宾馆房价可能会达 200 元左右，而冬、春季节可能会降到 80~100 元。至于普通旅馆招待所更便宜，夏天 50~60 元，冬季 20~40 元的房间随处可见(景洪市内至少有普通旅馆 60~80 家)，任您选择。此外，版纳东线热带植物园内有一家星级宾馆，标房价 150 元左右。野象谷内有度假宾馆和观象旅馆，淡季房价 80~120 元，旺季可涨至 220 元以上。原始森林公园内的宾馆环境好但房价贵，一般季节标房价 280 元，可打 8 折。

景洪市区的中小餐厅随处可见，一般肉菜仅为 12~20 元，普通饭菜花 15~20 元钱吃饱一顿毫无问题。

- **关于边境通行证**

去西双版纳游览早就不用办边境通行证了，不必再瞎操这个心。

- **昆明民航售票电话**

云南民航电话：0871–3569777。

- **汽车**

昆明长途客运站电话：0871–3544574。

景洪长途客运站电话：0691–2123570。

- **打折机票**

通过昆明市的旅行社可买到去版纳的打折机票，最低低到 5~6 折，当然可能要收些手续费。游客自己去售票处买有时也可买到，但拿到的折扣可能不如旅行社高。

- **不必推荐住宿**

因为景洪市区宾馆、旅馆太多了，游客却不如头些年多 (都去丽江、泸沽湖、香格里拉而把版纳给冷落了)，所以带有卫生间的标房在许多宾馆旅馆中 60~70 元即可拿下，你就即兴发挥、开心享用吧!

- **特色美食**

主要有竹筒饭、香竹糯米饭、香茅草包烧、烤鱼、烤肉、油炸牛皮、烤竹鼠、酸笋煮鱼等，尤其是景洪市新大桥旁的金沙滩美食广场等餐厅、排档聚集地，一到夜晚炊烟袅袅、香气扑鼻，各类风味美食之多让人眼花缭乱，当然亦会流连忘返。

- **重要信息提示**

版纳西线的出境游(到缅甸) 已经有条件的放开，但只限普通公民(处级以上干部和公安人员不能出境)，1 日游费用也涨到了 800 元以上。

- **西双版纳当地交通**

景洪市区出租车起步5元，另有多路市区中巴，上车1元。

去东线、西线、北线可从市内客运站乘中巴、大巴，随时有车。

- **东线新景点**

泼水印象乐园，在橄榄坝，内有泼水和江上泛舟游乐，门票最低120元。

西双版纳景点分布图

- **东线游览**

从景洪乘中巴车票8元，45分钟可到橄榄坝（勐罕镇），再换摩的，车费2元即到傣族园，门票100元。

傣家乐活动全包价每人80~100元/日，其中餐费60~80元、住宿20元，正餐可吃到八菜一汤，有烤鱼、烤肉、炸香蕉等，饭后水果免费；住木楼上单设的小屋，楼下有卫生间和公用浴室和直拨电话。

另外傣族园大门外还有正式宾馆可住宿。

傣族园内上、下午均有民族歌舞表演和织布、榨甘蔗等民间技艺表演任君观看。

从景洪乘中巴，70分钟可到勐仑热带植物园，门票100元，从铁索吊桥处入园更近更方便。

植物园中的热带棕榈园是绝佳摄影点。

西双版纳印象

一、西双版纳东线最新印象——勐仑热带植物园依然秀美，橄榄坝傣族园光芒夺目

到过西双版纳观光旅游的人，有谁没有领略过勐仑热带植物园的迷人风采呢？棕榈园、竹类园、阴生植物园、热带雨林园等六大景区异彩纷呈、交相辉映，以挺拔秀丽的大王椰（象脚树）为背景拍摄的纪念照令多少人欣喜自豪、宽心快慰。近年来，植物园又开发兴建了名人植树园等多处景观，完善了导游、餐饮、住宿等各个环节各项措施，使得植物园内风景更秀丽，服务更成熟完美，更具神奇诱人魅力。

然而西双版纳东线最大的变化是在橄榄坝新建了大型景区傣族园——中央是停车场、餐饮住宿服务区、泼水游乐场和民族歌舞表演场，四周有曼春满等五个傣族村寨。中央景区每天进行泼水活动和歌舞表演，给游客带来无尽的愉悦和欢欣，而周边的五个村寨则风光原始古朴，供游客进寨畅览傣家风情——傣寨中的每家农舍都是二层高的小

▲ 美人蕉——热带植物园中的导游妹

楼，周边长满芭蕉、龙眼、杧果、木瓜树和挺拔修竹，每家农户就是一个立体化的小花园，风光特别娇娆美丽。且每家农舍都为游人免费开放，供游客详尽观赏和了解傣族的生活习俗和民风民情。

此外经过旅游开发公司的统一安排，傣族园中已有近百户人家开设了内容新颖独特的傣家乐活动，游客只要缴纳少量费用，就可以住进竹楼，“穿一天傣家衣、吃一天傣家饭、当一天傣家人”，品味感觉全新的傣家生活情调。

由于橄榄坝傣族园风光优美、风情独特而建设起点颇高，所以前来观光游览的客人极多，留下诸多佳话。

二、西双版纳北线最新印象——野象谷景区日趋成熟，原始森林公园神奇迷人

野象谷是西双版纳北线最早建设的景点，如今已经发展成功能诸多的综合景区。景区内不光在野象时常出没的峡谷中建设了完备的观览住宿设施——千米长的空中观象栈桥和树上旅馆，而且还在山门入口处兴建了孔雀飞行表演场、蝴蝶园、歌舞表演场和大型宾馆度假村，景区中每天进行的驯象表演亦十分活泼欢快，妙趣横生。

原始森林公园建在距景洪市区 8 公里处的山谷中，数十个景点分五级排列：第一级是休闲和动物表演区；第二级是餐饮住宿区，有建在山间湖畔环境极美的水上餐厅和宾馆，供游人餐饮度假；第三级是只有铁索悬桥与外界相连的爱尼村寨，独特的民族风情和欢乐开心的“抢亲”活动吸引着诸多游客；第四级是大型歌舞表演场和泼水游乐场，每天下午傣族歌舞表演结束后都要上演百人甚至千人“挥盆对泼”的喜剧闹剧；第五级即最高的一级是长满原始森林的深山峡谷，谷中的动植物奇观随处可见，热带雨林佳景绮丽迷人。由于原始森林公园满足了游客来西双版纳后畅观森林奇景的愿望而又活动内容颇为丰富，所以这里已成为西双版纳北线上最大的亮点，每天门庭若市，游人如潮。

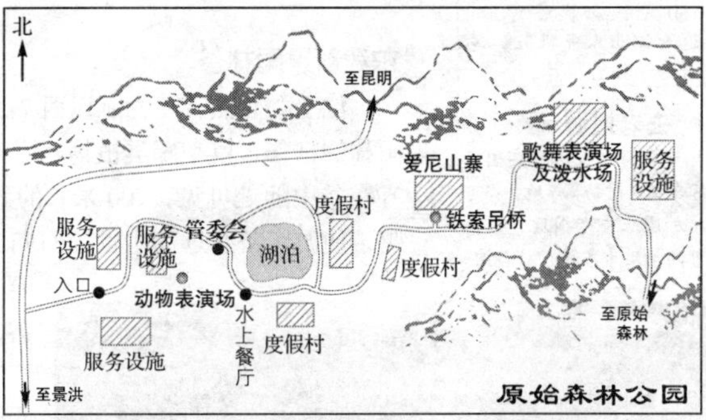

原始森林公园

• 北线游览

从景洪乘去关坪或三岔河的中巴，1 小时可到野象谷，车费 14 元，门票 65 元，缆车往返 40 元。谷内餐饮住宿设施齐全，短游长住均方便。

景洪西侧的长途客运站有专线游览车去森林公园，车费 3 元，20 分钟可到，亦可乘去三岔河的客车在原始森林公园下，公园门票 65 元。

森林公园中的马戏表演每天有 4~6 场，而 15:00 开始的傣族歌舞表演和之后开始的泼水活动最最令人快乐开心，非常值得参与。

• 如何看到野象

西双版纳共有野生象群近 50 群，夏天平均 3~4 天出来一群，冬天要半个月才出来一群，它们都在野象谷河床中嬉水，野象谷有观象旅馆供游人住宿、等待。观象旅馆旺季每间房价达 200 元以上，淡季可降至 100 元左右。

• 西线游览

景洪市区有数十家旅行社均办理西线出境一日游业务，开价 300 元至 370 元，可砍至 270 元左右，交通、午餐、景点门票及导游全包，但不含人妖及艳舞表演及晚餐费用（人妖或艳舞表演各需 200 元，有时可砍价）。出行前一天 2100 前报名即可。西线出境游现在时开时停，游客行前应做咨询。

三、西线最新印象——出境游有新景，游程即将大幅度延长

去打洛观赏缅甸风情大概是每一个来西双版纳观光的人的必修课，如今西双版纳西线一日游较前些年小有变化：一是新建的缅甸金塔非常壮丽辉煌；二是新增加了缉毒展览馆和野人谷等景点（原来的独树成林、八角亭、中缅街、辽多母大佛等景点当然仍是必观景点）。野人谷是一个缅甸山民聚居的山谷，那里的人脖子上都带着坚硬的金属环，把脖子越撑越长，一旦取下金属环人就会因脖子支持不住而毙命，听上去奇特而恐怖。据悉，中缅双方将联手开发丰富缅甸境内的景点风光，近期内，版纳盛行的缅甸一日游即可变为数日、多日游，给游客提供更多的选择和享受。

除此之外，西双版纳还建设了许多甚具水平的新景

东线新景猴山

建在景洪东郊澜沧江与流沙河交汇处，距市区 4 公里，是中国实验动物云南灵长类中心的科研基地。在此可以看到 10 余种灵长类动物和其他动植物佳景（从景洪到橄榄坝的所有客车均经过猴山，门票加索道 150 元）。

东线新景雨林谷

位于勐仑热带动物园以西 7 公里处。景区内浓缩了热带雨林的精华，巨型藤类植物、巨大的绞杀植物、各类野生花卉在谷中随处可见，700 米长的游览道旁清泉飞流、蝶舞鸟鸣，使游客备感远离尘世、回归自然时的清静和温馨（景洪至橄榄坝的客车均经过雨林谷，门票 120 元）。

西线新景打洛森林公园

位于中缅边境打洛口岸曼景山，内有热带原始森林、独树成林、森林动物园等多处景点，另有江上泼水、赛龙舟、界河跨国竹筏漂流等诸多游乐项目（从西双版纳乘客车和旅游车都可到打洛）。

- **版纳旅行社**

景洪国旅，电话：0691-2220444。

办理出境旅游业务，亦组织西双版纳地区的各线旅游团队。

前一段时间，西双版纳的出境旅游被责令暂停，现在已部分恢复，但是时开时停，详情可在去之前用电话咨询。

- **境外购物**

境外购物亦是一日游中的重要内容（主要是珠宝玉器），游客此时要特别慎重，认真挑选，以免买回假货。另外砍价时要大刀阔斧，决不心软（笔者曾把一串开价 4000 元的项链砍到了 300 元），这样才能少花冤枉钱。

- **西双版纳晚间娱乐**

在景洪市区文化艺术宫观看勐巴拉那西大型歌舞表演，特色鲜明，引人入胜。门票 160 元，含晚餐费用。这台演出人气很旺，笔者给予强力推荐。

- **去老挝游玩**

从西双版纳可乘国际客车到老挝勐赛等地，亦可参加团队去老挝玩，详情可向景洪市各旅行社咨询。

▲ 野象谷中观野象

景洪市区新景花卉园

位于景洪城区的云南热带作物科研所内，占地 80 公顷，以自然形成的一串河、湖水面为中心游览线，依次展开百花园、空中花园、棕榈区、稀树草坪区、盆景区、热带果林区等十余处景点，生长着各类珍稀花卉近 1000 种，其花色之鲜艳、树姿之优美可以和著名的勐仑热带植物园相媲美。

● 花卉园

这个地方有点像勐仑热带植物园，风光很美，是摄影佳境。

¥门票 50 元。

游览提示

当今的西双版纳应该怎样游玩

欲览今日西双版纳之风姿全貌，至少应在景洪逗留 4 个整天。

D1：可去东线，上午在橄榄坝看傣族园（逗留 3 小时，9:00 左右曼春满佛寺前有精彩歌舞表演），午后去勐仑热带植物园观景拍照，参观热带雨林，游览 2~4 小时（视个人时间、兴趣而异），晚上返回景洪市内住宿。

D2：可去北线，上午去野象谷，中午返回至原始森林公园，下午在公园内观光、看歌舞表演、泼水，晚上返回景洪去旅行社订好次日西线中缅边境一日游车票（全包价 200~250 元，视不同季节而定）。

D3：参加中缅边境一日游。

7:00 随团出发，一路观边境风情， 11:00 抵边境，先观人妖或艳舞表演，午餐后出境，看大金塔、缉毒展览馆、辽多母大佛像，去玉器商厦购物，返回途中观果真八角亭， 20:00 回到景洪。

D4：景洪市区观光，上午可观赏花卉园、民族风情园，午后去曼听公园游乐，看傣族风情歌舞表演并泼水，晚上到游乐场参加联欢晚会。

依上述游程安排，游客可在四日内游遍西双版纳的各主要景区，获得最完整、全面的游览观光效果，至于东线的猴山、雨林谷和西线的打洛森林公园等次要景点，时间充足的游客可择机游览。另外要说明的是西双版纳南线的曼飞龙白塔虽有些名气，但一般游客很少前去。

◀原始森林公园中的泼水活动

● 图片讲解

原始森林公园中的泼水活动是全西双版纳各个景区中组织得最好的。因为泼水区是三面封闭只有一边有出口，所以泼水的游客不易"逃跑"而只能"迎头痛击"，每天下午歌舞表演结束后，都会出现左图中的场面。

补充提示

①如果游客时间紧迫，可以省去第四天的景洪市区观光，但前三天的西双版纳东线、北线、西线游不可遗漏，否则严重影响观光效果。

②游览东线最好上午先去傣族园，这时园内游客多，表演项目亦多，游览观光易出好效果。

③北线的原始森林公园 15:00 左右的歌舞表演和泼水活动甚具规模和水平，其欢乐畅快程度是全西双版纳各景区之最，千万不可漏掉——如今所有团队游客下午全去那里游乐，景区内组建有专门的泼水队，在专用泼水场地上与客人互相“迎头痛击”，10 分钟后大家都是“落汤鸡”。

④西双版纳西线的中缅边境一日游乘车时间长达 8 小时（去、回各 4 小时），行车途中认真听导游讲解，可增长不少知识学问。

预警提示

艳舞好看门难出

傍晚时分，当你在景洪街头上悠闲散步的时候，常会有出租车司机邀你去开发区观看“民族歌舞”，据说门票只需 20 元。可是当你走进歌舞厅后发现表演的不是民族歌舞而是脱衣舞，这时再想起身出门就难了，表演之后门票也变成了 2000 元——与进门时说的翻了一百倍！若是不掏钱，那自然别想轻易脱身……

西双版纳国泰民安，傣族人民柔情似水，景洪市区秩序井然，其他方面没有任何麻烦，可就是这所谓的“歌舞表演”（都是外地人承包的歌舞厅中干的，一些出租车司机也是他们的帮凶——可恶的“皮条客”）像老鼠屎，坏了一锅汤。所以在西双版纳旅游的时候，请注意晚间可在宾馆直属的娱乐场所（如歌厅、夜总会）任意消费（最好去文化艺术宫去看《勐巴拉纳西》歌舞表演），而不要去大街上那些“野歌舞厅”中看什么“民族歌舞”，请切记：艳舞好看门难出！

旅途中

节省旅费的窍门

A. 欲住条件好而价钱便宜的星级宾馆，可在景洪市中心选择，市中心的宾馆因道路交通拥挤和停车场狭小而不易吸引大型团队，价钱反而会便宜（淡季许多准二星级宾馆的双标房都降到了 60~80 元/间）。而市区外缘尤其是开发区新建的宾馆都挺贵。

B. 景洪市区有不少自选快餐店（市中心的版纳大厦对面就有 2 家），店内鸡、鱼、肉、香肠等荤菜 2~4 元钱一份，素菜 1 元钱一份，米饭 1 元钱可吃饱，高汤免费提供，即使是饭量大的男士，8~10 元钱也能吃得肚子滚圆。

▲ 在西双版纳作出境一日游时看到的缅甸寺庙风光

C.西双版纳东线由于交通顺畅而乘车方便，所以完全可以自助游览，自助游比参加团队省钱 40%左右。

D. 去勐仑热带植物园游览有导游讲解效果会好很多，但如果是零散客人，那不必单请导游（导游费 40 元），只要跟着别的团队一起走（团队都有导游），就可全程聆听讲解、增长学问，“蹭别人的导游”真是一件没有开销而又收效甚佳的美事。

抚仙湖

如果您想在祖国南方找到一处风光优美、气候凉爽、交通便利而又不太为常人所熟知的旅游观光佳境，那我向您郑重推荐有着“云南省的北戴河”之称的名景——抚仙湖。

抚仙湖位于云南省省会昆明东南约 60 公里处，是云南省第一深水湖和第三淡水湖。这里青山苍翠，湖水碧澈，风光绚丽且旅游度假设施完备，是国内外游客观光、疗养、休闲、娱乐的绝好去处。

▲ 抚仙湖禄充度假区（笔者推荐的波息湾度假村就是远处山脚下的那幢白楼）

气候与游季

抚仙湖距昆明只有 2 小时车程，四季如春的气候与昆明相同。这里盛夏时节比昆明市区气温还低 2℃~3℃，是云南省最著名的避暑胜境之一；冬季气温仍较高且日照充足，1 月白天只需穿长袖单衣或毛衣，中午时分还可下湖游乐。湖区的旅游最旺季从每年 4 月初持续到 10 月中旬，冬季风光仍然秀美且景区内特别安详宁静，别有一番迷人风情。

- **笔者着重提示**

①抚仙湖知名度不很高，但湖区风光优美、水面辽阔、水质清澈而又交通便利的湖泊景区在国内还不多见 (单说湖景绝对比大理的洱海更漂亮迷人)，去一次完全值得。

②禄充和孤山均为湖区景点中的灿烂明星，游客应重点游览。

湖滨主要宾馆	区号 0877
名称	电话
笔架山庄	6610000
玉溪公安局培训中心	6610192
雄风度假山庄	6610898
浅水湾度假村	8611003
阳光海岸酒店	8551999

- **推荐住宿**

①波息湾度假村。

从禄充下车后向东走10分钟穿过度假区即到，风光好而且环境安静（在景区尽头），住宿时感到挺舒服。电话：0877-6610508。

②绿苑宾馆。

从禄充下车后向东南走5分钟即到。虽然不临湖但房价便宜，淡季标准间只需50元左右。

- **关于409号房间**

是指波息湾度假村的409房间，它是全楼标间中位置最好的，不信你上去看看。笔者在这间房中住了10天，感觉妙不可言……

交通

外地游客可从两个方向去抚仙湖：A. 先乘火车或飞机到昆明，再从昆明城东的金马客运站（位置挺像北京的东三环路）乘客车，2小时左右即可到澄江县城（中巴车费18~20元），然后再换当地开往湖区的微型车，票价6~8元，20分钟即可到达抚仙湖景区的中心禄充；B. 从云南玉溪市客运站乘客车去抚仙湖（主要是从西双版纳游览归来后），车票20~25元，2小时即可到达湖滨禄充景区。

住宿

湖区游览的中心是禄充。禄充景区有高、中、低档宾馆、旅店数十家，其中邮电山庄、笔架山庄皆为二星级宾馆，条件甚好，标准间房价旺季在250元以上，淡季可降到140元左右。离景区大门入口处不远的汽车站旁有多家个体旅馆，条件尚可，双人房50~60元可拿下。笔者向游客推荐一个好住处：位于禄充景区波息湾东侧的波息湾度假村，条件好且位置极佳，在客房中就能看到湖中美景，旅游旺季标准间房价在200元/间上下，淡季可降至80~100元/间，可作为湖区住宿之首选。

另一主要景点孤山岛上有一家宾馆，标准间房价随季节不同在80~220元/间浮动。孤山湖区的岸边有一家四星级酒店，淡季房价亦在220元/间以上，周围有10~15家普通宾馆、旅馆，旺季房价在100~120元/间，淡季只需40~50元/间。

此外，湖滨的明星、新河口及温泉景区都有各档次宾馆饭店，住宿极为方便。

主要景点

抚仙湖的湖面非常辽阔

它南北长约32公里，东西宽约12公里，湖岸线长达93

公里，游客乘车需要 3~4 个小时才能环湖行驶一周。站在湖边居高远眺，只见墨绿色的湖水就像一幅巨大的绒毯，一直铺到遥远的天际，真是碧波万顷，水天一色。

抚仙湖的水质甚好

湖水能见度可达 8~10 米，游客在湖上泛舟，可以清晰地看到湖底五彩缤纷的鹅卵石和身姿摇曳的鲜嫩水草，湖边的居民经常从湖中汲水直接饮用；无论清晨或黄昏，青山环抱的湖水在霞光的映照下闪烁着绿宝石般凝重华美的光泽，秀丽的抚仙湖真是滇中高原上一颗异彩纷呈、光彩夺目的珍珠。

抚仙湖畔有近百处佳景，现已开发开放出禄充、孤山、明星、新河口、海口五大景区供游人观览，其中禄充和孤山两地风光最美，景点最集中。

禄充景区湖面开阔且岸边多秀美山景

景区中央的笔架山和两侧的麒麟山、尖山皆山势挺拔、造型奇特，登上山巅极目远望可将百里湖区秀色尽收眼底(笔架山上有数处位置甚佳的观景亭)，湖滨的两处游船码头有各类游艇、划艇，供欲去湖心泛舟观光的游客任意选用。

孤山景区是湖区南端的一个小岛，岛上多奇异岩石和精美亭阁

这里的天生桥、舍身崖等“新、老十景”风光已很绮丽，而每年 5~8 月间岛边湖面上经常出现的由数万尾大小不等的青鱼列队环游组成的“青鱼阵”更是场面壮观、神奇诱人。现在孤山岛上建有一座条件甚好的宾馆，游人可以住在这里“晨观日出、午看鱼乐、晚眺仙湖、夜望明月”，得到快活难忘的美好享受。此外，像明星景区中的明星渔洞、新河口景区内的湖滨游乐场、海口景区内的温泉度假村等亦都是抚仙湖畔的名景，游客有时间可以去逐一观赏游乐。

禄充景区示意图

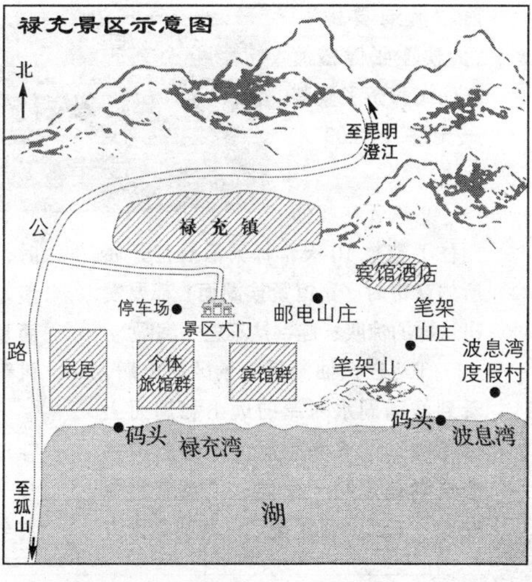

- **湖区餐饮**

主要湖鲜有青鱼、鲤鱼、抗浪鱼等，肉质鲜嫩但价钱并不便宜。如果在湖边的小餐馆中吃普通饭菜，20 元钱可吃到一菜一汤含米饭。湖边的烧烤摊上的烤鱼虾挺馋人，应好好品尝。

- **景点交通及门票**

①禄充景区门票 10 元，湖滨游乐项目有游船、陆上雪橇等多种，价格根据季节面议；②孤山景区门票 20 元，从岸边去孤山岛往返船费需 10~20 元。从禄充到孤山旺季可乘客运中巴，人均车费 5~8 元，沿湖行驶 50 分钟可到，淡季只能包租微型车，单程费用需 30 元左右。

- **水上游乐**

机动游船大都取消了，取而代之的是各类脚踏船和手划船，租船点基本上都在禄充湾而不是波息湾。

- **重点提示**

在禄充一定要登上笔架山顶，上面有 3 个观景亭和 1 个观景平台，在那里可看到壮观美景。

推荐游程

A. 标准的二日游：

D❶：全天在禄充游览，乘船游湖，登笔架山观景，湖滨嬉水游乐，品尝烧烤摊上香嫩可口的湖鲜，住宿禄充。

D❷：孤山观光，览孤山全岛秀色，赏观鱼亭等佳景，看成千上万条青鱼组成的水上巨大青鱼阵，下午返回结束游览。

B. 紧凑的一日游：

上午游禄充，下午去孤山，一天之内尽游两大景区。

C. 宽松的三日至四日游：

D1 和 D2 可分别游览禄充和孤山，D3 和 D4 分别游立昌和明星景区（从禄充乘车沿环湖路 5 分钟可到立昌、10 分钟即可到明星）和温泉景区（从禄充乘车 40 分钟可到），这样基本可以游遍湖滨所有美景。

旅途中

旅游锦囊

在湖滨各大宾馆、度假村中盛行一种“一条龙”游览方式，即游客每人每天只需缴纳 130~180 元费用，即可享受住宿、餐饮、游览全方位的服务——住宾馆标准间、正餐八菜一汤、湖边观景并可乘船游湖。这样的收费标准比游客自己安排食宿并租船游览要省钱得多（尤其是租船游览很贵），特别适合团体客人和结伴而行的自助游客，望您一试（住宿宾馆时同总台联系即可）。

旅途中

景区亮点闪击及精彩回放

◄ 万顷一碧抚仙湖（这不就是海吗）

①抚仙湖的湖面真辽阔呀！不久前“渡海英雄”、“大侠”张健横渡抚仙湖，游了整整一天呢（20:00 才上岸）。

②笔者在抚仙湖住了整整 10 天，每天清晨打开住所的窗帘时（宾馆紧挨湖面）都要发出这样的惊叹：哇，这不就是海吗？

③站在抚仙湖孤山景区的山巅，看到浩瀚湖水对岸的远山和湖面上徐徐驶过的漂亮轮船，不知怎的我心里老是念叨一个词：“英吉利海峡”——真是见了鬼了（其实是因为看过英吉利海峡的电视风光片所致，这里的风光真的能与英吉利比一比呀）。

④每当风起之时，抚仙湖水都会泛起狂澜，且一浪一浪地冲向湖边的沙滩，惊涛拍岸的场面真壮观，抚仙湖有大海一样的气势和风韵。

⑤抚仙湖的水质真好（能见度达到 7~8 米），湖中生长的鱼虾肉质特鲜嫩，尝一尝湖边小摊上的烤鱼炸虾，哇——肉全是甜甜的、香香的!

开心畅快怒江游

怒江峡谷位于滇西南、西北部的崇山峻岭中，两侧群山林立，中间峡谷幽深，风光非常美丽壮阔，其中从六库至丙中洛的一段峡谷是整个怒江大峡谷中的精华部分，这里有怒江老虎滩、老姆登教堂、石月亮、碧罗雪山、江心松、怒江第一弯、桃花岛等多处名景，其风姿各异颇为诱人关注。随着当地交通、食宿条件的不断改善，外地游客进入怒江峡谷观光已变得非常容易，下面我们就向大家介绍那里的观光注意事项。

▲ 茶马古道

交通

从昆明或大理乘客车，可以抵达怒江峡谷。其中昆明到六库的快巴行驶 10~11 小时，车费 190 元左右。大理到六库的客车行驶 4 个小时左右，车费 40~50 元。上述路段全部是柏油路，还有部分是高速路。

从六库到丙中洛（途经福贡和贡山）也都是柏油路，但是路面不宽且公路修在山与江之间，虽觉险峻，但风景亦是气象万千。六库至福贡间各类客车挺多，车程 3 小时左右，车费 30 元上下。福贡至贡山县城行车约需 5 小时，车费 30~35 元。贡山到丙中洛只有 1 公里远，交通更方便。

住宿

六库、福贡、贡山县城住宿皆方便且价格不算贵。像福贡的民政宾馆，双人标准间 60~70 元。丙中洛有名的荣马客站双人标准间 70 元。沿途还有一些个体旅舍收费更便宜。

主要景点

在六库至福贡之间，有怒江老虎滩、匹河乡上知子罗废城、老姆登教堂等景点。其中老虎滩是两山峡峙的狭窄江段，谷底江水湍急、江心有巨石挺立迎击激流，有点金沙江虎跳峡的味道；老姆登教堂造型精致美丽，周围的环境、风水也很好，具有观赏价值；石月亮是中间有孔洞的山峰巨岩，与张家界名景天门山异曲同工。福贡至丙中洛之间的主要景点是江心松——生长在怒江江心岛上的奇松、怒江第一弯——呈U字形的怒江江段，形态优美、桃花岛——怒江水边桃花盛开林草繁茂的秀丽洲岛等。在六库至丙中洛之间的大部分路段上，还可眺望到碧罗雪山的雄姿。

观光指导

上述景点沿怒江峡谷依次分布，可乘客车观光游览，分段上下即可，但是稍稍费一点时间、力气且游览不会太随心所欲，在客车行进途中观景效果也欠佳，所以建议半程包租车半程乘客车。理想的行进方式是从六库包车沿江上行（至丙中洛车费400元左右），第一日到福贡，途中看老虎滩、匹河乡上知子罗废城、老姆登教堂、石月亮和沿途怒江峡谷风光。住宿在福贡。第二日从福贡至丙中洛，途中览江心松、怒江第一弯、桃花岛等景点，夜宿贡山或丙中洛。次日乘客车返回。

租车指导

一定要找长期在这条线上跑的司机，因为途中尽是山峰峡谷，只有熟悉路况才能确保安全。并且多次在这条路上往返的司机更熟知外来游客的观光需求，可以更好地提供便利。另外注意查看车况不要太差，不要图便宜而去租旧车、破车，途中发生故障麻烦更多。

笔者推荐两位当地司机供您参考、选择。一是杨师傅，六库人，电话：13988674886。二是熊师傅，贡山人，电话：13618861651。

其他观光方式

①抵达丙中洛后，可包车去古村寨察瓦龙，这个村子在西藏境内，沿途可见石门关、五里寨、那恰洛峡谷以及梅里雪山南坡滚石天险等，风光古朴原始很惊险刺激也很艰辛（没有柏油路），往返要两天左右。

▲ 江山秀色

②从六库出发到片马观光，沿途可见自然保护区中的山水风光和大片原始森林，以及中英战争遗址。这条线大部分是土路，包租车更合适。

③既然到了滇西，那别光看怒江峡谷六库至丙中洛这一段，南边不远处的腾冲风光好且自然和人文佳景颇具高水平，郑重建议您去腾冲一游，保证游后感觉全新、心满意足。

推荐全新黄金旅游线：昆明—版纳—抚仙湖八日游

向您推荐这条线路的理由

①昆明、版纳是云南境内最出色的景区，初次入滇的游客十有八九是要去这两个地方游览的。

②版纳近年来已有多处新建佳景，已经去过的人故地重游亦会有极为新鲜的感受。

③抚仙湖是至今游客涉足较少但风景绝佳的地方，走过了昆明、版纳这条传统老线再顺路去抚仙湖开心一游，恰似老树上开了大大的一朵新花，感受是非常不一般的。

八日游程可按如下安排

D1：昆明市区观光，重点游览大观楼、西山、云南民族村。其中西山（龙门）是居高远眺滇池全景的好地方，而民族村内少数民族风情浓郁独特，歌舞及驯兽表演红火喧嚣，非常精彩诱人（门票90元）。

D2：石林一日游，乘单程车从昆明市区到石林需2小时（火车站前和东部客运站有汽车直达），游大、小石林主要景点2小时足够（门票175元）。下午返回市区后去客运总站乘空调快巴（车费185~205元）或卧铺车（车费180~200元）去西双版纳，行车8~10小时到达版纳首府景洪市。

D3：上午抵版纳，下午到景洪市区观光，游景洪最古老但风光很秀丽的曼听公园（午后有泼水活动）、民俗园、花卉园，晚上逛小吃一条街并观看民族歌舞表演。

D4：版纳东线一日游，先去橄榄坝新建名景傣族园览民族风情看歌舞表演（门票100~120元），再到传统老景勐仑热带植物园观光拍照（门票100元）。夜宿景洪市区。

D5：参加中缅边境一日游（随团出行全包价约270~370元），随团队去缅甸看金塔、缉毒展览馆、辽多母大佛，途中观独树成林、八角亭，全天游览共需13小时，20:00回到景洪。

D6：上午游版纳北线名景野象谷（门票65元），下午到原始森林公园看歌舞、泼水、观热带雨林（门票65元）。黄昏时返景洪从客运中心乘大巴去玉溪（卧铺车155元、空调快巴155元）。

D7：9:00前后到玉溪市，从玉溪长客站乘普客车，票价20~25元，2小时即到抚仙湖景区的中心禄充（可住紧邻湖边条件好而房价不贵的波息湾度假村）。下午畅游抚仙湖禄充景区——笔架山及湖区观光游乐很开心，各类湖鲜更是美味袭人。

D8：上午从禄充乘车去孤山景区游览（1小时即到，中巴车费人均8元，包车需40~45元），那里湖深水阔，且有观鱼亭等许多佳景。午后结束游览乘车回昆明（孤山到昆明只需3小时车程，有直达车也可经澄江转车）。

依上述行程安排，您可在八天内游遍云南省省会昆明、西双版纳和抚仙湖三大景区的几乎所有主要景点，玩得非常幸福、开心，费用需2000元左右。

腾冲

电话区号 0875
旅游局 5189818
旅行社 5183060

腾冲位于云南省的西端，东距保山市150公里，西北面与缅甸接壤，这里地处高原，气候温暖，土地肥沃，物产丰饶，而自然风光更是多姿多彩，秀丽迷人。作为云南省最重要的旅游度假区之一，腾冲最大的特点就是景点景区类型多而又特色鲜明，这里火山、热海、温泉、湿地、瀑布一应俱全，而且还有侨乡、烈士墓园、名人故居等众多的人文景观。近年来，随着与大理、保山间高等级公路的贯通，这里的旅游度假设施日趋完善而前来观光的各地游客亦日益增多，风光瑰丽的腾冲已成为中国西南风光名胜中格外引人注目的新亮点。

▲ 火山公园中最高的黑空山

- **重点提示**

①腾冲的风光类型繁多、个性十足且锋芒毕露，比一般人想象的好得多，非常值得一看。

②若想玩得痛快而又住得舒服，那每日游览归来后都应该去热海住宿（从县城乘车20分钟即到热海），那里环境好，疗养休闲设施全，住在里边吃烧烤、洗温泉简直舒服透顶。

气候与游季

腾冲地处西南边陲，日照充足，气候温润，雨量充沛，一年四季皆可旅游。但7~8月这里雨水较多，游客出行小有不便，因此9月至来年6月更适宜游览。尤其是严冬时节，祖国北方滴水成冰，而腾冲却仍然艳阳高照，温暖舒适，穿单衣或毛背心即可，加之这里到处有地热温泉，游乐洗浴令人非常快活开心。

交通

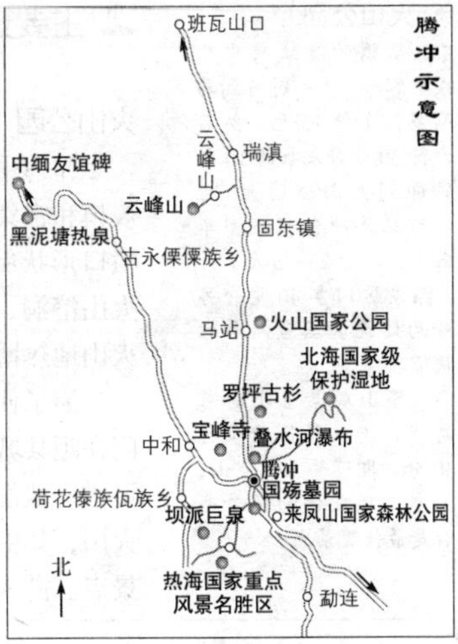

腾冲与昆明、成都、南宁之间有定期航班，游客可事先查询。也有高等级公路与外界相连，游客可从昆明、大理、保山乘客车至腾冲。其中昆明到大理和保山间皆为高速路，车速可达80~90迈，保山至腾冲间虽是山间公路但全为二级柏油路面，非常宽坦平整，行车也甚为快捷方便。昆明长途客运站直达腾冲的大巴每日至少4班，高快客车费230~260余元，卧铺票价200元可砍到160元，行程需12小时。大理直达腾冲的大巴每日至少有4班，票价105元，行程需5~6小时。此外大理每日到保山的客车至少有7~8班，3小时可到，空调车费55元。保山与腾冲间客车基本1小时一次，票价35~50元（视不同车型而异），3小时即到。此外瑞丽、盈江、芒市、六库都有客车与腾冲对开。另外游客亦可从昆明乘飞机到保山，下飞机后乘车去腾冲。保山机场距市区8公里，每日有航班同昆明对飞，40分钟可到，机票520元。

腾冲县城内，打车5元起价，中巴客车上车1元起价。此处县城中心和边缘共有4个客运站，游客在此乘客车可轻松抵达各景点。

住宿

腾冲县城及热海景区有高、中、低档饭店宾馆。县城内的腾冲宾馆、翡翠宾馆、泰安宾馆、银河宾馆均为二星级，标准间价格在100元/间左右。热海景区内的热海大酒店、财政培训中心、明珠宾馆标准间价格在100~220元/间（不同季节有波动）。县城内有不少个体旅馆，床价20元可住。热海景区门口的人民医院疗养院有便宜房间，价格在50~60元/间。

腾冲主要宾馆酒店　　区号0875

名称	地址	电话
腾冲热海大酒店	热海风景名胜区	5149688
腾冲宾馆	六街官厅巷12号	5181244
腾冲宏粮酒店	五街南门5号	5137888
腾冲四海宾馆	一街盈江东路	5186128
腾冲珠腾宾馆	六街范家坡1号	5186219
腾冲通利达宾馆	元吉村50号	5187787

- **腾冲汽车客运站**

电话：0875-5152363。

- **腾冲驼峰机场问讯**

电话：0875-5198866。

- **保山客运总站**

电话：0875-2122311。

- **保山住宿**

①保山宾馆位于市中心，交通便利而设施尚好，一般季节标准间不过100元/间左右。电话:0875-2122804。

②兰花宾馆，电话:0875-2120835。

- **红房子青年旅社**

在腾冲县城内，双人标准间40元/间、多人间15元/床。老板可提供旅游咨询。电话：0875-5142306。

- **餐饮**

普通餐馆中的家常菜挺不贵，菜价一般在13~18元，大街上还有一些自选快餐摊，花8~10元钱可吃到3~4样菜，真实惠。

• **火山公园**

从腾冲县城乘中巴或大客车，1小时可到马站乡，车费13元。然后步行30分钟或打的10分钟即到火山公园大门，亦可从腾冲包租微型车前去，车费25~35元。

¥景区门票40元含另外两处景区黑鱼河和柱状节理。

登山观景2小时可游毕，进入景区后步行30分钟即可登上大空山，大空山顶东侧的观景亭台是最佳观景点。

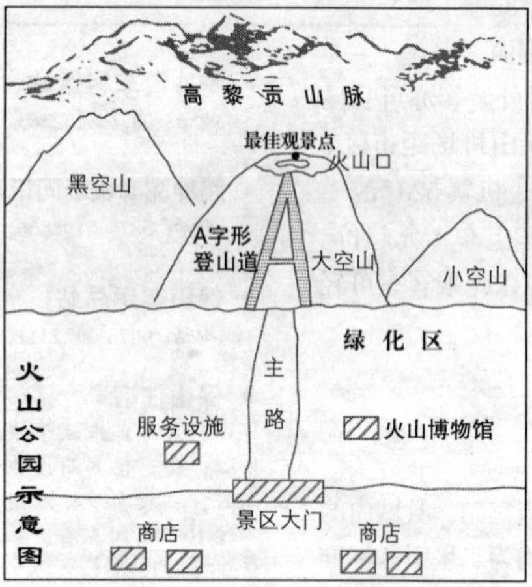

火山公园示意图

• **热海**

从腾冲县城中的农业中心道口乘微面（随时发车），票价6~7元，20分钟即到热海。

¥景区门票60元。美女池系大众泳池，洗浴游泳票价3元，但近期要停开。浴谷是豪华洗浴游乐区，洗全套温泉浴票价138~168元。

景区最高处的沸泉"大滚锅"场面壮观，是绝佳观景、摄影点。

美女池是晚间洗浴游乐的中心。

主要景点

火山公园　神奇壮观

作为中国内地的四大火山群之首，腾冲境内火山分布的规模和密集程度堪称全国第一，这里有火山锥90余处，其中喷口形状保持相当完好的有22座，此外还有大量的火山湖、火山溶洞、岩溶台地等，所以腾冲一直被人称为是“中国的火山地热博物馆”。

为了使广大游客更好地观览火山奇观，腾冲县的旅游部门在距县城23公里处的马站乡兴建了火山群国家公园，园内可供一般游人登山观景的有大空山、小空山、黑空山3座死火山，其中海拔2000余米的大空山是园内位置居中的最佳观景点。游人沿火山石砌成的登山道攀至山顶，既可以见到深50余米而直径达400米的巨大圆形火山口，亦可以居高环视整座公园的全貌——视野内可以清楚见到的远近不同、大小不等的火山约有一二十座，而远方从西北一直绵延至正南方向的海拔4000余米的高黎贡山脉更是高耸入云，壮观迷人。

公园内还有一座火山博物馆，游客可在馆内详细观看了解世界各国各地区火山地热方面的概况，获取丰富的知识和学问。火山公园东南方向还有黑鱼河、柱状节理（一种火山熔岩冷却后形成的奇异岩石）等自然奇观，都是风景秀美而又造型奇特的绝佳观景点。

热海风光　旖旎动人

腾冲是中国三大地热区之一，这里的地热资源异常丰富，全县共有沸泉、热泉、温泉及各类喷泉近90处，地热活动之强烈为国内罕见。目前，腾冲境内地热资源开发利用得最好的地方是距县城约10公里处的热海旅游度假区，这里四周为青山环抱，澡塘河从峡谷中蜿蜒流过，山间河畔有数十座热泉、温泉终日喷涌奔流，其中场面最壮观的是被称为“大滚锅”的沸泉。它的泉池直径约有5米，泉水分三股从地下冒出，水表温度达96℃，终日泉水鼎沸，热气冲天。此外像泉底冒出数十串气泡宛如数十串珍珠项链的珍珠泉，两个圆形泉眼并排相连的“眼镜泉”等亦都形态各异，神奇迷人。因为热海中的泉水含有钙、镁、钾、钠等多种微量元素，能治疗运动、神经、消化系统的 20 多种疾病，所以人们在这里建立了多家温泉宾馆和疗养院，每家内部都有温泉澡堂和温泉泳池，客人不出房门（或院门）就能洗上有祛病和强身功效的温泉浴，加之热海景区内的风光非常优美，到处都有芭蕉挺立、修竹耸翠，所以游人不论是休闲疗养还是前去游览观光，都会感到非常舒适开心。

▲ 乘船游览北海湿地

叠水河瀑布　风姿独秀

叠水河瀑布在腾冲县城北缘（从县城中心步行前去约需 15 分钟），瀑水高约 35 米，宽 6 米左右，“身材”很美且风姿独具。它既不像雁荡山的大龙湫那样“瘦高”，亦不像黄果树瀑布那样“平薄”，而是“身材适中、体态浑圆”，看上去特别粗壮匀称。叠水河瀑布水量甚丰，枯水期时亦能汹涌奔流，丰水期时更是飞流直泻，声震山谷，加之它的位置紧靠县城，观赏它无须远程跋涉，翻山越岭，所以这里的飞瀑秀色一直吸引着来腾冲观光的八方游客。

北海湿地　特色鲜明

北海湿地位于腾冲县城正东 15 公里处。所谓“湿地”，其实就是一种介于湖泊和沼泽之间的东西，它的地下有水而水上又漂浮着陆地（是一大块一大块长着草的地皮），人用脚踩下去地皮可以浸入水中，脚离开后它又能自动浮出水面，这种特殊的地况全国并不多见，因而能引起游客非常浓厚的兴趣。

北海湿地分为北海沼泽地和青海天然湖两大部分，景区内山清水秀，百花争艳，随处可见水草飘摇，鱼跃鸟飞。游人既可乘上小船在密集的水网河道间左右穿梭游弋，亦可挽起裤腿在松软的草地上任意踩踏，享受这时起时伏特殊感受的美妙乐趣。湿地中央有渔民经营的烧烤摊，游客

• **叠水河瀑布**

¥门票20元。

看过了这条美丽的瀑布，有一种黄果树瀑布也不过如此的感觉。

景区内还有水上餐厅和旅馆，能提供各方面的综合服务。

• **北海湿地**

🚌从腾冲县城乘客运中巴向东行驶 25 分钟就到北海湿地。

¥门票 30 元。乘小船游览、船费 8~15 元。景区中心湖面的烤鱼摊是美食和观景的绝佳地点。

若是一个人在早晚人烟稀少的时候到湿地游玩，切记不要随意乱跑，陷在沼泽里拔不出腿的感觉真让人有点“肝儿颤”。

▼ 水温达 96℃的热海大滚锅沸泉

- **坝派巨泉**

从腾冲县城乘客车先到荷花乡（票价5元，行车1小时），再换当地机动车，票价1元，10分钟到糖厂路口，再步行20分钟即到。若从荷花乡打的去只需车费8~10元。

¥门票20元。

- **国殇墓园**

墓园就在县城边，步行即可到。

¥门票免收。详细参观需90分钟时间。此园和叠水河瀑布相邻，一定要两景一起参观。

- **和顺侨乡**

从腾冲县城乘专线中巴，票价1元，20分钟就到侨乡，打的从县城到和顺车费5元。

¥门票80元。

侨乡内有几家私人旅馆，条件好、设施新且收费低廉，住在这里细观侨乡风貌非常舒适开心。

在这里沐田野清风，看四周山景，吃美味烤鱼，会感到无比开心惬意。

坝派巨泉　高原奇观

在腾冲西北方25公里处有一个傣族村寨坝派村，村边有一处奇景坝派巨泉，它的核心景区不过一二百米长、三四十米宽，但在这样小的范围内竟有数百处大小泉眼在汹涌喷流(最大的泉眼每秒钟能出水数立方米，水量之大足以形成一条江的源头)，这样的奇观妙景在国内恐怕是独一份儿。来到坝派巨泉，游人会对以下三个词汇体会颇深：一是震耳欲聋，条条流泉飞瀑奔腾咆哮声震山谷；二是绿阴蔽日，泉水边生长着成百上千棵巨大的芭蕉树，高大浓密，郁郁葱葱；三是流连忘返，这样小的景区竟让不少游客逗留三四个小时后仍然不忍离去，足见其风光有多么美丽和集中。坝派巨泉是腾冲境内最生动奇特也最能给游人带来惊喜和愉悦的绝佳景点。

国殇墓园　肃穆庄严

腾冲不光有秀美的山水，还有众多的人文景观，其中颇具代表性的是国家级重点文物保护区国殇墓园，它是专门为纪念在“二战”时期著名的滇西战役中牺牲的烈士而修建的陵园和纪念馆。

1942年5月，日本侵略军从缅甸攻入我国云南省，怒江以西的大片国土沦陷。两年后，为了收复失地，中国远征军发动了著名的滇西战役，战斗历时4个月，全歼腾冲及周边守敌共6000余人，而中国军队则付出了伤亡近2万人的高昂代价。庄严肃穆的国殇墓园中的大量文字、图片资料真实地记录了这段血与火交织的珍贵历史，游人可在园中缅怀先烈，获取不忘国耻、振兴中华的决心和力量。

▲ 叠水河瀑布

和顺侨乡　佳景云集

腾冲地处边陲，自古以来一直是我国通往东南亚各国的重要通商口岸，自从明代开始当地就有许多居民出境到缅甸等国创立事业、寻求发展，距腾冲县城3公里的和顺村就先后有1万余人去国外创业和定居，今天的和顺村只有居民5000余人，70%以上是侨属和侨眷。

和顺村山清水秀，清溪绕村，风光柔美，村中有众多造型精美别致的古桥、古亭、古庙、古民居，许多人文佳景也颇令世人关注和回味。像始建于1928年的全国最大的乡村图书馆至今还在免费为读者开放，著名当代哲学家艾思奇的故居也在接待着络绎不绝的八方游人，多姿多彩的自然风光和丰富的历史文化内涵使人观后收获颇丰，许多人来到和顺观览后都会觉得难舍难分。

其他景点

除上述景区外，腾冲还有来凤山、云峰山、绮罗侨乡等景点值得一看。现在当地有关部门正在抓紧开发怒江沿岸和高黎贡山周边的景区和线路，相信不久后，腾冲这颗高原明珠会放射出更加灿烂夺目的奇光异彩。

- **和顺村号里头民居旅社**

  在和顺村内，条件尚可，电话：0875-5150195。

- **来凤山**

  就在腾冲县城中心偏西一点，是腾冲县城中的制高点之一，登上山顶可畅观腾冲县城全貌。

  ¥门票10元。

- **云峰山**

  ¥门票含缆车104元。

- **当地旅行社**

  腾冲旅行社电话：0875-5183060。组织腾冲当地和周边游览，服务热情规范。

旅途中

景区亮点闪击和旅途花絮

▶坝派巨泉中最大的喷水口

①位于火山公园中心的大空山上的最佳观景点在山顶东侧（游人从西坡登顶后应该向东走半圈），这里左有黑空山、右有小空山，正前方海拔4000余米的高黎贡山脉从西北一直绵延至正南，山姿巍峨，高耸入云，甚是壮观迷人。

②火山公园内的博物馆一定要看，观后你才知道火山喷发对人类来说利远大于弊，火山是人类的好友而不是凶恶的敌人，这一点真叫人耳目一新。

③白天的热海风光优美，夜晚的热海更是舒适迷人，一车又一车的游客来到这里，洗温泉、游夜泳、吃烧烤，整个景区在朦胧灯影的映照下，在轻柔乐曲的环绕飘荡中，那场面和情调真叫浪漫和温馨。

④北海湿地远看不过是一片稻田，你千万别因此觉得失望而向后转，一定要走到湿地中央——蓝天白云、青山绿树、碧水金滩互相映衬的画面真美，而凉爽轻风的吹拂和烤鱼香气的“熏蒸”更会叫人乐不思归，流连忘返。

⑤和顺侨乡有太多的古老建筑和古老传说，亦有太深厚的历史和文化内涵，时间太短根本看不清、弄不懂，所以“摸不着头脑，理不出头绪”是大多数游客的共同观感。

⑥从县城出发去坝派巨泉游览开始会有挺深的怀疑和困惑：乘车经过的砂石路真有些颠簸，下车后步行的小路亦满是灰土，而坝派村中随处可见稻草和牛粪，这样的地方能有什么好风景?但是不要急，不要慌，走到村南的陡峭岩壁上一看：哇，几百个泉眼一齐喷涌，那场面真能惊煞游人!

推荐游程

在腾冲游览若想玩得痛快至少需要3天时间，游程可作如下安排：

D1：上午游览位于马站乡的火山公园，看火山和高黎贡山风光。下午去热海观光，去科考区看地热奇观（有间歇泉、沸泉多处奇景），在疗养区休闲游乐，晚间住宿热海（热海大酒店可作首选），去美女池洗温泉浴，品尝烧烤美味。

D2：上午国殇墓园、叠水河瀑布（两者只相距400米），下午去北海湿地，泛舟、观景、吃烤鱼。

D3：上午去和顺侨乡，领略边陲深厚历史文化底蕴，午后畅游坝派巨泉，看国内绝无仅有的大型喷泉群奇观。

如果您时间充足，可以在第4~5天看李根源故居、绮罗侨乡和云峰山，这样可获更佳观感。

新奇发现　坝派巨泉——真"牛"!

笔者游览过全国所有省份，也算是见过世面的人，可是我一看到坝派巨泉，立刻就呆了、傻了：几百个泉眼一齐喷涌，连大地仿佛都受到了震颤而微微发抖！我甚至认为这里就是"南水北调"的最好的源头，这么清澈碧透且冲劲儿十足的泉水汇成的河流，它一定能跨越千山万水，流到祖国北方灌溉干涸的土地……见到了坝派巨泉后，我嘴里反复念叨的一句话就是：哇，这次腾冲真是没白来呀！

坝派巨泉示意图

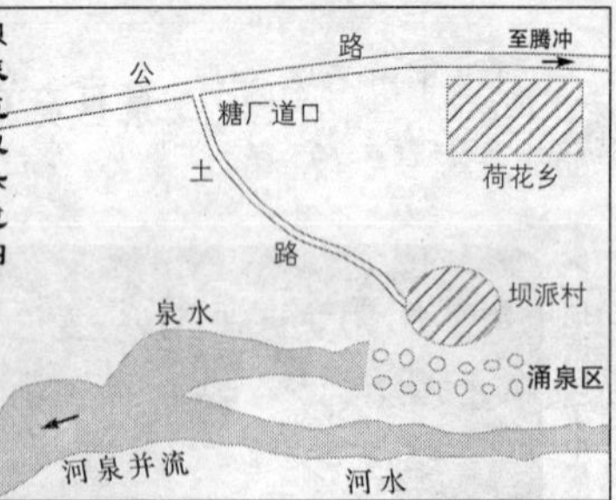

经验谈　节省旅费的窍门

A.巧找便宜住处

在腾冲县城内可住便宜但干净的个体旅馆，这类旅馆在大街上随处可见，都是私人盖的3~5层的"瘦高"小楼，房价30~40元（两张床）且条件尚可（我们前面提到的红房子青年旅社也是其中之一）。在热海景区洗浴疗养时欲节约旅费可到大门外的两处乡办食宿洗浴中心，分别在老滚锅和黄瓜箐（均距景区大门0.5公里，乘过往客车前去车费1元，5分钟就到，但车次不多），住在那里可以享受一天食宿加温泉洗浴（正餐两菜一汤，住四人间，卫生尚可）而只需开销40~50元的"神奇"待遇。

B.吃"大救驾"

腾冲的餐饮本来也不贵，在自选快餐摊上花10元钱绝对可吃饱吃好，中小餐厅中的肉炒青菜也就是10~15元钱一份，而这个叫"大救驾"的东西据说是当年皇帝来腾冲避难时老百姓给他吃的"救命饭"，把肉、菜、面片放在一起炒，营养足、味道好，7~8元钱一大盘即可吃饱，每个餐馆都有。

瑞丽

电话区号	0692
旅游投诉	4113941
旅游局	4143272
旅行社	4141888

你听过那首美丽的云南民歌吗——“有一个美丽的地方，边疆人民在这里生长，密密的寨子紧连着瑞丽江水呀碧波荡漾，一只孔雀飞到了龙树上。”这首歌中描绘的“美丽的地方”就是地处祖国西南边陲“顶点”的云南瑞丽市。

瑞丽真是一个美丽的地方，这里冬无严寒，夏无酷暑，天蓝气爽，清风和畅。瑞丽有迷人的南亚热带风光，丰富的物产资源，多姿多彩的少数民族风情，被人誉为“孔雀之乡”、“动植物王国”和“民族歌舞之乡”，它是一块不可多得的热区宝地，亦是一处神奇美丽、令人神往的旅游佳境。

瑞丽市及周边有许多佳景，它们主要分布在市区东、西两侧，此外，出境游 (去缅甸) 亦是当地盛行的游览项目。

气候与游季

瑞丽属南亚热带气候，常年气温较高，冬天最冷时穿毛背心加外套即可。这里花草四季常青，全年皆宜旅游，内地游客在9月至来年5月前来更佳(躲开夏天最热和多雨的时候)。

▲ 瑞丽江秀色

推荐游程

D1：瑞丽东线观光：瑞丽江、莫里亚森林公园、金塔、独树成林、生态园。

D2：西线观光：屯洪、冗井等少数民族村寨，大等喊寺、南菇河淘宝场，冬季时还可参加串寨赶摆联欢。

D3：缅甸出境一日游：南坎市容、农贸市场、风情园、云峰寺、木姐市容、金鹿寺，丰盛晚宴和风情歌舞表演。

- 主要节日

最重要的是每年清明节后第七天傣族和德昂族的泼水节，每年农历正月十五景颇族的目脑纵歌节。此外还有阿昌族的阿露锅罗节，傈僳族的阔时节 (12月20日) 和火把节 (农历六月廿五)。

交通

航空

瑞丽目前无民用机场，从昆明可乘飞机到芒市（机票730元，经常可打折至480~500元，飞行约50分钟），再从芒市乘汽车，票价45元，全程二级公路，2~3小时即到瑞丽。

汽车

从昆明、大理至保山的高速公路已修通，保山到瑞丽间虽有不少山路但全为平坦宽阔的二级公路，所以公路交通是进出瑞丽最方便而价廉的手段。昆明直达瑞丽的大巴每日至少有6~8班，高快客车250~270元，卧铺车票价约230元（可打折），行车16~20小时可到。大理至瑞丽的大、小客车更多，行车约8小时即到。保山与瑞丽间的客车随时发，行车5小时就到，车票50~65元。如果嫌从昆明乘车到瑞丽行车时间太长太累，可先乘车到保山，住宿一夜，次日再乘车到瑞丽就轻松多了。

- **汽车和民航**

瑞丽客运电话：0692-4141423。

瑞丽民航售票电话：0692-4111111。

主要宾馆酒店　区号0692

名称	地址	电话
永昌大酒店	人民路	4141808
瑞丽宾馆	建设路15号	4141269
龙瑞宾馆	姐岗路	
泰和宾馆	南卯街	4144666
银龙宾馆	姐岗路12号	4140318
麓城大酒店	南卯街	
天成大酒店	麓川路	4144671
华都大酒店	目瑙路	4149835
凯通国际大酒店	边城街	
八达温泉宾馆	南卯街	
勐龙沙宾馆	瑞宏路	4142979
竹林度假村	弄恩经济合作区	
玉瑞温泉康庄	弄恩经济合作区	4660569
九州饭店	边城街	4144601
瑞丽江大酒店	边城街	4147889
华德饭店	瑞宏路	
京华宾馆	勐卯街4号	4144128
云广楼	卯喊路	4144499
银河大酒店	勐卯中1号	4149100

住宿

瑞丽满街都是宾馆、旅馆，中、低档的双人标准间房价只需40~60元/间（这样的地方比比皆是）且条件尚好，星级宾馆的标准间议价后在70~240元/间。

餐饮及特色食品

不论白天还是晚上，瑞丽满街都是烧烤摊和风味食品店，香蕉、杧果、菠萝、木瓜等热带水果制成的果汁、果冻更是品种繁多、琳琅满目。快餐店也比比皆是，一份肉炒青菜加一碗汤加上米饭15元钱左右即可拿下，米粉、饵丝4~5元一碗，还算便宜实惠。此外，城区街道上还断断续续分布着一些自选快餐摊，摊上有十数种菜肴，扣肉、香肠、猪肝、烧鱼块等荤菜3~5元一份，素菜1元一份，10元钱左右可吃到一般水平。

主要景点

东线旅游　风光秀丽

瑞丽城东约50公里的距离内分布着许多当地名景，像著名的瑞丽江碧波泱泱，终年流淌，两岸青山连绵，层峦叠嶂，游客可以乘船顺江而下，在如诗如画般的山水胜景间游览观光。莫里亚森林景区长满参天巨树，遍地奔涌溪流和泉水，沿着暗无天日的原始密林中的羊肠小路行进约1小时，还可见到深山古崖上汹涌奔流的巨型瀑布，热带风光旖旎优美。距城区只有10公里远的金塔虽然不算太高大，但金碧辉煌而又玲珑隽秀。最漂亮的景区要数芒令村的独树成林，这里数株巨大的参天古榕树树龄已逾数百年，树冠面积超过500平方米且枝叶浓密，连景区围墙外的公路路面都被它遮挡得绿阴蔽日，这处奇景的庞大气派程度在祖国西南各省的同类景点中堪称第一——绝对比西双版纳的独树成林漂亮！

西线景点　原始古朴

瑞丽的西线景点主要是一连串相隔不远的傣族村寨，寨中木楼秀立、修竹芭蕉林高耸，从早到晚都回荡着时强时弱、似有似无但旋律极为悠扬婉转的由葫芦丝奏响的傣族民歌的美妙乐曲声。这里的大等喊奘寺建筑气派雄伟，是当地较大的佛教寺庙之一（电影《孔雀公主》曾在此拍摄），而冗井、屯洪等村落与缅甸村寨紧紧相邻——“中国的瓜秧爬到缅甸去结果，缅甸的母鸡跑到中国来生蛋”，这奇特的边境景观让游客颇感新奇和开心。

此外在离瑞丽以西40公里处的弄岛南菇河上，还新建了一个大型淘宝场，这里是当地宝石成矿带原矿最富集的地区，

▲ 缅甸金佛寺大佛像

- **市区出租车**

起价5元，城区不大，5元钱基本上可到市区任何一点。

- **东线游览**

这条线路风光挺美，莫里亚森林景区比西双版纳的曼典山寨好，独树成林亦很迷人，值得一看。

目前东线无固定客车，去莫里亚公园须从瑞丽包车，费用约需60~70元。

¥ 莫里亚公园门票50元、金塔门票3元、独树成林门票10元。全线游览时间需4~5小时。

- **西线游览**

从瑞丽长途客运站乘客车可轻松地去西线游览。

从瑞丽乘客车1小时后到弄岛，再换微型车（15元）或摩的（10元）25分钟后可到淘宝场。

¥ 门票50元。

淘宝场会免费帮客人把淘到的宝石加工成首饰。

在大等喊看傣寨表演40元。

每当暴雨或洪水过后，南菇河水挟带冲刷下大量的红、蓝刚玉和尖晶、子牙等各类宝石，品位虽高低不一，但每个游客只要下河采淘，肯定有收获而不会空手而归。

出境游览　舒适惬意（去缅甸）

瑞丽与缅甸只一条江水相隔，出境去缅甸游览易如反掌，只要交纳费用并出示身份证原件随时可以成行。现在当地最盛行的是缅甸两城（木姐、南坎）一日游。这里出境太方便，离开瑞丽少则15分钟多则1小时即可到达边境口岸，稍作检查即可进入缅甸国门且一天的活动安排特别舒适宽松。

①在缅甸的游程安排

先坐汽车或机动船过瑞丽江，再乘车10分钟即到缅甸南坎市，观览市容，农贸市场游览购物，午餐后观人妖表演和参观长颈族村寨，下午参观风情园，看云峰寺佛塔佛像，到木姐市参观集贸市场、金鹿佛寺，17:00后入境回瑞丽，18:00在定点餐厅享受丰盛的傣家风味宴，并观看傣族歌舞表演，酒足饭饱且其乐融融时送团（此线亦可反向游览，看旅行社如何安排）。游览、交通、餐费全包360元（不同游季有浮动），观看人妖表演另收费60~100元，可砍价。

②瑞丽的出境缅甸游与西双版纳的出境缅甸游很不一样

A.游程太宽松

从西双版纳出境去缅甸作一日游，往返需8小时的车程，把出境后游览的时间挤得紧而又紧，通常在一个景点只停留20分钟。可是从瑞丽出境就不同，它离口岸太近（距木姐10分钟车程，距南坎亦只1小时车程），所以出境后时间大大地宽松——上午的自由活动近2小时，下午又有1小时。当然从瑞丽出境后看到的缅甸风光没有从西双版纳出境后看到的那么气派、辉煌，可是一日游结束回到瑞丽后，还会为游客提供一顿丰盛晚宴，可算是为一日游画上了圆满的句号。

B.晚宴很丰富，歌舞真迷人

菜有香茅草烤鱼、烤牛肉等近10种，席间还有傣族歌舞表演。傣族的姑娘、小伙子真漂亮，表演也特热情且娴熟优美，游客都以为他们是省歌舞团下来的。另外，由于西双版纳西线的出境游已被国家有关部门停办2年多了，所以来瑞丽到缅甸看一看。参加这里的一日游还真挺令人满意开心。

- **无须办通行证**
  到瑞丽观光不需边境通行证，不必多此一虑。
- **当地旅行社**
  瑞丽海外旅游公司组织缅甸出境游业务，旅客只要提供身份证原件并交纳费用即可出境观光。电话：0692-4141888。
- **特别提示**
  瑞丽的出境游收费虽不贵，可2007年五一后出台的一个暂行规定却要非云南籍的外省游客多交60%的团费，不知这个规定何时取消。
- **观人妖表演**
  可砍价30%~40%，团队游客都可优惠。

▲ 瑞丽金塔

- **境外购物**
  首选商品是珠宝和玉石，日用品大都是从中国运去的。

▲ 傣族姑娘很漂亮

- **享受丰盛晚宴**
  如果出境游回国时间早，那不要急于离团回市区，而应该等待18:00左右的晚宴加歌舞表演，非常令人高兴开心。

旅途中

新奇经历——在瑞丽参加“串寨赶摆”

每年金秋时节丰收过后，瑞丽周边各个寨子里的傣族群众都要举行红火热闹且规模盛大的串寨赶摆活动。何谓串寨赶摆?其实就是串寨赶集，可地点会随时换，头三天在我的寨子里又吃又喝又跳，后五天再到你的寨子里尽情玩耍、游乐、嬉闹，闹过了一村又一寨，没完没了。

不久前的一年冬天，我在瑞丽西边的弄岛寨遇到了一次以纪念远古时期当地民族头领武定腊将军为名义的串寨赶摆，场面真大，会场占据了整整一座山头。场内分为购物区、诵经区、住宿区、歌舞表演场地及露天餐饮区五大部分，每天人山人海，喧嚣无比。购物区中出售各类食品百货，傣族乡亲在这里踊跃采购并纷纷拍摄全家福等纪念照。住宿区是几个巨大席棚，地下铺满了人们带来的自家被褥，不论是谁都可以随时倒地入睡而不收费。歌舞表演场内的傣族嘎秧舞舞姿优美且跳个没完没了。诵经区的傣族佛经让信徒们念得上天入地。餐饮区内摆放了十几口巨大的铁锅，炉火熊熊终日为大家烹调各类佳肴美味——大米饭一桶一桶地煮，菜有冬瓜炖猪肉、烧土豆、拍黄瓜、拌萝卜丝、煮花生米等，所有饭菜均免费提供分文不要。来到这里赶摆的人真是尽情欢乐呀，他们先去购物，完了念经，念完了跳舞，跳累了吃饭，吃饱了去睡，睡醒了又念、又跳、又吃，如此场面持续了整整三天三夜。至于举办活动的经费哪里来，一是靠前来游乐的人自愿捐一点儿吉祥钱——完全靠自愿绝不强迫或动员（一分钱不捐也照样白吃白玩白睡）；二是如果捐款不足以维持开销，所差部分完全由当地村镇管委会拨款供给。此情此景此场面让从泰国、缅甸赶来参加盛会的域外客人都频感惊奇钦佩：一是赞叹我们国内的宗教政策好，允许百姓搞宗教祭祀活动；二是惊讶这里的经济发展状况好，百姓心也齐，一个村镇就有财力、物力、人力搞这么大规模的活动，真是国泰民安，让大家都欣慰。

▲ 串寨赶摆集会上的“嘎秧舞”表演

不论哪位旅游爱好者朋友，如果你是在秋冬季节来瑞丽，见到路边村庄里人山人海，热闹非凡，那八成就是在串寨赶摆，你最好也能下车参与进去，从中可以得到深深的快感和乐趣。

罗 平

电话区号 0874
县旅游局 8799236
旅游投诉 8212524

以往内地游客去云南旅游，总是爱把目光和注意力对着滇南和滇西北的风光——西双版纳的傣家风情，梅里雪山的神秘风姿，丽江城中的纳西族古文化，大理苍山、洱海间的高原壮景，无数美景交织交融，给远道而来的八方游客留下了多少如诗如梦般的美妙记忆。然而，许多游客在畅游过云南大地后亦曾多次发出惋惜的疑问：为何滇东没有出色的美景呢?

其实滇东有美景，只是需要得到人们的发现、重视和开发。近年来，有一个美丽的地方颇似夜空中升起的新星，吸引了无数惊叹倾慕的目光，它就是滇东小城罗平。这里有奇山、有丽水、有漫山遍野一望无际的油菜花海，更有绚丽多姿的少数民族风情。

▲ 罗平油菜花海（座座山峰似海上孤岛）

• **路途捷径**

如果内地(北方)游客不想绕道云南其他地方而直接去罗平，最方便的是取道贵州，可先到贵阳，再从贵阳乘快巴7小时可到兴义，再换车2小时即到罗平。

气候与游季

罗平地处滇东高原，气候特别温暖宜人，一年四季皆宜游览。盛夏时节气温较高，但各个溪泉瀑布群水流甚猛，非常好看，严冬时节只穿毛衣即可，春季2月初至3月底油菜花盛开，花田壮丽如花海，为旅游观光最佳时节。

交通

可以从三个方向去罗平（目前罗平无机场，只能乘火车、汽车）：

A. 从广西南宁乘火车向西行驶，11~12 小时可到罗平，每日有直快 3 趟可选择。南宁火车站电话：0771-2432468。

B. 从云南省会昆明去罗平，昆明每日有直快列车 3 趟，4 个小时即到罗平，快车车票 36 元（昆明还有许多客运大巴开往罗平，集中在金马和东菊客运站，公路行程 3~4 小时）。

C. 从贵阳、黄果树、兴义方向去罗平，从贵阳市长途客运站乘豪华快巴（每小时 1 班、途经黄果树），票价 110~120 元，5 小时可到兴义市，再从兴义乘火车或汽车，2 小时即可到罗平（车费 30~35 元）。

- **罗平火车站**

问讯电话：0874-6139322。

- **罗平长途客运站**

问讯电话：0874-8212299。

- **相关链接**

昆明火车站问讯电话：0871-3511534。

贵阳火车站问讯电话：0851-81812222。

住宿

罗平县内各档宾馆饭店甚多，高档星级宾馆有政府宾馆、鑫源宾馆、多依河宾馆、鲁布革大酒店、金太阳酒店等 10 余家，双人标准间旅游旺季价码在 160~280 元/间，淡季可降至 80~100 元/间。中小旅馆不计其数，以城区街道两侧新建的私家小楼为主，房价 30~60 元不等，多有电视、卫生间；除春季油菜花节期间外，住宿绝无问题。此外鲁布革电厂内还有高档宾馆和普通招待所供选择。

主要星级宾馆

名称	电话
政府宾馆	8216880
鑫源宾馆	8227999
九龙饭店	8261098
蓝泉酒店	8218886
多依河宾馆	8256888
金太阳酒店	8218788
鲁布革大酒店	8257720
五环宾馆	8211655
康源宾馆	8257453
华禄宾馆	8214200
大天苑宾馆	8219766
国税宾馆	8210688
文华宾馆	8216877
九龙宾馆	8217409
瑞鑫宾馆	8262008
香檀大酒店	8216688

餐饮

县城内中小餐馆多，价钱便宜，米粉 4~5 元钱一碗，荷包鸡蛋 1 元一个，肉炒青菜（如肉炒菜花、肉炒白菜、肉炒青瓜等）价码在 10~13 元，纯肉菜也不过 18 元上下，人均 25 元钱吃饱一顿便餐绝无问题。

当地特色食品有陆良板鸭、曲靖韭菜花及“三黄”、“三白”等。

主要景点

油菜花海　香飘千里

罗平是全国最重要的油菜花生产基地，油菜花的种植面积多达 30 万亩，每年 2~3

- **油菜花香飘千里**

早春2~3月，祖国北方还是乍暖还寒之际，而罗平境内早已是金浪滚滚、花香袭人，难怪有人说："欲观黄花美，只有到罗平。"

从县城乘去板桥镇的中巴途中经过一个叫金鸡山的地方，是登高观赏并拍照油菜花海的好地方。

- **九龙瀑布**

从县城乘中巴车，票价5元1小时可到板桥镇，原地换乘微面，票价5元，40分钟即到九龙瀑布景区。

¥ 门票75元,淡季有优惠。

瀑布群边有石阶步行道，游人可拾级而上，1小时内可从第10级瀑布一直走到第1级。

最佳摄影点在瀑布对面小山的半山腰上，在这里可拍到壮观的瀑布群全景。

- **多依河**

从县城乘中巴票价10元，包面包车需40元左右，45分钟即到多依河。

¥ 门票55元。

最佳观景点在一目十滩和雷公滩。

多依河景区高低落差不大但步行距离较远，从大门至主要景点需步行1小时，乘马车或人力车观光更舒适。

景区门口有布依村寨，可吃住并览民族风情。

月，油菜花竞相开放，罗平就成了一片花的海洋。油菜花的色彩十分艳丽，它不是橙黄、淡黄而是一种耀眼的鲜黄、嫩黄、金黄，30万亩黄花漫山遍野随着和煦的春风摇曳，宛如无边无际的大海泛着金色的波浪，难怪人们把罗平称为是金玉满堂之乡。每年春季，罗平人民都要举办规模盛大的油菜花节，节日期间罗平美景如织，游客如云，人们从全国各地来到这里，观罗平美景，看花海秀色，览绚丽的少数民族风情，会玩得特别快活开心。

九龙瀑布　壮阔迷人

罗平是著名的瀑布之乡，全县共有大小瀑布数百处，其中最有代表性、最为波澜壮阔的是九龙瀑布群，它位于县城东北20公里处，由高低宽窄各不同的十级瀑布组成，其中最大的九龙瀑高56米、宽达110米，丰水期时瀑水呈扇面状咆哮而下，势如排山倒海，雷霆万钧。除此之外，像景区中的石龙漫游瀑、情人瀑、白絮瀑等亦都形态各异，特色鲜明，最为精彩的是九龙瀑布群的十级瀑布均相距不远，因此游客可在短短的2小时内饱览整个瀑布群的奇观妙景。

多依河畔多美景

多依河景区位于罗平县城南约33公里处，9公里长的游览距离内遍布清溪、浅滩、瀑布、竹林和少数民族村寨。与九龙飞瀑的雄浑壮观相比，多依河显得特别柔美、宁静，河水一路低吟轻歌，婉转而下，流淌得异常舒缓从容。这里的瀑布数量多但落差不大（最高的雷公滩瀑布落差不过8米），浅滩多，场面特别美丽动人。滩水清澈见底，河心多彩色钙化石，四周青竹茂密，游人乘一叶竹筏沿泛着碧浪银花的级级河滩顺流而下，备感清幽寂静、惬意舒心。现在，多依河景区正在依山傍河建造近百架各类大型水车（世界各国不同外观构造的水车都要在这里安家落户）。不久后，中国最大、最新、最奇特的水车博览会将在多依河畔迎接游客。水车，这地球上最古老的汲水装置将把多依河风光装点得更加原始古朴、清纯诱人。

▲ 九龙瀑秀色（罗平）

鲁布革风光 旖旎动人

▲ 多依河风光

在罗平，没有人不知道“鲁布革”的大名。“鲁布革”三字原为布依语，意为“山清水秀的布依族村寨”。20世纪80年代初，我国第一次通过国际招标而引资兴建的大型电站在这里破土动工，使这个偏僻小村名声大振。1991年电站全部竣工后不光成为祖国西南的重要电力基地，而且还为罗平“制造”出数处旅游佳景——一是因电站大坝拦河蓄水而有了雄狮峡、滴灵峡、双象峡三段山间峡谷组成的小三峡，峡谷中水流清澈碧透，两岸多奇山怪石，游人乘船行驶其间很觉新鲜快活；二是电站本身也是一处观光佳境，它建在大山的腹腔内，上下共有14层人工开凿的巨大洞穴，宛如一座巨大的地下迷宫，迷宫内布满各类大型水电设备——水轮机、发电机及变电输电系统，而装机达60万千瓦的中型电站在正常运转时只需一名值班人员用电脑监控，现代工业和科技发展的高超水平令人瞠目结舌。现在，每天都有游人慕名而来参观电站奇景（无须任何手续、证件，购买门票即可参观），从中了解世界工业和科技发展的最新成果，增长知识和学问。

推荐游程

在罗平旅游需要2~3天时间，游程可按下列安排：

D1：去九龙瀑观光（途中可下车登上路边小山观赏油菜花海），观赏高低宽窄不同的十级瀑布，并在景区内看民族歌舞表演。

D2：上午去多依河观河滩瀑布，看造型各异的大型水车，观一目十滩、雷公滩瀑布等景点，领略布依风情。下午去鲁布革看电厂雄姿（从多依河景区门口乘中巴票价2元，15分钟就到鲁布革），还可乘船去三江口观光。

D3：乘船游览由雄狮峡、滴灵峡、双象峡组成的小三峡。下午结束游览踏上回程。

- **鲁布革风光**

从县城乘中巴，票价12元，1小时即到鲁布革，电站参观票25元，有全程导游讲解。

电厂前即是万峰湖，可乘船行驶近百里，一直开到贵州境内的天生桥水电站。

除此之外，罗平还有三江口、十万大山等美景值得游人观赏，九龙瀑和多依河景区中每日的少数民族歌舞表演亦很动人。美丽的罗平正以其滇东山水新星的迷人风采，笑迎八方游客。

- **鲁布革小三峡**

¥门票加船票50元。

- **导游和花情咨询**

鲁布革风光旅行社，电话：0874-8210100。

虽说油菜花每年都在春季开，但因气候变化每年开花的日期有早有晚，当地油菜花节开幕的时间也常有变化浮动，去罗平前作电话咨询很有益处。

特别提示

①县城东边的金鸡山是观赏油菜花海的绝佳地点，去九龙瀑布景区的公路从此路过，下车登山观景即可。

②从县城去多依河时经过一个叫塘犁凹的小山村，村边小山顶上的观景亭是观赏十万大山的绝佳地点。

③多依河景区中有个叫“一目十滩”的地方，在此可以看从上到下的10余处滩瀑美景，它与景区内的雷公滩瀑布同为最佳观景、摄影点。

④九龙瀑布景区内也有个叫“一目十瀑”的地方，亦是绝佳观景、摄影点。

重要提示

春季油菜花节期间罗平县内的住宿有点儿难（人多价格也上浮），这时可以采取白天在罗平玩而晚上去兴义住宿的方法（公路交通极方便，罗平到兴义乘车只需2.5小时），兴义的住宿方便又便宜，这样可能会多花一点车费和时间，但可以节省一些房费，也很划算。

旅途中

景区亮点闪击及精彩回放

▼油菜花梯田

①对于罗平享有的“全国最著名的油菜花之乡”的光荣称号，一开始有许多地方的人还不服气呢——“我们这里也有不少油菜花田，究竟能比你们差多少呢?”可是后来他们来到罗平一看，立马就傻了、服了：30万亩油菜花海随着春风荡漾，座座山峰就像漂在金色海浪上的座座孤岛，这样的场面除了罗平还有第二个吗?

②知道罗平的油菜花有多少朵吗?每亩至少有100万朵，30万亩就是3000亿朵，把它们采摘下来全世界每人都能分到45朵呢!

③九龙瀑布虽然名不见经传，但其中宽110米、落差56米的最大一级，丰水期的气势并不比黄果树瀑布差，尤其是这里有个叫一目十瀑的地方，在此可以通览十级瀑水层层下跌的壮观景色，其场面没准比黄果树瀑布还要略胜一筹呢!

④多依河中多浅滩，河水淌过每处浅滩时都要泛起成千上万的白色水珠和泡沫，像珍珠闪光、像梨花绽放，晶莹清澈，好看极了。

⑤多依河上最壮观的就是有名的雷公滩瀑布，它的水帘左右特别匀称且水流粗细也特别均匀，使人联想起国庆阅兵式上迈着有力步伐向前移动的仪仗兵方阵——铁流滚滚，威武雄壮。

⑥鲁布革电站的地下机房共有上下14层，巨型引水涵道亦长达20公里，钻进电站一看，任何人都会大为惊诧：在外面怎么也想不到，外表平淡荒凉、其貌不扬的大山的肚子里竟然藏着这么一座大型迷宫呢!

⑦鲁布革电站的中心控制室只有一个值班员监守，电站入口处亦只有一两名保安坐在岗亭中看护，除此之外设备昂贵的电站机房中没有一名安保人员，任游人随意走动参观，但设备从未遭到过乱动和破坏，其社会稳定及治安状况之好令人惊叹。

文 山

电话区号 0876
旅游局 2151632
旅行社 2152047

文山壮族苗族自治州位于云南省的东南部，南与越南接壤，东与广西交界，有“滇东大门”之称。全州地势西北高而东南低，境内有诸多山峰峡谷和清澈河湖，其中位于丘北县的普者黑景区奇峰耸立、水明如镜，风光非常美丽奇异；而地处广南县境内的坝美村，亦因其相对封闭的位置环境和原始古朴的生存状态从而享有“当代世外桃源”的美名并受到外界的广泛关注。

▲ 普者黑风光秀色

气候与游季

文山属亚热带高原季风气候，年平均气温 15.5℃~19.3℃，有冬暖夏凉的特性，常年皆宜旅游。每年 5 月前后普者黑景区内荷花盛开，风光最美，最适合观光、摄影，其他季节游览亦会得到美好感受。

交通

文山距省会昆明 338 公里，昆明市各大客运站每日有各类客车大巴发往文山（快巴车票 109 元），此外开远、个旧及广西

- **当地主要节日**

壮族陇端节（4 月初，青年男女对歌）、苗族花山节（正月初三，苗族最盛大节日，男女对歌、倒爬杆、斗牛、赛马）、瑶族盘王节（农历十月十六，祭祀完盘王后进行娱乐）。

- **文山客运总站**

位于文山北桥路，电话：0876-2122886。

- **文山南桥客运站**

电话：0876-2122343。

- **昆明长途客运总站**

电话：0871-3510617。

▲ 乘船游览普者黑

- **普者黑**

文山县城有公交车直达普者黑，车票3元。

¥景区门票免收，船费160~200元/人。

游普者黑一定要乘游船并打水仗，光在岸上观景没劲。

- **仙人洞**

普者黑还有一个叫仙人洞的小村庄，村中可览少数民族风情，还可嬉水游泳，详细地点要向当地人打听。

- **坝美村**

去坝美村可从昆明直接乘客车到广南县，全程462公里，卧铺大巴车票120元。亦可游过普者黑景区后从丘北乘车沿砚山一线去广南。广南县城距坝美村约37公里，需再乘客车走2小时，下车后再步行和乘船钻过山洞才能到达。游览后可食宿在老乡家。

¥门票70元。

含桃源洞、猴爬岩、河谷、汤那洞4个景点。马车和船费也含在其中。

在村民家可住宿。住宿费15~25/人，标间40~60元，用餐20元/顿。

- **风味小吃**

有温淘米线，油炸粑、椒盐饼、扭糍粑等。另外当地人自酿的壮酒亦颇有名气。特色菜则首推气锅鸡。

南宁、玉林、百色，贵州兴义等周边省、市均有客车发往文山。

去普者黑旅游可从昆明直接乘客车到丘北，昆明各大客运站均有车前往，豪华旅游车车票65~83元。可以在抵达丘北县之前在普者黑景区路口下车，再转车到景区门口。亦可先到丘北县安排住宿，再去普者黑景区（两者相距12公里）。

主要景点

普者黑

位于文山州丘北县城西北12公里处，语意为“鱼虾多的湖潭”，由诸多湖泊、山峰、溶洞、瀑布构成，共分为五大景区、56个景点，面积达165平方公里。景区内无数奇峰与碧湖相连相偎，且水中有峰、峰中有洞、洞中有河，景色奇异而独特。每到盛夏时节，湖中大片荷花盛开，红花绿叶相衬，风光优美如画。现在，湖区已开辟了长达10余公里的水上旅游线，游客乘小舟出发，沿途可观赏到300余座奇峰、5000亩荷花湖、80余处溶洞，游历非常丰富新鲜而开心。

世外桃源——坝美村

为文山州广南县境内的一个小山村。四周全被山峰包围，只通过一两个幽深山洞同外界相通。山洞中还有小河，外人进入须乘船穿过山洞才可到达村中。坝美青山环绕、碧溪穿村，有无数茅屋农舍、古老水车、油菜花田，碧水青山与黄色野花相映，风光古朴原始、奇异迷人，恰似陶渊明笔下的世外桃源。这里的村民过着自给自足的农家生活，自已养猪养鸡，种谷种菜，酿制米酒，纺线织布，过得悠然自得、其乐融融。到坝美村一游，可以看到清新柔美的风光，领略当地人和睦友善的邻里亲情，品尝腊肉、土鸡、熏肠和米酒、酸菜，看当地人表演《采茶舞》、《迎宾舞》，得到世间难寻的新奇见闻感受。

住宿

普者黑景区内有3家度假村和多家乡民旅馆可供住宿，另外住在丘北县城内亦很方便。普者黑度假村位于风景区内，电话：0876-4610222。在丘北县城可住电信宾馆，电话：0876-4227777；瑞和酒店，电话：0876-4125666。

周边景点

麻栗坡老山

位于昆明东南约400公里处的中越边境处，由老山、南温河、大王岩、下金厂、新寨五大景区40余处景点组成。这里不光有曾为世人瞩目的老山自卫战遗址，还有老君山林海、猫猫跳峡谷、天保边贸口岸等观光购物点，边陲风光特色鲜明，颇令游客耳目一新。麻栗坡距昆明400公里，昆明各大汽车客运站均有班车前往。

▲ 边陲集市风情

- **麻栗坡老山**

昆明到麻栗坡老山客车一般要走大半天，文山至麻栗坡中巴车随时发，2小时左右可到。老山山巅有纪念碑、纪念馆、瞭望台、战壕、界碑等可供游人参观。

- **都龙古镇**

从文山县乘车2小时可到马关县。

¥车票10~12元。

都龙古镇

是文山州马关县的一个古镇，距中越边境线仅8公里，过去曾是中越边境战争期间的主要战区之一，如今是中越两国间的边贸重镇。每逢集日，这里会聚的中越各族人民、商人及游客可达万人以上，人头攒动，人潮汹涌，各色山珍、药材、服装、食品摆满街头，场面甚为喧嚣动人。

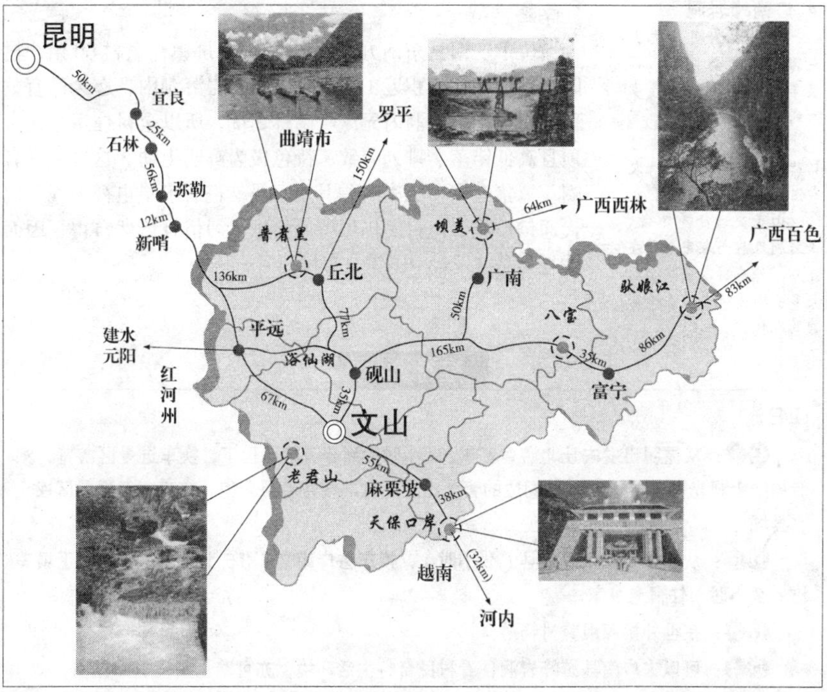

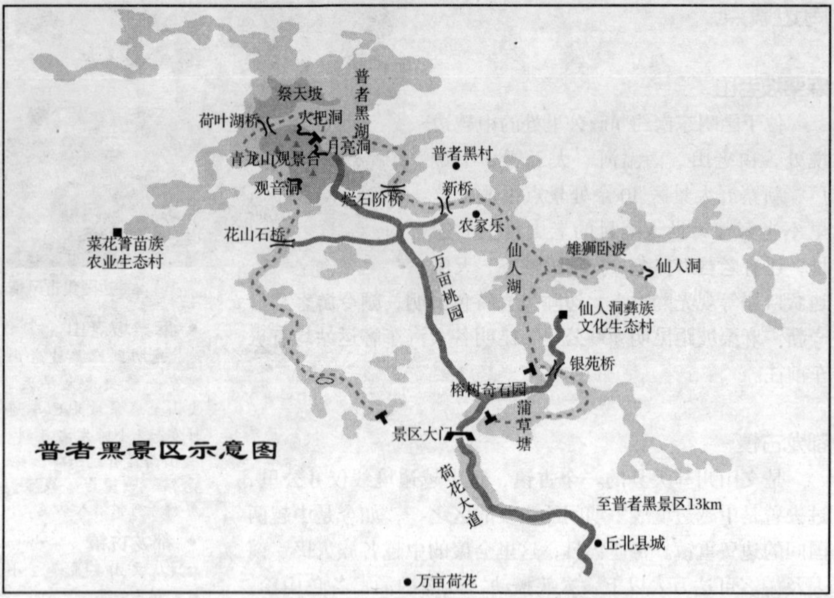

- 广南峰岩洞

可先从昆明或文山乘客车到广南县城，再换车到南屏镇，然后步行到峰岩洞。

村中可投宿，亦可品尝当地村民烹调的农家饭菜和野味。

由于交通小有不便，峰岩洞目前尚未完全开发开放，外地游客来广南后大多去坝美观光，去峰岩洞的人较少。

广南峰岩洞

位于广南县东南方40多公里的南屏镇，全村60余户村民全都居住在面积近1平方公里的峰岩溶洞内，迄今已有数百年历史。由于洞内无风吹雨淋之忧，所以全村住房均无房顶且高低错落、排列有致，特色极为鲜明生动。这里牛马有圈、鸡猪有窝，人畜各得其所，虽然已有卫星电视天线等现代通信设施，但村民仍保持原始生活习俗且悠然自得，因而被誉为是“现代中国第一奇村”。

推荐游程

四日游

D1：从昆明出发去丘北游普者黑，4小时后到普者黑路口下，换车进景区游览，乘船加陆上观光需5~6小时，在湖边的青龙山上还可环视普者黑全貌。夜宿普者黑景区或丘北县城。

D2：从丘北乘车至砚山县（2小时），换车去广南县（3.5小时），再换车至坝美村（2小时）住宿老乡家。

D3：在世外桃源坝美村畅游。

D4：可以去广南县游峰岩洞，看村民奇特生活环境，亦可踏上归程返回昆明。

旅游锦囊

旅游锦囊：为您介绍文山旅游的最新攻略之一

如何在普者黑玩得快乐开心

①普者黑山美、水美、山水风光结合得也非常和谐完美，另外景区内的自然环境也保护得非常好，非常值得一去。

②丘北县城内有客车专线直达普者黑，车费2~3元，1小时就到。如果从县城内打车去，车费要40元。

③普者黑景区内有3家大型宾馆度假村，分别是普者黑度假村、普者黑宾馆和银湖大酒店。笔者推荐的住宿首选是普者黑度假村，住宿条件较好（大致相当于二星级）而房价不贵，双标间一般季节120~180元，淡季还可议价。电话：0876-4610222。

④普者黑景区不收门票，任何人都可免费进入，但乘船游览观光收费160~200元/人，就是只有1个人购票，景区也会为你派一条船，游览服务非常热情规范。

⑤景区内的游船是手划船，湖上单程行驶时间约2小时（穿过好几个湖区），最后在青龙山脚下上岸。上岸后可选择的游览方式有登青龙山和参观火把洞、月亮洞、观音洞以及在山下观看和参与当地少数民族歌舞表演。笔者认为上岸后一定要登上青龙山顶，在山的正面和反面各可以看到一个个精彩画面（都是当地书刊画册上展示的最经典的镜头）。如果不登青龙山观景，那普者黑之行的美感要缩水至少40%。

⑥普者黑景区内还有普者黑村、仙人洞村等湖边村寨，里边有不少民居旅馆，可吃可住。住宿双人间（有独卫、电视）房价仅需50~60元，多人间15~20元/床。旅馆餐厅中可品尝到各类湖鲜。

为您介绍文山旅游的最新攻略之二

如何在世外桃源——坝美村玩得高兴开心

①去坝美村先要到广南县城，从昆明、从文山、从丘北都可乘客车去广南，如果是在丘北游过了普者黑景区后再乘客车去广南，中途需在砚山县转车。

②广南县城有3路公交车直达坝美村，车程90分钟，车费8元。抵达景区入口购票后再乘马车（马车车费含在门票中）或步行约30分钟即到桃源洞口，在此乘船穿越该洞（时间15分钟）后即可到达坝美村。

③坝美村风水甚佳，四周是青山，村前是平原（全部开垦为菜地和稻田），平原上一条小河蜿蜒流过——清溪碧澈、绿浪翻卷就是坝美村前平原景色的真实写照。

④坝美村有数家民居旅馆接待客人，目前只有普通间，床价10~25元。农家饭菜主要有炒腊肉、燉土鸡等，目前饭菜价格还不算太贵，一般菜都不超过25元。

⑤在坝美村观光主要是看田园风光和村民的生活状态，二者都很清新、自然、柔美，如果能在村中住一晚，体验山村之夜的凉爽、宁静、温馨，感觉亦甚佳。

⑥坝美村里边又开通了一个山洞，所以游客可以这个洞进、那个洞出，游览观光不走回头路。

▲ 普者黑山水秀色

石屏

电话区号 0873
旅游局 4850142
宣传部 4857405

石屏县位于云南省南部红河州境内，距昆明 240 公里，东邻建水，南接红河，全县总面积 3087 平方公里。石屏县风光优美、气候宜人，境内古迹众多，民族风情绚丽多姿。

石屏是云南省内有名的歌舞之乡，聚居在石屏北部山区的花腰彝族素以能歌善舞著称，其特有的舞龙技艺更是绝妙高超而特色鲜明，其中石屏县哨冲乡的女子舞龙队曾在中华舞龙大赛中荣获过金奖。石屏县还盛产杨梅，每年 5 月举办的杨梅节都能吸引大量观光和美食客人。以绚丽山水风光和特色民族风情著称的石屏正以其崭新的风姿神韵喜迎八方游客。

▲美丽的石屏县城

气候与游季

石屏气候温暖，常年可以游览观光，每年的 5 月份杨梅节期间是游览高峰期，其余时间前去也能取得很好的观光效果。

旅游锦囊

外地游客如何去石屏观光游乐

去石屏县旅游可从昆明南窟汽车站乘直达大巴，行车4.5小时可到石屏县城，县城内食宿并不贵，60~100元的宾馆标间随处可寻。如石屏宾馆，条件很好的双标间打折后最低80元左右，订房电话：0873-4855566；又如石屏粮贸大楼，虽然住宿条件一般，但房价便宜，双标间40元/间，订房电话：0873-4859007。在石屏县城内吃一顿普通的快餐要8~10元钱。

当地主要观光项目有游览异龙湖、焕文公园、拖龙黑水库等景点，其中拖龙黑水库是电影《花腰新娘》的拍摄外景地，风光挺美。特色旅游观光项目有品尝当地特产杨梅，在县城或去哨冲乡观看舞龙表演等。现在，石屏县城内可做舞龙和花腰彝族歌舞表演的有好几支演出队，观看表演要预约，有关情况大家可向石屏县委宣传部咨询，电话：0873-4857405。另外，也可以找在电影《花腰新娘》中扮演过一个重要角色（就是和凤美摔跤最后被凤美一脚踢得趴下的那个小伙子）的杨定文先生联系（13988058641）。小杨是当地著名的舞龙队教练，他训练的舞龙队技艺高超，很有影响力。

笔者的新奇发现和特别推荐：
花腰彝族的舞龙绝技和电影《花腰新娘》都很棒！

▲ 这就是凤美，美丽的花腰新娘

在云南省南部的红河州境内，有一个风光绮丽的小县石屏，这里不光有绿水青山，还有绚丽多彩的少数民族风情。生活在石屏县北部山区的花腰彝族有一个奇特的习俗，就是男女青年结婚后女方要等3年之后才能住进男方家中，当地人管这个过程叫“归家”。花腰彝族不光能歌善舞，他们崇龙舞龙的观念和技艺更是独特而高超，其中石屏县哨冲乡的女子舞龙队曾在中华全国舞龙大赛中获得过金奖。2005年，由中影公司和红河州影业公司拍摄的电影《花腰新娘》问世后，受到了社会各界的一致好评，也使石屏这个过去并未受到外界重点关注的小县城的知名度与日俱增。

电影《花腰新娘》讲述的是一个彝族女孩子在“归家”期间的故事，这个叫凤美的彝族姑娘敢于冲破传统观念的束缚，“归家”的日期还未到就勇敢大胆地到男方的寨子里参加了舞龙队，经过艰辛的努力，最后和同伴们一起获得了中华舞龙大赛的金奖，同时也收获了甜美的爱情。

《花腰新娘》真是个好电影，笔者看了很多遍却依然意犹未尽（我买了1张光盘），且每次看后都被感动得热泪盈眶——这是为什么，就是因为影片中的这个叫凤美的女孩子身上的性格太鲜活、太可爱了。

在古今中外的各类文学及影视作品中，可爱的女孩子实在太多了，也可以说简直是数不胜数，那么这个叫凤美的女孩子为什么会在其中独树一帜而给人留下深刻印象呢？这是因为她一是天真纯洁，二是放任不羁有野性——这种野性并非吉卜赛女郎身上特有的那种孤傲冷峻，而是充满了东方女性的活泼、聪颖和智慧。所以每次看完《花腰新娘》，我都会被凤美身上的青春活力而深深打动折服，我也不由得一次次地在心底发出由衷的感叹——我们人类的生命进程中能够焕发出如此灿烂夺目的光彩啊！

▲ 电影花腰新娘拍摄现场

各位旅游爱好者朋友，笔者告诉你：云南石屏是个好地方，那里有美丽的风光和绚丽多彩的民族风情；那里曾经拍摄出了一部非常感人的影片《花腰新娘》，影片中有一个可爱得叫人赞叹不绝的叫凤美的彝族姑娘……

红河

电话区号 0873
旅游投诉 2137291
旅游局 3732274

红河州位于滇南，因红河在其境内川流不息而得名，是云南境内风光甚美、自然山水和人文佳景密集荟萃之地。州内的建水燕子洞、朱家花园、泸西阿庐古洞等景点在云南省内占有举足轻重的地位，元阳梯田的神奇瑰丽可以与著名的广西龙脊梯田相媲美。近年来，对云南其他老景均已熟知的游客开始越来越多地到红河境内寻新猎奇，红河已成为云南境内颇为引人注目的新兴游览胜地之一。

▲ 元阳梯田美景

• 重点提示

①元阳梯田的冬景远比广西龙脊梯田强，每年11月至来年4月这里的梯田都是灌水期，波光潋滟，风光绝佳，适合观光和拍照。

②一一提示元阳梯田的较佳摄影点太费劲，也难免挂一漏万。建议您在当地买一本《马理文摄影作品选》，里边对在当地摄影的所有有关事项几乎都有明确提示，指导性极强，非常实用，书价30元。

气候与游季

红河的大部分地区属于亚热带高原季风气候，年平均气温15℃~22.6℃，从北往南气温逐步升高，气候也越来越湿润，所以游览时最好带上两季的衣服。

元阳地区气温相差很大，以去元阳梯田观光为例，山下的元阳新县城（南沙）其热无比，四月份气温可达33℃以上，笔者认为国内除了海南就属这热了，可山上的元阳老县城（新街）比南沙气候至少低10℃，凉爽无比，很奇怪。

交通

昆明至元阳路程约 326 公里，在昆明火车站前的南窑客运站乘大巴，20:30 发车，次日 5:30 到元阳老县城新街镇，票价 90 元。快巴也有，行车 6 小时可到，车费 100 元。

昆明至个旧：每天有数十班班车，发车地点在南窟和中北客运站。

个旧至元阳：6:00~14:00 有班车，共 10 余个班次。

昆明至建水：客车票价 78 元，车程 3.5~4 小时。

建水至元阳：大约每 1 小时一班车，票价 25 元，车程 2.5 小时。

主要景点

元阳梯田 (最佳景观)

虽然名气不比广西桂林龙胜县的龙脊梯田大，但景色之美却有过之而无不及 (元阳境内梯田的面积已达 17 万亩之多)。这里的各式梯田有的整齐层叠，灌满水后犹如层层的金色天梯；有的层次相间，田形各异，既像奔腾的群马，又似舞动的游龙，确实千姿百态、瑰丽无比。尤为令人称道的是元阳梯田常年灌满了水，因而四季清波荡漾、珠光闪烁，游人不论何时均可来此观览拍照，这一点颇令八方游客快活欢欣。

建水燕子洞

在建水古城以东约 30 公里处，幽深绮丽，洞内多钟乳怪石和暗河清溪。每年夏秋之间，千万只燕子进入洞内生儿育女，繁殖后代，燕鸣之声，响彻山谷，场面颇为壮观迷人。现在每年 8 月，景区都要举办红火热闹的“燕窝节”，八方游客会聚在此，共观洞内美景并欣赏当地人攀岩贴壁、采摘燕窝的绝技。

建水古城

始建于唐代，是国务院确定的历史文化名城之一。如今仍保存有文庙、朱家花园、双龙桥、燃灯寺、东林寺、玉皇阁等楼阁寺庙 50 余处，诸多古迹虽历尽沧桑但仍闪烁着我国古代文化艺术的光辉。

- **推荐乘车方式**

先从昆明乘车到个旧，再从个旧到元阳，这样白天行车，走的山路也少，车况路况及乘车感觉都好。昆明至个旧车程 5 小时，大巴票价 80 元，中巴票价 60 元。个旧到元阳行车仅 1 小时。

- **元阳梯田**

可从元阳老县城内的广场附近租车去观赏和拍摄梯田。这里的机动车很多，很多车主专爱拉游客和摄影家，包车一天需 200~280 元，司机还可兼作导游，介绍观景和摄影较好的地点。

多依树梯田景区门票 60 元 (与坎达梯田联票)。老虎嘴梯田门票 30 元。

- **建水燕子洞**

可从昆明乘车到建水，车程 5 小时，车费 78 元。也可乘昆明至河口的列车到建水，然后乘各类机动车去燕子洞。

¥景区门票 80 元，含导游费、游船费、歌舞表演等。

- **建水古城**

入城不收门票，文庙、朱家花园门票各 40 元。

- **泸西阿庐古洞**

昆明市内有客车和旅游专线车直达景区，亦可先从昆明到石林游览，然后再从石林到阿庐古洞 (两者相距仅 80 公里)。

¥门票 80 元，含旅游索道费和游船费。

- **当地奇异风情**

哈播哈尼族长街宴，一般在每年岁末，镇上所有住户都把饭桌摆到街上，形成一条饭桌的长龙，男女老幼坐在一起猛吃猛喝，晚上还要欢歌劲舞，甚为红火热闹。

• **推荐住宿**

①云梯顺捷酒店，在老县城条件好而房价适中，笔者强力推荐。电话：0873-5621588。

②富康酒店，在新县城，是个体旅店，房价便宜且服务好，笔者强力推荐。电话：13987367468。

③阳光客栈，在多依树梯田旁，条件一般，多人间 30 元/床。电话：13618734811。

▲ 元阳新街风光

泸西阿庐古洞

位于泸西县城 2.5 公里处，是一个规模甚为宏大的溶洞群，全景区由阿庐古洞、歹鲁瀑布、板桥河水库 3 部分组成。其中主洞体内有泸源洞、玉柱洞、碧玉洞和玉笋河“三洞一河”，全长达 3000 余米，遍布的奇异钟乳石和清澈见底的洞中暗河构成了古莲倒挂、飞龙戏瀑、擎天玉柱、阿细跳月等无数情趣盎然的佳景。游客时而步行时而乘船在洞中穿行游乐，如入人间仙境。

当地餐饮

饭菜价格已上涨不少，平均每人 25 元左右才可在小饭馆中吃到一菜一汤和米饭，米粉 2 元钱管饱。

发烧友特别关照

①从昆明到元阳观梯田可走两条线路，一是昆明—建水—元阳，二是昆明—个旧—元阳，来回时各走一条线路可览不同沿途风光。

②元阳的老县城称为新街，新县城称为南沙，中间有约 1 小时的车程，车费 10~15 元。新县城住宿条件更佳，而从老城出发观光游览更方便。

③在元阳拍照梯田美景可乘当地交通客车，亦可包车，包辆微型车四处观光非常灵活开心，但应注意一定要找一个对景区风光熟知且脾气好的司机，另外自己应买一张导游图，这样心中更有数。

④过去在元阳颇有名气的一些旅馆、餐厅现在变化很大，小余的餐厅关了门，在网上出现频率很高的某个旅馆设施条件和服务水平均与传说中相差很远，所以请大家注意别受旧信息误导。

推荐游程

四日游

D❶：从昆明乘车至建水，中午到达。下午游建水古城、文庙、朱家花园等。

D❷：上午游建水燕子洞，中午乘车去元阳，夜宿元阳老城。

D❸：元阳观光，拍摄梯田美景，较佳观景摄影点有多依树、坝达、老虎嘴等。

D❹：上午依旧在元阳游览，下午乘车返昆明。

此游程亦可适当更改，可以先从昆明乘车经个旧到元阳，游程最后再游建水，之后返昆明。

最佳摄影时间、地点

拍摄元阳梯田最佳月是 11 月至来年 4 月，尤其是 2 月中旬至 3 月初，这段时间，梯田灌满了水，层层梯田，水波荡漾，拍摄效果好。

摄影者常去的地方有：多依树，拍朝霞的绝佳之地；坝达和老虎嘴，拍夕阳最合适；龙树坝，离县城最近的大片梯田区，拍夕阳很好；猛品，俯拍梯田最佳之地，以黄昏时最好。其他还有很多，如黄茅岭、黄草岭，等等。圩日坝是拍摄民族风情的最佳地点。

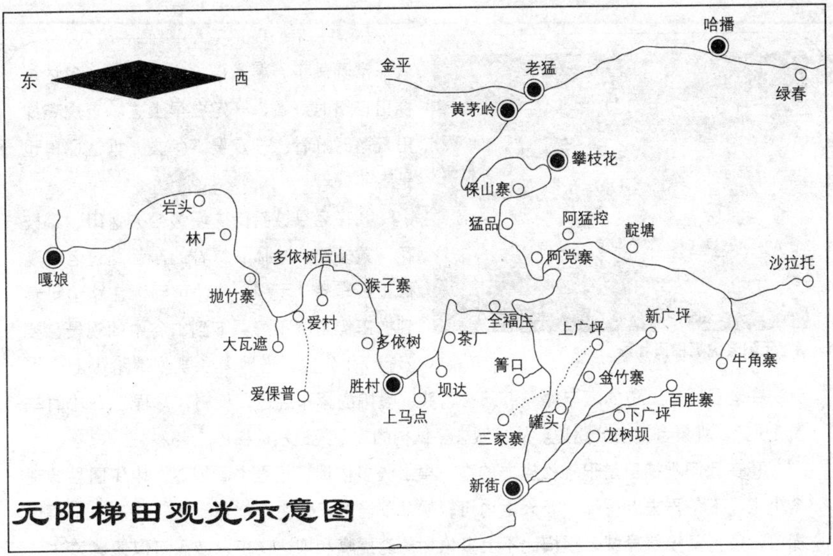

元阳梯田观光示意图

旅游锦囊

旅游锦囊：为您提供元阳梯田观光的最新攻略

①去元阳的两条路中笔者建议走昆明——个旧——元阳，这条路路况好，而走昆明——建水——元阳，中途要翻数座大山（有客车行驶其间），还有一些土路，行车稍显不便。

②抵元阳后客车到新县城（南沙）边上就不走了，而去老县城（新街）的发车点在南沙的另一端，其间全是坡度很大的上坡路（也就是南沙的中心干道），步行上去太费劲，一定要乘专线车，每人 1 元 10 分钟就到。

③新县城南沙到老县城新街有微型车运营，车费每人 10~15 元，50 分钟可到。

④论住宿，新县城比老县城方便得多，这里旅店宾馆多而新，房价也比老县城便宜。笔者强力推荐新县城中的个体旅馆富康酒店，设施很新，有独卫、空调、电视的双人间 40~50 元/间，老板服务态度甚佳，电话：13987367468。

⑤在老县城中笔者看好的宾馆是位置绝好条件更好的云梯顺捷酒店，二星级，设施很新的双标间 100~120 元，住在里边不知比那些个体客栈舒服多少倍，电话：0873-5621588。

⑥论餐饮，元阳新老县城中的价格都不便宜，一个肉炒青菜也要 20 元，米饭 2 元管饱。在众多的餐馆中笔者筛选出一个个体餐馆福哥小吃店，老板姓王，里边的快餐 12~15 元一份（是肉炒青菜加不限量的米饭），相比较而言还算实惠。此店就在梯云顺捷酒店前街面的左侧，订餐电话：0873-6749140。

⑦元阳有梯田的地方很多，初次前去的人可能对各处梯田的地名和特色摸不太清而头脑“发晕”——其实当地的观光原则非常简单：目前游人必观的梯田景点是多依树和老虎嘴，一般游客去这两处就算基本上“够本”了。如果时间充足再加上一个坝达梯田

▲ 元阳老虎嘴梯田壮景

就非常圆满了。要掌握这样的原则：多依树梯田日出时好看，一定要早上去；老虎嘴梯田日落时好看；一定要下午去；坝达梯田也是下午好看。

⑧在老县城新街广场边坐去保山、攀枝花、黄茅岭、哈播、绿春的车都路过老虎嘴梯田，车费 7 元 45 分钟可到，在路边可看到梯田但角度不好；下到山谷中的观景台要步行 20 分钟，当地老乡要收带路费 10~20 元。在老县城最上边的汽车停靠点乘去岩头、嘎娘的客车经过多依树，车程 1.5 小时车费 15 元，观景台就在公路边。从县城去多依树的途中经过坝达梯田。

⑨在元阳观梯田是很轻松省力的事，早上去多依树，返程中看坝达，中午回县城睡个小觉，下午再去老虎嘴，一天之内可轻松拿下当地三大主要梯田景观。还有一个箐口梯田，位置紧挨着县城，规模比不上多依树、老虎嘴和坝达梯田，游人可以适当关注。

发烧友特别关照

专家点评：去云南元阳和广西龙胜观赏梯田美景的效果差异

①云南元阳的梯田和广西龙胜的梯田风光都很美，但是两地的梯田景色及观光效果还是有所不同。

②笔者个人认为云南元阳的梯田壮阔（面积大、层数多）而广西龙胜的梯田风景精美，在观光效果上各有千秋。

③对内地大多数省份的游客来说，去广西龙胜要比去云南元阳方便得多，可以节省旅途时间和不少旅费。

④就出行一次所得到的综合收获而言，笔者个人认为广西龙胜要优于云南元阳。龙胜不光有梯田风光，还有出色的山水风光（紧邻桂林这个观光亮点），还有绚丽多姿的少数民族风情。可是元阳除去梯田外，山水风光稍显一般（山高山大但相比较而言不太精致美丽），当地的民风民俗旅游开发得也不如广西境内好。

▲ 多依树梯田佳景

综上所述，笔者个人认为内地各省市的游客第一次远程出行去观梯田（指以观赏梯田为出游主要目标）那应该去广西龙胜。若是时间、经费充足而又愿意去边陲探奇览胜的朋友去云南元阳也是较好选择。个人看法，仅供您参考。

贵州省

GUIZHOUSHENG

黄金旅游线路

① 贵阳—红枫湖—龙宫—黄果树
② 贵阳—黄果树—兴义
③ 贵阳—镇远—施秉—梵净山
④ 贵阳—都匀—荔波樟江
⑤ 贵阳—遵义—赤水

贵州的山水风光非常瑰丽——其喀斯特地貌的神奇美丽堪称全国之最；贵州的少数民族风情非常浓郁——省内的17个世居少数民族有1000多万人，每年当中光是各个民族的节日就有1000多个，真是三里不同风，五里不同俗，大节三六九，小节天天有，外地人到那里，不让绚烂多彩的民族风情看花了眼才怪呢！所以到贵州一游，得到精彩圆满、幸福开心的感觉是绝对没有问题的。

①笔者的感受和评价是：贵阳市区风光平淡，黔灵公园、花溪比北京的北海、颐和园差远了（就是青岩古镇还有点特色），所以在那里停留一天（最多两天）也就够了。

②黄果树瀑布很精彩，近年来各地不断发现新的瀑布——据说这个比黄果树瀑布高、那个比黄果树瀑布宽，可是有几个美观程度能超过黄果树瀑布呢？所以第一次入黔的人，不看黄果树瀑布非常不应该。

③龙宫的溶洞风光真够味，观后令人感到新奇不已。红枫湖边盖了太多的房子已几乎领略不到自然风光的神韵，但湖边民族村寨中的民俗风情表演很动人。上述两景恰在贵阳和黄果树瀑布之间，与黄果树瀑布连在一起玩必然是锦上添花。

④兴义风光更精彩：马岭河奔腾咆哮，万峰林万山叠翠，万峰湖开阔壮美，笔者认为那里就是贵州境内最美丽动人的景区。

⑤荔波樟江是黔南地区近年来开发的新景，奇山密林遍布，江河溪泉成群，风光如诗似画。但要注意，水是那里风光的灵魂，丰水期（4~10月）前去味道绝好，枯水期前去效果欠佳。

⑥赤水风光真是“盖了帽”了——有河溪300余条、瀑布上千处，更有神奇瑰丽的丹霞奇景和全球罕见的桫椤原生林区，前去一游定会喜出望外。

▼ 小黄侗寨中的侗族大歌演唱非常精彩，足以震撼人心

⑦梵净山、㵲阳河、镇远古城、杉木河，这些黔东景区相距不远且个性独具，把它们连在一起一次游遍应算物有所值。

⑧黔东南州山水秀丽，又有郎德、西江、三宝、芭沙、小黄、肇兴等少数民族村寨，民族风情多彩多姿，应该给予重点关注。

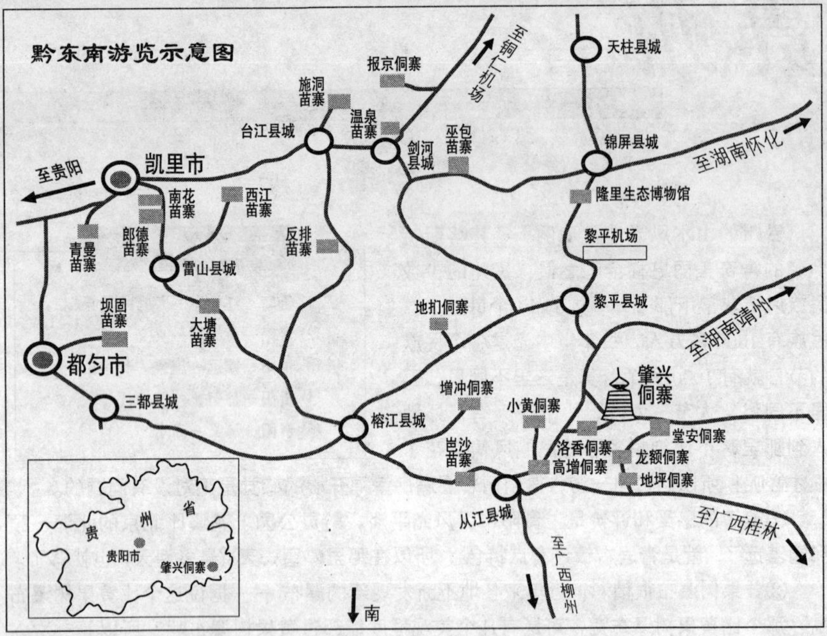
黔东南游览示意图
至铜仁机场
报京侗寨
天柱县城
施洞苗寨
温泉苗寨
台江县城
剑河县城
巫包苗寨
锦屏县城
至湖南怀化
至贵阳
凯里市
南花苗寨
西江苗寨
隆里生态博物馆
青曼苗寨
郎德苗寨
反排苗寨
黎平机场
雷山县城
黎平县城
至湖南靖州
坝固苗寨
地扪侗寨
大塘苗寨
都匀市
肇兴侗寨
增冲侗寨
小黄侗寨
三都县城
榕江县城
堂安侗寨
洛香侗寨
高增侗寨
龙额侗寨
岜沙苗寨
地坪侗寨
从江县城
至广西桂林
至广西柳州
贵州省
贵阳市
肇兴侗寨
南

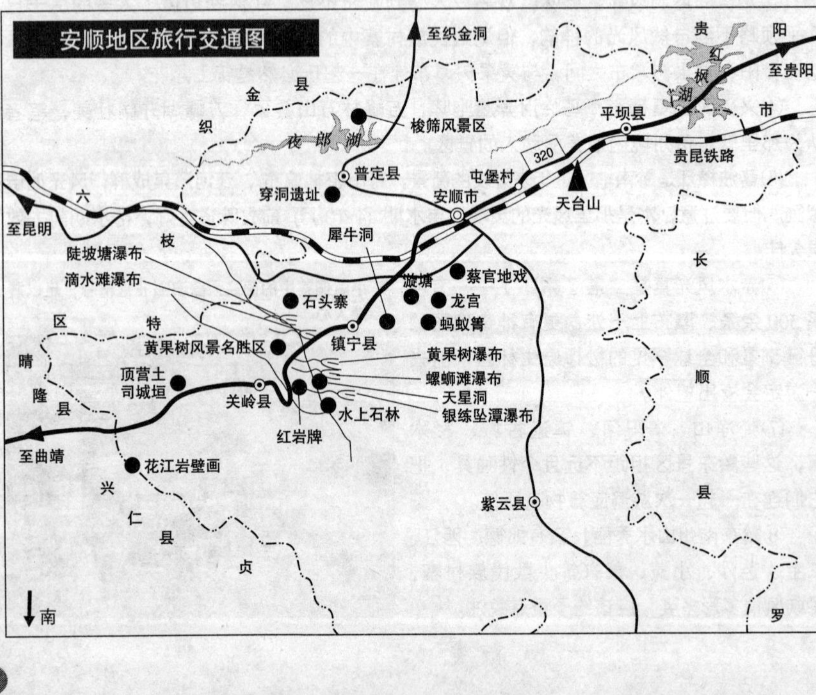
安顺地区旅行交通图
至织金洞
织金县
贵阳市
红枫湖
至贵阳
梭筛风景区
夜郎湖
平坝县
320
贵昆铁路
普定县
屯堡村
至昆明
穿洞遗址
安顺市
天台山
六枝特区
犀牛洞
陡坡塘瀑布
滴水滩瀑布
蔡官地戏
漩塘
龙宫
石头寨
蚂蚁箐
长顺县
镇宁县
黄果树风景名胜区
黄果树瀑布
晴隆县
顶营土司城垣
螺蛳滩瀑布
关岭县
天星洞
银练坠潭瀑布
水上石林
红岩牌
至曲靖
花江岩壁画
紫云县
兴仁县
贞
罗
南

贵阳

电话区号	0851
旅游局	6512074
旅游投诉	6506973
旅行社	5841567

贵州省的省会，因位于贵山之南而得名。地处云贵高原东部，既是全省政治、经济、文化中心，亦是交通中心和旅游集散地。贵阳市区的景点风光稍显平淡，但周边地带喀斯特地形特色鲜明且千奇百怪，地上遍布奇峰翠谷，地下穿绕着诸多幽深岩洞，形成了个性鲜明的高原奇景。所以游客来到贵阳，观光的重点并不是这座省会城市的本身，东去梵净山、㵲阳河，南下荔波樟江，西奔黄果树、龙宫、马岭河，北上遵义、赤水，才能真正领略到贵州山水的神奇魅力。

气候与游季

贵阳气候温和，夏无酷暑、冬无严寒，最热的7月平均气温为24℃，最冷的1月平均气温为4.6℃，空气不干燥、四季无风沙，常年皆宜游览，但以春夏秋三季最佳。需要切记的是这里的阴雨天气偏多(有“天无三日晴”之说)，游人应携带雨具。

▲ 贵阳城市新姿——近年来贵阳的城市建设真是突飞猛进，市中心南明河—甲秀楼一带已是新楼叠起、华美气派且风光如画，这里的城市新姿比北京、广州丝毫也不差，令人观后颇感新奇振奋

交通

航空

贵阳机场距市区约9公里，有航班飞往北京、上海、广州、杭州、成都、南宁、青岛、三亚、汕头、沈阳、深圳、温州、武汉、厦门、西安、宜宾、张家界、湛江、郑州、珠海等城市。遵义路民航售票处有往返机场的班车，票价10~15元。

• 航空问询 区号0851

贵阳机场问询电话	5498474
查号	5498114

• 铁路问询 区号0851

售票处	95001234
问询	8181222

铁路

贵阳与北京、广州、成都、重庆、昆明、上海、杭州、湛江、柳州等市有直通列车，另外北京西、上海、武昌、福州、南京西与昆明间，上海与重庆间列车均在贵阳经停。省

• 出租车

市区内3公里起价10元。

内已开通了贵阳—六盘水、贵阳—玉屏的旅游列车，贵阳与桐梓、凯里、都匀等市、县间也有列车对开。

公路

贵阳是贵州公路运输的中心，长途客运总站与省外昆明、昭通、南宁、百色、广州、东莞间均有长途客车往返，省内有开往毕节、铜仁、安顺、都匀、遵义、金沙、茅台、赤水等地的客车。贵阳至安顺约15分钟一班车，至遵义约30分钟一班车，至兴义、织金，每日也有客车多班，交通比较便利。

汽车客运总站延安西路32号，电话：0851-6504224。贵阳旅游客运中心位于北京路上，有开往省内各地的旅游专线车。

住宿

其中三星级的有华城大酒店、黄果树大酒店、华联酒店、神奇星岛酒店、山林大酒店等；至于普通宾馆、旅馆和招待所，在贵州街头上有许多，花费80~100元就能住上条件较好的标准间了。另外有家逸都国际青年旅社，多人间50~60元/床，电话：0851-8649777。

主要景点

黔灵公园

在贵阳市西北角，是全市最大的综合性公园，内有黔灵山、黔灵湖、弘福寺、望筑亭等景点，其中望筑亭位于山顶，在亭上可环眺贵阳城全景。

花溪公园

贵阳城南17公里处的大型风景区，由花溪河、青岩古镇、高坡和黔陶乡三大部分组成，其中花溪公园是主体和中心。景区山水齐备、人文景观丰富，风光水平在贵阳市属上乘。

- **城市通宵公交车**

有1路车和2路车，昼夜往返于火车站和黔灵公园之间，途经主要街区。

- **推荐住宿**

①贵州饭店，电话：0851-6822888。

②贵协宾馆，电话：0851-6832514。

③银杏宾馆，在市中心美食街合群路旁，标准间100~110元，条件尚可。

- **推荐便宜住处**

贵阳市内有许多洗浴中心，连洗带住每晚20~58元。

- **黔灵公园**

1、2、70路公交车可到。

门票5元。

黔灵公园是贵阳市区的常规景点，游览2小时足够。

- **花溪公园**

26路公交车可到。

门票8元。

- **青岩古镇**

从贵阳花溪客运站乘客车经花溪可到古镇，车票5元。

门票34元。

贵阳旅行示意图

青岩古镇

位于贵阳花溪区南郊，距市内约29公里。始建于明洪武年间，至今已有600余年历史。3平方公里的范围内，建有1宫、1院、5阁、8庙、9寺和30余座庙宇祠堂，建筑工艺精湛细腻，令人观后叫绝，且古镇上还有多处古民居保存甚好，颇具古老幽远原始之迷人风韵。

▲ 花溪名景百步长桥——从这个桥上走一遭感觉真好

天河潭

贵阳西南郊23公里处集溪、泉、瀑、潭和奇石怪洞于一身的风景区，中心景点是一个长达1000余米的喀斯特溶洞——由水洞和旱洞两部分组成，洞内有阴潭、暗河和诸多钟乳奇石。游客或乘船或步行潜入洞内，感觉神奇美妙与名景龙宫异曲同工。

甲秀楼

贵阳城南南明河鳌头矶上的一座高约20米的塔形木楼，有三层三檐，造型华丽秀美，是贵阳市的标志性建筑。甲秀楼周边的城市风光非常美丽壮阔。

- **天河潭**

🚌从贵阳市区的河滨公园乘38路公交车可到。

¥门票联票50元。

- **甲秀楼**

🚌8、11、14路公交车可到大南门站，下车后沿南明河走300米即到。

¥门票4元。

- **购物**

特色商品有茅台酒、贵州醇酒、贵州大曲，贵州蜡染、刺绣，原木艺术品——木雕、木刻，等等。主要商业街有中华路、延安路及市西商业街等。

- **餐饮美食**

风味菜肴有酸汤鱼、花江狗肉等，最著名的美食街是合群路、蔡家街和陕西路，它们均在市区中心喷水池附近，餐饮摊店一般19:00之后营业，凌晨4:00~5:00才关门，生意异常红火。

推荐游程

二日游

D1：花溪公园、青岩古镇。晚间在合群路品尝风味美食。

D2：甲秀楼、天河潭。晚上大十字商业街休闲购物。

之后有时间应重点关注周边其他重要景点，如黄果树瀑布、龙宫、兴义、荔波樟江、梵净山、㵲阳河、赤水等，它们均比贵阳市风光更美、更动人。

发烧友特别关照

贵阳虽然是贵州省省会，但它的市区风光真的很一般，所以在市区不必久留和仔细游览（在贵阳逗留1~2天即可），重要的景点在周边。从贵阳去黄果树瀑布只有2.5小时车程；去龙宫亦只需2.5小时；去红枫湖1小时；去兴义马岭河谷需6~7小时车程全程柏油路；去织金洞车行7~8小时；去杉木河车程6小时；去镇远—㵲阳河车程需6小时；去荔波樟江（大小七孔）车程5小时。这些周边景点才是贵州山水的精华，本书后面有详细介绍，敬请参照。

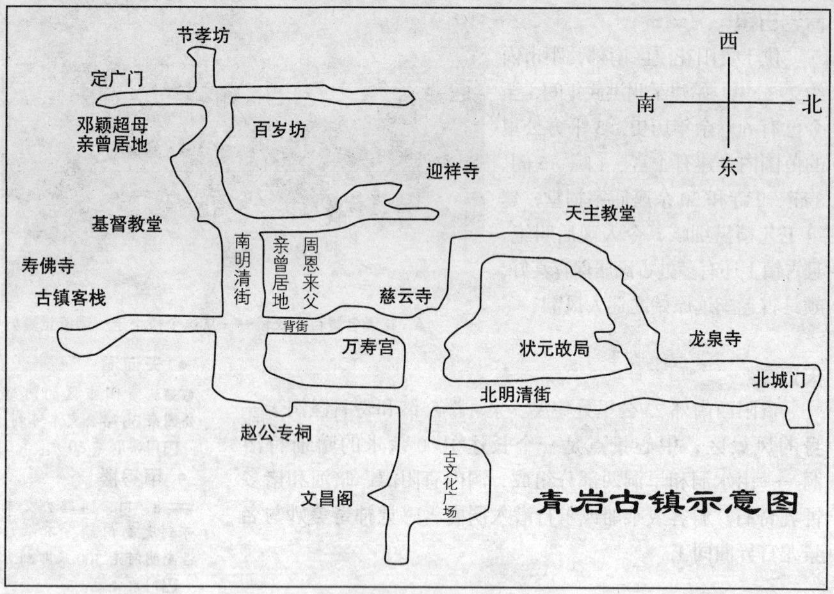

旅游锦囊

旅游锦囊：如何在贵阳抓住观光要点并玩得顺利开心

①笔者认为贵阳市区的风景名胜的美观程度和观光价值比贵阳周边的景区有明显差距，但这并不应该影响我们认真规划在贵阳市区的游程

②笔者认为黔灵公园风光太一般，可去可不去，而甲秀楼、花溪、青岩古镇三处景点绝对应该至少去一次。

③甲秀楼本身值得一看，而楼边的风光更是壮阔迷人——南明河在这里拐了一个大弯，河面很宽且线条非常婉转流畅，河两边尽是新建的外观很美丽的摩天大楼，古老景观与都市新姿在这里完美交融，让人看了很动心（至少全国大多数大中城市的市中心没有这么好看而开阔的风光），所以甲秀楼应该做为贵阳市区的观光首选。

④花溪也不错，虽然很显人工化但园中浩荡山溪穿园而过，让人看了很舒服，尤其是到了园中名景百步长桥一带，不会有人说风光不美。

⑤青岩古镇的观光价值比周庄、同里、丽江那些古镇差得远，但镇内仍有青岩书院、朝阳寺、文昌阁等古迹名胜，去那里观光一次不嫌多。之后再有时间可关注天河潭景区。

▲ 位于贵阳市中心大十字街旁的城市雕塑

黄果树 (5A 级景区)

电话区号	0853
风景区管委会	3592283
黄果树宾馆	3592110

黄果树大瀑布位于贵州省安顺市以西 140 公里处的镇宁县境内，瀑水高 67 米、宽 83.3 米，奔腾而下，势如排山倒海且常年不息，瀑水后面的水帘洞长 136 米，是世界上最长的水帘洞之一，瀑下的犀牛潭清波回荡且水映蓝天白云，活泼生动而又秀丽无比。

黄果树是我国开发开放得最早的国家级重点风景名胜之一，论级别名气早已是声震全国，名扬海外，来此游览观光的客人业已不计其数。不久前笔者重游黄果树，发现这里有许多新变化，新气象。

▲ 黄果树瀑布壮景

印象之一：黄果树已与风光绮丽的天星景区连为一体

位于黄果树瀑布下游 6 公里处的天星景区由水上盆景、天星湖、天星洞、水上石林等部分组成，集飞瀑流泉、清澈湖泊、怪异山石、幽深岩洞和奇花异树多景为一身，其喀斯特地貌的神奇美丽程度比黄果树瀑布景区还要略胜一筹，尤其是天星景区中的主景银链坠潭瀑布，其水流的均匀优美程度在贵州省乃至全国堪称第一。

• **笔者关照**

近年来各地新发现了不少瀑布景观，据说有的比黄果树瀑布高、有的比黄果树瀑布宽，可是有哪一个整体风姿和神韵能超过黄果树瀑布呢?我个人认为论瀑布风光全国数黄果树瀑布最壮丽最具综合美感，所以它依然是首次入黔游客的首选景点。

● 交通

内地人去黄果树游览可乘火车抵贵阳或是安顺，贵阳市内去黄果树的直达车和过路车均很多，最快捷的方式一是从体育馆客运站乘直达车，票价 40~50 元。二是乘贵州去兴义或关岭、贞丰的快巴（体育馆车站和延安西路的长客站每小时 1 班）在黄果树下车，从贵阳至黄果树行车 2 小时左右，车费 35~45 元；亦可乘客车从贵阳先到安顺（贵阳体育馆客运站至安顺每 10 分钟一趟车，车费 25~30 元），抵安顺后换当地微型车，车费 11~13 元途经镇宁不出 2 小时即到黄果树。此外，在贵阳火车站前和展览馆附近的省旅游车站也有直发黄果树的旅游专线车（旺季车多），车票 40~45 元，游客可酌情乘坐。

现在，天星景区已交黄果树旅游开发公司管理经营，它与黄果树景区交相辉映（两景区间只有 15 分钟车程），把黔西南深山中的这处秀丽山谷装点得更加美丽多姿、风采飘逸。

印象之二：开发开放了黄果树周边瀑布群

黄果树瀑布可不是独立存在，它周边数公里的范围内，分布着大大小小共十余处飞瀑，各处瀑布亦都风姿秀美、神采各异。现在，当地旅游部门已开发出陡坡塘和螺蛳滩瀑布供游人观赏，还在螺蛳滩瀑布前建起了观景台，其他瀑布景点的开发亦在准备之中，如今游人到了那里，看到的可不只是黄果树瀑布一处老景哟!

印象之三：瀑布景区内增设了少数民族风情歌舞表演

每天 10:30 以及 19:30，黄果树瀑布景区内都有活泼欢快且场面宏大、热烈的少数民族歌舞表演，游人可以免费观看。届时，伴随着优美动听的芦笙奏出的欢快乐曲，苗、瑶、布依各族姑娘小伙儿一齐上场，欢歌劲舞，带给游客的是无限的快活和欢欣。

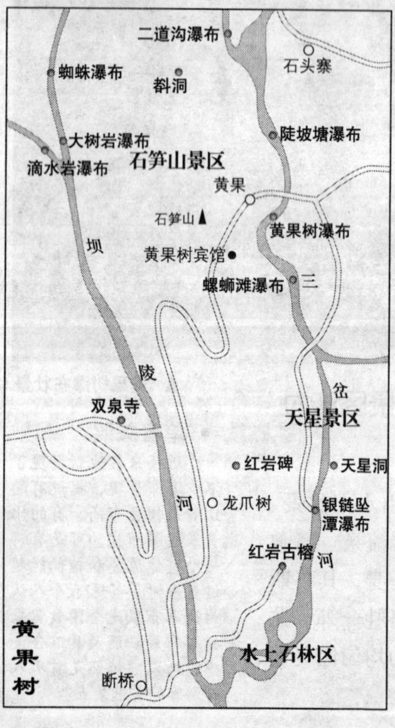

印象之四：开发开放了少数民族村寨

在黄果树瀑布以西 2 公里处，有一个依山傍水的小山村，村中散居着许多布依族山民，现在，小山村已经对外开放，游客可以在村中观赏构造独特的古民居，领略当地人生活中的奇风异俗，学习织布和蜡染等手工技艺，得到新奇丰富的见闻和感受。

印象之五：黄果树没有冬天

任何一个瀑布景区都是丰水期的风光美，但到了冬季枯水期时风景水平就会大打折扣。而黄果树瀑布即使是在冬天最冷的 1 月，仍能欢快地流淌，景区内外亦是一片青绿，迎面吹过的也是清新凉爽但绝不寒冷的微风，所以用北方人的标准来衡量，黄果树根本没有冬天 (至少没有严冬可言)。景区内最高级的黄果树宾馆条件甚好，电视、电话、卫生间一应俱全，空调亦能随时送出缕缕暖风。所以即使是在严冬时节抵达，黄果树这华夏山水名胜中的大家闺秀，仍能带给人温馨舒适的美感和享受。

▲夏季的螺蛳滩瀑布

餐饮

酸汤鱼、花江狗肉、黄果树腊肉、狗肉火锅等贵州特色美食几乎在景区周边每家餐馆都有，味道正宗的当然要数黄果树宾馆中的餐厅，这里就餐环境好，烹调水平高，价钱也不离谱。若想吃快餐便饭可到景区东西两镇上的小餐馆或大排档，12~18 元可吃饱一顿。晚上还有不少烧烤摊，品种很多，任您挑选。

- **黄果树景区最新门票价**

¥ 黄果树瀑布、天星桥景区、陡坡塘瀑布三个景点门票联票 180 元。淡季 160 元，观光电梯 50 元，观光车费 50 元。

- **住宿**

黄果树景区最舒服气派的住处就是黄果树宾馆，虽三星级的级别但室内设施接近四星级水平。24 小时热水，冷暖空调，还有大型餐厅和娱乐设施，旅游淡季房价在 180~220 元/间，旺季视情而定。此外在景区东侧的黄果树镇和两侧的白水镇还有数十家中小宾旅馆，房价低的只有 50~70 元/间，但条件与黄果树宾馆相差甚远。所以笔者力荐您住黄果树宾馆，绝对物有所值。

- **黄果树宾馆**

在黄果树瀑布西北侧约 200 米处，总台电话：0853-3592110。

贵州省

推荐游程

在黄果树游览一天时间太紧，两天比较舒服宽松，可于第一天上午观大瀑布奇景和水帘洞风光，下午游瀑布旁边的花卉园、盆景园，晚上在黄果树宾馆内娱乐。第二天上午游天星景区 (途中观赏布依村寨)，看水上盆景、天星洞、银链坠潭瀑布、水上石林等，返回途中看螺蛳滩瀑布，之后即可经安顺、贵阳返家或是乘车去兴义进行马岭河谷漂流。

马岭河风光甚美，漂流很刺激，笔者向您作郑重推荐。

重点关照

别觉得看过了黄果树瀑布雄姿就万事大吉，6 公里外的天星景区比黄果树风光还要更绮丽——喀斯特地貌千奇百怪，水上盆景、水上石林和银链坠潭瀑布尤其优美，黄果树、天星一起玩，您的游历才能更加圆满开心 (黄果树与天星景区间有中巴亦有摩的，20 分钟即到，人均车票 5~10 元左右，包车需 20 元上下)。

此外，还可以用 1~2 天时间游览黄果树周边瀑布群，也会玩得新奇开心。

贵州省

龙宫 (5A级景区)

电话区号	0853
龙宫宾馆	3661188
旅行社	3223173

安顺龙宫是国家级重点风景名胜区，它位于贵州安顺市西南27公里处，是贵州境内久负盛名的山水风光"绝景"之一，亦是贵阳—黄果树黄金旅游线上的耀眼"明星"。龙宫风景区由中心景区、旋塘景区、群芳谷景区、油菜湖景区和仙人箐景区五大部分组成，目前游客主要游览的是前两部分。

▲ 乘船观赏龙宫奇景

旋塘景区

旋塘景区的主景是一个1万平方米的圆形大水塘，因水塘一侧有河水注入，塘底又有暗河泄流，所以塘水总是沿顺时针方向旋转，永无休止，宛若一个巨大的天然旋涡。景区内东侧的通泉河水清如镜，两侧的观音洞内长满奇形怪状的石钟乳，山区塘畔有许多竹林、小溪和原始农舍，风光古朴而俏丽。

中心景区

中心景区的主景是一个巨大的山间水洞——天池，池水深近30米，总面积近1万平方米，洞内奇石遍布，千姿百态，游客乘一叶轻舟进洞遨游，备感新奇惊讶而又惊心动魄(乘船进洞游览往返现需40~50分钟，待洞内新景开发后游览时间可达2小时)。

交通

可先从贵阳乘车到安顺。从安顺去龙宫非常方便，乘各类客运车、中巴、微面均可，车费5~6元、45分钟即到龙宫。旅游旺季贵阳市区也有专线车和一日游专车直抵龙宫。

- **游览季节**

龙宫地处黔西南，气候湿润，全年皆可游览，夏日天气虽炎热，但山间、洞内皆凉爽，严冬时节洞内温暖如春，仍可乘船畅游。

- **景区门票**

¥中心景区50元，旋塘景区40元，群芳谷30元。通票120元。

- **推荐安顺住宿**

塔山大酒店，在塔山西路21号，二星级条件较好，标间120元/间。电话：0853-3222850。

也可从黄果树方向去龙宫，可以先乘黄果树去安顺的车到龙宫道口，这里距龙宫还有10公里，乘过路客车半小时可到，打“摩的”车费要10元出头。旅游淡季这条线上的车少，时间上不太有保证。龙宫与黄果树间包微面需70元左右。

▲ 梭筛风景区湖光山色

周边景区

花江大峡谷

地处安顺以西80公里处的关岭县境内，长约80公里，险峻雄奇、瀑布四挂，有“地球裂缝”之称，近年来引起外界广泛关注。（先从贵州乘车到关岭花江镇，再换车前往，景区门票32元）。

梭筛

在安顺以西30公里处的普定县境内，中心景区是夜郎湖，湖长42公里，有岛屿、半岛、湖湾上百个，水色山光旖旎动人。

从安顺市乘客车或包车可轻松抵达上述各个景区，亦可参加当地旅行社组织的团队，安顺中国旅行社咨询电话：0853-3223173。

• **周边佳景**

龙宫正好处在黄果树和红枫湖之间，它们相依相连，形成了贵州境内最古老亦是最传统的黄金旅游线，初次入黔的游客可将此线列为观光线路首选。此线亦是众多旅行社推崇的贵州境内的绝佳游览线路。

• **补充提示**

如果是在旅游淡季游毕龙宫后想去黄果树，有时候先从龙宫回安顺再换车更方便，乘客车全程只需2小时，车费15元，而直接从龙宫去黄果树淡季客车少而只能包租机动车，车费在65元以上。

游览指导

先游旋塘景区为宜——购票进入景区大门后先乘船游天泉河（船费已在门票中），上岸后看旋塘奇景，然后去观音洞看巨大洞室和钟乳怪石，览山间原始农舍、苍翠竹林和碧澈小溪之后从旋塘乘景区免费中巴（车费已在门票中）去中心景区。进入中心景区大门后须步行登山约半小时（途中可见山洞内的龙门巨瀑），才可到达山间湖畔的游船码头，在此上船进天池遨游，尽览龙宫奇景，进出共需45分钟。

在龙宫只游上述两大景区需要半天时间，再去其他景区则需一整天才行。龙宫中心景区大门内外有多家宾馆、饭店，游客来此短游、长住均可。

▲ 花江大峡谷一角

红枫湖

电话区号　0851
管理处　2624702

红枫湖风景名胜区位于贵州省贵阳市以西 33 公里处的清镇市（紧靠贵阳至黄果树的高速公路），景区总面积 200 平方公里，湖水面积 57.2 平方公里，是贵州境内最大的湖泊之一。红枫湖集山、水、林、洞诸景于一身，湖面烟波浩渺，湖湾曲折幽深，岸边多秀丽山峦，有山峡绝壁、石林幽谷、盆景山亭、湖岛夕阳等诸多景点。

红枫湖畔分布着苗、侗、布依等许多少数民族村落，民风民俗、民族文化多彩多姿，现在湖滨依山傍水新建了两个大型民俗村，村中每天锣鼓喧天、芦笙阵阵，身着鲜艳民族服装的各族青年从早到晚都为游客表演杂技、斗鸡、斗马和各类民族歌舞，地道的农家饭菜和杯杯香甜美酒更是令游客欢乐陶醉。红枫湖上有各类游船数十艘，宾馆饭店数十家，能为游客提供食、宿、游、娱多方面综合服务，去红枫湖观景览民族风情会玩得舒服开心。

▲ 红枫湖秀色

• 游览指导

景区门票 30~40 元，船票根据线路不同 15~35 元不等。游客作一日游或半日游均可。晚间的土风狂欢篝火晚会挺红火，有特色，值得参与。

交通

从贵阳市乘西行客车半个多小时即可到清镇市（所有去安顺、关岭和黄果树的客车都途经清镇），下车后坐公交车车费 1 元或打“摩的”2~3 元钱 10 分钟就到红枫湖景区大门。湖区设施相对集中紧凑，宾馆、餐厅、码头都挨在一起（大门入口处），游览食宿均方便。

红枫湖民俗村表演活动时间一览表

时间	节目	地点
9:30~9:40	少数民族风情大联欢	中心舞台
9:50~10:00	杂技表演	中心舞台
10:00~10:20	民族风情拦门敬酒仪式	苗亭
10:30~11:00	苗族民间风情歌舞表演	苗苑
11:10~11:30	布依族民俗民间表演	布依寨内
11:35~11:45	民族团结舞	中心广场
12:00~13:30	午餐时间（可提供席间风情敬酒）	
14:30~15:00	上刀山	刀梯场地
15:20~15:40	斗鸡、斗马表演	斗牛场(周五~周日增加斗牛表演)
15:50~16:10	杂技歌舞表演	游乐场
16:20~16:40	民族风情大联欢	中心广场
16:50~17:30	民族风情擂台赛（根据游客报名情况）	欢乐园
18:00~20:00	晚餐时间（席间敬酒）	

• 笔者提示

①红枫湖区本来挺辽阔，风光亦挺壮丽，可是近年来湖滨盖了太多宾馆、度假村，人工味道太浓，有点煞风景，游人应有心理准备。

②乘船游湖时应选择长一些的线路，虽然船票贵了一点，但见到的风景多，物有所值。

③湖滨深处少数民族村寨中有正式宾馆客房和木屋旅舍，在湖边小住数日会有舒适美感。

周边景点

织金洞

织金洞位于贵州省织金县境内，面积约为 307 万平方米，为国家级风景名胜区，全景区分为织金古城、织金洞、织河峡谷、洪家渡四大部分。

织金洞是该景区的精华所在，该洞深近 10 公里，洞内空间开阔、岩质复杂，拥有 40 多种岩态堆集形态，几乎包括了世界溶洞中主要的形态类别，因此被誉为“岩溶博物馆”，有“黄山归来不看山，织金归来不看洞”之说。

交通

织金洞距贵阳 156 公里，距安顺 145 公里，贵阳长途汽车总站每天 6:30、7:30、7:40、8:20、9:40、10:20、11:00、13:00、14:00 有客车前往;安顺到织金的客车每日至少 5~6 班，车程需 3~4 小时；下车后（在三甲道口）换乘当地机动车车费 3 元可到洞口。另外亦可从安顺乘车前往。织金洞门票 140 元含观光车费。

▲ 织金洞洞内风光

威宁草海

贵州高原上的天然淡水湖，在海拔 2200 米的威宁县城旁，湖区花草茂盛，鸟类云集，风光优美，景色宜人。游人不论在岸边观景而是乘船游湖，都能充分感受到“高原明珠”迷人的美丽宁静。

乘火车到六盘水市再换去威宁方向的长途客车即可到草海景区。湖滨有草海宾馆等宾馆度假村可供食宿。各式游船随时可以载客游湖。

贵州省

紫云格凸河

电话区号　0853
旅游局　5236171
旅游投诉　5239275

格凸河景区位于贵州省西南部的紫云县境内，距贵阳市161公里，距安顺76公里。“格凸”一词是苗语中“圣地”的意思。格凸河是以喀斯特地貌为主的大型山水风光名胜，这里遍布奇异山峰和幽深峡谷，山间原始森林密布，地下溶洞暗河四通八达景观特色鲜明，风光美丽而奇异。目前对外开放的主要是大穿洞、小穿洞、大河和妖岩等4大景区，而大、小穿洞则是其中的核心和精华。

▲ 格凸河上

气候与游季

格凸河地处贵阳西南，气候相对温暖，全年皆宜旅游，但因格凸河水水位会随季节变化，所以每年春、夏、秋季雨量充沛时观光效果更好，尤以夏秋时节风景最佳。

- **紫云县客运站**
  就在县城中心。
  电话：0853-5237977。

▲ 格凸河燕子洞佳景

交通

格凸河景区主要的对外交通方式是公路，其中贵阳和安顺是进入景区的主要方向和路径。贵阳和安顺每天有多班客运大巴与紫云对开，其中贵阳到紫云车程约4小时，车费45~50元，安顺到紫云车程2~2.5小时，车费18~25元。

住宿

紫云县城中档次最高的宾馆是紫云宾馆，相当于三星级，客房数量多且房间面积大，设施新条件好服务也热情周到，双标间一般季节 150~280 元。紫云县城内还有其他不同档次的宾馆酒店多家。

在格凸河景区的门口，有一家大型度假村格凸山庄，相当于二星级，设施条件也不错且因靠近景区，所以环境优美空气新鲜，也是度假休闲佳境。

餐饮

当地特色菜肴有羊场狗汤锅、布依滚豆鸡、母猪龙矿泉水狗肉及紫云米粉、油炸粑、坝羊豆腐干等。以上菜肴在紫云宾馆及格凸山庄及县城和景区内的其他餐厅均可吃到。普通家常菜如鱼香肉丝、回锅肉等在中小餐厅的价格约为 15~20 元，肉炒青菜 10~15 元，素炒青菜 8~10 元，米粉 2~4 元/碗。

主要景点

大穿洞景区

由深山峡谷中的格凸河水道和大穿洞（燕子洞）、望天洞、穿上洞、盲谷及落水洞几大景点组成。其中格凸河水色清绿、风光柔美；而大穿洞是高 116 米宽约 25 米的巨大拱门形岩洞、洞壁陡峭而洞底河水幽深，风光壮美而诱人。穿上洞则在大穿洞的上方，是在巨型山峰岩壁上天然形成

- **推荐住宿**

①紫云宾馆，在县城格凸大道，双标间 160~280 元，条件甚好，笔者强力推荐。电话：0853-5238888。

②格凸山庄，在大穿洞景区门口，二星级，条件尚好，双标 120~180 元。

- **大穿洞景区**

从紫云县城客运中心乘微型车 1 小时可到，车费 9 元。

景区各项收费：

门票：40 元/人。

景区内船票全程：35~50 元/人。

大穿洞——大河，20 元/人。

大河——天星洞：20 元/人。

蜘蛛人攀岩表演费：10 元/人（自费项目）。

大河苗寨绝技表演：10 元/人（自费项目）。

电瓶车费：11 元/人。

导游服务费：大穿洞 50 元/天/团，小穿洞 100 元/天/团。

给予旅行社门票 8 折优惠政策。

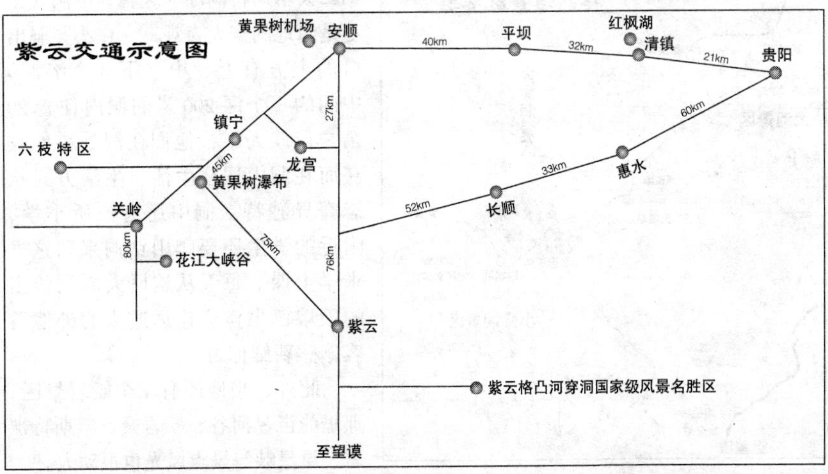

▲ 紫云奇景中洞人家

的前后贯通的高约 50 米、宽约 70 余米、长 137 米的大型孔洞，宛如山巅架天桥或是崖上开天窗，形态非常美而醒目。此外像大穿洞内的望天洞、大穿洞下方的落水洞也是构造非常奇异独特的岩溶地貌奇观。

大河景区

由高 110 米、宽 40 米的天星洞（格凸河水就是从这个洞口流出的）、依山面水的大河苗寨（田园风光美犹如世外桃源）和寨旁约 500 米处的变色湖（随四季变化湖水会呈现出红、黄、绿等不同颜色）及峙立在格凸河两岸的山峰（夹山）组成，这些景观都分布在格凸河上或河边，乘坐景区的游船可以把它们在 3 小时内游遍。

小穿洞景区

由小穿洞、下穿洞、苗厅和中洞人家几大部分组成。

小穿洞是 1 个山间溶洞，洞内有格凸河、猴场河等 3 条河水流淌、洞口形成了数十米的瀑布。苗厅是距小穿洞约 500 米处长 700 米、宽 215、高 70 余米的巨大山间洞厅，因附近有苗族村寨而得名，有“世界上第二大喀斯特洞厅”之称。中洞人家更是当地的一大奇观——在小穿洞出口的上方有上、中、下 3 个溶洞，中间的 1 个深 200 米的洞内住着 20 余户苗族人家，他们在洞处耕作收获而在洞内居住生活，生活方式状态奇异独特。洞中还有一所小学，附近的学生还要爬山钻洞来到这里求学上课。每天从这巨大岩洞传出的琅琅读书声会让远道来的外地游客颇感新鲜惊奇。

此外，当地还有 1 个妖岩景区，那里的岜易河谷、妖岩寨、喀斯特裸岩、星星峡等景点风光也很动人。

- **大河景区**

在大穿洞景区的河流上游，游览大穿洞时景区游船会载游客到大河景区观光，船费不另收。

- **小穿洞景区**

目前没有直达客车前去，需要在县城包车前往，单程车费 70~100 元。门票免收。

推荐游程

D1.早晨出发去大穿洞景区，乘船游览夹山、上岸后游大河苗寨、观变色湖，看天星洞等景点。之后游船会调头向下游开，一直开进大穿洞内，可看大穿洞和穿上洞奇景。中途可再次上岸攀到山上近距离观赏通天洞和盲谷风光。下午返回县城住或是住宿格凸山庄。

D2.去小穿洞景区游览。包租车只能开到距中洞还有1~2公里的地方，之后还须步行约1小时才能到中洞洞口，观赏中洞人家可根据个人兴致，最低需逗留1小时，如果觉得洞中人家的生活状态奇特愿意仔细观察，那在洞中住一晚好好休息也是可以的。观览附近的小穿洞等景区也需2小时左右。当晚或次日返回县城。

旅游锦囊

如何在格凸河玩得顺利开心

①格凸河景区风光奇异，很值得一去。加之它与黄果树、龙宫、红枫湖景区相比知名度相对低一些，所以显得有些新鲜神秘，因此前去观光会有不俗收获。

②住宿地点可选笔者推荐的紫云宾馆和格凸山庄，条件都好服务也热情。如果觉得紫云宾馆的餐厅吃饭贵那可以到餐厅正门马路对面的两家小店去，里边有不少10元钱出头的炒菜，如果吃一凉一热两个菜有18~20元就够了（这里吃饭的规矩是只计算菜价米饭免费）。

③去大穿洞的专线微型车都在县城客运站旁边发，早上去车多人满就开，临近中午车就少了，这时想立即出发就需要包车，车费最低也要40元上下，也可找几个顺路人拼车以降低开销。

④大穿洞景区门口有电瓶车送游客到游船码头，之后可乘船轻松观赏大部分景点，游览毫不费劲。

⑤去小穿洞没有直达客车，前去包租车的方式很多，如果从县城直接包租车往返开销太大。笔者倾向的方式是先从县城乘车到幸福桥，再从此地找过路摩的去小穿洞，单程20元就行了，但由于返回时没有固定客车，所以让司机在中洞道口等候返程仍然坐他的车为好。从中洞道口走到洞口至少要50~60分钟，所以即使只看中洞人家一个景点往返也要3个小时，所以要多付司机一点车费。

⑥中洞人家的生存状态非常耐人寻味，他们居住的洞穴冬暖夏凉，房屋只有墙没有顶，洞外的耕地面积并不大，每人每天有斤把苞谷就可以维持生存，每年祠养宰杀1口猪全年就有肉吃，在创收手段很有限的情况下许多人家还要负担上初中的子女在外边并不低廉的学费和生活费，其坚韧的生存意志和毅力很令人钦佩。

▲ 格凸河上

⑦中洞洞口前有山间小路到小穿洞，游览后可返回中洞再按进山路返回，也可不回中洞而从小穿洞下面的峡谷走到外边的公路上去。

⑧中洞内有几户人家为游客提供食宿，住1晚10元/床，包餐一顿25元左右，土鸡60~70元/只，对外界的游客来说洞内夜晚的感觉一定很奇特很温馨。

兴义

电话区号	0859
兴义市旅游局	3239571
旅游投诉电话	3116518
旅行社	3229333

兴义地处贵州、云南、广西三省区交界处，它是贵州黔西南布依族苗族自治州的人民政府所在地，亦是一座正在迅速崛起的旅游新城。作为贵州山水风光名胜中冉冉升起的灿烂新星，兴义市的自然风光非常秀丽迷人，这里山峦起伏、河流纵横、峰奇谷幽、飞瀑成群，全市有马岭河、万峰林、万峰湖、奇香园、泥凼石林等多处美景，山水风格多样，特色异常鲜明。

▲ 马岭河谷飞瀑成群

气候与游季

兴义气候温和，冬无严寒、夏无酷热，常年可游览。但是严冬时节作漂流稍显寒冷，所以 3~11 月游览更佳。每年 9 月这里举办马岭河漂流节，游客众多，人潮滚滚，热闹非凡。

交通

兴义虽然地处黔西南山区，但有铁路和高等级公路同外界相连，交通尚属方便，游客可以选择从以下三个方向乘车前去。

A. 从贵阳方向去兴义：贵阳长途客运站每日有多班空调快巴去兴义（7:00~15:00 几乎每小时 1 班），车行 5~6 小时（全程柏油路），途经安顺和黄果树，票价为 110~132 元。晚间还有多班卧铺大巴开往兴义，车行近 8 小时，票价 60~80 元，可砍价。

B. 从云南昆明乘火车去兴义：昆明每日有 3 班旅客快车沿桂昆铁路东行（分别开往广州、南宁、湛江）途经兴义，6 小时可到。

C. 从广西南宁乘火车去兴义：南宁每日有 3 班旅客快车沿桂昆铁路西行途经兴义，行车 9 小时可到。

- **兴义火车站**
电话：0859-2211172。

- **长途汽车站**
电话：0859-3223621。

- **交通事故报警**
电话：0859-3210606。

- **交通捷径**
内地尤其是北方游客去兴义，取道贵阳最方便。贵阳到兴义的快巴快而舒适，一路上还可看到许多壮丽的高山和峡谷。

餐饮住宿

兴义市区遍布高、中、低档宾馆、招待所，星级宾馆有兴义宾馆、盘江宾馆、山翁青大酒店等，以上宾馆条件较好，房价在100~250元/间，其他中、小旅馆满街都是，不计其数，房价30~40元/床的住处随处可寻。

兴义市内的餐饮业收费不贵，一般的家常炒菜价格在12~18元，每人每餐花20元出头即可吃饱吃好，更便宜实惠的饭食是米粉，4~6元钱一大碗，里边有肉有菜（几乎每家餐馆桌上都有腌萝卜等生菜免费提供），大碗米粉可以当一顿正餐吃。

主要宾馆酒店　区号0859

名称	电话
三生酒店	3244888
兴义宾馆	3111276
盘江宾馆	3223456
税务宾馆	3236262
财苑宾馆	3294342
城城大厦	3113666

- **出租车**

起价5元，之后1.2元/公里。

- **马岭河谷**

从兴义市内乘4路公汽最多半小时即可到天星画廊景区，在此逗留至少需要90分钟时间。

¥门票80元。

马岭河谷的两侧全是美景，悬崖上有人工修建的栈道，中央有横跨河心的铁索桥相连，步行观光很方便。

主要景点

马岭河谷——“地球上最美丽的伤痕”

马岭河是由数万年前因地壳运动时的切割、断裂和错位而形成的巨大天然峡谷，它深约一二百米，宽约七八十米，在兴义市境内蜿蜒曲折长达70余公里。站在河谷边沿向下俯瞰，只见河两岸的岩石“块对块、茬对茬”，凹凸完全对称，线条轮廓完全对应吻合，整个河谷就是被“活生生掰开”的一道大裂缝，形成了这条云贵高原地表上独有而世界上亦不多见的硕大无比的“巨型伤痕”。马岭河谷两侧的岩壁非常陡峭直立，谷底奔流的河水也异常汹涌湍急，沿途遍布险滩、暗礁、深潭。而从谷顶直泻河心的近百条飞瀑和岩壁上随处可见的数万块钟乳石“壁挂”更把整条河谷装点得多姿多彩、壮观迷人。马岭河风景最典型集中的地方是位于河谷公路大桥正下方的天星画廊景区，这里集急流险滩、危岩峭壁、奇峰怪石和百米飞瀑于一身，山光水色相映，颇为神奇诱人。

黔西南旅行交通图

▲ 万峰林秀色

马岭河漂流，动魄又惊心

由于马岭河的落差大、水流急，两岸多新奇美景，所以乘船漂流马岭河已成为每个来兴义观光的游客的“必修课”。游客骑在这里独有的形状细长像大鲸鱼或大海豚一样的橡皮船上顺流而下，一路过激流、越险滩，领滔滔河水之汹涌狂暴，观两岸群山、瀑布交织的五彩缤纷的美景，备感惊险刺激而又幸福开心。现在，马岭河上已开发出四段探险漂流区，其中第三段（天星画廊至赵家渡大桥）的风光最美“最够味”——途中经过20多处激流险滩（最大的一处长约150米，落差达12米），漂流时间长达3.5小时，且此段漂流由市旅游局直接管理，因而组织经营得最规范、安全，游客尽可去那里过一把“漂的就是心跳”的痛快瘾。

万峰林——磅礴千里的西南奇胜

万峰林是一片由成千上万座奇异山峰组成的“山的森林”，它位于兴义市的正南方向，从下五屯一直绵延到万峰湖畔，南北长数十公里，东西长近200公里，总面积达2000余平方公里，景区内山体密集、群山耸立、千姿百态、挺拔秀美。如此规模宏大、辽阔壮美的山岳风景区在国内并不多见，难怪300多年前我国明代著名的旅行家徐霞客途经此地时曾发出这样的感叹和赞誉：“天下山峰何其多，唯有此处峰成林”；“磅礴数千里，为西南奇胜”。

过去对游人开放的是万峰林中的东峰林，现在更美丽壮阔的西峰林也开始接待游人。西峰林内修了一条环型观光路，游人坐在观光车上可以全方位地远眺万峰林全景，视野内可以看到的美丽山峰超过200座，且山体各异、形态万千，使游人观后受到深深的美的震撼。

万峰湖——山水相间，旖旎动人

万峰湖是1998年国家在云贵高原上修建天生桥电站后拦江蓄水而形成的大型人工湖，它位于兴义城南28公里处，总面积176平方公里，湖区碧波万顷、山水相依、风光秀美，可谓是云贵高原上的一颗璀璨明珠。

- **马岭河漂流**

①漂流售票处就在天星画廊景区旁，漂流全包价166元，含往返车船费，漂流时间3小时左右。

②如果是从黄果树方向乘车来，那要先经过马岭河而后到兴义市区，游兴高的游客可在大桥旁下车立即开始漂流。

③市区各大宾馆都有漂流售票处，购票很方便。

- **万峰林**

从兴义乘1路公共汽车，车费3元，半小时万峰林景区大门。

¥景区门票35元，联票75元含观光车费。

游览万峰林是全程乘电瓶车且有导游陪同，观光质量非常高，很令人快活欢欣。

景区内每天还有布依族歌舞和民俗表演，另供应特色风味美食。

- **万峰湖**

从兴义市乘去天生桥的中巴，票价11元，1.5小时就到天生桥镇，在水库南岸观景更佳。

散客欲乘船在库区游乐，可在水库南岸的码头上找船，大船开行3小时约需150元，小船船费会便宜许多。

万峰湖边有许多挺拔直立、形态优美的山峰，且山抱着水、水偎着山，风景类型颇像桂林漓江；湖上有数百个小岛、半岛和数十个港湾，沿岸分布着许多布依、壮、苗及水族村寨，洋溢着浓郁的少数民族风情；雄伟壮观的天生桥水库大坝和装机容量达240万千瓦的巨型电站，展示着人类勤劳和智慧的伟力；清澈的万峰湖水向游人提供了各类湖鲜美味。现在，万峰湖上已有专业游船供游客乘坐，包乘或搭乘渔民、船家的自用小型机动船去湖上游乐亦非常方便，去万峰湖观美景、品湖鲜，已成为兴义旅游中的一大快事。

▲ 万峰林奇峰

群螺顶天——神奇诱人

在兴义至天生桥公路中间段的赵家渡大桥旁，有一处尚未被人们熟识和开发的天然奇景，它由数十座高一二百米的山峰组成。这些山峰全呈下大上小的典型的圆锥形状，特像退潮后海底沙滩上显露出来的大个海螺，由于这些“螺体”非常巨大，所以笔者称这处新景为“群螺顶天”。

“群螺顶天”景区的风光真好，马岭河从中央穿过，奔腾咆哮、场面壮观，周围是一片片绿油油的农田，一个个“大海螺”就接二连三地从农田四周的平地拔起，形态优美，曲线玲珑且高低错落，身姿真是漂亮迷人（沿公路爬至赵家渡大桥东南方的山上俯瞰全景更好）。随着从兴义去天生桥大坝游览客人的增多，相信此地会成为当地惹人喜爱、备受关注的新景点（因背景分明特适合摄影留念）。

▲ 马岭河漂流

奇香园景区——精致优美

在兴义城南，有一家大型酒厂，这里生产的贵州醇酒誉满西南、名扬海外。由于酒厂经济效益好，又有环保和公益意识，所以厂方自行投资兴

• 疑难问题

天生桥电站装机容量那么大，可笔者在大坝旁观察了半天，却没发现电站的机房在哪里，是不是为躲避敌人空袭，建在地底下了？

望各位旅友帮助观察、分析一下，这事挺有意思。

• 疑难问题有答案

几天前，一个读者打电话告诉我，电站机房建在大坝下几公里处的山肚子里，算是对上面问题的有效回答。

• 群螺顶天

从兴义去天生桥的途中（车出兴义后约20余分钟）可看到这处美景，山体玲珑，特色鲜明。

当地人至今还未宣传和开发这处景点，他们可真“面”。

• 奇香园景区

兴义市区有公共汽车直达，票价1元就到奇香园，若打车去只需10元。

¥ 门票免收。

别小看贵州醇酒，它是贵州省出产的名酒之一，级别虽在茅台之下但却居百酒之上，值得好好品尝。

奇香园餐厅古香古色，环境好而饭菜价格便宜，许多特色风味菜价都不超过30元，游客可大饱口福。

贵州省

- **泥凼石林**

如果你游过云南石林，那泥凼石林就不一定要去了。

- **其他景区门票**

马岭河上段漂流 168 元。
马岭河中段漂流 138 元。

- **另荐新景南农古寨**

此寨距万峰湖不远，寨中有许多古民居和古树，原始风貌特色鲜明，值得关注。

建了名为“奇香园”的大型景区，供游人观览。

奇香园景区遍布清溪绿柳、精美亭阁和各类游乐设施，登上园中的制高点小洞天，还可以畅览贵州醇酒厂的全景和远处的万峰林奇观。奇香园餐厅就坐落在景区中心，可为游客提供富有贵州特色的各类美味佳肴，领略了马岭河的神奇、万峰林的辽阔之后再来享受奇香园的精美和舒适，感觉一定很快慰开心。

除此之外，兴义还有泥凼石林、刘氏庄园、亚洲第一铁路高架桥和阳光盆景园等多处景点，可供游客逐一游览。如果能在 9 月来兴义还可以赶上规模盛大的漂流节，此时游览项目多，游人如潮，气氛热烈喧嚣，场面极为动人。

旅途中

景区亮点闪击及旅途花絮

◀ 在山巅看马岭河谷美景

1. 游马岭河一定要亲身乘船漂流，光在岸边看别人漂根本无法体会飞流直下、劈波斩浪的惊险和刺激，“漂的就是心跳”的滋味真美!

2. 马岭河上用来载客漂流的橡皮舟明显与众不同，别处的橡皮船大都是船帮高而中央低，游客坐在船心；而这里的橡皮舟是个长约 5 米、粗约 70 厘米的大直筒，游客要骑在上面（当然脚上有地方踩、双手有东西抓），那感觉特像骑着条软软的大海豚或大鲸鱼。

3. 如果您有高血压或心脏病，那千万不可去漂马岭河，经过激流险滩时，橡皮舟一会儿被抬上波峰，一会儿又被摔进深谷，瞬间的“振幅”高达三四米，且险滩多达数十处，健康人都可能被“折腾”得“背过气去”，然而漂流之后得到的却是终生难忘的极为美妙的永恒回味。

4. 游马岭河谷（尤其是天星画廊景区）必须要带摄像机而不能光带照相机，因为两岸的美景太多而照相机的取景范围又太窄，从哪个角度去拍都不能令人满意，唯有用摄像机来一个 360° 的全方位扫描，才能真正记录下这“地球上最美丽的伤痕”的风姿和神韵。

5. 在万峰西峰林上游客看到的奇异山峰约有 200 余座，它们有的像大窝头、像大馒头，有的像驼峰、像马鞍、像蜗牛、像豺狼虎豹，真是千奇百怪、千姿百态。

6. 贵州醇酒厂兴建的奇香园景区不仅风光美，而且连空气中都弥漫着浓郁的酒香。游人在这里闻酒香、观美景，感觉特别开心惬意。

梵净山

电话区号 0856
旅游局 5221401

梵净山位于贵州东北部江口、印江、松桃三县交界处，总面积约为 567 平方公里，最高峰海拔 2494 米，是武陵山脉的主峰。梵净山是我国亚热带森林生态系统保存较为完好的典型地区之一，山上溪泉汹涌奔流，原始森林密布，这里生长着珙桐、鹅掌楸、紫薇等古老珍稀树种，山上亦栖息金丝猴等珍禽异兽。梵净山上还有镇国寺等数处古代庙宇，其中建在大小金顶险崖顶端的寺庙更是巧夺天工。梵净山的登山道由 7980 级石阶组成，路途漫长而艰辛，然而登顶后可以居高观赏云海日出奇观，山顶上的蘑菇石等景点亦很有名。

交通

外地游客可先乘火车到贵州玉屏（北京、上海、杭州、重庆、成都、昆明、广州等城市都有列车开往或途经玉屏，贵阳市还有旅游专列 Y247、Y248 次与玉屏对开），下火车后再换汽车去铜仁或江口镇。玉屏火车站前有到铜仁的中巴和出租车，中巴到铜仁车票 25 元，一般人满车才发，若是打的去铜仁与他人合乘一车票价约需 25 元，包车需 80 元左右，行车约需 2 小时。

抵铜仁后还需乘车到梵净山景区所在的江口镇，铜仁到江口镇中巴车票 20 元，大巴车票 15 元，打的 25 元（合乘），江口到梵净山门还有半个多小时路，中巴车票 9 元左右。从山门到山脚，还有 10 公里，大、中巴车票 7~10 元。

▲ 梵净山蘑菇石

游程安排

游人步行登山速度慢的需 5~6 小时，加上在山顶上的观景游览，当天上下太勉强。登山途中在石阶路的 1000 级、1800 级、2088 级、4500 级和 6600 级处都有住宿点（其中 2088 级和 4500 级处的条件稍好），另外山顶上有数家旅馆（住宿淡季最便宜的每床需 20~30 元，人多时常上浮），在此住一夜，头天观晚霞，次日观日出是绝好选择。

- **景区门票**

¥ 梵净山进山票 110 元，淡季 90 元。

- **笔者关照**

梵净山登山过程累而枯燥，尤其是从前山上，风景也一般，因此游人可考虑乘缆车上行，再步行下来，上行收费 90 元。

补充提示

①从玉屏下车后，只要时间允许，应尽量赶到江口镇住宿而不要住在铜仁，江口离山门近，第二天上山方便。镇上的普通招待所房价很便宜，住宿方便。

②游览完毕从南线下山时最好能在 17:00 以前赶到鱼坳，时间晚了山下回程的车有可能抬高车价，有“宰人”可能。

③从南线江口登山顶要登约 8000 级石阶，坡高路陡很劳累。体力差的人可考虑乘缆车上下，单程 90 元、往返 160 元。

最新信息：从印江上山省力又开心

游梵净山经江口沿 7980 级石阶徒步上行已被公认是最常规和特艰辛的登山路线，不过不久前有了登山缆车，情况已大为好转。现在再为您提供一种新的游览路线即从印江方向上山——既可从铜仁包车经江口到印江方向的山顶，亦可先到印江再乘车上行。从印江方向乘车 1.5 小时、车费 20 元可到梵净山门，之后换车沿登山路可抵达与梵净山山颈处镇国寺高度相近的山顶（棉絮岭），下车后再步行（山路坡度甚小很好走）2~3 小时就可到达接近山巅处的金顶路口了，在这里住宿（有新装修过的蘑菇石宾馆）或登高观景均可，沿此线登山比从前山爬 7000 余级石阶步行上山省力不知多少倍，还可以在途中看到护国寺、万米睡佛、薄刀岭、剪刀峡等景点，以上可供旅友参考。

下山时则可从前山步行下山或乘缆车，这样前后山的景色就看全了。

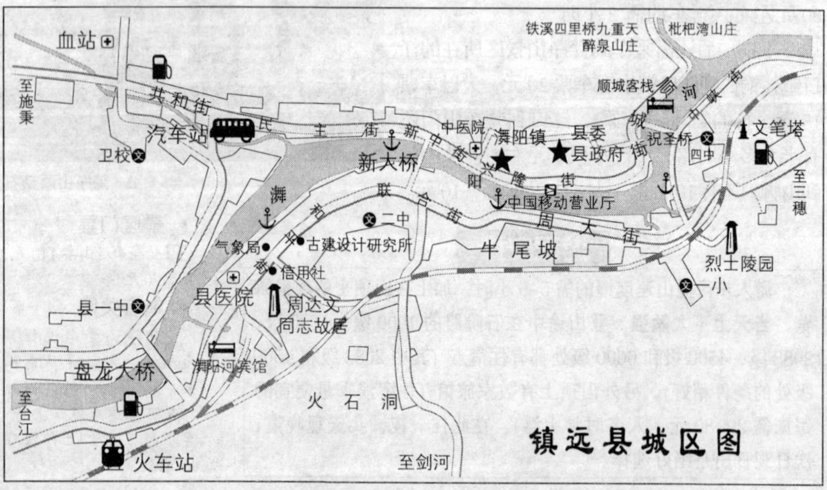

㵲阳河·镇远

电话区号	0855
旅游局	4221521
旅行社	5722556

㵲阳河发源于苗岭腹地瓮安，贯穿黔东山地流入湖南沅江，其从黄平旧州至镇远城东月亮湾长达 95 公里的河段风光最美，是著名的风景观光区。㵲阳河风景区的核心是上、下㵲阳两段河谷，上㵲阳有头峡、无路峡、老洞峡和观音峡，下㵲阳有诸葛峡、龙王峡、西峡和东峡。其中西起施秉沙坪的瓮莲洞，东至镇远板滩的吴王洞，由诸葛峡、龙王峡、西峡三段峡谷组成长达 35 公里的“小三峡”是㵲阳河风光的精华所在。

小三峡既有长江三峡的险峻、漓江的明媚，又有贵州特有的喀斯特地貌的瑰丽神奇。其中龙王峡长 16 公里，沿途有飞泉三叠、孔雀石、双龙戏水、火烧赤壁等数十处佳景；诸葛峡长 7 公里，峡谷中遍布断壁悬岩、溶洞飞瀑和野生竹林；西峡长近 12 公里，时而惊涛飞泻，时而水势平缓，动静相间，风光绮丽而迷人。

交通

乘火车在湘黔铁路贵州境内的镇远站下车即可，北京、上海、杭州、贵阳、成都、重庆、广州都有列车途经镇远。其中贵阳每日有旅游专列开往镇远 (N874 次，贵阳 8:10 开，镇远 13:15 到)，交通尚属便利。亦可从贵阳乘汽车沿湘黔公路经黄平、施秉到镇远，但贵州山路多，乘汽车远不如坐火车方便。

▲ 㵲阳河美景孔雀开屏

游览指导

游览㵲阳河可从镇远乘船逆水而上 (从镇远汽车站乘去施秉、余庆方向的客车，车费 5 元 30 分钟即到㵲阳河景区道口，再步行 20 分钟可到售票处)，每日有多班专线游船，常规线路只是游览下㵲阳河景区全程的一半，门票加船票共 140 元，游程 1.5 个多小时。㵲阳河上最美的景点是孔雀开屏，尽可以它为背景观光拍照。盛夏时节飞泉三叠也很迷人。游览完毕，游人还须原路走回道口乘车返镇远。但如果是游毕㵲阳河后去施秉，那不必返镇远只需从景区道口乘过路车就成。

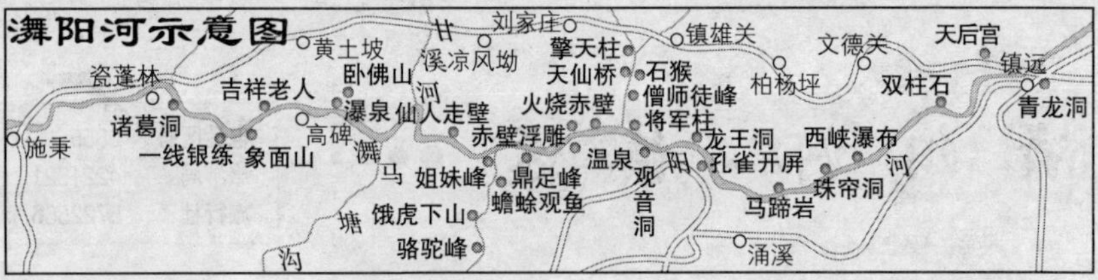

- **青龙洞**

位于镇远城东南，从镇远市内打的或步行均可到，可步行或乘船游览。

¥青龙洞古建筑群，门票50元。

- **镇远古城**

乘火车在镇远下车后打车4元钱10分钟即到古城。步行及乘船游览均可。

▲ 镇远青龙洞

- **云台山**

云台山位于施秉县城西北13公里处，距镇远古城30公里，可先乘车从镇远至施秉，再换专线中巴车，票价4元，40余分钟可到云台山。若包微面往返约需15元。

¥门票30元。

- **汽车从凯里到施秉**

汽车车程3小时左右，车费约需25元。沿途尽是高山深谷。

- **从镇远到施秉**

车程只需1.5小时，车费10~12元。途中经一个很漂亮的湖泊（㵲阳河上游）看上去很美很舒服。

- **杉木河**

漂流季节是每年的4~10月。收费120元。漂流时间约为2小时。

周边景点

青龙洞

青龙洞位于镇远城东中和山前，由万寿宫、大佛堂、玉皇殿多重寺庙组成。这里三面临江、绝壁千尺、怪石嶙峋，整群建筑靠山临水、依崖傍洞、贴壁凌空，建造极为绝妙生动，有“西南悬空寺”之美称。

青龙洞规模宏伟、金碧辉煌、壮丽异常，且集儒、道、佛、会馆、桥梁及驿道建筑文化于一身，是全国重点文物保护单位，亦是贵州省内最壮观的古代建筑群。

镇远古城

镇远古城系㵲阳河风景区十大景点之一，始建于公元202年，亦曾是贵州黔东南自治州人民政府所在地。这里有外观精美而古朴的楼阁、庙宇及古民居近百座，亦有纵横交错的古河道和巷道，古镇风光优美迷人。近年来，因古城改建，不少古建筑被拆除，但游客来此仍然依稀可见其古时之独特身姿神韵。

云台山

位于距施秉县城13公里处的㵲阳河北岸，景区东西宽10公里，南北长20公里，有云台山主峰、拜经石、野牛洞、笔架山、老虎背、渡云桥等20余处景点，这里河流蜿蜒、群峰夹峙、古树参天，风光集奇、险、幽、绝于一体，被誉为“苗乡桃源”。

杉木河

位于施秉西北部的清澈河流，沿岸山峰美，河心水流急，现有四大游览区共20余处佳景，乘船漂流惊险刺激又开心。

从施秉县城乘客车票价5元，行车1小时即到杉木河漂流点，包车去约需50元。县城亦有漂流接待站。

旅游锦囊

如何在镇远玩得高兴开心

①镇远古城依山面水，风光很美，城区内外又有青龙洞和㵲阳河等数处佳景，甚具观光价值。笔者认为之所以当地的旅游观光热度有限，是因为开发和宣传的力度不够。

②镇远古城内的主要观光点有新大桥和祝圣桥之间的仿古街和㵲阳河，距祝圣桥不远的青龙洞以及地处石屏山下的四方井巷、复兴巷、人寿巷附近的古民居群。

③强力推荐把火车当做进入镇远的首选交通方式，镇远周边多山地，乘汽车进去太费劲。以从凯里去镇远为例，乘火车车程也就是两个小时，乘汽车（经施秉）去至少要5个小时。

④从镇远火车站打车4元钱就可到镇中心的新大桥，新大桥旁就是仿古街，仿古街北面就是古民居群，整条仿古街用30分钟可走完（到达街那头的祝圣桥），过桥就是名景青龙洞了。

⑤笔者的建议是，先从头到尾把仿古街走一遍，之后过祝圣桥去游青龙洞（这个景点风水位置极好），然后返回仿古街去看街北边的古民居群，整个观光过程3~4小时即可。

⑥镇远的夜生活中有1个亮点，就是看歌舞表演《梦幻歌舞地》，这场演出场面比不上《印象·刘三姐》那么大，但仍具观赏价值（门票50元）。笔者强力推荐，订票电话：13385155525。

▲ 镇远㵲阳河上的祝圣桥美景

贵州省

赤 水 ●●●•

电话区号 0852
旅游局 2860001
旅行社 2822680

赤水风景名胜区位于黔北赤水市，面积 300 平方公里，有森林 2.68 万公顷，有大小河溪 350 余条，丰富的水源和跌宕地形，形成了大大小小共数千条瀑布，所以赤水又被誉为“瀑布之乡”。

赤水位于云贵高原向四川盆地过渡的地段，高山和深谷相互交织，形成峭壁连绵、峰峦俊秀、森林茂密、峡谷幽深、乱石纵横、溪水潺潺的绮丽景观。

赤水景区亦是著名的楠竹之乡，有竹林 1.8 万公顷，到处是修竹挺拔，绿荫蔽日。

赤水景区内集十丈洞瀑布、中洞瀑布、四洞沟、万年石伞、渡仙岛、桫椤林、大白岩等景集飞瀑流泉、奇异山石、翠绿竹海于一身，此外当地还有不少以红军四渡赤水和酒乡文化为主体的人文佳景。

• 景区门票

¥ 十丈洞门票 40 元，金沙沟和竹海门票各 25 元，四洞沟门票 30 元。

交通

可以先乘火车或飞机到重庆或四川泸州，上述两地均有客车开往赤水，其中从重庆到赤水行车 4.5 小时，泸州到赤水公路行车只需 2 小时，每天有客车 10 班不止。亦可从遵义和贵阳乘客车去赤水，贵阳长途客运总站（延安西路 22 号）每日 8:00、14:00、17:00 有车直达赤水，行程 460 公里，行车 10 小时左右。

▲ 赤水飞瀑

食宿

赤水主要的宾馆酒店有赤水宾馆、石油宾馆、白天鹅宾馆、邮政宾馆等，中小旅馆不计其数。特色食品有赤水豆花、赤水鱼、米团子、脆臊面、小笼排骨、剑光汤圆、水晶包子等，当地人最爱吃的豆花饭做法独特，5 元钱就能吃饱。

主要景点

十丈洞瀑布

位于赤水城南 39 公里处的风溪河急流

间，高76米、宽80米，河水被一方完整的丹霞巨石切断，化为帘状飞瀑从红色巨石上狂泻而下、注入深潭，声如雷鸣、震撼山谷；瀑布四周烟雾腾飞、水雾弥漫，置身百米之外，仍有水珠接连不断扑面而来，令人备感凉风阵阵，寒气逼人。周边还有中洞瀑布、香溪湖、亿年灵芝、奇兵古道、石笋峰等景点。

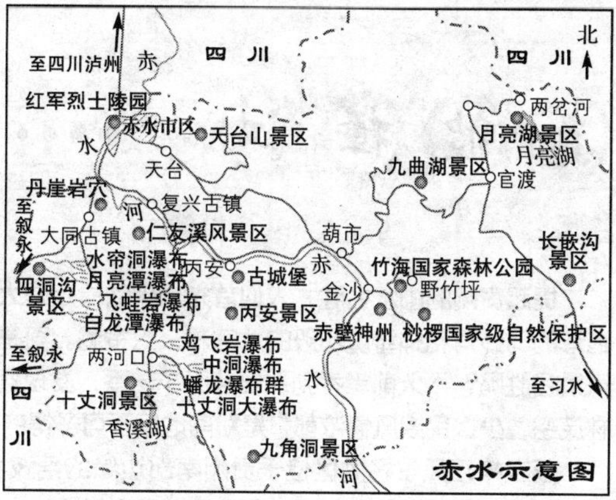

四洞沟景区

在距市区15公里处的大同河支流上。有水帘洞、月亮潭、飞蛙崖、白龙潭等四个梯级瀑布，四周峡谷幽深、群山苍翠、溪瀑成群，风姿甚为动人。

丹霞奇景

赤水境内有1000多平方公里的丹霞地貌，随处可见平地拔起艳丽嫣红的丹崖赤壁和奇岩怪石，它们和绿色丛林、飞瀑流泉相映成趣，把整个景区装扮得分外绚丽迷人。丹霞景观最突出的地方有金沙沟赤壁神州、香溪湖、万年灵芝、四洞沟渡仙桥、元厚镇“外星人”，等等。

侏罗纪公园

赤水境内分布着大片大片的大桫椤树林，这种古老的树种从远古时期的侏罗纪一直生长至今，有极高的考古和经济价值。仅在赤水金沙沟保护区内（距赤水40公里）就有桫椤树数万棵，被人誉为“桫椤王国”，是生态旅游和考古科研的理想胜地。

游程安排

A. 从贵州方向来的客人可在第一天游金沙沟、甘沟、竹海；第二天游四洞沟、大同古镇，宿炳安；第三天游十丈洞。

B. 从成渝方向来的游客可在第一天游四洞沟和十丈洞；第二天游桫椤王国、甘沟、竹海。

以上行程只是大致指导，游客抵赤水后可即兴发挥。

- **十丈洞瀑布**

位于赤水城南39公里处，县城客运站有专线车直达，车费10元。

¥门票80元。

- **四洞沟景区**

县城客运站有专线车直达，20分钟可到。

¥门票40元。

景区内有翠竹山庄等度假村可住宿。

- **侏罗纪公园**

¥门票25元。

- **另荐当地热门游览线路**

环线游览：市区—风溪红军渡口—燕子岩—十丈洞—香溪湖—华平瀑布群—四洞沟景区。

- **当地住宿**

①赤水宾馆，有正街22号，电话：0852-2821909。

②邮政宾馆，人民南路43号，电话：0852-2824699。

- **推荐旅行社**

赤水光明旅行社，可组织当地1~3日及周边线路游览，服务态度尚好，电话：0852-2827965。

荔波樟江

电话区号	0854
旅游局	3610359
水春河漂流	3619515

提起贵州的山水名胜，人们首先想到的肯定是大名鼎鼎如雷贯耳的黄果树、奔腾咆哮的马岭河和神奇魔幻般的龙宫洞、织金洞。可是你知道荔波樟江这处国家级重点风景名胜吗？不久前笔者到那里游历了一番，发现荔波樟江层峦叠嶂、溪流纵横、森林茂密，少数民族风情浓郁，是黔南地区不可多得的观光佳境。

荔波樟江风景名胜区位于贵州南部边缘的荔波县境内，景区总面积 273 平方公里，由小七孔、大七孔、水春河和樟江风光带组成。

▲ 荔波樟江小七孔风光

气候与游季

黔南地区属山地亚热带温暖湿润季风气候，气候温和、雨量充沛，平均气温 13.6℃~19.6℃，冬无严寒、夏无酷暑，一年四季皆可游览。但是切记，就荔波樟江景区而言，水是它的灵魂，枯水季节风光水平大打折扣——小七孔的瀑布消失了许多，水春河亦无法漂流，只有大七孔勉强能玩，因此这里的绝佳游览季节是 4 月中旬至 11 月中旬，冬季游览效果欠佳。

- **交通提示**

如果从贵阳乘火车向南去荔波，应在独山下车；如果从柳州方向向北乘车，应在麻尾下车，这样路途更近（独山和麻尾两地同处一条铁路线上，但前者在北面，后者在南面）。当然如果你不想先到荔波县城安顿下来，而想一下车就游小七孔，那还是到麻尾下好，麻尾距荔波县城远而离小七孔景区近。

- **贵阳长途客运站**

电话：0851-6504224。可咨询去荔波樟江的客车情况。

交通

航空

荔波机场开通了广州、贵阳两个城市的航班，订票电话：0854-3610988。

火车

独山和麻尾是距荔波樟江很近的火车站，北边的贵阳、南边的金城江、柳州、南宁（含广州、湛江、上海、福州等）都有列车经过独山和麻尾，从麻尾下火车后再乘汽车 2 小时左右就到荔波县，从独山乘中巴到荔波需 3.5 小时左右，车费 13~15 元，全程柏油路，路面甚为平坦。

公路

贵阳至桂林的高速公路已修通了一大半，从贵阳乘大巴沿此路行走，5~6 个小时可到荔波县(全程柏油路，靠贵阳的一半是高速)。贵阳长途客运站每天 15:00 前后有 1 班客车发往荔波，此外贵阳市体育场西北侧的停车场每天 17:00 左右亦有一趟大巴去荔波，车行需 5~6 小时，车票 70~90 元。

住宿

荔波县城内有三星级的润璟酒店、金穗酒店和阳光酒店 (阳光酒店曾住过彭丽媛、刘秉义等文艺界名人)，条件较好，24 小时热水、冷暖空调，旅游旺季标准间在 250 元/间上下，淡季标准间价打折后可降至 100 元/间左右。此外县城境内还有不少中、低档旅馆，40~50 元/间。旅游局大楼内的旅馆叫荔波大厦，有电扇、热水器的双人房间每间 40~50 元，店内可以帮助组织县内旅游，可作为工薪族游客住宿的首选 (缺点是客房靠马路，有点吵)。

餐饮

县城内的中小餐馆一般没菜谱，肉、菜都洗好放在明处，让炒什么就炒什么，一般的肉菜不超过 25 元钱，米粉 5~6 元钱一碗，若吃饺子或米粉再来点儿小菜，15 元钱肚子就饱了。晚上街上烧烤摊很多，牛肉、羊肉、火腿肠、土豆、豆腐干等品种挺齐全，任君品尝。

- **飞机航班**

由于客流较少，贵阳到荔波的航班每周只有 2~3 班，票价经常打折，有时购机票还送景区门票。乘客可关注。

- **推荐阳光大酒店**

在荔波县城西北侧，电话：0854-3616430。

- **当地交通**

县城内有面的、夏利，但摩的最多且方便，1 元钱起价。县客运站和主要街道上有微面开往大、小七孔，到大七孔票价 7 元行车 50 分钟 (全是柏油路但有些不平)，到小七孔票价 8 元行车 1 小时 (大、小七孔在一条路上，相距只 10 分钟车程)。

推荐游程

在荔波樟江游览至少要 2 天时间，而 3 天才能玩得宽松舒服，日程可作如下安排：

D1：早晨从县城乘车去小七孔，1 小时能到，用一整天的时间游 68 级跌水瀑布、喀斯特森林、水上石林、鸳鸯湖等景点；晚上宿小七孔景区内 (景区入口有 1 家、景区中段有 3 家旅馆都很便宜，可以找到 40~60 元/间的住处)。

D2：早晨从小七孔乘车去大七孔 (10 分钟就到)，步行加乘船游览大七孔 3 小时足够。中午回到县城午餐，下午水春河漂流 (全包价 170 元)。如果游客时间充足，可在第 3 天去茂兰国家喀斯特森林保护区游览，并去瑶寨览民族风情。

- **小七孔游览提示**

小七孔景区中的水上石林颇有味道和情趣，鸳鸯湖也很美，以上两景应予重点关注。天钟洞和68级瀑布风光一般，适当观览即可。

¥门票110元，含天钟洞观光和鸳鸯湖划船费。观光车费20元。

住在小七孔中段比住景区门口强，中段有3~4家宾馆、旅馆，周边是青山绿水，环境甚好，房价最低20~25元/床。

- **水上石林**

在小七孔中心公路北侧，距路很近，这里风光绝佳，虽然范围不大，但是游人钻进去就不想出来，应该好好观赏享受。

¥门票免收。

- **鸳鸯湖**

¥门票及船费已含在小七孔通票中。

主要景点

活泼生动的小七孔

小七孔因其景区内有一座清朝道光年间修建的七孔石桥而得名，景区的基本地形地貌是两山夹一水——两侧山峰轮廓俊秀，中央的响水河边忽左忽右断断续续地分布着许许多多森林瀑布和湖泊，从景区入口处的小七孔石桥算起，游人可以依次见到的景点是：

68级跌水瀑布

瀑布沿响水河级级跌下，每级只有1~2米的落差、8~15米宽，但层层叠叠银花四溅、娇媚玲珑秀气，雨季时节洪水奔流而下，气势亦颇为壮观迷人。

喀斯特森林

上千种绿色植物交织成的“海洋”，郁郁葱葱、莽莽苍苍，近百种飞禽栖息其间，悦耳的鸟鸣声终日在林间回荡。林区内还有许多奇石怪岩，千姿百态，鬼斧神工。

▲ 荔波樟江大七孔天生桥奇观

水上石林

500多米长的清澈溪流上，长满了绿葱葱、密匝匝的岩溶森林，树下水上又布满了平整的石槽和弯弯的石径，石上长着树、树下流着水；水石相击，泛起无尽的浪花；石树相偎，织起了浓密的绿荫；游人钻进林间踏石戏水，备感清幽凉爽，惬意开心。

天钟洞

洞长700余米，共有古榕迎宾厅、金谷厅、天钟厅等前后5个洞厅，洞内遍布奇形怪状的钟乳石，形态各异，十分逼真。

鸳鸯湖

深山密林中的清澈湖泊；总共有4片湖水，面积近3平方公里，水色幽蓝，波平如镜，倒映蓝天白云、青山绿树，风景如画，俊美迷人。

小七孔景区的龟背山、飞云洞、野猪林、卧龙潭等佳景风光也很娇媚，景区范围总长超过 10 公里，需花一整天时间才能观其全貌——步行游览小七孔可以但很费劲儿，乘车观光才能欢乐舒适又开心，景区内有过路的大客及中巴但车次不太多，从入口处乘观光车最方便。

神奇险峻的大七孔

大七孔也因景区入口处有一座七孔桥（比小七孔桥稍大）而得名。它的地形地貌也是两山夹一水，它长仅 2 公里，但景点紧凑集中，两侧百米高崖巍然耸立、挺拔险峻，中间河水湍急、声震峡谷，河边满是黑压压的原始密林，景区末端有因巨型钟乳石跨越河谷而形成的天生桥，桥洞宽约 20 米，高约 60 米，桥下波翻浪涌，阴风阵阵，令游人望而却步、惊心动魄。天生桥后还有幽深莫测的风神洞和地峨宫（都是巨大山间溶洞），洞内有奇石、暗河、飞瀑，险峻无比，非探险家而不能前行。

水春河漂流

水春河源起月亮山原始森林，一路飞驰而下流向荔波县城，河谷长达 13 公里，漂流距离超过 9 公里，两岸多险峰、峭壁、洞穴、密林，漂流过程中要经过 29 处浪涛翻卷的激流险滩，会饱尝劈波斩浪、顺流而下的豪迈之情。

其他景点

荔波县境内还有方圆 20 余公里、面积达 2 万公顷的茂兰喀斯特密林，还有许多分布在山间河畔的瑶族村寨，游客来到荔波后可以从事原始森林探险和探访瑶寨、畅览民族风情等多种形式的观光游乐活动，保证开心畅快、收获颇丰。

▲ 水上石林秀色

- **小七孔住宿**

布依山寨旅馆，莫老板电话 13985791151。

- **大七孔游览提示**

¥门票 55 元。船票 15 元。如在旅游淡季游大七孔，应在下午 4 点前到达，否则船工下班后游客无法步行穿过天生桥洞（洞下河水汹涌奔腾）。

- **发烧友关照**

如果征得当地旅游部门的同意和支持，并备好专用设备，那到风神洞和地峨宫中探险会有新鲜感受，特刺激。

- **水春河漂流**

¥漂流全包价 170 元。

全程车船游览接送，县城内的旅游局一楼有售票点。

咨询售票电话：0854-3619515。

- **补充提示**

茂兰森林探秘（门票 50 元），民族村寨观光，荔波境内还有诸多游览项目和内容。另外这里随处可见朦胧青山、碧澈河溪，色彩图案俱佳，摄影爱好者可大显神通。

贵州省

凯里·黔东南

电话区号 0855
旅游局 8261879

黔东南苗族侗族自治州位于贵州省东南部，首府凯里市。这里山河壮美，民族风情艳丽多彩。㵲阳河、杉木河、云台山都是贵州省内有相当知名度的景区，而朗德苗寨、西江千户苗寨、榕江三宝侗寨、从江岜沙苗寨和肇兴侗寨等少数民族村寨更以其独特的建筑风格、建筑方式和寨中居民独特的生产生活方式而受到外界的广泛关注。

▲ 西江千户苗寨全景

气候和游季

黔东南地区气候温暖，全年适宜旅游。虽然冬季会有降雪，但是比北方各省气温高出许多。7~8 月这里气温较高，但各项旅游观光皆可顺利进行。

交通

凯里是湘黔铁路上的大站，几乎所有特快和直快列车都在凯里有站。在镇远和施秉停靠的旅客列车数量明显少于凯里，但每天仍有 10 对左右。此外，这里的公路交通非常发达，各市、县间每日有各类客车穿梭运行，发车密度较大。但是由于黔东南地区多山地，行车很费时间，所以游客花在路途中的时间要明显高于预期。在一些著名的艰险路段如凯里到榕江、凯里到施秉，更以其山高谷深和道路曲折蜿蜒而给游客留下深刻印象。

餐饮

当地的风味菜肴有酸汤鸡、酸汤鱼、腊肉、香肠等。到了少数民族村寨中，最常见的特色菜就是腊肉和香肠，味道确实新鲜独特。但是由于近年来食品价格上涨不少，所以游客在餐饮上还是要付出相当成本代价的。在凯里街头上，普通的米粉也要4~5元钱1碗，普通的各类炒饭要4~6元，肉炒青菜要8~10元钱，纯肉菜要20元左右，就是一份普通的快餐，也由过去的5元钱上涨到了8~10元。在西江、朗德、肇兴这些少数民族村寨中，饭菜价格不便宜（纯肉菜也要18~25元）但是菜量不少，还算实惠。另外如果住在村寨中的老乡家，用餐也可以顿计价，一般每顿15~20元就能吃得很好了。

住宿

凯里市的住宿很方便但房价已比过去高多了，像网上知名度很高的营盘坡民族宾馆的标间已经是120元/间了，不过这家宾馆的服务还是很好的，凯里市中心的其他宾馆的标间大多在120~138元之间。不过这些宾馆都有一些好处，就是客人入住后可免费拨打国内直拨电话且不限通话时间。

在朗德、西江、三宝、岜沙、肇兴等少数民族村寨中都有不同档次的民居旅馆和宾馆。其中朗德、三宝只有普通旅馆，多人间或普通间15~20元/床。在西江、岜沙有带独卫条件不错的旅馆。在肇兴还有条件甚好的大型宾馆，住宿尤其方便。

- **凯里住宿**

①营盘坡民族宾馆，在营盘东路53号，条件很好服务也很好，双标间120元/间。电话：0855-3837779。

②新世纪宾馆，在凯里韶山南路1号，条件甚好的双标间130元。电话：0855-8260333。

③白云大酒店，韶山南路7号，条件尚好的标间80~90元/间，电话：0855-8275399。

- **西江苗寨住宿**

①阿妹农家，多人间20元/床，标间40~50元/间，电话：0855-3348161。

②苗乡旅馆，电话：0855-3348112。

③同福苗家，电话：15985567887。

④木楼农家，电话：0855-3348100。

⑤苗王旅馆，条件一般但位置、视野好，双人间50~60元/间。电话0855-3348389。

- **车江三宝侗寨住宿**

民族工艺店旅店，多人间15~20元/床。电话0855-6650596。

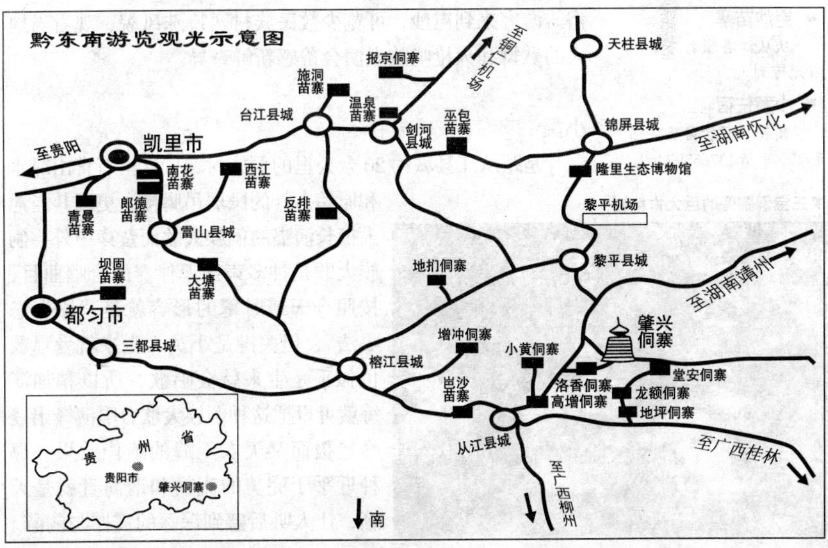

- **榕江住宿**

榕江宾馆，双标间120~140元/间。电话：0855-6624188。

- **岜沙住宿**

枪手部落招待所，条件尚好的双标间50元/间。

- **肇兴侗寨住宿**

①肇兴宾馆嘉宾楼，双标间120元/间，条件很好。电话：0855-6130800。

②肇兴饭店，双标间60元/间，条件尚好，电话：0855-6130005。

③侗家旅馆，普通间15~20元/间，电话：0855-6130143。

- **朗德山寨**

从凯里坐去雷山的车到朗德山寨路口下，再步行20分钟可到。门票免收。看表演另收费。

- **西江千户苗寨**

从凯里坐客车2.5小时可到，车费24元。门票100元，淡季60元。

- **车江三宝侗寨**

从榕江县城乘公汽20分钟可到，门票15元。

- **岜沙苗寨**

从从江县城打车25~30元可到。

- **小黄住宿**

良辰农家食宿店，15元/床，电话13765597469。

▼三宝侗寨旁的巨大古榕树

主要景点

朗德山寨

凯里市南30公里处的苗寨，寨中遍布颇具当地特色的吊脚木楼，民族风情浓郁，游客来此还可看到拦路酒歌、盛装苗寨、芦笙舞等歌舞民俗表演。

西江千户苗寨

地处凯里东南的西江，是千余户苗家聚居的山村，木制吊脚楼成片而立，场面壮阔，寨前后有碧水青山相依，自然风光迷人，适合观光和摄影。

车江三宝侗寨

在榕江县城以东5公里处，是国内较大的侗寨之一，寨前有高大的鼓楼，寨中有不少古老的民房古屋。村寨北侧有宽阔江河流过，河边生长着百十棵巨大的古榕树——绿荫浓密、郁郁葱葱，形成了林荫掩古寨、绿云映乡村的独特风景。

岜沙苗寨

距从江县城约7.5公里处的苗族村寨，寨子背依高山、前临深谷，地势险要，景色壮阔。岜沙苗寨中多古屋古树，很有原始韵味，寨中居民也保持着原始古朴的生活习俗，他们衣着奇异、发型独特且至今还保持着身佩火枪和腰刀的习俗。游客来到岜沙，可览少数民族村寨特殊风貌，观看当地人的歌舞和火枪鸣放表演会备感新鲜奇异。

小黄

是距从江县城约20余公里的侗族村寨，这里有青山绿水和原始古朴的民居吊脚楼，更因其当地人擅长演唱的侗族大歌而蜚声中外。侗族大歌是种多声部无伴奏的合唱曲目，按照今天最时髦的形容就是“原生态唱法”，但关键是小黄人生来就爱唱歌也似乎是生来就会唱歌，所以稍加演练就可以把这种侗族大歌合唱演绎出登峰造极而又天衣无缝的绝佳效果，那种近乎于完美的流畅和谐简直就是天籁，让人听后感到深深的震撼与陶醉。

所以去小黄听侗族大歌是人们来到黔东南后最流行的游览方式之一。

▲ 小黄的侗族大歌表演

高增侗寨

距从江县城约 5 公里，寨中有高大的鼓楼和精美的风雨桥，是从江有代表性的侗寨之一。与之相邻的银良和平桥两个小村寨也有不错的风光。

增冲侗寨

在从江西北约 80 公里处，寨子三面山环水绕，古老民居群簇拥着特色鲜明的鼓楼，寨子周边 3~15 公里距离范围还有数量不少的鼓楼群，颇具观光价值但交通很不方便。

肇兴侗寨

在黎平县境内，距县城有 2 个小时的车程，是规模很大风光很美独具特色魅力的观光绝佳所在。肇兴侗寨两侧是青山、中央是溪水、山间水畔间矗立着一座座民居木楼，山水风光绝好而民族风情浓郁。肇兴侗寨中有 5 座鼓楼 5 座风雨桥，这样的楼桥数量在国内同类侗寨中实属罕见。肇兴侗寨周边的风光也很美，到处是起伏的高山和层层叠叠的梯田。在肇兴背后的高山上还有一座古侗寨堂安，被称为是“侗家博物馆”，而从堂安到肇兴之间穿越层层梯田和几座古村寨的一条石板小路也因其风光绝佳而成为当地步行观光线路中的经典。

周边景点

黔东南其他值得关注的景点有；黎平天生桥——在黎平县城东北面的高屯镇，距县城约 15 公里，是世界上跨度最大的天然石质拱桥之一；隆里古镇——是一座能战能防的军事古城堡，是本地土著居民和外来屯军人员及其后裔共建的戍边重镇；德风镇翘街——两头高、中间低，形如扁担，故而得名，这条街上保存了相当完整的明清两代的建筑物，条石、卵石铺成的路面颇显古色古香。

- **小黄侗寨**

从从江县城乘车 1 小时可到，车费 8 元，每天只有 7:00 和 14:00 两班客车。

¥门票 30 元。

- **高增侗寨**

从江县城有客车直达。门票免收。

- **增冲侗寨**

从榕江去更方便。先坐客车到，再换当地机动车可到。门票免收。

现在，有 1 条从江到小黄的新路正在修建中，竣工后从江至小黄车程可缩短至 30 分钟。

- **肇兴侗寨**

从黎平县城乘客车 2.5 小时可到，从从江县城乘客车 2.5 小时可到，车费 25 元。发车时间 8:00、13:00。

门票免收。

▲ 地平风雨桥

推荐游程和总体观光指导

在黔东南观光，应主要关注山水风光和民族风情两大部分。当地的㵲阳河、青龙洞、镇远古城、云台山、杉木河等景点本书另有介绍，下面笔者将为您详介朗德、西江、三宝、岜沙、肇兴等少数民族村寨的观光注意事项：

▲ 岜沙苗寨中的枪手

从凯里乘客车向南行驶，不到 1 小时即可到三花苗寨，这个寨子名气、规模和观光效果一般，但是依山面河，风水不错，可作适当关注。之后再向前行车 20 分钟即可到朗德村寨道口，这个寨子名气不小，寨中的旅游接待和歌舞表演也很有条理，一有游客到来（当然要达到一定数量），听到广播后村民会迅速汇聚到寨子中心的歌舞表演场上为客人献上民族歌舞和特技表演。朗德苗寨的民居建造得很紧凑，寨中道路很狭窄很曲折，很显幽深神秘。

从朗德道口向南行车 20 分钟到雷山，再向东北行车 1 小时就到西江，这个寨子很大，众多民居木楼整整盖住了两座山头，寨前的小河上也有一座新建造的风雨桥。每当有当地的民族节日时，寨子里的欢庆活动也很丰富多彩。但是笔者认为西江苗寨有

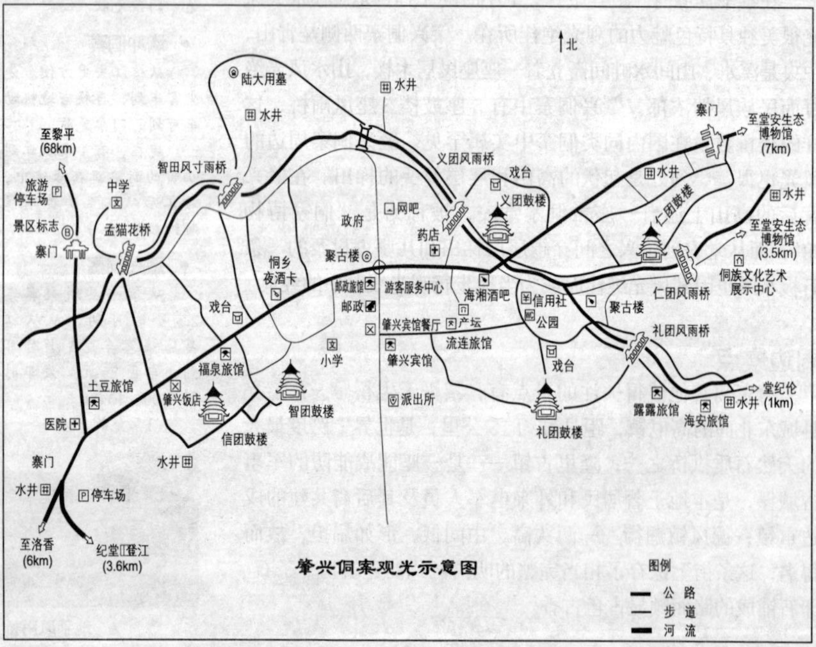

肇兴侗寨观光示意图

点大而空，离远了好看而走进去反而风光一般，加之平时寨子里的节庆和表演活动不多，所以平日去有半日观光就可以了。

榕江的三宝侗寨临近河流，河边有百余棵大榕树，浓荫蔽日，风光独特，但是这个寨子其他特色并不显著，笔者认为逗留 2 小时足够了。

▲ 肇兴侗寨一角

从江的岜沙苗寨建在高山上，前临深谷，山间有许多梯田，地势险要而田园风光美丽，非常值得一去。如果时间合适赶上村中的民族歌舞和风情表演，那观光更觉物有所值，可逗留半天或 1 天。

小黄地处深山，那里的侗族大歌犹如天籁之声，让人听后感到心灵上的强烈震撼，但是那里风光不出色，去一次听听侗歌（因为交通不便大概需要住一晚）就行了。

肇兴可是个好地方，这个侗寨中有两侧是青山、中央是碧水，风光美而地势奇佳，且寨中有 5 座鼓楼和 5 座风雨桥，这样大的桥楼数量在国内恐怕是独 1 份。肇兴的民族歌舞表演也很丰富出色，寨子后边还有堂安侗寨等观光亮点，非常值得一去。笔者认为在肇兴至少应住宿一晚，时间充足的人玩上 3 天不嫌多。此外黎平的天生桥和锦屏的隆里古镇也值得一看。

综上所述，笔者认为黔东南各少数民族村寨中，朗德、西江、岜沙、肇兴应作为观光重点，而兰花苗寨、三宝和小黄侗寨可予适当关注。

交通状况和行车时间大概如下：凯里至榕江客车行驶 5 小时，全是柏油路，车费 46~48 元，沿途尽是高山深谷但有惊无险。榕江至从江客车行车 2.5 小时，全是行驶在江边的柏油路上，路况好而风光美，车费 25 元。从江至肇兴乘客车目前要 4 小时，路修好后车程 2 小时即可。从肇兴到黎平客车行驶 2.5 小时，黎平至锦屏车程 2 小时。另外，如果游毕肇兴向南走去广西三江（这也是一条很有观光价值的线路但路况太差），客车要走 6~7 小时。

推荐游程

D1.从凯里出发，从车上观兰花苗寨（在车窗左侧），之后游朗德苗寨（逗留 2 小时），再经雷山去西江，当晚住西江苗寨。

D2.从西江返回雷山，乘凯里来的过路车去榕江（如果想坐好座位可返回凯里乘车），下午抵达后立即游三宝侗寨，夜宿榕江。

D3.从榕江乘客车去从江，注意看路边山河美景，抵达后立即游岜沙苗寨。当晚住岜沙或从江。

D4.从从江去肇兴，下午抵达后在寨中游览，晚上看当地民族歌舞表演。

D5.早上去堂安看侗寨博物馆，中午离开肇兴。或去黎平、锦屏一线看天生桥、隆里古镇，或去广西三江看程阳风雨桥，之后游龙胜梯田和桂林山水。

旅游锦囊

如何在黔东南玩得顺利开心

①凯里市区没什么出色景点，只作简单停留即可。

②兰花苗寨在公路东侧，注意坐在客车左侧看得更清。

③朗德苗寨停留3小时够了，如果想住宿1晚可到当地老乡文芬家，她家在村子另一头，清静且宽敞，住宿费15元/人，电话：15086201466。

④西江苗寨的最佳观景点在进村前公路上的村门旁，有1个小亭子是最佳观光拍摄地点，正好能拍寨子全景，进村后反而没有更合适的地方。

⑤榕江三宝侗寨进村后看到的那个鼓楼还行，之后就是河边那排大榕树了，村中的古民居相当一般，不必做过多停留。

⑥从榕江到从江之间公路一直沿桂柳江行驶。途中有许多古村寨坐落在山水间且有村寨就有鼓楼、有村寨就有渡船，动静相宜的画面简直是美不胜收，注意仔细观看（美景大多在车窗右侧）。

⑦岜沙苗寨每天下午有民族风情表演，此外这个寨子地势和风水俱佳，游人应尽可能在寨子里转一转，会有很多新发现。

⑧目前从江至小黄的客车只有下午14:00一班，进去后当天就回不来了，不过正好趁晚间在那欣赏侗族大歌表演。

⑨高增寨子里也有鼓楼和其他民族建筑，但去那的路太难走，笔者不做专门推荐。

⑩肇兴侗寨白天和晚上皆美，尤其是寨子里的鼓楼镶上了彩灯，晚上轮廓美丽动人。寨子里除了晚上固定的免费民族风情表演外，只要游客交纳一定费用，随时可看到各类形式内容的歌舞表演。

⑪在肇兴寨子上方（北面）还有一座古寨堂安，过去被誉为“侗族村寨中的博物馆”(意为侗族特色最明显)。但是不久前那里遭遇火灾，烧毁了不少房屋而伤了元气。不过从堂安到肇兴之间有条小路（石板路），穿行在山间梯田旁，两侧山水和田园风光皆美，被笔者誉为“国内最美的山间小径”。虽然走完这条路要2.5小时，但笔者向大家作强力推荐。

▲ 堂安侗寨中的鼓楼面

⑫距肇兴只有1.5小时的地平也有1座挺有名的风雨桥，造型很美，但它是被火烧毁后重建的，没有古风古韵，所以笔者不作专门推荐。

⑬游毕肇兴侗寨可经黎平、锦屏一线返回，也可向东南方向前行去广西三江，看程阳桥后再游龙胜梯田，之后抵桂林和阳朔开心游乐。这条观光线路可以说是物超所值，游人沿此线一游绝对可以心满意足。但是肇兴至三江之间路况太差，行车6~7小时才能到达，但只要到了三江，以后就是舒适无比的幸福旅程了。

四川省

SICHUANSHENG

四川省地处我国西南地区，这里地形多样，西部是山地和高原、东部是盆地和丘陵，江河湖泊、险峰、草原、湿地一应俱全，确是纷繁复杂、千姿百态。四川境内气候温润、水量充沛，因而农业甚为发达，“天府之国”的美丽丰饶世人皆知。更加令人惊叹的是四川省内的如珍珠般散落的众多山水名胜，其中仅国家级重点风景名胜区和省级风景名胜区就有近百处。到四川旅游确需大量的时间，没有 25~30 天的时间，你是根本别想把这里的主要景点粗粗看一遍的，但是来此观光却不需要大量的金钱，因为四川物产丰饶、物价（尤其是吃住）甚低，北京（上海、广州或是其他大中城市）挣钱四川花的滋味儿真是太潇洒开心，至于当地的自然风光和名胜古迹，听我在下面为您作详细评价。

黄金旅游线路

① 成都—乐山—峨眉山
② 成都—都江堰—青城山
③ 成都—九寨沟—黄龙—牟尼沟
④ 成都—康定—海螺沟
⑤ 成都—稻城
⑥ 成都—蜀南竹海—石海洞乡

①成都市区景观集中，望江楼、杜甫草堂、青羊宫、武侯祠、锦里古镇、宽窄巷子，有两天工夫就足以打发了，还是留着时间和金钱到别处去消费吧！

②峨眉山绝对够水平，那种“大家闺秀”般的风韵不是其他小景区能轻易攀比的，峨眉山主峰海拔 3079.3 米，想想那上面云海日出会瑰丽神奇到什么样的程度呢？

③乐山大佛名气大到那样的程度，不看一眼说得过去吗？再说这里还有好几处天然山体组成的巨佛像，确实能让人拍案叫绝，不过这几处景点分布得很紧凑，半天之内就可以看全了。

④青城山风光远比不上峨眉山，不过那种清幽宁静却是国内独一份。都江堰水利工程虽然建造得独具匠心，但自然风光水平一般。把青城山、都江堰连在一起玩才能物有所值。

▲ 海螺沟冰川·雪山壮丽风光

⑤九寨沟、黄龙、牟尼沟、米亚罗一线聚集着国内一流水准的美景，风光确实不俗，但还没有美到惊心动魄、永生难忘的地步，出发前不要要求太高，若是总期待看到传说中的“人间仙境”，那可能会失望。

⑥四姑娘山蓝天、白云、雪山、绿野相映，风光非常美丽纯洁，确实令人心动，再说距成都只有 5 个小时车程，你还等待观望什么呢？

⑦海螺沟风光亦很壮美，但前去游览应注意找准季节，盛夏时节冰雪融化、风光欠佳，而初冬时节山上冰川盖满白雪，景色非常壮丽。

⑧稻城是四川境内的“香格里拉”，风光之美丽原始是其他地方很难比拟的，但是那里的交通、食宿条件尚不完善，旅途中的辛苦可能会冲淡你观光后得到的美好感受，这对于青年人来说不算事，但对年老或体衰者就另当别论了。

四川中部观光示意图

⑨西昌是座高原城市，有泸山、邛海等数处景点，风光非常优美。从这里向西行车 1 天还可到泸沽湖一游，这一点非常方便诱人。

⑩蜀南竹海太棒了，满山是翠竹，遍地流泉水，空气特新鲜，风光也优美，不去玩一趟实在太亏。

⑪同样精彩的地方是兴文县境内的石海洞乡，喀斯特地貌瑰丽奇特，可作 1~3 日观光游览。

其他较有名气的景区还有九峰山、瓦屋山、蒙顶山、碧峰峡等，时间充足的游客可一一驻足。

成都

电话区号	028
市旅游局	87706003
旅游投诉	96927
消 协	12315

成都——四川省的政治、经济、文化中心，亦是祖国西南风光绮丽的旅游名城。两千多年悠久的历史文化造就了武侯祠、杜甫草堂、青羊宫、望江楼等驰名中外的人文佳景；而九寨沟、峨眉山、都江堰、青城山等华夏山水风光明星亦像日月争辉，放射出夺目的光彩。峨眉天下秀、青城天下幽、剑门天下险、夔门天下雄，只要您来到了“天府之国”的中心成都，不论向东、西、南、北任何一方遨游，都会尽览绚丽的自然风光，饱领纯美迷人的风土人情。

气候与游季

属亚热带季风气候，主要特征是春早、夏热、秋凉、冬暖，空气潮湿且多云雾。由于夏季天气较闷热而冬天又有些阴冷，所以这里虽然常年可游览但最佳旅游季节是每年的3~6月或9~11月。另外成都市容欠整洁，游人对此不要有太高奢求。

▲ 锦里古街一角

交通

成都是西南地区最大的陆路和空中交通枢纽，交通十分便利。

飞机

成都与北京、上海、广州、深圳、郑州、武汉、哈尔滨、乌鲁木齐、拉萨等全国60多个大中城市间有飞机航班。具体班次可以电话问询机场售票处或者访问西南航空公司网址 http://cswaad.Cdcom.com.cn/xsig.htm 查询。双流机场距成都市区16公里，有多路专线车同市区对开。

• **航空售票处**

西南航空成都售票处，人民南路二段41号，24小时问询送票。

电话：028-86668080。

四川省航空公司售票处，人民南路二段18号。

电话：028-88888888。

- **铁路**

火车售票处，东御街。电话：028-86624758。

火车站问询电话：028-86433232。

- **从机场到市区**

有300路专线车，票价10元（线路为机场—火车南站—锦江宾馆—天府广场—人民路—城北火车站，从机场到火车北站约需1小时）。打的需60~70元。

- **机场专线车**

车内很干净，服务也好，服务小姐或先生还可为乘客提供一些住宿和旅游方面的信息，另外行车线路经过成都各主要街区，给乘客带来诸多方便。

- **西门车站已拆除**

取代它的是茶店子客运站，游客不要再找西门车站了。

- **公路客运指导**

游客最应关注的是新南门和茶店子车站，这两个车站都是旅游集散中心，有多班客车、旅游车发往各个景区。

铁路

成都的铁路交通还算发达，但因这里流动人口较多，所以逢年过节和旅游旺季的时候进出成都的火车票紧俏无比，站方对车票的销售控制亦很无序，许多车票都掌握在票贩子手里加价出售。游客对这点要有足够的心理准备，出发时应尽早订票、购票。

公路

成都市内有众多的长途汽车站，各类客车发往各省、市和本省的各地区，各大汽车站的发车范围有分工但又有重合，所以购票前打个咨询电话会少跑许多冤枉路。

主要长途汽车站 电话区号（028）

站名	发车方向	电话
金沙汽车站	发往川西、近郊等地	87332864
茶店子客运站	发往川西、川西北、近郊	87506610
新南门汽车站 (旅游集散中心)	发往川南、川东、近郊各旅游景点的车次较多	85433609
城北客运中心	发往川南、川北、川西北	83175758
成都汽车总站	发往川东、重庆	84711692

市内交通

成都的市内交通主要由公交车车、地铁、出租车、人力三轮车构成，市内绝大多数景点都可以乘公交车到达。

出租车主要是富康、夏利车型，8元起步，1公里后1.9元/公里；近期因油价上涨而上调。

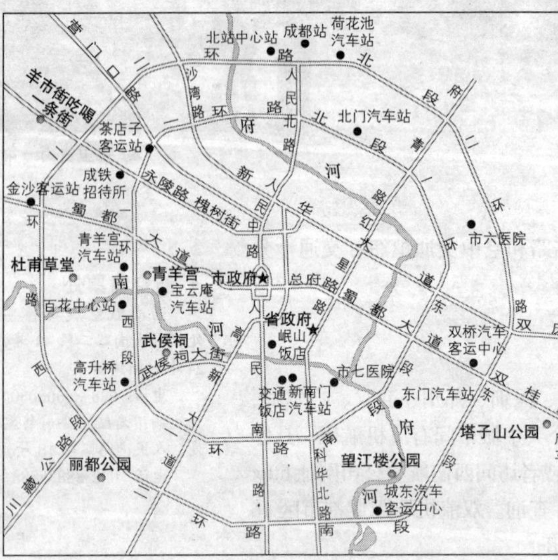

成都市区景点示意图

成都有一条地铁线路（1号线），北起大丰站，南至广都站，设23座车站。票价为2~3元。

住宿

作为一个省会级的旅游城市，成都的宾馆酒店极多，价格亦不算太贵。五星级酒店的代表是锦江宾馆，位于人民南路80号，普标房价格在580~680元/间之间

W穴电话：028-85582222)。四星级宾馆的代表有华洋花园城大酒店（大业路，电话：028-86663388)、岷山饭店（人民南路，电话：028-85583333）等，普标房价打折后在400元/间左右。三星级的有成都大酒店（电话：028-83173888)、全兴大酒店、民航大厦（电话：028-86716688）等，标房价格打折后260~300元/间。二星级酒店有滨江饭店（电话：028-86656451)、阳光酒店等，房价在200元/间以下。但作为自助旅游者来说，根本不必寻找这样的住处，便宜而舒适的地方多得是，如火车站斜对面西南方向的青龙饭店，条件甚好的标房价格可砍至100元/间左右。市区大街上60~80元/间的普通宾馆随处可寻。另外像成都新南门汽车站西侧的交通饭店聚集了许多国内外背包游客，位于成都白马寺街四巷的西藏驻成都办事处第二招待所（标准间120元/间，含三餐）内，进藏旅游的客人和相关信息特别多，在武侯祠大街242号的梦之旅国际青年旅馆床价不贵且店内旅途信息丰富（电话：028-85570322)。这些地方均可供您优先选择。

• **推荐住宿**

①长城饭店，火车站广场向南200米处，楼很高，站在车站广场上都能看得很清楚，条件尚好的标准房一般季节只需100元出头，从火车站步行7~8分钟即可。电话：028-83338845。

②梦之旅国际青年旅馆，地处市中心的武侯祠大街242号，店内设施条件一般，但距新南门汽车站仅5分钟车程，从这里上车去稻城、四姑娘山、海螺沟、九寨沟都方便。双人标准间120~240元/间、多人间20~35元/床。且在这里极易找到同行的“驴友”，电话：028-85570322。

③九龙鼎青年客栈，与梦之旅国际青年旅馆相邻，也有30元的床位，卫生条件尚可。

餐饮及特色美食

川菜是中国八大菜系之一，其味之美其特色之鲜明早已是名扬四海。到了成都，当然要品尝各类佳肴美味，加之这里的川菜不光口味醇正，价钱还相对便宜，许多中小餐馆中如回锅肉、水煮肉、宫保鸡丁、抄手肉片等家常川菜的价码都在13~20元，这一点还算令人快活欢欣。特色菜肴的代表有回锅肉、水煮牛肉、火爆腰花、锅巴肉片、粉蒸排骨、红油耳片、棒棒鸡、珍珠翠皮鸡、碧绿虾仁、麻婆豆腐、香辣炒蟹等。风味小吃有夫妻肺片、酸辣豆花、火锅牛肉粉、张老五凉粉、宋嫂面、钟水饺、龙眼包子、老四川灯影牛肉干、清汤抄手、三合泥、八宝黑米粥、烫面油糕、鸡汁锅贴、双味珍珠丸子、五新波丝花篮等。

不把上边的东西吃个遍，你的四川之旅就不太圆满了。此外，更加令人垂涎的是川味的火锅，光锅底就有数十种，可以下锅的原料更多，不过那泛着滚滚红油的锅中每样东西都是真正的麻、辣、烫，能不能承受可就是个人的问题了。传统饮食街主要有羊式街西延线、科华北路、领事馆路、望平街等，近年来新兴的美食聚集区亦很多，如一品天下美食街甚俱规模、名气。游人可择情光顾。

主要景点

杜甫草堂

我国唐代大诗人杜甫在成都的故居，坐落在成都西郊的浣花溪畔，诗人曾在这里居住了将近四年时间。著名的《茅屋为秋风所破歌》等诗篇即是在此写成。现在，草堂已被开辟为杜

• **杜甫草堂**

17、30、35、47、82、85、304路公交车可到。

¥门票58~60元。开放时间7:00~20:00。

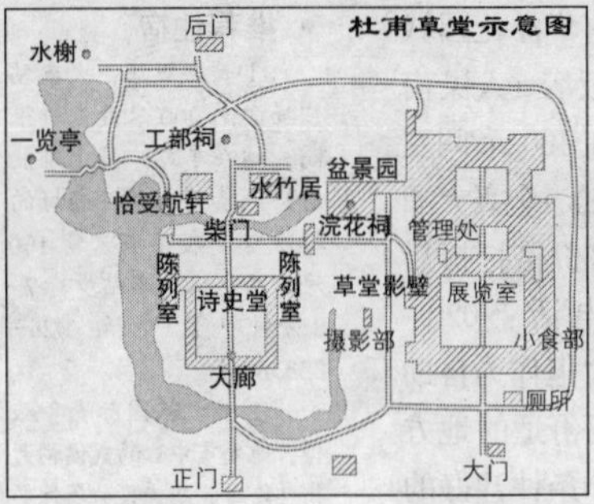

甫纪念馆，游人可在此了解诗人的生平历史，重温那些千古流传的著名诗句。草堂内竹林茂密，溪水轻流，风光柔美，古朴宜人。

武侯祠

位于成都市南郊，系古人为纪念三国蜀丞相武侯诸葛亮而建，是国内目前纪念诸葛亮的名胜景区中最著名的一处。内有诸葛亮殿、刘备殿等主要建筑，藏有唐碑和诸公贴金泥塑像等珍贵文物，现已成为诸葛亮与三国文化的研究中心。

望江楼公园

在成都市锦江西岸，是纪念唐代女诗人薛涛的古迹和游览胜地。园内竹林耸翠、石栏精美，有崇丽阁（望江楼）、濯锦楼、吟诗楼等景，其中当属30米高的崇丽阁身姿最秀丽，一度成为成都市的标志性建筑。

青羊宫

成都市内最大的道观，始建于唐代，现有三清殿、紫金台、混元殿等宫殿，寺内还有造型奇特的铜铸羊像，特色鲜明。每年农历二月十五，附近的文化公园中都举办盛大的花会，此时把两个景点一起游览会备感快活开心。

都江堰（5A级景区）

都江堰水利工程位于都江堰市以西，由鱼嘴（分水堤）、飞沙堰（泄洪道）和宝瓶口三大部分组成。其中鱼嘴把汹涌的岷江分隔成内江和外江——外江排洪、内江引水灌溉。飞沙堰主要担负泄洪、排沙和调节水量的作用，宝瓶口亦可调节江水、分流洪峰。都江堰水利工程建成后，当地人民免遭洪水侵害，整个成都平原的农业和经济都从中受益匪浅，我国古代水利工程高超的施工水平至今为中外游人所惊叹。现在，都江堰已被开发成游览区，游客从成都出发1小时即可到达都江堰，附近的道教名山青城山风光亦很旖旎，多数游客均把上述两景连在一起游览。

大熊猫繁育研究基地

位于成都市北郊的斧头山下，是国内颇

- **武侯祠**

🚌1、10、14、26、53、57、59、213、214、304、307路公交车可到。

¥门票58~60元。

- **望江楼公园**

🚌5、18、19、27、34、35路公交车可到。

¥门票30元。

- **青羊宫**

🚌3、4、5、13、18、19、27、35路公交车可到。

¥门票10元。

- **都江堰**

从成都去都江堰最方便的是茶店子汽车站，每10分钟一班，车费12~16元，1小时即到。

成都火车站发往都江堰的火车每天有多班，车程最快27分钟。车费15元。

¥都江堰门票90元。

都江堰风光一般，游客对它的期望值不要太高。

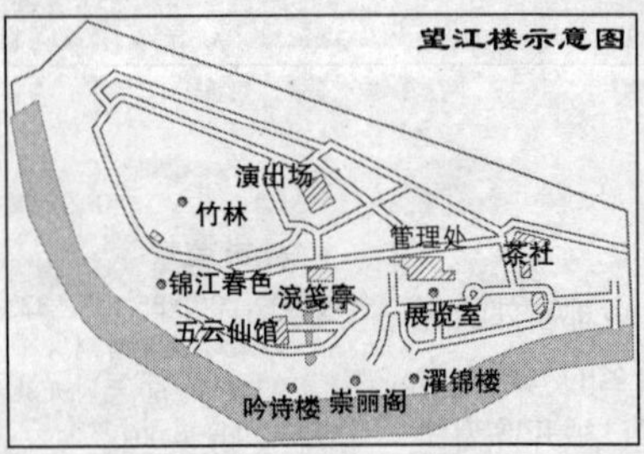

具规模的大熊猫及其他珍稀动物的繁殖保护基地，亦是市区周边近年来受到外界关注的观光亮点。（乘 198、532、902 路公交车可到，门票 58 元）。

宽窄巷子

成都市内著名的历史文化街区，由宽巷子、窄巷子、井巷子 3 条老街道及古屋院落组成，2008 年 6 月这里的改造工程竣工，部分恢复了古街旧貌。现在的宽窄巷子历史文化保护区内古风古韵浓郁，有古香古色的茶馆、餐馆、客栈、特色工艺品店和生活体验馆，展示成都古老而丰富的历史文化和世井风情，这里亦有“老成都的新名片、新成都的老客厅”之称（乘 5、13、25、42、43、47、58、64、78、81、93、340 路公交车均可到达）。

▲ 宽窄巷子街景

- **成都最著名的餐厅**

皇城老妈：琴台路 20 号（总店）；西顺河路 7 号（老店）。

龙抄手餐厅：春熙南路 6~8 号。

巴国布衣：人民南路 4 段 20 号。

郭汤圆：北大街 9 号（电话：028-86914881）。

锦里古街

长近 400 米的古街道，与著名景点武侯祠相邻。街两侧有川西建筑风格的古民居，街上有百家各色店铺提供餐饮小吃、购物、民俗表演等，是八方游客体验成都特有民俗风情的好去处。锦里古街风光很美、人气很旺，笔者给予强力推荐。（与武侯祠一起游览就行）。

欢乐谷主题公园

位于成都市金牛区北三环一段与交大路交界处，是颇具规模的大型主题公园。由阳光港、欢乐时光、加勒比旋风、巴蜀迷情、飞行岛、魔幻城堡、飞跃地中海等七大主题区域组成，能带给游客无尽快乐享受。园内的歌舞表演内容也很丰富，极具感染力（乘 88、95、362、512 路公交车可直达。门票 130 元 / 人，观光车费 10 元）。

推荐游程

成都含周边景区五日游

D1：从成都出发去乐山观大佛，2 小时可到，观光停留 2 小时。之后乘车 1 小时到峨眉山市，宿山下报国寺或上山住雷洞坪或住金顶。

D2：早晨峨眉山金顶观日出，之后下至山腰游万年寺、清音阁，下午出山回成都市区住宿。

D3：早晨出发去都江堰，观景停留 1 小时。然后到青城山游览，夜宿青城山。

D4：上午游青城后山。下午返回成都看杜甫草堂、武侯祠、锦里古街、望江楼。

D5：去大熊猫繁育基地、宽窄巷子或欢乐谷游览。

峨眉山·乐山(5A级景区)

电话区号	0833
市旅游局	5522070、2136926
旅游咨询投诉	96927

峨眉山位于四川盆地西南边缘的峨眉山市境内，距成都约为160公里，是国内著名的四大佛教名山之一。峨眉山主峰金顶——万佛顶海拔3079.3米，挺拔秀美无比，山上看到的日出、云海、佛光等自然奇观更是神奇瑰丽。峨眉山上森林茂密、溪泉飞瀑遍布，还有报国寺、万年寺等数十处庙宇，佛教氛围独特而浓郁。诸多自然和人文佳景交相辉映，使峨眉山风光在四川省内享有得天独厚而又无与伦比的重要地位（已正式列入世界自然与文化遗产名单），峨眉山已成为八方游客入川后的首选和必观景区之一。

▲ 云拥万佛顶——峨眉山高近3100米，顶峰上看到的云海、日出、佛光奇景非常美丽壮观

气候与游季

全年皆宜游览。只是严冬时节有时会大雪封山，车辆上下小有麻烦，此时前去应作咨询。

交通

从成都去峨眉山最方便。成都到乐山、峨眉山景区的高速公路已贯通，全长169公里，往西南方向可达峨眉山，往东南方向可达乐山。

从成都市前往峨眉山，车辆班次最多的车站是新南门的旅游汽车客运中心，平均30分钟1班车。车程约2.5小时，大巴车票38~46元。抵峨市区后换乘公交1路或5路车，到报国寺站乘专线车上山（成都和乐山也有快巴直达报国寺）。峨眉山与乐山相距约30公里，两市间每天有多班客车穿梭往返，平均每10分钟就有1班汽车发出，车程约30分钟，车票8~11元。

从成都火车站乘K113、K145、K165次至昆明的火车，在峨眉站或者乐山站下车皆可。此后转乘旅游中巴车进入景区。

主要景点分布

峨眉山上有报国寺、伏虎寺、万年寺、清音阁、洗象池、洪椿坪、金顶、万佛顶等大小数十处景点，它们虽然遍布全山

- **景区最新票价**

¥进山票150元。淡季有优惠。

景区内有的小景点还要收门票。从接引寺到金顶的缆车上行65元，下行55元，淡季有优惠。

- **自助游建议**

若是在下午抵达峨眉山，可住山脚下报国寺前，这里中、小型宾馆极多，标间房价80~120元/间，条件非常好。次日早上可从寺前的报国寺站乘客车上山，1.5小时到达2600米高的雷洞坪，单程车票50元。下车后再换缆车，10分钟可到金顶。也可在下午抵达后立即上山住金顶，次日观日出更方便。

但分布有序，主要依高度不同分为三个层次：①是低山区的报国寺、伏虎寺景区，位于山脚下山门处；②是中山区的万年寺和清音阁景区，它们均处在山腰上；③是高山区的金顶、万佛顶景区。三大景区个性鲜明、特色各异：报国寺规模大、气势雄浑、佛教气息浓郁；万年寺、清音阁周边森林密布、溪泉奔涌，非常清幽柔美；而金顶、万佛顶处于高山之巅，在此眺望云海、日出、佛光美景和川南大地秀色，感觉之美之壮观令人惊心动魄。而山间的其他景点如洪椿坪、洗象池、华严顶等高度、位置各异而风光各有千秋。

• **推荐旅行社**

四川成都神州国际旅行社，该社组织四川全省范围内的多条旅游线路观光游览，服务较规范，生意很红火，电话：028-85155963。

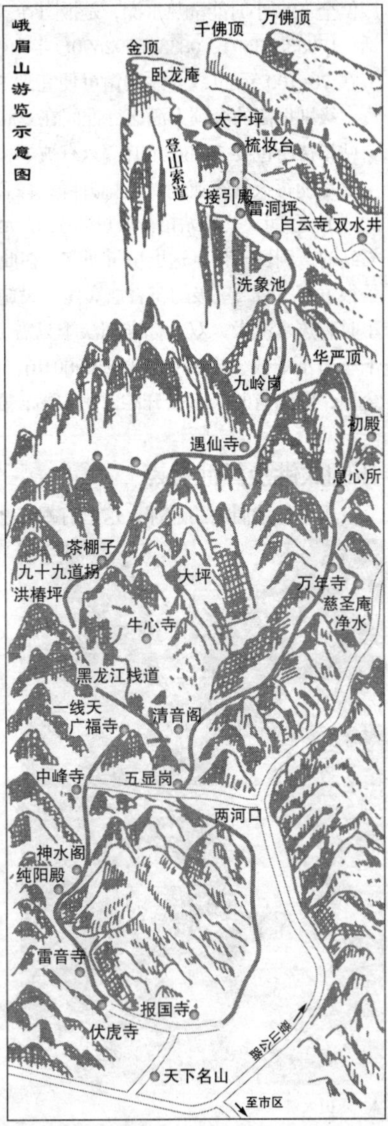

游览方式介绍

A. 随团游

峨眉山市区和景区内有多家旅行社，每家都有峨眉山经典线路一日游项目。观光方式如下：①是清晨 5:20~6:30 从山下乘车上山，1 小时后到达 2600 米处的雷洞坪，下车后乘缆车到达主峰之一的金顶观云海、日出和高山美景。之后游览金顶、远眺万佛顶、贡嘎山远景。然后坐缆车返雷洞坪，再乘车至半山腰游览万年寺、清音阁、生态猴区、清音平湖等景点，下午结束游览出山。上述游览方式能玩遍山上的主要常规景点，效果还算精彩圆满。费用 140 元/人。

B. 自助游

游客可自行从山脚下报国寺旅游客运中心乘车登山，1.5 小时后到雷洞坪，之后可步行或乘缆车到金顶观光。下山时可以回到雷洞坪再乘车到半山腰的万年寺停车场下车，之后游万年寺、清音阁、生态猴区后再出山。亦可从雷洞坪步行沿洗象池、遇仙寺、洪椿坪一线下山。前者轻松舒适不费力，后者辛苦劳累（步行下山约需 9 小时，当然每段景区路旁都有食宿点可随时停下来吃住）但看到的山区美景多，非常惊险刺激。用多长时间和何种方式游玩可自行任意选择。

山上住宿

峨眉山市区宾馆、招待所多而价格不贵，但离景区远。景区从山脚下到山顶都有住处，但条件、价钱各异。位于山下报国寺不远处的峨眉山旅游客运中心的四周都是宾馆、酒店、有标准间在300元/间以上的红珠山等高档宾馆，也有80~120元/间的个体宾馆。在这里笔者特别推荐一家向家旅饭店，这家店在报国寺温泉牌坊旁，从报国寺峨眉山旅游客运中心步行3~5分钟即到。店内设施新、条件好、非常干净舒适，空调、电视、卫生间一应俱全，24小时能洗热水澡，是报国寺一带最便宜实惠的小型酒店，标间80~120元，电话：15883353694、0833-5592690。半山腰处的宾馆和个体旅馆亦不难找，标准间一般季节在70~100元/间，个体旅馆可便宜到50~70元/间（一般叫休闲庄）。山顶上的住宿挺贵，级别很高的金顶大酒店标准间在600元/间左右，淡季一般打5折，连条件很差的气象站招待所也要50~80元/床（只有被子和脸盆，别想洗澡）。但是金顶上的房价随季节更主要是随每天的客流情况大幅升降，像金顶大酒店，若是在淡季游客数量少亦可打折至80~100元/间，气象站招待所可降至25元/床。若想省钱而又便于游览可住在上山汽车停靠站的雷洞坪一带，这里房价便宜，在此乘缆车10分钟、步行1小时即可登上金顶，观景很方便（如二星级的奇香居宾馆，设施挺新，房内空调、电视、卫生间一应俱全，24小时有热水洗澡，双人标准间淡季只需100~120元/间。这家宾馆距雷洞坪停车点不远，下车后不难找，电话：0833-5098018）。不过要想早上看到云海日出奇观，最好还是住金顶，因为有时天晴云开的时间很短，观日出或云海的机会稍纵即逝，错过了特遗憾。

乐山大佛及其他景点

乐山是峨眉山的近邻，这里有岷江、青衣江、大渡河三江交汇，山清水秀，景色优美，屹立在三江交汇处的巨型大佛石像更是为乐山山水锦上添花。大佛呈坐姿，通高71米、头高14.7米，头宽10米、肩宽24米，鼻长5.6米、耳长7米、眼长3.3米，身姿异常高大伟岸（巨大的脚面上即可坐立百余人）。来乐山主要是畅观大佛雄姿，此外与大佛融为一体的大佛寺和旁边的乌尤寺均依山傍水，风光秀丽值得一看，旁边的万佛园等景比大佛寺略逊一筹，游客可视情决定是否前去。

▲ 乐山大佛雄姿

乐山交通及游览指导

从成都乘车（新南门站）2小时就到乐山，车费40~44元。从峨眉山（报国寺和客运总站都有车）乘客车、30分钟即到乐山，车票只需8~11元。

乐山大佛寺门票90元，含麻浩崖墓博物馆和乌尤寺门票。

大佛寺内可近距离观佛但拍不到大佛全景，正面拍全景必须乘船到江心。江边有渡船和游船码头，渡船不久前已停开，游船票 70 元（游船起航到达大佛前方后会在江心停留 20~30 分钟让游人观光拍照）。所以，上船后立即备好照相机，以免错过精彩的瞬间，在乐山游览有半天时间即可玩得宽松开心。主要观光点应对准大佛寺和乌尤寺，这两个地方风光美且有特色，至于新建的东方佛都（门票 50 元）等人造景点，去不去就无所谓了。

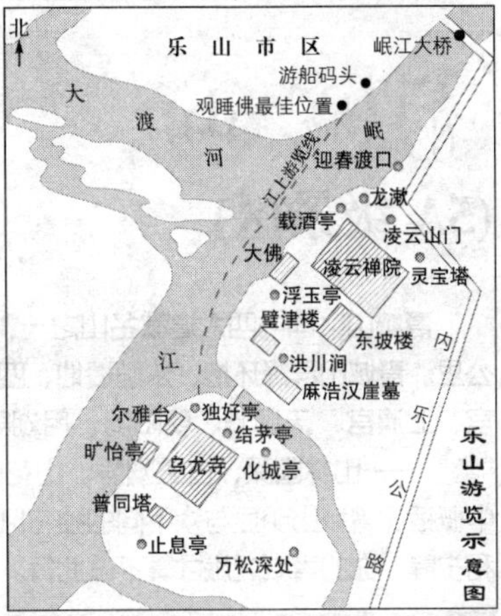

乐山风光最新动态——发现“女佛像”

在乐山除去观大佛外还能看到由巨型山体组成的睡佛像，这是近年来谁都知道的事，这个生灵活现的睡佛是公认的“男佛”，可是乐山最近又发现了一处由山体组成的巨型“女佛”，成为当地又一诱人新景。这处“女佛”到底在乐山什么位置，笔者先不告诉你，你到了乐山后自己找或自己打听，这样才有好奇感、新鲜感——这个乐山真有点邪的，怎么有这么多的天然佛像呢？鬼知道会不会又发现新的，你可要多留意呀，发现了申报后就是你的知识产权！

推荐游程

两日内畅游乐山、峨眉山

D1：早上从成都乘车 2 ~ 3 小时到乐山，观大佛及乌尤寺用 2 ~ 3 小时。午后乘车去峨眉山市，先游山脚下的报国寺，再乘车上山到金顶或雷洞坪住宿。

D2：早上在金顶看云海日出，然后乘车下山到半山腰游万年寺、清音阁、猴区，然后步行或乘缆车到山门出口，结束游览返回成都。这样安排的结果是两天游览两大景区，还可在第二日早上观赏到高山日出的壮丽画面。

▲ 乐山睡佛剪影

- **乐山市区交通**

①可从乐山长途客运站下车后在车站门口乘公交车直达或从肖坝旅游车站前上 13 路公交车，也可直达大佛寺（不必到东方佛都下车），车票 1 元（注意上公交公司的 13 路，别上冒牌的）。也可从肖坝站乘 8 路公交先到江边再乘船去大佛寺。

②出租车 2 公里起价 4~5 元，之后 1.4 元/公里。近来油涨价车费会上浮。

- **节约旅费的窍门**

从乐山江边铁牛门乘轮渡票价 1 元钱到沙洲，在这也能见大佛全景（是远眺），效果欠佳但省去了观光船票 70 元。

青城山 (5A 级景区)

电话区号 028
景区管委会 87218012

青城山，国内四大道教名山之一，位于四川都江堰市西南 15 公里处，距成都约 70 公里。青城山群峰环抱、浓荫覆地、四季山林耸翠，故享有青城之美誉。山上虽有建福宫、上清宫、天师洞、朝阳洞、月湖等山水胜境和人文佳景，但景区内最大的特点是“幽”——山林幽深、古道幽静、山花幽香、亭阁幽雅、溪泉幽清，一个“幽”字就集中概括了青城山明显与众不同的独特风姿神韵，能够在风景区内品味感受到这里的清幽和宁静，你的青城之旅才算不虚此行。

▲ 青城天下幽

交通

从成都去青城山最方便，成都火车站广场和茶店子客运站（从市区乘 4 路公交车可到）每日有多班客车经都江堰到青城山，到都江堰车费 12~16 元，到青城山车票 20~25 元。先乘车到都江堰再换车去青城山亦非常方便。成都至青城山行车需 90 分钟。

- 景区票价

¥前山 90 元，学生半票，后山 20 元。

- 发烧友关照

游青城前山必须步行上山，乘缆车根本无法领略“青城天下幽”的味道(下山时乘缆车可以)。上山时不要相信当地人劝你乘缆车的误导，一定要找到上山的道口（路标不太明显）并自己走上去，否则效果大打折扣。

- 去青城山有火车

在成都火车站发车，车程 30 分钟，车费 16元。

推荐游程

游青城山一般需要 2 天时间。第一天游青城前山，可以步行穿过林荫蔽日、幽静无比的石板路，沿天师洞、上清宫一线至呼应亭，然后再步行或乘缆车从月城湖一线下车，这样上山下山不走一条路，更可饱览山上的多处风景。第二天可到青城后山观光，后山的风光与前山明显不同：前山很幽静，而后山峡谷内遍布汹涌溪泉，飞流直泻、银花四溅，使人备感惊险刺激而又活泼生动。后山有飞泉沟和五龙沟两处山间峡谷，都是美景集聚地，其中五龙沟风景更突出集中。两天内游遍青城前、后山，您的游览会感到特别宽松舒适，当然如果抓紧时间，一天内游遍前、后山也完全切实可行。

食宿

▲ 青城山门

青城前山山门前和后山山门内外遍布大、中、小型各档宾馆、酒店、度假村（总数至少有80~90家），客房均很舒适干净。普通旅店便宜床位20元/床左右即可，豪华舒适的三星级宾馆标准间在180~300元/间不等，但一般季节均可打折。与之相匹配的是各类酒馆餐厅，菜量不大，价格适中，一般炒菜价格在15~25元，当地名菜“青城四绝（穴苦丁茶、白果炖鸡、洞天乳酒、青城泡菜）”和寺庙中的素斋均有鲜明特色，游客可留意品尝。

推荐黄金旅游线路

乐山—峨眉山—成都市区—青城山—都江堰四日游

成都周边是美景集聚之地，百余公里的距离内，密密麻麻地“挤”着峨眉山、乐山、青城山、天台山、九峰山、华蓥山等数十处名胜佳景。下面我们去粗取精，选择要点，为欲到成都周边旅行的游客提供一道“味美而价廉的好菜”。这是一条最常规然而却是最重要的旅游线路——四日内畅游乐山、峨眉山、成都市区、青城山和都江堰（费用只需1200余元）。

D1：成都市区—乐山—峨眉山

8:00乘车从成都去乐山。10:00到达，马上到岷江边观大佛。之后有兴趣可去大佛寺旁边的乌尤寺一游。

在江滨吃午餐，饭后从乐山客运站乘车去峨眉山市，1小时即到。夜宿报国寺。如时间不算太晚也可乘车上山到雷洞坪或金顶住宿（看日出方便）。

D2：畅游峨眉山

游客清晨从峨眉山脚下出发（乘旅游专线车），1.5小时后可到海拔2600米的雷洞坪停车场，下车后再乘缆车，10分钟后即可到峨眉山主峰金顶。游人在金顶之巅的睹光台上，可以看到瑰丽无比的云海日出及峨眉山独有的“佛光”奇观。中午下山，继续游览位于半山腰处的两处佳景万年寺和清音阁。黄昏时出山，仍在报国寺住宿。

D3：峨眉山—成都—都江堰

8:00从报国寺乘车直接去成都，抵达后先去杜甫草堂游览。之后去茶店子汽车站或火车站，从上述两站乘车30~60分钟即到都江堰。

参观都江堰水利工程1小时足够。出门后到路边上中巴、40余分钟即到青城山，在山门处住宿。

D4：青城前山、青城后山一起玩

青城前山林木幽深、寂静无比，这里虽有神建宫、月城湖、天师洞、上清宫等多处景点，但游客能享受到的最大乐趣是沿松竹掩映的青石板路缓缓上行，体味山间那种难以名状的清幽宁静感。从山门步行到山顶名景上清宫约需1.5小时，乘缆车下山即可。

午餐后从青城山山门处乘中巴，40分钟就到青城后山，后山景区精华尽在五龙沟内，山谷中有溪泉飞旋而下，奔腾咆哮，势若蛟龙，条条古栈道依危岩而建，摇摇欲坠，险象环生。游人沿狭窄小路在深山陡岩、激流飞瀑间左右穿行，会备感惊险刺激、动魄惊心。

游毕青城后山，四日游即可宣告结束游客即可踏上返程。

九寨沟(5A 级景区)

电话区号	0837
县旅游局	7729402
旅游咨询	7739333
旅游投诉	7732483

九寨沟位于四川省阿坝州九寨沟县境内的崇山峻岭中，由树正沟、日则沟、则查洼沟三部分组成，三条山谷总长近 50 公里。景区四周雪峰高耸、山谷中心溪泉飞泻、碧水长流，群山环抱的谷地中有被称为“海子”的秀丽湖泊百余个，碧蓝清澈、艳丽夺目。由于九寨沟远离喧嚣都市，自然环境保护甚好，加之这里的绚丽风光随四季更替而变幻无穷，所以被誉为是“童话世界”、“人间仙境”。

▲ 九寨沟诺日朗瀑布秀色

去九寨沟游览分为参团旅游和自助游两种方式

一、参团旅游

最方便的形式是参加成都市各旅行社组织的旅行团队，成都火车站前就有各类旅行社数十家，目前旅行社推出的分别是九寨沟、黄龙四日游和九寨沟、牟尼沟四日游两种行程方式，前者是春、夏、秋三季最常见、最标准的游览方式，后者是冬季旅行团队采用的游览线路，主要是冬天大雪封山后黄龙景区的路不太好走，行车稍有危险，所以大多数团队把九寨沟、牟尼沟当成是严冬时节的标准线路。两条线路的游程安排分别如下：

A. 九寨沟、黄龙四日游：

D1：从成都乘车出发全天行驶途经汶川、茂县、松潘，晚上到九寨沟口住宿。

• **震后游览已恢复**

在汶川 5.12 大地震中，九寨沟的山水风光和旅游设施均未遭受明显破坏，景区内的旅游观光已恢复。目前从成都出发的团队双飞游、汽车游均可正常进行，详情可咨询成都神州国旅，电话：028-86080196。

• **九寨沟晚间娱乐**

观看《藏谜》大型歌舞表演，场面很震撼。演出地点在九寨沟藏谜大剧院，门票 150 元/人。

D❷：全天游览九寨沟。依次观树正沟、则查洼沟和日则沟三条主要山谷中的美景，晚上在沟口住宿。

D❸：早上离九寨沟去黄龙，游览黄龙景区的七彩瑶池、黄龙寺、雪宝顶、川主寺红军长征纪念碑等景点，夜宿松潘。

D❹：返回成都。

B.九寨沟、牟尼沟四日游：

D❶~D❷同上；D❸游牟尼沟，看扎嘎瀑布和二道海等景点；D❹同上。

团队收费标准

四日游交通、食宿、景点门票、导游、保险费全包， 1000~1200 元。旅行社的上述报价是指导价，而实际掌握的收费标准随旅游季节不同而随时浮动，一般情况下都可以适当打折优惠，游客可按如下标准进行参照：

① “五一” 、 “十一” 、春节，这几大黄金周收费基本不打折或打 9 折；

②暑假期间一般打 8~9 折；

③ 4、5、9、10 月可打 5 ~7 折；

④ 2、3 月或 11、12 月可打 6 折或 4~5 折。

以此计算，各旅行社组织的九寨沟旅行团队虽然报价高但收费实际很灵活，在旅游淡季，参团旅行的费用甚至会比自助游览的开销还低 (有时会低到四日游吃、住、行、加景点门票全包价只需 500 元出头的地步，当然住宿是普通宾馆的双人房，有电视、独卫) 。

特别关照：

另外汶川 512 震后公路交通已恢复正常，成都各大旅行社都推出了不同形式的九寨沟观光游，详情可电话咨询 028 － 85155963 。

参团旅游有三条优点：

①安全顺畅。

九寨沟位于九寨沟县与松潘县交界处的崇山峻岭中，不论从哪个方向去都是行程漫漫、路途遥远，加之山区的公路路况稍显艰险，游客自行前去虽然亦可到达，但安全保险系数不如参加旅行社的团队大。旅行社有完整的安全保障系统，一旦路途中出现汽车抛锚或其他意外，会得到有关方面相应的及时救援。

②游览的景点多，得到的知识见闻多。

去九寨沟游览沿途会经过许多其他景点，像羌族村寨、地震遗址等，参团旅游多看一个景点只需旅游车多拐几个弯或导游多说几句话。可自助游 (乘长途客车) 可就惨了，客车只在公路上走，谁会走下主路带你去看别的景点呢？若想多看几个景点，只好再另行租车，况且没有导游讲解，所以就得到的知识见闻在多少和程度上而言，参团旅游的优势非常明显。

▲ 九寨沟冬景

- **推荐旅行社**

四川成都神州国旅，成都最有名的旅行社之一，组织九寨沟黄龙及其他景区旅行团队。电话：028-85157110。

- **九寨沟门票**

旺季220元，（二次进沟另收20元）环保观光车费90元。

淡季80元，环保观光车费80元。

每年4月至11月15日为旺季，11月16日至来年3月底为淡季。军人、学生、残疾人购票有优惠。

- **餐饮·购物**

当地出产的农副产品并不丰富，许多主副食品都是从外边运去的，所以餐馆内的菜价不便宜，肉炒青菜一般要30元以上，一些特色菜如炒青羊肉要50元以上，但是沟里沟外的一些餐馆供应便宜的早餐份饭10~20元、中晚餐份饭30~50元，基本上能吃饱。如诺日朗游客服务中心的自助餐50元/位。风味食品有烤全羊、手扒牛排、青稞酒等。

九寨沟口的商业街长2.5公里，可游览购物。

- **新南门汽车站**

电话：028-85433609。

去九寨沟的车票预售6天。

- **茶店子车站**

每天有4班车去九寨沟，车票138~160元。电话：028-87506610。

③价格并不昂贵。

以旅行社的标准团来说，一般季节收费也就是700~800元，而游客自行上路，以这样的开销未必能玩下来（因为只是往返车费就要280元左右，九寨沟门票加环保车费又要200余元），加上黄龙和牟尼沟门票及餐饮住宿，每人800元还真未必够用。所以团队旅游所花费用要高于自助旅游这个惯例在这里并不适用。

中心结论：参团（在成都）去九寨沟旅游是较好方式

鉴于上述种种原因，笔者认为参团去九寨沟（黄龙、牟尼沟）是个好方式，用时短、各环节衔接紧凑、收获多而开销有限。当然，是指游客先乘火车或飞机到成都后再参团，而不是在您的家乡就参团，那样多出一道环节和程序，费用肯定比到成都再参团要高。

参团旅游手续简便

成都火车站前至少有旅行社10~20家，成都市内的其他旅行社亦都开办九寨沟游览业务。头天下午、晚上甚至当天7:00之前报名都来得及。

重要提示：报名时别忘砍价

旅行社的报价是一回事，实际收费是另外一回事，若想节省一点旅费，别忘了拉开情面（可以摆出不降价就不去的架势）大胆砍砍价，砍价幅度可参照本文上面为您介绍的打折范围进行。

二、自助游览九寨沟

游客可以从成都乘客车去九寨沟进行自助游览。新南门汽车站每天8:00有数班空调客车开往九寨沟，票价138~160元（如果因修路绕道江油、平武则车费更贵）。由于全程是柏油路，所以成都到九寨沟只需10~12小时。

▲ 屹立在川主寺前夜间光芒闪闪的红军长征纪念碑

九寨沟主要景点分布

九寨沟景观主要分布在呈Y形的树正、日则和则查洼3条主沟内，总长约50公里。

三条主沟的景点水平并不平均，刚一进景区即可见到的树正沟地势开阔，湖泊面积大，溪流瀑布湍急，有盆景海、树正群海、树正瀑布、双龙海、火花海、卧龙海等景点，湖清水碧、风光动人。走到树正沟的尽头（三条沟的分岔处）还可见到宽达 70~80 米的诺日朗瀑布，丰水期瀑布景色壮观迷人。树正沟的风光在三条沟中水平居中。

Y 形左上侧的则查洼沟景色稍显单调，这里的湖泊和溪水很少，五彩池色彩虽美但面积小，季节海只有雨季才有水，但沟的尽头有全景区最大的湖——长海，水域狭长达 16 公里，场景壮阔亦可乘船游览，还是值得一看。

最精彩的风光分布在 Y 字形右上侧的日则沟内，这里四周雪山高耸，沟中碧水欢流，从景区的尽头依次向下，有原始森林、芳草海、天鹅海、箭竹海、熊猫海、五花海、金铃海、珍珠滩等十余处佳景，其中五花海的湖水分为上、下两种颜色，上面的水清澈碧绿、湖底的水呈现出鲜艳的天蓝色，蓝绿相间且界限分明，使人备感新奇美妙、赏心悦目；珍珠滩瀑布分数级跌下，碧浪翻卷、银花四溅，宛若无数颗珍珠在水中飞散。银光闪闪的高高雪峰，连绵起伏的翠绿山林，潺潺流淌的清溪碧水相谐相衬，色彩鲜艳、层次井然、画面如诗如梦，难怪人们把九寨沟称作“人间仙境”。

推荐游程

精彩紧凑的自助一日游

上午进入景区后先乘环保汽车经树正沟去则查洼沟的尽头（路过树正沟的时候，可在车窗左侧顺路看这个沟的风光并在镜海下车拍照，镜海晨光很美），看九寨沟最大的山间湖泊长海，在抵达长海之前可看到五彩池和季节海，在长海游览 1.5 小时即够。之后原路乘车返回至诺日朗（这是三条沟的交汇点），再乘车直达 Y 形右上侧的日则沟尽头处的原始森林，观赏完森林景色后步行或乘车依次下行，分别观赏芳草海、天鹅海、箭竹海、熊猫海、五花海等佳景，其中箭竹海、熊猫海和五花海景色更突出，应该下车步行细看，珍珠滩瀑布更应该好好观赏拍照，再向下还有镜海等几个景点，游览日则沟需要 2.5~3 小时。之后可以在沟中的公路边等过路车回诺日朗，这里多饭店、餐馆，可在此午餐、休息。

下午的时间应全部交给树正沟，沟口的诺日朗瀑布落差不大但水面宽达 270 米，丰水期场面壮观，是拍摄留念绝佳景点，依次向下还有水色碧蓝清澈的犀牛海、老虎海、双龙海、芦苇海、火花海等。树正沟内的湖泊特别平和宁静，如镜的水面中倒映着两侧的青山和白云，论水中倒影的清晰美观程度真比桂林漓江还要秀美迷人。然而景区中还有银练飞舞、奔腾咆哮的树正沟瀑布，还有细长而优美的湖上观景栈道，还有修筑在水边的藏式小屋和座座秀丽白塔，游客穿行其间可以好好体味一下“树在水中生、水在林间流、人在画中走”的活泼生动的美妙意境。游毕树正沟，一日游内容已足够丰富（主要景点都看过），游览即可结束（一日游切记早上早点出发）。

宽松舒适的二日游

D1：进入景区内可以先花半天时间专门游览树正沟的风光，下午去则查洼沟看长海秀色，夜宿沟内或沟口（假如住沟口处，那第二天重入景区还要再买 1 次观光车票，否则只能步行）。

D2：全天游览日则沟，把原始森林、五花海、珍珠滩、镜海这些佳景看个够、拍个够、玩个够，黄昏时结束游览返回。

笔者另须关照您：不论欲作几日游，五一及十一黄金周别去九寨沟，人太多。

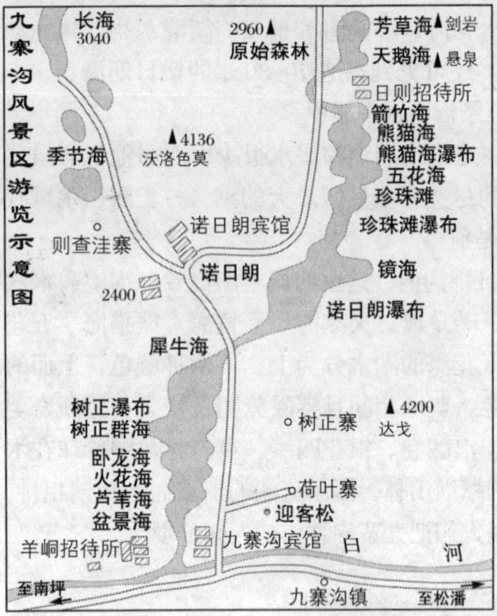

九寨沟住宿

①沟口有多家宾馆，中、高档的有国际大酒店、九寨沟宾馆、诺日朗宾馆、九寨山庄等，房价都不低。而一些普通宾馆中的双人标准间平时也就是100元/间上下。还有一些藏民办的个体旅馆，便宜实惠，最便宜的地方有20元的床位。

②沟内的住宿点原先分布在荷叶寨、树正寨和则查洼寨三处，普通4人间20~30元/床，带卫生间的40元/床，标准间60~100元/间。但上述旅馆近期基本上被停业和关闭，游人都被安排在沟口外住宿，只是沟内还有一些居民家还在偷偷摸摸或者是光明正大地接待游客（还提供饮食），住在他们家中游览方便但不合法。

九寨沟周边景点

- **神仙池**

  可从九寨沟口包车前去，单程车费40~60元。

▲ 神仙池秀色

神仙池

神仙池位于岷山山脉南段，距九寨沟约1小时车程。这里有1200余个钙华彩色瑶池，呈阶梯状在山间层层散落，池中溢满碧澈山泉水、在阳光照射下波光闪烁，色彩图案柔和美观，原始风光分外诱人。

神仙池作为九寨、黄龙、牟尼沟等传统风景已为游人熟知后的新兴景区，近年来甚为游人关注。门票100元、优惠票85元，观光车90元、优惠票70元，电瓶车票40元、优惠票30元、餐费78元（午餐），晚餐128~198元。

补充提示

①从成都去九寨沟还是乘早上开的空调大巴为宜，车内条件好、温度适宜能观看沿途风景且朝发夕至、在沟口住宿休息一夜后次日正好开心旅游。

②玩毕九寨沟去黄龙时可从沟口乘客车到达黄龙景区道口的川主寺，从这里换车去黄龙，亦可从九寨沟口搭团队的旅行车去黄龙（近日已开通了九寨至黄龙直通客车，请关注）。

③无论是自助还是参团游览，九寨沟黄龙一线的一些娱乐消费项目都应谨慎参与。像晚间的藏羌歌舞晚会的门票有较大水分可大幅砍价，格萨尔王军营内的参观项目质次价高，口碑不好，游客轻率消费会得不偿失。

黄 龙

电话区号	0837
松潘县旅游局	7232339
旅游投诉	96927
松潘阳光酒店	7242680

黄龙景区位于四川阿坝州松潘县境内，因其长 7.5 公里、宽 200~300 米的峡谷内布满黄色石灰沉积物，宛如一条“黄色巨龙”从高山上飞腾而下而得名。黄龙与九寨沟直线距离只有 35 公里（公路行程），景区及周边有黄龙寺、雪宝顶山等多处名景，其中特色最为鲜明的是被人称为“七彩瑶池”的上千个鱼鳞状的钙华沉积池。

这些梯田状池塘群主要分布在海拔 3145~3578 米之间的山坡上，绵延达 3.6 公里之长，相对高差近 400 米，间有滩流、瀑布、泉水相连，层层嵌砌、重重叠叠、错落有致，造型生动而优美。池中灌满清澈山泉水，波光粼粼，晶莹透亮，在阳光的照射下闪烁着五彩缤纷的荧光，游人穿行其间宛若身临仙境。

雪宝顶山就在黄龙景区南侧，山姿巍峨，景色壮观，它与黄龙景区相依相偎，可谓是山光映水色，风光甚为生动优美，绮丽迷人。

交通

成都没有直达车去黄龙，须先乘车到松潘县城或川主寺转车。松潘至黄龙 60 公里，票价 35~40 元，汽车东站发车时间 7:00，返回时间 15:00。也可乘松潘至平武、绵阳的客车，该车路过黄龙景区，返回松潘的时间约在 15:30。川主寺地处去往黄龙的公路道口（距黄龙约 50 公里），从这里乘过路客车或当地的微型车去黄龙亦可（1 小时出头即到），微面票价人均 30~40 元，包车往返需 250~300 元。另外黄龙机场近期已建成启用，成都飞黄龙机场 40 分钟可到，机票 700 元，降落后可乘机场大巴直抵黄龙景区，车票 30 元，1.5 小时可到。

▲ 黄龙风光

- **从九寨沟到黄龙**

  旺季每天有 1~2 班直达客车，亦可先从九寨乘车至川主寺，在此换车去黄龙。

住宿

黄龙景区内有数家宾馆，三星级的华龙山庄条件尚好，普通房间也要 50 元，瑟尔嵯宾馆条件差但价格便宜、标准间 50 元，此外周围还有多家农家小旅社，床位起价 15 元左右，但条件简陋。此外在景区公路入口处的川主寺还有数家宾馆、酒店可住宿。

- **景区最新票价**

  ¥旺季 200 元，淡季 60 元。缆车上行 80 元，下行 40 元。

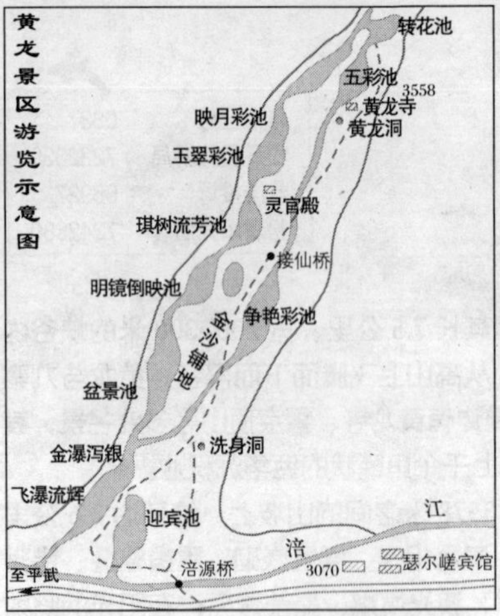

邻近景点

雪宝顶山

位于松潘县城东约40公里处，就在黄龙景区旁边，该峰海拔5588米，四壁陡峭、山顶尖削，身姿异常险峻迷人。游人在黄龙景区游览时可以清晰地遥望和拍摄雪宝顶山的风姿，也可在经过精心准备后步行登攀该山，但必须注意安全，20世纪90年代曾有香港登山队数名成员在登顶时失踪，因此游客登山时不可掉以轻心。

推荐指导

黄龙景区旺季门票200元（4月至11月），淡季门票60元（11月至第二年3月底）。景区内游览4~5小时足够，游黄龙一是登山畅观景区内的数千个五彩瑶池——清波荡漾、五彩缤纷；二是景区旁的雪宝顶山山姿巍峨，壮观迷人，亦会给人心灵上的震撼。

另外只要体力允许，还是应该登攀到山颈处的黄龙寺，这里是观赏拍照雪山和瑶池的好地方——南边是雪宝顶山，巍峨高耸；北边是瑶池群，五彩纷缤（最好看的五彩池就在这里不远处）。笔者觉得在黄龙景区仰望雪宝顶已经足够壮美了（只要天气晴朗），一般体力的人不必步行登山。

▲ 岷山风光

- **旅游锦囊**

①就黄龙景区内的彩池来说，越往上越好看，所以观赏和拍照最好上到顶端（黄龙寺前）。

②黄龙山高空气稀薄，游客有时会稍感呼吸困难但不太严重，体质好的人上山控制一下速度节奏不要走太快即可，体弱者有必要考虑在山下租个氧气袋备用。

- **发烧友特别关照**

水是黄龙风光的灵魂，上千个瑶池只有灌满水（雨水、泉水）才会色彩缤纷、艳丽夺目，没有水的瑶池不过是个黄色的土坑，毫无观赏价值。所以若想见到最美、最壮观的瑶池群，还是夏季时节更佳，冬春时节有水的瑶池不足总数的一半，与照片上看到的相距甚远，风光大打折扣。

- **摄影提示**

在川主寺到黄龙景区的途中，可观赏、拍摄到岷山雪景，风光壮美、震撼人心，游客可留意关注。左图就是笔者拍摄的岷山风光。

牟尼沟

牟尼沟景区位于松潘县城西南 11 公里处，是九寨沟——黄龙黄金旅游线上重要的山水佳景。

牟尼沟中的主要景点是扎嘎瀑布和二道海。其中扎嘎瀑布是国内最高的钙华瀑布，高约 90 米，瀑布呈台阶形下泻，每跌下一级台阶，就弹迸出一团团银色水花，故享有孔雀开屏、天女散花、银龙跃空、悬崖银屏等美妙名称。二道沟景区内有上千个大小不等、形态各异的高原堰塞湖，周围还有许多草甸、温泉、溶洞，它们与不远处的天鹅湖、石花湖、人参湖的美景交相辉映，色彩艳丽秀美，观后赏心悦目。

交通

去牟尼沟可以从两个方向前往，一是从松潘方向前往，目前无客车只能包微型车前往。

二是从成都乘去松潘、九寨沟的班车，换乘当地微型车，车费须面议。

住宿

扎嘎瀑布沟口与二道海入口均有住处，既有木楼亦有帐篷，每人每晚 10~40 元不等。

- **牟尼沟景区门票**

¥通票旺季 100 元，淡季 70 元。

- **笔者关照**

沟内路途稍远，骑马观光能省不少劲，白天在车队马夫的帮助下进山观景，晚上品尝烤羊肉，跳锅庄，能增加不少乐趣和欢欣。费用每匹马 150 元/天。

- **震后观光已恢复**

5.12 大地震对牟尼沟有一定影响，但现在前去观光已无问题。

游览

步行观光可以但要费一点劲，如骑马游览一天可游完主要景点。现在沟内有数家经营骑马旅行的公司，为游客提供马匹、向导、食品、帐篷、雨衣等旅行装备，游览日程亦分为一日至三日，途中观景、露营等各环节衔接得较好，费用约需 150 元/天、两天 250 元，还免费提供 1 晚住宿。吃住、马费、导游费全包。数家公司在松潘县城均有接待处，据说不久前已合并为一家公司。顺江马队电话：0837-7231201，快乐小路马队电话：0837-7231064。

发烧友特别关照

牟尼沟除风光秀美之外还有一个优点，就是冬天景区气候温暖不会大规模结冰，所以四季皆可以游览，当严冬时节黄龙景区大雪封山道路断绝之时，牟尼沟就成了离九寨沟最近亦是景色最诱人的姊妹景，所以冬季人们来九寨沟后或之前必游牟尼沟，90%以上的团队都是这样安排的。看不见黄龙的七彩瑶池，看看牟尼沟内交相辉映的山、林、洞、海和瀑布，感觉亦很精彩开心。

米亚罗

电话区号　0837
理县旅游局　6822888

四川米亚罗红叶风景区位于成都至九寨沟及黄龙旅游线中间的理县境内（距成都 263 公里）。这里群山连绵、林海浩瀚、层峦叠嶂、风景如画，四季皆宜游览，其中以每年深秋时节殷红如海的大片红叶林最为引人入胜。米亚罗风景区的总面积为 3688 平方公里，比北京香山红叶林区大近 180 倍，是我国目前发现并已经开发的面积最大的红叶风景区。

米亚罗景区周边还有桃坪羌寨、高山滑雪场和古尔沟温泉等景点，其中桃坪羌寨是羌族人建造的碉楼式建筑，造型奇特，壮观迷人，成为川西高原上的独特一景。在观赏苍山红叶美景的同时观览少数民族风情，体味高山雪景的壮美和灼热矿泉的温馨洗礼，亦非常令人惬意舒心。

- **气候与游季**

金秋时节（10 月中、下旬），米亚罗万山红遍，林般如海，景色最为壮观，是绝佳观景时机。盛夏时节气温较低，是避暑佳境。冬季风光惨淡不宜游览。

- **桃坪羌寨门票**

¥羌寨门票 60 元。

2008 年 5 月 12 日地震时羌寨受到部分损坏，现已修复，观光不受影响。但米亚罗一带因修水电站，所以红叶景观受到一些损坏，对此游人应有心理准备。

- **另荐景点：古尔沟温泉**

古尔沟温泉在四川阿坝州内，风景秀丽。温泉水温 62℃，日流量在 1500 吨以上，水中富含微量元素，含量高的元素主要有硅、锂、硼、氟、锗、硒、锶等，对人体消化系统疾病、皮肤病、胆囊炎、胆结石等有明显的疗效。

古尔沟温泉是阿坝州开发最好的温泉之一。艰辛游乐或探险后泡一泡温泉，可算是旅途中的一大享受。

¥温泉洗浴 60 元起价。

交通与住宿

去米亚罗：米亚罗红叶风景区正好处于成都至九寨沟、黄龙旅游线的中间，距成都 263 公里，成都茶店子车站乘坐成都至米亚罗的长途公共汽车可直达。

在桃坪羌寨当地人家都可食宿。卫生条件还可以，住宿 10~15 元/床，就餐是地道的羌族风味，如玉米饭、老腊肉、烧烤羊、芋炒青椒、咂酒等，每人每餐也就在 25~30 元。亦可吃住在一起结算，一般每天每人 60~80 元即可。

游览

米亚罗红叶区在 317 国道两侧，其中米亚罗镇至理县薛城镇之间是红叶景观最美丽的地方，游客可租车或自驾车在其中观景拍照。由于桃坪羌寨在成都和米亚罗之间，所以游客既可从成都出发后先游羌寨，亦可在游览米亚罗后返回成都时顺路观览，羌寨建筑本身和羌族人的历史和生活习俗都挺耐人寻味。

米亚罗景点示意图

四姑娘山

电话区号 0837
旅游咨询 2791063

四姑娘山位于小金县与汶川县交界处，由横断山脉中四座相依相连的山峰组成，根据当地山民的传说，是四个冰清玉洁的姑娘的化身，四姑娘山因此而得名。

四位“仙姑”中，以幺妹四姐为最高，海拔6250米，大姐、二姐、三姐分别为5355米、5454米和5664米。她们肩并肩、手牵手，头顶蓝天白云，肩披冰川瑞雪，腰系苍林碧翠，清丽俊俏、高雅圣洁，被誉为是“中国的阿尔卑斯”和“蜀山皇后”。

四姑娘山的景点主要分布于山峰南侧沃日河北岸的几条支流中，主要有双桥沟、长坪沟、海子沟等美景集聚地。

▲ 四姑娘山主峰雄姿

气候与游季

5~11月均可游览，尤其是5月中旬至6月中旬及金秋10月均是观光、摄影黄金时节。7~8月雨水频繁有时观光受限，冬季亦可进山但游览效果差。这里昼夜温差较大，即使5~10月进山亦应携带长袖衣服以御寒保暖。

交通

从成都去四姑娘山最方便，旅游旺季成都新南门汽车站有专线旅游车直达四姑娘山。亦可从成都茶店子车站乘去阿坝州小金县的客车沿都江堰、映秀、巴朗山、卧龙一线前行，最后抵达四姑娘山所在地小金县的日隆镇，车费约为64元。成都至日隆镇是新修的水泥公路和柏油路，全程260公里(其中成都至都江堰为高速公路)，班车一般开行6~7个小时，自驾车最快也得5个多小时（都江堰与四姑娘山间有部分路段地震中受损，现在修复，预计2011年通车）。

成都至小金县每天有数班车（扬州亚星），早6:30、7:00、7:30、12:00由茶店子汽车站发车，票价64元，一般在开车3~

- **景区门票最新价**

①旺季总门票210元，其中双桥沟80元、长坪沟70元、海子沟60元。

②淡季门票（12月1日至次年3月31日）140元，其中双桥沟50元、长坪沟50元、海子沟40元。

- **震后仍可观光**

四姑娘山在5.12大地震中景区风貌并未受到严重破坏，观光仍可进行。但是景区通往成都的路目前正在修复中，现在游客要绕道雅安、泸定、丹巴、小金到达四姑娘山，客车车程13个小时。

4 小时后到卧龙，6~8 小时后抵达日隆镇，也可乘坐成都至丹巴的过路班车，时间差不多。

返程可乘小金和丹巴至成都的班车，它们大多在每天 7:00~10:00 之间路过日隆，小金每天有 3~4 辆班车，丹巴有 1~2 辆班车。回成都的车票最好前一天在住处预订，亦可早点起床在路边候车。回程车票一般在 45~60 元之间。

如果是下午离开日隆镇的话，也可包车至映秀，车费 300~400 元，途中游览巴朗山和卧龙。从映秀至成都班车很多，2 小时可到。

- **通信**

日隆镇上可打长途直拨电话，亦有移动手机信号，通信无明显困难。

- **摄影较佳地点**

①猫鼻梁、长坪沟内，可拍四姑娘山日出日落。

②锅庄坪、海子沟前，亦适合拍照日出日落。

③三锅庄，适合拍五彩山和双桥沟全景。

④巴朗山垭口，适合拍高山云海。

器材应备三脚架、偏高镜、遮光罩，由于雪景反光强烈，因此要正确估计曝光量。

区内交通

双桥沟

沟口距日隆镇 7 公里，总长 34.5 公里，步行吃力，须乘沟内专用观光车游览，旺季车票加门票共 160 元、淡季 130 元。沟内主要景点有五色山、人参果坪、沙棘林栈道、野人峰、撵鱼坝、猎人峰、阿妣山、牛心山等。游客乘车入沟后可在指定的五个观光点上下车，亦可沿沟中观光路步行游览，总之观光很方便。

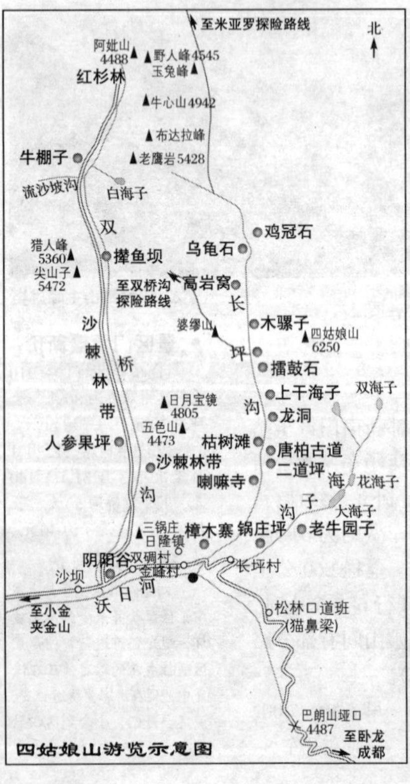

四姑娘山游览示意图

长坪沟

总长约 31 公里，日隆镇上的游客中心有专车将游人送到沟口处的喇嘛寺，车程约 6 公里，观光车收费 40 元。喇嘛寺步行或骑马至枯树滩 5 公里，约需 1.5 小时。枯树滩—至下干海子步行或骑马 1 小时即可。下干海子步行或骑马到两河口要 1.5 小时。两河口—木骡子 5 公里，骑马约需 1 小时。木骡子—鸡冠岩 11 公里。徒步一天往返可至两河口；徒步两天体力好可至鸡冠岩，（第一晚住两河口）；徒步 3 天可至鸡冠岩或老鹰岩。徒步 2 天以上游客最好自带帐篷、睡袋（和必要食品）等，亦可在日隆镇、长坪村等地租用；长坪沟口管理处有帐篷、睡袋及各种登山用品出租。两河口以前路途较平坦，平日骑马与步行并无太大区别，但雨季或冬天结冰期步行可能会更安全。

海子沟

沟口距日隆镇 0.2 公里，全长约 20 公里，山路崎岖且一路上坡，骑马观光最适宜。长坪村—锅庄坪 3 公里，骑马 40 分钟。锅庄坪—老牛园子 8 公里，老牛园子—大海子 2 公里，大海子—花海子 2 公里，花海子—双海子 8 公里。租马从沟口至锅庄坪 50 元、至老牛园子 100 元、至大海子 150 元，步行或骑马 1 天能到大海子往返，2 天可至双海子往返。

主要景点

双桥沟

四姑娘山中最开阔的峡谷，全长近 34.5 公里，两侧是山峰，中央是公路和溪流，已开发出景点 20 余处，呈三段分布，下段有杨柳桥、日月宝镜山、五色山，中段有撵鱼坝、人参果坪、尖山子、九架海，上段有牛棚子草坪、长河滩等多处佳景。这里的阿妣山、猎人峰、鹰喙岩、金鸡岭等奇山异石形态怪异，鲜活生灵，是大自然鬼斧神工雕刻创造的人间绝景。秋冬季节降雪后山景同样壮观。

长坪沟

长近 29 公里，平缓悠长，辽阔壮丽，四姑娘山主峰就坐落在沟内 16 公里处，山姿挺拔给人强烈美感。景区内有古柏幽道、喇嘛寺等先人遗迹，数十米高的多处飞瀑和欢快奔流的谷底清溪与葱郁森林相映衬，景色秀美动人。

海子沟

全长近 20 公里，有花海子、深海子、白海蓝河、黄河等 10 多个高山湖泊，湖水清澈见底而又碧波千顷，蓝天、白云和四周山景都把美丽身姿映在水中，共同描绘、演绎出了高原明珠、深山美神的绰约风采。这里还是登攀四姑娘山主峰的必经之地，登峰造极的感受经历非常精彩刺激。

▲ 冬日的四娘娘山双桥沟风光

- **双桥沟**

¥门票 80 元，淡季 50 元，观光车票 80 元。

须乘观光车进沟，因而游览很轻松，但亦有来去匆匆之感。建议在红杉林至布达拉峰一段长近 10 公里的路段下车观光，这里风光绮丽、景色绝佳。

- **长坪沟**

¥门票旺季 70 元，淡季 50 元。观光车费 40 元。

目前大多数游人游览的是沟口喇嘛寺至干海子一段的常规线路，这里骑马步行都方便。但从干海子再向里走风光更原始而优美。

最佳风光带在过了木骡子的水草湖，这里草地平坦宽阔、小溪水流清澈，雪峰与蓝天相映，景色极为动人（过了木骡子后只有 10 余分钟路程即到水草湖）。

- **海子沟**

从海子沟还可行至四姑娘山脚下或攀至山顶，美景如织，令人惊心动魄。

¥门票旺季 60 元，淡季 40 元。

这条沟路途长亦不太好走，但大海子和花海子的风光还算诱人，游后辛苦但还是物有所值。

沟内的海子沟——老牛园子有登山突击营地，在此可攀登四姑娘山顶峰。

四川省

- **特种旅游：攀登四姑娘山主峰**

从海子沟的登山营地出发，4~6小时可登上海拔5355米的大峰，这是一般体力的游客基本可以实现的目标，另外近年来登上5454米的二峰的人也不少，但是登上主峰尤其是6250米的主峰困难很大，非专业人员应谨慎行事。

- **冬季旅游**

冬天的四姑娘山风光虽不及夏秋，但阳光明媚、天蓝如洗，仍很纯洁诱人。游客此时前去带上防寒衣物和防晒用品即可，景区内外有餐馆、宾馆营业，食宿无大少数问题。

- **景区内食宿**

宾馆、餐厅一般集中在日隆镇，双桥沟内也有一些。但长坪沟和海子沟内食宿不便。欲进沟露营者应自带帐篷和食品饮水。

住宿

日隆镇与长坪沟口的长坪村相接相连，镇上高、中档宾馆较多，如新四姑娘山山庄、四姑娘山国际饭店、四姑娘山大酒店、四姑娘山宾馆、金珠宾馆、猎人峰宾馆等，总共有数十家，房价随季节大幅升降，旺季可达360元/间以上，而淡季可降至80~110元/间。还有一些档次较低的普通宾馆，淡季标间不过60~80元/间。另外双桥沟内有一些藏民家庭旅馆可住宿，床价每人每天15~25元即可，一般是4~6人的大房间（也有标间），欲在房东家吃饭每天缴纳50~60元即可三餐全包。另外四姑娘山游客中心对面的长坪村内也有多家农家乐旅馆。

餐饮

当地日隆镇上和长坪村内有不少小饭店，多为川味菜馆，价格适中，肉炒青菜15~20元，纯肉菜18~30元，人均30~40元可吃好一顿。进沟游览最好自带食品，双桥沟内有些村民开的餐馆，旺季长坪沟口也有食品出售，就餐不会有太大困难，但进海子沟应带足食品饮水。欲吃风味美食可选择烤全羊、牦牛肉等。另外青稞酒、酥油茶、羊杂汤等亦可为内地游客带来全新口感。

推荐游程

沟内常规游览3天时间即可，一般双桥沟、长坪沟、海子沟各1天即可玩得非常圆满。因为双桥沟内路相对好走，所以从成都出发午后到达后可立即进双桥沟游览，乘坐观光车进出黄昏时即可游毕，第二、第三天再游长坪沟和海子沟。第四天即可返回。如欲登大姑娘山顶须加行程2~3天。若欲野营探险或是拍摄风光图片可任意增加行程。应该提醒游人的是双桥沟因为有观光车进入，所以观光的时间伸缩余地不大，而长坪沟和海子沟风光美且沿途见闻丰富，所以可以适当增加观光时间（必要时可露营）。

发烧友特别关照

①从日隆镇到双桥沟口还是乘车为好，否则7公里路要走好一阵。

②游长坪沟有观光车从日隆镇送到沟口的喇嘛寺，然后再步行或骑马向纵深前进，体力好的人其实不必骑马，徒步观光省钱又自在开心（平坦的观光栈道已铺到四姑娘山主峰下的干海子）。

③海子沟内最好骑马行进，否则路况不好非常艰辛。

④景区内租用马匹虽有统一标价，但租马前仍应对着导游图谈好里程和价钱。

⑤景区海拔较高，可能会有高原反应。有心脑血管疾病和年老体衰者应谨慎前去。

⑥春、夏、秋三季自驾车前去无问题，冬季前去车轮应加防滑装置。

⑦四姑娘有“大美”，笔者给予强力推荐。

海螺沟

电话区号 0836
旅游投诉 3266203
报警电话 3266271

海螺沟冰川森林公园位于四川甘孜藏族自治州泸定县境内，距省会成都 319 公里，距州府康定 105 公里。

海螺沟发源于蜀山之王贡嘎山东坡，沟长约 30.7 公里，面积约 220 平方公里，风景区内集高山雪峰、巨大冰川、原始森林、野生动植物园于一身，景色壮美、魅力独特，近年来吸引了来自海内外的大批观光游客。

▲ 海螺沟三大壮景：冰川、冰瀑、雪山

交通

成都新南门汽车站每天 9:30 有旅游车直达冰川公园脚下的磨西镇，票价 109~116 元，行程需 6~7 小时。也可乘坐成都至泸定的班车(或乘成都到康定的班车在泸定下)，再从泸定坐车到磨西。成都至泸定 309 公里，新南门汽车站每天有数班客车开往泸定，发车时间 7:00~11:00，空调依维柯票价 90 元，行程 5~6 小时。泸定到磨西 53 公里，路很好，有专线车前往（全是小型车），票价 20 元。车程 1 小时，可以直达磨西镇上山门入口处的游客中心，然后坐观光车上山，依次路过 1、2、3 路营地，最后到达山颈处的干河坝车站，然后步行或乘缆车到观光点。还可从成都乘火车到汉源站（原乌斯河站）下车，改乘长途汽车到磨西镇。

- **新南门汽车站**

  问询电话：028-85433609。预售 6 天车票。

- **海螺沟门票**

  ¥景区门票 80 元，
  ¥观光车票 60 元，
  观光索道往返 150 元。

- **磨西镇住宿**

  推荐美家居旅馆，干净便宜服务好，标间 50~60 元/间，电话 0836-3266126。

- **金悦来温泉度假酒店**

  电话：0836-3266866。

- **海螺沟未受地震影响**

  海螺沟未受 5.12 大地震影响，各项观光皆可正常进行，大家可放心前去。

住宿

磨西镇：镇上最好的宾馆是冰川饭店（四星级，也是目前整个甘孜州最好的宾馆），标准间开价 300~500 元；其次是贡嘎山饭店，亦是四星级，位置绝好；再次是长征饭店，分豪华标准间及普通标准间，价格 200~300 元出头。海

林宾馆(160元/间)、金海螺沟宾馆（160元/间)、海螺酒家（30~120元/间）也不错。另外磨西镇上有很多普通宾馆及招待所可供游人选择，标间60~90元。

一号营地 有一家宾馆金来悦温泉假日酒店（三星级），有温泉水可洗浴，房价300元左右。这里距冰川较远，前不着村，后不着店，很少有人住这里。

二号营地 有一温泉疗养中心，条件不错，可住宿用餐亦可可洗温泉，房价不便宜，淡季也要300~400元。单洗温泉128元。

三号营地 有金山饭店和银山大酒店2家，银山宾馆设施更新，双人标准房360元/间，亦有四人间80元/人（淡季可大幅打折），房内有取暖器、彩电，公用卫生间，热水经常没有。金山饭店是三星级（设施有点老化），标准间200~388元/间（淡季可优惠至百元左右)。还可住中科院冰川监测站，三人间50元/人，有电褥子和热水洗脸。

餐饮

磨西镇上有不少饭馆餐厅，菜价价格适中（家常肉菜16~25元），一般饭菜人均30~40元吃好绝无问题。小饭店中的牛肉面6~8元/碗，分量还算足。山上景区内的宾馆都可提供饭食，亦可吃到虫草鸡、贝母鸡、天麻肘子、酸菜腊肉等风味菜肴，但价格不便宜，集体早餐每人在10~15元左右。

海螺沟五大看点

海拔最低的现代冰川

海螺沟冰川生成于1600年前，是贡嘎山最大的一条冰川，全长14.2公里，沿线布满冰海、冰湖、冰河、冰川城门洞、冰裂隙、冰阶梯、冰石蘑菇，它们与两侧数百米高有冰

- **贡嘎神汤宾馆**

  在一号营地，电话：0836-3266888。目前在重新，客房停业但洗浴照常营业。

- **温泉度假村**

  电话：0836-3266171。

- **金山饭店**

  电话：0836-3266438。

- **银山大酒店**

  电话：0836-3266383。

- **品尝旅游套餐**

  三号营地的宾馆餐厅中有2人套餐可选用，标准为2荤菜、2素菜、1汤、1份泡菜/60元，2人食用还算品种丰富，饭价在山上已属便宜。

- **骑马坐轿应砍价**

  景区内有的路段行走稍费体力，骑马坐轿可以代步，但切记应与马夫、轿夫议好价钱，以免发生不必要的纠纷，另外不可轻信导游为您介绍的许多服务项目，因为他们要收提成。

山擦痕的岩石绝壁和墨绿色的原始森林相接相融，形成了国内罕见的现代巨型冰川奇景。

▲ 海螺沟巨大冰裂缝

巨大冰瀑布

位于冰川入口内 3 公里处（在冰川上方），宽 1100 米，落差 1080 米，由无数极其巨大的光芒四射的冰块组成，仿佛是从蓝天直泻而下的一道银河，比世界闻名的加拿大国家冰川公园中同等落差的大瀑布还要壮观迷人。

大流量的沸、热、温、冷泉水

海螺沟内所有人迹能至的地方，都分布有大量的泉水溪流，它们或在地面奔涌，或形成石上飞瀑，碧水涓涓、银花四溅，景色欢快生动。水温低的冷泉甘甜可口，可以直接饮用。水温高的沸泉水汽蒸腾，宛如白云缭绕，尤其是冰川二号营地旁的一处沸泉，水温达 90℃，可以直接沏开茶水和蒸煮食物，现在该泉边已建有温泉游泳池和温室，供游客洗浴游乐。

- **推荐实惠餐馆**

磨西镇上的邛崃炖鸡面馆，牛肉面 6~8 元/碗，还有其他便宜饭食，10 元出头可吃饱一顿。电话 13795789757。

▲ 小镇风光

- **观光季节**

去海螺沟观光主要是看冰川和雪山，因而夏天去效果反而欠佳，冰雪都融化了，风景不如其他季节好看。

天然的动植物园

海螺沟内生长着 2500 余种从亚热带到寒带的高山植物，青翠的竹林、挺拔的棕榈、低矮的苔藓地衣、参天的松树楠木在这里均有分布。海螺沟内栖息着 400 余种野生动物，属于国家保护的珍贵物种就有 28 种，其中既有温驯的熊猫也有狗熊和野猪。人与动物和谐相处的场景在海螺沟中随处可寻。

观赏贡嘎山的绝佳地点

贡嘎雪山就在海螺沟的北缘，藏语中是“至高无上、洁白无瑕的山”。它的周围海拔 6000 米以上的山峰有 45 座，主峰高达 7556 米，银光四射、挺拔倚天，是中国境内最美的雪山之一。

海螺沟内的二层山或狮子岩，都是观览贡嘎雪山的绝佳地点（但上去要花一点体力），碧蓝如洗的天空下，贡嘎山直插苍天的壮景能给人带来心灵上的强烈震撼。

▲ 日照金山

游览现状

一个镇和四个营地

磨西镇位于去海螺沟的必经之地，是风景区的门户。海拔 1700 米，镇上有许多宾馆、饭店，可供游人食宿。一号宿营地距磨西 11 公里，海拔 1800 米，这里有一处室外温泉和两家三星级宾馆——金来悦温泉假日酒店和贡嘎神汤宾馆在一号营地下方。二号宿营地距一号营地 6 公里，海拔 2840 米，这里有茂密森林和水温达 92℃的温泉，游客可以在这里住宿并洗温泉浴。三号宿营地距二号营地 5 公里，海拔 3080 米，到冰川观景点区约 2 公里，这里是前往冰川的最后一个住宿点，许多游客愿意在这里住宿一晚，然后去冰川旅游探险，这里有三星级的金山和银山饭店，后者住宿条件更好。四号营地是新建的海螺沟冰川索道的终点（索道往返 160 元），此处无住宿地点，但可以抵近观赏到壮美的冰川全景（冰川、冰瀑、粒雪盆雪山三大主景全都在这里）。

旅游锦囊

为您介绍海螺沟自助游览方面的最新攻略

①虽然成都有客车直达海螺沟沟口的磨西镇，但车次很少，每天只 1~2 班。笔者不建议非要乘这样的直达车，反而建议先从成都乘车到泸定，看一下泸定桥风姿，再从泸定乘车去磨西镇（车程仅 1 小时），这样游览更显内容丰富且开心。

②食宿地点建议选在磨西镇，这里各档次的宾馆和餐厅有近百家，总有几家适合您。不建议住在山上的那几个营地，那里的食宿价格明显高于磨西镇，并且也看不到什么好风景（只是二号营地可以泡温泉，挺舒服）。

③海螺沟虽然看点很多，但游客应该关注的是这里的三大主景即冰川、冰瀑和雪山，只要看好、拍好这三大景点，您的海螺沟之游即算不虚此行。

④海螺沟观光其实非常简单，从磨西镇的山门门口处的游客中心购票后，有观光车直接送客到干河坝（观光车终点站，行车要 90 分钟），下车后步行 1 分钟即到索道站。上缆车后两分钟，即可见到巨大冰川（从冰川上方跨越），再过约 6~7 分钟即可看到冰瀑和雪山（三大景点全部一览无余，太棒了！）走出索道上站就是一个观景平台，再步行 3 分钟（下坡路）就到最佳观景台，这里可以最近距离的观赏冰川、冰瀑、雪山壮景（但这里看到的雪山主峰叫粒雪盆，并不是贡嘎山），停留 2 个小时仍然会觉得意犹未尽、流连忘返。在这里畅观美景后即可满意而归。

⑤不建议在干河坝下车后步行去冰川，那样只能看到冰川但看不到冰瀑和粒雪盆雪山。还是应该乘缆车上行，途中三大主景尽收眼底。

▲ 四姑娘山著名温泉贡嘎神汤

⑥依以上游览方式在海螺沟观光大半天时间就够用了（切记选个晴朗天气上山，阴雨天气云山雾罩，三大绝景有可能一个也看不见）。

⑦下山途中可在 2 号营地或贡嘎神汤泡温泉（门票分别为 128 元和 80 元），另外磨西镇上的老街和天主教堂也值得一看。之后有时间，可从磨西镇去另一名景燕子沟游览（售票处在镇上），那里看贡嘎山更方便（进出要大半天时间）。

稻城

电话区号	0836
县旅游局	5728276
旅游咨询	028-85185584

稻城，藏语意为山谷沟口开阔之地，位于四川西南边缘，甘孜藏族自治州南部，南北长 174 公里，东西宽 63 公里。境内最高海拔 6032 米，最低海拔 2000 米，垂直高差达 4000 余米。

稻城高原由横断山系的贡嘎雪山和海子山组成，境内群山起伏、重峦叠嶂，莽苍逶迤。这里有稻城河、赤土河、东义河三大河流，水网密布，溪流众多，原始山林和高山草甸保护甚好，许多地方人迹罕至，被誉为“地球上的最后一片净土”。

气候与游季

高原气候，特征明显，这里气温较平原低，但一年四季阳光明媚、日照强烈，稻城一年四季皆有美景但风格不同，游客应注意的是避开每年的冬季和雨季。冬季雪景壮美但气温太低（11 月至次年 3 月为冬季）、内地游客难以承受且大雪封山后进出甚为不便；雨季不光道路泥泞、难于行走，观景亦很不便（6~8 月为雨季）；所以每年的 4 月至 5 月，9 月至 10 月中旬是最佳游览时间。

▲ 稻城雪山

交通

可从四川和云南两个方向进入稻城。

A.从四川成都方向去稻城。新南门客运站开往稻城的客车每日 1 班行车 2 天到稻城，发车时间上午 10:00。也可从成都先乘车到康定，新南门客运站每天 7:10~14:10 发车多班（每小时一班），票价 105~127 元，当天下午或晚上到康定，当晚住康定，当晚住康定，次日乘康定去稻城的车，6:00 发车，票价 125~132 元，黄昏可到。

B.从云南香格里拉（中甸）方向去稻城。虽然是 330 公里

- **成都新南门车站**

  电话：028-85433609。

- **成都茶店子车站**

  过去每天有 2 班车去康定，现在发车地点在新南门了。

- **包车去稻城**

  结伴旅行者可考虑包车去稻城，平摊车费后与乘长途客车差不太多，如从中甸到稻城包夏利车议价后不过 1100 元左右。

长的沙石路，但大客车1天可到（每天至少有1班车），车票113元。现在，云南昆明至丽江、至中甸的路已全铺了柏油，所以从中甸到稻城可谓是坦途之一。

当地交通

稻城的主要风景区（尤其是三座神山）都在亚丁保护区内(距县城约为110公里)。稻城旺季有直达客车发往亚丁（途经日瓦乡，现在景区售票处设在日瓦乡，门票150元），8:00出发，下午到达，车票120元，亦可包车从稻城到亚丁，面包车单程车费在350~400元可乘6~7人。也可先从县城乘车到日瓦乡，再骑马经亚丁村、冲古寺进入亚丁保护区。日瓦乡至亚丁约30公里远，骑马需7~8小时，租马费用100~120元（需租2天以上），一路在山间溪水边前行，四周山林茂密野花盛开，风光甚美。

冲古寺是亚丁景区的中心之一，在景区入口内不远处即可观赏保护区风光美景，再骑马或步行往山上走2~3小时，可到高山上的络绒牛场，从这里可饱览三座神山的迷人风姿。继续上行可看到五色海、牛奶海等高山湖泊。从景区入口的龙龙坝到冲古寺骑马往返70元，到络绒牛场骑马往返费用180元。旺季时外来车辆只能开到日瓦，在日瓦换乘观光车去龙同坝，观光车费120元。另外冲古寺到洛绒牛场的光观车往返80元/人。

到俄初山可从日瓦乡乘当地微型车前去，40余公里路程往返需160元左右车费。

稻城县城附近还有许多溪流河湖和翠绿山林组成的田园风光，当地人称为傍河景区，因距县城较近，游览很容易。

海子山景区位于桑堆到理塘县途中的海子山附近，可租车前往，那里有几个公路道班可提供临时住宿，周边还有直共寺、蚌普寺等景点，山下的桑堆草原风光也很美。

住宿

稻城县城内的宾馆条件一般但价格不贵。档次较高的有亚丁宾馆、电力宾馆、政府宾馆、交通宾馆、气象局招待所等，其中亚丁宾馆三星级，双人标准间200~300元/间。电力宾馆双人标准间150~200元/间，可打折，双人普通间价格50元/间，单人间30元/间，普通房间内无单独卫生间，到楼下的温泉浴室洗浴一次5元。另外新开业不久的蜗牛背包客栈，标间80元左右，物美价廉。

日瓦乡有绿野亚丁山庄和三圣如意食宿店可供住宿，床

• 游览注意事项

①稻城海拔高，交通、食宿条件亦不完备，旅途稍显艰辛，年老体衰者应慎去。

②应携带必要防晒用品，至少有遮阳伞、帽。

③景区早晚温差大，游客应注意防寒。

④应携必要药品，以备不测和急需。

⑤应尊重当地乡民(藏民)习俗，有事用妥当方式交涉，以免发生不必要纠纷。

▲ 湖映雪山

• 景区规定

冲古寺和络绒牛场都不允许游客住宿了，游客只能住在景区入口处的龙龙坝或亚丁村，所以无论游客如何观光，当晚都必须要出来住宿。景区内的餐饮设施也取消了，游客须自带食品饮水。

▲ 稻城黄昏

• 通信

稻城地区的县城中一般有GSM手机信号，但是出了县城就不好说了，当地的电信营业厅中可打长途直拨。另外稻城、乡城都有网吧，网费一般4~6元/小时。

价均在 15~25 元，其中三圣如意店濒临溪水，碧波潺潺颇有诗情画意。这里还有宾馆，如天使宾馆、教育宾馆等，另外有一些藏民家可住宿，每晚 10~15 元即可。

▲ 稻城秋色

亚丁景区内有龙同坝、亚丁村 2 个住宿点，其中龙同坝位于景区门口，有木屋、帐篷和民居旅馆，可住不少人，木屋双人间卫生条件尚可（公用卫生间），每间 80 元左右。亚丁村的藏族民居价钱稍稍便宜一些，但卫生条件欠佳。而冲古寺和络绒牛场虽然都是观赏三座神山雪景的好地方，但是这两个地方如今都不允许游客住宿了，游人只能住在景区入口处的龙同坝和亚丁村。

过去游客可自带帐篷住宿山上，现在这方面的限制禁令也生效了，能否露营请示一下当地管理部门吧!

餐饮

稻城县城内饭馆很多，吃饭无困难。亚丁景区内很少有食堂和餐馆，所需食品几乎全靠自己携带，速食面、火腿肠、压缩饼干、各类罐头多多益善。因景区里到处有清澈山溪欢快奔流，身体好者可直接饮用，所以火力旺盛的年轻游客只需带上少量饮料和矿泉水即可。

络绒牛场过去可提供简单饭菜，现在也不行了，所以游客还是带足食品为佳。

主要景点

亚丁景区

位于稻城东南 130 公里处，面积千余平方公里，主体部分是 3 座完全隔开而又相距不远的雪山——仙乃日、央迈勇、夏诺多吉。此外还有蒙自大峡谷，俄初山、阿西高山公园等诸多景区，是稻城游览的主景和中心。

三座神山

仙乃日，海拔 6032 米，为稻城第一高峰，看似观世音菩萨坐于莲花台上，手持宝瓶乘祥云而去，慈目注视脚下人间仙

- **当地治安**

稻城县人口少，民风尚显淳厚，治安一向较好。为促进稻城旅游业的发展，稻城县金珠镇建立了 110 报警台，有警察 24 小时巡逻和值勤。另外，稻城县于近年来制定了一个当地法规，要求全县所有藏族同胞一律不准带藏刀上街，这对减少矛盾冲突中可能造成的伤害有重要作用。

- **亚丁景区门票价**

¥门票 150 元。淡季有时可优惠到 80 元。

- **三座神山**

景区内的冲古寺和络绒牛场是观赏拍摄神山的好地方，从景区入口进入后骑马或步行均可到。

稻城县游览示意图

境。夏季时雪线之下瀑布连片成群，风光绮丽壮美；央迈勇海拔5958米、晶莹剔透、冰雕玉琢，宛若一位端庄娴静、冰清玉洁的少女；夏诺多吉，海拔5958米，山姿刚劲勇武，恰似一位风姿焕发的英雄少年。三座神山相距不远呈品字形排列，在蔚蓝天空、洁白云朵的映衬下尽显巍巍英姿。

蒙自大峡谷

全长13公里，两岸山势险峻雄伟，峡中风走云动，谷底江河奔涌，涛声阵阵，威仪无比。

俄初山

藏语意为“闪光的山”，是稻城最大最浓密的林区，这里森林广袤，绿浪滔天，站在山顶，还能远眺贡嘎雪山奇观。

海子山景区

位于稻城西北，海拔3600~5020米，景区面积3287平方公里，这里遍布喜马拉雅山古冰貌遗迹，怪石林立，千姿百态，1145个碧蓝如玉的高山湖泊如珍珠翡翠，散落在高原崇山峻岭之间，湖中鱼群遨游，水鸟栖息，湖畔青草繁茂，山花盛开，灌木丛间还时常可见旱獭、野兔、藏雪鸡的踪迹。

经验谈

稻城总体观光：原始风光绮丽优美

稻城风光以雪山、湖泊、红叶、田园秀色著称，这里人迹稀少，原始风光遍布，山光水色旖旎动人而绝少人为环境污染，所以在祖国内地尤其是各大城市中几乎绝迹的自然风光美景在这里随处可寻。仙乃日等三座神山及海子山等美景固然风姿绰约，而游人视野内的每一处田园佳景亦都秀美动人，在稻城，几乎每座山，每片水，每处高原草甸都能入画。“最后的香巴拉”的确是世间难寻的仙境乐土，非常令人流连回味。

游览日程和线路

去稻城有不同路径可选。既可从四川成都进出，也可以经昆明、丽江从香格里拉(中甸）进出，相应地可采取环线或直线游览。

环线游：从中甸出发算起至回到中甸，一般需要6天，如果从成都出发，也需7天。这已是相当局促的行程了，但经常有些画家、摄影家或“驴友”在亚丁一待就是十天半月甚至数月，但依然是流连忘返，所以在稻城逗留多久完全看时间和兴趣。如果时间过于紧急，则要考虑全程租车，并在路途中抓紧时间快行进、快游览，及时赶路。

成都方向可按如下行程安排：

D1：从成都乘客车出发晚上到康定住宿；D2：从康定继续乘车，晚上抵稻城；D3：稻城出发经日瓦乡到龙龙坝住宿并去冲古寺和珍珠海观光；D4：从龙龙坝上行至冲古寺再至络绒牛场再至牛奶海、五色海一路观景，回龙龙坝住宿；D5：返回稻城并在稻城周边游览傍河、桑堆等景区；D6：稻城至康定；D7：康定至成都。从成都出发时若有10天工夫可支配，则游览会较为宽松。即用3天时间到稻城，3天返回，中间在稻城游览1天，亚丁游览3天。这样游程安排非常悠闲，没有紧迫感，而且许多景点可以一一看遍，如理塘喇嘛寺、海子山、稻城温泉、剪子弯山等，如遇雨雪等其他偶然因素，这样的行程安排就更显其优越性。

中甸方向可按如下行程安排：

D1：中甸乘车至稻城，赏傍河风光；D2：稻城经日瓦乡到龙龙坝住宿并去冲古寺、珍珠海观光；D3：龙龙坝—冲古寺—络绒牛场—牛奶海、五色海，回龙龙坝住；D4：回稻城—海子山；D5：稻城—中甸。如果加上俄初山观光，可增加1天游览时间。

直线游：如时间充裕，可以选择一次游览四川稻城与云南香格里拉两大风景名胜的方式：成都—康定—稻城—乡城—中甸—丽江—大理—昆明（反过来也可以）。这是一条超值黄金游览线，沿途美感观后令人惊心动魄，至少是心满意足，非常值得一游。全程用时需20~22天，非常精彩圆满，集体包车和搭乘客车均可。此线游览因海拔高度与气候不同，所以选择不同的进入方向会有不同效果。如果从成都去稻城亚丁，路途比较艰苦，沿途景色是荒凉寂寞的高山，过康定山以后，海拔多在3500米以上，山上常下雪，沿途食宿条件艰苦，途中的理塘县海拔4000多米，几乎所有的人经此都有头晕恶心高原反应，好处是提前有了身体的准备，到稻城后海拔2700米，经过短暂休息可恢复体力。如果从云南中甸到稻城，沿线风光很好，食宿条件也很好，公路平坦，海拔高度稍低，但是越走越高，到亚丁高原反应会稍微加重。何去何从尽可灵活选择。

▲ 稻城雪峰

蜀南竹海

电话区号 0831
景区管理局 4980221

四川省

蜀南竹海位于四川盆地南缘的长宁、江安两县交界处，面积约为 120 平方公里，是我国最大的天然绿竹公园。景区中心的 44 平方公里楠竹林枝叠根连、苍翠葱郁、浩瀚辽阔，形成了世界罕见的绿竹海洋，风起时整个竹海碧涛翻卷、绿浪掀天，磅礴壮阔。竹海景区青山起伏，溪泉遍野，山崖险峭、峡谷幽深，共有八大景区 134 处景点，烟雨龙岩、石破天惊、忘忧叠翠、翡翠长廊、天宝寨、七彩飞瀑等佳景与无边绿海交相辉映，把整个竹海装点得流光溢彩、分外迷人。

▲ 蜀南竹海中的竹林美景

- **推荐佳景李庄**

李庄距宜宾市中心约 24 公里，村中有许多清代民居建筑，古风古韵迷人，有“万里长江第一古镇”之称。镇上还有抗战时间多所内地大学在此建校的遗址，很具观光价值。

- **发烧友关照**

到了竹海，你才会明白什么叫清爽的空气、什么叫清澈的水源、什么叫人类理想的生活环境——常住在这里，真没准能比居住在嘈杂、拥挤、污染严重的城市中多活 20 年呢！

气候与游季

蜀南竹海海拔在 600~1000 米之间，气候温和宜人，年平均气温 15.5℃，冬季虽偶见降雪但气温极少在 0℃以下，夏季高温亦极少超过 32℃，所以这里是冬暖夏凉、四季皆宜旅游的观光胜境。

交通

主要是从重庆和成都两个方向去：

A. 从重庆方向走。可沿重庆—泸州—江安—万里—竹海线路，亦可走重庆—长宁—万岭—竹海线路。重庆市长途客运站每日到竹海的直达车甚少，但到江安或长宁的车多。江安和长宁分别在竹海景区的东、西侧，距竹海均只30~40分钟车程且随时有车，因此到了江安或长宁基本上就是到了竹海。

B. 成都—宜宾—竹海也是去竹海的重要路径。成都直达竹海的客车每日只有1~2班，但成都到宜宾的客车每日有数十班，走高速只需3小时左右。而宜宾到长宁的车极多但到竹海的车只有上下午各1班，宜宾到长宁30公里远的路程1小时即可到达。长宁县城到竹海的中巴随时开行，票价5元（车程50分钟）。此外乘飞机到宜宾，再去竹海也非常方便。

住宿

竹海属长宁县管辖，长宁县城到景区的中心万岭镇乘中巴50分钟即到，车费5元，所以游客既可住长宁县城亦可住万岭镇。另外景区内的个体农家乐很多。万岭镇有各类宾旅馆40~50家，高档的数量少，主要是蜀南宾馆、竹海宾馆等，标准间在100~340元/间之间；景区内大量的农家乐旅馆标准间只需收费60~100元/间（有卫生间、空调、电视），住宿很方便。此外，竹海东大门的万里镇亦有多家宾、旅馆，档次、收费标准与万岭镇相仿。

特色饮食

竹海内的风味食品几乎都跟竹子对应了，竹笋、竹荪、竹花多达一二十种，另外还有山鸡和野猪、竹海腊肉等野味。上述菜肴开价不菲但有砍价余地，烹调方式和味道须跟店主面议。著名的全竹宴更是丰盛诱人。白油竹荪蛋、红油笋尖、天然竹花等菜肴味道甚为鲜美。

主要景点

观海楼

坐落在竹海中心海拔880米的大水塘山顶上，八层楼高共有25米，是畅观竹海全景的绝好地点。登楼远望，但见万顷碧涛波澜壮阔，座座山峦翠色尽染，漂亮的登山缆车在青山绿谷、茂密竹中缓缓穿行，时隐时现，宛如绿海泛轻舟，充满宁静柔和而又活跃欢快的流动美感。

翡翠长廊

位于大水塘山顶端，中间是一条天然的红色沙石路，两侧是浓密的楠竹林，青竹青翠挺拔、亭亭玉立而又向沙石路中央

- **去李庄观光**

宜宾客运南站有客车可到，车费5元。门票20元。

- **重庆到竹海**

菜园坝客运站（重庆火车站前）上、下午都有客车去竹海的所在地长宁县。

- **宜宾到竹海**

每日9:30、16:30有两班车直达。

- **当地住宿**

①锦绣山庄，在竹海景区内、竹海博物馆对面，位置不错，条件尚好，标间80~100元，电话：0831-4980311。笔者推荐。

②翡翠山庄，在竹海山顶观海楼旁，标间80~100元。电话：0831-4970000。

③三合酒家，在竹海三合界，距海中海不远，条件尚可、食宿不贵，能为游客提供食宿一条龙服务，连吃带住每天每人60~80元。笔者强力推荐。电话：0831-4970216。

- **竹海景区门票**

通票112元，学生优惠。1.3米以下儿童，军人免费。

- **观海楼**

从竹海入口处的万岭镇乘摩的车费15~20元25分钟即可到达山顶上的观海楼。

亦可从墨溪景区门口乘缆车登山至观海楼，缆车上行30元，下行30元，往返40元。

- **笔者关照**

乘缆车俯瞰脚下竹海的感受挺美，登上观海楼环视竹海全貌的感受更佳，这些都是竹海观光中的高级享用，不要忘掉啊！

- **翡翠长廊**

此景与观海楼相距甚近，可一并游览。

江泽民总书记拍照留念处有纪念石碑，亦是游客留影首选地点。

内倾，把整个公路遮掩得绿荫蔽日、秀美幽深，形成了一条天然狭长的绿色长廊。

七彩飞瀑

处在竹海石鼓山和石锣山间的葫芦谷中，总落差达200余米，其中最壮观的是高40米、宽5米的第三级，这里四季飞流直下、水雾升腾，每当正午时分，日照强烈，阳光透过水雾便折射出七色光环，形成色彩缤纷的彩虹，七彩飞瀑因此而得名，瀑布旁有巨石，登上石顶可以观览飞瀑全景。

忘忧谷

一条幽深宁静的峡谷，一条清溪在谷中奔腾而下，清流淙淙，泉声叮咚，形成了五叠瀑、珍珠瀑等众多瀑布美景，峡谷中楠竹秀立，巨石嵯峨，空气清新但人迹罕至，是一处孤寂清冷、远离世间嘈杂喧嚣的桃源仙境。

墨溪景区

墨溪是莽莽密竹丛中欢快流淌的一条水色泛着青色波光的山溪，溪边有生长茂盛的慈竹和楠竹林，溪水上游山岩陡峭、奇峰高耸，有三条山间溪流汇集竹林深处的三景坪、半山腰古代猎人生活居住的朝阳洞和落差达80余米的烟雨龙岩壮美飞瀑等多处佳景，是整个竹海中风光最原始古朴的景区，最具竹海原汁原味的风姿神韵。

从竹海入口万岭镇步行30~40余分钟即到墨溪景区大门，景区大门旁即是索道站，在此乘缆车24分钟后即到观海楼山巅。单游墨溪景区要1.5~2小时时间。

海中海、仙女湖、春龙湖

竹海景区内的三个山间湖泊，湖中绿波清清，四边松竹

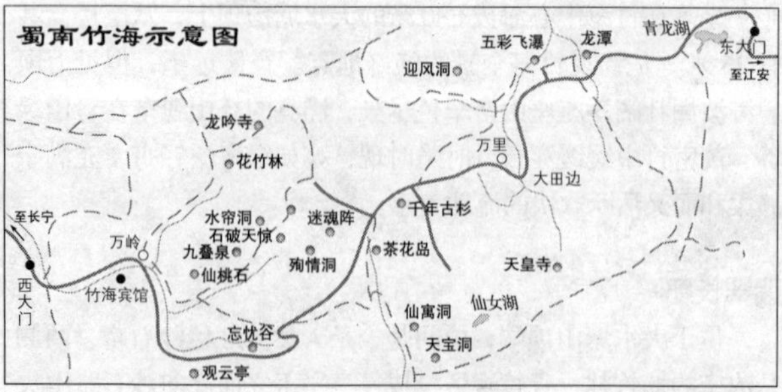

- **打车或乘观光车游竹海**

景区有路面较平但高度起伏的山间公路，若想1天内多玩几个景区，最方便的就是打摩的，起价10元，包租微型车半天需60~80元。另悉环保观光车近日将开通，届时景区内游览会更方便（与九寨沟相似）。

▲ 竹海观海楼

- **忘忧谷**

从竹海入口处万岭镇向西步行30分钟即到忘忧谷。

- **墨溪**

景区入口与索道下站相邻，从万岭镇步行30分钟可到。打车10元即可。

- **周边景区**

世纪竹园距中心景区8公里，占地面积3000亩，引植了世界各地的竹子430多种，是目前世界面积最大、竹类品种最多的竹类系统生态园。有世界最高的巨龙竹、最矮的竹翠竹，形态奇特的人面竹、鸡爪竹等。

- **当地旅行社**

①竹海国旅，宜宾市内，电话：0831-2185326。

- **另荐景点观云亭**

地处竹海西南缘的观云亭风光甚好，可观云海雾涛和山下田园佳景，从山下乘车去山顶观海楼时会路过此亭，尽可关注。

掩映，临水而建的竹亭、竹廊、竹寨中有竹制桌椅供游人小憩、悠闲观景，用楠竹扎制的排筏可以把游人载至湖心，沐爽爽微风，畅览秀丽的湖光山色。

• 仙寓洞　天宝寨

从观海楼或翡翠长廊打摩的，20 分钟即到景区入口，这是一条环形游览线，东口进西口出观光效果更佳。

这里的高山深谷风光奇特而惊险，其景色远远超出了“竹海”的范围和含义，特别值得一看。

▲ 竹海冬景

仙寓洞、天宝寨

均为竹海高原台地南缘陡峭山崖上的天然岩腔（半开放半露天式山洞），其中仙寓洞长 300 余米，宽和高 2~15 米，天宝寨长约 1500 米，两洞均上依险崖危岩，下临千仞绝壁、茫茫深谷，洞前常有烟飞雾聚、仙云缭绕，洞中常有瀑水滴落、怪石挡道。仙寓洞中建有观音殿、大雄宝殿等，造型玲珑秀美，庙中香火旺盛。天宝寨前还建有以三十六计为主题的大型浮雕。登临上述两地，不光能观览洞中奇景，还可居高鸟瞰竹海高原台地上下的百里田园秀色——青山似丘、河水如带，块块水田晶莹剔透，似颗颗珍珠玛瑙，熠熠闪光，真是佳景万千，如诗如梦。

新奇发现

新奇发现：这里不光有竹海，更有秀丽山景

大凡人们称作“海”的地方，一般地势都很低洼，但蜀南竹海不是，它的主要景区盘踞在一片大台地上，高出下面 600~800 米呢！尤其惊险而绮丽的是台地的南缘（天宝寨、仙寓洞一带），这里的岩壁非常陡峭且遍布悬崖险石、飞瀑流泉和奇异洞穴，而台地下方的平川上青山如螺蛳、溪水如玉带、农田似阡陌，真是锦绣田园、风光如画，游人居高四望，感觉甚美，绝了！

天外天

天外天——还有更好的玩法

蜀南竹海风光虽好但地处川南腹地，游客前去一趟光游它就显得有点内容单调而收获欠丰厚了。但这没关系，距竹海只有 2 小时车程的兴文县境内有一个大型喀斯特地貌游览区石海洞乡，那里的壮美风光与蜀南竹海的柔和秀气形成鲜明对照。一次把竹海和石海洞乡两处大型景区都游遍，您的游历就变得更加精彩、丰富了。本书在后面有对石海洞乡景区的详细介绍。

另外途经宜宾时可参观五粮液酒厂和李庄古镇。李庄古镇就在长江边上，位置很好，镇上有不少古屋古宅，抗战时期遗留在此的多所大学校园遗址也颇具观光价值，特色食品李庄白肉也很馋人。从宜宾南客站到李庄车程只有 45 分钟，车费 5 元，门票 20 元。

旅途中

沿线亮点闪击和精彩回放

①欲知蜀南竹海有多么美丽迷人，那你必须全方位地观览——登山、观海、涉溪、漂江(淯江)，“上天入地”后定获无尽快活欢欣。

②蜀南竹海太绝妙，这里遍地是翠竹，满山流泉水，空气特清新，在这儿居住八成要比大城市中的人多活10~20岁。

◀淯江泛舟

③观海楼位置真好，能居高俯瞰景区全貌，游客不要偷懒，一定要爬上顶层去看美景。

④翡翠长廊景色真棒，真是“夹道万竿成绿海”，在江泽民总书记留影的地方拍张纪念照，感觉一定很妙!

推荐游程

竹海的范围极大，一日游可从万岭镇入园，看竹海博物馆、忘忧谷、墨溪景区，然后乘缆车直达观海楼看竹海全景并观旁边的翡翠走廊，下午再去海中海、仙女湖、天宝寨、仙寓洞观光，这样安排已经挺圆满了。二日游第一天的内容可同上，但晚上可在山顶上住宿，山巅观海楼旁有数家宾馆，这里风光好，空气特新鲜，住宿一定很舒服，第二天再加上七彩飞瀑和挂膀崖瀑布群、观云亭等其他美景，下山后还可参加淯江漂流。之后踏上返程。

旅游锦囊

竹海观光指导

·最新旅游信息

①游览竹海既可从江安-万里进入亦可以从长宁-万岭进入，笔者感觉似乎从万岭进入观光更顺畅一些。

②万岭、万里及竹海景区内有不少“农家乐”，特点是起点高、设施完善，绝大多数客房都是标间（电视、卫生间、空调一应俱全），游客只要比较一下，选择新装修过设施好一些的就行了。

③景区内“农家乐”目前的收费状况是住宿不贵（标间淡季60~80元，旺季百元上下），但吃饭贵（近年来饭菜价格上涨厉害），有的餐馆回锅肉居然标价30~35元，遇到这样的餐馆只要游客表示不满，老板就会主动降价，所以用餐前议价是完全应该的(像回锅肉这类菜打折后18~20元/份，老板是完全可以接受的)。

④现在竹海内还未设观光车（据说不久后会有），游客步行有点累，笔者认为可以采取分段租车的方式——景区内有微型车载客，从万岭镇包车观竹海博物馆（停留10分钟），之后到忘忧谷（车费10元即可），从忘忧谷打车到墨溪也是10元。游完墨溪乘缆车上行到观海楼，看完翡翠长廊打车到海中海(车费15元，摩的10元)。从海中海到仙女湖到天宝寨和仙寓洞这一段步行即可（游程约需2.5~3小时)。之后返回仙女湖停车场后再租车返回，也可从仙寓洞上方乘大峡谷缆车（新开通的）返回观海楼（下缆车后有免费中巴送人）。

⑤上述游程安排（包括本文中推荐游程一栏中的内容和观光程序)，笔者认为是非常顺畅合理的，各位照章行事即可玩得满意开心。

石海洞乡 ●●●●

电话区号 0831
旅游投诉 96927
旅行社 8224788

石海洞乡（又称“中国石海”）景区位于四川省宜宾市兴文县境内，总面积达 136 平方公里，这里可真是名副其实的喀斯特地貌王国——地下溶洞纵横交错、地表石林千姿百态，全景区共有大小石林 7 处，各类溶洞约 200 个，尤其是景区中的三大绝景“中国最大的岩海”、“地球上的特大漏斗”、“中国最长的游览洞穴”更是神奇壮美、险峻迷人，许多中外专家学者来此考察后都夸赞这里是世界岩溶地貌中的壮观之最，美丽的自然风光令八方游客新奇惊讶、拍掌叫绝。

石海洞乡风景区东起兴文城南的梅子坳，西至象鼻等，绵延 20 余公里，主要有石海、大漏斗、天泉洞三大奇景。

▲ 石海洞乡天泉洞中的石林仙姿

气候与游季

兴文地处四川南部地区，气候温和湿润，夏季气温稍高，冬季无严寒天气，春秋季气温适中游览效果最好，冬夏季节亦可前去。

交通

可以从两个方向去兴文：

A.从四川成都、宜宾方向去。成都和宜宾都有多班客车开往兴文，其中宜宾至兴文只需行车 2.5~3 小时，车票 20~25 元。

B.从重庆、泸州方向去。重庆至泸州每天至少有 15~20 班客车，行车 2.5 小时左右，泸州至兴文每天客车无数，2 小时即到，另外蜀南竹海景区至兴文县行车只需 1.5 小时，每天客车极多。

住宿

兴文县城内有银峰宾馆、洞乡宾馆、石林宾馆、兴文宾馆、交通宾馆、玉青宾馆等条件尚好的住处，标准间收费在 80~180 元/间（不同季节有浮动），其中银峰宾馆是涉外定点宾馆，条件较好。此外县城内中、低档旅馆、招待所很多，30~60 元一间的住处不难找到。

- **从蜀南竹海到石海洞乡**

蜀南竹海所在的长宁县城和竹海东门、西门处都有客车去兴文，玩毕竹海再去石海很方便。

- **绝佳游览方式**

兴文石海洞乡与四川蜀南竹海挨得太近了，只有 1.5~2 小时车程且每日往返的中巴车很多，票价只需 16 元左右。它俩一个神奇壮阔（石海）、一个娇娆秀丽（竹海），把它俩连在一起玩真是珠联璧合、刚柔相济，效果绝对精彩无比。

▲ 大漏斗——世界上最大的喀斯特溶陷落坑

餐饮

特色食品有山地乌骨鸡做成的芋儿乌鸡、苦笋烧鸡、乌鸡面；以清热泻火、爽口宜人著称的苦笋做成的苦笋鱼、酸菜苦笋汤等。此外，兴文的贡米非常出名，其形雪白、味清香、微甜，质量超过泰国大米，以贡米为原料制成的九丝饭、糯米酒是待客佳品。

兴文县城内的中、小餐厅内的普通饭菜价格适中，肉炒青菜价格在10~15元，人均20元钱可以吃饱吃好一顿。

主要景点

• **地上石海**

从兴文客运站乘中巴1小时可到。车费5~6元。

¥门票90元，与大漏斗和天泉洞通票，含观光车费。

游览60~90分钟即可。

地上石海美景纷呈

石海位于全景区的东南方，景区内奇峰突起、怪石嶙峋、时疏时密、起伏重叠。全景区共有各形石峰数千座，迎宾石、画中人、七女峰、天涯望归人等佳景近百处，真是奇景交织，美不胜收。

兴文石海不光有诸多奇岩怪石；还有天龙洞——长达300米、洞中长满造型各异、玲珑剔透的石钟乳；金水河——河水清澈、河底沉淀有氧化铁的矿砂、阳光照射下金光闪烁；龙牙观瀑——落差达30米如白练高悬的秀美飞瀑等多处山水美景，它们动静相宜、给游客带来美丽新鲜的见闻感受和长久回味。

• **大漏斗**

门票90元，与石海和天泉洞通用。

¥景区大门口有导游接待站，请个导游观景效果更佳。大漏斗坑边还有“野导”，服务态度不错，5元钱即可领你沿漏斗转一大圈。

大漏斗——中外罕见的自然奇观

大漏斗在石海洞乡的中心，是全景区中最为神奇壮丽的主景。它是一个巨大的椭圆形地下陷坑（或称陷阱），宛如一口硕大无比的巨型饭锅，镶嵌在陡峭直立的石峰丛中。这个大漏斗直径650米，深208米，口径和深度在全世界的“各大漏斗”中雄居第一。

• **天泉洞**

¥门票90元，与地上石林和大漏斗通票。

这是一个巨型山洞，可驻扎一个集团军。

洞内精彩景点有石林仙姿等。

天泉洞——巨大无比的地下迷宫

天泉洞长近5公里（其中游程长约3.5公里），有上下四层洞穴、大小支洞近百个，是一座深奥莫测而庞大无比的巨型地下迷宫。

作为喀斯特地貌的典型代表，天泉洞壮观无比且特色异常鲜明。像著名的“穹庐广厦”，洞厅高80余米、宽100余米，可以容纳近万人观览休息，在这里建一个足球场也绰绰有余；其次是洞穴奇多、洞内河水奔涌、涛声阵阵，每逢暴雨时节，阴河之中水石拍击、发出雷鸣般的怒吼，游人闻之顿感毛骨悚然、惊心动魄；第三是天泉洞中多奇景，各类钟乳奇石千姿百态。最有代表性的是石林仙姿景区，这里有几百棵钟乳石林平地拔起，亭亭玉立、挺拔秀美，而洞顶上又有数千块钟乳石摇摇欲坠，这上上下下的无数石柱、石花身材各异而又色彩斑斓，它们交相辉映把岩溶地貌的神奇优美展现得淋漓尽致，游人至此如入梦幻之境。

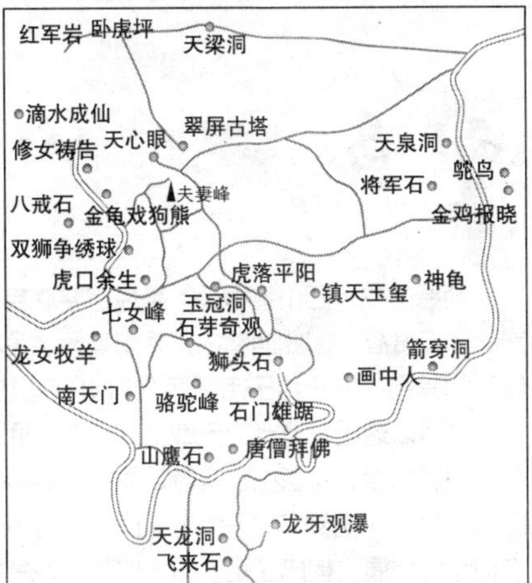

石海洞乡示意图

地上石林、大漏斗、天泉洞三大景区相依相连，游客只需用大半天时间即可通览这三处自然奇观。现在兴文又开发出一处新景博望山，那里峰峦叠翠、峡谷幽深且遍布溪泉、瀑布和茂密竹林，美丽的兴文山水正以神奇壮阔而又柔和秀美的诱人风采，笑迎远道而来的八方游客。

- **博望山**

从兴文县城乘中巴2.5小时可到。

¥ 门票25元。

▲ 博望山风光

推荐指导

可从县城客运中心乘中巴车，票价5~6元、1小时即到石海洞乡风景区的中心，地表石林、大漏斗、天泉洞三大景区连在一起，花3~4小时游览绰绰有余，景区通票125元。请切记大漏斗和天泉洞是观光要点，另外请个导游讲解会平添诸多情趣，每位导游小费20~40元。博望山在县城的另一方向（西侧），需单独坐车前去。

游览兴文有两天时间即可，第一天畅游石林、大漏斗、天泉洞，夜宿县城。第二天再去博望山一游。

旅途中

沿线亮点闪击和精彩回放

①大漏斗真是壮观，虽然我去游览前就看过它的照片和录像，可是一旦到了它跟前，还是情不自禁地叫出声来：哇！

②大漏斗虽然面积巨大、地势又低洼，但不论老天下多大的雨它也不会积水，因为下面有岩石缝隙、有暗河，水会自动漏走，喀斯特地貌的构造真是神奇绝妙。

③天泉洞口真大（指靠近大漏斗一侧的洞口），我见到它的第一感觉就像见到了5米高的人，惊诧了好一会儿并且迟迟不敢靠近（人与洞的比例真像蚂蚁和足球），我真怕让这个巨大的洞口给“生吞”了。

④天泉洞顶有一处巨大天窗，光影投下来能形成七彩飞虹，真绝！

⑤我敢打赌，天泉洞中的“石林仙姿”在全国同类洞景中堪称第一，绝对最美！您若是能告诉我有什么其他地方的彩色钟乳石林能比这里更好看，我可以请您上全聚德烤鸭店“饱撮”一顿，绝不心疼！

西昌

电话区号　0834
旅游局　2173735

西昌市位于四川省南部，是凉山彝族自治州的首府。这里纬度低，海拔高，空气纯净而能见度高，因此西昌白天艳阳高照、夜晚皓月当空，同时享有“日光城”和“月光城”的美名。由于位于市区西北约 60 公里处的西昌卫星发射中心已将数十颗卫星送入太空，所以这里又是当之无愧的航天城。西昌市区和周边地点有不少颇具观光价值的美景，像泸沽湖、螺髻山、马湖、龙肘山等等，但最最令人赞叹的是市区南缘有一座美丽的山峰和一个浩瀚的湖泊，它们就是泸山和邛海，其中泸山山姿柔美、邛海烟波浩渺，它们相依相偎，构成了足以和大理苍山洱海相毗美的壮丽风光。

气候与游季

西昌常年可以旅游，春夏秋三季观光效果更佳。

▲ 邛海水上名阁对泸轩

交通

西昌青山机场是川南重要的航空港，有航班同北京、成都、重庆等城市对飞。西昌火车站是成昆铁路上的重要站点，在这里乘旅客列车可直达北京、昆明、成都、西安、重庆。西昌市内有两个较大的汽车客运站，其中旅游客运中心规模大，发往成都、重庆、攀枝花、泸沽湖及泸山、邛海的客车都在这里始发，而汽车东站发的客车主要是开往东部 5 个县。

住宿·餐饮

西昌城市不大，物价不高，许多位于市中心的宾馆（二星级）标间房价都在百元上下，邛海边上的不少个体酒店标间 80 元左右即可拿下，住宿很方便（如邛海鑫诚餐厅旅馆，标间 70~90 元，电话 13881573920）另外邛海边的海馥酒店位置绝佳、条件很好，笔者给予特别推荐（电话：0843–8888939）。市区中小餐馆里有不少 10~15 元/份的荤菜，人均 30 元可以吃好一顿。

主要景点和观光指导

西昌市内最大的观光亮点就是泸山和邛海，它俩紧紧相依，山光水色俱佳极为美丽动人。泸山主峰海拔 2317 米，但是一般游客无需登顶，只要走到半山腰就能看到山下邛海辽阔湖面和西昌市区远景；邛海就在泸山脚下（门票免收），水域辽阔、水色青绿，有各色游船行驶海上，风光美而生动。从西昌市内的旅游汽车站乘 22 路公交车，20 多分钟就到泸山和邛海（可在邛海公园或 45 医院站点下车，下车后东边是邛海、西边是泸山）；如果乘缆车登泸山上下有 2~2.5 小时就可以玩得很高兴了，而游邛海除在海边观景外，一定要坐游船（船票 5~10 元/人）横跨海面抵达海中的半岛小渔村；小渔村本身就是邛海边上的绝佳观光点，况且这里有几家酒店和农家乐旅馆及大量的农家乐餐厅及烧烤摊，是海边休闲度假及美食佳境，一定要重点游览并品尝当地各类湖鲜（品种主要有青波鱼、南瓜鱼、醉虾、海贝、毛蟹等）。小渔村边还有 111 路公交车抵达市中心。

累髻山在西昌市区以南 37 公里处，山势高峻，山上有不少湖泊和冰川遗迹，夏秋时节观光效果好（从西昌旅游汽车站乘去普格的客车在螺髻山镇下车，车程 1.5 小时、车费 12 元，再换当地机动车到半山腰处的山门，购买门票后先乘观光车再换缆车才能到达山上景区，门票加观光车和缆车费一共 195 元）。

西昌卫星发射中心距市区有一段距离，游客在市区参加旅行社组织的一日游为好，全包价 140 元左右。马湖地处西昌东北约 200 余公里的雷波县境内，风光尚可但因路途不近所以一般人较少前去。至于泸沽湖这个四川与云南交界处的观光大亮点，由于我已在本书云南部分中详细介绍过，所以请大家参照即可。西昌风光非常美且环境整洁、空气清新、物价不贵，是四川省内不可多得的观光度假胜境，笔者给予强力推荐。

旅途中

亮点闪击·旅途花絮

①西昌市区风光很美，美就美在市区南边的泸山邛海，它俩相依相偎，构成了绝佳的山水组合，其总体风光水平绝对不亚于著名的大理洱海苍山。

②邛海的最佳观光点之一是西岸的邛海公园，在这里看蓝天飘白云、碧水泛青波，视觉感受真是美轮美奂。在邛海公园向东南方遥望黛色青山和无边绿海，保你沉醉迷离、舒服得两个小时之内不想动弹。

③从邛海公园乘游船，15 分钟内就可以横跨湖面到达对岸的半岛小渔村，小渔村亦是邛海之滨的绝佳所在，这里湖中碧波荡漾，岸上绿荫浓密，座座宾馆和农家乐餐馆就隐藏在青波绿树间，每一家酒店和餐馆都能带给人温馨快慰，你就选一家中意的走进去开心享受吧！

▲ 邛海风光

④小渔村的最佳观景点是湖边名阁对泸轩，在这里观邛海视野更开阔、景色更壮观，烟波浩渺、水天一色的邛海风光会带给你视觉和心灵上的强烈震撼。

⑤小渔村中最高级的宾馆是海馥酒店，一定要在其中住一晚，以便饱览宁静柔美的邛海夜色并畅观湖上的晨曦朝晖，这一早一晚的海上佳景和美妙意境带给人的感受就是八个字：如痴如醉、飘然欲仙。

重庆市

CHONGQINGSHI

重庆市

重庆是一座个性鲜明的城市，它位于四川盆地东南，东有嘉陵江，南有长江，背依枇杷山，整座城市建在江滨山坡上，高低不平、错落有致，显得特别美丽而生动。重庆的特点太多太独特，因而得到了诸多别称，如山城、江城、雾城，等等，而每种称呼和身份，却都名副其实而又令人向往。重庆还是中国最年轻的中央直辖市，都市风光、江山秀色和巴蜀风情在这里完美交融，使它无愧于极具魅力城市的美名。

▲ 朝天门码头新姿

气候与游季

重庆属于亚热带季风性湿润气候，特点为冬暖、夏热、春早、秋短。年平均气温在18℃左右，常年雨量充沛，尤其是在秋季，秋雨霏霏，令游人有诸多不便。游重庆最宜在春、冬两季，夏季酷热，秋季多雨，皆不太适宜旅游。

交通

航空

重庆江北机场位于渝北区两路镇，距市区约23公里，有高速公路与市区相连。江北机场现已与国内外数十个大中城市间通航。重庆市的上清寺有专线车直抵机场，车费15元。

铁路

重庆与成都、内江、西安、乌鲁木齐、昆明、广州、上海、杭州、贵阳、达州、汉口、北京、郑州、福州、厦门、万盛间有始发直通列车，其中到成都的城际列车运行4个多小时即到。火车站位于市区中部的菜园坝，有多路公交车抵达。

公路

有开往江津、南充、泸州、达州、阆中、成都、万州、巫山、涪陵等地的客车。沿成渝高速路到成都只需4小时。

- **旅游咨询**
  电话：023-63629700。
- **重庆市旅游局**
  电话：023-63236016。
- **旅游投诉**
  电话：023-63866315。
- **旅游专线汽车**
  电话：023-67526672。
- **机票销售**
  电话：023-63602900。
- **火车站问询**
  电话：023-63442322。
- **汽车西站**
  电话：023-68615359。
- **朝天门汽车站**
  电话：023-63736778。

水运

水运是进出重庆的常用方式。长江航运可通达沿江各市，航程到巫山（小三峡）一般为20~24小时，至宜昌一般需30~35小时，另外还有大量旅游船经三峡到达宜昌。现在，沿长江而下到达武汉、南京一带的客轮都已停航，客船航班只到宜昌且每天只发1~2班船，游客购票前应作详细咨询。随之而来的是各类旅游船越来越多，船上条件也越发现代化，连三等舱都有彩电和卫生间，当然船票也比普通客轮贵得多。

市内轻轨

重庆已开通轨道交通，从较场口到新山村。票价最低2元，全程5元。

住宿

重庆是我国西南热点旅游城市之一，旅馆服务业发达，住宿设施完善，仅星级宾馆就有近百家且房费不贵。如万豪酒店、海逸酒店等五星级酒店打折后标准间不过500元上下。海德大酒店、大世界酒店等四星级宾馆打折后标准间不过250~300元。而三星级的重庆饭店、雾都宾馆打折后标准间不过180~250元，堪称物美价廉。还有遍布全城的中小旅馆、招待所（在火车站前有不少），条件虽然一般但床价可以低到10~15元，房价20~40元，因此令人感到非常舒心方便。

餐饮

重庆的特色美食品种多且饭菜价格便宜。如果你只想填饱肚子，在街面上花12元左右就能完全解决问题。其他城市火车站前摊店里的饭菜一般都是量少、质次、价高，可重庆火车站前有许多快餐店中还有8元左右的套餐，含两荤两素，赠送高汤且米饭量不算少，一般饭量的人可以吃饱。

欲品川味名菜，可去各正式餐馆中随心所欲。水煮鱼、水煮牛肉、回锅肉、怪味鸡、棒棒鸡、脆皮鱼、锅巴肉片、火爆双脆，这些川菜中的基本菜肴不吃一个遍，那真是白来重庆一回。各类风味小吃有担担面、过桥抄手、酸辣粉、醪糟汤圆、炒米糖开水及各类豆花食品等。最令外地游客流连回味的是重庆的火锅，作料全、菜类多，什么都能涮，锅中红油滚滚，辣味扑鼻辣舌，吃后令人口味大开但会头上出汗、眼珠子冒火，你可要有心理准备，否则无法承受辣味的冲击和考验。

- **长江旅游票务中心**

电话：023-63622955。

- **东方轮船系列**

电话：023-63818854。

- **当地宾馆酒店**

①扬子假日饭店，四星级，档次条件甚好，位于南坪北路，电话：023-62803380。

②重庆宾馆，四星级，民主路，电话：023-63845888。

食品大厦，普通宾馆，标准间150元/间，普通间60元/间，电话：023-63552518。

- **推荐便宜实惠的住宿地点重庆三峡青年旅舍**

该旅舍位于重庆市中心渝中区湖广会馆旁，前方就是长江，位置好、视野绝佳。旅舍能为客人提供免费上网、旅游咨询、自助洗衣等多种服务，条件好但房价不贵，最便宜的床价30元/人，可作为背包旅游客首选。从重庆火车站或飞机场乘608路均可直达。电话：023-63911980。

- **风味餐厅**

八一路好吃街，重庆风味餐饮一条街。

直港大道，云集了数十家餐饮名店。

南滨路，汇集了重庆众多有名美食餐厅，同时也是酒吧、咖啡厅集中地。

颐之时酒楼，邹容路，电话：023-63833459。美食有干烧岩鲤、清蒸肥头鱼、樟茶鸭子。

老四川酒楼，电话：023-63841957。美食有灯影牛肉、精牦牛肉、水煮牛肉、清炖牛尾汤。

金沙厅餐厅，扬子江假日饭店2楼，美食有扬子江烤鸭、扬子百花虾、泡椒牛蛙。

龙凤厅餐厅，重庆宾馆内，美食有干烧鱼翅、干煸鳝鱼、荷叶仔鸡。

天天火锅城，上海100店旁，美食有火锅。

重庆火锅城，松藻宾馆对面，美食有火锅。

- **朝天门**

乘 102、103、122、251、382、418 路公交车和 252、413、420 路小巴均可到。

广场甚为开阔，地势亦佳，值得特别关注，晚间可以在这里登船参加嘉陵江及长江夜游，平视和仰望山城夜景。

- **解放碑**

乘 103、104、215、251、301、303、413、418、481 路公交车均可到。

这里的步行街相当于上海的南京路，红火喧嚣至极，有美美百货、大都会、重庆百货、太平洋百货、新世纪百货等大型商城，您就好好浏览、观光、购物吧！

- **歌乐山（烈士墓）**

乘 210、215、217、221 路公交车均可到。

¥渣滓洞、白公馆门票全都免费发放，观光车 3 元一人。

- **枇杷山公园**

乘 109、401、402、405、413、418、481 路公交车均可到。

开放时间

8:00~22:00。

¥门票 5 元。

只是市区新建楼房太多了，有点妨碍视线。

购物

特色商品有涪陵榨菜、老四川灯影牛肉、金角牌五香牛肉干、江津广柑、苍溪雪梨、长寿沙田柚等。此外重庆的茶叶如重庆沱茶、西农毛尖、翠坪银针茶等均很有名。工艺纪念品可选购各式竹编、蜀绣、织锦、三峡石砚、綦江农民版画等。市内的主要商业街区有解放碑、磁器口、朝天门等。

主要景点

朝天门

位于市区东北长江与嘉陵江交汇处，左侧的嘉陵江江水青绿，右侧的长江水水色褐黄，黄绿交融汇成浩荡江流滚滚东去，风光独特而生动。在陆地伸入江心的突出地带，近年来开放兴建了开阔壮观的朝天门广场，江滨还有大型客轮和游船码头，游客凭栏好好观览江天秀色和重庆市区风情。

解放碑

位于市内渝中区民族、民权、邹容三大路口交会处，全称叫“重庆人民解放纪念碑”，碑体高大，通高 35 米，是重庆标志性建筑之一。解放碑周围高楼迭起、广厦林立，遍布大型商厦、宾馆、影剧院、夜总会，是当今重庆最繁华的商业中心。

歌乐山（烈士墓）

位于重庆沙坪坝区，由主峰中心景区、林园和烈士陵园三部分组成。因解放前国民党政府在此设立了“中美合作所”，囚禁共产党人，所以这里留下了渣滓洞、白公馆等集中营旧址，新中国成立后建有歌乐山烈士陵园，供游人瞻仰。

枇杷山公园

位于重庆市渝中区的海拔 345 米的枇杷山顶，为重庆旧城区制高点。山顶上有观景亭和观光轮盘车，游人登临可环视市区全貌，览山城夜景——灯花灿烂如海、车船穿行如流星，非常美妙动人。

▲ 嘉陵江上

长江缆车

从长江北岸的渝中区到南岸的南岸区凌空飞架跨越长江，运行约6~7分钟，游人在车厢中临窗眺望，可尽览山城江山美景。

南山一棵树

长江南岸的南山一棵树是观赏重庆市区夜间全景的最佳地点，那里有很大的观景台和观景楼，游人在此凭栏远望，可以把重庆中心区渝中区山上的万家灯火尽收眼底，其画面美不胜收令人赞叹不绝。

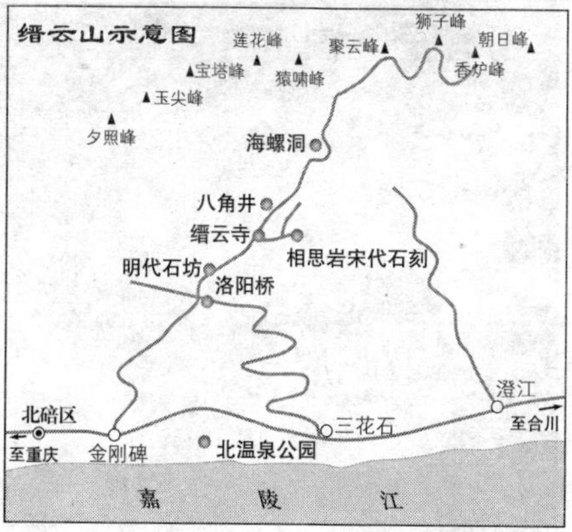

鹅岭公园

地处渝中区长江一路、长江与嘉陵江汇合处江滨的陡崖上，背依山城、面向江涛，有江山一览台、瞰胜楼（两江亭）等多处美景，在此观赏山城夜色亦非常引人入胜。

市郊景点

缙云山

在北碚区嘉陵江温塘峡畔，主峰玉尖峰海拔1050米，雄奇险峻，其他诸多山峰亦各具风姿神韵。山上长有千余种植物，亦可观日出和流云。山间还有缙云寺、北温泉等景点，休养娱乐设施亦非常完善。

北温泉公园

南依缙云山、北临嘉陵江，公园随江山地貌而建，林木葱茏、古殿林立、风光如画。园内有泉眼近10处，日出水高达数千吨，水温35℃~37℃，洗浴后能健身祛病。

钓鱼城

在合川区嘉陵江南岸钓鱼山上，有江边巨大的钓鱼石和保存甚好的古城门、城墙、皇宫、步军营和水军码头等。古时这里曾发生过宋朝守军固守城池击溃成吉思汗之孙蒙哥大汗所率大军入侵的悲壮故事，故此城被欧洲人誉为“东方麦加城”，具有甚高的考古观光价值。

- **长江缆车**

¥ 单程2元/人。

- **南山一棵树**

可从菜园坝或朝天门乘车过长江大桥到南坪区的上新街，从那里乘公交车1元钱或打的5元钱即到南山一棵树。

¥ 门票20元。

- **鹅岭公园**

乘109、412、413、418、421路公交车均可到。

开放时间

8:00~22:00。

¥ 门票免收。

- **缙云山**

缙云山距市区约60公里，可从市区先乘251、252、253路公交车到北碚，再换268、270、287路公交车上山。

¥ 门票15元。

另外在北碚区的团山堡有索道上山。上行15元，下行10元。

- **北温泉公园**

火车站、解放碑、朝天门均有专线车前往。

¥ 门票20元。洗浴10~30元。

- **钓鱼城**

先从重庆乘车到合川县城，之后换客车可直达，车费3元。

▲ 大足石刻中的巨型睡佛

• 大足石刻

重庆朝天门和菜园坝车站开往大足的客车随时发，2小时就到。从大足客运老站或宝顶山专线车站换乘各类机动车，10分钟到北山，35分钟到宝顶山。

旺季朝天门还有专线车直达宝顶山。

¥宝顶山门票80元。北山60元。联票120元。

就大多数佛像的精美程度而言，大足石刻要超过云冈和龙门石窟，因此非常值得一看。

• 金佛山

可从重庆乘车至南川，再换车去金佛山。亦可取道万盛再换车前往。

¥门票30元。

• 万盛石林

重庆火车站每天上午8:00有旅游专线车到万盛，亦可从南坪汽车站乘327路公交车到万盛，再换车去石林。

¥门票50元。

周边景点

大足石刻（5A级景区）

在大足县境内，分为北山和宝顶山石刻两大部分，其中宝顶山石刻更为突出。宝顶山石刻的中心是大佛湾，这里长仅500余米的崖壁上就有石雕万余具，且雕刻色彩尤为动人。自古以来国内就有“北敦煌、南大足”之称，足见大足石刻的艺术价值是多么珍贵超群。

金佛山

位于南川区城南15公里，由金佛、柏枝、箐坝三山组成。最高峰2251米，游览区面积达264平方公里，山间有诸多奇峰怪岩和原始森林，且洞穴幽深、溪泉密布，是重庆地区观光名胜。

万盛石林

位于重庆市区以南165公里处的万盛区南天乡内，面积2.4平方公里，有神女峰、天门洞、香炉山、巨扇石、石鼓、地缝一线天等佳景百余处，在重庆周边地区风光独树一帜。

乌江一龚滩

乌江发源于云贵高原，从大娄山和武陵山脉区向东北方向

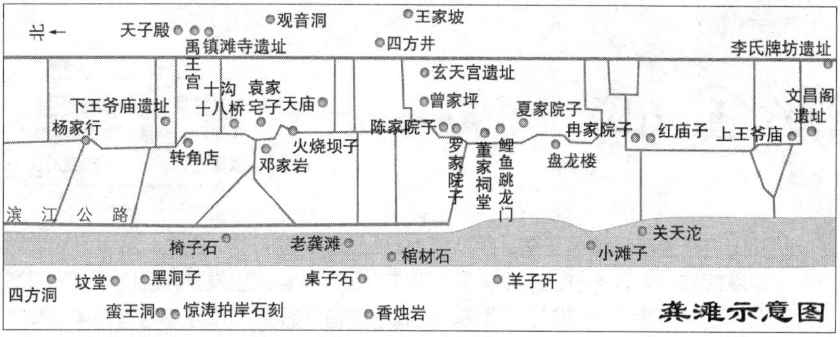

龚滩示意图

狂泻、在涪陵注入长江。乌江水流湍急，势如翻江倒海，沿岸有芙蓉洞、芙蓉江、大溪河、三门峡、盐井峡、关滩峡等险关奇峡。龚滩古镇位于重庆市酉阳土家族苗族自治县内，有许多古民居木楼和长达1.5公里的青石板古街，这里依山临江，江边陡崖林立，崖边建满原始而精巧的吊脚楼，风光秀美，古风浓郁，是近年来逐渐被外界发现并熟知的观光处女地。

除了观览龚滩古镇风光外，从镇上还可乘船游览乌江上有名的百里画廊景区。

龚滩老街上有许多个体木楼客栈，每床只收15~20元。吃饭也很便宜，包桌100元即可。

- **乌江—龚滩**

可从重庆朝天门码头乘船到涪陵（乘汽车去亦可），涪陵每天8:00有船逆乌江而上到龚滩；也可从重庆乘火车直达酉阳土家族苗族自治县。

游览乌江百里画廊，船票80元，8:00发船。

- **关注“棒棒军”**

“棒棒军”是重庆特有的都市风景，它是指许多民工手里拎着或是肩上扛着一根小扁担或是小木棍在车内或码头揽客，来为别人挑东西尤其是较重的行李和物品。重庆是山城，人们携着重物上上下下很不方便，于是方便他人而又利于自己挣钱的“棒棒军”亦就应运而生，成为山城中独有的社会群体。“棒棒军”们有快乐，也有困苦和艰辛，关注他们的生活能得到诸多感慨和回味。

自助游指导

重庆城市风光别致而生动，非常值得一游。市区必观之景至少有朝天门、歌乐山（烈士墓）、枇杷山或鹅岭公园数处。市郊的缙云山亦是当地名景。向您郑重推荐周边景区四面山、大足石刻、乌江—龚滩和蜀南竹海4处，另外万州城郊新开放的青龙瀑布亦值得观看，包您游后不虚此行。

推荐游程

D1：上午歌乐山、渣滓洞、白公馆；下午朝天门观光，解放碑购物；晚上南山一棵树观城市夜色。另外火车站旁的皇冠大电梯有“亚洲第一梯”之称，也值得一看。

D2：缙云山畅游，北温泉洗浴。

D3：大足石刻一日游。

D4：去江津游四面山，观赏足以同湖北神农架相媲美的深山原始森林。

D5：上午继续游四面山，中午乘车经江津返回重庆。

四面山

电话区号 023
江津区旅游局 47541861
旅游投诉 47522878

重庆市

四面山位于重庆江津区正南，距江津 90 公里、距重庆 140 公里，这里已到渝黔边境，地域偏僻、人烟稀少、山深林密、野味十足。从重庆出发去四面山，须先乘车跨过长江，抵达江津区（旅游旺季重庆、四面山间有直通车），从江津客运站再换乘当地中巴，还要向南顺柏油路走 2 小时，沿深山峡谷间开凿的林区公路再走 1 小时，才能抵达位于野山深处、原始森林腹地的四面山镇。

四面山有头道河、洪海、水口寺等景区，全由苍莽神秘的原始森林、雄奇壮丽的林间瀑布、群峰倒映的高山湖泊、天然奇特的怪异山石组成。

▲ 落差达 152 米的四面山望乡台大瀑布（丰水期瀑水会更大）

主要景点

头道河景区

有花岩沟、龙潭湖、土地岩绝谷、卧龙沟、太阳坪和望乡台瀑布多处美景，集青山翠谷、险崖绝壁、山间碧湖和壮美飞瀑于一身。其中花岩沟栈道开凿在深山岩壁上，陡峭直立，游人登攀时需手足并用方能涉险过关，颇为神奇刺激；龙潭湖潭水清澈，波平如镜，倒映青山翠竹，风光秀美；望乡台大瀑布高 152 米，宽 40 余米，雨季时瀑水飞流直泻、奔腾咆哮，其场面之壮观比黄果树大瀑布有过之而无不及。头道河镇坐落在景区中心，镇上多宾馆、餐厅、招待所，有公路与外界相连，是各方游客来四面山游览的集散地。

洪海景区

由大洪海、小洪海、林都湖三座高山湖泊组成，其中大洪海宽 60~200 米，长 6850 米，蓄水量达 400 余万立方米，是景区最大的湖泊；小洪海海拔 1200 米，是景区最高的湖泊。三处湖区相依相连且水色清绿，宛如一根金线串起的三块珍珠碧玉。

- 四面山
  ¥门票 110 元。
- 洪海
  ¥大洪海船费 25 元。
  ¥小洪海船费 10 元。

洪海景区四面奇峰高耸、层峦叠嶂，湖心波光潋滟、水清见底，湖边不时有鸳鸯游弋、麋鹿饮水，充满幽雅恬静的田园诗意。

水口景区

水口景区是四面山景点最集中、游程最长的地方，浓荫遮蔽的沟谷险峰内有许多古寨、古庙、奇石、怪岩和巨大瀑布群。集儒、佛、道三教合一的古刹朝阳观建在海拔 1400 米的五个小山尖上，其形态分布颇像一朵五瓣梅花朝天绽放，堪称深山一绝；水口寺瀑布两级落差达 130 米，且水势甚猛，急流从高岩泻下，水雾铺天盖地，涛声远传数里（就是以它为中心的瀑布群为四面山赢得了“全国罕见的瀑布之乡”的美誉）。水口景区的森林非常浓密且林中多珍奇树种，像史前残留植物银杏、鹅掌楸、中华双扇蕨在这里均有分布，游客还有可能在密林中见到云豹、林麝、猕猴和山鸡的踪迹。

交通

重庆市区的陈家坪、菜园坝及朝天门等主要客运站旅游旺季均有专线车直达四面山，车程 4 小时左右。平日可从上述客运站先乘车到江津市（车程 1 小时出头），然后从江津换乘当地中巴 2.5 小时可到四面山景区的中心四面山镇。

四面山镇上有当地机动车可抵水口、大小洪海等主要景点。

花岩沟景区就在四面山镇旁，步行前去即可。

- **风光提示：四面山“贼精彩”**

笔者是在一个偶然的机会到达四面山的，下车后立即被这里的原始生态和秀丽风光惊呆了——到处是密林、遍地溪水清泉，论山林的秀美古朴程度比湖北神农架强多了。说实话，早知道重庆有这么个好地方，我是不会到神农架去看森林的，四面山——真的盖了帽了（但很遗憾，这里通往外界的公路已经修整拓宽了，来的人一多，原始风光还能保存长久吗）！

- **山上食宿**

四面山镇是景区食宿中心和游客集散地，镇上有大小宾馆招待所数十家，其中普通宾馆的双人标准间虽然旺季房费会达到 150 元/间以上，但淡季房价可降至 50~80 元/间。镇上遍布大小餐馆，供应普通川菜和野鸡、山猪等各类野味。饭菜价格不贵，6 元钱一碗的面条可以当正餐吃，野味一般不超过 60 元。

推荐三日游游程

D1：四面山镇观光，望乡台观大瀑布，大、小洪海乘船观景。

D2：全天游览水口景区，观赏大瀑布群和奇山怪石、古庙古村寨。

D3：上午游花岩沟，下午经江津返回。

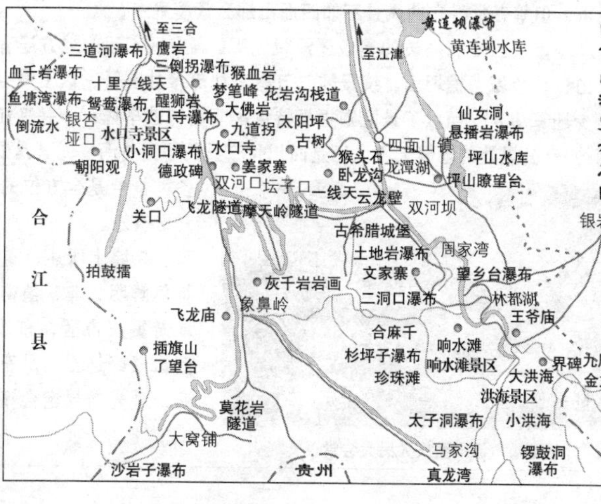

四面山游览示意图

发烧友特别关照

一、笔者对重庆的总体印象

我是去四川游毕成都后到重庆的，抵达后顿感耳目一新且喜出望外，因为这个城市同成都形成鲜明的对照，重庆是山城，整个市区高低不平、错落有致，看上去特别活泼生动，且重庆不论是自然环境、城市风貌、还是生活习俗和民风民情无一不是个性鲜明而又多彩多姿。所以外地人来到重庆，立即会感到这个城市的勃勃生机和盎然活力，一股新奇快慰之感不禁油然而生。

二、观光游览指导

①重庆已是中央直辖市，地盘比以前大了许多，各类自然风光美景和古迹名胜也多得惊人。以笔者的观点看，在这里即使是蜻蜓点水、走马观光作最简单的观光游览也要3天时间，而欲详细游览市区尤其是周边美景，则至少要5~7天才成。

②如果在重庆市做一日观光游乐，那上午可去歌乐山（当地人称烈士墓）参观烈士陵园和渣滓洞、白公馆等历史遗址，之后畅览山城都市风情，其中沙坪坝、磁器口、解放碑几处繁华街区不可遗漏。下午可去朝天门观长江与嘉陵江交汇处的壮阔风光，如能乘缆车跨越长江和嘉陵江，则会对山城有新鲜的视角和观光感受(缆车费2元/人次)。晚上可以干的事太多了，首先应饱餐当地特色美食，麻辣火锅应吃1次，当然告诉店主汤中少放辣椒；之后可登高看山城夜景，枇杷山是老观景点，长江南边的南山一棵树是新观景点，在此眺望山城全貌非常动人（比在枇杷山上看的夜景美得多）。另外朝天门码头每晚有多种游船载客进行江上夜游，游人应择情选乘。

③重庆周边有2处美景不能不看，一是大足石刻，它比洛阳龙门和山西云冈石窟精美、秀气、玲珑得多，透着一种江南石刻的精灵风韵，很诱人，大半天即可打个来回。二是四面山，山深林密、溪泉汹涌，野味甚足，避开7~8月的游览旺季观光效果更佳，不过这山似乎一天之内回不来，两日游览才勉强够用。在重庆南部还有座金佛山，风光尚可，但笔者觉得它的风景不如四面山那么紧凑集中。

④重庆当地和周边的美景还没说完呢! 离市区不远的地方还有南温泉、东温泉、缙云山、钓鱼城、樵坪山、统景峡、万盛石林等多处美景，以上景点风光虽谈不上壮阔但至少还算动人。而以下景区则更显特色鲜明而锋芒毕露：一是乌江—龚滩。二是奉节以南约90公里处的地缝天坑。三是四川长宁县的蜀南竹海。尤其是蜀南竹海，山、水、竹各类景色是全方位的精彩，游人观后定会喜出望外。

⑤综上所述，重庆这个地方美景多而特色鲜明，非常值得一去，但最好别单独地游重庆市区，东边最好连上长江三峡，西边最好连上大足石刻、四面山和蜀南竹海，观光效果定会精彩绝伦。

▲ 外观凝重气派的重庆人民大会堂

西藏自治区

XIZANGZIZHIQU

如果你想看到中国大地上空最明澈的天空和最纯洁的白云，如果你想见到银白雪山和蔚蓝湖水相依相映宛如宝石般熠熠生辉的壮丽美景，如果你想在无数宏伟寺庙和无数虔诚教徒的簇拥下领略藏传佛教无与伦比的博大精深，如果你想在地球上距离太阳最近的地方放飞自己的心灵，请到西藏去——那里有比桂林山水还要美丽的自然风光，有世界上最绮丽，最多彩多姿的风俗民情。任何人在西藏得到的都不仅是美的发现、美的享受，更是美的洗礼和美的震撼，留在心中的是难以忘却可以伴随终生的永恒回味。

▲ 布达拉宫雄姿

地理及地形、地貌

西藏自治区位于中国的西南边疆、青藏高原的西南部。它北与新疆维吾尔自治区和青海省毗邻，东连四川省，东南与云南省相连，南部、西部与缅甸、印度、不丹和尼泊尔等国接壤，形成了中国与上述国家边境线的全部或一部分，全长4000多公里。

西藏自治区平均海拔在4000米以上，是青藏高原的主体部分，青藏高原有“世界屋脊”之称。这里地形复杂，大体可分为三个不同的自然区：西部、北部是藏北高原，位于昆仑山、唐古拉山和冈底斯山、念青唐古拉山之间，占自治区总面积的一半左右；南部是藏南谷地，位于冈底斯山和喜马拉雅山之间；藏东为高山峡谷区，分布着一系列由东西走向逐渐转为南北走向的高山深谷，是著名的横断山脉的一部分。地貌基本上可分为极高山、高山、中高山、低山、丘陵和平原六种类型，还有冰缘地貌、岩溶地貌、风沙地貌、火山地貌等。

拉萨市城区示意图

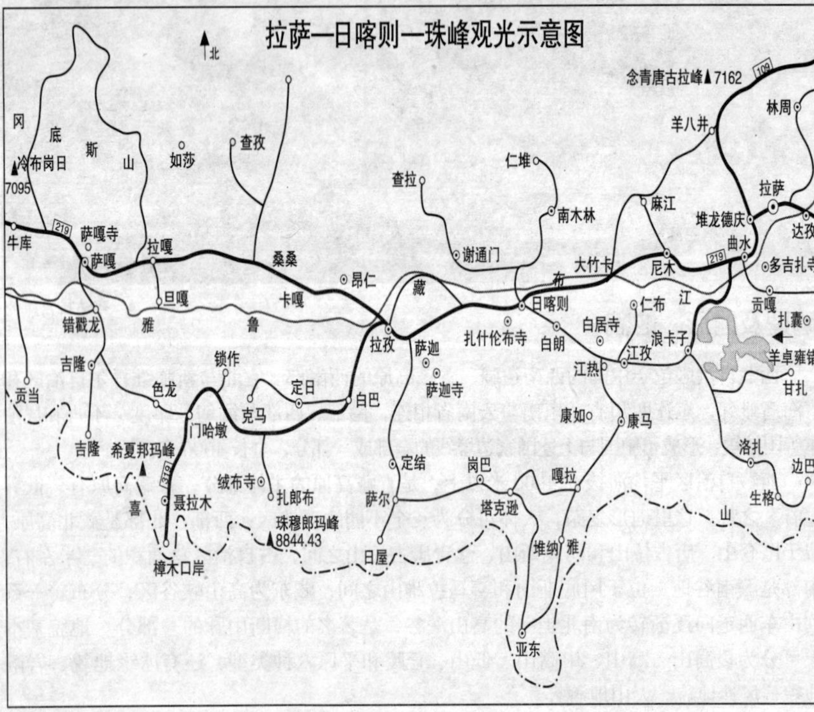

拉萨—日喀则—珠峰观光示意图

▲ 从拉萨火车站前远眺拉萨河上的铁路大桥

• 气候与游季

西藏空气稀薄干燥，透明度好，太阳辐射和日照时数都比同纬度地区多得多。下半年又正值雨季，最暖月平均气温大都在18℃以下，凉爽宜人。

“高原夜雨”和多冰雹是西藏下半年气候的又一特色。如位于宽阔河谷的拉萨和日喀则，由于地形的影响，夜雨率高达80%以上，为高原的夜雨中心。西藏又是全国冰雹日数最多的地区，如那曲年平均雹日35.9天，多为小冰雹。

旅游季节

在西藏旅行必须要考虑季节因素。高寒地区，冬长夏短，只有西藏东南局部地区四季较分明。对于拉萨、日喀则、山南等交通便利的地区来讲，基本上全年都可以旅行，7月至9月为最佳旅游季节，气温适宜，节日也较多。

1. 阿里地区是春秋天最好，夏天南线不太好走，冬天下雪之后基本就不太容易通行了；

2. 林芝地区春天比较潮冷，景色以秋天为最美，气候也最好；

3. 昌都地区有飞机和公路客车到拉萨和成都，只是雨季公路路况很差；

4. 藏北除了青藏公路以外，湖区的路夏天基本没办法走，春天风沙大，秋天最好走，只是时间比较短，只要不闹雪灾，冬天走倒是挺方便的。总体上讲，春秋天是西藏户外旅游最好的季节。

旅途中

旅途小花絮：拉萨的夜雨和祥云

笔者在去西藏之前，曾经长时间地注意过电视台播放的天气预报，可是8~9月几乎每天见到的预报都是“拉萨，小雨，××度”，我真有些发愁了：到了一个每天都下雨的地方，该有多么的不方便呀！

可是9月中旬到了拉萨一看，这里确实每天都下雨，但总是夜里下，早晨7点前后雨就停了，之后就是一个大晴天——天空碧蓝如洗、纯净得令人无法置信当然亦无法用语言来形容。之后就有大团大团、大块大块的云彩飘过来，其运行方向是从西南到东北，其运行态势真是前扑后涌、前赴后继——可是很奇怪：这么多云团飘过来（数量绝对要以千计万计），可它们一个个姿势形态都特别美丽柔和，没有一块云彩面目狰狞恐怖，相反看上去都特别祥和友善。在拉萨上空观赏“祥云博览会”真令人无比舒服、无比开心，那种美妙的感受和印象至今还在我的脑海记忆犹新且挥之不去，真是太棒太难忘啦！

▲ 大昭寺正门

另外，每年的7、8月两个月是西藏的旅游季节，这段时间的确是西藏气候最好、最温暖的时节，每到这时候，都有大量的国内外游客蜂拥而至。机票、住房、车辆都会显得紧张而且昂贵。冬季游客相对较少，沿雅鲁藏布江流域的日喀则、拉萨、山南等地仍是旅游的黄金线路，而且一些住宿、交通费用都可以大幅度打折。

进藏线路

飞机

拉萨贡嘎机场与成都、重庆、西安、北京、上海、广州、昌都以及尼泊尔首都加德满都之间都有直飞航班，原来所有飞西藏的航班都采用的是中国西南航空公司的波音客机，最近也有一些空中客车飞在西藏的航线。自从1956年通航以来，还没有出现过大的空中事故。

拉萨贡嘎机场位于拉萨西南98公里的贡嘎县境内。机场有民航班车到拉萨市内，走新路全程需45~60分钟，费用为50元，终点是市中心娘热路的民航售票处。拉萨市内发车时间是6:00，地点也是娘热路的民航售票处大门口。另外，每天早上，在八朗学、雪域旅馆门口会有出租车招徕生意拉旅游者去机场，费用一般是70~80元。乘出租车去机场完全可以，但相比还是坐民航班车更规范安全。

- **乘飞机进藏应注意**

要指出的是，在旅游季节（7、8月）上下西藏的机票会由于大量到来的游客而变得非常的不好买。如果不出什么意外的话，在成都的售票处你是很难买到飞拉萨的机票的。建议委托成都的旅行社来替你订票，虽然这意味着你要付出一些额外的订票费，但是比没有票而耽搁在旅途中要好得多。

旅游旺季到来的时候，尤其是7、8月间，拉萨的民航售票处会出售若干天（一般是5~7天）之后的机票，所以建议你提前到娘热路的民航售票处（电话：0891－6833446）去买你的机票。一般来说，提前一两天才想起买机票可能已经来不及了。

进藏公路交通

1.青藏公路

青藏（西宁—格尔木—拉萨）公路，全长1937公里，自格尔木至拉萨长1214公里，是旅游者从陆地进入西藏的主要路线。理论上全为黑色等级路面，实际上会有一些因为损坏而在维修的路段。全线平均海拔在4000米以上，穿越连绵的莽莽昆仑山和唐古拉山。

由青海入藏，最好先乘车从西宁至格尔木。西宁也有直达拉萨的车，但往往在格尔木长时间停顿揽客，会耽误不少时间。

- **青藏公路交通提示**

由于青藏铁路通车了，所以再沿青藏公路进藏的人少多了，除了自驾车之外，青藏公路上的客车停驶了许多。游人进藏还是乘火车方便快捷。

青藏公路里程（单位：公里）

格尔木 180—不冻泉 89—五道梁 150—唐古拉山 92—雁石坪 50—温泉 50—唐古拉山口 89—安多 138—那曲 164—当雄 75—羊八井 87—拉萨。

2.川藏公路

川藏（成都—拉萨）公路全长 2330 公里，就气候而言，冬夏两季是不太适合走的，冬季要翻几个很难行的山口，比较危险，景色也很一般。而夏天一到雨季，很多路段会同时有塌方，车停在野外几天不新鲜。所以最好是春秋天走，尤其在秋天，风景很美。

川藏线路近年来路况有所好转，但仍有一些碎石路、泥土路、盘山路，所以要求车辆性能很好。吉普车和越野车当然是最好的选择，小型客车、中型客车在路面好的情况下也可以通过。成都至拉萨之间每周有数班长途客运汽车往返，夏季班次较多。成都往拉萨的班车，售票及乘车地点在蓉北客运站，17:00 发车，车票 880 元。（咨询电话：028-83118599）。拉萨开往成都的班车，则由拉萨客运站出发。

旅游锦囊

旅游锦囊：包车穿越游玩青、藏两省区很快乐开心

目前，由于青藏路上（主要指格尔木至拉萨段）客车减少，路面状况也不如从前好，所以乘客车沿青藏路行进观光已不适宜。但是包租车从西宁经格尔木到拉萨畅观沿途美景的形式最近很受游人青睐。目前从西宁驱车边走边玩至拉萨要 5~7 天时间，沿途可看到日月山、青海湖、茶卡盐湖、格尔木、纳赤台、昆仑山口、五道梁、沱沱河、唐古拉山口、安多、那曲、当雄等地的风光、并见到玉珠峰、烽火山、通天河美景和藏羚羊的踪影，观光感受绝佳（沿途可在青海湖、茶卡、格尔木、唐古拉山兵站、那曲等地住宿）。

以上行程的车费标准浮动很大，贵的要收 13000 元以上，便宜的只需 7000~8000 元。笔者为您郑重推荐青海西宁的司机王师傅，他人品好、职业道德高尚，驾驶技术也出色，能为游客提供优质服务且收费公道（在“驴友”中口碑甚好）。王师傅的桑塔纳 2000 从西宁到拉萨车费（全包价）只收 7000 元、到日喀则 8000 元、到珠峰 10000 元。各位游客可以同他联系，手机13997226115。

▲ 玉珠峰风光

食宿

可在沿线兵站或粮食局招待所住宿。为求干净温暖可自备睡袋。沿途饭馆多为川味。

沿途景观

川藏公路 318 国道里程：（单位：公里）

成都 147—雅安 217—康定 149—雅江 308—巴塘 104—芒康 158—左贡 107—邦达 94—八宿 217—波密 233—林芝 127—工布江达 206—墨竹工卡 73—拉萨。

成都—康定（沿途观赏二郎山、泸定桥、大渡河峡谷风光)。

康定—理塘（沿途观赏折多山、康巴高原、贡嘎山风光）稻城—理塘—芒康（沿途观赏金沙江海子山、金沙江大峡谷风光)。

芒康—然乌（沿途观赏原始森林、澜沧江峡谷、然乌湖风光)。

然乌—波密—林芝（沿途观赏原始森林、南迦巴瓦雪峰、三岩湖、湖心岛古寺风光)。

林芝—米林—朗县—泽当（沿途观赏西藏江南与雅鲁藏布江风光)。

泽当—羊卓雍错—卡若拉冰川—江孜（沿途观赏圣湖与冰川、白居寺、红河谷风光)。

江孜—日喀则（游览扎什伦布寺，观赏世界上最高的镀金强巴佛铜像、历代班禅灵塔风光)。

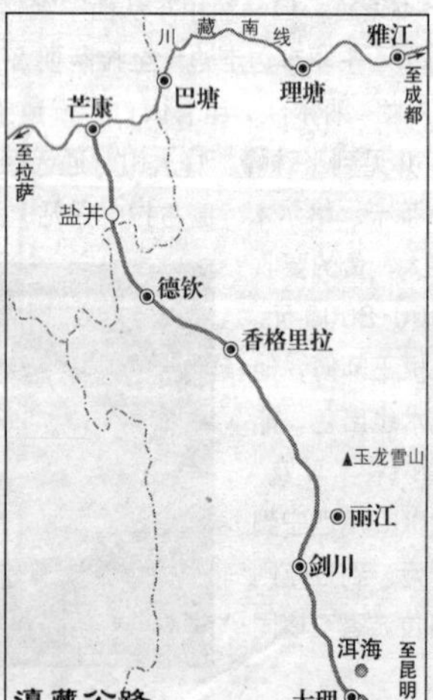

3. 滇藏公路

滇藏（大理—芒康，然后会入川藏公路）公路全长 800 公里。

滇藏公路无直达客车，沿途需数次转车，且德钦至芒康无客车，只能搭乘货车前往。可先由昆明客运站乘车至中甸或德钦。到德钦之后，只能搭便车去芒康，但前往芒康的货车不多，可先搭车去盐井，从盐井到芒康的货车就较多了。

- **川藏路交通及食宿注意事项**

拉萨客运站每周均有发往昌都及林芝一线的客车，具体的发车时间须在当地查询。沿川藏线进出拉萨，如果时间充裕并且还想体验一下搭便车的乐趣，可在成都及拉萨找寻合适的便车（军车或货车），具体价格须与司机面议。途中搭车最好准备一些诸如香烟、巧克力等小礼物送给司机。如果坐卡车，路面的灰尘会相当大，所以最好准备几副卫生口罩。近来租车拼车走川藏线的方式也盛行。但在时间的安排上也需要相当宽松，以免因泥石流或塌方而受阻误事。这条线路最佳行车时节是每年的 5 月和 8~10 月间。

- **滇藏公路交通提示**

如果是自己开车的旅游者要注意，要算准你的车加一箱油可以跑多远，因为在各个落脚点之间是不太可能有加油点的。大部分小镇子有修汽车的，水准不一。油可以在有些地方的加油站买，但没有加油站时就要从当地的油贩子手里买高价油了，有类似问题可到当地小卖铺或饭馆的老板那里打听。

滇藏公路的最佳行车季节为每年 8~10 月。香格里拉（中甸）至芒康一线路况较差，常遇泥石流和塌方，应提前打听路况以避免不必要的耽搁。如乘客车可能沿途需数次转车，故行程安排应宽松有余。

丽江至中甸为柏油路，路上村镇稀少，前一段是60公里的大上坡，中甸至奔子栏大半是沿金沙江大峡谷下坡穿行。景色一流。但是谷深路窄，行车须小心慎行。

过盐井进入西藏，一直到八宿都在横断山区中穿行，山势险要，路都是嵌在一面是悬崖一面是峭壁半山腰上，还很窄，将够走一辆车，会车都要找个稍宽敞的地方。而且山体没有植被，一点遮拦都没有，所以有人觉得盐井至八宿段是全程最危险的。

竹卡至左贡路段行程108公里，途中要翻越觉巴山（海拔3900米）。这一段一直在澜沧江和怒江峡谷里穿行，是川藏线最险的路段之一。再下面就是邦达至八宿间的“白马天险”，因为经常塌方而得名。每年有不少车子毁在这里。

4. 新藏公路

新藏公路自叶城至拉萨，全长2611公里。沿线翻越昆仑山脉的10个山口，最高海拔为6700米的界山大坂，海拔5000米以上的线路有130公里，是世界上海拔最高的公路。沿途多经渺无人迹的荒地，加之气候恶劣、空气稀薄，行程颇为艰苦。

由噶尔往东经革吉、改则、洞错、尼玛到安多，此线横越羌塘高原，被称为从拉萨到阿里的北线；普兰和拉孜之间

▲ 拉萨火车站外观

- **新藏公路交通及食宿提示**

一、叶城—噶尔两地相距1100公里，车程约需3天。无客车往返此线，可在叶城或噶尔的汽车运输站找货车搭乘，也可搭乘军车。

二、噶尔—普兰两地相距430多公里，车程约2天。如果要转入札达游览，则需行进280公里，车程约1天，再由札达到普兰（443公里）。沿途可搭乘货车或军车。普兰是边贸重镇，来往车辆较多。

三、新藏公路冬春两季大雪封山，无法通行，最佳行车时节是每年5月初至10月中旬。沿途气候恶劣且食宿条件差，应备足防寒衣物和药品（止泻、消炎、治感冒药等）。任何人在界山大坂都会有高山反应，需备药物和氧气。

四、新藏公路食宿条件较差，最好是自带干粮和睡袋。因沿途蔬菜缺乏，应随身携带适量维生素药剂。

- **带鸭梨很重要**

在藏区内长途跋涉，因当地空气干燥常使人口干舌燥，所以上路前多带些水果会有很大益处，带鸭梨最好。

- **驾车装备**

自驾车旅行一定要带上必需的户外用品，帐篷、睡袋最好考虑进去，另外一罐燃气（或油炉）、一个最简单可靠的炉头、一个压力锅或许也会帮上忙。运输时气罐一定要固定好。另外切记行李不要过重。一般切诺基载人不要超过4个，丰田陆地巡洋舰载人也不要超过5个。

有一条沿中尼边境而建的拉普公路，被称为南线，此线路程较短，但夏季雨大且多流沙，冬季可勉强通过，夏季行进则很危险。

进藏准备

身体状况

进藏前最好进行一次全面体检，尤其要避免出发前患上感冒、发烧之类呼吸道常见病，保持充沛的体力。预防高原病可以服用一些中成药，如西洋参、红景天等，西药目前认为比较好的是硝苯地平，但是有个别人服用后会产生头痛等副作用，故应在医生指导下使用。在高原上，解决一些常见症状可以使用：芬必得治头痛，维生素 B6 治恶心、呕吐，如果仍感觉不适就应该上医院治疗。另外出发时应尽一切可能向去过西藏的人请教，寻求在高原上克服高山反应切实可行的措施和办法。其实最安全有效的办法是提前进行高强度的身体锻炼，心肺功能一改善，高山反应会大大减轻。

亲身经历：笔者关于克服高山反应的经验和体会

坐火车时，由于进藏列车车厢内均有制氧设施，所以游客在乘火车进藏时所出现的高山反应可能并不明显。但是初次进藏的游客在乘汽车沿青藏公路翻越唐古拉山（海拔五六千米）时，会出现不同程度的高山反应，主要是缺氧引起的胸闷、气短、心慌、头晕、四肢无力等症状。要预防和减轻高山反应，可从以下几方面着手做起：

- 进藏前两周（或更早一些）开始锻炼身体，多做一些奔跑跳跃运动，改善自己的心肺功能。
- 进藏时可带上一些制氧药品，如体积小、产氧大的“活力氧”，以备高山反应强烈时吸用。此外格尔木也有氧气袋出售，但含氧量有多少不知道。
- 吃水果能有效地减轻高山反应，从格尔木出发时人均水果携带量不应低于 2 公斤（核小汁多的鸭梨最合适）。
- 进藏途中用餐时应吃一些体积小而热量高的食物，如肉、蛋类和油炸食品，切忌吃大量的主食，否则翻越唐古拉山时，会有强烈的肠胃反应（上要吐、下要泻）。
- 严防感冒和其他呼吸系统的疾病。在高山缺氧的条件下，感冒可转化成为后果严重的肺气肿。因此游客一到格尔木，就应该定时服用感冒和消炎药（没有病也要服，另外注意保暖，避免着凉也很重要），把一切可能发生的小病小灾消灭在萌芽状态中，直到抵达拉萨为止。

▲ 高原上的云——摄于青藏公路上行进的客车车窗内

高山反应虽然会给人带来不适，但绝非不可战胜（再说青藏路上的唐古拉山段海拔只有 5000 余米而不是 7000 米，那里只是缺氧但不会使人窒息）。只要游客身体健康（并非一定要健壮），无心、脑血管疾病而又做到了上述五条，那保你安全翻越唐古拉山，顺利抵达拉萨。

发烧友特别关照

重点提示——乘火车沿青藏路进藏的有关信息知识

青藏铁路已于2006年7月1日通车，目前已有北京、上海、广州、成都、重庆、兰州、西宁等城市开通了到拉萨的直达旅客快车，它们分别是：

北京—拉萨，T27次，20:09开，第3日16:00到，硬座389元，硬卧813元。

成都—拉萨，T22/3次，20:59开，第3日16:50到，硬坐331元，硬卧692元。

重庆—拉萨，T222/3次，19:10开，第3日16:50到，硬座355元，硬卧754元。

兰州—拉萨，K917次，12:13开，次日14:55到，硬座242元，硬卧552元。

西宁—拉萨，K9801次，15:02开，次日14:55到，硬座226元，硬卧523元。

上海—拉萨，T164/5次，19:52开，第3日19:15到，硬座406元,硬卧845元。

广州—拉萨，T264/5次，12:19开，第3日18:30到，硬座451元，硬卧925元。

目前，成都、重庆、兰州、西宁、上海、广州开往拉萨的车为隔日开行，游客购票时应算准出发时间（以车票上票价、时间为准）。

另外，各城市始发的进藏列车均为新型空调车，车内有制氧送氧设施，可把游客可能产生的高原反应降到最低程度，但有心脑血管疾病、肺部感染和患重感冒的人仍不适宜进藏。购票时发给的旅客健康状况登记表必须认真填写，上车后交给乘务员保存。

进藏列车上的餐饮供应能满足旅客的一般需求，炒菜一般20~30元/份，20元/盒的份饭（是正餐，早餐10元/份）能让一般饭量的人吃饱。

为了满足游客观赏青藏高原美丽风光的需求，铁路部门精心设计安排了列车开行时间，上述各次列车行驶在格尔木至拉萨段的时间都在白天，游客可把沿线的高原风光尽收眼底。此外，青藏路格尔木至拉萨段特设了玉珠峰、可可西里、楚玛尔河、沱沱河、布强格、唐古拉、错那湖、那曲、当雄、羊八井等观光车站，旅游列车途经时会停车让游客观景拍照。（普通客车并不是每站都停）

笔者要提醒关照大家的是：列车抵格尔木之前你一定要在车上好好睡觉休息，列车开出格尔木后你就要进入“一级战备”，全神贯注地欣赏窗外风光，为你的高原之行留下难忘美好的印象。

▲ 车轮飞，汽笛叫，火车向着拉萨跑

青藏铁路示意图
N
青
海
西
藏
格尔木市
（海拔2828米）
南山口
（海拔3080米）
三岔河特大桥
（长507米）
望昆
（海拔4484米）
纳赤台
（海拔3575米）
楚玛尔河特大桥
（长330米）
昆仑山口
（海拔4767米）
风火山隧道
（长1210米）
不冻泉
（海拔4611米）
五道梁
（海拔4632米）
沱沱河（海拔4547米）
沱沱河特大桥
（长653米）
通天河
（海拔4598米）
雁石坪（海拔4712米）
温泉
（海拔4823米）
唐古拉
（海拔5068米）
安多
（海拔4703米）
那曲
（海拔4513米）
古露
（海拔4673米）
当雄
（海拔4293米）
巴日朗特大桥
（长592米）
羊八井
（海拔4305米）
马乡
（海拔3924米）
拉萨
（海拔3650米）
羊八井2号隧道
（长1720米）
拉萨河特大桥
（长630米）

旅游锦囊

旅游锦囊：为您介绍西藏自助游方面的最新攻略

一、青藏铁路上乘车的补充提示

①除了车厢内的弥漫式供氧和座位旁的管道供氧以外，列车上还备有小型氧气瓶供游客吸用，乘客如有不适可及时向列车员索要。车厢内24小时有热洗脸水，还有220V电源插头供乘客使用吹风机、剃须刀和为手机充电。青藏铁路上各次列车上的列车员都经过相关培训，有专业知识且服务态度较好，可以尽力为旅客服务。

②青藏铁路上能看到较好风景的车站和路段有：玉珠山站——雪山倩景；五道梁——藏羚羊、野驴、野牦牛；风火山隧道——奇异的红褐色山峰岩体；沱沱河——宽阔、宁静的河面和远处的长江源头纪念碑；唐古拉山雪峰等。请乘客留意观览。

二、介绍西藏城市中的几个新开业的便宜实惠的宾馆、旅馆

拉萨市区的几家历史悠久的老宾馆、老旅馆如八朗学、吉日旅馆本书在后边单有介绍，这里先给大家推荐几处新开业的便宜住处（条件尚好）。

①拉萨市区：措桑平康旅馆，多人间每床25元，每人都有1个小柜子保存自己的财物，每个房间都有电热水壶，服务态度也很好且旅馆距布达拉宫、大昭寺都不远，交通便利。电话：0891-6915222。家庭旅馆有多吉旅馆，卫生条件好，房价不贵，老板接待很热情，电话：0891-6925589。还有中小旅店聚集区仙足岛上的阿兰若家庭旅馆，房价便宜服务亦佳，电话：0891-6904349。

②林芝：粮食局招待所，双人标准间50~80元/间。电话：0894-5822588。

③日喀则：金龙宾馆，上海中路23号，从客运站步行10分钟即到，双人标准间100~120元，条件较好。电话：0892-8830888。

三、关于在拉萨租车出游的知识和学问

以拉萨为中心，包租当地机动车到西藏其他地方观光游览是许多游客愿意选择的方式，虽然车费不便宜（许多车型达到三四元/公里）但因是多人结伴而行（拼车的方式很盛行），平摊车费后每人的开销也就很少了。以从拉萨包车至阿里往返游览为例，10余天的行程车费约在15000元，车上可乘4~5人，每人均摊也就是3000~3800元，很划算。

但切记出行前与司机签一份书面合同（手写的也行），写清如下条款：行程、车费、每天行进位置及住宿地点（以防车主司机向前方赶路而减少在景区的观光时间）、中途不许携带不认识的生人、司机的食宿由谁负责等，以防途中发生纠纷。在车型的选择上短途出行什么车都行，但长途如去珠峰、阿里等地最好包丰田4500型车，安全舒适可以走土路，而普通的轿车经不起长时间的颠簸。另外切记，出行前只能付司机部分预付款，余款在行程结束后才能全部付清，这是保护自己合法权益的极有效的手段。

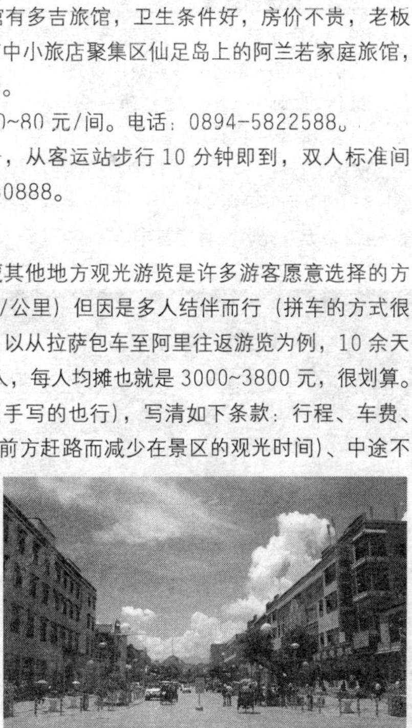

▲ 拉萨市中心的宇拓路步行街一角

四、关于在拉萨参团旅游的知识学问

如果是零散客人又不想承担高额的包车费用，那在拉萨参加当地旅行社举办的周边旅游团队是明智选择。以从拉萨到纳木错观光为例，包车往返费用要 2000 元左右，而参加一日游团队费用只需 100 多元，去林芝二日游，团队收费也不过 300 余元，便宜实惠也省钱省力，如果能赶上好季节、好天气，观光效果也不会差。

五、推荐包租车去阿里观光游览的好方式

如今去西藏的许多地方（包括珠峰），都不是太难的事了，但是阿里远一些，虽有客车直达但乘坐它不便于观光拍照，所以包租车几乎是去阿里观光的必然方式，笔者向您简要推荐一个历时 12 天的包车游览方式，沿途可见气象万千的西藏西部风光。

D1：拉萨一日喀则—桑桑。

D2：桑桑—22 道班—萨嘎——帕羊。

D3：帕羊—霍尔—巴嘎—玛旁—极物寺—圣湖玛旁雍错。

D4：上午转湖，下午到塔尔钦看冈仁波齐神山。

D5：在冈仁波齐山转山。

D6：经莲花寺、门士、巴尔兵站到札达，看塔林、土林、象泉河谷、托林寺庙塔。

D7：在札达游古格王国遗址。

D8：从札达到阿里。

D9：从阿里到班公错，看湖景品全鱼宴再返回。

D10：阿里—革吉—改则。

D11：改则—措勤—22 道班—桑桑。

D12：桑桑—拉萨。

按以上行程，可在 12 日内畅览藏西地区的大部分主要景点，包车费用（丰田 4500 型）15000 元（可乘 4~5 人）。沿途路程漫长要有吃苦准备（食宿无大问题但可能数天不能洗澡），但观光收获肯定甚丰。

▲ 高原上的云

拉萨

电话区号 0891
拉萨市旅游局 6323632
旅行社 6347720

拉萨不仅是西藏自治区的首府和政治、经济、文化中心，更是中国乃至世界上最富鲜明个性和诱人魅力的高原名城。高原雪域的绚烂风光、藏族居民的特殊生活习俗风情、藏传佛教的悠久历史和博大精深、从古至今发生和流传在这块神奇土地上的无数奇异故事和迷人传说与海内海外八方游客的心仪向往交织交融，使拉萨这座圣城上空始终笼罩着神秘、美妙而又令人如痴如醉般的金色光晕。试问当今各位游客，有谁不希望登上雪域高原，一览拉萨的诱人风采呢?尤为令人称道的是拉萨气候甚好、位置绝佳，这里日照充足、空气纯净、风光绮丽，还有那金碧辉煌的众多宏伟寺庙，蓝白相间、挺拔秀立的座座雪山和那蔚蓝天空上前赴后继、每时每刻都在飘荡飞舞徐徐前行而又永远无穷无尽的千朵万朵乃至上亿朵的洁白祥云……

▲ 布达拉宫美丽夜景

交通

航空

拉萨的国际机场叫贡嘎机场，位于拉萨市西南方约 98 公里外的贡嘎县，每天有航班来往于成都和拉萨间（机票 1650 元经常可打折）。贡嘎机场有汽车到拉萨市民航局门口，每人收费 25~35 元，车程 45~60 分钟。人多的话可以考虑包的士，收费 180~230 元。另外机场有从泽当或日喀则到拉萨的过路中巴，车票价格20~30 元。

- **拉萨民航售票处**
  0891-6833446。
  0891-6822393。
- **旅游安全有保障**
  3.14 打砸抢烧事件造成的恶果已经完全得以消除，西藏旅游市场 2008 年 5 月 1 日重新开放，这几年来当地秩序井然、社会稳定，现在去西藏旅游观光安全没有任何问题。

- **夜间民航问询**
  0891-6822393。
- **乘军机入藏**
  在成都珠峰宾馆，可以买到进藏军机机票，票价1000~1270元。宾馆可将乘客免费送至机场，028-86742441转军航售票处。从拉萨返回成都时可从西藏军区第二招待所购票，票价同上。欲乘军机离藏可打咨询电话：0891-6551379。

- **长途客运站**
  0891-6824469。
- **拉萨街头网吧多**
  上网费2~5元/小时。

▲ 八廓街一角

- **推荐便宜实惠的住处**
  ①平措康桑青年旅舍，在拉萨市朵森格北路（青年路）48号，位置好而交通便利。旅舍能为客人提供住宿、餐饮、导游、订票、上网等多种服务，房价（床价）也很便宜；双标间70~80元/间，多人间15元/床。电话0891-6915222。
  ②八朗学旅社位于北京路8号，藏式装潢，有单人、双人及多人间，房费多人间25~50元/床，标准间每间120元以上，淡季可打折。旅馆中有餐厅，供应零点饭菜和套餐，另出租自行车供游客骑行游玩。电话：0891-6323829。

公路

拉萨的国营长途汽车站位于民族路和金珠中路交界处的青藏公路纪念碑旁。这里的长途汽车线路四通八达，东至八一、昌都，西至日喀则、江孜及樟木，北通格尔木。另外拉萨市区的北京东路一带亦有客车发车点。

市内交通

拉萨市内有许多租车公司，吉普车每公里租金3.5~4元，包车另有优惠，黄包车（1~10元），民航班车（进出拉萨30~35元，车程约1个小时）。

的士

虽然拉萨城市范围并不大，但是市内有1500余辆出租车在运营。出租车在拉萨市内5公里起价10元，去哲蚌寺距离较远需要20~30元，如打的前往机场车费要180~230元，98公里路程行车须不超过1小时（走新修的快速路）。

公共汽车

拉萨的公共汽车有数十路，线路覆盖拉萨市区和郊区各地点，起步票价1元，86、89、91、201路经罗布林卡到长途汽车站，301、302路到哲蚌寺，501、502、503路到色拉寺。

住宿

拉萨市的旅馆业近年来发展很快，高、中、低档宾馆齐备，游客可各取所需。高档宾馆有拉萨饭店（民族路1号，0891-6832221，标准间一般季节在500元以上）、西藏宾馆（北京西路221号，电话0891-6833677，标准间房价一般在500元以上）、香巴拉酒店（丹觉林路1号，电话：0891-6323888，标准间房价一般在400元左右，淡季可议价）等。中档宾馆有喜马拉雅饭店（林廓东路6号，电话：0891-63211111，标准间价200~300元）、日光宾馆（林廓路27号，电话0891-6322852，标准间价亦在200元以上）等。背包族游客的聚居点有八朗学、吉日、雪域旅舍、青年旅舍等，这几家旅馆的共同特点是房价便宜，好的标准间一般不超过180~200元，而普通房间的床价不过20~30元，加之条件尚好（住多人间亦有公用浴室）且容易找到出游伙伴（共同租车可分摊车费），所以可作为住宿拉萨时的重点参考目标。

此外在拉萨长客站附近或市区不太热闹的街面上，还有一些小型旅馆，条件一般，房价在40元上下，亦可供游人选择。

餐饮

拉萨城中一般的餐厅以川味为主，饭菜口味与内地无太大差异，菜价不太便宜但分量较足，人均40元左右可吃好一顿。在闹市区的街头还有一些流动快餐摊点，10~12元钱可以有荤有素、汤饭齐全。欲吃藏区风味特色菜可以到八廓街及北京中路一带，那里有民族风味餐厅、怪牛沙龙餐厅、香巴拉餐厅等，供应炸羊排、炖牦牛肉、生肉酱、青稞酒、酥油茶、糌粑等风味食品，但内地游客并不一定习惯藏餐的口味。

购物

特色商品及旅游工艺品有藏刀、金银首饰、民族服装、手织地毯、天然宝石、牛羊头及藏红花、雪莲、羚羊角等各类藏药等。

最著名的商品街当然是大昭寺旁的八廓街和民族商场，大昭寺广场边店摊也有不少，此外在布达拉宫和罗布林卡门口，亦有各类摊商出售各类工艺纪念品。

在八廓街购物应该对藏胞以诚相待，有购物意愿并看清商品款式后再砍价，砍价不要含糊但砍到自己要求的价码后应该成交，不要跟摊主“逗咳嗽”，否则易起纠纷。另外如欲乘飞机返回，请慎购藏刀，以免在安检时出麻烦。

主要景点

布达拉宫

位于拉萨市中心玛布日山巅，系7世纪时松赞干布为迎娶文成公主而修建。全宫占地36万平方米，总建筑面积约13万平方米，内有宫殿、僧舍2000余间，是当今世界上海拔最高、规模最大的宫殿式建筑群。这里主要分为红宫和白宫两大部分，红宫居寺庙中央，全是灵塔殿和佛殿，是从事佛事活动的地方。白宫则位于红宫两侧，是历代达赖喇嘛的寝宫和朝政之地。布达拉宫内藏有大量佛像、壁画、藏经册印和珠宝古玩，价值连城而又不计其数，堪称西藏的宗教文化宝库。布达拉宫的最高点金顶上有

▲ 布达拉宫雄姿

- **银行取款**

中国银行、建设银行和农业银行在拉萨设有分行，农业银行网点最多，建设银行已经可以全国联网。用信用卡可以在储蓄所提现金。布达拉宫广场的西边路口处有一家建设银行，有ATM取款机，并全国联网，龙卡和信用卡都可以用。

另外，银行办公时间一般是9:00~12:00，15:00~18:00，若你要办信用卡业务，避开周六、周日比较保险。

- **布达拉宫**

就在拉萨市中心，步行或乘车前去均可。

¥门票冬季100元，11月1日到次年4月30日；夏季会浮动至200~300元，5月1日到10月31日。登金顶另收10元。如需在寺庙内拍照、摄像还需另收费。开放时间9:00~12:30，15:30再重新开放。

由于游客增多，有时布达拉宫门票要提前1天预订，订票时须带本人身份证。

- **省钱窍门**

游布达拉宫最好有导游讲解，可以了解藏传佛教的精深，增加知识和学问。但不必自己花钱请导游，由于宫内团队极多，因此可以跟在后边，听别人的导游讲解而又不花一分钱。

西藏自治区

7座金碧辉煌的灵塔殿顶和圣观音殿观等，是最佳摄影点，在此还可俯瞰拉萨全城风貌。

大昭寺

地处拉萨市中心，是始建于公元7世纪后经历代修缮扩建而形成的庞大建筑群，殿高四层，坐东向西，上覆金顶，气派壮观。殿内有诸多精美壁画，其中《文成公主进藏图》和《大佛寺修建图》等均为艺术珍品，主殿中供奉的文成公主像和从长安带来的释迦牟尼等身塑像更具历史宗教价值。大昭寺前的广场和寺周围的八廓街亦是拉萨的交通集散地和商品购物中心。

八廓街

围绕大昭寺修建的环型街道，沿途有许多历史及文物遗迹，是藏传佛教徒的转经要道，每日来此转经的教徒络绎不绝。这里还是拉萨的物资交流中心和最大的小商品街，共有各式店铺几百家，游客可以在此尽情选购各类工艺纪念品，不逛八廓街，就不能领略拉萨的生动和喧嚣。

罗布林卡

在拉萨市区中部偏西，过去是达赖喇嘛每年5~10月避暑休闲和处理政务时居住的夏宫。园中宫殿精美但稀疏，有大片的绿地和树林，清幽宁静。而每年8月的雪顿节期间，这里亦是人头攒动，每日有藏戏和歌舞节目上演，许多拉萨城内的百姓举家来此狂欢，场面热闹非凡。

哲蚌寺

位于拉萨西北5公里的更培孜山下，寺院占地达25万平

- **大昭寺**

在拉萨市区东部，乘中巴或步行前去即可。

¥门票85元，淡季有优惠。

寺中的喇嘛生性活泼，就是生产劳作时也会情不自禁地欢歌劲舞，观看他们生活劳作的场景挺有趣。

▲ 大昭寺一角

- **八廓街**

就在大昭寺周围，可与大昭寺一起游览。

在此购物应注意辨清货物真假并敢于砍价。

- **罗布林卡**

在拉萨城区中部偏西，乘89、201多路公交均可到。

¥门票80元，淡季有优惠。开放时间周一至周六9:00~18:00。

- **哲蚌寺**

在拉萨市西郊，乘301、302路公交车票价2元可到山脚下，然后再步行约45分钟上山入寺。

¥门票55元，淡季有优惠。

别以为见过了布达拉宫就万事大吉，哲蚌寺很宏大而有气派，亦是游客在拉萨的必观景区。

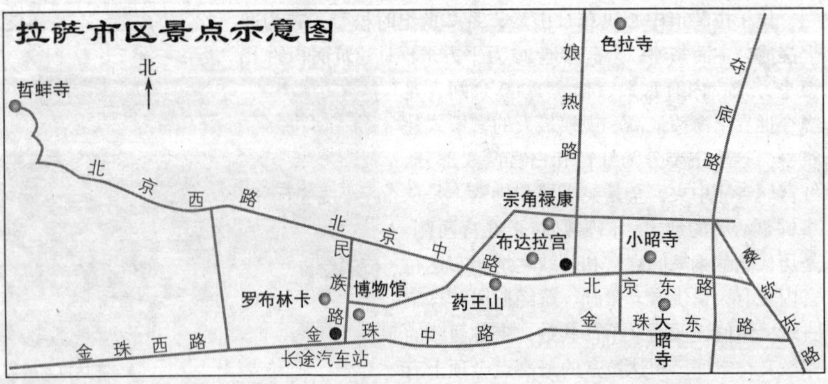

拉萨市区景点示意图

方米，规模场面空前壮观。这里三面被高山环绕，前方是拉萨河谷，登上寺顶极目远眺，风光之美比在布达拉宫金顶上见到的还要神奇诱人。

▲ 纳木错湖区风光

色拉寺

地处拉萨市区北面的色拉乌孜山下，依山而建、规模宏大，寺周围山石上绘有不少鲜艳的岩画，寺内僧人众多，每日一次的和尚辩经活动场面红火异常（一般15:00开始），引得八方游客驻足观看。

周边景点

纳木错

在拉萨当雄县和那曲地区班戈县之间，距拉萨约190公里。湖面海拔4718米，东西长70公里，南北长30公里，面积1920平方公里，是世界上海拔最高的咸水湖。湖中盛产各种高原鱼类，湖边水草茂盛，有藏羚羊、黄羊、野牦牛等野生动物出没，原始风光旖旎诱人（湖边有餐厅和旅馆，肉炒菜20~30元/份）。

甘丹寺

是坐落在拉萨市达孜县城内（距拉萨40公里）山间的庞大古建筑群，明永乐七年（1409年）由藏传佛教格鲁派创始人宗喀巴兴建，是格鲁派六大寺院之首，寺内藏品丰富，殿宇居山而筑，错落有致，外观和内涵均很神奇诱人。

推荐游程

拉萨市区观光有2天时间可玩得非常从容：

D1：布达拉宫观光，大昭寺游览，八廓街及宇拓步行街购物，黄昏时到拉萨河边观夕阳西下时的美景。

D2：游罗布林卡，观西藏博物馆，去哲蚌寺俯瞰拉萨河谷壮景。色拉寺是否去，看时间和兴趣而定。

如果去纳木错、羊卓雍错、林芝、日喀则和其他周边美景游玩，则另需增加1～5日游程。

- **色拉寺**

🚌 在拉萨城北，可乘501、502、503路公交车前往。

¥ 门票55元。淡季有优惠。

- **纳木错**

从拉萨去纳木错旺季有旅游班车，也可以包车，车费视不同季节浮动，行车往返2天一般900~1500元，可乘数人。也可乘车在青藏路上的青藏公路当雄下车，然后包当地机动车去湖区。当雄至湖边扎西岛还有60公里，行车1小时可到。

湖区有正式宾馆，标准间100元/间以上，另有许多小旅馆可住，15~50元/人。

¥ 门票120元。淡季有优惠。

- **甘丹寺**

🚌 可以从拉萨大昭寺广场乘车前去，6:30~7:00有车前往，行车2小时可到，车票23元。14:00返回。

¥ 门票45元。参观2小时够用。

- **笔者关照**

①登布达拉宫一定要上金顶，上边的寺庙美、看到的拉萨全景更美。

②大昭寺中的喇嘛唱歌跳舞及劳作的场景多姿多彩，应好好关注。

③哲蚌寺甚为气派，还可在寺顶看拉萨河谷全景，必须要去。

④黄昏时的拉萨河谷有夕阳映照，金涛滚滚，景色迷人，适合观光拍照。

旅游锦囊

旅游锦囊之一：为您介绍在拉萨节省旅费的窍门

一、巧找便宜实惠的住处

近年来，拉萨市区内外兴建了大量的宾馆、酒店和普通旅店，游客在拉萨找到合适的住处已不太难，但是欲找到房价既便宜而条件、设施和服务又好的住处还是要费一点脑筋，笔者下面就为大家推荐两个便宜实惠的住处。

A.平措康桑青年旅舍最便宜实惠

这是因为这家旅舍的多人间床价只有 15 元，堪称拉萨市内最低价，但是该旅舍的多人间非常整洁，且每位客人都有 1 个可以上锁的储物柜，可以存放自己的随身物品，房间中还有洗手间，24 小时有热水洗澡。住在这样的多人间中实在是物美而又价廉。平措康桑青年旅舍也有条件很好的双人标间，房价 70~80 元。由于这家青年旅舍位置好（比八朗学和亚宾馆距布达拉宫更近）、客房环境和房内设施好（楼顶有观光台可览布达拉宫雄姿），加之旅舍内能提供导游、租车、订票、上网等多种服务且来此沟通信息、寻找旅伴的各方驴友甚多，所以住在此处可谓是收益多多。这家旅舍的另外一大特点是客人可随意在客房外走廊的墙壁上用碳素笔写下自己进藏后的感受和体会，店方会视此为墨宝并给予长久保存。笔者对这家旅舍给予强力推荐（近日该旅舍新楼已装修好，接待能力提高了近 1 倍）。平措康桑青年旅舍的地点在拉萨市朵森格北路（青年路）48 号，订房及咨询电话是 0891-6915222。

B.八朗学旅馆的单人间也很便宜

八朗学旅馆是拉萨市内的老牌旅店，在驴友中知名度不低。但是并非那里的所有房间都便宜实惠。笔者看好的只是它的单人间，房价 30 元/间，屋内只有床和简单用具，没有卫生间但有还算干净的公共卫浴，单身游客住在这样的房间内会觉得简明（不受他人干扰）而便宜。但是八朗学的双人间 60 元/间，就显得性价比差了，因为房中除了床什么都没有且室内条件太一般，所以还不如多花 10~20 元去平措康桑青年旅舍享受那里的双标间（电视、独卫、24 小时热水洗澡）。另外八朗学旅店的许多房间都临大街，噪声不会小，睡觉轻的人恐怕会休息不好，而在这一点上，平措康桑青年旅舍却有明显优势，因为它不在大街面上，客房内更显安宁清静一些。

▲ 平措康桑青年旅舍正门

二、设法节约交通费用

在拉萨，最便宜的交通工具是人力三轮车，起价只有 3 元钱，短距离出行首先应该坐它。中距离出行可选出租车，5 公里起价 10 元，比北京等大城市便宜一些。远距离出行如去哲蚌寺、色拉寺应坐专线公交车，全程 2 元钱（而打车至少要 25 元车费），另外去火车站有数路公交车，去机场有专线大巴，乘坐它们都比打车便宜许多。

旅游锦囊

旅游锦囊之二：继续介绍在拉萨节省旅费的窍门

一、如何在拉萨节约用餐费用

同其他省会城市相比，拉萨的餐饮业收费并不太贵，但便宜实惠的用餐地点并不多，下面笔者为您介绍几种节约餐费的窍门和方式。

A 如果住平措康桑青年旅舍，可到附近的北京东路上的树林饭店去吃大众餐（出旅舍向左走 2 分钟可到北京路上，再向左 20 秒钟后就会看到树林饭店）。这家小店早上 0.80 元/个的包子、1.00 元/碗的米粥和 1.00 元/盘（小份）的泡菜以及正餐时供应的 15 元/份的各类烧菜（分量很足、肉很多还可拼菜）堪称超级便宜实惠，尤其是 15 元/份的各类烧菜足以让两位饭量一般的女士吃饱，所以笔者强力推荐。

B 在大昭寺西南侧的小街道上有不少四川风味餐馆，里边的肉炒青菜一般 18 元/份，米饭 1 元/碗，也算是价格便宜的吃处。

C 如果去哲蚌寺和色拉寺观光，可在寺庙不远处用餐。比如哲蚌寺道口以南有几家四川小吃店，里边的肉菜 15~18 元/份，明显比市区便宜。色拉寺门口有家大众食堂一类的餐厅，里边的牛肉 15 元/份，素菜 6~8 元/份，更显便宜实惠，如果在拉萨市中心吃同样的饭，恐怕价格要翻番。

D 推荐便宜的特色餐厅

拉萨娜玛瑟德餐厅位于大昭寺前的拉萨电影城二楼，室内面积不太大但在当地食客中口碑不错，因此来此一饱口福的人很多。餐厅中有不少便宜实惠的饭食如 15 元/份的番茄炒牛肉、10 元/份的什锦蔬菜沙拉、25 元/份的匈牙利红烩牛肉等，分量不小而价钱比其他同类餐厅便宜得多。由于这家餐厅物美价廉而外地游客对它的关注程度还不高（目前来用餐的大部分是拉萨本地人），所以这里的价格还没有涨起来，因此笔者向各位强力推荐。

二、选取合适的方式去拉萨周边旅游

由于 3.14 事件的影响，2008 年去拉萨的游客减少了许多，因此当地各旅行社为了稳住客源不惜“赔本赚吆喝”，比如 2008 年下半年从拉萨出发的纳木错 1 日游全包价 130 元、林芝 2 日游全包价 240 元、日喀则 2 日游全包价 240 元（都还可议价），这样的价格已明显低于游客自助去上述各地旅游的费用，所以游客到拉萨后参团去周边游览目前也是很好的选择。只是这种情况不会长久，所以大家要及时前去抓住机会。

▲ 拉萨邮政局大楼

发烧友特别关照

发烧友关照：为您介绍拉萨旅游的最新攻略

①随着青藏铁路的开通，内地游客去拉萨观光已变得非常方便容易，加之铁路列车内有供氧设备，所以体质不算太差的人都可平安抵达拉萨。

②进藏列车车内设施先进、空间也宽松（定员只有98人，比普通列车少20人），乘客乘车会感到安全舒适。但是由于青藏路开通已有3年多时间，列车上的服务工作（服务态度）也日益变得理性和平淡（确实少有了铁路刚开通时那种富有激情般的周到服务），这点乘客应有心理准备。

③正是因为进藏列车内氧气充足，乘客进藏时不会有明显的高原反应。但是到拉萨下车走出车站后（海拔3650米），许多人会有不同程度的胸闷气短头晕等症状出现，此时应注意切勿做剧烈运动，到住处后洗澡时间亦不宜过长。

④拉萨市区的食宿都很方便，前边为大家推荐了便宜实惠的住处和餐厅，各位旅友可留意关注。

⑤拉萨市区的观光要点还是布达拉宫、大昭寺、哲蚌寺、色拉寺、罗布林卡、小昭寺等。观光时要注意的是布达拉宫旺季时要限制参观人数，所以要提前到宫殿东门去预约订票；哲蚌寺和色拉寺都各有两路公交车抵达，车费2元即可，游客不必打车去；罗布林卡门前兴建了园林广场，环境很美，游人可去观光休闲；布达拉宫后边新开放的宗角禄康公园景色不错也值得一去；另外在拉萨汽车西站东南侧的青藏、川藏公路纪念碑旁新修了河滨带状公园，在此可览拉萨河秀色。

⑥在拉萨河的太阳岛上（其实是半岛），近年来开放了中和国际城等商贸旅游区，有不少商店和餐饮、娱乐设施（市政府也在这里），游人可予适当关注。

⑦拉萨市内较好的购物地点有北京东路、宇拓路步行街、八廊街、拉百、温州商城、太阳岛等，各位旅友可酌情选择。

▲ 新建成的拉萨火车站外景

⑧布达拉宫夜晚灯火通明，景色很美，对面人民广场上的音乐喷泉也很绚丽多姿，游人尽可去观光拍照。

⑨拉萨市内每晚有“幸福在路上”、“唐古拉风”等大型歌舞演出，市内的各旅行社内均有售票点，游人购票时可以议价，买到8折票应该没有问题。

发烧友特别关照

发烧友关照：为您介绍在青藏线上乘火车观光的的注意事项

①目前，所有进藏列车都是在白天通过格尔木至拉萨路段（从拉萨返回时也是如此），所以观赏铁路沿线的风光很方便。

②笔者认为列车从格尔木开出约 1 小时后经过的纳赤台可作为第 1 个观光点，这里有黄土高山和河流峡谷，景色粗犷壮观。

③列车再向前行驶约 25 分钟到玉珠峰站，之后可见铁路东侧的玉珠雪峰，它盛夏时节也为白雪覆盖，景色素洁美观。

④再有 40 分钟即到不冻泉站，从不冻泉经楚玛尔河、五道梁一直到烽火山站大约有 1.5 小时车程，沿途都是可可西里的一部分，铁路两侧的藏羚羊随处可寻应注意观看——笔者不久前进藏，在此区域十数次见到藏羚羊灵巧敏捷的身影。

⑤烽火山在铁路西侧，山色赤红很好看。

⑥烽火山过后车行 1 小时到沱沱河，河面很宽而水很浅且河水呈网状分布流淌，画面好看且极有拍摄价值。

⑦过沱沱河后的 3 小时车程基本在唐古拉山上行驶，这一带高寒缺氧、人烟稀少、景色一般，但可在铁路西侧见到规模很大的唐古拉山兵站且兵站的楼房色彩很鲜艳。

⑧过了唐古拉山后半小时就到安多。列车离开安多约 10 分钟后即可见到错那湖秀色（铁路西侧），它是国内海拔较高的淡水湖，该湖很大风光也美，列车在湖边整整走了 20 分钟，有充足的时间观光拍照。

⑨过错那湖后约 1~1.5 小时会到那曲站，进站前经过的高架铁路桥很长也很雄伟。那曲是旅客列车从格尔木开出后首次停靠的车站，乘客可到站台上观光留影。

⑩过了那曲后铁路两侧风光有明显改观，这里一改藏北高原的荒凉贫瘠，而是草原宽阔肥沃且河流众多，雪山虽然多但山下却随处可见藏民居住的村落，车窗两侧的画面很美也很生动，值得观赏拍照的东西太多了，所以无须一一提及。从那曲到拉萨共需 4 小时车程，笔者提示您应重点关注的是当雄北侧的宽阔湖泊、羊八井地热区的白色水雾和拉萨河风光及河上的大桥倩影，之后您就抵达圣城拉萨了。

▲ 坐在青藏铁路的列车上与青藏公路上的汽车赛跑是件挺有意思的事（摄于进藏列车车窗内）

难忘游历——翻越昆仑、唐古拉山

1996年我第一次去西藏观光游览，那时候能够去西藏的人极少，所以我心中充满了庄严神圣和自豪幸运之感，也对进藏途中可能遇到的问题——尤其是预防和抵抗高原反应这个问题做了认真准备。谁知刚一到西宁，就被当地人传说的高原反应的严重性震撼了。一位在西宁和格尔木间跑车的司机说："这条路上每年都有一些人因高原反应而危及到生命安全……"吓得我不说心惊肉跳至少也是忐忑不安。于是第二天乘客车去青海湖和格尔木的时候，我蜷曲在车座上连动一动都不敢，生怕因为活动过量而引起高原反应。可是客车翻越了日月山、路过了青海湖、茶卡后直抵格尔木，哪有什么高原反应，一路上连喘粗气的事情都没有发生，看来高原反应的问题，也许只是当地人的有意渲染而已。

抵达格尔木的那天晚上，我睡得无比香甜，第二天中午我就趁热打铁，乘大巴向着圣城拉萨进发了。当客车驶过了茫茫戈壁滩快要进入昆仑山脉的时候，高原反应来了，而且越来越严重。一开始，只是轻度的胸闷、气短、呼吸不畅，进而发展到即使大口喘息、大口地吞吸空气仍觉得透不过气来。身体一缺氧，后果就真严重了：头昏、眼花、心跳骤然加速，我只觉得心脏在"咚咚咚"地跳，其声音其节奏一阵高似一阵、一阵紧似一阵，直震得胸口甚至是后背和肩膀都生疼，但周身却越来越松软无力。此时客车还没有驶进昆仑山，这里的海拔顶多有3000多米而高原反应就如此严重，那之后还有海拔4000米的昆仑山，海拔5000余米的唐古拉山，我将如何度过更加艰难危险的旅程呢？

对于一个人来说，没有什么事比生命安全更重要了，于是我向司机说："我受不了了，请送我回格尔木。"他摇摇头说不可能，一辆车上拉了50个人，别人是不能同意车辆返回的，唯一的方式是你在这里下车，然后搭过路的车辆回格尔木。寻思了片刻我觉得这个方法可行，就在我向昆仑山投去了深情而遗憾的一瞥，准备走下客车中断向往已久的圣城之旅时，车厢中的一些人看着车窗外发出了一阵阵惊呼，顺着他们的视线看去，哇！不远处的荒原上有3只狼，它们伸着舌头、翘着尾巴，在荒野里"颠、颠、颠"地跑得正欢，吓出我一身冷汗，要是早走出车门几分钟，那……此时此刻，我明白了在荒原上独自一个人下车是多么的不现实、不安全、不可行。既是这样，那别无选择，只好乘客车同大家一起继续前行，经受高原反应的洗礼和考验。

▲ 色拉寺一角

谁知到了海拔4000米的昆仑山口，高原反应却大大减轻了，这使我能够轻松舒服地观赏起高原上的美丽风光来——昆仑山真美呀，虽然山峰积雪但山顶轮廓很柔和很平缓，山与公路间是大片大片绿茵如海的草原，一条条溪流小河画着无比婉转流畅的优美线条在欢流，雪白的羊群和五彩缤纷的牦牛群像珍珠宝石一样撒落在山、水和高原草甸之间。我一次次地打开车窗，拍下了许多精彩难忘的画面。

傍晚到了青藏路上最难过的重镇五道梁，这是大家公认的青藏路上最最缺氧最容易出现高原反应的地方——五道梁真是名不虚传，到这后我身上的感觉比下午还难受，车上一些当地土生土长的藏胞居然也开始周身不适甚至痛苦不堪，恰逢这里的道路正在修整，夜间无法通行，于是全车人都在车厢座位上或一动不动或辗转反侧地经受着痛苦的煎熬。喘不过气来的感觉很痛苦，不说周身无力，就是大脑因缺氧亦无法进行正常思维，脑海中总是混沌一片。就这样坚持了一夜，次日清晨，车辆终于向前移动了，几小时后我在车窗右侧看到了庞大的唐古拉山兵站和唐古拉山口的石碑。再往前看，前方所有的山都比脚下的山矮，公路从此会一路下坡，我此时感到危险已经完全过去了，但是车上的人全都是周身无力，几乎没人说话甚至是没人动弹。几个小时后，客车驶出了唐古拉山脚，拐到了安多县城，这里有清溪碧河，有葱绿草坪，更重要的是天一下子晴了，阳光照进了车厢，暖风吹进了车窗，全车人这下子全都“活了”，大家全都站起来活动着身体，互相间反复说的最多得一句话就是：“哎呀，总算（活着）过来了。”

与昆仑山和唐古拉山不同，安多之后的路段就是幸福的旅途了，公路很平坦，路边景色亦是气象万千、风光无限。傍晚抵达拉萨后，我很兴奋也很疲乏，很早就进入了梦乡。第二天早晨醒来，疲乏困倦一扫而光，冲了个凉水澡，顿觉精神为之一振。之后我出门坐上了开往市中心的中巴，车子拐过了一片楼群，我眼中随之一亮：哇！布达拉宫——圣城中的神圣宝殿，盘踞矗立在药王山巅，沐浴着金色朝霞，闪耀着夺目光辉，它的高雅圣洁和雍容华美真令我激奋至极而心痴心醉。之后几天，我在拉萨度过了无比快活欢欣的幸福时光，游遍了圣城和周边的几乎所有景点，得到了终生难忘的美好记忆。

后来我问过当地的朋友，据说许多内地人来到拉萨后都会因高原反应而周身不适，可我在拉萨怎么那么舒适开心（丝毫没有高原反应）呢？他们说，都因为你是坐汽车从青藏路过来的，路上尽是海拔四五千米的高山，在山上你都反应完了，可拉萨才3600米高，比在青藏路上矮多了，你怎么会再有高原反应呢？

我听懂了他们的话，我感到很庆幸也很得意。我庆幸的是我选择了乘汽车从青藏路进藏这种方式，它使我提前经受了高原反应的考验和锤炼。这样，我抵达拉萨后，才会享受到只有舒适欢愉而没有丝毫痛苦不适的快乐游程。我更感谢那高原上适时出现的 3 只肥壮的狼，是它们彻底打消、断绝了我“向后转”的念头，使我义无反顾地向前行，于是就翻越了昆仑山、唐古拉山；就来到了圣城拉萨；就看到了那么多晶莹的雪山、清澈的河流、宏伟的寺庙；就看到了高原上空成千上万朵的洁白祥云和那么多硕壮健美的藏族姑娘。

▲ 青藏路沿线风光

林芝地区

电话区号 0894
林芝地区旅游局 5822469
旅行社 6836626

林芝位于西藏自治区东南，距拉萨 400 余公里。这里地处雅鲁藏布江下游，海拔相对较低，气候温和、空气湿润，自然环境和风光亦非常柔和优美，蓝天、白云、青山、绿树、碧水、野花相映的画面在这里几乎随处可寻。林芝更是旅游观光和科考探险的乐土，地区行署八一镇水绕山环，景色已很绮丽，周边还有错高湖、林芝巨柏林、南迦巴瓦峰、墨脱、雅鲁藏布大峡谷等美景，其中徒步走墨脱和雅鲁藏布大峡谷探险是当今西藏和国内游览中颇有新意的“热门儿”玩法，林芝古镇亦因此在近年来受到八方游客的敬仰和关注。

▲ 西藏东部山水风光

☼ 气候与游季

藏东地形复杂，山高谷深，气候类型较多，素有“一山见四季”、“十里不同天”的说法。除三江下游谷地属高原温暖半干旱气候外，大部分地区属高原温暖湿润气候，气候条件较好，年平均气温在 7~10℃，年降水量在 400~650 毫米之间。

林芝大部分地区“夏无酷暑，冬无严寒”，全年都适合旅行，但东南部的波密、察隅和墨脱一带受季节影响大。每年 5~9 月的雨季，大量降雨容易引发泥石流、塌方，这时候八一镇以东的川藏公路亦常常中断；墨脱及雅鲁藏布大峡谷地区，只有在每年 5 月至 10 月下旬才可以进出，其余时间进入该地的几条进山之路都被大雪封住，根本无法通行；秋天林芝地区空气纯净，气温适中，是旅游观光的较佳季节。

交通

从拉萨到林芝最方便。拉萨距林芝地区行署八一镇全程柏油路约633公里，行车半天即到。拉萨到八一镇的客车每天在市东客运站发车，每天有多班，票价80~120元。另可包乘私人客车前往，依维柯每人120元、桑塔纳每人需150~180元。

另外亦可从川藏或滇藏公路搭车或自驾车前去，上述两条路进藏后都先路过林芝，不过路途非常漫长艰辛，相比之下从拉萨到林芝真是幸福旅程。

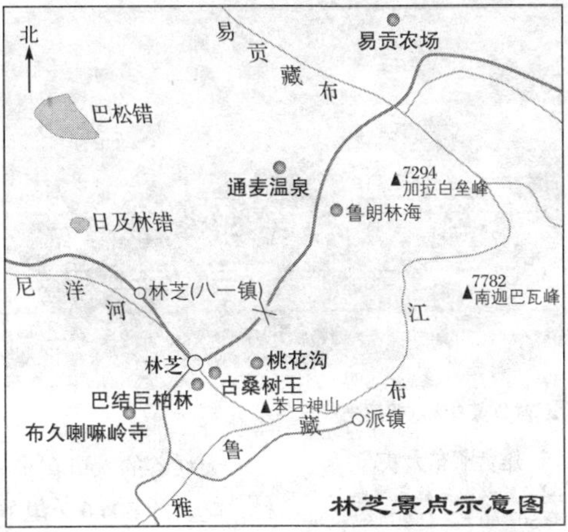

林芝景点示意图

住宿

林芝的旅馆业没有拉萨那样红火发达，但可以满足一般游客的住宿需求。林芝地区行署八一镇上有林芝宾馆、林芝迎宾馆等中高档宾馆，亦有地区招待所、农牧学院招待所等便宜住处。到巴松错游览，湖滨有度假村可住。若去南迦巴瓦峰观光或穿越雅鲁藏布大峡谷或徒步走墨脱，可自携帐篷选择营地，亦可住沿途乡村的居民家，但应事先向有关方面或其他旅友问清沿途情况，心中有数才能将游程安排得妥善圆满。

餐饮

当地一般餐厅里可以吃到各式川菜，市区有名的餐厅有蜀家菜庄、谭府菜、红楼火锅城等。藏族风味食品如人参果粥、火烧羊肠、红烧羊肺、生肉酱等可去藏味餐厅品尝，味道很独特。更有鲜明特色的当地酒菜：自酿的白酒、黄酒、鸡爪谷酒和烤老鼠肉等。

购物

特色商品主要有各类农产品和各类药材及一些手工艺品，如木耳、竹笋、花椒、蘑菇、八角、野菠萝、野柠檬、山龙眼、三七、天麻、虫草、七叶一枝花、雪莲、灵芝等。门巴族工匠制作的木碗和竹编也挺有观赏收藏价值，在八一镇上有各类商摊可光顾。

- **从林芝回拉萨**

长客主要在建设路上的林芝汽车客运站发车，最早一班在6:00前后开出，车费80~100元。

私营客车一般在林芝市中心的厦门广场发车。主要有依维柯、富康和桑塔纳。依维柯100~120元/人，桑塔纳130~150元/人。

一般凑满客人才发车。

- **当地宾馆酒店**

八一镇上的林芝宾馆，川藏路25号，电话：0894-5821300。

迎宾馆，珠海路12号，电话：0894-5822410。

旅途上可能投宿的宾馆：工布江达县太昭宾馆，电话：0894-5412186。

- **推荐住宿**

渡口青年旅舍，在八一大道保险公司对面，最便宜的床位20元。

- **通信**

林芝电信大楼和其他电信营业点可打全国直拨电话，市区亦有诸多网吧，但是上网费比内地贵一点，一般4~7元/小时。

- **银行**

林芝县城的邮政局有异地存取业务，带上邮政绿卡就行，当然图保险还是带足现金为好。

▲ 雅鲁藏布大峡谷风光

主要景点

雅鲁藏布大峡谷

雅鲁藏布江发源于喜马拉雅山西段杰马夹宗冰川，奔腾咆哮流向东南，在林芝、米林县和墨脱县交界处受到了南迦巴瓦峰和加拉白垒峰的夹峙阻挡，江水滔滔劈山而去形成了举世无双的壮丽峡谷。

大峡谷的入口在米林县的派镇，出口为墨脱县的巴昔卡村，全长约 504.6 公里，两岸山峰高耸入云，谷底江水狂泻，水声震耳欲聋，气势磅礴如排山倒海。江水在峡谷北端的札曲村附近环绕多布拉雄山而过，形成了一个 V 字形大弯，硕大而又壮美无比，因此外界几乎公认为这里是雅鲁藏布大峡谷的标志，亦是雅鲁藏布大峡谷沿岸的最佳观景点。

南迦巴瓦峰

地处墨脱县雅鲁藏布江出境处的巴昔卡，海拔 7782 米，系世界第 15 高峰。其山姿陡峭挺拔，植被呈垂直分布，山下热带雨林浓密，山巅则终年积雪，银光闪闪，辉映蓝天，为登山探险和摄影观光之佳境。

墨脱（含徒步行程安排和攻略）

雅鲁藏布江流入印度之前途经我国境内的最后一个县，亦是西藏东南最偏僻的县和最晚通公路的县。独特的地理位置和进出该县时的艰难路径和艰辛过程反而成了吸引八方游客的招牌和兴趣点、兴奋点。所以虽然通了汽车但徒步走进墨脱是当今自助旅游和探险考察中的大热点，每年有来自海内外的诸多旅游者到此力争观览墨脱小城的芳姿容颜。

首选路线：从派镇翻多雄拉雪山，经汗密、拉格、背崩，3~5 天就可以到墨脱。这条路，目前为去墨脱的主要通道。回来不妨从雅鲁藏布江上行到 108 公里处，再翻越嘎隆拉雪山到波密，要 3~4 天。也可从墨脱坐汽车到波密，当天可到。

游程：D1 八一—派镇：上午 9:00 有客车，车费 50 元，12:30 到。沿途雅鲁藏布江风光美，注意观看。

D2 派镇—拉格，先搭车或包车到松林口，再步行，7

- **雅鲁藏布大峡谷**

可以先从林艺乘车车费 50~60 元，行驶约 90 公里到派镇，这里是大峡谷景区入口，购票后坐景区观光车进入峡谷，观光路线长约 24 公里，依次经过大渡卡观景台、门巴民俗村、桑树王、南迦巴瓦观景台，最后到直白村（这里有一些旅馆可住）返回。途中随处可见雅鲁藏布江风光和南迦巴瓦峰秀色。游览时间大约 2.5 小时。

¥门票 150 元，淡季有优惠。观光车 90 元 / 人

- **南迦巴瓦峰**

交通：可以先从林芝八一镇搭车或包车到米林县的派镇，再乘大峡谷景区观光车沿雅鲁藏布江下行，沿途可见青山、绿水、蓝天、白云和诸多秀丽江景。晚上到直白村，在此住宿并于次日继续在周边巡游，在这里有很多好地方好角度可看到并拍摄南迦巴瓦峰英姿。

- **直白村住宿观光**

村中巴青农庄位置不错，住宿条件也行。从直白村步行 1 小时，还可看到雅鲁藏布江小拐弯风光。

- **去墨脱的最佳时节**

每年 11 月下旬至来年 6 月初最好不要去，气温低气候恶劣。而金秋 10 月季节最佳，既非雨季又无大规模降雪，但应注意快去快回。

小时左右到拉格（路不好走）住宿在这里。

D3拉格—汗密：28 里长的林间路，虽然是下坡但要走 9 小时左右。路上要防蚂蟥咬。汗密青年旅馆可住。

D4汗密—背崩乡：38 公里路，路况险（多江边路）、天气热、蚂蟥多，需克服困难且注意安全，9~10 小时可走到。住背崩村。

D5背崩乡—墨脱：30 公里路，几乎全是上坡，要走 10 小时左右，搭过路车每人 100~200 元可到。墨脱有好几个招待所及旅馆，住宿不贵但吃的东西贵。

墨脱—波密：墨脱至波密 108 公里，可以包车但车费贵，步行要 1~2 天。到波密后再转车，4 个小时就到林芝。

错高湖

在距林芝地区工布江达县 50 余公里的巴河上游的高峡深谷里，长约 12 公里。错高在藏语中的意思是“绿色的水”，湖区山水相间，有玲珑的小岛和精巧寺庙，湖中亦有鱼类和水鸟栖息游弋，游客可以乘船观光，也可环湖步行，领略观山看湖的美妙情趣。

巴结巨柏林

为林芝县巴结村内的一片巨柏保护区，8 公顷的山坡上生长分布着数百棵苍劲古柏，平均高度达 30~40 米，最老的柏树树龄已逾两千年，高大浓密、风姿诱人，系西藏境内风姿独特的森林景观。

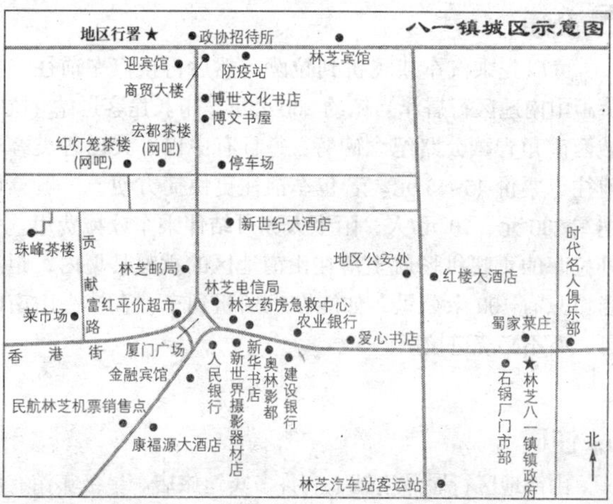

- **墨脱的最新信息**

墨脱已通简易公路，但是每年能通行的时间不过四、五个月。目前徒步去墨脱的游客一般是从派镇步行 3-4 天到墨脱，出来时租车或搭车从墨脱到波密。这样好走(去时全是下坡路)，如果反向行进会很吃力。

- **徒步去墨脱所需的装备**

睡袋、防水布、雨伞、保暖衣裤，结实的登山鞋、绑腿、太阳镜、防晒霜、帽子、手电、镜子、打火机、手纸、药品、洗漱用具、相机、胶卷、地图册、指南针、干粮和适量饮水。边防通行证和足够的现金。

- **错高湖**

去错高湖可从八一镇包车，往返 400~450 元车费。亦可先从拉萨或林芝乘客车到巴河桥头下，这里有错高湖的售票处 (景区门票 100 元)，但离湖区还有约 40 公里路，若步行需 6~7 小时，如运气好可搭当地货车，车费 20 元左右。

湖区有旅游度假和餐饮游乐设施，条件尚可的错高湖度假村房价 40~200 元不等。

- **巴结巨柏林**

巨柏林位于八一镇去林芝县的公路边，从八一镇乘去林芝县的微型车即可到。

参观完毕返回八一镇或林芝县城时搭过路车也方便。

¥门票 30 元。

- **推荐游程**

如果是从拉萨出发去林芝，可在巴河（八一）桥头下车，先搭车或步行去错高湖游览并在湖边住宿。次日返回八一镇。

欲去南迦巴瓦峰观光或徒步墨脱及去雅鲁藏布江大拐弯探险需认真准备并谨慎前行。尤其是徒步墨脱和雅鲁藏布江探险，必须详细了解有关方面知识并携带专用装备，且最好结伴而行，以保安全。

山南地区

电话区号 0893
山南地区外事旅游局 7821788

山南地区是指西藏南部念青唐古拉山和喜马拉雅山脉东段之间的河谷地带，这里北连拉萨，东依林芝，西接日喀则，地域面积约为 8 万平方公里。山南地区山势平缓，河流密布，气候温和，水草肥美，有“西藏粮仓”之美誉。山南共有 18 大景区近 60 处景点，地区行署泽当镇是全地区政治、经济、文化、交通和旅游中心。

▲ 羊卓雍错

气候与游季

山南地区由于处在河谷地带，气候相对温和，冬天少严寒，夏天无酷热，夏季高温时间持续很短。年平均温度 5℃~8℃，最冷月的平均温度 2℃~12℃，最暖月 10℃~18℃。

这样的气候当然一年里大部分时间都可以出游，而且山南地区更多的是人文景观，交通便利，不太受季节影响。

- **乘车提示**

从拉萨乘大客车去山南时可先上车占好座位再向售票员购票，以免在售票窗口买到“站票”，3 小时的车程站着太累。

- **当地节庆**

每年 7 月 25 日的“山南雅砻文化节”期间，绚烂多彩的民俗文化活动会让你大饱眼福，备感惬意开心。

▲ 寺中绘画

交通

可以先乘汽车或飞机到拉萨，然后再换汽车前往。拉萨距山南地区行署泽当镇约 200 公里，市长途客运站（拉萨城西南角青藏公路纪念碑旁）每日有中巴、大巴各类客车前往，票价 45~55 元。若包车前往更快捷方便，一般桑塔纳车 280 元、70 元/人，陌生人亦可结伴乘车分摊费用。另外拉萨的贡嘎机场就坐落在山南地区的贡嘎县境内，距泽当镇只有 100 余公里，如能在机场租到车，直接去山南即可，而不必绕道拉萨。

住宿

山南地区行署泽当镇上有许多宾馆旅店。星级宾馆有泽当饭店，在乃东路 21 号，电话：0893-7821899，标准间 300~360 元/间。山南宾馆设施较新，标准间 200 元/间。此外，邮政公寓、交通公寓住宿更便宜，标房 60~80 元/床，多人间 35~40 元/床。还有一些小型客栈，里边有 20 元左右的床位。

餐饮

当地餐馆以川味为主，内地人就餐在口味上不会有太大不适，菜价适中，普通肉菜在 15~25 元。另外可注意品尝藏族风味食品如青稞酒、风干牛肉、酸奶、烤肠等。

通信

山南泽当镇上和周边县城都有手机信号，亦有长途直拨电话。泽当镇上有不少网吧，上网费 4~6 元/小时。

主要景点

桑耶寺

在山南扎囊县雅鲁藏布江北岸的扎马山麓，建于唐大历十四年（779 年），被称为“西藏的第一座寺庙”。桑耶寺的建造规模宏大而又颇具匠心，中心大殿南北建有太阳殿和月亮殿，四周又有四座佛塔、四座大殿和四座小殿，布局精妙，意寓颇深。寺内长达 92 米的壁画“西藏史”、汉白玉石雕大象和历经千年的唐式铜铸大钟均是闻名全藏的艺术珍品。

山南地区游览示意图

雍布拉康

为建在山南乃东县东南约 5 公里扎西次日小山巅上的气派而精美的城堡宫殿。远远望去甚具美好观感。传说是公元前 1 世纪第

- **参考住宿**

山南地区招待所，泽当乃东路，电话：0893-7820384。

- **当地饮品**

酥油茶和青稞酒是当地民间最常见的饮料。酥油茶营养价值高，味道也好，尽管开怀畅饮。但青稞酒后劲足，饮者不要贪杯。

▲ 昌珠寺外景

- **当地特产**

主要有地毯、氆氇、石锅、木碗等，都是可以自己收藏、使用和馈赠亲友的工艺佳品。

- **桑耶寺**

拉萨大昭寺前有客车（早晨发车）直达桑耶寺，泽当也有客车前往。

也可从拉萨西郊客运站或泽当乘车，在桑耶渡口下车再换渡船过江（船行约 1 小时，船票 10~15 元、包船需 100~300 元），上岸后再换桑耶寺的接客专车（车费 5~10 元）或乘当地客货车即到桑耶寺。

¥ 门票 45 元。寺院还有招待所可提供简易食宿，住宿最简单的床位 10 元/人，最好的床位 40 元/人。

一代藏王聂赤赞普所建，迄今已有2000余年历史，亦被称为“西藏的第一座宫殿”。殿内供有松赞干布及文成公主像等，寺旁不远处还有一口名为“喝尔泉”的著名泉眼。

昌珠寺

位于乃东县泽当镇南郊外2公里处的贡日山南麓，建于吐蕃赞普松赞干布时期，据传文成公主曾来此院修行。全寺由大殿、转经转廊、廊院三部分组成，内藏文物的极品是珍珠唐卡，是用珍珠串起为线条绘出的《观世音菩萨憩息图》，上镶珍珠近3000颗，价值连城。

藏王墓

在山南琼结山西南，距泽当镇约90公里，墓区有巨大陵墓近10座，是包括松赞干布之墓在内的庞大古墓群。

拉姆喇错

在距泽当镇约150公里的加查县境内，藏语的含义为“圣母湖”，这里人迹罕至，极富传奇色彩，据说每次达赖和班禅转世的线索都是高僧在这里看到后预见的。圣湖水色幽蓝，四周有山峰环抱，景色旖旎优美。

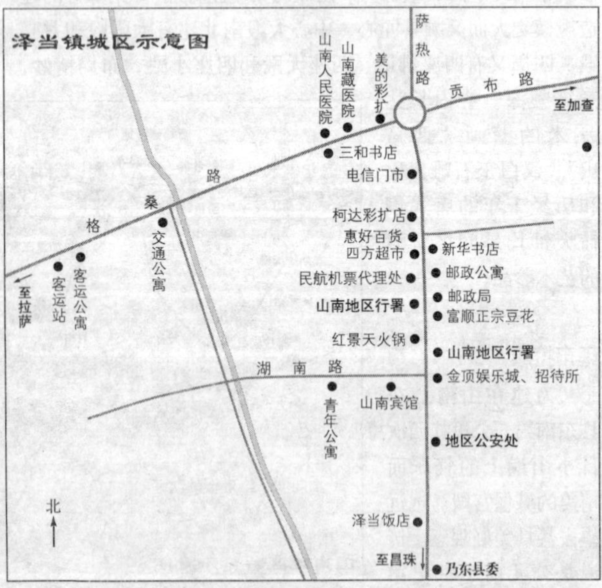

• **雍布拉康**

距泽当镇约10公里。乘小公共去车费2~3元即可。包机动车单程20元、往返需40~50元。

¥门票60元。

在山底仰望和登殿参观均可，不过这处寺庙的气派规模比西藏其他寺庙小，远不如布达拉宫和哲蚌寺一类壮观。

▲ 昌珠寺珍珠唐卡

• **昌珠寺**

距泽当镇很近，镇上有中巴车前去，车票2元/人。包机动三轮车10元即可。亦可在游过雍布拉康后返回时顺路游览（两者在一条线上）。

¥门票70元。

参观时间1小时够用。

• **藏王墓**

从泽当包夏利去藏王墓需90~100元/车，搭乘拖拉机很辛苦但车费便宜，每人5~10元。

¥门票40元。

此景不是游客在当地的必观景点，是否前去视情而定。

• **拉姆喇错**

可先从泽当乘车到128公里外的加查，再换车走20余公里土路到琼果杰寺，再步行约15公里（亦可租马骑行）才可到达湖边。此线包车或自驾车合适，乘客车很费劲。门票40元。

日喀则

电话区号	0892
日喀则市旅游局	8822221
旅游投诉	8822240

日喀则地处雅鲁藏布江和年楚河的交汇处，是西藏的第二大城市，亦是当年后藏的政教中心。日喀则在藏语中的含义是“最如意美好的家园”，这样的美誉对于日喀则来说绝非徒有虚名。这里有高原圣湖羊卓雍错，西藏著名的寺庙扎什伦布寺，神奇傲美的是世界第一高峰珠穆朗玛峰。诸多美景相依相连，组成了西藏境内最具诱人魅力的黄金旅游线。

▲ 从空中俯瞰喜马拉雅雪山壮景

气候与游季

藏南谷地海拔 2500~4200 米，气候受地形的影响十分明显。日喀则地区处于河谷地带，最冷月份的平均气温为 2℃~12℃，最暖月份平均气温为 10℃~18℃，可算是冬无严寒，夏无酷暑。降水量集中在 7、8 月，而且多夜雨，干湿季节明显。

日喀则日光充足，气候温和，旅游设施比较完善，所以任何时候都可以到这里旅游观光。但应切记如果你要去珠穆朗玛峰探险游览，每年 10 月至来年 4 月由于天气严寒不适合前去；另外 7~8 月为雨季，烟雨蒙蒙中也经常无法看见珠穆朗玛峰。观赏珠峰的最佳时间是每年的 4~6 月。

交通

拉萨长途汽车站（川藏公路纪念碑旁）有车到日喀则。另外拉萨的八朗学和吉日旅馆之间的一段北京路上，每天 7:00~15:00，有客车开往日喀则，车费大车 54 元，小车 120

- **发烧友关照**

1.抵达拉萨后可以在拉萨市吉日、支域、八朗学、东措青年旅社等旅馆的留言板上寻找旅伴一起拼车去日喀则、珠峰，这样可节省不少车费。

2.去珠峰樟木、亚东等地需本人在户籍所在地公安机关办好边防通行证，2元，与深圳的边防证一样办理。在拉萨也能办去珠峰的边防证，价格50~100元，可与当地旅行社或所在旅馆联系，须带好有关证明。

- **参考住宿**

①日喀则金龙宾馆，十字路口西北角，准三星装修，100~150元/间，电话：0892-8834008。

②旦增宾馆，距日市中心珠峰路不远，多人间20~25元/床。

- **美食街区**

解放北路和珠穆朗玛路一带是川菜馆和藏菜的集中地。日喀则汽车站附近的夜市，菜式多样，气氛热闹，值得一尝。

▲ 夏鲁寺

- **通信**

日喀则市区和周边所有县城都能打长途直拨电话，在主要城市手机亦有信号。此外日喀则的网吧也很多，上网费3元/小时。在江孜上网也不算太难。

- **羊卓雍错**

可从拉萨包车前往羊卓雍错，车费往返约需400元/车。从拉萨到羊卓雍错需2~3小时，途经贡嘎机场道口。也可游览羊卓雍错后不返拉萨而是乘车经浪卡子去日喀则观光。门票40元。

元，车程约4小时。由日喀则开往西藏各地的班车较拉萨少，位于解放中路的汽车站有班车开往各地。也有私营小巴在路旁或扎什伦布寺广场前等客。一般开车时间为7:30~8:30左右。

日喀则去樟木的班车不定期，人多时才会发车，行车约需2天，中途会在定日过夜。从日喀则包车去樟木和珠峰更方便。

住宿

日喀则流动人口较多，因此当地的旅馆业也很红火。星级宾馆有日喀则饭店（解放中路13号，电话：0892-8822551，标准间300元/间左右）、山东大厦（日喀则地区行署，电话：0892-8826125，标准间300元/间左右）、邮政宾馆（解放中路12号，电话：0892-8829888，标准间120元/间左右）。此外当地还有不少个体旅社，床价20~30元的住处不难找寻。

在江孜可以选择二星级的江孜酒店（江孜镇中心，电话：0892-8172222，标准间300元左右）或江孜县政府迎宾馆。

去珠峰途中的定日县城中有一星级的珠峰宾馆（珠峰东路6号，标准间300元/间、普通间30~40元/床）。

餐饮

在日喀则市及周边景区，既有西藏境内随处可见的由四川人开设的川味餐馆，亦有一些藏餐饭店、藏式茶馆和其他风味的餐厅。川菜馆中的肉菜一般在18元以上，人均25元钱可吃饱一顿。西藏风味食品的代表主要有青稞酒、酥油茶、手抓牛肉、风干肉、灌肠等。在樟木口岸，还有一些尼泊尔和其他异国风味的餐馆，菜价不贵，一些快餐饭食如尼泊尔炒饭等不过10元钱一份。

主要景点

羊卓雍错

羊卓雍错是西藏三大圣湖之一，在拉萨以南100公里处，海拔4441米，东西长130公里，南北宽70公里，面积居喜马拉雅山北麓各湖区之最。

羊卓雍错是西藏境内最大的水鸟栖息地，常有天鹅、大雁和野鸭在湖边嬉戏，水中亦盛产细鳞、裸鲤等高原鱼类。最令人惊叹的是湖水的颜色，那种一尘不染、纯洁碧透的蔚蓝色真是举世无双、人间难寻。观赏羊卓雍错，就是在观赏高原上的明珠，游览羊卓雍错，就是在遨游罕见的人间梦境。

日喀则地区游览示意图

扎什伦布寺

地处日喀则城西的尼色日山坡上，始建于明正统十二年(1447年)，建筑面积达30万平方米，是甚具规模气势的古建筑群，亦是西藏六大黄教寺院之一。寺内分宫殿区、勘布会议、班禅灵塔殿、经学院四大部分，内藏世界上最大的铜佛坐像和九世班禅主持铸造的镏金青铜弥勒坐像等稀世佛教艺术珍品，在世界佛学界内享有盛名。

夏鲁寺

在日喀则东南20公里处的丛堆山中，是始建于北宋元祐二年（1087年）的汉藏合壁式建筑群。现存殿房近50间。殿内供奉的释迦牟尼和八大弟子塑像及大藏经《丹珠尔》、《甘珠尔》以及诸多室内壁画颇具欣赏价值。

萨迦寺

位于日喀则地区萨迦县境内，是萨迦派的第一座寺庙，共有40余座建筑，内存大量手抄佛经、精美壁画佛像、瓷器等，数量甚丰，因而该寺享有“第二敦煌”之称。

宗山抗英遗址

在距拉萨254公里的江孜县中心山顶上，亦称宗山堡，是一座屹立在褐红色山

- **扎什伦布寺**

在日喀则城西，步行或乘三轮车(2~3元)均可，开放时间9:00~17:00。

¥门票55元。

- **夏鲁寺**

可从日喀则搭乘到江孜的客车中途下，再步行即可，从日市打车去更方便。

¥门票40元。

- **萨迦寺**

可从日喀则客运站乘客车去萨迦，每日7:00~8:00发车，车费45元，4~5小时可到。下车后步行即可。

¥门票50元。

珠峰北坡攀登路线图

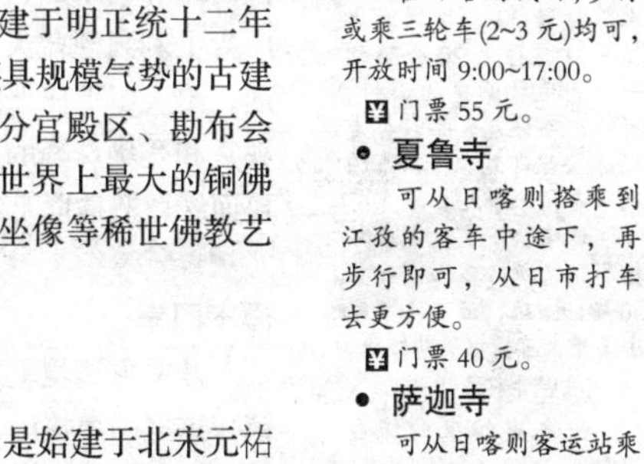

◀ 珠峰雄姿

岩上的城堡。清光绪三十年（1904年）英国军队进藏袭击江孜，江孜军民坚守城堡抗击英军达8个月之久，最后弹尽粮绝，大部分壮烈牺牲，留下传世英名。数年前，著名影片《红河谷》就是在此拍摄的外景。

珠穆朗玛峰

珠穆朗玛藏语意为“第三女神”，它是喜马拉雅山的主峰和世界最高峰，海拔8844.43米的巍峨身躯坐落在日喀则定日县正南方的中尼边境。这里有数百条冰川和大量的冰塔、冰桥、冰峰、冰茸，千姿百态、美不胜收。而金字塔状的主峰山尖上刺巍巍蓝天、下视浩瀚西藏高原，冰雕玉琢、挺拔秀丽，给人留下庄严神圣无与伦比的美好观感。近年来，前来观赏和登攀珠峰的人日益增多，高原美神正在撩开自己的神秘面纱，把举世无双的圣洁容颜展示给慕名而来的八方游客。

樟木口岸

是中尼边境上规模不大但风光优美而特色鲜明的山间小镇。这里的海拔比西藏大多数地方都低，只有2300米，属亚热带气候，空气湿润，四周森林茂密，景色宜人。由于这里是中尼两国重要的边境口岸，所以边贸红火繁忙，来往流动人口亦多，镇上有许多商店和餐馆，边境风情生动迷人。

拉萨与樟木间有客车来往但时间没准谱，所以大多数游客都是从拉萨、日喀则、拉孜包车或搭车而来。但是从樟木返回拉萨或日喀则的车却较多，因有不少到中尼边境送客人的车返回时是空驶，所以只要交上不多的车费，就有可能坐上豪华旅游车直返日喀则或拉萨。

樟木镇上有一些宾馆可住宿，如樟木宾馆，双人标准房300~380元/间。曲乡宾馆，双人标准房60~100元/间。藏族同胞接待处，标准间35元/床。刚坚饭店，标准间75元/床。

- **宗山抗英遗址**

从江孜县城步行前去即可。

¥门票40元。

- **珠穆朗玛峰**

珠峰地处中尼公路以南大约100公里的边境线上。许多游客从拉萨直接包车前去，此方式最为简明省力省心。亦可先到日喀则或拉孜，然后包车前往。搭客车可从拉孜先到中尼公路上的鲁鲁边检站，这里是去珠峰的必经之路，时常有去珠峰的各类车辆经过，如果车上有空位，司机可能会带上你(但一般需付车费)。

从鲁鲁检查站上车后的历程大约是：行车10余公里到珠峰路口，拐下柏油路不远处是登山检查站查验各类进山手续，沿土路行驶30公里到遮古拉山口、再走20公里到一个叫达扎西穿的山村，有餐馆可补充食品，再走30余公里即到珠峰脚下的绒布寺和珠峰大本营。

珠峰脚下有数家小旅馆和招待所，多人间一般30~40元/床，还有1~2家小餐馆，可提供简易饭食。

- **游览指导**

樟木宾馆里的饭食较贵，但街上有不少中、尼风味餐馆，菜肴多样风味亦诱人，便宜的尼泊尔风味的快餐只需10元出头即可吃好，用餐毫无问题。

▲ 边境小镇樟木

旅途中

旅游锦囊——为您介绍去珠峰旅游观光的最新攻略

①欲去珠峰观光应事先做好准备，一是要提前进行身体锻炼，改善心肺功能以防止和减轻每个人初次进藏后都会出现的高山反应。二是在高原（尤其是在珠峰脚下）行进和游玩途中，一定要对高山反应予以足够的重视——运动量千万不要大，切忌长时间在野外行走，切忌暴饮暴食和过量饮酒，严防感冒和其他呼吸系统及心脑血管系统疾病的发生，一旦身体不适或患感冒等病症，应坚决急流勇退，先回到日喀则或拉萨去休息治病，留得“青山”在，不怕下次看不到好风景。在西藏高原上想挑战自然和超越自我的想法非常不可取。

②如果觉得有必要，去珠峰前可先向保险公司投保高原旅游救助保险，这样如果在高原上遭遇身体伤病和其他方面的意外，可以得到相应救助。有关事宜可向中国人寿保险公司和太平洋保险公司作具体咨询。

③去珠峰观光除应事先办理边防通行证外，还应携带以下物品：巧克力糖或压缩饼干、牛肉干、方便面、火腿肠及榨菜、适量饮用水和水果、遮阳帽和墨镜、防晒霜及润唇膏、红景天和施尔康及治疗感冒发烧和消炎的药品。

④在去珠峰途中经过珠峰检查站后不久会抵达著名的遮古拉山口，在此可以眺望到马卡鲁、洛子、珠峰、卓奥友峰等4座海拔8000米以上的高山——银光闪闪、旗云飘飘，风光壮丽迷人。请注意观景拍照。

⑤进入珠峰需购门票，票价180元/人，车辆进山费按车的轮胎数量另收，每个车轮收费100元，外加5元钱保险。

⑥珠峰脚下的绒布寺除了条件一般的普通招待所外，不久前又新建了一家条件稍好的旅馆，馆中的每间房都有朝向珠峰的大窗子，在房间中即能看珠峰雄姿，收费100元/床。在绒布寺吃饭很贵，普通的鸡蛋炒饭也要15元/份、啤酒10元/听。

⑦从绒布寺至珠峰登山大本营还有8公里路，步行需2.5~3小时，现在外来车辆可以开到大本营了。

⑧大本营有不少帐篷搭建的旅馆，住宿费40元/人。

⑨绒布寺有中国移动信号，通信方便。

⑩在大本营观光后别忘记在邮政点盖个邮戳或是寄回个明信片，有点纪念意义。

⑪如果是从拉萨包车去珠峰观光，那短短4天之内即可打个来回。第一天从拉萨出发，下午可达日喀则（行车8小时），抵达后顺路游扎什伦布寺。第二天早上出发，下午或黄昏可抵珠峰脚下的大本营住宿。第三天早上在大本营附近观光（一般人可上至珠峰大本营碑处），午后即可原路返回。若返程时间抓紧一点，第四天下午或晚上即可回到拉萨。

▲ 珠峰登山大本营

阿里地区

电话区号	0897
阿里地区外事旅游局	2821828
旅游公司	2821846

阿里地处西藏自治区的西部，地域独特而风光优美。这里平均海拔在4500米以上，被称为“世界屋脊上的屋脊”。由于当地风光绮丽而又交通不便，所以阿里的高原风光一直披有神秘的面纱，它不光是藏民心中的“世界的中心”，亦是西藏境内最富有诱惑力的观光景区。如今的阿里是西藏旅游中最闪光的亮点、最时尚的一程，主要风景点有神山冈仁波齐、古格王国遗址、圣湖玛旁雍错、札达土林等，而当地随处可见的粗犷雄奇的高原壮景亦会让游客备感新奇欣喜、如痴如醉。

▲ 冈仁波齐峰

气候与游季

受北高南低的地势影响，区内气候南北差异显著。

北部气候寒冷而干燥，以狮泉河镇为代表，年平均气温0.1℃，最冷月平均气温-12.1℃，最热月平均气温13.6℃，降水量不大。冬春降雪较少，多大风，常在10级以上，且可持续刮上数昼夜。

南部普兰和札达地区气候条件相对较好，年平均气温为3℃，最冷月平均气温为-9.2℃，最暖在七八月，平均气温为13.8℃，是阿里的主要农业基地，作物一年一熟，冬春季节有时会有较大降雪。

每年5~7月和9~10月是去阿里的最好季节，可以避开雨季和冬季的大雪和严寒。

交通

如何到达阿里

阿里之行在国内旅游观光的诸多线路中相比较来说应该算是最为困难艰辛，但是今日的阿里高原已通过直贯南北的新藏公路和外界建立了紧密的联系，所以如今去阿里还算是可望又可即。人们可以选择从东（拉萨）西（新疆）两个方向进入阿里。

- **乘藏羚羊客运班车去阿里狮泉河**

从拉萨到阿里欲乘客车可到藏羚羊旅运公司售票处，地点在娘热路37号阿里办事处旁边，旺季每2天发1班车，电话：0891-6888929。这里发往阿里的客车昼夜兼程，2晚3天即可到狮泉河，车票650~750元，其中坐车厢前头为750元，坐中间700元，坐后边为650元。为了舒服您还是别坐车尾，那样太颠太痛苦。

藏羚羊公司阿里售票咨询电话：13638978877。

从拉萨包车去阿里，可打电话：13309790990咨询。

从拉萨到阿里地区行署狮泉河镇有北、中、南三条路线。

北线

基本上是无人区，而且有很多沼泽地带，只有冬季上冻之后才能走车，所以只能说是“理论上的路线”。

中线

从拉萨经日喀则、拉孜、措勤、改则、革吉到狮泉河，路比较好走，进出阿里的干部和访问者、商业车队基本上都走这条路，中路海拔高，要经过海拔6000米的桑木大坂。然而中线没有什么太突出的风景，阿里周边激动人心的景点大都不在这条路上，途中唯一激动人心的是可以遇到成群的野驴和藏羚羊。

欲从这条线去阿里（狮泉河）可以从拉萨乘长途客车，但发车时间不固定，一般为2~4天一班车，车费为650~750元，具体事项可去拉萨北郊客运站去询问。另外也可从拉萨搭货车沿此线去阿里，坐在驾驶室内一般需付车费500元，坐在货舱内车费会低许多但一般人难以忍受。

南线

从拉萨到阿里旅游最好走南线。这条路线基本上是沿雅鲁藏布江而上，经日喀则、拉孜、萨嘎、仲巴可达圣湖玛旁雍错，从玛旁雍错南下到边镇普兰，再从普兰返回，向西北去朝拜神山冈仁波齐，继续向西北到札达县，最后从南面进入狮泉河镇。这条路线蜿蜒穿行在喜马拉雅与冈底斯两大山脉之间，又会聚了诸多当地著名景点，所以风光壮丽，特别神奇诱人，目前一般的自助游爱好者和旅行团队大多走这条线去阿里。

这条线上也有长途客车但车次不多，发车地点也是拉萨北郊客运站。时间紧迫的游客可以包车或搭车。如果包租一辆适合野外行进的陆地巡洋舰60型或62型车，租金约需12000元以上，包卡车亦需6000元以上，所以单人游客最好与人结伴以分摊费用，出发前请详细问清路上各注意事项并做认真准备，以免出现困难和被动。

另外欲走此线亦可先从拉萨到日喀则和拉孜，再搭车或包车前往阿里。

住宿

阿里地区行署狮泉河镇是全地区食宿条件最好的地方之一。镇上有阿里大酒店、狮泉河宾馆、邮电宾馆等。邮电宾馆的房间挺新，洗澡水很冲，客人反映很好。还有不少普通招待所，如蓝天招待所、农牧商招待所等，床价更便宜。

• 如何离开阿里

离开阿里一般都从狮泉河南下或北上。除了包车和乘客车以外，就只有搭便车了。作为新藏公路的枢纽，这里有邮车、货车和军车开往新疆。狮泉河南岸的新疆驻阿里流动养路队，专门接待新疆来的货车，这里可以找到驾驶室较宽敞的货车，到叶城需行车3天，车费300~400元。因为路程很远，最好别找一些坐车尾的车。也可坐军车驾驶室内，收费200~300元。军车较货车慢，但安全较有保障。军车队早上会在十字路口北面的修车站旁作出发前的最后检查，这里是较好的搭车地点。

• 阿里到新疆叶城

客车每3天1班，车费450~550元。

• 从阿里回拉萨

从狮泉河到拉萨经常有长途班车，阿里到拉萨走北线大约每3天1班车，车程3天3夜，车费600~680元，司机电话13889076253、13618980445。阿里也有走南线到拉萨的客车，2天可到。

也可以先从阿里乘客车到日喀则，然后从日喀则去拉萨就方便多了。阿里到日喀则2~3天1班车，车费500~600元，司机电话13989929465、13518822445。

• 狮泉河饭店

是当地最高级的涉外饭店之一。有24小时热水洗澡的标准间200元。没有热水洗澡的普通双人房100元/间。电话：0897-2821400。

• 恒远宾馆

在狮泉河镇上，条件尚可，住宿便宜，3人间50元/床。

阿里地区游览示意图

餐饮

阿里地区的餐馆内饭菜价格比西藏其他地区略贵，一般炒菜可以开价在25~28元，一碗面条也会达到7~10元，考虑到这里的食品许多是从远道别地运来，所以对此不应太感惊奇。狮泉河镇上有许多四川风味和新疆风味的餐馆，适合不同地域来客的不同口味。

主要景点

神山冈仁波齐

地处阿里地区行署狮泉河镇东南约480公里处，海拔6638米，系冈底斯山脉的主峰。冈仁波齐在藏语中的含义是“神灵之山”，它被印度教、藏传佛教、西藏原生教派等同时认定为是世界的中心，每年来此朝圣的人们络绎不绝，总数超过10万人，转山、转湖等佛教朝拜仪式虽然辛苦却尽显其虔诚意味。冈仁波齐峰的山姿亦很优美，四壁非常对称，形如圆形金字塔，山尖直立、刺破烟云，山头终年积雪，更显洁白纯美，极具动人魂魄般的感染震撼力。

圣湖玛旁雍错

在冈仁波齐峰东南约30公里处，海拔4586米，是世界上最高的淡水湖之一。它的湖区面积达412平方公里，湖面开阔，湖水蔚蓝清澈，雍容华美。它在藏语中的语义为“永恒不败的碧玉湖”，每年有诸多朝圣者来此转湖、洗浴。圣湖与圣山冈仁波齐可谓是相距甚近且相映生辉。

古格王国遗址

古格王国于公元10世纪前半期开始建立，在10~16世纪不断扩张并达到全盛期，于17世纪衰败覆亡。古格

▲ 古格王国遗址

- **神山冈仁波齐**

可以从阿里地区行署狮泉河镇包车前去，如果行车顺利，可在1天内到达神山脚下的游客落脚点塔尔钦村，这里有宾馆、餐厅提供食宿。从塔尔钦村步行1小时登上村北侧的小山上，即可看到神山雄姿。

从拉萨驱车走南线的游客可沿萨嘎、仲巴、巴嘎到塔尔钦（不经过狮泉河），全程1671公里。

转山一周一般需2~3天时间。

神山圣湖门票联票200元。

- **圣湖玛旁雍错**

可以从狮泉河租车途经巴噶向南转弯即到圣湖，车费约需230元。也可从拉萨乘车走南线沿萨嘎、仲巴、霍尔、巴嘎到圣湖。先游冈仁波齐神山再游玛旁雍错亦方便。

湖滨和不远处的即乌寺有小型旅店、餐馆提供食宿。

转湖一般按顺时针方向行走，转一圈一般需4天时间。

湖西的即乌寺是拍摄湖区风光的好地点。

王国遗址坐落在阿里札达县城以西 16 公里处，从山麓到山顶高约 300 米，有房屋建筑、洞窟、碉楼、佛塔等 600 余座(处)，是占地达十数万平方米的超大型古建筑群。遗址内有不少精美雕塑和壁画，近年来亦不断有新的发掘和发现，颇为引人关注和寻味。

札达土林

阿里地区札达县周围分布的天然土林地貌风光区，是因地层长期受流水切割并风化剥蚀后形成的土制“森林”。土林数量多且形态各异，挺拔陡峭而又高低错落、千姿百态，与云南昆明石林和陆良沙林有异曲同工之妙，是高原上不可多得的天然绝景。

班公错

位于阿里狮泉河镇以西 130 公里处日土县城旁中印边境地带的狭长湖泊，东西长约 155 公里，而平均宽度只有 2~5 公里。班公错是中印两国间的奇异界湖，其 1/3 面积属印度，湖中是咸水，没有鱼类生长；而属中国的近 2/3 湖区面积中却是淡水，湖中鱼群穿梭，湖上水鸟竞翔，一派盎然生机。由于春夏时节常有天鹅等珍禽飞临此地觅食栖息，所以班公错又享有“高原上的天鹅湖”之美誉（乘快艇去湖心岛 80 元/船）。

狮泉河镇

为阿里地区的行署，又称阿里或噶尔，西接印度，北靠新疆，是西藏西部的交通枢纽和工业边贸及旅游中心。

狮泉河镇的镇区规模不大，两条主要街道交会于镇中心的大十字一带，主要的商店、饭店、宾馆亦聚集在此。附近还有当地主要的综合市场。狮泉河镇虽然地处边陲，但流动人口不少，物资供应亦尚显丰富（当然主要是从外地运来的，因此价格不菲），而夜总会、娱乐城等消费场所亦比比皆是，游人来此在吃、住方面并不会有太大不适，唯一稍需费心思的是来往交通的进出问题，另外狮泉河镇上的许多单位白天无电力供应，此点还需有心理准备。

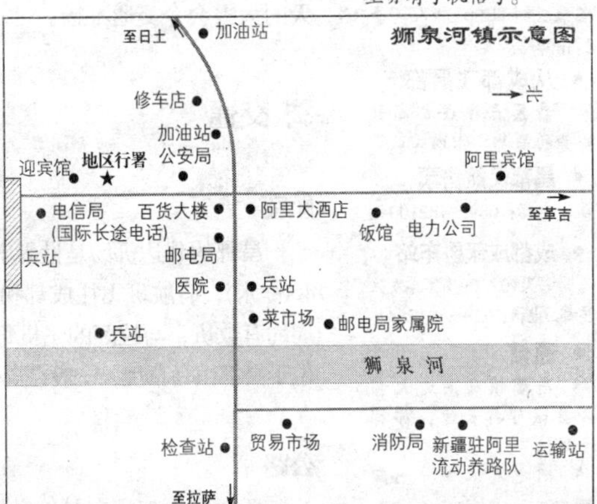

- **古格王国遗址**

遗址位于狮泉河东南札达县城以西 16 公里处。从狮泉河包车来挺方便。从拉萨乘车走南线经过仲巴、巴噶后在那不如向南拐也可到札达。从县城可包车或搭车去遗址，步行太辛苦。

¥ 门票 200 元。和札达托林寺联票，学生有优惠。

- **札达土林**

土林分布在札达县城周围，来札达途中可见到，也可到札达后步行前去观光。

土林和札达县城内有宾馆和招待所，可以找到 30 元/床的住处。

- **班公错**

可以从狮泉河包车前去，路程需 3~4 小时。此外从新藏公路入藏后先经过班公错而后到阿里。湖滨有个体旅馆及餐厅，提供简单食宿。其中班公湖度假村客房干净，标间 100 元，村中餐厅全鱼宴 200 元/桌。班公湖鱼庄的全鱼宴也很有名。租船游湖船价面议。

- **狮泉河镇**

较好的宾馆有狮泉河饭店(电话:0897-2821400)、阿里地区迎宾馆等。

餐馆以川味为主，也有新疆和其他风味餐厅，饭菜价格比内地明显贵一个档次，但口味可以让一般人接受。镇中心的电信大楼可打长途电话，这里亦有手机信号。

昌都地区

电话区号	0895
昌都地区外事旅游局	4821026
旅行社	6813564

昌都是西藏东部的政治、经济、文化中心，它东毗四川，东南与云南省相邻，北面与青海省相连，是川藏公路的中心点，亦是从东部进出西藏的交通要冲。

昌都地区山高林密、地势复杂，境内有20余座被当地人敬仰的“神山”，亦有丰富的动植物资源，这里的古迹名胜虽不如拉萨—日喀则—阿里一线，但仍有不少景点值得流连，代表性的有强巴林寺、卡若遗址、然乌湖、德庆颇章神山等。

▲ 藏族歌舞

气候与游季

昌都地区山脉与沟谷交错，形成了“一山有四季，十里不同天”的复杂气候类型。总的说来，西北部、北部严寒干燥，东南部温和湿润；日照时间长，辐射强，昼夜温差大；干湿分明，夏季多夜雨，冬春多风。年平均温度7℃~10℃，降水集中在5~9月，北少南多。

每年4~5月和9~10月是去昌都最好的季节，初夏时绿草茵茵，深秋山色斑斓，游趣倍增。其余季节主要是雨季和冬天的大雪会令交通不畅。

- **邦达机场**

  距昌都约120公里，打车到县城需250~300元，搭乘或拼租50元/人。全程柏油路。

- **从成都飞昌都**

  售票点在成都高升桥旁的昌都宾馆内。

- **昌都民航售票**

  电话：0895-4821004。

- **成都成簇桥车站**

  每天10：00有客车发往昌都，电话：028-85012541。

- **通信**

  昌都镇及周边大部分县城可打长途，亦有手机信号。

  网吧有不少，上网费3~5元/小时。

交通

航空

昌都的邦达机场是世界上海拔最高的民用机场之一（海拔4000米），有航班飞往成都和拉萨。其中与成都对飞的飞机每周约有数班，与拉萨的飞机每周至少有1班。民航昌都售票处位于昌都镇马草坝，一般在周一至周五的上午售票并回答咨询。

公路

昌都到成都间有长途卧铺大巴和其他客车对开，一般情况下每日有 1 班，票价 650 元左右，快可 2~3 天到，路上遇到塌方、修路或其他意外时，时间还会更长。

昌都到拉萨的卧铺大巴或其他客车理论上隔日有 1 班，但天气或路况不好时一周才发 1 班车，票价约为：卧铺车 360 元/人、大巴 300 元/人、普客 250 元/人，一般行车 3 天可到，途经波密和林芝。

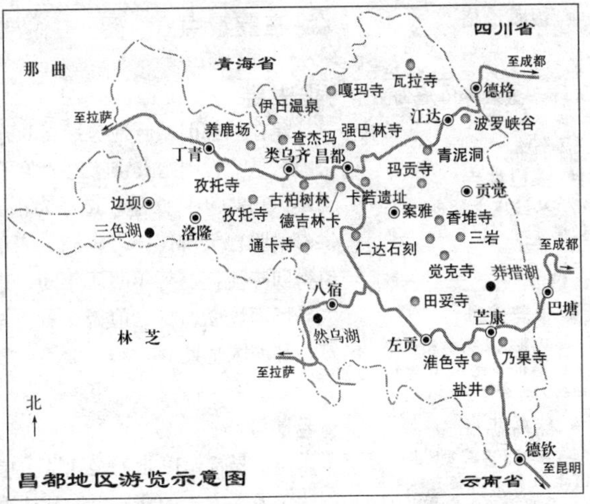

昌都地区游览示意图

昌都到波密（途经八宿）一般每周 1 班车，车票 140 元/人，1 天可到。由于当地气候多变、路况复杂，所以即使是昌都最大的客运站也经常不能正点发车，所以欲乘汽车进出的游客应尽早买票并随时关注发车状况。

此外在昌都汽运公司第三运输队的停车场上亦常有各类货车搭载客人，欲乘货车上路的人可前去与司机洽商具体事宜。

住宿

昌都是西藏境内重要的商品物资流通地和人员集散地，由于有一定的流动人口，所以县城不算太冷清，旅馆业亦算红火，可满足一般客人的需求。

这里最高级的三星级酒店是昌都饭店，位于昌都西路 22 号，电话：0895-4825998，双人标准间 280~320 元/间、普通标准间 240~260 元/间，一般季节均可打折，最淡季可到 5 折左右。中档宾馆有康盛宾馆，位于昌都东路 2 号，双人标准间 140~160 元、普通标准间 80 元/间，房价常年可打折，亦可按床价收费入住。一般招待所可选昌都客运站招待所，单人间 50 元/间、双人间或多人间 15~25 元/床，房价便宜但不带卫生间。这样的普通旅馆在昌都还有不少，可供游人任选。

餐饮

大街上常见的是四川风味餐馆，在藏味餐厅和茶馆内可尝到酥油茶、奶茶、糌粑、风干肉等风味食品。

- **昌都汽车客运**

电话：0895-4822793。

如果乘客数量超过 20 人，而当时的路况又没大毛病，那可以与客运站协商加开去拉萨的车。

- **当地交通**

昌都镇上有公交中巴，上车 1 元起价。出租车上车起价 5 元。

- **推荐便宜实惠的住处**

昌都客运站招待所，就在客运站停车场的楼上，虽然人流频繁、有些喧嚣嘈杂，但房间卫生条件较好，房价亦不贵，单人间 40~50 元/间，双人间 20~25 元/床，只有公用卫生间和洗漱室，如果图安静，可以住在较高的楼层或自己包房。

电话：0895-4823294。

- **然乌湖住宿**

然乌湖旁的然乌镇有多家旅馆，房价不贵。如果天气合适，在然乌湖边扎帐篷野营也行。

- **饭菜价格**

总体上是量大而价高，纯肉菜一般 20~25 元/份，素菜 8~10 元/份，一个人一顿饭点一个菜基本够吃。

- **强巴林寺**

从县城步行 20 余分钟即可到。打车去约需 5 元钱。

¥门票免收。

- **卡若遗址**

从县城坐去水泥厂的中巴票价 4 元，30 分钟可到。打车需 20~30 元。

- **然乌湖**

在 318 国道波密与八宿之间。距波密县城约 130 公里，距八宿县城约 90 公里，可从波密或八宿搭过路车前往。若从波密搭货车 30~40 元即到，搭吉普车需 170 元。

距湖区不远的然乌镇上有邮政招待所、平安旅社等旅店，餐馆中的肉菜 20~25 元/份、素菜 8~10 元/份。

在八宿到波密的公路边只能看到部分湖区风光，走八宿到察隅的公路才能看清然乌湖秀丽全景。

如带有帐篷，在湖边露营挺有诗情画意。

主要景点

强巴林寺

建在昌都旧城区地势最高的连马拉山台地上，占地 20 余公顷，是黄教创始人宗喀巴的弟子麦·江森喜饶桑布于明正统二年（1437 年）修建。迄今为止寺内各建筑保存完好，寺内供奉的强巴大佛像体态丰满、表情生动，另有不少精美壁画值得回味流连。每年藏历年间，这里表演的藏族神舞舞姿大气、场面恢弘，特别值得一看。站在强巴林寺门前，还可畅览昌都城区全景。

卡若遗址

位于昌都镇以北 12 公里处的昌都水泥场附近，是占地面积达 1 万平方米的新石器时代人类生活遗址。近年来发掘出众多颇有价值的文物珍品，被考古学家公认为是西藏三大原始遗址之一，对研究西藏的历史和考古史具有重大意义，亦值得游览参观。

然乌湖

为地处昌都地区八宿县境内的高山堰塞湖，距县城约 90 公里。湖区面积约为 22 平方公里，形状狭长，湖心有岛屿，湖边有大片高山草甸，亦有白雪皑皑的高山，是川藏公路边风光优美而又便于观赏的重要景点。距然乌湖 10 余公里远的地方还有一处藏民聚居的村寨瓦村，村中多藏式木楼，造型精美别致，适合观览拍照。

▲ 西藏然乌湖风光

西北地区

新疆维吾尔自治区

XINJIANGWEIWUERZIZHIQU

黄金旅游线路

① 乌鲁木齐—吐鲁番—哈密
② 乌鲁木齐—喀纳斯
③ 乌鲁木齐—喀什
④ 乌鲁木齐—伊犁
⑤ 乌鲁木齐—库尔勒—巴音布鲁克

虽然古代丝绸之路对于当今内地的游客已不显遥远偏僻，但是新疆大地仍能给你带来无尽的向往和惊奇。天山冰峰巍峨高耸，伊犁河谷绿茵铺地，塔克拉玛干沙漠一望无际，喀纳斯湖中的“水怪”使人备觉惊心动魄而又扑朔迷离。更有那 47 个民族和成百上千种精美建筑、服饰、歌舞、美食交会而成的民风民俗民情之海，置身其中令人眼花缭乱、如痴如醉。去巴音布鲁克天鹅保护区看天鹅倩影，到伊犁河桥上观落日余晖，穿过塔克拉玛干沙漠中心来到魔鬼城一览雅丹地貌奇观，在吐鲁番浓密的葡萄架下品尝香馕和烤全羊的美味，在每一个城市每一处景区都能领略到西域边陲无与伦比的鲜明个性，这就是快活欢欣的新疆之旅。

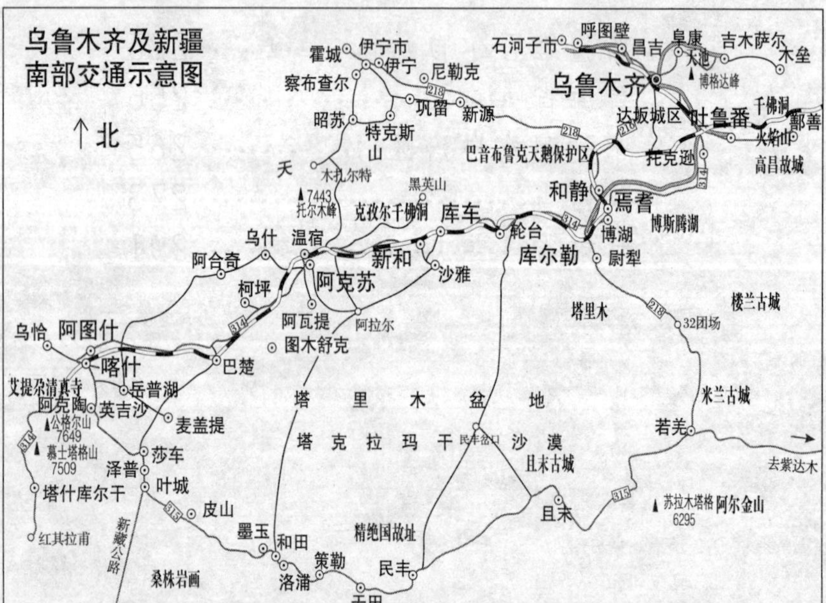

乌鲁木齐

电话区号	0991
旅游咨询	4818397
消协	12315
出租车投诉	4698888

乌鲁木齐是新疆维吾尔自治区的首府，位于天山北麓的边陲名城。在准噶尔蒙古语中乌鲁木齐四个字的原意是“优美的牧场”，而如今它早已是辽阔新疆大地上当之无愧的政治、经济、文化中心。虽然新疆大地上有诸多国内罕见的风光美景，而这些美景大部分并不在乌鲁木齐市内，但是乌鲁木齐却是八方游客到新疆观光时的必经之地。人们从这里出发奔向南、西、北疆，可以饱览西北大地上的无数神奇而壮丽的迷人佳景，得到全新的难忘观感和奇妙享受，而乌鲁木齐市周边的天池、白杨沟等景点亦享有盛名。

▲ 天山牧场风光

气候与游季

乌鲁木齐属温带大陆性气候，冬冷夏热，最热的 7~8 月平均气温为 25.7℃，最冷的 1 月平均气温为-15.2℃。这里的昼夜温差亦大，即使是在盛夏时节，夜间出行亦需穿长袖衣衫或风衣、毛背心。乌市的旅游佳季是每年的 5~10 月，严冬时节观光效果欠佳。

交通

航空

乌鲁木齐市和国内外众多大城市有直航班机。乌鲁木齐通达的疆内城市有：库尔勒、库车、阿克苏、喀什、和田、且末、伊宁、克拉玛依、塔城、富蕴、阿勒泰。乌鲁木齐机场距离市中心 17 公里，机场大巴由市区红山公园门口发车。

- **旅游热线**

  0991－4818397，全天候为游客提供新疆旅游咨询和服务。

- **民航售票处**

  友好南路 62 号，电话：0991–2330000。

- **碾子沟长途客运站**

  黑龙江路 49 号，电话：0991–5814898。

- **旅游安全无问题**

  “2009.7.5”事件已经被有效平息了，乌鲁木齐及周边各个旅游景点都已开放，旅游观光可正常进行。游客可放心前去。

- **客运服务中心售票处**

  电话：0991-5816619。
- **24小时旅游订房电话**

  电话：0991-4818397，可以预订新疆各州酒店房间。
- **新疆旅游汽车公司**

  在市区幸福路，可提供省内的租包车服务。电话:0991-2622240。
- **当地中低档宾馆**

  ①城市大酒店，三星级，红旗路，电话：0991-2309911。

  ②建国饭店，一星级，建国路26号，电话：0991-2627913。

  ③气象招待所，建国路46号，电话:0991-2642042。
- **推荐便宜实惠的住处石油宾馆**

  条件不错的双标间100~120元，电话：0991-2840024。
- **旅游车发车点**

  乌鲁木齐市人民公园前、后门及红山宾馆前都是专线游览车发车较为集中的地点。
- **市内交通**

  出租车起价6元，有每公里1.3元和1.7元两种。

铁路

乌鲁木齐与北京、上海、郑州、济南、兰州、重庆、商丘、汉口、敦煌等城市间都有始发直通列车。乌鲁木齐有去往新疆区内东、南、西三个方向的火车。向东：吐鲁番至鄯善至哈密经甘肃去往内地各省。向西：昌吉至石河子至博乐至阿拉山口进入哈萨克斯坦境内（亚欧大陆桥）。向南：乌鲁木齐至库尔勒至库车至阿克苏至阿图什直到喀什。火车站位于乌市市区南部，可以从市内乘坐8路、52路公交车抵达。

住宿

乌鲁木齐市酒店业很发达，有宾馆饭店数百家，小型旅馆亦遍布全城。五星级酒店有美丽华酒店、银都酒店、海德大酒店等；四星级的有东方王朝酒店、富丽华大酒店、环球大酒店、鸿福大饭店等；还有不少一星级、二星级的宾馆，房价便宜的地方双标房只需80元上下，而普通旅馆（如红十月小区东二区有不少）、招待所房价只需50~70元。

餐饮

乌鲁木齐市区遍布着全国各类风味餐馆，其中尤以川菜馆居多，内地游客抵达后在用餐口味上不会有明显不适。欲吃各类新疆风味美食，那更是易如反掌。香气扑鼻、又咸又辣的烤羊肉串，色泽金黄、肉质香嫩的烤全羊，油腻腻而又香喷喷的手抓饭，闻起来很膻但喝起来很香的羊肉汤，你可以在任何一家风味餐厅中开心品尝。至于烤包子、香馕、粉汤、拉条子、奶茶这类小吃在街边的小吃摊上均可吃到。市区二道桥新开张的国际大巴扎以及五一路和友好路上的小吃街夜市都是各类新疆风味美食摊店云集"扎堆儿"的地方，你可千万要去光顾呀!

乌鲁木齐地区游览示意图

购物

食品首选哈密瓜、石榴及葡萄干、杏干一类的干鲜果品，此外当地产的葡萄酒、伊犁特曲、鹿血酒等亦是馈赠亲友之佳品。工艺纪念品有维吾尔族的腰刀、金银首饰、木雕、手工刺绣，最令人喜爱的是维吾尔族花帽，民族特色极鲜明。主要商业区有二道桥市场、国际大巴扎（生意场面异常红火）、红山和红旗路巴扎、中山路购物区和友好商品街等。

主要景点

天山天池（5A 级景区）

在乌鲁木齐市以北的阜康市境内，是世界上著名的高山湖泊。天池湖面海拔 1980 米，池长 3 公里，最宽处 1.5 公里。巍巍天山博格达峰辉映着一池蔚蓝清澈的湖水，湖边有挺拔秀丽的森林和座座哈萨克人居住的毡房，风光原始，画面生动，令人陶醉。天池湖面上有游船行驶，载游客饱赏山光湖色，周围还有“南山望雪”、“龙潭碧月”、“顶天之石”、“梅峰晨曦”等秀丽风景。

南山风景区

位于乌鲁木齐市以南的天山支脉喀拉乌成山北麓，是优良的天然牧场，这里山青如黛、绿草如茵、云杉挺拔、山花遍野。游人来此可以骑马在山间旷野上任意驰骋，观看当地少数民族群众表演的赛马、叼羊、姑娘追等娱乐项目，并可进入哈萨克牧民的毡房做客，品尝各类当地美食。山谷深处还有一条秀丽迷人的小瀑布，游人如有兴趣可以去观景拍照。

南山西白杨沟

为南山风景区中的观景游乐中心之一，距乌鲁木齐市 75 公里，海拔 2252 米，沟谷内山峦

- **天池**

乌鲁木齐市人民公园及红山宾馆门口均有旅游专线车去天池。1.5~2 小时可到，车费往返共 50 元。

¥景区门票旺季 100 元 (4~11 月)。淡季优惠。

景区专线车往返 35 元。

游船票 20~35 元。

在湖区进行一般性的简单观光有 4 个小时足可以了，如能在湖边住宿一夜，晚上参加篝火晚会，次日继续细观周边景色则更能增添诸多情趣。

- **南山风景区**

从乌鲁木齐市乘车 2 小时可到。

¥门票 20 元。

- **南山西白杨沟**

市区人民公园门口有专线车直达白杨沟。黄河路 525 路车站旁有郊线车前去。

¥门票 20 元。

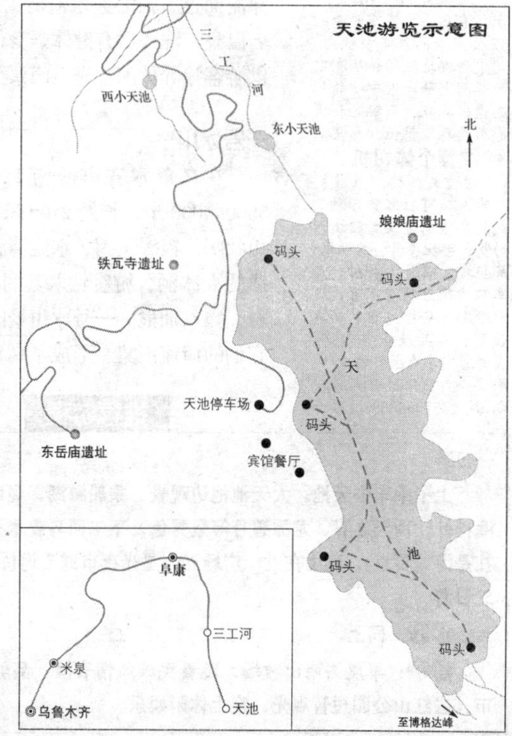

▲ 天池风光

秀美、溪流涓涓、林木苍翠、牛羊成群。这里有多种草原上盛行的游乐项目，许多哈萨克牧民的毡房亦向游客开放并提供奶茶、手抓羊肉等美味。游兴浓郁的客人亦可在沟内的毡房招待所留宿，山野的夜晚星空灿烂、空气凉爽又有多种娱乐项目，令人开心舒适、惬意无比。

红山公园

耸立在乌市市中心，主峰海拔 910 米（但只比山下的地面高 60 米），因其山岩呈赭红色而得名。该山为乌鲁木齐市最高点，登上山顶上的远眺楼，可将乌鲁木齐市全貌尽收眼底。

水磨沟景区

为乌鲁木齐市以南 5 公里处的一条美丽河谷。水磨沟河穿流而过，河心碧水清清，两岸林木茂盛，沟中还有一处著名温泉，洗浴后有健体强身作用，现景区内建有温泉疗养院，供游客疗养休闲观光（门票免收）。

一号冰川

在乌鲁木齐市西南 120 公里处的天格尔山中，海拔 3800~4000 米，长约 2400 米，面积约 1.95 平方公里。这里冰川壮阔、银瀑飞泻、水流清澈，还有一条长近 80 米的人工开凿的大冰洞，游客钻入其间，如入白雪公主的圣殿，感受新奇，宛入仙境。一号冰川景区周围共有 76 条大小冰川，正是它们的清流汇集，形成了乌鲁木齐河的源头。

- **红山公园**

🚌就在市中心，步行或乘 1 路、7 路、17 路、101 路均可到。

¥门票免收。

该公园本身风光一般，但在山上可看乌鲁木齐市全景。

- **一号冰川**

从乌鲁木齐市包车前去更方便，单程行车约需 4 小时。车费往返需 500~600 元，随油价起落有浮动。

¥门票 20 元。

- **另荐景点：亚洲大陆地理中心**

在乌鲁木齐市西南约 37 公里处的永丰乡境内，是中科院地理所精确测定的亚洲大陆地理中心的标志矗立地点，有观光和摄影留念双重价值和意义。

- **推荐个体司机**

刘俊义师傅（汉族），乌市人，可拉客作各种形式的乌市周边及新疆省内游览，去吐鲁番、喀纳斯、那拉提、喀什、和田、库车都方便且收费不贵，还能帮客人安排乌市的实惠住处，人品及服务都好，在游客中享有很好的口碑，小灵通：0991-8166066，电话：13579888088。

推荐游程

一日游

上午乘车去天池。大天池池边观景、乘船游湖，观博格达雪峰雄姿，览东小天池、定海神针、顶天之石、龙潭碧月等景秀色。下午回乌鲁木齐市去二道桥市场购物（国际大巴扎是游览要点），晚上在五一广场五一星光夜市或二道桥品尝当地风味美食。

二日游

D1：同上。

D2：早晨去南山牧场，观看民族风情表演、品尝当地美食。黄昏时返回乌鲁木齐市，去红山公园短暂观光，晚上休闲娱乐。

发烧友关照·旅途花絮

发烧友关照

①乌鲁木齐虽有天山、天池等美丽动人的景区，但自然风光总体水平在新疆维吾尔自治区内并不算太突出，至少没有吐鲁番、库尔勒、喀什和阿勒泰—喀纳斯等地的诸多名景那样个性鲜明而又锋芒毕露，所以在乌市逗留2天至多3天也就可以了，而走一趟新疆游览了乌鲁木齐之后就打道回府的方式根本不成——根本没有领略到新疆风光之美和当地民风民俗之丰富绚丽。

②乌市及整个新疆的气候较凉爽甚至寒冷，所以旅游佳季只是从5月持续到10月初(最多到10月中旬)，如果季节不对头则观光效果大打折扣，此点需格外注意。另外新疆昼夜温差大，游客应注意多带几身衣服。用数码相机的人最好多带几张卡，因为可入画的美景太多了。

③新疆与国内东南沿海地区有2~3小时的时差，这里人大都在9：00前后吃早饭，晚上22：00左右天才黑透，内地人初到新疆要有个适应过程。

④在新疆聚居的维吾尔族同胞生活习俗独特，为人也善良豪爽，但是他们确有自己特殊的生活及思维办事方式，其中有些地方可能与其他省份的人不尽相同。所以内地游客进新疆后应注意与当地人求同存异且互相尊重，这样才能使心情更好、游程更顺、大家都高兴。

⑤乌鲁木齐市内的大巴扎很有特色值得一去，但是在那里消费要谨慎，对于自己并不真心想买的东西不要随便砍价，以免引起不必要的纠纷。另外浏览购物时要保护好自己的物品，以免被盗。就品尝当地风味特色食品而言，去乌市五一市场的夜市更合适，那里商摊多且各类风味美食齐全，血站大盘鸡、烤全羊、烤鱼、八楼猪蹄都是值得重点关注的美味。

⑥乌市国际大巴扎每晚有民族歌舞表演，每人收费138~168元。游客可边吃边观看（可品尝各类肉串、抓饭、水果)，物有所值让人很开心!

旅途小花絮——乌鲁木齐的“八楼”和“2路汽车”

乌鲁木齐市内真有“八楼”这个站点(据说是因为旁边有座宾馆楼高为8层而得名)，站点上也真有2路汽车——在刚刚听到刀郎的《2002年的第一场雪》后，笔者就断定这首歌能火。不光是因为歌词内容还行也不光是因为旋律还算美，也是因为“停靠在八楼的2路汽车”这句词挺具体、别致、生动、传神(虽然对一般听歌者来说这句话真假难辨——到底八楼这个站在哪儿，到底有没有2路汽车)。生活中有些事挺有意思，某些小细节通过合适且特殊的方式表达出来就能给人留下印象并令人流连回味。头些年孙国庆唱的一首叫《梅》的歌中也有异曲同工之妙，据说很多听众已经忘了歌的名字但还记得歌中的一句词，就是“四平针的毛衣……”。

▲ 天山天池秀色

电话区号	0995
旅行社	8528808
旅游局	8520171
消协	12315

吐鲁番

吐鲁番位于新疆中部、天山南麓，古时即是丝绸之路上的西域名城。作为古高昌郡和高昌回鹘王国的首府，这里有许多颇具历史文化和考古价值的古迹名胜，至今保存尚好的有交河故城、高昌故城、柏孜克里克千佛洞、阿斯塔那—哈拉和卓古墓群、苏公塔等。此外火焰山、葡萄沟、艾丁湖亦都是国内西部旅游中颇为引人注目的名景。“火洲”和“葡萄之乡”就是对吐鲁番市特色鲜明而又颇为恰当准确的别称和爱称。

▲ 柏孜克里克千佛洞

气候与游季

吐鲁番被人称为“火洲”，夏天十分炎热，周边的戈壁滩上热气蒸腾，火焰山附近更是酷热难忍，但是这里昼夜温差大，白天气温可达40℃以上，晚上却可凉风阵阵，所以“早穿皮袄午穿纱，抱着火炉吃西瓜”的笑谈虽然不太准确，但亦有几分贴切。这里5~10月皆可旅游，5月和10月白天不太热，很舒服，但7~9月是当地瓜果成熟的季节，一年一度的“葡萄节”也在这时举行，所以什么时候去玩，你还是自己考虑决定吧！

- **注意防晒**

戈壁滩上的日照好强烈，就是9月下旬中午的阳光，也能让你一天黑一轮，请注意打伞戴帽。

- **航空问讯**

乌鲁木齐民航售票处，电话：0991-4514666。

交通

航空

乌鲁木齐机场距吐鲁番市230公里，由于有高速公路相通，两小时即可到达吐鲁番市区。所以乘飞机去吐鲁番的人，大都是在乌鲁木齐市降落后再换乘汽车前去的。另外吐鲁番地区境内还有个鄯善军用机场，在旺季开辟吐鲁番—敦煌专线。

铁路

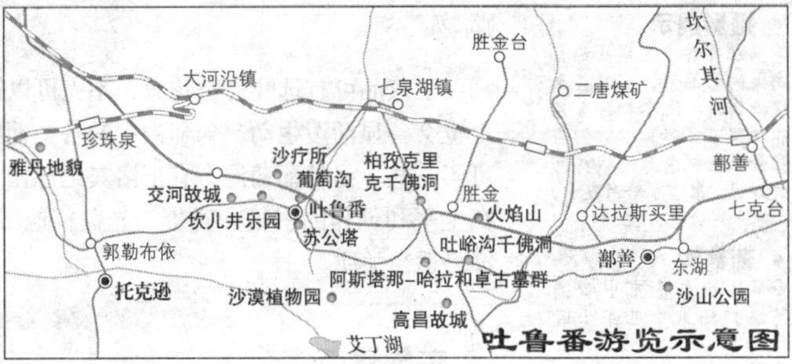

吐鲁番火车站在市区西北的大河沿镇，距吐鲁番市约 40 公里，有公交车和中巴车穿梭往返。从火车站到吐鲁番市区，车票 7.5 元，出租车需 45~50 元。

公路

从乌鲁木齐到吐鲁番市，长途快巴需 45 元，出租车 (桑塔纳) 75 元，2 小时可到。在吐鲁番市旅游可以坐旅行社的车，也可乘去各景点的专线车和包租车。吐鲁番市的旅游点,除苏公塔一处在市郊外，其余都分布在距市中心约 40 公里范围内,都有公路相通，旅游十分方便。如果包车前往主要的几个景点，司机会为你当导游，参考价格为桑塔纳、富康 300~400 元/天；夏利、斯柯达 250~350 元/天；面的 (6 座) 220~300 元/天。

住宿

吐鲁番的宾馆、招待所挺便宜，住宿相对来说挺方便。绿洲宾馆、吐鲁番宾馆是三星级酒店的代表，标间价在 280 元左右 (但可打折)。葡萄山庄、粮贸宾馆是一星级、二星级宾馆的代表，标间价 140 元左右。

市区还有许多普通旅馆招待所，一般季节找到 60~80 元/间的住处不太难。

餐饮

和新疆其他城市一样，吐鲁番既有维吾尔族风味餐馆，亦有一些川、粤、鲁等其他风味餐馆，游客可按需选择。像烤羊肉和羊肉串乃至烤全羊、煮羊头和手抓饭、拉条子、马奶子、烤馕等新疆美食佳肴在街头的摊上随处可寻。另外如果在夏秋时节抵达，一定要品尝当地的各类葡萄、西瓜等美味果品，保证令人垂涎欲滴，食后留下长久回味。另外，吐鲁番许多宾馆和街头小店把餐桌摆在葡萄架下，在绿荫深处进餐品尝美食真是令人感到惬意温馨。

- **铁路问讯**

  电话：0995-7656222。
- **长客站问讯**

  电话：0995-8522325。
- **24 小时订房电话**

  电话：0991-4818399。
- **参考住宿**

  ①吐鲁番宾馆，电话：0995-8568888。标间房价开在 280 元，但经常可打五折，在当地同等级别的酒店宾馆中应算物有所值。

  ②高昌宾馆，电话：0995-6266996。

  ③葡萄山庄，电话：0995-8559361。

  ④交通宾馆，电话：0995-8531320。平日有房价 100 元的标间。
- **住宿提示**

  火车站所在的大河沿镇也有不少宾馆、旅馆，如果是晚间到达，可先住在大河沿镇，次日早晨再去吐鲁番市区。

▼ 交河故城

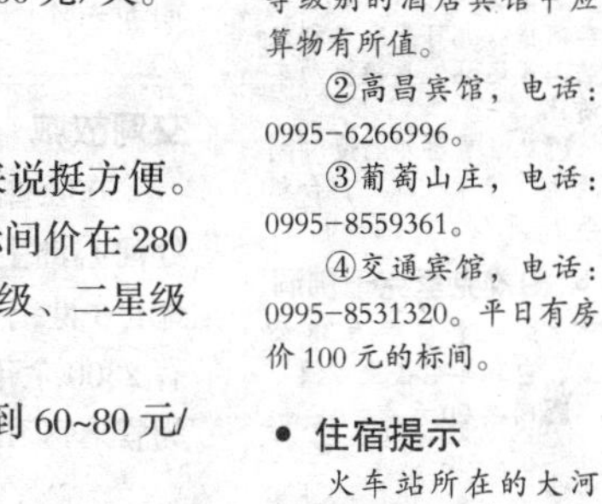

- **摄影提示**

吐鲁番市区到处都有高大的葡萄架，有的甚至横跨街道，汽车和行人只能在架下穿行。以它们为背景拍摄纪念照地域特色太鲜明，拿回家给亲友看，人家一定会说：哇……

- **葡萄沟**

从吐鲁番市中心高昌路广场乘中巴半小时即到。

¥门票：联票60元/人，含葡萄沟内外的5个景点。品尝果品10元/人。

- **交河故城**

吐鲁番市内有专线车到达。而游客打车去更方便，车费约需20~25元。

¥门票40元。

清晨或黄昏游览该城味道更不一般。

- **高昌故城**

可从吐鲁番市乘去鄯善的客车在胜金日下车，然后换乘当地机动车前往。也可先乘车到火焰山客运站，再换机动车前往。

¥从吐鲁番市打夏利到故城单程40~50元，合租车15元/人。门票40元。

- **柏孜克里克千佛洞**

距吐鲁番市约38公里，包租车前去更方便。

¥门票20元。

购物

工艺品可首选吐鲁番花帽，不光可以馈赠亲友，自己戴上也会备显活泼生动。葡萄沟中的各类葡萄干和其他果干也可买一些。另外葡萄沟旁有王洛宾纪念馆，馆中有介绍王洛宾生平和创作的书籍、磁带、光盘，地域及艺术特色鲜明，亦可适当关注。

主要景点

葡萄沟（5A级景区）

位于吐鲁番市东北方向约10公里的火焰山峡谷中，南北长约8公里、东西宽约0.5公里。这里有一条清溪穿沟流过，山谷两侧到处都是爬满青藤的葡萄架，架上绿荫蔽日，架下的坎儿井中终日有清波奔涌，间有其他花果林木和古朴农舍散布其间，景色柔美错落而生动。葡萄沟现在有葡萄园约400公顷，种植的葡萄有马奶、喀代哈尔、比夹干等10余种，在新疆享有盛名。游客来此观光可以进行的游乐方式有品尝各类葡萄美味、观看维吾尔族歌舞表演、参观王洛宾纪念馆等。

交河故城

在吐鲁番市西郊10公里处的亚尔乃孜沟西河床之间的一处河心洲上，长约1500米，是汉代车师王前庭治所的所在地，6世纪初麴氏高昌时，在此建立交河郡城。虽然距今已有2300余年的历史，但故城城池建筑仍有完整保留，城中分为官署区和手工作坊和居住区三大部分。游人来此可以寻古访幽，从中得到颇具历史纵深感的诸多思绪回味。

▲ 高昌故城遗址

高昌故城

地处吐鲁番市以东约40公里处的三堡乡，是古高昌王国的都城，至今保存尚好。该城占地约1万平方米，全城分内城、外城、宫城三部分，共有9个城门和讲经堂、藏经堂、大殿、僧房等，甚具历史和考古价值，亦令人感叹回味。

柏孜克里克千佛洞

在吐鲁番市东北 50 多公里处的火焰山中段，距高昌故城约 15 公里。此洞始凿于南北朝时期，自古就是西域的佛教中心之一。现存洞窟约 77 个，内有诸多精美壁画和佛像，玲珑而美丽，是甚具规模和水平的佛教艺术宝库。

▲ 苏公塔

苏公塔

位于吐鲁番市以南 2 公里处，又名额敏塔，是古维吾尔族领袖额敏和卓为报答清王朝的“天恩”而在公元 1777 年建成，至今有 200 多年历史。塔高 44 米，高度是新疆古塔之最。塔身是由 14 种几何图形和向上均匀收缩的圆柱体组成，塔表有砖石筑成的菱格、水纹、四瓣花纹等 30 余种图案，美观大方，是古代维吾尔族建筑大师们勤劳智慧的结晶。

阿斯塔那—哈拉和卓古墓群

在吐鲁番东面高昌北郊的戈壁滩上，是古高昌官民的公共墓地。该墓群东西长 5 公里，南北宽 2 公里，共有晋唐古墓数千座，已出土墓葬 500 余座，发掘出数千件珍贵文物，因而享有“地下宝藏博物馆”之称。

艾丁湖

位于吐鲁番市以南 50 公里处的恰特客勒乡境内的内陆咸水湖，湖面低于海平面 155 米，是中国境内的海拔最低点，亦有“中国的死海”之称。面积约 29 平方公里，四周是地表结满盐体结晶的盐沼泽和湖积平原，湖水中无鱼类生存，湖上亦无飞鸟，风光与其他湖泊景区颇为不同，是高原咸水湖中的绝景。

火焰山

在吐鲁番盆地北缘，东西长约 100 公里，最宽处约 10 公里，由红色砂岩组成，盛夏时节在阳光照射下，这里山岩热浪滚滚，绛红色云雾蒸腾，气温可达 40℃，而地表温度可升至 70℃以上，就是它给吐鲁番赢来了“火洲”之称。火焰山的周边却有不少山谷中的绿洲。著名的葡萄沟即在该山南麓，那里的浓密绿荫、清凉泉水同火焰山形成鲜明对照，亦使同时游览这两处风景区的游客甚感强烈反差和迷人情趣。

- **苏公塔**

可从吐鲁番市坐出租车或毛驴车前去。

¥门票 50 元。

- **阿斯塔那—哈拉和卓古墓群**

可从吐鲁番市包租车前去。

¥门票 20 元。

- **艾丁湖**

可从吐鲁番市包车前去，车票往返约 80~100 元，2 小时可到。

¥门票 10 元。

湖边有碑铭，以它为背景拍照就是到此一游的最好证明。进入湖区要小心，陷入泥沼有点危险和麻烦。

- **火焰山**

吐鲁番市去鄯善的客车经过火焰山。

火焰山是老大的一片山，在山的周边许多地方都有刻有“火焰山”三字的岩石或是广告牌，游人可乘车观赏山体并在任何一地下车拍照。主要观光点收门票 20~40 元。

- **坎儿井观光**

作为新疆境内独有的灌溉设施，坎儿井的建造工程浩大且颇具匠心，在葡萄沟周边就可见到不少坎儿井。有代表性的坎儿井观光园景点在距吐鲁番市 6 公里处，参观费每人 20~40 元。

▲ 葡萄沟中硕果累累的葡萄天棚

推荐游程

上午游柏孜克里克千佛洞、火焰山，午后葡萄沟观景，下午经吐鲁番市去苏公塔参观，黄昏时去交河故城领略远古岁月烽烟。

旅途中

旅游锦囊

吐鲁番各景区间有一定的距离，虽然有客车，且旺季亦有游览车前去，但总归是游览一遍费时又费力。更好的办法是包租微型车前去（每辆车一般300上下/天），这样可在一天观遍几乎所有主要景点。结伴游客若合伙或与别人“拼缝”包车人均平摊也就是70多元钱，单个游客包车也合算，因为一天内游览完毕，次日甚至当晚即可离开，这样多花了一点儿车费却减少了在此停留多日所费的餐费和住宿费，至于包车游览的方便和快活，还有必要用语言来再作形容吗？

发烧友特别关照

①葡萄沟的名气很大，风光不能说不美，但是没有美到令人赞叹不绝的程度，加之宣传过多已把游人的期望值“吊起来了”，所以游人前去一看可能会有“不过如此”的感觉，再说葡萄沟中出售的鲜葡萄和葡萄干并不比其他地方便宜，此点应有心理准备。

②交河故城很精彩，尤其是在清晨和黄昏时前去看到那霞光映照下的座座古堡，很有一种说不尽的悲壮、苍凉、沧桑之感，颇为令人回味。

③柏孜克里克千佛洞内存壁画很多亦很精美，值得一去。

④火焰山是老大的一片山，远看近观都成。如果盛夏时节去，因气温太高，许多游人只愿在车内观赏山景而不愿下车。而葡萄沟景区附近就有刻有“火焰山”三字的供拍照的招牌和山石，以它为背景拍个纪念照也等于到过火焰山了，这个“投机取巧”的留影办法有用而又不必让人忍受高温之痛，特别适合在盛夏时节前去的游客。

⑤游客在乌鲁木齐市参加各旅行社组织的吐鲁番一日游团队也行，这种一日游最大的优点是省时省力省心——费用200~240元含往返车费和葡萄沟、火焰山、高昌故城、坎儿井的景区门票，行车途中还可观赏风力发电厂奇观，特别适合时间紧迫不能在吐鲁番久留的人。但是一些团队在游览组织上不尽如人意（观景少购物多），游人要有心理准备。

库尔勒

电话区号	0996
库尔勒市旅游局	2022715
消费者协会	2041315
旅行社	2036476

库尔勒位于新疆中南部的天山南麓，古时是丝绸之路上的要隘，现在是巴音郭楞蒙古自治州的首府，是南疆最重要的城市之一。库尔勒以盛产香梨而著称，城市周边亦分布着不少特色鲜明的自然风景，像颇具知名度的巴音布鲁克天鹅保护区、辽阔壮观的博斯腾湖、被称为“八百里绿色走廊”的塔里木河和塔克拉玛干游览区等。从库尔勒出发，还可进阿尔金山探险，去大漠深处寻觅楼兰古城，辽阔南疆粗犷雄奇的西部美景会让八方来客备感新奇和振奋。

气候与游季

▲ 五彩城丹霞奇观

库尔勒属大陆性干旱气候，1 月平均气温为-7.9℃，7 月平均气温为 26℃，年降水量为 51 毫米，总体气候特征在新疆境内尚属温和。这里每年 5~10 月为游览佳季，去巴音布鲁克天鹅保护区观天鹅以 6 月最佳，而当地瓜果香梨的成熟期在 8~9 月，一年一度的香梨节亦在此时举行，何时前去，不同兴趣的游客可作不同选择。

交通

航空

从库尔勒每天都有往返乌鲁木齐和且末的班机。

库尔勒—且末：400 公里，机票 520 元/人

库尔勒—乌鲁木齐：373 公里，机票 660 元/人，每日有 4~5 个航班，飞行 50 分钟可到。此外北京南苑机场有联航班与库尔勒对飞。

铁路

库尔勒位于乌鲁木齐至喀什间的南疆铁路上，可乘火车

• 笔者关照

库尔勒境内有很多个性鲜明的景区值得一看，其中博斯腾湖虽然是当地老景但风光依然壮丽；巴音布鲁克天鹅湖和邻近的九曲十八湾是备受国内外游客青睐关注的观光大亮点；塔里木河区风光和胡杨林很有独特风韵；随着当地交通条件和外界游客旅游探险及通信设备的改善，去阿尔金山和楼兰古城遗址观光也变得相对容易方便 (其中驾车穿越楼兰只需 2 天时间)。

去乌鲁木齐、喀什以及进入甘肃而抵达中原直至内地。乌鲁木齐火车南站有专线旅游车N942、N944次可往返库尔勒。

公路

库尔勒为南疆交通枢纽，向有“北乌南库”之称。库尔勒北到乌鲁木齐471公里，东至吐鲁番361公里，南到若羌440公里，西至库车280公里，至伊宁640公里，至喀什1003公里。从若羌往东可以进入青海格尔木。库市每日都有直达焉耆和乌鲁木齐（约每小时1班）的班车（到乌市95元、行车5~6小时）。从库尔勒市内到博斯腾湖、和静、轮台、若羌等地均有长途班车；新修好的世界第一条沙漠公路自轮台县进入塔克拉玛干沙漠，可达民丰县、和田市。

市内交通

出租车起价7元，1路公共汽车可以抵达火车站。由于一些风景点没有开通班车，非要包车前往景点不可。市内的建设路上有一个出租车队（电话：0996-2020525）。

住宿

库尔勒有从一星级到四星级的各档宾馆酒店，还有不少普通旅馆招待所。四星级宾馆的代表是塔里木石油宾馆，位于库尔勒市石化大道，电话：0996-2173087。三星级宾馆的代表是巴音郭楞州宾馆和博斯腾宾馆等，其中巴音郭楞州宾馆位于人民东路10号，电话：0996-2215333。二星级宾馆有很多，如楼兰宾馆、开元酒店等。其他普通宾馆、旅馆的房价不贵，如麒麟宾馆，条件尚可的双标间80~90元。

- **民航客运售票**
  电话：0996-2010333。
- **铁路问讯**
  电话：0996-2151300。
- **长途客运站**
  电话：0996-2076390。
- **乘南疆铁路客车去库尔勒**
  5812次从乌鲁木齐20:12开，次日08:13到库尔勒。5814次19:09从库尔勒开，次日08:06到乌鲁木齐。
- **另荐宾馆**
  ①库尔勒宾馆，香梨路，电话：0996-2028706。平日有100~145元的标间。
  ②楼兰宾馆，人民东路，电话：0996-2024588。
  ③塔指接待公寓，在石化大道，电话：0996-2170888。

餐饮

库尔勒市有许多新疆风味餐厅和四川餐馆，欲吃新疆特色美食和普通饭菜都很方便。需要单独予以关注的是库尔勒的香梨和博斯腾湖中盛产的湖鲜。香梨皮薄肉脆、汁甜可口且营养丰富，在国内国际上享有盛誉，而博斯腾湖中盛产各类鱼虾，在湖滨游览时可以品尝由草、鲢、鲤、五道黑鱼和新疆鱼为原料烹制的全鱼宴，有10余道菜，吃后令人长久回味流连。而库尔勒市内的小吃摊上到处都有烤鱼出售，刷上孜然、酥油和盐巴、辣椒的五道黑鱼肉质清醇细嫩、香气扑鼻，令人垂涎欲滴。其他美食有烤羊肉、酸奶等。

主要景点

巴音布鲁克天鹅保护区

是位于和静县海拔2500米的山间盆地中的高原湖泊，东西长约30公里，南北宽近10公里，总面积300余平方公里。水量充沛的开都河贯穿其中，湖区遍布沼泽、浅滩和洲岛，水草丰茂、食料充足，是天鹅和其他各类水禽的理想栖息地。每年春季过后，以大小天鹅、灰雁、斑头雁、蓝鸥等水鸟组成的候鸟群飞临这里，数量之多、规模之大真是万鸟竞翔、遮天蔽日，万余只水鸟与湖区山光水色相映，风光甚为美丽生动。

罗布人村

在距库尔勒70公里的塔里木河边，是当地少数民族聚居的古村落，有不少当地村民原始生活的遗迹，也有一些重新或仿建的新景，如月亮姑娘的木屋、太阳墓、戏台、祭坛等，村边美丽的塔里木河和胡杨树，以及旁边的塔克拉玛干沙漠亦是特色鲜明的观光亮点。

博斯腾湖

在和硕县和博湖县之间，分为大湖和小湖，总面积980平方公里。湖区水域辽阔、烟波浩渺且蔚蓝青碧，宛若浩瀚沙海中的明珠。湖中有大量水禽及鱼类栖息生存，湖西岸的广阔

▲ 巴音布鲁克天鹅保护区风光

• 巴音布鲁克天鹅保护区

可先从库尔勒乘车到和静县，和静县有客车前往或途经巴音布鲁克镇，镇上有各类机动车载客去天鹅保护区观光，包桑塔纳往返约需170~230元。亦可从和静包车前去，吉普车每天约需400~500元。到景区后还要换乘专线观光车才能进去。

亦可从伊宁和那拉提一线乘客车去巴音布鲁克镇，每日至少有1~2班客车。此外从库车、奎屯都可以抵达巴音布鲁克。

巴音布鲁克镇很小，但是这里有不少旅店和餐厅，能提供一般水平的食宿。

¥景区门票80元。骑马进入湖区收费50元。

湖边有巴西勒、肯德勒等观鸟台，是观景、摄影佳境。

草原上有简易食宿点，但当地人有乱收费的陋习，请游客做好心理准备，注意见机行事。

• 博斯腾湖

库尔勒州邮电局前有专线车开往湖区。

¥门票30~50元。

结伴旅行者可在湖边餐馆中品尝鱼宴，可以尝到五道黑、新疆鱼及草、鲢、鲤鱼等各类美味湖鲜。

湖边的金沙滩是新开发开放的景区，有金沙、有碧水、有茂密水草丛，风光壮阔值得关注、流连。

• 罗布人村

门票50元。从库尔勒包车去很方便。

• **巩乃斯森林公园**

巩乃斯距巴音布鲁克只有95公里，两地一起游览更方便。

• **塔里木河**

河区风光主要在库尔勒至库车之间的轮南镇。可从库尔勒坐客车到轮台，然后包车即可到塔里木河，跨河大桥本身亦是河区一景，周边还有不少胡杨林可观赏拍照。

胡杨林公园门票60~100元。

• **阿尔金山自然保护区**

去阿尔金山游览最好先与当地政府联系，取得必要的协助和指导，另外同行人数不宜太少且车况要好，聘请当地导游亦很有必要。

• **野外游览提示**

在库尔勒周边的沙漠中旅行必须注意事先与有关旅行社联系，安排好行程和车辆，多人结伴而行。临行需要带足饮用水、干粮、御寒的衣服以及护肤品、药品、口罩、防风镜。旅游时间最好选择在秋季，此时大漠较为平静。如果要去大漠深处观光探险，如楼兰、尼雅遗址、罗布泊及阿尔金山自然保护区等地，一定要带足大量给养和装备，还要联系并预订好专门的救援机构随时待命准备提供帮助，单凭一辆汽车和几个旅伴是不能保证安全的。

沙滩间开辟了诸多湖滨游乐场，乘船游湖、滑水，品尝湖鲜，各类游乐享受均很令人快活开心。

巩乃斯森林公园

在距巴音布鲁克95公里的和静县境内，是巩乃斯林场所在地。园内雪山掩湖泊、绿林映红花，雪鸡、猎鹰、山羊、马鹿等各类动物穿（飞）行其间，风光柔美且富有动感。这里是南疆著名的避暑游览胜境，景区内还有著名的阿尔先温泉供游客舒心洗浴。

塔里木河

由叶尔羌河、和田河、阿克苏河汇集而成，全长超过2000公里，是中国最大的内陆河。塔里木河河床奇特，在戈壁滩和沙漠间时分时合，河边有大片大片的原始胡杨林，河区流域内亦常见“大漠孤烟”和“长河落日”的壮观景色。

阿尔金山自然保护区

位于阿尔金山南部，西起若羌和且末，东至新疆与青海交界处，总面积4.5万平方公里。这里有8条主要河流和众多季节性河，大小近百处湖泊更是星罗棋布，还有面积达1万平方公里的岩溶地貌，海拔6973米的木孜塔格峰亦在保护区的南缘。阿尔金山亦是高原上罕见的天然动植物园，这里生长着250种高原植物，亦有藏羚、藏野驴、野牦牛、野骆驼等珍稀动物生息其间。此外像魔鬼谷、鲸鱼湖、高原沙漠奇观等也是祖国内地根本无缘见到的高山奇景。不过阿尔金山地域辽阔、气候独特、自然环境严酷、各类野兽出没，所以这里适合结伴者自驾车游览，单个徒步旅行者应谨慎前去。

推荐游程

四日游

D1：上午参观巴州文物博物馆、铁门关，下午去博斯腾湖游乐，观景、乘船兜风、品尝湖鲜。

D2：包车或乘客车去巴音布鲁克览天鹅湖秀色，夜宿湖区。

D3：早晨继续湖区游览，而后乘车去巩乃斯森林公园看美景，晚上到阿尔先温泉洗浴住宿。

D4：返回库尔勒，途中观览罗布人村、艾肯达坂、蒙古王府旧址等景区。

伊犁

电话区号	0999
工商投诉	12315
旅游局	8129428

在辽阔的新疆大地上，伊犁是一块富有传奇色彩的宝地，在浩瀚的戈壁滩上，伊犁是一颗晶莹闪亮的明珠。这里雨水充足，空气湿润，水草丰美，被人称为“瀚海湿岛”，亦有“塞外江南”的美称。伊犁河谷、赛里木湖、果子沟、那拉提草原，都是当地个性鲜明的自然风光名景，而随处可见的天山雄峰、茂密森林、幽深湖泊和辽阔草原，亦会向游人尽显北疆大地的傲然生机和诱人风采。不到伊犁不知道新疆有多美，“北疆明珠”会令每一位钟情探访者感到不虚此行。

气候与游季

伊犁的气候在新疆尚属温和（至少不像北疆气候那样严酷），四季皆宜旅游。但应注意这里冬季气温还是偏低、亦常有寒流入侵而引起气温骤降，春季时有大风，因此游览季节还是以 4~10 月为宜。尤其是 7~9 月，天气晴好，草原上花草繁茂，各类瓜果亦成熟上市且价格便宜，此时前去，风光和美味都能为游客带来精彩观感和开心回味。

▲ 赛里木湖风光

交通

航空

伊宁机场是新疆地方支线机场，只开通了伊宁至乌鲁木齐及伊宁至喀什的航线。每天都有从伊宁到乌鲁木齐之间的班机对开，40 分钟可到。票价 840 元（经常可打折），伊宁机场距离市内大约 15 公里。

铁路

伊宁不通火车，但在长途客运站预售乌鲁木齐到全国各地的火车票。

- **民航售票**

  电话：0999-8044328。

- **长途客运站**

  电话：0999-8023413。

- **关于奎伊高速路**

  原来乌鲁木齐市到伊犁路不好走，快客也要 12 小时，而高速路已于 2004 年第 3 季度贯通，把车程缩短至 8 小时左右。

- **乌市到伊宁**

  乌鲁木齐碾子沟长客站每日有多班客车去伊犁首府伊宁，途经赛里木湖。

公路

乌伊公路连接伊宁和石河子以及乌鲁木齐，往南有公路可达库尔勒和库车。伊宁与乌鲁木齐、奎屯、石河子、克拉玛依、库尔勒、喀什、阿图什、和田、库车、昌吉等地有长途客车相通。从伊宁到州内各地都有班车。

住宿

欲住一星级、二星级宾馆，可选择伊犁宾馆、邮电宾馆、友谊宾馆、雪岭宾馆等。此外伊宁客运站周围还有便宜实惠的益群饭店、交通宾馆等，里边有25~40元/床的住处，而像广源招待所等大众旅馆，多人间房费只需15元/人，条件一般但可去公用卫生间洗澡。另荐一家普通宾馆——军友宾馆，双标间70元。

餐饮

当地不光有烤全羊、大盘鸡等正式新疆大菜，各类小吃如手抓饭、粉汤、风味包子、纳仁、辣罐和血肠等亦很具袭人美味。其中纳仁是哈萨克人制造的手抓肉，用清汤煮熟，作料只放盐和蒜泥，保持了羊肉的原汁原味。辣罐是把肉馅剁好装进辣椒内，用油炸成金黄色上桌，吃起来香辣适口，十分开胃。当地最有名的民族餐馆叫欧日大，在人民东路，可关注。当然伊犁也不乏川味餐馆等普通风味餐厅，内地人抵达后可各选所需。

购物

有“新疆茅台”之称的伊犁大曲是当地名优产品，畅销海内外。其他工艺纪念品有刺绣、木雕及各类金银首饰等。另外由于伊犁距外贸口岸很近，因此市场上还可方便地买到俄罗斯、巴基斯坦、沙特阿拉伯、土耳其等国家的商品，主要商业区有汉人街、塔西来普开市场等。

- **住宿参考**

伊犁宾馆，伊宁市迎宾路8号，电话：0999－8023126。标房价低时4号楼80元/间、2号楼120元/间。

呼勒佳宾馆，伊宁市新华西路58号，电话：0999-8024904，标间100元。

霍城县宾馆，霍城县朝阳路，标间70~80元。

- **赛里木湖**

从乌鲁木齐到伊宁和霍城的客车经过赛里木湖，车程7小时、车费150~175元，下车即可游览拍照，旅游旺季伊宁市区亦有专线车直抵湖边。湖区有宾馆和餐厅提供食宿服务。

¥门票免收。骑马游乐每人20~40元。但湖边游览项目收费混乱，游客消费时一定要问清价钱。

赛里木湖风光甚美，应该重点游览，多带胶卷。

每年七八月，湖边都举办盛大的那达慕大会，场面红火喧嚣，此时前去游乐观光一定很开心。

主要景点

▲ 赛里木湖湖滨景色

赛里木湖

赛里木湖位于博乐市西南的塔尔钦斯山区，湖面海拔 2073 米，湖区面积达 454 平方公里。这里四周群山环抱、雪峰高耸；湖心水色湛蓝、倒映蓝天白云；湖滨有大片盛开的野花和悠闲吃草的羊群，风光原始古朴，是在内地根本无法见到的高原湖泊美景。每年七八月，湖区周边聚居的蒙古族、哈萨克族牧民都要在这里举办那达慕大会，为宁静湖区风光再添无尽的美丽和生动。

果子沟

果子沟为地处伊犁霍城县城东北 40 公里处的一条美丽沟谷，全长约 28 公里。沟内长满各类丛林果树，从春天开始直至深秋，你都可以在这里见到盛开的山野花海，闻到清爽的花香和野果的芬芳。果子沟中还生长着诸多珍稀药材，另有不少动物穿行栖息，美景交织颇为令人神往关注，此沟在伊犁亦有“第一美景”之称（近期在修路，风光受影响）。

那拉提草原

那拉提草原是南疆地区美丽辽阔的亚高山草甸植被区，亦是当地著名的高山牧场。这里山峰高峻、峡谷纵横、森林茂盛、草场如茵，各色高原美景交织，亦可观赏到绚丽多彩的哈萨克民俗风情，是具有观光、度假、避暑、科考多功能的大型旅游区。

伊犁河

伊犁河为新疆流量最大的内陆河，全长达 1500 公里，最终在霍尔果斯河口流入哈萨克斯坦境内。伊犁河水清流昼夜流淌，造就出了沿途无数戈壁绿洲，亦给沿河各地带来了勃勃生机。它在途经伊宁市区西南 16 公里处流过，这里有一座大桥跨越两岸，桥上亦是当地最美、最方便的河心摄影、观景点。

霍尔果斯口岸

在距伊宁市约 42 公里处的霍城县境内，是中国与中亚各国通商的重要口岸，与新疆境内的红其拉甫、阿拉山口口岸

- **果子沟**

从乌鲁木齐到伊宁市的客车经过果子沟，游客可下车徒步观光几小时再拦过路车继续前行。亦可从伊宁市区乘中巴车到距果子沟很近的芦草沟，下车后再步行游览。

- **那拉提草原**

伊犁客运站有客车到那拉提，行车 4~5 小时。

¥门票 80 元。

这里还有过路客车开往巴音布鲁克天鹅保护区。

- **伊犁河**

伊宁市区有 2 路公交车直抵河边。

伊犁河大桥可是当地著名景点，有许多人到那里观景拍照，亦有不少新人去那里举办结婚典礼，因此值得一看。

新疆的时差比北京晚 2 小时，请欲拍照夕阳晚霞美景的游客前去时问清当地日落时间。

- **霍尔果斯口岸**

可以先从伊犁乘车到达霍城县，再换乘当地机动车即可到霍尔果斯。

¥门票 30 元。

▲ 那拉提草原

- **当地住宿**

在霍尔果斯游览时若需住宿，可考虑霍尔果斯宾馆，在口岸亚欧路，有打折后90~110元的标间，有热水洗澡，条件尚可。电话：0999-8791042。

- **夏塔游览区**

伊宁有到夏塔的直达客车8:30发车，6小时可到，车费39元，也可先从伊宁先乘车到昭苏县城，再换乘当地机动车前去，这样更方便灵活，因为车次很多。

- **推荐个体司机**

党师傅，服务态度很好，可载客作伊犁市区和周边游，电话13031339118。

齐名。这里头些年边贸搞得异常红火，近年来大幅降温，人流也少了许多，但是这里的边关风情仍有诱人之处，亦有边境界碑等景点供游人观赏拍照。

夏塔游览区

地处昭苏县城西南约70公里处，是由诸多山间峡谷、冲积平原、古代驿道、古城遗址、古墓群组成的高原风光线，自然风光美且历史遗迹众多，个性鲜明，颇具新疆特色。近年来，夏塔峡谷内又开放了高山温泉疗养区和大峡谷风景区，成为伊犁地区颇具知名度的观光疗养胜地。

游客抵达夏塔（全称叫夏塔特克孜乡），还要打车走约20分钟才能到大峡谷售票处，门票40元、观光车费40元。之后坐观光车行进1小时才能到景区门口，进入后可以看到非常美观的雪山、草甸和花海，还有温泉可以洗浴，观光游乐算是物有所值。

推荐游程

三日游

D1：从乌鲁木齐乘客车去伊宁。途中路过赛里木湖区时下车观湖区景色，夜宿湖滨，有小木屋等简单住处，并能提供餐饮（消费时特别要注意问清价钱，谨防被“宰”）。

D2：从湖滨上车，途中观果子沟风光，在清水河换车去霍尔果斯口岸，览边境风情，晚上回伊宁市住宿。

D3：伊宁市区观光，拜都拉大寺和陕西大寺朝拜，集贸市场购物。黄昏时去伊犁河大桥看落日美景。

喀什

电话区号 0998
旅游局 2825997
旅行社 2982386

喀什古时是南北丝绸之路在中国西部的交会点，是中国对西方经济文化交流的交通枢纽和门户。如今，它是南疆当之无愧的政治、经济、文化、交通中心，更是八方游客来南疆游览时的目的地和集散地。喀什是塔里木盆地西缘最富饶的绿洲，盛产葡萄、西瓜等香甜果品，有“瓜果之乡”之称。喀什周边更有众多的自然和人文景观：“冰山之父”慕士塔格山、“死亡之海”塔克拉玛干大沙漠、新疆最大的艾提尕清真寺、横跨中巴两国的红其拉甫口岸，无一不是新疆境内个性鲜明而又风光独特的观景点。同样让人耳目全新的是新疆最大的农贸市场喀什大巴扎，这里的商品之丰富往往让内地来的游客顾此失彼、头晕目眩。不到喀什就不算来到新疆，到过喀什你的南疆之旅才会无悔无憾。

▲ 喀什香妃墓

气候与游季

喀什地区夏长冬短，1月最冷，平均气温-6℃；7月最热，平均气温27℃。每年4~10月初均可开心游览，但8~9月恰逢当地水果成熟上市季节，天气又好，游览效果应属最佳。此外肉孜节（回历九月底）和古尔邦节（回历十二月十日）是当地重要节日，期间会有盛大红火的节庆活动，此时前去可畅览当地民族风情（出发前应问清其节日在公历的具体日期）。

交通

航空

喀什至乌鲁木齐之间，每天都有航班对飞，旅游旺季每周还会视情增加航班，乌鲁木齐市至喀什需飞行90分钟，机票1230元。

- **航空售票处**
  电话：0998-2822123。
- **火车问讯**
  电话：0998-2837286。
- **长途客运站**
  电话：0998-2827308。
- **打折机票**
  通过乌鲁木齐市的各旅行社可订到去喀什的打折机票，当然需付手续费，但买到的打折票实在是便宜，有时竟能买到3折的票只需400余元，具体事宜需与旅行社商议。

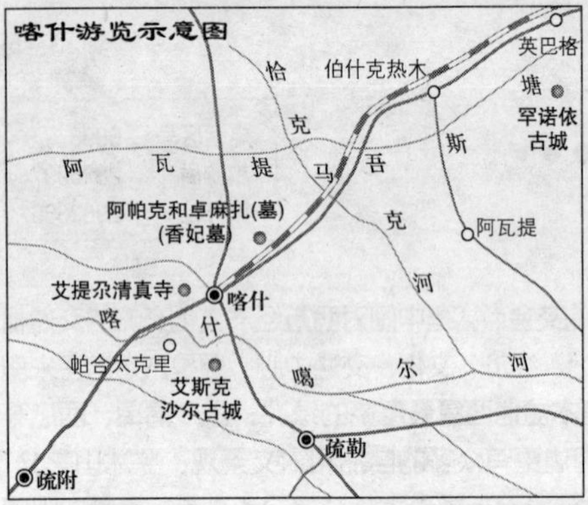

铁路

喀什是南疆铁路的终点站，与乌鲁木齐每日有两班直通列车，途经吐鲁番、库尔勒、阿克苏。

主要列车如下：9786 次 09:58 从乌鲁木齐发车，次日 10:51 到达喀什。K9785 次 13:16 从喀什发车，次日 13:44 到乌鲁木齐（硬卧 456 元）。

公路

喀什公路四通八达，12 个县（市）均通汽车。从喀什市向东北有公路通往克州、阿克苏、库尔勒、吐鲁番，再向北通往乌鲁木齐。从喀什市向东南有公路通往疏勒、英吉沙、莎车、泽普、叶城、和田，再向东可通往甘肃的敦煌和青海的格尔木，由叶城向南可通往西藏的阿里地区。从喀什市向南有中巴国际公路，向北和向西有两条公路经吐尔尕特口岸通往独联体。由于乌鲁木齐与喀什间的路况近年大有改善，所以从乌市乘客车 28 小时可开到喀什。喀什长途汽车站位于人民医院旁边。

住宿

作为南疆名城，喀什有星级酒店和其他旅游定点宾馆 20 余家，还有大量的普通旅馆和招待所。其中色满宾馆系 20 世纪 80 年代在苏联领事馆的基础上改建的，伊斯兰庭院式建筑特色鲜明且环境较好，位于色满路 377 号，电话：0998-2582129。噶尔宾馆有迎宾馆之称，历史悠久，地点在塔吾孜路 57 号，电话：0998-2612367。其他宾馆有中巴友谊楼（0998-2833235）、华侨宾馆、人民饭店（0998-2823373）等。

餐饮

特色美食品种繁多，羊肉串、烤全羊、烤包子、手抓饭、馕坑烤肉、曲子、烤鱼、羊肉汤，各式做法各式味道的羊头、羊尾、羊杂碎（还有夏秋时节成熟的西瓜、葡萄、石榴、无花果），您就由着性儿品尝吧。国际大巴扎内外、市中心的艾提尕广场和喀什市区遍布维吾尔族餐馆和小吃摊，尤其是艾提尕广场晚间简直就是一个美食大世界，您就看着青烟走、奔着香味儿去吧！

• **当地交通**

喀什市内打车起价 5 元，也可乘毛驴车，上车 0.5~1 元。

• **住宿提示**

①色满等老牌宾馆中的标房并不贵，一般季节有 90~100 元的房间。

②近年来喀什还新建了许多宾馆酒店，这些宾馆酒店设施新但房价并不贵，所以游客到喀什后住宿时亦可推陈出新，如位于解放南路 95 号的民航蓝天宾馆，条件不错的双标间 100 元，电话：0998-2522378。另外客运站旁的集一快捷酒店条件也好，双标间 100 元。

• **美食佳境**

①榆树果园餐厅，葡萄架下支饭桌，很有浪漫气息，席间还有维吾尔族歌舞表演。

②茶园大酒店，席间亦有表演，很令食客开心。

• **购物提示**

喀什最著名的集市是喀什大巴扎和安江巴扎。喀什大巴扎位于市区东北角的吐曼河东岸，是新疆最大的农村集市贸易场所，当地人都称它为喀什大巴扎。安江巴扎也叫“香港巴扎”，位于艾提尕广场北侧的安江热斯特巷。以上两处均为当地购物佳境。

购物

特色食品如葡萄干、甜瓜、香瓜、石榴、无花果等可以现吃现买，亦可带回去馈赠亲友。各类工艺纪念品如花帽、首饰、英吉沙小刀、印花布等亦都美观精致、特色鲜明。主要市场有喀什大巴扎和安江巴扎，市区其他地方也有不少商业点。不过欲乘飞机返回安检挺严，如购买刀具一类的工艺纪念品一般只能通过邮局寄回去。

主要景点

喀什大巴扎

喀什大巴扎是新疆乃至我国西北地区最大的国际贸易市场，位于喀什市东北角的吐曼河东岸上。这里有数千个摊位，出售数万种商品，每天车来人往，热闹非凡。丰富的商品供应，独特的售货易货方式，浓郁的民族风情吸引着大批国内外商务客和游客，许多人来喀什就是为了观赏大巴扎盛景，在这里购物、观光、休闲、娱乐和做民俗考察皆可满意而归。

香妃墓

坐落在喀什以北5公里处的浩罕村，据传是清朝乾隆皇帝的爱妃买姆热·艾则木（香妃，此墓是衣冠冢）之墓，是典型的伊斯兰式古陵墓建筑群。墓园内有大、小礼拜寺、教经堂、主墓室和塔楼等建筑，建造精巧而华美，规模和造型都很绮丽诱人。

艾提尕清真寺

艾提尕清真寺是新疆最大的清真寺，位于喀什市中心解放路，是新疆最大的伊斯兰教活动中心。大寺南北长140米，东西宽120米，寺内寺外均有宽大广场。平日里前来朝拜的信徒已是络绎不绝，若逢礼拜日和古尔邦节及肉孜节，更有成千上万的信教群众在此歌舞狂欢，场面红火喧嚣，热闹非凡。

玉素甫陵园

玉素甫陵园是11世纪中期维吾尔族诗人、学者玉素甫·哈斯·哈吉甫的陵墓。

▲ 喀什大巴扎一角

- **喀什大巴扎**

喀什市区有公汽和中巴到大巴扎（可在人民公园一站下车），步行或乘毛驴车前去亦可。

- **香妃墓**

从喀什打车去香妃墓，25元可往返。

¥门票联票30~45元。

- **艾提尕清真寺**

乘7路、13路公汽可到。

¥门票20元。

- **玉素甫陵园**

在喀什市南郊，可步行或乘7路车前去。

¥门票30元。

- **卡拉库里湖**

从喀什到塔什库尔干的中巴公路途经卡拉库里湖，因此坐客车前去亦可，但路况不是很好。另外从喀什租车前去亦可，夏利400元、富康500元左右，4小时可到。湖边有饭馆能提供简单饭菜，还有简易旅馆，住宿多人间房费约40元/人。旅馆中亦有餐厅，就餐条件尚好但饭菜挺贵。游览时间视个人情况而定。

¥门票50元。

在湖边可以看到慕士塔格山及另两座雪峰的倩影，山光水色皆美。

▲ 慕士塔格山

玉素甫曾用古回鹘文写成了叙事长诗《福乐智慧》，诗中涉及11世纪中期中亚政治、经济、文学、历史、地理等诸多领域，具有广泛影响力和较高史学价值。

卡拉库里湖

在距喀什约190公里的慕士塔格山下，海拔3600米，湖区面积约为10平方公里，它在柯尔克孜语中的含义是“黑海”，是因四周雪山银光闪闪反衬湖水颜色呈深绿稍许发黑而得名。这里水质清澈，又有蓝天、白云、雪峰相映，风光很美，适宜观光和摄影。

慕士塔格山

慕士塔格山位于阿克陶县布伦口乡，距喀什约200公里。由于其地形险要、山势陡峭且终年为冰封雪盖而不易登攀，所以享有“冰山之父”之称。由于从喀什到红其拉甫的公路途经雪峰不远处，所以诸多游客只是在路边或山下遥望雪山美景，就能观赏到慕士塔格山与公格尔山和公格尔九别峰三山并立的雄姿且观感更佳。

红其拉甫口岸

在帕米尔高原上海拔约5000米的红其拉甫山口是中巴两国的边境口岸。受天气条件所限，这里每年11月至来年4月封关，而5~10月通关时间商人和游客数量甚多，有边界界碑可供拍照留念，边关风情也会给人留下新鲜观感。另外从喀什前来，一路上还可看到卡拉库里湖、慕士塔格山、石头城、公主堡等景点，亦算收获多多，不虚此行。

推荐游程

喀什市区古迹名胜分布集中紧凑，但去周边景点游览就要费些时间，一般花上3~4天时间可览当地景区基本全貌。日程可作如下安排：

D❶：市区观光。香妃墓、莫尔佛塔、艾提尕清真寺、喀什大巴扎。

D❷：乘车去塔什库尔干，途中可游（观赏）流沙湖、公格尔山、慕士塔格山、卡拉库里湖、石头城，夜宿塔什库尔干。

D❸：从塔什库尔干县乘车去红其拉甫口岸观光，然后返塔什库尔干住宿，次日返喀什，如自备车或包租车，亦可当晚返喀什。

新疆维吾尔自治区

- **慕士塔格山**

从喀什到塔什库尔干或红其拉甫的公路经过慕士塔格山山脚下，一般游客只是在路边眺望和拍照，欲到山脚下观光须乘越野车，登山探险应谨慎前行。

- **红其拉甫口岸**

可以先乘客车从喀什到塔什库尔干县城，再包乘当地机动车前去，车费（去塔县）视不同车型而异，普通中巴800元即可，富康或桑塔纳约需1200元（均为往返价）。

红其拉甫口岸因天气恶劣，所以开关时间只是在每年的4~10月间，其他季节前去应问清当地天气、交通、边境管理等综合状况再前行。

从喀什去塔什库尔干和红其拉甫应先去当地公安局办理前往边境界碑处的护照，在喀什可到色满边防支队免费办理，在塔什库尔干县城办要收费10元。须提供身份证。

- **包租车观光游览**

推荐个体司机郭师傅，可拉客去塔县和红其拉甫，电话：15894017616。他服务态度不错、车费也公道。

发烧友特别关照

①喀什是南疆政治、经济、文化及交通中心，也可算是南疆的游览观光中心，有诸多自然和人文美景，民俗风情亦很绚丽多姿，很值得一去。

②除去喀什市区观光外，去塔什库尔干县（途中可观卡拉库里湖和慕士塔格雪山）再去中巴边境红其拉甫口岸亦是当地时兴的黄金旅游线。喀什市客运站每日 10:00 有客车前往塔县，晚上 17:00~19:00 到，车费 80 元/人。与别人合乘出租车到塔县车费 100 元/人即可。途中欲细观卡湖、慕峰美景最好从喀什包车到塔县，这样可方便地开下主路去观山湖秀色，车费单程约需 400~600 元（视不同车型而异）。

③塔什库尔干县城食宿方便价钱不贵，如功德宾馆双人间 70~80 元，客运站旁的交通宾馆还有 10~15 元/床的多人间。街上的话吧打 IP 长话 0.3 元/分钟。

④塔什库尔干县城到红其拉甫口岸 130 公里，目前行车往返约需 8~9 小时，包车费约需 400~500 元。

⑤去红其拉甫口岸需办理护照（通行证），可在喀什也可在塔县办理，每人提供身份证和 10 元工本费即可。

⑥内地人在当地包车找汉族司机更好沟通，切记出发前协商好一切收费标准——车费多少，要不要帮助付油费、司机的食宿由谁负责等都应说好，以免途中闹纠纷。

⑦在喀什与塔县之间已有不少好风光，所以抵达塔县后也可以省点时间、金钱而不去红其拉甫，如今国人可随意出国观光，所以一个边境口岸前去与否不是太重要。当然欲去慰问边防军官兵还是可以，给他们多带点蔬菜和水果——来个军民大联欢。口岸上新建的国门很气派也算是观光、拍照的亮点。

▲ 巍峨壮丽的天山雪峰

新疆维吾尔自治区

喀纳斯——阿勒泰（5A级景区）

电话区号	0906
阿勒泰市旅游局	2122882
布尔津县旅游局	6521263
旅游咨询	2312216
旅行社	2135060

喀纳斯位于新疆维吾尔自治区最北端的布尔津县北部，是一处湖光山色诱人而风光古朴原始的高山佳境和世外桃源。喀纳斯在蒙语中的意思是“峡谷中的湖”、“美丽富饶、神秘莫测”，用它来比喻和形容该湖之美确实是准确精当、恰如其分。

喀纳斯湖地处阿尔泰深山中，海拔约1374米，湖区面积约45平方公里，四周雪峰耸峙、山林如黛，湖心波光潋滟、清碧迷人。湖滨的山峰间常有烟雾缭绕，湖心的碧波亦会随天气和光线的不同而变换颜色，游客在此观览山光湖色，常常在一天内看到色调完全不同的美丽图案，备感瑰丽神奇、如梦如幻。

喀纳斯湖滨生长着大片的野生高山林木，林间、湖上亦栖息着鹿、狍、野狸、天鹅、仙鹤、野鸭等珍禽异兽。前些年在湖上发现“湖怪”——据称是一种体长超过10米的巨大红色鱼类的消息曾在海内外引起巨大的轰动，这至今悬而未决没有准确答案的奇异发现为湖区游览平添诸多情趣和悬念。美丽的喀纳斯湖已成为新疆北部最具神秘诱惑力的观光景点。

▲ 喀纳斯湖区风光

气候与游季

北疆的天气较冷，1月平均气温低达-24℃，所以冬春季节不宜旅游。去喀纳斯—阿勒泰以夏季七八月为宜(亦应携带长袖衣服)，10月初秋景很美，但旅游者应抓紧时间快去快回（行前应作天气咨询)，因为10月中旬后，北疆可能会天降大雪，山间公路一断，游客将面临巨大困难和不便。

- 喀纳斯湖门票最新价

  ¥门票230元/人。含专线车费80+10元。

- 阿勒泰民航售票处

  电话：0906-2128686。

- 阿勒泰长客站

  电话：0906-2311064。

交通

航空

乌鲁木齐每日有航班飞往阿勒泰，机票650~780元/人。乌市民航售票电话：0991-2330000。

公路

从乌鲁木齐（碾子沟客运站）乘客车 10 小时左右可到阿勒泰、布尔津（阿勒泰与布尔津之间还有 1 小时车程）。坐票 160 元/人，卧铺 180 元/人。亦可包车从乌鲁木齐市前去阿勒泰和布尔津，一辆普通桑塔纳开价在 600 元左右可乘 4 人。阿勒泰和布尔津距喀纳斯湖分别为 246 公里和 140 公里，从布尔津包车去喀纳斯湖最方便。但是目前外来车辆不能进入湖区而只能开到设在贾登屿的门票站，购买门票后需乘景区提供的专线车去湖区。

住宿

布尔津及阿勒泰市区均有各档宾馆，住宿无任何困难。在喀纳斯景区观光可以住在景区入口处的贾登屿，这里有多家宾馆、旅馆，而湖边的宾馆度假村也在营业，此外景区内还有一些木屋旅舍，床价 40~80 元/人。

餐饮

阿勒泰和布尔津的餐饮价格并不贵，但喀纳斯湖周围的饭店内菜价贵得惊人，有的饭店里肉炒青菜竟要 30 余元，鱼香肉丝开价在 30~50 元（有的饭店有 35~40 元/人的自助餐），游客应有心理准备。当地的特产是湖区出产的湖鲜，在湖区或布尔津、阿勒泰，可以尝到烤、炸、红烧、干烧各类淡水鱼等美味。

主要景点

原始村落禾木和白哈巴

禾木和白哈巴两个原始村落均处在布尔津与喀纳斯湖景区之间，由于风光原始古朴而又瑰丽清新而成为北疆观光景区中的大亮点，目前许多游客都在去喀湖游览的途中顺路游览这两个地方，留下诸多美感和回味。

禾木

距喀纳斯湖约 60 余公里，四周有青山，村前不远有湍急而

- **从阿勒泰到布尔津**

乘依维柯中型车 20~25 元/人。

- **布尔津到湖区**

目前所有外来车辆都只能开到距湖区还有 32 公里远的门票站，购票后必须乘景区提供的专线观光车进入湖区，车费 80+10 元/人。

- **湖边住宿**

湖区原有不少宾馆度假村供游客食宿，现在有一部分被责令停业了，游客可住在贾登屿门票站附近，但是湖滨仍有不少宾馆度假村接待客人，有正式的房屋也有小木屋。住在这里离湖近，观光方便但是价格稍贵一些。

- **边境通行证**

可在游客户口所在地的公安部门办，也可到布尔津县再办，请注意带免冠照片，到当地再照也成。

- **禾木村住宿**

①合禾驿旅馆，30 元/人，电话 13699944375。

②千湖山庄，双标间 100 元。

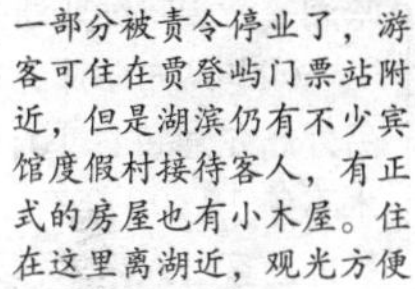

▲ 禾木村风情

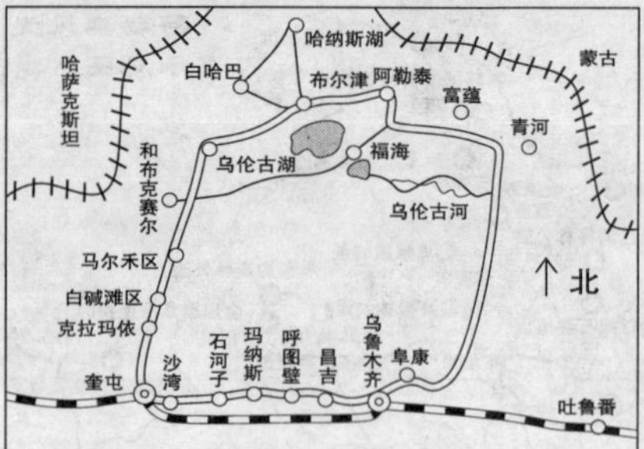

乌鲁木齐——北疆观光示意图

清澈的禾木河，周边有平坦的草甸和漂亮的白桦林，村中木屋与四周山林溪河美景相映，风光古朴而迷人（门票 60 元,游客进村还要另交观光专线车费 100 元 / 人）。

白哈巴

地处距喀纳斯湖约 40 公里的哈巴河县境内。自然环境与禾木村相仿，但这里已到边境地带，边陲风光宁静优美、独具风韵。在进出白哈巴的途中可见一些金色的白桦树林，这是当地的独特风景。（门票 60 元）。

旅游锦囊

旅游锦囊：为您介绍喀纳斯湖区观光的最新提示

①去喀纳斯湖观光最好先到布尔津，从布尔津去喀纳斯湖最近。

②布尔津客运站前有各类机动车去喀纳斯湖，车开到距喀湖约 32 公里的贾登屿门票站约需 4 小时，车费客车 40~50 元、出租车 250 元/车，拼车 65 元/人。门票 230 元含观光车费 80 元。门票 2 日有效。

③如果除喀纳斯湖之外还欲去禾木和白哈巴，那最好先从布尔津到禾木，再从禾木到哈湖，游完喀纳斯湖去白哈巴，之后返布尔津。

④若从布尔津包车只到禾木，最低约需 230~300 元/车（全程是柏油路和水泥路）。另外布尔津每日 10:00 有客车去禾木，中午到达，下午返回，车费 60 元（布尔津去禾木下午 17:00 还有 1 班客车）。此外贾登屿到禾木有观光专线车行驶，往返 100 元/人。另外游客进入禾木村必须乘坐指定的专线观光车，车费 100 元。

⑤不久前喀纳斯湖管理部门在距湖区约 32 公里处（贾登屿附近）设立了门票站，任何外来车辆到此后必须“打住”，游车下车购买门票后必须乘景区提供的专线车（金龙空调大巴）进入湖区。

⑥如果当天游湖后出来住宿，次日还要进湖区观光，那无须再购 80 元的观光车票而只需另交车费 10 元即可。

⑦湖区至当地名景观鱼亭还有一条观光车线路，车费 40 元/人。

⑧现在游毕喀纳斯湖后再去白哈巴村观光，必须乘坐湖区指定的专线车，车程约 60 公里，车费 210 元（含 60 元门票费）。但当地老乡有时驾私家车拉客人去白哈巴，这种方式可能让游客省一点钱但违反当地有关规定。

▼ 喀纳斯风光如画

⑨去白哈巴村必须办理边境通行证，否则被发现后会遭查处。但是这个证只给境内游客办理，外籍人包括我国港、澳、台游客目前暂不能去白哈巴游览。

⑩从每年 10 月初开始，进入喀纳斯湖就须谨慎，出发前一定要弄清天气及路况情况，否则遇大雪封山会非常麻烦被动。

旅游锦囊

为您推荐喀纳斯观光的最佳游程

D1 早上从布尔津出发去禾木，上午 10 点有一班客车，但是如果能找到拼车的游伴或是自己愿意包租车，那还是应该早一点出发为好。中午抵达禾木村后抓紧时间观光。下午乘返程客车或拼车或包车从禾木返回到贾登屿住宿。

D2 购票后乘观光专线车向喀湖湖区进发，中途在卧龙湾下车，沿着湖边栈道步行 1.5 小时到神仙湾（此段路边风光很美），之后上观光车到喀纳斯餐厅午餐，之后从餐厅门口乘车去中心湖边的码头，在此乘船游湖（船费 80~120 元/人）。返回上岸后乘观光车去总库（这是各路观光车的总站），抵达后换乘专线车去观鱼亭（需另购车票 40 元），下车后登 1000 余个台阶到亭上览湖区全景之后返回。此时如果时间早可乘车去白哈巴，如时间晚可在湖边住或回贾登屿住宿。

D3 在白哈巴观光，览边境原始村庄秀色，晚上住白哈巴或返回布尔津。依上述游程，您可在 3 日内游览禾木、喀纳斯湖和白哈巴 3 处景区，观光顺畅、不太费力。

另外从禾木村租马匹骑行到喀纳湖区也成，但应注意要在当晚到达而不必在黑湖住宿。

▲ 喀纳斯秋色

喀纳斯附近景点与徒步穿越线路图

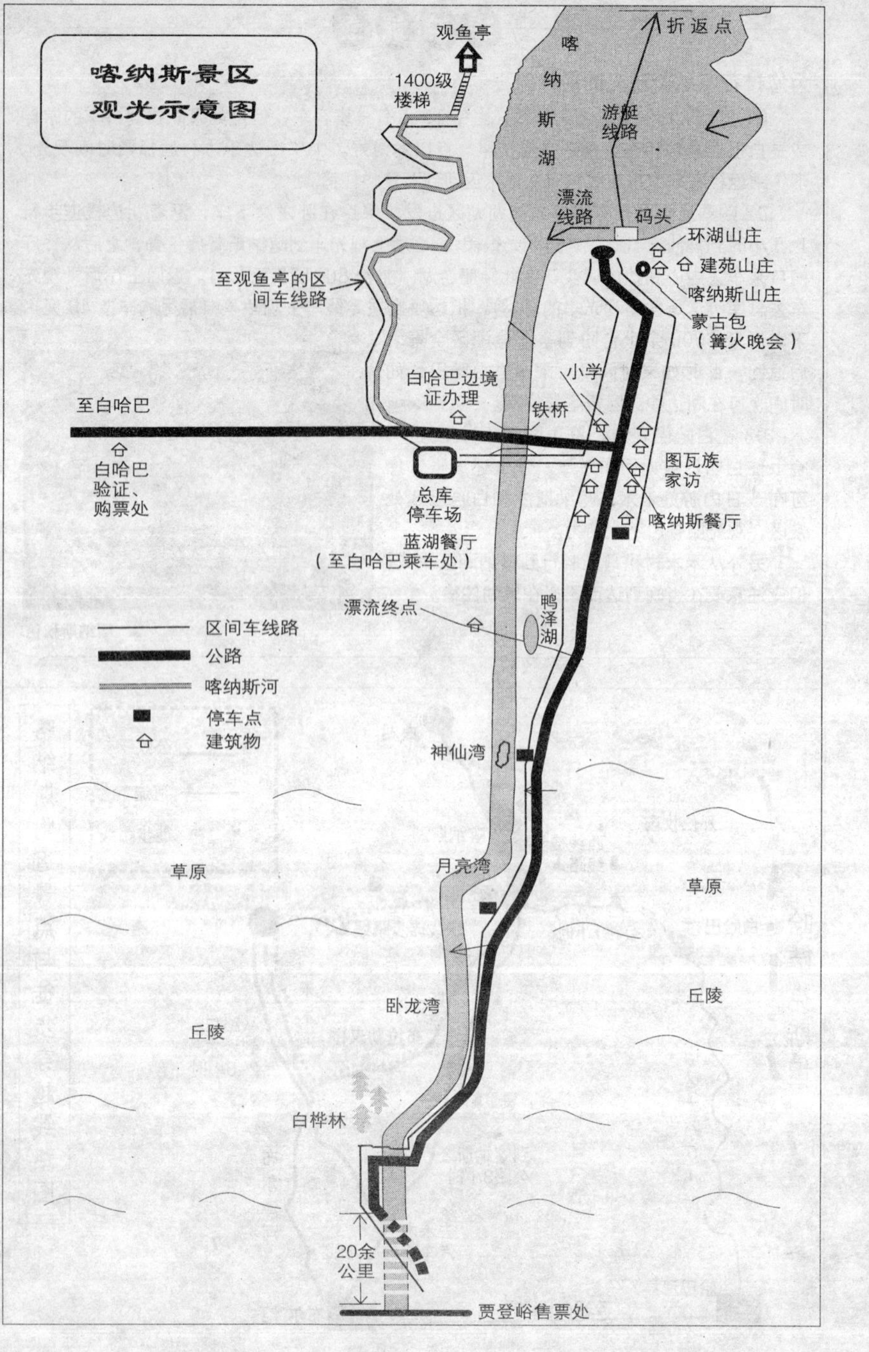
喀纳斯景区
观光示意图
观鱼亭
1400级
楼梯
折返点
喀
纳
斯
湖
游艇
线路
漂流
线路
码头
环湖山庄
建苑山庄
喀纳斯山庄
蒙古包
（篝火晚会）
至观鱼亭的区
间车线路
小学
白哈巴边境
证办理
铁桥
至白哈巴
白哈巴
验证、
购票处
总库
停车场
图瓦族
家访
喀纳斯餐厅
蓝湖餐厅
（至白哈巴乘车处）
漂流终点
鸭
泽
湖
区间车线路
公路
喀纳斯河
停车点
建筑物
神仙湾
草原
月亮湾
草原
丘陵
卧龙湾
丘陵
白桦林
20余
公里
贾登峪售票处

周边景点

桦林公园

桦林公园在阿勒泰市北 2 公里处的克兰河边。园内河心岛上长满浓密茂盛的白桦林，亭亭玉立、爽洁秀美，给人以视觉上的美感，这里夏季是避暑胜地，金秋时节大地一片金黄，桦林景色尤为迷人。

五彩滩

额尔齐斯河北岸岩层间的丹霞地貌奇景，这里的砂岩、泥岩、砂砾岩形态奇异且五彩缤纷（红色、土红色、浅黄色和浅绿色最为明显），极富迷人风韵，早晨日出和黄昏日落时由于光线变幻风景更加精彩动人，此景在布尔津与喀纳斯之间，可于行车途中顺便观光。

蝴蝶沟

地处阿勒泰市区以东 60 余公里处的库别里克山中，沟长约 60 余公里，每年 6~9 月会有上百万只蝴蝶飞聚在此，汇成蝴蝶的海洋，花团锦簇而又变幻莫测的美丽图案层出不穷，场面与云南大理蝴蝶泉异曲同工。

乌伦古湖

在阿勒泰地区福海县境内，是我国十大淡水湖之一。这里湖池众多，湖鲜丰美，还有长近 10 公里的湖滨河滩旅游区，可供游客划船、冲浪、戏水，湖边的餐厅中供应全鱼宴等美味，是阿勒泰市周边有名的水上游乐园。

• 另荐景点：魔鬼城

在乌鲁木齐至布尔津途中（走西部线路）经过的乌尔禾附近，这里有诸多深浅不一的沟壑山谷，沟谷中无数裸露的岩石被狂风劲吹雕琢得奇形怪状、千姿百态，山间坡地上还遍布红、白、蓝、黄彩色石块，观后令人赏心悦目。若是大风天气时来到这里，可以听到因气流在沟谷中回荡而发出的尖锐啸叫，声如鬼哭狼嚎（魔鬼城因此而得名），闻后令人动魄惊心。

如果你是自驾车或包车从乌鲁木齐市出发走西线去喀纳斯，那途中真应去魔鬼城一游，会有新鲜感受。门票 30 元。

• 桦林公园

¥门票 15 元。

• 乌伦古湖

从阿勒泰乘车经北屯、福海可到。

• 喀纳斯湖水怪

有人说它是体长 10 米以上的红色哲罗鲑鱼，也有人说它是身体更庞大的水生动物，近年来众说纷纭，但总是扑朔迷离而无定论。

新奇发现

喀纳斯湖“水怪”又现身影

前些年，关于喀纳斯湖中有“巨大水怪”的消息一直传得沸沸扬扬，有人甚至将此比喻为同欧洲尼斯湖怪兽齐名的世界级谜团和奇观，可是近年来虽有游人说在湖区见过“水怪”但也拿不出确凿证据（没留下清晰的视听资料），因而此事只是众说纷纭而已。但 2011 年 5 月 24 日 19:00 前后（新疆的天黑得晚），有 30 多名东北游客看到并拍到了一些巨大水生动物（体长近 5 米）在湖心至湖边游泳嬉戏的场面——水生动物几次跃出水面，激起的浪花高达 4~5 米，引起岸边的观光客人惊呼一片。由于这次拍到的录像相对清晰（已于 5 月 25 日在搜狐网上播放），所以可能为“水怪”探索提供新证据，各位尽可关注。

青海省

QINGHAISHENG

如果你是第一次从内地来到青海，那最鲜明的印象就是这里地处高原，阳光灿烂，天空澄碧，地广人稀而风光开阔壮美。塔尔寺依山修造，气势雄浑且错落有致；青海湖湖水蔚蓝，其湖面之广阔至少超过杭州西湖700倍；茶卡盐湖和青海湖边的鸟岛都是祖国西域独有的绝景，而到长江和黄河的源头去探奇览胜会备感艰辛曲折和神秘。令人开心的是从西宁沿青藏公路经格尔木进藏去拉萨，沿途有看不尽的巍巍雪山、晶莹湖水、浩荡草原和五彩斑斓的牦牛群，那千朵万朵结队成群的洁白祥云亦会擦着山头低低迎面飞来，犹如天上下凡的无数绰约仙女，向远方来客行着热情友好的注目礼。青海省内的旅游热点是西宁—青海湖一线，南下玛多或西越昆仑山口去探望黄河和长江源头会有新奇收获，但亦会饱尝困苦艰辛。如果能在游毕青海后再去西藏，那将会给你的西域之行增添无限的幸福和快慰。

黄金旅游线路

① 西宁—日月山—青海湖
② 西宁—青海湖—茶卡—鸟岛
③ 青海湖环湖游览
④ 西宁—循化天池
⑤ 西宁—玛多（黄河源头之一）

▼ 藏族同胞在青海湖边合影

西宁——青海湖

电话区号	0971
西宁市旅游局	6152639
西宁市旅游投诉	6117696
青海省旅游总公司	6143711

西宁市已有2100余年的历史，古时曾是“丝绸之路”上的边关重镇，作为青海省内的唯一大城市，西宁的地理位置非常重要，所有沿青藏线进藏的人都要在此乘车西行。西宁市区有塔尔寺、东关清真大寺等景点，其中塔尔寺是青海省内最大的寺庙。西宁市区以西90公里处的日月山、倒淌河和青海湖山光水色壮观迷人，是游客在青海境内的必观之景。

▲ 日月山风光

气候与游季

西宁—青海湖一线冬季稍显寒冷，夏季则凉爽宜人，每年6~9月底为旅游黄金季节，此时段日平均气温不超过17℃，与内地的夏季酷热形成鲜明的对照，且青海湖畔有大片油菜花盛开，十分赏心悦目。在西宁—青海湖一线游览应适量携带衣服保暖（昼夜温差大），另外防晒用品也应带上备用。

交通

航空

西宁机场位于西宁市以东29公里的互助县高寨乡曹家堡，现已开通直达北京、成都、重庆、敦煌、格尔木、广州、昆明、拉萨、深圳、乌鲁木齐、西安的航线。

市内民航售票处有往返机场的班车，民航班车票价16

- **节日会庆**

六月六花儿会、青稞酒节。地点：互助土族自治县，五峰寺，丹麻乡，乐都瞿昙寺，大通老爷山；时间：农历六月初六、六月十三日。

同仁“六月会”。地点：黄南州同仁县附近4个村庄；时间：农历六月十七日至六月廿五日；活动内容：A.转经；B.祈天；C.祭山。

玉树赛马会。地点在玉树州，农历七月十五日至七月三十日举行。活动内容包括赛马、赛牦牛、摔跤、马术表演、藏族歌舞表演、宗教祭祀活动等，可以看到康巴汉子的飞扬神采。

- **机场问讯**
  电话：0971-8188222。
- **机场货运问讯**
  电话：0971-8188217。
- **民航售票处**
  电话：0971-8133333。
- **火车站售票处**
  电话：0971-7192262。
- **火车站问讯处**
  电话：0971-7192222。
- **长途汽车售票处**
  建国路电话：0971-7112094。
- **西宁长途汽车站**
  建国路北，在火车站以南约600米处；
  电话：0971-8149611。
- **租车游青海**
  主要租车点在西宁体育馆外，行车路途地点及车费可以同司机面议，一般包车一天收费250~350元，而多日包车游览时间越长每日车费越便宜，包车5天以上可以低到150~180元/天。

▲ 塔尔寺全景

- **旅游接待**
  青海旅游总公司，电话：0971-6143711。在黄河路156号，组织青海省内多条线路的旅游团队，包括日月山—青海湖一日游、青海湖鸟岛二日游、长江黄河源头探秘游等，游客可以上门或电话咨询联系。

▲ 塔尔寺如来八塔

青海省

元。如果坐夏利出租车前往机场，价格在40~50元。

铁路

西宁与北京、上海、郑州、格尔木、青岛、兰州、银川等城市有直达列车。其中至兰州的城际列车只需运行3个小时。

公路

西宁汽车东站是青海全省的公路客运中心，每天有数百辆客车发往省内各地和格尔木、拉萨以及刘家峡、敦煌、兰州、绥德、秦安等。西宁去玛多的客车10小时可到，车费83元。

西宁长途汽车站有前往湟中塔尔寺、老爷山等地的旅游车。西宁体育馆外有中巴前往塔尔寺，也可租车前往各地。

住宿

西宁住宿

市区内有高、中、低各档旅馆，西宁宾馆（三星级）环境条件较好，标间160~340元，从火车站乘9路车可到，电话8458701。青海宾馆是西宁最高级的宾馆，标间380元，电话6144888。西宁大厦（二星级），标间60~80元，高档标间100~180元，从火车站步行10分钟即到，电话0971-8149995。

另外比较经济便宜的宾馆中值得推荐的是阳光假日酒店，房间很大，卫生条件不错，标间80元。地址在大众街，电话：0971-7126888。

青海湖住宿

151基地是湖南岸最大的游览中心，这里最大的宾馆是赫赫有名的帐篷宾馆（但房屋是砖房而不是帐篷），名曰二星级但条件一般，房价适中，甲级双标间240元，两人间（无卫生间）160元，三人间90元，四人间80元，淡季有砍价余地。

此外，在青海湖环湖公路边（含151基地）还有一些个体旅馆，房价50~70元的住处并不难寻。

格尔木住宿

格尔木宾馆是格尔木市级别最高的宾馆，位于昆仑路157号，电话：0977-8424298，平日打折后标间可降到150元以下。另外格尔木政府招待所价格更便宜，双标间只需70~80元，另有不少中小型旅馆招待所，双人房在50~70元之间。

餐饮及特色食品

西宁的风味美食品种多且特色鲜明，其中手抓羊肉、清汤羊肚、羊肉蘑菇片、全鲅菜、蛋白虫草鸡、人参羊筋、煮羊肝、奶皮、奶茶及面片汤等均是当地的特色美食，风味小吃有羊肉串、羊杂碎、甜醅儿、麦仁饭、拉条子、粉汤、麻食等。最著名的小吃街是大新街（从火车站乘1路车在大十字站下然后步行即到），这里有上百个摊位，供应以青海小吃为主的各类风味食品，营业时间从黄昏一直持续至零点之后。另外在市区的西宁大厦附近的小吃摊点上供应种类繁多的砂锅菜，有羊肉、牛肉、鱼丸、青菜、粉丝烩成的汤菜，一般为5~7元/份，再加一碗米饭即可吃得舒舒服服。其他小吃美食街还有莫家街、水井巷等。

去青海湖观光时,湖边的餐馆内大多供应偷偷捕来的鳇鱼——鳇鱼目前已是禁止捕捞的鱼种，说实话它的味道很一般——肉很“柴”、很“绵”，刺多，真还不如鲤鱼好吃，跟鲈鱼等名贵鱼种的味道更是没法比，加之捕食鳇鱼又违反湖区禁渔的法规，所以还是加强自律、忍痛割爱为好。

主要景点

塔尔寺（5A级景区）

位于西宁市区西南25公里处的湟中县鲁沙尔镇，是著名的黄教创始人宗喀巴诞生地，亦是我国西北地区的佛教活动中心。该寺有大金瓦寺、小金瓦寺、大经堂、九间殿、大拉浪(大方丈室）等数百间宫殿，全都依山而建，造型精美、气势雄浑，是一处集藏汉艺术风格于一身且颇具规模气派的庞大古建筑群。寺内的酥油花、壁画和堆绣被称为“三绝”。每年农历四月、六月、九月举行的四大佛教法会更是规模宏大，热闹非凡。

东关清真大寺

位于西宁东关大街路南，已有600余年历史，总面积11940平方米，是我国西北地区最大的清真寺院之一，具有我国古代建筑和民族风格的建筑特点。主体

▲ 青海湖鸬鹚岛

• **国际青年旅舍**

塔顶阳光青年旅舍，在城中区文化街，多人间35元/床，电话0971-8215571。

• **塔尔寺**

西宁昆仑道口每日有无数班公汽和其他车辆发往塔尔寺所在地的湟中，车票5~10元，包一辆夏利前去约需50元，半小时即到。

¥ 门票80元，军人、学生、老人半价优惠。开放时间8:00~17:00，粗略游览2.5小时即够。

塔尔寺外有塔尔寺宾馆，标房旺季180元、淡季120元，周围有诸多民族风味餐馆，食宿方便。

此外在西宁火车站前也时有中巴车开往塔尔寺并途经西宁体育馆。

▲ 塔尔寺一角

• **东关清真大寺**

在西宁市内乘1路、2路、23路公交车可到。

¥ 门票25元，粗略游览1小时即可，欲观场面盛大的礼拜仪式或诵经会则需长时间逗留。

青海省

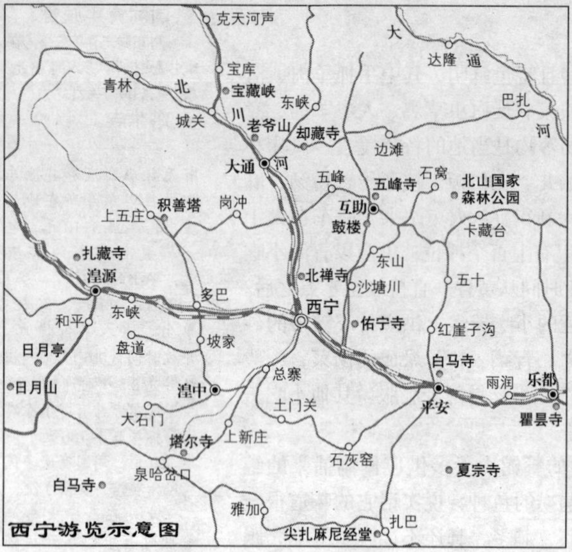

西宁游览示意图

建筑高大雄伟，室内装饰精巧玲珑，寺内可同时容纳数千人做礼拜，是我国西北地区伊斯兰教的教育中心。

孟达天池

位于西宁东南方110余公里的循化县境内，水面面积约20公顷，这里碧绿湖水与蔚蓝天空融为一体，湖中群峰倒影随波微动，湖滨森林浓密，郁郁葱葱，风景区内生长的各类植物达500余种，享有“高原西双版纳”的美称。

龙羊峡水库

位于西宁以南140公里处的海南自治州内，是修建电站后形成的大型人工湖。湖区水面宽阔、鱼鸥盘旋，场面美丽而壮观。

坎布拉国家地质公园

新开放的以丹霞地貌为主体的观光游览区，内有不少呈紫红颜色的山峰岩石，景色粗犷壮美，在青海省内独树一帜。

青海湖

青海湖位于青海省东北部，日月山西侧，湖面海拔3193.92米，面积4340平方公里，是我国最大的内陆咸水湖。

- **孟达天池**

西宁长途客运站有客车开往循化县，票价30元，3.5小时可到，从循化去天池可乘各类微型车。

¥景区门票70元。

- **龙羊峡水库**

西宁长客站有车前往，4小时可到。

- **坎布拉国家地质公园**

可以先从西宁乘车到李家峡，再租当地机动车前去。亦可从西宁包车直接前往，西宁至坎布拉车程约3小时，门票140元含景区内观光车费、船费。

- **关于青海湖**

实话实说，青海湖并不怎么“好看”，起码比不上太湖、西湖、千岛湖那么风光秀美诱人。但是青海湖的湖面很大，其辽阔是国内其他湖泊根本没法相比的。我去西藏的时候，搭乘的大货车以80迈左右的速度沿湖南岸走了3~4个小时，才把湖区走完，想想这个湖该有多大呢!

青海湖的另一特色是湖面上（或称高原上）经常蒸腾起巨大的云团来。我曾经看见湖上飘过的一大块云彩足有百十里长，云层也很厚，面目狰狞恐怖，仿佛是天上怒涛翻卷的样子，所以我把那片云称为“怒云”（只有这个“怒”字才恰如其分)。总之，这里的湖也好、云也好、高原风光也好，给人的印象并非是柔美，而是一种感官上和心灵上的震撼。

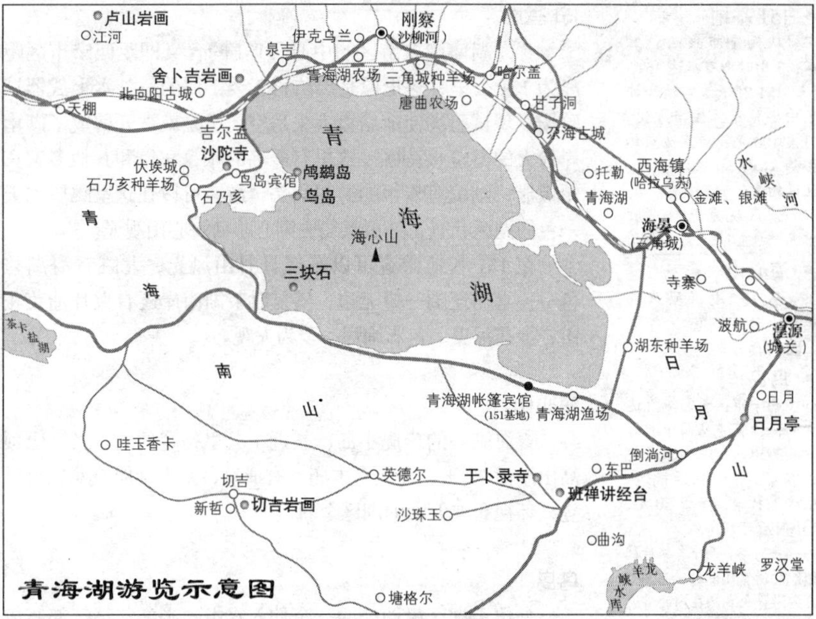

青海湖游览示意图

青海湖蒙语叫“库库诺尔”，藏语叫“错温布”，意思是“青蓝色的海”。该湖湖面非常辽阔，湖水亦非常清澈，湖南岸长有大片大片的鲜黄油菜花，碧蓝天空、纯洁白云、青绿湖水和艳丽花海构成了青藏高原上辽阔壮美而又绚丽多姿的特有风情画。

青海湖地处青藏公路北侧，所有从内地乘车沿青藏路进藏的人都可以饱览“高原明珠”的迷人风姿，湖区及周边地带的日月山、倒淌河、茶卡盐湖、鸟岛、沙岛、金银滩等景点亦个性鲜明，值得一游。

- **乘客车去青海湖**

西宁长客站发往青海湖 151 基地的多是过路车，最后 1 班在 14:00 左右，晚于 14:00 只好包车前往了。

- **从青海湖去格尔木**

可以从湖南边道口的加油站或饭店前寻机找停车加油或吃饭的货车司机，奉上适当车费后搭他们的车前行，这样可以免去要返回西宁再乘汽车或火车的麻烦。

青海湖游览指导

青海湖周边皆可游览，湖北岸人烟稀少，景色原始粗犷有野趣，过去因交通不便所以并非游人首选，但近年来游客渐多。而湖南岸的青藏公路擦湖而过且路况甚好，沿途有日月山、倒淌河等景点，所以南线是大家公认的游览热线。西宁长途客运站每天有多班客车（主要集中在上午，发往茶卡、江西沟）均经过青海湖边，在湖畔的 151 基地下车即是游览中心。

鸟岛在青海湖西北侧，无直通车，游客需包车前去。此外湖区北岸还有金银滩、原子城等景点值得一看。另外参加西宁各旅行社组织的青海湖 1 日游也是较好选择，收费 140~160 元，一天即可游遍日月山、倒淌河、青海湖等主要景点。此外在西宁火车站前也有不少人揽客作日月山、青海湖一日游，但发车时间不太准时。

- **151基地**

从西宁市乘西行客车，3小时即可抵达151。

151有帐篷宾馆和许多中小旅馆，住宿方便。门票100元，从岸边乘船去海心山50~80元/人，往返约需1.5~2小时。

景区观光电瓶车收费20元。

- **海心山**

从151湖滨码头乘船半小时可登岛。

¥门票8元。

- **鸟岛**

西宁市区无客车直达鸟岛，你可先从西宁长客站乘7:30~9:00发往黑马河的客车，5小时后抵达。从这里打车，车费50元，2小时后可到鸟岛。

亦可参加西宁各旅行社组织的游览团队，一般在2日内游览含鸟岛在内的青海湖周边多处景点（一日游也有），游览内容丰富，游程流畅，非常舒服开心。具体咨询电话：0971-6143711。

门票115元，观光车费另收。

鸟岛周边有鸟岛宾馆，条件一般，湖边还有一些帐篷旅店，住宿便宜但条件较差。

- **日月山、倒淌河**

¥景区门票30元。

151基地

青海湖南岸旅游区的中心，151的含义即距西宁市区距离为151公里，这里原是国防科工委下属的一处水上武器试验场，现试验场使命结束人去房空，于是就被开辟成了湖南岸最大的游览接待区。这里有著名的帐篷宾馆和其他多家宾馆饭店，湖滨有专用的游船码头，游客可以在这里眺望水天一色的湖区壮景，亦可乘船去湖心小岛海心山观光。

在151基地游客可以东望日月山风光，北眺青海湖秀色——水面辽阔一望无边，盛夏时节湖南岸还有大片油菜花田，金花摇曳，色彩绚烂，蔚为大观。

海心山

青海湖心的玲珑小岛，长近1公里，宽约600米，山顶高出湖面77米，岛上有古庙，有清泉，游客乘船至此，可以登高环视碧波万顷的湖区全貌。

鸟岛

是位于湖区最西侧的一个伸入水中的半岛，每年都有成千上万只候鸟在此栖息繁衍，岛上布满鸟巢鸟蛋，空中万鸟竞翔、遮天蔽日的场面亦非常壮观，每年5月至7月是游客上岛观景的最好季节。

日月山、倒淌河

日月山位于西宁市区以西约90公里处，海拔3950米，青藏公路从中央穿过，这里距西宁100公里，景区即在路边，从西宁发往江西沟、茶卡和格尔木的客车均途经此地，游客可在游览青海湖时顺路观光。而参加日月山、青海湖旅行团队来此参观亦方便，1日游全包价140~160元。

▲ 草原上的帐房城

茶卡盐湖

茶卡盐湖是因远古时候地壳运动地面升高截留海水沉淀而成的湖泊，这里是一个盐的世界，湖区地表就是由盐组成的，随处可见巨大的挖盐船在挖盐，满眼银白、

▲ 青海湖风光

荧光四射的景色十分独特迷人。

茶卡距西宁300公里，从西宁乘去茶卡、乌兰、格尔木的车均可到达，乘车从西宁出发约需6小时可到。此外西宁市区有旅行社开办茶卡盐湖游览业务。

- **茶卡盐湖**

¥门票50元。观光小火车35元。

- **另荐景点**

西宁植物园中的盆景园精美玲珑，值得一看。

推荐游程

最常规的线路——西宁、青海湖二日游

D1：早晨从西宁乘客车去青海湖151基地，中午抵达，下午乘船游湖，登海心山观景，看油菜花海，夜宿151基地。

D2：从151基地返西宁，途中游日月山、倒淌河，下午返回西宁后去湟中观塔尔寺。

非常规线路——西宁、循化二日游

D1：西宁—循化县，游清真寺、骆驼泉，夜宿循化或孟达天池。

D2：游览孟达天池，下午返回西宁。

以上线路均未包括鸟岛观光，如欲去鸟岛还需增加1~2天时间。

发烧友特别关照（一）

①西宁市区的观光重点是塔尔寺，青海湖南岸的观光重点是151和海心山，抓住重点才能获得深刻印象和美好观感。

②去鸟岛观光须注意游览季节（4~8月为宜），季节不对毫无美感可言。

③青海有许多少数民族的节日和欢庆活动，其中以塔尔寺的四会和周边地区的花儿会、青稞酒节、六月会及玉树赛马会最具代表性。节会期间人山人海、民族风情浓郁迷人。此外7月份举办的环湖国际自行车赛亦能吸引不少游客。

④如果你游过青海还要去西藏，那就不必对塔尔寺观光太在意，塔尔寺的规模在青海是老大，可是若跟西藏的几大寺庙群相比，真可算是小巫见大巫。

⑤因青海地广人稀，各景区相距较远而往返车辆又不太频繁，所以在西宁参加旅行团队游览周边景区是非常舒服圆满和划算的。另外包租车辆作湖区观光效果亦佳。

发烧友特别关照（二）

推荐全新观光方式——包车（或自驾车）作青海湖环湖游和青藏两地游

目前各地游客来青海游览大概有以下几种方式，一是乘客车在湖南岸日月山、151基地一线游览，或是游览上述景点后再打车去鸟岛和茶卡盐湖等（或干脆打车游上述各景区），二是包车从湖北岸行进观金银滩、原子城等景点最后到湖西岸的鸟岛观光；上述单游湖南岸或湖北岸再加西岸鸟岛的方式都显片面、难尽游兴。此外还有一些游客参加西宁市各旅行社的1~2日游的团队，游览上述全部或部分景点，可是随团观光必须集体行动，太不灵活方便。

目前在西宁最时尚也特流行的最新观光方式是包车（或自驾）去青海湖作环湖游，1~2天内基本看遍湖区全部主要景点——这种方式太棒了，一是能览青海湖全貌，获得美妙观感甚至是心灵上的强烈震撼；二是在途中灵活方便，想停就停、想走就走，完全随心所欲，所以能玩得特别开心，肯定会留下美妙记忆。

环湖游可从北岸开始，清晨从西宁出发先游览王洛宾广场、金银滩草场、中国过去的原子弹研发基地原子城，沿途观赏湖畔风光，中午时分抵鸟岛和鸬鹚岛观光，下午沿湖西岸向南行驶再向西到茶卡盐湖，看盐湖奇观后宿盐湖（也可先住宿次日游盐湖）。第二天乘车游湖南岸风光并到151基地乘船游湖，下午返回西宁途中顺路看日月山和塔尔寺。这样二日游览过后，你对西宁—青海湖一线的了解会非常完整详细甚至可以达到登峰造极的境地（当然也可沿上述线路作反方向游览，不过好像不如笔者推荐的次序顺畅、合理）。

在西宁市内，找到去湖区的机动车极容易（虽然近年来油价上涨不少），笔者郑重向您推荐一位个体司机王师傅，他人品好、为人诚恳厚道、很有职业素质，同时收费也低。别人去日月山—151基地一趟一般要600元/天，可他只收550元；别人去青海湖作环湖游要价1200元（不含茶卡、塔尔寺），可他只要1000元（含茶卡和塔尔寺要1100~1200元），且出车途中努力让游客玩得高兴又不引导游客作任何无谓的消费，所以王师傅在外界享有甚好的声誉，在广大“驴友”中知名度亦很高。他的电话是0971-8252917，手机13997226115，白天找王师傅打手机好找，晚间可打他的座机。此外，王师傅还可驾车带游客沿青藏公路经格尔木到拉萨、日喀则、珠峰游乐（看尽沿途美景）。从西宁至拉萨收费7000元、到日喀则8000元、到珠峰10000元（是全包价,车内至少能坐4个人），这样实惠的价码真是“打着灯笼都难找”。想包车进藏的朋友找王师傅绝对没错。

不过在此我也对王师傅提点希望和要求：要珍惜自己来之不易的声誉和知名度，要继续努力让游客更满意——一是找你的人多了，车费不要乱涨；二是对每拨儿游人服务都要像从前那么认真，不要“萝卜多了不洗泥”，这样既让大家满意也对得起我对您的宣传，您说是吗？

▲ 青海湖畔的著名景点金银滩

关于青海南线游的有关提示

可以到玛多去观赏黄河源头扎陵湖、鄂陵湖风光，这条线目前升温迅速。景区门票80元（含牛头碑），草原及湿地风光很美。从西宁乘客车10小时可到玛多，车费83元。结伴游客完全可以从西宁包车去，3日游程就可以玩得很宽松开心了，往返车费1500元左右。

宁夏回族自治区

NINGXIAHUIZUZIZHIQU

黄金旅游线路

① 银川—西夏王陵—沙湖—华夏影视城
② 银川—中卫—沙坡头—腾格里沙漠
③ 银川—固原—六盘山

宁夏虽然是中国版图上最小的自治区，然而它玲珑娇媚、特色鲜明而又气象万千。宁夏回族自治区位于黄河河套西部，东南部跨黄土高原。它与内蒙古、陕西、甘肃三省区为邻。1958年10月25日成立宁夏回族自治区。全区面积6.6万平方公里。宁夏地形以山地、高原为主，贺兰山脉绵亘西北边界，长200多公里。山脉遮挡了西北寒风和腾格里沙漠向东吹进，是银川平原的天然屏障。浩荡黄河在这里拐了两个大弯，造就了水网密布、良田万顷、碧波金沙绿稻相映的“北国江南”绚烂风光。而900多年前西夏帝国的开拓、繁荣与强盛，又为宁夏留下了灿烂丰富的古代文化遗产。宁夏名胜古迹很多，有国家重点风景名胜区“西夏王陵”。银川是国家历史文化古城，还有海宝塔、须弥山石窟等国家重点文物保护单位6处，全区清真寺达1800多座。宁夏是全国唯一的回族自治区，民族风情多彩多姿、奇异迷人。到宁夏看塞北江南水乡风情，览西夏古文化遗迹，领略回族及伊斯兰独特风情，会给游客带来风格全新的经历和美感。

宁夏属大陆性半湿润干旱气候。气候特点是南暖北寒，南湿北干，冬寒漫长，夏少酷暑，风大沙多，雨雪稀少。全区年平均气温5℃~10℃；适宜旅游。

银川海宝塔 ▲

银川及宁夏南部景区

电话区号	0951
银川市旅游局	6080769
旅游投诉	6031138
宁夏中国国际旅行社	6719762

银川位于西北宁夏平原上，是一座古老而又年轻且生机盎然的历史文化名城，亦是当仁不让的全区政治经济和旅游中心。城区和周边的南关清真大寺、西夏王陵、沙湖及华夏西部影视城等景点风光优美甚具迷人个性。宁夏南部景区则是由中卫沙坡头、青铜峡一百零八塔和须弥山石窟等景区组成，各景自成体系而又遥相呼应，以长河落日、大漠金沙、玲珑塔影和精美石雕同显风采神韵。到宁夏旅游，主要是游览银川周边和南部景区，它们是宁夏全区美景中的精髓和灵魂。

▲ 沙坡头黄河游览区风光

气候与游季

宁夏地处西北内陆高原，属大陆性半湿润、半干旱气候。冬季长、夏季短，雨雪稀少，气候干燥，风沙稍多。首府银川因地表水源充足，空气稍显湿润，每年5~10月为游览佳季。春季前去可戴帽子、太阳镜等防沙物品。

宁夏回族自治区

- **航空**

民航售票处电话：0951-6913456。

民航问讯处电话：0951-6912218。

联航银川机场位于市西北郊，联航售票处有往返机场的班车。

联航售票处：文化南街立新巷1号（电话：0951-5026958）。

- **火车站**

问讯处电话：0951-3069553。

市内售票处：

解放西街红旗剧院西侧，电话:0951-5046271。

交通

航空

银川现有民航与联航两个机场。民航河东机场位于银川市东郊17公里处，现已与北京、长沙、成都、重庆、敦煌、广州、昆明、兰州、南京、青岛、上海虹桥、深圳、太原、乌鲁木齐、武汉、厦门、西安通航。南门民航大厦有往返机场的班车，车费15~20元，打车从市区到机场约需35元。

铁路

银川与北京、西安、西宁、上海、兰州等城市间有直通车，呼和浩特与兰州、北京西与兰州间往返的列车亦在银川停靠。

公路

长途汽车有开往全区各地、市、县所在地及北京、郑州、西安、宝鸡、天水、西宁、兰州、张掖、武威、平凉、太原、绥德、延安、定边、包头、乌海等方向的多班客车。

▲ 黄河风光

吃在宁夏

特色菜以穆斯林风味为主，羊肉泡馍、羊肉臊子面、马三水白鸡、红焖牛羊肉、炒羊羔肉、手抓羊肉、扒驼掌及红烧和干烧沙湖大鱼头、吴忠白水鸡、糖醋黄河鲤鱼等为当地名菜。市区的松鹤楼饭店有烤羊排、羊肉饺子等物美价廉的风味美食，很值得光顾。欲吃经济快餐可选择各类面食，羊肉拉面、牛肉面、清拌面7~8元钱一大碗，一般饭量的人一大碗面加上适量小菜即可当一顿正餐。

宁夏老毛手抓美食楼，南关清真寺北，电话：0951-4117848；

定益轩羊肉泡馍馆，上海东路47号，电话：0951-6728065。

沙湖宾馆餐厅中的早餐饭菜品种巨多，慕名前来惠顾的人不少，可以重点关注并参与。

住在宁夏

银川市的宾馆招待所很多，总体上价格适中，条件较好的有宁夏宾馆（0951-5027158）、银川宾馆（0951-6037666）、

- **公路**

长途汽车站（南门站）：调度电话：0951-6032045。

售票处电话：0951-6032902。

新城站电话：0951-3066105。

- **出租车**

起步3公里车费5元，以后1.2元/公里。

- **品尝烤全羊**

最好自己去餐厅品尝，而不要随导游去吃，他们带你去的地方一只羊大约要贵300~400元呢！

当地主要宾馆酒店　　区号0951

名称	地址	电话
国际饭店	上海东路25号	6728688
虹桥大酒店	解放西街16号	6918888
凯达大酒店	南薰东街2号	6021698
长相忆宾馆	玉皇阁北街88号	6710668
中银宾馆	富宁街53号	5011918
沙湖宾馆	文化西街18号	5012128
宁夏宾馆	公园街3号	5027158
太阳神宾馆	上海西路219号	5046110
贺兰山宾馆	新市区朔方路1号	2077075
宁丰宾馆	解放东街6号	6028898
电力宾馆	民族南街22号	4101788
中卫宾馆	中卫市西大街33号	7012609
大自然宾馆	东环南路88号	6016666
青山宾馆	大武口朝阳西街81号	2015898
固原电力宾馆	固原人民街219号	2902499
隆湖宾馆	民族北街60号	6718888

- **推荐便宜住宿**

①老城区的蹊桥宾馆，条件尚好，标间 100 元/间，电话 6085926。

②新华饭店，在新华东街和新华南路十字路口，准三星级、条件较好，标间打折后 160~170 元，电话：0951-6031353。

新华饭店（0951-6031353）和民航大厦（0951-6913688）等，市区的新华街和解放路一带是宾馆酒店聚集区。此处价格便宜的小型旅馆在城区和火车站前随处可见，30～60 元/间。中卫市内有中卫饭店、中铁宾馆、龙辉宾馆等，其中中卫饭店的普通双人间只需 25 元/床，电话：0955-7012620。此外在沙坡头风景区亦有数家旅馆和度假村（在腾格里沙漠中还有大漠客栈）接待游人。

推荐游程

银川及宁夏南部三日游

D1：市区观光——抵达银川后游南关清真寺、承天寺塔、玉皇阁、海宝塔，观览市容并选购工艺纪念品。玉皇阁广场上的秦腔表演有特色，也值得一看。

D2：市区周边一日游——沙湖、华夏西部影视城。贺兰山岩画、西夏王陵。

D3：宁夏南部游——观青铜峡一百零八塔、中卫高庙、沙坡头游乐、漂流黄河、骑骆驼进腾格里沙漠观景、游览通湖风景区等。

- **西夏王陵**

¥ 西夏王陵门票 60 元，含观光电瓶车费。学生有优惠

🚌 可从银川老市区乘 2 路、4 路、18 路车到新市区王陵广场，然后再乘旅游专线车或包租当地微型车前去。另外新月广场有游 1 路直达，车费 8 元。双陵、昊王陵、博物馆等是必观之景点。

- **沙湖**

¥ 门票 90 元（含大船船票），门票 130 元（含快艇船票）。景区中其他游乐项目另收费。

银川老城区的北门汽车站旅游旺季有大量开往沙湖的班车，车票 10 元，1 小时可到。此外南门汽车站亦有车开往沙湖。

沙湖景区内有多种游览方式，乘大船或快艇或登岛龙舟均可，如果单独包船船价单算。

景区还有自己的宾馆和旅行社，可提供导游、食宿多方面的综合服务。沙湖旅行社电话：0951-5027399。沙湖宾馆电话：0951-5012128。

沙湖胖头鱼味道美，可在景区内外的餐馆中品尝。

主要景点

西夏王陵

在银川市以西 35 公里处，是西夏历代帝王陵墓所在地，墓区南北长 10 公里，东西宽 4 公里，占地面积近 50 平方公里，里边 9 座帝王陵布列有序，200 余座陪葬墓星罗棋布。王陵规模宏大，布局严整，每座陵墓都是独立完整的建筑群体，巍峨高大的王陵，丰富悠远的佛教文化，使之享有“东方金字塔”的美誉。

沙湖（5A 级景区）

坐落在距银川市 56 公里处的平罗县境内，是全国 35 个王牌景点之一，这里有 67 公顷荷池、130 多公顷芦荡、300 余公顷沙丘、670 多公顷水面，随处可见碧澈湖水鱼群潜流，水鸟翻飞遮天蔽日。碧水蓝天，黄河绿苇与数十种珍鸟奇禽、珍稀鱼种完美依存，构成了北疆大漠中清纯秀美的“江南水乡”奇景，堪称高原风光中的一绝。

华夏西部影视城（5A 级景区）

在银川市郊镇北堡，是在荒漠中废弃的明代古堡上开发兴建的集影视拍摄与旅游观光为一体的大型风景区。城内有

王宫、西平王宫、天都古堡等许多高大仿古建筑，而影视一条街上的许多小庙小殿、小菜馆、小商铺亦颇有古时风韵。《红高粱》、《大话西游》、《新龙门客栈》、《黄河绝恋》等许多著名影视剧中的主要外景都是在此拍摄的。在原始古朴的有“东方好莱坞”之称的影视城内看古代建筑、古国风情并观赏电影电视剧拍摄的过程非常有趣。

贺兰山岩画

位于贺兰县西贺兰口内（距西部影视城只半小时路程），在600余米长的峡谷两岸石壁上，刻有内容为人头像及牛、马、驴、羊及狩猎、人手图案的壁画300多幅，题材广泛、

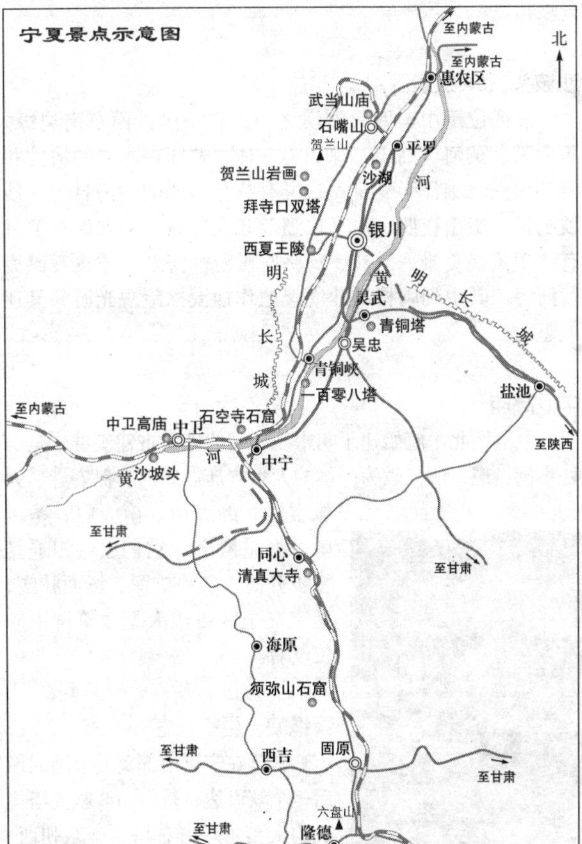

• 华夏西部影视城

¥影视城门票60元。老人、学生有优惠。

开放时间8:00~18:00。从银川市区乘坐16、303路公交车可直达，车费4元。行车时间1小时出头。影视城内有许多拍摄场景鲜活而逼真，讲解员的导游讲解亦颇具水平，在近距离内观看影视剧目的拍摄令人非常新奇开心。

在此停留4~5小时为宜。

• 贺兰山岩画

从银川市内新月广场乘游2路可到，车费15元。

¥门票60元。学生有优惠。

此地离影视城不太远，两个景区间有免费班车但车次不多，打车单程约需40~50元。

• 包车游银川

可与宁夏中旅联系，电话：0951－5044475，亦可找宁夏外事旅游汽车公司，电话：0951－5044782，他们的车况好、业务经营规范，但车费不太便宜。最实惠的办法是在市区包私人微型车，一天内游遍西夏王陵、沙湖、华夏影视城只需250元上下的车费，对结伴旅游者来说非常划算。

• 购物

特色商品主要是有“宁夏五宝”之称的红枸杞、黄甘草、蓝贺兰石、白滩羊皮和黑发菜。其中红枸杞有明显的生精养气、补肾润肺、明目祛风功效，是健身和馈赠亲朋之佳品，可作为购物之首选。

著名商业区有南门广场地下的北京华联商城以及市区的步行商业街等。

▲ 沙湖风光

手法细腻、线条生动，充分反映了古代民族的图腾崇拜，是贺兰山地区少数民族历史文化艺术的瑰宝。

滚钟口

在银川市西北约35公里处的贺兰山麓，有笔架山、山上观景亭和马鸿逵的避暑山庄等景点。

南关清真大寺

是银川市的标志性建筑，亦是宁夏回族自治区穆斯林兄弟的宗教文化活动中心。它位于银川市内南门广场，寺高22米，分上下两层，可以同时容纳1000多人做礼拜，整座建筑以绿色为基调，具有鲜明的阿拉伯建筑风格，视觉效果非常巍峨壮美。

沙坡头（5A级景区）

景区位于中国四大沙漠之一的腾格里沙漠东南边缘，集大漠、黄河、高山、绿洲为一体，兼江南水乡的清秀和西部大漠之雄浑于一身。这里有特色鲜明的沙海日出、沙坡鸣钟、炭山夜照、白马拉缰等几大美景，主要游览项目有眺望黄河美景、滑沙、骑骆驼漫游沙海及乘羊皮筏漂流黄河等。其中到腾格里沙漠腹地作沙漠探险观光游颇具迷人魅力。

中卫高庙

中卫城北一座始建于明永乐年间的庞大古建筑群，是一处集佛、道、儒三教为一体的大型寺庙。庙内有保安寺、大雄宝殿、经牌坊、南天门、圣母殿等多重殿宇，它们层层相连且步步升高，气势雄浑、场面壮阔，是宁夏全区古代大型建筑群中的佼佼者。

青铜峡一百零八塔

坐落在宁夏中部黄河上游的最后一个峡口边，是由108座宝塔构成的大型古塔群，塔群坐东朝西、背山面水、随山势起伏而建，造

- **滚钟口**

门票60元。银川市有客车到。

- **南关清真大寺**

在市区南薰门广场长途车站西南方的南环东路，门票12元(含讲解票)，参观约需60～90分钟。

- **沙坡头**

银川至沙坡头可乘火车或汽车先到中卫，火车行驶约需3小时（行程约150公里)，汽车大致开行2.5~4小时。银川汽车南站（南门）每日有多班客车发往中卫，快巴25小时可到，车费50元。中卫至沙坡头还有22公里，可乘2路中巴客车，车票4元，50分钟即到。另外中卫长客站发往景泰、甘棠的长途车亦经过沙坡头。

¥门票90元，含南北两个景区。

在沙坡头漂黄河船票最低10元/人，乘羊皮筏漂黄河80元，乘骆驼漫游沙丘最低10元/人亦可，最有味道的是穿越30余公里的沙漠去通湖草原，每只骆驼约需340元，可砍价。

通湖门票30元。

景区内有沙漠宾馆，食宿条件很好。

- **中卫高庙**

¥就在中卫市的鼓楼大街北段西侧，入庙参观门票30元。

▲ 青铜峡一百零八塔

宁夏回族自治区

型精美，塔状玲珑而又颇具群体规模，每当风和日丽之时，群塔映在黄河水波中的美丽倒影堪称绝景。景区内还有金沙湾、鸟岛西河等景点，游客均可乘船抵达，逐一仔细观览。

▲ 须弥山大佛

须弥山石窟

位于固原市须弥山南麓，由100多处石窟组成，它们分布在鸿沟相隔的八座石山上，各沟之间有梯桥相连，山间石像精美、林木繁茂，又有清溪碧流相间，是国内石窟景区中个性鲜明的独一份。

周边景点

六盘山旅游区

位于宁夏南部，古时是军事要塞和丝绸路上的必经之地，如今已开辟为国家级自然保护区，因其自然环境及资源保护尚好，故有“高原绿岛”之称，是宁夏黄土高原上少见的富有江南水乡灵秀美景风韵的新兴游览区。主要景区有野荷谷、胭脂峡、二龙河、老龙潭、小南川等山水风光景点和红军长征纪念亭等人文名胜。近年来逐渐引起各地游客的关注和兴趣。

▲ 大漠风光

• 青铜峡一百零八塔

从青铜峡市区乘2路车可到青铜峡水电站，再换渡船即可到一百零八塔，游客可自行选择乘船观光的景点和线路，单游108塔船费加门票60元，游览往返90~120分钟即可。另外加上金沙湾观光船票100元、再加上鸟岛西河船费是120元。

青铜峡旅游服务热线电话：0953-3051516、青铜峡旅游局电话：0953-3052321。

• 须弥山石窟

可从中卫或银川先乘客车到固原市，再换公交车到三营镇（固原到三营镇行车1小时左右，车费约需3.5元），从三营镇北的路口有车去须弥山，车票5元/人，1小时可到。另外亦可从中卫先乘车到50公里外的同心，再换车经三营镇去须弥山。须弥山石窟颇有特色，但路途较远，一去一回约需2天时间。

¥ 门票50元。

发烧友特别关照

▲ 泾河源风光

①银川市区周边观光主要是看沙湖、西夏王陵、华夏西部影视城3处主要景点，它们均有当地特色和代表性，而贺兰山岩画的观光价值对一般游客来说稍逊一筹，是否前去请择情而定。

②如果想在1日之内游遍沙湖、西夏王陵和华夏西部影视城而又轻松省力，可以在银川市区包微型车或参加旅行团队。包微型车车费约为300元/天，来去灵活且在途中可随意停、开，非常开心方便，适合于结伴旅游者。单个游客参加团队更合算，如沙湖旅行社组织的沙湖、王陵、影视城三景一日游开价238元（可打8~9折），含景区大门票和沙湖船票及交通、导游费，餐费由游客自理。要知道上述三景光门票就要180~200元，所以上述一日游可算物美价廉，当然要详细观光、体味宁夏风情还是完全的自助游更有满意效果。沙湖旅行社电话：0951-5027399。

③沙湖中产的胖头鱼很好吃，在景区内外的每个餐馆中几乎都能吃到，标准的吃法是“一鱼四吃”，但是应注意砍价，可以将店主开价的每斤45元砍到35元左右。

④宁夏南部游也很新鲜诱人。中卫高庙虽值得一看但只需短暂停留；青铜峡一百零八塔身姿挺美、可以在游毕南部返回银川时顺路观览（从中卫返回银川时不坐快巴而坐慢车，车费16元可行驶到一零八塔附近）；南部游览的重点应是沙坡头、腾格里沙漠以及通湖，此外须弥山和更南面的泾源县六盘山、泾河源景区亦有一些新景可看。

⑤沙坡头和腾格里沙漠已实现了“重组”，两景区卖通票90元/人。黄河南边的游览区收费35元。在沙坡头可看黄河风光、坐橡皮船或羊皮筏漂流以及滑沙、骑骆驼观光等。乘沙漠摩托30元/人，乘飞索飞越黄河80元/人、乘骆驼游乐30分钟30元、45分钟50元、90分钟100元。另外从腾格里沙漠营地骑骆驼穿越大漠直达通湖景区（门票30元）感受很独特很清新——沙漠之中风光壮美但又很安宁平静，景色别具一格，每只骆驼340元左右，行走时间约需5~6小时。

▲ 六盘山风光

⑥抵达通湖后可打车返回，再骑骆驼回来费时又费钱。

⑦去六盘山、泾河源游览另需2~4天时间，那里有新景、山水风光不落俗套，还有一些革命历史遗迹，值得一去。当地主要景点有小南川、二龙河、凉店峡等（门票共40元）。具体问题可打电话到景区旅游公司咨询，电话：0954-5648319。

⑧北方游客去趟宁夏不容易，如果游毕宁夏后再抽出3天时间去青海湖及周边一游（银川到西宁火车只需行驶9个多小时），那您的西部行将更显圆满开心。

陕西省

SHANXISHENG

三秦大地风光很美，这里虽然没有江南水乡的婉约清丽，却凝聚着北方黄土高原上特有的粗犷、壮观和雄浑。巍巍华山高耸入云，其神奇险峻堪称中华山峰之最；滔滔黄河水奔腾咆哮，在壶口龙槽用震天巨响撼动着每一个观光者的心灵；西安、临潼、咸阳一线有很多古代的文化遗迹，令人怀古抚今平添无尽感慨；而千沟万壑的北部山区亦以其特色鲜明的地形地貌为游人带来耳目全新的欢悦和感动。来陕西观光，西安、临潼、华山、延安和壶口瀑布一定要看，艰辛而又神秘刺激的穿越太白山之旅亦是近年来颇为引人关注的全新游览方式。

黄金旅游线路

① 西安—临潼—华山
② 西安—咸阳—宝鸡
③ 西安—延安—壶口
④ 西安—太白山

陕西气候冬冷夏热。夏季自6月至9月初，这季节是雨季，每月雨日约有十天。古都雨后越发酷热，气温可高达41℃。陕北高原海拔约1000米，故此气候清凉得多。黄土高原值得一游，春夏秋季前去均可。春节时分，民间欢庆活动甚多，此时探访窑洞居民，看腰鼓舞、社戏等，都能让游客备感新鲜开心。夏秋时节，壶口瀑布水量充足，其势如排山倒海，壮阔无比动魄惊心，此时观瀑令人永生难忘。

▲ 壶口瀑布壮景

西安

电话区号	029
旅游咨询	87617702
旅游投诉	87630166
出租车投诉	84264509
旅行社	85397879

西安是中国历史文化名城，迄今已有3100年的历史。自古以来，一直是中国与世界各国进行经济、文化交流的东方古都。作为与罗马、雅典、开罗并称的世界四大文明古都，西安有着古时遗留并保存至今的诸多名胜古迹，享有“天然的历史博物馆”的美称。以世界八大奇迹之一的秦始皇陵兵马俑，全世界保存得最完整的古城墙及周秦汉唐四大遗址为首的数百处自然和人文佳景，无一不闪耀着华夏古代历史文化辉煌灿烂的灵慧之光。

▲ 陕西临潼兵马俑坑

• 笔者关照

西安市内有国营旅游专线车发往兵马俑、华清池、法门寺等各大著名景区，自助旅游非常便利。而参加旅行社的一日游团队可能会搭上不少无关紧要的景点，还会有一些额外的消费项目，反而得不偿失。

气候与游季

西安地处陕西关中平原中部，属暖带半湿润季风气候，四季分明，年平均气温13℃，每年春、夏、秋三季适宜旅游，但是严冬时节，市区和周边的大小雁塔、钟楼、鼓楼、兵马俑博物馆等古迹名胜仍然可以观赏，游览不太受季节影响。

陕西省

新景推荐：西安世界园艺博览会园区

2011年世界园艺博览会已于4月28日在西安开幕，会期178天（10月22日闭幕）。这是继2008年北京奥运会、2010年上海世博会之后在中国举办的又一重大国际盛会。

2011年世园会以“天人长安·创意自然——城市与自然和谐共生”为主题，倡导绿色时尚生活理念。园区总面积418公顷，其中水域面积188公顷。园内的标志性建筑有长安塔、创意馆、自然馆、广运门等；主题园艺景区有长安花谷、五彩终南、丝路花雨、海外大观、灞上彩虹等，主要展示世界各地的园林、园艺、建筑、艺术之美，为观众带来全新观光感受。

外地游客去西安参观世园会很容易方便，现在西安市区开通了14条公交专线，分别从不同方向地点抵达世园会——从西安火车站、火车北站、城西客运站、电视塔、大雁塔、大唐芙蓉园等地乘专线，可以直达园区。园区外还有4个大型停车场，自驾车前去也方便。世园会的门票分为100~150元等不同种类，平日优惠票70元、夜场60元。

交通

飞机

西安咸阳机场距市中心约 45 公里，有机场高速路直达市区，行车约 1 小时就可到达。咸阳机场是中国西北最大航空港，每天都有多次航班飞往北京、上海、广州、哈尔滨、武汉、成都、乌鲁木齐等大型城市。市区的西稍门和火车站、钟鼓楼等地都有车去机场（机场巴士共有 6 条线），每线大巴隔 1 小时开 1 班，票价 30 元。出租车去机场的价格为 100 元左右。

铁路

西安是中原地区和西北、西南地区的交通枢纽，这里有列车发往全国各省各主要城市。

公路

长途汽车站点

车 站	地 址	发车方向
西安汽车站	火车站广场西南侧	北线至延安、铜川方向 西线至甘肃兰州方向 南线至汉中方向
南关汽车站	环城南路	南线至汉中方向
城东汽车站	长乐中路	东线至华阴、华山方向 北线至延安、榆林方向

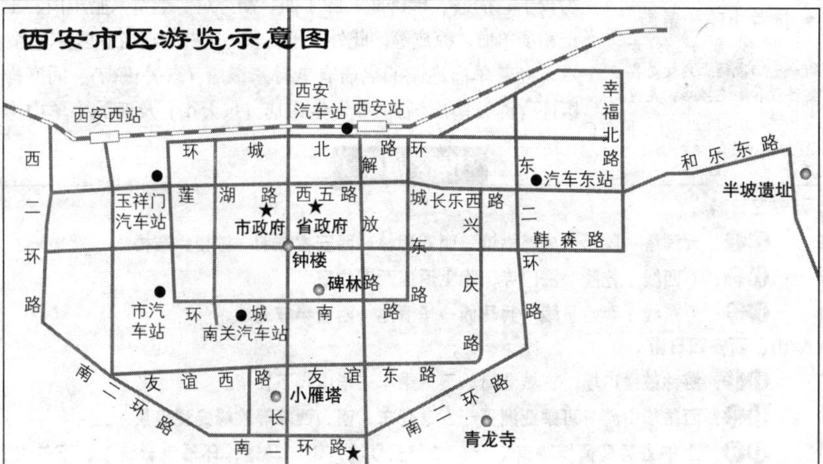

西安市区游览示意图

- **咸阳机场问讯处**
  029-88798450。
- **火车站问讯处**
  029-82131300。
- **西安市汽车站**
  丰庆路：
  029-84261907。
- **省运输中心西安汽车站**
  火车站广场西侧：
  029-87241694。
- **西安南关客运站**
  朱雀门外：
  029-87272319。
- **西安城东客运站**
  长乐中路 17 号：
  029-83225134。
- **西安城西客运站**
  枣园东路 92 号：
  029-84612099。
- **三府湾客运站**
  长缨西路 353 号：
  029-82553773。
- **明德门客运站**
  朱雀大街 78 号：
  029-85246080。

- **出租车**

夏利 3 公里起价 6 元，之后 1.6 元/公里，普桑 3 公里起价 8 元，之后 1.8 元/公里。

- **推荐便宜实惠的住处**

①丰禾国际青年旅舍，丰禾路 11 号，029-86240349，多人间 35~40 元/床，房间内有独立卫生间。

②缘岛宾馆,火车站西侧,029-82101222,标间议价后 120~150 元/间,床价最低 25~45 元。

③西安交大招待所，从火车站乘 602 路车可到。

- **购物**

特色商品有秦兵马俑复制品、仿古青铜器、仿唐三彩、历代书法手迹碑帖、秦绣、剪纸、户县农民画、工艺陶瓷、唐壁画摹本。特色土产有党参、天麻、秦椒、西凤酒等。市区的繁华商业街很多，碑林附近的古文化街是各地游客的购物佳境。

- **推荐小吃一条街**

古楼旁的仿古街——回民街上到处是各类餐厅和小吃摊店，是美食佳境。

市内交通

公共交通发达，市区内所有景点和主要长途车站均有公汽前往。3、5、9、13、14、20 等路公共汽车经过火车站，3、4、12、18 等路公共汽车经过南稍门。还有其他线路公交和游览专线车开往各个景区。

住宿

西安是一个典型的国际化旅游城市，市内有大量的宾馆、酒店、招待所接待游客，高、中、低档应有尽有，住宿非常方便。高档宾馆有喜来登大酒店（五星级，丰镐路 12 号，电话 029-84261888），古都新世纪大酒店（四星级，莲湖路，电话 029-87216868），秦都宾馆（三星级，环城东路，电话 029-88626262）等。火车站周边和城外的李家村和鲁家村一带有许多中、低档宾馆和招待所，普通间不过 50~60 元。另外西安南门的城墙下有家书院青年旅社，条件不错价格不贵，普通间每床 20~30 元，标间 100 元，且旅馆距碑林、钟鼓楼都近，观光方便，电话 029-87287720。骡马市街上新开业的锦江之星酒店性价比也不错。

餐饮

西安市的风味食品多且特色鲜明，游客任意品尝可以饱领西北饮食文化的精湛和丰富。主要品种有牛羊肉泡馍、肉夹馍、酸汤饺子、锅盔、梆梆面、臊子面、葫芦鸡、老童家腊羊肉、王记粉汤羊血、凉皮等，此外饺子宴和仿唐筵席在当地享有盛名。

经营羊肉泡馍的名店有老孙家饭店（东关正街）、同盛祥饭庄（钟鼓楼广场）、春发生饭店（东大街）及西关牛羊肉泡

推荐游程

西安三日游

D1：大雁塔→陕西历史博物馆→西安碑林→西安古城墙→钟楼、鼓楼。

D2：（西线）乾陵→法门寺，晚上返回西安住宿。

D3：（东线）秦始皇陵→兵马俑→华清池→西安半坡遗址。

华山、西安四日游

D1：游钟鼓楼广场、古城老街。下午乘车去华山脚下住宿。

D2：西岳华山游（可乘亚洲第一索道登东、南、西峰等险峰畅观美景）。

D3：上午去兵马俑博物馆（一、二、三号坑；铜车马馆；环幕电影馆），下午去华清池（御汤遗址；西安事变旧址五间厅），古城墙观光。

D4：大雁塔（寺院及三藏纪念馆）、小雁塔和碑林。

馍馆等。

饺子宴以解放路上的西安饺子宴饭店最有名，里边的饺子居然有100多种，品种太多、吃法独特，每天食客盈门。

在西安欲寻小吃及风味食品可到东新街的夜市和鼓楼后边的小吃街。小吃街周边有同盛祥、德发长、贾三包子等数家老字号，街上遍布各类烧烤摊，华灯初上后这里青烟袅袅、香气四溢，游人穿行其间定会垂涎欲滴。小吃名店的价码都不低，大家应有心理准备。

主要景点

碑林

在西安南城墙魁金楼下，因碑石丛立如林而得名，是收藏我国古代碑石最多的艺术宝库，由孔庙、碑林、石刻艺术室三部分组成，共有七个陈列室，陈列面积近5000平方米，内有《石台孝经》、《开成石经》等无数石刻艺术珍品，被世人誉为“东方艺术宝库”。

大雁塔（5A级景区）

在西安南郊雁塔路南端的慈恩寺内，始建于公元652年，是西安现存最著名的古塔，亦是古城的象征。大雁塔高64.517米，用青砖磨砖对缝砌成，造型稳重、结构严整，内有木梯通向塔顶。古时有许多文人墨客登临塔顶居高远眺，临风抒怀，留下了诸多脍炙人口的诗词佳作。大雁塔四周有溪池环绕、塔北侧有音乐喷泉，风光秀美，是古城西安最著名的观光胜境。目前大雁塔已与大唐芙蓉园和大雁塔文化休闲景区及唐大慈恩寺遗址公园连为一体，甚具规模气势和观光价值。

大唐芙蓉园（5A级景区）

位于西安市曲江新区芙蓉路99号，是全方位展示盛唐风貌的大型皇家园林式文化主题公园，园内有目前国内最大的仿唐建筑群，雄伟壮观；晚间园内有各类表演和娱乐活动，夜景美丽动人。是西安城内观光新亮点。

- **碑林**

14、402路车可到。开放时间。9:00~17:00。

¥ 门票旺季75元，淡季50元。

电话029-87210764。

- **大雁塔**

5、19、21、22、23、24、27、30、34、610路车可到。

¥ 门票50元。登塔参观另收30元。

大雁塔北侧的音乐喷泉每晚20:30开放，场景很美，值得一看。

- **小雁塔**

1、321、26、29、32、40、46、521路车可到。

¥ 门票凭证件领取，登塔参观另收费。

- **大唐芙蓉园**

坐5、19、21、22、27、30、41、44路均可到。

¥ 门票90元。

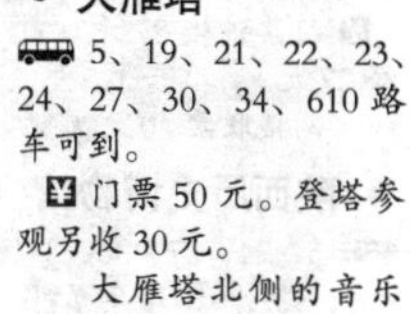

▲ 玲珑秀美的西安小雁塔

小雁塔

坐落于西安城南1公里处的荐福寺内，塔高46米，塔形俊秀、精美玲珑，与壮丽雄伟的大雁塔交相辉映。塔旁的荐福寺内有大铁钟一口，高3.5米、重约8吨，用力敲击可声传十里之遥，“雁塔晨钟”亦成为著名的关中八景之一。

钟楼和鼓楼

钟楼位于西安市中心东西南北四条大街的交会处，楼高36米,其西北角陈列着一口重达5吨的古钟。鼓楼位于西大街路北,因楼上悬巨鼓报时而得名。钟楼鼓楼遥然相对,美妙的晨钟暮鼓之声在西安城区上空回荡为市民平添情趣与欢愉。现在扩建一新的钟鼓楼广场宽阔气派,成为西安城市重要的佳景。

陕西历史博物馆

建筑面积达6万平方米的现代化大型博物馆，诉说着古都昔日的辉煌，展示着西安今朝的风采，使前来观光的无数中外宾客观后备感新奇、惊喜而振奋。

西安古城墙

是世界上保存得最完整的古城墙，底宽约18米，顶宽约15米，墙高12米，周长约13.9公里。墙间有许多吊桥、闸

陕西省

- **钟楼和鼓楼**

1、6、8、11、45路车可到。

门票钟楼27元，鼓楼27元。

两楼联票40元。

- **陕西历史博物馆**

5、24、27、30、34、401、527、610路车可到。

门票凭证件领取。

- **西安古城墙**

可从南、北、西门和和平门等地购票登城。现城墙已基本贯通，循城墙畅游能看到不少城区风景。

门票40元。学生票20元。

乘电瓶车绕城墙一周50元。租骑自行车在城墙上观光40元/100分钟。

古城墙是西安古迹中的一绝，国内大中城市中保存如此好的城墙真不多见，应重点关注游览。

- **秦始皇陵**

从西安火车站乘306路（游5路）公交车可到。

门票40元。

楼、箭楼等古代军事设施。

▲ 华清池秀色

秦始皇陵

坐落在西安临潼区以东5公里处，陵园总面积56平方公里，陵高76米，有内外两重城垣，内城周长3.8公里，外城周长约6.2公里，是一处规模宏大的古陵园建筑群。

秦始皇陵兵马俑博物馆（5A级景区）

在秦始皇陵以东约1.5公里处，由一、二、三号共三个俑坑组成，其中一号坑最大，东西长230米，宽约62米，坑中已出土仿真人真马尺寸大小陶制兵马俑约千余件，估计全部出土后加上二、三号坑约8000件。这些陶俑形体高大、神态逼真，且千人千面、栩栩如生，它们成功再现了秦朝军队的形象和军威，是中华古代雕塑艺术宝库中最具奇光异彩的灿烂明珠。

秦始皇陵兵马俑的发现和开发，使古城西安跻身于我国最重要的旅游城市之一，至今已有中外游客约5000万人次和100余位外国政府首脑贵宾前来观光览胜。

华清池（5A级景区）

西距西安约30公里，南临骊山、北临渭水，以温泉和秀美风光而著称。自从汉、唐时起，这里就是帝王妃嫔的游宴行宫，唐玄宗曾先后30余次来此休闲享乐，《长恨歌》中“春寒赐浴华清池，温泉水滑洗凝脂”的词句就缘于此。

1936年，这里发生了震惊中外的西安事变，使该地更加为人记忆关注。现在园中的湖、桥、亭、阁依然精美诱人，“兵谏亭”等历史遗址亦保存甚好，供游人观光游览。

另荐景点

太白山

在西安以西100余公里的眉县城南，海拔3767米，是国家级自然保护区之一。太白山动植物资源丰富，深山密林间偶有大熊猫、金丝猴等珍稀动物的踪迹，山顶终年积雪，原

- **秦始皇陵兵马俑博物馆**

西安火车站乘306(游5)、307(游7)路专线车可到。车费7元。

¥ 门票90元。淡季65元。

🚌 乘306路应在火车站上车，不要轻信其他拉客的人而到别处上车。

- **观光窍门**

看兵马俑最好请个导游(博物馆外有许多导游)，聆听讲解可增添不少学问。如果舍不得花导游费，也可跟在别的旅游团队后面走，享受人家团队的“免费导游”，效果甚佳。

- **华清池**

🚌 西安火车站乘306、307路专线车可到。

¥ 门票70元。看兵谏亭另收40元。

- **太白山**

西安火车站前和客运西站均有专线车前往。

¥ 车费22元。

¥ 景区大门票50元，缆车费往返60元，单程30元。

登太白山的路线分南北两侧。南坡路线从周至县厚畛子乡出发有3条路可以登顶；北坡则分别从汤峪、营头和雁鸽嘴出发可以登顶。

穿越太白山至少需2~3天时间。

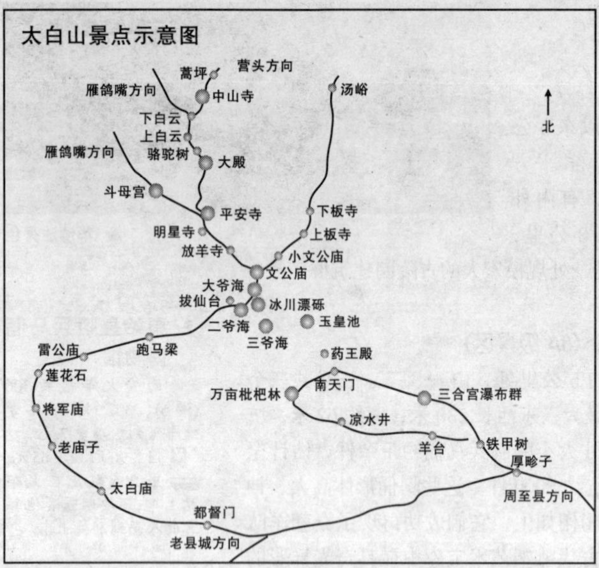

始风光非常绮丽。近年来，在返璞归真、回归自然的时尚理念倡导下，许多人来到太白山作观光游乐和探险穿越，在艰辛旅途中饱领该山的神奇优美。

法门寺

地处宝鸡市扶风县城以北的法门镇，始建于东汉，是历史悠久而规模甚大的佛家名刹。1987 年该寺修建时，发现了珍藏着释迦牟尼指骨舍利等珍贵文物的唐代地宫，这一继秦始皇兵马俑之后的又一重大发现使法门寺天下扬名。

炎帝陵

在宝鸡市渭滨区神农镇，分为陵前区、祭祀区、陵墓区三大部分，总面积 3800 平方米，总体气势雄伟壮阔。每年农历七月初七陵区都有大型祭祀活动。

陕西省

- **法门寺**

西安火车站（游 2 路，车费 25 元）和宝鸡火车站前都有专线车直达。

¥ 门票 120 元。

- **炎帝陵**

宝鸡火车站乘 2、6 路公汽可到。

¥ 门票 10 元。

发烧友特别关照

①在全国各大旅游城市中,西安的社会治安状况绝非上乘,因此游客抵达后应加强自我防护,尤其应注意不要在火车站前作无谓停留。去西安前应该通过看书报和上网对当地情况有所了解,在火车站前购买和长时间查阅当地导游图以及多次反复向人问路咨询均属非明智之举,容易招来麻烦和纠纷。不要随地吐痰、扔废纸和其他杂物，以免遭罚款。

▲ 外观气派的陕西历史博物馆

②西安火车站前有国营旅游专线车开往华山、临潼、法门寺等各景点。车辆有明显标志，司售人员统一着装，发车及行驶安全正点，游客可放心乘坐，但欲乘个体车辆上车时须谨慎。

冬季去法门寺的旅游专线车可能停开，此时可从西安城西客运站乘车先到扶风县（车程 3 小时、车费 21 元），再换车 30 分钟就到法门寺。

咸 阳

电话区号 029
旅游咨询 33210630
旅游投诉 33210445

咸阳地处八百里秦川腹地，东南与省会西安相邻，是历史悠久的文明古城。作为我国古时周、秦、汉、隋、唐等11个朝代的都城重地，咸阳大地上保存下来诸多历史名胜古迹。全市有各类文物景点450余处，古陵墓1135座，形成了规模宏大、辽阔壮丽的古代陵墓群。壮美辉煌的陵墓犹如一座座天然的历史博物馆，在关中平原上向世人尽情展示华夏古代文明历史的绚丽画卷，亦使咸阳成为祖国北方独具风姿魅力的旅游胜地。

交通

航空

咸阳国际机场在咸阳市区北侧8公里处，有班机飞往全国各省（亦是西安市的机场），机场问讯处电话88798486。

▲ 出土在咸阳的汉代兵马俑

铁路

咸阳地处陇海铁路干线和咸（阳）铜(川)线交会处，是陕西境内的大站之一，有咸阳东、咸阳西两个中间站。这里距西安只有半小时车程，从咸阳上车可达全国各主要省份和各大城市。

公路

与西安相距甚近，乘客车60分钟即到。西安市内始发的许多游览专线车可到咸阳各景区。

• **推荐游程**

咸阳汉唐文化二日游：乾陵、乾陵博物馆(永泰公主墓)、章怀太子墓、茂陵博物馆、昭陵博物馆、贵妃墓、咸阳博物馆。

咸阳周边一日游：周陵、顺陵、秦宫遗址、汉阳陵、咸阳博物馆。

• **参考住宿**

文化宫宾馆，在咸阳市文化宫内，标间60元，电话：029-33258240。

主要景点

乾陵

在陕西乾县城北6公里处，是唐高宗李治和皇后武则天

▲ 乾陵一角

的陵墓，亦是“唐代十八陵”中保存最好的一座陵园。陵区内有17座陪葬墓和百余座大型石刻，另建有乾陵博物馆供游人观览。

昭陵

地处咸阳市礼泉县东北20余公里处，系唐太宗李世民的陵墓。该陵墓依山而建，周围还有扇形陪葬墓群，规模甚大，气势雄浑，总面积超过2万公顷，被誉为世界上最大的皇家陵园。

茂陵

位于咸阳市兴平市东北侧的茂陵村，是汉武帝刘彻的陵墓，也是汉代帝王墓中规模最大的一座。墓中陪葬品十分丰富，因其地上封土为覆斗形，下宽上尖，所以有“中国的金字塔”之称。

杨贵妃墓

在兴平市马嵬镇西侧约500米处，相传是唐“安史之乱”时唐玄宗让贵妃自缢后的葬身之处（亦有人说这只是杨贵妃的衣冠冢），墓区内有高约3米的墓冢和杨贵妃的大理石塑像。

咸阳博物馆

在咸阳市中心的中山街，有七个陈列馆，主要收藏秦汉两代文物，总数超过2万件，其中以西汉3000件彩绘兵马俑最出名。

- **乾陵**

🚌 西安火车站前有3路车直达，行车约2小时，车票12元。

¥ 门票45元、联票70元。淡季有优惠。

- **昭陵**

🚌 可从西安火车站或玉祥门五一广场乘去礼泉的客车（票价6元），抵礼泉后换乘去北屯的汽车即到。

¥ 门票30元。讲解10元。淡季20元。

- **茂陵**

🚌 西安火车站和玉祥门汽车站均有专线车直达。

¥ 门票45元。讲解10元。

- **杨贵妃墓**

🚌 西安市内的旅游2路专线车和西安火车站发往法门寺的旅游专线车可到。

¥ 门票20元。

- **咸阳博物馆**

¥ 门票30元。

陕西省

发烧友特别关照

可以在西安市内的旅游咨询亭购票参加西线一日游，只收车费旺季45元、淡季30元（景点门票由游客自理），一日内游遍咸阳博物馆、乾陵、法门寺、茂陵、黄土风情园等六七个当地主要景点（每个景点是否游览由游客自定），从时间上衡量非常划算。

华山

(5A 级旅游景区)

电话区号	0913
景区管委会	4365086
旅行社	2162388
旅游投诉	4362692

华山——五岳之中的西岳，位于陕西省华阴市境内，西距西安市约 120 公里。华山海拔 2154.9 米，山势如刀削斧劈，其险峻陡峭雄踞五岳之首，自古即享有“奇险天下第一山”之美誉。

游季

春、夏、秋三季当然适合游览，近年来冬季仍有不少人登山，上山时注意保暖防寒即可（除去必备衣物外，帽子、围巾、手套一定要带）。

交通

可乘火车在陇海线的华山站下，从这里打车 20 元钱即到华山入口处的玉泉院。亦可乘火车在华山北站下，此地有公交车直达华山入口处的玉泉院。

另外，西安火车站旁的东停车场有华山一日游专车可乘。该车是西安旅游公司的公交大巴（游 1 路），车票 18 元，每小时都发 1 班车，途中不作无谓停留，2 小时可到华山从西安火车北站乘高铁列车，30 分钟可到华山北，下车后换公交车，10 元钱就到华山。另外西安汽车东站（轻工业批发市场旁）亦有开往华阴途经华山的客车，车费 20 元。

住宿

华山道口距华山景区入口甚近，道口两侧全是宾馆、饭店、招待所，约有数十至近百家，高、中、低档一应俱全；华山的几大主峰山上也有数家宾馆供登山客住宿，但条件一般、卫生欠佳且房价不低，冬季亦要 80 元/间或多人间 30 元/人，旺季普间可涨到 350 元/间以上，加之山上夜晚很冷，(冬天住山上必须有电热毯和取暖器）真不如住山下舒适。

▲ 华山西峰拔地倚天

• **通信**

山脚下有不少网吧，亦有 IP 电话摊，网费 2~3 元/小时。

• **山上住宿参考**

北峰云顶山庄，条件尚可，冬天有电热毯、电取暖器、电热水器，淡季 200 元/间，旺季 160 元/床。

• **华山缆车**

上下双程 150 元（两天有效），单程 80 元（当天有效），山脚下的东山门停车场有小巴直达索道站，车票 20 元。缆车只到北峰（运行 10 余分钟），下车后还要步行一大段才能到最高的南峰。

- **华山门票**

¥ 门票 120 元，淡季有优惠。进山车 20 元/人。

- **手套的问题**

在山下买副手套戴着爬山是非常必要的，因为扶手铁索上有不少铁锈，天冷时还很凉，所以……

- **千尺幢、百尺峡、老君犁沟**

通过此地必须严肃认真，切勿嬉笑打闹，否则极易发生危险（80 年代中期发生的著名的华山抢险的中心现场就是在这里。当时人民解放军军医大学的学员奋力抢救摔伤的游客，留下诸多感人故事）。

- **苍龙岭**

在此山路任何一点向下张望，都会令你倒吸一口冷气。

餐饮

登山前最好在山门道口处吃个肚圆（道口两侧都是餐厅饭馆），然后再买足够数量的肉夹馍、火腿肠、方便面、巧克力和适量的饮水带上，这样可省下大量餐费。华山山上的饭食质次价高很不划算，但也难怪，山上的东西都是背上去的当然贵。

主要景点

西峰

海拔 2082 米，华山主峰之一，因位置居西而得名，山姿挺拔，刺破烟云，是华山最漂亮的山峰。山顶有摘星台，游人在此凭栏下望，可以将渭河平原尽收眼底。

南峰、东峰

南峰海拔 2154.9 米（华山之最），东峰海拔 2090 米，它们都是华山主峰，亦是登高览胜、观赏日出的绝佳胜地。

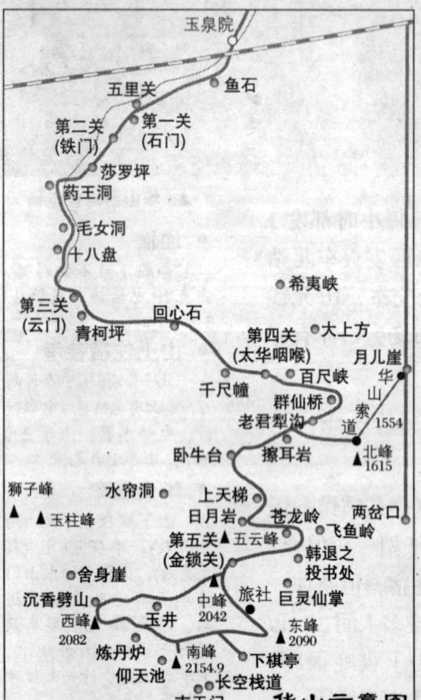

华山示意图

千尺幢、百尺峡、老君犁沟

华山登山途中最险峻的三段山道，其中光是千尺幢就有石阶 370 余级，山路陡峭，直上直下，坡度大于 60°，游人攀登时须手足并举——脚蹬石梯，手抓铁索方能徐徐上行，此险途令意志薄弱、体质虚弱者望而生畏。

苍龙岭

华山山腰上一条细长而高峻陡峭的山脊，因山石呈苍黑色且势若游龙而得名，苍龙岭上有华山巍巍四大主峰，下有深不见底的深谷绝壁，是游客饱览华山险峻神奇之妙地。

上天梯

一道高近 10 米、坡度达 90°的直立悬崖，上有石梯和铁索，游客必须像登山家或攀岩者那样手脚并用、不畏艰险而又技艺高超，才可慢慢翻上岩顶，继续向主峰进发。

推荐指导

可选择步行登山和缆车登山任一种方式，步行登山可以畅观华山山上多处美景，充分领略华山的神奇险峻但需要消耗一定的体力。从华山入口处的玉泉院徒步登攀到主峰之一亦是最险峻的西峰，一般体力的人少说也要走4~5个小时，山上游览需1.5至2小时（线路为玉泉院—华山三大险—北峰—苍龙岭—西峰—南峰—东峰），这样全程上下需要11小时左右，意欲当天步行上下的游客切记早上早些出发，晚于9点出发会给一天的游览带来仓促和被动。宽松舒适的玩法是步行上山（早上从西安过来也来得及），全天在山上观光，夜宿山上。次日清晨看日出，然后继续在山上观光，中午时下山。

体力欠佳的人可选择索道上下，华山现有两条观光索道，其中主索道是从山下至北峰，上下全乘缆车虽然省劲但无法深切体会华山之险之美，所以笔者建议即使乘缆车也只乘半程，留下半程步行游览（最好上山时步行，因为山路很陡，有华山特色），仔细领略品味山上的各处美景，也充分体味一下攀登西岳的危险和艰辛。

夜游华山

许多背包旅游客愿意在夜间登华山，以便在清晨观日出，此举挺新奇刺激，但必须小心登攀，以保安全，上山时切记携带手电、手套及御寒衣物（帽子、围巾、手套亦不可少，尤其是秋、冬、春季）和充足饮料、食品。夜游的另一个好处是爬山时看不见两边的险状，胆子会大一点；而且爬一晚山后正好可以看日出。

▲ 西峰陡壁悬岩

华山风光总体评价

游华山主要是领略它的雄奇和险峻，山上岩石的奇特美观程度和云海日出的瑰丽程度都比不上黄山，但是这里的陡峭山路、悬崖绝壁和千丈深谷都可令登攀者惊心动魄甚至永生回味。

发烧友特别关照

①华山景区旅游开发秩序欠佳，游客对景区的管理和服务口碑较差，游客在景区内消费时切记问清价钱，以免产生不必要的纠纷；如遇合法权益遭侵害，坚决立即找有关部门投诉，不要姑息“害群之马”。

②山上的食品和饮水都很贵，山顶的许多就餐点中馒头2元/个，米粥3元/碗，面条15~20元/碗，尚不能吃饱，炒菜当然就更贵了，因此在山下购买可节省不少钱。

③华山东峰旁有两处险境：鹞子翻身和长空栈道，风光虽美但行走困难，年轻力壮者通过不算太难，但身体欠佳者最好急流勇退，确保安全（走长空栈道收保险带费30元/人）。

陕西省

电话区号	0911
区政府	2316379
旅游投诉	2317305
消费者协会	2110315
出租车投诉	2494344

延安

延安位于陕西省中北部，自古就是军事要塞，素有“塞上咽喉”之称。作为抗日战争和解放战争时期的中共中央所在地，这里有宝塔山、清凉山、枣园、王家坪等多处革命遗址，黄土高原独特的地形地貌和浓郁的陕北民俗风情同样奇异迷人。周边的黄帝陵和壶口瀑布亦是闻名海内外的北国佳景。

▲ 延河大桥·宝塔山

气候与游季

延安年平均气温在 8℃~11℃，最冷的 1 月份均温为–5℃，最热的 7 月份均温为 22℃。这里冬季寒冷，春天有风沙，夏天还算凉爽，秋天游览效果最佳。对于附近的壶口瀑布来说，7~8 月雨季时前去可能会得到最佳观光效果。

- 从机场到市区

机场大巴票价 5 元。5 路公交车票价 2 元。

- 发烧友特别关照

①陕北虽是革命老区，但今日的民风并不一定朴实淳厚，尤其是一些个体运输司机和路边餐馆的店主，对待外地游客不一定都诚实友好，因此乘车或用餐时应对开车时间、票价及饭菜质量、价格作适当咨询核实，以免发生不快。

②陕北的山间公路多曲折迂回，行车很费时间，游客乘车时应注意尽量提早出发，千万不要对着地图算时间，那样有可能延误自己的行程。

交通

航空

延安机场距市区 7 公里，只有航班飞往西安和北京。延安航空售票处电话 0911–2113854，机场电话 0911–2292310。

铁路

每日有延安与西安间的数对列车对开（以当日公布为准）

车次	始发	发点	终点	到点
K8161	延安	20:10	西安	23:43
K1674	西安	15:25	延安	19:48
K1673	延安	09:19	西安	13:50
K8162	西安	23:25	延安	02:48

公路

延安车站有开往西安、银川、西峰、平凉、兰州、临汾、

陕西省

宝鸡、洛阳、石家庄、榆林、横山、宜川、子洲、铜川、渭南的客车。其中到西安市只有 6 小时车程。西安到延安的客车 6:20~17:10 基本上 30 分钟一班，车票 80~90 元。延安汽车站在东关正街，电话 0911-2112531、2112534。

住宿

延安城市宾馆、招待所有多家，条件参差不齐。星级宾馆有位置和地势甚好的圣亚大酒店（三星），电话 2132778，延安宾馆（二星）2113122，凤凰迎宾馆 2113691 等，另有一家新开的准三星级石窑宾馆是窑洞式建筑，颇有特色和新意，平季周一到周四标间 160~200 元。普通招待所、旅馆中可方便地找到 40~60 元/间的住处，但条件只能勉强说得过去。

餐饮

陕北风味食品有猫耳朵、荞面、莜面、陕北大烩菜、猪肉粉条、肉夹馍、羊杂碎、洋芋擦擦、甘泉豆腐、小米粥等。一般餐馆中多面食，棒棒面、饸饹面、臊子面、青拌面，价钱不贵，量大而质量粗糙。宾馆餐厅中的饭食基本上能与北方其他地方接轨，但别想吃到像江南各地那么丰富而精细的饭菜。

- **当地交通**

公交车上车 1 元，出租车起步 5 元。

- **住宿关照**

延安宾馆是当地最好的宾馆之一，因常接待政府客人故房价较贵，有时标房价会达到 280 元以上。而凤凰迎宾馆的级别差一些，房价也便宜，有打折后 140 元左右的房间。更便宜的地方可考虑供电局招待所一类的普通旅店。

- **小吃一条街**

市区回民街上小吃店、小饭馆不少，当地特色小吃品种齐全。

- **宝塔山**

步行或乘 1、3 路汽车可到。

¥ 门票 41 元（学生可半价优惠）。

登塔观光另收 10 元。

- **清凉山**

从城市步行或乘 1、3 路汽车即到。

¥ 门票 31 元。

主要景点

宝塔山

位于市区以东的延河之滨。因山上建有一座高 44 米的唐代宝塔而得名，它是中国革命圣地的象征，亦是延安城区位置最佳的山岳风景，登上宝塔山巅可览四周三山夹峙、中间河水蜿蜒的延安城全貌。

清凉山

位于延安城西北，山势高峻、风光秀丽，自古就有“金山胜景”之美称，山上有万佛洞石窟、范公祠、月

- 最佳摄影点

每天下午到延河大桥西侧北岸，借着夕阳余晖拍照大桥和宝塔山，画面及光线最佳。

- 杨家岭

3路车可到。

¥ 门票免费。

- 枣园

3路车可到。

¥ 门票免费。

- 王家坪

6路车可到。

¥ 门票免费。

- 南泥湾

在从延安去壶口的途中会路过南泥湾，这里一反陕北的干旱、贫瘠，许多地方有清水、有稻田，真是“陕北的好江南”，可下车观光拍照，并回顾三五九旅的垦荒和战斗历程。

- 黄帝陵

西安火车站前广场的汽车站上车，车程4小时可到黄帝陵。从延安乘客车到黄帝陵约需2小时。

¥ 门票91元。

- 壶口瀑布

¥ 景点参观票81元/人。

黄河边有多家宾馆、招待所可住宿。如壶口瀑布宾馆，电话：0357-7986166。

如果从延安包车去壶口，路程约160公里，车费计算的公式是每公里1.2~1.5元。

目前延安至壶口间正在修路，行车可能会多费些时间。

- 延客汽车南站

电话：0911-2492777。

儿井、撒珠坡等景点。在抗日战争和解放战争时期，新华社、解放日报、中央印刷厂等重要机关都设在此地。因新华广播电台每日在这里向全国播放广播节目，影响甚广，直接推动了抗日战争、解放战争的发展，因此，延安人至今还称该山为“广播山”。

杨家岭

中共中央1938年11月至1947年3月曾在此居住办公，主要参观点有中央七大会址及延安文艺座谈会会址等，后面的小山坡上有毛、朱、周、刘等中央领导的窑洞旧居。

枣园

距延安市区8公里，1943年至1947年是中共中央书记处的办公地点，中央主要领导曾在此居住并参加大生产运动。周恩来等领导同志曾在此亲身参加纺线劳动，给军民极大鼓舞。

王家坪

1937年至1947年中共中央军委和红军总司令部所在地，有毛、朱、彭等中央领导旧居和由陈列大厅与六个展厅组成的革命纪念馆，后面的小山上有当年为躲避轰炸而修的防空洞亦可参观。

另荐景点

黄帝陵（5A级景区）

位于延安以南200公里的黄陵县，系史载华夏祖先黄帝的葬地。陵区面积约4平方公里，山环水抱、林木葱郁，宫殿建筑雄伟，有汉武仙台和世界柏树之父“黄帝手植柏”。这里每年都要举办大型祭祀活动。

壶口瀑布

闻名遐迩的中国第二大瀑布，位于延安东南220公里处的陕晋两省交界处，雨季时急流奔腾、势如排山倒海，为国内外游人所瞩目。延安长途客运南站每日7：30有客车始发直达壶口瀑布，行车3小时出头可到（本文后面另有详细介绍）。

推荐游程

D1：游延安市内。看王家坪、杨家岭、枣园、凤凰山、清凉山、宝塔山等名胜。

D2：去壶口观飞瀑秀色然后取道临汾、太原或西安返回。

时间充裕者可先行游览西安及周边景点，再向北行进观览黄帝陵，而后抵延安观光，再去壶口观飞瀑，这样游览会非常精彩圆满。

陕西省

黄河壶口瀑布

壶口瀑布位于晋陕交界处，虽然落差不太大但河床宽，丰水期河水流量大且流速快（因河床骤然变窄并下陷，历史记载最大流量为 9000 立方米/秒，相当于每秒钟有 9000 吨水往下砸），所以该瀑布黄雾弥漫、涛声震天，场面甚为壮观，场景非常动魄惊心，“金涛澎湃，掀起万丈狂澜”就是对壶口瀑布最生动形象的描绘写照。

近年来壶口瀑布水量略有减少，但“飞黄”和其他形式的活动却有增无减，许多大型影视剧也来此拍外景，所以该地依然是壮观而又诱人的观景胜境。

游客可从三个方向去壶口游览

①先乘火车到山西临汾，然后换临汾到吉县的汽车（临汾尧庙站每小时至少一班，行车 4 小时可到），抵吉县后换乘各类交通车，1 小时即到壶口。吉县去壶口包车 60~80 元可往返。也可从临汾拼车去，4 人合资打车人均 150 元左右即可往返。

②从陕西西安方向去，西安到壶口的公路路况很好，行车 3 小时能到。也可从西安乘客车到宜川，车费约 50 元，再从宜川乘客车 1.5 小时就到壶口。

③从陕北延安方向去，延安每天早晨8:30和下午14:30 各有一班客车，分别到壶口景区和壶口大桥(大桥距瀑布只有 3 公里，乘当地机动车 10 元可到)，行车 3.5 小时可到。亦可先从延安到宜川（客车 26 元），再转车去壶口。从延安包车到壶口需 200~250 元。

游览提示

①在壶口观瀑布有 2 个小时即可，山西和陕西一侧的门票为 91 元，如欲细观不同时间不同光线下的瀑布秀色，可住在景区旁边。黄河两岸均有一些宾馆招待所，其中山西一侧的壶口宾馆级别挺高，标间约为 280 元/间（淡季可商量,电话：0357-7986166）；陕西一侧有观瀑坊大酒店，条件尚好但房价不便宜，面向黄河的房间议价后 320 元/间，背向黄河的房间为 300 元/间，均为标间，淡季可适当打折。电话 0911-4839000。其他一些中小旅馆房价只需几十元，而住景区周边老乡的窑洞只需 15 元/人。另外在与壶口相邻的山西吉县和陕西宜川县都有不少便宜的宾馆旅店可供住宿。

②从观赏拍照的角度说，陕西一侧比山西一侧要合适一些，山西一侧的河水常漫到河边，游人只能隔水远看（当然到新近开通的观景洞内观看，感觉还很好）；而陕西一侧河水窄，游人有可能下到“龙槽”下面，好好领略“黄河之水天上来”的磅礴气势。但是从拍摄用光的时间上考虑，上午山西那边是顺光，下午陕西这边是顺光，拍摄者应视情况掌握。

③枯水期尽量不要去壶口，壮观程度大大降低，但严冬时节的满河冰凌花百态千姿，非常好看。

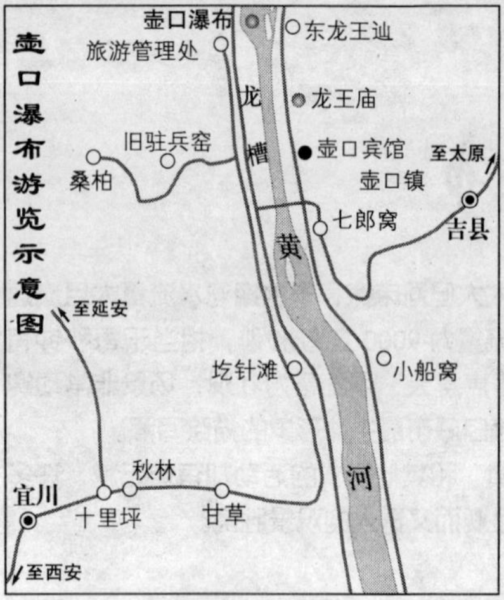

周边景点

苏三监狱

地处山西洪洞县境内，有600余年历史的明代监狱，据传是当年囚禁苏三（京剧《玉堂春》主人公）之地。狱内阴森恐怖，游客观后感到压抑。门票30元。

洪洞大槐树

在山西洪洞县城北的广济寺旁，据说是汉代所植，因明永乐年间这里被当作大规模移民的出发地而得名。现存的大槐树已是古槐繁衍出的第三代，树边的碑亭内有记录古代移民事记的碑刻。门票50元。

旅途小花絮

黄果树瀑布和壶口瀑布哪个更美

黄果树瀑布是中国第一大瀑布，壶口瀑布是中国第二大瀑布，论级别名气，它们都可以算是名扬全国、声震海外；可若是要问：它们二者哪个更美?这就不太好回答了，因为它们两个完全不是一个路子。

黄果树瀑布很美观、耐看，并且经得起长时间的仔细端详。你第一天去看觉得很美，第二天第三天再去仍然会觉得它风采依然，但是这种美观好看是用一般美学上的标准来衡量的，它主要作用于人的视觉和感官。

而壶口瀑布则不同，它惊涛澎湃、浊浪翻卷，具有一种摧枯拉朽、气吞山河般的磅礴和威严。在壶口观飞瀑，会令你心潮激荡、浮想联翩——黄土高原的文化、中华民族的摇篮、抗日战争的烽火、《黄河大合唱》那撼天动地般的惊呼呐喊……从古至今诸多思绪会全都一齐涌来，在你的心灵和脑海中奔腾翻卷，那一刻，你一定会被壶口飞瀑的壮观所打动折服，也一定会在河边良久挺立，流连忘返。

综上所述，我以为黄果树瀑布的“好看”来得更简明直接，而壶口瀑布给人引起的思考和联想则更加丰富久远；看黄果树瀑布得到的是视觉上的美感，观壶口瀑布则感受到的是心灵上的强烈震撼。

▲ 壶口瀑布

最后，我想用两位著名影星来象征比喻这两座瀑布在外观和气质上的差异和不同：黄果树瀑布就好比是唐国强——这里主要说的是那种漂亮和标致，并不是“奶油小生”什么的；而壶口瀑布则更像是杨在葆（或者是更“糙”一点的谁），是一个满脸胡须、粗犷豪爽、身腰强壮、铁骨铮铮的硬汉。这样的比喻虽然很蹩脚也不尽准确，但其中的意思还是相当明白的啊!

甘肃省

GANSUSHENG

黄金旅游线路

① 兰州—张掖—嘉峪关—酒泉—敦煌
② 兰州—天水（麦积山、崆峒山）
③ 兰州—甘南（夏河、临夏、玛曲）

甘肃省地跨青藏、内蒙古、黄土三大高原之间，北与蒙古国接壤，国内与内蒙古、宁夏、陕西、四川、青海、新疆六省区为邻。从地图上看，甘肃省的形状很奇特，中段狭细、两头浑圆，很像精巧玲珑的如意。甘肃省是我国旅游较发达地区之一，驰名中外的“丝绸之路”贯穿东西，留下了许多著名历史人物的足迹和丰富多彩的文物名胜。省内有鸣沙山、麦积山和崆峒山三个国家重点风景名胜区，有敦煌、天水、武威、张掖四座国家历史文化名城，有莫高窟、嘉峪关等十二处被列为国家重点文物保护单位。甘肃省的景点排列很有序，它们均沿兰新线顺序排列，宛如被一根金链串起的颗颗珍珠；甘肃的地形地貌和自然环境差别甚大，西部尽是戈壁荒滩贫瘠且荒凉，而东部的甘南草原水草肥沃，崆峒山绿荫如海，显示出无尽的丰饶和富庶。

到甘肃旅游，你的见闻感受会很纷繁很丰富——祁连雪山、大漠戈壁展示的是粗犷辽阔和壮美；敦煌、麦积山的石刻壁画则尽情展示着华夏文明的幽深底蕴；而沿黄河故道和古代丝绸之路穿行，你又会因为心潮思绪穿越时空而备感历史岁月的沧桑和凝重。

▲ 走向鸣沙山（甘肃敦煌）

兰州

电话区号	0931
兰州市旅游局	2339468
旅行社	8829999

兰州是沿古代丝绸之路寻古访胜的游览热点，亦是游客到甘肃游览的重要集散地。滔滔黄河从市中心穿流而过，造就了依山傍河、浩荡而雄浑的城市总体气势。而滨河路绿色长廊、中山铁桥、黄河母亲塑像、白塔山、五泉山等城区景点则在山区、河畔分布，把兰州城装点得活泼生动而秀美，市区周边的刘家峡、炳灵寺是西北地区重要的风景名胜；而夏秋时节成熟的各类瓜果和城中四季飘香的伊斯兰风味美食则让八方来客垂涎欲滴。虽然这里的气候欠温和、空气欠纯净，但是鲜明的城市特色依然可以使兰州在西部旅游城市中占有一席之地。

▲ 依山傍河的兰州市区

- **民航售票**
  电话：0931-8889666。
- **火车站问讯**
  电话：0931-4922222。
- **长客东站**
  电话：0931-8418411。
- **长客南站**
  电话：0931-2914066。
- **五里铺汽车站**
  电话：0931-4674273。
- **笔者关照**
  去兰州前一定要把在甘肃和西部的行程计划好，因为兰州的风光在甘肃境内并不算十分出众。南下夏河，东奔崆峒山、麦积山，西去嘉峪关、敦煌，才能看到当地最好的风景。

气候与游季

兰州深居内陆，地处季风气候区与非季风气候区的过渡地带，是典型的温带半干旱大陆性季风气候区，冬季漫长天气较冷，夏天短促气温尚高，秋季温度下降快（尤其是冷空气过境时），总体上是气候干燥，日照充足且昼夜温差较大。去兰州旅游的人应考虑带件厚外衣，以备不时之需。

交通

航空

中川机场位于市区西北 70 公里处，现已与北京、广州、上海、西安、南京、乌鲁木齐等大城市通航。民航售票处、东方大酒店、盘旋路民航宾馆门前有往返于机场的班车。

铁路

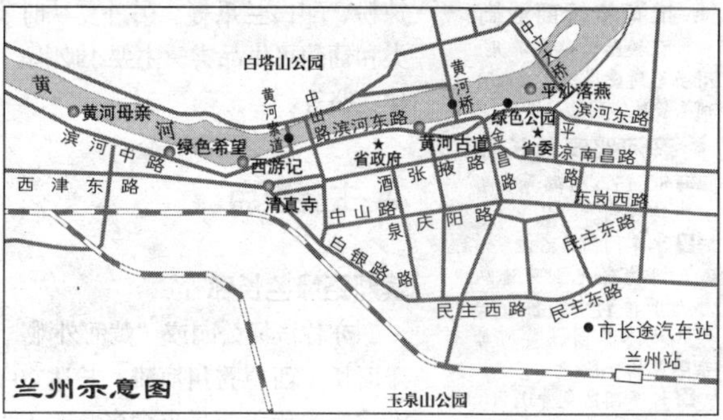

兰州示意图

兰州与北京、上海、成都、南京西、乌鲁木齐、呼和浩特、广州、西安、西宁、格尔木、嘉峪关对开始发客车，内地与西宁、新疆间的往返列车均在兰州经停。兰州与西宁间的城际快车 3 小时即到。

公路

兰州有多个长途汽车站和客运中心。有多班汽车开往乌鲁木齐、天水、平凉、金昌、张掖、嘉峪关、西宁、格尔木、湟源、银川、吴忠、中卫、郑州、延安、固原、西安等城市，甚至还有到东南沿海各市的大巴。

市内交通

兰州市公交系统非常发达。出租车有面的、夏利、富康、桑塔纳几种，起步价在 5~10 元。夏利起步价 7 元/3 公里。

住宿

星级宾馆和普通旅店均多。主要有五星级的阳光大厦，四星级的飞天大酒店、国际大酒店，三星级的金城宾馆、兰州饭店、友谊宾馆，二星级的兰州大厦、铁道宾馆、迎宾饭店等。一般宾馆中的标间在 100 ~ 160 元，而普通宾馆、招待所内的床位只需 30 ~ 40 元。如火车站附近的夏都酒店中多人间 20 元/床（0931-8189117），而卫生条件很好且房价便宜的敦煌之星快捷酒店（经济间 68 元/晚）也值得关注，电话 0931-2192928。

餐饮

城内遍布伊斯兰和其他风味的餐馆，特色风味美食有烤羊肉、唐汪手抓羊肉、金鱼发菜、面岁鸡、马大胡子羊羔肉及当地特有的牛肉拉面和胖妈妈羊肉面片等，尤其值得一提的是这里的牛肉拉面特色鲜明且味道正宗，是当地最物美而价廉的大众美食。特色小吃有臊子面、千层牛肉饼、陈春麻

- **西站已迁至南站**

著名的兰州客运西站已迁至南站，去往夏河、临夏、合作的游客应在这里上车。

- **从火车站到黄河边**

从兰州火车站出站后即可见到很大的站前广场，这里公汽四通八达，可到兰州各个城区。从广场前的天水路向前走，一会儿就可以到黄河边观赏美景了。

- **从兰州到西宁**

特快列车行驶只需 3 个小时，可乘 T653 次列车。另有 K427 次列车途经西宁直达格尔木。

- **当地宾馆酒店**

兰州饭店，东岗西路，电话:0931-8416321。

胜利宾馆，二星级，中山路 127 号，电话:0931-8465221。

八一宾馆，定西路，电话：0931-8619971。

迎宾饭店，天水路 37 号，电话:0931-8886552。

甘兰饭店，平凉路 14 号，电话:0931-8418744。

- **特色餐厅**

①马子禄牛肉面，地点大众巷，主营正宗牛肉面，味道不错，在当地颇有知名度。

②民族餐厅，在张掖路，主营牛肉拉面及兰州风味饭菜。

③金鼎牛肉面馆，在平凉路，主营牛肉拉面和其他风味菜。

- **推荐步行商业街**

张掖路，热闹非凡，有多家商厦店铺，游人可前去餐饮、购物、娱乐。

- **滨河路绿色长廊**

8、15、74路等多路公汽均可到。

¥ 水车园门票6元。

河边观光点可选从雁滩旧桥到中山桥、白塔山、水车园、黄河母亲雕像的一段。

¥ 许多园区免费进出。

- **黄河铁桥**

2、4、6、9、15、101、102路公汽均可到。

- **白塔山公园**

乘2、13、15、112、136路车可到。

¥ 门票15元。学生半价。

- **五泉山**

乘31、33、34、106、108、141路可到。

¥ 门票6元。

- **省博物馆**

乘1、31、32、41、50、51、53、58路车皆可到。

¥ 门票35元。馆内有些展览另收费。

- **刘家峡**

兰州市汽车西站有客车直达，车程约2.5小时，车费18元，门票20元。乘船去炳灵寺游览视情而定，一般乘大船30元/人，乘汽艇90元/人。包租汽艇一般需450元，可乘5~7人。

▼ 黄河上的中山桥

辣粉、酿白兰爪等。另外夏秋时节前去，还有品种繁多的瓜类和葡萄可供品尝。主要小吃街、美食街有农民巷、和政路、建兰路等。

主要景点

滨河路绿色长廊

亦称滨河公园或“黄河外滩”，是兰州市内兴建的东起雁滩旧桥、西至秀川河滩，长达20余公里的沿河带状风景区。沿途风光优美而景点众多，有不少玲珑花园和精美雕塑，随处可见依依垂柳和亭台楼阁，素有绿色旅游长廊之誉，是兰州城区深受人们喜爱的大型公众游览胜地。

黄河铁桥

在兰州城北的白塔山下，又称中山桥和“天下黄河第一桥”，是兰州市区的标志性建筑。始建于清朝光绪年间，耗资达30万两白银。桥梁共有四座桥墩和多座钢架拱梁，凌空跨越黄河，颇具矫健威武之风姿神韵。

白塔山公园

地处兰州市区北侧的著名园林，因山头有一座白塔而得名。山上有三处大型建筑群，位于山巅的白塔高近17米，通体洁白，身姿挺拔而秀美。由于这里前临黄河，所以是登高俯瞰河区美景和兰州城全貌的理想地点之一，是游客来兰州后必游的重要园林佳景。

五泉山

兰州市区南侧皋兰山北麓具有2000余年历史的传统园林。园内有惠、甘露、掬月、摸子、蒙五眼名泉和殿堂达千余间万余平方米的古建筑群，其中蝴蝶亭、金刚殿、大雄宝殿、千佛阁等古庙依山就势排列、层层相叠颇为密集气派，每年春季的游山庙会期间有各类法事和民俗活动，热闹非凡。

甘肃省博物馆

坐落在兰州七里河区，建筑面积达18000平方米，共有13个展厅，是甘肃省内最大的博物馆。馆内收藏文物超过

10 万件，其中享誉海内外的有长 8 米、高 4 米的黄河古象完整化石和铜制“马踏飞燕”雕像（系馆中的“镇馆之宝”）等。

刘家峡

位于兰州西南约 80 公里处，因截留黄河而形成的大型水库，高峡出平湖，湖区水质清澈与下游黄河的混浊水质形成鲜明对照，库区两岸有许多挺拔高山，湖光山色宜人。游客乘船飞驰于湖面，颇感景区壮观迷人。

炳灵寺石窟

地处刘家峡水库边永靖县境内小积石山的大寺沟内，共有石雕造像 694 身（尊），反映了我国古代前后六个朝代西北地区的风俗风情和社会风貌，颇具历史和考古价值。其中第 169 号窟开凿在悬崖坑处，佛像颇为高大气派，是我国石雕艺术中的瑰宝。

榆中兴隆山

在距兰州市区 45 公里处的榆中县境内，两侧有兴隆、七云群峰夹峙，中央有大峡河欢流，山间有浓密山林和淙淙泉水，绿荫掩映、云雾缭绕，其风光之柔美灵秀在气候干旱、黄土裸露的陇中高原上实为罕见。

▲ 炳灵寺石窟

• 炳灵寺石窟

从刘家峡水库乘船可到炳灵寺，船费 10~20 元/人。

¥门票 50 元。

• 榆中兴隆山

可先从兰州乘客车到榆中车费 4 元，再换车前往。旺季兰州市区有专线车直达。

¥门票 30 元。

• 推荐游程

常规线路二日游

D1：黄河铁桥—甘肃省博物馆—五泉山公园—白塔山公园—市区观光

D2：兰州—刘家峡—炳灵寺石窟

• 其他游览方式

市内名胜一日游：上午沿黄河滨河路参观中山桥、黄河风光、白塔山公园、水车园、城市雕塑群，而后赴甘肃省博物馆参观；下午游览五泉山公园、市内购物，晚饭后游兰山公园，欣赏兰州夜晚风光。

橡皮艇探险漂流一日游：兰州河口至黄河大桥段或吴家园至皋兰什川吊桥段。

兰州穆斯林民俗专访半日游：参观桥门清真寺、西关清真寺、小西湖，品尝穆斯林小吃。

天 水

电话区号	0938
旅游局	8272659
旅游投诉	8212265
旅行社	8621067

天水是位于甘肃东南部的省内第二大城市，因“天河注水”的传说而得名。相传华夏始祖伏羲就诞生于此，所以这里又有“羲皇故里”之称。天水有多处享誉中外的古迹名胜，尤以与敦煌莫高窟、龙门石窟、云冈石窟齐名的麦积山石窟最负盛名。市区内的伏羲庙、周边的甘谷大象山、平凉崆峒山亦是陇东陇南地区不可多得的奇异风景。

▲ 麦积山石窟

气候与游季

天水市区海拔 1100 米，属温带大陆性气候，城区附近属温带半湿润气候，年平均气温为 11.5℃。每年 8~11 月，是天水市最佳旅游季节。

交通

航空

天水机场在市郊 15 公里处。每周有飞往兰州、西安的班机。

铁路

天水站位于陇海线上，北京、郑州、上海、济南、商丘、青岛、无锡等东部城市及西安、重庆、成都通往兰州及其更远地段的列车均在天水停靠。从兰州到天水大约需要 6 小时。火车站位于麦积区，距市中心秦州区近 20 公里车程。

公路

有多班客车发往兰州、西宁、定西、临夏、平凉、银川及西安、洛阳、汉中等城市。还有专线车开往崆峒山等周边景区。

住宿

主要宾馆酒店有天水宾馆（二星级）、天水迎宾馆、麦积大酒店、虹桥宾馆等，房价比一般中等城市略低。普通旅馆内的床价可以低到 15~20 元/人。比较适中的选择是住到一些

甘肃省

- **笔者关照**

虽然不是国内“超一流”的风景名胜，但是麦积山和崆峒山的风光在甘肃省内应属上乘，风景特色亦较鲜明。所以在此逗留 1~2 日，观赏上述两山及当地其他景区还是值得的。尤其是游毕甘肃和陕西的其他风景后再来天水，那结局应该令人满意称心。

- **民航售票处**

电话：0938-8212836。

- **火车站售票处**

电话：0938-2617511。

- **长途汽车站售票处**

秦城区：电话：0938-8214028。

- **关于 21 路公汽**

此车线路途经天水主要街区，可乘坐观览市容。

大单位的招待所，条件尚好而房费不贵，如民主东路的军分区招待所，标间开价在 70~80 元。

▲ 麦积山奇异山姿

餐饮

风味小吃有面皮、凉粉、张川羊羔肉、张川锅盔、浆水面、呱呱等。其中以用十余种调料调味的面皮和用荞麦粉做成的呱呱最为常见和口味诱人。另外甘肃和陕西风味的餐馆在街上随处可见，游客可随意光顾。

主要景点

麦积山石窟（5A 级景区）

在天水东南约 70 公里处，因山的形状酷似堆积的麦垛而得名。始凿于 1500 余年前的后秦时代，后又经历代开凿扩建，迄今共有洞窟 194 个，石雕、泥塑像超过 7000 尊，因其形神各异且活泼生动，所以麦积山又有“东方塑像馆”之称。主要洞窟有牛儿堂、万佛堂、天堂洞、七佛阁、123 窟，等等。

伏羲庙

坐落在天水市秦州区，始建于明弘治三年（1490 年），相传是为祭祀伏羲和神农氏而建。全庙占地约 6000 余平方米，有牌坊、主殿、月台等主要建筑，是全国最大的伏羲祭祀建筑群。每年农历正月十五和五月十五庙内均有盛大祭祀活动。

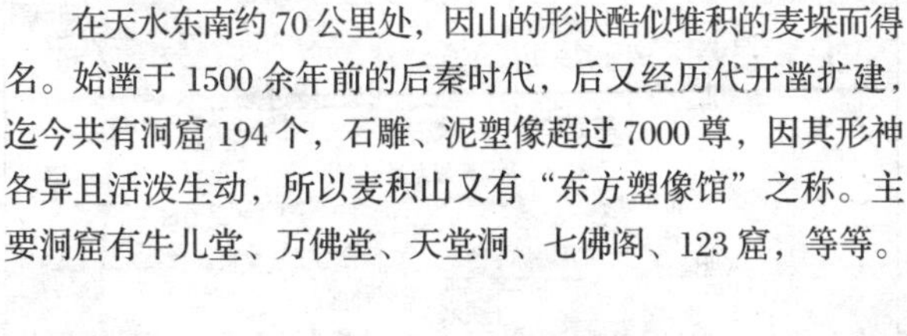

天水示意图

- **可爱的 6 路公共汽车**

从天水火车站乘 6 路公汽走高速路，半小时即到市中心的秦州大厦广场，车票 2.6 元，一下子就可以融入天水城市生活的“主旋律”中。

- **当地主要宾馆**

①天水宾馆，秦城区迎宾路，三星级，电话：0938-8212611。

②天水迎宾馆，建设路 88 号，二星级，电话：0938-8212921。

③天水大酒店，大众路，二星级，电话：0938-8289999。

④麦积大酒店，火车站前广场，一星级。

- **推荐便宜住宿**

①市区住宿：从天水火车站乘 6 路大巴到秦城区商业大厦广场，广场周边有许多中小旅馆，房费 20~30 元/人，条件尚可，许多旅馆有公用浴室可洗澡。适合在天水做一日停留的匆匆过客。

②麦积山住宿：山下的贾河村有不少农家旅社，最便宜的住处 10 元/人，有公共卫浴。这里还有不少温泉度假村，如位于 34 路车总站旁的街亭浴庄，带有温泉池的标间 160~200 元。

- **麦积山石窟**

从天水火车站前乘专线34路车可到，车程1小时，车费5~10元；亦可包夏利前去，车费50~60元。景区内电瓶车费15元。门票70元含植物园和森林公园门票。参观某些石窟还须另收费。

石窟内禁止一般游客摄影，如有特殊需要须与景区联系。

- **伏羲庙**

在天水市区，步行或乘21路可到。

¥门票30元。

- **石门山**

可游览麦积山石窟后包车前往。

¥门票24元。

- **崆峒山**

可先从天水乘客车到平凉，天水市内的南湖剧院汽车站和长客站有客车开往平凉。每天客车有多班，车程约需6小时。抵达后再换专线车可到崆峒山。

¥门票120元，淡季60元。环保观光车费另收15。

- **天水二日游**

D❶：麦积山石窟—仙人崖—石门山。

8:00从火车站广场乘旅游专线车到麦积山风景区或叫出租车，10:00以前可到麦积山，上午上山游览石窟，大约2个小时后，可从麦积山乘车到仙人崖，车费5元，最后再打车或包车去石门景区。下午乘车回北道，晚上可逛一下北道，尝风味小吃。

D❷：玉泉观—伏羲庙。

在天水市内游览，早上到位于秦州北部的玉泉观，下午去伏羲庙，若是正值伏羲文化节期间，可以看到人们朝宗祭祖的热闹场面。

石门山

在距天水市麦积区东南50公里处，因有两山夹峙形如天然石门而得名。这里既有壁立千仞的险峡山景，又有重叠错落的庙宇阁台，风景特色鲜明而迷人。

崆峒山（5A级景区）

位于平凉市以西约11公里处，面积约30平方公里的范围内有大小山峰数十座，其中最高峰海拔2123米。山区内有崆峒宝塔、蟠龙石柱等多处名景，以8台、9宫、12院为代表的古建筑群40余座，是国家级重点风景名胜区，亦有“国内道教第一名山”之美称。

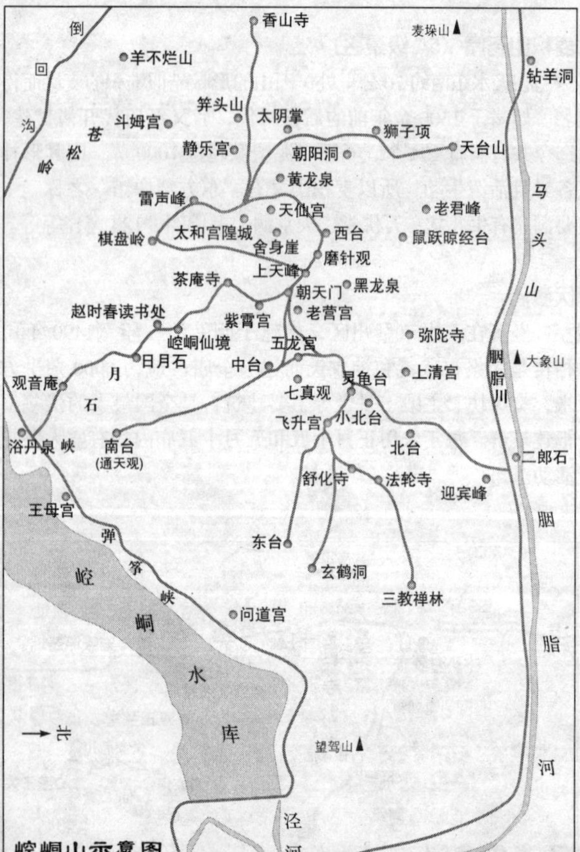

崆峒山示意图

甘南

电话区号	0941
旅行社	747000
夏河旅游局	7121128
工商旅游投诉	7121844

甘南位于甘肃、青海、四川三省的交界处，一反甘肃省其他地域的贫瘠荒凉，这里有温润的气候和辽阔壮丽的自然风光。黄教中心拉卜楞寺精美辉煌，桑科草原绿海无边，盛夏时节野花迎风绽放，更有那蔚蓝如洗的天空、洁白无瑕的云朵和散落在高原草甸上像白云铺地、像宝石闪亮般的成群牛羊，而藏庙中寓意精深的优美壁画和淳朴藏民们的纯真笑脸亦会在你的心灵和脑海中留下难忘记忆——这就是甘南，一个令人心驰神往的美丽地方。

气候与游季

甘南地处青藏高原边缘，平均海拔在2000米以上，常年气温较低，年平均气温只有4℃。夏季这里气温一般保持在15℃~30℃之间，草原上山花烂漫，景色宜人；而每年春节过后的正月初八至十六是甘南地区各大小寺院举行法会的日子，也是最热闹的时候，届时藏传佛教的各种活动可以让你大饱眼福。所以到甘南旅游的最佳时间是冬夏两季。另外由于高原气候变化无常，时有急风骤雨降临，所以应考虑适当带上保暖衣物和雨衣雨鞋，且夏秋时前去还应携带防晒用品用具。

重要节庆

▲ 拉卜楞寺“晒佛”仪式

每年正月和七月是拉卜楞寺举行大法会的时节，正月法会在藏语中又称为“毛兰姆”，时间从农历正月初三到正月十七为止。七月说法会的会期是在农历七月初八，在这天前后半个月之内，寺内会举行辩经、“乐劝法”法会以及晒大佛等活动，届时还将有话剧、法舞等表演，远近的信徒云集于此，人山人海，场面热闹非常。

交通

从兰州去甘南最方便，兰州长客南站（电话：0931-2914066）每日有多班客车开往甘南旅游的中心夏河，车程4~5小时车票49元。亦可从兰州先到临夏再换车去夏河，临夏到夏河车程约3小时。夏河与周边的合作等市县交通亦尚属方便。

甘南地区

住宿

夏河既有星级宾馆亦有普通旅社，房价均不贵。如最高档的宾馆拉卜楞宾馆一般季节砍价后标间价在160元左右，而卓玛宾馆和武装部招待所等住处均有20~30元/人的床位。而其他主要景点如郎木寺等周边都有宾馆和私人客栈，解决住宿不是太大问题。

餐饮

夏河有川味、回族和藏味各类餐馆，去草原游览可以品尝藏民提供的奶茶、糌粑、手抓羊肉，风味独特但口味不一定能为内地人接受，所以去野外游览应带足食品饮水。

主要景点

拉卜楞寺

坐落在甘南夏河县城西1公里处的宏伟寺庙，是与西藏哲蚌寺、扎什伦布寺和青海塔尔寺齐名的国内黄教六大寺院之一。该寺始建于清朝康熙年间，占地逾80公顷，有数十座楼宇、佛殿，僧舍更多达近万间。寺内有世界上最长的转经筒长廊和高达15米的释迦牟尼佛像，现有在寺喇嘛3000余人，寺藏珍稀文物无数。每年正月和七月间举行的大法会上人潮奔涌，“晒佛”等仪式更是热闹非凡场面壮观。

贡唐宝塔

拉卜楞寺西南角上的气派宝塔，初建成于1805年，因塔内供奉有从域外而来的无量光佛而闻名。塔高31.33米，外形精美玲珑而又金碧辉煌，内藏数万卷佛经和诸多佛像，游人登上塔顶，还可眺望拉卜楞寺全景和夏河风光。

桑科草原

甘南夏河县境内的宽阔草原，亦是全州的主要畜牧业基地，面积约为70平方公里。盛夏时节景色最美，无边绿海翻卷，高原野花怒放，闪着宝石般透亮光泽的骏马和藏民五彩缤纷的美丽服装点缀其间，风光原始古朴而又奇异迷人。草原上有旅游接待站，游客来此可以骑马驰骋，品尝奶茶、糌

• 笔者关照

合作市是甘南藏族自治州首府，但夏河才是旅游中心，这里的主要景点景区有拉卜楞寺、桑科草原、白石崖等，周边的郎木寺也有显赫名声。此外从郎木寺乘车向南可入川经若尔盖直到九寨沟，这也是近年来颇为诱人关注的游览线路。本书后面有该线游览较为详细的介绍，可供参考。

• 沿线宾馆酒店

①香巴拉大酒店，合作市腾志街，电话：0941-8213222。

②甘南饭店，合作市，电话:0941-8213236。

③拉卜楞宾馆，夏河县来周村，电话：0941-7121849。

④郎木寺宾馆，碌曲县郎木寺，电话：0941-6671086。

• 拉卜楞寺

兰州市每天有多班客车到达夏河和拉卜楞寺。

从临夏、合作等地乘车去夏河亦方便。

从夏河到拉寺步行或乘当地机动车即可。

¥门票40元。

参观约需2~3小时。

寺庙门口及周边有拉卜楞寺宾馆和其他旅馆可供食宿。

粑和手抓羊肉等藏区美食，如果在草原藏胞家过夜，还可在篝火晚会上领略到更加神秘独特的藏族风情。

郎木寺

在甘南碌曲县城南90公里处的郎木寺乡，亦是甘、川两省交界处的著名寺庙之一，始建于1748年，后经历朝历代风雨沧桑，其间数次被毁，近年来又得以修建恢复，现存建筑有佛教塔、弥勒佛殿、大经堂等。爬上寺后的小山，可以看到秀丽的山乡风景和寺区全貌。附近还有格尔底寺、华盖峰、温泉和峡谷间的藏族原始部落等可供游人游玩观览。

达宗湖

距夏河县城约17公里的高原湖泊，东西宽约百米，南北长约350米，这里人迹罕至而风光优美，山间绿荫浓密，湖心清波见底，景色清新，是高原上特有的湖泊胜景。

甘加草原

亦是甘南著名草场之一，除去草原和牛羊群，这里还有白石崖——一个幽深岩洞，附近有白石村和藏传寺庙和八角城——长宽各达近200米的古城墙遗址等数处景点。这里游人比桑科草原略少而更显清静，从夏河去甘加途中所见的高原风光亦算美丽迷人。

黄河首曲

在合作市西南约250公里处玛曲县旁的草原上，河床宛转流畅，浩荡而优美，著名的黄河首曲大桥亦修在这里。周围有高原草甸和雪山草地及尕海湖候鸟保护区。

▲ 草原风光

- **贡唐宝塔**

¥门票10元。

可与拉卜楞寺一并游览。

- **桑科草原**

从夏河乘汽车15分钟可到。乘汽车或租三轮机动车或租自行车均可。包微面前去20~30元即可。

¥门票20元。

- **草原观光提示**

一般地说，到草原深处的藏民家去骑马、喝茶、休息收费更公道，他们待客也比较友善。而草原入口处那些招揽游客的藏民因为是专业“拉客族”，所以比较难缠，与他们打交道要稍加小心，以免出纠纷矛盾。

- **郎木寺**

从兰州或夏河或合作乘去四川松潘或若尔盖的长途车在郎木寺下车即可。夏河去郎木寺车7:40开，车费44元，4小时可到。合作每天去郎木寺的车有2~3班。抵达后再换拖拉机或步行片刻即到该寺。

¥门票40元。格尔底寺门票15元。

观天葬在寺后的山上，从寺中步行40分钟可到天葬台。

郎木寺前还有宾馆但房价不贵，有15~25元/人的多人间。电话：0941-6671086。

另外有家叫萨拉的宾馆，卫生条件不错，普通间20元/床，电话：0941-6671062。

- **达宗湖**

可从夏河包各类机动车前往。

- **甘加草原**

从夏河乘去同仁的客车，票价7元可到甘加。

如果欲游白石崖等各个景点最好从夏河包车前往。

- **玛曲黄河首曲**

从合作乘车约5小时可到玛曲。玛曲县城有机动车开往黄河大桥，15~20元/人。县城中有多家旅馆可供住宿，房价不贵。

- **从甘南到成都**

沿线主要景点玩遍最少需7~8天。

推荐黄金旅游线：兰州—甘南—合作—若尔盖黄龙—九寨沟—成都

推荐理由：这是一条近年来颇为时尚的旅游线路，沿途可见甘南、川北无数神奇壮美而又风格迥异的自然风光，亦能领略到丰富多彩的民俗风情。然而旅途中得到的不仅是舒适浪漫和温馨，更多的感受可能是曲折、困苦和艰难，然而这正是诸多生活在大都市安逸环境中的人想要尝试和体验的。

游程可作如下安排：

D1：从兰州汽车南站（西站已迁至南站）乘车去夏河，上午7:00开始有车，票价47~49元，4~5小时到夏河，抵达后游拉卜楞寺，门票40元。夜宿夏河，正式宾馆80~150元，招待所20~30元/床。

D2：从夏河乘客车去郎木寺，发车时间7:40，4小时可到。如赶不上此车可先乘车去合作，车票14元2小时可到。到合作后立即换车去郎木寺，合作去郎木寺的客车从早上7:00开始有，一上午只发2~3班，最晚的1班在11:00~12:00，车票32元，6小时后到郎木寺。郎木寺镇上有多家宾馆，价钱从20元/床到80元/间可任选（当然还有更高级的），早点休息养足精神。

D3：郎木寺观光（赛赤寺门票15元，安多达仓寺门票16元），寺后山上的天葬台有时有天葬仪式，游人可择情观看（从郎木寺步行约40分钟可到天葬台，台上还可观郎木镇全貌）。郎木寺周边还有格尔底寺（门票15元）、大峡谷、红石崖等景点，可以勤奋一点儿早出晚归，一日内游完最好。

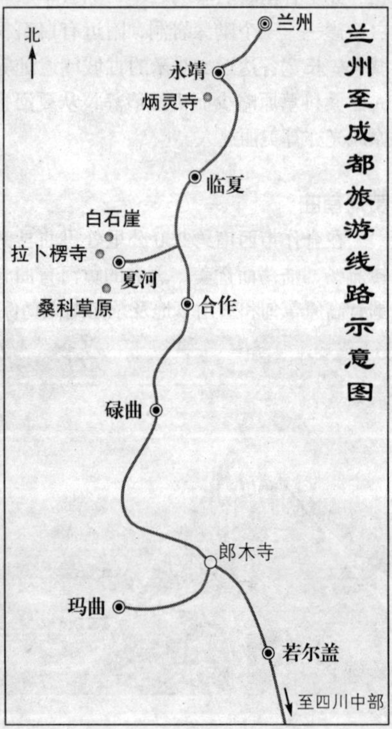

D4：从郎木寺乘车去若尔盖。郎木寺到若尔盖的客车早上7:00~8:00发车，每日只1~2班，行车5小时可到，车费25元。结伴旅行者包辆车更方便，吉普车最低350~400元/辆，沿途可走下主路，去四川境内的花湖国家湿地保护区观光，那里有洁白雪山、晶莹湖水，湖边森林和草场风光亦原始美丽（门票78元，观光车票20元）。

抵达若尔盖后可寻找地方住宿，然后于次日去唐克观光，那里有著名寺庙索格藏荣寺（距唐克9公里、门票20元），寺后有一座小山，上面可以眺望迤逦优美的黄河九曲风光（门票60元，不过冬季观光效果不好）。到若尔盖后也可坐下午的客车去唐克，当天晚上住唐克，那里有条件简单的招待所和个体旅馆，次日清晨去索格藏荣寺并远眺黄河风光。

D5：在唐克观光（内容按上段所述），之后可返回若尔盖住宿，次日早 6:30 乘车去松潘县的川主寺，从那里选择去黄龙或九寨沟游览。另外从唐克也可搭车或包车经瓦切至川主寺而不必从唐克先返若尔盖，且这条路的路况尚好。

D6：乘车从唐克或若尔盖抵达川主寺，若尔盖至川主寺约 140 公里，行车约需 5 小时，若尔盖至松潘行车需 6 小时。抵川主寺或松潘后可于当日搭客车或包车去九寨沟或黄龙。笔者认为在川主寺下车即可，这里是去黄龙和九寨沟的必经之路，搭客车去九、黄或包车都方便，如果搭不上车在川主寺住宿也方便。松潘每早 7:00 有车去九寨沟（途经川主寺），车票 28~32 元。九寨沟与黄龙之间每日有至少 1 班客车对开（途经川主寺），车票 33 元，3 小时可到。从九寨沟口去成都每日 7:00~8:00 有数班客车（下午 14:00 还有 1 班车，车票 90~107 元，行车 8 小时可到）。

关于九寨沟和黄龙的游览注意事项本书在四川省部分有详细介绍可供参考。

另外从若尔盖也可不来九寨沟和黄龙，而是取道红原去名景米亚罗观光，效果也会不错。

发烧友特别关照

关于甘南游览观光的补充提示

①从兰州乘客车到夏河后，车站上会有机动车司机拉你去拉卜楞寺（车费 1~2 元）观光，行车途中会动员你随后跟他去桑科草原游览，随他们上路（先游拉卜楞寺后去桑科草原）不一定有多大亏吃，但要事先定好消费价钱和往返时间。

②夏河比较干净便宜的宾馆有华侨宾馆和宝马宾馆，郎木寺比较干净便宜的宾馆有秀峰宾馆（双人间 50~60 元/间，能洗热水澡）和萨那宾馆，上述几个住处都有暖气或电热毯，否则即使在夏天，夜晚睡觉也会冻醒的。另外郎木寺的旅朋青年旅馆（电话 0941-6671460）门厅的留言板上有不少游客拼车出行的帖子，去看一下对你的游览可能有帮助。

③从夏河到郎木寺包车也行，微面可乘 6 人车费 350~400 元，途中可到高山湖泊孕海观光，门票 20 元。

▲ 郎木寺外景

④若尔盖有家小旅店叫达仓那摩仙居，干净便宜，20~25 元/床，且距车站不远，电话 0837-8966789。

⑤若尔盖到松潘的客车发车时间是 6：30，行车 3~4 小时，车费 62 元（途经川主寺）。若尔盖到成都的客车发车时间 6：30~6：50，途经松潘。

张掖

电话区号	0936
旅行社	8240608
旅游投诉	8411007

张掖地处河西走廊西部，东邻武威、西连酒泉，系国家级历史文化名城。公元前121年前后，汉武帝派霍去病西征战败匈奴后设立张掖郡，意在“断匈奴之臂，张中国之掖(腋)”。悠久丰富的历史文化风韵，随处可见的历代古迹名胜和粗犷雄奇的西域自然风光赋予了张掖古城在甘肃省内诸多旅游城市中的特殊地位，而由祁连山冰峰雪水和黑水河灌溉的肥沃土壤及丰饶果粮物产又使之享有“金张掖”的动人美称。张掖的旅游资源丰富，市区的大佛寺、木塔寺、鼓楼亦是当地名景，周边的马蹄寺和山丹军马场亦有独特山水风情。

▲ 马蹄寺石窟

气候与游季

张掖属大陆性气候，气候特点是干燥少雨，年平均气温6℃，1月寒风萧萧，天气最冷，7月天气最热，但并无酷暑。每年6~9月，是全年最佳旅游季节。

交通

北京西、上海、郑州、西安、济南、成都、兰州等经兰新线通往新疆的各次火车均在张掖经停。张掖的多个汽车站与周边城市有长途客车往来，通过312、227国道可方便抵达各地。

- **火车站售票处**
  0936-8226749。
- **汽车西站**
  开往酒泉、嘉峪关
  环城西路128号。
  0936-8215002。
- **汽车东站**
  开往武威、山丹
  东环南路1号。
  0936-8211426。
- **汽车南站**
  开往马蹄寺景区
  南环路35号。
  0936-8240444。
- **从火车站到市区**
  可乘1路公汽，车又多又快，打车则要贵许多(火车站离市区有相当距离)。

住宿

不同档次条件的宾馆、旅馆齐备，房价尚属便宜，如张掖宾馆中的标间只需80元左右(县府街56号，电话：0936-8212601)。

另外市中心鼓楼旁的金都宾馆条件较好而房价不贵，单间72~110元。

餐饮

风味小吃和特色食品有手抓羊肉、清汤羊肉、羊头汤、臊子面、搓鱼面、山丹油果子、香饭、酥皮等。有名的小吃街有民主东街、甘州街等，另外明清仿古街亦有不少小吃摊店可光顾。

主要景点

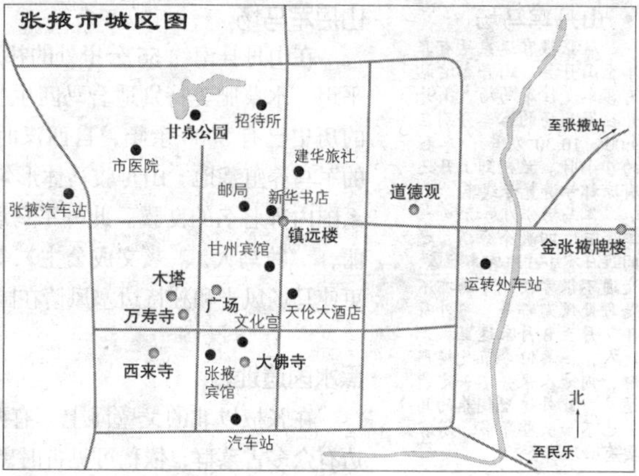

大佛寺

在张掖市区西南，因寺内有中国最大的室内卧佛像而得名。此寺始建于公元1098年，由大佛殿、藏经阁、土塔等主要部分组成。其中高达33米的大佛殿内侧卧着身长34.5米、肩宽7.5米、脚长4米、耳长2米的释迦牟尼木胎泥塑佛像，形态逼真、栩栩如生，身后还有十大弟子像，两侧廊房内有《西游记》、《山海经》壁画，寺藏文物甚丰——其中明英宗皇帝赐予的佛经即达数千卷，佛寺的规模和观赏价值在西部享有盛名。

木塔寺

位于张掖市县府南街，初建于北周，重修于隋、唐、明、清各代，相传寺中藏有释迦牟尼真身火化后留下的舍利子。寺中的主体建筑木塔高32.8米，有八面九级，每级均有含有珠宝的木刻龙头和悬挂风铃，造型美观，清风过后铃声悦耳。该塔还是登高观景之佳境，攀上塔顶可将张掖市区全景尽收眼底。

鼓楼

亦称镇远楼，在张掖市中心，建在一座砖制高台上，楼顶至台基有30余米，造型雄浑壮观。楼顶还有重达600公斤的铜铸巨型唐钟，上有飞天及朱雀、青龙等精美图案。鼓楼是张掖的标志性建筑之一，其规模、高度亦为河西走廊一带的同等建筑之最。

马蹄寺

地处距张掖约65公里的肃南裕固族自治县境内，是集石窟艺术、祁连山风光和裕固族风情于一身的综合旅游区。这里有由胜果寺、普光寺、千佛洞、金塔寺、观音洞等70余处窟龛组成的巨大石窟艺术群，内有诸多佛殿、洞穴及石雕、泥雕、木雕佛像，还有多幅精致壁画，寺周边的祁连山景和高原牧场风光亦很旖旎动人。

- **大佛寺**

  在张掖市区。

  ¥门票41元。

  电话：0936-3693700。

- **木塔寺**

  地处市区。

  ¥门票20元。

  登上塔顶环视张掖城区全貌挺有情趣。

- **鼓楼**

  在市中心，步行即可观赏。

- **马蹄寺**

  旺季张掖汽车南站有专线车直达。平日可从张掖乘去肃南的客车到马蹄寺路口下，然后换乘当地机动车即到。

  逢双休日，汽车南站还有一日游专车去马蹄寺。发车时间8:00左右。

  ¥门票联票80元。

  景区还有卧龙山庄（标间80~100元）等宾馆、旅馆可住宿。

- **山丹军马场**

从张掖客运东站有客车至山丹县。山丹客运站有客车发往军马场。山丹开往军马场的客车分别在9:00、10:30发车，车程约2小时。兰州到山丹还有凉都号游览专线车。

军马场分为总场和一、二、三、四数个分场，之间每日有1~3班客车往返，交通不很方便。草场亦不是每处风光都美。另外每年7月至8月末这里风光迷人，但其他季节气候严酷，内地人来并不一定能适应。此外这里饲养的马匹已不如头些年多，游客要有心理准备。

- **丹霞地貌**

从张掖坐去肃南的客车在景区道口下，再步行几公里即到。道口有简易旅馆。

¥门票40元。

- **黑水国遗址**

可从张掖包车前去。车费一般需35~40元。

▲ 万寿寺木塔

山丹军马场

在山丹县南约55公里处的祁连山大马营草场上，因地势平坦、水草肥美特别适合马匹生长繁衍，所以此地饲养马类的历史已有3000余年，自西汉时起一直是历代皇家（国家）的军马养殖基地。山丹骏马体形匀称、粗壮结实、雄健彪悍，系国内外著名的良骥。此外军马场盛夏时的自然风光也很美丽，《牧马人》、《文成公主》等数十部影视片在此拍摄后更使马场风光和独特边塞风情在国内外声名大振。

黑水国遗址

在张掖以北的戈壁滩上，有两座正方形的城堡遗迹，周边有众多古墓群，依稀可见古时黑水国都市城池的风貌。

丹霞地貌

距张掖市区约50公里处的丹霞地貌与彩色丘陵结合的复合景观，其条纹优美、层次分明、色彩艳丽、观后能震撼人心。

推荐游程

D1：早晨出发去马蹄寺观光，下午返回张掖市区。

D2：张掖市区观光，看大佛寺、木塔寺、鼓楼等市区名胜，晚上娱乐购物，品尝当地风味小吃。

D3：去山丹军马场作1~3日畅游。（军马三场有招待所可住）

张掖地区旅行交通图

嘉峪关—酒泉

电话区号 0937
旅行社 2617999

嘉峪关坐落在甘肃省中部的河西走廊中段，是以万里长城西端起点的雄伟关隘嘉峪关命名的城市。“嘉峪关”三字原意为“美好的山谷”，这里南有祁连山，北有马鬃山，东接酒泉盆地，位置重要、旅游资源丰富。有“天下第一雄关”之称的嘉峪关城楼高大岿巍，与山海关遥相呼应，共同为万里长城增彩添辉；万里长城第一墩、黑山岩画、长城博物馆等亦是当地甚具观赏价值的古迹名胜；建在民航机场内的滑翔基地中有飘飞银燕可以载你到碧空中俯瞰祁连雪峰壮景，酒泉卫星发射中心更以发射神舟五号、神舟六号载人飞船而天下扬名——边关美景，个性独特；大漠风光，别具风韵。

▲ 雄关落日

气候与游季

气候属北温带干旱气候，终年温差较大，年平均气温7.3℃，年平均自然降水量83.5毫米，无霜期130天。冬季1月最冷，绝对最低气温-28.6℃；夏季7月最热，绝对最高气温38℃。每年5~10月，是嘉市绝佳旅游季节。

交通

航空

嘉峪关机场位于市区东北9公里处，距甘新公路10公

- **民航售票处**
  新华中路，电话：0937-6226237。
- **铁路售票处**
  兰新中路8-2号，电话：0937-6288777。
- **公路客运中心**
  电话:0937-6224010、6224416、6225528。
- **市区出租车**
  起步价小车6元，大车7元。

甘肃省

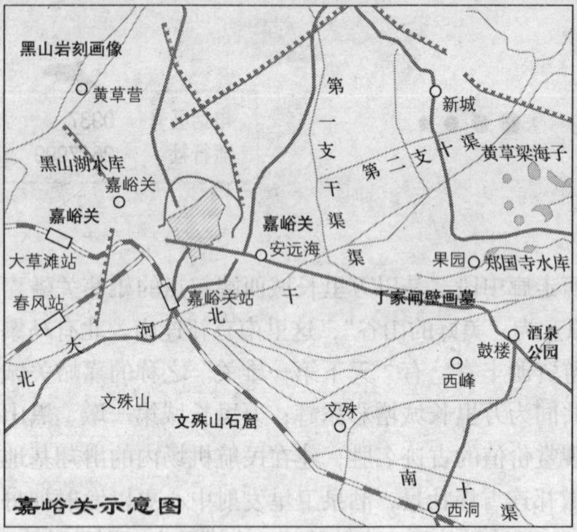

嘉峪关示意图

里，距酒泉市 27 公里，交通便利。现已开通嘉峪关至兰州、北京、上海、西安、广州、敦煌、乌鲁木齐等城市的航线。

铁路

兰新线上的大站，内地及兰州通往新疆的各次列车均在嘉峪关站停靠，车站距离市中心 5 公里。

公路

每日有近百辆客车往返于全省各市县，通过平坦宽阔的 312 国道可以轻松到达兰州、敦煌及新疆、青海。

住宿

在陇中一带的中等城市中，嘉峪关市的住宿价格相对便宜且条件好，三星级的酒钢宾馆双标间 100 ~ 120 元，二星级宾馆如雄关宾馆、铁道宾馆等普标间房价不过 100 元左右。普通宾馆的标间打折后 80 元可以入住。欲寻更便宜的住处可考虑各个招待所，里边大都有 40 元左右的普通房间。

餐饮

嘉市不光是旅游名城，亦是西域美食名城，风味菜肴多，各类小吃更是馋人。在当地的正式餐馆中可任意品尝烤羊腿、孜然羊肉、红焖羊肉、油爆驼峰、戈壁雁影、兰发豆腐等风味美食。在排档和小吃摊上，可以吃到臊子面、搓鱼面、兰州拉面、驴肉黄面、烤羊肉和羊肉串。主要的小吃街有嘉峪关市中心环岛边的夜市街和镜铁路美食街以及建设东路的美食夜市等。

主要景点

嘉峪关文物景区（5A 级景区）

嘉峪关城楼位于嘉峪关城西约 6 公里处，是明代万里长

- **参考住宿**

①嘉峪关宾馆，新华北路，电话：0937-6266983。

②长城宾馆，建设西路，电话：0937-6225288。

③雄关宾馆，新华中路，电话：0937-6225115。

- **就餐很便宜**

这里小吃街上的羊肉串一元 3 串，驴肉黄面 4~5 元/碗，一般饭店中的烤羊肉 18~20 元/斤，游客可任意品尝。

- **当地特产**

主要特产有夜光杯、驼绒画、嘉峪石砚、风雨雕、祁连玉雕、文物复制品以及反映魏晋时代人文景观的"墓砖画"等。其中尤以夜光杯最为有名。

- **嘉峪关城楼**

从市区乘 4 路可到，但 4 路车近期可能会停驶。

包乘出租车前去也方便。

门票 100 元，淡季 60 元。学生半价。

- **包租车观光游览**

在嘉峪关包出租车观光很显快捷方便，一般包车游嘉峪关城楼、长城第一墩、悬壁长城和魏晋壁画墓 4 个景点需车费 80~100 元。去七一冰川路途较远，包车往返至少要 350 元。

甘肃省

城最西端的关口，始建于公元 1372 年，由内城、外城、城壕三道防线构成，气势雄浑、结构严密，与古城墙相连形成了五里一燧、十里一墩、三十里一堡、一百里一城的完整防御体系，素有天下雄关之称。

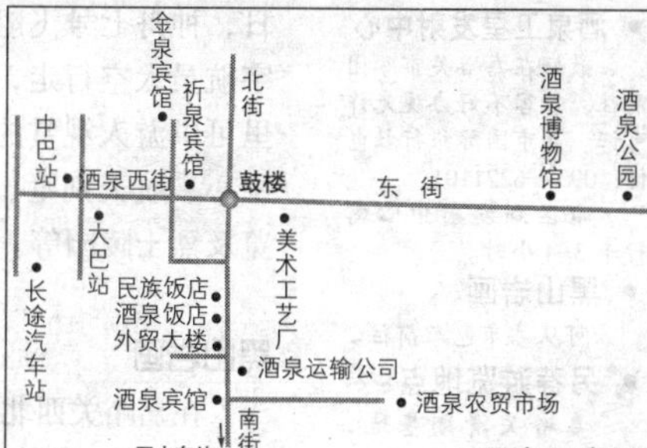

酒泉示意图

长城第一墩　在嘉峪关城南约 7 公里处，是明代古长城西端起点上的第一座烽火台。始建于 1539 年，近年来由当地有关部门维修重建。这里地势险要，大漠风光奇异，是嘉市游览中的重要一景。

- **长城第一墩**

  需从嘉市市区包车前去，往返 40 元车费。

  ¥门票 21 元。

长城博物馆　中国第一座全面、系统展示长城文化的专题性博物馆。馆内有以“伟大的长城”为主题的大型展厅，详介有关万里长城修建历史、结构特征等各方面有关知识，观后可极大地增加对中国古代最宏伟建筑知识的了解，平添诸多学问。

- **长城博物馆**

  新址已迁到嘉峪关长城城楼旁，可在参观长城时同步观览。

  ¥门票含在城楼 100 元门票中。

悬壁长城　地处嘉峪关市区以北 8 公里处，现存长城约 750 米。建造方式与众不同，是以内外两侧夯实黄土墙，中央填充石块而成。此段长城有 230 余米攀缘在高 150 余米、倾斜度为 45°角的山脊上，如凌空倒挂，故称悬壁长城。

- **悬壁长城**

  从市区乘专线车或包车前去。

  ¥门票 31 元。

  此景特色鲜明，值得一看。

新城魏晋壁画墓　是嘉峪关东北 20 余公里处的新城戈壁滩上数量达 1400 余座的庞大古墓群。墓区规模庞大且墓内多绘有反映古时社会生活的精美壁画。现只有数座墓室和博物馆对外开放，还有其他诸多墓葬有待发掘开发。

- **新城魏晋壁画墓**

  乘嘉峪关与酒泉间的客车，车票 2 元。包车去约需 60 元。

  ¥门票 36 元。

七一冰川

在距嘉峪关西南约 130 公里的祁连山中，冰川面积达 5 平方公里，高度约在海拔 4300~5150 米之间，冰层厚度平均约 70~80 米。这里虽然号称是亚洲离城市最近的冰川，但一般时节游客并不太多。景区内四处有冰河欢涌、冰柱垂悬，视野内一片银白、晶莹耀眼，冰雪世界风光异常美丽壮观。

- **七一冰川**

  从嘉市包车前去当天可往返，往返车费 450 元。

  ¥门票 51 元。

  冰川一带气候凉爽亦多变，夏季前去亦应携长袖衣裤。此外墨镜、防晒霜、登山鞋也是观光必备装备和物品。

  另外冰川地处海拔 4000 米以上，有些游客去后可能有高山反应，请注意节省体力不要疾步行走。

酒泉卫星发射中心

在酒泉市东北 210 公里处的巴丹吉林沙漠深处，是中国国内三大卫星发射中心之一 (另两处是西昌和太原)。至今为止这里已成功发射过多颗人造卫星。2008 年 9 月 25

- **酒泉卫星发射中心**

最好在嘉峪关市参团前往，散客不好办观光许可证。嘉市国际旅行社电话：0937-6221101。

市区到发射中心需行车 3~4 小时。

- **黑山岩画**

可从嘉市包车前往。

- **另荐游览地点**

嘉峪关滑翔基地，在嘉市市区东北约 12 公里处，是国内最好的滑翔基地之一。在这里滑翔健儿利用祁连山上空的上升气流，多次创造飞行佳绩。一般游客也可在带飞员的引导下乘机升空畅观美景。

日，神舟七号飞船在此发射成功，实现了中华民族的首次宇航员太空行走，亦使当地的观光旅游骤然升温。目前这里可供游人观赏的主要景点设施有卫星发射场、指挥控制中心、航天别墅、测试中心、长征二号火箭箭体、场史展览及烈士陵园等。

黑山岩画

在嘉峪关西北约 20 公里处的黑山岩壁上发现的岩画群，共有 153 幅。岩画区绵延达 2 公里，有马、牛、羊、鸡、鹿、虎、蛇、龟、骆驼等多种动物图案，此外以描绘人类舞蹈、围猎、骑马、列队习武等生产生活内容为场景的画面亦都活灵活现，精美而生动，反映了古代人民丰富的精神生活和艺术追求，具有很高的史学和艺术价值。

推荐游程

D1：上午游嘉峪关城楼、长城第一墩、悬壁长城之后可去观览魏晋壁画墓。下午可去看长城博物馆或去滑翔机场乘机升空览祁连山秀色。

D2：可去七一冰川观奇景，或去酒泉卫星发射中心看航天城壮景。

甘肃省

发烧友特别关照

①如果是自驾车到嘉峪关，可注意高速公路上有处制高点可眺望、拍摄嘉峪关长城城楼全景，在这里观拍长城效果很好，也可作为当地的主要观光方式（还可省去城楼门票 60 元）。

②不论是自驾车还是乘客车，只要游完嘉峪关后还去敦煌，那都可以在途中顺路游览桥湾和瓜州榆林窟的几处新开放的景点。其中桥湾有桥湾古城遗址和展馆，有康熙皇帝怒斩当地贪官程金山后用程的人皮和人头做成的人皮鼓、人头碗（据传是这样），而瓜州的榆林窟虽没有敦煌莫高窟名气大，但亦有一定的考古、观光价值。桥湾就在嘉峪关去敦煌的公路边，游览毫不费劲；但榆林窟距瓜州还有 75 公里远，自驾车或包车前去更方便（从瓜州包车到榆林窟一般需 150~180 元）。

▲ 嘉峪关城楼

敦 煌

电话区号 0937
旅游热线 8851588
旅游局 8822234

甘肃风景，敦煌最绝。虽然古代丝绸之路的遗痕已为数千年的风沙所掩埋遮盖，但登鸣沙山，览莫高窟，漫步阳关、玉门关遗址，眼前仍然依稀可见汉唐岁月的缕缕烽烟。拥有近 500 个洞窟的莫高窟当是盖世无双的佛教艺术宝库，阳关和玉门关虽然只剩下断壁残垣，但徜徉其间，人们无法不为历史的厚重和苍凉发出由衷感叹。黄沙灿烂的鸣沙山和清澈的月牙泉已经相依相偎数千年，但为登山滑沙者鸣奏的美妙声响和沙漠之泉永不干涸永不为风沙掩埋的绝景奇观，仍然能给观光者带来新奇快慰和无尽快感。来甘肃一定要游览敦煌，否则你将与神奇瑰丽和绝妙精美失之交臂，你的西部之行必将留下深深遗憾。

▲ 敦煌月牙泉

气候与游季

敦煌深处内陆，属极干旱大陆性气候，年平均气温 9.4℃，7 月平均气温 24.9℃，1 月平均气温-9.3℃。全年干燥少雨，昼夜温差极大。这里有时还会发生干热风和黑沙暴两大自然灾害，游人冬春季节前去可先作简单天气状况咨询，另外不妨戴上太阳镜和帽子、纱巾等物品。每年的 5~10 月，是旅游的最佳时间。

- **当地旅游热线**

电话:0937-8851588，可提供各类咨询及服务。

- **最新交通信息**

敦煌运通旅客列车，分别与兰州、西安、银川、乌鲁木齐对开。日后还可能增加其他车次。

敦煌景点示意图

交通

航空

敦煌机场位于市东郊 13 公里处。现已开通至北京、兰州、乌鲁木齐、西安、西宁、银川的航班。另外，每年 7~10 月根据客运需求，还开通有西安至敦煌、敦煌至新疆鄯善等包机航线。

铁路

敦煌有始发客车同兰州、西安、酒泉对开，兰新铁路上的柳园火车站距市区 130 公里，与市区有大、中巴车相通，全程柏油路，车程 2~3 小时，车票 15~20 元。车站有出租车揽客进市区，4 人一车，每人 30~40 元。现在敦煌市区也通了旅客列车，（火车站到市中心打车需 20 元），铁路交通较为方便。

公路

敦煌有宽阔公路连接新疆哈密、青海格尔木以及甘肃嘉峪关、兰州等城市，至格尔木 524 公里，卧铺车一夜即到，至嘉峪关 383 公里，快巴 4~5 小时可到，该段公路目前已整修完了。

住宿

敦煌是典型的旅游城市，满街都是宾馆、酒店、招待所，总数达到近 300 家。除去暑期和黄金周，总体上说接待能力过剩，因此只要不在最旺季前去，普通宾馆中 70~80 元的普通标间随处可寻，还可在普通旅店中找到 20~25 元/人的住处。

餐饮

旅游城市当然会吸引国内各类风味餐馆来此安营扎寨，在敦煌可以品尝全国各省风味，尤以川味和新疆风味摊店居多。当地特色风味小吃有安西三绝、牛肉黄面、炸油糕、臊子面、烤羊肉、沙锅羊肉、杏皮水、凉皮等，特色菜有丝路驼掌、油爆驼峰等但菜价稍贵。风味食品小吃街有沙洲夜市街等。

- **市区交通**

通往莫高窟及鸣沙山、月牙泉等主要景区都有专线游览车，车票很便宜。

出租车起步 6 元。

还有数百辆人力车穿行于市区，交通便利。

- **民航机场票**

电话:0937-8866133。

- **火车站**

电话:0937-5572077。

- **汽车客运**

电话:0937-8822174。

- **参考住宿**

①驼铃宾馆，标间 80 元/间,电话:0937-8822716。

②飞天宾馆，在鸣山路,电话:0937-8822609。

③沙洲酒店,三星级,电话:0937-8825031。

④邮电招待所，在市中心邮电局西侧，条件一般，但有 20 元左右的多人间普通床位。

⑤莫高宾馆，条件尚可，24 小时热水洗澡，标间 138 元。

主要景点

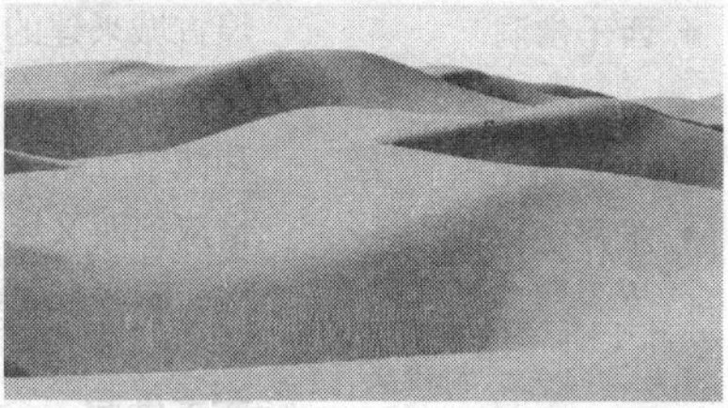
▲ 沙漠美景

莫高窟

雕凿在敦煌城区东南方约25公里处的鸣沙山东麓壁上，是我国现存规模最大、最有艺术魅力的石雕艺术群。这里有始凿于前秦建元二年（366年）的洞窟492个，内有彩塑佛像数以万计、精美壁画约45000平方米，此外在洞窟区出土过大量经卷、文书、织绣等，真是一座内藏惊人的世界级文物艺术宝库。莫高窟是全国重点文物保护单位，已当之无愧地入选《世界文化遗产名录》，是中外游客来敦煌后必去游览的重要景观。

鸣沙山·月牙泉

均位于敦煌城南5公里处，山泉相依、山光水色相映，风光极为精美绝妙迷人。鸣沙山沙丘起伏线条柔美而又金沙夺目，本来已很好看，而每当狂风掠过或是游人从山顶滑下时坡上的沙子都能发出呜呜或隆隆的声响，令人备感神奇新鲜（近年来沙声渐小）。月牙泉在鸣沙山北侧，泉池形如弯月且池水清澈千年不涸，是最适合观景拍照的绝佳景点。

玉门关

在敦煌西北约90公里处的戈壁滩上，为汉代西陲两关之一，据传系因古时和田美玉均经此运往内地而得名。玉门关遗址总面积约630余平方米，有保存尚好的土城城楼和残垣，如今景色虽略显萧条清冷，但“春风不度玉门关”的优美诗句会为游客平添美妙观感。

阳关

地处敦煌西南70公里处的南湖乡，是古时丝绸之路上的咽喉之地和重要关隘，如今这里仅仅残留着被称为“阳关耳目”的汉城烽燧，但吟王维的千古绝句“劝君更尽一杯酒，西出阳关无故人”，你的心中是否能够领略古人在边塞惜别时的忧伤惆怅之情呢？

敦煌古城

是1987年中日为合拍大型历史故事片《敦煌》而仿敦

- **莫高窟**

敦煌市区多处有专线车前往莫高窟，车费8~10元/人。40分可到。

包夏利往返需40~50元/车。

¥门票160元，淡季打折，学生票优惠。平日对一般游客只开放10个洞窟供参观。

洞窟内不许拍照、摄像，只能用手电辅助照明。

- **鸣沙山·月牙泉**

距市区很近，从市区乘3路公交车票价1元、乘中巴票价5元即到。

¥门票160元，淡季20元。登山滑沙另收费10~20元。骑骆驼游月牙泉40~80元，上鸣沙山另加20~30元。

从月牙泉的西侧拍照比东侧好，画面更美，望君一试。

黄昏时观景拍照效果更佳。

- **玉门关**

可从敦煌包车前往。

¥门票40元。

- **阳关**

敦煌市有公汽和客车直达阳关。亦可从市区包车前往。

¥门票50元，可打折。

景区旁有葡萄园和饭店，可用餐并品尝葡萄。

- **敦煌古城**

乘敦煌至阳关的车或从敦煌包车前去均可。

¥门票30元。

- **西千佛洞**

乘敦煌至阳关的客车或从敦煌包车前去均可。

¥门票 40 元。

- **雅丹魔鬼城**

从敦煌包车行驶 2 小时可到，因包车顺路，可与玉门关、敦煌城、西千佛洞一并游览。

¥景区门票 70 元/人。

这是一处特色鲜明的景点，值得一看。景区内有观光车带客观赏主要景点，门票 70 元已含车费。

- **敦煌乐舞歌舞表演**

每晚 8:00，演出地点：敦煌宾馆南楼大厅二楼（会议中心），电话：0937-8822008 转 9269，表演厅：8859269。

¥门票 160 元/人（可优惠）。

- **当地旅行社**

①敦煌西部旅行社，办理当地及周边各类游览业务，电话：0937-8851588。

②敦煌飞天旅行社，电话：0937-8833750。

煌古城兴建的大型人工景点，位于敦煌市区西南约 25 公里处。城内有东、南、西三座城门和高昌、敦煌、甘州、兴庆和汴梁五条主要街道，遍布货栈、酒肆、当铺，西域古镇风情浓郁而又风姿独特，现已成为中国西部最大的影视拍摄基地，游客来此可以领略古代敦煌城中的喧嚣和壮观。

西千佛洞

在敦煌市区西南 35 公里处，与著名的莫高窟隔鸣沙山相望。现有凿于北魏等朝代的洞窟 19 处，内有壁画和佛像，规模虽小但仍属敦煌石窟艺术的分支，亦有较高的考古价值和观赏价值。

雅丹魔鬼城

是玉门关以西 90 公里外长达 25 公里的一处雅丹地貌群落，这里的雅丹地表千奇百怪，有各类土石结构组成的地上“建筑”，有的像楼群、广场，有的像教堂、雕塑，更有狮身人面、孔雀、舰队出海等佳景，其形态千姿百态，观后令人惊叹不已。

晚间娱乐

“敦煌乐舞”文艺表演，是一项大型歌舞表演活动，一般于每年 6~10 月的每晚 20:00~23:00 举行，具有浓厚的丝路文化特色。

发烧友特别关照

①游程安排以上午去莫高窟，午后去鸣沙山月牙泉为宜。莫高窟朝东，上午拍外景顺光（加之此时石窟的解说员刚上班不久，精神饱满，讲解易出好效果），而下午从西侧拍月牙泉正合适，很好看（本书甘肃省第一页的图片就是从西侧拍的）。另外在鸣沙山滑沙时的响声已经不大了，但登上山顶看沙海沙山和敦煌市区全景挺好看。次日去看雅丹奇观。

▲ 莫高窟外景

②去雅丹魔鬼城无专门客车，包辆夏利一般 380~400 元（含玉门关、古城、西千佛洞游览），普桑、捷达稍贵一点儿。盛夏时节还是别包夏利，它的空调不灵，途中受罪。

③包车去雅丹应找个合适的司机——不光应谈好车费和出行线路，还应看看他面相是否和善，言谈是否妥当，另外看看他今天的精神状态好不好——这不是开玩笑，关系到长时间野外行车的安全。

④去雅丹魔鬼城也可参团，市区有不少旅行社（客运站旁就有），一日游收费 250 元左右。

华东地区

上海市

S H A N G H A I S H I

上海是一座奇异而迷人的城市，它有悠久的历史，更具秀丽的新姿。这里虽然没有雄伟的名山大川，辽阔的高原大漠，但是，它独有的风姿神韵却一直吸引着无数中外游客。

上海的历史就是中国近代史的“浓缩和剪影”，许多大的历史事件和体制改革都在这里发生发展并影响全国。上海是新中国成长壮大的窗口和象征，50多年的艰苦创业，使它和新中国一起兴旺繁荣。上海是改革开放的风向标和领头羊，浦东开放的宏图壮景令中华儿女备感新奇振奋。上海亦是全国有名的历史文化和旅游名城，近百处古迹名胜、城市佳景在黄浦江两岸相映生辉，宛若夏日夜晚光芒夺目的灿烂星空。令人钦佩惊叹的是上海城市日新月异的迅速发展和上海人的聪颖勤奋和智慧——东方明珠电视塔、金茂大厦的倩影，杨浦大桥、南浦大桥的雄伟身姿，南京路和外滩的摩天广厦把缤纷富丽的城市风光装点到了极致，而赴海外留学创业的热潮和资本证券市场的崛起更似催征的鼓点和号角，激荡着中华儿女奔向现代化的豪迈激情。上海这颗东方明珠的灿烂光华和磅礴气势，绝非三五日就能体会领略，它带给人的是无尽的感叹和回味……

▲ 黄浦江美景·浦东高层建筑群

气候与游季

上海属亚热带湿润季风气候。春天温暖、夏天炎热、秋天凉爽、冬天稍冷。上海的景点风光类型很多，一年四季皆可旅游，但要注意1、2月份去要适当携带保暖衣物、而8~9月是台风季节，时有雷雨大风，此时前去游客应及时注意天气预报，以便调整行程。

交通

航空

上海是中国的三大国际航空港之一，亦是国内为数不多的拥有2座大型机场的城市之一。虹桥机场地处上海市区西部，浦东机场位于浦东新区。

虹桥国际机场公共交通：主要有5条线路，其中938、806、807路站点位于国内到达出口处，941、925路站点位于候机楼南侧机场国内货运大楼旁。

• 推荐实惠住宿地点

上海万里路国际青年酒店，在武宁路300弄50号。酒店客房多、设施新、条件好但房价不贵，双标间150~180元，多人普通间40~50床（多人间每人都有储物柜，可洗热水澡，还含免费早餐）。酒店前厅可免费上

938路 虹桥机场—浦东杨家渡。

806路 虹桥机场—中山南一路。

807路 虹桥机场—上海西站。

941路 虹桥机场—上海火车站。

925路 虹桥机场—人民广场。

浦东机场则有多条专线车与市区相连，分别到达城市航站楼、银河宾馆、虹口足球场、上海火车站、上海西站、东方路、虹桥机场等，此处还有磁悬浮列车开往市区。

铁路

火车站有上海站和上海南站等、其中上海站是主客运站，南站发的车主要是开放南方各省的，去杭州的D车组也大都是在南站发车。市内售票处：1.北京东路230号。2.西藏南路121号。3.四川北路1451号。4.长阳路431号。5.愚园路128号。6.水城路766号。7.广中路600号。

公路

上海和周边省份之间的公路交通非常发达，往返苏州、杭州等城市的长途车更是和公交车一样频繁方便，所以在上海周边旅游乘坐长途汽车会感到非常快捷舒适。

水运

十六铺客运站，中山东二路511号，021-63200015。

长江普通线：开往南通，每日两班；开往青龙港，每日两班。过去发往南京、汉口、宜昌、重庆的客运航班大都停驶了。

市内交通

公交车

9~199路为全日线；301~327路为夜线；隧道一线、浦夜一线均为夜班车；500~599路为浦东浦西联运；600~699路为浦东全日线；700~799路为环线外的常规线路；900~999路为空调专线或双层巴士。常规线路为单一票价1元/人，(长线路1.5元) 空调车为单一票价2元/人，9字头专营线路及双层车、郊线车为多级票价，起始价为1元/人。

地铁

一号线路：线路全长32.5公里，全程运行1小时出头，

网，店里每天有免费专车把客人直接送到南京路及外滩观光购物，酒店近期还将为住店客人开设朱家角、周庄及太湖观光一条龙服务，店内可代购机票、车票、服务甚佳。笔者强力推荐。

从火车站乘837路公交车可直达。从浦东国际机场乘机场五线至上海火车站，换轻轨3、4号线在曹阳路下即到。从虹桥机场乘公交941路至中山公园换轻轨3、4号线曹阳路下即到。电话021-52905577。

- **旅游咨询服务中心** 021-68019541。
- **旅游投诉** 021-64390630。
- **出租车投诉** 021-65355111。
- **旅行社** 021-63174249。
- **上海地区列车查询电话** 021-16088188。
- **铁路投诉热线** 021-56235701。
- **公交问讯** 021-16088160。
- **上海港客运热线** 021-63260269。
- **铁路上海站免费订票热线** 021-8008207890。
- **上海站问讯热线** 021-63179090。
- **虹桥机场问讯热线** 021-62683659。
- **浦东机场问讯热线** 021-38484500。
- **北区客运站** 公兴路80号，电话：021-56630000。
- **公交长途客运有限公司** 中山北路1015号，电话：021-56538064。

- **交通大学徐家汇站**
  虹桥路211号。
- **正新长途公司汽车站**
  芷江西路249号，电话：021-56702163。
- **交通大众客运公司**
  桃浦公路168号。
- **沪东长途客运总站**
  东大名路959号，电话：021-65415869。
- **三汽公交西区汽车站**
  吴中东路555号，电话：021-64381285。
- **太平洋客运服务部**
  恒丰路710号，电话：021-63170440。

- **交通提示**
  上海是个人口密度很大的城市，市中心车水马龙非常热闹，主要路段上堵车的现象是经常发生的，所以如欲快速到达目的地，乘坐地铁是甚佳选择，详情可参照本页右侧内容。

- **打车提示**
  上海有数家出租公司的服务水平在当地有极好口碑，如锦江、强生、大众等公司，游客可视情乘坐。其中白色车身的属锦江公司、蓝绿色的属大众公司、橙黄色的属强生公司，非常好区分。

▲ 南京路夜景

上海市

列车最短间隔5分钟，全程票价6元。

富锦路（首班5:40、末班22:30）—莘庄（首班5:30，末班22:30）。

二号线路：线路全长25公里，全程运行40分钟，列车最短间隔7分钟，全程票价5元。

淞虹路（首班5:40、末班22:50）—张江高科（首班6:00、末班22:30）

三号线路：线路全长25公里，全程运行48分钟，列车最短间隔13分钟。

江杨北路（首班5:30，末班21:55）—上海南站（首班6:00，末班22:00）。

四号线路：从宜山路至虹桥路，全程票价5元。宜山路首班5:30、末班21:03。虹桥首班5:55、末班21:40。

五号线路：莘庄（首班6:00、末班22:08）—闵行开发区站（首班6:26、末班22:15）

六号线路：灵岩南路（首班6:08、末班21:26）—港城路（首班6:00、末班21:11）

八号线路：市光路（首班5:00、末班21:00）—耀华路（首班5:55、末班21:55）。

九号线路：桂林路（首班6:00、末班21:15）—松江新城（首班6:00、末班21:00）。

上海市设有地铁咨询热线电话：021-64370000，负责解答地铁各线的运行线路、发车时间及票价等各类问题且服务态度甚好，各位可以拨打咨询。

磁浮列车

由龙阳路站至浦东机场站，行程8分钟。普通票价50元，往返80元；贵宾票价100元，往返160元。电话：021-28907777。

黄浦江交通

轮渡：浦东、浦西之间有20余条轮渡供人、车过江，行人票价1~2元/人次，往返都需购票。

问询电话：021-63200015。

隧道：上海共有3条过江隧道，其中打浦路和延安东路两隧道仅供车行，外滩观光隧道供人行。

出租车

出租车以桑塔纳为主，起价3公里11元，而后每公里2

元，超过10公里每公里3元。23:00以后起价3公里13元，以后每公里3元。等候时间，5分钟2元。

上海公交车、地铁非常发达，建议如果时间充裕尽量乘坐公交车和地铁，可以节约开支。

住宿

上海作为亚洲最大的城市之一，城市中的酒店业非常发达，各类宾馆酒店真是档次繁多、应有尽有，若想全面介绍这座大城市的住宿状况，笔者很感力不从心。所以，只为您提供一些扼要的住宿信息供参考吧，详情见本页右侧内容。

餐饮

如果你是从长江北岸来到上海观光旅游，那一定会为这里的特色风味食品和美食菜肴的数量之多、制作之精美细致和价格的便宜实惠所深深打动折服。风味菜肴中的上汤鱼翅、腌子蟹、生煸草头、扣三丝、八宝鸭、冰糖甲鱼、虾马大乌参、红烧和干烧大黄鱼、干烧明虾、糟钵头、脆皮烧鸭、戏水芙蓉、农家粽香肉；特色小吃中的酒酿圆子、虾肉小笼包、真如羊肉、油氽小馒头、生煎馒头、小绍兴鸡粥、三鲜豆皮、排骨年糕、蟹壳黄、南翔小笼包、鸡鸭血汤、城隍庙五香豆、稻香村鸭肫肝、荣华鸡等都是美食佳品。还有那么多的特色风味餐厅及美食城，你不敞开胃口大吃大嚼对得起谁呢？

主要景点

东方明珠（5A级景区）

它是上海东方明珠广播电视塔的简称，该塔坐落在上海浦东陆家嘴经济开发区内，高468米。

“东方明珠”造型奇特新颖，它由三根直径为9米的擎天

• 外滩·南京路地区饭店 区号021

上海和平饭店，五星级，南京东路20号，63216888。

国际饭店，四星级，南京西路170号，63275225。

金门大酒店，三星级，南京西路104号，63276226。

浦江饭店，二星级，黄浦路15号，63246388，浦江饭店还设有青年旅舍。

• 浦东陆家嘴地区

上海金茂凯悦大酒店，五星级，浦东世纪大道2号，50471234。

上海浦东假日酒店，四星级，东方路899号，58306666。

• 虹桥开发区

虹桥宾馆，四星级，延安西路2000号，62753388。

西郊宾馆，虹桥路1921号，62198800。

• 徐家汇地区

衡山宾馆，三星级，衡山路534号，64377050。

九华迎宾馆，三星级，九龙路2787号，64399399。

• 招待所

北站大酒店，天目路35号，63242355。

正大旅社，浙江中路108弄11号，63226210。

良光大饭店，四平路1149号，65159088。

上海大学招待所，江宁路301号，62538927。

• 青年旅舍

万里路国际青年酒店，在武宁路，标间150~180元、多人间40~50元/床，在前面有详细介绍。订房电话021-52905577。

风味餐厅

老饭店，河南南路353号，电话：021-63282782，特色菜有八宝鸭、扣三丝、生煸草头、糟钵头等。
德兴馆，惠民路临潼路附近，电话：021-65354040，特色菜肴有扣三丝、竹笋腌鲜等。
鸿宾楼，龙镇路83号，电话：021-56647062。
老正兴菜馆，云南路，电话：021-63222624，特色菜有生煸草头、冰糖甲鱼等。
菜香根酒店，天钥桥路130号，电话：021-64865200。
锦江老夜上海，茂名南路59号北楼底层，电话：021-62582582。
上海人家，陕西南路90号，电话：021-54037888。
上海老站，漕溪北路201号，电话：021-64272233。
红房子西菜馆，在陕西南路，特色菜主要有各式法式西餐大菜。

▶浦东高层建筑

▲"东方明珠"雄姿

• **东方明珠**

乘公交 81、82、85、870、872 路及地铁 2 号线均可到。

¥门票 85~135 元。门票价格随塔内的观光高度而异，如果只参观塔的第二层 85 元，参观最上边的太空舱 135 元。

参观东方明珠最好避开重要节假日，否则乘电梯上下要长时间等候。

• **金茂大厦**

乘 82、85、574、583 路陆家嘴站下，或可乘轮渡泰公线，隧道三、四、五、六线到达。

¥门票去88层观光100元。

咨询电话：021－50475101。

在金茂大厦观光的效果要略强于东方明珠且门票便宜，游人尽可前去。

• **环球金融中心**

与金茂大厦相邻。

¥门票 150 元。

• **上海野生动物园**

票价 120 元,1.2 米以下儿童半票,021-61180000。

万野线：万体馆——上海野生动物园；旅游 2 号线：上海体育场（4 号停车场）——上海野生动物园；南新线：新客站（南一出口，龙门宾馆门口）——上海野生动物园；张南线：地铁 2 号线张江站出口——上海野生动物园。

立柱将 11 个大小不一的球形建筑上下串联并凌空提起，如宝石垂悬，身姿奇异而优美。塔内有明珠科幻城、上海博物馆、明珠百货公司等多家旅游游乐机构设施，其中离地面 263 米的巨型观光大厅是该塔中的最佳观景点——站在该厅的巨型橱窗前凭栏远眺，可把新楼林立、开阔壮美的上海全貌尽收眼底——天气晴朗时连远在黄埔江口的崇明岛都清晰可见。

金茂大厦观光

同样位于浦东陆家嘴开发区内，总高 420.5 米，是世界第六、中国第三高楼，地上部分共 88 层，外形集民族风格和现代气派于一身，是上海市区的标志性建筑。

乘坐楼内的高速观光电梯，45 秒钟即可从首层抵达位于顶层（高 340 米）面积达 1520 平方米的观光厅，在此游人可以观朝晖日出、览晚霞落日，千船竞发的浦江壮景和万座新楼鳞次栉比的上海全景非常壮阔迷人。

环球金融中心

与金茂大厦相距不远，楼顶高 492 米是世界第三。楼上 94~100 层是观光层，上面见到的壮景与金茂大厦异曲同工但是更显辽阔壮美。笔者给予强力推荐。

豫园

为上海市区唯一保存完好的江南古典园林，始建于明朝，有萃秀堂、仰山堂、三穗堂、万花楼、鱼乐榭等 40 余处胜景，小桥流水亭阁水榭相映，风光秀美而生动。

外滩

黄浦江西侧的全长 1500 米的上海最气派繁华的街段。高楼林立且风格各异，典型代表有中国银行大楼、和平饭庄、海关大楼、汇丰银行大楼等建筑。造型无不凝重、雄浑、雍容、华贵，被誉为"万国建筑博览会"。

外滩亦是观赏黄浦江风光和对岸浦东经济开发区盎然新姿的最佳地点，从这里眺望拍照对面东方明珠电视塔的雄姿效果绝佳，因而是游客抵达上海的必到之地。

南京路步行街

上海最古老最有名的商业街，全长 1200 余米，两侧高厦云集、店铺林立。其中市百一店、华联商厦、上海时装公司、第一食品公司等是闻名全国的商市巨腕，数百家中小规模的专卖店亦都门面精美，其繁华喧嚣程度至少是北京王府井大街的五倍，这里既是上海市区的观光佳境——白天人流熙攘，夜晚霓虹闪烁、彩灯齐发、绚丽多彩；更是购物天堂，各种新、奇、美商品应有尽有，游客可以倾囊相购，任购所需。

朱家角

淀山湖畔始建于宋元的江南古镇，古时曾有“长街三里，店铺千家”，1991年被国务院命名为“中国文化名镇”，现大部分已恢复古时旧貌。朱家角古镇如今人气旺盛，每天游客如潮。

浦江游览

每天从金陵东路外滩码头发船，一直开到海天相接、天水一色的吴淞口，途经外滩、浦东开发区、陆家嘴高楼群、杨浦和南浦大桥，看尽高楼广厦林立、异常新颖气派的新上海风姿倩影。

浦江游览的另一大收获是可以观赏到江上行驶和江边停泊的上千艘舰船（有军用亦有民用)，真像观览一个规模盛大的万国船舶博览会，令人非常新奇开心。

南浦大桥

位于市区南部，是上海市区第一座跨越黄浦江的双塔双索面叠合梁斜拉桥，全长8346米，主桥长846余米，以一跨423米过江面，主塔高达150米，两侧有斜拉钢索，犹如雄鹰展翅欲飞。是上海重要的观光新景点，亦是世界桥梁建筑史上的奇迹。

杨浦大桥

是继南浦大桥之后架设在黄浦江上的又一巨型双塔双索斜拉桥，桥长7658米，其中主桥长1172米，中孔跨度602米，在世界同类斜拉桥中雄踞第一。桥塔的两侧有32对斜拉钢索，酷似巨型琴弦，弹奏出铿锵有力的惊天乐曲。

世纪大道

全长4.2公里，宽近百米，是浦东新区最重要的景观道路。该路西起东方明珠，东至世纪公园，沿途有陆家嘴金融中心区、新上海商业区等豪华商业街区。特别雍容华美，被誉为“东方的香榭丽舍”大街。

上海博物馆

在市中心人民广场的南侧，分为中国古代青铜馆、古代

- **豫园**

乘11、42、64、126、526、632路车可到达。

¥门票旺季40元，淡季30元，逛商场不需购票。

- **南京路步行街**

时间有限的游客可以专门游览南京路的精华地段，即东侧黄河路与河南中路之间的南京路段。这一段有诸多大型商厦，如华联商厦、新世界、伊都锦等。从步行街的东端还可以乘地铁2号线去浦东观光，览陆家嘴、东方明珠等名胜。

南京路上还有观光车为游客代步，乘车逛街既省力又开心。

- **朱家角**

距上海虹桥机场或上海火车新客站1~2小时车程。上海市区的人民广场和体育场到朱家角每日7：00~18：30，每半小时发1班车。上海汽车南站的上朱线公交车可直达。

现在已经免收进镇门票了，进入古镇上少数景区需购门票。

- **浦江游览**

浦江游览号，精华游（外滩—杨浦大桥，70~90元/人)、全程游(外滩—吴淞口，90~120元/人)，中山东二路239号，021-63744461。

外滩、南浦大桥江段游览48元/人，扬子码头，021-63293246。

- **南浦大桥**

乘43、48、64、65、89、109、715、728、730、736、780、910、928、931路，大桥一、二、六线。

¥门票10元。

- **杨浦大桥**

乘8、28、228、401、813、853路，隧道六线等均可到。

¥乘电梯到桥头堡上观光门票50元。

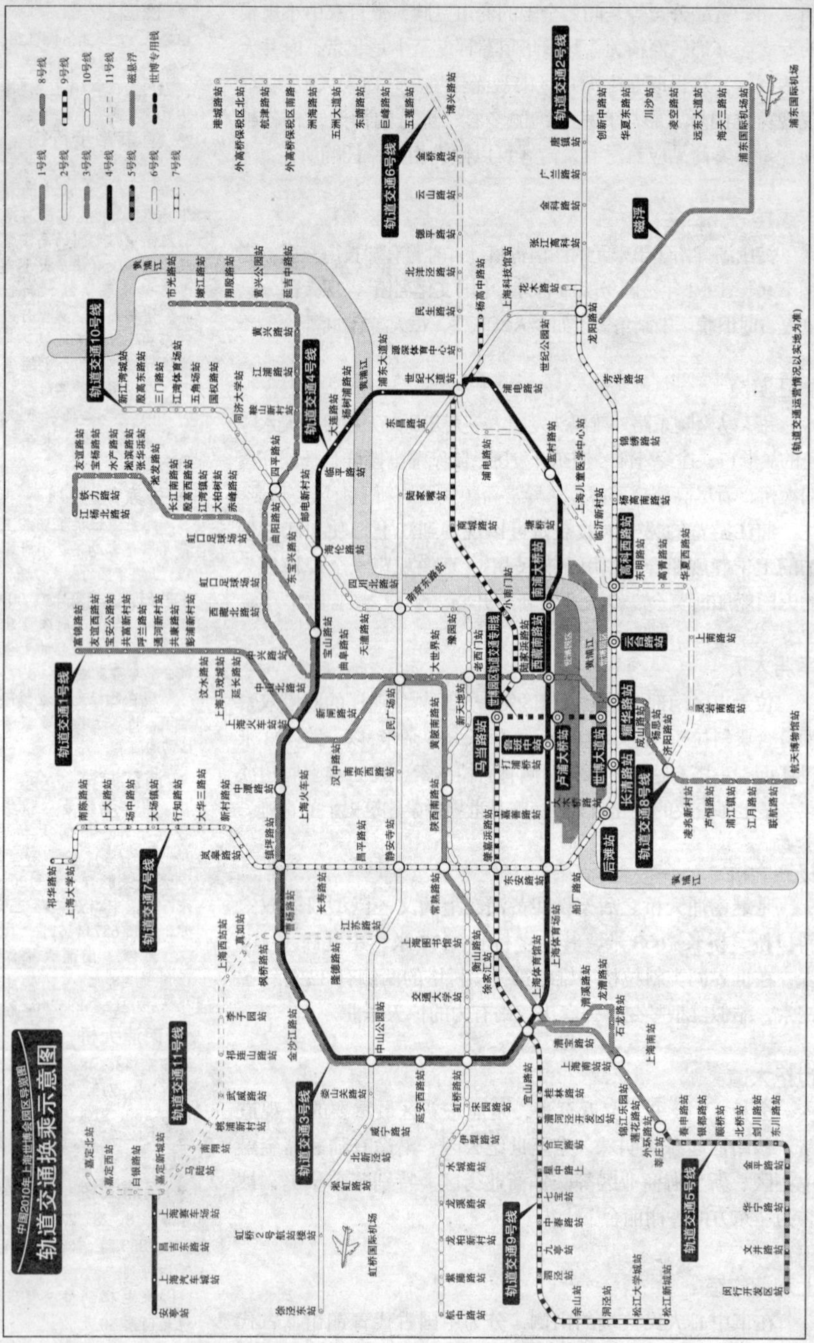
中国2010年上海世博会园区导览图
轨道交通换乘示意图
1号线
2号线
3号线
4号线
5号线
6号线
7号线
8号线
9号线
10号线
11号线
磁悬浮
世博专用线
轨道交通1号线
轨道交通2号线
轨道交通3号线
轨道交通4号线
轨道交通6号线
轨道交通7号线
轨道交通8号线
轨道交通9号线
轨道交通10号线
轨道交通11号线
世博园区轨道交通专用线
磁浮
黄浦江
虹桥国际机场
浦东国际机场
(轨道交通运营情况以实地为准)

陶瓷馆、历代钱币馆、历代绘画馆等多个展馆。馆藏甚为丰富，而馆内管理异常现代化，是与北京、西安、南京博物馆齐名的国内最高级的博物馆之一。

▲ 新天地石库门建筑群一角

新天地

新天地位于黄陡南路、太仓路，是一个以上海特有的石库门建筑为主体、遍布各类餐厅、酒吧、夜总会等餐饮娱乐设施的休闲佳境。白天这里有不少游客观赏拍照特色石库门建筑群并参观这里的中共一大会址。晚上各家餐厅酒吧彩灯显烁，人们在店内外品美食、喝美酒，很显浪漫温馨。新天地是上海市区新潮时尚的经典象征，但是这里过高的物价也在一定程度上抑制了客人的消费热情。

上海科技馆

地处世纪广场西侧，南邻世纪公园，占地面积达 6.8 万平方米，由天地馆、生命馆、智慧馆、创造馆、未来馆 5 个主要展馆组成，是上海市投巨资兴建的科普教育基地和休闲旅游基地，曾举办过 2001 年 APEC 领导人非正式会议和其他重要会展活动。

科技馆内向参观者展示自然界的各类奇妙生物万象和人类科研活动的新发现、新成果，普及性和参与性强，参观后能让人开阔眼界增加不少知识学问。馆内有多种餐饮娱乐设施，参观者可在其中长时间观光、休闲、游乐。

- **世纪大道**

乘地铁 2 号线可到。

- **上海博物馆**

人民大道 201 号，9:00~17:00，17:00~20:00（周六加场）

¥门票免费，但需领票进入。

- **新天地**

乘公交 42、911、926 及轨道交通 1 号线、10 号线均可到。

- **上海科技馆**

乘公交 640、794、936、983 等路和地铁 2 号线及隧道四线等均可到。

¥门票 60 元。学生和儿童享有大幅优惠。

自动语言服务 95005500。

推荐游程

上海一日游

A 南浦大桥—豫园—城隍庙—外滩—人民广场—南京路；B 外滩—南浦大桥—东方明珠塔—外高桥—杨浦大桥—四川北路；C 豫园、豫园商场—人民广场—南京路—观光隧道—东方明珠—张杨路；D 鲁迅公园—内环高架桥—杨浦大桥—东方明珠塔—南浦大桥—豫园—外滩—南京路；E 龙华寺—豫园—城隍庙—人民广场—上海博物馆—南京路—外滩—观光隧道—东方明珠塔。

上海二日游

D1：豫园—南浦大桥—金茂大厦—东方明珠塔—观光隧道—外滩—南京路；

D2：鲁迅公园—四川北路—人民广场—上海博物馆—“一大”会址—孙中山故居。

上海三日游

D1、D2：同二日游；

D3：松江方塔、嘉定古猗园或青浦大观园或去朱家角看古镇风情。

上海新景二日游

D1：人民广场—南浦大桥—东方明珠塔—东方路—观光隧道—人民广场—南京路—外滩；

D2：虹桥开发区—历史博物馆—古北新区—徐家汇—南北高架路—上海博物馆。

旅游锦囊

为您介绍快速游览上海核心景区的开心省钱窍门——人民广场、上海博物馆、南京路、外滩、浦江水上观光、浦东游览、金融中心高空观赏美景、豫园逛街购物、新天地晚间休闲游乐——一天内玩得精彩圆满、其乐融融

①早上观光，8:00 前后先从人民广场开始，到人民广场太容易了，上海的轨道交通非常方便，人民广场是重要的换乘站。

②广场本身风景一般，但周围却有不少重要景点。建议您先花 1 小时到上海博物馆看看——藏品不少且免费参观。

③9:00 左右出博物馆，10 分钟后走到南京西路，新世界、第一百货、华联商厦等大型商厦都在这，选一处随便转一转。南京路现在仍然是著名的步行商业街，但由于上海其他商业街的崛起，南京路的观光价值已经大减，建议你花 10~30 元乘上观光车，从路上走一遭，到南京东路下，再步行 10 分钟，外滩就到了。

④10:00 至 10:30 在外滩观光，看黄浦江两岸秀色，拍摄东方明珠、金茂大厦、国际金融中心等代表性建筑的优美画面。

⑤10:30 至 11:30 乘船游览黄浦江精华段（杨浦大桥到南浦大桥段，外滩江边有不少售票点，船票 50 元），11:30 上岸，在附近午餐。

⑥12:30 在外滩乘轮渡，船票 2 元（船况很好，船上又能看风景），10 分钟就到浦东码头，上岸后就看到了浦东观光车——共有 2 种车：一是双层大巴，车费 15 元，含导游讲解和一杯饮料；二是普通观光车，车费 1 元。上述两种车都是环线车，依次经过金融中心、金茂大厦、海底世界、东方明珠、香格里拉饭店，最后回到码头。建议您先坐双层的兜一圈，看浦东全景，之后在第二圈时在金融中心下，然后登顶观光（比在东方明珠和金茂大厦上看到的风景壮阔得多）。

⑦14:30 左右出金融中心，去海底世界观光，这里虽然与其他城市的同类景点相差不多，但进去做 1 小时的观光仍可让人感到快乐开心。

⑧15:30 上观光车，10 分钟后到码头乘船，再过 10 分钟到浦江西岸，上岸后再以浦东高层建筑群为背景拍人像纪念照，此时光线最佳（上午全是逆光，此时是顺光）。

▲ 浦东世纪广场秀色

⑨16:20 打车去城隍庙购物（公交车不方便），那里各类小商品商摊多得令人头晕。逛到 18:00。

⑩18:00 打车到新天地，这里有许多石库门（上海独有）建筑，很有观光价值，亦有不少餐厅、咖啡馆，在这里晚餐，消磨享受到 19:30 左右。之后随意去延安路商业街一逛，这一天观光购物日程安排太精彩圆满了。各位读者朋友尽可一试。

上海市

江苏省

JIANGSUSHENG

江苏省位于长江下游，东濒黄海，省内江河密布、湖泊众多、气候温和、物产丰饶，是华东地区著名的鱼米之乡。

江苏省内的自然风光优美且名胜古迹众多。南京、苏州、扬州、镇江、淮安、常熟均是公认的国内历史文化名城；而烟波浩渺的太湖、洪泽湖美景和周庄、同里、甪直等水乡古镇的独特风姿神韵同样引人入胜。江苏省内的水、陆、空交通都很发达便利，游客可以在这里用异常快捷顺畅的速度和方式作随心所欲的开心旅游。

黄金旅游线路

① 南京—无锡—苏州

② 南京—镇江—扬州

③ 苏州—周庄—同里—锦溪

①南京是有着 2400 余年悠久历史的江南古城，亦是中国四大古都之一，城中名胜遍布，其中中山陵、雨花台、夫子庙、明孝陵、灵谷寺、玄武湖、秦淮河等景在江南享有盛名，游人可在此作 2~3 日游览。

②扬州的城市虽小但风光出众，尤其是瘦西湖，它把苏州园林的精巧和杭州山水的绮丽有机地融合在一起，非常令人心动，游人应在扬州作 1~2 日畅游。

③镇江的“三山”很有名，尤其是金山山姿美，山上古迹多，是长江边上一朵盛开的芙蓉。在镇江游览若抓紧时间一天就够，其中“三山”特别是金山是游览的重中之重。

④苏州山水园林本来就是华夏山水名胜中的奇葩，而新近开发开放的周边水乡古镇风光更令姑苏古城增彩生辉，把苏州城区园林和周庄 (含同里、锦溪、甪直) 一起游览定会精彩开心——需要逗留 2~3 天。

⑤无锡市最美的地方是太湖，太湖最美的地方是鼋头渚和“三山”，市区还有蠡园和锡惠公园等名园佳景，2 日观光可以玩得自在而从容。

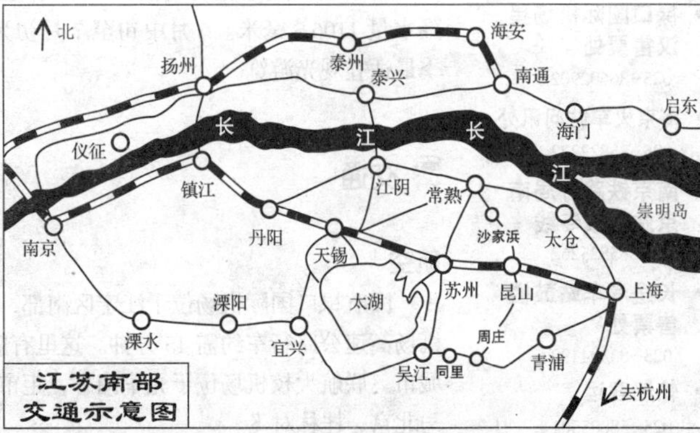

江苏南部交通示意图

南京

电话区号 025
旅游投诉 83606085
旅游咨询 83362686
旅行社 85508877

由于有2400余年的建城历史，历代政权中就有10个在此建立都城，所以南京被称为“十朝都会”，亦被列为国内四大古都之一，而与北京、西安、洛阳齐名。由于有了宏伟的中山陵、壮阔的明孝陵、繁华的夫子庙等诸多古迹名景，所以从你一踏进这座城市开始，就会感受到华夏悠久文明历史和灿烂文化之光的华美与凝重。南京的现代城市风光同样缤纷而诱人，踏上雄伟的长江大桥，你可以在辽阔江天之间惊叹人类辛劳和智慧的伟力；漫步在秦淮河边，你却能在桨声灯影中体验、回味岁月时光的美丽和无情。选一个宽松的时间段去南京观光游乐抚今追昔，你会得到诸多感慨和触动。

▲ 宏伟的中山陵

- 民航南京售票处
  025-84999378。
  025-84589294。
- 禄口国际机场星汉售票处
  025-86602902。
- 南京火车站问讯处
  025-85822222。
- 南京铁路分局南京站订票专线
  025-85825262。
- 长途汽车站鼓楼售票处
  025-83304499。
- 轮船客运
  025-58805501。

气候

南京属亚热带湿润气候，年平均气温为15.3℃。年平均降水量1106.5毫米。6月中旬至7月初为梅雨季节。春秋两季最适宜观光游览。

交通

航空

民航禄口国际机场位于江宁区南部，距市区30公里，走机场高速公路行车约需45分钟。这里有航班飞往全国各大中城市。联航大校机场位于光华门外，距市区约10公里，航班与北京、桂林对飞。

铁路

有南京、南京西（下关）、南京南（中华门）3个客运站。其中南京站规模最大，车次最多。所有途经南京的列车都停靠南京站（新建的车站大楼很现代化）。从南京始发的大部分列车由南京西站开出，并经过南京站。南京南站有始发芜湖、铜陵的部分短途旅客列车，宁铜线上普快列车也多停靠此站。

公路

南京是华东地区最大的公路交通枢纽，沪宁（上海—南京）、宁连（南京—连云港）、宁通（南京—南通）、宁合（南京—合肥）、宁马（南宁—马鞍山）、宁淳（南京—高淳）6条主要的高速公路连接了沪、浙、皖、鲁4个省市。全市有9个长途汽车客运站，各类普巴、快巴发往周边省市各地快捷便利。

水路

南京是长江航线最大的内河港口，大型客轮终年通航。南京港客运站与南京铁路西站相邻，位于下关江边路北，乘公交10、302路及游4路可达。长江客轮上通芜湖、安庆、九江、武汉、重庆，下达镇江、扬州、南通、上海。但是，江上客轮因客源日益减少而停开了许多班次，水运正日益被其他交通方式所替代。

市内交通

公共电、汽车有数百条线路，全是无人售票，普通车1元，空调车2元。

南京有地铁1号线（含南延线西延线）和2号线，总里程85公里，共设57座车站，3座换乘站，6:00~23:00运营。票价为2、3、4元三等。

- **当地主要宾馆酒店**

区号025

紫金饭店，孝陵卫晏公庙53号，84431646；

金丝利喜来登酒店，中山陵四方城2号，84430888；

希尔顿国际大酒店，中山东路319号，84808888；

扬子宾馆，大厂区葛关路688号，57784888；

怡华假日酒店，中山北路45号，83308888；

天京大酒店，中山南路238号，84209888；

扬子江酒店，中山北路550号，58803950；

金陵饭店，新街口广场，84711888。

- **南京地铁**

共16站，从奥体中心到迈皋桥，运营时间6：00~22：00起价2元，最高4元。

- **推荐住宿**

①锦江之星宾馆

在中山北路，025-58803950。双标间159元，会员143元。

②青年旅舍

南京瞻园青年旅舍，在夫子庙旁的瞻园路80号，地处繁华街区且交通便利，双标间110~160元、普通间30~40元/床（每人有储物柜、可洗热水澡），便宜实惠且邻近秦淮河夫子庙，观光购物方便。从火车站坐1路公汽三山街下步行即到。

电话：025-66850566。

推荐游程

一日游：A.玄武湖—总统府—中山陵—灵谷寺—明孝陵—夫子庙—雨花台。

B.雨花台—中华门—瞻园—夫子庙—莫愁湖—清凉山。

二日游：A.D1：中山植物园—廖仲恺何香凝墓—明孝陵—中山陵—灵谷禅院；

D2：南京长江大桥—中华门—雨花台—莫愁湖—玄武湖。

B.D1：明孝陵—中山陵—灵谷禅院—总统府旧址—梅园新村—玄武湖；

D2：鸡鸣寺—夫子庙—瞻园—中华门—雨花台—南京大屠杀纪念馆—静海寺。

四日游：D1：中华门—白鹭洲公园—夫子庙—瞻园—莫愁湖；D2：中山陵—中山纪念堂—灵谷寺—玄武湖；D3：栖霞寺和栖霞山；D4：南京长江大桥—鼓楼—中央门—燕子矶—市区观光。

住宿

南京宾馆酒店甚多，房价适中。五星级的金陵饭店、四星级的新世纪大酒店、三星级的中央大厦均在当地享有盛名。而在众多的中小宾馆旅社中，100 元左右的普标房足以满足一般游客的一般需求。

主要景点

钟山—中山陵（5A 级景区）

钟山山体东西长 7 公里，南北宽约 3 公里，山势蜿蜒逶迤，形如莽莽巨龙，故称“钟山龙蟠”。钟山风物，当以孙中山先生的陵墓及其附属纪念建筑群为最，中山陵为中国近代伟大的民主革命家孙中山先生的陵墓，1926~1929 年建于南京市东部的钟山南麓，主体建筑有牌坊、墓道、陵门、碑亭、祭堂和墓室等。陵区的 392 级石阶依山而上，陵门入口处的牌坊宽大凝重而秀美。中山陵是南京市区的标志性古迹名胜，亦是外地游客来时的必瞻之景。

明孝陵

地处钟山南麓独龙阜玩珠峰下，至今已有 600 多年的历史，陵区纵深达 2.62 公里，是我国古代最大的帝王陵墓之一。陵区现存下马坊、大金门、大石桥、方城、宝城等古迹。其中陵区神道长达 800 米，两侧遍布狮、獬豸、麒麟等精美气派的动物石雕，是明代皇陵石刻中的经典之作，甚具观赏价值。

灵谷寺

在中山陵东侧，是南京古刹中唯一完整保存至今的寺院。寺后的灵谷塔高 66 米，登上塔顶可览周边佳景，寺内的无梁殿整座建筑全用砖石砌成，无梁无椽，是古代宫殿建筑史上的奇葩和精品。

玄武湖

古时称为桑泊和北湖，1901 年辟为公园，当今是南京市内大型风景观光区之一。该湖周长约 15 公里，湖心有环洲、樱洲、梁洲、翠洲、菱洲 5 个洲岛，把湖面分为四大片，之间有精美桥堤相连，风光壮阔，景色宜人。

- **特色餐馆**

绿柳居，太平路 248 号，江苏素菜：鸡、烧鹅、鱼片、宫保鸡丁、鸡酥海参都是素食菜，86634644。

马祥兴，中山北路 5 号，江苏菜百年老店，四大名菜：松鼠鱼、蛋烧卖、凤尾虾、美人肝。

六华春，韶山路 248 号，京苏大菜：松子熏肉、芙蓉虾仁、金陵丸子。

味真香，山西路 23 号，绍兴帮：杭州卤鸭、东坡肉、油爆大虾、龙井鱼片、油炸黄雀。

莲湖馆，夫子庙贡院西街，苏式甜点：桂花元宵、双色糕、糖粥。

酸菜鱼馆，北圩路，酸菜鱼、芦蒿炒臭豆腐干、脆糖豆腐，便宜实惠，21:00 后 6 折。

- **当地特色美食**

主要有以金陵烤鸭、金陵板鸭、酱鸭、盐水鸭、香酥鸭为代表的各类鸭肴。其他风味菜肴和小吃有丁香排骨、黑椒生炒甲鱼、炖生敲、素烧鹅、四味麻团、薄皮小笼包、各式汤包、什锦菜包、蟹黄烧饼等。

- **中山陵**

🚌9 路及游 1、游 2、游 3 路均可到。

¥门票免收。门口有观光车直达明孝陵和灵谷寺。

- **明孝陵**

🚌2 路及游 2、游 3 路均可到。

¥门票 70 元。通票 90 元，与音乐台、灵谷寺通用。

- **灵谷寺**

🚌9 路及游 1 路可到。

¥门票 20 元。

- **玄武湖**

🚌游 1、游 3、游 31、游 22、游 33、游 35 及 304 路均可到。

从火车站对面乘船也可到湖区。

¥门票旺季 30 元，淡季 20 元。

江苏省

雨花台

是南京城南制高点，因古时天雨落花的传说而得名，亦因曾经有不少革命者在此就义而在新中国成立后被建成了烈士陵园。园区的自然风光也很美，只是这里盛产的闻名中外的美丽雨花石已难寻其踪影。

燕子矶

是长江三大名矶之一，在南京北郊观音门外，海拔 36 米，因有山石挺立江边，形态如燕子欲飞而得名。这里视野开阔，江景秀丽，是南京市久负盛名的观光佳景。

总统府旧址

位于长江路 292 号，晚清曾是天王府和两江总督衙门。1912 年孙中山就任临时大总统后亦在此居住办公。国民党统治时期，这里亦被蒋介石作为办公地点和总统府。解放战争期间那幅著名的《人民解放军占领南京》的照片就是在府前的门楼拍摄的。

南京长江大桥和长江第二大桥

南京长江大桥竣工于 1968 年，公路桥长 4589 米、铁路桥长 6772 米，异常高大雄伟，当年大桥建成后曾为世人瞩目，当今仍是南京的重要一景，但已略显陈旧。在市区东北方长江上架设的第二座大桥外观新而美，游客可前去观览江桥新姿。

秦淮河·夫子庙

秦淮河是流经南京的主要河流，古时河边遍布商家、茶楼、酒楼和妓院，诸多风情故事流传至今。

夫子庙始建于北宋，是秦淮河区的观光及商业中心。

1985 年后，南京市修复重建了夫子庙古建筑群，现在这里到处有明清建筑风格的商店、餐馆，成为特色鲜明的旅游文化商业街区。白天河边街头游人众多，晚间乘船或步行在秦淮河河滨水上，可以重温河区“桨声灯影”交融相映、朦胧柔美的美妙意境（只是河水没有古时那样洁净清纯）。

▲ 秦淮河风光

- **雨花台**

2、16 路可到。

¥ 门票免收。

- **燕子矶**

8、64、122、125 路及燕尧专线可到。

¥ 门票 40 元。

- **总统府旧址**

2、3、9、29、30、65 路及游 1、游 2 路可到。

¥ 门票 40 元。

- **南京长江大桥和长江第二大桥**

12、15、67、69、307 路等多路公交可到老桥。

新桥亦有公汽前往。

- **秦淮河·夫子庙**

乘 1、4、7、31、47、301、309、游 2、游 4 路公交车可到夫子庙。

游船票 60~80 元。

夫子庙 8:00 ~20:00，大成殿在每日 9:30、10:30、14:00、15:00、16:00 有雅乐表演，朝天宫每天中午都有一场仿古时朝贺天子的礼仪表演，另外，每年农历正月初一至三十，在夫子庙一带还要举行金陵灯会。夫子庙联票 40 元。

- **特别关照**

夫子庙前的秦淮河夜景很美，来南京的游客不看不行。从火车站坐 1 路可直达。

扬州

电话区号	0514
扬州市旅游局	87325601
旅游投诉	87343669
旅游咨询	87363909

扬州城至今已有2400余年的历史。自古就享有“淮古名都，富甲天下”之美称。扬州亦是中外闻名的旅游胜境，素来是佳景荟萃之地，风物繁荣之城，有众多的名胜古迹和雅致园林。

扬州的“瘦西湖”历史悠久，风光秀丽。在近十里长的湖区两岸，营造了“两堤花柳全依水，一路楼台直到山”的湖区胜境；城边的观音山上寺院遍布，享有“江南第一灵山”之称；“二十四桥明月夜，玉人何处教吹箫”，自古是赏月的绝佳之处。此外，像历史悠久的古刹大明寺，有“城市山林”之称的何园，以四季假山著称的个园，以及曾经留下康熙、乾隆等先圣足迹的行宫遗迹等，都是扬州山水风景中的瑰宝，景色秀美，旖旎动人。

▲ 扬州瘦西湖风光

气候与游季

扬州地处长江沿岸，气候温和，年平均气温14.8℃，雨量充沛，空气温润，无明显游览淡季，1月份天气最冷的时候，瘦西湖仍然风光如画，待到暮春三月，江南桃红柳绿、草长莺飞的美好时节，这里的秀丽风光还有必要用语言来形容和赞美吗？

江苏省

- **重点提示**

如果您时间仓促而又想领略南方美景，扬州是绝佳选择，短短一天内即能饱览水乡风情，感觉甚佳。

- **汽车总站**

0514-87963658。

- **汽车西站**

0514-87861812。

- **最新交通信息**

①扬州已通火车，有客车直达北京、上海、苏州。火车从南京到扬州只需1个小时出头。

②扬州与镇江间新开了一条观光专线，起终点分别为扬州的平山堂和镇江的焦山，中途经过瘦西湖、金山、北固山等当地著名景区，全程车费14元。

交通

扬州目前无机场，进出主要靠陆路和水路，宁通高速公路在这里横贯东西，京沪高速路在此纵贯南北，乘客车或自驾车去扬州十分便利。

过去游客来扬州基本上是乘火车到镇江（镇江是京沪线上的大站，每日有南来北往多次列车在此停靠），把镇江同扬州连在一起玩。两地间交通尚属方便。镇江火车站前有发往扬州的直通空调汽车，票价16元，45分钟即到（中途汽车走新建成的润扬大桥过长江）。现在扬州也通火车了。

扬州汽车总站位于汉阳中路邗江路口，每天从早到晚都有发往南京、镇江、苏州、无锡、淮安、仪征及徐州、蚌埠、济南、武汉、郑州、北京等周边和其他省市的普通大巴和快客，其中扬州到南京只需 1.5 小时，车费 31 元。

扬州市内的交通很便利，公交线路有数十条，出租车起价 7 元/3 公里，晚 9 点到早上 7 点起步价 8 元/3 公里，另外有许多人力三轮车，5 元钱即可蹬出很远的路。

住宿

南方小城市住宿方便，宾馆旅店多且便宜，游客可根据自己的爱好任选。如福客都商务酒店条件较好的标间 138 元/间，电话 0514–87801777，福客都酒店的何园分店标间才 80~100 元/间，电话 0514–85558100。在人民商场附近有家宾馆——绿杨旅社，是由古老宅院组成的，许多历史名人曾在此下榻，此旅店建筑风格独特但设施不太新，房价并不便宜。

餐饮

以《红楼梦》中描绘的菜肴为蓝本而制作的红楼宴颇为闻名，席间可品佳肴美酒，观红楼服饰，领书中情趣，在扬州宾馆餐厅等大型高档饭店可品尝享用。其他特色菜有红烧狮子头、清蒸鲫鱼、大煮干丝、软兜鳝鱼、炝虎尾、蟹黄汤包、扬州炒饭等。位于国庆路旁的绿春茶社是当今名气很大的特色餐厅，值得关注。

主要景点

瘦西湖

“垂杨不断接残芜，雁齿虹桥俨画图，也是销金一锅子，故应唤作瘦西湖。”瘦西湖位于扬州市城西北，自古以来就是风光诱人的名胜佳景。

瘦西湖之美主要是它集中了苏杭山水风光的长处而又有效地回避了它们的短处。杭州西湖风光绝佳，但因湖面辽阔而略显空旷；苏州园林精巧玲珑，但规模太小而缺乏大气。而瘦西湖既有杭州西湖的山水规模，又凝聚了苏州园林的精美集中，它比杭州西湖玲珑剔透，又比苏州园林开阔壮美。一处景区能融数种美感于一身，确为世上罕见。

瘦西湖曲折蜿蜒长近 5 公里，湖区共有二

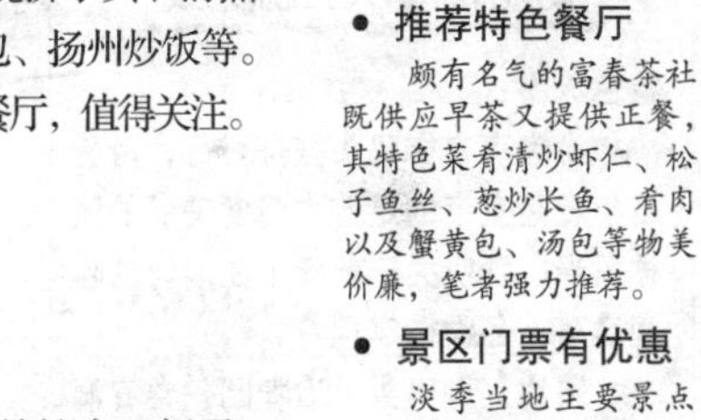

- **主要星级宾馆**

区号 0514

金陵西湖山庄（三星级）。87313888。

江都大酒店（三星级）。86551988。

江苑宾馆（二星级）。87523696。

▲ 瘦西湖名景，二十四桥

- **推荐住宿**

①福客都酒店，在江阳中路 150 号，交通便利且条件好而房价不贵，标间 150 元、单间 128 元，从汽车东站乘 10 路、从汽车西站乘 8 路可到。笔者力荐。电话 0514–87801777。

②福客都酒店何园分店，在何园景区对面，条件尚好的双标间 80~100 元，物美价廉，笔者力荐。电话 0514–85558100。

- **推荐特色餐厅**

颇有名气的富春茶社既供应早茶又提供正餐，其特色菜肴清炒虾仁、松子鱼丝、葱炒长鱼、肴肉以及蟹黄包、汤包等物美价廉，笔者强力推荐。

- **景区门票有优惠**

淡季当地主要景点门票会下浮，请留意。

十四桥、白塔、小金山、徐园、吹台、日观等数十处名景，园林建筑多彩多姿，游人乘船行驶其间，备感风光似画、如诗如梦。

个园

位于扬州盐阜路，系清嘉庆年间两淮盐业商总黄至筠的私人园林。园内种有诸多竹丛竹林，园主人又特别喜爱竹子，因竹叶形状类似“个”字，故取名“个园”。

个园中的假山堆叠亦精巧著名，假山采取分峰叠石的手法，运用不同的石头，表现春夏秋冬四季景色，号称“四季假山”。游园一周，如历春、夏、秋、冬四季，是扬州园林中颇具特色的一景。

何园

又称寄啸山庄，建于清光绪年间，是晚清园林的建筑代表作。园林中船厅、楼廊、鱼池和假山、花木错落有致，布局深得移步换景之妙。该园虽地处城区，但园内却清风自生、翠烟自留，故有“城市山林”的美称。

- **瘦西湖**

乘1、3、4、5、6、15、22路可到。

门票90元。

景区电话：0514-87341324。

与个园、何园、大明寺、古运河、盆景博物馆联票180元。

▲ 何园园景

- **个园**

1、8路可到。

门票旺季45元，淡季30元。

与瘦西湖、何园、大明寺、古运河联票180元。

- **何园**

1、9、19路可到。

门票45元。

与瘦西湖、个园、大明寺、古运河联票180元。

扬州乾隆水上游览线

特色旅游：

游客可在御码头登舟西行，沿着当年乾隆皇帝的足迹去观赏美丽的园林风光，聆听关于乾隆下江南时的趣闻逸事，品尝御宴佳肴。

路线：御码头—冶春园—卷石洞天—西园曲水—虹桥—长堤春柳—四桥烟雨徐园—小金山—五亭桥—二十四桥—石壁流淙—平山堂—观音山—成象苑—天山汉墓。

旅途中 旅游锦囊

与扬州一江之隔的镇江风光美且有多处古迹名胜，其代表景点三山——金山、焦山、北固山在江南享有盛名，把扬州同镇江连在一起游览会平添许多收获和美妙记忆。扬州与镇江两城市客车来往穿梭，交通十分便利（且新开设了观光专线车，20分钟1班）。时间紧张的游客可在上午游扬州，下午过江去游镇江，一天内游遍两城主要景点完全没问题——但肯定要“勤奋”一点——很早出且很晚归。

游览指导

扬州市内景点相距不远且交通便利，游览要按个人兴趣随意安排。但应记住，瘦西湖风光极美，不可不去，何园、个园、平山堂、大明寺蜀岗、及扬州八怪纪念馆也颇具吸引力，如抓紧时间上述景点一天内游完没问题。如果时间不紧张，打个三轮车或出租车在城中各景点间慢悠悠地穿梭往返，既看景区又览古城旧貌新姿，再听车夫讲述扬州市的发展变迁，这事儿一定很美妙舒适。晚间休闲购物可考虑到文昌路、三元路、汉河路、国庆路等主要商业街区。

之后还有时间可去一江之隔的镇江作1~2日开心游乐。

江苏省

镇 江

电话区号 0511
华侨旅行社 85012717

镇江位于江苏中部的长江与大运河交汇处，系国内著名的历史文化名城，迄今已有2500余年历史，这里既是古时镇守江防之要地，又是风光绮丽、古迹遍布的旅游城市。镇江的山水名胜首推三山——金山、焦山、北固山，此外西津古渡街、茅山和被称为"天下第一泉"的中泠泉亦很有名。千百年来，曾有诸多名流纷至沓来，赋诗题咏、挥毫泼墨，李白、白居易、苏轼、陆游、文天祥等人都曾在此写下瑰丽诗文。而"水漫金山"、"梁红玉击鼓抗金兵"等历史故事和神话传说更为镇江增添奇光异彩，使之无愧于"天下第一江山"的美誉佳名。

气候与游季

镇江属北亚热带南部季风气候，降水协调、四季分明，年平均气温15.4℃，常年皆宜游览，但以春、秋二季更佳。

▲ 镇江金山寺

交通

铁路

镇江亦算是京沪线上的大站，有南来北往多次列车在此经过和停靠。如北京至苏州、大连至上海、宜昌至无锡间的直快列车等每天有10对不止。镇江近邻南京，也可乘火车先到南京，然后再改乘汽车前往。

公路

镇江汽车总站有发往上海、苏州、无锡、常州、南京、武汉、合肥、芜湖、杭州、温州、宁波、北京、青岛、洛阳等城市的客车。

水运

镇江的内河航运很发达，长江客轮经南京、扬州，下可到上海，上可到九江、武汉、重庆等市。不过近年来长江客轮的班次日趋减少，乘船前最好进行电话咨询。

- **公路**

镇江汽车总站 0511-85621693。
中山西路汽车站 0511-85614485。
南门汽车站 0511-85013270（普通）；0511-84420860（快客）。

- **火车与汽车总站**

镇江火车站与汽车总站（客运中心）相距不远，换乘很方便。

- **旅游景点套票**

游览金山、焦山、北固山三景区联票65元，在几大景区门口有售（比分景区单独购票便宜一些），游人可关注询问。

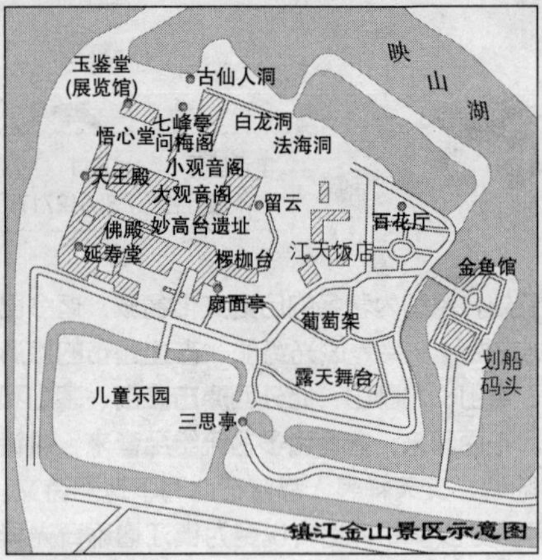

镇江金山景区示意图

住宿

竹轩宾馆，镇江一泉路8号，电话：0511-85322888；镇江大酒店，镇江火车站广场西侧，电话：0511-85236666；京江饭店，电话：0511-85017788；洗菜园宾馆，甘露寺附近。

餐饮

镇江的餐饮业红火兴旺，大小餐馆遍布街头。当地最富特色的美食“三绝”是香醋、肴肉和汤包，它们不光是各地游客到镇江后首选的风味美食，更是馈赠亲友的佳品。其他有代表性的菜肴有清炖蟹粉狮子头、清蒸或红烧鱼、水晶肴蹄、清蒸鲥鱼、白汁鮰鱼等。主要特色美食街是大市口京口美食街，游客可前去观光享受。

▲ 焦山风光

- **金山**

从火车站乘2、4路汽车（途经市区）可到。

门票50元。登项另收8元。

登慈寿塔另收5元。

金山风光非常精美俏丽，是镇江观光中的必游之景。

可惜今天的长江离金山挺远，“水漫金山”的奇观难以再现了。

- **焦山**

从火车站乘4路车可到。

门票50元（含渡船费）缆车费20元。登塔游览门票15元。

- **北固山**

从火车站乘4路车可到。

门票40元。

- **茅山**

镇江火车站和市区的黄山汽车站有车去茅山，车程约需1小时。

门票70元。

- **从焦山到北固山**

旺季两山之间有快艇开行，可以登艇体味一下在长江上飞驰的快感，只需10分钟即可到达。

江苏省

主要景点

金山

镇江最著名的观光景点，在镇江市北郊，高约44米，山姿秀美，古时曾是长江中的一个孤岛，有“江心一朵芙蓉”之称。山上建有许多精美亭阁，尤以金山寺姿态最为动人。《白蛇传》中“白娘子水漫金山”的神话故事即缘于此，此动人传说至今还在世间广为传诵。

焦山

屹立在镇江市东北4.5公里处的长江中，宛如碧玉浮于江波上，故有“浮玉山”之称。焦山上寺庙精美、万木葱茏，是镇江不可多得的江心胜景。

北固山

地处镇江市东长江滨，因其山势陡峭、形势险固而得名。相传三国时孙刘在此联姻，山巅的甘露寺便是始建于三国东吴甘露元年（265年）而保存至今的古迹名胜。

茅山

在距市区40公里的句容、溧阳交界处，主峰海拔372.5

米，山虽不甚高，但风光柔美，自然环境保护甚好，主要景点有以万福宫、乾元观为首的九峰、十八泉、二十六洞等。

西津古渡街

镇江市西部的一条有千年历史的古街道，在云岩山麓。古时这里曾临长江，据传意大利旅行家马可·波罗曾乘船后在此登岸前往江南。如今这里保存有诸多古代石质和木质建筑，古色古香，特色鲜明，值得仔细观赏游览。

▲ 镇江西津古渡街

市区新景

新修建的长江路紧挨长江边，这里江天辽阔、风光壮美。而南徐路两侧花木繁茂，被称为生态大道，游人在其间乘车或步行如在花丛中漫游。南门高架桥高大雄伟，横跨市区，甚为风光气派。镇江的市容市貌变化很大，值得认真观赏!

南山风景区

在镇江南郊，景区面积辽阔，有招隐、竹林、鹤林三大古寺和虎跑、鹿跑、珍珠三处名泉，景区内山水风光也美丽动人。

- **西津古渡街**

  从火车站乘2路在人民路下车即到。从金山景区打车去8元即可。

  进入古街免费，但参观各景点收费30~40元。

- **南山风景区**

  从市区乘15路公汽可到。

  ¥ 门票30~40元。

推荐游程

一日游：金山、焦山、北固山。并看西津古渡街，观市区风光。

二日游：

D1：先游金山，登高览长江远景和镇江全貌；之后游北固山、焦山。

D2：上午去茅山，黄昏时返回镇江到长江路、南徐路、南门大桥观光。

旅游小贴士

如何一次游览金山、焦山、北固山和西津古渡街4处景点

上述4处景点都临长江或是离江边不远，从西向东排列顺序是金山、西津古渡街、北固山、焦山，坐公交车即可把它们轻松游遍。

建议先去金山、游毕后乘8路到迎江中路下车即是西津古渡街，然后乘8路可到北固山，之后乘4路即到焦山。花区区4~6元车费即可游遍镇江市内的4大主要景点。

▶北固山甘露寺

江苏省

苏州

电话区号	0512
苏州市旅游局	65213140
旅游投诉	65523377
旅游咨询	86581010
旅行社	65127888

苏州，东邻上海、南接浙江、西依太湖、北枕长江，交通便利，气候宜人，是我国重要的历史文化名城，亦是享誉中外的风景旅游城市之一。

苏州的名胜佳景以古典园林为主，现保存完好的有60多处，拙政园、留园、沧浪亭、西园等即是其中的优秀代表。这些园林虽然大小不等、建筑布局各异，但无不以小见大，虚实结合，玲珑精致，漂亮优美。苏州周边多水乡古村古镇，周庄、同里、木渎、甪直，既处处风光古朴绮丽又生动迷人。苏州的评弹艺术、春茶种植、刺绣制作和菜肴烹调也在江南水乡中独树一帜，秀丽的自然风光、人文佳景和深厚悠远的历史文化底蕴完美交融，使苏州古城尽享“东方威尼斯”的佳名美誉。

▲ 苏州木渎古镇中的西施桥

气候与游季

苏州地处江南太湖之滨，夏无酷暑，冬无严寒，真正的四季气候宜人，且四季佳景各有千秋，常年皆宜旅游。春秋时节游览更佳。

交通

民航

苏州西郊有一个光福机场，但属联航经营，每周仅有极少航班在此起降。如欲乘飞机去苏州可在上海或常州或无锡降落，上海虹桥机场至苏州汽车只需行驶1小时（虹桥机场每天10:00至14:00均有民航班车直抵苏州）。苏州民航售票处电话：0512-65226400，东航售票处电话：0512-65245035，联航售票处电话：0512-67296643。

铁路

苏州是京沪铁路上的大站，每天有20多对列车在此停靠，此外，苏州还有始发至北京、宁波等城市的列车，所以乘火车去苏州非常方便。

- **笔者关照**

苏州的传统老景虽然已无新意但确实风光很美，加之周边又开发了周庄、同里等数处水乡古镇，所以仍然值得一去。

- **推荐专线旅游车**

游1、游2路车途经市区各主要景点，其中游1线经过拙政园、狮子林、西园、留园、虎丘，给游人带来诸多便宜实惠和方便，您尽可视情乘坐。

公路

苏州市公路客运业红火发达，共有4处长客站，每日有多班客车同上海、杭州、无锡、南通和湖北等省市对开，另外与同里、周庄、木渎、甪直、光福间的来往班车亦非常多。

水路

从古运河乘船南可到嘉兴、杭州，北可到镇江、扬州，轮船码头在人民路8号，售票处电话：0512-65205720。

▲ 江南水乡风光

市内交通

公交车

四通八达，普通车票价1元，空调车票起价2元，多为无人售票车。游客上车前应备适量零钱。

出租车

3公里起步，价格10元，超过3公里桑塔纳每公里1.8元，夏利每公里1.4元，5公里后加收50%空驶费。

人力车

苏州城内非常方便灵活的交通工具，起步价一般为2元，之后需与车主面议。3~5元钱即可走很远的路。

住宿

作为华东地区最著名的旅游城市之一，苏州市内的旅游设施齐全，各类宾馆、招待所随处可见，市区大街上一般条件的宾馆标间价格也就在100元左右，普通旅馆中50~60元的住房非常常见。主要星级宾馆有：亨德利宾馆（三星级）、中江饭店（二星级）、古越饭店（三星级）、中华园大饭店（四星级）、萃华园大酒店（三星级）、美乐城宾馆（二星级）、植园饭店（二星级）、仙客来宾馆（二星级）。

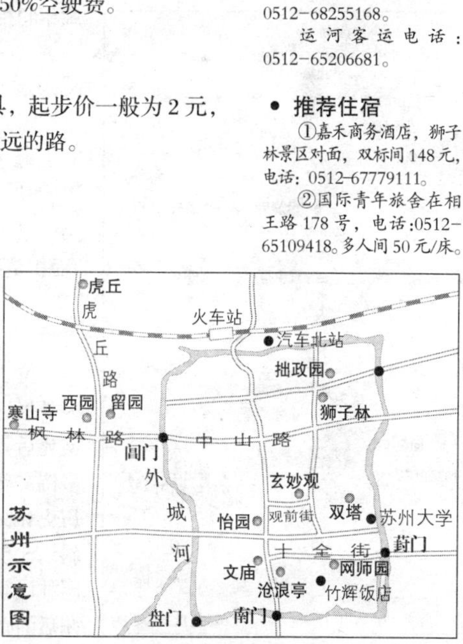

- **公路**

客运总公司电话：0512-65332582。

汽车南站电话：0512-65204867。

汽车北站电话：0512-67530686。

汽车西站电话：0512-68255168。

运河客运电话：0512-65206681。

- **推荐住宿**

①嘉禾商务酒店，狮子林景区对面，双标间148元，电话：0512-67779111。

②国际青年旅舍在相王路178号，电话:0512-65109418。多人间50元/床。

- **拙政园**

🚌乘游 1、游 2、游 5、2、3 路拙政园站下车，向东步行 100 米即到。

¥门票 70 元。淡季 50 元。开放时间 8:15~16:15。

- **狮子林**

🚌乘游 1、游 2、游 5、2、3、4、701 路车均可到达。

¥门票 30 元。淡季 20 元。

- **沧浪亭**

🚌乘 1、102 路车可到，开放时间 8:00~17:00。

¥门票 20 元。淡季 15 元。

- **网师园**

🚌乘 202、204、529、931、501 路均可到达。

¥门票旺季 30 元，淡季 20 元。

- **虎丘**

🚌乘游 1、2 路车可到。

¥门票 60 元。淡季 40 元。

- **留园**

乘 1、3、5、7、22 路车可到。

¥门票 40 元。淡季 30 元。

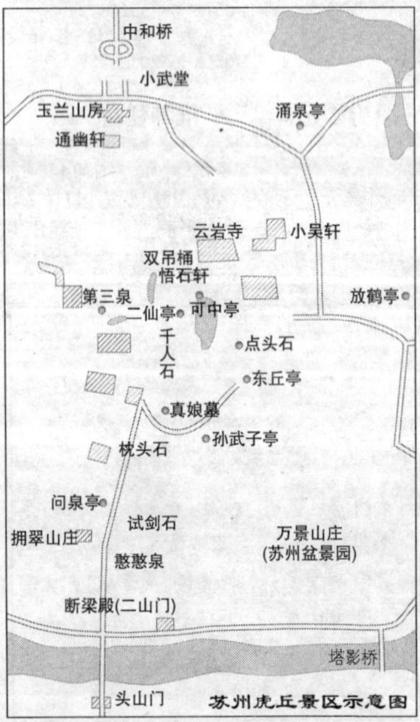

苏州虎丘景区示意图

主要景点

拙政园（5A 级景区）

位于苏州市娄门东北街 178 号，始建于唐代，是苏州古典园林中以水乡风貌著称的大型私家花园。园内景物山水并重但以水为中心，水面占全园面积的 35%，四周亭台、楼榭、花木、水廊无不凝重精美。园内有远香堂、小飞虹、雪香云蔚亭、秋香馆、梧竹幽居等近 30 处佳景。是江南古代园林艺术中尽善尽美的典范，亦是与北京颐和园、承德避暑山庄和苏州留园齐名的中国四大名园之一。

狮子林

位于园林路，又名五松店，与拙政园隔街相望。园内有许多湖石假山，石峰形态又像狮子，故被称为狮子林。狮子林享有“假山王国”之称，这里的假山群有 9 条线路、21 个洞口，曲径通幽，扑朔迷离，其鲜明个性在苏州园林中独树一帜。

沧浪亭

苏州最古老的园林，布局独特，园外清溪环绕，园内山石俏美，水与山之间建有一条向内凹曲的精美长廊，山、水、廊相间相融，风姿独特，颇具迷人韵味。

网师园

园内保存着旧时世家一组完整的住宅群，有五峰书屋、看松读画轩、殿春簃等许多景点，建筑布局主次分明又富有变化，园外有园，景外有景，在苏州四大名园中规模最小，（面积是拙政园的六分之一）但景色最精美。

虎丘

位于苏州城西北，依山傍水，风光秀丽，因外形远望像老虎而得名，相传是吴王夫差之父死后葬身之地。历代文人墨客在这里留下诸多诗文碑刻，园中的虎丘塔身姿古朴秀丽，其历史和文化韵味之悠久丰富可与意大利的比萨斜塔比美（亦是苏州市的象征）。虎丘集秀丽园林风貌和众多人文佳景于一身，是游客到苏州后的必观之景。

寒山寺

位于阊门外枫桥镇，被称为我国十大名寺之一。因唐朝诗人张继所著名诗《枫桥夜泊》而蜚声中外。寺内有《枫桥夜泊》诗石刻和藏经桥、大雄宝殿等建筑，寺院占地万余平方米。每年除夕之夜，许多中外宾客都要来此聆听古钟长鸣，抛除烦恼，辞旧迎新。

▲ 太湖船餐一条街（湖滨水上餐厅）——这里的水上餐厅真不错，物美价廉，比市中心的松鹤楼、得月楼便宜一半还多，超级实惠，笔者强力推荐。

太湖游览

太湖烟波浩渺，风光壮阔，景色迷人。位于苏州附近的湖区主要有四大风景名胜：东山——由东山半岛和18座岛屿组成（主要景点有三山岛、雕花大楼、紫金庵、启园、陆巷古村），西山——太湖湖中面积达79平方公里的美丽岛屿（亦称太湖七十二峰之首，岛上的石公山是太湖湖滨名景），天平山——海拔201米的秀美山峰，灵岩山——山中多奇岩怪石和古迹遗址等，风光之美与无锡的名景异曲同工而规模略胜一筹。

餐饮美食

当地风味菜肴主要有松鼠鳜鱼、响油鳝糊、翡翠虾斗、清汤鱼翅、太湖三白、太湖莼菜汤等，著名风味小吃有蜜汁豆腐干、猪肉咸糕、枣泥麻饼等。

主要美食街首推观前街旁的太监弄，这里餐馆云集，主要店铺有老字号的松鹤楼和得月楼以及王四酒家、三元酒店等，它们均在苏州享有盛名（但饭菜价格绝不便宜）。此外从观前街步行15分钟可到的凤凰街亦是近年来崛起的新兴美食街，店铺林立，尤其是晚间灯火辉煌，人气甚旺。其他美食街有学士街、嘉峪坊等。另外位于光福景区湖滨的太湖船餐也很有名。

• 寒山寺

乘游3、3、6、9、17、21、31、301路车均可到。

¥ 门票25元。登楼撞钟5元。12月31日门票380元。

▲ 寒山寺内的钟楼

• 太湖

火车站有502路车到东山，下车后换小巴到码头即可乘船上三山岛，岛上风光尚好还有民居旅社可住(60-80元/人，含三餐)。

三山岛门票45元。

去西山可从火车站坐69路，另外58、691路也可到。

石公山门票50元。

太湖东山和西山到处有农家乐，食宿便利，是观光休闲佳境。

游览指导

市内观光当然以古典园林为重点，虎丘、拙政园、西园、留园、沧浪亭、寒山寺都是不可多得的好去处，木渎古镇也在市区边缘，值得一看；另外市区周边的太湖西山、太湖东山和光福景区也有一些旖旎风光可供一看，城内的苏州乐园是近年兴建的大型人工游乐场，场内游览设施齐全，但不是外地人来此后的必观之景。

游览时间以二日为佳，其中一天集中精力观赏市区佳景，第二天上午仍在市区观光，午后抽时间去太湖西山观光，时间充裕的游客可在第三天去太湖东山游览。

周 庄

(5A 级景区)

电话区号	0512
昆山市旅游局	57531208
旅游投诉	65523377
旅行社	57211655

周庄位于江苏省昆山市境内，古镇虽然已有 900 多年的历史，其间亦饱经沧桑，但这里却依然保持着完好的江南水乡的典型风貌。这里有南北市、中市、后港、油车漾 4 条小河穿庄而过，城四周还有淀山湖、白蚬湖清波环绕，水边湖畔到处都有始建于明清时代的古老民宅，小河上共架嵌着 14 座风格各异、原始古朴的石拱小桥，桥洞下、清波上，常有当地乡民的乌篷小船徐徐驶过，那“吱 、吱”的摇橹声就像是在吟唱着一首千年未改的古老歌谣。这古宅、流水、小桥、轻舟相融相衬，组成了一幅柔和优美、特色鲜明的水乡风情画，外地人来到周庄，就好像是在诗中行、画中走、梦中游。

“乔老爷”描写周庄的诗词

说到周庄，著名诗人、歌词作家乔羽先生有一首小诗写得颇为生动传神：

人人都说周庄好，九百年风情情未了，
门巷仍在波光里，扁舟来往橹轻摇，
声相闻、手相招，小儿小女过小桥，
景也好、人也好，神仙也说此处好，
愿作周庄一世人，胜过神仙永不老。

看，“乔老爷”笔下的周庄是多么的富有诗情画意，到这么美妙的地方游乐一番，绝对是会让人长久回味、永生难忘的。

江苏省

那么，外地人如何去周庄一游呢?

▲ 周庄水乡风光

从苏州去最方便。苏州汽车北站每天清晨 7 点起，就有发往周庄的客车，票价 18 元，1 小时可到。此外苏州火车站前也有旅游车开往周庄，票价 18 元，1 小时到。另外，昆山、青浦二地每日发往周庄的客车各有 10 班以上。上海市区每日也有多班客车直抵周庄（发车地点分别在上海八万人体育场和长途客运站)，行车 1.5 小时就到。

抵达周庄后，游人应该如何安排自己的游览呢?

笔者认为，游览周庄应采取“泛游”与“精游”相结合的方法。“泛游”就是在周庄古镇上沿着河边的石板小路随意轻松漫步，自由自在地观览柔和秀美的水乡风貌。周庄小镇面积不大且河河相贯、街街相通，游人即使随意走动也不会迷路或是走太多的冤枉道。再说轻松自在地任意漫游更容易观察、体味和感受水乡古镇那如诗如画的自然风光和浪漫迷人的总体格调。

“精游”就是认真参观镇上的几处重点风景名胜，获取对周庄更深入细致的认识和了解。在周庄一般游客必看的景点有：

周庄博物馆

馆内陈列有大量文字、图片及文物资料，向观众详尽介绍周庄的历史变迁和当今开发开放的发展过程，近年来各大电影制片厂以周庄为外景地拍摄的40多部影视作品在这里亦有陈列介绍。人们可以通过众多优美的图片和文字，全方位深层次地欣赏、透视“江南第一水乡”的迷人风情。

南湖园

周庄的一颗明珠，它建在南湖的北侧湖滨，内分春、夏、秋、冬四大景区，到处有依依垂柳、碧水青波、精美亭阁和弯曲小桥。园内的百年古刹全福寺，殿宇轩昂、楼阁重叠、高大威严，颇具“水中佛国”之迷人风貌。

迷楼

地处贞丰桥畔的一家造型精巧的小酒楼，建于清光绪年间，前临小桥流水、背靠喧闹街市。20世纪20年代初期，柳亚子、陈去病等著名诗人曾多次在此欢聚，痛饮酣歌、乘兴赋诗，鼓吹民主革命、宣传新文化，后将所著诗篇汇编成《迷楼集》流传于世，亦使迷楼声名大振。如今迷

周庄游览示意图

• 从苏州去周庄

火车站出站后右前方100米处是周庄、同里、角直旅游车发车站，去周庄车票18元，也可买一张周庄门票（100元），凭门票上车就不收车费了。从苏州至周庄1小时车程。

• 从上海去周庄

①公兴路汽车站，每小时1班，票价20元。电话：021－56630000。

②上海体育馆旁有游览车开往周庄，车票往返110元（含周庄景区门票联票）。

• 水上交通

有游览船开往同里、角直，沿途可览湖区风光。

▲ 周庄名景双桥

楼内外一切均保存甚好，游人可以仔细端详观赏其昔日旧貌。

沈厅

由清代江南巨富沈万三后裔建造，共有房屋百余间相互连接，气势宏伟，规模甚大，为江南民居所罕见。位于沈厅门口的沈厅酒家是目前周庄最有特色的水乡酒楼（亦是周庄各旅行社接待中外贵宾的定点餐厅），游人可以在这里品尝历史悠久、风味独特的沈万三家宴，尽情享受万三蹄、韭菜白蚬、莼丝鲈脍等美味佳肴。

张厅

建于明代正统年间，共有房屋70余间，布局精巧，颇具匠心，箬泾河从院中穿行而流，形成“轿从前门进，船从家中过”的独特水乡建筑格局，堪称江南一绝。

双桥

世德桥和永安桥，两桥联袂而筑，交叉相接，样子很像古代人使用的钥匙，所以既称为双桥亦称为钥匙桥。因其造型奇特，原始古朴，故成为众多画家、摄影家到周庄后的重点“猎取”目标。双桥精美的造型图案曾经上过联合国发行的首日封，如今几乎所有来到周庄的人，都要到双桥一游，并以这里的小桥、流水、古宅、轻舟为背景，拍下极有纪念意义的纪念照。

以上各景同处周庄镇中心且相距很近，两三个小时就可以通览一遍。此外周庄还有叶楚伧故居、澄虚道院、全福塔等景点，游人有时间可一一细游。

游览周庄若是“走马观花”有大半天工夫就可以了

上午抵达后先游览水乡风情，观赏周庄博物馆、南湖园全福寺、迷楼、沈厅、张厅等重要古迹名胜，中午品尝鲈鱼、白蚬、莼菜等特色水鲜，饭后打着饱嗝坐上船家的小木船，在古镇中开心一游，然后就可满心欢喜地返回了。若是此时游兴未尽，当然可以找地方住下来（宾馆、招待所多的是），晚上再乘小船夜游周庄，观灯船、听江南丝竹、看民俗风情表演，次日上午还可乘船去南湖和大观园一游。当然，如果是画家、艺术家来此观察生活、获取素材、补充灵感，那可以无限期地住下去，十天半个月也是决不会嫌多的。

各位旅游爱好者朋友，有机会踏上江南大地时，千万要挤出时间去周庄一游啊！在这里，你可以饱览迷人的水乡风情，品尝种类繁多的水鲜美味，得到舒适快活的开心享受。周庄好，周庄真的特好。

▲ 水乡古民居

住宿

周庄古镇内外到处都有大型宾馆、度假村和小型家庭旅舍，大型宾馆并没有贵到什么地方去，除节假日、双休日外，一般宾馆里的房价也就是 80~150 元/间（但这是在砍价后）。小型家庭旅舍房间稍小但其他条件并不差，且大多依河而建，颇有水乡情趣，其中 50~80 元左右的双人房随处可寻。

特色饮食

古镇内（尤其是溪边河畔），到处有古香古色的小餐馆和酒肆，里边的美味湖鲜可真多——鲈鱼、白蚬、莼菜、万三糕、炸臭干、三味圆、欢鸡鸭血汤都是江南水乡才有的独特美味，尤其是鲈鱼和莼菜真好吃。鲈鱼比鲤鱼鲜美可口得多（其味道的差别大致相当于苹果和黄瓜之比），莼菜的鲜嫩北方人根本想象不出。但是笔者认为万三蹄的味道很一般。游客到了这里千万别抠门儿，花了钱绝对能换回美好记忆（沈厅中的万三蹄最贵，70 元/只，其他小餐馆中的只需 30~50 元/只）。

游览指示

①游览周庄千万不要太刻板，请注意轻松和随意。一是要在古镇中自由自在地信步漫游；二是注意别漏掉上文提到的几处美景。周庄镇小，美景多且集中，怎么玩效果都不会太差的。

②除了标准的水乡古镇游——80 元/船、可坐 8 人外，古镇中的河湖港汊中到处都有船家的乌篷船和小舢板，价格非常灵活，最低 10 元钱即可载客“走河串镇”，开心一游，游客可以视情乘坐。只是注意上船前适当砍价并把游览线路（距离）谈妥就行了。

③夜晚的周庄月光皎洁、渔光闪烁，桨声灯影轻柔朦胧，充满如梦似幻般的美妙和温馨。在这里住一宿完全应该，美丽的水乡之夜是不会让你失望的。

- **周庄门票最新价**

周庄镇中各主要景点联票为 100 元，下午 16:00 以后 80 元。外地游客只要进镇就必须购票。年票 150 元。

- **不要逃票**

抵达后不必相信三轮车夫和其他“托儿”的话——带你进庄可以逃票之类的。因为他们要收你的小费，即使带进庄也进不了主要景点（景点门口要验票）。

- **推荐住宿**

推荐金雅客栈，距名景沈厅较近，淡季时标间价只需 80~90 元。

另有一家江南人家客栈，条件较好的双人间（有卫生间、空调、彩电）收费只 70~80 元/间。店老板还可驾车到客运站接送客人并代买打折门票（是打折而不是逃票），电话：0512-57216568。

另外也可选择小桥人家客栈，0512-57211851，标间 60~80 元。

- **吃饭要砍价**

当地美食多，价格也不便宜，切记进菜馆后先看菜谱议价后再吃（同时问清菜量）。一般将菜价砍到 7 折完全可以，6 折 5 折也并非没可能，切记。

▲ 周庄金福寺

补充关照

①周庄古镇风光美，民俗多彩多姿，找一个导游来陪伴讲解，会给您的古镇游锦上添花，非常必要且值得。周庄旅行社导游部位于古镇入口处，请一位导游只需 60~80 元（陪游 3 小时以内），电话：0512-57218887。

②在周庄就餐或住宿时，最好自己寻找餐厅和旅馆，而不要由三轮车夫或的士司机介绍，他们要拿回扣，所以带你去的地方肯定价格特贵。

同 里

电话区号	0512
苏州市旅游局	65213140
旅游咨询	63331140
旅游投诉	65523377

同里是周庄的近邻，亦是江南水乡古镇的杰出代表，它位于苏州城南 18 公里处，四面环水，周围有同里、九里、叶泽、南里、庞山五座湖泊环绕。

同里的主要特色是水乡小桥多、明清建筑多、名人雅士多。镇上明清两代园宅 38 处，寺观祠宇 47 座，名人故居数百处之多。其中“一园、二堂、三桥”是其古镇自然风光景观中的佼佼者。一园是指同里的第一胜景退思园，该园集江南园林的亭、台、楼、阁、轩、曲桥、回廊于一身，处处皆景，精巧玲珑。二堂即嘉荫堂和崇本堂，均为临水而建的明清古居，宽敞高大，堂内有众多以江南各代民间故事为题的精美石雕、木雕，文化底蕴深厚。三桥分别是太平、吉利、长庆桥，均建于明清两代。当地人“走三桥”的习俗沿袭已有千余年，据说依次走过这三座桥面，即可消灾解难、幸福吉祥，以上所述三座古桥被誉为古镇上的桥中之宝。此外，古镇上还有罗星洲、陈去病故居等景点，整座古镇的自然景观和水乡风情与周庄相得益彰，各有千秋。

▲ 同里水乡风情

交通

同里距苏州 18 公里、上海 80 公里、周庄 10 公里。上海、苏州均有客车和旅游车直达。上海体育馆每天 8:00、9:00、10:00、11:00 发车，八万人体育馆每天 7:50、9:00 发车，2 小时即到同里。苏州汽车北站和火车站前白天每隔 15~30 分钟就有一班客车到同里，苏州吴县汽车站开往同里的车也多（15~30 分钟一班），票价只需 8 元。此外，还可从淀山湖或周庄乘船到同里，沿途水乡风光旖旎动人。

住宿

古镇上有数家中高档宾馆饭店，标间 120~380 元，条件较好，但水乡民居旅馆更多，且家家临水，户户通舟，意境很美而房费不贵，一般季节 50~80 元的带有空调、电视、独卫的房间随处可见（最旺季可涨至 120 元以上），枕着桨声、涛声入睡感觉非常美妙生动。

江苏省

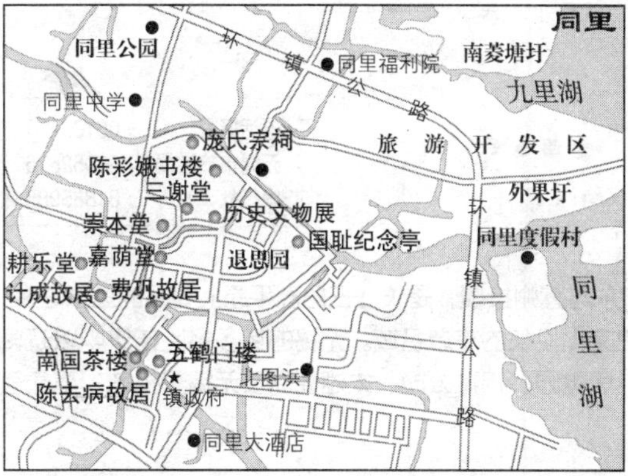

- **同里门票**

古镇所有景区通票80元，白天只要进镇就必须购票。欲在古镇内住宿，切记在购票时要求加盖印章，否则门票只能当天有效。

- **风味美食**

状元蹄、太湖白鱼、鲈鱼、鳜鱼、糕里虾仁、三丝鱼卷、香油鳝糊。

- **推荐用餐地点**

双桥旁的竹行街74号（紧挨桥头）有位开排档的钱大姐，她的手艺不错，菜价（议价后）比其他餐馆至少便宜15%，加之她家的餐桌就摆在双桥溪水边，环境很好，各位食客可前去一试。

旅途中

旅游锦囊——为你提供同里自助游方面的最新攻略

①从苏州去同里在汽车站和火车站上车均可，但若从杭州、嘉兴方向乘客车或自驾车不必到苏州，在到苏州之前在吴江市的同里道口下车换乘或拐弯即可，这里距同里只有30分钟车程。

②白天只要进入同里古镇就必须买80元/张的门票，晚20:00之后有时就没人收票了，这时可进入古镇住宿看夜景，次日白天镇内也无人查票，但是进镇上的各主要景点还必须购买大门票。在苏州汽车站可买到60元/张的优惠门票，但只能看5个景点。

③别看古镇上有那么多景点，但一般游客只看其中主要的几处就行了，笔者认为不能不游的景点是退思园（这是同里的代表性景点）、嘉荫堂、崇本堂、珍珠塔、古风园和三桥，另外古镇外同里湖及罗星洲风光也挺美，其他景点是否观览可视情况而定。游览上述景点若是走马观花有4~5小时足可以了，当然在古镇住一晚体验水乡风情感觉也很美。

④同里镇上的宾馆旅店分布位置非常明确，高档饭店有3~5家，全都在中心街的西侧（游人正面进入后的右手方向），民居旅店有几十家，全都在中心街的东侧，南侧也有一点。还是住民居旅社实惠，一般都有空调、电视、独卫，房价旺季百元以上，淡季50~70元即可。

⑤古镇上的餐馆分布位置也明确，中心街右侧的明清街上都是档次中高的（但也没贵到哪去），中心街左侧同民居旅社混在一起的都是便宜一些的。笔者特别推荐你到三桥（太平桥、吉利桥、长庆桥）旁的那几家露天小排档去吃饭，在桥边水边品水乡风味非常令人自在舒适，虽然菜价不太贵但仍须砍价，如当地品菜太湖白鱼开价都在60元左右，但砍价后只需40元，味道很清香鲜美。

⑥在镇上还可包租船从水上去周庄和甪直，联系电话：0512-63338896。

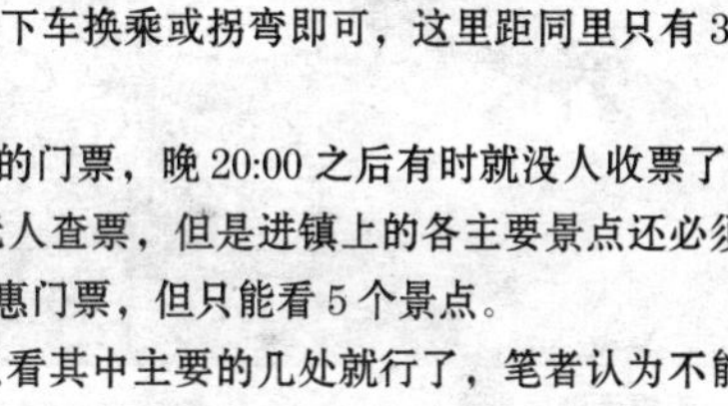

▲ 同里湖·罗星洲美景

江苏省

无 锡

电话区号	0510
无锡市旅游局	85052576
旅行社	81885988

无锡北临长江，南濒太湖，东与苏州接壤，是长江三角洲平原上著名的鱼米之乡，亦是以优越自然风光和悠久历史文化见长的旅游名城。无锡的诸多名胜佳景中以辽阔壮美的太湖风光最为壮观迷人，而蠡园、锡惠公园、太湖仙岛及无锡影视城、嘉园等园林佳景也很令人神往。

▲ 无锡太湖风光

气候与游季

属亚热带季风海洋性气候，年平均气温 15.5℃，温和湿润，四季分明，雨量充沛，四季皆宜游览，但 3~10 月份效果最佳。

交通

航空

乘坐民航班机的游客须飞往常州、上海、南京的机场，降落后再换车去无锡。无锡至常州机场须乘出租车，行程近 1 小时。无锡距上海虹桥国际机场约 120 公里，有高速公路通达。无锡距南京禄口国际机场约 180 公里。

乘坐联航班机的游客可到硕放机场。联航硕放机场位于市区东南 20 公里处，现已与北京、福州、惠州、佛山、昆明、济宁、潍坊、邢台通航。

铁路

京沪及沪宁线上每天有近 20 对列车在无锡停靠。从无锡乘特快列车，20 分钟可到苏州，1 小时出头可到上海，2 小时可到南京。另外无锡有始发宜昌的列车。车站电话：0510–82322280、售票处电话：0510–82300191。

公路

客运西站有开往杭州、温州、湖州、诸暨、苍南、南昌、

江苏省

• 航空

民航售票处：0510–82722200。

硕放机场问讯处：0510–85303856。

联航售票处：梁溪大桥运河西路 5 号，电话：0510–86705980。

• 民航班车

无锡火车站对面中旅大饭店前及喜来登大酒店前有班车去硕放机场。

• 公路

无锡汽车站：通惠东路 108 号，电话：0510–82300751。

北门汽车站：火车站旁，0510–82301067。

西站：梁青路 5 号，电话：0510–85802297。

嘉兴、南通、南京、苏州、常熟、海盐、丽水、海宁、沙市、普陀、瑞安、永康、桐乡、义乌、浦江的客车。

水运

从无锡沿大运河北上可至常州、镇江、扬州，南下至苏州、杭州。无锡至杭州每天有轮船对开，航行时间约 7 小时。

住宿

无锡的餐饮住宿业较发达，各档宾馆饭店一应俱全，高档次的饭店有湖滨饭店（湖滨路 388 号电话：0510-85101888），太湖饭店（梅园环路电话：0510-85517888），喜来登大酒店，山明水秀大酒店（湖滨路 369 号电话：0510-85111888）等，上述宾馆条件好但房价不菲。背包族、工薪族游客可选择的普通旅馆也很多，如位于汽车西站旁的锦江之星旅馆，三人间只需 108~138 元（人均只 30 元出头），且旅馆门口有多路公交车通往各景区，交通十分方便。

主要景点

太湖·鼋头渚

太湖是我国第三大淡水湖，湖面壮阔，烟波浩渺，波光帆影相映，景色秀丽迷人。湖区最佳观景处即是鼋头渚，它是太湖之滨的一个状如鼋头的半岛，前方是开阔的湖面，周边长春桥、澄澜堂、飞云阁等多处精美亭阁楼榭和座座色彩艳丽的大型旅游饭店、度假村掩映在湖滨的万绿丛中，令人观后心旷神怡、赏心悦目，此地堪称无锡第一胜景。

太湖仙岛

位于鼋头渚西南 2.6 公里的湖中“三山”之上，岛上有茂密山林和诸多琼楼玉宇、瑶池灵洞，被称为太湖之中的“蓬莱仙境”，有游船和鼋头渚相通。

从鼋头渚码头乘游船（15 分钟一班）20 分钟即到仙岛，船票加门票已算在鼋头渚 105 元的门票内，不单收费。

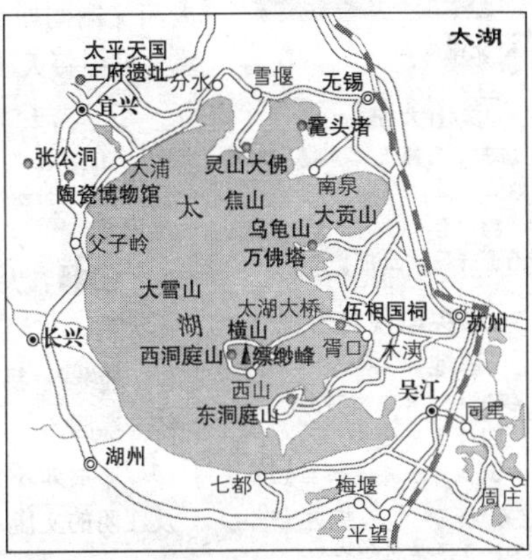

蠡园

无锡市西南五里湖畔的一处精美园林，

- **水运**

售票处：江南航运大厦，0510-85865950。

- **推荐便宜住处**

老船长青年旅舍，在青石路 308 号，条件尚好而房价不贵，双标间 90~100 元，多人普通间 40 元/床，从火车站乘 90 路到状元楼即到。电话 0510-82601524、82601099。

▲ 蠡园

- **主要节庆日**

每年 10 月 10 日，太湖国际钓鱼节。

每年 3 月，无锡国际梅文化节。

- **太湖·鼋头渚**

从火车站乘 K1 路公共汽车或 K82 路专线车可到。下车购票入园后乘景区专线车开行 5 分钟到游览中心区下车，即可开始畅游。从这里步行 10 分钟，即可到湖滨绝佳观景处。

¥ 门票 105 元，含观光车、船费和太湖仙岛门票。学生、儿童、老人半价。

相传古时范蠡偕西施曾在此泛舟。园中亭廊堤塔玲珑秀美，湖池清碧，波平似镜，是无锡城市园林中的精品。

锡惠公园

在无锡市西郊，有锡、惠二山和映山湖相连，其中锡山高 328 米，是无锡最美的山景之一，而惠山下的惠山泉则有“天下第二泉”之称。昔日民间盲艺人阿炳谱写的二胡名曲《二泉映月》使该泉天下扬名。

统一嘉园

太湖之滨的大型园林，把秀丽的太湖自然风光和漂亮的人造美景和谐完美地有机交融。园内有金方殿、天后宫、日月潭瀑布、归园等十大景点，既磅礴大气又玲珑精致，且有诸多游乐项目，是无锡近年来人工兴建景观中的夺目明星。

灵山大佛

是 1997 年建在无锡西南郊马山半岛上高达 88 米的露天释迦牟尼青铜立像，异常高大壮观，周围还有灵山照壁和祥符禅寺等景观。

中央电视台影视基地（5A 级景区）

拥有影视制作和文化旅游双重功能的大型影视城，主体部分有唐城、三国城、水浒城、欧洲城等，仿真场景规模宏大而又栩栩如生，每年吸引着诸多影视摄制组和大批观光游客，城中每天还有许多演出节目，内容丰富、异彩纷呈。

推荐游程

二日游

D1：太湖景区、鼋头渚、仙岛、太湖乐园、蠡园、灵山大佛。

D2：锡惠公园、寄畅园、吟园、中央电视台影视基地、统一嘉园。

之后如还有时间可用 1 ~ 2 天游宜兴的张公洞、善卷洞以及江阴的文庙、君山等景点。

▲ 位于太湖之滨的中央电视台影视基地一角

- **蠡园**

🚌1、9、802 路可到。

¥门票 45 元，含船票。老人、儿童有优惠。

- **锡惠公园**

🚌2、4、10、15、88、91、203、801 路及旅游巴士专线皆可到。

¥门票单票 40 元，联票 55~60 元。

- **统一嘉园**

🚌212、820 路可到。

¥门票 40 元。

▲ 无锡画廊

- **灵山大佛**

🚌从无锡火车站乘 88 路车可到。

¥门票 180 元，含《灵山吉祥颂》演出费用。

- **中央电视台影视基地**

🚌212、K82 路可到。

¥门票唐城 50 元/人，三国城与水浒城联票 120 元。上述 3 景联票 160 元。学生及军人优惠。

浙江省

ZHEJIANGSHENG

浙江省的风景名胜真叫一个多呀！北有娇娆秀丽的西湖、海天辽阔的普陀山，南有风光绮丽的雁荡山、江清水碧的楠溪江；中部的奉化溪口山清水秀、风光秀美；西部的千岛湖碧波万顷、水天一色；还有巍峨挺拔的天台山，绿荫蔽日的天目山、莫干山，玲珑姣美的绍兴东湖……这么多风光奇艳的美景，没有3~4个星期是根本玩不过来的。

黄金旅游线路

① 杭州—宁波—普陀山

② 杭州—瑶琳—富春江—千岛湖

③ 杭州—宁波—雁荡山—楠溪江

那么外省市的游客来到浙江该如何探奇览胜呢?笔者的忠告有两条：一是要忍痛割爱，二是要择其要点。下面笔者就把自己对浙江省内各风景区的感受和评价介绍给各位读者朋友：

①杭州是中国最美的城市和最理想的观光度假胜境，不能不玩——这里不光名胜古迹多、风光美、环境好，而且人好（性情温和）、物价便宜，所以一定要重点游览。

②普陀山山海辽阔、风光壮美且佛教文化浓郁，不愧“东海仙山”之誉，国人一生中至少应该去一回——但岛上物价较贵，应注意快去快回。

③雁荡山—楠溪江一线“贼精彩”，这里的山（雁荡）不光挺拔秀丽，还特神奇怪异，形状特奇特，这里的江（楠溪）风光特柔美且有美丽山峰相依偎，所以山、江一起玩定会感到惬意快慰。

④奉化溪口山清水秀、风光旖旎，又有诸多名胜古迹，前去一游定会喜出望外。

⑤千岛湖湖面辽阔、岛屿众多，是中国最漂亮的湖泊景区之一，非常值得一去——把它和黄山（安徽境内）连在一起玩，可谓是珠联璧合。

⑥距杭州市区只有2~3小时车程的天目山、莫干山虽然名气不够大，但风光绝对是高水平，游后定觉物有所值、新奇开心。

⑦绍兴颇具江南水乡迷人韵味，游客可选择合适季节慢慢观赏品味。

⑧天台山风光比不上雁荡山和普陀山，本书不作重点推荐。

▲ 雁荡山风光

杭州

电话区号	0571
浙江省旅游服务	96118
旅游投诉	85117419
杭州市旅游服务	96123
旅行社	87177377

杭州是一个令人百游不厌的城市，“人间天堂”般秀美的湖光山色，冬暖夏凉、温和湿润的宜人气候，花样繁多而又价格便宜的风味美食，无一不令八方游客心驰神往。更加令人称道的是杭州人温和柔顺的性格心态和当地旅游市场管理的井然有序，来到杭州的感觉犹如沐浴春风和融入春水，那种快活、轻松而又开心随意的舒适感真是国内难寻。

◀ 西湖柳浪闻莺景区内的翠光亭——这座亭阁不光本身造型精美，在其以南 20 米至 100 米处的湖岸上还是观赏湖心美景的最佳位置（各位游客尽可试试看）。笔者就经常坐在这一带的湖边长椅上望着湖上的美景出神且一出神一发呆一陶醉就是几个小时，那种美好的观感真是妙不可言

气候与游季

杭州虽然地处江南，气候温和湿润，但四季仍有明显特征，春季是旅游佳季，6~7 月为梅雨季节，8~9 月偶有台风侵袭，冬季稍有阴冷，但以西湖为首的杭州风光不同季节有不同的风姿容颜，且都特色鲜明、姣美诱人，所以一年四季皆宜旅游。

交通

航空

杭州有空中航班通往全国各省省会和各大、中型城市。萧山国际机场距杭州 27 公里，市中心武林门有民航专线车前往，30 分钟一班车，车票 20 元/人。从市区打车去约需 100~120 元。

铁路

杭州站被当地人称为城站，主要担负着始发车和终点到达车的进出使命，另外还有不少途经杭州的列车在杭州东站停靠。

- **航空问讯**

杭州民航售票处：体育场路 390 号，电话：0571-85154259。

民航集票处，电话：0571-87063427。

- **铁路问讯**

城站售票处：城站，电话：0571-11185-4。

东站售票处：铁路东站，电话：0571-87829983。

- **出租车**

杭州出租车有红旗、宝来、索纳塔、帕萨特等多种车型，在全国来说车型都是比较好的。起步价 10 元（3 公里），以后每公里单价 2 元，超过 10 公里每公里单价 3 元。

公路

杭州是浙江公路网的中心，有东、西、南、北四个长途客运站。游客乘车时只要认准到达地的方向，发车和停靠站的方向就不会弄混了，因为两者的方向基本一致。

汽车站点　　区号0571

站点	地址	电话
汽车东站	艮山西路251号	86964011
汽车西站	天目山路89号	85222237
汽车南站	秋涛路407号	86075352
汽车北站	莫干山路花园岗758号	88093099

水路

杭州的水路交通，主要是京杭大运河上从苏州至杭州的游船，游船一般是夜行，暮发朝至，到达地为苏州和无锡两地。另外一条为钱塘江的航线。这两条线一般都是在夏季和旅游旺季才有。

杭州客轮售票处　　区号0571

售票处	地址	电话
杭州客轮运输联合售票处	浣纱路5号	87067057
武林门客运码头售票处	环城北路138号	85153185

市内交通

杭州市区编号为1、2位数（如：8路、13路）的公共汽车和“1”开头的电车（如：132路），单一票价1元；“K”开头的是空调车，单一票价2元；“3”开头的是郊区车和“5”开头的为专线车，均实行多级票价（普通车一般1元起价，空调车2元起价）；“游”字头的旅游专线车全部是空调车，车费最低2元，起价3~5元的旅游专线车也有一些。

自行车

杭州城区很大但西湖风景区区域明确。游西湖的时候，租一辆自行车骑行既方便又环保。

自行车租车点

单位	地点	电话	租金	出租时间
望湖宾馆	环城西路2号	87078888-369	押金1000元 20元/小时	24小时服务

住宿

作为国内最著名的旅游城市之一，杭州市内的旅馆服务

▲ 春游湖上

- **西湖游船**

在湖边四周均有游船码头，发船频率高，开船准时准点，乘坐甚为方便。此外湖上还有一些个体手划游船，行船线路、时间灵活但船费稍贵。

- **环湖观光电瓶车**

行驶线段分为4个区段，每段10元/人。

- **杭州水上游**

主要是乘船游览古运河风光。电话0571-88024368。

▲ 曲院风荷

- **租车连锁店**

西湖边上的许多小饭店、小商店亦有出租自行车业务且连锁经营，可以此店借、彼店还，店主还会给你提供一张租车店“联络图”一类的图纸，按图行事很方便。

▲《印象西湖》表演场夜景

业甚为发达，星级宾馆酒店多达近百家且价格不算太贵，三星级的标房砍价后200元左右可拿下。中小宾馆更是数不胜数，房价在80~120元的住处不太难寻。如位于南山路62–3号，长桥公园对面的过客国际青年旅舍，带卫生间（24小时热水）的普通间40~50元/床，该旅舍交通利且卫生条件甚好，笔者强力推荐。从火车站乘游2路可直达。电话0571–87027027。

餐饮及特色食品

如果吃大众快餐和简单面食，在杭州街头上8~10元钱就可吃饱一顿，街上的小饭店和排档太多了。这里饭馆的面条特多，大排面、叉烧面、肉末面、雪菜面、猪肝面，有二三十种之多，一碗面不过5元钱左右，饭量小的人一碗面即可当一顿正餐吃。至于说杭州的风味菜，更是味道鲜美、名扬四海。下面是当地主要特色菜肴和特色餐厅。

著名菜肴

西湖醋鱼、东坡肉、龙井虾仁、蜜汁火方、干菜焖肉、荷叶粉蒸、干炸响铃、宋嫂鱼羹、蟹汁鳜鱼、鱼头浓汤、生爆鳝片、掌上明珠、叫花童鸡、天香醉鸡、脆皮乳鸽、拔丝蜜橘、虎跑素火腿、油焖春笋。

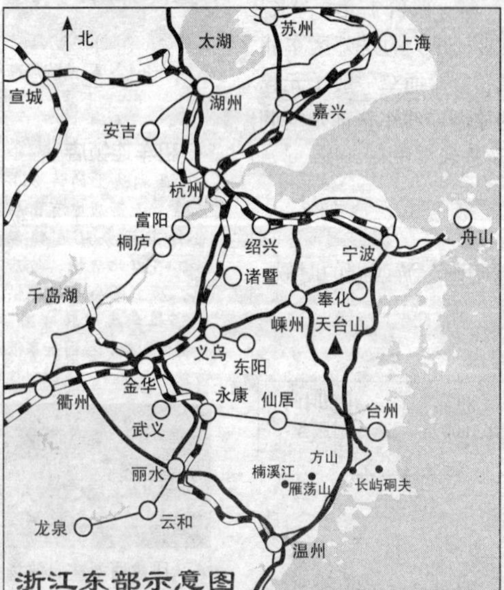

浙江东部示意图

特色餐厅

楼外楼/西湖白堤/87969023，西湖醋鱼、龙井虾仁、莼菜汤、东坡肉。

天外天/灵隐寺附近/87965450，龙井虾仁、咸笃鲜、鸡翅彩卷、双雀迎春。

新开元/解放路/87017878，主营江南风味菜肴。

花中城/清泰街/87811388，主营江南风味菜肴。

天外天/天竺路2号/87965450，龙井虾仁、咸笃鲜、桂花鲜粟羹。

天香楼/延安路/87033388，东坡肉、叫花童鸡、肥嫩糟鸡、蜜汁

- **美食佳境楼外楼**

  地处西湖边、孤山下，环境佳、风水好，而饭菜质量当然是杭州一流，饭菜不能说便宜但绝对物有所值，在此用餐还可感受中国美食文化的丰厚底蕴，收获颇丰、令人开心。店中的名菜价格如下：西湖醋鱼68~98元/盘（草鱼便宜而鳜鱼贵）、龙井虾仁138元/份、叫花鸡158元/份、东坡肉16.8元/盅、宋嫂鱼羹19.6元/盅。另外杭州城内还有一些著名菜馆如新开元、花中城等，都是开业时间不长的新店，饭菜质量好而价钱便宜，可供关注。

- **楼外楼**

  电话：0571-87969023。

  副楼餐厅比主楼便宜一些。

- **新开元**

  在清泰街，物美价廉且用餐环境好，笔者强力推荐。

  电话0571-87811388。

- **知味观**

  餐馆在仁和路，地处湖滨交通便利，且菜价比楼外楼便宜许多。0571–87018638。

火方、龙井虾仁。

山外山/玉泉路 8 号/87986621。

知味观/仁和路 83 号/87018638。

功德林/城站路 35 号/87804634。

主要景点——西湖风景名胜区（5A 级景区）

西湖老十景

苏堤春晓

苏堤在西湖西南侧，南起南屏路，北接曲院风荷，全长 2.8 公里。堤上有映波、锁澜、望山、压堤、东浦、跨虹 6 座玲珑小桥，堤旁种满花木，桃红柳绿相映，风光柔美绚丽。春风骀荡、飞鸟和鸣，此时的意境最动人，故称苏堤春晓。此景为西湖十景之首。

曲院风荷

在西湖西侧、苏堤北端，是西湖环湖地区最大的公园，有岳湖、竹素园、风荷、曲院、湖滨密林区 5 个景区。这里湖心碧荷清波与岸边的精美亭榭相映，色彩艳丽、景色迷人。盛夏时节荷花盛开，香风习习，沁人肺腑。

柳浪闻莺

位于西湖东南岸，是欣赏西湖“三面云山一片水”的绝佳地点，古时因湖滨绿柳间有黄莺鸣叫而得名，如今被开发成杭州城内主要的综合性公园。

平湖秋月

在西湖西北侧白堤西端、孤山南麓，这里不光园林佳景新颖别致、繁花似锦姿色诱人，还是西湖边赏月的最佳地点。金秋之夜在此极目眺望，但见皓月当空、湖天一碧、水月相融，意境之美如幻如梦。

三潭印月

由三座葫芦形水中石塔和湖心岛小瀛洲两部分组成，是西湖湖心最有名气的佳景。三座石塔挺拔秀立，月明之夜塔中灯影倒映水中同月影交相辉映。小瀛洲上岛上有湖、湖心又有岛，风光精美玲珑，是游客乘船游湖时必观佳景。

- **苏堤春晓**

🚌游 1、2、3、5 路，假日 1、4、5、7 线可到苏堤南侧的苏堤站，而 7、15、27、28 路及假日 1、4、6 路可到苏堤北侧的岳庙站或曲院风荷站。

步行穿越苏堤是非常惬意快活的事，行程约需 1.5 小时。

- **曲院风荷**

¥门票免费。

观景及休闲度假皆宜，园内有专门的度假区，出租小木屋、吊床及各类炊具。

▲ 湖上游船

- **柳浪闻莺**

🚌12、30、31 路可到。

¥门票免费。

公园本身风光一般，但在此眺望西湖景色还算动人。

- **平湖秋月**

🚌1、23、27、7、K7 路可到景区东端或西端，下车后步行即可到。

¥门票免费。

- **西湖游船**

含三潭印月上岛费的船票 45 元/人，不含上岛费 25 元/人。

- **三潭印月**

从西湖之滨东西南北任何一侧的游船码头上船，都可抵达三潭印月。这里是西湖湖上美景的中心。

¥门票 45 元，含西湖游船船费。

- **推荐新景西溪湿地**

在杭州市区边上，景区内以湿地沼泽田园景色为主，是当地观光休闲新景区。乘 193 路可到，门票 80 元，船票 60 元。景区内观光至少需要 2.5 小时。

- 断桥残雪

🚌 7、507、游 2、27、K7 路可到。

- 双峰插云

🚌 7、27、807、游 1、2、3 路均可到。

- 南屏晚钟

🚌 游 1、2、3 路，假日 5、7 线，K4、504 路及 308 路可到。

¥ 门票 10 元，敲钟 10 元。

- 雷峰夕照

¥ 门票 40 元。

- 花港观鱼

🚌 游 1、2、3、5 路，假日 1、4、5、7 线，K4、504 路及 308 路在苏堤站或花港站下，进东、南、西三大门均方便。如先乘船游西湖，可在苏堤码头上岸，正好进入景区东大门。

¥ 门票免费。

断桥残雪

在白堤东端里西湖和外西湖分水点上，冬雪之后桥面玉砌银铺，现仍有“断桥残雪”石碑矗立桥头。《白蛇传》中白娘子与许仙在此相会的传说更为此景增添浪漫色彩。亦是观赏西湖山水秀色之佳地。

双峰插云

是由西湖西北侧挺拔峭立的两座山峰南高峰和北高峰遥相对峙、竞秀争雄而形成的山峦美景。阴雨天时山间云拥雾涌，秀丽双峰忽遮忽显，时隐时现，朦胧柔美而又飘逸壮观。

南屏晚钟

西湖西南的南屏山下有佛教名刹净慈寺，寺内有巨型古钟，晚时敲响声入云霄、峰鸣谷应，回荡至杭州全城。近年来，每到除夕之夜，这里都举行撞钟除旧迎新活动，象征着欢乐、祥和与团结安定的悠扬钟声为古老景点更添新鲜魅力生命。

雷峰夕照

西湖南岸南屏山旁的夕照山上原有吴越时建造的雷峰塔一座，塔姿优美，亦因《白蛇传》中的美丽传奇故事而为人吸引和关注。该塔已于 70 余年前倒塌，但旧时夕阳西照之时，金碧宝塔与山湖光色相映生辉的美景仍为世人所记忆怀恋。2002 年 11 月，新建的雷峰塔在旧址上落成且风姿颇为动人，古老景观重获新生。

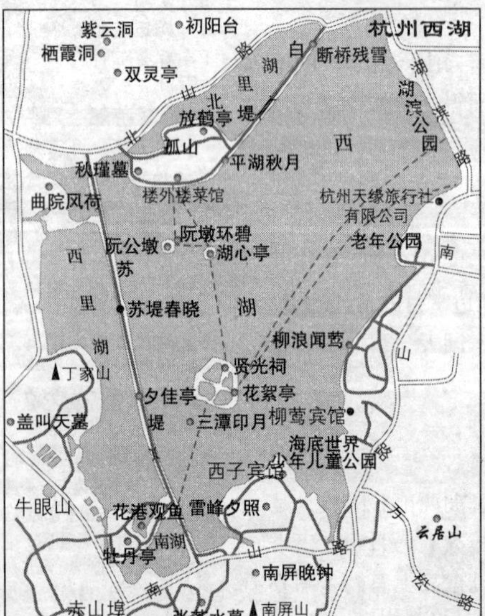

花港观鱼

在西湖西侧苏堤南端，小南湖和西里湖之间，全园面积近 300 亩，由鱼乐园、牡丹亭、花港、草坪和丛林几大部分组成。其中鱼乐园是全园的主景，这里的湖池间放养着数万尾金鳞红鲤鱼，每当游人在湖边投入饵料，鱼群就会从四面游来争食，红鳞逐浪的场面甚为壮观迷人。

西湖新十景

九溪烟树

在西湖之西，烟霞岭南鸡冠垅。这里九溪清波顺涧而流，谷间奇峰夹峙、篁楠交翠、美景如云。

云栖竹径

位于五云山西面山麓的云栖坞里，山高坞深、竹茂林密，清晨黄昏，坞中常有烟雾飘荡，彩云相逐，景色如诗如梦。这里地处深山、远离城市喧嚣，竹海参天、清幽宁静。

龙井问茶

龙井位于西湖以西林木苍翠的风篁岭上，其泉水与玉泉、虎跑并称为杭州三大名泉，水质异常清澈甘甜，泉西的龙井村周围种满浓密的茶林，四海闻名的龙井茶即是产在此地。问茶的含义是品茶和探询与茶有关的知识和文化，此外龙井周边的山、石、溪、泉各景亦很清秀宜人。

满陇桂雨

桂花是杭州的市花，位于西湖西南南高峰与白鹤峰夹峙下的满觉陇村，山道边植有桂花树7000余株，是杭州最著名的观花胜境，每当金秋时节风过林梢，这里的“桂粟”下落缤纷如雨，满陇桂雨因此而得名。

虎跑梦泉

在西湖之南约5公里处，相传当地山间泉水系老虎“刨地”而形成，这里山峰秀立，竹林苍翠，有许多林间茶室，用虎跑泉水泡出的龙井茶清香无比，为茶中极品。

玉皇飞云

海拔239米的玉皇山位于西湖与钱塘江之间，山姿雄峻，山顶有道观，这里江天辽阔，山风浩荡，常有云朵和雾涛擦山而来、飞渡而去，故名玉皇飞云。

宝石流霞

西湖北岸的海拔200米的宝石山上有诸多山石，色泽光亮如翡翠玛瑙，在朝晖晚霞映照下熠熠生辉，流光溢彩，景色迷人。

- **九溪烟树**

🚌2、308、504、K4、游5路在九溪站下车可入景区南口。27、508路龙井茶室站下车可入景区北口。

¥九溪十八涧门票20元。

- **云栖竹径**

🚌游4、5路可到。27路龙井村站下车，508路龙井茶室站下车。

¥门票10元。

- **龙井问茶**

🚌27、508路可到。

- **满陇桂雨**

🚌假日1、4、5、7线，游3、5路，K4、504路及508路可到。

¥门票20元。

- **虎跑梦泉**

🚌K4、504路，游5路，假日5线可到。

¥门票15元。

- **玉皇飞云**

🚌31、38路，游3路可到。

¥门票15元。

- **宝石流霞**

🚌16、507、K7路，游1、2、3路及27路可到。

- **周边景点**

钱塘江观潮

钱塘江潮是因海水涌入钱塘江后因江中水道逐渐变窄造成水面逐级抬高而形成的世界一大自然奇观。如逢大潮时潮水汹涌澎湃，势如摧枯拉朽，场面甚为壮观迷人。位于钱江之滨的海宁是观潮绝佳地点，主要观景区是位于海宁市西南45公里处的盐官观潮公园。

- 黄龙吐翠

16、21、28、152路，游5路，假日4线可到。

¥门票15元。

- 吴山天风

8、35、38、40、807路可到。

¥门票30元（登城隍阁）。

- 其他景点门票

¥六和塔门票20元，登塔另收15元。岳庙25元。灵隐寺30元。飞来峰35元。

- 阮墩环碧

在西湖边上的许多码头都有游船上该岛。

- 宋城

游4、5路，假日5线及308、514路可到。

¥门票100元。

晚上歌舞表演80元。

黄龙吐翠

西湖之北栖霞岭旁有山间园林黄龙潭，园里有精巧亭台、茂树修竹、怪石清泉，一汪碧澈如玉的潭池上有一个头角峥嵘的石制龙头，嘴中涌出清泉直泻池心，风光独特，引人入胜。

吴山天风

吴山地处西湖东南，高约100米，由紫阳、云居、七宝峨眉多个小山组成。山丘绵延数里，有许多古树和奇异石景。

阮墩环碧

西湖湖心的一个玲珑小岛，与三潭印月相邻相对，岛上有环碧山庄、云水居等精美建筑，绿树花丛藏竹舍，景色旖旎动人。

新景推荐：宋城

位于杭州市西南的钱江之滨，是国内最大的宋文化主题公园。全园由《清明上河图》再现区、艺术广场区、九龙柱群区等景区组成，园中遍布宫苑、市井、作坊、店铺，再现了宋朝时京都的繁荣景象。园中每日都有民俗歌舞表演，活泼动人。宋城是杭州市各人造新景中的明星。

推荐游程：杭州市区三日游

D1：全天游览西湖及周边景点

清晨起床后可先乘游2路观光专线大巴沿西湖兜一大圈儿。游2路从火车站前出发，向西向南行驶途经柳浪闻莺、南屏晚钟、雷峰塔、苏公堤，最后抵达杭州北高峰下的名胜灵隐寺（游人可下车游览1.5小时左右），从灵隐寺出来后仍乘游2路大巴（此时车向东行），途经曲院风荷、岳王庙、白堤、断桥等名景，最后又回到火车站（游客可在湖东岸下车），这样整整绕了西湖一大圈儿（车票共3~4元），西湖和湖滨各景是怎么回事，你就完全看清楚了（环湖游也可乘电动观览车，在湖边有4个区段，每段车费10元/人）。

之后开始游湖，西湖上的游轮极多且管理有序，票价统一为45元并含湖心小瀛洲上岛门票（还有一些手划的小艇收费要贵得多）。游人从湖滨上船，15分钟后即抵湖心岛，在岛上观景、用茶、买纪念品半小时足够，然后再去小瀛洲（三潭印月）。小瀛洲是西湖上最大的岛，岛上美景交织、风光极好，在这里至少要玩1小时才够。

游毕小瀛洲可乘游船北行到中山公园上岸，然后到楼外楼饭庄品尝西湖醋鱼、东坡肉、莼菜汤等杭州名菜。饭后顺路看一看孤山各景，然后到苏堤一游。苏堤是西湖风景的精华所在，堤上繁花吐艳、垂柳依依，风光柔和秀美。站在苏堤上，东可望三潭印月、湖心岛、阮公墩等西湖美景，西可观宁静安详的西里湖和湖西侧南高峰等青翠秀丽的群堤南红鳞逐浪、情趣诱人的“花港观鱼”。

游毕苏堤（从北到南要三四个小时），第一天的游览已非常丰富开心了，晚间如果还有兴致，可参加西湖夜游（船票25~40元），看一看如诗如画的西湖夜景，到湖心岛或阮公墩参加各类游艺活动，继续在市内住宿。

D2：游西湖、虎跑泉、六和塔、宋城

清晨可先到湖滨，观赏美丽的西湖晨景，建议你重点关注湖东南侧柳浪闻莺景区的翠光亭，这个亭子本身一般，但亭子南侧150米以内却是观赏西湖秀色的最佳地点（笔者个人意见）。上午10:00左右乘308路公共汽车，到杭州三大名泉之一的虎跑泉观光，品尝那清凉甘甜的泉水，游览那极为清幽、寂静的山林，聆听“虎跑梦泉”的美妙传说。午后向南乘车两站，到钱塘江畔的月轮山上登巍峨挺立的六和宝塔（门票30元），并从塔巅观览浩浩东去、白帆点点、百舸争流的钱塘江秀色。

黄昏和晚上的时间可交给杭州当今规模最大名声也最显赫的新景——宋城。宋城位于杭州西南郊，从六和塔乘车沿江西行20分钟即到，它建于1996年，是目前中国国内最大的宋代文化主题公园。

宋代是中国封建社会发展到成熟的朝代，其科技、经济、文化的发展水平均居世界领先地位。当时的杭州被誉为“世界最美的华贵之城”。而宋城正是以其宏大的建筑规模和疑幻似真的表现手法再现了千年以前中国古代都市的繁荣景象。宋城全城的建筑布局主要依照宋代杰出画家张择端的名画《清明上河图》而建，游人走进宋城，仿佛时光倒流而置身于千年以前中国古代都市的浓浓氛围里。

宋城内每天从早到晚一刻都不歇息的众多歌舞和民俗表演，这其中既有“皇帝出城迎宾”，又有“仕女踏青嬉戏”，更有“包公怒铡陈世美”、“林冲雪夜上梁山”、“武松怒杀西门庆”、“梁红玉击鼓抗金兵”。直到晚上8点以后，城内还要上演大型歌舞剧《宋城千古情》。该剧演员足有一二百人。晚上9点半左右，各类演出才正式结束，这时游人方可带着喜悦、满足和回味返回杭州市内。

D3：上午去龙井“问茶”，下午游览西溪湿地

龙井村位于西湖西侧的群山中，濒临杭州两大高峰中的南高峰（乘27路或游3路公共汽车均可到）。这里山峦起伏、松篁交翠，山坡上分布着数千亩的茶园，峡谷中流淌着清澈碧透的溪泉。到龙井一游，不光可以品尝用龙井泉水（杭州三大名泉之一）浸泡的正宗龙井茶——浓郁、清醇、茶香四溢，又可学习龙井茶的种植和炒制技术，了解我国源远流长的茶文化。到龙井品茶、“问茶”（意为：探询、了解）加观景有3个小时就够了。下山后即可回市区从黄龙体育中心客运站乘193路车去西溪湿地。西溪湿地在杭州市西天目山路西侧的延伸段上，距市区很近。园区水网密布、沼泽成群、芦苇及各类竹木林立，很有野味。游人乘船行驶其间很感迷人野趣。游览西溪湿地包括路程至少要4小时。黄昏时返回市区。晚上可到西湖西堤北端的岳湖看大型山水实景表演《印象西湖》（张艺谋导演），订票电话8571-87962222。如此丰富充实的三天游览安排，真可算是精彩圆满了。

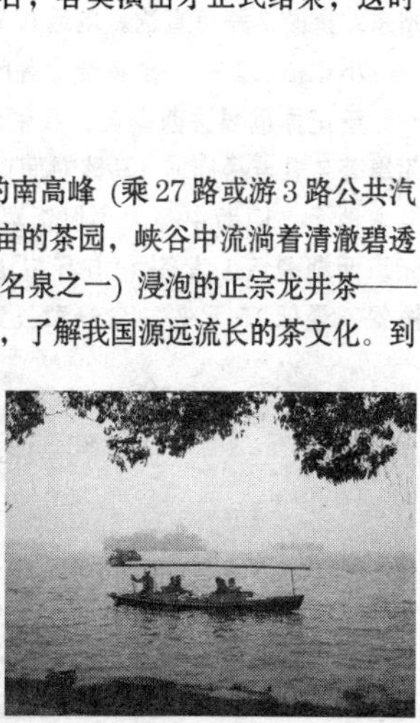

▲ 雨中乘船游西湖很有迷人韵味

浙江省

▲ 夏日西湖佳景

笔者独家绝活：向您传授几个游览杭州时既能省钱又能开心的小花招

杭州是国内最著名的旅游城市之一，这个城市的名气太大了，受到外界的关注太多了，介绍与杭州旅游有关的书籍、报刊、影视片也太多了，而网上出现的与杭州有关的导游信息也太丰富了，我就别跟它们一争高低了，只是前不久我又去杭州玩了一次，有些新见闻，就把它们告诉各位驴友，算是给大家的杭州之旅增加一点儿作料吧!

小花招之一——乘游2路车观光省钱又开心

游2路从杭州最大的火车站城站发车，先沿西湖东岸经柳浪闻莺、南屏晚钟和雷峰塔，再路过花港观鱼、苏公堤到灵隐寺，再从灵隐寺沿西湖北岸经岳庙、断桥驶回城站，算是围西湖绕了一大圈儿，全程车票才3~4元（白天在灵隐寺门口要换一次车，晚上一车开到底），乘坐它可以基本看清西湖全貌和市区中心风光，真棒！湖边各处均有车站，一定要视情况乘坐啊！

小花招之二——推荐便宜宾馆

杭州的游人多、各类会议和商贸活动多。总之是客人太多，所以宾馆的房价真贵，就是一般季节中，星级宾馆（市中心的）双标间砍价后也大都在200元以上。笔者前不久好不容易发现了一家条件尚好而房价不贵的地方，无私地推荐给大家：就是位于西湖南侧的过客青年旅舍，这是一幢两层小楼，既有标间又有多人间，卫生条件非常好、非常干净且房价不贵——标间150元/左右，普通间40~50元/床，住普通间（房内有卫生间）每个人都有带锁的储物柜，也能洗上热水澡，性价比很好。从杭州火车站乘游2路、从杭州东站乘游7路可直达。电话0571-87027027。

小花招之三——推荐便宜餐厅

反正你也要去西湖玩，我就给你推荐一个西湖边上位置很好的便宜饭馆——位于湖北岸著名景点岳庙前（马路对面）的岳虹酒家，这家店地处从白堤到岳庙和曲院风荷的必经之地上，门面中等大小但饭菜便宜；东坡肉10元/块，宋嫂鱼羹28元，龙井虾仁78元，西湖醋鱼1大条（1.5斤以上）48元，比楼外楼等大餐厅便宜将近一半。店中还有快餐，最低15元/份，含一荤三素和米饭。同等地域位置上的饭馆很少有这么便宜实惠的，吃它没商量，订餐及咨询电话：0571-87979903。

▲ 乘船游览西溪湿地

附：钱塘江观潮指导

从海宁到盐官只有半小时车程，交通方便，中巴一般车费10元。观潮每月均可，但以农历八月十八的大潮最为壮阔。

此外，杭州市区南缘的六和塔上及塔下，钱塘江桥旁的江滨，以及从大桥至九溪南端的之江路边都是观潮的好地点。

浙江省

绍兴

电话区号 0575
旅行社 85083166

绍兴地处浙江省中部偏北,距省会杭州只有40公里,是我国历史文化名城之一,亦是华东著名的旅游城市。绍兴人杰地灵，历史上涌现出许多著名的政治家、革命家、文学家如秋瑾、鲁迅、蔡元培、周恩来等；绍兴亦有许多名胜古迹和园林佳景，目前绍兴市内的观光亮点主要是鲁迅故居、沈园、东湖风景区和因《兰亭集序》而扬名天下的兰亭游览区。周边地带的主要景点有柯岩、四明山、五泄等。

气候与游季

绍兴气候温润，四季皆宜旅游。

交通

绍兴距杭州萧山国际机场约30公里，机场大巴可直达绍兴。从绍兴乘火车或公路快巴，可在1小时内抵达杭州。让人感到非常方便的是绍兴火车站发售从杭州和上海始发的火车票，所以进出绍兴非常快捷容易。

▲ 东湖上的乌篷船群

食宿

各类江南菜系在绍兴均可吃到，菜价适中；特色餐馆咸亨酒店新址在鲁迅故居旁，就餐条件不错但价码不低。欲吃便宜饭食，可到分布在市区许多地方的新疆风味小吃店（这一点很有意思），店内的盖饭10~13元1份，浇有不少奶油和番茄酱，够一般饭量的人吃饱。绍兴的住宿不贵，80~100元的宾馆标间很常见。

观光指导

目前绍兴市区的观光热点主要有鲁迅故居（就在市中心，含鲁迅故居、百草园、三味书屋等，门票免收，步行或坐人力三轮即到）；沈园（园林景色美且有刻有陆游《钗头凤》词的石碑，从鲁迅故居向东步行10分钟即到，门票40元）；东湖（当地名景，以碧水亭桥和水边奇崖著称，乘032路公汽可到，门票40元，乌篷船费50~90元）；兰亭（有鹅池、曲水流觞、兰亭碑等景点，乘303路可到，门票40元）4处。这4处景点如果抓紧时间可于一天内轻松游毕，观光顺序应是鲁迅故居、沈园、东湖、兰亭。之后有时间可去五泄、四明山等。

普陀山

(5A 级景区)

电话区号	0580
普陀山管理局	6091414
旅游投诉	12315
普陀国际旅行社	6091183

位于东海舟山群岛东部，全岛面积约为12.5平方公里，山姿秀丽、海景壮美，有“东海仙山”之美誉。普陀山遍布奇异礁石、幽深岩洞和宽阔沙滩，海岛风光旖旎且遍布佛教文化古迹，岛上有以普济、法雨、慧济三大庙宇为首的数十处佛教寺庙，是国内久负盛名的四大佛教名山之一。

▲ 普陀山风光

气候与游览季节

普陀山冬暖夏凉，冬季绝少有凛冽寒风和降雪，盛夏时节白天的气温亦可达到30℃左右且日照强烈，但夜晚气温可降到17℃~20℃且海风沁人，特别凉爽舒适。春秋时节当然更是气温适中。所以，这里是国内不可多得的“全年候”的旅游佳境。

- 飞机

普陀山机场订票电话：0580-6093101。

- 汽车

普陀汽车站问讯处：沈家门东海中路160号（电话：0580-3012011）

运输公司售票处：沈家门（电话：0580-3013461）。

- 上海到普陀山

①在徐家汇客运站乘大巴，每天6：20~19：10共有11班车，票价125元，6个小时可到沈家门港，再乘快艇即到普陀山。徐家汇客运站电话：021-64697325。

②吴淞码头亦有轮船开往普陀山，11小时可到，三等舱159元。

③人民广场的旅游集散中心每日有大巴到沈家门，再换快艇到普陀山。

交通

飞机

普陀山本岛无机场，但舟山群岛机场位于与普陀隔海相望的朱家尖岛上，北京、上海、武汉、厦门、青岛、南京等城市均有航班到朱家尖（舟山）机场，降落后可乘中巴或打的到朱家尖岛的蜈蚣寺码头，从这里乘快艇（随时有船，船票20元）10分钟即可到达隔海相望的普陀山。

汽车

华东大部分市县可乘长途班车到舟山市的定海、沈家门，再乘船抵普陀山，沈家门与普陀山隔海相望，几乎每小时都有渡船去普陀山，渡轮半小时即到，快艇只需10余分钟。

沈家门汽车站有班车与上海、杭州、宁波、湖州、奉化、新昌、象山、嵊州、临海、东阳、宜兴、黄岩、义乌、金华、南京、福州、上虞、绍兴、温州等地相通。

轮船

东南沿海许多港口均有客轮直抵普陀山，其中上海和宁波去普陀山的船最多，以下是普陀山与其他沿海港口的航班简表：

普陀山至上海吴蜈码头（普陀山号、锦屏号、洛迦山号，每天至少1班船）。

至上海芦潮港（飞翔、飞海、茂盛号，每天3班，3小时）。

普陀山至宁波舟鹰轮快船，每小时一班。

至镇海（每天一班，3.5小时）。

至沈家门（紫竹、海州、海鸥轮，每天八班，0.5小时）。

至沈家门（高速快艇，每10分钟一班，6:00~18:00）。

至洛迦山（海蛟、慈光、慈云轮，每天三班，0.5小时）。

客运站问讯处电话：0580–6091121。

岛上交通

岛上有专线车将大多数景点连接起来。

专线（1路）：途经百步沙、百步阁、紫竹林、入三摩地、码头、海防新村、海鲜园、宝陀饭店、西天渡口。

专线（2路）：途经百步沙、朝阳洞、大乘庵、法雨寺、飞沙岙、宝月庵、古佛洞、索道站。岛上还有索道，可以通达慧济寺。

专线（3路）：途经码头、入三摩地、紫竹林、百步阁、百步沙、朝阳洞、大乘庵、法雨寺、飞沙岙、禅慧庵、梵音洞。各专线车车票上车2元，之后逐站递增，最多10元。

此外岛上包面包车游览亦方便，一般18座中巴每天包车价最低为250~270元，节假日一般为300~350元。

● **杭州至普陀山**

可从杭州客运东站乘快巴4.5小时到舟山的沈家门，车票77~95元，再换公交6路或7路（车票1元）从半升洞码头换船去普陀山，半升洞码头去普陀山的快艇10分钟1班15分钟就到。杭州吴山广场的旅游集散中心也有快巴到沈家门。

● **宁波到普陀山**

可从宁波北站或轮船码头坐船到普陀山，快艇船票75~83元，2小时可到（先从市区坐汽车走1小时到海边大榭码头后再乘船）。发船时间6:30~15:50。

● **沿途美景**

从宁波乘船去普陀山，途中可见甬江两岸风情，舟山群岛秀色，东海辽阔海景和沈家门跨海大桥雄姿，可谓是气象万千。

岛上住宿

普陀山上遍布高中低档各类宾馆、招待所，普陀山大酒店和宝陀饭店、锦屏山庄等星级宾馆条件好价格不菲，旅游旺季（6~10月间）房价都在150~680元之间甚至更贵，且打折的余地不大，打8折已属不易；比较便宜的住处是分布在西山新村、龙湾村一带的个体家庭旅馆，这些小旅馆以三四层的小楼房居多，每层有2~4个房间，许多房间有卫生间、彩电、电风扇或空调，条件不太差，房价普通间（有2张床）约在40~80元之间，标间约在80~120元之间，比大宾馆、大饭店便宜一半多。

岛上餐饮

品尝海鲜

岛上的海鲜当然丰富，大黄鱼、海蟹、鲜贝、虾类、石斑鱼、墨鱼、鱿鱼应有尽有，都是出水不久的鲜货，味道比大城市中冷冻和水发的海味鲜美得多但价格并不便宜，所以到这里来吃海鲜主要吃的是美味而不是廉价。

岛上海鲜馆最集中的地方是会聚了数十家餐馆的海鲜园，海鲜品种多但价格挺贵，此外前寺景区、南天门和法雨寺景区亦有不少海鲜馆，另外大宾馆饭店中的餐厅都有海鲜菜肴供游客任选。

品尝素斋

普陀山上的三大庙宇中每日都有素斋供应，所有游人都能享用，一般正餐约需8~15元（特色菜加价），8人一桌合伙吃会便宜很多，几元钱就行。素斋原料独特、滋味独特，吃时挺有情趣但只有素菜没有荤菜，热量稍有不足，偶尔吃一顿尚可。

主要景点

壮丽辉煌的三大庙宇群

普陀山上虽然有数十座庙宇，但建筑风格和规模却有很大不同，其中以位于岛屿中央的普济寺、白华顶光熙峰下的法雨寺和位于全岛制高点佛顶山上的慧济寺规模最大，建造亦最气派精美。其中普济寺内有殿、堂、楼、轩357间，法雨寺内依山而上的六层台基上有殿宇近200间，慧济寺雄踞山巅，倚天面海，仙云缭绕，风光壮阔。三大庙宇群全都殿

- **乘中巴游览方便**

岛上的3条旅游专线车很多，票价公开透明（车门上方有里程价目表），游客乘坐还算舒适方便。

- **推荐星级酒店**

①三圣堂饭店，电话：0580-6094058。

②息麟饭店，电话：0580-6091697。

以上两家均为二星级宾馆，均在普济寺庙旁不远处，环境幽雅，房价适中，可供选择。

- **一般饭食**

岛上肉炒青菜也要15~20元，肉丝面12元一碗尚不能完全吃饱，煎鸡蛋亦要3元钱一只，总体上饭食价格较贵，平常饭菜要30~35元才能吃好一顿，游客要有心理准备。

- **普陀山门票新价**

¥上岛费160元/人，淡季140元/人，黄金周上浮到200元/人。老人、学生有优惠。岛上三大庙宇群还需单购门票，每处5元/人。

▲ 海岛日出

- **龙湾村个体旅馆**

①潮音阁，电话：0580-3886040。

②听潮阁，电话：0580-6698238。

③海边人家，电话：0580-6698035。

④东海小院，电话：0580-6698067。

堂林立、巍峨壮美且游客众多，香火旺盛，是全岛旅游的中心和佛教信徒朝拜胜境。

百步沙、千步沙——华东最漂亮的海滨浴场

两处景区均位于岛屿东侧，其中百步沙长600余米，千步沙长1750米，沙滩辽阔，海景壮美，是全岛乃至整个华东地区最漂亮的海滨浴场，这里的海水蔚蓝，沙色金黄，沙质细腻不粘人足，特别适合滑沙、踏浪、嬉水、游泳。

紫竹林

在普陀山东南部的梅檀岭下，因此处有紫色山石和紫色竹林而得名，山姿柔顺、海景优美，景区旁的不肯去观音院，是五代后梁贞明二年（916年）日僧慧锷乘船回国受阻后登临普陀山时修建，在东南沿海一带享有盛名。

▲ 普陀山百步沙海景

梵音洞

位于普陀山东端，千步沙北侧，这里洞深崖陡，石劈如门，涨潮时海水冲刷岩洞，激流进退、澎湃有声，是普陀山上风光险峻、颇有震撼力的佳景。

东山磐陀石

坐落在梅岭峰上，高2.7米，宽7米，顶部平坦可容30余人站立。该石险如滚卵但安稳如磐，是普陀山一大奇景，石上因刻有“磐陀石”三个大字，故有许多游客在此拍照留影。

普陀山风光总体评价

A.四大佛教名山中五台山、峨眉山、九华山均在内地，而唯独普陀山在海上，是名副其实而又风格独具的“独一份儿”。

B.岛上山姿柔美、海景壮阔、庙宇林立，自然风光与佛教圣地的完美结合，使之成为我国东海之滨的最佳旅游胜境之一。

因此笔者认为，普陀山应该是国人国内旅游中的必观景点，游客一生中至少应该到那里游览一次。

- **壮丽辉煌的三大庙宇群**

普济寺门票5元，1、2路专线可到。

法雨寺门票5元，2路专线可到。

乘2路专线车至终点，转乘索道上山可到慧济寺和佛顶山，索道费上行25元，往返40元。

¥慧济寺门票5元。

- **百步沙、千步沙——华东最漂亮的海滨浴场**

百步沙门票免费，2路专线可到。

千步沙门票免费，2路专线可到。

这里有时风急浪大，不会游泳者应谨慎下海，以保安全。

- **紫竹林**

1路专线可到。

¥门票5元。

- **梵音洞**

1路专线可到，

¥门票免费。

- **东山磐陀石**

¥门票免费。

- **南海观音大佛**

¥门票6元。

浙江省

推荐游程

早晨先到海滨观日出，而后乘中巴到岛北端的索道站乘缆车上佛顶山观全景并游览法雨寺。然后步行下山（需半小时），游览山下的慧济寺。再从慧济寺乘中巴，5 分钟后即到海岛东侧岩危石险、涛声澎湃的名景梵音洞，在这里逗留半小时左右返回。午餐后从千步沙一直走到百步沙（两沙相邻），一路观海、弄潮、踏浪，最后到百步沙浴场存好衣服物品，然后倾心投入大海的怀抱，一直玩到夕阳西下，再回到普济寺一带晚餐休息。

第二天起床后先去参观岛上最大的寺庙普济寺（玩半小时左右），然后从普济寺南侧的石板路上山（这是一条捷径），去西天景区游览。看一看观音洞和磐陀石几处佳景及岛对岸的沈家门、朱家尖风光。游毕西天景区大概已近正午，这时可返回普济寺，退掉客房，带好行装物品，午餐后顺路游览紫竹林景区，然后即从港口上船返回。

发烧友特别关照

①普陀山气候好、风光好、佛教氛围浓，去一次完全应该，但最好避开十一和春节黄金周，此外 7~8 月份的双休日也应尽力回避，这样可以大幅度节省房费。

②普陀山的物价较贵，尤其是吃饭和住宿。一是岛上东西大多从陆地运来成本高，二是来此观光的客人以港、澳、台游客居多，旺盛的消费水平和购买力使岛上的物价居高不下（夏季这里的葡萄居然能卖到 8 元一斤），所以普陀山不适合工薪族游客久留，一般以二日游览为宜。

③吃海鲜不一定非要去海鲜园，那里的价格和经营不太规范，烹调水平也参差不齐。而各大宾馆饭店中的餐厅不光海鲜品种多，就餐环境也好，价钱并不一定有多贵。当然，不论在哪儿吃海鲜，看货议价都是应该和可以的。

经验谈

节约旅费的窍门

A.普陀山岛上的宾馆真贵，旺季 180 元以下的房间不好找，且宾馆总台很少有通融的余地，所以游客别跟他们“置气”了。可以考虑住在龙湾村及西山新村中的个体旅馆，比住在大宾馆省钱 20%~50%，刚一上岛就有不少个体旅馆店主拉客，跟他们去看看住宿条件完全可以，对此不必有太多顾虑，当然决定入住时须敲定好房价以免有变。更便宜的是普济寺中的寺庙旅馆多人间，10~20 元/床。

B.普陀山人气旺盛，物价也是居高不下，食宿费用支出很大，因此去普陀山观光一定要速战速决。如果想降低在当地的住宿费用，可以考虑白天在普陀山观光，而晚上住到朱家尖的方针（两地间有轮渡对开，也可从普陀山坐船到沈家门再坐公汽到朱家尖）。朱家尖的食宿比普陀山要便宜不少，风光也不错，可在那里作 1~2 日观光游乐。

▲ 朱家尖乌石塘海景

浙江省

舟山群岛

电话区号	0580
舟山市旅游局	2280715
普陀国际旅行社	2027228

舟山群岛是我国东海最大的渔场，亦是近年来正在兴起的海岛旅游胜地，这里的普陀山已是众所周知的名胜佳景，而周边其他岛屿如嵊泗、桃花岛、朱家尖等风光亦很优美。去舟山观海景、吃海鲜，游览一些人迹稀少的滨海佳景，可能会有全新的感受。

▲ 桃花岛碧湾金沙美景

气候与游季

这一带为海洋性气候，因有海水温差调节，所以气温变化稍显温和，冬季较少有严寒天气，夏季早晚更是凉爽宜人，春、夏、秋三季观光效果更佳。

交通

航空

舟山机场位于朱家尖岛上，北京、上海、武汉、厦门、青岛、汕头等城市都有班机直达这里。从朱家尖岛下机后，可以乘船乘车（有通沈家门的跨海大桥）轻松抵达舟山各个主要岛屿。

公路

从宁波、杭州、上海乘客车（每日多班）可以直达舟山群岛的中心定海和沈家门，客车也能直接开到朱家尖岛上。从定海和沈家门乘车乘船，即可到舟山各地区。

海运

宁波到沈家门和普陀山的轮船快慢班每日有10班不止，上海和宁波都有去嵊泗和定海的班轮。定海也有去嵊泗的客轮。如果去桃花岛，要从沈家门的墩头码头乘客轮（14.5元）或快艇（21元），每天至少有8班船。另外宁波郭巨码头每天早晨有1班客轮去桃花岛，下午返回。

- **上海到嵊泗**

  宝山码头每日有多班船到嵊泗，快艇只需1小时出头，而普通轮船航程约为3~4小时。

- **嵊泗住宿推介**

  ①基湖村75号夏日旅社，电话：0580－5586474。

  ②金丰山庄别墅，电话：0580－5586466。

  ③听潮小庄，电话：0580－5586512。

- **朱家尖住宿**

  各类宾馆、酒店多得是，普通宾馆一般季节双标间80~120元。

- **桃花岛住宿**

  建议住塔湾金沙海边，岸上宾馆成群。双标间80~100元。

浙江省

主要景点

朱家尖

岛上共有五大风景名胜区。观音文化苑景区以奇岩怪石、佛教岩画著称；乌石塘景区以乌石潮音和渔乡风情取胜；南沙景区以碧水金沙见长，还有情人岛和里沙生态园两个新开发的景点。

桃花岛

位于舟山群岛南部，北距沈家门 14.5 公里，与普陀山、朱家尖、沈家门遥相呼应，构成了舟山群岛上的“旅游金三角”。桃花岛上有塔湾金沙、桃花峪、安期峰、射雕英雄传旅游城共四大景区，风光秀美、异彩纷呈。全岛制高点是海拔 539 米的安期峰，山势峥嵘、林木青翠且常有烟云缭绕；最好看的景点是塔湾金沙和桃花峪，电视剧《射雕英雄传》拍摄地射雕英雄传旅游城亦是岛上著名人文景观。

嵊泗列岛

有泗礁山、枸杞岛、小洋山、黄龙岛等数百个小岛，岛上沙黄滩美，海上渔轮穿梭，风光原始古朴而又动静相宜。主要观光游乐景区有泗礁诸岛上的基湖沙滩、南长涂沙滩、金鸡山渔村，枸杞岛上的小西天山、海边奇石林立的小洋山等。这里不光海景独特，当地的海鲜亦很齐全丰美，内地价格昂贵的对虾、梭子蟹在这里便宜得难以置信（当然是跟渔民直接购买），是观光、休闲及美食的佳境和天堂。

推荐游程

朱家尖、桃花岛二日游

D1：朱家尖观光：游南沙景区（含情人岛）、乌石塘景区，观音文化苑，夜宿岛上或沈家门。

D2：乘船去桃花岛：游塔湾金沙、桃花峪、安期峰和射雕英雄传旅游城景区。

嵊泗三日游

D1：泗礁山岛观光：基湖沙滩、南长涂沙滩游览，金鸡山览渔家风情。

D2：枸杞岛观光：看山海奇观碑、枸杞沙滩、妈祖岛，到小西天观赏拍照大海落日。

D3：嵊泗其他景区游览，如大悲山、嵊山岛等。

雁荡山(5A 级景区)

电话区号	0577
旅游投诉	62680472
旅行社	62243335

在浙江省温州市东北、东海乐清湾附近，有一片奇特而美丽的群山。该山的范围好大，计有102峰、103岩、66洞、27瀑、23嶂、22潭、20寺等，全山共有500处引人入胜的美景，真是数不胜数、美不胜收。它就是有“东南第一山”之称的北雁荡山。

提起北雁荡山，很少有人用“风光秀美”来形容，而一律冠以“风光奇秀”的美称。这是因为该山的山、石、溪、泉、瀑、洞和庙各景是全方位的出色，且山水之奇特怪诞难以用语言来形容。

雁荡山的山峰低则数百米、高则上千米，全都平地拔起、突兀而立，山岩之挺拔陡峭、山姿其奇特怪异程度连黄山也望尘莫及。雁荡山没有干山（干燥、干涸之意），山上十有八九挂着瀑布、山下必定有溪水，其中大龙湫、小龙湫、三折瀑三处名瀑更是闻名全国、享誉海外。小龙湫落差68米，是雁荡山亦是全国最秀美的瀑布之一；大龙湫高达186米，一度是国内落差最大的瀑布；还有三折三态的含羞瀑、二泉分流的雁尾瀑、气势不凡的西大瀑、活泼潇洒的梅雨瀑，真可谓形态各异、多彩多姿。

雁荡山的庙多洞也奇，且二者常常密不可分。像著名的方洞，就建在离地二三百米高的悬岩峭壁上，而古庙胡公祠，又建在方洞的洞室内。又如有“雁荡第一洞天”之称的观音洞，洞高113米，深达76米，洞内竟依山靠岩修建了大雄宝殿等九级宫殿，洞顶还有瀑水散落而下，如若天泉飞雨。这洞与庙、与山、与水的高超巧妙结合，真令各方游人叹为观止、拍案叫绝。

还有那景区内随处可见、数以千计的奇岩怪石，还有那神奇梦幻般的灵峰夜景（本文后面单有介绍），还有那位于高山之巅的雁湖秀色，雁荡群峰中美景之多之奇之绝真令游人如痴如醉而又百思不得其解——这样奇妙的山水是怎样形成的呢?难怪古人云：“雁荡山水，雄伟奇特，甲于全球”，“欲写龙湫难着笔，不游雁荡是虚生”。神奇魔幻般的雁荡山正是以其个性鲜明、无与伦比的独特风光吸引着世界各地的大量游人。

▲ 落差达186米的雁荡山大龙湫瀑布

▲ 雁荡山双笋峰

气候与游季

雁荡山地处浙东沿海，气候温和湿润，冬季无严寒，夏季虽然白天气温不低，但经常下雨，加之能吹到徐徐海风，所以晚上凉爽舒适无比。因而这里一年四季皆可旅游。不过雁荡山的瀑布在冬季水小不太好看，所以每年4~10月应算游览佳季。

外地游客如何抵达雁荡山

雁荡山位于浙江省乐清市境内，铁路、公路交通都方便。如今上海、杭州、宁波、温州、厦门、福州都有列车抵达雁荡山站，出站后换乘汽车，片刻就到雁荡山。由于雁荡山与温州相距甚近（2小时车程），所以从温州去也方便，北京、上海、杭州、南京、武汉等大中城市都有列车直达温州。

游客抵温州火车站后，出站后向左手方向走300来米，即有开往雁荡山的汽车站，在此乘车票价28元，2小时后抵雁荡山站，原地换当地中巴，票价3~4元，10余分钟就到雁荡山的中心雁荡镇响岭头村。此外汽车南站（瓯北站有时也有）有旅游专线车和普通客车直抵北雁荡山（票价27~30元），也可乘沿104国道北行的任何一趟过路车在白溪（雁荡山道口）下车，然后原地换车，15分钟即到北雁荡山的中心雁荡镇响岭头村。

华北、华中一带的游客也可从宁波方向坐汽车去雁荡山，宁波客运南站（火车站对面）每日有多班车直抵北雁荡山（票价50~60元不等），亦可乘宁波至温州的车在白溪下车，然后原地换车，15分钟即到北雁荡山的中心响岭头村。

此外，杭州、上海、苏州、南京甚至北京都有空调大巴去温州或乐清，乘上述大巴到白溪下（距温州还有2小时行程），再换汽车10余分钟即可到北雁荡山。

雁荡山食宿情况介绍

雁荡山的中心是雁荡镇响岭头村，镇上布满宾馆、招待所和各式餐厅。手头宽裕的游人当然可以选择各类高中档宾馆和山庄，房费每日约需200~380元，最便宜的也在160元以上，淡季当然可砍价。

工薪族游客可住物美价廉的私人宾馆。雁荡镇响岭头村的私人宾馆至少也有百八十家，条件尚好，全是三四层高的新楼，90%以上的房间有彩电、空调、卫生间，除了房间稍小以外，其他各方面比大宾馆并不逊色。这些私人宾馆每间房（有2~3张床位）的开价一般在100~130元之间，除去七八月份的双休日和五一、十一期间，平日里砍下40~50元没问题，即一间房60~80元就可包下，比当地的大宾馆、山庄一类的地方便宜一半还多。

雁荡镇响岭头村上的餐馆极多，但一般不设菜单（菜谱），菜的品种和价码一般由店客双方对着实物面议（菜、肉、鱼等都洗净切好放在明处）。笔者的感觉这里的饭菜价格不比北京等大城市便宜，而且一般的菜肴砍价余地不大，但海鲜砍下20%没问题。

主要景点

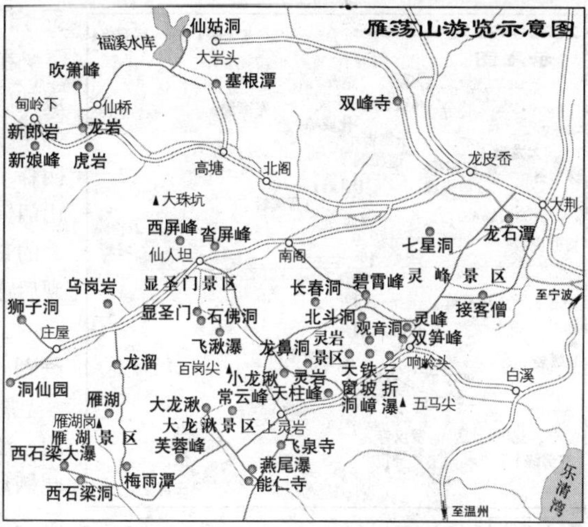

大龙湫

落差达186米的巨型瀑布，终年激流飞泻、喷云吐雾，盛夏时节暴雨过后更是水声如雷，震撼山谷。古人有诗云：“龙湫山高势绝天，一线瀑走兜罗棉。五丈以上尚是水，十丈以下全为烟。况复百丈至千丈，水云烟雾难分焉。”大龙湫飞瀑一年四季形态万千且变幻无穷，是雁荡山上最漂亮气派的瀑布景观。

小龙湫

落差68米的中型瀑布，秀美生动，姿态迷人。瀑布前方的山谷中有深山古庙，四周的山头上有不少奇岩怪石，每天上午，在山谷间的高架铁索上，还有“飞人”表演。另外瀑布上方新近开放了卧龙谷景区，有清溪、有古洞，值得一看。

方洞景区

位于大小龙湫间公路北侧的山崖上，有古洞古庙，长达数百米的悬崖栈道和横跨198米高深峡谷的铁索栈桥，风光绮丽、险峻迷人。

三折瀑

距雁荡镇响岭头村甚近的一处瀑布景区，由一条山间溪水跨越岩崖形成的上、中、下三段瀑布组成，其中中折瀑最好看，上折瀑因登攀稍稍费劲，一般游客不都前去。

灵峰景区

雁荡镇响岭头村北侧约1.5公里处的山间谷地，四周有一圈山峰。这些山峰白天都有自己的形态和名称，可是一到晚上全都呈现出酷似人和动物般的优美轮廓且形态全变，异常奇妙动人。

- **大龙湫**

从雁荡镇响岭头村乘各类机动车20分钟可到。

¥门票40元。

游览1.5小时即可。

- **小龙湫**

从雁荡镇响岭头村乘机动车5分钟即到。

¥门票40元。

游览2小时为宜。

- **方洞景区**

在大、小龙湫之间，从雁荡镇响岭头村乘机动车10分钟可到。

¥门票20元。

缆车12元。

- **三折瀑**

在雁荡镇响岭头村西侧不远处，步行前去即可。

¥门票15元。

- **灵峰景区**

从雁荡镇响岭头村步行15分钟即到。

¥门票白天41元。晚17:30以后看夜景41元。日景、夜景联票80元。

- **景区可买通票**

¥灵峰夜景非常神奇诡异，一定要重点观看。

- **显圣门**

需从响岭头村乘车绕道白溪、大荆到后山才能抵达

¥门票15元。

- **雁湖**

步行或乘车均可到雁湖。

¥门票15元。

- **新景森林公园**

在响岭头村西侧，内有少数民族歌舞表演。

¥门票25元。

▲ 雁荡山方洞景区

- **推荐住宿**

①位置最好、条件甚佳的星级宾馆之一是朝阳山庄，江总书记曾下榻在此。电话：0577-62243483。

②响岭头村上的个体宾馆群除了房间小，房内条件同星级宾馆相差无几，建议在响岭头镇下车后向里（向北）走一点儿，这里的环境安静些，而汽车站旁的旅店有些嘈杂，太吵。淡季房价50~60元即可。

浙江省

显圣门

在雁荡山后山，两峰夹峙，形态如门，下有清溪奔涌，上有鸦雀翻飞，气势雄伟而又令人感到恐怖阴森，单身游客甚至不敢只身进入。山门内外的坡崖上还有许多挺拔直立的奇异山石，其姿态之怪异令人观后感到匪夷所思。

雁湖

雁荡山西侧海拔千米处山巅上的一汪湖水，相传古时常有大雁在此栖息，雁荡山就是因此而得名。游客来此可追寻雁荡美景之源头，并登高畅览云海、日出及晚霞奇观。

推荐游程

雁荡山共有大龙湫、小龙湫、三折瀑、灵峰、显圣门、雁湖、仙桥、羊角洞八大景区，一般人常去的是位于前山、交通便利的四处，即大龙湫、小龙湫、三折瀑、灵峰。其中三折瀑和大、小龙湫均在响岭头村西侧，有一条公路已把三处景点串起来。而灵峰则在响岭头村北侧，需单独前去。

最常规的游程：雁荡山二日游

D1：游大龙湫、方洞，观灵峰夜景

早晨先去大龙湫游览（从响岭头村乘中巴西行20分钟可到，车票5~10元），看一看全景区最高大最气派的瀑布。在大龙湫停留1.5小时足够，返回途中顺路游当地新开发的方洞景区。该景区不光有古洞古庙，还有开凿在几百米高悬崖上长达千米的凌空栈道和搭嵌在两座高峰之间的铁索吊桥（游人不论是站在山下看吊桥还是站在桥上看山下，都会倒吸一口冷气）。方洞是雁荡山前山最险峻的景区之一，游人不可不游。

游毕方洞乘车回响岭头村午餐午休（多睡一会儿没关系），下午去灵峰景区观合掌峰、金鸡峰、第一洞天观音洞和洞内的九级宝殿。晚餐就在景区内或门口用，饭后继续留在原地观赏如梦如幻、妙不可言的灵峰夜景。

D❷：游小龙湫、卧龙谷、三折瀑

上午从响岭头村乘中巴去小龙湫景区（5分钟就到，车票1～2元），观小龙湫秀色和景区内两山间钢索上的飞人表演。小龙湫岩顶上新近开发了一处佳景卧龙谷，这里是小龙湫的源头，有高山溪流、湖泊、古洞，风光绮丽迷人，值得一看。

中午在小龙湫景区门口用餐，饭后顺路游三折瀑，下午即可离雁荡山踏上返程。

以上二日游包含了当今一般游客都去的雁荡山前山的所有主要景点，且时间安排非常宽松、自在，游人可玩得开心、精彩而又不辛苦劳累，可作为一般游客游览雁荡山的首选方案。二日游约需费用350元（含第一天晚上住宿费）。

当然，游客还可根据自身的时间、经费和兴趣，可将游程作灵活的调整，推荐做法见下方一段内容。

发烧友特别关照

①游程可安排得更精彩

可在二日游的基础上增加一天游览时间，乘机动车经白溪道口绕着大荆，到雁荡山背后游险峻而恐怖的显圣门景区，并登上海拔1067米的雁湖岗观高山之巅的雁湖秀色，这样更可全方位多侧面地观赏、了解雁荡山的神奇和雄伟，留下更美好难忘的记忆。三日游比二日游需增加费用150元左右。

②游程可作巧安排

游客若因时间紧而只能在雁荡山作短暂停留，则应做巧安排，即将前山的主要游览内容都浓缩在一天时间内——早晨出发游大龙湫，然后游览方洞，到小龙湫景区门口午餐，饭后游小龙湫和卧龙谷（需2小时），离小龙湫后顺路到三折瀑作短暂停留，下午4~5点钟到灵峰玩，晚餐后在灵峰观夜景，这样可在一天内尽览秀丽雁荡山各主要景点，由于雁荡山各景区间公路平坦而通畅，又有客运中巴穿梭往返，所以上述一日游在时间和体力上都是一般人完全可以实现的。

③雨季游览效果更佳

水是雁荡的灵魂，枯水期风光秀美程度当然要打些折扣，夏季暴雨之后溪泉之汹涌就不用说了。所以暴雨之后你对雁荡不应望而却步，而要勇往直前，此时会获得绝佳观感。

- **游览注意事项**

雁荡山当地的民风还不算太差，不论是开餐厅还是开旅馆，明显欺诈顾客的行为较少发生（旅游最旺季求大于供的时候当然另当别论），游人基本上可以放心大胆地与他们做生意，不过旺季前去吃、住、乘车时还是物比三家且问清价码为宜。还有从响岭头乘车去大龙湫景区时当地人开的车费价格水分较大，要大胆砍价。

- **从雁荡山到楠溪江**

可以先到乐清再转去瓯北的车，抵瓯北后有客车直达楠溪江。也可从雁荡山抄近路（山间公路，三岔路口在距大龙湫不远的地方）经石桅岩到楠溪江，详细路况可向当地人询问。

- **从雁荡山道口到温州**

雁荡山道口叫白溪，从这里去温州最好在路边搭乘大荆去温州的过路车，一般可直达且车速快车次多，而雁荡山站始发的车反而少。

▲ 雁荡山名景夫妻峰

楠 溪 江

电话区号	0577
风景旅游管理局	67222939
楠溪江旅行社	67061678

楠溪江位于浙江温州北部的永嘉县境内（从温州乘汽车1小时就到），江清水碧、村古山美，是一处“养在深闺人未识”（或称“养在深闺人已识”）的著名风景游览区。

楠溪江上游溪深林茂、飞瀑成群，下游江水逶迤、风光旖旎，全景区共分为大若岩、石桅岩、狮子岩、水岩、四海山等七大部分，其中狮子岩是景区的中心。这里不仅风光优美、景点集中，而且交通便利、宾馆饭店众多，是各方游人来楠溪江的必经之地（集散地）。

▲ 楠溪江秀色

气候与游季

楠溪江气候温和、四季如春，常年皆可旅游。冬季最冷的时候，游客仍可观览山岩奇景和古朴村寨。春、夏、秋三季，还可乘竹筏到江中开心漂流和嬉水，平添诸多凉爽惬意和开心情趣。

- **雁荡山至楠溪江**

  在雁荡山与楠溪江岩头镇之间有乡间公路相通，游客可包车往返于两大著名景区间（途经石桅岩），可不经过温州。

- **麒麟山庄**

  在狮子岩景区江边北侧，位置较好，房价适中，可作重点关注。

  电话：0577-67177888。

- **楠溪江假日旅馆**

  在岩头镇中心，有电视、空调、独卫，条件尚好，在旅友中有点名气，双标间平日60~70元，电话：0577-67152787。

浙江省

交通

从温州去楠溪江最方便。从温州瓯北客运站，乘到岩头镇的中巴车，票价10~11元只需60分钟即可到达景区的中心狮子岩，另外瓯北客运站游览旺季还有专线车到楠溪江景区。也可从上海、杭州、宁波、温州、福州、厦门乘火车站到永嘉下车，之后换汽车去楠溪江很近很方便。

住宿

狮子岩景区旁有一家麒麟山庄（原来叫狮子岩宾馆），标房100~220元，还有个体旅馆数十家，双人普通房一般季节40元可拿下。此外在岩头镇上还有诸多宾馆，标房（能淋浴，有空调、电视）只需60~100元，没有空调的普通旅馆房价只需40~60元。景区档次最高的芙蓉山庄在狮子岩和岩头镇之间的公路路北，条件好但价格贵，平日房价亦在200元以上。

主要景点

狮子岩

位于楠溪江下游中段，距温州只50分钟车程，因江中有形似狮子的巨石而得名。这里江水清澈，波平如镜，条条竹筏在江心徐徐漂移，风光柔美而又活泼生动。这里有完善的游览接待设施，江边有游船码头及水上游乐区，岸上有旅馆饭店群，景区主要公路沿江蜿蜒，交通便利，因而成为游客在楠溪江的游览中心和必观之景。

石桅岩

是高达306米、拔地倚天的巨型山岩，周围有奇峰拱卫，岩下有碧溪环绕，游人不论在岩下仰望还是登上岩石远眺，感觉都很壮阔迷人，石桅岩是楠溪江景区各大美景中当之无愧的明星。

大若岩—石门台

在楠溪江景区的西侧，由石门台、十二峰、崖下库、陶公洞、百丈瀑诸多景点组成。其中石门台是当中最佳观光处，这里有层次分明而又形态各异的9条瀑布，沿着山间小径潺潺流淌，活泼秀美而又幽雅宁静，景区尽头还有个叫双岙的村寨，多是乡间老屋，古风古韵很迷人。

楠溪江漂流

楠溪江水欢快流淌但江水不深，游客乘竹筏漂流既安全舒适而又惬意开心。现在江上有两个主要漂流段供人选择：一是从岩头镇到狮子岩，全长5公里；二是渡头至狮子岩，全长10公里，沿途可见无数秀丽山峰（当然山距江稍远）、古村古寨和滩涂及茂密丛林美景，此外在狮子岩江边乘竹筏在附近江面游览，感觉也挺舒适宜人。

▲ 楠溪江芙蓉三冠

- **狮子岩**

从温州瓯北客运站乘车60分钟即到。

- **石桅岩**

瓯北客运站每日有车直达但车不多。可以先从瓯北或狮子岩乘车到岩头镇，这里有机动车到鹤盛，再换车去石桅岩很方便，从岩头开始算行车1小时可到，车费8~10元。

¥景区门票50元。

景区旁有岭上人家等旅馆可住。

- **大若岩—石门台**

可从瓯北乘去箬莲方向的中巴在大若、石门台道口岩下车。换乘观光车后最先到达的景点是陶公洞（门票15元）。从陶公洞门口行驶2~3分钟就到十二峰的入口处（门票30元），再行驶10~15分钟到石门台景区，门票30元。崖下库离陶公洞稍远，乘车需30分钟，车费约30~35元/车。

- **楠溪江漂流**

从岩头到狮子岩每条筏180元，从渡头到狮子岩每条筏260元。可乘至少四人。

推荐游程

二日游

D1：从温州瓯北客运站乘车直抵石桅岩（如赶不上直达车可在岩头镇换车），开心游览 3 小时然后乘车返回岩头镇。从岩头镇乘竹筏沿楠溪江漂到狮子岩，下午和晚上在狮子岩边游乐嬉水，夜宿狮子岩。

D2：从狮子岩去大若岩游览，看陶公洞、十二峰、石门台、崖下库诸景，其中着重游览石门台景区，黄昏时返回。

楠溪江风景名胜游览示意图

- **另荐景点：林坑古村寨**

有青山绿水、古老民居，风景原始优美，是新兴观光亮点，值得一去。岩头镇每日有少量客车前往（9:00 有一班）车票 10~12 元，租车或自驾可按岩头—岩坦—黄南乡—林坑顺序行进，车程需 2~3 小时。

玩家指南

①不是非要住在岩头镇，那是个镇，有点嘈杂（当然交通方便）。要住就住狮子岩，不光有诸多中、小旅馆，且路边就是楠溪江，嬉水游乐真方便（狮子岩去岩头镇只需 1~2 元车费）。

②石桅岩非常挺拔秀美，不可不看。

③在温州瓯北长客站每天有 1~2 班客车直达石桅岩，途经狮子岩、岩头镇，错过了就只好分段乘车或打车去了。

④大若岩景区中石门台最好，十二峰风光也行，陶公洞只是个庙，不进去也罢。

⑤千万要乘竹筏漂一次江，最好是在清晨或黄昏或蒙蒙细雨中，那种柔美朦胧的感觉真是妙不可言。

⑥林坑古村有家小桥流水人家旅馆不错，可关注。电话：0577-67189008。

浙江省

经验谈

节省旅费的窍门

①早晨 6:00 之前或晚上 18:00 之后走到岩头镇的楠溪江边，自己找撑竹筏的艄公商洽漂流，可以省下近 50%的漂流费用，且此时天色朦胧、光线柔和，更能获取观光美感。但是这样自行其是违背了漂流公司的规定——公司少了一点儿收入，国家也可能会少收一点税……所以我不知道这样是否不太高尚……

②住在狮子岩的个体旅馆内并在老板家自办的餐厅吃饭，可以把每人每天的食宿费用控制在 80 元之内。

西天目山

电话区号 0571
旅游投诉 63857361
旅游咨询 63751978

西天目山位于浙江临安市境内。这里是驰名中外的国家自然保护区和国家级森林公园，不光山姿灵秀、溪泉汹涌，而且满山都长满高大浓密的原始森林。从山脚下的禅源寺进入山口，一直到海拔千米的深山古刹开山老殿，曲折蜿蜒的石板登山路完全被密林所覆盖，游人想抬头见一见阳光都是难上加难，真可谓是“天目千重秀，林深十里长”。西天目山是名副其实的大树王国，山间那些参天巨树枝干苍劲、蔽日遮天，独特的森林奇观给登山游览的人带来心灵上的强烈震撼。

气候与游季

天目山属亚热带季风气候，年平均气温16℃，冬季温度可降至0℃以下，风光惨淡；春夏秋三季万木葱茏、风光秀美。3~11月份皆可旅游，但盛夏时节游览最佳。

▲ 西天目山参天老树——阴雨天气时这些老树很像巨型怪物，让人感到阴森恐怖

如何去西天目山

杭州客运西站（天目山路112号）每天14：00有客车直达西天目山，票价17元/人。此外，杭州客运西站每天有多趟客车直达临安西边的于潜，游客可先乘车从杭州经临安到于潜，再转车去西天目山更很方便（于潜到西天目山车票5元）。

● **重点提示**

西天目山的风光比它的名气要强得多，只要你在旅游佳季中前往并亲自步行从山下攀山，那一定会获得精彩观感（乘车上山省力但观光顺序似乎不太顺畅）。

¥景区门票100元/人。上山观光车费往返30元。

住宿

山脚下的禅源寺是进山必经之地和游客集散地，寺南200米是山门和售票处，山门内外有多家宾馆，星级宾馆有画眉山庄（电话：0571-63323951）、天目山庄、天目山宾馆（电话：0571-63851308）等。民居宾馆有数十家，如山味人家、天目山度假山庄等，民居宾馆的双标间60~120元。

此外，在海拔千米的开山老殿庙旁的幻住庵亦有旅馆客房，这里还有小型餐厅，愿意在山上过夜的游客可酌情住宿（从山门至开山老店有上山公路亦有步行登山道）。

● **推荐实惠住处**

山味人家，山门外民居宾馆中较好的一家，是景区管委会定点接待单位。双标间70~120元，一楼餐厅可提供各式饭菜。电话0571-63857976。

游览方式

游西天目山主要是看树，大树王国的风姿和派头真是了不得。首先是从山脚下的禅源寺登至海拔 1000 米高的开山老殿，游人完全在深山密林中穿行，能真正见到太阳的时间不超过 10 分钟。再者山林中尽是大树明星，像著名的大树王，树围达 10 米，要五六个人手拉手才能合抱过来；而另一棵高近 60 米的金钱松，其高度是同类树种的世界冠军，登高山、看巨树，乐趣真是无尽无穷。

其次像开山老殿的东西侧还有山岩险峻、溪流飞旋的倒挂莲花、四面峰等佳景，风光亦很诱人。开山老殿之上还有垂直距离达 500 米的山体和登山路，这里的树林没有开山老殿以下的地方浓密，但是沿此路登至西天目山峰顶后，可以见到山顶的气象站和刻有“天海奇观”的巨型石碑。这里云层对流现象明显，游人若有幸可以见到壮观无比的高山云海，在此观日出、看晚霞，美景肯定更加瑰丽诱人（因为峰顶上人烟稀少，所以景区要求游客登顶前向景区报告，以保安全）。

旅途中

景区亮点闪击和旅途花絮

◀ 世界上最高的金钱松就在天目山密林中

①笔者是中午时分到达天目山下的，当时正值阴云天气，浓云笼罩着山林，一棵棵参天老树树干发黑，像是屹立在深山巨石间的怪物，看上去特别阴森恐怖；再加之山上人烟稀少，吓得我没敢进去，第二天天晴后才壮着胆钻进了深山老林。

②进山时正值盛夏，天气特热，在山门入口处我欲买一把遮阳伞。摆摊的老人问我：“你想爬多高?”我说：“只到开山老殿。”他挥挥手说：“那不用遮阳伞，你倒想看到太阳呢，能吗?”果然。从山门攀到千米高的开山老殿，能见到太阳的路段不过 30 米长，其余时间都在大树浓荫中穿行，大树王国，真是名不虚传。

③从开山老殿往上，泉水也少了许多，是否继续往上爬我寻思了好一会儿。后来鼓足劲儿登上山巅，却看见了有生以来最壮观的一次云海，真是功夫不负有心人。

④上文中提到的那棵高 60 米的金钱松是同类树种高度的世界冠军，可若不是树旁一块木牌上有提示说明，你根本看不出来，因为周围的树跟它差不多高，由此可见，“簇拥”着“世界冠军”的都是“世界亚军和季军”。

⑤登山入口处有一块道边岩石，它正反两面都刻着字，上山时你看到的是正面的字——幽幽天目寄深情，名山能有几回登；下山时看到的是反面的字——畅游大树王国，回忆美好永恒。这话与你上、下山时的心情、思绪、感受完全一样，刻字者水平甚高且别具匠心。

浙江省

西天目山游览图

游览指导

如果是乘杭州 14:00 发的客车，抵达后先在山门外住一夜最好。这里森林密、泉水冲，深山老林的味道也挺浓，让人感觉很舒服。次日清晨再攒足了劲儿登山，最好一气儿就登上海拔 1500 米的山顶，因山路比较好走，一般体力的人步行 3 小时左右即可登顶，再从龙凤尖停车场乘观光车下山。

如今更多的人是从山门坐观光车直接到天目山上的龙凤尖停车场，下车后即可进入景区门，从这里走到开山老店只要 10 分钟，但景区推荐的环形游览线是依次游四面峰、倒挂莲花、五世同堂、大树王、冠军树，之后到开山老店（以上各景都是观光要点），再回到龙凤尖车场，这样玩也行，走这一圈要 120~150 分钟。

周边景点

大明山

在临安西部顺溪镇，山高谷深，重峦叠嶂，景区内的奇松、怪石、云海、瀑布诸景均很绮丽，享有“浙江小黄山”之誉。山上的代表性景区有千亩草甸、明妃七峰、龙门瀑布、大明湖等。

而景区内新开发的万米隧道和龙门峡、龙门飞渡等亦是令人观后备感动魄惊心的诱人景点。

浙西大峡谷

在浙西临安市的昌化、龙岗附近，是黄山余脉、钱塘江水系的源流。峡谷全长约 80 余里，分为龙井峡、上溪峡、浙门峡三段，内有鸬鹚潭、八仙潭、吊水岩、剑门关、柘林瀑、狮象潭等数十个景点，山谷溪流间的皮筏漂流亦会使人备感惊险刺激而又欢乐开心。

- **大明山**

可从杭州汽车西站乘车到昌化，换车即可直达大明山。

¥门票 88 元。索道上行 40 元，下行 35 元。旅游咨询电话：0571-63926221。

- **浙西大峡谷**

可从杭州汽车西站乘车到昌化，昌化有车去大峡谷，车费 5~6 元。

景区门票联票 120 元，含景区内主要景点。交通费 12~15 元，皮筏漂流 35 元/人。景区内有宾馆可提供食宿。另外有家龙泉山庄，包游人吃住一天收费 70~80 元/人，电话：0571-63648596。

旅游咨询电话：0571-63738560。

莫干山

电话区号 0572
莫干山管理局 8033308
旅游咨询 8033402

莫干山坐落在浙江德清县境内，主峰虽然只有海拔 811 米高，但山峦起伏，轮廓秀美，满山长满铺天盖地、高大浓密的茂盛竹林。莫干山是国内少有的以山林为景区主体的避暑佳境，它与庐山、鸡公山、北戴河并称为中国的四大避暑胜地。

▲ 莫干竹海

气候与游季

莫干山位于浙江北部山区，虽然气候温和常年皆可旅游，但冬季气温稍低，风光略显冷清；春、夏、秋三季游览更为适合，尤其是盛夏时节，这里的气温比山下低 5℃~7℃，终日清风吹拂、竹香撩人，凉爽清新无比，此时前去观光度假，令人舒适不已。

- **莫干山门票**

¥门票 80 元/人。

- **杭州客运西站**

在杭州天目山路，电话：0571-85221304。

- **山上订房中心**

电话：0572-8032128。

- **参考住宿**

①山上大枫树农家院，干净便宜，双人间 50 元/间。还能提供相对便宜实惠的农家菜。电话：13757215288。

②第 62 号别墅，条件不错，老板服务态度好，可提供优惠门票和游览咨询，标间 200 元。电话：0572-8033495。

- **购物**

可在山上购买各种竹编竹雕一类的精美工艺品，竹笋、竹荪等食品亦可关注留意。

交通

从杭州市去莫干山最方便，杭州客运北站每日有专线车直抵莫干山，行程约 2.5 小时；亦可从杭州北站先乘车到德清县武康镇再换车，车票 14 元，30 分钟即到莫干山的中心荫山街。

上海虬江路 688 号每日有大巴开往德清县武康镇，车票 33 元，6:30 发车，3 小时后到德清，下车后换车上山即可。

住宿

山间遍布各类宾馆度假村，且都建在山间竹林内外，环境位置极好，四周翠竹掩映，风光优美，空气极为清新。山上的宾馆主要分为两类，一类是由山上过去遗留下来的别墅楼改建的，房屋建造年代久，室内设施相对老化，但所在位置一般在竹林深处，非常清幽宁静；一类是近年来新建的宾馆和度假村，房子新、设施新但房价亦贵，游客可根据自身爱好酌情选择。

本页右侧推荐的大枫树农家院和 62 号别墅在“驴友”中口碑不错，可作为莫干山上住宿之首选。

特色美食

山上可吃到各类山珍野味，名菜有生炒石鸡、石鼓草鸡、竹筒山鸡、翠玉扁尖、南乳焖肉等，山上挖到的野菜亦是保健佳品和烹调佳品。

- **山上一般饭食**

价格很贵，蔬菜在15元左右，肉菜可达25元以上，土鸡50~70/只，石鸡100元，其他特色菜20~70元。

主要景点和游览方式

莫干山以竹、云、泉“三胜”和清、静、凉、绿“四优”著称，它们就是莫干山风光的精髓和核心。竹——满山都是浓密竹海，云——山间终日云雾飘拂，泉——山上有许多溪泉飞瀑，清——山清、水清、空气清新，静——山林间极少有人、无比宁静，凉——比山下气温低5℃~7℃，绿——满山松竹掩映、绿荫蔽日，这“三胜”和“四优”完美交融，使得莫干山甚具全国最佳避暑胜境之风姿神韵。

莫干山上虽有荫山街（游览中心和游客集散地）和中华山、怪石角、芦花荡、剑池飞瀑、滴翠潭、旭光台等景点，但是这里最最诱人的是山上的那种整体的柔美和宁静。山上到处是竹海，竹林之浓密真能淹没人，山林深处隐藏着一座座造型精美的别墅，游客进山后即可一头扎进无边绿海，在轻纱飘拂般的云雾里，在翠影摇曳的竹林间悠悠信步，好好品味“清、静、凉、绿”的美妙滋味。

推荐游程

在莫干山游览一天太仓促，二日游方可领略该山的独特美感和风韵。

D1：杭州至莫干山，住宿荫山街。之后在竹海别墅群间穿行散步细观山景，并游剑池飞瀑、芦花荡、滴翠潭、怪石角、旭光台。

D2：继续山上休闲游乐，看蒋介石故居并去花厅观竹类制品展览，下午下山返回。

莫干山是那种令人流连忘返的山，进去就不想出来，可能待上一星期都不过瘾，你可要带足银子，否则在山上“断了顿儿”，就不好啦！

发烧友特别关照

莫干山风光好、空气好、环境太好，陈毅元帅写的著名的《莫干山纪游词》中用了共14处“莫干好……”来赞美该山的绮丽柔美，毛泽东、胡耀邦等名人亦曾在山上常住。请相信只要不在严寒的冬季去，您定能感到不虚此行。

千岛湖

电话区号	0571
千岛湖旅游局	64831113
订房热线	64913331
千岛湖科技旅行社	64831315

千岛湖位于浙江省淳安县境内，是因新安江大坝蓄水而形成的大型人工湖，因湖中有1078座秀美岛屿而得名。千岛湖水色晶莹澄碧，水面面积达573平方公里，是杭州西湖的102倍，这里湖水的能见度达7~9米，属国家一级水体，不经任何处理即可直接饮用。千岛湖区岛屿星罗棋布，山水风光旖旎，这里山清、水秀、洞奇、石怪，风光绚丽多姿而又变幻迷离，它是杭州—千岛湖—黄山黄金旅游线上的灿烂山水明星，亦是国务院首批公布的44处国家级重点风景名胜区之一。

▲ 千岛湖风光

气候与游节

千岛湖的雨季在6月至7月上旬，7月中旬到8月下旬是伏旱季节，天气较热，最佳游览季节是9~11月，秋高气爽，阳光明媚。冬季景区风光略显平淡冷清，但湖水此时最纯净，交通、住宿、游览费用也最低，所以一样可以开心观光且感觉特别宁静、清新。

- **千岛湖票价**

¥ 湖区通票150元/人。淡季有优惠。

含湖上所有景点但不含湖上游船票。

- **重要提示**

千岛湖风光很壮美，游过杭州或黄山再来千岛湖一游，您的江南之旅定会锦上添花。

- **千岛湖长途客运**

电话：0571-64812659

交通

千岛湖有铁路、公路和水路同外界相连，其中公路交通是最便捷的方式，这里每日有客车同杭州、上海、宁波、温州、金华等城市对开（具体时间见下列两表)，其中从杭州去千岛湖最方便。而千岛湖火车站位于湖区东南侧的毛竹源，客流很小，每日只有2班火车，一班与金华、一班与义乌对开。水路交通目前只有从千岛湖中心的淳安码头到黄山脚下深渡港和到湖区下游岭下码头及笔竹源的客船航线。

杭州到千岛湖班车发车站点

吴山广场旅游集散中心	每日发车多班	电话：0571-87083701
汽车西站天目山路89号	空调大、中巴30分钟1班	电话：0571-85221304
艮山西路168号	汽车站安琪儿分站	电话：0571-86098252
武林路5-7号	海华酒店东旁	电话：0571-87916555

浙江省

主要景点

千岛湖的范围很大，水面辽阔，岛屿极多，景区主要分为东南湖区、东北湖边、中心湖区、西南湖区、西北湖区等五大部分。

中心湖区

湖面宽阔，港汊密布，山城风貌与名胜古迹交相辉映。主要景点有千岛湖镇、龙山海瑞祠、宰相岛、梅峰观岛、里阳溶洞和森林动物野趣系列岛等。其中梅峰顶端有观景平台，游客在此可看到湖中岛屿300余个，是千岛湖湖区登高览胜的最佳地点。

东南湖区

是全湖区风光最辽阔壮美的地方，烟波浩渺、碧波万顷，水质清纯碧澈，这里的岛屿并不密集但各岛屿的形态很美，主要景点有天池观鱼、羡山岛、密山岛、桂花岛、新安江大坝等，游人乘船游览及上岛观景均可。

西南湖区

这里有著名的龙川群岛和界首群岛，其中仅界首群岛就有各类岛屿140余个，全都玲珑精美且造型奇特，岛与岛之间的水道狭长曲折、纵横交错，游船行驶其间，宛如进入迷宫，倍感曲径通幽，扑朔迷离。

西北湖区

山峦青翠隽永，峡谷绮丽幽深，人文景观亦丰富。主要景点有云腊祠、陈硕真起义遗址、流湘瀑布、金坳幽谷等。

东北湖区

湖面狭窄、港汊深邃，湖、山、林景观多样。主要景点有燕山垂钓、屏风奇岩、龙门瀑布等。

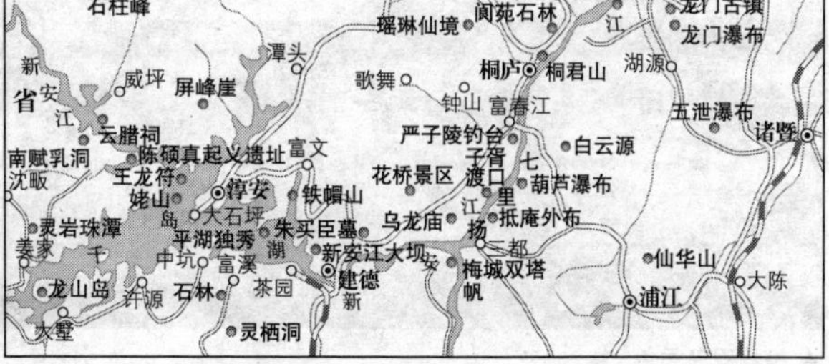

- **从千岛湖到深渡**

也就是从千岛湖的游览中心到安徽黄山脚下不远处的水上渡口，每日有2班客船开行。船上能提供简单饭食。

¥船费41元。

- **出租车**

湖区中心千岛湖镇地方很小，所以出租车2元/人次。

▲ 湖上游船

- **推荐新景九咆界**

因境内有9处形态各异奔流咆哮的瀑布局得名，主要有石荧峡谷、上西古风、甘草湾瀑布群3处游览区，山环水抱、风光美丽而生动，是当地著名新景，可关注。

从千岛湖镇乘去临歧、秋源的客车可到。

¥门票70元，车费10元。

▲ 九咆界风光

• **乘客船游湖区**

千岛湖镇到千岛湖大坝不远处的毛竹源码头和到上游的安徽深渡镇都有客船，乘船观览湖上风光开心又省钱，其中到毛竹源的客船票只需10元/人。

▲ 湖区一角

• **千岛湖3个码头**

交通码头位于镇中心，主要进发开往湖区各地的交通船，去深渡也在此上船。旅游码头在镇西北角，专门发A、B 2线的游船。西园码头在镇东南角，主要发去毛竹源的客轮和C线游的快艇。

• **千岛湖住宿**

①凤凰度假村条件好，电话：0571-65016668。

②松城饭店条件好，房价不贵，电话：0571-64813888。

③田园大酒店，电话：0571-64817788。

④邮政宾馆条件尚好，房价便宜，电话：0571-64826666。

⑤林业大厦房价便宜，0571-64821818。

• **千岛湖鱼味馆**

千岛湖镇上，电话：0571-64912960。

游湖线路和行船时间

A线　梅峰观岛、鸵鸟岛、神龙岛、猴岛、孔雀岛，8:00~9:00在千岛湖镇（排岭）的旅游码头（新安大街西侧）开船，船票45元。

B线　五龙景区—中心岛、鸟岛、锁岛、温馨岛、龙山岛。13:00旅游码头上船，船票45元。

C线　密山岛、天池观鱼、羡山岛、桂花岛，西园码头上船，目前也有游船载客，船票45元。普通游船也将开行。

住宿千岛湖

千岛湖景区的中心千岛湖镇上及镇周围的湖滨遍布各档宾馆饭店，住宿非常方便。高档宾馆有海外海酒店、凤凰度假村、温馨小木屋、花园酒店、梦之岛酒店、外高桥大酒店、岭南宾馆、千岛湖宾馆、阳光大酒店等，这些酒店或依山或临水，环境十分优美，店内设施亦十分现代化，房价220~880元不等，双休日和节日略有上浮。淳安县城内另有许多中小型宾、旅馆，除去最旺季以外，60~80元的双人房不难找寻。当地酒店预订热线电话：0571-64913331，预订房间可得到较大程度优惠，但欲寻最便宜的房价还需到达后当面砍价才成。

美食千岛湖

当然以美味湖鲜为主，这里的各类湖鲜有80余种，当地特色菜有清蒸鳜鱼、叫花鳜鱼、葱油白花、银鱼羹、荷花鱼米、红油石斑鱼、红烧鱼头、翡翠珍珠羹、千岛玉鳖、菊花鱼球、锦绣鱼丝、椒盐野猪排、野山菇、石鸡等。鱼味馆、淳安饭店及鱼味馆都是档次最高的饭店，店内的全鱼宴久负盛名但菜肴价格不菲，而中、小餐馆和大排档中的佳肴品种亦很丰富且价格便宜。

▲ 梅峰观岛秀色

旅途中

旅游锦囊——为您介绍千岛湖自助游览方面的最新攻略

①千岛湖水面辽阔，风光壮美，非常值得一看。加之这里气候温和，一年四季皆宜旅游，所以一辈子去几次千岛湖，绝对不应嫌多。

②从杭州去千岛湖最方便，乘大巴短短 2 个小时，即可抵达千岛湖的中心千岛湖镇。从黄山方向去可以乘客车到千岛湖上游的深渡镇 (黄山市区和歙县均有客车去深渡)，这里每天有 2 班客轮去千岛湖——途中看着湖面一点一点逐渐变宽，最后成为烟波浩渺的万顷碧波，这个过程挺吸引人。行船时间 4.5 小时，船上只供应简单食品饮料和 7 元钱一碗的肉丝面，不过里边肉多油多吃下去还真挺塞人。黄山脚下的汤口镇也有大巴去千岛湖但车次不多，车程 3 个多小时。也可从金华或杭州方向先乘汽车到千岛湖 (新安江) 大坝下的建德县城 (当地人管这叫新安江)，从这乘汽车，车费 5 元，30~40 分钟后可到大坝旁不远处的毛竹源码头，这里每天有 1 班客轮 (12:20) 发往千岛湖的中心千岛湖镇 (金华还有火车直达毛竹源，开行 2.5 小时可到)，船票一层 10 元、二层 12 元。

③千岛湖镇中和周边的湖滨到处有宾馆、酒店、度假村，数量之多真是数不胜数，笔者就给您推荐高、中、低不同的三种档次的住宿地点吧：高档的可住凤凰度假村，它处在千岛湖镇西南缘的湖边的几个半岛和孤岛上 (有渡船和岸上相连)，风光美、档次高，村内环境极为秀丽迷人，夜景更是美妙温馨。村内客房极多，全为准四星级装修，条件甚好。总台电话：0571-65016666。中档酒店可选镇中心距旅游码头不远处的松城饭店，二星级，条件尚好，在房间内就能看到湖上风光，双标间 80~160 元。便宜实惠的住处可选镇中心的邮政宾馆、林业大厦，它们皆为普通宾馆，既不依山也不临湖，但房价便宜，一般季节双标间 80~100 元。

④千岛湖虽然有五大湖区，但目前当地开放的几条线只游中心湖区和东南湖区，其中 A、B 两线都在中心湖区，是热线，所有的团队和散客都去这边游览，每天游人如潮。而东南湖区的 C 线热度差一些，但每天上午也有游船载客出行，船费 45 元/人。

⑤A 线的游览船在镇西边的旅游码头发，时间是 8:00~9:00，游程 5 个多小时，下午 14:00 左右才能回来。而 B 线的发船地点相同但发船时间是 13:00，游程 4~5 小时。依上述发船时间推算，任何人也不可能在 1 天内游完 A 和 B 两条线，所以欲游上述 2 条线，必须用 2 天时间，在当地住一晚是免不了的。也有游览一天的方式，就是参加镇上旅行社的团队一日游，从 A、B 两线中各选几个主要景点合在一起一天游完，这种观光方式简明扼要但不详细圆满。

⑥A、B 线的船上餐饮都价格不菲，最便宜的湖鱼也要 50~60 元一条，最便宜的荤菜 18~25 元/份，米饭 2~3 元/人管饱，也就是说在船上吃 1 条鱼、1 个荤菜加米饭要 70~80 元。船上还提供套菜，其中 70 元的包括 1 条鱼 1 荤和 1 素菜，还有汤和米饭，足够 2 人食用，比单点菜稍稍合算一些。

⑦实话实说千岛湖上的水色美但山光一般，因为游船停留的几个岛上大都是人工开发的景点，商业气息浓而野味少，但是梅峰顶上观赏湖区全景挺美，一定上去看一看——缆车往返 40 元、单程上 25 元。笔者认为乘车上、步行下好，因为可省 15 元钱，下山时还会见到湖边一处奇景：千岛湖迎客松，再说步行下山只需 10 分钟，比缆车也慢不了多少。

⑧就是因为位于东南湖区的 C 线热度不够、游人少，所以笔者力主各位去那里看一看——可乘游船也可乘快艇，但是乘普通交通船也可 (千岛湖镇发船在 10:00、毛竹源返回时间 12:20)，船费只需 10~12 元，12 元钱票还供应茶水。东南湖区水面大、风光壮美、野味甚足——只有到那边走一趟，你才能充分领略到千岛湖这个“巨型深湖”的迷人韵味。

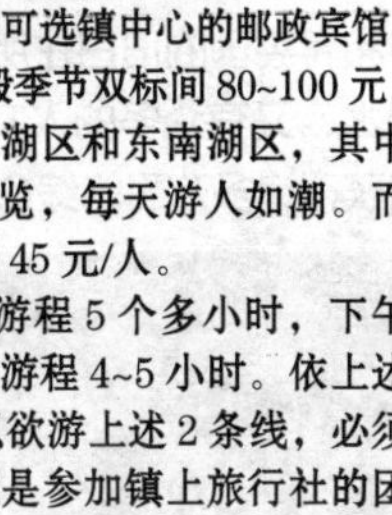

▲ 湖区秀色

浙江省

奉化溪口

电话区号　0574
溪口管委会　88850205
旅行社　88850271

奉化溪口风景名胜区位于宁波市西南 35 公里处，这里不光是蒋氏父子（蒋介石、蒋经国）的故里——镇上有多处蒋氏家族的遗址，而且景区内风光柔美、山清水秀，因此，每年都有上百万的海内外宾客慕名前来观光旅游。

溪口风景区主要由雪窦山、亭下湖和溪口镇三大部分组成。其中雪窦山是四明山的主峰之一，山姿优美、山势灵秀，山上有：雪窦寺——一座建造于晋代的千年古刹、中旅社旧址——国民党囚禁张学良将军之处、千丈岩——落差达 190 米的巨大瀑布和妙高台——雪窦山上地势最好的凌空观景台等多处佳景，是整个溪口风光的精华所在。亭下湖为一群山环抱的大型人工湖，湖青山绿、峰奇谷幽，有各类游船和水上娱乐设施，供游客开心享受。溪口镇上的风景主要以蒋氏家族的故居为主，其中玉泰盐铺是蒋氏（蒋介石）的出生地，丰镐房是蒋氏父子的祖传家居，文昌阁和小洋房分别是宋美龄和蒋经国的旧日住所，而摩诃殿则是蒋经国生母的墓地。整个溪口景区既有漂亮的山水，又有众多的人文古迹，所以游客来到这里既可以观赏美景，又可以访古追今，能获得诸多方面的综合享受。

▲ 溪口妙高台胜景

交通

外省市的游客去奉化溪口非常容易，首先应该到宁波，再从宁波汽车南站（火车站旁）乘中巴，票价 12 元，50 多分钟即到溪口（不经过奉化市，直接到溪口），下车后即可随意漫游。如果游客愿意先看溪口镇上的风光，那连车都不必再坐，出长途客运站步行约 10 分钟，穿过武岭关城楼，即可到达文昌阁、丰镐房等蒋氏故居。如果愿意上雪窦山游览，那从长途客运站门口换乘旅游中巴（车很多、有人就发，车票 30 元，全天不限乘车次数。20~30 分钟后即到山中名刹雪窦寺、千丈岩、妙高台等主要景点，下车后即可开心畅游。

- 景区门票

通票 230 元，含溪口镇上蒋氏故居各景点和雪窦山上主要景点的门票和观光车费（二日内有效），由于溪口镇上的景点可以单独售票，所以游客也可以部分购票而不买这个大通票。

浙江省

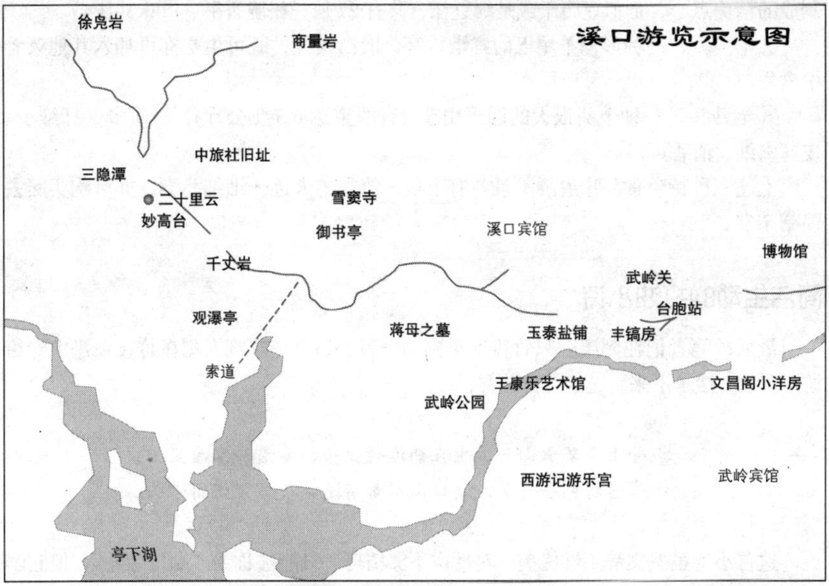

游览

由于溪口三大景区相距不远且交通便利，所以在这里游览不需太长的时间，基本上是一天“将够”而两天足够。

做一日观光的游客一般早上抵达后先上雪窦山观景，玩3个小时左右。下山返回时顺路观赏雪窦山口处的蒋母之墓（墓道长达668米且地势极佳），然后回镇上午餐，下午再把蒋氏故居都看遍，然后即可返回宁波。

做二日游的客人第一天上午同样是上雪窦山，除观览雪窦寺、中旅社旧址和千丈岩、妙高台外，还可去地势更高的三隐潭和徐凫岩瀑布（落差达297米）一游。下午返回途中看蒋母之墓，晚餐后可去溪口镇前水质清澈的剡溪边嬉戏，夜宿溪口镇（镇上宾馆、招待所多得是，价码比一般的中等城市还要便宜得多）。

第二天上午看丰镐房、玉泰盐铺、文昌阁等蒋氏故居，下午到剡溪上乘竹筏游乐。届时，撑筏人（艄公）不光会带你逐清波而下，饱览溪口镇秀色，还会在筏上表演口技、杂耍等民间技艺，使游客很是欢乐开心。黄昏时上岸返回宁波。

当然，如果客人时间充裕愿意再多玩一天，那第三天尽可去亭下湖一游，在那里的碧水青山间戏水、游泳、荡舟，玩它个“一溜够”。

特色美食

溪口镇上不光风光秀美，还盛产各类特色美食，最具代表性的是以下3种：

①千层饼，一种由精白面、砂糖、芝麻、海菜（一种类似于海藻的海洋植物）加工

制成的精美点心，形似豆腐干或是绿豆糕，共有27层，松脆香酥、口味甚佳。

②羊角笋，一种形似羊尾巴的鲜嫩竹笋，清白质纯，既可生吃亦可加入其他菜肴中食用。

③芋艿头，一种个头很大的圆形山芋（有的重达0.5~1公斤），粉质多、纤维少、皮薄肉细、清香可口。

上述三种特色食品味道鲜美且各有千秋，值得游人逐一细细品尝，亦可购买回去馈赠亲友。

简洁生动的打油小诗

最后，笔者把在剡溪一只竹筏上见到的一首小诗（是撑筏人刻在竹筏顶篷上专给游人看的）抄录下来，送给各位游友：

登上雪窦青山头，坐在剡溪竹筏头，看看蒋家屋里头，
尝尝特色芋艿头，溪口山水都游遍，美好记忆留心头。

这首小诗虽然文辞不够优美，对仗也不够精巧，只能被称为“顺口溜儿”，但它鲜活顺口而又抓住了到溪口观光的要点，所以我想游客以它为“蓝本”到溪口一游，效果就一定不会太差的。

各位旅游爱好者朋友，有机会到杭州、宁波或普陀山观光时，请尽量挤出（至少）一天工夫到奉化溪口一游，这里的实际风光水平要远远高出它的知名程度——古迹特多，山清水秀……

玩家指南

①奉化溪口不光风光优美，气候也非常温和宜人，因此一年四季皆宜旅游。

②溪口镇上的旅馆非常便宜，像长途客运站附近的几家小型旅馆和招待所，双标间住宿费一般季节只需60~80元。

③雪窦寺、中旅社旧址、千丈岩、妙高台都是雪窦山上的名景，游客哪一处也不应遗漏。

④位于雪窦山口的蒋母墓道长达668米，游人步行约半小时才能抵达，但这里背依雪窦山、面向溪口镇，地势极好，在墓前还可看到孙中山先生写的长篇祭文，所以非常值得前去一游。

⑤在溪口镇午餐时不必去大饭店中费钱费工夫，可以去镇中心剡溪大桥对面牌门路口的牌坊东侧的几个小饭店吃快餐套餐，1菜1饭1汤一起收费15~20元，很便宜实惠。

⑥文昌阁就在剡溪边，阁下有小桥、流水、绿荫、清波。每天晚餐后，买上一杯红豆沙或绿豆沙或冰糖莲子粥（剡溪边随处有售），然后到这里沐轻柔晚风，听水声叮咚，看碧溪欢流，感觉真是妙，这是溪口观光中味道绝佳的高级享受。

宁波

电话区号	0574
宁波市旅游局	87324554
旅行社	87809997

宁波是一座历史悠久的海港城市，古时曾与广州、泉州并称为中国三大对外贸易港口，亦成为“海上丝绸之路”的起点之一。如今的宁波是华东最繁忙的滨海航运枢纽，有航线通往世界各地。宁波的地理位置重要且旅游资源丰富，这里西接杭州、绍兴，东濒舟山海域，南临浙东南广袤的平原和丘陵，市区的保国寺、天童寺、天一阁、东钱湖已有相当知名度，而周边的奉化溪口、普陀山、朱家尖和天台山等则更具迷人魅力。宁波是浙江旅游的圆心和焦点，无论您是攀雪窦青山、涉奉化碧溪，还是去东海仙山普陀览佛国风韵，都会在古老而又年轻的宁波留下清晰足印和难忘游历。

气候与游季

气候相对温和，无明显旅游淡季，常年皆可旅游，8~9 月份偶有台风侵袭，但来去匆匆，一般不会对游客造成太大不便，11 月至来年 2 月游客稍显稀少，3~10 月观光效果更佳。

▲ 天童寺

交通

航空

宁波的机场叫栎社机场，位于市区西南 13 公里处。兴宁路 91 号民航售票处有机场班车前往。

铁路

火车站在南门外，俗称“南站”，有列车发往杭州、上海等城市。

公路

宁波有南、北、东、西四个长途汽车站。其中火车站对面的南站为长途汽车总站，宁波发往全省和全国各地的车多由南站始发。

- **航班问讯**
  电话：0574-87427700。
- **铁路问讯**
  电话：0574-87312084。
- **从宁波去雁荡山**
  从火车站对面的汽车南站上车即可，去温州、楠溪江、石塘等亦在此上车。

▲ 市区风光

• 当地风味美食

十大名菜：冰糖甲鱼、锅烧河鳗、腐皮包黄鱼、薹菜小方烤、火臆金鸡、荷叶粉蒸肉、彩熘全黄鱼、网油包鹅肝、黄鱼鱼肚、薹菜拖黄鱼。

十大名点：龙凤金团、豆沙八宝饭、猪油洋酥烩、鲜肉小笼包子、烧卖水晶油包、宁波猪肉汤团、三鲜宴、鲜肉蒸馄饨、豆沙圆子。

• 住宿提示

宁波市中心解放路一带宾馆旅馆挺多，条件好而房价不贵，许多宾馆的标房价不过百元出头，且交通、购物都方便，可供关注选择。

▲ 保国寺庙

• 保国寺

从市区乘 332 路车直达。

门票 20 元。

水路

宁波港客运站在江北码头，有普通客轮和高速客轮往返于普陀山、白峰、沈家门、定海、岱山、衢山、大洋、泗礁等地。其中乘高速客船在购票后要先乘汽车到海边再登船，港口客运站有专车送人。

市内交通

出租车：起步价 8 元/4 公里内，车型主要是桑塔纳和富康。

宁波的长途汽车站

长客站有发往临平、萧山、绍兴、上虞、余姚等地的高速巴士百余班，电话：0574–87131834；中巴南站在火车站东侧，有发往奉化、溪口、象山、石浦、宁海、余姚等方向的不定时班车百余班，电话：0574–87571598；汽车北站在客运码头西侧 100 米有客车发往丽水、舟山、慈溪、余姚、镇海、绍兴、诸暨、上虞等地，也有去普陀山（15 分钟一班）、河姆渡等旅游景点的班次。发至上海的高速汽车半小时一班，电话：0574–87355321；汽车东站在宁穿路 707 号，发往江苏、安徽各地的大多数班车在此发车，也是去天童寺、阿育王寺等景点的最佳乘车处，电话：0574–87924998；汽车西站在望春路 44 号，有客车发往梁祝文化公园、四明山等景区，电话：0574–87505402。

住宿

三星级酒店可选宁波饭店（马园路 65 号，电话：0574–87097888，标房价 180~258 元）。同样级别而又交通便利的有火车站广场旁的金龙饭店，电话：0574–87088888，标房价 200~250 元。二星级以下宾馆有江花宾馆、现代酒店、电信宾馆等。火车站附近的海景地质宾馆有价钱在 120 元左右的标间，条件尚可，电话：0574–87112191。另外街面上不难找到普通间 50~60 元的小型旅社。

主要景点

保国寺

在距宁波市区约 15 公里处的灵山腹地中，是国家重点文物保护单位，由天王殿、大雄宝殿、钟鼓楼、藏经楼等主要建筑构成，系我国江南一带保存最好的北宋木制建筑之一。寺内

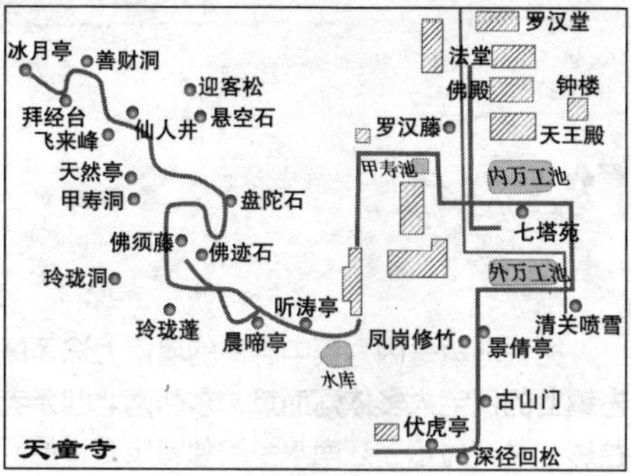

的高大殿堂和佛像与院中低凹的空藻井对比反差强烈，建筑风格别具匠心。

天童寺

地处宁波鄞州东吴镇的太白山麓，有建于公元1631~1635年的宫殿近千间，由南向北依次建有外万工池、七塔苑、内万工池、天王殿、大雄宝殿、罗汉堂等雄伟建筑，梯级布局甚为精美而排列有序。寺内的清顺治帝书“敬佛”碑、康熙帝书“名香清梵”匾、雍正帝书“慈云密布”匾等均是文物珍品。寺周边的山坡上长满茂密的凤尾松林，风起之时松涛悦耳、绿涛翻卷，生动而壮美。

阿育王寺

位于宁波州区五乡镇，依山建有山门、放生池、天王殿、大雄宝殿、藏经楼等楼阁殿堂600余间，寺内珍藏有珍贵碑刻近60件，其中《阿育王寺常住田碑》、《宸奎阁碑记》、《妙喜泉铭》等为碑刻极品。寺内的舍利塔和大雄宝殿等亦建造精美而气派，甚具迷人风姿。

天一阁

系宁波城内颇具特色的古迹名胜，有“南国书城”之称，是明代兵部右侍郎范钦的藏书楼，阁内藏书超过13000册，其中不少为海内孤本。园内的建筑亦非常精巧玲珑，沟池汲水防火灭火功能令令人拍案叫绝。院内矗立的80余块各代刻字石碑亦是稀世文物精品。

东钱湖

浙江省内最大的淡水湖之一，在宁波市东南15公里处，由谷子湖、北湖、南湖组成，水域面积约为杭州西湖的4倍。湖区有百步耸翠、双虹落彩、殷湾渔火、芦汀宿雁等景观，湖滨有名人故居等诸多历史遗迹。

- **天童寺**

从市区汽车东站乘362路大巴及中巴可到。

¥门票10元。

- **阿育王寺**

从火车站乘356路车可到。

¥门票10元。

- **天一阁**

从火车站乘560路车可到。

¥门票30元。

- **天一广场**

宁波市区最气派的中心广场，投资30亿开发兴建，异常宽阔气派，周边有22座欧陆风情浓郁的建筑，3.6公顷的绿地，且有亚洲最大的音乐喷泉，值得重点观览。

- **东钱湖**

火车站和汽车东站均有客车和专线车抵达。门票20元。

¥门票岳王庙免费，小普陀30元。船费10~30元。

玩家指南

如果时间不是太充足，那不必在宁波市区多停留（一天观光即可），因为真正的美景在周边而不在宁波市内——东有普陀山，南有雁荡山、楠溪江，西南有奉化溪口，这些地方才是观光要点。而宁波，我们只把它当成是浙江观光中的一个“跳板”好了。

乌镇

电话区号 0573
旅游开发公司 88731773

据说乌镇是因为镇中居民的墙壁上涂了保护墙壁的黑色油漆而得名的，这个水乡古镇上的民宅大多依河而筑，东西南北四条老街呈十字形交叉分布，水陆相邻，相得益彰，确实显示了江南水乡的独特风姿神韵。为乌镇锦上添花的是现代文学史上颇具知名度的作家茅盾和他创作的《林家铺子》等著名文学作品；几年前，电视剧《似水年华》在此拍摄并热播后，又有众多观众慕名而来，寻觅回味荧屏上出现过的美丽故事和迷人画面。水乡古镇确有脱俗新鲜之处，但过多游客的涌入和日渐浓郁的商业气息又使今日乌镇失去了应有的古朴、原始和自然。

▲ 乌镇风光

- **乌镇门票**

套票东栅景区100元/人，含茅盾故居、林家铺子、江南木雕馆、蓝印花布作坊、民俗馆等近10处景点。西栅景区120元。

另外18:00~22:00进东栅可买便宜很多的晚间票。22:00以后就没人收取门票了。18:00以后进西栅门票只要80元。联票150元。

- **门票费用不要省**

笔者认为乌镇的许多景点具有观光价值，应该购买门票后细细观看。而夜间溜进去看看古镇大致风貌就走的玩法是不可取的。

进出乌镇

乌镇地处江南六大古镇的中心位置，离上海只有80分钟的车程，离杭州仅60分钟的车程，距苏州也很近，只需60分钟车程。上述各大城市及周边其他县市都有很多班次的客车和游览车开往乌镇（详情见下页），当地交通工具主要是人力车和小型手划游船。

住宿

虽然东栅的许多居民家庭都愿意为游客提供住宿，但有关管理部门严禁居民接客并有保安监督巡逻，所以游客不能住在乌镇已经开放的东栅景区内（也就是收取门票的水乡核心

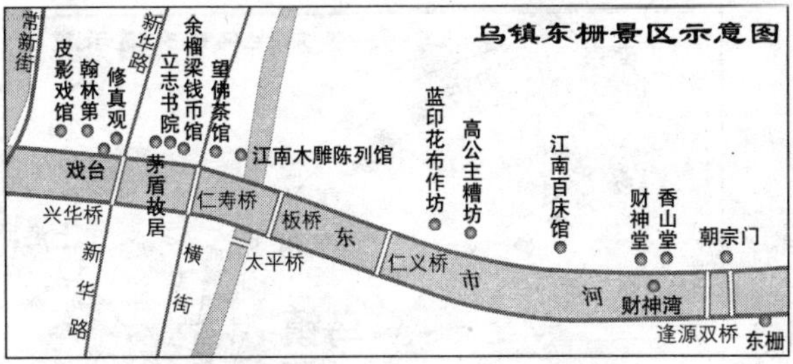

部位)。而只能住在核心景区外，当然东栅景区之外有许多旅馆，如古镇东栅景区入口处对面（镇外）的子夜大酒店等，游客可以选择的余地还算大。另外东栅的许多居民私下留游客住宿，虽然与当地法规不符但也方便了游客，空调房一般收费80~100元，没空调的普通间也就是50~60元。西栅景区内是可以住的，但是房价挺高。

餐饮

古镇上有许多当地风味美食，主要餐厅酒楼有子夜大酒店、逢源酒楼、九江楼、枕河人家等。其中笼香糯米鸭、红烧羊肉、麻婆豆腐蟹、桃园三结义、翰林酱鸭、水乡本鸡、冰糖南瓜等均为当地代表性风味菜肴，游客可逐一享用。

主要景点

乌镇东栅的主要景点有茅盾故居、林家铺子、汇源当铺、古戏台、江南木雕馆、蓝印花布作坊、三白酒坊、民俗馆等多处，另外电视剧《似水年华》中的几处外景地亦值得一看。西栅的主要景点有茶馆和通济及仁济桥等。

游览指导

在乌镇可以随意漫步，体味水乡总体风光韵味。也可一一进每个景点详细参观，领略它们的不同特点。另外请个导游让他领你游遍古镇每个角落也是件美事，游人可以从导游的讲解中得到不少知识学问。古镇的夜景挺美（尤其是西栅灯光美且景区宁静），建议晚上独自一人出来细细观赏品味。

- **旅游专线车**

华东地区各地都有到乌镇的旅游专线。

上海旅游集散中心。

上海八万人体育场五号扶梯下（旅游线候车大厅）。电话：021-64265555/64265010/64265459

上海杨浦旅游集散站，电话：021-65433210/65432214，9:00，天天发车。120元/人，含来回车费、门票；138元/人，含来回车票、门票、导游。

上海浦东旅游集散中心，浦东九六广场，电话：021-68769230，110元/人，含来回车费、门票；138元/人，含来回车费、门票、导游。

浙江旅游集散中心，杭州吴山广场西侧，电话：0571-87062314/87069878，双休日上午9:00发车，115元/人，含来回车费、门票。

杭州客运东站，有大巴直达乌镇，票价37元，车程90分钟。

- **西栅住宿**

①民宿29号，528元/间，可免门票。电话13819044270。

②紫藤青年旅馆，50元/床，电话：0573-88731088。

- **西栅住宿咨询**

统一电话：0573-88731666、88731088。

- **镇上住宿**

东栅景区正门对面即是当地档次最高的子夜大酒店，双标间一般季节也在160元以上。从子夜大酒店向北走3分钟，可到子夜路和茅盾路交会的三岔路口，这里有中档宾馆酒店10家左右，条件都较好但房价不贵，有空调、独卫、电视的双人间一般季节也就是70~120元。住这里最合适。镇上东栅景区内的居民家虽然也可住，但条件相当一般且房价也不便宜，西栅景区内住宿更贵，所以笔者认为东栅景区外的普通宾馆应是住宿首选。

▲ 乌镇春色

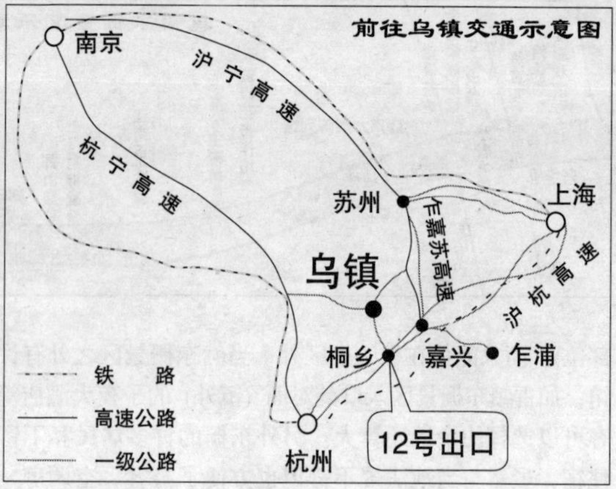

- **乌镇景区外住宿**

①悦江南宾馆，茅盾路，0573-88721583。

②广业大酒店，子夜路，0573-88718988。

③好运来客栈，子夜路，0573-88721588。

④永兴旅馆，甘泉路，0573-88264878。

以上住处都相对便宜。

旅途中

旅游锦囊——为您提供一种能在1天半时间内游览乌镇、南浔、西塘3个江南古镇的观光方式

乌镇、南浔、西塘3个江南水乡古镇游览区同处浙江省镜内，相互之间相距不算太远但也绝不是太近。笔者之所以建议大家一次游览上述3个古镇，是因为它们特点各不相同，风光各有千秋，一次看遍会领略到水乡古镇风格迥异的多重美感，确保您的古镇游物有所值。

按照我为您设计安排的观光次序和方式，您可在1天半时间内畅游上述3个古镇，具体游览安排如下：

①早晨从乌镇开始观光，重点观览乌镇的核心东栅景区，2小时够用。之后用1.5小时看乌镇新开放的西栅景区。午饭一定从简，12:00左右从乌镇乘车去南浔。

②乌镇至南浔有直达客车但车次不太多，赶不上直达车就乘去桃源的中巴（5元），抵达后换车去青云（2元），再换车即到南浔（5元），以上车程共需2小时。客车正好到南浔古镇游览区的南大门路边，下车后即可观光。

▲ 乌镇东栅古街一角

③进南浔后向左走，5分钟即到小莲庄和嘉业藏书楼，观景后出门再走回头路（向东），依次看张石铭旧居、南浔史馆、通津桥、洪济桥等当地名景，最后在百间楼结束游览，以上过程抓紧时间2.5小时够用。

④百间楼距南浔客运北站只有15分钟路程，立即赶到北站（须在17:00之前），北站有开往嘉善的客车（最后一班17:00左右，在站前路边等车），2小时可到（也可先乘车到嘉兴，再换车45分钟就到嘉善）。抵嘉善前在炮台道口下车，从这等过路车，3元钱15分钟即可到西塘（摩的收费15元左右）。晚上可饱览西塘古镇夜色。

⑤上午在西塘玩半天，中午品尝水鲜后即踏上返程。此线正向、反向行进均可，不论怎样玩，效果都圆满精彩。

浙江省

西塘

电话区号	0573
西塘旅行社	84562590
景区票务	84567890

西塘，一个有着千年历史文化的古镇，坐落在杭嘉湖平原嘉善县以北。这里地势平坦，河流纵横，水乡民居造型古朴典雅，更以多桥、多弄、多廊、多棚的鲜明特色而著称。其中廊棚能为行人遮风挡雨，宅弄（可理解为民居之间的胡同）曲径通幽，而总数过百的座座石桥、木桥分布在水乡各处河道之上，恰似卧龙凌波，把西塘古镇装点得风姿秀美而又活泼生动。去西塘旅游，你可在湖光水色间饱领多彩多姿的江南水乡别样风情。

交通

进出西塘主要靠公路，周边市县发往西塘的旅游专线车和客车都很多。

▲ 西塘主要河道杨秀泾水上风光

客运汽车

1.上海体育馆 5 号大门侧候车大厅，每周六、日 9:00 发车。联系电话：021–64265555。

2.杭州—西塘长途车：7:30、10:00、13:00、15:00发车。

3.杭州吴山广场东北侧旅游集散中心，每周六 8:00 发车。联系电话：0571–87083665。

4.嘉善汽车站每 5 分钟发一辆车到西塘，15 分钟即到。

5.苏州—嘉善长途车：13:30、15:50 发车。

6.嘉兴站—西塘汽车：6:40、8:00、8:40、9:50、10:30、11:20、12:10、12:50、13:30、14:30、15:20、16:30 发车。

自驾车

上海方向：320 国道至嘉善十字路口（这个道口被当地人称作炮台道口），见有西塘指示牌处向北行驶 15 分钟即到西塘。也可走沪杭甬高速公路，在嘉善县大云出口处出来行至嘉善十字路口，见有西塘指示牌处向北行驶 15 分钟即到西塘。

• **交通提示**

也可从杭州汽车东站先乘车到嘉善，车次很多，从嘉善到西塘就太方便了。

• **景区门票**

门票 50 元，联票 100 元/人，含 11 个小景点，其他小景点有的还需单独购票。

可单买进镇门票 50 元，但不能进入各个小景点。

游船票 10~20 元/人。包船 80~150 元。

• **笔者个人意见**

在乌镇和南浔旅游，光在街上和河边转而不进各个小景点是不行的，因为小景点有相当的观光价值。但在西塘观光，光看河边和街上的风景就挺好，进不进小景点不太重要。

▲ 西塘水边廊棚

餐饮、美食

古镇上河水边到处有餐馆和酒店，随处可品水乡风味美食。塘鲤鱼、清蒸白丝鱼、椒盐南瓜、粉蒸肉、汾糊虾、蝉衣包圆、梅菜烧肉、熏青豆、白水虾、老鸭馄饨煲均值得一尝。

● 当地住宿

西塘有许多民宅旅社，大都是石质或木质的二层古屋小楼，室内面积不太大，陈设古色古香，但有较新的家用电器如空调、彩电，并有小巧玲珑但很干净的卫生间，许多旅馆都有临河房间，站在窗前就可以饱览水乡风情。可以选择的旅馆如环绣客栈(0573-84560126)、明祥坊旅馆（0573-84562868）、桐村客舍（0573-84566337）、长廊客栈(0573-84564121)、如意楼客栈（0573-84566611)等。其中长廊客栈特色鲜明、条件不错，可予关注。

但是笔者关照游友入住时应在征得老板同意的前提下进客房察看一下具体住宿条件和环境，觉得适合自己再登记交费，这样能确保称心如意。

主要景点

廊棚

廊棚就是带屋顶的街，在西塘廊棚到处皆有，既能为人遮挡风雨，又有观赏价值，是当地独特街市风景。西塘古镇上的廊棚共有近千米，其中朝南埭廊棚总长168米，可重点关注。

宅弄和古桥

宅弄其实就是古民居之间的通道和胡同。西塘古民宅多，宅弄也多，它们有的短小精悍，有的细长悠远，但全都曲径通幽特色鲜明。像著名的石皮弄长68米、宽仅不到1米，有西塘一线天之称。

西塘镇上共有各式古桥百余座，大都为石柱三孔或单孔木梁桥，建造精美且保存尚好，把古镇风光装点得异常活泼生动。

薛宅

在西塘古街北边，临街依河，总面积约350平方米，因其建筑布局独特别具匠心，所以成为游客观赏古镇民居时的必观之景。

浙江省

推荐游程

在西塘游览二日为佳，主要应关注杨秀泾河道水上风光、石皮弄和其他宅弄及种福堂、来凤桥、各个廊棚、卧龙桥、西园、黄酒陈列馆、张正根雕艺术馆等景点。

晚间古镇河上挂起了不少红灯笼，夜景美丽而朦胧，亦可为游客带来美好观感。

旅途中

旅游锦囊——建议您去西塘观光

旅游的N种理由

①在浙江一带的目前很受游人关注重视的多个古镇旅游景区中，西塘是特色鲜明、颇受诸多驴友喜爱的。笔者觉得就古镇的自然风光和水乡风情而言，西塘并不比乌镇、南浔、周庄、同里强多少，但是西塘有两个优点很明显很吸引人；一是夜景美，像乌镇、同里那几个古镇白天的风光都不错，但晚上大都漆黑一团（至少是灯光暗淡），跟“抽了筋儿”似的显得半死不活没有生气，可是西塘古镇的各条河边上，全都挂满了红灯笼，一到晚上全都发出柔和而美丽的光芒，映红了天、映红了水、映红了古镇上的民宅和廊棚，给人的美感真是如诗如梦啊——上边提到的其他的那几个古镇怎么就不知道把自己的夜色装扮一下呢?二是像乌镇和南浔，它们的主要观光区内都少有宾馆旅舍，游客观光和住宿两个环节有点脱节，多少有一些不太方便，但是西塘镇中河畔全是民居旅店，出门走上三五步就能观光拍照、涉水乘船，很显方便快活。以上两条我认为都是西塘古镇的优点和长处，说出来供各位游友参考吧!

②西塘距嘉兴近，距嘉善更近，上述两地都有去西塘的直达车（嘉善车尤其多），只要到了上述两地，基本上就算到了西塘了。另外从上述两地去西塘都要经过一个重要的道口，就是320国道嘉善十字道口（这个道口并不在嘉善县城中心而在外围，当地人称为炮台口，自驾车的朋友欲问路，说炮台口更能让当地人明白）。

③外来客车在西塘的停车站距古镇中心区还有一点距离，乘人力三轮3~4元钱就到了。西塘的中心干道叫邮电路（两边都是商店），从邮电路向北走从任何一条细长的宅弄（如苏家弄、计家弄）穿出去，都可以到达古镇上的观光区杨秀泾，在这里才能看到水乡风光。

④笔者认为西塘古镇的水乡风味浓，但是镇上的几个主要景点如西园、瓦当博物馆、纽扣博物馆等观光价值一般，所以游客观光的主要精力应该放在观赏古镇的总体风貌上，最重要的观光河段是永宁桥至环秀桥之间，这里的水上风光和岸上廊棚最出色，且古镇夜游也是乘船走这一河段。

⑤白天乘船作古镇水上游，每人10~20元钱就可以了，随时有船，而一到晚上，只有码头上整点发的船（如19:00、20:00、21:00）才有10~20元/人的散客票，其余时间需包船，船费100元/船，赶上了整点船，能省不少钱。

⑥西塘的河边都是特色风味餐厅，饭菜价格谈不上贵但也绝不便宜。欲吃实惠饭菜可到邮电路西边凯迅大酒店斜对面（在凯迅大门的东南方向），这里有一家快餐厅，荤菜2~3元一份、素菜1~2元一份，8~10元钱能吃得动不了窝。旁边还有家IP电话亭，长话0.2~0.3元/分钟。

▲ 水边酒楼

南 浔

电话区号	0572
湖州市旅游局	2398190
南浔旅游咨询	3018005

南浔在浙江省湖州市境内，是江南水乡六大古镇之一，亦列浙江15个历史文化名镇之首。南浔不光有江南水乡小桥流水式的风光，更以名园古迹见长。历史上南浔多巨富人家，私家园林亦建得异常豪华、精美、气派，主要园林佳景有百间楼、小莲庄、嘉业堂藏书楼、张石铭旧居、张静江故居等。

▲ 南浔名景百间楼

- **景区门票**

通票100元/人，含小莲庄、嘉业堂藏书楼、张静江故居、张石铭旧居、文园等近10处景点。

学生半价。

白天进入景区就要购票。

- **看图观光效果好**

南浔的导游图印得不错，买一份看看会对游览有明显帮助。

- **导游服务**

导游接待处在景区入口处的文园，请导游70~100元/次，讲解水平尚可。

交通

南浔东距上海123公里，北与苏州相距51公里，南距杭州125公里。上海、苏州、杭州等地与南浔之间每天都有各类大巴、中巴频繁往返。

上海—南浔

两地之间的车程约为3小时。

虬江路长途汽车站

发车时间：6:00~19:30，每20分钟一趟。车费：普通车型20元、空调车28元左右。

沪太路长途汽车站

发车时间：5:55~17:00，每小时一班。发车至湖州方向，但途中停靠南浔。

主要景点

小莲庄

系清代大夫刘镛的私家庄园，始建于1885年，于1924年建成。园中建筑精美、荷香袭人，系江南著名园林佳景。

嘉业堂藏书楼

系刘镛之孙刘承干于1920年所建，该楼集园林艺术及藏书功能于一身，以收集大量古籍闻名，现为国家重点文物保护单位。

张石铭旧居

是江南巨商张石铭私家巨宅，建筑式样中西兼有，总面积超过4000平方米，有江南第一巨宅之称。

百间楼

南浔古镇东北部绵延达400余米的古民宅建筑群，共有宅居150余间，相传是明代礼部尚书董份所建，明清建筑特色鲜明。

张静江故居

是国民党元老张静江的旧日家居，建于1898年。规模气势虽比不上张石铭旧居，但仍在古镇上占有一席之地。

住宿

古镇上距景区近的家庭旅社并不多，只有便民桥东边的颖园饭店和嘉业堂藏书楼西边的千翁酒店，标间100~200元，一般季节可打折。

- **推荐颖园宾馆**

  在景区中段，双标间最低百元左右。0572-3912025。

- **千翁酒店**

  是南浔档次最高的酒店之一，从观光区西南缘的小莲庄或嘉业藏书楼向西走10分钟即到。

推荐游程

如果是乘客车到南浔，下车后可以向东走依次游览洪济桥、通津桥、治国桥、百间楼，然后看张静江故居、颖园。之后沿河西岸而行，看镇史馆、张石铭旧居、小莲庄、嘉业堂藏书楼。半天之内粗览古镇风光没问题。

安徽省

ANHUISHENG

安徽省以安庆、徽州两地首字而得名，面积 13.96 万平方公里，全省地形地貌多样，主要由淮北平原、江淮平原、江淮丘陵、大别山地、皖中平原和皖南山地五大部分组成。安徽山川壮丽、风光秀美、佳景众多。地处皖南的黄山秀盖五岳，已成为华夏山水风光神奇瑰丽的象征。佛教名山九华山虽然并不挺拔险峻，但山姿柔美且山峰众多，被誉为是江南大地上的“九十九朵芙蓉”。位于祁门、休宁附近的齐云山和地处长江以北潜山县境内的天柱山与黄山、九华山相映生辉，构成了国内不可多得的个性鲜明的山岳风景群。而同样诱人关注的是亳州、寿县、歙县、黟县这些遍布古徽州历史文化遗迹、遗韵的江南古城，它们是皖南山水风光带上近年来冉冉升起而光芒夺目的灿烂新星。

黄金旅游线路

① 黄山—九华山—齐云山

② 黄山—黟县—歙县

③ 黄山—千岛湖—杭州（跨省）

①到安徽旅游首选目标当然应该是黄山。黄山的神奇美丽给人的感受真是如梦如幻且值得终生流连回味，来这里玩上三次、五次都不嫌多。

②九华山山姿柔美、竹林密集、溪泉汹涌且山中遍布佛教寺庙，佛教文化氛围甚浓，这里亦是安徽旅游中的必观之景。

③齐云山风光尚可，但景区范围不太大，可作 1~2 日短暂观光。

④天柱山有许多尚未被外界熟知了解的新、奇、美景，值得认真关注。

⑤黄山周边的黟县、歙县境内多古民居、古祠堂、古牌坊、徽派建筑风格特色鲜明，古徽州历史文化底蕴深厚，值得认真寻思、体味。如果时间充裕，游人可在这里多作停留，好好领略华夏历史文化分支的美妙与绮丽。

⑥位于祁门市境内的牯牛降景区山水兼备，盛夏时节气候凉爽是避暑胜境，可予适当关注。

▲ 黄山西海大峡谷奇峰异石

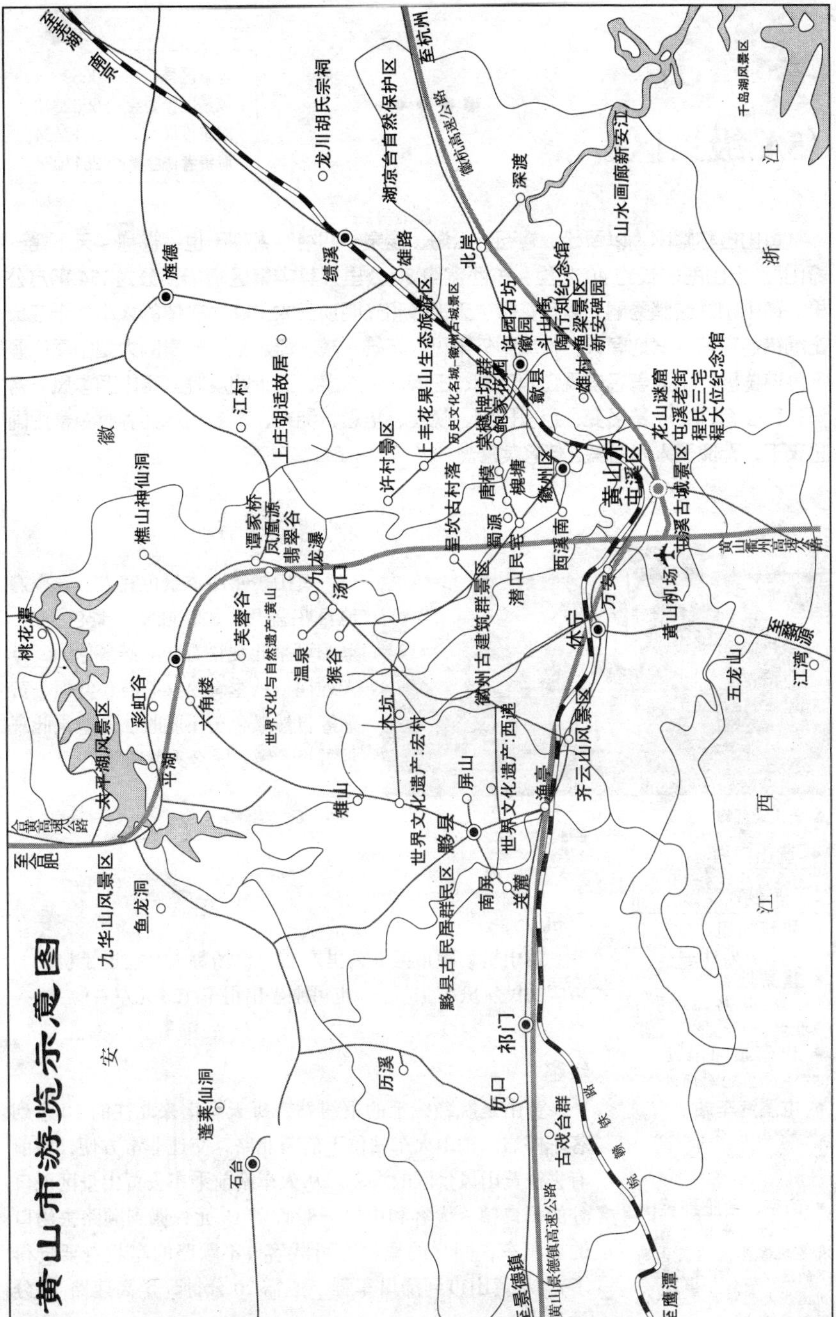
黄山市游览示意图
至芜湖
南京
旌德
绩溪
雄路
龙川胡氏宗祠
湖凉台自然保护区
至杭州
徽杭高速公路
深渡
北岸
山水画廊新安江
千岛湖风景区
江
浙
西
江
上丰花果山生态旅游区
历史文化名城—徽州古城景区
棠樾牌坊群
鲍家花园
许国石坊
徽园
歙县
斗山街
陶行知纪念馆
渔梁景区
新安碑园
雄村
花山谜窟
屯溪老街
程氏三宅
程大位纪念馆
黄山市
屯溪区
屯溪古城景区
徽州区
唐模
槐塘
呈坎古村落
许村景区
上庄胡适故居
江村
蜀源
潜口民宅
西溪南
黄山机场
黄山衢州高速公路
至婺源
五龙山
江湾
万安
休宁
齐云山风景区
渔亭
徽州古建筑群景区
世界文化遗产:西递
世界文化遗产:宏村
屏山
黟县
黟县古民居群民区
南屏
关麓
雉山
木坑
猴谷
温泉
汤口
九龙瀑
翡翠谷
凤凰源
谭家桥
芙蓉谷
世界文化与自然遗产:黄山
六角楼
彩虹谷
平湖
太平湖风景区
蕉山神仙洞
桃花潭
徽
合铜黄高速公路
至合肥
九华山风景区
鱼龙洞
安
祁门
历溪
历口
蓬莱仙洞
石台
古戏台群
皖赣铁路
黄山景德镇高速公路
至景德镇
至鹰潭

好徽州

黄 山 (5A 级景区)

电话区号	0559
风景区管委会	5562848
旅游投诉	2517464
消费者协会	2511024

黄山古称黟山，以奇松、怪石、云海、温泉“四绝”著称于世，誉称“天下第一奇山”。全山南北长约 40 公里，东西宽约 30 公里，其中景区精华部分为 154 平方公里。黄山山峰峻峭秀丽，以莲花峰、天都峰和光明顶三大主峰为主体的大小七十二峰布局错落有致，劈地摩天，构成中外罕见的集雄、险、奇、幻于一身的大型山岳风景名胜游览区，山上著名景观还有二湖、三瀑、十六泉、二十四溪等。黄山四季风光各异，朝夕有别，一景多变，且以日出、晚霞、华彩、佛光、雾凇和冰挂等时令景观闻名天下，无愧于人间仙境之佳名美誉。

▲ 黄山天都峰

游览季节

黄山一年四季景色宜人。春季遍地百花盛开，松枝吐翠，景色秀美。夏季可来此观松看云、避暑休闲，令人神往。秋季青松、苍石、红枫、黄菊等自然景色美不胜收。冬季来此观赏雪景、雪松，令人赞叹不已。

- **黄山门票**

涨价后旺季 230 元/人，淡季 150 元/人。

- **机场问讯**

0559-9534144

- **售票处**

华山路 23 号：0559-9534111

- **火车站问讯处**

0559-2512652 转问讯处

- **屯溪汽车站**

黄山东路：0559-2353952

- **南京、合肥到黄山**

上述两个城市每天有多班客车直达黄山脚下的汤口镇，下车后转乘新国线大巴即到，进入山门到索道站。

交通

飞机

黄山机场距市区 5 公里左右，机场每天有往返于机场与市区的民航班车 (5 元)，也可乘坐出租车 (25 元左右)。

铁路

黄山是皖赣线上的枢纽站，每天有南来北往的 10 余列客车停靠。黄山火车站位于前园北路，交通非常方便，站前有去往黄山风景区的汽车。从火车站前乘车去黄山景区入口处的汤口镇，大客和中巴一般收费 15 元，遇到顺路去汤口的出租车，同样的票价亦可载客 (不顺路的车收费要贵得多)。从黄山市到汤口车程一般需 70 分钟，走高速路 40 分钟即可。

安徽省

公路

黄山市汽车站在火车站以南1公里处，所有通达市区及省内各大城市的班车都在这里出发与到达。汽车站亦有开往黄山景区入口处汤口镇的大小客车，走普通公路1.5小时可到，车票15元；如走高速路35分钟可到，车费18元。

黄山景区与安徽周边的一些城市有直达的旅游班车。如上海、南京、苏州、九江、合肥、芜湖、安庆、九华山、铜陵、蚌埠、景德镇等。

黄山站列车时刻简表

区间	到开时间	返回到开时间
北京—福州	07:33/07:39	09:19/09:21
南京西—昆明	23:04/23:08	04:08/04:11
上海—黄山	06:55	19:10
上海—鹰潭	00:27/00:30	22:03/22:11
南京西—南昌	20:53/20:56	23:07/23:11
南京西—厦门	05:07/05:09	09:05/09:07

水路

著名的新安江就发源于黄山境内，然后，经千岛湖流入富春江，到了杭州改称钱塘江。从黄山市的深渡码头可乘船至千岛湖（船程4~5小时），再由千岛湖前往瑶琳、杭州。

- **从黄山到千岛湖**

汤口镇上每天有1班客车直达千岛湖，发车时间6:30，车费80元。

- **深渡到千岛湖**

深渡港每天有2班客船同千岛湖对开，船行约4~5小时，船票41元/人。其中深渡发船时间分别是7:40和10:00。

- **当地主要宾馆、酒店**

①光明顶山庄，电话：0559-5586556；

②玉屏楼宾馆，电话：0559-5582288；

③云谷山庄宾馆，电话：0559-5586444；

④北海宾馆，电话：0559-5582555；

⑤西海宾馆，电话：0559-5588888；

- **市区便宜住宿**

黄山市老街第一招待所，就在著名的屯溪老街街口，有15~20元的床位和40元/间的标间，很实惠（卫生条件也说得过去）。电话：0559-2511586。

旅途中

旅游锦囊——入住黄山云海楼可享受全方位优质服务

云海楼自助游酒店地处从黄山市进入黄山景区的必经之路汤口镇上（就在黄山脚下），老板程剑原来是当地出色的导游，十几年前因车祸受伤造成高位截瘫，但他凭着坚强的意志克服困难、顽强进取，先办旅行社，又涉足宾馆餐饮服务行业，在不长的时间内把一个只有7张床位的简易家庭旅馆发展成了在当地知名度甚高的中型酒店。事业有成后程先生经常为社会公益事业作贡献，每年都捐款资助当地的残疾儿童，深受当地政府和群众好评。

云海楼的住宿条件也很好（新店已于2010年开业，有71间客房，亦有停车场），日接待能力超过百人，每个房间都有电视、电话、空调、卫生间和一次性洗漱用品，设施很新、整洁干净（床上用品和浴巾一客一换）而房价却不贵，双标间80~98元（店内还有豪华套间和情侣房，有时推出68元的特价房）。宾馆的一楼餐厅由名厨掌勺，可提供各类徽派风味菜肴和多种农家菜（菜价不贵），慕名前来用餐的人很多。宾馆可为游客代办车船票和预订山上住宿，住宿费比游客自己上山入住便宜不少。尤其让游客感到方便的是云海楼的经理会为每位游客详介山上状况并推荐完整圆满的游览方案（根据当时季节、天气及不同游客的身体状况），所以云海楼在众多“驴友”中口碑甚佳，可以说只要入住云海楼，你的黄山之旅就成功了一大半。云海楼订房及咨询电话是0559-5561109和5561789，网址是www.yunhailou.com。

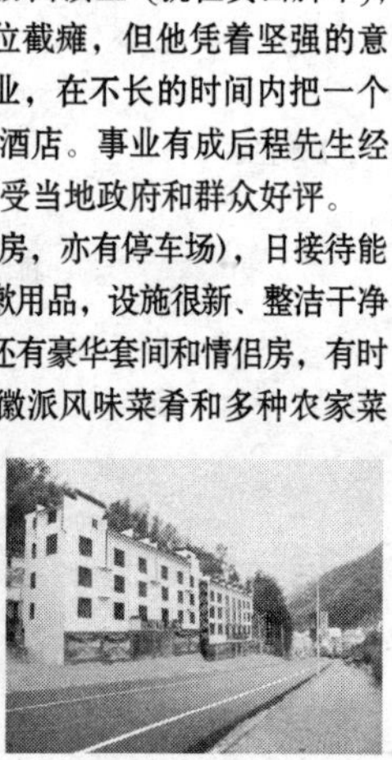

▲ 云海楼新店外景

安徽省

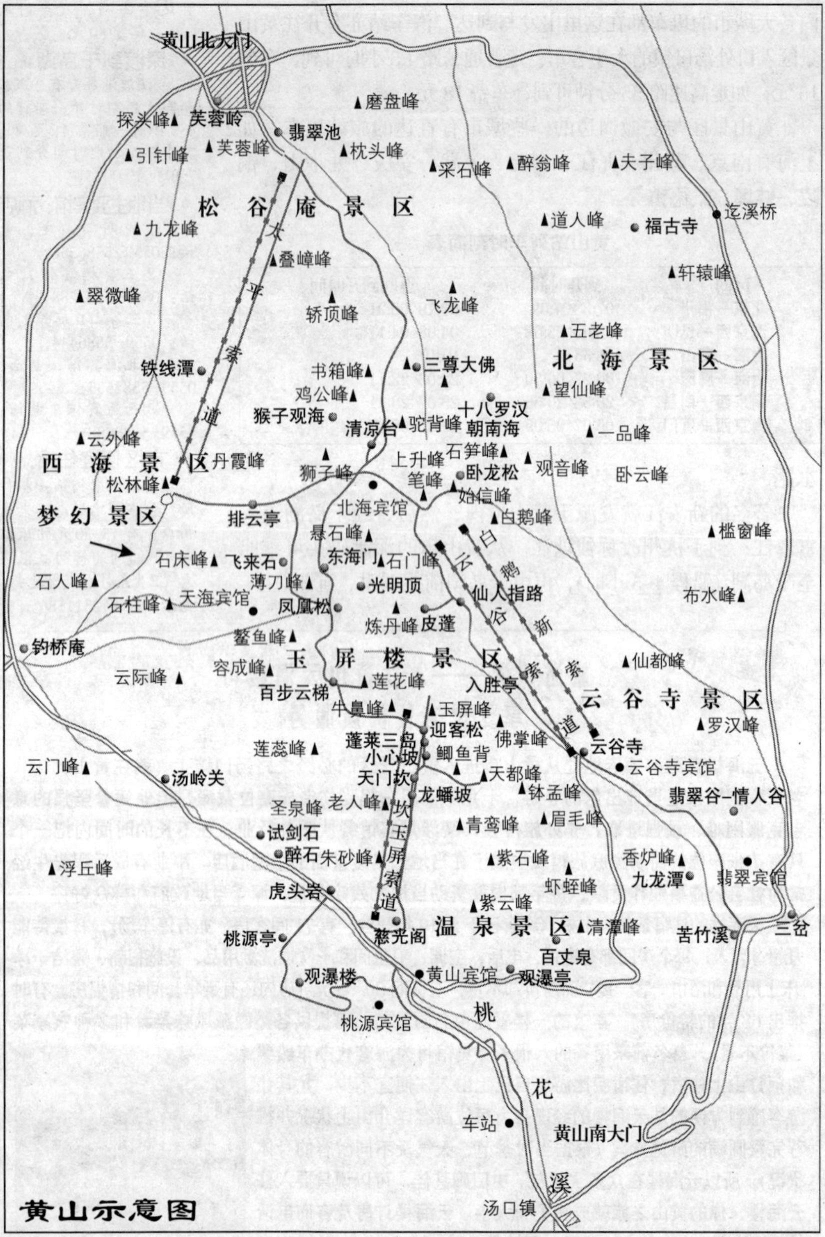
黄山北大门
芙蓉岭
探头峰
翡翠池
磨盘峰
芙蓉峰
引针峰
枕头峰
采石峰
醉翁峰
夫子峰
松谷庵景区
太平索道
道人峰
福古寺
迄溪桥
九龙峰
叠嶂峰
轩辕峰
翠微峰
轿顶峰
飞龙峰
五老峰
铁线潭
书箱峰
三尊大佛
北海景区
鸡公峰
望仙峰
十八罗汉
猴子观海
清凉台
驼背峰
朝南海
云外峰
一品峰
石笋峰
西海景区
丹霞峰
上升峰
观音峰
狮子峰
卧龙松
卧云峰
松林峰
笔峰
始信峰
梦幻景区
排云亭
北海宾馆
白鹅峰
悬石峰
云谷白鹅新索道
槛窗峰
石床峰
飞来石
东海门
石门峰
石人峰
薄刀峰
光明顶
仙人指路
布水峰
石柱峰
天海宾馆
凤凰松
炼丹峰
皮蓬
鳌鱼峰
钓桥庵
仙都峰
玉屏楼景区
云际峰
容成峰
入胜亭
莲花峰
百步云梯
云谷寺景区
牛鼻峰
玉屏峰
罗汉峰
迎客松
蓬莱三岛
佛掌峰
云谷寺
莲蕊峰
小心坡
鲫鱼背
云谷寺宾馆
云门峰
天门坎
天都峰
汤岭关
龙蟠坡
钵盂峰
翡翠谷–情人谷
圣泉峰
老人峰
眉毛峰
试剑石
青鸾峰
玉屏索道
紫石峰
香炉峰
醉石
朱砂峰
浮丘峰
九龙潭
翡翠宾馆
虾蟆峰
虎头岩
紫云峰
三岔
温泉景区
清潭峰
苦竹溪
桃源亭
慈光阁
百丈泉
观瀑楼
黄山宾馆
观瀑亭
桃源宾馆
桃花溪
车站
黄山南大门
汤口镇
黄山示意图

住在黄山

▲ 黄山奇松

黄山市（屯溪）住宿

市内宾馆饭店甚多，普通宾馆中的标间一般季节房价也就是80~100元，三星级宾馆房价打折后160~220元有望拿下。普通旅馆中30~40元的床位或房间亦常见。

汤口镇住宿

到处都是宾馆和饭店，总数达数百家，各种档次都有，近年来为招揽顾客竞相降低房价，普通宾馆中双标间80~100元的地方除去黄金周外不难找寻。小镇还有个体旅馆聚集区，一般季节可以找到房价50~80元、床价20~30元的住处。

黄山山上住宿

宾馆双人标房（如北海宾馆、西海宾馆、排云楼、光明顶山庄、玉屏楼宾馆等）一般季节开价都在1200元以上，打折后也要700~800元，旺季更贵。此外大多数宾馆都有六人至十人的上下铺房间，这种房间中无独立卫生间的价格在60~80元/床，有独卫的一般80~120元/床，旺季还会上浮（有独卫的可涨至190元/床）。

住宿指点

• 宾馆的价格随市场变化有相当大的浮动，所以建议背包客在节假日特别是五一和十一时不要上黄山。一般11月中旬往后山上的房价通常会下调40%。但周末有时也会紧张。选择旅馆最好是在西海和北海附近（排云楼附近也好），这两处附近景点较多，且地势开阔。另外光明顶山庄地处山巅，在房间里就可看到壮丽日出。

• 另外白云景区位于前山后山之间，位置较好，这里有数家宾馆招待所，房价比北海和西海各宾馆稍稍便宜一些，也是住宿佳境。

旺季时，山上可能连一个床位都很难觅到，因此上山就要及时投宿或提前预订，否则只好租大衣露宿和在旅馆中睡地铺了，在北海、西海、光明顶等处都有大衣出租。

吃在黄山

景区山上没有零散的餐饮摊商，吃饭必须在山上几个宾馆饭店群的餐厅内，价格挺贵。素炒青菜一般在40元以上，肉菜一般在88元以上，鱼香肉丝可能卖到98元/份，就是普通的汤也要35元以上一碗（相比较而言，排云楼宾馆中的餐厅稍稍便宜一点）。另外北海宾馆餐厅有120元/人的自助餐，管饱。最便宜的就餐方式是在排云楼宾馆或白云招待所的职工餐厅吃快餐份饭（是份饭不是盒饭），含1荤1素1汤、米饭不限量，收费55元/人。

就餐提示及省钱窍门：其实在黄山上作二日游光是吃饭用不了多少钱，早晨上山前在山下吃得饱些，中午就吃面包、熟菜，晚上在排云楼或白云吃 55 元的快餐份饭绝对可吃饱。第二天早晨在餐厅吃早餐份饭 20 元，中午再吃面包、熟菜，晚上下山在汤口好好吃一顿。这样两天下来饭费也就是 150 元左右。

如何选择游览方式

推荐两种游览方式：一是徒步登山，能使你在接触大自然的过程中感受到黄山的雄、险、奇、幻，充分地欣赏到黄山的美好风光。初来黄山的游客，特别是体力充沛的青年游客以全程徒步登山为佳。二是乘索道上山，然后徒步游览，步行下山。既省力省时，又可从缆车中观赏不少景观，如：天都峰、白鹅峰、仙人指路、天狗望月、东海等秀色，这是近年来诸多游客喜爱的绝佳游法。但往返都乘索道观光似乎不太尽兴。

山上观赏日出晚霞的时间、地点

观日出。时间：春冬 5:30~6:00；夏季 4:10~5:10；秋季 4:50~5:20。最佳地点：清凉台、曙光亭、狮子峰、始信峰、丹霞峰、玉屏峰、光明顶、天都、莲花、炼丹诸峰。

看晚霞。最佳地点：排云亭、丹霞峰、飞来石、光明顶、文殊台等处。

- **黄山景区的三条索道**

一索：云谷寺到白鹅新站的新索道已开始运行，单程收费 80 元。原来的老索道已拆掉了。

二索：芙蓉岭—排云楼，全长 3709 米，运行 8 分钟，单程 80 元。

三索：慈光阁—玉屏楼，全长 2176 米，运行 6 分钟，单程 80 元。

- **乘缆车应注意**

最好提前去索道站等候，尤其是云谷寺，因为上山乘缆车的人特多，旺季时等 1~2 小时不新鲜。

- **找挑夫应注意**

首先应认真议清费用，黄山上给挑夫限定的收费标准最高不超过每段路每公斤 16 元，但淡季可能砍到 4~8 元。其次找好了挑夫就应尽早成交，因为不论是从山脚下还是半山腰开始挑价格都一样，晚挑也省不了钱。

步行游览黄山的三条线路：南路、东路和北路

南路：由汤口或温泉出发，乘车到慈光阁下车，经立马桥到半山寺，然后分二路：一路向右，观金鸡叫天门，登天都峰经鲫鱼背、天桥，从北坡下山至天都峰脚；一路向左，经天门坎到天都峰脚，再攀玉屏山道，至玉屏楼观迎客松，北下登莲花峰、再登鳌鱼峰可进入天海景区。天海地处前、后、东、西四海之中心，地势平坦、视野开阔，石床峰、牌坊峰、飞来石分布其中。天海景区外缘是景点最集中的部位，修有环形山道和分支石级，可达各主要景点。下山可走东路。

东路：从汤口乘汽车出发经温泉、百丈泉直达云谷寺，下车后向白鹅岭攀登，经入胜亭，一路可观仙人指路、皮蓬秀色、双猫捕鼠等景点。由白鹅岭进入始信峰，再到北海景区，可由南路或北路下山。

北路：从芙蓉岭经松谷庵至北海宾馆约 12 公里的山道，沿途有老龙潭、翡翠池、松谷庵、书箱峰、宝塔峰、骆驼峰等景观。特别是原始的山野风光、高崖幽谷，造就了一种幽静恬美的自然气氛，别有韵味和情趣，游毕山顶风光，从南路、东路下山均可。

主要景区介绍

温泉景区

是黄山脚下稍显平坦的一大块山间谷地，距黄山山门仅2.5公里。是黄山游览的起点，过去曾是各方游客来黄山观赏的集散地。温泉景区中央是银花溅落、碧流飞泻的桃花溪，两侧遍布宾馆饭店群，附近有人字瀑、桃花峰、青龙潭等景点，沿温泉西侧的登山路可攀至玉屏楼、天都峰、莲花峰等前山主要景点，然后到达山上景区最集中的西海、北海；沿温泉北侧的登山路可经云谷寺从后山直抵北海。现在由于游客乘观光车从汤口山门可直抵慈光阁和云谷寺两个索道站，所以在温泉逗留的人已经不多了。

玉屏楼景区

为黄山前山登山途中的美景聚集地，海拔1810米，以险峻无比而闻名于世的天都峰（鲫鱼背），海拔1864.8米，被誉为黄山最高峰的莲花峰都在此景区内；此外，像身姿优美被公认为黄山标志的迎客松，曲折迂回、妙境通幽的“一线天”、“蓬莱三岛”等佳景亦在此地恭候游客。玉屏峰前方的谷地被称为“前海”，是观赏黄山云海雾涛的最佳地点之一。

北海—西海景区

是黄山山上风景最集中的地方，亦是全山风景的精华所在。这里山路起伏不大而美景众多，像著名的光明顶、丹霞峰、排云亭、仙人踩高跷、飞来石、狮子峰、猴子观海、妙笔生花、始信峰、石笋峰等奇山妙景全都集中在此，而云海、日出、佛光等山间奇观亦常在这里向游客一展雄姿芳颜，精彩纷呈而又气象万千的山巅绝景令八方游客新奇惊讶、眼界大开：不到北海和西海，枉为黄山行。

云谷景区

为从后山登顶的必经之地，有九龙潭、百丈泉、观瀑亭等谷景，景区上方还有入胜亭、仙人指路、天狗望月、双猫捕鼠等景点。

西海大峡谷（梦幻景区）

是黄山上新近开发、风光壮美而引人关注的大型风景区。

- **温泉景区**

这里曾是来黄山观光的游客的集散地，但由于近年来景区内清理观光环境，温泉景区内的个体旅馆都拆除了，当地居民也迁到了别处，所以这里现在只有几家大宾馆，环境显得有点冷清。如今游客来黄山一般是住在汤口镇，然后乘新国线大巴直达前后山索道站上山，在温泉逗留观光的人越来越少。

此地有一家温泉酒店，洗浴后舒适无比，洗浴费用198元/人。

- **玉屏楼景区**

前山索道直达这里。

从这里观前海风光很美，不论晴天雨天景色都很壮阔，亦有玉屏楼宾馆可住宿。

- **天都峰已开放**

度过了保护期，天都峰已开放接待游人。大家可去观赏著名的“鲫鱼背”，但不像想象的那么危险。

▲ 黄山雪景

- **北海—西海景区**

游客应该在山上住一天，看的就是北海—西海的美景。这里的风光壮美且集中，且可览云海、日出、日落及佛光奇观，观后定觉不虚此行。

- **云谷景区**

这里风光不错，但山上更美，还是短暂停留之后就步行或乘缆车上山吧！

安徽省

- **西海大峡谷**

从排云亭到西海大峡谷入口处需步行30分钟。

一般游客没必要穿越大峡谷，只走一半就可以了，即使这样也会用时2~3小时，且目前峡谷中在修观光缆车道，暂时不允许穿越。

- **翡翠谷**

汤口镇上有客运中巴直达。

景区门票70元/人。

从排云亭到步仙桥，全长达6公里。景区内净是高山深谷、奇峰峭岩和浓密云雾，风光壮丽且人烟稀少，步行穿越很感惊险刺激，但需付出相当大的体力消耗。

翡翠谷

为黄山东部的一条翠绿山谷，全长约6公里，谷内有大小潭池数百个，最大的彩池面积超过1000平方米，池中碧水倒映两岸山石，风光柔美而绚丽，是近年来新开放的景区。

推荐游程

如今黄山景区内的步行登山道四通八达，前后山共三条索道，每日都在恭候游客，因此，虽然是海拔近2000米而又规模宏伟的大型风景区，但游客登山游览还是相当便利，游程可分为1日、2日、3日、4日多种，其中以3~4日游览最为精彩圆满——可以把黄山前、后山上的几乎所有美景尽收眼底。

黄山四日游：

D1：上午抵黄山市屯溪机场或火车站，稍事休息，中午可游屯溪老街，之后乘车去汤口，安排好住宿，然后游翡翠谷。

D2：早餐后从云谷寺乘客运缆车上山，游始信峰、石笋峰、狮子峰、北海、石猴观海、排云亭、西海及梦幻景区的一部分和飞来石等山上佳景。住光明顶或白云并观绚丽晚霞。

D3：观赏日出，早餐后游光明顶、鳌鱼峰、一线天、莲花峰、玉屏楼、天都峰、半山寺、慈光阁，步行或乘缆车下至汤口，然后住汤口或乘车回黄山市区，住市区。

D4：游览黄山周边黟县、歙县等地的古村、古镇，或去齐云山、太平湖、九华山作1~2日开心游览。

旅途中

旅途小花絮：黄山到底有多美

从古至今，不知有多少朝代的多少文人墨客，用过多少华丽精湛的语言赞美过如诗如梦的黄山风光。笔者去黄山一游后，也曾想把那种达到极致的美感加以总结概括，并通过文字介绍给读者。可是稍作尝试后就发现不行，因为本人才疏学浅，若想用笨拙的语言来形容、赞美黄山简直是痴心妄想、不自量力。但是有些话正着说费劲而反着说就不太费劲，所以我想换个角度，通过两段小经历来告诉大家（主要是那些至今尚未游览过黄山的朋友）黄山到底有多美。

（一）美得令人难以置信

我是在一个大雾天上的山，七八米以外就什么也看不见，在光明顶上住了一天后还

▲ 雨后黄山

是这样，真是气死活人，只是第二天的晚上，云雾往下沉了沉（不是散开而只是沉下去一点），于是就露出了几座最高峰的上半部分。这几座山头浮在云海上面，形状极佳，特像传说中的海上仙山。就因为它们的形状太美（简直妙不可言）、太像海上仙山了，所以大家都唯恐这是“海市蜃楼”一类的幻觉，于是就去请教当地人，答曰：这完全是真的，这座是XX峰，那座是XX峰。当地人说了好几遍，大家就是不信，因为心中的疑虑是一样的：真的山怎么可能有这么美呢?

（二）美得让人“擢蹦”

第三天上午，弥漫多日的云雾终于散开了，它不是慢慢散开的，而是被一股突如其来的大风骤然间吹散的，于是在山上恭候多日、焦渴万分的游人就在一瞬间看见了盼望已久、神秘万分的黄山真面目。这时候，我身边从男到女、从老到幼的诸多游人全都被眼前出现的美景惊呆了，他们欣喜若狂地欢呼、“擢蹦”（即雀跃），用各种声音和姿态来表达抒发自己的惊喜和兴奋。在这欢呼和“擢蹦”的人群中，我看见了多位白发苍苍的老者，他们高兴得什么都忘了。一座山，当它显露展示出自己的身姿和容颜后，能让六七十岁的老人都欢呼雀跃，你想想这山该美丽神奇到什么样的程度呢?

亲身游历：在黄山光明顶观云开壮景

一场雨水过后，黄山终日锁在浓云密雾中。在光明顶上住了三天，就是看不清黄山的真面目。远道而来的游客们无不感到惋惜焦急，因不知道天何时才能放晴，一些有要事缠身的人无法久留，只好带着无尽的遗憾走下山去。一对东北来的新婚夫妇下山时不无羡慕地对我说：“你多幸福呀！有时间一直等到天晴。”还是新娘子心细，她给我留下了地址和胶片，要我把黄山云开后的美景拍下来寄给他们。

第四天上午，山上仍然是大雾弥漫，我只好回到房间里休息。大概 9 点多钟，忽然从附近的山坡上传来了阵阵惊奇的呐喊，一时间群山回荡、峰鸣谷应，接着楼里就有不少人夺门而出，向着楼下飞跑，像是在逃避一场突如其来的大地震。我不知发生了什么事情，赶忙拉开窗帘一看，不由得喜出望外，原来是天晴、云开了。

疾步走出楼门爬上附近的高坡，只见阵阵强劲的西北风无情地撩开了厚厚的云层，梦幻般神秘的黄山终于露出了它的真面目。这时候，展现在游人面前的是一幅何等壮观的图景啊！百里景区到处是奇峰高耸、怪石横空、苍松卓立、乱云飞腾，整座黄山就像是一座顶天立地的巨大山水盆景，叫人新奇振奋，惊叹万分！

在光明顶上放眼四望，只见东南方有两座陡峭的大山巍然挺立，左边的天都峰犹如一柄锋利的宝剑，突兀而立、直刺苍穹；右边的莲花峰则恰似一朵硕大的莲蓬，绽开花蕊、朝天怒放。西边的群山虽不甚高，但层峦叠嶂、千峰竞秀，尤其是那山巅上的岩石形状各异、千姿百态，远远望去，有的像武松打虎，有的如仙人晒靴，有的好比仙女绣花，有的酷似艺人踩高跷，游人仔细观看，越来越觉得生灵活现、惟妙惟肖。忽然，西北方的地平线上现出了一道耀眼的亮光，那就是有“皖南名珠”之称的太平湖，此刻，她就像一位侧卧在天边的浣纱少女，倚起腰身朝这里深情地遥望。再看东北方的始信峰、白鹅岭一带，那里的千峰万壑间云雾还未散尽，此刻正是烟雾缭绕、云蒸霞蔚，阳光射去，彩虹骤起，姹紫嫣红、分外妖娆。

这时候，整个黄山都乱了，到处都有人在新奇而惊喜地呐喊，每个地方都有无数的相机在“噼啪”作响，山路上挤满了欢乐的人群，因为路窄人多，人们难免要相撞。但是，听不见埋怨，也不用道歉，大家只是相对会心地一笑，就又奔向他们要去的、更美丽的地方。

然而，天晴的时间很短，20分钟后，一股更浓密的云雾重新笼罩了全山，但这次出现了与过去完全不同的结果：云层只严严实实地盖到了山腰，露出了众多山峰的上半部。这时候，展现在游人面前的，是一片白茫茫、无边无际的云海，云海上的座座山头恰似蓬岛仙山，山势峥嵘险峻，似乎有一座座琼楼玉宇隐约可见。那山上的一株株奇松怪柏，有的像雄鹰、凌空展翅，有的像仙女、亭亭玉立，其形状之美妙不可言。微风吹来，整座云海波澜起伏、一座座山峰时隐时现，变化莫测，奇诡迷人。忽然，一股强大的气流从山北袭来，云层在气流推动下，像一条白色巨龙，凶猛地向天都峰扑去，在天都峰巍峨的身躯迎击下，巨龙一分为二，一股沿陡峭的山崖直上，恰似惊涛拍岸、激起千堆雪浪；一股顺深深的山谷而下，一泻千丈。霎时间，山谷里形成了一个巨大无比的云瀑布，那前扑后涌的云堆，犹如滚滚而来的天河之水，无声无息，然而却是汹涌澎湃地向下飞淌。

这时候，山上的游人也都换了一副模样，没有人再忘情地欢呼雀跃，也不见有人在山路上匆匆奔走，大家都像木人一般呆呆地伫立在那，望着面前的景色出神，大概人们分不清眼前出现的是真景还是幻境，不知道自己是在人间还是在天上……回到北京的当天，我就发了一个邮件，把黄山云开后的美丽景色详细地描述给了那对东北新婚夫妇，并传去了许多精美的照片。也许此时此刻，他们正和我一样，沉浸在对伟大祖国名山奇景的美妙遐想中。

▲ 黄山风光

旅途中

旅游锦囊——为您介绍自助游览黄山的最新攻略

不久前，笔者又一次畅游了黄山，不仅饱览了神奇瑰丽的山间美景，也详细地考察了当地交通、食宿、通信、游览等各方面的综合情况，下面就把其中的要点介绍给各位游客。

①欲想登山方便，前一天一定要住汤口镇（云海楼可做首选），别住黄山市，那里离山有点远。

②只有景区统一运营的新国线大巴可以进入山门到达前后山的索道站，汤口镇上有东岭、寨西、山门三个购票登车点，此外在汤口镇中心的公路大桥桥头也可上车。到前山和后山的索道站有不同的车，一定别上错，车费13元。

③从观光顺畅和省劲的角度看，还是从云谷寺乘缆车上山好，因为抵达山上后到的是一个相对的高点，之后游览附近各景点基本上都是平路或下坡，步行很省力。而从慈光阁索道上山后到达的是一个相对的低点，马上要走许多上坡路，先要消耗一些体力，不太“给劲”。

④观光顺序及观光线路按本文前边“推荐游程”一栏中介绍的行事即可，笔者认为那个观光线路的设计基本合理。

⑤笔者认为对于一般游客来说在山上最适宜的住宿方式就是住在各宾馆中有卫生间的多人间了，既能保证洗热水澡、看电视这样的基本需要，又不必花太多房费（一般季节中有独卫的多人间一个床位120元左右）。如果天气不冷不热而次日还想起早上山看日出，那住没有独立卫生间的多人间也成，一是可以少交近一半的房费，二是早上4：00过后就要起床，在房间睡不了多少时间，条件差一些无所谓。

⑥最实惠的用餐方式就是上边提过的在排云楼或是天海的餐厅中吃55元/份的快餐份饭了。但是山上的宾馆也好、餐厅也好对于这种快餐份饭是既不宣传也不隐瞒（光宣传这种份饭那价格贵的饭菜卖给谁呢），所以用餐的时候游客要主动地去打听快餐的销售点，只要你问，那人家还是会告诉你的。

⑦有几个观光要点要提示：一是从云谷新索道下车后向右前方走，有一段峡谷沟壑风光不错（被称为小梦幻景区），可适当关注；二是从曙光亭看到的北海风光比从北海宾馆前看到的要好，一定要上去；三是猴子观海岩石美，脚下的千峰万壑也壮观，一定要走到有铁护栏的观景台尽头去看这一切（观景台脚下是乱石堆，不好走），这样效果才完美；四是西海比北海的山更高、谷更深，看起来更震撼人心，但是在排云亭那里所有的团队导游都在引导游客去注意看几个具体的山景石景——什么唐僧、猪八戒之类的——别理睬他们的喧哗，你要站在排云亭前好好感受黄山西海总体上的雄浑壮丽；五是西海大峡谷梦幻景区风光好、很有立体感，但是全程走完太费劲，一般体力的游客走完第一个循环或第二个循环效果就挺好了（从排云楼出发算起往返要2个小时左右）；六是飞来石位置绝佳，在石下观高山深谷令人惊心动魄，一定要到此一游；七是光明顶可览四周美景而在莲花峰巅观光更令人流连忘返，两处山顶至少应分别停留20~30分钟；最后要提一提天都峰，峰顶的鲫鱼背是黄山第一险峰，登上去很感新鲜刺激，建议您鼓起勇气爬一回，但如果遭风雨天气或是您那天的体力欠佳或是精神面貌不太好，那还是应该慎去。

▲ 黄山飞来石

安徽省

旅途中

旅游锦囊（笔者“独家绝活”）——告诉您如何在1天内游遍黄山上的主要景点

看到这样的题目，您可能要问：为何要在1天内游遍黄山上的主要景点呢?

笔者的答复是：第一新鲜刺激，一天内见到的美景无数，让你永生难忘；第二可以省钱，旅游旺季在山上宾馆的标间中住一晚要开销2000元以上呢！第三条是因为天气原因，假若天气预报今日是晴天而明天有中到大雨，那只有今天好好观光而明天一下雨山上有可能什么也看不见了；第四可以节约时间，节省1天时间可以多看周边的重要景点（尤其是黟县美景多甚具观光价值）。有这么多原因集于一身，1天之内游遍黄山上的主要景点是不是太有必要太应该了呢?不过您不用担心，照笔者推荐的游程安排去做，你的观光游览会非常开心也不会太劳累。

具体游程安排如下：

①抵达后一定要住到山脚下的汤口镇上去，别住黄山市区，那里离山远，上山不方便。晚上吃一顿高热量晚餐，21:00上床睡觉养精蓄锐。

②6:15起床，早餐后乘新国线去云谷寺，计划7:00到，为你留出1个小时的等候缆车的时间。消磨时间的手段有听收音机、侃大山、进餐美食积蓄登山热量、商量推敲订好的游山方案等。

③8:00上缆车，8:10抵索道上站，出站后立即去始信峰及小梦幻景区。乘云谷新索道，出站后去始信峰基本是平路、上坡很少，一路小跑25分钟可到。8:35~8:50在始信峰、石笋峰观光拍照（时间不紧张），然后去北海。

④从始信峰到北海全是下坡路，连跑带颠20分钟就到。9:10~9:20在北海宾馆前的平台上观景，之后上行10分钟到曙光亭。9:30~9:45在曙光亭看北海风光。之后步行去石猴观海，步行15~20分钟可到。10:00~10:20在那里观景，然后用25分钟下到北海宾馆前的平台广场。10:45~11:00在此作小小休整。

⑤11:00出发去西海排云楼，这段路98%是下坡且坡度不小，抓紧时间30分钟到了。11:30~11:50在排云亭看西海壮景。之后向西走到梦幻景区入口，这段路有起伏但坡度不大，30分钟左右可到。12:20走下梦幻景区，游毕第1个循环回来，用时约50分钟，13:10开始返回，13:40到排云楼餐厅吃快餐份饭并作小休整。14:00出发去飞来石，这段路基本上是上坡但坡度不大，走30分钟可到，14:30~14:45在飞来石观光。14:45从飞来石去光明顶，全是上坡路但坡度不太大，15:15可到。在光明顶观光15分钟后下山经天海到鳌鱼峰，此段路80%是下坡，用时40分钟，16:10到鳌鱼峰。

▲ 黄山清凉台

⑥在鳌鱼峰观景10分钟，16:20下行经鳌鱼洞、莲花亭去莲花峰。从鳌鱼峰到莲花亭需40分钟（先下行再上行），从莲花亭再上至莲花峰要45分钟（全是上坡但一点都不累），17:45便可站在莲花峰巅环视黄山壮丽全景了。在莲花峰上停留15~20分钟，18:00左右下山，原路返回莲花亭（因是下山仅用时30分钟）再从莲花亭去玉屏楼，由

安徽省

于莲花亭至玉屏楼几乎全是平路，30 分钟可到，所以 19:00 前后就可站在玉屏楼前看天都峰、迎客松和前海壮景了。19:20 开始下山，若是旺季，此时缆车可能还在运行，乘缆车下行即可。如果缆车已停运，那就从玉屏楼步行下山，时间要 2~2.5 小时 (走到慈光阁)，抵慈光阁前坐新国线大巴，从慈光阁开行 15 分钟就回到汤口镇了。

本游程可在 1 天间畅游黄山上的几乎所有主要景点，极为新鲜刺激，但依此方式观光必须注意以下问题：

①虽然按本线路行走的都是正式的石板登山路，无危险可言，但本方式只适合于身体条件尚好的青年或中年人 (男女都行)，不适合老年人和儿童。

②本方式只适合于 5 月中旬至 10 月初的这个时间段，不适合 10 月中旬至来年 5 月初的时间段，因为这段时间天黑得早，影响后半段观光效果，且天黑后下山还不太安全。

③即使是夏季，19:00 之后天色也会渐暗了，而按上述计划行进，19:00 之后游客可能还需要步行下山 (从玉屏楼至慈光阁)，这段路全是石板路且路况尚好，但游客也要注意上山时一定要携带手电，以便在行走此路段时照明以保证安全 (如缆车还在运营坚决坐缆车下山)。

④从慈光阁到汤口镇 18:00 过后就没有新国线大巴了，所以上山前可在汤口镇上预定好出租车叫他们晚上上来接人 (并要司机的名片以便联系)，如住在云海楼，那总台会把这一切给你安排妥当，你就开心玩吧，不会有任何后顾之忧。

⑤上述游览方式的前提条件是 8:00 能够在云谷寺上缆车 (这样后边的计划才能按时完成)，如果是 9:00 之后才能上缆车，那趁早放弃这个计划而在黄山上住上一晚作 2 日游。

⑥上山时务必穿登山鞋或球鞋，女士的高跟鞋绝对不能穿，一定要带上手机以便对外联系还有适量食品饮料，最后再强调一下，要带上手电并且不能是个头太小的手电，你的明白?

发烧友特别关照

推荐黄山周边游的好线路、好方式

游客去皖南一次，光游黄山得到的观感已经很美好，但是如果能把黄山和周边的一些名胜佳景放在一起玩，其结果必然是锦上添花，精彩更上一层楼。笔者下面为您介绍几种黄山周边游览的好方式。

①黟县观光效果精彩绝伦

黟县风光秀美而又古迹众多，甚具观光价值。其中宏村、西递、南屏、关麓和塔川无一不是当地个性鲜明而又锋芒毕露的观光亮点，黟县的总体自然风光也很好，到处是碧水青山，独具皖南田园美景之迷人韵味。如果你去了黄山而未能去黟县，那这样的观光真的有些不圆满，所以黟县不能不游 (笔者认为黟县的风光和名胜古迹比歙县要好得多)。

游客去黟县很方便，黄山市区开往黟县的客车很多，车票 9~10 元，行车 1.5 小时就到了。也可从黄山脚下的汤口镇乘客车去黟县 (不经过黄山市但中途经过西递)，每日有客车 2~4 班。另外在距黄山汤口不远的儒村新修了一条观光公路，一直通往黟县的宏村 (中途经过塔川)，自驾游的朋友游毕黄山后可从这条路去宏村和黟县。

安徽省

②千岛湖水色山光美丽诱人

这个湖同国内其他大型湖泊有所不同，它水面辽阔且湖水很深，绝不是国内同类景区中的平庸之辈，笔者给它的命名定位是“巨型深湖”。千岛湖的美景多了去了，目前一般游客游览的只是它的中心湖区，如果能包租一条小船到其他的四大湖区都去转一转，那更能饱览千岛湖鲜为人知的迷人风姿。笔者为大家设计的游览方案是游毕黄山后经歙县到深渡港，乘船去湖区中心的千岛湖镇，在那里逗留 1~2 天游览中心湖区，然后从千岛湖镇乘客船去毛竹源，途中观览东南湖区的壮丽风光（这是一般游客尤其是团队游客所不能看到的），然后从毛竹源乘车经新安江至杭州继续游览后返回（此线也可反向游览）。

黄山市区有去深渡的客车但车次少，钟点也不合适，所以还是先从黄山乘车到歙县(车程半小时)，歙县到深渡的客车人满即开，45 分钟可到。另外汤口镇上云海栈酒店门口每天 6：30 有新国线大巴直达千岛湖，车程 3.5 小时，车费 80 元。

③推荐山村美景富溪

这是黄山周边鲜为人知的田园旅游佳境。富溪是一个依山傍水的小村庄，隶属黄山徽州区管辖，它距黄山 20 余公里，从汤口镇乘车 1 小时就到了。

这个小村最大的特色是风光古朴原始而旖旎秀美，周边是形态、轮廓柔和美丽的小山，山下有清澈见底的河流，中间就是遍布古老民宅农舍的小乡村了。小村中的乡民保留着原始自然的生活状态，他们日出而作，日落而息，主要种植茶叶和稻米（这里可是正宗的黄山毛峰茶的产地呢）。到富溪观光，可以看到典型的皖南田园美景和当地农家原始自然的生活场景，吃到新鲜美味的自制腊肉和野鸭、土鸡、竹笋等农家特色风味菜（没有施过化肥的蔬菜和没有喂过含有人工添加剂的饲料而自然长成的猪肉味道真美），得到的感觉非常新鲜迷人。看过了黄山之巅的神奇壮丽后再来到富溪这个山坳中的小村领略返璞归真的纯洁和自在，感觉真的挺开心。

去富溪观光可与汤口镇的云海楼自助游酒店总台联系，他们可以提供交通和当地食宿方面的综合服务，电话：0559-5561109。

建议您在游毕黄山下来的时候（一般是黄昏时分），找云海楼酒店总台让他们提供车辆去富溪（车费不贵），并通过电话联系好当地的食宿，这样您一到富溪，就可以入住农家、吃上香喷喷的特色美味，饭后沐浴着清爽的晚风，看乡村夜景或是打着手电筒到村边小溪中去捉鱼，感受真的挺美。次日清晨登上村边小山，看晨雾中的乡村晨景，上午去溪水中游泳嬉戏（此时登攀黄山时产生的辛苦疲乏肯定已经一扫而光），午后就可以踏上返程了。

④去道教名山齐云山观光游乐

齐云山是我国四大道教名山之一，亦是著名的"皖南三山"之一，它在安徽省休宁县境内，与黄山相距甚近（从黄山市区坐客车 50 分钟即可到达），游毕黄山再去齐云山一游，大半天时间即可打个来回。

▲ 富溪风光

齐云山山姿优美，山下的横江线条婉转，景色也很动人；山间有古刹，还有不少摩崖石刻，具有一定的观光价值。只不过这座山距黄山太近了，它本身的魅力被黄山的光芒给掩盖了，所以去齐云山观光者较少。不过正因为这样，齐云山景区内很显幽雅宁静，食宿也很便利，所以值得一去。

从黄山乘去黟县的客车，在齐云山道口下，步行片刻即到景区售票处，之后可乘缆车上行，登山不费吹灰之力。

牯牛降

电话区号 0566
旅游热线 2320641

牯牛降景区位于安徽省祁门、石台两县交界处，是国家级自然保护区，景区内有数十近百座山峰和稠密茂盛的森林。牯牛降主峰海拔 1727.6 米，是安徽省内著名高峰之一。由于牯牛降范围很大，所以目前有两处区域被开发开放，它们是牯牛降观音堂景区和牯牛降石台景区。由于两个景区风光都很美而前者旅游设施更完善，因此笔者个人认为观音堂景区可作为各方游客关注的焦点。

▲ 牯牛降景区内的青山碧湖和水上舞台

气候与旅游季节

牯牛降景区以春、夏、秋三季观光效果最佳，严冬时节不宜前去。

交通

去牯牛降观音堂景区最好先到安徽省祁门。从黄山到祁门汽车行程只需 1.5 小时，皖赣铁路在祁门也有站。从祁门换乘去石台或南凌的客车，车程 70~90 分钟，车费 13 元即到牯牛降景区道口，之后步行 20 分钟可到景区售票处，再步行 20 分钟即到景区中心（都是下坡路）。另外也可从安庆方向去，安庆到祁门的客车经过牯牛降道口，但每天车次不多。

食宿

牯牛降（观音堂）景区内有一家大型宾馆（附设餐厅），宾馆内有不同档次的客房和木屋别墅，淡季标间 80~100 元/间，旺季肯定上浮（景区内设有小型或个体旅馆）。宾馆餐厅就餐环境很好而价格适中，普通菜肴 30~50 元/份。

- 开心窍门·观光指导

①在牯牛降观音堂景区观光行程很好把握。从景区中心的牯牛山庄向上向下各有一段观光区域——向上经过黄龙潭、潜龙谷，到达服务站后即可（一般游人大多到此为止），之后可翻越一个小山梁，到另一段峡谷中看迎客松、鲤鱼跳龙门、姐妹松、寿星椅、好汉坡等景点后即可回到牯牛山庄，走完这一个环型游览线有 90 分钟完全可以——沿途所见主要是山间峡谷和溪泉及密林，雨季风光尚可。

②从牯牛山庄向下走可到黑龙潭、蝙蝠洞、仙女潭、天然浴场等景点，其中仙女潭风光不错，是牯牛降景区的招牌和名片，在这一段观光游乐有 90 分钟也行了。

③其实最美的地方之一还是景区的中心牯牛山庄，这里后依青山，前临碧湖，风光很美，空气绝佳，是休闲观光胜境，因此建议游客在牯牛山庄住一晚，感觉一定非常舒适宜人。

歙 县

电话区号	0559
歙县旅游局	6512663
旅行社	6513949

歙县古称徽州，是一座历史文化名城。它位于杭州、千岛湖、黄山、九华山旅游线的中心点，徽杭、屯芜公路在此交会，皖赣铁路穿越而过。境内古民居群布局典雅，园林、长亭、古桥、石坊、古塔到处可见，犹如一座气势恢弘的历史博物馆。歙县文物古迹十分丰富，现存古遗址 19 处，古墓葬 13 处，古建筑 385 处。稀世罕见的许国石坊和棠樾牌坊群，气势恢弘，古雅壮观；明代三桥，宋代两塔，文房四宝，名特土产，徽州名菜，令人流连忘返。主要景点有棠樾牌坊群，许国石坊、斗山街、潜口古民居及呈坎、唐模古村寨等。

交通

▲ 棠樾牌坊群

航班

黄山的飞机场位于黄山市屯溪，从此下机后到歙县需要 40 分钟的路程。现有北京、上海、广州的航班。

火车

南京、南昌、厦门、鹰潭、上海均有列车到歙县，游客也可以乘上述城市始发和北京至福州的列车在黄山站（屯溪）下，然后换汽车去歙县。

汽车

歙县距黄山市（屯溪）27 公里，两地客运车站间每天流水发车，40 分钟可到，票价 5~6 元。

歙县到黄山风景区（汤口）75 公里，每天亦有多班客车往返。3 个小时车程，如错过这些班次可到黄山市中转。

歙县到杭州每天 6:30~16:30 有十多班客车往返，5 小时车程，票价 60 元。

此外，歙县还有客车直达南京、上海、合肥、九江等周边大中城市。

轮船

可以从杭州方向先到千岛湖景区的中心千岛湖镇，然后换乘客船到深渡（每天 2 班船），上岸后换汽车 45 分钟（票价 8~10 元）即到歙县。

• 便宜的家庭旅店

在歙县客运中心下车后，北面是大桥，东边是河水，向南走再向西拐就是家庭宾馆、旅店建筑群，这里住宿便宜，40~60 元/间有卫生间的住处随处可见。

饮食

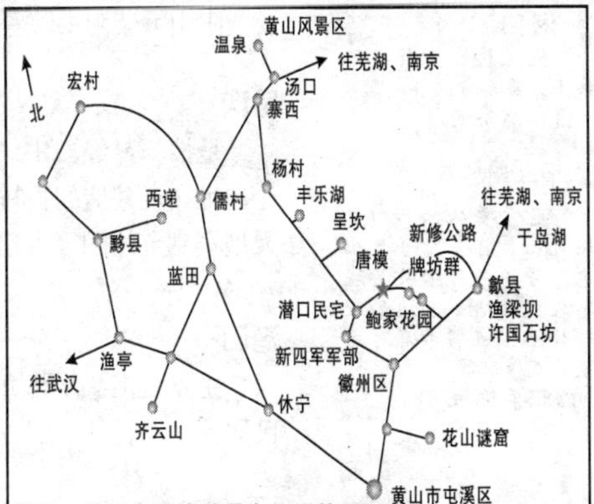

黄山—歙县主要旅游景点位置简图

歙县的饮食都属于徽州菜系。徽菜为全国八大菜系之一，发祥于南宋，起源于歙县，以烹制山珍野味而显其特色。到歙县，一定要尝尝当地的农家饭，如：石鸡、鳜鱼、毛豆腐、芙蓉糕等。其中，毛豆腐是歙县特有的风味小吃，它鲜而不腻，芳香爽口。

购物

歙县物产丰富，其中最有名的当属文房四宝中的歙砚和徽墨。此外，歙县民间艺术的瑰宝“砖”、“石”、“木”、“竹”四雕亦很有特色，还有徽派盆景、版画、漆刻，以及新兴的徽州竹编、玉竹家具等，也都独具特色。歙县的茶叶产量高居全国之首。“黄山毛峰”、“顶谷大方”等极品名茶列为国家珍贵礼品，还有三潭枇杷、三口蜜橘、金丝琥珀蜜枣、徽州雪梨、问政山笋、金竹贡菊、窨茶三花等，也在国内外久负盛名。

住宿

歙县县城里宾馆旅馆不少，各个档次的都有。笔者向您推荐的正式宾馆是位于县城主要桥梁之一太平桥头的歙县饭店，条件尚好的双标间一般季节70~100元/间，总台电话0559-6512459。欲住便宜的家庭旅馆，可在客运中心南侧找寻。

主要景点

棠樾牌坊群

在歙县西郊，由7座牌坊组成。古朴典雅、造型美观，周围有许多古祠堂、古民居，是多部影视剧拍摄的外景地和游客必观之景。

斗山街

位于县城中心，街上有许多古民居、古井、古雕、古牌坊，其中较有名气的有汪氏家宅、杨家大院、潘家大院等，街上地面由青石板铺成，古风古韵独特浓郁。

鱼梁坝

歙县旁新安江上古老的拦河水坝，长约百米，由花岗石砌成。丰水期坝旁波涛奔涌，风光动人。周边还有渔梁老街

- **棠樾牌坊群**

  县城内有专线中巴直达。

  ¥门票100元，含导游讲解和旁边的鲍家花园门票。

- **斗山街**

  在歙县老城区，与老街相邻，从县客运中心下车后乘中巴10分钟即到。

  ¥门票20元。

- **渔梁坝**

  从县城步行或乘1路车可到。

  ¥门票30元。

- **呈坎**

  可从歙县或黄山市先乘车到徽州（当地人叫岩坦），再从徽州客运北站乘中巴1小时可到。

  ¥门票80元。

• **潜口**

同呈坎在一条公路线上，乘车方式相同。

¥门票35元。

• **唐模**

也需要从徽州（岩坦）乘车前去，每天车次不多。另外歙县县城不久前开通了直达唐模的公路，自驾车者可从歙县直接前往。

¥门票55元。

▲ 唐模风光

及紫阳山、紫阳书院等观光点。

呈坎

是按《易经》中“阴阳二气统一，天人合一”的八卦理论选址布局建造的古村落，至今已有1700余年历史。村中有大型祠堂宝纶阁等古建筑，有“江南第一村”之称。

潜口

主景是汇集了徽州数十余处明代建筑依山而建成的明代民居博物馆，是了解古徽州建筑艺术特色的好地方。

唐模

秀丽的江南水乡村落，村中许多园林景色是仿杭州西湖景致建成，有八角石亭、同胞翰林坊、檀千园等园林景点。村中主要街道水街边有许多徽派古民居造型挺美。唐模享有“画中村”之美誉。

旅途中

旅游锦囊——为您介绍歙县旅游的最新攻略

①歙县的县城风光很美，有青山、有绿水（江水穿城而过），水上还有几座漂亮的桥梁（晚间桥上彩灯如链），所以游人一到歙县，首先应该关注县城的风光。

②歙县的老街明显没有黄山市区的老街红火，人气差了很多，所以简单看看即可，当然老街旁的斗山街有些古迹可以关注。

③从歙县县城乘专线车可直达棠樾牌坊群，但是唐模、潜口、呈坎几个景区都是要经徽州转车才能去的。徽州地处黄山至歙县的公路中间，距黄山和歙县几乎一样远，如果从黄山去歙县，先经过的是徽州（行车15分钟）。

④不久前从潜口、唐模新修了一条旅游公路直通县城，但是暂时没开通客车，日后如果通了客车，从潜口、唐模去歙县就不必绕道徽州了（请大家关注、询问此事）。

⑤唐模虽然建于唐朝的古村落，但是刚刚开发不久，观光效果远远逊色于黟县宏村和西递；潜口古民居群建在路边一座树木葱郁的小山上，风景不错但是景区范围不太大，有90分钟就可通览一遍了；呈坎有宝纶阁等古迹，但这个村子开发管理得还不是太有条理，环境卫生有待于加强。综上所述，笔者认为歙县大部分景区的开发和管理还需更上一层楼。

⑥关于游程安排，笔者觉得1日逗留可以，2日游宽松。1日游可先去塘樾牌坊群，从这里包租机动车走新公路30分钟到唐模，逗留90分钟，之后乘客车30分钟到潜口古民居，参观之后乘客车30分钟可到呈坎，观光后返回。若是2日游，第1日可按上述日程安排，晚上从呈坎经徽州去歙县县城住宿并观夜景，次日游老街、斗山街、渔梁坝等景点。

▲ 潜口古民居

安徽省

黟县

电话区号	0559
黟县旅游局	5522297

黟县位于黄山主峰西南部，北邻九华山，南靠齐云山。是黄山市下属的一个县。县人民政府驻地碧阳镇，距离黄山市区（屯溪）53 公里，距黄山区（太平）76 公里。黟县已有 2000 多年历史。全县完整地保存有一大批明清建筑群，建筑风格上徽派特色浓郁，砖、木、石三雕艺术精湛，宅院布局小巧雅致，文化内涵十分深厚。黟县目前有宏村、西递、南屏、关麓、塔川等诸多观光热点，深受海内外游客喜爱关注。

▲ 黟县宏村月沼风光

交通

黟县西距黄山市约 50 公里，从黄山市汽车总站或火车站前乘客车（车很多）票价 12~15 元可到，车程近 2 小时。如果包租小面的前往，一般 1.8 元/公里。黟县县城不大，也没什么可玩的，重点的景区都在县城周边。从县城西南缘的客运中心站可以乘客车轻松地抵达宏村、西递、南屏、关麓、塔川等主要风景名胜。另外从黄山景区附近的儒村道口最近新修了一条旅游公路至宏村，从宏村至黄山已经不需要绕道黟县县城了。

住宿

黟县私人旅馆很多，可以到县城自己找，客运中心（旧址）对面的中心商城后边就有多家。另外，在县城通往南屏方向有个中城山庄条件不错，同等条件的宾馆在县城中还有近十家。在淡季，住宿的价格都比较便宜，私人旅馆的双人房都在 50 元之内，好一些的宾馆标准间每天至多不会超过 150 元。宏村、西递和南屏也有很多旅馆可以住宿，但关麓和塔川的旅店要少得多。

• **黄山景区到宏村**

黄山山门（南门）每天7:20、9:50、13:20、15:40有客车去宏村，车费13~15元，此车不用绕道市区。

• **宏村**

可从黟县坐中巴车或小货车前往，车票2~3元/人，行程约半小时。

¥门票104元。学生有优惠。

• **西递**

可从黟县汽车站搭乘中巴前往，票价2元。车程15分钟。

¥门票104元。学生有优惠。

• **南屏**

从黟县汽车站有直接到南屏的中巴，票价2元，车程20余分钟。

¥门票50元（含导游）学生半价。

▲古村中的古巷道

安徽省

• **关麓**

位于南屏以西2公里处，乘车线路、方式与南屏相同。

¥门票40元。

• **塔川**

从宏村乘摩的10分钟就可抵达。

¥门票30元。

此地风光原始古朴，秋景尤为出色，是众多画家、摄影家必游之地。

主要景区

宏村

位于黟县西北11公里处。在皖南众多风格独特的徽派民居村落中，宏村是最具代表性的，是罕见的具有独特造型的“牛形村落”，由村中民居前的溪流、跨越吉阳河的小桥、村前的南湖和村头的两株古树分别组成“牛肠、牛腿、牛肚和牛角”，建筑风格布局奇异迷人。素有“中国画里的乡村”之美誉。村中各户皆有水道相连，数百幢古民居鳞次栉比，其间的“承志堂”是黟县保护最完美的古民居。宏村周围胜景有以文家塾、南湖春晓、月沼风荷、雷岗夕照、雉山木雕楼、塔川秋色、木坑竹海等。

西递

距黟县县城8公里，是有近千年历史的江南古村寨。这里保留有数百幢明清古民居，建筑和路面都用大理石铺砌，两股清泉村中流过，99条高墙深巷矗立村中，游客穿行其间如入迷宫奇境。

南屏

位于黟县城西4公里处，有1100多年历史。村中有36眼井、72条巷和300多幢明清古民居，现存8个祠堂，且有族祠、家祠和支祠之分，被誉为“中国古祠堂建筑博物馆”。

村中主要景点有：叙秩堂（《菊豆》中的老杨家染坊）和占地2000余平方米的叶氏祠堂等。已有《菊豆》、《徽商》及《风月》等多部影视片在此拍摄。南屏是一个非常宁静、悠闲的小村，古风古韵浓郁而较少商业气息。

关麓

在南屏以西约2公里处，关麓村古时有关麓八大家，实际上是同姓的八兄弟，是大户人家，村里大部分房子都是这八兄弟的家宅。土改后，被分给普通农家居住。这八间大宅连为一体而又互相独立，既布局紧凑又显高大冷峻。如今房宅虽已衰旧，但仍看出建造时的精美与匠心。

塔川

塔川村距离宏村仅2公里。该村依山而建，飞檐翘角的古民居，层层叠叠，错落有致，远远望去，就好像一座宝塔矗立在山谷之中。此为“塔”之来历。一条清澈的小溪穿村潺潺流过，给小村带来生机灵气，此为“川”之来历。塔川村因此而得名。

村口及周围地带森林茂密、古树参天，每到金秋时节，满山树叶色彩斑斓，粉墙黛瓦掩映其中，景色分外迷人。

▲ 西递古建筑群

- **卢村木雕楼**

  黟县县城有客车前往。该楼与宏村相距不远，可在游宏村时顺路观览。

  ¥门票 30 元。

- **木坑竹海**

  可以从县城或宏村包车去。

  ¥门票 30 元。

- 赛金花故居

  县城到宏村的客车路过此地。

  ¥门票 50 元。

卢村木雕楼

是建于清道光年间的由七家民居组成的木雕楼群，木楼雕刻手段多样、技艺高超，显示出古代艺人的超凡智慧，令人观后赞叹不已。

其他景点

木坑竹海位于宏村以东约 14 公里处，竹林密布，风光美而宁静。赛金花故居在县城与宏村之间，里边的老屋及文图古物记录了赛金花扑朔迷离、众说纷纭的一生。以上两景游人可适当关注。

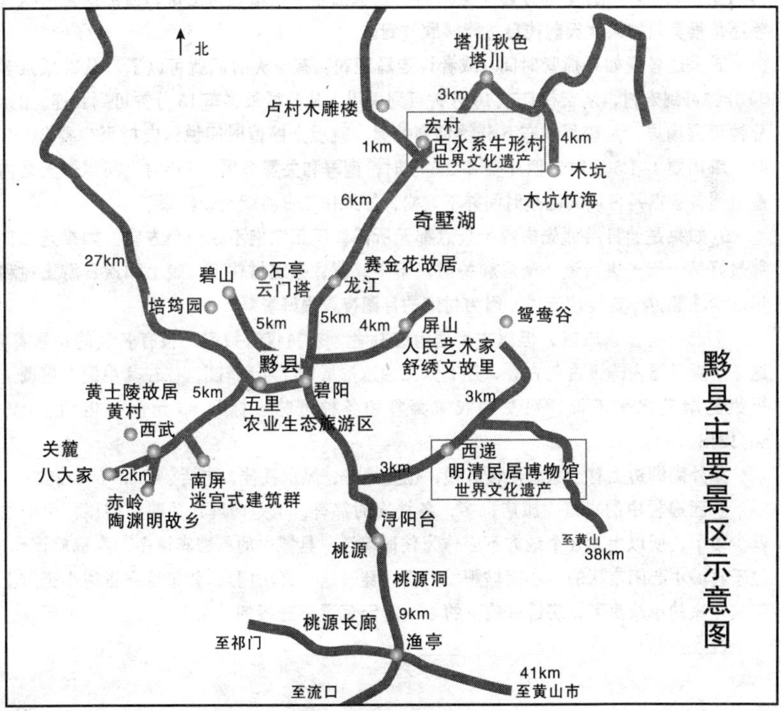

黟县主要景区示意图

旅途中

旅游锦囊——为您介绍自助游览黟县的最新攻略

①黟县风光美而名胜古迹众多，非常值得一去（笔者认为就黄山周边的县级风景区而言，黟县的观光价值要远远大于歙县）。

②宏村、西递、南屏、关麓、塔川，以上各景都是当地光芒四射的观光大亮点，游客哪一点都不应漏掉。

③以上各景位置各不相同，宏村、塔川在县城以北，西递在县城东南，南屏、关麓在县城正西，可以黟县县城为中心游览上述各景，县客运中心有客车直达上述各景且车次不算太少，包租车游览当然更方便。

④宏村的风光最美、古老民居最耐心寻味，应该是黟县观光中当之无愧的焦点、要点，必须重点游览。西递的风水也很好，村中的老房子不比宏村少多少、差多少，但是西递的“水”明显地不如宏村——宏村的满村碧溪都在欢快流淌，而西递村中的几条溪流都水量枯竭、“半死不活”的，观光效果打了些折扣。南屏和关麓的风景也行，这两个村子中已经开发开放的景点不如宏村、西递多，但是去一次还是应该。塔川古村内已建起了不少新房，原始自然生活状态已有部分改变，但村中的部分区域还保持着古老乡村的原始风貌——有些地方还能见到白鸭在水上漂、松鼠在树上窜，当然这里的秋天景色还是很美，如果秋天前往自然能够欣赏到。

⑤上述各景如果抓紧时间（或者说走马观花）有一天时间就可以了。从县城乘客车30分钟可到宏村，从宏村打车10分钟可到塔川。从县城乘客车15分钟可到西递，25~30分钟可到南屏，从南屏乘车5分钟可到关麓。就观光停留时间说：宏村至少要2.5~3小时，塔川要1~1.5小时，西递要2~2.5小时，南屏和关麓各需1.5小时，所以一天之内游遍上述各景点是可以的但是时间并不宽松，如果作二日游就比较舒服了。

⑥如果是一日游那先去哪个景点都无所谓，反正它们不在一个方向。如果是二日游那最好第一天先去西递、南屏和关麓，下午或黄昏去宏村住下，晚上和次日游宏村和塔川。请注意，一定要住宏村，因为村南的月湖夜景很好看啊！

⑦宏村有多家旅馆，但以古民居为旅社者，宏村仅有数家。很有名气的是居善堂。这里店堂及屋内陈设古色古香，还有人工抽水形成的“听雨轩”，住在其中挺有情调。老板娘的厨艺水平不低，可烹制农家菜肴和各种野味。标间80元/间，电话：0559-5541218。

此外南湖边上有一家湖沁楼客栈，位置绝好、风水甚佳，电话：0559-5541287。

⑧西递村中的宾馆、旅店也多，各档次的都有，但是南屏、关麓、塔川村中的住处就少多了，所以上述3个地方不应作为住宿首选。县城中的高档宾馆多，家庭旅馆也多，位于县城中心闹市区的中心商城牌坊西面（穿过这个牌坊门），就可见到里边小街道上一家挨一家的小旅馆了，房价有独卫的40~60元/间是不难找的。

九华山 (5A 级景区)

电话区号	0566
景区管委会	5011071
旅游投诉	5011288
旅行社	4296684

九华山位于安徽省青阳县境内，它北瞰长江、南望黄山，景区总面积达 120 平方公里。作为我国四大佛教名山之一，九华山不光有星罗棋布的百八十处经堂庙宇，而且峰峦叠嶂、山姿异常秀美。唐代大诗人李白曾经三上九华山，写下了“昔在九江上，遥望九华峰。天河挂绿水，绣出九芙蓉”的优美诗句。九华山自古一直享有“佛国仙城”和“东南第一山”的美誉。

气候与游季

属亚热带湿润季风气候，同时具有小高山气候特点。夏季稍短、冬季显长，春季迟来而秋季早至。山上多阴雨和云雾，全年有雾日达 160 天，空气潮湿但易见云海美景。春、夏、秋三季游览效果更佳。

▲ 九华山天台峰仙姿

交通

公路

南宁、苏州、上海、杭州、合肥、黄山每日都有客车直达九华山；长江边的铜陵、贵池等地去九华山的车几乎每小时就有一班，交通极方便。

铁路

离九华山较近的车站是铜陵，游客可以从上海、南京、杭州、景德镇各个方向乘火车到铜陵，然后再换汽车去九华山，2 小时可到。

水路

乘船在长江航线上的池州和铜陵港（从上海、南京方向来可在铜陵上岸，从武汉、九江方向来可在池州上岸）上岸

- **九华山换乘中心**

在九华山下，有客车发往周边各市县，也包括黄山和太平湖。上山的观光车也在这发，凭进山票免费乘坐。

- **公路里程**

①至合肥 238 公里。
②至南京 270 公里。
③至上海 461 公里。
④至杭州 390 公里。
⑤至铜陵 92 公里。
⑥至池州 53 公里。
⑦至黄山 156 公里。

- **景区门票**

旺季 190 元/人，淡季 140 元/人，3 天内有效。含景区内上山车费。化城寺门票 8 元。

- **餐饮**

山上有大型餐厅和个体餐馆近百家，当地名菜有红烧石鸡、清蒸山凤凰、红烧四鲜、纯鲜山菇等，其他各类素菜更是种类繁多，如竹笋、石耳、木耳、黄花、地心、豆腐、面筋等。都可加工成美味佳肴。但要切记个体餐馆菜价水分较多，就餐前应尽力议价。

- **购物**

九华山毛峰茶、石耳、竹笋、黄精等都是首选土特产，另外可买些精美的竹雕、木雕工艺品。

- **笔者关照**

直到20世纪80年代末期，九华山还是以当地民风淳厚、百姓淳朴而著称的。而近年来，山区内商业气息渐浓，当地个别山民在接待游客时怠慢、欺诈行为偶有发生，所以游客在景区内游览消费时，应注意自我保护，吃饭住宿及购物时应问清一切，以免发生纠纷。

后再换汽车，旺季可以轻松地直达九华山。淡季可从铜陵或池州乘车到青阳县或五溪，然后换车，票价4~6元，1小时即可到九华山山脚下的换乘中心，然后换景区专线车上山。

住宿

九华山景区的中心九华街遍布高、中、低各档宾馆、饭店。星级宾馆有佛谷园宾馆（0566-5011370）、东崖宾馆、聚龙大酒店（0566-5011368）、上客堂宾馆等；家庭个体旅社不计其数，最便宜的家庭旅馆双人房30~40元即可拿下；此外，山上的各大寺庙几乎都有接待游客的客房并提供素膳，食宿非常方便。

主要宾馆

东崖宾馆（四星级）	0566-5011370
九华山庄（三星级）	0566-5011036
金凤凰宾馆（三星级）	0566-5011828
聚龙大酒店（三星级）	0566-5011368
佛谷园宾馆（二星级）	0566-5011370
邮电宾馆	0566-5011262

主要景点

九华街

位于海拔700米的半山腰处，上山的客车即开至此地。

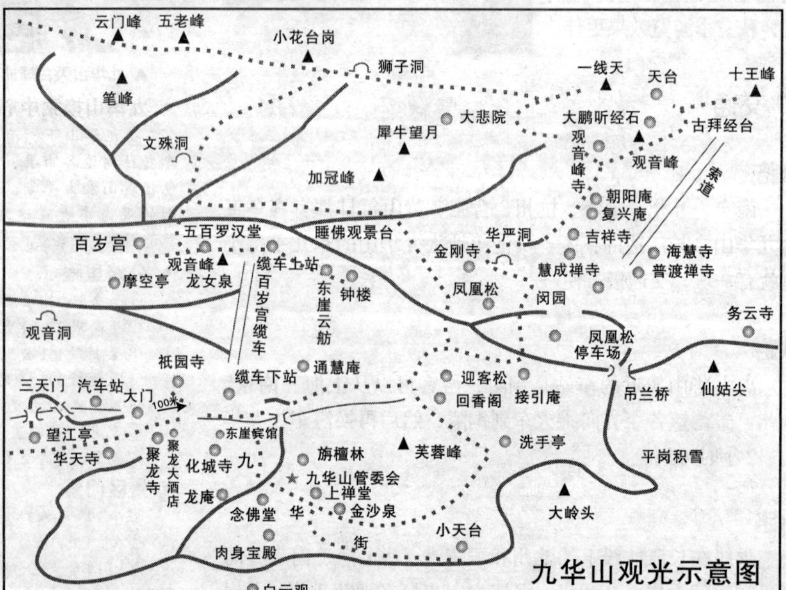

九华山观光示意图

街上遍布原始古朴的民居和古宅，四周溪泉欢流、庙宇林立，近年来街上新建了许多宾馆、饭店和旅游服务设施，是九华山风景区的中心和游客集散地。

▲ 登临九华，畅观山景

天台峰

又称天台正顶，海拔 1325 米，屹立于茫茫云海之上，是九华山主峰之一。山上的天台禅寺在景区寺庙中位置最高。游客登上峰顶，北可眺望长江远景，南可尽览黄山雄姿，备感辽阔壮美、秀丽神奇。

凤凰松

为九华山上最漂亮的巨型松树（据传已有 1400 年树龄），耸立在半山腰的溪水边，身腰粗壮，松枝高展，犹如凤凰展翅欲飞，身姿之秀美绝对超过黄山迎客松，因此被誉为“江南第一奇松”。

闵园

群峰环抱的一条山谷，到处是青翠竹林、郁郁葱葱。溪水边挺立着许多嫩绿和金黄色竹棚竹屋，风光特别优美和生动。这里是游客登天台山观景的必经之路，也是一处让人见过颇为流连忘返的观光和休闲胜境。

肉身宝殿

位于九华街西南神光岭的小山腰上，共有地藏塔、地藏塑像、十殿阎罗拱卫等庙中佛教佳品名胜，这里僧侣众多，香火旺盛，是九华山上最大的寺庙之一。

化城寺

位于九华街芙蓉山下，是九华山历史最悠久的开山主寺，亦称山上的“总丛林”。寺内有大雄宝殿、月牙池、藏经楼几大部分，内藏佛经、书画、石刻等珍品无数，佛学信徒们常在这里谈经布道，国内其他三座佛教名山的僧侣亦经常汇集于此召开地藏大会，其规模及影响闻名全国、波及海外。

- **笔者感受**

我第一次去九华山是在 20 世纪 80 年代末期，进山后风光之柔美、民风之淳厚让我目瞪口呆——真跟进了世外桃源似的，因此下山后我写了好几篇文章赞美这里的山、水、人。但近年来山上的商业气息确实日渐浓厚，引起一些游客非议，也让我有一点伤心。但细想起来这也没什么，十几年来山外边也是变化很大，所以我们为什么不能对这里的山民宽容一点呢？

- **索道价格**

¥天台索道：闵园—拜经台，上行 75 元、下行 75 元。单程运行 12 分钟。淡季有优惠

¥九华街—百岁宫索道，上行 55 元，淡季 40 元；下行旺季 55 元，淡季 40 元。

- **摄影佳景**

半山腰处的凤凰松，树干粗壮、松枝高展，比黄山迎客松还要壮观迷人，以它为背景拍照效果肯定不凡。

旅途中

旅游锦囊——为您介绍自助游览九华山的最新攻略

①目前乘客车只能到山脚下的换乘中心，在此购进山门票后有专线车免费送至山上的游客集散地九华街，在那里查验门票后进入主景区。

②九华山上共有各类宾馆旅店700家左右，85%集中在九华街，用三步一宾馆、五步一旅社来形容是丝毫也不过分的。三星级的聚龙大酒店等高档宾馆平日标间房价也在200元以上，而数百家家庭旅馆中有空调、电视、独卫的双人间旺季120元以上而淡季可降至60~80元，还有一些旅馆中有普通多人间，有公用卫浴，一般15~30元/床。总体上说，在同等的季节中，九华山的房价比黄山还要贵一些。

③九华山上的餐饮价格更贵，九华街上的许多餐厅都不敢让客人看菜单（怕把客人吓跑），或是拿出菜单时先向客人声明菜价可打折。以笔者的观察了解，在九华街上吃饭（除去最旺季），将菜价砍下30%没有问题（尤其是特色菜）。

④九华山上还有一点事情很不精彩，就是进一次洗手间每人收费1元，相比黄山上的所有卫生间都不收费，这点九华山真应该向黄山看齐。

⑤一般游客在九华山至少会看两大景区，离九华街近（就在街东侧，有缆车或步行道上去）的这个叫百岁宫景区，观光效果尚可。离九华街远的（需乘观光车去或步行翻山也可以）是天台峰或称十王峰或主峰景区，这地方风光极精彩。上述两个景区都去最好，但如果时间紧可舍掉百岁宫，天台峰可不能不去。

⑥现在九华街上有车况甚好的观光专线车将游客送至半山腰的凤凰松景区（凭进山票免费乘车，车行约需30分钟）。下车后可选择步行或乘缆车上行至天台峰——十王峰。从凤凰松下车后沿柏油路上行，10分钟后即到索道站。在柏油路左边有条步行道，首先有几十级下去的台阶，然后是平坦的石板路，沿此路走10分钟后即到九华山的重要景点凤凰松，这里是一个观光要点，之后可从此沿步行道上行至天台峰，时间约需2~2.5小时。

⑦凤凰松至天台峰间有不少庙宇，也有不少茂林修竹和山间溪泉，风光挺好，沿途还有一些小餐厅小饭馆和小旅舍，能找到10~30元的床位但住宿条件一般。

⑧不管谁去九华山游玩，山腰处的凤凰松和山巅处的天台峰——十王峰都必须要看。步行往返有点累，笔者认为步行上去再乘缆车下来既有好的登山观光效果又能舒适开心。

⑨在凤凰松下面有一处庙宇叫接引庵，过去曾是登山要道上的重点庙宇，现在因为有了缆车，多数客人会绕行，这座庙已被人冷落或者说遗弃了，正因为此它显得很宁静。笔者在山上时经常到接引庵庙旁的石桥下的溪水边去并且往往在那里一坐就是几个小时。这里没有任何嘈杂混乱，只有晶莹的水花和清爽的山野微风带来的无尽柔美舒适温馨——希望各位游友游毕凤凰松后下到接引庵看一看（步行2分钟就到），坐在溪水边的感觉只有一个，就是流连忘返。

▲ 登山索道跨越峡谷

齐云山

电话区号	0559
齐云山管委会	7560045

齐云山位于黄山以南 33 公里处休宁县境内的齐云山镇，是中国四大道教名山之一，亦是国务院批准的国家级重点风景名胜区。齐云山是丹霞地貌风景区在皖南的典型代表，这里峰峦卓立、清江环绕、松柏浓翠、风光旖旎。全景区由月华街、云岩湖、楼上楼三大部分组成，号称有三十二峰、七十二石、十六洞、二十三涧，山下的横江水流涓涓、清澈见底，游人登山后再去江上泛舟嬉水，备感凉爽舒适、温馨快意。

◀齐云山秀色

交通

欲去齐云山应先乘各类交通工具到皖南黄山市，再从黄山市（屯溪）客运站乘去齐云山或黟县的客车（20 分钟一班，车票 6~8 元），只需 1 小时即可到齐云山道口，这里离山门还有 4.5 公里山路，步行约 40 分钟可到山门售票处。亦可步行 15 分钟到索道站，然后乘缆车上山，上行 26 元、下行 18 元。从景德镇方向来的游客可乘去黄山的客车在齐云山路口下，亦可乘火车（慢车）在岩前站下，下车后换机动车 10 分钟或步行 45 分钟可到齐云山道口。

- **景区门票**

进山票 75 元/人。淡季 55 元/人。

- **笔者郑重建议**

应该乘缆车上山，否则消耗体力且影响观光兴致。

- **住宿**

山上的月华街上有宾馆、旅社，民居旅社每床 20~30 元即可。山脚下的横江边也有一些不同档次的旅店。

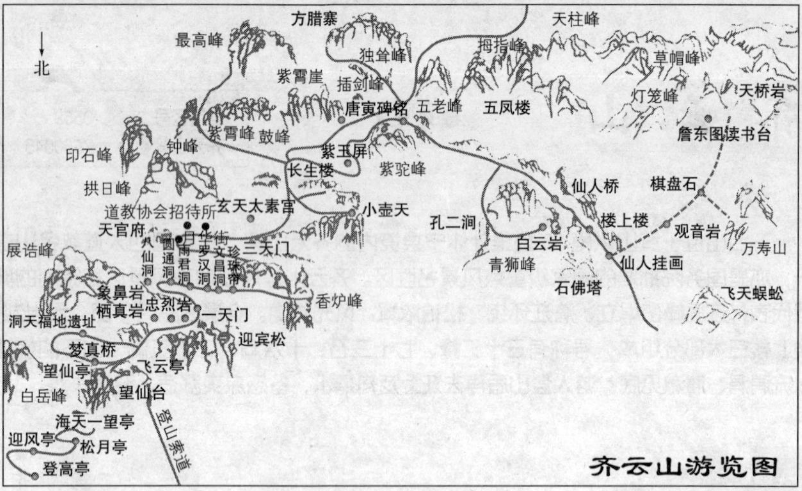

- **山上的中心街**

  叫月华街，两边都是居民、旅店、餐厅和庙宇，一定要把这条街走完，观感才完整圆满。

- **绝佳观景点**

  站在山上浮云餐厅的门外向下看，山光水色甚为迷人，是山上最佳观景点之一。

游览

齐云山景区比黄山小得多，一天即可观其全貌。游客一般沿飞云亭、月华街一线观光，依次观赏望仙台、象鼻岩、真仙洞府、小壶天、玉虚宫、五老峰、方腊寨、最高峰等景点。下山时可原路返回，亦可不走回头路而从五老峰一带下山到横江边，再乘江民撑的竹筏漂过横江上岸出景区。笔者推荐的游览方式是不走回头路，从五老峰下去，到江边乘竹筏返回，感觉不落俗套。

发烧友特别关照

▲ 方腊寨风光

①论风光的神奇壮美程度，齐云山当然比不上黄山，游过黄山后再去齐云山，刚进山门时会感到相当失望，但是不要着急向后转，请继续前行，到了五老峰、最高峰一带，山水风光就显得生动活泼秀美了许多，另外游山之后再去乘竹筏漂横江，也会增添不少舒适惬意。还有齐云山的一大优点是游人少，清幽宁静，这一优点是人头攒动的黄山不具备的，所以“萝卜青菜，各有所爱”，就看你的喜好如何了。

②推荐山上的几处旅馆：首先是浮云餐厅，能吃能住，虽是普通间但有公共卫浴可洗热水澡，15~30 元/床，电话：0559-7560198。另外玄天宾馆是山上少有的有双标间的宾馆，60~120 元/间，电话：0559-7560358。山下横江边的登封桥饭店也是食宿均可，这个旅馆就在河边，风水也好，电话：0559-7560077。

天柱山

电话区号 0556
景区管委会 8932218
旅游投诉 8933525

天柱山位于安徽省潜山县境内，是国家级重点风景名胜区，因其主峰恰似“擎天一柱”而得名。天柱山虽然没有黄山、九华山那样名声显赫，但山岳风光非常雄奇诱人，山间遍布险峰、奇峡、幽洞、深谷，亦有诸多流泉飞瀑、怪柏奇松。这里曾被汉武帝封为“南岳”，李白、白居易、苏轼、王安石等文人墨客也曾到此登山观景、赋诗咏志，并留下数百方摩崖石刻，为天柱奇山添彩增辉。

气候与游季

天柱山四季有景、四季可游，但是以春、夏、秋三季游览效果最佳。夏季这里的最高气温不超过29℃，是避暑胜境；6~8月，山上雨水较频繁，游客应携带必要雨具；9~10月底秋景迷人，最宜观光摄影；冬季阴冷，游客较为稀少。

▲ 天柱峰雄姿

交通

天柱山地处皖中、江淮之间，临长江，紧靠105、318国道高速公路和合九铁路，距省会合肥及安庆市（有机场）和长江水运码头很近，交通便利。

航空

可乘航班飞安庆市，然后再转乘汽车去潜山县。广州逢周二、周六有航班，14:50起飞，17:00到达，票价880元。

铁路

合九铁路上的列车都经停天柱山站，这里乘车可直达合肥、蚌埠、九江、庐山、南昌、井冈山、广州、深圳等地。其他省市的游客亦可先乘火车到合肥，再换车去天柱山。

- **景区门票**

150元/人。淡季110元。

一索道单程上行45元/人，下行35元/人。

二索道上行40元/人，下行40元/人。

- **潜山汽车站**

电话：0556-8920111。

- **住宿**

潜山县城和天柱山（山上山下）现已有宾馆30多家，饭店、旅馆、旅店数十个，床位5000余张，可以基本满足不同层次游客食宿需要。在山中住宿，民居旅馆人均30~40元即可，条件一般。而像位置甚好离索道站又近的天柱山庄房价一般为150~300元/间。

公路·巴士

潜山县城至天柱山索道站 22 公里，是进出天柱山的公路交通枢纽。高速公路经过潜山，在距县城 10 多公里的王河设有出入口。安庆直达潜山（天柱山距安庆 57 公里）的客运班车有十数个班次，安庆至潜山中巴 10 分钟一班，车费 10~15 元，如包出租车，需 110~140 元。合肥至潜山的客车也很多，其中快巴行驶 2.5 小时可到，车费 50~56 元。天柱山景区有到天柱山火车站的中巴，8~10 元/人，40 分钟左右路程。潜山县至天柱山约 9 公里，有专线中巴发车点在县客运中心门外约 80 米处（西南方向）的三岔路口（车票 10 元）往返于县城和索道站及南门之间，从县城至索道下站车程约需 1 小时出头。

主要景点

西关景区

山势挺拔，沟谷纵横，奇岩遍布，风光壮丽，是天柱山上的美景密集区，像山间最有名的天柱峰、飞来峰、蓬莱峰、一线天、神秘谷等美景都在这里，是天柱山当之无愧的主景和游人必观之地。

天柱峰

天柱山的主峰，海拔 1485 米，陡立如柱、挺拔峻美。周围有莲花、含珠、天池、飞来、月华诸峰拱卫，更有云海、雾涛、朝晖、晚霞辉映缭绕，甚具迷人风姿神韵。

神秘谷

天柱山景区内的一大奇观，1~2 公里长的山谷内，遍布奇岩怪石、幽深洞穴（光是幽深岩洞就有 50 余个，且洞洞相连相通），扑朔迷离，神秘莫测，引人入胜。

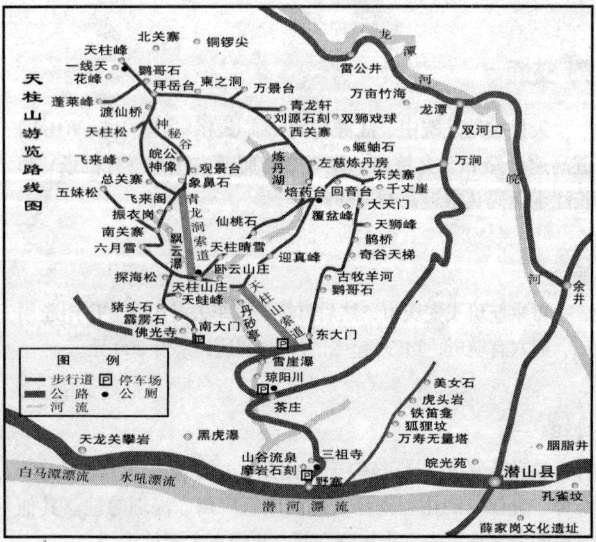

天柱山游览路线图

东关景区

与西关景区有异曲同工之妙，主要景点有千丈崖、大天门、天狮峰、奇谷天梯等，这里峰高谷深，游人登攀很感惊险刺激。

安徽省

三祖寺・潜河景区

三祖寺位于天柱山景区的山下入口处，有众多古庙宇和摩崖石刻。与之相望的潜河河面宽阔，水质清，游客可在岸边观光或乘船漂流。上述二景是天柱山景区的辅景，与西关、东关二景交映生辉。

推荐游程

二日游

D1：马祖庵、天柱山庄、飞来峰、神秘谷、天柱峰以及西关各景区。

D2：游千丈崖、大天门、天鹅峰、奇谷天梯等东关各景区（大峡谷景区不必去）。

之后有时间可以考虑沿潜山、安庆去九华山、黄山。天柱山到九华山不过 5 ~ 6 小时车程，一次游览上述数景比光游天柱山收获要丰富圆满得多。

发烧友特别关照

如何在天柱山玩得快活开心

①天柱山风光好——山岩奇景多、松竹茂密且有溪流泉水，所以非常值得一去。

②山上的西关、东关两大景区需特别关注，而山下的三祖寺可在路过时简单浏览。

③上山一定要乘缆车，且两段缆车都要乘，因步行上山要费许多体力，不划算。

④从县城开到山上的中巴车路过天柱山索道下站，上缆车后不到 10 分钟，就到索道上站了，出站后向左步行 10 分钟，路过大型度假村天柱山庄后，就到了又一条索道青龙涧索道的下站，再乘缆车，10 余分钟后到索道上站，出站后立即到了山上美景集聚区，每走一段都有佳景出现——首先经过的是神秘谷，在谷中要钻行 50 分钟，之后便看到了飞来峰、蓬莱峰、天柱峰等代表性景点，其中天柱峰一带算是最高峰了。下山时不要原路返回，还是从天柱峰向东，步行经过万景台、青龙轩、西关寨到炼丹湖，这一段山光水色皆美。到了炼丹湖后，有两种选择，其一是从这里下山至天柱山庄一带住宿，次日游东关各景点。其二是直接从炼丹湖去东关景区游览 (也可在炼丹湖住宿、次日游东关)。

⑤东关景区内的山路多起伏跌宕且无缆车，观光时要费很多体力，游客要有心理准备。

⑥天柱山下有多家宾馆，住宿方便。山上的住宿点首选位于两个索道站间山腰处的天柱山庄，这里有好几幢档次不同的住宿楼，条件尚好房价适中且环境极为优美迷人。欲住山民办的民居旅馆可从天柱山庄旁的青龙涧索道下站向西南方向走 150 米，这里有多家小旅舍，有 40~60 元的双人间。另外炼丹湖也有一家旅店，但住宿条件较差。

⑦天柱山上的餐饮比山下贵，但比黄山、九华山山上的饭便宜，天柱山庄餐厅中最便宜的菜是豆干肉丝，20 元/份，米饭 2 元钱管饱。

⑧严冬时节，天柱山上的雪景迷人，天柱山庄等山上宾馆也照常营业接待客人，但游客登山时千万小心谨慎 (雪后山路滑)，以保自身安全。

▲ 天柱山飞来峰

安徽省

福建省

FUJIANSHENG

福建地处中国东南沿海，背倚武夷山脉、前临浩瀚东海，境内群山叠嶂、林海广袤且气候温和、四季如春，是一个深受八方游客关注喜爱的省份。省会福州并不是风光出众的旅游城市，但仍有鼓山、西湖等数处名景；泉州城历史久远、古迹众多，侨乡风情旖旎动人；最最令人流连忘返的是鹭岛厦门，那里城市整洁、海景壮美，景致出众且旅游业开发管理特别有序，令人游后深感舒适惬意。此外，泰宁的大金湖、龙岩的客家土楼、东山县的东山岛、福鼎的太姥山、周宁的鲤鱼溪、九龙瀑布群和屏南白水洋都是颇具开发潜力的新兴景点，必将在今后数年内焕发出夺目光彩和诱人魅力。

黄金旅游线路

① 厦门—武夷山—泰宁大金湖
② 厦门—泉州—福州
③ 厦门—东山
④ 厦门—冠豸山—永定土楼
⑤太姥山—周宁鲤鱼溪—九龙漈瀑布群—屏南白水洋

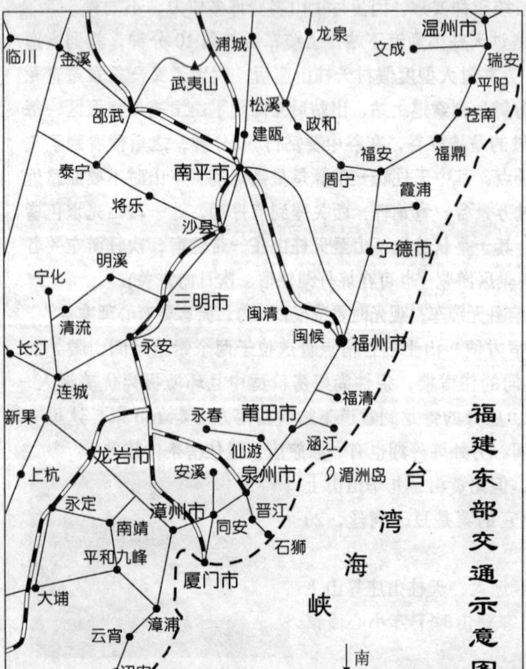

福建东部交通示意图

气候与游季

福建属亚热带湿润季风气候，温和湿润，青山绿水，四季如春，年平均气温 17℃~21℃之间，最冷月（1 月）平均气温：东南沿海 10℃~13℃，内陆山区 5℃~8℃；最热月（7 月）平均气温 26℃~29℃。年平均降雨量在 1000 毫米以上。基本上全年适宜游览。但应注意冬季岛屿及沿海地区的海风湿冷强劲，此时去海边旅游可能效果欠佳。但远离海边的武夷山、泰宁金湖、永定土楼等景区仍能给游客带来满意观感。

▲ 泰宁大金湖美景

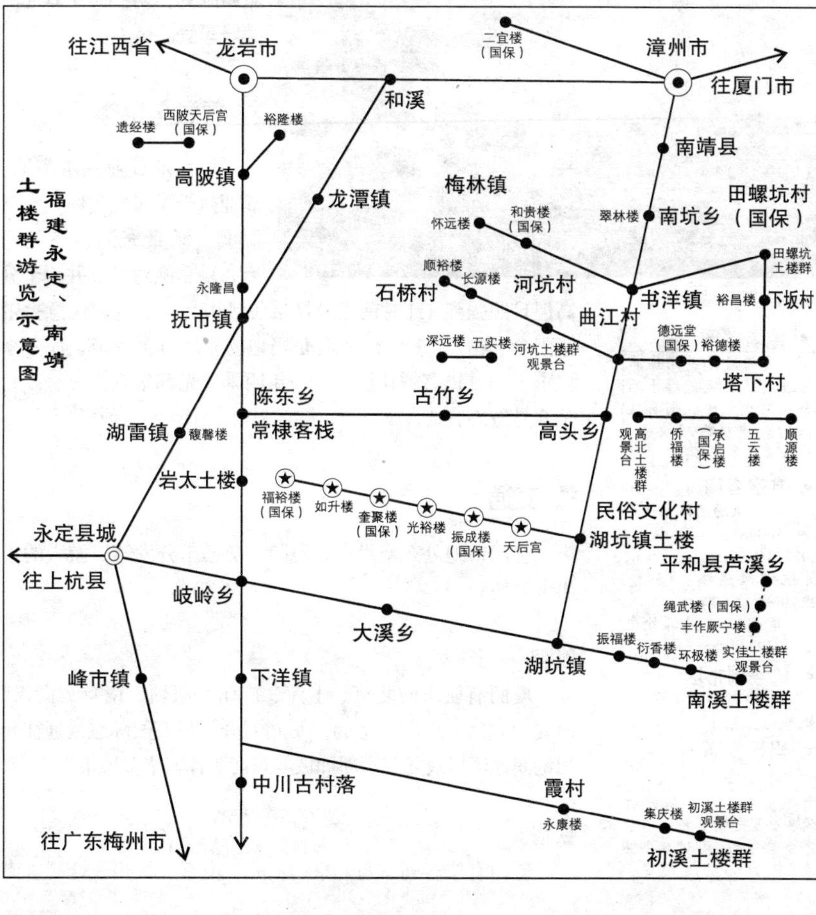
福建永定、南靖土楼群游览示意图
往江西省
龙岩市
二宜楼（国保）
漳州市
往厦门市
和溪
西陂天后宫（国保）
遗经楼
裕隆楼
南靖县
高陂镇
龙潭镇
梅林镇
田螺坑村（国保）
翠林楼
南坑乡
怀远楼
和贵楼（国保）
田螺坑土楼群
顺裕楼
长源楼
河坑村
永隆昌
石桥村
书洋镇
裕昌楼
下坂村
抚市镇
曲江村
德远堂（国保）
裕德楼
深远楼
五实楼
河坑土楼群观景台
塔下村
陈东乡
古竹乡
湖雷镇
馥馨楼
常棣客栈
高头乡
高北土楼群观景台
侨福楼
承启楼（国保）
五云楼
顺源楼
岩太土楼
福裕楼（国保）
如升楼
奎聚楼（国保）
光裕楼
振成楼（国保）
天后宫
民俗文化村
湖坑镇土楼
永定县城
往上杭县
平和县芦溪乡
岐岭乡
绳武楼（国保）
丰作厥宁楼
大溪乡
振福楼
衍香楼
环极楼
实佳土楼群观景台
湖坑镇
峰市镇
下洋镇
南溪土楼群
中川古村落
霞村
永康楼
集庆楼
初溪土楼群观景台
往广东梅州市
初溪土楼群

福建省

电话区号	0592
厦门市旅游局	5318898
旅游投诉	5318985
消费投诉	12315
市长热线	968123

厦门

厦门位于福建东南部，西接漳州、北连泉州，是福建省第二大城市。相传古时这里曾有白鹭栖息，故享有“鹭岛”之美称。厦门依山傍海，风光旖旎，全市有鼓浪洞天、菽庄藏海、皓月雄风、虎溪夜月等数十处佳景灿若繁星，使之甚具海上花园和海上明珠之风姿神韵。厦门是国务院最早确立的四个沿海经济特区之一，这里经济发展迅速，城市整洁干净，而旅游市场的开发和管理，更是在国内外享有盛名。来厦门游览观光，可以领略到国内最漂亮的海滨城市中迷人的山光水色，享受到最成熟完美的旅游服务，得到终生难忘的美好享受。

▲ 厦门滨海城市风光

气候与游季

厦门地处亚热带海滨，属亚热带季风性气候，空气温润、雨量充沛，冬无严寒，夏季绝对气温并不十分高但日照强烈（此时前去应携带防晒用品，至少应注意携带遮阳伞、帽），每年3~11月是当地的旅游黄金季节，而冬季城市中到处仍有鲜花绽放，一年四季风光都很旖旎秀美。只是8月份前后是台风季节，游客去前应注意天气预报。

交通

厦门市地处东南沿海，海陆空交通十分发达，游人的进出十分便利。

航空

厦门有航班同北京、上海、广州、深圳、南京、武汉、西安、成都、沈阳等近50个城市对开。另有国际航线通往我国港澳地区以及曼谷、新加坡等东南亚各国诸多城市。

铁路

厦门有旅客列车与北京、上海、南京、杭州、合肥、南

- **笔者关照**

厦门风光美而城市管理有序，观光游乐后令人惬意无比。别再犹豫了，您应该赶快去，玩3次都不嫌多。

- **航空咨询**

国际机场问讯电话：16898111（自动）、6022936-6017（人工），厦航订座热线：0592-2238888。

厦门铁路问讯处电话：0592-3988666。

- **机场到市区**

有37路公交车直达，车票1~2元。

- **当地交通**

公交车四通八达，上车基本1元起价，打的3公里起价8元，以后每公里2元，超过8公里每公里加50%的空返费。

昌、西安、重庆、福州等城市对开，至泉州、福州的高速铁路也开通了，厦门与武夷山之间隔日开行旅游专列。

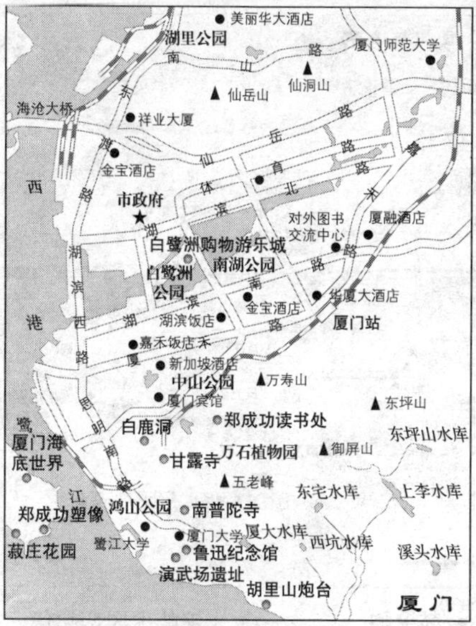

轮船

与香港等地有定期客轮对开，轮船客运问讯电话：0592-2022517。

公路

厦门市区有数家长客站，每天有近百班各类客车发往福州、泉州、广州、汕头、潮州、深圳、东山。公路、长途客运站问讯电话：0592-2201246。

住宿

作为经济发达的沿海旅游城市，厦门市的旅游业十分发达红火，市内随处可见各档宾馆、饭店、招待所。星级宾馆有数十家，其中悦华、假日、京闽、马可·波罗等宾馆级别档次最高；中低档宾、旅馆也有不少。如厦门大学内的招待所对外开放价格亦很便宜。最舒服惬意的事情是住到鼓浪屿上去，那里环境整洁又安静，空气清新风光秀美，岛上几家条件一般的宾馆房价不过百元左右，淡季还可再打一点儿小折，可作为游客到厦门后的住宿首选地。

推荐主要星级酒店 区号 0592

名 称	电 话
假日皇冠大酒店（四星）	2023333
马可·波罗东方大酒店（四星）	5091888
新侨酒店（三星）	2038883
白鹭宾馆（三星）	2025201
碧宫酒店（三星）	5054828
邮电宾馆（三星）	2058899
鹭江宾馆（三星）	2022922
北方宾馆（三星）	5133800

餐饮

当地特色菜以闽菜风味为主，主要有各类海鲜烹制的美味佳肴，如佛跳墙、鹭岛松子鱼、焗扇贝、黄鱼翅、脆皮明虾球、原汤鱿鱼、八宝芙蓉鸡、枸杞龙虾等,上述菜肴在市区的各主要餐厅均可吃到。风味小吃的品种更多，鱼丸汤、烧肉粽、虾面、蚝仔煎、韭菜盒、炸五香、土笋冻、花生汤、圆仔汤、油葱果等均很有地方特色。

如果只想在旅途中填饱肚子，那便宜实惠的快餐店（在厦门街头上很常见）应该是您的首选。店内的荤菜素菜一般有20~30种之多，荤菜2~3元一份，素菜1元一份，米饭1元一碗，高汤免费，一般饭量的男士有8~10元即可吃得很好。

- **推荐便宜实惠的住宿地点**

①鼓浪屿国际青年旅舍，就在鼓浪屿轮渡码头附近，上岛后步行3分钟即到，最便宜的多人间55元/床且卫生条件尚好，可作背包旅游客首选。电话：0592-2066066。

②梦旅人旅馆，在环岛路曾厝安村（有29、47、503、809路车可到），双人间50元/床，四人间40元/床，卫生条件尚好，电话：0592-2519903。该地还有多家小型旅店，旅店中大部分房间有空调、电视、独卫，条件尚好可予适当关注。

此外在火车站周边和鼓浪屿岛上,还有不少小型餐馆，里边的各类海鲜和其他肉、菜半成品都摆在明处，价格可以面议，打折余地很大，砍价后菜价比北京、上海、广州等城市中一般餐厅的价格要便宜一些。

主要景点

鼓浪屿（5A 级景区）

面积只有 1.78 平方公里但极为精巧玲珑风光秀美的岛屿，与厦门市区隔海相对，岛上景观秀丽多姿，享有“海上花园”之美誉。鼓浪屿上冈峦起伏、错落有致，树木繁茂、空气清新宜人。日光岩、皓月园、菽庄花园等人工佳景和金黄海滩、碧澈海水、银色浪花相映成趣，令人赏心悦目、心旷神怡。岛上最大的特点是宁静——听不见任何车马喧嚣（除少量观光车外不准任何车辆上岛），而与无尽涛声相伴的只有袅袅的美妙琴音（岛上人家拥有数千架钢琴）。

从厦门市区乘轮渡 10 分钟即到鼓浪屿，轮渡去时免费，返回 8 元/人，且昼夜运营（白天 10 分钟一班，夜里 1 小时一班）。

▲ 鼓浪屿上日光岩

日光岩

位于鼓浪屿中部偏南的龙头山山顶，海拔 92.68 米，是全岛最高峰。站在岩顶的圆形观景台上，厦门全貌尽收眼底——新市区高楼林立、新潮气派，海峡上巨轮穿梭、千帆竞发（天晴时还可看到台湾当局军队占据的大担、二担岛屿），鼓浪屿全岛均被奇山绿树覆盖，风光绚丽柔美、生动多姿。

- **鼓浪屿**

岛上有观光电瓶车载客，50 元/人，全岛通用(1 天之内)，亦可分段购票。步行游览亦方便。

乘船出海环游鼓浪屿最低票价 15 元/人。

- **岛上观光通票**

最新票价 100 元/人，含岛上日光岩、菽庄花园、皓月园三个主要景点。

- **日光岩**

游客从码头下船后步行 10 余分钟即到日光岩门口，可步行或乘缆车登顶。

¥门票 60 元。

- **皓月园**

¥门票 15 元。

- **金厦海上乘船游**

从厦门轮渡码头、中山码头、旅游码头上船，可以开到离大担、二担和小金门岛很近的地方观赏拍照，并和台胞互致问候。游程约需 2.5~3 小时，船费 126 元/人。

皓月园

坐落在鼓浪屿东南隅。全园占地25万平方米，主景是高15.7米的郑成功高大巍峨的石雕像，它与四周的山石树木、归帆鸥影相辉映，风姿甚为挺拔迷人。

菽庄花园

鼓浪屿岛西侧由私人别墅改建成的滨海公园，分为藏海园、补山园两部分，园在海上、海在园中，有“四十四桥”和“十二洞天”等佳景，园内的古代钢琴博物馆陈列着世界各国各地多位收藏家珍藏的各式精美古琴，甚具观赏价值。

环岛路

环岛路西起轮渡广场、东至厦门国际会展中心，全长近10公里，于1999年3月正式贯通。

它是一条绿色玉带，又是一道美丽的山水长廊，沿途多秀丽海滩和绿树繁花，且有台湾村、胡里山炮台、国际会展中心等多处美景。环岛路把厦门东南沿海的多处观光佳境连为一体，给外来观光者以极大的方便和快慰。

南普陀寺

闽南最大的佛教寺庙，殿宇林立、香火旺盛，有天王殿、大悲殿、大雄宝殿等主要建筑。

胡里山炮台

屹立于厦门市正南方的海滨，不光是居高观海景的好地点，还设有荣光宝藏博物院，内分奇石陈列馆、古代枪炮陈列馆、古代宝剑陈列馆等五个展区部分，陈列有各类传世珍品3800余件。炮台下还有游船码头，游客可以在此上船到海上观光游览。

集美旅游区

位于厦门岛外的西北方15公里处，是爱国华侨陈嘉庚先生的故乡，主要景点有鳌园、归来堂、集美学村、龙舟池、陈嘉庚故居等。其中集美学村是由陈先生斥资兴建的多座高等学府聚集地，现统一更名为集美大学，亦是湖、池、亭、榭精巧、凝集众美的观光风景区。鳌园内有许多精美

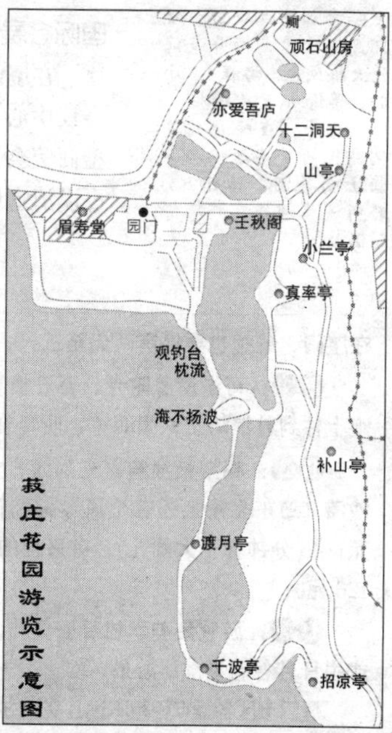

菽庄花园游览示意图

- **如何观看金门岛**

必须乘船去海上，在厦门市区是看不见的。鼓浪屿日光岩上一些出租望远镜的人说海对面的那座山就是金门岛，完全是骗人骗钱的鬼话，其实那山是漳州的地盘，你别上当啊!

- **菽庄花园**

¥门票30元。

- **环岛路**

有近10条公交线和环岛游观光大巴通达。

在此还可临海眺望大担、二担及小金门等台湾当局军队占据的岛屿。

- **南普陀寺**

2路车可到。

¥门票3元。

- **胡里山炮台**

2路车可到。

¥门票25元。

- **集美旅游区**

从厦门市区乘车40分钟可到。

¥门票30元。

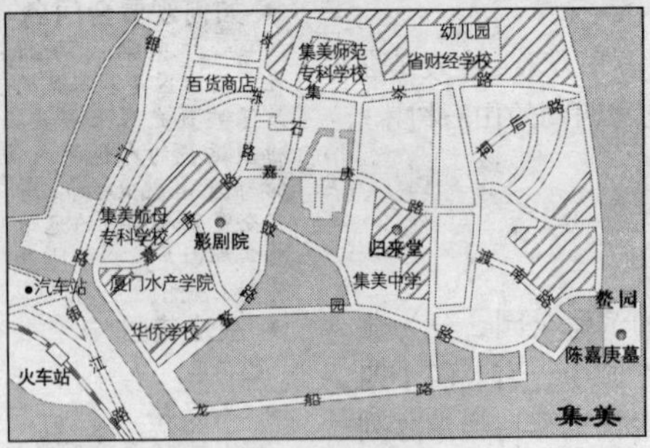

浮雕和石刻，还有高28米的集美解放纪念碑和陈嘉庚先生墓园。

万石植物园

在紧挨市区的万石山边，面积达2.6平方公里，园内椰林挺拔、芭蕉秀美，各种热带植物品种繁多，是喧嚣大都市旁难得的绿色净土和休闲胜地。

海沧大桥

世界第二座、亚洲第一座大跨度连续全漂浮体系的钢箱梁悬索桥，1999年12月竣工，全长5900余米，线条流畅、造型美观，由江泽民同志书写题名，是厦门引人注目的人造新景。游人登临桥上可览壮丽山海风光。

台湾民俗村

又称景江乐园，位于环岛路东端，集山岳、湖泊、森林游乐设施于一体，是观光娱乐胜境。村中还有少数民族村寨，寨中有绚丽多姿的民族歌舞表演，场面欢快感人。

国际会展中心

在厦门岛东南部黄金海岸，占地面积达47万平方米，有会议中心、星级酒店、写字楼、地下停车场几大部分，是大型商贸会馆，亦是厦门的标志性建筑。此外在会展中心一带，可以清晰地眺望小金门及大担岛、二担岛的远景。

- **万石植物园**

¥门票40元。

- **海沧大桥**

多路公交车均可到。其中71路可穿桥而过，乘车观光效果好。

¥参观票20元。

- **台湾民俗村**

25路车可到。

¥门票25元。

- **国际会展中心**

多路公交车均可到。

¥门票20元。

- **夜游厦门**

可在厦门轮渡码头上船参加鹭江夜游，观环岛路、鹭岛两岸及海沧大桥风光，游程1.5小时，票价96元/人。

此外，夜晚在鼓浪屿岛上的滨海酒吧和茶座上喝美酒、沐清风、聆听涛声潮音，颇感舒适温馨。

推荐游程

在厦门，最短也要停留两天至三天，否则游览仓促、毫无乐趣。

D1：可游南普陀寺、万石植物园、胡里山炮台、环岛路、台湾民俗村、会展中心，晚上住到鼓浪屿上，闻海涛，听琴音，品海鲜，享受海上花园的宁静、浪漫和温馨。

D2：畅游鼓浪屿，先后游日光岩（看鹭岛秀丽全景）、菽庄花园、皓月园、金带水沙滩（岛东北角上还有个风琴博物馆可看）并乘船环游鼓浪屿全岛（环岛游船票只需15元，45分钟转一大圈儿），有兴趣的人还可乘船去大担、二担岛和金门岛海域观光，船费126元。

D3：游览集美学村看鳌园和陈嘉庚先生陵墓，观览厦门大学和海沧大桥等新景点，或去日月谷温泉洗浴游乐。

厦门市区各景点相距不远且交通方便，所以上述游程可灵活调整，尤其是D1与D2可互换。

游览补充提示

①住在鼓浪屿上感觉甚好，风光美、环境佳、安全舒适而房费并不一定贵，望君一试。

②市区各个码头有多种海上观光方式可选：如乘船环游全岛——围鼓浪屿绕一大圈儿，海上看到的风光很美，船行 45 分钟只收费 15 元。还有金厦海上游——乘长途游览船开到大担、二担岛和金门岛海域（三岛目前均为台湾当局军队占据）细观三岛风貌，此行游船往返约需 2.5~3 小时，船票 126 元/人。

③环岛路海景好，沿路绿化也好，到处是鲜花绿树，可以乘车遨游，以乘环岛游观光大巴效果最好，全程车费 20~30 元。

④厦门市中心的白鹭洲一带经改造已成为非常漂亮的游览度假区，湖水碧波荡漾、湖畔棕榈秀立且多精美园林，晚间霓虹闪烁、彩灯与月色交相辉映，如诗如梦，观后感受极美，游人前去游览定会留下难忘记忆。

⑤引人关注的新近开发开放的观光疗养胜地还有日月谷温泉，那里有花瓣泉、酒泉、加味泉等数十个泉池，洗浴舒适，餐饮游乐也齐全。厦门市区有专线班车前去，门票 128 ~ 188 元，持牡丹卡、龙卡、银龙卡可优惠，电话：0592-6312222。

⑥厦门市环境整洁、风光优美且空气清新，租一辆自行车（每小时 10~15 元）自游感觉颇为开心惬意（市区有许多租车点）。

▲ 鼓浪屿菽庄花园

天外天

天外天——还有更好的玩法

◀ 东山岛风动石

厦门的海滨风光在福建省内绝对雄居第一，把它和福建省内的其他著名的风景区连在一起玩更会锦上添花，方式有三：

①和武夷山连在一起玩。厦门每天有数班飞机飞往武夷山；每日有 5 班始发列车途经邵武（邵武距武夷山只 1 小时汽车车程），隔日还有一班旅游专列开往武夷山。山光海色交织给人留下的印象会更美，这是人们最常见的经典旅游线路。

②把厦门和福州、泉州连在一起玩。可以观赏到清源山、老君岩、鼓山、西湖等多处闽东佳景，从厦门乘大巴 1.5 小时就到泉州，4 小时可到福州，这条线路亦很成熟常见。

③把厦门和东山岛连在一起玩。东山岛有风动石、马峦湾、金峦湾等景区，风光秀丽但游人少，颇有些野味。从厦门长客站乘大巴 3.5~4 小时可抵东山岛，在岛上停留两天就可玩遍主要景点，这种玩法新颖别致，望您一试。

武夷山 (5A级景区)

电话区号 0599
旅游咨询 5251517
工商投诉 12315
价格投诉 12358

武夷山——国内丹霞地貌山水名胜区中的佼佼者，位于福建北部武夷山市，这里丹山奇立、碧水常流，九曲溪穿山而下、清波涟涟，众山峰丹霞拥翠、形态万千，景区内的36峰、72洞、99岩和108处佳景无不妖娆秀美、风姿诱人，“奇秀甲东南”的天然山水画卷已为国内外无数游客所倾慕、依恋。

1999年，武夷山入选世界自然、文化双遗产名单，景点景区的开发管理亦发生了诸多变化，下面我就为大家介绍那里发生的新变化、新气象。

• 景区门票最新价

一日游门票联票140元
二日游门票联票150元
三日游门票联票160元
环保观光车费1日70元/人、2日85元/人。

印象之一：九曲溪依然清波见底，竹筏漂流费涨到每人100元仍然游人如潮

▲ 武夷山美景

我第一次去武夷山是在10年前，当时九曲溪的涓涓碧水就给我留下了非常美好的观感，一晃10年过去，九曲溪依然溪水碧透、清波见底，真要感谢当地环保部门的辛勤努力和上游山区人民的支持配合。最明显的变化是竹筏漂流费已经翻了十多番——从7元涨到100元，游客的数量和漂流热情却丝毫不减——也难怪，乘坐一叶轻舟，随清波而下，漂过那无比优美、匀称而又流畅、婉转的九个大弯，看看天游峰、隐屏峰、晒布岩、仙女峰挺拔峭立的身姿俏影，仰望悬岩峭壁上那无法破解的悬葬奇观，听撑筏的艄公为你介绍这里青山碧水间的无数美妙传说，还有什么感觉能比这更为舒适惬意、美妙新鲜呢？看来竹筏费涨到每人200元也没事，不漂九曲溪终身遗憾！

漂九曲溪须从星村码头上竹筏，一张筏600元可乘6人（每人100元），漂流时间约100分钟。

从武夷山的中心度假区乘各类机动车向西北行驶，15分钟即到星村。

星村一号码头电话：0599-5261996。

二号码头电话：0599-5262549。

福建省

印象之二：天游峰依然挺拔秀美，山顶上的那股泉水有点悬

来到武夷山观光的人没有不爬到天游峰上看美景的，山顶上看到的九曲溪大拐弯是武夷山当仁不让的最佳山水画面（此景见诸于几乎所有书画杂志和电视片），而千峰竞秀的武夷全景和神奇瑰丽的朝晖晚霞同样能给人如痴如醉般的难忘美感。10 年过去，天游峰神采依旧（看样子再过 100 年它也会风姿长存），可是从前从山顶上飞泻而下的那股汹涌山泉却只剩下了滴答而下哩哩啦啦的细流，看样子山区的水土保持工作仍须全力以赴（不能光保九曲溪，不管天游峰），没有了清澈碧丽的山泉，天游峰的灵秀和韵味可要大打折扣。

▲ 九曲漂流

天游峰在九曲溪中段的五曲处，最佳观赏景点在山颈处的观景亭和山顶上的观景平台。可买通票同其他景点一起玩。游览约需 2.5~3 小时。

印象之三：虎啸岩、一线天、大红袍、水帘洞依然是“忠于职守”，桃源洞景区新姿诱人

作为武夷山核心景区周边的“配景”，虎啸岩、一线天、大红袍、水帘洞依然“忠于职守”，用自己的峭壁悬崖、幽深洞景、茶王风姿和秀美飞瀑为游毕九曲溪、天游峰、大王峰、仙女峰后已经心满意足的游客再添美妙观感，它们“锦上添花”的功劳不可小看——光游天游峰、九曲，风光很美但游程略显单薄。而地处九曲东岸幽静山谷中的桃源洞却能给游客带来新鲜美感——踏过溪边的崎岖石板路，穿过绿荫蔽日的山间密林，钻过巨石堆垒、光线幽暗的峡谷岩洞，你就见到了桃源洞——群山环抱的一块平坦谷地，这里山峦耸翠、修竹秀立、繁花吐蕊、溪水潺潺，谷地中有千年古刹——香火旺盛的桃源观等多处美丽景观。这里真是喧嚣尘世间少有的幽静所在，亦是一处名副其实而又不可多得的世外桃源。

从天游峰下贴着九曲溪东边的石板路，30 分钟后就到桃源洞。

▲ 武夷山大王峰雄姿

福建省

虎啸岩和一线天在武夷宫至星村的公路边，各类机动车均可到，可买通票游览。

水帘洞在武夷宫东边，打车前去约需25元，可买通票游览。

印象之四：开发开放了黄岗山、大峡谷和武夷山漂流区多处新奇景点

黄岗山是武夷山的最高峰，海拔达2157米，这里亦是自然保护区的中心，区内的森林覆盖率达到95%。生长着原生性森林2万多公顷，亦栖息着云豹、猕猴、眼镜蛇、五步蛇等数百种珍禽异兽，是名副其实的动物王国和植物宝库，黄岗山山顶宽阔平坦，游客可以乘车直抵山巅俯瞰山区全景（山顶有黄岗山及武夷第一峰石碑），山下还有保护区自然博物馆，馆内有诸多植物标本和图片，能给游客增添丰富的知识和学问。

大峡谷由红河谷、桐木大峡谷和翡翠谷三部分组成。三条峡谷虽然地形地貌各有不同，但谷内都有茂密的丛林、汹涌的溪泉瀑布和诸多秀丽的山景。其中红河谷中的山林凹瀑布落差达120米，非常壮观迷人。而翡翠谷中的主峰圣旨山高达1630米，峰奇林密、引人入胜。它们都是武夷山尚未被游人熟知的探险观光佳境。

武夷山漂流区起点位于度假区西侧的三菇大桥边，漂流全程8公里（与九曲溪漂流是两回事），沿途有生命之门、三菇石、换骨岩、金龟滩等数十处景点，全部漂流时间为2小时，它虽然比不上九曲溪漂流那样美妙动人，但是可以给游客以新鲜的感觉和回味。

武夷山度假区内每日有2趟客车开往黄岗山自然保护区，行车2.5小时可到，开车时间分别是7:00和13:30，车票18元。亦可包车前去，微面往返220~270元，普桑车费350元。保护区门票80元、学生40元。在去保护区的行车途中还可顺路观赏新开发的龙川、青龙瀑布。玉龙谷景区门票60元。青龙瀑布门票40元。

参加武夷山漂流可在度假区内购票（电话：0599-5253777），这里有数处售票点，票价98元。

印象之五：入选世界双遗产、武夷山万象全新

几年前，为了申报并入选《世界遗产名录》，武夷山风景区的管理部门斥巨资改善景区设施，花大力气整顿卫生环境——种植了各类树木数万棵，景区内外更加浓绿苍翠、郁郁葱葱；清理了所有违章建筑，如今景区内没有杂物只有青山碧水、鲜花绿树和处处诱人美景。如今的武夷山，丽水奇山之秀美、景区环境之清爽洁净难以用语言形容，世界级豪华旅游度假区的迷人风貌已经初现奇光异彩。

武夷山游览示意图

福建省

中心结论和游览指导

武夷山山奇水丽，风光秀美，热带植物资源丰富，又含有深厚的历史文化底蕴——这里是南宋时期国家东南一带的文化中心，有朱熹纪念馆、天心永乐禅寺等多处名胜古迹，加之近年来周边景点景区的开发开放进展神速，所以武夷山已成为国内风光最美、旅游项目最丰富的大型风景区之一，来自海内外各国各地的游客都可以在这里得到新鲜美妙的游历和感受。

游览武夷山的方式最好是“中心开花而又放射四周”——“中心开花”就是用主要的精力时间来畅游景区的核心地带，即九曲溪、天游峰、仙女峰（船上观看）和大王峰、武夷宫等，一般需要 1~2 天；“放射四周”是指游毕中心后兼顾周边其他景点，如一线天、虎啸岩、水帘洞等，有时间当然可去黄岗山、大峡谷观光和参加武夷山漂流。

气候与游季

武夷山气候温暖湿润，年平均温度 17.0℃，雨量充沛，一年四季均可游览，但以 4~11 月份效果更佳。冬天九曲溪仍然可漂流，但景区多少显得有点冷清，虽无妨大局，但观光效果会打些小折扣。

交通

航空 武夷山机场位于武夷山市区与旅游度假村之间，紧靠公路（距景区约 15 公里），从机场行车约 10~15 分钟即可到市区或旅游区。机场有班机直通北京、广州、上海、福州、武汉、厦门、香港、南京、西安等全国各主要城市。

铁路 其他省份的游客可先乘火车到福建邵武市，再换乘汽车 90 分钟即到武夷山。亦可乘火车先到江西上饶市，再换乘汽车 2.5 小时可到武夷山。另外横南铁路贯通武夷山全境，福州、厦门、晋江等地到武夷山的旅游专列几乎每天均有一班，始发及到达时刻如右下表：

公路 汽车亦是进出武夷山最方便的交通工具之一。武夷山市及度假区有各类客车发往邵武、南平、建阳、三明、福州、厦门等省内重要城市及相邻省市。武夷山市及度假区内公交车为 1 人 1 元，打的 5 元。

问讯电话 区号 0599

民航售票处	5306878
民航公司售票处	5303557
机场问讯电话	5118114
火车站电话	5102745
汽车站电话	5311446
长途汽车售票处	5311446

铁路始发及到达时刻表

K8745	20:22 武夷山→厦门 08:05
K8746	18:42 厦门→武夷山 08:18
K306 K397	21:35 武夷山→泉州 10:20
K398 K395	17:00 泉州→武夷山 06:17
K1681	07:15 武夷山→福州 13:12
K1682	17:35 福州→武夷山 23:45

住宿

去武夷山住在度假区比住在市区要方便，这里离景区最近。度假区内有各类宾馆百余家，星级宾馆房价在 120~450 元，许多中档宾

当地酒店宾馆

区号 0599

名称	电话
宝岛大酒店	5234567
玉女酒店	5252988
长城山庄	5255588
邮电宾馆	5262688
华尔斯酒店	5252368
富临酒店	5252288
金源酒店	5256888
国贸酒店	5252521
金宝酒店	5252368

馆标间不过 80~120 元，只要不在黄金周抵达，住宿毫无困难。另外在度假区北侧仅一河之隔的兰汤村内有数十家家庭宾馆、旅社，房价只需 20~50 元，但条件稍差。

餐饮

武夷山当地的特色风味菜很多，因当地蛇类资源丰富，所以餐馆里的蛇餐蛇宴很丰富盛行。蛇宴上的主菜有龙虎斗、龙凤席、炒龙排、煮龙珠、蛟龙戏水、龙凤汤等，这样的宴席丰盛气派而味美，价格当然不便宜。欲吃节俭的蛇餐可单点单做，像眼镜蛇、大青蛇等做好后 60~70 元/斤。其他风味菜有红烧九曲溪全鱼、九曲竹筏、涮兔肉、火烧豆荚、鸡茸金丝笋、菊花草鱼，等等。

就餐地点推荐武夷山度假区内的食品一条街，街两侧有大小餐馆数十家，美味多、经营方式灵活（蛇餐、海鲜可议价），且食品卫生和物价有完备的监督方式，一旦发生矛盾、纠纷亦便于投诉、处理。

游览日程安排

A.二日游：

D❶：去星村上竹筏漂九曲溪，看晒布岩、天游峰、玉女峰、大王峰俏影。上岸后去天游峰、隐屏峰、云窝、桃源洞观景，黄昏时游武夷宫、朱熹纪念馆，晚上度假区内休闲游乐。

D❷：上午一线天、虎啸岩观光，下午水帘洞览胜，晚上观歌舞或茶道表演。

B.三日游：

D1~D2 同上，D3 去黄岗山保护区或大峡谷观景，顺路看龙川或青龙瀑布。

天游峰游览示意图

游览要点和注意事项

①天游峰和九曲溪风光绝佳，一定要在天气最好、光线最好、心情亦最好的时候游览上述二地。

②天游峰下的云窝景区风光亦美，这里可以仰望天游，俯视九曲，值得游人长久停留、回味。

③桃源洞真是别有洞天，去那里会有新鲜独特观感。

④大王峰、仙女峰身姿轮廓奇佳，但从下往上看更好看，乘船或步行遥望、仰视即可（大王峰山顶树林太密，登顶后向下观景视野受限，并不十分好看）。

⑤武夷宫位于大王峰下，芭蕉秀立、绿草如茵，风光旖旎优美，有朱熹纪念馆、宋街等景点，适合于清晨或黄昏心情宁静时在这里悠闲漫步，细观美景。

⑥旅游度假区位于武夷宫南侧。有无数宾馆、饭店，区内的风味食品一条街和商贸一条街也异常红火热闹，各类工艺、纪念品琳琅满目，是游客食宿、购物之佳境。

天外天

天外天——还有更好的玩法

武夷山的风光非常绮丽动人，把它与厦门连在一起玩也是众多游客来福建游览时的固定首选。可是任何事情都不应该一成不变而应该推陈出新，笔者向您郑重推荐一处新景——泰宁大金湖（距武夷山只 3.5 小时车程），那里湖区辽阔、山景动人，还有比武夷山九曲溪漂流更加新奇美妙而耐人寻味的上清溪漂流（漂流距离达 16 公里，用时 3 小时出头，可见数十处美景），所以把武夷山和泰宁大金湖连在一起玩线路全新、感觉全新。本书在后面为您设计了一条这样的游览线路，在稍后还有关于泰宁大金湖景区的详细介绍，敬请参照。

节约旅费的窍门

A. 巧找便宜的住处

度假区内有多家宾馆，条件好但价钱贵，欲找干净便宜的住处可从度假区向北走（跨过河上小桥）300 米到兰汤村，这里有许多个体宾馆带电视、卫生间、空调的双人房间只收费 40~50 元，不开空调可降至每间 20~30 元——当然条件一般。

B. 巧找便宜餐厅

度假区有名的食品一条街店铺林立（有餐厅数十家），美味佳肴多，其菜价与北京、上海等大城市比已经不贵，眼镜蛇餐砍价后不过 60~70 元/份，九曲溪全鱼 25~30 元/条，肉炒竹笋 15 元/份。但还有更便宜的地方——从这里向西向北走 200 米，来到三菇老街区，这里的小餐馆中的肉炒青菜约在 10 元钱一份，汤 1~2 元一碗，花 10 元钱出头可以有酒有菜有汤有饭，能吃个肚圆。

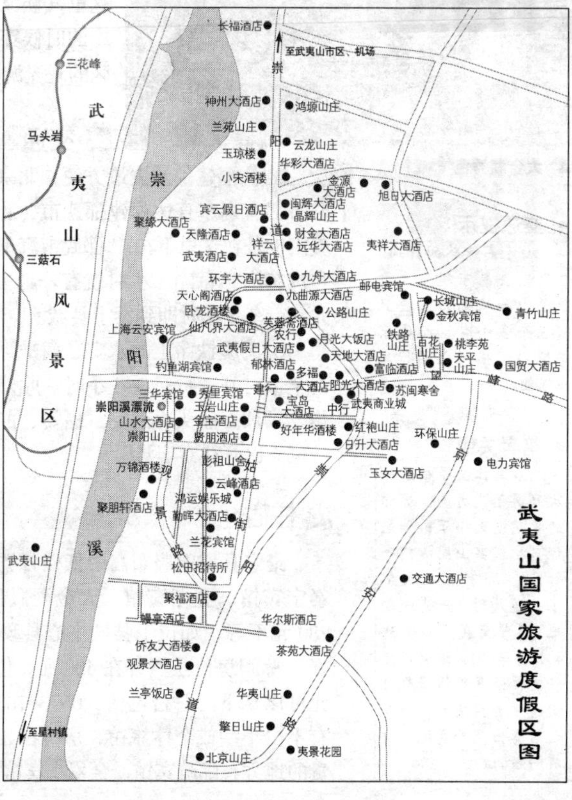

武夷山国家旅游度假区图

泰宁大金湖

电话区号	0598
泰宁县旅游局	7833821
金湖管委会	7833822
湖缘旅行社	7898975

泰宁位于福建西北部的广袤群山中，这里山川壮阔、河流纵横、古迹遍布、风光绮丽，全县有被当地人统称为大金湖的丹霞金湖、猫儿山、上清溪、状元岩、古城及尚书第、九龙潭、寨下大峡谷和地质博物苑八大景区共数百处美景，山光水色相映颇为神奇诱人，是八闽大地上冉冉升起的山水名胜灿烂新星。

▲ 大金湖秀色

气候与游季

大金湖地处闽西北山区，气候温和，舒适宜人，四季皆宜游览。夏季这里气候凉爽，是避暑佳境。冬季最冷的时候穿毛衣加外套即可，各大景区的观光游览都可正常进行。

交通

A. 从福建邵武去最方便，北京、上海、广州、武汉等大城市都有列车直达福建邵武市（系开往厦门的列车，欲去武夷山也是在这里下车）；邵武市汽车总站（与火车站隔街相望）和汽车南站每隔 1 小时就有一趟去泰宁的客车，票价 20~22 元，行车 2 小时即到泰宁县城。

B. 鹰厦铁路上的永安、南平等市县每日均有多班汽车同泰宁市对开，行车 3~4 小时。此外，厦门、福州、泉州、广州、深圳、汕头、南安、福安、古田、长汀等地每天至少有一班大巴开往泰宁县。

• 交通提示

由于高速路的开通，自驾车去泰宁观光太方便了，如从南昌前去只需 3 个多小时，而泰宁与厦门、福州之间行车亦很便利。

• 笔者关照

如果你去了福建一次只游了武夷山，那你的收获就太小了；如果你只把武夷山同厦门一起玩，那有点儿太俗了。还是到泰宁走一趟吧（泰宁离武夷山只 3~4 小时车程），这里风光壮丽、景区风格多样且交通、食宿便利，游览之后喜出望外是绝对没有问题的。

住宿

泰宁县城内遍布高中低档各类宾馆招待所，高档宾馆有泰宁宾馆、金湖宾馆、大金湖假日饭店等，标间收费 120~280 元不等，如位于县城中心县政府附近的金湖宾馆条件很好，标间房价虽然开在 480 元，但一般时节打折后 120~180 元可以拿下。总台电话：0598-7831866。县城中心干道上亦有不少小型或个体旅馆，房价在 30~60 元。条件好而价格不贵的地方有邮政宾馆、金岁小宾馆等。

旅途中　旅游锦囊

推荐便宜实惠的住处

①金岁小宾馆，是家庭宾馆，空调、彩电、独卫一应俱全，24 小时热水可供洗澡。且卫生条件很好，双标间 50~80 元。笔者强力推荐。电话：0598-7881668。

②位于泰宁县宾馆西侧的党校培训中心（又称金溪寒舍），客房干净整洁，淡季双人标间房价打折后只收 80~100 元。电话：0598-7838351。

推荐便宜实惠的用餐方式

泰宁街头有不少小型家庭餐馆，荤菜 10~12 元钱 1 份，素菜 3~5 元 1 份，米饭 2 元钱管饱，15 元钱出头可吃得满嘴流油。

当地交通

泰宁县城内的交通工具主要有出租车和摩的、板的 3 种，出租车 5 元起价，摩的和板的起价 2 元钱，非常便宜实惠，此外还有各类微型车开往周边村镇和主要景点。大金湖距县城约 9 公里，从客运总站乘中巴去人均票价 8~10 元，在大街上包一辆“摩的”可乘 2~3 人去金湖，车票约需 25 元。从客运总站乘中巴去上清溪（过路车）人均车费 4~6 元，包一辆微型车去上清溪车费约需 30~40 元（可乘 5 人）。

主要景点

丹霞金湖　辽阔壮美

丹霞金湖是大金湖景区中的主景和核心，它是由金溪河上高筑水坝修建电站后形成的大型人工湖。湖区从泰宁县城延伸到电站大坝，全长达 62 公里，所以又有“百里金湖”之美称。丹霞金湖的水面非常辽阔，湖水亦非常碧绿清澈，湖边群峰绵延、怪石林立，多溪泉飞瀑和熔岩洞穴等美景。像落差近 20 米宛如珠帘垂悬的天际瀑布，水声轰鸣、直泻金湖，周围形成了近百平方米的朦胧水雾；像湖滨著名的古刹甘露寺，它由全木结构制成，寺体一边搭嵌在山岩上，一边只由一根细长的立柱凌空支撑，真可谓是“一柱悬空、不假片瓦”，其建筑风格和方式，与我国著名的北岳恒山悬空寺异曲同工；大赤壁是屹立在金湖边的一座赭红色巨型平面山崖，高约百米、宽近 500 米，壁直如削、气势恢弘；而湖区最令游人寻味和流连的地方要算是水上一线天了，它是一个狭窄而幽深的峡谷，两侧的山崖陡峭直立高达数百米，而中间夹峙的水道只有两三米宽，游人随游船进入其间只能向上遥望到一线天空。除此之外，金湖两岸还有圣象汲水、金龟入海、二僧听经等多处佳景。

金湖游览示意图

福建省

- **金湖游乐**

金湖距泰宁县城约9公里，有各类机动车20分钟可到，一日游船票130~160元，若上午9点出发，下午3点才能返回码头。

中午到水上餐厅就餐时，菜谱上有许多一般人没听说过的美味。别抠门儿，好好"撮"一顿，基本物有所值。

金湖一日游欢乐开心

在当地旅游部门的精心安排下，游客乘船游览丹霞金湖的方式和程序也非常活泼生动：先乘船到对岸观赏天际瀑布并到瀑布后面的度假村观看民族歌舞，然后登岸细游古刹甘露寺，而后在船上观赏鸳鸯湖、情侣峰、大赤壁等美景，之后到水上餐厅品尝各式湖鲜美味，饭后再乘船观赏一线天奇观和猫儿山秀色，最后从铁索悬桥处返回。整个游程虽长达6个多小时，但动静相间、张弛有度，能见到多处美景却又玩得十分轻松舒适。

▲ 猫儿山奇峰俯瞰金湖

猫儿山奇峰俯瞰金湖

金湖湖滨有许多形状奇异的岩石山岭，屹立在湖区西南的猫儿山就是其中的佼佼者，它因山顶的岩石酷似一只猫头的形状而得名，轮廓鲜明、造型生动，是全湖各景区中最漂亮奇特的山峰。现在猫儿山已被开辟为森林公园，游客既可在这里观赏近百种奇花异树，追寻各类野生动物的踪迹，也可登上山顶，俯瞰辽阔壮美的金湖全貌。

- **猫儿山奇峰俯瞰金湖**

猫儿山在金湖的西南侧，金湖一日游的船只午后1点左右从山下经过，游客可弃船上岸登猫儿山观景，再自己找过路车返回泰宁县城。

¥门票44元。

上清溪漂流妙趣横生

如果把金湖比作闽西北群山密林中的宝石，那上清溪就是连缀这块宝石的一条彩带，而当地盛行的上清溪漂流则更是让人流连忘返。

上清溪全长50余公里，其中漂流距离为16公里。这里的溪水湾多、流急、潭深、峡窄，两岸尽是高山密林、悬崖峭壁和奇花异草。漂流上清溪最让游人感到兴奋的一是游览距离长(约比武夷山九曲溪的漂流距离长一倍)，见到的美景多，按照

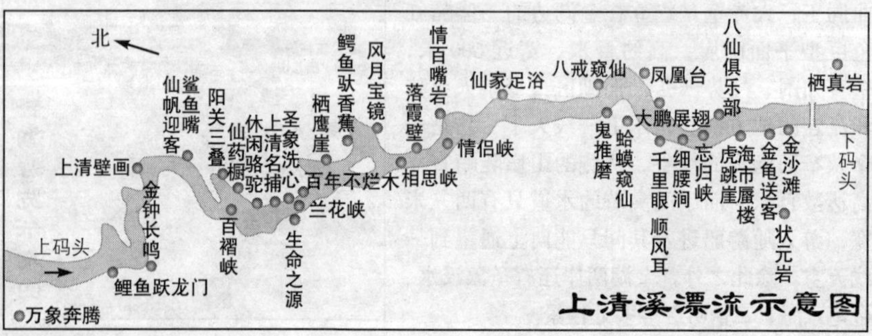

上清溪漂流示意图

当地人的顺口溜儿说就是“漂过了三十三里路，见到了四十四景、五十五岩、六十六峰、七十七湾、八十八滩和九十九曲”；二是上清溪虽然溪水欢流但河道特窄，宽处不过十余米而最窄处不过两三米且弯道甚多，游客乘的竹筏就在这梦幻迷宫般的深山峡谷中钻来绕去，让人深感幽深婉转和新鲜神秘。

状元岩和尚书第

泰宁境内还有状元岩和尚书第两处重要景点——前者紧邻上清溪漂流下竹筏的码头，据说是南宋时期泰宁著名的状元邹庆龙隐居山中发奋读书的地方，有状元谷、晒经崖、天梯石栈等山间美景已开发开放供游客登高观览；后者尚书第是明朝兵部尚书兼太子太师李春烨的府第，它位于泰宁县城中心，占地6000平方米，有气势恢弘、建造严整气派的殿堂120余间，宅内的庭院、花厅、回廊和住室大都雕梁画栋，工艺精湛，是中国明代民居建筑的精品。

九龙潭

与上清溪、状元岩两景区相邻，因九条蜿蜒如龙的山间溪水注入而得名。九龙潭长约5公里，山水秀丽、幽深宁静、风光迷人。

寨下大峡谷

在泰宁西部建泰公路边的寨下村，由悬天峡、通天峡、倚天峡三段峡谷组成，其间遍布赤壁、洞穴、山间湖泊，有“中国地质公园样榜”之称。

▲ 上清溪漂流

- **上清溪漂流妙趣横生**

从县城乘各型微型车40分钟后可到漂流码头，竹筏票95元/人，每条筏可乘6人，漂流时间3小时出头。据说有的朋友前后共漂过五六次仍然意犹未尽，足见上清溪漂流的感觉是多么奇妙动人。

- **状元岩和尚书第**

漂完上清溪，一上岸步行8~10分钟就看见了状元岩景区的入口，景区内风光很美、丹霞奇观多姿很有观赏价值门票34元；尚书第宅院很气派，很值得一看，它就在县城中心，门票40元。

- **寨下大峡谷**

从泰宁县城乘客车可到景区道口，下车后步行10分钟即到景区大门。

¥门票55元。

- **九龙潭**

从泰宁县城开往上清溪的客车路过九龙潭大门。门票加竹筏漂流共55元。

旅途中

景区亮点闪击及精彩回放

①金湖一日游光是游船行驶往返就需要6个多小时，真是豪迈壮游尽览佳景。

②几年前香港著名摄影家陈复礼老先生到金湖摄影创作，历时7天光胶卷就拍了200个，想想金湖该有多少美景呢！

③翻遍以前的书报资料，都说中国只有三座悬空寺，分别在北岳恒山、河北苍岩山和云南西山，这真是一个错误。金湖边上的甘露寺就是名副其实的第四座，且与恒山悬空寺异曲同工。

④金湖上的一线天狭长而美丽，但它是个死胡同，据说湖上的所有游船都是根据一线天的宽度量身定做的，再“胖”一点就开不出来了，乘船进出一线天非常艰难曲折但又令人备感神秘开心。

新奇发现

新奇发现：漂上清溪比漂武夷山九曲溪更开心

本以为在武夷山漂过九曲溪就算过了最高档次的“漂流瘾”了，没想到上清溪漂流更快活、更开心、更诱人！武夷山九曲溪漂流只有9公里，而泰宁的上清溪漂流距离达16公里（几乎长了一倍），在九曲溪竹筏只漂过了9道弯，而上清溪有99道弯，把人都转晕乎、转糊涂了。漂过九曲溪后游客能把两岸的山水景点记个一清二楚，而漂过上清溪后你可能什么也记不住——因为沿途弯道太多、奇峰怪岩太多、奇花异草太多，你看清了前面的可能就看不清后面的，而记住了后面的又可能忘记前面的，真是不知所措，顾此失彼；漂过了九曲溪后你感到的八成是心满意足，而漂过了上清溪后最大的感受就是不知足，觉得没把途中的佳景看够，马上就想漂第二回！

各位旅游爱好者朋友，去福建后千万别觉得漂过了武夷山的九曲溪就万事大吉，泰宁县的上清溪漂流感觉更美。它是一条奇妙的溪水，能带给你永恒的美感和回味！

游程安排

三日游览最合适

D1：上午去大金湖乘船游览，6～7小时后返回，其间可览天际瀑布、甘露寺、情侣峰、大赤壁、水上一线天、虎头寨、猫儿山、水上斜线天等数十处景点，黄昏时游览县城内的古城和尚书第，夜宿泰宁。

D2：上午漂上清溪，游览距离达16公里，历时3小时，中午上岸后游状元岩，下午乘船游九龙潭。

D3：上午去寨下大峡谷参观门票55元。下午返回县城后看地质博物苑（门票19元）。

依上述行程安排，您可在三日内畅游泰宁的八大主要景点，获得异常精彩圆满的观光感受。

可以变通的玩法

第一天乘船游湖时可在铁索大桥处自行上岸去游猫儿山，从山顶俯瞰金湖壮景，然后自己下山找过路车返回泰宁（湖上游船不等人），这样可多玩一个主要景点。

发烧友特别关照

乘船游丹霞金湖、坐竹筏上清溪漂流是泰宁旅游的两大快事，一个辽阔壮美，一个曲径通幽，二者都很美，缺一绝对不可。游毕上述两景后还可关注猫儿山、状元岩、尚书第、九龙潭、寨下大峡谷等其他景点（寨下大峡谷和九龙潭风光很精彩）。

鲤鱼溪 九龙漈瀑布

电话区号 0593
周宁县旅游局 5622227
旅行社 5630366

在福建省周宁县县城以西约 5 公里处，有一处国内仅有、世间罕见的奇观妙景鲤鱼溪，这里碧溪欢流、古桥成群、绿树成荫，清澈的溪水中游动着一两万条肥壮且五色缤纷的大鲤鱼。鱼光水色相映，风景旖旎而动人。

红鳞逐浪 美不胜收

鲤鱼溪长仅 1 公里，但溪水中竟然生活着 1 万余条鲤鱼，它们密密麻麻，成群结队，红、白、粉、墨相间的鲤甲与碧绿流水相融相衬，把整条鲤鱼溪装点得缤纷美丽且特别生动活泼迷人。如果游客在岸边抛撒饵料，顷刻间就会有数十条或数百条鲤鱼闻声闻讯闻食而来，如果此时按下快门，那肥鱼成堆彩鳞闪烁的画面一定很美丽很诱人。

▲ 鲤鱼溪旁的鲤鱼公园

人鱼同乐 快活欢欣

鲤鱼群在这条溪水中的欢快生活史迄今已经有 800 年之久，相传宋代时候古人在此蓄水养鱼，起因是希望让鱼群衔食杂物、澄清水源，之后，当地人养鱼爱鱼护鱼的风俗和传统就一直流传下来且随着时间的延续而愈发严明，这里的人以护鱼养鱼为荣，以捕鱼杀鱼为耻，所以时至今日，鲤鱼溪上就形成了这万鱼同游、人鱼同乐的动人场面。

鲤鱼溪中的鲤鱼非但不害怕人不远离人相反与人亲近，这里随处可见顽童在清溪中与鱼群同玩耍、共嬉戏的场面，村民们到河边淘米、洗菜、刷锅、刷碗时更是鱼群结队觅食的好时机，玩到高兴时、吃到高兴时它们没准儿还会跃出水面，既在溪水上砸出层层扩散的圆形波纹，也把晶莹剔透而清凉的水珠水花泼洒给喜欢和爱护着它们的人。

- 游览指导

①交通

从福州西客站乘直达客车 5~6 小时可到周宁县，票价 170 元。亦可从福州乘车先到宁德，宁德到周宁的车大约 1 小时一班 3.5 小时可到。另外从福鼎市乘车去周宁也方便，2 小时即到。

②住宿

周宁有多家宾旅馆，高、中、低档俱全，位于城中心的周宁宾馆条件好但价格适中，双标房 120~200 元/间。马路对面的邮政宾馆更便宜实惠。

③游览

从周宁县城坐摩的车票 7~8 元，一会儿就到 5 公里外的鲤鱼溪，在这里探奇、观景、拍照，2 个小时可玩得特别开心。门票 60 元。

▲ 鲤鱼溪沿岸风光

• **九龙祭瀑布**

游客可先到周宁，再换乘当地机动车前去(途径七步镇)。请注意不要在一天当中太早或太晚的时候去，那时游客少所以瀑布的水也小(水量由景区人工控制)。

¥门票 60 元。

• **鲤鱼溪观光要点**

分别有鲤鱼溪中心河段、鲤鱼公园、鱼冢、古宗祠寺庙等。

• **鸳鸯溪**

屏南县城有机动车去往鸳鸯溪，并可包车前往。

¥门票 50~60 元。

• **屏南白水洋**

屏南县每日有几班客车到景区大门入口处。也可从屏南或周宁乘车先到景区入口处，再换车进去(景区道口离大门有 4 公里路)。周宁县每天中午 11：20 有客车直达白水洋道口，100 分钟可到。

¥门票 80~95 元。

• **白水洋景区住宿**

客房部电话 0593－3458188。

▲ 鲤鱼公园一角

溪边美景　古朴诱人

鲤鱼溪边的浦源村民风淳厚且风光原始古朴，溪水两岸的民居富有显著的明清乡居建筑特色。村中有年代久远的古老宗祠，有建造严整的道教庙宇，有碧波荡漾的湖泊，有造型美观的亭台桥榭，更有成片的绿竹和枝干苍劲的参天古树。远道而来的游客在这里观群鱼，览美景，定会玩得特别快乐开心。

周边景点

九龙祭瀑布

周宁县城东南 13 公里处的大型瀑布群，上下共九级，总落差达 300 余米，其中最大的一级瀑布高约 46 米，宽约 55 米，景色壮美，现为福建省级风景名胜区，颇具观光价值。

▲ 屏南白水洋

鸳鸯溪

屏南县东北部深山密林中的清澈山溪，全长约 14 公里，这里不光是我国唯一的鸳鸯保护区，还有大片的原始次生林和杜鹃花海，湖光山色与美丽禽鸟群交相辉映，绮丽而动人。

屏南白水洋

是闽北山水奇观，地处鸳鸯溪的上游，两岸是石峰和山林，中间是宽阔溪流，水中有数块巨石，最大的一块面积达 1 万余平方米，能铺满河桥，石面非常平坦，上有山溪清流漫过，游人涉水过溪，水深仅能没过脚背，脚下银花翻卷，迎面清风习习，令人舒适惬意。

福州

电话区号	0591
福州市旅游局	83355312
旅游咨询	83370073
消费者协会	83335684
出租车投诉	83313000

福州——福建省的省会，因全城长满高大浓密的榕树，所以又被称为“榕城”。这里依山傍海、气候宜人，山水风光虽然比鹭岛厦门稍逊一筹，但仍有数处滨海名景，其中最有特色的是“三山”和西湖。此外，福州全市有涌泉、西禅、林阳、地藏、万福、雪峰六大重点寺院，宗教文化非常丰富。到福州旅游，以涌泉寺为重点的鼓山线和以西湖为中心的市区名园线是观光要点。

气候与游季

是亚热带海洋气候，温暖宜人。3~4 月气温稍低，有时有雨；5~9 月为夏季，气温高、雷雨台风多；10~11 月为金秋时节，阳光明媚天气甚好，应是游览佳季；12 月至来年 2 月为冬季，但无严寒，穿毛衣即可，旅游仍可照常。

▲ 福州西湖一角

交通

航空

福州长乐国际机场现已与北京、长沙、成都、重庆、广州、桂林、贵阳、海口、杭州、长春、哈尔滨、大连、合肥、香港、黄山、黄岩、济南、昆明、兰州、澳门、南昌、南京、南宁、宁波、青岛、上海、汕头、沈阳、深圳、乌鲁木齐、温州、武汉、武夷山、厦门、西安、张家界、郑州通航。

铁路

福州站与北京、昆明、重庆、广州、南昌、青岛、武昌等地有直通列车，另有短途和旅游列车开往武夷山、上饶、永安等地。从福州到厦门乘高铁车程只需 2 小时。

- **民航问讯**

华榕广场售票处电话：0591-83357158，五一中路电话：0591-83345988。

- **铁路问讯**

电话：0591-87050222。

- **福州周边的新景**

值得关注的是永泰的青云山和闽侯的十八重溪。其中青云山有青龙、白马山溪和九天瀑布等六大景区，而十八重溪有的地方山水风光可以同庐山媲美。上述两大景区距福州均只有 1 小时车程，是在福州当地具有知名度的观光新热点。此处距福州 3 小时的平潭县海坛岛也有一些海滨礁石奇可供观览。

公路

福州公路交通极为方便，每日有数百班客车发往省内各地。从这里南下厦门、泉州，北上温州、宁波，西去南平、三明都非常方便。其中到泉州和厦门只需2.5~3.5小时。

水运

客轮可直通上海、厦门、南平、香港等。

台江港客运站/江滨路问讯电话：0591–83277568；马尾港客运班轮航班问讯电话：0591–83682344。

住宿

福州作为省会城市，各类宾馆酒店及普通旅馆招待所一应俱全。二星、三星级酒店有黄金大酒店（电话：0591–87577688）、供销大厦（电话：0591–87562241）、铁道大厦（电话：0591–83357782）等，房价比厦门便宜得多。

欲住条件尚好的招待所可考虑福州大学专家招待所，从火车站乘5路公汽换961路即到，有60~80元带卫生间的房间，没有卫生间的单间房价在30~50元之间，电话：0591–87893374。

餐饮、美食

福州的餐饮业红火兴旺，特色菜肴亦很多。代表性的风味菜有佛跳墙、荔枝肉、八宝书包鸡、醉排骨、琵琶虾、荷包鱼翅等。其中佛跳墙是由鱼翅、海参、干贝、鲍鱼、香菇等18种原料制成，营养丰富而味道鲜美，是闽菜中的招牌和明星。在福州市内著名的老字号聚春园可以吃到味道正宗、外观气派的佛跳墙，当然价钱绝不便宜。此外福州的素菜也很有名，涌泉三丝、石鼓三鲜、南海金莲等著名素肴都在当地享有盛名，游客登鼓山时可在名刹涌泉寺内品尝（但素肴价格亦惊人）。

主要景点

鼓山

因山顶有巨石形状如鼓而得名，海拔881米，巍然屹立在福州市南郊的闽江入海口，山姿巍峨，林木苍翠，是福州风光最美、名气最大的山

- **汽车客运**

长途汽车北站，电话：0591–87580118；

长途汽车西站，电话：0591–83773153。

- **从市区到机场**

五一广场旁的民航售票处有专线车直达，车程约1小时，车票20元。

▲ 鼓山涌泉寺

- **从福州去泉州、厦门**

福州南、北客运站都有大巴、中巴直达，另外闽江饭店门口亦是上车点。从福州至泉州行车2.5小时，车费55元；至厦门行车3.5小时，车费80~90元。另外福州到厦门的高速铁路已通车，车程两个小时。

- **购物**

工艺品和土特产有寿山石雕、福州软木画、脱胎漆器、平潭贝雕、福州玉雕、八宝印泥、乌龙茶、半岩茶、片仔癀、荔枝、果仁、肉松等。主要商品街有八一七路、津泰路、中亭街、五一路、台江路、五四路等。

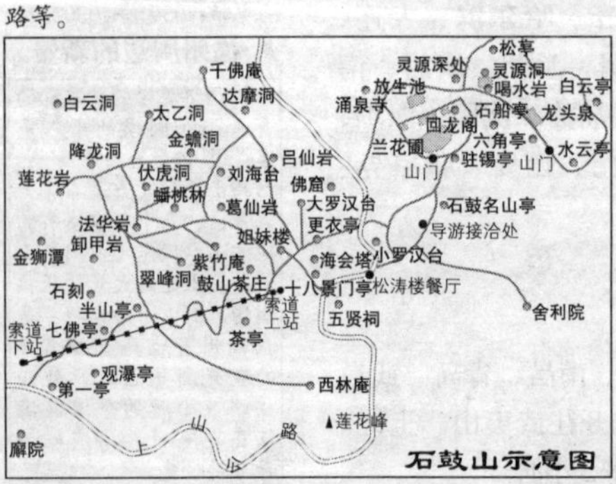

石鼓山示意图

岳佳景。鼓山的游览线路分为东、西、南、北四条。山上的最佳景观是古刹涌泉寺，寺内香火旺盛，寺外山泉奔涌，四周长满浩瀚如海的油松、马尾松林。登上鼓山之巅，还可畅览江海一色的闽江入海口风光。

于山

地处福州市中心，山形如巨鳌，有览鳌亭、倚鳌轩、应鳌石等六鳌胜迹，还有九日台、狮子岩、小华峰等24景。最高峰鳌顶山巅是俯瞰福州全貌的观景佳境。

西湖

位于福州市区西北，是迄今福州城内保存得最完整的一座古典园林。由三个小岛和柳堤桥、飞虹桥、玉带桥、步云桥、鉴湖亭、芳沁园等精美亭、桥、阁、榭组成。园内总面积达45公顷，波光粼粼、绿柳成荫，是一处玲珑精致的城市园林佳景。

开元寺

福州最古老的佛寺之一，初建于公元549年，唐代兴盛时曾有僧侣数百人。寺中现存诸多文物珍品，其中900余年前用蜡铸法浇铸的“阿弥陀佛”大铁佛像重达10万斤，重量堪称全国之最。

三坊七巷

是福州市中心南后街从北到南依次排列的十余条坊巷的概称。三坊分别是衣锦坊、文儒坊、光禄坊，七巷分别是杨桥巷、郎官巷、塔巷、黄巷、安民巷、宫巷、吉庇巷。这里是始建于唐宋而迄今保存得最完好的福州市内古民居群，多青石板路和青瓦飞檐的古屋，此地孕育过严复、冰心、邓拓等诸多历史文化名人，是当今福州城中不可多得的寻古佳境。

• 鼓山

从福州市区乘39等多路公汽可到，五一广场旁亦有客车直抵鼓山。

¥鼓山涌泉寺门票40~50元。

各路公汽只能到达山下的鼓山下院，之后必须坐专线微型车上山到涌泉寺，行车20分钟，车费6元。

• 于山

乘2、8路公汽可到。

¥门票免收。

• 西湖

乘1、810、811等多路车可到。

¥门票免收。

• 开元寺

¥门票免收。

• 三坊七巷

在福州八一七北路、通湖路、杨桥路之间，有多路公交车可到。步行前去亦可。

推荐游程

三日游

D1：鼓山、涌泉寺、摩崖石刻、马尾港、罗星塔公园、近代海军博物馆。

D2：于山、西湖、开元寺、左海海底世界、江滨公园、金牛山公园。

D3：三坊七巷观光，五一路、台江路、八一七路购物。

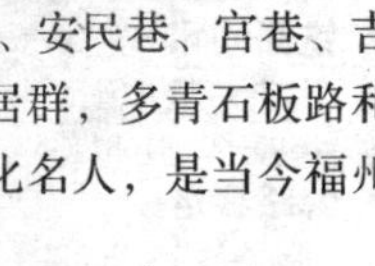

▲ 福州园林美景

泉州

电话区号	0595
消费者协会	22113315
旅游咨询	87338788
泉州市旅游局	22168089

泉州位于厦门东北方约80公里处，是著名侨乡，古时即是“海上丝绸之路”的起点，亦是国务院首批公布的历史文化名城。这里自然风光优美，人文佳景荟萃，华夏古文化风韵浓郁，全市有50余处文物保护单位，有“地下文物看西安，地上文物看泉州”之称。主要景点和名胜有清源山、开元寺、清净寺、状元街等。

▲ 开元寺远景

气候与游季

亚热带海洋季风气候，温暖湿润。冬短无严寒，夏季日照强烈，时有雷雨台风，每年4~11月游览更佳。

交通

- 民航问讯

晋江机场，电话：0595-85694600；民航售票处，电话：0595-22182573。

- 铁路问讯

火车站问讯处，电话：0595-22681681。

- 公路客运

长途车站营业处，温陵路，电话：0595-22284141。

旅游汽车公司，温陵路，电话：0595-22284989；电话预订汽车票，电话：0595-22582914。

▲ 石狮海滨风光

航空

晋江机场位于晋江市（青阳镇）东环路东侧，距泉州12公里，现已与北京、长沙、成都、广州、杭州、上海、深圳、温州、武汉、舟山、珠海通航。

铁路

泉州与武夷山、福州、厦门间有列车相通，由泉州发往武夷山的列车于20:23始发，返回列车于5:45到站。泉州与福州、厦门间的高速铁路已建成并投入运营。

公路

泉州公路交通发达，每日有发往福州、厦门、广州、深圳、温州、普陀山等处的客车。从泉州乘车走高速路1.5小时可到厦门，2.5小时可到福州。

水运

泉州船务公司电话：0595-22598073。

住宿

星级宾馆中的湖心酒店（电话：0595-22282888）、刺桐酒店（电话：0595-22102222）等环境很好，但房价在180元以上。100元左右房价的住处可考虑华侨大学专家招待所（电话：0595-22691776）、市老干部招待所（电话：0595-22387271）等。另外在泉州汽车客运新站附近的温陵南路上有不少房价便宜的中小型宾馆，如华侨之家、粮食招待所等，有30~100元的双人间。

主要景点

开元寺

福建省内最大的寺庙，亦是福建“十佳”景区之一。占地面积达78000平方米，规模宏大且建造精美，与洛阳白马寺、杭州灵隐寺、北京广济寺等名刹齐名。

开元寺中有大雄宝殿、甘露戒坛、藏经楼等名景，耸立在拜亭广场两侧相距200米远的东西石塔是寺中最重要的建筑。古塔塔身雄伟、建造坚固、气势雄浑，其展翅欲飞之形态颇为俏丽动人。现东西石塔已成为泉州市的标志和象征。

洛阳桥

在泉州城东13公里处的洛阳河上，是我国现存最早的跨海梁式大石桥，始建于公元1053年，当时耗银1400万两，大桥全长731.29米，上有44座船形桥墩、645个扶栏、104只石狮，原始古朴而又精美凝重，是我国古代劳动人民勤劳智慧的结晶，与北京卢沟桥齐名。

清源山—老君岩

清源山亦称北山，是泉州城北的天然屏障，海拔498米高，被誉为“闽海蓬莱第一山”，亦是著名的泉州十景之一，历来是外地游客光临泉州城的必观之景。

清源山层峦叠嶂、壑洞深幽、妙景天成，其中坐落在左峰罗山和武山下，由天然岩石雕成的高5.1米的老君坐像造型生动逼真，是国内最大的道教石雕像，亦是清源山上有代表性的主景。

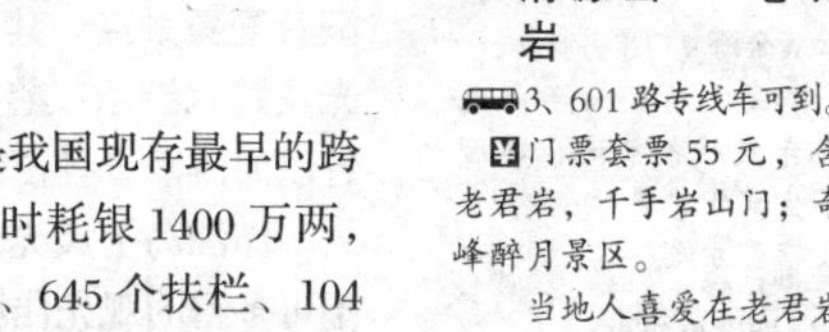

泉州旅游示意图

- **去石狮观光**

从泉州乘客车车费8元，1小时时间就可到石狮，观光要点有中国最大的服装和小商品批发市场以及黄金海岸景区等。

- **市内交通特别提示**

有数十条公交线，还有一趟旅游专线车601路往来于市内各主要旅游景点之间，很方便。

- **开元寺**

2、601路车可到。

门票10元。

▲清源山——老君岩

- **洛阳桥**

19路车可到。

- **清源山——老君岩**

3、601路专线车可到。

门票套票55元，含老君岩，千手岩山门；奇峰醉月景区。

当地人喜爱在老君岩观光时摸“老君”的鼻子，据说可消灾免难，咱们就入乡随俗，效仿一回吧。

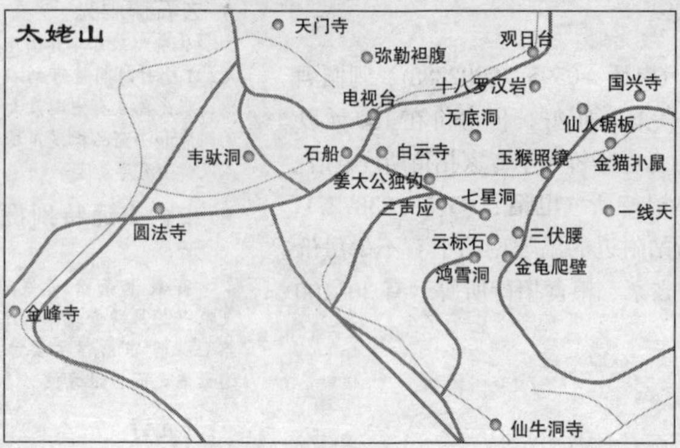

清净寺

于公元1009年仿照叙利亚大马士革伊斯兰大礼拜堂建成，是我国现存最古老的伊斯兰教寺，亦是我国与阿拉伯各国人民友好往来和文化交流的历史见证，寺内有明成祖颁发的保护伊斯兰教清真寺的《敕谕》石刻等珍贵文物。

- **清净寺**

就在市中心华侨大厦旁，步行即可。

¥门票3元。

- **湄洲岛**

可从泉州、莆田乘汽车先到湄洲湾的文甲码头，再从文甲港码头换轮船前往。

¥岛上景区门票50元，轮渡往返18元，妈祖文化园门票30元。鹅尾神石园和黄金海滩门票另收。

岛上有公交车和观光车发往各景地，亦有不少宾馆、餐厅，观光、食宿皆方便。

周边景区

湄洲岛

是莆田附近海面上的美丽岛屿，林木葱郁，气候温和，有纯净沙滩和碧澈海水，是度假胜地。岛上的妈祖庙金碧辉煌、香火旺盛，朝拜者甚多，在东南沿海享有盛名。庙后有雕有巨字的石刻岩石，站在石上可览海波鸥影，聆听涛声潮音，意境很美。

除了妈祖庙外，岛上还有黄金沙滩、鹅尾神石园、湄屿潮音等新景点。其中黄金沙滩海景壮阔、沙滩宽坦，适合观光及嬉水游乐；鹅尾神石园奇石遍布、巧夺天工；而湄屿潮音以海涛潮音昼夜轰鸣悦耳动听令人闻后回味无穷而著称。

湄洲岛上风光优美、环境整洁、治安甚好，是福建省内不可多得的观光佳境。

▼ 湄洲岛风光

福建省

太姥山

电话区号 0593
福鼎市旅游管委会 7820933

坐落在福建省北部福鼎市境内，景区总面积约 92 平方公里，有太姥山岳、九鲤溪瀑、晴川海滨、桑园翠湖、福瑶列岛五大景区，另含冷城古堡、瑞云寺两处独立景点，以山峻、石奇、洞异、溪秀、瀑急著称。仅在太姥山岳景区，就有含 54 峰、24 洞和 360 岩在内的数百处奇景，景区面积约为 24.6 平方公里。是东海沿海一带近年来迅速崛起并引人注目的探险、旅游观光胜境。

▲ 太姥山风光

太姥山观光指导

太姥山山间有五大景区，这里的山、石、洞、溪各景都不错，在山巅见到的云海、日出也很壮丽迷人。与其他名山不太一样的地方是这山上洞多且奇异、曲折、幽深，所以游人进洞观奇探险时应注意带上手电且不要带过多的行李物品，否则洞中行动不便。山上较引人的岩洞有葫芦洞、将军洞、七星洞、一线天、滴水洞等，山上的龙潭湖、夫妻峰、金龟爬壁、仙人锯板、擎天一柱及观日台均值得一看，其中观日台上可览日出及云海奇观（但是一般游客走到就止步了）。

太姥山景区内有不少宾馆、酒店，其中邮苑宾馆、玉湖宾馆条件较好，而山顶的电视台招待所虽然条件一般,但住在这里次日看日出方便，双人间 60 元。太姥山门票 115 元/人。

• 太姥山交通

从上海、杭州、宁波、温州、福州、厦门乘火车可直达太姥山。

另外福州、宁德、温州等城市都有快巴去太姥山所在的福鼎市，之后可经秦屿去太姥山。

秦屿是太姥山进山道口所在地，不论是从福鼎去太姥山，还是从福州或是温州乘过路汽车，都应在此下车，其中福鼎去秦屿的客车极多，30 分钟可到，车费 12 元。到秦屿后再换中巴，车费 8 元。40 分钟后就到太姥山。

旺季福鼎有专线车直达太姥山。

• 推荐太姥山住宿

邮苑宾馆，条件尚好，双标间 100~130 元，是山上最便宜的酒店之一。

• 周边景点

①从秦屿租车 2 小时可到牛栏岗海滨，车费约需 40 元，这里的海滩虽然不长，人烟少、沙滩细白、海水蔚蓝，风光美而有野味，可作大半日观光，景区门票 40 元。

②从秦屿乘客车 18 元 3 小时可到九鲤溪，乘竹筏漂流，沿途可见青山、碧水和诸多茂林野花，能领略开心野趣。竹筏费 200 元可乘 5 人，平日可打折优惠。

永安

电话区号	0598
永安市旅游事业局	3632220
旅行社	3661888
消费者协会	3617315

永安位于鹰厦铁路中段，城市规模虽小，但风光秀美。闽江支流巴溪、九龙溪清流婉转，穿城而过，市区及周边分布着数十处特色鲜明的自然佳景和人文佳景。其中的杰出代表是国家重点风景名胜区桃源洞和鳞隐石林。

▲ 永安桃源洞秀色

交通

永安是鹰厦铁路上的大站，亦是福建中部交通枢纽之一，这里有铁路、公路连接厦门、福州、武夷山、南平、三明等地（几乎所有鹰厦线上行驶的直快列车都在永安停靠）。

市内交通有近30条公交线路，大客、中巴、小巴、摩的俱全，游客出行游览很方便。

主要景点

桃源洞

地处永安城北9公里处的205国道旁，景区面积近29平方公里，由桃源洞、百丈岩、葛里、修竹湾、棕榈潭五大景区组成。峰峦奇雄、涧水娟秀，丹霞风光得天独厚，引人入胜。其中一线天、凤冠亭、跑马岩及幽谷长潭等景点风光之玲珑精美，在福建省甚至全国范围内亦属上乘。

福建鳞隐石林

位于永安市西北13公里处的大湖镇，有许多石柱、石笋、石芽、石锥，似人似物、栩栩如生，是福建省内最美最有名气的石林佳景。

民居奇葩——安贞堡

是建于清末而迄今在福建省保存最为完好的寨堡建筑群，

• 桃源洞

从永安市内客运总站乘中巴，半小时即到桃源洞。

¥门票60元。

桃源洞的地貌地形与武夷山十分相近相似，景区内均以碧水丹山、丹霞风光取胜。只不过桃源洞的景区范围小而集中，所以只在永安作短暂停留者去桃源洞一游非常合适，半天时间可观其全貌，一日游即可玩得异常舒适开心。

• 福建鳞隐石林

从永安市内乘中巴40分钟可到。

¥门票50元。

这里论风光当然比不上云南昆明的路南石林，但在福建境内独树一帜，游过昆明石林的人可以在此止步。

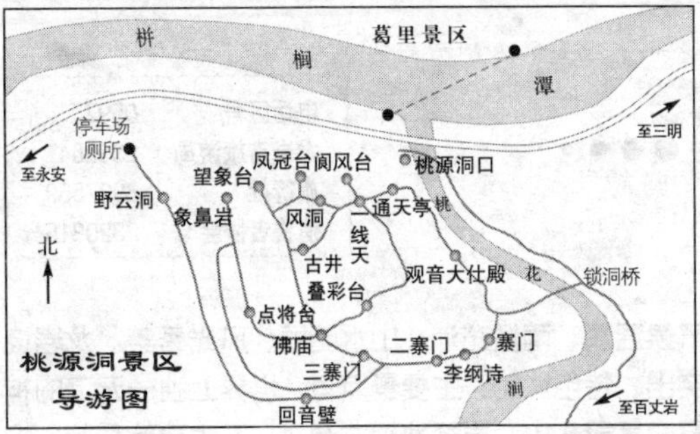

坐落在永安市槐南方洋头村。迷宫般的城堡内有大小房间360间，水井5口，可供千余人居住安身；外侧则有数处敌台和多个射击孔，可对来犯的敌匪予以防御和攻击，是兼居住和防护多重功能为一身的庞大古堡，亦是古代劳动人民高度智慧的结晶。

• **民居奇葩——安贞堡**

¥门票30元。

古堡建筑独具匠心，值得好好观赏玩味。亦可在民居中住宿一晚，二日游更能细览古堡奇观。

推荐游程

在永安游览市区风光有一整天工夫就成。桃源洞绝对应该作为重中之重，它是活脱脱的一座“小武夷山”，风光优美而精巧玲珑。而鳞隐石林只能作为参考景点，它的风光比云南石林差得远。之后有时间可去安贞堡参观，一去一回约需两天时间。

游览提示

桃源洞对面还有葛里等出色景点。游客可视情游览，右图即是游客在桃源洞山巅遥望葛里风光。

葛里景区门票30元／人。

▶在桃源洞看对岸葛里景区风光

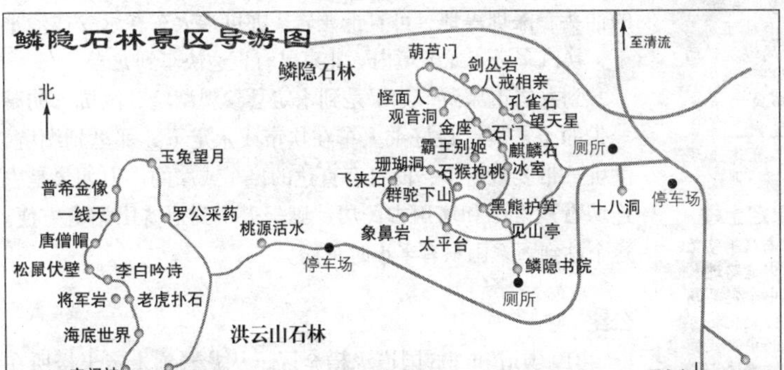

龙 岩

电话区号	0597
龙岩市旅游局	2332647
旅行社	8927559
消费者协会	2320315

龙岩位于福建省西部，这里气候温润、雨量充沛、山水明丽、风光秀美。龙岩境内的自然及人文佳景众多且个性突出、特色鲜明，主要景点有“世界上独一无二的神奇山区民居建筑”永定土楼、丹霞奇景冠豸山、岩溶地貌龙洞、“客家建筑奇葩”培田古民居等。

▲ 冠豸山雄姿

气候与游季

龙岩地处闽西，属亚热带季风气候，年平均气温 18℃~20℃，冬无严寒，夏无酷暑，四季皆宜旅游。

交通

航空

连城（冠豸山）机场过去是军用机场，现已对民间开放，使闽西的交通运输条件大为改观，为来闽西旅游的中外游客提供了极大的方便。

铁路

龙漳、龙坎铁路与鹰厦线衔接，游客从厦门及广东境内的汕头、深圳等地，可直抵龙岩。亦可乘火车在永安或漳平下，换汽车进入龙岩境内。北京已有直达快车到龙岩。

到龙岩市旅游，如果是到永定县参观湖坑、洪坑、初溪一带的土楼群，最好乘火车在坎市或永定下，那里到湖坑、洪坑一带要近得多，而且有直达的班车或摩的。但如果是去连城看冠豸山和塔田古民居，则坐火车到冠豸山站更方便。这个站到冠豸山只有半小时车程。

公路

319 国道和 205 国道纵横全区，从龙岩到永定土楼所在地永定湖坑、洪坑一带有公交车直达，十分方便。也可以先

- **区内交通**

龙岩的市内交通以公共汽车和摩的、面的互为补充，从这里到永定看土楼有直达班车，也可以包车前往。如果包车，车费在 170 元左右可以成交。龙岩汽车站开往湖坑的班车每日有多班，车费 23 元，开行 2.5 小时可到土楼群中心地带的湖坑镇的土楼民俗文化村。

冠豸山和培田古民居都在连城境内，连城有各类机动车直达上述景区。

- **厦门至永定土楼**

厦门湖滨南路车站至永定的客车，中途路过数处土楼群。其中永定县湖坑镇的土楼民俗文化村可视为土楼景观的中心，厦门到此的大巴车费 50 元/人。

到永定，再转乘直达的公交或摩的。龙岩和永安都有客车去冠豸山，而从永安去更显便利。

住宿

龙岩市内和连城县均有诸多宾馆饭店，二星级标准的标房议价后在120~150元之间，中小旅社只需50~60元之间。在永定土楼游览可住当地居民在土楼中或在土楼边民宅中开设的家庭旅馆，一个床位只需15元左右，许多家庭旅馆还可包餐，人均20元可吃得挺好。

主要景点

冠豸山

位于连城县城东1.5公里处，因其主峰酷似“獬豸神兽”而得名。该山平地拔起突兀而立，姿态挺拔而秀美，与武夷山并称为福建境内的“丹霞双绝”。冠豸山共有冠豸山、石门湖、竹安寨、旗石寨、九龙湖五大景区，仙女岩、翠岛、三叠潭、鲤鱼背、五老峰、一线天、仰云亭等数十处名景，其中冠豸山主峰和石门湖紧紧相依，是游览的精华和核心，而九龙湖和竹安寨则是近年引人注目的观光新热点。

培田古民居

在连城县西南约36公里处，村内30幢古老华屋、21座古宗祠、6处书院、2座牌坊及1条千米古街保存甚好，客家建筑风格独特鲜明，极具考古及观赏价值，是闽西深山中“养在深闺人未识”的难得人文佳景。

永定—南靖土楼群

在福建龙岩地区的永定县和漳州地区的南靖县境内，分布着许多造型风格奇特的客家民居建筑群，它们被称为“永定南靖土楼”，其中仅永定全县就有圆形土楼360座、方形土楼8000余座，规模之大令人惊叹。

▲ 石门湖秀色

- **当地住宿**

①闽西宾馆，准三星级，龙岩市中山东路，电话：0597-2323240。

②金叶酒店，龙岩西安南路，二星级，电话：0597-2213588。

③连城大酒店，连城县内，三星级，电话：0597-8935666。

④八一宾馆，连城县内，二星级，标间140元。

- **冠豸山**

从连城县城乘摩的，车费3~5元，15分钟即可到冠豸山山脚下或石门湖入口处，景区联票90元。竹安寨门票另收。

- **培田古民居**

连城县城客运站有中巴直抵培田古民居，车费8~10元，行车1.5小时。古民居门票20元，导游服务费20元。

- **永定南靖土楼**

从厦门去永定土楼应乘直达客车，而不必乘去龙岩的车，那样反而绕远。厦门到永定土楼的直达车车费60余元，3小时可到。从广州方向去永定土楼可先乘火车到永定，再换去湖坑镇的土楼民俗文化村。从北方前去可先乘火车或汽车，到龙岩市，换乘汽车2小时即到永定湖坑土楼民俗文化村的村口。

¥土楼民俗文化村门票50元。其他土楼要另收门票。

▲ 冠豸山山景

永定及南靖的圆形土楼是客家民居的典型代表，土楼很大很圆，犹如从天而降的“巨型飞碟”。每座楼都由 2~3 圈组成；外圈有四层，有一二百甚至三四百个房间；二圈一般有几十个房间，每座土楼即可居住数百上千人。土楼内居室、厨房、餐室、水井、浴室、仓库一应俱全，并有完善的防火、防盗、防震设施，许多土楼内还有瞭望台和射击孔，用来防范打击来袭的敌人。永定土楼在设计建造上颇具匠心，因此被称为“世界上独一无二的神奇山区民居”，其中有代表性的有振成楼、环极楼、福裕楼、承启楼。“东倒西歪楼”、初溪土楼群和田螺坑土楼群等。土楼观光注意事项后面有详细介绍。

龙硿洞

在龙岩市新罗区雁石镇龙康村，形成于 3 亿年前，洞深 2000 余米，分为上、中、下三层，洞内曲折迂回，奇异山岩和地下暗河穿插交织、变幻无穷。岩洞外风光也很秀美，山峦起伏、翠竹成林，且有龙须瀑、睡狮岩、龙潭湖等景点，有“华东第一洞”之称。

▲ 冠豸山鹰冠石

福建省

发烧友特别关照

①永定、南靖土楼结构奇特，当地民俗亦很新奇迷人，值得一游。

②土楼参观收费标准如下：湖坑镇洪坑村的振成、福裕、如升、奎聚4个楼收费90元（联票），高北村的承启楼门票50元，南溪土楼群收费50元。初溪土楼群门票70元。“东倒西歪楼”门票5元，田螺坑土楼群100元。土楼云水谣古镇90元。华安大地土楼群90元。

③冠豸山有山有水且山水相依，风光水平虽然比不上武夷山，但是该地的培田古民居历史悠久且建造精湛，游人可在导游陪同下仔细观览。

推荐游程

①永定—南靖土楼二日游

D1：上午湖坑土楼群观光（湖坑土楼民俗文化村内有环极楼、振成楼、如升楼、福裕楼4座主要土楼和几十座其他土楼）。下午游高头镇高北村的承启楼，南靖县书洋镇田螺坑村的“四菜一汤”楼和不远处的“东倒西歪楼”。

D2：游初溪土楼群和南溪土楼群。

②冠豸山二日游

D1：冠豸山→石门湖→连城县城（住宿）。

D2：从连城县城出发参观培田古民居。

- **土楼观光中心**

笔者认为是永定湖坑镇的土楼民俗文化村，这里位置居中，交通便利。

- **土楼游览**

各处土楼并不紧挨着，租辆机动车或摩的2天之内可以看到主要的几处，顺序可按第一天看永定县湖坑土楼民俗文化村、承启楼、南靖县书洋镇田螺坑土楼群（晚上回湖坑住宿）；第二天观初溪土楼群和南溪土楼群的方式进行。

这样在两天之内可以畅观永定、南靖土楼的大致全貌。

住宿地点选在湖坑镇的土楼民俗文化村门口为宜，这里有近10家个体宾馆、旅馆，条件尚好，标间60~120元。另外土楼中有民居可住，15~25元/人，还可品尝到土鸡、梅菜扣肉、溪鱼、芋子饭和香甜米酒等当地风味食品。此外在田螺坑土楼群、初溪和南溪土楼群都有居民旅店提供食宿。

▲ 壮丽的福建南靖土楼奇观（田螺坑土楼群）

福建省

游程推荐·发烧友关照

旅游锦囊：如何在二日内游遍永定—南靖土楼的主要景点

游览永定—南靖土楼可以从厦门、广州及其他不同方向进入，各类游程和线路安排都有，笔者向您详介一种时间相对紧凑的观光方式：永定—南靖土楼二日游，起点从永定县湖坑镇开始。

D1：进入湖坑可从厦门或广州方向，若从厦门出发可从湖滨长客站乘客车，走高速路到永定再转车到湖坑，也可乘客车走普通路 4 小时经漳州、南靖、书洋镇到湖坑(厦门早 9:00 前发车多)。下午到湖坑后即可看到土楼民俗文化村（这个文化村是观光中心）的多座土楼如振成楼、福裕楼、奎聚楼等。游览土楼文化村内的上述几座土楼有 2~3 个小时可以，之后可打摩的走 10 分钟即可看到高北村的承启楼，这是永定最大的土楼。之后继续打摩的走 50 分钟就到南靖县的田螺坑村，这里有特色鲜明的“四菜一汤”——由 4 个圆形 1 个方形土楼组成的楼群，该土楼群结构奇异、景色特别壮观（最佳观景点是土楼群背后山间公路边的观景台）。晚上在此食宿。

D2：早上继续看“四菜一汤”奇观，之后打摩的走 15~20 分钟可看到另一土楼奇观“东倒西歪楼”。再乘车 15 分钟还可看到以小桥、流水、石径、古屋著称的塔下村，继续乘车走 20 分钟到河坑村，能见到由 10 余座土楼构成的山间土楼群。下午即可从书洋镇或湖坑或下洋镇返回。以上游程只用时 2 天，基本能见到永定、南靖土楼群的主体部分，观光效果较佳而用时不多。

二日游：推荐更紧凑精彩的玩法

D1：在观看了湖坑土楼民俗文化村后看高北村的承启楼，之后与摩的司机说，让他在去“四菜一汤”时走另外一条路，这样途中就能看到塔下村和“东倒西歪”楼，之后再到“四菜一汤”，这样一天内多玩数处景点，省出时间次日可以去观览初溪土楼群和南溪土楼群（这两处土楼群在另一个方向，前去时还要路过湖坑镇的土楼文化村门口）。

观光注意事项：

①以上行程步行是根本不行的，须在当地租面的或摩的，其中摩的似乎更灵活，车费以每天 100~130 元计算，其中从湖坑土楼文化村出发至田螺坑土楼群，往返 100 元是可以的。

②参观各处土楼时可请当地楼主介绍一下土楼的历史，形成原因及土楼与客家文化的联系，这样能增长不少知识。

▲ 永定土楼中规模最大的承启楼

③如果观光时间紧迫，可舍去南溪土楼群，那里较远，这是笔者个人意见仅供参考。

④近年永定、南靖两地为了互相竞争和吸引游客，新设了一些路标和收费点，反而使游客在观光时有点不便。对此大家应有心理准备，在抵达后应多向当地人请教，以免走冤枉路、花冤枉钱。

福建省

东山岛

电话区号	0596
东山县旅游局	5886655
东山县导游中心	5885006
旅行社	5855545

我国的东南沿海天澄海碧，礁岛秀丽，自然风光十分壮阔迷人。从海天佛国普陀山、香火旺盛的湄洲岛，到海上花园厦门、鼓浪屿，旖旎秀美的滨海佳景醉倒了多少慕名而来的八方游客。然而，我今天为大家推荐的景点不是“老将”而是“新秀”，它就是福建的东山岛，那里有绚丽多彩的自然风光和许多奇异诱人的人文佳景。

东山风光美、海景惹人醉

▲ 东山奇景风动石

东山岛位于福建省南端，厦门和汕头两个经济特区之间（距厦门约 110 公里），作为一处“养在深闺人未识”（或称“养在深闺人已识”）的海岛景区，东山岛的自然风光十分绮丽秀美。这里多秀丽海湾、辽阔沙滩、奇礁怪石和茂密森林，佳景密集颇为引人入胜。在东山岛的东南沿岸，有至少 7 个月牙形海湾，且湾湾相连，总长度达 30 余公里。其中马銮湾长约 2 公里，金銮湾长达 5 公里，而著名的岛礁湾，长度接近 10 公里，论景色比海南名景亚龙湾还要壮观迷人。东山岛不光海湾辽阔，岸边的沙滩亦是特色鲜明，它们不光平缓、宽阔，而且沙质细腻、洁白、不扎人脚、不沾人身，所以特别适合开辟成岸边游乐场，供游人开展日光浴、沙滩排球等娱乐活动。东山岛四周共有 32 个小型礁屿，形态各不相同，像岛东南侧的 4 个小岛，造型分别像龙、狮、虎、象，神态逼真，栩栩如生，游人划上小船到那里观景拍照，会感到非常快活开心。更为精彩迷人的是海岛东侧奇景风动石，它高约 4.4 米，宽约 4.5 米，长近 4.7 米，重量约达 200 吨，坐落在一块巨大的花岗岩石上，两石上下触点仅两寸见方，人手一推上边的巨石就会微微摇动，但千百年来历经多次台风、海啸、地震，而上方的巨石却稳如泰山、巍然耸立，堪称罕见的世间奇景。现在，岛上正在抓紧开发东门屿等新的风景名胜区，日新月异的东山正在以妖娆秀丽的风姿，笑迎八方游人。

旅游设施全、游乐项目多

▲ 东山海景

东山岛地处亚热带海洋性季风气候区，气温较高，一年四季均可旅游，其中以4~10月效果更佳。东山岛有完善的度假娱乐设施，可以为游客提供新奇美妙的游乐和享受。其中，到风动石景区观奇石妙景，到马銮湾和金銮湾进行海水浴、日光浴，是每个游客的“必修课”。而海上帆板、潜水、游艇、水橇、沙滩排球等游乐项目可以供不同性别、不同年龄段的游客大显身手。东山海域是我国东海渔场的中心，盛产龙虾、石斑、鲍鱼等海鲜珍品，远道而来的游客可以开心品尝，大饱口福。而晚间各大宾馆、夜总会、娱乐城中都有各类歌舞表演和桑拿浴、保龄球等项目供游客观赏、娱乐和健身。然而东山岛不光有这些“大路货”的游乐观光度假项目，这里还发生过许多历史和现实重大事件，令人回味、发人深省。

游历东山、访古追今

东山岛位于台湾海峡西侧，是军事重地、航道要冲，独特的地理位置使得国共两党间发生的许多重大事件都与之息息相关。1949年7月，国民党军队在逃向台湾时途经东山，一夜之间就在岛上抓了700余名壮丁，其中铜钵村的男人大半被抓走，成了名副其实的寡妇村（后来的电影《寡妇村》就是据此拍成），这段惨不堪言的历史给海峡两岸的人们造成了巨大的灾难和不幸。1953年，“台湾当局”为了配合美军在朝鲜的军事行动，派出陆、海、空军共数万人进犯东山岛，激战长达三昼夜，后以中国人民解放军的反击获得全胜而告结束。1965年8月6日，在东山岛以东海面上发生了著名的八六海战，中国人民解放军一举击沉了两艘美制蒋舰，战斗中涌现出来的英雄轮机兵麦贤得重伤不下火线的事迹至今还在为人传颂。现在，东山岛上的寡妇村纪念馆和烈士陵园都在向游人开放，供人们了解历史，访古追今。

▲ 游乐在东山海滨

近年来中国人民解放军军事演习多是在东山海域进行的，演习时东山岛并不完全封闭（游人仍能上岛并在指定区域内旅游）。如果恰逢演习进行时上岛，游人可以聆听响彻天际的隆隆炮声，看新型坦克、装甲车飞驰而过的矫健身影，遥望地空导弹优美的航迹划过苍穹，领略中国政府和人民反对分裂、维护国家统一的巨大力量和坚强决心。

▲ 东山秀色

由于东山岛既有漂亮的自然风光，又有众多的历史遗迹和人文佳景，所以到这里一游，您肯定能得到非同寻常的独特感受，会玩得开心而又深沉——既能观赏秀丽的海滨美景，又可增长不少知识和学问。

交通

东山岛距厦门只有 3 小时车程，从厦门去东山最方便。厦门长客总站每日至少有 6 班空调大巴直达东山，厦门火车站前的客运站也有大巴前去，票价 55 元。另外亦可先从厦门乘车到云霄（车极多），云霄到东山的客车至少 20 分钟一班，半小时即到。另外从广东的广州、深圳、潮州一线乘大巴去东山也十分快捷。

住宿

东山岛上的宾馆、酒店甚多，其中以三星级的华福酒店（电话：0596-5680550）和马銮湾度假村（电话：0596-5636999）档次最高，普通旅馆在东山两大镇西浦和铜陵街上随处可寻，游人可根据不同需求任意选择。

餐饮

西浦、铜陵两镇上都有不少海鲜排档，马銮湾海滨晚上的自助烧烤更是种类多、香气袭人。欲省钱可在小餐馆中点名要快餐份饭，一般 8~10 元/份，含 1 菜 1 汤 1 饭，菜中能有不少小鱼小虾，内地人吃着挺开心。

- **景区门票**

¥ 马銮湾 10 元，风动石 35 元，东门屿 50 元含船票，天福石雕园 40 元，寡妇村纪念馆 5 元。

- **另荐宾馆**

金銮湾大酒店条件也好，电话：0596-5838888。

- **节省旅费的窍门**

在东山，住在西浦或铜陵镇上的小旅馆可以把每天的住宿费控制在 50 元以内，只在快餐店内吃快餐可以把每天的餐费控制在 15 元以内。

游览指导

在东山旅游以三天时间为宜。其中第一天游风动石和东门屿景区，夜宿铜陵镇。第二天游马銮湾、金銮湾，观寡妇村纪念馆。第三天可去乌礁湾，这样即可在短时间内观遍全岛主要景点。另外东山东北方有漳州、厦门，西南方有潮州、汕头、深圳，把东山连同上述各海滨城市一起游览，游程会显得更圆满、丰富、如意、称心。

江西省

JIANGXISHENG

江西省位于长江中下游南侧，三面环山、北临长江，全省面积约为16.69万平方公里。江西山川秀美、名胜古迹众多，自古以来就是“人杰地灵”之地。陶渊明、欧阳修、王安石、朱熹、文天祥、宋应星、汤显祖、詹天佑等历代名人、中华英杰都在此诞生，并以其盖世英才光耀华夏文明史册；而井冈山、瑞金等革命根据地和八一南昌起义等重大历史事件亦在中华人民共和国史册上留下光辉的篇章。江西省的旅游资源非常丰富，屹立在南昌赣江之滨的滕王阁早已名扬四海，而以碧溪苍山、原始村寨见长的婺源则是备受中国游客关注喜爱的南国美景新星，尤其声名显赫的是庐山、井冈山、龙虎山、三清山四处国家级重点风景名胜，它们的傲然风姿和奇伟神韵既令每一位慕名观光者新奇惊叹，亦为华夏山水风光宝库尽添奇光异彩。

黄金旅游线路

① 南昌—庐山—九江
② 南昌—井冈山
③ 龙虎山—圭峰—三清山
④ 婺源—三清山—龙虎山

▲ 婺源彩虹桥

庐 山
(5A 级景区)

电话区号 0792
旅游局 8282998
旅游咨询 8287906
旅游投诉 8296565

庐山，久负盛名的自然风光和历史文化名山、驰名中外的山水风光巨星——位于江西九江市南 36 公里处，北靠长江、南临鄱阳湖，南北长约 25 公里，东西宽约 20 公里，景区范围内共有绮丽山峰近百座，雄奇险峻，烟云缭绕，仙姿诱人。

庐山景区内多飞泉瀑布和奇洞怪石。以奇松、怪石、云海、瀑布四绝著称，山上亦保留有多位近代、当代著名历史人物来此度假时的旧居遗址，有许多与当代中国重大历史事件相关的人文佳景。近年来，当地有关部门开发开放了石门涧、太乙村别墅群等多处新景，增设了国家地质公园游、东谷历史名人别墅群游和生态美景游等许多新兴游览项目，古老的山水文化名山正以其崭新的容颜风姿，喜迎来自世界各地的八方宾朋。

气候与游季

庐山地处中国亚热带东部季风区域，面江临湖、山高谷深，具有鲜明的山地气候特征。庐山年平均降水 1917 毫米，年平均相对湿度 78%，全年有雾的时间多达 190 余天，夏季平均气温仅为 17℃，极端最高温度只达到 32℃，气候凉爽，是国内最著名的避暑胜境之一，所以夏秋时节游庐山最适宜。但是风景区近年来开发开放的冬季游览项目亦颇具诱人之处——冬雪过后，山间银装素裹，冰雕玉琢，万象全新，风光甚美。

▲ 含鄱口雪后风光

- **庐山门票**

进山票最新价旺季 180 元，淡季票 135 元，在山脚下购买。山内许多小景点须另收门票。

- **没必要逃票**

近年来许多导游书和“驴友”大谈在庐山逃票的经验，说什么从僻静山路上山就可免交进山票“云云”，此举看似聪明但其实不然。因为步行上山要累出一身臭汗影响观光的效果，再说步行从小路上山需要半天时间，这样有可能不交进山费却需要增加在山上的逗留时间，在山上多吃住一天也要多开销百元上下，所以此举难说精妙聪明。

交通

航空

乘飞机的游客需先在南昌降落，再换汽车去庐山。南昌昌北机场电话：0791-3961126。

水路

庐山位于长江中游黄金水道南岸，紧邻九江市，水陆交通非常便利，上、下游各沿岸港口都有客轮到九江（从武汉乘船快

• **水路**

九江航运售票处电话：0792-8222087。

• **乘车提示**

游毕庐山下山时不要去庐山火车站，那里每天的过路车只有很少几趟，返回不方便，而九江和南昌的列车多，应作首选。

• **铁路**

九江火车站问讯电话：0792-8589812。

南昌火车站问讯电话：0791-7023222。

• **公路**

九江长客总站电话：0792-8572322。

南昌客运站电话：0791-6212521。

• **推荐家庭旅社**

庐山上牯岭镇附近有很多小型宾馆旅社，最低床价30元。比如曹阿姨家庭旅馆，干净舒适，虽是公共卫浴但全天可洗热水澡且房价便宜，服务也热情周到，让客人很感亲切舒服。双人间30元/床、50元/间，电话15907021698。

• **山上住宿参考**

全盛宾馆，在庐山东谷别墅群中，环境好而条件尚可，双标间淡季100元/间，电话0792-8297800。

班3小时、慢班6小时就到九江）上岸后换乘汽车，1小时出头即到庐山的中心牯岭镇（可是水上航班现在几乎都停运了）。

铁路

庐山—九江地处京九铁路中段，北至北京、南至广州、深圳、香港沿线各城市的游客只需不到一天时间即可乘火车到庐山。庐山周边有九江、庐山、南昌三个主要站点，其中在九江下车最方便，从九江换乘汽车，1小时出头即到庐山。从南昌下火车换汽车上庐山亦可，但汽车行驶时间稍长，在2.5小时左右。庐山火车站较小，停靠的列车少，上庐山的汽车也少，不应作为游客首选。

公路

九江和南昌是上庐山最主要的发车点，九江市区的发车点在汽车站和三里街路口，普通客车（中巴）票价只需10~15元，沿盘山路上行1小时出头就到庐山中心牯岭镇。南昌客运中心（距南昌火车站两站地）开往庐山牯岭镇的大巴每日亦有多班，票价40~46元，行车约2.5小时可从南线到牯岭镇。

住宿

庐山的宾馆业极发达，共有各类宾馆、饭店、招待所近200家，以景区中心的牯岭镇四周居多，其他各景区附近亦有不少，共有床位约2万张，住宿价随游季淡旺大幅升降，7~9月份及黄金周，山上最便宜的房价亦在100元左右，而到了游览淡季，一般宾馆、旅馆中打折后40~50元一间的房间随处可寻。只要不在五一、十一这两个黄金周去，平日住宿绝无问题。

主要星级宾馆 区号0792

宾馆	地址	电话	宾馆	地址	电话
庐山宾馆	河西路446号	8282060	莲谷宾馆	莲谷路34号	8282019
庐山大厦	河西路506号	8282860	秀岳山庄	柏树路138号	8281294
芦林饭店	芦林路1347号	8282424	如琴湖饭店	大林路710号	8281890
百川宾馆	大林路702号	8285071	别墅村宾馆	脂红路179号	8282927
云中宾馆	香山路	8282853	庐山好宾馆	中九路347号	8285902
牯岭饭店	河西路104号	8282435	锦乡宾馆	电厂路966号	8281003
经纬宾馆	回龙路4号	8282080	白云饭店	剪刀峡路1010号	
良璐宾馆	慧远路812号	8288410	欣庐别苑	如琴路1183号	8288048
云天饭店	牯岭正街	8281925	植甫山庄	大林路756号	8281456
庐山饭店	牯岭正街1044号	8282861	牯岭山庄	慧远路809号	
甲秀宾馆	河西路458号	8288218	太极宾馆	芦林路1326号	8281198
鑫缔宾馆	慧远路1173号	8288858	庐山瑞云宾馆	普林路60号	8281977
夏都宾馆	河西路452号	8282251			

饮食

山上的饭菜当然比山下贵，但是也没有贵到每家餐馆中都是漫天要价的地步，牯岭镇上一般中小餐馆中的肉炒青菜价格一般也就在15~18元左右，麻婆豆腐一类12元钱一份，纯肉菜大多数在20~25元之间（当然菜量不大），所以每人每天花上60~70元饭费基本可以吃到一般水平，欲吃三石（石鸡、石鱼、石耳）这些山珍特产自然另当别论。

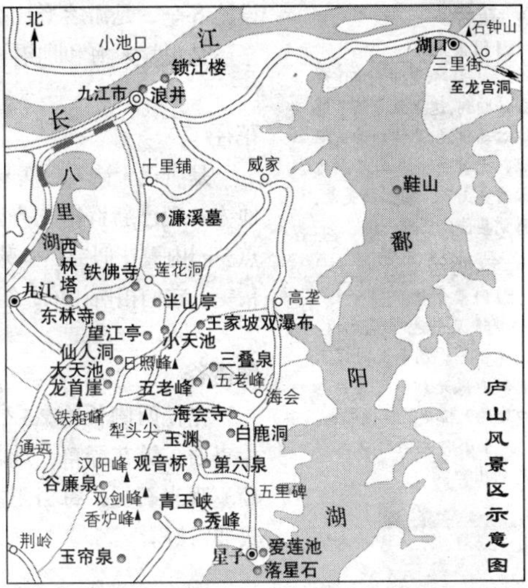

庐山风景区示意图

山上交通和游览

庐山上的景区分为几条主要的游览线，其中花径、如琴湖、锦绣谷、仙人洞、龙首崖、石门涧、黄龙潭、乌龙潭、三宝树、芦林湖和庐山会议会址为一线，含鄱口、五老峰、三叠泉、植物园为二线，这两条线一般游客必须要玩。从前游客到庐山后是包乘山上的出租车或微型车去各景点游览，但从2009年5月下旬开始，山上开行了环保游览专线车，游客必须乘坐专线线游览。车费65元（24小时有效）、80元（72小时有效），不限乘坐次数且可到达山上一线、二线的各个主要景点。这对于单个游客来说还是很划算的，但是结伴旅行者就要比原来多花一点钱了。

● **特色食品**

首推“三石一茶”。“三石”是石鸡——一种生长在山间溪泉洞穴中的蛙类，肉质细嫩鲜美；石鱼体长一般只有30~40毫米，肉质同样鲜嫩且营养丰富；石耳是山上生长的一种菌类，含有多种维生素，是健身佳品；云雾茶亦在江南享有盛名。上述食品饮品在庐山上到处有售，但购买品尝“三石”时应鉴别真伪。

游程安排

在庐山游览欲舒适圆满至少要3天时间，其中一线1天，二线1天，再用1天去山南秀峰及白麓洞书院游览。另外庐山周边的鄱阳湖、石钟山、龙宫洞等景点亦值得一去，但这几处景点不必非从庐山山上去，从九江市区去反而更方便。

▲ 石门涧悬桥

主要景点

牯岭街

地处庐山中心，是庐山行政管理机构所在地，海拔1167米，有“云中山城”之美称。这里处处绿树成荫、花草繁茂，有多家宾馆、饭店、酒楼、歌厅及商厦、影院、邮局，旅游

● **牯岭街**

几乎所有山下开上来的旅游车、交通车都停在此地。

设施齐全，是游客登山游览的集散地。附近的小天池和望江亭还是观赏云海和眺望长江的绝好地点。

花径

是唐代大诗人白居易登庐山时畅游美景和写诗刻石题字的地方。现已新辟出花卉区、花展室、水上游览区等多处旅游点。园内繁花似锦、争芳斗艳，附近的如琴湖水清如碧、亭榭精美，它们相偕相依，组成了离牯岭镇最近的一处风光佳景。

锦绣谷

花径西侧长约 2.5 公里的一处山间峡谷，这里有许多险崖奇石、繁花绿草，灿若锦绣而又雄伟壮观。山谷岩壁上有崎岖观光石径，每当阴雨天时，谷内云蒸霞蔚，此时登高观景非常好看。

仙人洞

位于锦绣谷西侧出口处，是一个形似佛手般的天然洞窟，深约 20 米，相传是唐代名道吕洞宾成仙的地方，20 世纪 70 年代后因毛主席诗词《题庐山仙人洞》而四海扬名。

龙首崖

锦绣谷、大天池西南侧的一处险崖绝壁，因有一巨石峭立山头似苍龙昂首而得名，这里是观赏云海雾涛的好地点。烟云浓密时，游客站在崖上有如腾云驾雾、展翅欲飞；而天气晴朗时，上下数十里内的田野、河流、村庄都清晰在目，锦绣风光如诗似画。

含鄱口

状如鱼脊的含鄱岭，屹立在庐山东南方，因宛如张着大口欲吞食脚下的鄱阳湖水而得名。是北眺五老峰、南眺鄱阳湖的绝佳观景处，亦是庐山上观赏云海雾涛和日出朝霞的最好地点。

五老峰

陡崖峭立、挺拔高峻的五座连体高山，海拔 1410 米，东邻鄱阳湖、南接含鄱岭，晴天之时棱角锋利、山姿雄伟；雨水过后，傲立于茫茫云海之上，如出水芙蓉，其巍峨神奇雄踞庐山峰群之冠（最好的观景点在第四峰和五峰）。

- **花径**

¥门票免收。

从牯岭街步行 20 余分钟即到，这里风光虽不够惊心动魄，但是特别柔美温馨，尤其是坐在如琴湖边沐清爽山风，望如画美景，感觉甚佳，望君一试。

- **锦绣谷**

¥门票免收。

晴天景色一览无遗，韵味稍差；阴雨天时风云变幻，风光妙不可言，入口处的天桥是最佳摄影点。

1 小时左右可从入口走到出口。

▲ 云拥含鄱口

- **仙人洞**

名气大但景色一般。可稍作停留观览。

- **龙首崖**

是庐山一线景区中最棒的景点。从锦绣谷西侧出口步行 25 余分钟可到，也可从锦绣谷西侧出口乘车到大天池再步行 15 分钟即到。

- **含鄱口**

从牯岭镇乘 2 线游览车可直达。

- **五老峰**

从五老峰顶上向南下望，可以见到千米的绝壁和深渊，令人动魄惊心。

- **三叠泉**

庐山二线景区中的最佳景点。

先乘 2 线观光车到景区山上，再向下步行或乘缆车才到。

¥门票 51~64 元。

观光索道单程 55 元，双程 80 元。

江西省

三叠泉

五老峰北面的秀美飞瀑，溪流分三级跌下，上级如飘雪拖练，中级如碎玉摧冰，下级如玉龙飞舞，三级瀑布总落差达155米，暴雨过后激流飞泻、雷声轰鸣，场面甚为壮观迷人。

三宝树

位于芦林人工湖下黄龙潭深谷间的三棵千年古树，其中一棵银杏高约30米，另外两棵柳杉各高40米，三树并排耸立，枝叶苍劲，非常好看。

美庐

庐山牯岭东谷长冲河畔的一座大型别墅，面积近千平方米，宽敞端庄而又精巧玲珑秀美。20世纪30年代至70年代，国共两党曾分别在此召开过多次重要会议，蒋介石、宋美龄和毛泽东亦曾先后在此居住，是我国唯一一栋住过国、共两党最高领袖的别墅。

▲ 三叠泉秀色

会址

庐山掷笔峰下一座庄严肃穆的建筑，竣工于1937年，曾作为图书馆和大礼堂。新中国成立后，这里更名为庐山人民剧院，中共中央曾在这里召开过三次中央全会。会场全貌保存完好，人们可以在此了解历史、温故知“今”。

秀峰

位于庐山南麓的星子县境内，由香炉、姐妹、文殊、双剑诸峰组成，这里山峰竞秀、飞瀑高悬（有马尾、黄崖两条巨瀑），景色神奇瑰丽，唐代大诗人李白的名诗《望庐山瀑布》就诞生于此，足见秀峰风光是多么的秀丽迷人。

白麓洞书院

地处秀峰北侧的幽静山谷，始建于公元940年，是我国南宋时期的最高学府，朱熹等历史名人曾在此讲学论道，是颇具历史文化底蕴的人文佳景。

- **美庐**

从牯岭镇中心步行稍息即到。

¥ 门票30元。

虽然已是时过境迁，但人们仍可在这里领略历史长河中的滚滚浪花、缕缕烽烟，此景非常耐人寻味。

- **秀峰**

从庐山上或九江市区乘车均可到。

¥ 门票50元。缆车往返50元。

这里比庐山中心景区的风光还要好看，正可谓是“庐山之美在山南，山南之美在秀峰”。

马尾、黄崖两条巨瀑真是壮观气派，几十里地以外就清晰可见。

- **会址**

2线游览车可到。

¥ 门票20元。

- **白麓洞书院**

前有碧澈山溪，后有雅静书院，风水甚好，山南秀峰一日游的专线车均在此停留，门票40元。

旅游锦囊

为您介绍在庐山上吃住行旅的学问

(1) 关于庐山上的住宿

山上最高级的宾馆是四星级的西湖宾馆，房价在400元以上，三星级的有21世纪、庐山、良璐、经纬等多家，普通宾馆更多。但对于工薪族游客来说，没必要为您推介某一家宾馆、旅馆，因为山上住处太多，建议上山后用餐或购物时先把东西存在某一家小商店或小饭店，然后就去牯岭镇逛街，经过哪个旅馆就进去问问价钱、看看条件，满意了就订好房间，一会儿再回去取行李，这样轻松、随意又不费劲儿。此外也不必过分参照网上和网友的推荐，他们涉及的宾馆的房价多在150~200元，但实际山上80~100元的住处并不太难寻，旺季之外甚至可以轻而易举地找到50~60元/间而条件尚可的个体宾馆旅店，所以还是上山后自己找住宿地更省钱（另外本书前面已经为大家推荐了几个实惠的住处，各位可参考关注）。

(2) 关于庐山上的餐饮

山上的餐厅经营状况良莠不齐，游客用餐时要尽量在牯岭正街或是小街道上的饭店吃，不要在远离牯岭太偏僻的地方吃，就餐时注意看菜单上有无物价局的监制章，如挨宰应坚决投诉。庐山上的工商管理还算认真，绝对有说理的地方。

外地游客上山后在都愿意品尝庐山“三石”，这其中石鱼和石耳并不贵。牯岭镇上一般饭店中的石鱼炒鸡蛋大都在15元/份、石耳炒肉片20元左右，但是野生石鸡很少了，饭店里大多是用牛蛙代替的，100~140元/份。

(3) 关于庐山上的游览

①二线的五老峰、含鄱口适合观日出，而一线的龙首崖适合看晚霞，请游客在行程安排上注意。

②游览一线的花径、如琴湖、锦绣谷和龙首崖后，可以从龙首崖沿新建的游览路一直下到谷底的新景石门涧，石门涧挺精彩，再从那里乘缆车返回，缆车可上行到水库大坝，之后步行返回牯岭途中还可经过黄龙寺、乌龙潭、三宝树、芦林湖、芦林一号别墅、会址等景点，这样玩能观遍一线所有主要景点，不太劳累。石门涧门票50元，缆车单程30元、双程50元。

③庐山景区内开设了许多新的游览项目，其中东谷一带数量众多的历史名人故居游很有味道——游客可以从中回顾中国近代和当代历史的发展脉络，重温一个个重大历史事件的不同意义，从中得到诸多启示、回味。

④庐山严冬时节仍能游览，尤其是大雪过后天地间一片耀眼银白，其纯洁秀美为其他季节的风光根本无法比拟，加之冬季山上的宾馆、饭店仍有多家正常营业，游人的食宿绝无问题。

▲ 庐山东谷名人别墅群中的代表性建筑——美庐

旅途中

旅游锦囊

庐山南麓新开发了一处景区太乙村别墅群，这里林木苍翠、谷幽峰奇且遍地流淌着清澈山溪，密密的竹林中分布着许多小而精美的别墅（共有18幢，建造时期约在20世纪20年代），其中有蒋氏父子故居。太乙村山村寂静、空气清新，游人来这里小住几天并寻古探幽会感颇有情趣，从这里还可乘车去山南秀峰游览。游客可从牯岭先乘车到含鄱口，再从含鄱口乘新建的缆车索道下行，5分钟就到太乙村，村中有旅馆、餐厅、旅行社，食宿游览均方便。

▲ 掩映在松竹中的太乙村别墅群

发烧友补充关照

①去一次庐山，山上和周边的秀峰及石钟山、龙宫洞、鄱阳湖都游遍才算物有所值。

②九江市客运站有去石钟山、龙宫洞的客车。可乘去湖口县的客车，12元，40余分钟抵达湖口后换1路汽车即到石钟山，门票72元。在这里可观鄱阳湖口及浩荡长江的壮丽风光。

③去龙宫洞可从九江乘去彭泽的客车，车费22元/人。龙宫洞门票51元。洞内有水洞、旱洞两大部分，景色各有千秋。

④九江市区和庐山山上都有去秀峰的车，连同白鹿洞书院观光一般需1天时间。

⑤在庐山观览三叠泉后，也可不必费力再返回牯岭镇，而是从三叠泉向下走，出庐山东大门，从这里乘机动车10元可到海会镇，再换车6~10元即可回九江市区。

⑥冬季雪后庐山上冰雕玉琢、风光很美，亦值得一游，冬季游览及雪情咨询：庐山国旅电话：0792－8282427。上山要注意购买和穿上防滑鞋以免失足。夏季雨中上山应注意不要打金属伞和手扶防滑链以免受到雷击（不久前曾有数名游客在山上遇雷击身亡）。

▲ 云拥庐山

江西省

南 昌

电话区号	0791
旅游投诉	8609110
消费者协会	6214136
市长热线	3883777

南昌是一座有着两千余年悠久历史的文化名城，元、明、清各代皆把南昌作为江西省治，自古这里就是商贾云集、人文荟萃之地。而1927年震惊中外的八一南昌起义，又使南昌因中国人民解放军在此诞生而享有“英雄城”的美誉。虽然江西省内以庐山、井冈山、龙虎山、婺源为代表的华夏绝佳景区精彩纷呈，部分掩盖了南昌这座省会城市的风光魅力，但是以滕王阁、青云谱、南昌起义总指挥部旧址为代表的人文佳景仍然使南昌在全国及全省诸多的旅游城市中占有一席之地，而鄱阳湖、梅岭这些山水胜境，亦在城市周边熠熠闪光，与苍茫赣水、巍巍滕阁交映生辉，共放异彩。

▲ 南昌滕王阁

气候与游季

南昌属亚热带湿润季风气候，日照充足，气候温润。这里一年当中夏冬季长而春秋季短，夏天非常炎热，是中国著名的“火炉城市”之一(就是5月和9月，这里仍然是热不可耐)，而冬天天气照样寒冷，所以春秋两季去南昌旅游较为适宜。

交通

航空

昌北机场位于南昌北郊，距市区25公里，乘民航班车约40分钟可到。有航班飞往北京、长沙、成都、重庆、大连、福州、赣州、广州、桂林、贵阳、海口、杭州、哈尔滨、香港、昆明、南京、南宁、宁波、青岛、上海、沈阳、深圳、武汉、厦门、西安、珠海。市区民航大酒店有往返于机场的班车，另外市内还有直达机场的1路、606路公共汽车可以乘坐。

铁路

南昌地处京九线上，有列车开往北京西、深圳、广州、汕头、青岛、武昌。

- **航空**

昌北机场问讯处电话：0791-3961126。

航班查询电话：0791-3960075。

售票处八一大道东航电话：0791-8514195。

- **铁路**

问讯处电话：0791-7023222。

- **推荐2路公汽**

从火车站发车，途经长途汽车站、滕王阁、八一广场、中山路商业街，很解决问题。

江西省

南昌与九江间每日有多对城际列车，最快的45分钟即到。

公路

有开往九江、庐山、吉安、上饶、萍乡、景德镇、鹰潭及省外广州、汕头、珠海、海口、三亚、深圳、泉州、福州、温州、宁波、无锡、杭州、合肥、汉口、郑州、宜昌、南京、常州、长沙、常德的长途客车。

住宿

宾馆、酒店很多，较有名气的星级宾馆有锦峰大酒店、凯莱大酒店、富豪酒店、五湖大酒店、富洲大酒店、江西饭店、鄱阳湖大酒店等。条件一般但价格便宜的宾馆招待所有江西农业大厦、交通宾馆、江西公路局招待所（从火车站乘5路走一站，下车后步行到公路局住宅区即到），等等。

主要景点

滕王阁

位于沿江北路，赣江与抚河交汇处，高度达57.5米的巨型楼阁，是与黄鹤楼、岳阳楼、蓬莱阁齐名的中国古代四大名楼之一，亦享有“西江第一楼”之美誉。古人一篇《滕王阁序》早已令其名扬天下，虽然时过境迁，古文中描绘的壮景已不复存在，但是登阁远望，见赣水苍茫、江天辽阔，仍会使人激奋不已。

梅岭

在南昌城西15公里处，景区面积达150余平方公里，是避暑佳境和佛教圣地。主要景点有洗药湖度假区、天宁寺尼姑庵、江西最大的地表皇室墓葬皇姑葬和狮子峰、甲鱼潭等。景区万木葱茏、空气清新、山岭嵯峨、泉溪碧丽，且这里的气温比南昌市区低8℃~10℃，因而享有“小庐山”之誉。

八一南昌起义纪念馆

坐落在南昌市中心中山路和胜利路交会处的一座五层大楼，系1927年8月1日南昌起义的总指挥部，周恩来、贺龙、叶挺、朱德、刘伯承等同志均曾在此指挥起义。该馆中保存有大量历史文献资料、图片，可生动再现南昌起义的过程全貌。

- **南昌的天气**

夏季异常炎热，5月下旬的气温已相当于北京的7月中旬，而7月中旬这里有时出现持续多日37℃以上的高温，真是暑热难忍。盛夏时节前去应有心理准备。

- **公路**

长途汽车售票处。
井冈山大道电话：
0791-6243217。
长途汽车站。
八一大道199号电话：
0791-6212521。

- **特色街道**

饮食一条街：孺子路。
商业街：中山路。
服装及小商品街：女人街。
旅游一条街：福州路。
服装一条街：广场北路。

- **广场风光**

南昌的八一广场周边有百货大楼、省展览中心、沃尔玛及丽华等大商厦，是市区最繁华的地方之一。开发区内有著名的红谷滩秋水广场，音乐喷泉和巨型摩天轮景色挺动人。

- **滕王阁**

乘2、游2、7、8、201、801路车可到。
¥门票50元。
登阁远眺风光壮丽，阁上有江西杰出历史人物大型壁画群，很值得一看，是南昌市必观景点。

▲ 南昌秀美风光

- **梅岭**

112路公交车可到。
¥门票30元。

- **八一南昌起义纪念馆**

7、18路可到。
¥门票免收。

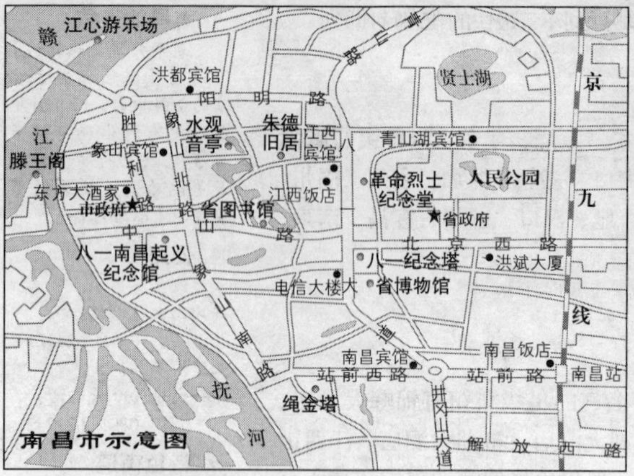

南昌市示意图

八大山人纪念馆

在南昌南郊有一座道家名园青云谱，系亭阁精致、风光秀美、幽雅宁静的江南园林。因我国明末清初的写意画艺术大师八大山人在此隐居、作画且在其百年后将衣冠葬于园内，故后人在此开立了八大山人纪念馆，内有展厅十个、精品名画数十幅，皆为稀世珍品。青云谱内的园林秀色亦十分精美动人。

- 八大山人纪念馆

🚌20、115路可到。

¥门票20元。学生半价。

- 青山湖

🚌5路公汽可到。

- 鄱阳湖候鸟保护区

可从南昌市内乘车或从八一桥旁的南昌港乘去吴城的船或快艇前往。

¥观鸟台门票50元。

青山湖

南昌市东北侧的大型湖泊，有游乐区、候鸟保护区、丹霞区、天鹅岛等景区和观光点，周边有多家临湖宾馆酒店，系南昌市水上游乐、度假中心之一。

鄱阳湖候鸟保护区

鄱阳湖烟波浩渺、水面壮阔，湖中有多处美景，离南昌市较近的永修吴城镇有候鸟保护区，在那里可看到天鹅、大雁、野鸭、苍鹭、白鹤等水鸟飞禽和湖区风光。

推荐游程

•南昌一日游：市区出发→滕王阁→八大山人纪念馆→八一广场→八一起义纪念馆→洪城大市场购物

•梅岭一日游：市区出发→天宁寺→洪崖丹井→林彪别墅→皇姑墓→甲鱼潭

•鄱阳湖二日游：南昌港出发→石钟山→龙宫洞→小孤山→鞋山

•吴城观鸟一日游：南昌港出发→吴城古镇→观候鸟→参观标本→湿地观光

发烧友特别关照

如何在南昌抓住观光景点

南昌市的景点中，滕王阁高大雄伟、气势非凡，又有浓郁幽远的历史文化氛围，所以一定要重点游览。其他景区如青云谱、象湖、青山湖亦可一看。剩下的景点就无关紧要了，而精彩的风光在南昌周边——庐山确实好，值得玩上三天；井冈山也很美，不去一趟亦遗憾；龙虎山和三清山不光在江西省内有名，国内各名山中确实也有它俩一号。所以在南昌停留两天足够，留下时间去畅游上述周边佳景。

婺源

电话区号 0793
旅游局 7343605
导游服务 7362529
旅游投诉 7362531

婺源地处皖、浙、赣三省交界处，这里峰峦叠翠、碧波潋滟、林木葱茏、空气纯净，生态环境甚为优越，数十个原始古朴颇具徽派建筑风格的美丽村镇，散落在风光柔美旖旎的青山碧水间。

婺源自然风光绚丽且人文景观众多，这里有数不清的明清古宅，规模气派、造型精美，更有无数古祠堂、驿道、廊桥，无不充满丰厚而悠长的历史文化底蕴。婺源的乡野村寨颇具钟灵毓秀之气，它们或隐现于青翠山间，或倒映在清溪湖面，让人饱领“小桥流水人家”那天人合一、返璞归真的美妙意境，难怪许多专家学者游毕婺源后发出这样的感叹：“五岳归来不看山，婺源归来不看村。”

▲ 婺源田园风光

交通

外地游客可从以下四个方向去婺源：A. 从黄山去，距婺源 124 公里，每天有 2~3 班客车对开，车程 2.5~3 小时，车费 35~37 元；B. 从江西上饶去，距婺源 180 公里，每天有客车多班，车程 3 小时；C. 从浙江衢州去，距婺源 150 公里，车程约 4 小时；D. 从江西景德镇去，距婺源 82 公里，景德镇去婺源的客车发车密度大，从 6:00~19:00，每隔 45 分钟发一班车，90 分钟可到，车票 23~28 元。此外，上海、杭州、苏州、绍兴、南昌、九江、广州、深圳等南方各省市每日都有大巴与婺源对开，游客可选择适当路径前去。

- **从黄山去婺源**

  市客运总站 7:40、12:30 发车，2.5 小时可到，车票 35~37 元。

- **从江西景德镇去婺源**

  发车点在火车站不远处的李村客运站，45 分钟 1 班。

住宿

婺源县城拥有星级和同等条件宾馆近百家，各乡镇中亦有高档宾馆且小型招待所和私人旅社甚多。此外村寨中还有不少农家自办的旅馆，干净便宜且充满田园气息，不少旅馆还附带餐厅，游客每天花 80~100 元即可又住又吃，非常便宜实惠。比较出名的民办旅社有晓起村的璐璐住宿楼，有彩电、VCD、卫生间和浴室，连吃带住每人每天才收 80~100 元。该村还有一家江氏婆婆菜馆，馆中烹调的土鸡、山笋、炒山蕨等野味在当地享有盛名，菜馆中还附设客房，卫生条件好收费亦很低廉（25~40 元/床），更加赫赫有名的是位于县城以北清华镇上的自助游宾馆驴友驿站，由当地一家中学的历史教师吴先生创办，宾馆中住宿条件不错而房价低廉，一般季节双标间 50~80 元。店内能为游客导游、订房、订车，服务质量很好（总台电话：0793-7242510）。同等条件的食宿点在婺源挺常见，游客抵达后可任意挑选。

当地交通

婺源县城有各类客运车开往各个村寨和景区，车费视行车距离长短而异，从县城至东线主要景点的江湾车费 10~12 元，车程约 50 分钟。从县城至北线的游览中心清华镇车费 8~9 元，车程 30 分钟。以上两条线均为公路干线，从 6:00 至 17:30 都有车开行。

旅途中

当地风光特色

去婺源游览，主要是观赏这里柔美秀丽的田园风光和村寨美景。像江湾镇中的晓起村，不光有“进士第”、“大夫第”、“荣禄第”等各具特色的明清古居，院第气派、装饰精美，而且村中小巷的地面上都铺有平坦的青石板，板平如镜，小路曲折迂回，村内的民居相互交叉连接，生动、紧凑而又错落有致。而室前室后支起的座座瓜棚豆架无一不是青藤缠绕、绿荫滴翠，充满诗画交融般美妙的田园气息。离县城 12 公里的李坑，村中 260 多户人家大多依溪而住，清澈见底的溪水倒映两侧粉墙黛瓦的古宅和浣衣女美丽的身影，宛若一幅天然画卷。穿村而过的小河呈现出八卦图般的阴阳鱼形，神秘而又富有情趣。

▲ 婺源乡村一角

还有碧澄如玉的鸳鸯湖、造型俏丽的彩虹桥、以精美细腻木雕而著名的俞氏宗祠和延村理坑、虹关等古村古寨，无一不向世人展现着自己迷人的风姿。婺源还是历史上著名的“书乡”，自唐朝至清朝，这里就涌现出仕官两千多人，灵山秀水孕育出的杰出人物、历史名人亦为婺源增辉添彩。秀丽的山水风光和丰富灿烂的华夏文化交相辉映，使婺源当之无愧地享有“中国最美的乡村”的盛誉。

江西省

旅途中

旅游锦囊——笔者经过实地考察后为您精心设计制作的婺源住宿信息大全

一、县城住宿

婺源县城中的宾馆酒店太多，不必一一列举，只为您介绍高低档住处各一：①名园大酒店，在县城书香路，条件甚好，双标间 120~160 元，电话：0793-7344888。②驴友驿站县城分部，是一般旅馆，双标间 50~80 元，多人间 20~40 元/床，电话：0793-7483749。

二、清华镇住宿

①首选驴友驿站，在镇中心干道以南约 80 米处，新楼条件很好，双标间 50~80 元。旧楼条件也不错，双标间 50~70 元，多人间 15~30 元/床。店主吴老师能为游客提供导游、订车服务，还可让客人免费上网，服务质量甚好，笔者强力推荐，电话：0793-7242510。②彩虹桥度假村，清华镇上最豪华的酒店，准三星级，双标间一般季节也要 120 元以上，电话：0793-7245516。③清华宾馆，在清华镇中心大街上，条件尚可，双标间 80~100 元，电话：0793-7244641。④鄣公山宾馆，也在镇中心，条件一般，双标间 50~80 元，电话：0793-7242064。

三、李坑住宿

①小桥迎宾馆，李坑村内，条件尚好，双标间 50~80 元，电话：0793-7263086。

②李坑宾馆，李坑村外公路道口，客房很多、条件尚好，双标间 80~140 元，电话：0793-7370088。

四、晓起村住宿

①老屋饭店，名气很大，店中的餐厅每天接待大量团队和散客，客房双标间 50~80 元，电话：0793-7297402。

②志勤堂饭店，也是可吃可住的地方，条件同老屋饭店相差不大，电话：0793-7297105。

③樟树王饭店，在下晓起村后的大樟树旁，环境很好，住宿条件一般，双标间 50~60 元，多人间 20 元/床，电话：0793-7266599。

④菊兰吃住店，在上晓起村河边，门前环境好，店内住宿条件一般，双标间 40~50 元，电话：0793-7297397。

五、汪口住宿

汪口的宾馆旅店不太多，经过勘察笔者以为汪助家庭旅馆是首选（电话：15879341202），他家的住宿条件一般，有卫生间的 50~70 元/间，多人间 20 元/床，但是该旅馆位置绝佳，窗外是清澈溪河，风景非常美丽迷人，上到三层阳台上向下看，你一定会说：这地方太棒了，我不想走啦！建议晚餐时让店主把饭桌摆到河心平坦的礁石上，边吃边沐轻柔晚风、看清波奔涌，如画风光、美妙感受一定让你周身酥软而难以自制，此时你最想做的事八成是给我发手机短信，内容大概是：鲍先生，你推荐的地方太棒了，太感谢你啦！

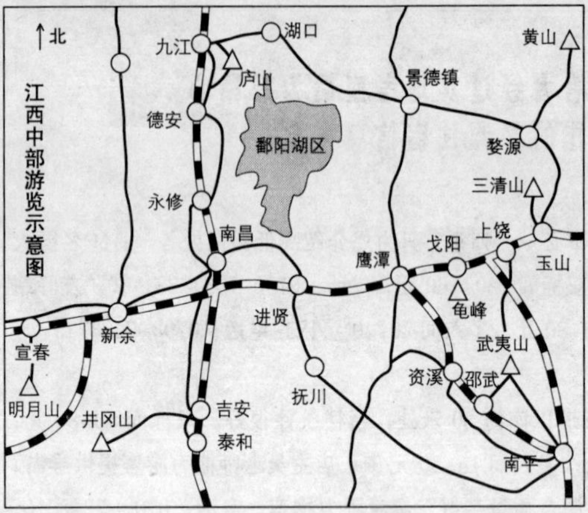

从清华镇至理坑和大鄣山以及从江湾到晓起、江岭等景点则属于公路的支线，虽然也有客车前去，但上午中午车多，午后车越发稀少，所以游客欲乘客车应注意早出早归。更方便的是包乘各类机动车到各村各景游玩，摩的车费约在80~100元/天、微面车费约在160~230元/天，桑塔纳车费约需250~350元/天（有议价余地），以上价格灵活可商，游客可根据游季大胆砍价。

景点门票（最新价）

思溪、延村、彩虹桥、小李坑、晓起、汪口、江湾、文公山等景点每处门票都是60元/人。此外，当地近期又推出了上述各景的大联票，含10个景点：大鄣山卧龙谷、江湾、李坑、彩虹桥、晓起、江岭、庆源、灵岩洞、思溪延村、汪口、文公山、百柱宗祠一共180元，有效期为5天。此处理坑门票60元和鸳鸯湖门票60元需单独购买。游人可视情选择。

关于婺源旅游观光的总体指导

虽然婺源大地水秀山清、美景成群，但是目前可供游客观光游览的景点从区域、方向的划分上很明确也很有规律。

婺源县城是交通中心和游客集散地，以县城为中心，放射出3条旅游黄金线路。

第一条是东线，主要景点有李坑、汪口、江湾（含萧江大宗祠）、晓起及江岭等。第二条是北线，主要景点有延村、思溪、彩虹桥、理坑、大鄣山、古坦、灵岩洞森林公园等。第三条是西线，主要景点有文公山、鸳鸯湖、凤游山等。

就目前受到各方游客关注重视的程度方面看，东线和北线是当之无愧的观光热线，80%以上的游客都要又游东线又游北线，但只有为数不多的游客游览西线，所以只要“盯住”了东线和北线的主要景点，即可领略婺源山水风光的主要风貌。

由于婺源各主要景点景区间均有公路相连，加之干线公路路况尚好且有各类客车行驶其间，所以欲在2~3天内游遍当地主要景区毫无困难。笔者认为对于初次来婺源的游客来说，必游（就是“骑驴”也应看）的景点有：东线的李坑、汪口、江湾、上下晓起（江岭、庆源有时间也应去，尤其是春天油菜花开的时候）；北线的思溪、延村、彩虹桥、理坑（大鄣山是否前去视时间而定）；西线的文公山风光尚可，鸳鸯湖不是一年四季都是鸳鸯成群，这条线是否去视各位的时间、经费及心情而定。

只要您能看遍东、北两线上的主要景点，那您的婺源之旅就算相当圆满了。

主要景点

东线主要景点（李坑、汪口、江湾，上、下晓起）

东线主要景点主要分部在婺源县城的东北方向，从县城沿干线公路出发，依次经过李坑、汪口、江湾，从江湾向东走2公里可到萧江大宗祠，从抵达江湾前约0.5公里的道口向北拐弯，可到紧紧相邻的上、下晓起两个村庄。

东线的各个主要景点风光各有千秋。其中李坑是典型的江南水乡乡村，虽然村庄的面积不太大，但村中的小桥、流水、古树、古民居交相映衬，风光美丽生动诱人。汪口距婺源县城约23公里，因村前有两条河流交汇河中碧水汪汪而得名，这里曾经是早年婺东一带的水上运输中心和货物集散地，村边河滨的码头遗址一直保留至今；汪口还有颇具气派的古代建筑俞氏宗祠和大夫第及一经堂，甚具古徽州建筑的迷人风韵。千年古村江湾是国家级文化与生态旅游区，亦是江西省的爱国主义教育基地，这里山水环绕、风光旖旎、文化鼎盛、群贤辈出，孕育出等一大批学士名流，村中的三省堂、敦崇堂、培心堂、腾家老屋、南关亭、东和门、徒戎桥等景点亦甚具历史价值和观光价值。上、下晓起是婺源有名的生态旅游示范村，自然环境优美且人文佳景亦多，村前清溪奔涌、村后山上古树成群，村中建有无数古朴典雅的明清民居，被人誉为“桃源仙境”和“画里乡村”。

从晓起村沿山间公路上行（可坐当地微型车），还可到达江岭和庆源，那边也有不少碧水青山和原始村落，春季油菜花盛开时风光尤为动人。

北线主要景点（延村、思溪、彩虹桥、理坑、大鄣山）

从婺源县城乘客车出发，约15分钟可到思口道口，在此下车换摩的，10分钟后即可到达延村，延村与思溪相邻（中间相距不足1公里）；从思口道口乘车继续向北，15分钟后即到清华镇，著名的彩虹桥就在镇的西北缘。从清华镇乘客车向东北方向行驶45分钟后可到理坑，从清华镇乘客车向正北方向行驶，20分钟后可到大鄣山脚下，再换摩的即可上山。

延村距婺源县城约13公里，这里的主要看点是一些有近千年历史的明清时期徽商晚年归隐时建造的古民居如馀庆堂、聪听堂、笃经堂等，共有50余幢。思溪的观光要点除了古代

- **东线主要景点（李坑、汪口、江湾，上、下晓起）**

以上各景点同处同一个方向，从婺源县城乘客车可轻松抵达，上车地点在婺源客运北站，从6:00~17:30客车大约20~30分钟一班。(旺季发车时间会延续到18:30)。从县城出发后约15分钟后可到李坑道口（车票3~4元），在此下车向里步行或打摩的（车费3~4元）行驶3分钟即到李坑售票口，门票可买联票180元或是单票60元。

从县城乘客车约25分钟（从李坑道口乘客车只需10分钟）可到汪口，售票处就在路边，门票60元、联票180元。

从县城乘客车约45~50分钟（或从汪口乘客车15~20分钟）可到江湾，下车后可见到规模甚大的游客接待中心，门票60元，联票180元。

在抵达江湾前约0.5公里处，可以见到一个向北的岔路口，在此乘过路客车行驶约15~20分钟可到上、下晓起村，门票60元、联票180元，如果是从县城出发可乘去江岭、庆源的客车中途路过晓起村，从江湾包租摩的和微面前去晓起也成，车费不超过30元。

- **北线主要景点（延村、思溪、彩虹桥、理坑、大鄣山）**

从县城乘客车到思口道口只需15分钟，车票4~5元，下车后即可看到许多摩的，上车后不到10分钟即到延村，再过3分钟后可到思溪（之前经过1个售票口，上述2个

村门票60元、联票180元)，这段路还是乘摩的好，步行要25~30分钟。

从清华镇下车后(各类交通车的停车点在镇东北角的河畔大桥边，从县城开来的客车会继续往镇中心的街上开一小段路)，步行10余分钟，就可到彩虹桥了，门票60元、联票180元。去理坑需在此换车，45分钟以后到，门票60元。去大鄣山也需在此换车，20分钟后到，门票60元、联票180元。

- **西线主要景点(文公山、鸳鸯湖)**

从县城乘客车先到文公山道口，再换车可到文公山景区，门票60元、联票180元。

鸳鸯湖距西线公路干线不远，下车后步行或打摩的即到。门票60元。

商宅如振源堂、承裕堂、承德堂、敬序堂等，还有村前碧绿的溪流和一座造型古朴的风雨桥。清华镇边的彩虹桥造型非常精美，是婺源的代表性景点，其地位有点像黄山的迎客松似的，游人不能不看(但是这个桥上午适合观光拍照而下午不适合，因为它东面好看而西面不好看)。而理坑地处深山环抱和碧水环绕之中，村中还有全县最典型的明清官邸群，风光古朴原始亦具迷人风韵。大鄣山则以自然山水风光见长，其主峰擂鼓尖海拔1629米，山间有危崖峭壁、幽深峡谷和成群溪泉，其中已经开发开放的鄣山大峡谷——卧龙谷是目前的观光中心(门票60元)。

西线主要景点(文公山、鸳鸯湖)

文公山地处婺源县城西南约26公里处，有青山绿水，有山林和茶园，还有诸多与南宋时期著名的哲学家、教育家朱熹有关的名胜古迹。鸳鸯湖则是国内最大的野生鸳鸯栖息地，这里有154公顷水面，每年都有数千对野生鸳鸯飞临越冬，被誉为是“生态奇观”。

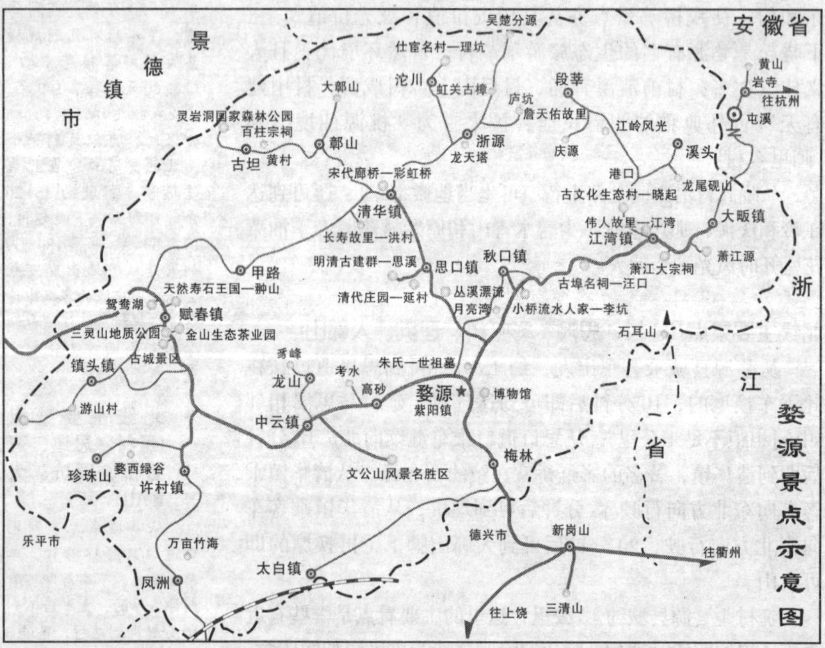

江西省

旅途中

旅游锦囊——为您介绍婺源旅游观光方面的最新攻略

①北方游客欲去婺源，最好先乘火车到黄山或景德镇（如乘北京始发的45次特快就可直达这两个地方），黄山市开往婺源的直达车每天2班，发车时间分别是7:40和12:30（旺季每天下午还有1班加车），行车2.5~3小时可到。景德镇去婺源的车就太多了，发车地点在景德镇火车站不远处的李村客运站，从南方各省来的游客可取道上饶、玉山去婺源。

②婺源县城可算是当地的交通中心，城内有两个主要客运站，主中西站主要开停长途客车，北站也有少量长途车但主要是进发短途车，去婺源东、北线的主要景点均需在此上车。北站与西站间有中巴车相连，车费1元，行驶20分钟可到，打摩的需3~5元。

③如果是从黄山去婺源，抵达县城后先经过婺源东线的主要景点如江湾、汪口、李坑，这些地方都有食宿设施，可以先在这几个景点下车观光并吃住，然后再去县城。

④婺源的东线、北线都要参观游览，缺一不可，西线是否去不太重要。

⑤从理论上说住在婺源县城中最合逻辑，因为这里是全县地理位置和交通的中心，但是因为当地交通方便，所以住在东线的江湾、汪口、李坑和北线的清华镇也成。笔者在去婺源的时候，就住在清华镇上的驴友驿站，因为这住宿条件好而房价不贵（比县城同等旅店便宜10%~15%），距北线各景点近而店主人吴老师还能提供各种自助游方面的有效指导，所以我很觉物有所值。虽然地处婺源县的北缘，可出门乘客车，30分钟后就到县城了，再换车几十分钟后就到东线各景区了，真没感觉有什么不方便。

⑥婺源的饮食物美而价廉，特色风味菜有清蒸、红烧、荷包各类淡水鱼——红鲤鱼、草鱼、甲鱼、乌鲤等，粉蒸肉、糊豆腐、各类野菜——蕨菜、南瓜花、苦菜、酸豆角等。上述食品及菜肴在当地各类餐馆中均可吃到，炖土鸡一般70~80元/只、荷包红鲤鱼30~40元，素菜8~12元/份，而简单的午餐农家份饭只需15元/人，早餐5~10元/人。

⑦如果是乘客车游览东线，那一天之间游遍李坑、汪口、江湾和上、下晓起几处景点是一点问题都没有的，因为李坑停留1.5小时、汪口停留1.5小时、江湾停留2小时、上、下晓起共停留3小时基本够用了（去江岭和庆源再加上2个小时），而从县城乘车到江湾只需至多50分钟，上述各个景点之间又有客车频繁驶过，观光毫无困难。

⑧如果是乘客车游览北线主要景点，1天时间是不够用的，因为光是大鄣山，一上一下就要3~4小时，所以乘客车1天之内只能游延村、思溪、彩虹桥和理坑，如果再玩大鄣山则需包车才行（包租机动车再早出晚归，一天内玩遍含大鄣山在内的主要景点没问题）。

⑨从县城的客运北站门口以及清华镇及江湾等当地主要城镇都可容易地包租到各类机动车。单个游客包摩的好（100~120元/天），司机还可为你带路导游，结伴游客可包微面和客货两用车，每天300元以下，不限出行时间和里程，比乘客车贵了一些但确实方便了不少。

⑩注意不要在几个黄金周时去婺源，因为人流攒动互相拥挤互相碍事严重影响心情及观光效果。笔者是在不冷不热的3月初去的，气候宜人风光尚可而游人不多，玩得很开心。

▲ 婺源汪口风光

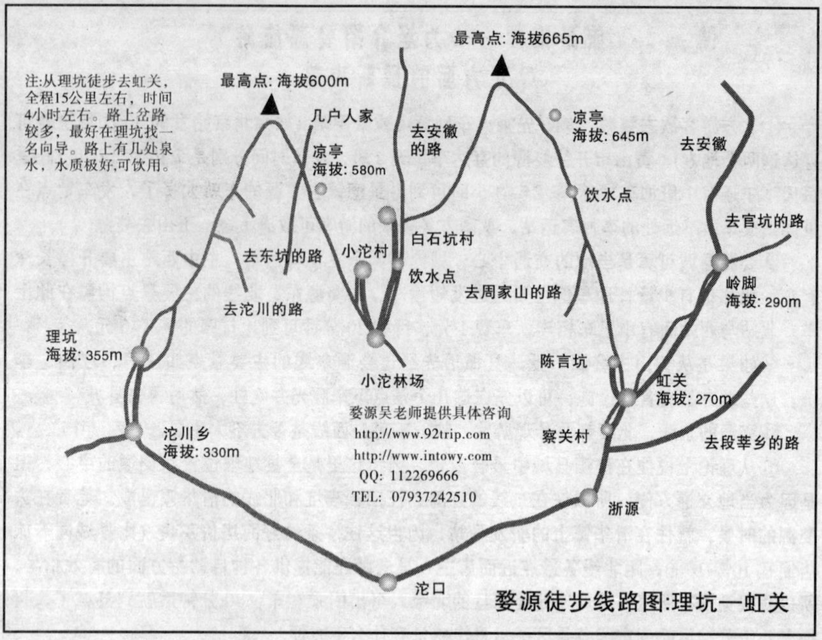

婺源徒步线路图:理坑—虹关

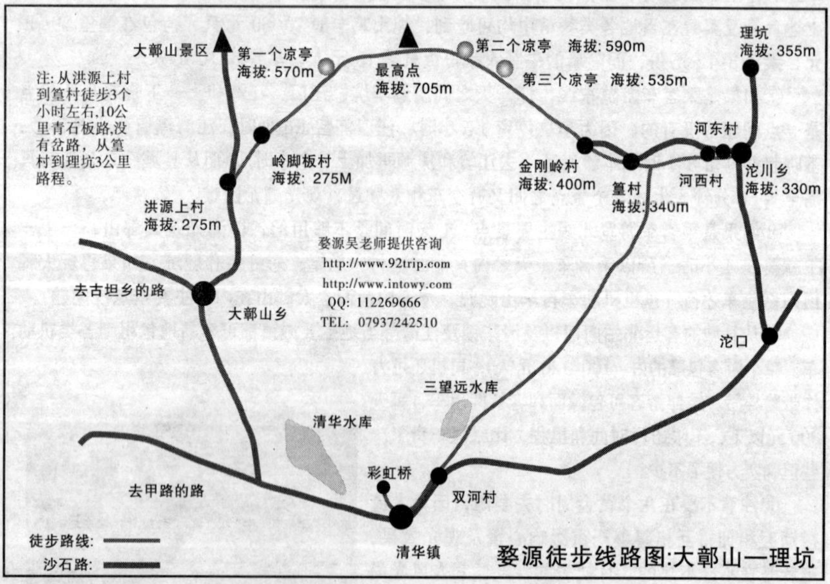

婺源徒步线路图:大鄣山—理坑

龙虎山

电话区号 0701
旅游咨询 6456490
旅游投诉 6656125

龙虎山位于江西省鹰潭市西南郊 20 公里处，以碧溪丹山、奇峰异石著称，龙虎山的基本地形地貌是两山夹一水——芦溪河碧波欢流，河两岸有观音壁、石鼓峰、仙岩、水岩、天女散花等多处山景，山水风光与福建武夷山异曲同工。龙虎山自古即是道教圣地，有天师府、上清宫等大型道观，而景区内的数百处悬棺墓葬更是闻名海内外的华夏奇景。去龙虎山漂清溪、看奇峰、观“悬棺之谜”，会玩得特别新奇又特别开心。

▲ 龙虎山芦溪河漂流

交通

欲去龙虎山应先到江西鹰潭市。鹰潭地处浙赣、皖赣、鹰厦三条铁路交会处，北京、南京、上海、杭州、武汉、南昌、长沙、广州、南宁等大城市都有列车直达或途经鹰潭，这里每日到达的列车有近 70 个班次。此外南昌、黄山、景德镇等周边城市还有大巴开往鹰潭，其中南昌至鹰潭的快巴每小时均有，2 小时即可抵达，公路交通非常方便。

从鹰潭火车站西侧乘游览专线车 K2 路，车费 3 元可到龙虎山旅游中心，在这买票后可乘观光车去各景区。另外还有客运中巴，票价 6~8 元，50 分钟可到达龙虎山的上清古镇，30 分钟可到仙水岩景区。

- **鹰潭客运站**

电话：0701-6273197。

- **气候与游季**

龙虎山位于江西东部，气候温润，四季皆宜旅游，即使是冬季，这里白天的气温亦可达到 15℃以上，所以用北方的气候和温度来衡量，龙虎山的冬天是很温暖的。

- **仙水岩景区**

¥ 是龙虎山中的标志性景点。

门票通票225元，含景点门票、观光车、船费用。老人、学生有优惠。

仙水岩悬棺每天升棺表演的时间为13:30、16:30。

- **仙人城景区**

在仙水岩景区中一座山峰的顶上，是观赏龙虎山全景的好地点，步行登顶要30分钟。门票30元（不在联票内）。

- **上清景区**

¥ 天师府门票和上清宫门票均在225元的通票中。

从上清镇坐竹筏顺水而下，3小时漂到仙水岩，途中风光绮丽动人。但是现在大多数游人都只乘船或竹筏漂流正一观码头到仙女岩这一段，时间只需约50分钟。

主要景点

仙水岩景区

龙虎山景区中的精华，5公里长的距离内耸立着100多座奇山。四周群峰夹峙、中间碧水欢流，芦溪河清波载着竹筏轻舟徐徐游动，河边长满绿树青竹，有水上玉梳、天女散花、石滩芦雪等名景。一二百米高的沿河峭壁上遍布幽深洞穴，洞内摆放着数百只2600余年前留下的墓葬悬棺，在远古时期工具条件极为原始简陋的情况下，如何把这么大量的棺木吊进离河面一二百米高的洞穴中而又完好无损，这驰名中外的远古之谜至今无人能够破译。

上清景区

一处有千年历史的古镇，镇上有许多古民居、吊脚楼和参天古树，大型道教名观上清宫、天师府殿宇庄严凝重，千年古街上清老街甚具远古风韵，它们都是游客必观之景。上清景区还是龙虎山芦溪河的上游，河边有竹筏码头，游客从这里乘竹筏，可以看遍河畔多处景点，一直漂到下游的另一大型景区仙水岩。

十不得景点

龙虎山仙水岩景区内的10座（组）奇峰异石，分别以尼姑请和尚走不得、仙水配不得、仙桃吃不得、云锦披不得等十个“不得”命名，形态各异且都有各自的美丽传说，是龙虎山水色山光中的精华亮点。

象鼻山景区

龙虎山景区内刚刚开发开放的新景，属典型的丹霞地貌，造型奇特，包括象鼻山、牵龙洞、雄狮回头、龙虎望、雏鸡峰等多处山岩奇观，精彩纷呈。

天外天

天外天——还有更好的玩法

①龙虎山地处江西省东部，这里北有黄山，南有武夷山，游客来此一次把上述三座山连在一起玩会经历全新、感受全新。

②还可以在游毕龙虎山后去弋阳的圭峰景区，那里的山水犹如天然盆景，精美而动人。

住宿

鹰潭市内住宿较便宜，80~120 元即可住条件尚好的宾馆标间，火车站附近就有不少旅馆。龙虎山景区内的上清和仙水岩两地都有多家宾馆和个体旅馆，条件较好环境甚佳的龙虎山庄标间开价 180~200 元，平日可以打折（电话：0701-6658000）。另外可选上清宾馆，在上清古镇入口处，电话：0701-6639188；公路培训中心，在景区广场旁，电话：0701-6659100。中小旅馆房价在 25~70 元之间。此外，芦溪河上的船家有时亦愿接待游客上船居住，虽然船舱狭窄但收费便宜（每人 15~20 元即可）。入夜，芦溪河上微风吹拂、月光皎洁，鱼儿跃出水面的声音清晰可闻，令人备感宁静温馨。

餐饮

特色食品和菜肴有天师八卦宴、天师板栗烧鸡、板栗烧排骨、上清豆腐、红烧干烧芦溪河鱼、百岁菜、贵溪灯芯糕等。中小餐馆中的上清豆腐 10~12 元/份、河鱼 25~30 元/份，其中鲇鱼豆腐是大众菜中的佳品，游客可视情享用。

▲ 龙虎山奇异山姿

旅途中

旅游锦囊——如何在龙虎山玩得快活开心

①龙虎山与福建武夷山相隔只有 200 余公里，两山的地形地貌又非常相似，只不过不论是山还是水，龙虎山都比武夷山“小一号”，所以它是武夷山“活脱脱的一个小兄弟”。但是龙虎山的悬棺可比武夷山多得多，这是龙虎山的一大特色。

②如今一般人到龙虎山游览，都是游览上清和仙水岩两大景区，上清在芦溪河的上游，仙水岩在下游，由于不久前龙虎山景区开通了观光车（外观像小火车），所以游人的观光方式已经和过去很不一样了。

龙虎山景区相对紧凑，1~2 日游览尽可观其主景，游览可按如下方式和顺序进行：

如果欲在 1 日内游览龙虎山主要景点，可在龙虎山游客中心乘观光车，首先抵达最远的景点上清古镇，用 2~3 小时观赏古镇风光，参观天师府、上清宫、上清老街、东岳宫天主教堂等景点。午餐后坐观光车返回途中看道教名观正一观，再到竹筏和游船漂流码头，上船顺水向下观观音壁。石鼓峰、仙岩、天女散花、水岩等沿岸景点（含“十不得”美景），这些景点是仙水岩景区的精华，另外还可见到不少崖上悬棺。上岸后可参观无蚊村、看升棺表演，再登河东岸的观景台登高览胜，之后看一个象鼻山，一天的行程就相当圆满了。

时间宽松者可作二日游：D1早晨从仙女岩乘游船逆水上行，饱览两岸奇异山景、上岸后参观正一观，然后再乘船返回，到仙水岩下船后登仙人城山颠看龙虎山全景，然后游无蚊村、看升棺表演，住宿景区内。

D2早上观象鼻山，然后乘车去上清古镇，游览上清老街、天师府、上清宫、东岳宫天主教堂等景。然后经游客中心或者直接从上清返回鹰潭。

三清山

电话区号 0793
景区管委会 2181212
旅游投诉 2180216

三清山是国家级重点风景名胜，位于江西上饶的玉山县和德兴市交界处，因玉京、玉虚、玉华三峰如三清列坐其巅而得名。景区面积约 220 平方公里，其中主峰玉京峰海拔 1817 米，为景区最高峰。

三清山的风光特点是东险西奇、北秀南绝，群山姿态万千、妙趣横生。山上有司春女神、巨蟒出山、万笏朝天、梦笔生辉、企鹅献花、猴王献宝、七夕双星等十大胜景，"奇中出奇、秀中藏秀"，有黄山的姐妹山之称。是江西省内不可多得的山岳佳景。

▲ 三清山标志性景点司春女神

交通

三清山位于上饶以北 78 公里处，所以许多游客都从上饶去三清山游览，上饶是浙赣铁路上的大站，几乎所有过往列车都在此停靠。从上饶乘汽车至三清山约需 2 小时，中巴车费在 25 元/人左右。另外亦可乘火车到玉山，玉山火车站和汽车站均有中巴开往三清山的南门和东门（从这里上山比上饶还要快捷方便），发车时间为 6:00~16:00，汽车行驶 1.5 小时即到，车费 15~17 元（去南门是柏油路路况一般但路边山水相间风光挺美，去东门的路况很好）。

住宿

三清山景区内有多家宾馆，主要分布在半山腰处的山门外边和索道上站周边，另外南清园景区路边也有一些宾馆酒店。主要宾馆酒店有日上山庄电话：0793-2189322。三清山大酒店、云中园、女神山庄、巨蟒山庄、友好宾馆、三清宾馆等，住宿条件尚可，一般季节 150 ~ 240 元即可住尚好房间，淡季房价还会稍低。山上很少有中小旅馆和家庭客栈，家庭旅店主要集中在山下。

• 气候与游季

江南名山、气候温润，全年皆可游览，冬季雪后风光很美，亦有不少游客登攀，秋季观景效果最佳。

• 最新信息

①为了"申遗"的需要也为了保护山上环境，山上的宾馆酒店大多暂停营业了，只剩下少数在接待客人。

②新建的东部南沙索道已运营了，运行 8 分钟，上行 60 元、往返 110 元。

• 门票价格

¥ 进山票 150 元。冬天 130 元。

¥ 南山缆车票价：上行 55 元，下行 45 元（运行 38 分钟）。

餐饮

山上景区内饮食稍贵，一碗面条亦要 8~17 元，蛋炒饭 8~12 元，一般全素炒菜如炒土豆丝、卷心菜等在 13~18 元，肉菜则在 25 元甚至更贵，如鱼香肉丝 28~35 元，笋干烧肉要价 32~38 元。另外山上有的路段如西海岸景区少有售货点，游人登山时应携带适量食品饮水。

主要景点景区

玉京峰

位于三清山景区的中心，海拔 1817 米，是景区第一高峰，山势险峻，如入天际，涉云登顶如履仙境，是三清山景区内的绝佳观景台，在这里既能观赏瑰丽无比的云海、雾涛和日出奇观，也能全方位地环视群峰交织、幽壑纵横、峥嵘险峻的三清山全貌。

南清园景区

是三清山的主要景区之一，集奇山、怪石、奇松及云海雾涛景观于一身。三清山中的玉皇顶、玉台、司春女神、巨蟒出山、万笏朝天、梦笔生辉、企鹅献花等佳景都在此景区中，可谓是三清山上的观光要点（游客上山后不去玉京峰的大有人在，但不去南清园的人绝对没有）。

司春女神

又称女神峰，是位于南清园景区内玉皇顶东侧的一处漂亮石峰。其形态轮廓酷似一位端庄秀丽的美女，美女高鼻梁圆下巴，秀发齐眉，端坐凝眸，栩栩如生。司春女神高约 80 米，比气势雄浑的四川乐山大佛还要挺拔秀丽。

巨蟒出山

亦是三清山一绝，它亦位于南清园景区内玉皇顶东侧，与神女峰相峙，是一座峭壁旁的蟒形巨石，高 120 米，酷似一条昂首勃起于山谷间的巨蟒朝天猛蹿、气势逼人。是国内山岳风景区中的稀世奇景。

万笏朝天、梦笔生辉、企鹅献花

它们都是南清园景区内的佳景，均由大小不一的象形奇岩怪石组成，与司春女神和巨蟒出山 2 处代表性景点交映生辉，为游客留下绝佳观感。

西海岸景区

三清山上近年来新开发的险峻神奇的一段山间景观。它长约 4 公里，沿线奇峰高耸、绝壁倚天、群山逶迤、栈道盘亘，游人行进在山脊陡崖上，顿觉眼前群山起伏如万马奔腾，脚下云雾奔涌似海涛翻卷，甚为惊心动魄。

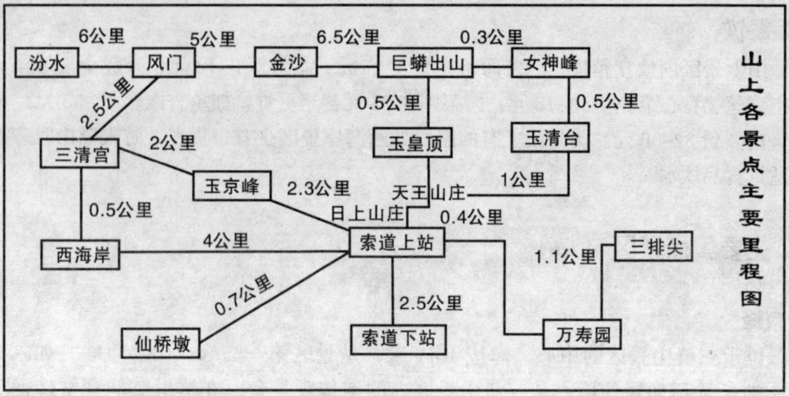

山上各景点主要里程图

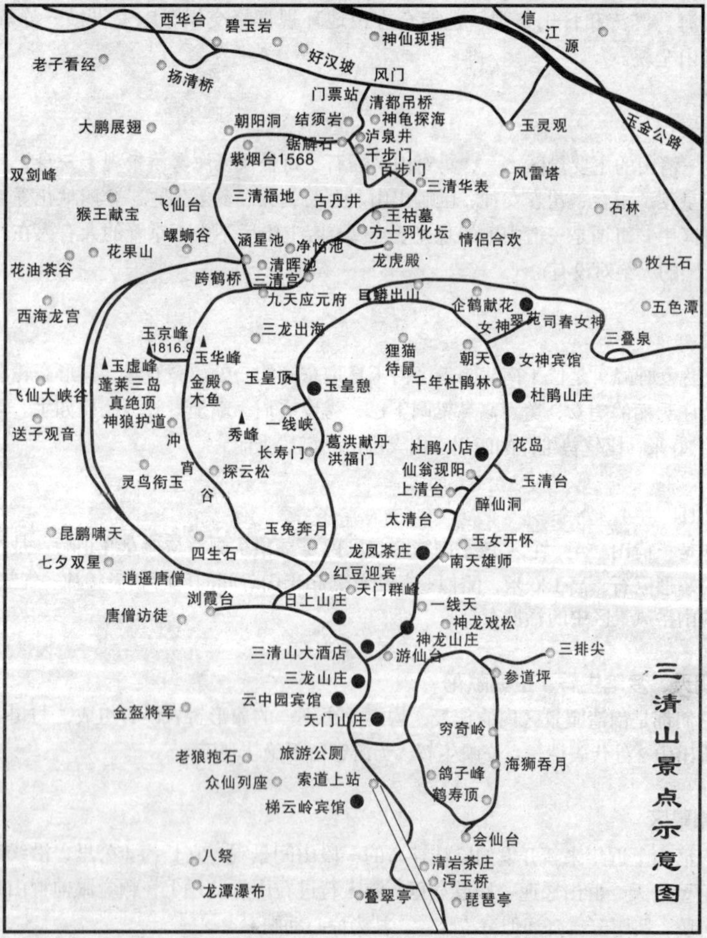

三清山景点示意图

江西省

旅途中

旅游锦囊——为您提供三清山自助游览方面的最新攻略

①三清山风光绮丽秀美且景点分布集中紧凑，非常值得一看，而游遍山上主要景区只需 1~2 天时间。

②从玉山乘车上山最方便，发车地点在转盘汽车站（一问当地人都知道），行车 1.5 小时即到南山山门。这里也有车去东山门。从上饶去三清山也成，但上山时间稍长、车次也不如玉山多。如果是从婺源方向去，可以乘车到三清山东门的南沙索道站坐缆车上三清山，婺源直达三清山的车是开到山的北坡，这里不是山上主要景区，不能去这里。

③三清山上的主要住宿点是南山山门外（有大小宾馆数十家和少量个体旅馆）和索道上站周围（这里有高档宾馆 5~6 家，没有个体小旅店），由于游客数量挺多所以上述地方房价不太便宜。即使是一般季节，山门外的宾馆打折后标间也在 100~160 元之间，山上的宾馆平日标间打折后都在 150 元以上，旺季涨到 200~300 元间绝对没有疑问（住宿条件尚好）。笔者游遍了南清园和西海两大主要景区，只在山上看到了一家个体旅社玉台山庄，它的位置不错，出门不远上个小山头可看日出，但住宿条件太一般，普通间 20~50 元/床，带简易卫生间的双人房 50~80 元/间。另外新建的南沙索道站下站旁也有一些旅馆。

④山上的餐饮也挺贵，一碗面也要 10 元左右，不过食品都是山下运上来的，成本高些可以理解。在山上吃饭要一两个菜填饱肚子也就行了。

⑤虽然打开景区游览图看，山上的景区多了去了，但目前大多数游客去的只是南清园，西海和阳光海岸三个景区，少数体力好而兴致高的游客爬到主峰上看日出。笔者的建议是最少要看南清园和西海两个景区，否则真是白白上山跑一趟。

⑥从三清山南山山门处或东部南沙乘缆车上山都方便，步行上山太累太费时间。象南山的缆车是超长距离运行——行驶 38 分钟，想想同等距离你若步行要花多少时间。

⑦在南山缆车上站下车后还要向上步行约 25 分钟，到达日上山庄和三清山大酒店后才算真正步入了游览区，这里有个分岔路口，向左去西海、主峰和南清园，向右只能到南清园（去南清园是环形路，左上右上都可到）。笔者推荐的游览次序是：先向左去西海，这里去西海先要走 30 分钟的上坡路，到了西海栈道后路的坡度就相当平缓了。从栈道入口处到绝佳景点猴王献宝步行要 45 分钟，然后可从阳光海岸栈道去南清园游览。从日上山庄走到南景园的最佳景点司春女神一般体力的人至少要 80~90 分钟（从日上山庄向左上山和向右距离几乎相等），加上观光拍照（山上好景都在这），游南清园一个景区就要 3 个小时出头。

⑧在三清山观光 1~2 天均可。如果是早上 8:00 乘缆车上山，先游西海再去南清园，那下午 16:30 结束观光完全可能，此时下山还有客车去玉山。但最佳观光方式是第一天游西海和南清园，夜宿山上。次日游主峰景区（兴致高的人可起早上主峰观日出）。依此安排游程，三清山之旅绝无遗憾。

▲ 山上佳景石象观海

江西省

井冈山（5A 级景区）

电话区号 0796
旅游局 6552626
旅游投诉 6552626
旅行社 6551382

井冈山位于江西省南部的罗霄山脉中段，不光是闻名遐迩、众所周知的中国工农红军创建的第一个革命根据地，还是一处自然风光秀美、名胜佳景众多的旅游胜境。井冈山风景名胜区面积为 213.5 平方公里，这里山势雄伟、林海密集、溪流澄碧、瀑布成群、鹃花满山、翠竹遍地，山光水色相映，风景绚烂多姿。

井冈山风光的最大特点是红绿结合且相映生辉，这里所说的“红”就是丰富的革命历史人文景观，而“绿”就是秀丽的自然风光。全山共有茨坪、龙潭、黄洋界、五指山、笔架山、仙口、桐木岭、湘洲八大景区近 300 处佳景，令人新奇惊叹、流连忘返。我国当代文豪、著名历史学家郭沫若先生畅游井冈山后，曾发出过“井冈山下后，万岭不思游”的由衷感叹。

▲ 井冈山主峰五指峰

• 气候与游季

井冈山属中亚热带湿润气候，年平均气温 14℃，7 月最热平均气温 24℃，1 月最冷平均气温 3℃。这里冬温夏凉、春夏多阵雨，秋冬多雾，每年 4~10 月为游览佳季，4~5 月山花烂漫风光绚丽，盛夏时节凉爽宜人为避暑佳境，秋天云高气爽亦很令人心旷神怡，冬季稍有潮湿阴冷为旅游最淡季。

交通

井冈山位于江西省南部，有铁路和公路客运和外界相连。游人可先乘火车到达京九铁路上的南昌、吉安、赣州或井冈山站（夏坪站），北京、上海、深圳、广州、合肥、郑州、成都、武昌、蚌埠等城市都有直达列车前往，再从上述各站换汽车上井冈山。南昌长途客运站每日有客车直抵井冈山（全程柏油路一般 5 小时可到，快巴 85~90 元），南昌到吉安的客车更多（发车站主要在吉安南站），先从南昌乘车到吉安再换

江西省

车去井冈山亦是不错选择，从吉安到井冈山只有 2.5~3 小时车程。赣州长客站每天有 4~6 班客车直达井冈山，全程柏油路但以盘山路为主，行车 4 小时可到。另外从井冈山火车站(火车站建在距茨坪约 37 公里处的夏坪）乘汽车，1 小时出头(车费 8 元）可到井冈山游览的中心茨坪。北京、上海、南昌始发的铁路列车已可一直开到井冈山市政府所在地夏坪。

欲乘飞机前往的游客可以先飞到南昌或赣州市（目前井冈山无机场)，然后再换乘汽车去井冈山。

住宿

主要宾馆酒店　　区号 0796

井秀山庄	6555888	金穗宾馆	6554775
井冈山宾馆	6552272	商贸宾馆	6553118
金叶大厦	6558118	金融宾馆	6552832
黄洋界宾馆	6553045	红星宾馆	6555533
良景山庄	6552980	中银宾馆	6551180
圣地山庄	6555988	科苑宾馆	6556178
鑫源宾馆	6552635	稽征大厦	6552620
国脉宾馆	6556888	邮政大厦	6554488
建业宾馆	6551246	经贸大厦	6557568
罗霄山庄	6551433	工会宾馆	6553231

井冈山的中心是井冈山市，即茨坪镇，镇上有近百家宾馆、饭店、招待所。星级宾馆有井秀山庄、金叶大厦等数十家，房价在 70~300 元之间。除去游览最旺季和五一、十一黄金周外，一般不会客满，入住很方便。此外景区中心的茨坪镇上有许多个体旅社，房间中有卫生间、热水器，房价只需 20~40 元而卫生条件尚好，适合工薪族游客。

- **茨坪汽车客运站**

电话：0796-6552210。

- **餐饮及购物**

茨坪商业街上有不少餐馆和商摊，普通菜馆中的普通炒菜 15~20 元，米粉 5~7 元/碗，欲吃山珍和野味价格稍贵，一般 40~60 元；商业街北边晚间还有一个相当规模的大排档，可吃到各类烧烤。

当地特色商品主要有各类竹雕及木雕工艺品，木耳、灵芝等各类山珍和药材。

商业街上店铺林立，游客可择情购物。

- **黄金旅游线路**

把井冈山同庐山、南昌、深圳连在一起玩。这条大京九旅游线汇聚了两座名山、两座名城，非常物有所值且交通方便（有京九铁路相连)。

游览指导

井冈山上的景区游览主要分为 3 条不同的线路。A 线有黄洋界、大小五井、龙潭等景点；B 线有井冈山主峰、笔架山、井冈湖、五马朝天等景点；C 线主要是漂流。每条线路“红”、“绿”结合得挺好，游客循线游览更方便。一般游客游览 A 线及 B 线后即可心满意足。现在山上的主要交通工具是景区内提供的观光交通车（车费已含在 226 元的通票内)，车很多，发车间隔也不大，可以到达山上的各主要景点，游客放心乘坐就是(两天内有效)。如果用正常速度游览，游 A 线和 B 线各需一天时间，如愿意可在第三天游 C 线或是去井冈山漂流。本书在后面推荐了一种在一天之内游遍全山主要景点的好方法，可供参照。

主要景点

黄洋界哨口及纪念碑

黄洋界海拔1343米，峰峦叠嶂、地势险要，是当年井冈山革命军在根据地的五大哨口之一。1928年8月和1929年1月，中国工农红军分别在这里击退了敌军的两次大规模进攻，毛主席书写的著名诗篇《西江月·井冈山》一诗更使黄洋界声名大振。现在，黄洋界山顶上耸立有高大的胜利纪念碑，当年作战时的战壕、工事、堡垒等也恢复了原貌，游人可以在此观览山景，仔细回味当年“黄洋界上炮声隆”、“我自岿然不动”的战斗场面和豪迈意境。

• 黄洋界哨口及纪念碑

A线上的主要景点。游览1小时即可。

▲ 山间观光缆车

• 大井朱、毛故居

A线上的景点。游览40分钟即可。

• 井冈山革命博物馆

博物馆就在茨坪镇上。

粗略观览需90分钟，详细参观需3小时。

大井朱、毛故居

在井冈山茨坪西北面7公里处，1927年10月，毛泽东率秋收暴动部队登上井冈山，此后在这里居住了一年多。在这里，毛泽东、朱德、陈毅、彭德怀等同志深入进行社会调查，发动群众开展土地革命，建立工农革命政权，部署著名的黄洋界保卫战，为红色政权的建立和巩固，写下了辉煌的一页。现在，大井革命遗址已被列为全国重点文物保护单位，供游人瞻仰，周围的高山田园风光亦很清幽动人。

井冈山革命博物馆

位于井冈山市中心的茨坪镇，外观凝重，庄严肃穆，有大型陈列展室共7个，内有文字、图片、实物数千件；从井冈山革命根据地的创立和发展、革命根据地的恢复、坚持井冈山的斗争等四个部分四大方面，真实、完整、全面地介绍了井冈山革命斗争两年零四个月的难忘历史。是人们接受革命传统教育和爱国主义教育最重要的基地之一。

龙潭景区

龙潭景区由五龙潭和金狮面两部分组成，其中金狮面以奇峰怪石、瀑布和一些人造景点组成，可惜那里的风光虽好但路程艰难；而五龙潭风光秀美，路况甚好，且有缆车上下，所以成为众多游客的观光首选。

五龙潭由大小18级气势磅礴的瀑布和5个池水清澈的深潭组成（5个深潭的名字分别是碧玉潭、锁龙潭、珍珠潭、击鼓潭、仙水潭）。它们上下串联、瀑潭相间，潭潭有清波、瀑瀑显仙姿，动静相宜，风光极美。其中碧玉潭上的第一级瀑布落差近70米，水流湍急且清碧如玉，是井冈山上最美丽气派壮观迷人的瀑布景区。

▲ 井冈漂流

笔架山

位于茨坪西南约20公里处，因有7座山峰排列形如笔架而得名，高1357米，林木葱郁、山景壮丽，尤以山间的十里杜鹃长廊和山顶看到的500里井冈山全景而引人陶醉。现在有缆车送游人直达山上，观光非常便利。

水口景区

这是一条长达数华里的山间大峡谷。两边石峰对峙，陡峭直立，中央溪水欢流，潭清谷幽，峡谷中古木参天，杜鹃林茂密，不时有山莺低飞、松鼠跳跃，风光旖旎、野味十足。

水口景区有奇虹瀑、金牛戏水、百叠泉、龙门、展旌群峰等佳景。其中水流落差达96米的奇虹瀑最为神奇诱人，它不光飞流直泻气势如排山倒海，而且每到夏季的上午8:00~11:00，瀑水都会在阳光照射下现出七色彩虹。色泽斑斓、鲜艳瑰丽，堪称人间罕见的奇观妙景。

主峰景区

主峰景区是井冈山最高大雄伟而又壮阔迷人的中心主景，其中主峰五指峰海拔995米，巍峨壮美高耸入云。由于它的山势秀美，加之中国工农红军的第一家造币厂就建在井冈山下，所以当20世纪90年代国内第一张百元大额人民币问世时，井冈山主峰被光荣地选为钱币背面图案的主景，它的风姿倩影亦从此走入了千家万户。

▲ 井冈山风光

井冈湖是五指峰下人工筑坝蓄水形成的大型人工湖，湖上碧波千顷，四周山林苍翠，不时有漂亮的

- **井冈山门票最新价**

联票226元/人，含山上所有景点。有效期7天。含观光车费。

- **龙潭飞瀑景区**

A线上的最佳景点。缆车往返60元，单程上行50元。

乘缆车观光需90分钟，步行往返需3小时。

建议乘缆车下到谷底，再步行走上来，这样既能节省部分体力，又可从空中仔细观赏龙潭壮景——画面很美。

- **笔架山**

景区观光车可到。缆车往返150元。

- **水口景区**

A线上的佳景。

单程步行需1.5小时，往返步行需3小时出头。

从景区下边的井冈湖乘快艇可到B线观光。但有时船停开，进景区时可先作问询。

▲ 龙潭小溪

- **主峰景区**

B线上的主景。

粗略观景拍照约需90分钟。

本页左下角的图片画面就是游客在观景台上浏览眺望井冈山主峰风光。

游船和快艇划过水面，由银白色浪花构成的优美航迹把一湖清波点缀得更加生动秀美。

主峰景区还有红军游击洞和一线天等景点，其中最佳观景区在主峰对面、井冈湖上方的盘山公路边。这里有大型观景台，游客在这里倚栏远眺，可以把山光水色相映衬的井冈山主峰全景尽收眼底。

茨坪景区

茨坪是井冈山原市政府的所在地，是一座美丽的公园式山城，亦是井冈山市旅游接待的中心。这里满山流泉水、遍地是密林，一座座漂亮新颖的城市建筑依山而建，掩映在湖光山色、绿树鲜花丛中。茨坪不光是人文佳景的聚集地——有毛泽东故居、革命烈士陵园、中国红军军械处旧址等数十处革命历史遗址，还是井冈山上最重要的旅游度假区。茨坪建有多处宾馆、饭店、招待所，是井冈山上最理想的旅游观光、避暑疗养胜地。

推荐游程

三日游

D1：井冈山（茨坪）城区观光：游南山公园、挹翠湖，观毛泽东故居、革命烈士陵园、中国红军军械处旧址、井冈山革命博物馆。

D2：A线游览：黄洋界哨口、龙潭景区、小井红军医院、大井朱、毛泽东故居、水口景区。

D3：B线游览：游井冈山主峰五指峰、笔架山、井冈湖、红军游击洞，外加五马朝天景区观光。

这是比较宽松的玩法，时间紧张的游客可以采取适当方式，一天内游遍山上所有主要景点，详细方法见下页。

旅途中

旅途小花絮——井冈山的味道真好闻!

我是在一天的黄昏时从吉安向井冈山乘车进发的，因为白天下了火车又坐汽车疲乏不堪，所以车开不久后就不知不觉睡了过去。睡梦中我突然闻到一股凉爽清新且芳香无比的气息，这股气息是那么的清爽湿润，又是那样的沁人肺腑，宛若清风拂面、好似身浴清泉，那一瞬间，从鼻腔到胸腔，从大脑到全身，顿感一种难以名状的清爽舒适，我睁开眼睛一看，哇，视野里都是青山翠谷、茂密丛林和清亮溪水，井冈山到了!

做了半个小时的深呼吸，我明白了这股清新芬芳的气息来自何处——它来自凉爽的大地，来自清澈的溪泉，来自满山的绿竹，它是山的气息、水的气息、竹的气息的混合体——这就是井冈山的气息。

我游历过国内许许多多的山岳风景区，但是从闻到的气味中感觉意识到了山的临近，这可是真真正正的头一回，这美好的经历和独特的感受至今还在我的脑海中记忆犹新，井冈山的气味呀，真好闻，真好闻……

旅途中

景区亮点闪击和精彩回放

◀ 茨坪山水

①井冈山真是个好地方，满山是森林，遍地流泉水，空气特清新，但可惜的是这里冬天寒冷还会下一点雪，否则这座山真能成为中国人最适合定居的地方之一。

②井冈山的人真好，敦厚、仗义，个体旅馆的店主开车把游客从车站接到家后，你若嫌条件不好可以转身就走，人家连车费都分文不收。

③五龙潭的风光真好，山水绮丽游览方式也特绝——乘坐的缆车正好从最大的瀑布顶上经过，往下一看，哇! 那个场面……

④水口景区也好，有山有石、有水有树，我在彩虹瀑前真的见到了七彩飞虹，看来这个瀑布的名字真不是吹出来的。

⑤井冈湖的湖水深，大坝也特高且陡峭无比，不论谁从坝上向下看一眼都会倒抽一口冷气。你若敢探出半个身子向坝前坝下张望，那绝对是个胆大无比的勇士。

⑥茨坪革命博物馆中令人深思的问题太多了，为什么中国共产党和中国工农红军能够迅速壮大且星火燎原，这里面有太多的政治方面、经济方面、历史方面的原因，值得好好总结回味!

旅途中

旅游锦囊——如何在一天内游遍井冈山的主要景点

按照常规速度和方式，游客舒服和从容地游遍井冈山上的各主要景点（茨坪周边和A线、B线）大约需要三天时间。但如果您时间紧张，无法在山上久留，那笔者可以给您设计一个相当紧凑的游览方案——一天内游览茨坪、一线、二线上的各主要景点。具体方式如下：

早晨早些出发乘观光车去一线，40分钟后到黄洋界，观光半小时。尔后乘观光车去龙潭，30分钟可到，游览1.5小时。之后顺路看小井红军医院和大井朱、毛故居（两处各停留15分钟）。然后乘车30分钟到水口景区，在门口简单午餐。饭后游水口景区，不走回头路，用1.5~2小时走到景区尽头的井冈湖边，上游船或快艇（40元）20分钟后即到湖区的另一岸，这是二线的景区边缘，在此可观井冈山主峰雄姿，还有观景台和红军游击洞等景点，共游览1.5小时足够。此后如果时间不太晚，还可乘车20分钟到五马朝天景区玩1小时，晚上回茨坪观市区夜色。照此安排，井冈山上一般游客常去的景点景区会在一日内向您尽展迷人芳颜。

此种游览方式的重点问题是水口景区尽头的井冈湖上必须有游船或快艇行驶，这样才可从A线迅速到达B线，否则游完水口还要步行走回头路到景区门口，约需花费1~2小时，往下的游览就非常紧张了。井冈湖上的船有时停开，进入水口景区时请千万向管理人员询问清楚再决定如何游览。

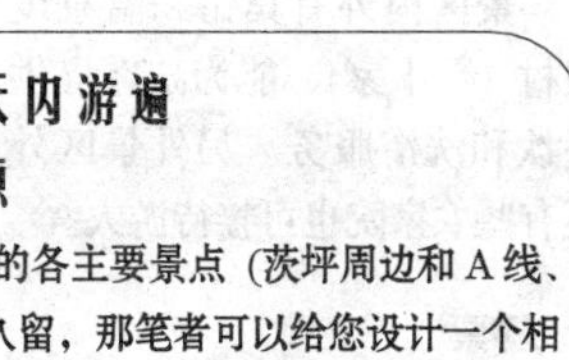

▲ 冲浪井冈湖

明月山

电话区号	0795
旅游咨询	8014772
旅行社	3998595

明月山在江西宜春市城西南约30公里处，由太平山、玉京山、老山、仰山等十数座海拔千米以上的山峰组成，主峰太平山海拔1735.60米，山间有奇峰怪石、高山草甸和温泉地热资源，风光美丽且景观丰富，是江西省内重要的旅游休闲度假区。

目前明月山景区共有5大景区和1个度假区，其潭下景区、太平山景区、塘家山景区风光都很出色，而温汤温泉度假区内的温泉水质良好，洗浴后能带给人舒适美感。

交通

首先应乘火车或汽车到宜春，从宜春火车站前坐公交18路车，可直达明月山景区。

住宿

景区内外有宾馆和温泉度假村（数十家），能为游客提供餐饮和洗浴服务。另外景区外还有些农家院也可接待游人。

- **门票**

¥100元。老年人、军人、残疾人、儿童可享受优惠。缆车上行55元、下行50元。

▲ 明月山风光

观光指导

①明月山山势连绵起伏，巍峨壮观，山间森林及云海景色也美丽动人。明月山的温汤温泉水温68~72℃，富含硒、硅酸等微量元素，对心血管、消化系统疾病有明显疗效，洗后能祛病强身。

②山上的云谷飞瀑、海狮盼月、七彩溪、高山草甸、仰山寺以及云海日出景观可重点关注。

③登明月山要花费一点体力，欲图省力可以乘缆车上行，下山时可以乘缆车或步行，乘滑索下来更惊险刺激。

④住宿可选择在景区外的温汤镇，这里距山门仅有十几分钟车程，且有不少温泉度假村，游人洗浴及观光都方便。

中南地区

湖南省

HUNANSHENG

湖南省位于长江中游南岸，因在洞庭湖南面而得名。东临江西，西靠渝黔，南临粤桂，北接湖北。全省面积 21.18 万平方公里。境内山峦起伏、河流纵横，地形地貌纷繁多样，风光美丽而生动。湖南省内有国家级重点风景名胜四处，省级风景名胜近百处，主要分为东、西两大部分。东线风光以名山、名城、名楼、名人故居为主体，文物古迹众多，饱含 4000 年楚文化之迷人风韵，代表景区有南岳衡山、洞庭湖、岳阳楼、长沙岳麓山、橘子洲及韶山、花明楼等。西线则以迷人的自然山水风光、绚烂的少数民族风情和原始古朴的生存状态见长而独树一帜且天下闻名，武陵源的奇山丽水、凤凰小城的旖旎柔美、德夯苗寨的苗家风景无一不是华夏山水宝库中的艳丽奇葩，它们相依相连且交相辉映，构成了华中大地上无与伦比而又不可多得的观光胜境。

黄金旅游线路

① 长沙—衡山—岳阳

② 武陵源（张家界、天子山、索溪峪、猛洞河）—凤凰—德夯

湖南地势南高北低，东南西三面山水环绕，中部丘陵、盆地起伏，北部湖泊、平原交错。属亚热带湿润季风气候，冬暖夏热，四季分明，一年四季适宜旅游者游览观光。

▲ 凤凰古城沱江秀色

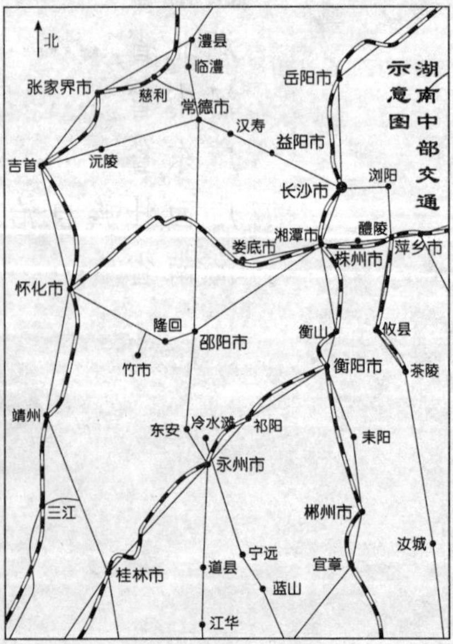

长沙

电话区号	0731
长沙市旅游局	88666279
旅游投诉	85810110
新康辉旅行社	82195888

长沙是湖南省的省会和政治、经济、文化中心，地处湘中东北部，市区跨越湘江两岸。作为西周时代著名的楚汉古都和国务院公布的首批24个历史文化名城之一，长沙市的史存遗迹十分丰富，岳麓书院、开福寺、天心阁都是国内闻名的古迹名胜，而马王堆汉墓更以其无与伦比的史学价值和考古价值而享誉天下。长沙的自然风光景点有岳麓山、橘子洲等，周边的韶山和花明楼因是当代重要历史人物的诞生地，从而亦受到国内外游人的广泛关注。

气候与游季

江南城市，气温偏高。虽然冬无严寒，但夏有酷暑，长沙的盛夏时节十分炎热，气温有时超过40℃，春、秋、冬三季适宜旅游。由于冬季天气有时小有阴冷，而春季的天气时有起伏变化，所以金秋时节游览更佳。

▲ 长沙湘江·橘子洲

交通

航空

黄花机场位于黄花镇，距市区24公里。市内民航大酒店有往返于机场的班车，车费15~20元/人。另外114路公汽也到机场。

铁路

地处京广线上，南去北往列车均在此停靠，与张家界、广州、永州、深圳、邵阳、岳阳、郑州、北京西、上海、福州有直通列车。

公路

长途汽车站有开往省内各市县及南宁、温州、武昌、合肥、九江、南昌、南京、赣州、襄樊、荆州、广州等地的客车。

- **机场问讯处**
  电话：0731-84798777。
- **民航售票处**
  五一东路75号。
  电话：0731-84119821。
- **车站售票处**
  五一东路。
- **车站问讯处**
  五一东路。
  电话：0731-82637122。
- **长途汽车车站**
  八一西路。
  电话：0731-82295182。
- **汽车南站**
  中意一路643号。
  电话：0731-85630505。
- **特别关照**
  打0731-114查询电话，会提供直接转接服务，十分方便。

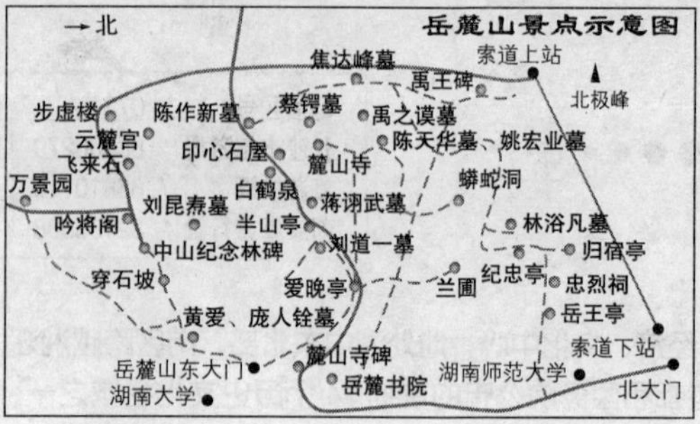

- **汽车西站**

岳麓区望城坡。

电话：0731-82857676。

- **汽车东站**

远大一路。

电话：0731-84610361。长沙至厦门、漳州、龙岩：13507484343。

- **当地宾馆酒店**

省委招待所，韶山北路8号，0731-82263998。

留芳宾馆，留芳岭14号，0731-84311888。

神农大酒店，芙蓉南路298号，0731-85218888。

- **岳麓山**

从火车站乘立珊专线车可直到山下，公交车有106、202、305路等。

¥门票已经免收了。索道往返30元。

- **岳麓书院**

乘立珊专线车或公交车在岳麓公园站下车，再步行5分钟可到。

¥门票30元。

- **湖南省博物馆**

3、113路可到。

¥门票免费但要出示证件后领取。

- **橘子洲**

16路公交车可到。

自驾车和乘江边轮渡可直上橘子洲岛上。

¥门票免收。电瓶车费20元/人。每周末有晚间焰火表演，值得一看。

水运

长沙港可通江入海，目前已与长江沿岸及南京、上海、连云港等港口通航。长沙轮船客运中心站每天有到益阳、津市、安乡、常德、茅草街、湘潭、湘阴、岳阳等地的航班。

住宿

长沙的宾馆、旅馆数量多而房价不贵。像火车站对面五一路上的银兴酒店（火车站对面右前方），准三星级的条件而标间价格只需100元左右，附近的民航大厦亦是价格适中的好住处。市区内房价在50~70元/间的普通旅馆招待所不计其数。

主要景点

岳麓山

湘江西岸的著名风景区，由麓山、天马、花岭、石佳岭及橘子洲头五大景区组成。最高峰海拔300米，林木苍翠、山谷清幽、风光秀美。山间有多处自然和人文佳景如岳麓书院、麓山寺、禹王碑、爱晚亭等。登上山巅，还可极目远眺湘江北去、百舸争流的壮阔景色和长沙市区的全貌。

岳麓书院

在岳麓山东麓，是创建于北宋太祖开宝九年（公元976年）的著名学府，其名气地位居国内四大著名书院之首。书院面积达2.5万平方米，历史上曾有王夫之、左宗棠、曾国藩、陈天华等名人光临此地，留下诸多传说、佳话和诗书遗迹。

湖南省博物馆

在市区东风路德雅路口，馆内珍藏展出各类珍贵文物数千件，其中有著名的长沙马王堆墓中出土的女尸和薄纱禅衣，游人观后可饱领中国远古文化的灿烂光华。

橘子洲

湘江江心一个长近5公里的岛屿，由水陆洲、牛头洲等几部分组成。这里橘树成林、江天辽阔，是长沙市传统名景，现岛上建有橘洲公园，主要景点有橘洲公园和高33米毛泽东石像。盛夏时节，这里的江滨游乐场亦可供游客嬉水游乐。

长沙世界之窗和海底世界

世界之窗位于长沙东北部，是占地40万平方米的大型人造主题公园。园内展示世界各国建筑、风景名胜和风情民俗，园内每天进行的歌舞、杂技表演和水幕电影、动感电影等亦很丰富动人。世界之窗旁边新建的海底世界可向游人展示瑰丽神秘的海洋风光。

周边景点

韶山

位于距长沙约100公里远的湘潭市境内，是毛泽东的诞生地。现有毛泽东故居、铜像广场、毛泽东父母墓、毛氏宗祠、毛泽东纪念馆等遗址保存甚好并供游人瞻仰，附近的滴水洞建有供中央领导人居住的别墅，20世纪60年代毛泽东曾在这里小住，因此此地亦成为当地名景。

长沙客运南站有空调班车直达韶山，发车时间从7:00持续到17:00，每小时至少有1班车，车票25元左右。

另外长沙火车站每日发一趟旅游专列5365次，8:19开，10:39抵韶山。从韶山返回时间是16:40。

花明楼

花明楼炭子冲村，是刘少奇同志的诞生地，现有刘少奇故居和纪念馆、铜像广场对外开放，周边亦有秀美田园风光，近年来此参观的人数日益增加。

大围山国家森林公园

在长沙西南约148公里处的浏阳市境内，以山奇、水秀、林幽著称，是国家级自然保护区。

- **餐饮·美食**

湘菜是中国八大菜系之一，以香鲜辣酸、口味浓烈而著称，代表菜肴有东安鸡、豆椒肉丝、腊味合蒸、各类狗肉菜、老姜煨鸡汤等。长沙市内的黄兴南路步行街两侧会聚了多家风味餐厅，游人尽可前去开心享受。

- **长沙世界之窗**

🚌32、136等路可到。

¥门票白天70元，海底世界50元。节假日票价要上浮。也可买联票，两个景点联票100元。

- **韶山**

¥毛泽东纪念园门票免收。滴水洞门票50元。韶峰景区48元，含缆车费。

在韶山，到处都是大大小小的毛家菜餐馆，你尽可开心品尝毛氏红烧肉、火焙鱼等湘菜美味。

- **花明楼**

长沙、湘潭、韶山都有旅游专线车到花明楼。

¥门票已经免收了。

- **参团旅游**

如果游客时间不充裕，那可以参加长沙各旅行社组织的一日游团队去游韶山和花明楼，游程安排紧凑，全包价130元可议价。火车站前售票点很多。

- **大围山国家森林公园**

可从浏阳乘客车前去。

¥门票50元。

漂流100元。

推荐游程

二日游

D1：湖南省博物馆→岳麓山→岳麓书院→爱晚亭→麓山寺→云麓宫→橘子洲。

D2：去韶山参观，下午如时间充裕到花明楼游览。

长沙及周边的景点风光在湖南境内并不突出，真正好看的地方在湘西的武陵源、凤凰一线。如今从长沙乘大巴到武陵源只有4小时车程，游人应去那里作开心游乐。

衡山 (5A 级景区)

电话区号	0734
衡阳旅游局	5820858
旅游咨询	5663315
旅游投诉	5671111

衡山位于湖南省衡阳市以北 50 公里处，是湖南省内历史悠久的旅游度假区，亦是国内著名的五岳之一。衡山景区地域辽阔，共有大小山峰 72 座，沟壑幽深、林木参天，自然风光秀丽迷人，主要景点有南岳大庙、祝圣寺、水帘洞等，海拔 1300 米的主峰祝融峰是观览日出、云海的绝佳地点，为各路观光客必游之地。

▲ 衡山祝融峰山顶风光

气候与游季

衡山春季多雨，常年多云雾，夏季凉爽，冬无严寒，四季皆可游览，但最佳时节是夏末秋初的 8~10 月份，此外 12 月至来年 2 月初，亦是登高观赏雪景的好时节。

交通

• **景区票价**

进山门票 100 元/人，山上有些景点单收门票。

• **当地交通**

①从衡阳火车站到山脚下的南岳镇有 1 路汽车，车票 15 元/人。

②南岳镇汽车站有专线环保车直达衡山山门，车费 6 元。

③游人可以步行上山，欲乘景区专线车上山每人收费 70 元（往返票含索道费用），近期可能上调到 120 元。

④即使是乘专线车加上索道缆车亦不能到达顶峰，下了缆车后还要步行至少 40 分钟才可到祝融峰巅。

航空

离衡山最近的机场是衡阳机场，衡阳城区距衡山所在地南岳区55 公里，虽然路途稍远，但有汽车往返于景区之间。

铁路

来衡山旅游可以乘火车经京广线到衡山站，在此乘车（中巴 5 元）1 小时后即可到景区，但不是所有列车都在衡山站停靠，所以也可以乘车到长沙、衡阳或株洲火车站下车，这三个站点都有开往衡阳市南岳区（原南岳镇，是衡山景区的门户）的班车，下车后步行片刻即到景区大门。

公路

从衡阳中转，可在衡阳汽车西站转乘长途汽车，至南岳区汽车站下车，行程 45 公里。

从长沙中转，可从长沙汽车东站乘长途汽车，至南岳区汽车站下车（里程约 150 公里）。

住宿

衡山是湖南省内传统景区，餐饮住宿业发达，游人吃住十分方便。山脚下的南岳镇满街都是宾馆酒店，二星级宾馆标间议价后不过 120 元上下，50~70 元/房的普通旅店随处可寻。此外在风景区内的宾馆已拆了不少，但在路边和索道客运站旁还有一些小型个体旅舍，房价 70~100 元不等。在衡山住宿切记在登记时要大幅杀价，许多宾馆房价中水分太多，砍下 30%~40%是完全可能的。

当地主要宾馆酒店　　区号 0734

云峰宾馆	祝融北路 19 号	5668519
电信宾馆	祝融路 9 号	5678888
金穗山庄	祝融北路 17 号	5666492
磨镜台宾馆	南岳磨镜台景区	5668853
灵芝山庄	南岳半山亭灵芝泉	5662601
金叶大酒店	万福路 21 号	5671533
上封寺	在衡山上	5663009
晨曦宾馆	同上	5663015

- **当地餐饮**

在南岳衡山景区内外可吃到各类素斋和野味，其斋宴的名字亦独具匠心，如一口香、二度梅、三鲜汤、四季青、五灯会、六子连、七层楼、八大碗、九如意、十祥景，都是原料和做法相当独特的宴中珍品。

在景区内外的中小餐馆中用餐时不必太讲排场，填饱肚子即可，因为许多餐馆中菜价水分太多，专宰外地游客，常有菜价开在 60 元而可砍到 30 元的事，所以用餐尤其是品尝特色菜时应该适当议价，否则多花钱还让人觉得缺心眼儿。

- **景区中的农家乐**

系山上山民经过管理部门批准并核发证书后用美味食品宴客的一种方式，席间可吃到不少山珍野味和绿色蔬菜，价格还算公道。游客在山上可视情享用，不过要注意一是到管理部门批准的农家去“乐”，二是吃前应问清饭菜品种、菜量和价格。

主要景点

南岳庙

位于衡山脚下的南岳镇，始建于唐代，占地面积近 10 万平方米，有牌坊、御书楼、正殿等主体建筑，气势宏伟，是我国南方最大的宫殿式古建筑群（门票 40 元，学生有优惠）。

水帘洞

在南岳镇东北方 4 公里处的紫盖峰下，洞宽 7~8 米，内有清澈溪泉奔涌而出，形成数十米高的秀美飞瀑，形态迷人，周边还有龙神祠、雪浪亭等佳景。门票 20 元。

方广寺

衡山深谷中由八座山峰环抱簇拥的山间古刹，主体寺院建于公元 503 年，迄今保存较好，寺周丛林古树密布、溪泉曲折蜿蜒而人迹罕至，宛若世外桃源。

湖南省

- **祝融峰**

山顶风光一般但云海壮丽，能否看到漂亮云海看你的运气。

祝融峰

南岳最高峰，海拔1300米，山顶有用坚固花岗岩建造的祝融殿，峰下谷底常有云飞雾涌，游客登高远望场面磅礴壮观。

推荐游程

一日游：

麻姑仙境、南岳大庙、祝融峰、老圣殿、阿迪力高空行走遗址、南天门牌坊、忠烈祠。

二日游：

D1：忠烈祠、半山亭、麻姑仙境、灵芝泉、蒋宋官邸、祝融峰、南岳大庙。

D2：水帘洞景区、南岳古镇。

- **当地交通**

航空　常德桃花源机场位于常德市区西南方向的许家桥附近，目前有到北京、广州、深圳、海口等城市的航班。

铁路　从长沙到张家界和到宜昌、襄樊的火车途经常德，此外有三班列车从广州始发经常德。常德火车站位于常德市区北部，公交15、17、19、20、28路都可到火车站。

公路　长沙客运西站有快巴直达常德，票价70元。

水运　常德和岳阳之间可通水上航运。一般客船行驶8小时左右。

当地交通　从常德市南站坐车前往桃花源景区，直达车10元/人。也可先从常德到桃园县，再从桃源县南站前往桃花源，票价10元。约半小时车程。

桃花源风景区门票：75元（6个景区的联票）。

补充推荐景区（湘西北常德景区）

常德桃花源

常德位于湖南省西北部，东濒洞庭湖，西连张家界，是著名的历史文化名城，迄今已有2200多年的历史。当地主要景区有人间仙境桃花源、茶道源头和李闯王禅隐之地夹山寺、白鹭之乡花岩溪、古城遗址城头山、水上明珠柳叶湖、湖南屋脊壶瓶山等。

桃花源风景区距桃源县城15公里，距常德市43公里，距长沙市273公里。已开发了桃仙岭、桃源山、桃花山、秦人村等景区，风景区面积达到了150多平方公里。

桃仙岭

桃仙岭景区面积1.5平方公里，是神话故乡。据传陶渊明就是在此写出《桃花源记》这千古不朽的奇文。唐代著名诗人刘禹锡任朗州（今常德市）司马时，经常寓住于此，吟诗作赋。今存刘禹锡草堂，室内刻有其所著名文《陋室铭》。

主要景点有：桃花源牌坊、牌坊公园、双星亭、浴仙池、刘禹锡草堂、咏归亭、桃花湖、花影池。

桃源山

桃源山景区面积约2.5平方公里。是道教文化的中心。从西晋到晚明，以桃源山为主的名胜古迹，很有名声。

现景点有：后门洞、问津亭、缆船洲、桃川宫、水府阁、空心筏、炼丹台、清风桥、仙径亭、沦鼎池、功德亭、中日友谊亭、天宁碑院等。

岳阳

电话区号	0730
岳阳市旅游局	8233206
旅游投诉	8232528

岳阳是地处湖南东北部洞庭湖与长江交汇处的重要历史名城，城市规模虽然不大但拥有数处风光美丽而又富含华夏古代文化底蕴精华的山水名景。洞庭湖碧波万顷、岳阳楼精巧玲珑、君山山姿柔美同样引人入胜。更令无数游客熟知向往的是那篇四海传扬的《岳阳楼记》，洞庭佳景和古代先圣的浩荡胸怀完美交织，确令每一位在潇湘国中的游客怦然心动。

气候与游季

岳阳虽然地处江南但四季仍较分明，1月份最冷，平均气温3℃左右，7月份最热，平均气温28℃，常年雨水充沛，旅游佳季为4~11月份。

▲ 岳阳楼

交通

航空

乘飞机的游客需到长沙民航黄花机场。岳阳民航售票处有往返于黄花机场的班车，行程约3小时。

铁路

岳阳处在京广线上，北京西与长沙、衡阳、南昌、湛江，郑州、西安、兰州、洛阳、宜昌、长春、武昌与广州、深圳、南宁、昆明、湛江间往返的列车均在此停靠，岳阳与衡阳、深圳、长沙、郴州、汕头、桂林、广州、佛山间有直通列车。

公路

有开往常德、邵阳、湘潭、株洲、长沙、衡阳、上海、温州、郑州、信阳、武汉、荆州、宜昌、广州、东莞、珠海、南宁、石狮、海口等方向的客车。

- **民航售票处**
  电话：0730-8248111。
- **火车站问讯处**
  东郊站前路，电话：0730-3241122。
- **岳阳汽车站**
  巴陵中路1号，电话：0730-8227458。
- **售票处**
  岳阳楼北侧，电话：0730-8321401。
- **长江城陵矶港口**
  电话：0730-8564202。
- **当地住宿**
  ①商务酒店，就在市中心，有85元的标间，条件尚好。
  ②武装部招待所，电话：0730-8317732。有30元一间的标房，很实惠。

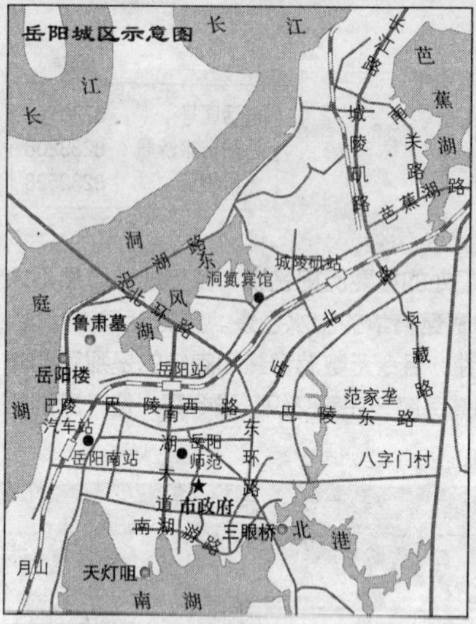

水运

岳阳在长江航运线上，逆流可至重庆，顺流可抵上海，但长途客运基本都停船了。

主要景点

岳阳楼

屹立在洞庭湖畔，楼高 20 米，襟山带水，位置绝佳，游客登楼观览，洞庭湖景开阔壮美。从古至今有无数文人雅士来此观光并赋诗咏志，留下诸多美丽诗文传世，其中因有名句“先天下之忧而忧，后天下之乐而乐”的《岳阳楼记》最负古今盛名。

洞庭湖

古时湖面开阔，曾有“八百里洞庭”之称。如今湖区面积已大为减少，但依然烟波浩渺、广阔无垠。湘江和洞庭湖共同汇入长江的三江口风光独特，湖上的美丽岛屿君山亦是当地名气甚大的佳景。

君山

屹立在洞庭湖中的小岛，与岳阳楼遥相呼应。岛上有七十二峰和舜二妃墓、射蛟台、酒香亭等景点，且到处苇叶青青、竹林遍地、茶树飘香、清馨袭人。君山曾被古人誉为“白银盘里一青螺”，亦有洞庭仙山之美称。

张谷英村

岳阳周边三面环山、原始古朴的乡野村寨，古老民居建筑家家相依、户户相连，特色非常鲜明。周边还有连绵起伏的青山和碧波见底的溪流，自然风光柔美动人。

- **名吃及特产**

当地的巴陵全鱼席是用多种湖鲜烹制而成的，在国内外享有盛名。此外腊肉、腊鱼、腊鸭条也是美食和馈赠亲友之佳品。特色商品和土产有洞庭银鱼、君山银针茶等。

- **岳阳楼**

乘 2、9、10、15、19、22、24 路车均可到。

¥门票 80 元。

- **君山**

¥丰水期可从岳阳楼下的游船码头乘船 50 分钟可到君山，船票往返 60 元/人。

从火车站亦有公汽 15 路直达君山。车票 6 元。

¥景区门票 60 元。

- **张谷英村**

市区客运总站有专线车到，车程 2.5 小时。

¥门票 40 元。

村中民居旅舍可提供食宿。

推荐游程

二日游:

D1：上午观岳阳楼，览洞庭湖秀色，下午乘船或乘车去君山畅游。

D2：去张谷英村看民间古村落，领远古风情、观乡民特殊生活习俗。

湖南省

武陵源·张家界
(5A 级景区)

电话区号	0744
张家界市旅游局	8380188
旅游服务热线	8380193
锦华旅行社	8290511

张家界风景名胜区位于湖南省西北部，地处湘、鄂、渝、黔四省（市）交界地带，是我国首家“世界自然遗产”，亦是国家级重点风景名胜和中国旅游胜地四十佳之一。张家界号称有奇峰 3000 座，秀水 800 处，景区内集奇山、怪石、秀水、岩洞和茂密丛林于一身，峰林如海、谷壑幽深，风光壮美，气势雄浑。它与索溪峪、天子山、杨家界、猛洞河诸景相依相连，被人统称为武陵源风光带，是华夏大地上光芒夺目的山水巨星。

▲ 武陵源天门山山景

——天门山是武陵源近年来开放的新景，它山顶上的风光一般，但乘缆车上山途中看到的景色很惊险很壮观，因此笔者向各位作强力推荐。

☼ 气候与游季

张家界（武陵源）景区盛夏山峦叠翠，溪水潺潺，严冬白雪皑皑，银装素裹，景色秀丽迷人，四季皆宜游览。但相比之下 4~10 月份游览效果更佳。张家界夏季气温较高（7 月份平均气温 28℃），但山高树密，景区内并不十分炎热；冬季气候温和（1 月份平均气温 5.1℃），是我国江南各景区中无须承受严寒即可观赏雪景的好地方。但要注意每年五一、十一、春节和暑假景区内游人激增，住宿价格和游览价格也会上浮，此时前去应谨慎考虑。

• 笔者关照

武陵源景区山水风格各异，张家界山水兼备，天子山诱人的是山景，索溪峪最出色的是高山湖泊和溶洞，猛洞河则以水见长，游人应把上述景区都玩遍，这样才可获得对武陵源的完整观感。

- **航空咨询电话**

电话：0744-8230222。机场大巴到市区车费5元。

- **火车站咨询**

电话：0744-8514442。

- **长途客运站**

电话：0744-8222317。

- **从张家界到凤凰**

游毕张家界再去凤凰恐怕是湘西之旅中最让人开心惬意的事了，可以把湘西山水风光尽收眼底。张家界市汽车客运站每天有2班客车到凤凰，车程4小时左右，车费61~72元。

- **相关链接**

长沙客运西站，电话：0731-8816332。

- **当地宾馆酒店**

区号0744

翔龙国际酒店，8226888
张家界宾馆，5712388
武陵宾馆，8222630
湘电宾馆，5712266
琵琶溪宾馆，5712255

- **出租车**

市内出租车起价3元。

预订及包车联系电话：0744-8230888、0744-8230222。

- **景区门票最新价**

248元/人，张家界与天子山通票，含景区内观光车费，有效期2天，学生、军人有优惠。请切记第二天进入景区不要再买一次票。

▲ 茅岩河漂流

交通

航空

张家界有专用机场供客机起降，北京、上海、南京、武汉、成都、重庆、宜昌、杭州、福州、广州等大城市都有航班直抵张家界，长沙和广州每日有班机同张家界对飞。

火车

张家界是枝柳铁路上的大站（过去叫大庸站），北京、郑州、宜昌、襄樊、怀化、柳州、广州、长沙、上海均有客车直达张家界。

汽车

湖南省内的大中城市如长沙、常德、株洲、吉首、怀化等均有客车直达张家界。长沙客运西站的快巴4小时到张家界，车票109元。

区内交通

火车站到张家界市区可乘1路公共汽车，票价1元，20分钟即到。张家界市区距张家界景区(森林公园)33公里，每日有数十班小巴、中巴和大巴往返其间，车票8~10元，行程需1小时左右。此外每天还有一些客车从火车站直达景区，乘客下火车后可乘此类车直抵森林公园大门。在市区坐面的起价1元。

住宿

张家界市区和各景区内外有大量的宾馆招待所，总数达700~800家，总床位达到3万余张，只要游客不在十一期间及春节黄金周时间内前去，住宿绝无困难；一般季节这里的二星级宾馆标间价不过100~120元左右，50~80元/间的小型或私人宾馆、旅馆随处可寻。

餐饮

当地的特色菜以土家族风味为主，味道集辣、酸、鲜于一身，如酸鱼肉、泥鳅钻豆腐、腊猪头、炒腊肉、岩耳蒸鸡、炖鳝鱼、腊鱼、团年菜、血豆腐、乌鸡天麻汤等都是当地一般餐馆里能吃到的特色菜肴。还有一种叫三下锅的菜，由三种原料组成，价格不贵且味道独特，可以一试。

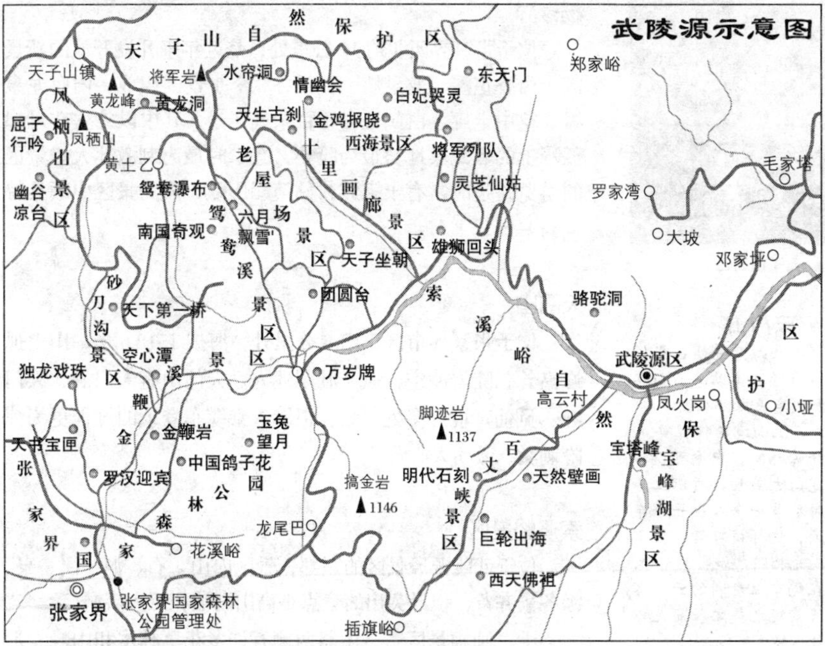

景区内的饭菜比市区要略贵,尤其是吃野味，就是吃普通的一份肉菜,价格也在 18~25 元，加上汤和米饭，30 元左右可以吃饱一顿。如果人数多可以按桌包餐，一般八菜一汤 (四荤四素) 的普通餐 180~220 元可拿下，其菜量可供 7~8 人享用。

主要景点

张家界森林公园

奇峰林立、森林茂密、佳景众多，共分黄石寨、金鞭溪、腰子寨、砂刀沟、琵琶溪五个小景区，景点多达百余处。其中黄石寨山峰高 1250 米，山顶有张家界景区内最大的观景台，山景甚为壮阔；金鞭溪清波绿树相映，水边有金鞭岩、神鹰护鞭等奇异山石，景色刚柔相济；砂刀沟景区中的天下第一桥横跨在两座数百米高的陡峭石峰间，异常神奇险峻；而琵琶溪景区景色稍显平淡；腰子寨风光好但路况不佳，游客较少前去。

天子山

位于张家界森林公园西北部，两者相距只 20 分钟车程(或步行 1.5 小时)，这里群峰竞秀、山景绝佳。

- **张家界森林公园**

¥门票 248 元。

金鞭溪就在景区入口处，游览毫不费力。

从金鞭溪畔步行登至黄石寨山顶约需 2 小时，亦可乘缆车上山，上行 48 元、下行 48 元，山顶观光至少需要 1 小时时间。

天下第一桥太神奇险峻，观后令人惊心动魄，毛骨悚然。

- **天子山**

¥天子山与张家界通票 248 元。

从山脚下步行登顶约需 3 小时，乘缆车 15 分钟即可，上行 52 元，下行 52 元。

也可从张家界火车站先坐汽车，车票 10 元至天子山售票口，换乘机动车，5 元钱即可到山顶。

从贺龙公园向西步行 20 余分钟可到神堂湾，在这里观景效果与贺龙公园有异曲同工之妙。

▲ 天子山奇峰

• 天门山

上山索道站在张家界市区火车站旁，门票加缆车费共258元。

上山缆车行程要40分钟时间，中途可以尽览山上美景，所以上车时尽量一个人坐一个车厢，这样视野好、便于观光拍照。如果运气好，在缆车上看到的云海雾涛景观之美之壮丽足以让人终生难忘。

• 杨家界

与张家界、天子山通票，不单收门票费。

• 漂流须知

①漂流途中不得拍摄及录像，以免失手落水或相机掉入水中。

②应购买和穿着雨衣雨裤，以免打湿衣服。

③过程十分惊险、刺激，年老者、体弱者慎行。

• 宝峰湖

有专线车可到。

¥门票74元。

湖水清绿、风光甚美，可乘船游览。

• 黄龙洞

有专线车可抵景区。

¥门票82元。

是大型洞穴，游览约需1.5~2小时。

杨家界

位于张家界西北约10公里处，是近年来开发开放的新景区，由香芷溪、龙泉峡、百猴谷3个小景区组成，内有龙泉瀑、空中走廊、白鹤聚会等百余处佳景，其中以耸立在悬崖孤峰上的黑龙寨地势最为险要，登攀时最为刺激迷人。景区的游览路边时常有土家族村姑演唱山歌，成为景区中颇具特色的一景。

天门山

位于张家界市区正南8公里处，海拔1518.6米，山上孤峰高耸、陡岩凌空，风光壮观迷人。天门山有天门洞、天门寺、觅仙奇境等多处美景，但游人乘缆车登顶的过程更为惊险刺激、激动人心。

索溪峪景区

位于武陵源风景区的东部，景区内山、石、洞、溪、泉、瀑各景齐备，但最突出的景点是高山湖泊和巨大溶洞。

十里画廊景区——山路两侧有许多花草林木和山峰，形成了两山夹一谷（一路）的优美山水画卷。而景区的精华则是位于山巅的贺龙公园，公园本身规模不大，风景也很一般，但这里却是位置绝佳的凌空观景平台。从这里凭栏俯瞰，只见脚下奇峰林立、怪石横空，数百米深的巨大山谷中有上千根陡峭直立、形状各异的石笋、石柱平地拔起、直刺蓝天，山谷中云海奔腾、雾涛翻卷，座座危石怪岩忽掩忽露、时隐时现，神奇梦幻般的景色会令游人心摇神荡、流连忘返。

宝峰湖

地处索溪峪南侧1.5公里处，是一座罕见的高峡平湖，被称为“人间瑶池”、“碧水浮空”，水域面积达30公顷，深72米，湖长2.5公里，湖中有绿岛，四面奇峰环绕，湖光山色异常秀美。现湖区已开发出洞天飞瀑、鹰窝寨等处佳景。

黄龙洞

位于武陵源景区的最东端，享有“中华最佳洞府”盛誉。初步探明该洞长达28公里、总面积48公顷，内分两层旱洞两层水洞，垂直高度167米，有1库、2河、4瀑、3潭、13厅、96廊以及几十座山峰、上千个白玉瑶池，洞中各色钟乳石柱、石幔、石花、石瀑琳琅满目，多彩多姿。

猛洞河景区

猛洞河距张家界约80公里，河流全程百余公里，上游水流湍急、落差甚大，适合探险漂流，且非常惊险刺激，下游波平如镜，适合乘游船观景。河水最后注入因酉水上修建水电站而形成的高峡平湖。湖边依山傍水的古寨王村更是风光古朴、特色鲜明。

王村——《芙蓉镇》

王村背依青山，前临酉水，自古就是土家族、苗族聚居地，镇上有许多独具土家族建筑风格的木制吊脚楼，镇中心已有千年古史的青石板路长达5华里。王村风光秀美——镇边青溪环绕还有落差达68米的湖边飞瀑，而少数民族风情浓郁——这里的大部分居民要么开饭店专营土家族风味菜肴，要么编织出售色彩艳丽的手工工艺品。20世纪80年代中期电影《芙蓉镇》在此拍摄，更使此地名扬天下。王村亦是游览猛洞河的起点。古朴秀丽的风光和重要的地理位置使之成为湘西旅游中最重要的游客集散地之一。

周边佳景

茅岩河风景区

距张家界60多公里，河长50余公里，沿途有血门沟、洞子坊、茅岩滩、茅岩瀑布等数十处景点，享有“百里画廊”之美誉，该河冬季水少，夏秋时节漂流甚具魅力。

九天洞景区

位于桑植县境内，洞中空间甚广，分为上、中、下三层，有3条地下河、3个地下湖、5座自生桥、10座洞中山、40多个洞厅，曾经享有“亚洲第一洞”的美誉。现在全国同类型的洞穴景区有很多，但该洞仍可在其中占有一席之地。

▲天门山登山缆车

- **猛洞河景区**

猛洞河上段漂流需从王村乘车去漂流点上船，全包价180元，用时约2小时。

¥猛洞河平湖乘船游80元/人。

猛洞河中段有一名景小龙洞，洞中钟乳石甚美，乘船游河后可进洞观光。

- **王村——《芙蓉镇》**

沿5华里长的镇中心青石板路漫步，细观土家族民俗风情并挑选工艺品是件特别开心的事。

王村古街上的刘晓庆米豆腐店（电影《芙蓉镇》外景地）颇有名气。米豆腐是用米粉做的类似于北方人吃的“拨鱼儿”一类的东西，味道很一般，但在店前拍照留念挺有意思。

- **王村瀑布**

落差68米，形态挺美，沿小路可以走到瀑水下观景。

- **茅岩河风景区**

张家界市区有客车去茅岩河，景区也有专线车接游客前去漂流。茅岩河漂流人力船124元/人，机动船144元/人，漂流时间约为90分钟。

- **九天洞景区**

从张家界市区或天子山景区乘车均可到九天洞。

¥门票65元。

发烧友特别关照

①武陵源各大景区山水风光各异。张家界山水兼备、天子山山景壮美，索溪峪的代表景点是高山湖泊和溶洞，猛洞河则以水见长。游人应把上述各景都游遍，这样才能获得相对完整的观光感受。

②必观景点应有张家界的黄石寨、金鞭溪，袁家界的天下第一桥、迷魂台、仙人桥，天子山的贺龙公园、神堂湾，杨家界的乌龙寨、天波府、一步登天，索溪峪的黄龙洞和宝峰湖，猛洞河的王村古镇和猛洞河漂流等。另外可适当关注茅岩河漂流。

③游览日程安排既可从武陵源景区大门开始也可从张家界森林公园门口开始。如果从张家界开始可以进入景区后乘缆车上黄石寨，观景后步行下来一路观金鞭溪风光，走到水绕四门附近乘百龙电梯去天下第一桥观高山险境，住宿第一桥附近。第 2 天游杨家界，看乌龙寨、天波府、一步登天，然后乘观光车去天子山看神堂湾和贺龙公园。之后步行或乘缆车下山，晚上住在武陵源景区入口附近并观看《魅力湘西》大型歌舞表演。第 3 天在索溪峪游黄龙洞和宝峰湖并乘下午火车去猛洞河，住宿王村古镇。第 4 天观王村风光和土家族风情，漂流猛洞河，晚上结束游览。按以上游程安排，游人可在 4 日内观览武陵源的各大主要景点，玩得开心而又不辛苦费力。

④武陵源景区的大门票已涨到 248 元，含景区内观光车费和保险费。其他仍需单独购票的游览和消费项目有天子山索道，上行 52 元、下行 52 元。十里画廊内的观光小火车，单程 20 元、双程 40 元。从水绕四门到天下第一桥的百龙登山电梯，上行 56 元，下行 56 元。晚上在武陵源观《魅力湘西》歌舞表演 150~180 元，在一些售票点可打折。

⑤武陵源景区及张家界市内“野导”和“黑车”司机数量不少，随他们出行出游质量不保。游人还是向当地正式的大旅行社和旅游咨询部门寻求咨询和导游服务，这样才能确保观光质量。

⑥现在景区的大宾馆、酒店都已搬到景区外了，但景区内的不少家庭旅店还营业，房价不算太贵。再说住在景区内可以不受门票上只能作二日观光的限制（因为不需要重复进出大门），所以对上述旅馆可予适当关注（比如经济实惠的乌龙寨黄叔客栈，13974496181）。

⑦最后要提示的是：武陵源新开发开放的天门山风光非常精彩——并不是山顶上精彩，而是乘缆车登山的过程非常惊险刺激——缆车运行时间很长、上升坡度很陡、上升速度也很快、窗处的风光也很动人——乘天门山缆车上行，比坐直升机都过瘾，笔者强力推荐您坐一次，美感会终生难忘。

▲ 天子山奇峰

凤凰

电话区号	0743
凤凰县旅游局	3221360
旅游投诉	3229364
凤凰旅行社	3223555

凤凰县地处湖南湘西土家族苗族自治州南部，因县城以西 25 公里处有一山峰形状酷似凤凰展翅欲飞而得名。这里山清水秀、民风古朴，自然风光十分旖旎动人。凤凰有绿荫蔽日的南华山森林公园，长达 12 公里神奇莫测的奇梁洞，峰峦叠嶂、百态千姿的屯粮山，而风光最为柔美的地方，还是位于县城中心的凤凰古城。

凤凰山城依偎着沱江，群山环抱、关隘雄奇，这里的山不高而秀丽、水不深而澄清，峰岭相摩、河溪相通，澄碧的江水从古老的城墙下蜿蜒而过，翠绿的南华山倒映江心，江中渔舟游船数点，山间暮鼓晨钟兼鸣，河畔的吊脚楼轻烟袅袅。难怪已故著名国际友人路易·艾黎老人认为中国境内有两个最美的小城，一个是福建的长汀，一个就是湘西的凤凰。

交通

外地游客可以先乘火车到吉首或怀化，再换汽车去凤凰。吉首到凤凰的汽车很多，从 6:00~20:00，几乎每半小时就发一班车，票价 12~15 元。怀化每日亦有数班客车直达凤凰，车费 20 元，开行约 3 小时可到。游览张家界后再乘火车经吉首（行车 2~3 小时就到吉首）去凤凰也是条挺不错的路线。张家界汽车客运站每日 8:30、14:30 各有一班大巴直达凤凰，车票 72 元。

▲ 凤凰古城秀色

当地交通

有客车开往各景区,县城内摩的起价 2 元,的士起价 3 元。

凤凰古城及周边主要景点的票价

古城景区票价 148 元，含沱江泛舟船费及沈从文故居、熊希龄故居、杨家祠堂、东门城楼、虹桥艺术楼等 9 个景点的观光门票。此外南方长城 45 元、黄丝桥古城 20 元、奇梁洞 60 元。上述所有景点通票 226 元。

• 为览“边城”去湘西

还记得沈从文先生的美文《边城》吗？还记得根据《边城》改编的同名电影中那一幅幅优美的画面吗？就是冲着沈先生笔下的湘西，我们也应该到凤凰去看一看。可是岁月悠悠、时过境迁，不知今日游客在湘西得到的是何般观感？

推荐游程

A. 历史文化名城一日游：

北门城楼和跳岩、沱江泛舟、虹桥、吊脚楼群、万名塔、远眺沙湾夺翠楼、沈从文墓地、沈从文故居、熊希龄故居、沱江两岸风光带、杨家祠堂。

B. 凤凰古城、德夯苗寨二日游：

D1：凤凰古城。

D2：游德夯风景名景区，观赏矮寨公路奇观、流沙瀑布、盘古峰，做客苗寨。

- **凤凰古城**

¥参观票 148 元，含沱江游船票。

- **黄丝桥古城**

先从凤凰乘客车到阿拉营，再换摩的 2 元车费即到。

¥门票 20 元。

- **奇梁洞**

在凤凰汽车站乘客运中巴，2~3 元 15 分钟可到。

¥门票 60 元/人。也可买通票。

- **南方长城**

凤凰至阿拉营的中巴经过南长城，车票 3 元。

¥门票 45 元。也可买通票。

- **笔者关照**

虽然电影《边城》已经很少放映了，但如果有机会，没有看过这部电影的朋友还是应该看一回。湘西世外桃源般的生活场景和情调真是温馨柔美、妙不可言。笔者是在 10 年前看了电影《边城》的，时至今日影片中那美丽的画面还时时在眼前浮现，主人公之一那个叫翠翠的小姑娘其后的生活命运还在牵动着笔者的心。一部作品有如此的魅力，的确不简单。

主要景点

凤凰古城

古城风貌古朴原始，沱江清流秀美诱人，城内还有沈从文故居、熊希龄故居、东门城楼等观光点，是凤凰游览的中心。

游览凤凰古城的主要方式有步行观景、乘船游沱江在水上观赏古城秀色、名人故居游览等多种方式。

黄丝桥古城

是国内罕见保存甚好的唐代古城堡，占地面积达 2900 平方米，有和育门、实城门、日光门三个高大城楼，特色鲜明、造型壮观，是当地重要景点。

沈从文故居

在凤凰古城中，四合院中共有房屋 11 间，古色古香、精致小巧，游客可在此回忆文坛泰斗的生平，感受沈老名著中的不朽魅力和韵味。

奇梁洞

在凤凰以北的奇梁桥乡，洞长约 6000 余米，中心有清溪穿流，内有古战场、画廊、阴阳河等景区，周边有不少峡谷、险滩、丛林、村寨，风光生动而多姿。

南方长城

是在当地古长城旧址上翻建的新建筑，虽然规模不及北京八达岭长城，但显出几分玲珑秀气，观光效果尚可。

当地住宿

当地虽有古湘山庄、南华宾馆等星级酒店，但在凤凰住古城中的个体客栈最划算。这些客栈都很小，但卫生条件尚好，床被干净，服务也周到热情，一般每晚40~50元就能住上挺不错的房间（淡季还可打折但黄金周房价可能会涨到100元以上）。若选择一个紧挨沱江的小客栈，在房间里即可欣赏碧溪轻舟，感觉之美妙不可言。

古城内特有名的个体客栈是沱江人家，此店临江、风水甚佳，在客房内即可看沱江风景，但是这里常常客满且住宿条件一般，电话：0743-3224558。此外可以选择的临江客栈还有临水居客栈，电话：0743-3223590；古城江边客栈，电话：0743-3222920；笔者看好位置最佳的临江客栈是老营哨客栈，双标间50~80元，电话：0743-3260822。

当地餐饮

当地风味菜有各类鸭菜（血粑鸭最有名气）、牛肝菌炒肉、蕨菜腊肉、酸鱼、回锅肉、地衣、蕨菜、酸菜汤等。古城外商业街上的小餐馆内的家常菜比古城内的便宜，一般每人20~25元即可吃饱一顿（素菜7~10元、荤菜15~20元、泡菜等小凉菜不过3元左右），但繁华主街上的像一点儿样的餐厅中的菜价似乎也已与大中城市接轨，素炒菜8~12元，肉菜和野味18~40元。古城中较有名的餐馆有大使饭店、老屋饭店等，潘长江酒家名气不小但有些食客反映不佳。游客吃普通饭菜可随心所欲，而欲吃当地风味菜和野味还应与店主议清价格菜量，由于近年来游人激增，凤凰小城中的商业气息已日见浓厚，并非每个店主都淳朴好说话，此点需要稍加注意。

欲吃普通饭菜应躲开繁华的商业街，到当地人光顾的小餐馆中去，菜价能便宜许多。

发烧友特别关照

①在凤凰游览有2~3天时间基本可以，其中D1在古城内观光并泛舟沱江，晚上在江边放河灯，碧波上灯花闪烁、烛光摇曳，意境挺美。D2可以游奇梁洞、黄丝桥古城和南方长城。此外还可安排一天时间作老洞一日游。老洞是凤凰周边新开放的少数民族山寨，其房屋户户相连、家家相通、互为依靠，很有特色，此外这里的苗族歌舞表演也很活泼热烈。去老洞可以自助游亦可参团（凤凰城内售票点有多处），其中一日游团队全包价98元可打9折，含车、船费用及中餐和导游。因为去老洞先要乘车30分钟，再上船走40分钟，上岸后又要步行1~2小时，其中环节挺多，所以参团游挺省心，80余元的价格不算太贵。此外凤凰周边还有个古山村都罗寨，亦有原始风光亦可一去。

▲ 凤凰古城风光

②沱江泛舟，公家的船走的是跳岩至沈老墓的一段，风光好甚具观光价值。私人船走的是沈老墓至桃花岛一段，风景一般，笔者认为没有必要去。

③去凤凰之前最好看一遍沈老写的《边城》，看电影效果更佳——能荡漾起心中美妙的情绪——《边城》太美了，尤其是影片将要结束时有一段优美的用竹箫吹奏的乐曲，配上美妙的旁白画外音，其声其意境之美真能绕梁三日而经久不散，绝了。

德夯风景区

电话区号	0743
吉首市旅游局	8521133
旅游投诉	8521134
旅行社	8711239

德夯风景名胜区位于湘西自治州首府吉首市西部20公里处，其地名的苗语含义为“美丽的峡谷”。这里山峦起伏、险崖高耸、峰林叠嶂，流泉飞瀑及原始森林遍布。德夯境内有许多苗族古寨，随处可见水车、水碾、古渡、小舟和苗家特有的吊脚木楼，田园风光似锦，充满画意诗情。

德夯境内的主要景点有落差达216米的流沙瀑布，有由10余道飞瀑组成的燕子群瀑布群、矮寨公路奇观、盘古峰、雷公洞等。

流沙、玉带及燕子群瀑布

流沙瀑布落差216米，丰水期其湍急秀美程度可与雁荡山大龙湫相比。燕子群瀑布距流沙瀑布不远，由10道落差在200米左右的瀑布群组成，暴雨过后瀑瀑相接相连，总宽度可达250~300米，亦非常壮观秀丽（但上述两个瀑布冬季水少风景欠佳）。

矮寨公路奇观

德夯矮寨是个村镇，镇子西边山上有湘渝公路最危险的路段，在100米长的直线距离内公路绕了13个弯，上升了数百米高，是国内公路建设史上的奇观。

浓郁的民族风情

德夯为苗族聚居地，民族风情多彩多姿，这里的女子喜戴银饰、穿无领花衣，男子扎绑腿、穿对襟衣、吹木叶。他们自己种桑养蚕，纺纱织布，手工艺品制作巧夺天工；他们用古老的方法榨油、造纸、碾米，用筒车提水灌田。当地的民俗游览和表演节目有苗家做客、拦门对歌、敬酒、苗家跳歌晚会、苗族鼓舞和时装表演、灯火送客等30余个。目前村寨前面的表演场上每天下午和晚间有为游客举办的免费专场表演。

住宿

可住德夯山庄，条件很一般，打折后房价从40~60元不等；亦有几家小型家庭旅舍可选，普通房中的床位只需15~20元。

- **德夯门票**

¥门票60元/人。

- **交通**

德夯位于吉首城西约20公里处，从吉首车站或张家界车站均有客车开往德夯，从吉首到德夯只需50~60分钟，车费5~6元。从凤凰经吉首去德夯乘车也方便。

- **看矮寨公路奇观**

从吉首乘客车先经过矮寨后到德夯，在矮寨镇换乘客车可沿公路直达山顶。不过笔者认为山上的风光还不如山下的风光好看。

湖北省

HUBEISHENG

湖北简称鄂，位于长江中游，中南部为江汉平原，西部、北部、东部皆有不少丘陵岗地，总面积约为18.59万平方公里。湖北省地形多样而风光优美，万里长江横跨全省，造就了上游雄伟壮丽的三峡奇观和下游河湖密布的“水乡泽国”美景，省会武汉扼守华中要冲，位置险要，有巍巍黄鹤楼和辽阔东湖为之增彩添辉，西北部的神农架和武当山以崇山峻岭、茂密森林和“野人传闻”诱人神往，而中华民族辛勤智慧凝集筑造的葛洲坝水利工程和三峡水利工程更为荆楚大地平添崭新迷人风韵。

黄金旅游线路

① 武汉—宜昌—三峡

② 三峡—神农架—武当山

气候与游季

湖北省是亚热带季风气候，冬暖夏热，四季分明，有明显的南北过渡性。春季阴晴不定，春夏之交有梅雨，常阴雨连绵，令人透不过气来；夏季湿热，七八月间温度较高，那种湿热气候常使人不适；秋季秋高气爽、天高云淡是游览佳季。冬季干寒不适合进入山区，特别是徒步游应慎重考虑，最好避开多雪多雾的天气。

▲ 从宜昌名景三游洞看西陵峡口风光

武 汉

电话区号	027
武汉市旅游局	82831976
旅游投诉	82855773
旅行社	51519501

武汉位于湖北省中部偏东，因长江和汉江在此交汇融合，所以素有“江城”之称。武汉由武昌、汉口、汉阳三镇组成，其中武昌在长江南岸，汉口和汉阳均处江北，它们分别以高等学府聚集的文化区、最繁华热闹的商业区和城市重点发展的经济开发区等不同特点和身份而著称。武汉亦是国内历史文化名城之一和荆楚文化的发源地，而具有江汉平原特征的自然风光也很美丽旖旎。游客来到这里，可以饱览江城风情万种的迷人华彩和巴楚文化的独特风韵。

▲ 黄鹤楼雄姿

气候与游季

武汉的夏天酷热无比，温度有时会达到和超过40℃，是国内三大“火炉”城市之一，即使下雨后亦不显凉爽；而这里的冬天亦挺阴冷。所以去武汉观光最好避开夏、冬二季。春秋二季武汉温度适中，应为游览佳季。

- **航空售票处**
  电话：027-83641320。
- **新客运码头**
  问讯处电话：027-82839546。
- **武汉港**
  电话：027-82763305。
- **火车售票**
  ①武昌站电话：027-88071161。
  ②汉口站电话：027-65650666。
- **推荐中档住宿**

广州军区武汉总医院招待所，在武昌武珞路627号，武昌火车站前有66路公汽直达，从汉口火车站坐519路也可到，条件甚好的标间打折后150~170元，电话：027-68879284。

交通

航空

武汉有空中航班同全国各省各主要城市对飞，位于市区西北黄陂区天河镇的天河国际机场离市区有60分钟的车程，机场每小时都有一班车与市区的长途汽车站（就在汉口火车站附近）和武昌的傅家坡客运站对开，票价20元。

水运

武汉是我国长江沿岸最大的中转港之一，上游至重庆、下游至上海都有定班客轮往返，当然由于各种原因，现在的长途客轮班次减少了很多，如果要乘长江客船的话最好问清情况。

铁路

武汉是华中地区最繁忙的交通枢纽，有列车发往各省各地。途经武汉和从武汉始发的大部分列车都由汉口站和武昌站停发，在买好车票后一定要仔细看清楚票上注明的是从哪个车站上车的。

公路

市区有数处大型客运站，各类客车每日发往省内及跨省各市县地区。

武汉长途客运站　　　　区号 027

站名	地址	电话
武汉客运总站	金家墩（汉口火车站对面）	85870482
汉口车站	新华路	85792044
武昌车站	傅家坡	87274817
汉阳车站	汉阳大道	
集家嘴客运站	汉口集家嘴轮渡码头	85640797

住宿

武汉宾馆、旅馆甚多。欲住高档宾馆可选晴川饭店，它就屹立在江北汉口长江边，身姿高大伟岸，夜间灯火璀璨，给乘火车驶过长江大桥的乘客留下诸多的美感，这里的标房价格平日在 250~380 元，总台电话：027-84716688。其他星级宾馆可选择航海宾馆，在中山路，电话：027-88043395；京汉大厦，在长客站旁，电话：027-87825700。

餐饮

武汉菜具有江南水乡特色，风味菜肴有红烧武昌鱼、清蒸武昌鱼、莲子鱼、莲藕排骨汤、洪山菜苔、四季美汤包等。早餐时当地人喜爱食用的热干面制作简便而味道好，为当地一绝。

购物

以小商品市场红火喧嚣的汉正街已名扬天下(取材于汉正街的文学影视作品就有不少)，到此观光购物可感受武汉市井生活的独特习俗氛围（从武昌或汉口火车站乘 10 路均可到汉正街）。此外繁华的商业区可算江汉路，此路段大、小型商厦店铺云集，如王府井、武商、武广等均甚具规模气派，且

武汉市景点交通示意图

- **推荐便宜住宿**

①水利招待所，位于武珞路 336 号武昌傅家坡长途汽车站旁（公共汽车站名“二十五中站”）新大地酒店旁，单人间 80 元/间、标准间 100 元/间、普通间 30 元/床，24 小时有热水洗澡。电话：027-87274049。

②武汉欧美经典商务宾馆，江汉路步行街 12 号，条件很好，标间 130~160 元/间。

- **特色美食街**

位于阅马场的美食街会聚了武汉的众多特色美食店摊，比较有名的有艳阳天和鑫华园等；附近的首义园也是品尝各种风味小吃与欣赏艺术表演的好去处。此外吉庆街的夜市也颇受外界关注。

- **401 路和 402 路车**

是武汉市内线路较长的公交车，途经市区诸多重要景点。尤其是 402 路车，从武昌经汉口一直开到东湖，坐它观赏市容很划算。

- **10 路汽车很有用**

它在武昌和汉口两大火车站之间对开，途经黄鹤楼、长江大桥、汉正街等重要景点和路段，很有乘坐价值，全程 1.5 元。

江汉路上餐饮、娱乐场所俱全，是武汉最著名的步行商业街。

▲ 东湖一角

主要景点

东湖

位于武昌东郊，开阔壮丽，水面比杭州西湖大六倍，共有听涛、磨山、落雁、白马、珞洪、吹笛六大景区，景区山峦轮廓柔美、绿树葱郁成荫、精美亭桥众多，是国内城市湖泊景区中的佼佼者之一。

黄鹤楼（5A 级景区）

黄鹤楼屹立在长江南岸的蛇山之巅（系 1985 年重建），异常高大巍峨，它与湖南岳阳楼、江西滕王阁一起并称为“江南三大名楼”。历代名士李白、崔颢、白居易、陆游等都曾到此吟诗作赋，留下诸多动人诗句。登上黄鹤楼顶，可将武汉三镇全貌尽收眼底。

龟山

是著名的武汉“三山”之一，在长江北岸，与南岸的蛇山、黄鹤楼遥遥相对。山顶上有三国城、望江亭等景点，在这里纵观武汉全景和长江秀色亦很动人心扉。

归元寺

佛教名观，亦是武汉佛寺中的“四大丛林”之一，在汉阳区翠微路西端，内有殿宇 200 余间和 500 尊脱胎漆塑、贴金描彩罗汉等文物珍品，亦曾接待过西哈努克、基辛格、李光耀等海内外名人嘉宾。

武汉长江大桥

1957 年 10 月建成，桥长 1670.4 米，身姿雄伟，犹如钢铁巨龙，横跨长江两岸，站在桥上眺望四方，备感壮阔豪迈。

湖北省博物馆

地处东湖之滨，馆藏展品数万件，内有曾侯乙编钟、越王勾践剑等珍贵文物。馆内每天进行的编钟鸣奏表演古风古韵浓郁迷人。

- **东湖**

乘旅游 1 号线、8、14、411、578、605、701 路车可到听涛景区；36、401、402、413、515 路车可到磨山景区。

¥门票：听涛景区免费。磨山景区 60 元，登山索道 20 元。樱花园门票 60 元。

- **发烧友提示**

东湖景区很大，游客观光可择其要点，听涛景区很开阔，是传统景点。磨山景区是新近开发的，可作观光首选。樱花园适宜春天赏花。另外龟山和蛇山均可览江城壮景，但好像在蛇山黄鹤楼上看到的场面更壮美，角度也更好。

听涛和摩山两景区间有游船往返，船票 30~40 元/人。

- **黄鹤楼**

乘旅游 1 号线和 10、14、19、64、108、401、506、544 路车可到。

¥门票 80 元。老人、儿童、军人、学生有优惠。

登上最高级观江城风光效果好，试试看!

- **归元寺**

乘旅游 1 号线或 24、25、45、516、707 路车可到。

¥门票 10 元,黄金周期间 20 元，节日会上浮。

- **湖北省博物馆**

与东湖相邻，乘 14、402、411、709 路可到。可与东湖一并游览。

¥门票免费。

- **辛亥革命博物馆**

401、402 等多路可到，在阅马场站下。

¥免门票，周一闭馆。

木兰天池

在武汉市以北约 49 公里处，是近年来开发开放的大型旅游度假区。景区内的风光主体是位于山脚下水域面积为 130 亩的小天池和位于山巅处水域面积为 24 公顷的大天池。两个池水之间是长达 5 公里的大峡谷，峡谷中遍布飞瀑、溪潭、怪石、奇木，可谓十步一小景，百步一大景，颇具灵山秀水风韵。天池景区内环境整洁、空气新鲜，是观光度假佳境。

• 木兰天池

每周六，武汉港旅游集散中心有专线车直达。平日可先从武汉乘车到黄陂，再换车前往。从武汉市区到天池车票 10 元/人。景区门票 60 元/人。

推荐游程

二日游

D❶：东湖观光，参观省博物馆，登蛇山和黄鹤楼看江天壮景。

D❷：登龟山，游晴川阁和古琴台以及长江江滨公园，去汉正街游览购物、观市井风情。之后还有时间，可去木兰天池作 1 ~ 2 日观光休闲。

旅途中

旅游锦囊——如何在武汉玩得快活开心

①虽然武汉城市不算小，亦有一些个性突出的景点，但笔者认为，在这里停留 2~3 天时间已经可以玩得相当开心了。

②必须重点观赏游览的景点有长江大桥、黄鹤楼、东湖，其中长江大桥上和黄鹤楼之巅都是观赏武汉江天秀色和市区全景的好地方，一定要去。而东湖水面辽阔、烟波浩渺，风光十分壮丽迷人（一个城市中有这么辽阔的水面，真是武汉人民的福分），但是这个湖的湖区面积太大，时间太短不可能观其全貌，有选择性地看几个主要景点就行了——笔者建议您去磨山景区，这个景区开发得不错，加之乘公汽前往途中要经过东湖其他的几个湖区，见到的美景很多，收获很大，令人如意称心——切记在车上找个挨窗户的座位好好看风景。

③笔者郑重向您推荐位于武汉市区北缘的木兰天池景区，这里山水风光美、环境幽静、空气又清新，同武汉市内的嘈杂混乱形成鲜明对照，在此观光后住一晚感觉会很舒服。

④对龟山（山上的电视塔前有临江观景平台）、归元寺、古琴台、湖北省博物馆等景区可予适当关注。另外辛亥革命武昌起义纪念馆与黄鹤楼相邻，也值得一看。

⑤武汉的地理位置较佳且东南西北各个方向都还有相距不远的美景：比如乘客车向东走 3 小时可到九江（庐山），乘火车向北走 3 小时可到河南鸡公山，乘快巴向西走 4 小时可到宜昌（三峡游览），南方不远处有赤壁古战场遗址和度假胜地九宫山，游客观光时可对上述各景随意串联。

▲ 木兰天池秀色

三峡·宜昌(5A级景区)

电话区号 0717
宜昌旅游局 6253345
旅游投诉 6253315
旅游接待 6752618

长江三峡东起湖北宜昌南津关、西至重庆奉节白帝城，全长约193公里，是万里长江中上游最为雄伟壮观的峡谷。三峡沿岸无峰不雄、无滩不险、无洞不奇，其中西陵峡长76公里，宽阔浩荡；巫峡长约44公里，幽深秀丽；瞿塘峡虽长仅8公里，但山峰夹峙、挺拔险峻。长江三峡风光如画，景色壮美，它集名山大川、名胜古迹、巴楚文化、民风民俗于一身，是国内最具盛名的山水风光旅游区。不久前，三峡大坝截流蓄水从而形成了“高峡出平湖”的壮观场面，为古老峡区增添了全新韵味。

宜昌扼守三峡入口处，位置重要，这里不光有葛洲坝、三峡大坝、三游洞、车溪、三峡人家等新老观光景区，还是从下游逆水进入三峡的必经之地。宜昌市区每日有各类船舶载客去三峡作各种形式的开心游览。

▲ 宜昌市区边的长江水上风光

- 民航售票处电话

电话：0717-6442162。6441101。

- 火车站问讯

电话：0717-6445242。

- 市内交通

宜昌市内交通便利，各类客车及出租车一应俱全。从老火车站和长途客运站(二者相距不远)到轮船码头(九码头)，坐4路车1元车费即到。九码头有客船开往长江三峡。火车新站(即东站)已启用，新站很高大气派，站前有多路公交车到市中心。

交通

游览三峡一般从湖北宜昌开始，逆水上行从宜昌市区乘船经葛洲坝、三峡大坝进入峡区后依次看西陵峡、巫峡、瞿塘峡美景，心中颇感新奇和震撼，同时这里交通方便，离三峡也极近(如从重庆乘船顺水而下也行，但离三峡太远，先要耗费大半天的无谓船程后才能进入峡区)。宜昌有空中航线、铁路和水路与外界相通。

航空

北京、深圳、广州、上海、昆明、温州、西安、桂林、张家界等数十个大中城市有班机飞往宜昌。宜昌机场距市区26公里，有专线大巴与市内对开。

铁路

北京、广州、湛江、无锡、西安、太原等城市均有直达列车到宜昌，从北京出发可乘K49次特快。

公路

宜昌地处湖北中部，公路交通便利，从武汉乘客车 4 小时即到宜昌，从荆州到宜昌只有 2 小时车程。

水路

宜昌至巫山（小三峡入口处），普通客轮船票为：三等舱 131 元，二等舱 182 元，船程 8~9 小时（从坝上开船）。

巫山至奉节普通客轮五等舱船票为：33 元，船程 3 小时。奉节至宜昌普通客轮船票为：三等舱 147 元，二等舱 212 元，约 11 个小时可到三峡大坝太平溪码头，再换汽车 1 小时到宜昌市区。长江上的普通客轮航班越来越少，每日约有 2~4 班，快船（俗称"飞艇"）倒是越来越多，还有许多旅行公司经营的一般游轮和豪华游轮亦在当地招揽游客，所以除去"五一"、"十一"等高峰期外，游客乘坐各类船只游览三峡毫无问题。

乘坐豪华游轮和普通客船去三峡观光的差异

普通客船船费便宜，游客购票时可选择合适的开船时间，以便在白天通过峡区获取较佳的观光效果，但是这类轮船船内条件差，无专门导游讲解，游客无法获取更多的游览收益。豪华游轮条件好但船票贵（但经常有优惠），有专门的导游陪同和讲解，观光效果佳。但缺点是行程安排死板，无法根据天气和其他方面的情况对游程作灵活调节，况且在往返游程中一般只有一次在白天通过三峡的机会，一旦遇到阴雨天气等意外时无法确保在峡区的观光效果。

三峡主要景点

西陵峡

西起秭归县香溪口，东到宜昌南津关，全长 76 公里，是三峡中最长的峡谷，过去以江面宽阔、滩多水急著称（现在江

- **三峡游客中心**

  新建的大型旅游交通中心，在宜昌市区九码头，发售各种三峡观光船票和公路客运车票，电话 0717-6224354。

- **长途客运站**

  电话：0717-6445314。

- **长江**

  电话：0717-6224354。

- **路途捷径**

  从武汉方向来宜昌不必乘船，船速太慢。可在武汉各大客运站乘快巴，到宜昌只需 4 小时左右，快巴车票约 108 元，而普通车车费不过 50~60 元。

- **推荐便宜住宿**

  ①维斯快捷酒店，三星级，条件好，房间内免费上网，距火车站和汽车客运站不远，标间 140 元，电话：0717-8356085。

  ②万豪快捷酒店，也距火车站和汽车客运站不远，标间 160 元/间，电话：0717-8867888。

- **宜昌住宿参考**

  ①三峡宾馆，沿江大道，电话：0717-6739888。

  ②夷陵饭店，云集路，电话：0717-6223611。

  ③东苑饭店，东山大道，电话：0717-6445106。

▲ 江上客轮

乘船游三峡的技巧和学问

首先要选个好天气，最好是雨后初晴，大晴天和雨天都不太好。笔者首次去三峡的时候恰逢雨后放晴，天空碧蓝如洗，峡区两岸的山上披着一朵朵白云，就跟美丽少女戴着白纱巾似的，真棒！但后来又有一次过三峡的时候是大晴天，太阳直射，弄得江边群山一览无余，一点都不朦胧含蓄，味道差了很多。另外要注意的是巫峡风光奇美，要重点关注，而秭归到巴东之间风景平淡，船过这段江面时可回舱睡个小觉，然后再出来观美景。

● 西陵峡

西陵峡东口距宜昌市区甚近，从宜昌乘船过葛洲坝后仅30分钟即可到达峡口。

普通客轮通过西陵峡约需4小时时间。

● 巫峡

三峡之中最美丽亦是人烟最稀少、野味最足的江段，过去几乎所有与三峡有关的电影电视剧中最美妙诱人的镜头，均是在这里拍摄的。现在风光有变化但神女峰风采仍旧动人。

● 瞿塘峡

风光动人但该峡太短，江轮只需半小时即可穿峡而过，这点稍稍难尽如人意。

船过瞿塘峡前一定要做好观光准备，而不要在船舱内休息，否则一觉醒来，美景将不复存在。

▲ 幽深秀丽的小三峡

● 秭归

屈原庙门票90元含龙舟表演。

附近有香溪源、昭君故里等佳景。

● 葛洲坝

宜昌市有3、9路车直达葛洲坝船闸。

江轮从宜昌开行仅10~20分钟就到葛洲坝，坝前巨大的船闸会把轮船轻松提起来，送到上游的江水中去，游客待在船上可欣赏到升船的全过程，新鲜又开心。

¥参观票20元。有时坝上封闭不让上坝参观。

面更宽但水流不急了）。西陵峡中有兵书宝剑峡、白狗峡、镇山峡、牛肝马肺峡等多段著名峡谷，两岸有许多溪、泉、石、洞，亦有屈原、王昭君、白居易、苏轼、陆游等诸多历史名人留下的历史文化遗迹。

巫峡

位于重庆巫山与湖北巴东之间，全长44公里，人烟稀少、幽深秀美，过去这里的江流湍急而水面异常狭窄，现在江流不急了水面也宽了不少，有8艘轮船对着开也无问题。巫峡两岸有巫山十二峰等许多绮丽山峰，从前它们上插云霄、下临深谷，壁立千仞、挺拔秀丽，但现在由于峡区水位抬高，使这些山峰的相对高度有所降低。但是著名的神女峰仍然屹立在巫峡北岸，且风姿仍然绰约动人。

瞿塘峡

西起奉节白帝城，东至巫山大溪镇，全长8公里。过去外界对该峡的形容描绘是两岸山峰高耸，江心水流湍急，滚滚江涛奔腾飞泻，景色颇为雄奇险峻。而现在这里的变化同西陵峡和巫峡一样也是江面变宽而山峰相对高度变矮。但这里的主要景点奉节白帝城、风箱峡、古栈道、犀牛望月等仍然秀美且有观光价值。

秭归

长江北岸的名城，是著名爱国诗人屈原的故里，有屈原庙、屈原纪念馆等古迹名胜。长江三峡水库竣工后，这里已搬迁至茅坪镇凤凰山，成为三峡大坝雄姿美景和浓郁楚文化氛围相结合的旅游新城。

葛洲坝

系长江工程的实验坝，建在长江三峡末端的宜昌市境内，距上游的三峡水利枢纽38公里。葛洲坝竣工于1988年，坝长2606.5米，坝高53.8米，现在它与三峡大坝交映生辉，成为华夏水利工程建造史上的两颗巨星、两座丰碑。

三峡大坝（5A级景区）

坝址在湖北宜昌三斗坪，距葛洲坝仅38公里远，兼有防洪、蓄水、航运、发电等多种功能；坝高185米、坝长2309.5米。已形成容量达393亿立方米的三峡水库，惊现了“高峡出平湖”的人间奇景。观光门票白天、晚上各为105元/人。

附 近 美 景

①小三峡—小小三峡（5A 级景区）

小三峡是长江主要支流大宁河下游段内的三段峡谷，分别称为龙门峡、巴雾峡、滴翠峡，全长 50 公里。峡中奇峰耸立，飞瀑高悬，奇石遍布；游人乘船行驶其间，不时可见群鸟翻飞、鸳鸯戏水、群猴嬉戏，颇具迷人野趣。小小三峡是大宁河小三峡的姊妹峡，位于大宁河支流马渡河上，由三撑峡、秦王峡、长滩峡三段峡谷组成，全长 20 公里。小小三峡水流平缓，清澈见底，沿岸奇峰多姿，风光旖旎。可与小三峡一起乘船游览。

②神农溪

发源于神农架南坡，长约 60 公里，在巴东附近的巫峡口汇入长江。溪上有神农峡、绵竹峡、鹦鹉峡、龙昌峡 4 段峡谷，沿岸有不少山峰、奇石、古栈道和悬棺美景，山水风光动人。游神农溪要从巴东上船（巴东有不少旅行社售船票），船费加门票共 100~108 元，游览时间 3~4 小时。

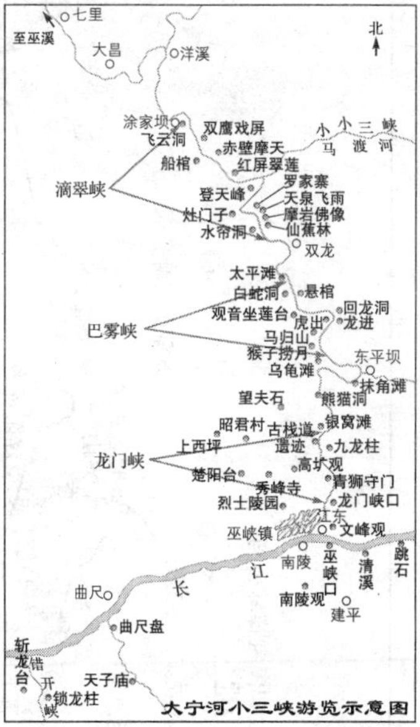

三峡大坝景区游览指导

三峡大坝景区已经正式对外开放，并已通过了国家 4A 级景区认证。现在景区内的观光要点有 4 处：①是大坝上高达 185 米的观景台，在此可通览坝区全貌；②是从大坝向西眺望，可以畅观高峡平湖的胜景；③是可以下到坝旁，观赏水库泄洪时飞流千丈的壮观场景；④是到库区制高点坛子岭上观光等。游客可从宜昌市区东山大道 80 号的大三峡旅行社门口乘专线车去大坝。游览半天基本够用。门票 105 元/人。

▲ 如今小三峡上的游船是这个样子

- **小三峡**

小三峡出口紧邻巫山县，巫山县旅游码头每日有多艘游船载客入峡旅游，码头上即有游船售票点，船票加门票 150 元，游览往返 4 小时左右。

- **重要提示**

不要坐快船（飞艇）游三峡，因为船速太快且观光不便，游览效果极差。

另荐名景

- **三游洞**

在宜昌市区西北约 7 公里处，是长江北岸西陵山北峰峭壁上的巨大山洞，因古时大诗人白居易与其弟白行简和另一诗人元稹在此一游而得名。现景区内有三游洞、至喜亭、陆游泉、印章刻石园等景点，在园内观长江效果亦佳。

¥10 路公汽可到。门票 48 元。

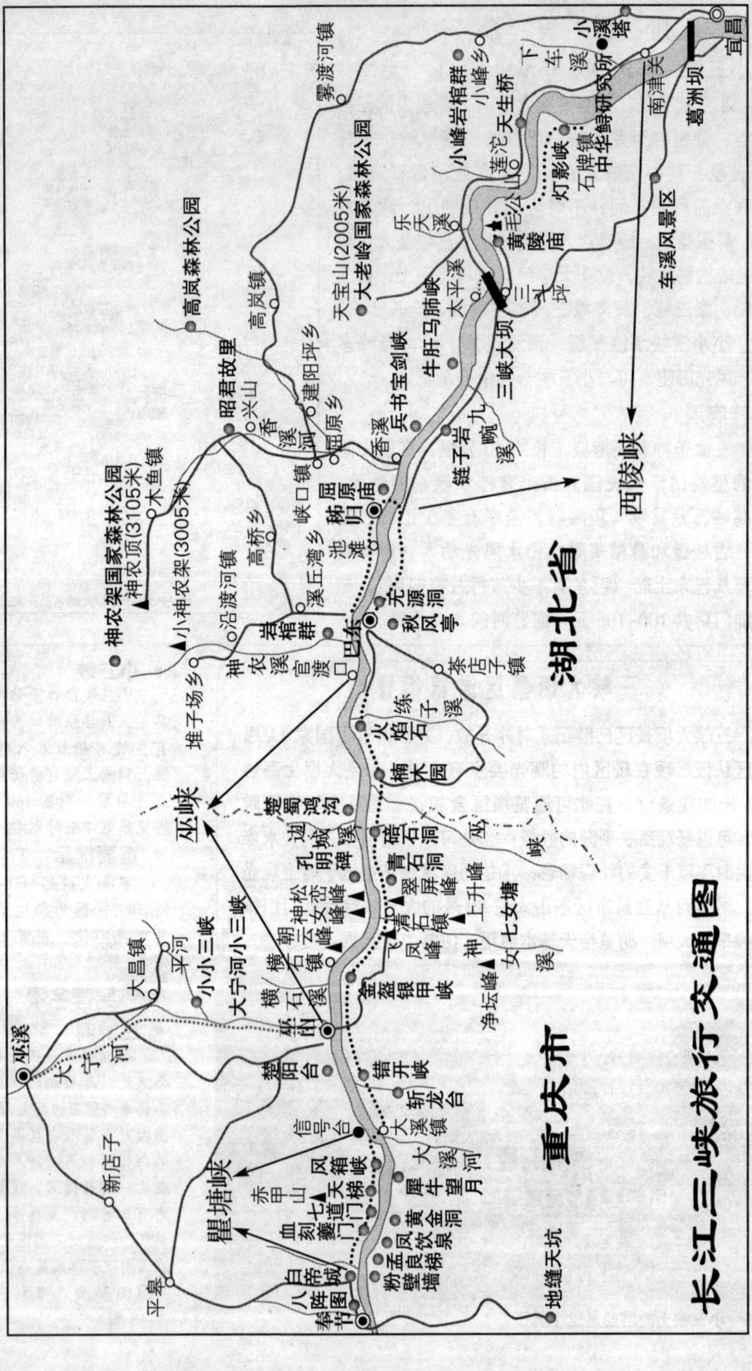

长江三峡旅行交通图

湖北

推荐游程

外地游客游览三峡，主要有两种途径

A. 先到宜昌，然后乘船沿江逆行，先后游览西陵峡、巫峡、瞿塘峡，之后原路返回或乘船一直到重庆或中途在巴东下船去神农架游览。宜昌客运码头每日都有2~4班普通客轮逆水上行开往巴东、巫山、奉节、万州或重庆（还有数班豪华游船），从宜昌坝上太平溪码头至巫山（小三峡入口处）只需8~9小时，普通客轮三等舱船费只需131元。这条线路和玩法适合从华东、华南、华中、华北等地前往三峡的游客。

B. 先到重庆，然后从重庆坐船（或从重庆先坐汽车到万州再上船），顺江而下，途经丰都鬼城、忠县石宝寨、云阳张飞庙、奉节白帝城及瞿塘峡、巫峡、西陵峡，最后到达湖北宜昌。以上行程若乘普通江轮约需40余小时的时间。重庆轮船客运公司每日有1班普通客轮和多班游轮下行。此线路是西南、西北各省区去三峡观光的游客的上乘选择。

力荐游览方式：在宜昌乘游船去三峡观光

宜昌市区每日有普通长江客轮逆江上行，船票虽便宜但舱内条件差，无专门导游，游客乘此类船行期灵活但观光效果欠佳。如乘豪华游船条件甚好而开销太大，旺季船票达数千元/人。笔者向您推荐一种介于上述二者之间的中档游览方式：在宜昌参加三峡旅行社的团队于峡区观光，效果好而收费不贵，游客可选择两种方式参团：

①宜渝观光系列：

从宜昌乘观光船一直开至重庆，行期3~4天，除观览三峡风光外还可上岸游黄陵庙、三峡大坝、神农溪、小三峡、白帝城等景点。三等舱每室6个床位，550~620元/人。舱室均有独立卫生间、空调和电视，以上价格只含船费和黄陵庙、三峡大坝、白帝城3个景点门票及导游费，其他景点门票和餐费由游客自理，费用可算非常便宜。

②奉宜旅游系列：

从宜昌乘旅游船上行，除观览三峡秀色，还可上岸游小三峡、白帝城、皇陵庙、三峡大坝、神农溪、九畹溪等景点，然后返回宜昌，行程不超过3天。船费二等舱500元/人（舱内均有卫生间、空调、电视），且含黄陵庙、三峡坝和白帝城观光费用（或含白帝城、小三峡游览费用），其余景点和餐费由游客自理（实话实说比自助游还便宜）。

以上游览方式优越性巨大，主要体现在方便、舒适而行程顺畅，唯一缺点是行程固定，没有自助游的灵活和随意，适合时间少而又想玩得舒服的游客。

免费咨询电话：0717-6221706 宜昌三峡旅行社。此处宜昌市内多家旅行社都经营三峡游船业务，游客可任选。

▲ 换个角度看巫山神女峰

湖北省

神农架

电话区号	0719
旅游局	3332213
旅游投诉	3335609
旅行社	3453129

神农架位于湖北省西部，东接荆襄，西临巴渝，北望武当，南依三峡，景区方圆达数百平方公里。这里群山巍峨——海拔3053米的华中第一高峰神农顶即位于景区中心；森林稠密——林木覆盖率达70%，各种珍禽异兽频繁出没，充满神秘莫测的诱人魅力。

神农架景区内有神农顶（风景垭、瞭望塔、大九湖）、红坪画廊、燕天（燕子垭、燕子洞、天门垭）、神农祭坛等多处景点，把长江大小三峡或道教名山武当山同神农架一起游览更会让游客感到精彩开心。

▲ 神农架神农祭园

气候与游季

神农架山高林密，气温较低，每年4月中旬至10月中旬为旅游黄金季节，盛夏时节游览最佳(林区早晚气温较低，即使是夏季前去亦应带长袖衣裤)，10月底至来年3月气候较冷，冬季有时还会大雪封山，游览小有不便。

• 补充提示

神农架天气较冷，盛夏时节前去亦应携长袖衣裤，春秋两季应带毛衣或薄羽绒服，否则早晚气温低难以承受。

• 笔者关照

神农架的山势雄伟(尽是海拔两三千米的崇山峻岭)而溪泉汹涌，水光山色比一般人想象的要强许多；但是野人之谜至今悬而未决，一般游客去那里作一般观光，根本不可能见到野人，所以各位游友对此不必有任何幻想。

交通

神农架目前无铁路和空中航班与外界相连，进出主要靠公路交通，去神农架可以从南、北两个方向乘车前往。

北线：

十堰市—房县—神农架旅游中心木鱼镇。十堰市三堰长客站每日有数班客车开往木鱼镇，车程约8小时（途经房县），亦可从十堰先乘到房县的车（车很多），抵达后换车去木鱼镇。

南线：

从武汉、宜昌、巴东、香溪乘车去神农架。从武汉出发可在早6:00在位于司门口的神农架驻武汉办事处门口上车直达神农架，亦可在新华路长客站乘20:00的卧铺车到兴山县，次日凌晨可到（车票105元），再从兴山乘小巴，票价20元

（每半小时一班车），2小时即到神农架木鱼镇。从宜昌去神农架可乘宜昌长客站到木鱼镇的直达车，车行4~5小时，车费60元。或先从宜昌乘车到兴山，宜昌到兴山县每半小时1趟车，行车3.5小时，抵达后再换车去木鱼镇。此外巴东每日有1~2班客车开往木鱼镇，车费40元。从周边的老河口、秭归、当阳、保康乘客车去神农架亦方便。

景区内交通

神农架主要分为松柏镇和木鱼镇两大部分，其中松柏镇是林区行政中心，而木鱼镇由于距各主要景区近，所以是公认的旅游中心，镇上遍布宾馆酒店。木鱼镇附近的游客中心有专线车载客去神农顶景区参观。木鱼至松柏或房县或十堰的客车途经红坪和燕天景区。另外可供选择的交通方式是包租当地的各类微型车去红坪和燕天观光。

住宿

木鱼镇上有香溢宾馆、神农山庄、天禄度假村、河坪宾馆等，房价一般季节80~200元。此外木鱼镇还有一些条件尚可的中小宾馆，双人标间一般季节房价70~80元，而淡季只需40~50元。此外山间路边还有一些林区职工宿舍亦接待游人。应该提示的是黄金周期间当地游人激增、房价暴涨，游客应慎去。

餐饮

当地有各类野味、山珍，均为天然食品。风味菜肴有香菇炖土鸡、岩耳炖土鸡、腊肉、懒豆腐、野香菇、包谷酒、各类泡菜酸菜等。不过餐馆里菜价极不固定，游客应当砍价。

主要景点

神农架主峰大神农架（神农顶）

海拔3105米，为华中第一高峰，挺拔巍峨，山上长满冷杉、高山杜鹃和箭竹林，游人登顶后可居高俯瞰景区全貌。当地人有诗云："苦竹成林杉蔽空，龙盘虎踞势豪雄，登临方知群山小，此是华中第一峰。"足见该山是多么的险峻绮丽。附近的其他代表性景点有风景垭、金猴岭、板壁岩、瞭

▲ 神农架山溪

• 主要宾馆酒店

①神农架宾馆，松柏镇，电话：0719-3332250。
②河坪·财苑宾馆，木鱼镇，电话：0719-3452123。
③神农山庄，木鱼镇，电话：0719-3452555。
④香溪源饭店，木鱼镇，电话：0719-3452272。
⑤神农度假村，木鱼镇，电话：0719-3452546。

• 当地旅游接待

旅行社：
电话：0719-3452615。
旅行社：
电话：0719-3453129。
景区导游公司：
电话：0719-3338180。
景区旅游集团：
电话：0719-3453153。

• 神农架主峰大神农架

景区提供的专线车可载客游览，发车点在木鱼以北的游客中心，其它车辆不可进入。

¥门票140元。环保观光旅游车费90元。

• 建议包车游览

神农架地域辽阔，景区之间相距挺远，若想1~2天内游当地各主要景区，包车游览最为方便快捷。尤其是去红坪和燕天景区。

- **风景垭**

也在神农顶景区内，景区专线车可开至景区旁，稍作步行即可抵达。

此景可以和黄山、张家界媲美，在此好好观赏拍照。

门票含在神农顶景区内。

- **燕天风景区**

这里有保护区中心干道穿过，坐客车可到。不算太偏僻幽静，但前些年却发现了野人行踪，引起广泛关注。

¥燕天景区门票 60 元。

传言燕子洞的内洞中有巨蟒栖息，游人不应贸然进入。

- **红坪画廊**

风光就在公路两侧，不必非要下车观景，在车上听导游或司机简介即可。

¥如攀登神农天梯，门票 50 元。学生有优惠。

道路两边亦有不少旅店，可作为住宿候选。

- **神农祭园**

地处神农架景区的南大门，位置重要，环境优美。

从木鱼到兴山的客车路过此地，也可从木鱼打转，车费 10~15 元。

¥门票 40 元。学生有优惠。篝火晚会费用 40 元。

望塔、大九湖等。

风景垭

也在神农顶景区内，号称“神农第一景”。海拔 2300 米，这里谷深壁陡，冷杉箭竹成林，琅玡群峰高低参差，石林丛生如戟似笋，风光壮丽迷人。

瞭望塔

位于大神农架北坡 2900 米处，塔高 40 米，原为自然保护区护林防火和森林病虫害观测的专用设施，现亦为游客提供观景服务，登上塔顶可将神农群峰、千里林海尽收眼底。

燕天风景区

由南北相望的燕子垭、天门垭组成，海拔 2328 米，209 国道从景区中心穿过（是湖北省国道公路的最高点），游览极为方便。景区内分为会仙桥、燕舞亭、吊桥、高山、草坪、燕子洞等多处小景点，在这里游客可以看到高山杜鹃、金燕戏洞和云海佛光等山间奇观。其中以钻燕子洞看成千上万只金丝燕和登高观赏雨后佛光最为令人快活开心。

红坪画廊

位于松柏镇西南约 40 公里处，谷宽不足百米，长约 15 公里，有纸厂河清流贯穿其中，将三瀑、四桥、五潭、六洞、七塔、八寨及 36 座山峰融为一体，是全景区中最传统的景点，游客可以乘车观览。

神农祭园

位于红花乡小当阳村，距木鱼镇 7 公里。园内分为主体祭祀区、古老植物园、千年古杉、蝴蝶标本馆、编钟演奏厅五大部分。主体建筑为 21 米高的巨型神农牛首人身雕像。晚间园内有精彩的篝火烧烤晚会和活泼欢快的民族歌舞表演。

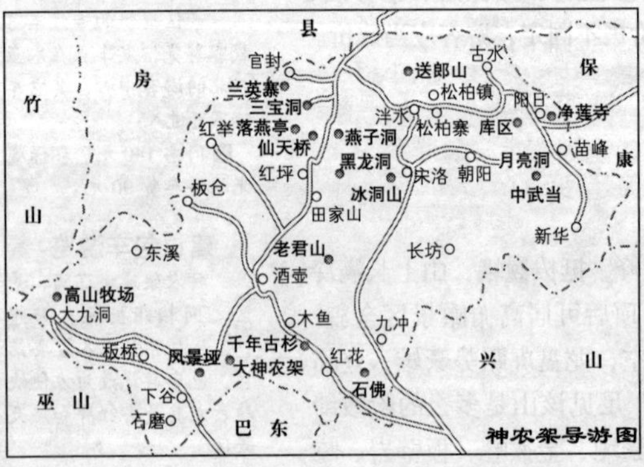

神农架导游图

小龙潭

距神农架保护区大门 6 公里

处，是“神农架野人考察工作站”所在地和生态旅游及科普教育研究基地，有“野人”谜园、野生动物保护中心等。这里的“野人馆”如实地反映了国家组织的两次神农架野人考察的主要成果，陈列有许多野人毛发、脚印、图片，非常耐人寻味。

▲ 神农架冬景

香溪源

北距木鱼镇5公里，即香溪河的发源地，亦是王昭君故里。香溪水质清澈，两岸花竹掩映，水中游鱼潜底，颇具诗情画意。周边还有降龙瀑、天生桥、老君山原始森林等景区可供游览。

- **香溪源**

就在木鱼镇旁边。

¥ 门票30元。

- **购物**

当地特产有香菇、蜂蜜、神农茶叶、板栗、根雕、水晶石等，此外带有蝴蝶标本的书签很美观精致，可作赠友之佳品。

- **推荐个体司机**

汪师傅，服务好价钱公道，电话13972475667。

神农架自然博物馆

在保护区首府松柏镇。内有数千件动植物标本和精美图片，立体化全方位地介绍神农架自然环境和迷人风光，观后令人耳目一新（门票30元）。

此外，神农架景区还有大九湖、高山牧场、老君山、杉树坪原始森林、宋洛原始村落、冰洞山等多处景点，游人可一一细玩。

神农架总体印象

①山景好，尽是海拔3000米左右的崇山峻岭，且群山巍峨起伏重叠达一二十层之多，特别辽阔壮美。

②溪流瀑布多，神农架的山峰上十有七八挂着瀑布，几乎每条山谷里都有溪水，水色清澈碧绿，特别秀美迷人。

③森林多但原始的不很多——都因为前些年乱砍滥伐，“消灭了”许多原始森林，现在游客能见到的大多是砍伐后又长出来的第二茬——次生林，观赏效果当然要打折扣，这点有些令人失望。

④“野人之谜”扑朔迷离——这些年来，有许多人来神农架探寻野人奥秘，亦发现了许多诸如毛发、脚印之类的东西，但真正的野人至今“活不见人、死不见尸”。到底神农架有没有“野人”，你还是去了之后根据那里的自然环境好好分析吧！

游览总体指导

到神农架主要是看山看水看树，一般去过神农顶（风景垭、瞭望塔、板壁岩、金猴岭、大九湖）、燕天景区、红坪画廊、香溪源及神农祭园就完全可以了。时间、经费充足，体力充沛而又好奇心强的游客可以住下来，多游一些人迹罕至的景区。至于去密林中探寻野人踪迹，需有专业设备和向导并经过有关部门协调批准。神农架山深林密，毒蛇毒虫及各类野兽频繁出没，游人欲进大山深处时切记安全第一（目前已有游客失踪的记录）。

▲ 神农架风光

具体游程安排

一日游：

从木鱼镇出发，乘客车或包车沿途观红坪画廊、燕天景区，午后回来看神农顶景区（瞭望塔、风景垭、大神农架），晚上到木鱼镇去神农祭园参观并参加篝火晚会。

二日游：

D1：可先参观神农顶，观瞭望塔、大九湖、风景垭及大神农架，晚上参观神农祭坛，夜宿木鱼镇。

D2：游香溪源、红坪、燕天景区，之后从十堰或巴东或秭归、宜昌返家。

发烧友特别关照

①风景垭风景特棒，这是一处让人观后能大声喊“哇”的地方，站在垭口好好观景拍照吧!

②燕天景区风光也行，登高能见到不少秀丽山景。

③燕子洞外洞洞厅大，有许多燕子倒挂在洞顶休息，内洞漆黑幽深，据传洞内有巨蟒栖息，游人不可贸然进入。

④大神农架山高可以俯瞰四周，但山顶有茂密箭竹林，游人登攀时非常艰辛不易（难以穿过密林），上山者要三思而行。

⑤几乎在神农架的每条溪水中，都能捕到娃娃鱼，当地的百姓也会捕来向你推销，从保护野生动物的角度衡量应该拒绝；若是带鱼出山时受检查遭到罚款更是得不偿失。这点应切记。

天外天

天外天——还有更好的玩法

神农架位于鄂西北的深山腹地，去那里游览要稍稍花一点时间和力气，去一趟单看林区风光稍显单调，最好能把神农架和南边长江三峡或北边武当山合起来玩，这样游历会更加丰富开心。本文前后分别有长江三峡和武当山两地的风光介绍，敬请关注（游览上述三地至少需要5~6天时间）。

难忘游历——勇闯大神农架

那一年我第一次去神农架游玩，与几个素不相识但又是萍水相逢的广东人合包了一辆中巴车，两天内去了燕子垭、天门垭、红坪、瞭望塔和风景垭，玩得开心快活。

第二天下午从风景垭下山游览快要结束的时候，中巴车从一座长满茂林修竹的山峰下驶过，听开车的师傅说，这座山就是神农架的主峰呢！环视四周，果然其他的山都没有这座山高，但由于盘山路修在山颈处，所以觉得从我所在的位置高度算，这山比北京市中心的景山也高不了多少，一个钟头上下打个来回应该没问题。于是我强烈要求司机师傅在此停车等候，我要迅速地登攀征服这座山峰——好容易来一次神农架，不攀上最高峰不是太遗憾了吗？

告别了司机和同车的几个游友（他们不想同我一样辛苦而愿在车上打扑克），我满怀信心地朝着不远处的山头进发了。一开始脚下还有一条小道，几百米后路就没了，我只好沿着一条山上流下来的小溪溯水往上爬，溪水好凉，溪边的青苔好滑，在水中我就滑倒了好几次，但是开弓没有回头箭，这点困难哪能动摇咱登上神农顶、一览众山小的雄心壮志呀！一会儿，溪水也没了，挡在面前的就是齐刷刷密匝匝的参天树林和浓密的灌木丛。这些树有的长得高，有的长得矮，还有的长得不高不矮，它们互相依存形成了一张立体化的网和墙，根本没有人钻进去的地方。对此我的对策是：对长得不高的树就从枝干上攀过去，对长得太高的树就从树干下边拨开灌木和草丛钻过去（后来我在旅游日记中写道：今天我一会儿像猴一样在树上窜，一会儿像狗一样在地下爬）。原始森林中好可怕呀——地上的落叶厚得可以埋过小腿，齐腰粗的朽木用脚一踩就会完全碎裂，凭着自己一往无前的决心和气概，不久后我终于登上了山头，饱览了辽阔壮美的神农架全景。

本来下山的时候按原路返回就没事了，可我为了寻找捷径也为了多看看山上的原始风貌，于是选择了一条方向不同的道路，可一不小心，误入了一片原始箭竹林。箭竹是一种很粗大的竹子，竹干比人都高，竹节上长着不少像箭头一样的刺。开始我没把这片竹林当回事，心想穿过去不就完了吗！可不想竹子越来越密，最后密得根本没有人钻过去的地方，我只好调头往回返，试图急流勇退，可这时人的定位系统肯定出了毛病，察觉不出进来的道路方向了，瞎碰乱转了不少次，只觉得四面八方的竹林都是越来越密，这是在深山老林里迷了路了，最可怕的事情发生了。此时，我又尝试了一种新的突围方式，只向一个方向走，不管眼前的竹林有多密，坚决地向前方冲击，这样总会冲出竹林吧！可是不行，箭竹太厉害了，竹竿上的刺太多，一会儿我的衣服全划破了，身上是一道道的血痕，而面前和身后的竹林却似乎越来越稠密，密到它们已经能从前后左右支撑住我，让我站在竹竿中就能睡觉。这时候，一块乌云飘了过来，天色一下子就暗了，山上刮起了一阵强风，和着凉意一块划

▲ 神农架山景

过原野，我顿感周身寒冷，这时无意中一低头，我看到了脚下竹根旁有几个巨大的圆形的野兽蹄印，那一刻我心中感到一阵战栗；如果不能在天黑前走出去，那……此刻求生的欲望使我不顾一切的放开了喉咙一声声地大喊："救命啊"（当时的年代还没有手机）。

在辽阔无垠的神农架崇山峻岭中，一个人的呼喊声大概不比一片枯叶从树上跌落的声音更大吧！喊了几十上百遍，喉咙真的嘶哑了却听不见任何回音。这时，我有生以来第一次感到了对死的恐惧和对生的真正的渴望。我一次又一次地自责：没事撑得你到这深山之中来干什么呢？我也无比真切地感到了自己原来拥有的而现在将不复存在的生活是多么的美好珍贵而令人依恋流连！

我生活在国家的首都，一个令许多人都羡慕的大型城市，有体面的工作，有谈不上丰厚但绝对可以维持生活的收入，周围有许多可以和能够给人带来愉悦欢欣和温馨舒适的享受生活的方式，更有许多奋斗创业能够改变自己同时也造福于社会的机会。我从前的生存状态已经够好了，如果能够严肃认真地对待生活今后还会更好。可是过去拥有的这一切，我却从来没有真正地体味到它和珍惜过它。而如今，当我在神农架身陷绝境的时候，我才真正地体会到了将要失去的这一切是多么的可贵。我也异常清晰而坚定地确立了自己的信念，要是能够活着出去，一定要珍惜生命，珍惜生活；不能懒惰，一定要辛劳要勤奋，要用自己的汗水造福于社会，同时也改变自己的命运、人生；一定要坚定、坚强、坚韧，这样才能不为困难和挫折吓倒击垮；同时也一定要客观和务实，不要好高骛远、见异思迁，那样反而会失去目标、失去自我、失去重心；只要珍惜面前的一切，自己和周围的每一个人都是可以在茫茫人海中快乐走一回的，可是这美好的一切还能重新属于我吗？

当又一阵山风刮过，暮色真正降临的时候，我又一次感到等待没有出路，我折断了一节竹子，用竹节中的汁水润了润嗓子，之后开始了又一次次的求生求援的呼喊。5分钟后，居然从遥远的竹林外飘来了断断续续但是非常明确的回音，有人听见了我的喊声并开始向我靠近。40分钟后，我见到了两张带着惊奇表情的年轻的面孔——他俩是武汉地质学院的学生，来神农架作课外考察。他们熟悉地形和山路，我得救了。

▲ 神农架山溪

当我们穿出密林后，看到路边矗立着一块路牌，上边刻着当地人写的一首小诗"苦竹成林杉蔽空，龙盘虎踞势豪雄，登临方知群山小，此是华中第一峰"。原来我攀登的正是华中第一高峰，海拔3053米的大神农架。回到旅游车上，司机和几个游友说再过5分钟看不见我回来，他们就去报警了。游友中的一个广东小伙子看到我撕破的衣衫和身上的累累伤痕，一个劲儿地问，你费了这么大劲儿，在山顶上到底看到了什么呢？百感交集的我寻思了半天后回答了一句话："我看到的是——无限风光。"

武当山（5A级景区）

电话区号	0719
旅游局	5668567
旅游投诉	5665369
旅行社	8650556

武当山位于湖北省西北的十堰市境内，前临烟波浩渺的丹江口水库，背依苍茫辽阔的神农架林区，景区面积达300余平方公里，内有“七十二峡、三十六岩、二十四涧、十一洞、三潭、九泉、十池、九井、十石”，景点密集，山光绮丽；武当山还是国内四大道教名山之一，亦是著名的武当拳发源地。

气候与游季

武当山属典型的山岳垂直性气候，海拔高度越高则气温越低，750米以下高度地方的年平均气温在16℃左右，750~1200米之间高度地方的年平均气温约在12℃，1200~1600米（顶峰）之间地方的年平均气温约在9℃，这里每年3~11月为最佳旅游时节，但冬季登高观赏雪景风光亦很壮美。

▲ 武当山石刻

交通

航空

离武当山最近的机场是老河口机场（相距90公里），这里有班机直飞北京、上海等大城市。

铁路

武当山山前有武渝铁路通过，山前的武当山站和不远处的十堰站都是当地大站，有北京、郑州、武汉、重庆、西安开来的客车在此停靠，交通尚属便利。此外，武汉与十堰开行的“武当”号旅游列车在当地亦很有名。

公路

从十堰市乘汽车到武当山只需1小时出头（走高速只需

- **景点门票**

¥ 进山票210元，含上山交通车费，景区内有些景点的小门票另需购买，金顶金殿20元，紫霄宫15元。

- **铁路客运咨询**

电话：0719-8881161。

- **公路客运咨询**

电话：0719-8890276。

- **武当山一日游**

十堰市各大旅行社均有此业务（适合时间仓促而又想玩得紧凑舒服的游客），一日游全包价280元左右，咨询电话：0719-8650556。

30分钟)，十堰市内每天都有多班武当山一日游班车发出（和北京的长城和十三陵一日游差不多)。此外，汉十公路贯穿武当山麓，游客从山门入口处乘环保专线观光车可以一直开至山上的中转地太子坡和半山腰著名的南岩风景区，景区外的客车和出租车是不允许进入山门并开到山上各景点的。

住宿

十堰市和武当山下的武当山镇均有各档宾馆、招待所，住宿十分便利。山腰的南岩景区和山顶的金殿景区亦有不少宾馆、饭店。欲住山上的旅馆，价格还是在南岩景区更便宜，如南岩宾馆的标间收费在100元左右。

主要景点

紫霄宫

建于明永乐十一年（1413年)，是武当山上保存完整、规模较大的宫殿之一，殿区内有龙虎殿、十方堂、紫霄殿、太子岩等多处名殿美景，殿中供奉的真武神老年、中年、青年塑像是明代艺术珍品，且该殿位于山门入口不远处，是游客乘车进山后最先见到的大型庙宇。

南岩风景区

武当山上最美的景区之一，位于武当山半山腰，峭岩凌空，峡谷幽深，崖壁上建有元君殿、龙虎殿等著名寺庙，周围还有滴水岩、仙侣岩、黑虎岩等佳景，全都是上接碧霄、下临绝涧，真可谓是“无限风光在险峰”。山间平地上有许多大型宾馆饭店，这里是从前山攀登主峰的必经之地，来往游客均在这里下车步行向金顶进发。

金殿

建在海拔1600米的武当山主峰天柱峰山巅，系铜铸鎏金建筑，由20吨精铜和300公斤黄金铸成，金碧辉煌且造型精美，在阳光的照射下熠熠生辉，数十里以外仍

- **特色工业旅游**

参观十堰第二汽车制造厂总装车间，领略现代工业发展的尖端水平，增加新鲜见识学问。

门票20元/人，周一至周四开放。

- **主要宾馆**

①武当山宾馆，在武当山镇，电话：0719-5665548。

②九龙宾馆，在南岩景区，电话：0719-5667176。

③百汇宾馆，在乌雅岭。

- **住宿南岩**

个体旅店不少，价格不贵，且店内一般都有餐厅，但饭菜价格不便宜。

- **餐饮**

景区内外的餐馆以川味为主，另外值得一尝的当地风味有黄陂三合、广水滑肉、沔阳三蒸等。在紫霄宫中有素斋供应，包桌200元、散客10元/人。

湖北省

清晰可见。金殿下有围墙长达 1500 米的紫金城，它们相依相衬，把武当山主峰装点得十分气派、精美、壮丽。

此外武当山还有玉虚宫、遇真宫、玉虚岩、琼台三观等多处景点，游客可视情游览。

• 金顶风光壮美

天气晴朗时在金顶南可看到神农架群峰，北可览丹江口水库秀色，气派极了。

游览指导

游览武当山前山有一天工夫就可以了，乘客车或租车可以一直开到山门入口处，购买门票后坐景区观光车上山，在太子坡下车后可以换乘另外的观光车到琼台或南崖景区。如在南岩下车后，可观赏南岩宫、仙侣岩、雷神洞等名景，然后步行 2 小时即可到达主峰之巅的金殿景区，在金顶山巅游览观景有 1.5 小时足够，之后即可下山返回。

另外如在琼台景区下车则有索道直达金顶，全长 1500 米，运行 25 分钟即可，上行 80 元，下行 70 元，往返票 140 元。不愿花费更多体力而又欲登顶的游客可考虑乘索道上下。

如果是下午到达武当山，建议住山上南岩景区，次日观光方便。

发烧友特别关照

①去武当山可以乘火车在武当山站下车，亦可在十堰市下车，十堰市每天去武当山的游览车颇多，行车 1 小时即可，另外十堰是我国著名的汽车城（二汽所在地），城市风光独特（到处都有停放整齐的巨大汽车方阵），与汽车有很大关系，亦值得观览回味。

②十堰市市内和武当山镇有各类机动车开往山门入口处，购买门票后乘景区观光车在太子坡换车后到南岩景区，观景后沿山路 2 小时可攀至主峰天柱峰山巅，观金殿和云海奇观，然后乘缆车从琼台下山，这样既能观赏主要景点，又不过分消耗体力。许多游客都是这么玩的。当然此线反向行进则更省劲。

③如果登山时恰逢阴雨天气，那游客非但不应打道回府，反而应该坚定地登上顶峰，阴雨过后（或下雨间隙），在顶峰上可能会见到辽阔天边绚丽无比的云海奇观。

天外天

天外天——还有更好的玩法

武当山距神农架自然保护区甚近，从山脚下的十堰市乘客车，短短 7~8 个小时即到神农架的行政中心松柏镇，也可不经松柏镇直接去当地的旅游中心木鱼镇。神农架有无数崇山峻岭和溪泉飞瀑，野人出没的传闻和踪迹更是神秘撩人，建议您游毕武当山再去神农架，这样游览肯定特别新奇开心。

河南省

HENANSHENG

河南亦称“中原”和“中州”，古时曾经是中国历代王朝的政治、经济、文化中心，素来享有“中国历史文化的缩影”之美誉。省内的洛阳、开封、安阳是国内三大古都，而郑州、南阳、商丘、浚县亦是国家级历史文化城。灿烂的华夏文明古史赋予了河南大地无与伦比的深厚历史文化风韵，而浩荡黄河、巍巍嵩山更为中原疆土增彩添辉，同样令人心仪神往的是鸡公山的葱茏秀丽、石人山的挺拔奇崛和洛阳牡丹花海的娇艳华美。行走游乐在中原，领中华文明史之幽远辉煌，观自然山水风光之神奇美丽，游人可以得到诸多享受和回味。

黄金旅游线路

① 郑州—少林寺—洛阳
② 郑州—开封
③ 郑州—信阳（鸡公山）
④ 郑州—焦作(云台山)

① 省会郑州不光是政治、经济、交通、文化中心，亦有突出景点，其中黄河游览区（市郊邙山）就非常值得一去。

② 少林寺的威名早已传扬海内外，近年来，那里又开放了三皇寨和嵩山主峰等新景区，为古刹观光平添诸多新意。

③ 开封近年来兴建的清明上河园等景区亦具独特魅力，去河南不能不游开封。

④ 洛阳龙门石窟的地势和风水在全国三大石窟中最佳最绝，市区周边的关林和白马寺在当地亦很有名气，全市可作二日游览，当然别忘了品尝闻名遐迩的洛阳水席。

⑤ 鸡公山屹立在信阳城南 38 公里处，名声虽没有庐山、黄山显赫，但风光非常美、气候非常凉爽，夏秋时节前去令人无比舒适惬意。

⑥ 焦作是近年来迅速崛起的旅游新城，游后你可能会大吃一惊：哇！原来太行山也有这么漂亮的山水风光！

⑦ 省内还有平顶山、石人山和古城安阳等景点，游人可视情游览。

▲ 落差达 314 米的焦作云台山大瀑布

郑州

电话区号	0371
郑州市旅游局	67181000
旅游投诉	67188061

郑州位于河南中部黄河以南 25 公里处，是河南省乃至中原地区的政治、经济、文化中心。京广、陇海铁路在此交会，亦使郑州成为中国铁路交通的重要枢纽之一。郑州是一个历史悠久的城市，市区及周边有诸多在中国文化史、艺术史、工农业发展史上占有重要地位的古代遗址，而以黄河邙山游览区及嵩山、少林寺为代表的自然景观和人文景观亦在国内占有重要地位。

▲ 开阔壮美的邙山黄河游览区

气候与游季

郑州属大陆性季风湿润气候，年平均气温 14.3℃，四季分明，7 月份最热、1 月份最冷，降水主要集中在夏季。春秋两季气温适中，为游览佳季。

交通

航空

郑州机场位于新郑市（惯称新郑机场），距郑州市区 30 公里，现已与北京、重庆、大连、福州、广州、桂林、贵阳、海口、杭州、长春、哈尔滨、呼和浩特、昆明、兰州、南宁、宁波、青岛、上海、沈阳、乌鲁木齐、武汉、西安、西双版纳、珠海、深圳通航，市内民航大酒店有往返于机场的班车。

- **机场问讯处**
  0371-68511688。
- **机场售票处**
  0371-68511111。
- **火车站问讯处**
  0371-68352222。
- **长途汽车东站**
  金水路，0371-65936629（调度）。
- **长途汽车西站**
  建设路，0371-67634718。
- **长途汽车南站**
  陇海东路，0371-66322269。
- **长途汽车北站**
  花园路，0371-65728861。
- **汽车客运总站**
  航海中路，0371-68716324。

- **出租车**

轿车 7 元/5 公里，以后 1.2 元/公里。

主要星级宾馆	
菲亚特国际酒店	0371-65950088
红珊瑚酒店	0371-66986688
康年大酒店	0371-65612288
河南省国际饭店	0371-65956600
河南省迎宾馆	0371-66778888

- **推荐住宿**

①郑州大学宾馆。

在文化路与红专路交叉口，从火车站乘 6、105 路公交 10 余分钟可到，双标间 100~120 元。

电话:0371-63887704。

②郑州格林豪泰酒店,在二七广场旁有 99 元特价房。

- **特色餐厅**

①萧记烩面馆，专营正宗的河南烩面，兼营其他风味菜肴。地点在货站北街，电话：0371-66333494。

②黄河人家窑洞餐厅，在邙山景区内，主营各类农家菜及黄河鲤鱼，品种多菜价不贵，结伴游客有优惠。电话0371-68222376。

- **邙山黄河游览区**

从市内乘 16 路车可直达。郑州火车站广场东北角处有 16 路总站。

门票 60 元。

景区内观光车通票 20 元。缆车往返 30 元。乘气垫船游黄河，45 分钟收费 80 元。黄河分界线和十八湾景区单收费。

铁路

郑州地处京广与陇海两线的交会处，是全国重要的交通枢纽之一，南下北上、东来西往的 100 多对列车均在此停靠，从郑州上车可以直达全国各地（有高速铁路快车 2 小时即到西安）。郑州火车站是全国最繁忙的火车站之一，每天乘客人流如潮。

公路

郑州有多家公路客运站，有各类客车开往邯郸、石家庄、保定、阜阳、阜南、淮南、合肥、宿州、上海、温州、常州、苏州、北京等各省各大中城市。其中客运总站在火车站对面。

住宿

郑州有数十家星级宾馆，还有大量的普通旅馆招待所，同其他省会城市相比，房价稍显便宜。背包旅游客可选择条件尚可但房价较低的普通宾馆招待所，如郑州大学宾馆（文化路，0371-63887704，条件尚好）、炮兵学院招待所等。

餐饮

郑州餐饮的品种以豫菜为主，风味菜肴有桶子鸡、鲤鱼焙面、套回宝、坊肉焖饼等，更具特色的饭食一是河南烩面，二是黄河鲤鱼。河南烩面在郑州大街上的每家餐馆中基本都能吃到，但以人民路上的合记烩面、萧记烩面、文化路—丰产路上的杨记拉面馆等最具盛名。另外去邙山黄河游览区观光时最好在河边的餐馆里品尝一下黄河鲤鱼的美味，黄河的水那么浑浊，水中生长的鲤鱼味道却极为鲜美，真有些令人匪夷所思，35~40 元可买一大条红烧鲤鱼。

主要景点

邙山黄河游览区

在郑州城北 30 公里处，南有苍翠邙山、北有浩荡黄河，山水相映、风光壮美。游客在此可以登山眺望黄河壮景，乘高速气垫船到河心兜风，品尝黄河鲤鱼等河鲜野味，河边山下的游乐场地上还有诸多娱乐项目供参与。

▲ 乘气垫船游览黄河

河南博物院

河南博物院收藏着成千上万件中原地区出土的历史古文物，颇具观赏价值。院内还经常举办玉器、明清工艺品等各种专项展览，每天10:00和16:00举行的古乐表演也挺有诱人风味。

大河村遗迹

位于郑州城北12公里处，面积约30万平方米，曾发掘出包含仰韶文化、龙山文化、商代文化三个不同历史时期内容的大量墓葬和房基遗迹，对考古科研有重要意义。

黄河大观

地处郑州北郊郑邙公路23公里处，是以黄河文化为背景的大型主题公园。内有在黄河流域内占有重要地位的龙门石窟、大雁塔、兵马俑、泰山等仿真缩微景观。

花园口南裹头

过去曾是黄河决口之地，夏季丰水期这里黄河的水最冲，涛声最动人，游客可来此参加渔家乐活动——乘船游河、品尝黄河渔家宴等。

- 河南博物院

乘2、32、39、42、61、69路车可到。

¥门票凭证件领取。

- 大河村遗迹

从市区乘10、308路车可到。

¥门票20元。

- 黄河大观

从火车站乘16、56路车可到。

¥门票30元。

- 花园口南裹头

乘310路车可到。

¥门票10元。

- 特产及购物

主要土特产品有唐三彩工艺品、澄泥砚、桐木漆器、玉雕、贡米、蛋黄饼、龙须糕、百子寿桃等。

主要商业区有二七路、二七广场、德化路等。

推荐游程

二日游

D1：大河村遗址、黄河大观、邙山黄河游览区。晚上二七广场休闲购物。

D2：河南博物院、商城遗址（或花园口观光）。

三日游

D1～D2同二日游。

D3：从郑州去少林寺，看著名寺庙、领中国武功之神威（从郑州火车站对面的客运总站乘车2小时即到少林寺）。

发烧友特别关照

邙山景区背依青山面临黄河，风光很壮阔（在火车上就能看到，在铁路西侧的黄河南岸，景区内的炎、黄二帝像很壮观），游览项目也很多，在景区的餐厅内还能品尝黄河鲤鱼和其它农家菜的美味，所以来郑州的人很少有不去邙山的。近来景区内的旅游管理也有明显改观，但是游客在骑马、乘船时还应问清价码，否则引起纠纷多少会影响心情和游览效果。

少林寺（5A级景区）

电话区号	0371
景区管理局	62748971
旅游投诉	62873444
旅游咨询	62887139

"日出嵩山坳，晨钟惊飞鸟，林间小溪水潺潺，坡上青青草"。自从电影《少林寺》问世以来，《牧羊曲》的美妙歌声和影片中精彩有趣的故事情节牵动了多少观众的心，那么您想不想到少林寺去观赏那蜚声中外的神奇庙宇，想不想到少林寺领略中华武术的赫赫神威呢?同样精彩的观光内容是登嵩山主峰，在上边可以饱览中原大地壮景。

▲ 少林寺塔林

交通

A. 从郑州市长途客运站（火车站对面）乘直达少林寺的客车（20分钟一班）票价25~28元，110分钟可到。但直达车只是上午6:30~11:30有，之后只有到登封县城的车（票价24~27元，90分钟可到），抵登封后换车（1路、游8）去少林寺很方便。

B. 从洛阳长客站乘去登封和许昌的客车（随时发车），90分钟即到少林寺道口，车费16~20元，下车后即可购票进入景区。

C. 从京广线上的许昌市和枝柳线上的汝州市乘车，都可在2小时之内到达少林寺。

- 景区门票

¥ 门票100元

含少林寺、塔林、达摩洞、二祖庵、三皇寨等共8个景点，当天有效。

游览安排和内容

游览少林寺主要有以下事情可做：

A. 观赏寺庙本身。少林寺有千佛殿、藏经阁、大雄宝殿、天王殿等多层庙宇，殿宇森然，香火旺盛。寺庙中展示的佛教文化亦很耐人寻味。

B. 观赏寺庙以西的塔林。这里有数百座形态各异但全都精美玲珑的石塔（系历代高僧长眠之地），是中国最大的古塔群。

C. 通过少林寺与塔林之间路边的高倍望远镜眺望山景（费用仅1元），可以看到北侧山峰上的名景达摩洞。

D. 乘塔林东南面的嵩杨索道登高至钵盂峰，俯瞰少林寺全貌，附近的三皇寨和二祖庵及忘我峰都有一些峥嵘秀丽的山景，很值得观赏。

E. 观看少林武功表演，景区内专门的武术表演场每天上、下午都有威武雄壮的武术表演，会把中华神功的无穷魅力，淋漓尽致地展示给八方游客。

笔者提示

①完成以上游程只需半天至一天时间（如果不游三皇寨那半天就够了,如去三皇寨就要用一整天且至少应乘半程缆车，否则时间紧迫），愿意逗留者可住宿在景区外或不远处的登封市内（少林寺与登封间只有25分钟车程），当天下午或次日再游嵩山其他景点。

②从郑州或洛阳去少林寺最好到长途客运站上车，这样时间有保证，在路边上招揽游客的黑车何时能到达不好说（不拉满人他们不开出市区）。

③欲攀登嵩山主峰可以先乘2路公交到嵩阳书院，这里是登山起点，有登山路可全程步行，也可从嵩阳书院先租车到老母洞，再步行，这样可省不少体力。单程登上顶峰峻极峰约需3小时。

周边景区

中岳庙

是河南规模最大的古代建筑群，位于嵩山太室山东南麓，是古时祭祀太室山神的场地，有中华门、天中阁、崇圣门、嵩高峻极坊、中岳大殿等宏伟建筑，颇具壮观气派之风姿神韵。

嵩阳书院

位于嵩山南麓，在登封市区以北约3公里处。始建于公元484年，与湖南的岳麓书院和江西庐山的白鹿洞书院齐名。院中环境幽雅，有巨型古柏和精美刻字石碑，是嵩山古迹名胜中的精品。

嵩岳寺塔

在太室山下的嵩岳寺内，塔高40余米，共有15层，造型别致且挺拔雄伟，是全国重点文物保护单位。

嵩山主峰

峻极峰是嵩山主峰，海拔1491.7米，从山脚下登攀要3~4小时才能到达山顶，抵达后可居高观览中原大地辽阔壮丽的无限风光。

- **应重视三皇寨**

三皇寨山势峥嵘，挺拔险峻，还有狭长而陡峭的登山路和栈道，游后颇感新奇刺激，游少林寺时应重点关注。步行去三皇寨往返需6小时，亦有缆车可乘，单程50元，双程60~80元。三皇寨有2个入口，建议从少林寺内的入口进去，这样登山观光省力方便。

- **游览关照**

如果游少林后，乘缆车去三皇寨，经过悬空栈道、连天吊桥、一线天、悬天洞、回心崖、三皇禅院、南天门、好汉坡，出三皇寨后山大门，再从那里返回登封（不走回头路），即省力又玩得高兴开心。

- **中岳庙**

从登封市乘2路公交车可到。

¥门票30元。

- **嵩阳书院**

从登封市乘2路公交车可到。

¥联票80元。

- **嵩岳寺塔**

¥联票80元。

少林寺景区游览示意图

洛 阳 ●●●•

电话区号	0379
洛阳市旅游局	63322058
旅游投诉	63322063
神州旅行社	64313824

洛阳位于河南省西部，因地处洛水之北而得名，是中国七大古都之一，亦是华夏文明的主要发祥地。洛阳旅游资源丰富，以人文佳景著称。龙门石窟、白马寺、关林、天子驾六古墓博物馆都是享誉河南、名扬四海的古迹名胜。小浪底水利枢纽工程已经开始蓄水，成为山水光色秀丽的旅游新景。每年 4 月份，“市花”牡丹开遍洛阳全城，五彩缤纷、万紫千红，尤为引人入胜。

▲ 洛阳龙门石窟壮景

气候与游季

洛阳属温带大陆性气候，春季干旱，夏季多雨，秋季温和，冬季天气寒冷，年平均温度在 14.8℃左右。最佳游季应属秋高气爽的 9、10 月份，但 4 月份牡丹盛开之时来洛阳，却能观赏到牡丹花节的盛况。

• **笔者关照**

论风水、地势和佛像代表作的高大气派程度，龙门石窟都要胜过敦煌石窟和云冈石窟。另外 4 月份盛开的牡丹花海亦是华夏闻名。所以龙门石窟和牡丹花应是游客关注的重中之重。

• **民航售票处**

0379-63224316。

• **铁路客运**

火车站前有 2、4、5、11、51、66 路等多路公交车。

站内问讯处：0379-62561222。

• **汽车站问讯处**

火车站外：0379-63239453。

交通

航空

机场位于邙山，现已与成都、大连、广州、南阳通航。机场与市区间无来往客车，前往机场需乘出租汽车或专线车。

铁路

洛阳是陇海线上的一个大站，北京、郑州和上海、青岛、厦门等东部城市通往西北及西南成渝地区的各次列车大多都在洛阳停靠。洛阳与北京、济南东、上海、郑州间有直通列车。

公路

有客运车辆开往郑州、焦作、开封、汝州、许昌、三门峡等周边市县，亦可到达石家庄、保定、北京等地。

市内交通

旅游专线车。

53路 西关—龙门桥，途经关林。

50路 西关—白马寺。

60路 谷水西—龙门桥，途经关林。

81路 洛阳站—龙门桥，途经关林。

83路 洛阳站—麻屯，途经机场、万墓博物馆。

85路 东华坛—吉利区委，途经龙马负图寺、汉光武帝陵。

64、65路，途经古墓葬群、王驿拟山园。

51路 洛阳站—红山乡，途经封神演义宫、国色牡丹园。

住宿

洛阳宾馆酒店数量不少，价格适中，在这里笔者向您推荐洛阳万里路国际青年旅舍，地点在金谷园路172号（火车站从南300米处），从火车站和汽车总站步行10分钟即到，交通极方便。这里的客房和楼道极为宽敞明亮，让人感到很舒服，卫生条件很好，房价却很便宜（淡季双标间80元）。旅舍一楼就是洛阳旅游中心，能提供导游、订票各类服务。门口有公交车直达龙门石窟、关林、白马寺和真不同饭店。这样集多种优点于一身的青年旅舍在国内实在不多见，笔者给予强力推荐。电话0379-65260666。

餐饮

洛阳的特色美食和风味菜主要有糖醋鲤鱼焙面、油酥锅盔、烫面饺、张记馄饨、洛阳水席、张记烧鸡、不翻汤、潘金河烧鸡、尚记牛肉汤、鲤鱼跃龙门、洛阳燕菜、扒猴头、牡丹汤等。其中洛阳水席是洛阳餐饮中最具特色的菜式，因主菜以汤菜为主，另一个原因是酒席上菜吃一道换一道,如行云流水一般，得名水席，是洛阳特有的传统名吃。正宗的洛阳水席共有20余道菜，吃起来很排场很费时间，当然价格也挺贵。一般吃客并不一定要这样费钱费工夫，只需要点上洛阳水席的3~4道精华菜品尝一下就完全可以了，同时辅之以其他几样当地小吃，即使是三四个人，花上一百多元也可以吃得挺丰美。

主要景点

龙门石窟（5A级景区）

洛阳市区最大观光亮点，位于洛阳市区以南12公里处的

特产及购物

主要特色商品有仿唐三彩工艺品、汝瓷工艺品、宫灯、牡丹、杜康酒、双麻酥、王麻子剪刀、洛宁竹帘、洛绣等。

• 当地特色

洛阳的古迹名胜和特色美食以及工艺纪念品在华中乃至全国均有盛名：①龙门石窟是全国最高大、壮观、气派的石窟之一；②少林寺虽然隶属郑州市，但它距洛阳最近，从洛阳出发去少林寺最方便开心；③虽然不一定每个人都喜欢洛阳水席的味道，但它确实是全国独一份；④唐三彩是当地最常见的工艺品，满街都是唐三彩的摊商，其规模之大、品种之多之精美令人吃惊。

• 特色餐厅及风味菜肴

①真不同饭店（老城区中州东路）63952609，从火车站乘5、56路可到。主营洛阳水席、洛阳燕菜。

②洛阳酒家（中州中路345号） 63938051。

③杏花村酒店，专营洛阳水席，价格比真不同便宜40%左右。电话0379-63512885。

• 品尝洛阳水席

要想吃得正宗且排场当然是去真不同饭店，各类水席名菜一应俱全，就餐环境好但价格不便宜(洛阳燕菜45元/份)，另外洛阳城中的每家餐厅几乎都有水席菜肴，像水席中的连汤肉片在小餐馆中不过15~18元钱1份，洛阳燕菜15~20元，西辣鱼块15元左右，但是水席中的汤汤水水太多，吃后不久就又会饿，所以辅之以其他饭食共餐更好。

• 龙门石窟

81、53、60路公汽和火车站前始发的一日游专线车均可到。

门票套票120元。

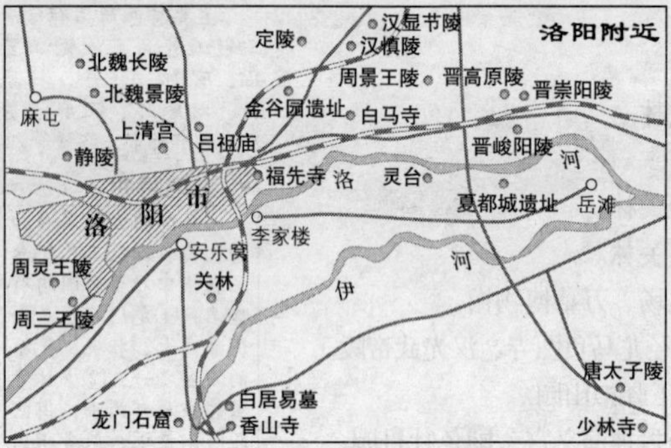

伊河畔，地势与风光甚佳，有各类佛像雕刻 9 万余尊，与敦煌莫高窟、大同云冈石窟齐名，是规模庞大的石雕艺术宝库。

白马寺

在洛阳城东 12 公里处，占地面积达 4 万平方米，主体建筑天王殿、大佛殿、大雄宝殿皆雄伟，是佛教传入我国后第一座由官府建造的寺院，所以享有“中国第一古刹”之称。

- **白马寺**

50 路公汽可到。

门票 50 元。

- **关林**

81 路公汽可到。

门票 40 元。

- **小浪底水利工程**

从洛阳火车站前的汽车客运站乘车可到，车程 80 分钟、车票 7~8 元。亦可从洛阳包车往返。

大坝游览区和坝下公园门票 40 元/人。

- **春季观赏牡丹花的好地点**

洛阳城内的观花佳境有王城公园、神州牡丹园、洛阳牡丹园、国家牡丹园、中国国花园，门票均在 40~50 元之间，观花效果各有千秋，游人可任选。

关林

关林地处洛阳城南 7 公里处，因葬有三国时期名将关羽的首级而得名。这里有殿宇 150 余间、大小石狮 110 多个，是一处保存尚好的古代建筑群，现被开辟为洛阳古代艺术馆，收藏展出洛阳出土的诸多文物珍品。

天子驾六博物馆

位于洛阳市中心周王城广场地下，2002 年在此挖掘出了“天子驾六”车马坑，成为 21 世国内考古的重大发现，现在原址上建成博物馆向游人开放。门票 40 元。

小浪底水利工程

在洛阳以西 30 公里处，系筑坝蓄水而形成的大型人工湖，大坝雄伟，湖水清澈，坝上库区有三段天然峡谷，游客可乘船遨游。大坝下方的公园景色亦十分秀丽。

推荐游程

D❶：关林—龙门石窟—白园。晚上在市区休闲娱乐，品尝水席佳肴。

D❷：古墓博物馆—白马寺—王城公园观赏牡丹（或去小浪底观黄河水利工程壮景和库区山水秀色）。

发烧友特别关照

①论地势和环境,龙门石窟是国内三大著名石窟中最好的,它依山面河,风水极佳,就是冲着龙门石窟,洛阳也值得专门去一回。另外从洛阳去少林寺也方便——乘客车 100 分钟即到（路况很一般）。

②如果在 4 月份抵达洛阳，那牡丹花盛开的场面很动人，但上文中介绍的几个观花地点的花期并不同，游人应向当地人咨询后再选择观花地点。

焦作

电话区号	0391
焦作市旅游局	3992599
旅游投诉	3992511
神州旅行社	3996105

焦作虽然是河南省内传统的工业城市，却有着祖国北方不可多得的秀丽风光。这里有以云台山、青天河、神农山为首的五大景区、十大景点，山水相间、雄秀相融，景色极为秀美迷人。虽然笔者是一个已经游遍中国每一个省份的“重量级游家，”但是来到焦作后，仍然对这里的自然风光感到新奇惊讶从而目瞪口呆。

气候与游季

焦作地处黄河以北，四季分明，冬季天气较冷风光稍显平淡，春、夏、秋三季更适宜旅游，黄金观光时段是每年的四月初至十月底。

▲ 云台山一角

交通

焦作交通便利，这里有焦新、焦枝、焦太铁路穿境而过，乘旅客列车可直达郑州、新乡、石家庄、北京、洛阳、太原。这里亦有以焦郑、焦晋高速路为中心的公路网，有客车开往周边各省市县各个大中城市，其中焦作至郑州、新乡、洛阳均只有1~2小时公路行程。焦作距郑州机场和洛阳机场的距离也很近，乘飞机进出亦很方便顺利。

住宿

焦作市内有诸多星级宾馆和普通宾馆，房价中等偏低。如三星级的阳光大酒店标间打折后才188元（0391-3539798），四星级的山阳宾馆标间打折后266元（0391-3929999），二星级的电力宾馆标间140元（0391-3523100），至于普通宾馆的双人间，打折后也就是60~80元。在云台山、青天河等主要景区内外，都有宾馆、旅店（其中云台山外有一家条件甚好而房价适中的准四星级酒店），住宿很方便。

- **实话实说**

焦作山水风光美，民风似乎也很淳厚，物价也便宜。但就是市区周边有不少热电厂、水泥厂，巨大的烟筒不时排出一些烟尘。所以笔者对焦作的评价是：这地方除了空气不好什么都好。

- **观光指导**

在焦作观光至少要3天时间。其中云台山游览要一个整天。青天河一去一回也要一天。神农山至少要大半天。欲去青龙峡、峰林峡还要另加时间。

云台山内的三大景区都精彩，必须全去。去青天河的路上会经过许多高崖深谷，很有立体美感，要留意。

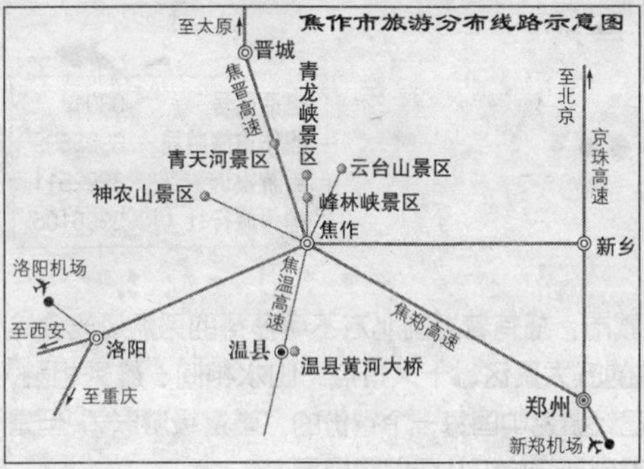

主要景点

云台山（5A 级景区）

位于焦作市区东北方的修武县境内，山奇水丽、景色奇绝。这里有挺拔秀美的诸多千米以上的山峰、单级落差达 314 米的全国最大的瀑布——云台瀑布、集奇岩峭壁和清碧溪水于一身有“盆景峡谷”之称的红石峡等诸多美景，是焦作最具盛名的观光名胜。

青天河（5A 级景区）

虽然是因修建电站筑坝蓄水而形成的人工湖，但两岸青山耸翠、湖心清流宛转，景色柔美而动人，有“中原小三峡”之称。青天河景区有以奇山丽水、奇泉异洞为主体的 308 个小景点，游客乘船观光甚为舒适开心。

神农山（5A 级景区）

在焦作以西约 34 公里处的太行山南麓，总面积 96 平方公里，有 9 山 2 河 28 峰共 136 个景点。其中主峰紫金顶海拔 1028 米，山光瑰丽，山间还有古刹三皇殿和数量甚多的猕猴种群。

青龙峡

地处距焦作市区 25 公里处的深山中，主要由长约 7.5 公里的青龙峡、长 22 公里的净影峡等景区组成，集峰、岭、台、沟、涧、川、瀑、洞于一身，是焦作山水名景中的重要组成部分。

峰林峡

是焦作北部太行深山中的山水兼备的观光胜境，景区面积 25 平方公里，主要景观有群英湖大坝、老君滩、睡美人、三潭印月、小孤山等。

- **云台山**

市区客运总站每日有各类车辆前去，1.5 小时可到。

- **景区门票**

云台山 180 元含交通费。青天河 81 元。神农山 61 元。峰林峡 81 元。

- **青天河**

双休日内市区客运总站有游览车前去。平日可从库区设在市内的办事处乘班车前去。

- **神农山**

市内长客站有客车路过神农山道口，下车后打的 5 元或步行 20 分钟可到。

- **途中佳景迷人**

在从焦作出发快要抵达青天河的时候，能看到立体化的壮丽风光。公路在山顶盘旋，头上是蓝天白云，而山下是幽深峡谷，谷底是河流，河床上方则是穿行在崇山峻岭中的铁路，画面美而生动，值得关注。

发烧友特别关照

①焦作山水风光甚佳，找时间前去一游，定觉不虚此行。

②观光时间最好选在 5~10 月之间，冬季前去效果欠佳。

③在焦作五大山水名景中，云台山和青天河应为“重中之重”（“骑驴也要看”），之后可选择游览其他三处景区。此外丹河峡谷景区山水相映且有不少农家旅店，适合度假休闲。

④焦作市区南侧的新建广场辽阔壮丽，晚间夜景迷人，值得观赏。而市区西北侧的果园路很安静、干净，这里有大型公园，有三星级宾馆，住在这里安宁、惬意、舒服。

开封

电话区号	0378
开封市旅游局	3934810
旅游咨询	3972220
旅行社	3980084

开封地处河南省东部的黄河南岸，西距郑州约 72 公里，已有 2700 余年的历史，是中国历史上著名的七大古都之一。战国时期的魏国，五代时期的后梁、后晋、后汉、后周以及北宋和金国均在此建都。尤其是北宋时期的开封，经济繁荣、人口众多，是当时的全国政治、经济、文化中心，亦是世界上最繁华的城市之一。灿烂的华夏文明史给开封留下了众多的名胜古迹，如今的开封已成为中原大地上最引人关注的旅游城市，颇具古都名城之风韵魅力。

气候与游季

属温带大陆性季风气候，冬冷夏凉、四季分明，年平均气温在 14℃上下，春、夏、秋三季皆宜游览，尤以 9~10 月最佳。

▲ 清明上河园正门

交通

铁路

上海、成都、西宁、郑州、石家庄、银川、洛阳、青岛、武昌、合肥、杭州、无锡、宜昌、烟台、西安、北京、深圳均有列车开往或途经开封。从郑州乘火车到开封 1 小时即到。

公路

长途汽车站有车开往郑州、武汉、济南、洛阳、安阳、鹤壁、许昌、焦作、南阳、新乡、登封等地。其中从郑州汽车南乘城际公交车只 1 小时出头就能到开封了（车票 7 元）。

住宿

旅游城市，宾馆众多，三星级的东京大饭店（迎宾路 99 号、0378–3989388）、东苑大酒店、景福大酒店，二星级的宋都酒店、尉化宾馆等，均可供您选择。便宜实惠的地方推荐开封市委一招（从火车站乘 1 路车可到），标间 100~120 元，电话 0378–5952857。

- **火车站问讯处**

  中山南路，0378–5653807。

- **铁路售票中心**

  迎宾路 99 号，0378–3966888。

- **长途汽车东站**

  中山南路，0378–2933701。

- **笔者关照**

  开封城中古风古韵浓郁，城区不大各古迹名胜相距不太远，且当地交通便利、食宿便宜，所以值得一去，一天至两天观光即可舒适开心。

- **城际公交车**

  从郑州汽车南站发车，票价 7 元，1.5 小时后即到开封。这车车厢很大，车况好、有空调，但节假日人多时要排队等候。

餐饮

开封是中国十大菜系中“豫菜”的发祥地。豫菜是在北宋宫廷菜肴的基础上，吸收了川、扬、京、广等地名菜之精华，而逐渐形成的中原菜系。在开封的诸多佳肴中，最吸引人的有鲤鱼焙面、桶子鸡、花生糕、套四宝等。其中鲤鱼焙面是在黄河鲤鱼的头尾间“盖上”一层用面粉手工拉成的乳白色“被面”，再用油炸成金黄色，又好看又好吃。而当地的风味小吃主要有麻辣羊蹄、黄焖鱼、羊肉泡馍、华侨卷粉、卤牛肉、炒凉皮等。

主要景点

龙亭公园

在开封西北隅，原为宋、金皇宫后御苑的一部分，占地约1300亩，包括午门、玉带桥、龙亭、万寿宫等诸多建筑群体，其中龙亭正殿建在72级台阶之上，巍峨壮丽。园中的潘杨二湖、同春园、长廊水榭等景观亦非常精巧秀美。

大相国寺

位于开封市中心，是北宋时期开封最大的寺院和全国佛教中心。现存有天王殿、大雄宝殿、藏经楼、千手千眼佛等殿宇和佛像，依稀可见该寺当年的迷人气派和风姿神韵。

开封府

在开封市内包公湖东湖北岸；系近年来重建，建筑面积1.36万平方米，主要建筑有文城墙、天庆观、梅花堂、府司西狱景区、潜龙宫、清心楼等。府前的包公湖风光也动人。

铁塔

在开封城东北的铁塔公园内，因塔身的琉璃瓦呈褐色很像铁的光泽而得名。该塔建于北宋皇祐元年（1049年），至今已有900余年历史。塔高55.88米，挺拔屹立，游人登上塔顶，可将开封城内外风光尽收眼底。

禹王台

是春秋时晋国大艺术家师旷吹奏乐曲的地方，后因纪念大禹治水的功绩又在此兴建了禹王庙。现已开辟为禹王台公园，内有苍松翠柏、楼阁亭台，供游客观赏。

- **特色美食餐厅**

①又一新饭店，主营糖醋软熘、鲤鱼焙面、炖十景、扒三样、紫菜莲蓬鸡等。地点在市中心鼓楼街。

②第一楼，是河南最著名的包子馆，制作的小笼包子色白透亮，小巧柔筋，灌汤流油，地点在寺后街。

③马豫兴鸡店，始创于清光绪十二年（1886年）。传统产品桶子鸡，以选料考究和味道上乘而闻名中州。

④黄家小笼包子馆，主营汤包和各类开封菜，比第一楼便宜实惠许多。

电话0738-5662988。

- **特色美食街**

鼓楼街夜市，是开封规模最大、品种最多的夜市街区。以鼓楼广场为中心，延及周围4条街。鼓楼夜市通宵达旦，风味小吃数不胜数，乘4、6、8、10、13路车均可到达。

- **龙亭公园**

乘1路车可到。

门票35~45元。

- **大相国寺**

乘5、9路车可到。

门票30元。

- **开封府**

门票50元。

- **铁塔**

乘1、3路车可到。

门票20元。登塔另收门票10元。

- **禹王台**

乘15路车可到。

门票10元。

- **其他景点门票**

包公祠，门票20元。天波杨府，门票40元。中国翰园，门票30元。山陕甘会馆，门票30元。

清明上河园（5A 级景区）

按北宋著名画家张择端绘制的名画《清明上河图》中描绘的开封古城盛景而兴建的大型宋代文化主题公园，集中体现宋代开封城中的生活百态和民俗民情。园中有城门楼、古街、店铺、河道、码头、茶楼、酒肆、当铺等诸多仿古建筑、场景，每天还上演歌舞、杂耍等民间技艺，场面红火喧嚣、别致生动，古风古韵引人入胜。

- **清明上河园**

乘 1 路车可到。
门票 80 元。
每天晚间园内均上演《东京梦华魂》歌舞。开放时间 9:00~22:00。

旅游锦囊

推荐游程

二日游

D1：游龙亭、宋都御街、铁塔、天波杨府、中国翰园、清明上河园，晚间在清明上河园内观歌舞表演。

D2：游禹王台、开封府、包公祠，大相国寺、山陕甘会馆、延庆观，晚上去鼓楼美食街品尝当地风味小吃。

▲ 开封铁塔

旅游锦囊：如何在开封玩得省力省钱又开心

开封市内目前有龙亭、铁塔、天波杨府、中国翰园、清明上河园、开封府、包公祠、大相国寺等 10 大观光亮点，分布在市区中部和北部，如果坐公交车去上述各点游览太累太麻烦，打车车费贵不值得，最好的方式是从汽车站下车后找一辆机动三轮车，坐车去上述各景点观光游览，这样可以细观开封市区风景，三轮车司机还可兼作导游讲解，乘客听后很长知识学问。开封市区的这种三轮车很多，车费极便宜，1 天之内游遍上述 10 处景点只需车费 10 元（1 人乘坐）至 20 元（两人乘坐），并且不附加其他条件（进不进景点参观也就是有没有门票消费没关系）。坐这样的车逛开封真是舒服开心。笔者向您推荐一位态度好、服务好的三轮车司机王先生，电话 13839967969。

鸡公山游览指导

去鸡公山游览应先乘火车到河南信阳市，信阳是京广铁路上的大站，几乎所有路过的特快及直快列车都在此停靠。抵信阳出站后即可乘广场上发往鸡公山的中巴（票价 10~12 元随时有车），1.5 小时后即可到达鸡公山顶的景区大门（门票 65 元）。进山后可以先安排住宿稍作休息（鸡公山顶上到处都是宾馆和疗养院，总数有近百家。条件较好的鸡公山宾馆、工商宾馆标间房价一般季节在 100 元出头，30~40 元/间的个体旅馆亦有一些），午后即可开心游乐——报晓峰、姊妹楼、颐庐、逍夏园、宋美龄舞厅等均为必观之景（乘环保电瓶车游山，最低 10 元；由于山上各景点相距不远步行观光也全然不费力气）。第二天白天继续在山上游览，下午 4 点左右即可乘车下山结束游览。鸡公山有关内容见下页。

发烧友特别关照

①从鸡公山下向上仰望，会觉得山峰的形状很平常很一般，因此许多游客到了山脚下还对是否有必要上山而感到犹疑。但是千万不要望山却步，一定要乘车或步行登上山顶，之后定会有新奇感受，备觉不虚此行。

②如果遇到阴雨天气，亦可从山路步行下山，林间云飘雾涌，使人备感柔美朦胧。

鸡公山

电话区号	0376
景区管委会	6912058
旅游投诉	6992113
鸡公山旅行社	6912201

夏秋时节，如果您想在假日中离开拥挤、嘈杂、喧嚣、燥热的都市，去郊野中寻得一份凉爽、清幽和宁静，那我向您郑重推荐一个好去处——河南信阳鸡公山，那里有清爽的空气、优美的环境和旖旎动人的自然风光。

风光优美且特色鲜明

▲ 云中公园鸡公山

鸡公山位于河南信阳市正南 37 公里处，海拔 784 米，作为与北戴河、庐山、莫干山齐名的中国四大避暑胜地之一，这里的景色异常秀美且特色十分鲜明。鸡公山上有许多造型奇特、轮廓优美的山峰和岩石，像雄踞山巅、面向武胜关、身姿威武矫健犹如雄鸡高啼而成为鸡公山标志的报晓峰，酷似驼峰起伏般的骆驼峰，两岩并立宛如情人娓娓交谈的恋爱石等，全都形态鲜活栩栩如生；鸡公山上植被茂密，分布生长着近 2000 种花草树木，高低相间、绿荫浓密、郁郁葱葱；鸡公山上有洗心溪、月湖、荷花等许多溪泉、湖泊、瀑布，它们或池水碧澈、清波荡漾，或银练飘飞、水花四溅、声震八方，把整座大山装点得特别娇娆秀美，多彩多姿。

青山绿树间矗立着数百座大型别墅

它们大多由 20 世纪初来华的外国传教士所建，分为英、美、德、日等不同风格，外形别致、建造精美，成为鸡公山上个性鲜明的特殊风景。漫游鸡公山，就像参观一个盛大的万国建筑博览会，令人眼界大开、回味无穷。

山上的游览项目很多

白天可以登高看山石奇景，下谷底观赏溪流瀑布群，游览外观构造各异的大型别墅，进茂密竹林寻静探幽。晚上的鸡公山上更是清风徐徐、凉爽沁人，树丛间飞满了大大小小的萤火虫，它们发出的断断续续而又晶莹透亮的美丽光芒和山路上闪烁的朦胧灯影交相映衬，把整座山峰的夜色装点得柔美绮丽、如诗如梦。

鸡公山上遍布各类宾馆、饭店、餐厅，游客的餐饮住宿均很方便；山上有环保电瓶车行驶于各景区之间，游人乘车游览可以畅观美景而又特别舒服省劲。不论您是来鸡公山短暂观光还是休闲长住，都会在这里过得十分快活开心。观光指导请看前页下方内容。

广东省

GUANGDONGSHENG

广东简称粤，位于中国大陆南部，东西北三侧与闽、桂、湘、赣四省区交界，南与香港、澳门特区相邻并同东南亚诸国隔海相望。优越而无与伦比的独特地理位置，使之当之无愧地成为中国对外交流开放的窗口省份；亚热带气候的温暖湿润和充沛雨水，又使广东大地常年暖风吹拂，到处鲜花绽放、遍地绿草如茵；而改革开放的强劲春风，又给这个勇于探索而又勤于辛劳的省份带来了无尽的发展和繁荣。白云山、鼎湖山、七星岩、丹霞山、从化温泉，处处岭南美景无一不是风姿绰约，而广州、深圳、珠海、汕头等南国名城又把现代化国际都市的千般娇媚、万种风情展示演绎得精彩绝伦、如诗似梦。

黄金旅游线路

① 广州—肇庆
② 广州—珠海
③ 广州—深圳—潮汕
④ 广州—清远
⑤ 广州市区—番禺

广东是我国南方风光秀美而又最具生机活力的省份，在四季常青的南国花城绿海中沐浴现代文明春风的美妙感受无比令人心动。

气候与游季

由于地处低纬度地区又濒临南海，所以广东属于热带和亚热带气候，高温多雨，长夏无冬，四季常青。春季平均气温在20℃左右，夏季平均气温为28℃，秋季平均气温25℃，冬季平均气温12℃。

对广东大多数地区而言，一年四季都适合旅游。但夏天天气炎热，日照强烈，游人应有思想准备。春秋时节观光效果较佳。

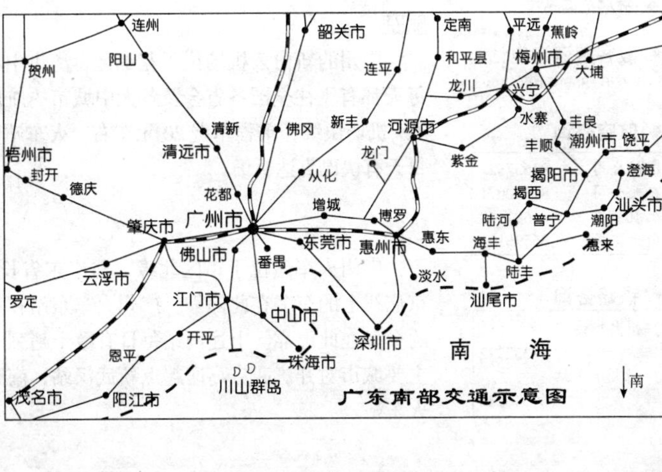

广东南部交通示意图

广 州 ●●●•

电话区号	020
旅游投诉	86666666
旅游咨询	83352856
出租车投诉	96900

广州是一座有着2800余年悠久历史的古城。相传古时有五位仙人身穿彩衣、骑着五色羊降临广州，把丰熟的谷穗和吉祥的祝愿带给人们，所以广州被人称为羊城。广州地处亚热带，夏长冬暖，湿润多雨，终年常绿，四时花开，所以“花城”亦成为广州的爱称。广州地处富饶的珠江三角洲北部，地理自然环境优越，加之当地人勤劳而聪慧，所以改革开放后，这里已经成为国内最富，百姓生活最殷实的黄金经济带。广州亦是一座美食城，以荔枝、菠萝、香蕉、柑橘为代表的岭南佳果四季飘香，以鲜嫩爽滑、美味可口而著称的粤菜更是饮誉海内外。广州的自然风光亦有鲜明特色，白云山、越秀公园、世界大观、华南植物园处处景色优美，在其周边地带还分布着肇庆七星岩、鼎湖山、从化温泉、清远飞来峡、增城白水寨等南国风光名胜。

▲ 珠江水上风光

气候与游季

气候温润、四季常青，全年皆宜游览。但应注意4~6月是雨季，8~9月天气炎热且日照强烈，冬天最冷时穿长袖外套即可。最佳旅游时节是10~12月份。

交通

航空

广州的新白云机场位于花都区，离市中心有30多公里，每天都有飞往全国各省会及各大中城市的航班。广州市内有8条机场快线，单程车费20元左右。火车站旁的南航售票处每天有快巴直达机场。

铁路

广州火车站位于市区北缘，与广东省长途汽车站相邻，京广线上的车多在此停靠。广州火车东站在东部，京九线上的车多在此停靠。上述两站每日有数十趟列车与全国各省各主要城市对开。武广高速起点新武汉站，南到广州番禺的新火车站。

• **散客游咨询电话**

020-86065108。

• **航空咨询**

国航公司	83637527
东航公司	81350071
上航公司	86681149
白云机场	86596123

• **铁路咨询**

广州火车站	61357222
广州火车东站	61346222

公路

广东的高速公路运输和普通公路运输均很发达，以广州为中心通往全国各地及省内的各级公路密集而通畅。广州市区有多处大型汽车客运站，其中火车站旁边的省汽车站规模最大。外地游客可以把这里当成是乘车首选。

水路

广州的海上客货运输和珠江水上的客运也非常发达，有客船开往香港、澳门、海口、三亚、梧州等地。

市内交通

广州市内的公交车均为无人售票，票价 1~3 元，自备零钱，自觉投币，不设找赎（也极少有人愿意为你换零钱），所以到了广州没有零钱乘车很困难，因此到广州时身上备有一二十元零钱是很有必要的。

地铁

广州地铁共有 6 条线路。

地铁订票热线：020–87157762。

地铁价格以里程计价，起价 2 元，最高 12 元。

住宿

广州的旅馆服务业太发达红火了，城区共有星级宾馆百余家，中、小旅馆不计其数。

主要星级宾馆有白天鹅宾馆，沙面南街，020–81886968。中国大酒店（五星），市区流花路，020–86666888。国际金融酒店，东风西路，020–83321688。白云宾馆，环市东路。新世界宾馆（三星），人民北路 520 号，020–81099888。欲在市区住

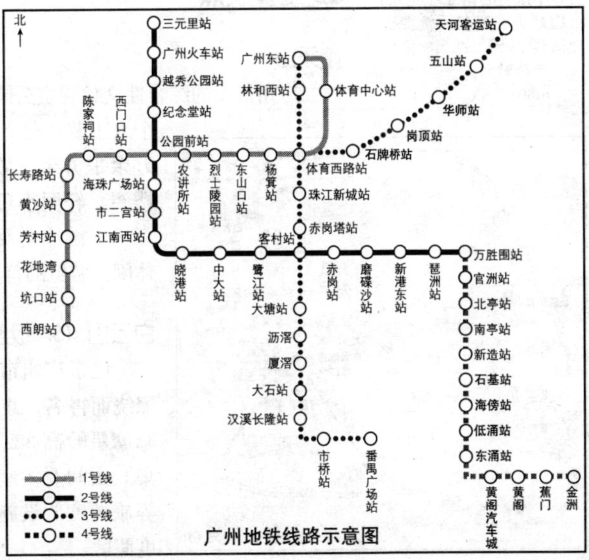

广州地铁线路示意图

• 公路咨询 区号020

省汽车客运站	火车站旁	86661297
广州市汽车站	环市西路 158 号	86684259
流花汽车站	广州火车站对面	86664123
广佛汽车站	中山八路 95 号	81815490
天河客运站	广汕公路元岗	37085070

• 公路咨询 区号020

广园客运站	86378888
广佛客运站	81815490
罗冲围客运站	81982052

• 市内交通

出租车桑塔纳及捷达 3 公里起步 7 元，以后 2.60 元/公里；夏利 3 公里起步价 7 元，以后 2.40 元/公里。

• 推荐便宜实惠的住处

①城市青年旅舍，在广州火车站旁 200 米处，店内有电视厅、餐厅和行李寄存、旅游信息咨询等业务，条件尚可。单人间 60 元/床，两人间 40 元/床，电话：020–86666889 转 3813。

②广东省侨胞活动中心招待所，在沙面岛上，条

又想图便宜，那可到珠江边的沙面小岛上去，那有两家普通招待所，有100元出头的双人间。

特色美食和特色餐厅

主要特色餐厅

大三元酒家	长堤大马路260号
蛇餐馆	浆栏路
广州酒家	文昌路
泮溪酒家	龙津西路151号
菜根得	中山六路
大同酒家	沿江西路
陶陶居	大同路
广东迎宾馆宴会厅	解放北路

特色美食

精致粤菜，生猛海鲜，更有五花八门的各类蛇餐，广东人真会吃，外地人来广州作短暂停留，根本无法食遍当地美味，只能拣其中有代表性的作简单品尝。

广东人有饮茶的习惯，茶市既是提供饮食的场所，亦是会亲访友、商务应酬的佳境。饮茶亦有早、午、晚茶之分，早晨的茶市往往清晨4:00就开门，晚茶的茶市打烊要在凌晨1:00之后。

主要景点

越秀山

广州最大的综合性文化观赏公园，园内山水相依,包括三个人工湖、七个山冈，其中水域面积达5万余平方米。湖心有小岛与湖畔相连，楼阁、轩榭小巧精美。园内有越秀山体育场、游泳场及美术馆等，是广州市民休闲、游览的首选地点之一。

件一般但房费便宜，带独卫的双人间80~120元。电话：020-81218218。

③河南省政府驻广州办事处招待所，也在沙面岛上，有100~120元的双人标间。

• 特色美食

烤乳猪、脆皮鸡、红烧大裙翅、菊花龙虎会、生炒水鱼丝、香滑鲈鱼球、凤爪炖海狗、芙蓉蟹虾片、烧鹅、梅菜扣肉、文昌鸡、东江盐水焗鸡、太爷鸡、佛跳墙、三蛇炖水鱼、毒蝎煲三蛇、椒盐蛇碌等。

• 简单快餐

在广州只想填饱肚子很容易，在街上吃快餐有10~12元钱就成了。

• 早茶

虾茸面、炒河粉、艇仔粥、鲜虾饺、玉液叉烧包、椰酱鸡蛋饺等。

• 越秀山

5、6、7、10、20、24、29、30、33、50、66、122、127、101、103路可到。

¥越秀公园门票免费。镇海楼15元、兰园8元。

开放时间
6:00~21:00。

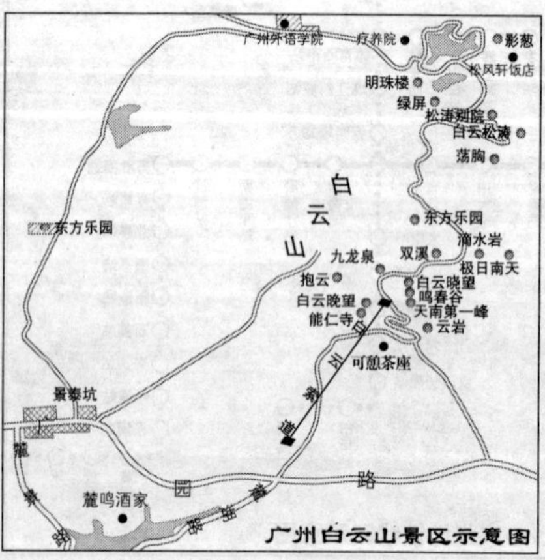

广州白云山景区示意图

白云山（5A级景区）

位于广州市城北，因雨后常有白云缭绕而得名，共有大小山峰30余座，主峰摩星岭高382米，峰峦重叠、佳景云集。山间有多座公园和大量宾馆、别墅等旅游度假设施，是广州最传统的观光度假区。

黄花岗烈士墓

1912 年为纪念在广州起义中牺牲的七十二位烈士而建，位于广州市白云山下的先烈路，墓区肃穆庄严，墓前的碑上有孙中山先生所题“浩气长存”四个镏金大字。现为全国重点文物保护单位。

华南植物园

在广州市东郊龙眼洞火炉山下，占地面积 315 公顷，是我国最大的南亚热带植物园，有棕榈植物园、竹类植物园、药用植物园等数十个展区，生长植物超过 5000 种。园内林木苍翠、花间藏径，有许多湖泊、溪流、曲径、草地，热带风光旖旎动人。

农民运动讲习所

位于市区中山路 4 号的古朴庄重的建筑群，第一次国内革命战争时期共举办过 6 期农民运动讲习班，毛泽东同志在 1923~1925 年多次来此讲学，培养了许多农运学员骨干，此地现为全国重点文物保护单位，是人们了解中国近代史的好地方。

沙面

珠江白鹅潭北的一个椭圆形小岛，虽然是面积只有 0.3 平方公里的弹丸之地，但因此地鸦片战争后沦为英法租界，所以建造有大量的西方古典主义建筑群，风格情调颇为独特鲜明，被人称为“羊城第九景”。现在，广州有名的白天鹅宾馆和国际海员俱乐部等均处此地，是风光秀丽富有异国韵味的观光胜境。

- **白云山**

🚌 11、24、34、32、46、223、285、265 路及专线车可到。

从山南的云台花园上山最常见，在此可选择步行、乘缆车、乘观光车三种方式上山。

¥ 山南门岗门票 5 元，云台花园 10 元，索道上行 25 元、下行 20 元。

此地半日、1 日观光或多日休闲度假皆宜。

- **黄花岗烈士墓**

🚌 6、11、16、27、65 路可到。

¥ 门票免费。

- **华南植物园**

🚌 28、84 路可到。

¥ 门票20元。联票50元。

- **农民运动讲习所**

¥ 门票免费。

- **沙面**

沙面紧挨大名鼎鼎的白天鹅宾馆，有多路公交车抵达。

夜晚沙面街头彩灯闪烁、酒吧林立，情调颇为温馨迷人，是不可多得的休闲胜境。

白天徜徉在此，亦有独特观感。

别看这里地处市中心，却有便宜旅馆和大众小吃店，在这里食宿挺不错，交通亦方便。

另荐佳景：增城白水寨

白水寨景区位于广东增城县境内，距广州市区只有 1.5~2 小时车程。景区的主要观光亮点是总落差达 400 余米的瀑布群和由 9999 级台阶组成的有“东南第一梯”之称的观光路。白水寨景区山上飞瀑高悬，谷中溪流汹涌奔腾，风光壮阔且充满活泼动感。由于它满足了广东人不出远门就可畅观瀑布美景的愿望和希求，所以来此观光的人很多，可以说是门庭若市。

从广州市区去白水寨最好是先乘车到从化(广州市内各大客运站都有客车直达从化，车费 20~22 元，车程 70~90 分钟)，再从从化客运站换车，车费 6 元，50 分钟后即到白水寨景区大门(这是一条捷径，若是从广州乘车到增城再换车到白水寨反而绕远了)。白水寨景区门票 60 元/人。目前景区内游乐餐饮设施齐备但暂无宾馆酒店，不过在此观光有半天时间也就差不多了。

如果步行登山观光那需耗费一定体力，笔者建议您乘观光车到山腰或山顶，然后再步行走下来，这样即轻松省力，又能玩得精彩开心。

▲ 白水寨瀑布美景

- **珠江水上风情**

较好的观景点有海珠桥、人民桥、沙面、白天鹅酒店等

- **购物在广州**

主要商业街有北京路、中山五路、人民路、长堤路、西关古玩街、淘金路、西湖路、灯光夜市、上下九路街等。每条街上都是热闹非凡。此外天河区的天河城商业区也甚具规模和气势。

- **广州塔**

¥成人 50~150 元/人；儿童、老人、学生有优惠。电话：020-89338222

珠江水上风情

珠江横贯广州市区，江面宽、水量足，江心船舶穿梭往返，江岸上高楼广厦林立，颇具迷人风姿神韵。珠江是广州市区的观光亮点之一，白天夜晚皆可畅游，尤以夜景美丽动人，游人应重点关注。

广州塔

位于广州市中心，城市新中轴线与珠江景观轴交汇处，与海心沙岛和广州市 21 世纪 CBD 区珠江新城隔江相望。广州塔高 600 米，为国内第一高塔，而“小蛮腰”的最细处在 66 层。从 2010 年 10 月 1 日起，广州塔接待游客。

坐 121a 路、121 路、204 路可到，坐地铁 3 号线在赤岗塔站下车。

推荐游程

二日游

D1：市内观光：黄花岗、中山纪念堂、五羊雕塑、上下九路商业步行街、沙面、沿江路、二沙岛、珠江新城、天河体育中心、中信广场，晚上乘船夜游珠江。

D2：登广州名景白云山观光览胜并登广州塔看广州市区全貌。之后还有空可到市区西南的番禺玩 1 ~ 2 天，番禺有宝墨园、香江野生动物园、莲花山等数处精彩景观。

旅途中

特色旅游——珠江夜游

①乘船游览

珠江夜游是广州市颇具当地特色的专项游览项目之一。珠江夜游每晚从人民桥附近的西堤码头（还有天字码头等多处上船点）上船，一路沿江向东行驶，先后途经解放大桥、海珠桥、江湾桥、海印桥、广州大桥、鹤洞大桥后返回，沿途可见珠海丹心、东湖春晓、鹅潭月夜等羊城八景和无数新颖气派的城市建筑，船上还提供饮料和食品，游客边品美食边观赏霓虹闪烁、灯花如海的城市夜景，感受甚为欢乐开心。票价分为普通游轮（20、39、48、58 元不等，提供茶水或简单饮食）和豪华游轮（68、78、88、98 元不等，提供不同档次的美食套餐）两个档次，游客可任意选择，咨询电话：020-81011806、81888932。

▲ 珠江夜色

②乘车游览

有 131A 和 131B 两条观光线，系同一路车逆向行驶，起点亦岗站，沿途经过众多珠江两岸的重要路段和景点，观光效果尚可但比不上乘船游江，而车票只需 2 元钱，当然车上不提供食品。

③乘轮渡简单观光

从中山大学门外的码头至天字码头只需 2~3 元船票，即可在珠江上行驶 20 余分钟，当然谈不上舒适豪华，却非常物美价廉，并可看到城市夜景的一部分，适合时间和经费都紧张的游客。

广东省

周边景点

广州番禺有非常精彩的景点

不久前笔者去广州作了一次畅游，发现与市中心相距约 20 公里的番禺区有不少精彩景点，论自然风光和人文佳景的动人程度，这里比广州市内有过之而无不及。

佳景之一是莲花山

莲花山坐落在珠江口的狮子洋西岸，景区内有秀丽山峦、茂密丛林、莲花古塔，还有古人凿岩采石后留下的诸多石笋、石柱、石洞、石穴，论奇石佳景真能与著名的昆明石林相提并论。莲花山下就是珠江入海口，水面上千帆竞发、万舸争流的场面同样令人新奇和振奋。

佳景之二是宝墨园

宝墨园坐落在番禺西南缘的沙湾镇紫坭村，是集清宫文化、岭南建筑和园林艺术及珠江三角洲水乡特色于一身的大型人文景观。园内有诸多精致美观的仿古建筑和园林佳境，陈列着无数国内外收藏家捐赠的价值连城的珍宝和艺术品，单是园内的清溪碧湖间栖息游动的各色鲤鱼就达数万尾，为游客平添视觉上的无尽美感和快慰。

佳景之三是余荫山房

这是一座有 130 余年历史的私人宅园，别看它只有 1590 平方米的建筑面积，却把中国古代园林建筑中的亭、台、楼、阁、堂、馆、轩、桥、廊、堤及石山碧水有机地融为一体，其建造之精美和紧凑集中堪称奇绝，让人观后发出由衷惊叹。

佳景之四是长隆旅游度假区（5A 级景区）

长隆旅游度假区地处番禺大石镇礼村（与广州市内相距约 10 公里），由香江野生动物世界、长隆欢乐世界、广州鳄鱼公园、犬隆水上乐园和长隆国际马戏大剧院等部分组成。其中香江野生动物世界和鳄鱼公园供游人白天观赏各类珍稀野生动物——已经非常令人快活开心，而长隆欢乐世界又把给予游人的愉悦和欢欣推向了极致——园内有中心演艺广场、白虎大街、哈比王国、尖叫地带等 6 大主题园区，有餐饮、游乐、歌舞、滑水等多种游乐项目和观光项目，而长隆马戏大剧院的晚间马戏表演更会弄得人目不暇接、眼花缭乱，真有“不堪重负”的感觉，所以长隆旅游度假区应作为游人在广州观光时的必游之景点。

▲ 长隆欢乐世界入口

由于番禺有上述四大景观为代表的诸多自然和人文佳景，所以它颇具诱人魅力，来到广州后不游番禺很遗憾。

游览实用指导

广州火车站有地铁列车直达番禺，如去长隆观光可在汉溪长隆一站下车。番禺汽车总站有客车开往上述各景点。莲花山门票 30 元、宝墨园门票 30 元、余荫山房门票 20 元、香江野生动物世界门票 150 元、鳄鱼公园门票 60 元、长隆欢乐世界门票 170 元、长隆水上乐园门票 180 元、长隆马戏大剧院门票 160~180 元。以上景点儿童购票均有优惠。另外广州市内有 202、221、247、512、530、562 路公汽直达香江野生动物世界和欢乐世界，有 282 路专线车到余荫山房和莲花山，可视情乘坐。

欲游上述四处主要景点至少需要 2~3 天时间，所以在番禺住宿 1~2 晚很有必要。番禺宾馆酒店很多而房价比广州市内略低，住宿很方便。

从化

电话区号	020
从化市旅游局	87926150
旅游投诉	86666666

从化曾是南粤风景名胜中的“老明星”，那里的温泉度假区早在解放初期就已四海扬名。从化更具旖旎秀美的飘然新姿，近年来那里开发的温泉疗养新区、碧水峡漂流景区、流溪河森林公园、广州蓄能电站和石门森林公园等景点风光甚为瑰丽迷人。来到广东后你一定要抽出2~3天时间去从化一游，观光之后感受之美妙舒适会令你回味无穷。

▲ 碧水峡开心漂流

气候与游季及交通

从化地处广东南部，气候温暖，不光春、夏、秋之季适宜观光，冬天的温泉浴更合节气时宜，全年皆可开心畅游。

从广州火车站对面的省客运站乘车票价20~22元，1小时出头即到从化，另外广州天河客运站也有客车直达从化。

• 笔者的指导和关照

在去从化之前我只知道那里有个温泉度假区，觉得洗个温泉浴待上两个小时也就差不多了，就可打道回府回广州了，没想到这一去竟然在那里玩了整整4天时间。所以毫不夸张地说，从化是广东省内风光最美、景点类型最多样丰富的地方之一，也应是外省游客在广东省内的必观之地。

具体的观光指导是：D1：上午可去温泉老区观光洗浴并住在那里。D2：上午先去看温泉新区美景，然后去广州蓄能电站参观，下午返回时去碧水峡玩漂流，感受其间的开心和刺激。夜宿流溪河发电厂明珠度假村。D3：游览流溪河森林公园后下午返回。时间充足的人可加1天时间去石门山观光游乐。

主要景点·观光指导

从化的温泉度假老区已接待过不少国内外名人和各界游客，现在在老区不远处又开发了更气派的碧水湾温泉度假新区，你可以从中任选一个去作休闲游乐（可考虑在度假村中住一晚）；新开发开放的碧水峡漂流项目分为探险漂和激情漂两部分，游人漂后会倍感欢乐开心，咨询电话020-87845777。流溪河森林公园在温泉度假区西北约15公里处，山水壮阔而迷人，广州蓄能电站有高山、有碧湖，还有请游客进山中机房观光的工业旅游项目，特色也很鲜明；碧水峡漂流与蓄能电站可在一天内连在一起游览，晚间可在流溪河电厂度假村住宿。石门国家森林公园有高山、有密林，尤其是这里冬季盛开雪白梅花，山间还有大片树叶殷红的树木，所以冬天来此观梅观红叶，场景尤为动人。

去新、老温泉度假区、碧水峡漂流、森林公园和蓄能电站，市内客运总站都有客车直达或抵达景区道口，石门森林公园可考虑从从化打车前往，游毕上述景区约需3天时间。

广东省

肇庆

电话区号 0758
旅游投诉 2262296
旅行社 2224026

肇庆地处广东省珠江三角洲的西部，东距广州 90 余公里，它是国家历史文化名城，亦是岭南文化的发祥地。肇庆市及周边有梅庵、悦城龙母祖庙、崇禧塔、阅江楼等 30 余处颇具史学价值的文物古迹，闪烁着华夏古代历史的灿烂光辉。肇庆市区的自然风光亦很优美，星湖风景区（含七星岩和鼎湖山两大部分）享有“桂林之山、西湖之水”和“北回归线上的绿色宝石”之美誉，是广州省内最为精美漂亮的山水名胜区之一。

气候与游季

肇庆属亚热带季风湿润性气候，阳光充足、雨量充沛，年平均气温为 22.1℃，夏无酷暑，冬无降雪（最冷天穿毛背心即可），四季皆宜畅游。

▲ 七星岩风光

交通

肇庆距广州只有 90 余公里，从广州去肇庆最方便。广州火车站每日有数班列车到达肇庆，行程不超过 2 小时，如 T8355 次，15:40 广州开，17:24 抵肇庆。广东省客运站和广州越秀南站均有客车随时发往肇庆，车费 30~45 元不等，2 小时即到。此外，从广东省西侧的茂名、湛江等城市乘汽车和火车到肇庆亦十分方便。

另外肇庆滨江西路上还有水上客运站，这里有船同广州、梧州、香港等地对开。广州白云机场也有快巴直达肇庆。

▲ 肇庆市区远景

- **笔者关照**

肇庆风光美且距广州甚近，所以即使时间再紧张，您到广州后也应抽空去肇庆作至少一日观光，游后保证满意称心。

- **从广州到肇庆**

从广州火车站旁的广东省客运站坐客车很方便，车站电话：020-86661297。

- **交通咨询**

民航售票处 0758-2220145。
火车站北路 0758-2835114。
售票处 0758-2903689。
汽车客运总站0758-2235173。
售票处 0758-2833231。

广东省

主要星级宾馆

区号0758

星湖大酒店（四星）	2261188
松涛宾馆（三星）	2224412
肇庆大酒店	2235819
端州大酒店（三星）	2232281
假日酒店（二星）	2221688
星岩宾馆（二星）	2226688
鼎湖避暑山庄（二星）	2621668

• 出租车

¥ 每公里起价5元，从市区到鼎湖山约需30余元。

• 七星岩

肇庆市区有公汽和环湖游览专线车和游船直达景区，因景区紧贴市区，步行前去游览亦成。

¥ 门票60元，景区内数处小景点另需收费。

景区内观览车收费10~25元。

这个地方风光很美，可谓是肇庆市甚至是广东省的标志性景点，应好好游览和拍照。

• 鼎湖山

肇庆市区有各类专线车去鼎湖山，3、15、21路均可。

¥ 门票60元。观光车费15元/人。老人、学生优惠。

• 阅江楼

6、10路可到。

¥ 门票8元。

肇庆七星岩导游图

住宿

肇庆的宾馆旅店很多，价格比广州市区便宜不少，市区许多宾馆的标房价打折后都在80~120元之内且条件尚好，笔者力荐您住市中心星湖牌坊旁的湖滨大酒店，位置绝佳、条件甚好的豪标房打折后才130元，电话0758-2232921。

主要景点

七星岩

在肇庆市区北侧，6.5平方公里的湖面上，耸立着七座挺拔秀美的石峰，水绕山环、波光岩影相映，风光俏丽精美，构成了一座天然而绮丽的山水盆景，被誉为“岭南第一奇观”和“人间仙境”。

鼎湖山

在肇庆市东北方约18公里处，由鼎湖、鸡笼、伏虎等十余座山峰组成，含天溪、天湖、云溪三大景区和龙潭飞瀑、伏虎听泉、曲径云封、天湖探险等数十处佳景。鼎湖山动植物资源丰富，生长栖息着数百种鸟兽和数千种植物，山上万木滴翠、溪泉清碧，空气极为凉爽清新，是名副其实的“天然氧吧”，亦有“北回归线上的绿色宝石”和“绿色宝库”之称。

端州古城墙

在肇庆市区人民南路，始建于宋代，是目前广东省内仅存的完整古代城墙。城墙呈长方形，周长约2800米，是肇庆市内著名古迹。

梅庵

地处端州区城西的梅庵岗上，为纪念禅宗六祖慧能在此地插播菊花而建。现存山门、大雄宝殿和祖师殿，颇具唐宋建筑特色，现被开辟为肇庆博物馆。

阅江楼

位于肇庆端州区正东路东侧，始建于明朝，楼高两层约15米，临江而立、古风浓郁，是有名的“肇庆八景”之一。

推荐游程

二日游

D1：抵肇庆，游七星岩和阅江楼、端州古城墙、梅庵、西江、披云楼。

D2：畅游鼎湖山。

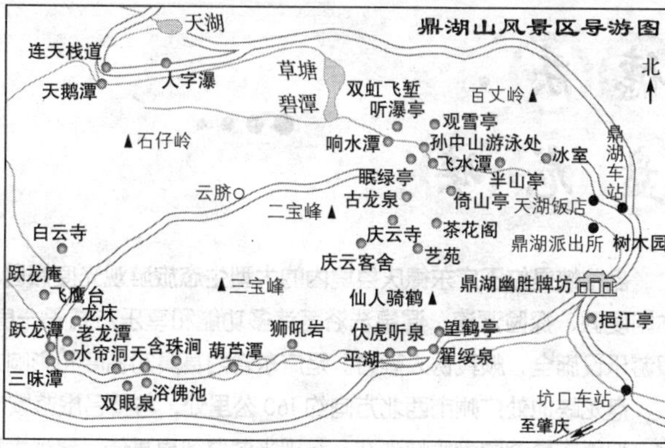

补充提示

①肇庆街头还有不少普通宾馆，找到60~80元的双标房一点都不困难。

②当地美食有各类粤菜及各类海鲜，另有不少山珍野味，美食街有天宁北路的珍宝美食街和七星岩景区内的北岭美食一条街等。欲图实惠可在街上吃快餐，牛腩和叉烧快餐饭一般13~15元1份。

③市区街上的摩托车太多，尤其是在十字路口处，绿灯一亮群车蜂拥而过，游人在街上千万要小心，注意安全。

④如果是游完肇庆还要游广州而时间又不太紧张，可以当晚住在肇庆而不是回广州住，因为肇庆的住宿比广州便宜得多，一晚上可省不少钱。

发烧友特别关照

①游览七星岩景区最好从南门（星湖牌坊）进，西门出，这样从观光角度观光顺序上似乎更合适合理。

②游七星岩一定要登上制高点天柱岩，从这里看肇庆全景分外妖娆迷人。

③天柱岩山北有个佳景观鱼池，池中的彩色鲤鱼多达上万尾，红鳞逐浪的场面非常生动美观，值得一看。

④游鼎湖山最好在山门入口处乘观光车先到山顶的宝鼎园，然后一路步行下山边走边玩，这样非常轻松省劲。

⑤鼎湖山中有避暑山庄和青年旅馆，因空气清新、环境优美，住在这里异常舒适。

⑥租辆自行车游肇庆，又灵活又方便，尤其是在七星岩湖边骑行，美景迭出，每时每刻都有新鲜美感，你是否应该试试看？

▲ 星湖丽水奇山

德庆·盘龙峡

电话区号　0758
景区电话　7235038
旅行社　7771717

盘龙峡是位于广东德庆县境内的大型生态旅游观光度假区，度假区内集观光游乐、休闲度假、探险漂流、温泉洗浴等诸多功能和享乐方式于一身，景区范围大，观光度假游乐设施全，颇具诱人魅力。是广东省内甚具知名度和影响力的亮点之一。

盘龙峡地处广州市西北方向约160公里处，与著名旅游城市肇庆间只有2.5小时车程，把肇庆星湖同盘龙峡连在一起观光游览效果甚佳，建议大家给予重点关注。

▲ 盘龙峡峡谷漂流

气候与游季

盘龙峡一年四季皆可游览，即使是冬季，这里依然是青山常绿、碧水常流，山脚下的温泉度假村亦能给游客带来无尽舒适温馨。

交通

广州市内有大巴直达德庆县城，从肇庆乘车去德庆更方便，每小时至少有1班车，快巴44元，行驶2.5~3小时可到德庆。德庆县城每天有数班客车直达盘龙峡，车费7元，车程50分钟。

游览指导

①盘龙峡的游览主要有两大方式，一是上山观光（山上森林密布、山峡中溪水欢流），看山水和溪泉瀑布美景并参加峡谷漂流；二是在山脚下的温泉游乐区洗浴享乐，游览时间以1~2天为宜。

②从景区门口有观光车直达山腰（车程15分钟），下车后可参观桃花湖、寻龙谷、森林栈道等景点，之后可从水车王国入口处向下走，这条峡谷是观光核心区，主要景观有烟雨瀑、聪听瀑等几条瀑布，还有勇士漂（138元）和休闲漂（68元）两段漂流。游人可以全程步行走下来，也可以步行一半路然后乘船漂下来，勇士漂的终点是休闲漂的起点，休闲漂流的终点就是景区大门了。

③山下的温泉度假区条件甚好，有好多泉池和酒店客房，住在这里享受温泉洗浴和餐饮美食简直是舒服透顶。

④盘龙峡景区的风光、游乐设施以及管理和服务都很好，笔者向大家作强力推荐。

清远

电话区号 0763
旅游投诉 3339970
旅游总公司 3337422
中旅社 5510066

清远地处珠江三角洲与粤北地区接壤的地方，地形地貌独特，旅游资源丰富，这里虽然不如肇庆那样的旅游名市名声显赫，但以连州地下河、英西峰林和飞来峡、黄腾峡为首的数处山水风光景区仍可算是景色优美、个性鲜明、引人入胜。

交通

从广州火车站对面的省客运站乘客车沿广清高速路行驶，1 个多小时即可到清远（快巴 40~45 元），从广东其他城市到清远亦十分快捷方便。

清远市有新站和旧站两大客运站，有客车发往广东各市县及周边省份，也有专线车发往当地的各个景点。去往广州市的快巴一般在新站发车。

▲ 连州湟川三峡秀色

住宿

清远的住宿比广州便宜，星级宾馆的双标间价格在 120~180 元，若是普标间有 80 元上下就可以了。主要星级宾馆有清远迎宾馆、新乐大酒店、银泉大酒店、华侨酒店等。另外各主要景区内外亦有不同档次的酒店和度假村供游人选择。

主要景点

清新温泉矿度假区

在清新县三坑镇，距广州仅 90 分钟车程。度假区内有 60 余个大大小小的泉池，涌出高温且含有多种微量元素的矿泉水，洗浴后可健体强身。度假区内餐饮、住宿、游乐设施齐全完善，短游长住均令游客备感轻松开心。

飞来峡

位于粤中北江上的一段美丽峡谷，距清远市区 23 公里，由北江峡江、飞来古寺、三霞洞、紫竹钟声、螺星翠林五大景区

- **清新温泉度假区**

广州天河大厦车站每天 9:00、15:00有客车直达温泉，车费 40 元/人，行驶 100 分钟可到。

清远和清新客运站每天均有客车去温泉，车票 6~9 元，50~60 分钟可到。

洗浴游乐门票 90 元/人。

清新温泉度假区范围很大，其中河心温泉是观光游乐中心，票价 110 元。

- **力荐游乐方式：黄腾峡漂流**

清远有许多江河峡谷可供漂流，黄腾峡漂流是最诱人的游乐线路和方式之一。黄腾峡漂流河道全长 4.8 公里，其中天然猛士漂流距离 2.8 公里（收费 178 元）、观景勇士漂流距离 2 公里（收费 138 元）。峡谷内共有急流险滩 130 处，能给漂流者带来无限惊奇刺激。漂流公司咨询电话：0763-3906999。

- **飞来峡**

广州市内的省汽车站、市汽车站及罗冲围汽车站每天6:30~19:30均有各类车去清远，车程约1.5小时。

从清远至飞来峡有旅游空调中巴和普通中巴，票价8~10元，1小时可到。

门票加车、船费共40元。

- **太和古洞旅游区**

从清新乘客运中巴1元钱10分钟即到。

- **连州地下河**

可从广州或清远先乘客车去连州（从广州到连州行车要4~5小时），再从连州长客站或文化广场乘中巴可直达，亦可从连州先到东陂镇，再换机动车半小时即到。

¥门票90元。

组成，山、水佳景及人文佳景共具，是当地最传统的风景名胜。

太和古洞旅游区

地处清远市清新县北郊的花尖山上，是清远著名的道教洞观之地，山上有灵山古观、太和宝殿、桃源仙馆、护法殿、玉皇殿等古刹，亦有挺拔山岩、幽深林壑和溪流泉瀑，自然风光和人文景色俱佳。

鸸鹋生态园

建在清远市清新县太和镇五星村旁的大型鸸鹋养殖场，饲养着有“澳洲鸵鸟”之称的大型鸟类动物鸸鹋数千只，有较高的观光价值。游客可以观看鸸鹋的孵化、育雏、生长过程，并与这种与人齐高的大鸟合影，乐趣无穷……

连州地下河

在连州市北25公里处的东陂镇，是隐藏在大口岩溶洞中的大型地下岩溶风景区。陆上景观有“仙人神田”、“仙人河”等钟乳石奇观。洞中暗河蜿蜒幽深，游船行驶距离长达1500米，穿越四座山腹，途中经过香蕉峡、莲花峡、龙门峡三处峡谷，所见奇岩怪石不计其数。

湟川三峡

是连州市区西南缘北江支流湟川上的三段精美玲珑的峡谷，分别叫龙泉峡、楞伽峡、羊跳峡，枯水季节峡谷中仍有江涛欢流，雨季谷边挂满流泉飞瀑，游客乘船在峡中行驶可览山光水色和岸边山民生活场景（游湟川三峡在连州城南的龙船厂水闸上船，船票30元）。

发烧友特别关照

如何在清远玩得快活开心

①清新温泉一定要去，尤其是疗养区中的河心温泉景区太美丽、太舒适、太温馨了，人一进去就不想出来。

②飞来峡景区山清水绿，江上还不时驶过各种轮船，风光柔美而生动，亦应成为清远观光中的“必游之景”。

▲ 乘船在连州地下河中遨游

③鸸鹋生态园特色鲜明，观后会有独特感受（从清新乘中巴三四十分钟即到）。

④连州地下河景色美而景观紧凑集中，短短1.5小时就可游毕全程且会给人留下不少愉悦欢欣。

⑤连州湟川三峡景区不同季节风光有差别，雨季观光效果更加奇丽动人。清远当地的佳景还有笔架山、玄真洞、熏衣草世界、桃源生态旅游区、金龙地下河等，游人时间充足可一一光顾。

深圳

电话区号	0755
旅行社	25500668
市长专线	82243999
消 协	12315

提到深圳特区的鼎鼎大名，国人都不会感到陌生，过去人们知道的只是那里的经济飞速发展，建设速度也异常惊人，但是现在，说到深圳的旅游景点和城市风光，大家可能同样会感到新鲜振奋。确实深圳并不只是经济特区中的明星，这里的旅游资源亦非常丰富。深圳紧邻深圳海湾和大鹏海湾，海滨风光美丽而壮阔（大、小梅沙景区就是其中的杰出代表）；城市中亦有许多新建的人造大型主题公园，它们同具一个特点，就是建造规模大，建设起点高，游乐设施齐全完备，颇受各方游客的关注和欢迎。目前，深圳市区的观光亮点有世界之窗、中华民俗村、锦绣中华、欢乐谷、明斯克航母、帝王大厦、动物园、大梅沙、小梅沙等。另外市区东部新开发的著名景点东部华侨城也颇具观光价值，已受到社会各界的广泛关注。

▲ 花园般的城市实在漂亮

☼ 气候与游季

深圳属热带和亚热带气候，春秋平均气温在 20℃上下，夏季平均气温为 28℃，冬季平均气温约为 12℃，夏秋时节时有台风，每年的 4~9 月为雨季。深圳四季皆可旅游，但要注意这里的阳光挺厉害，5~10 月间到深圳最好带上遮阳伞、帽或防晒霜。严冬时节仍可开心游览。

• 去深圳观光“肝不太疼”了

因为中低档酒店宾馆多了起来，便宜一些的快餐店也不难找了，公共交通主动降低了票价，这一切都很让人高兴。但是景点门票依然很贵，你做好思想准备就行了。

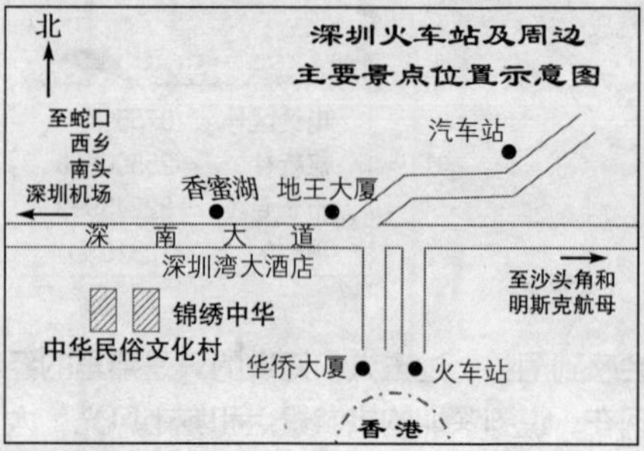

交通

航空

深圳宝安机场有航线与北京、上海、杭州、沈阳、哈尔滨、武汉、西安、乌鲁木齐等近百个城市相连，亦有跨国航班飞往东南亚各国，每日进出港的航班多达数百个，亦有国际、北方、上海等多家航空公司可选。

铁路

京九、京广（含广深）两条重要铁路干线均通往深圳，游客可从北京、郑州、武昌、岳阳、九江、南昌、井冈山、赣州、汕头、广州等京九线和京广线上的城市乘火车直抵深圳，北京西始发的T107次特快21:13发，次日19:45到，K105次北京西23:45发，第三日5:02到。广州至深圳的直达快车每天多达65班，平均20分钟一列，开行1小时即到。

公路

深圳市的公路客运业太发达了，客运大巴四通八达，运营范围不光覆盖本省各市、县和周边省份，甚至远达河南、贵州、四川、安徽等省。深圳与广州间的大巴每天至少有50~60班，发车时间从6:30~22:30，2小时即到。深圳到汕头的大巴至少有30余班，进出均很方便。深圳有数家大客运站和客运中心，分别是高速客运中心0755–82439776，罗湖汽车站0755–82321670，福田汽车站0755–83706201，盐田汽车站0755–25559747。

住宿

深圳市中心的宾馆、饭店极多，且大都是近年来建造的，总体上呈高档化、贵族化，内部客房、餐饮、娱乐、通信条件甚好，房费也贵得惊人。火车站前各宾馆160元以下的房间不好找，中心大街深南大道两侧的宾馆280元以下的房间不好找。所以到了深圳最大的开销恐怕就是住宿。但是市区内近年来也新开业了一些普通宾馆酒店，如果避开深圳的最繁华的街区，那160~200元左右的住处还是可以找到的。

- **航空** (0755)

深圳宝安国际机场问讯27776555、27776666。订票电话：27777012。

- **铁路** (0755)

广深铁路公司25568004。

- **去深圳无须办证**

游客去深圳旅游已不用办理边境通行证，只要带好身份证就可以了。

- **推荐便宜住处**

深南大道边福田汽车总站旁的金湾大酒店，交通极便利条件较好的标间打折后200元出头还含双早餐，这在同等路段上很少见（对面的香蜜湖度假村标间最低价也要300元）。总台电话：0755–83581229。

- **笔者对深圳的观感**

深圳这个城市诞生发展的时间并不长，但是它的建设起点高、所以颇具诱人魅力，非常值得一去。深圳有不错的自然风光，像大小梅沙风景都还行。而这里前些年人工建造的数处大型主题公园如世界之窗、中华民俗文化村、锦绣中华、欢乐谷等更是芳姿独具、魅力袭人。另外东部华侨城颇具规模很受关注，人气很旺，大有后来居上之势。其他游乐项目如地王大厦观光和参观明斯克航母也很令人快乐开心。

深圳主要中、低档宾馆一览表 区号 0755

三星级		国旅酒店	82338822	云鹏大酒店	25866368
上海宾馆	83365288	四川宾馆	83673400	航运宾馆	25599168
海燕大酒店	82232828	华中国际酒店	82238060	航空大酒店	82237999
鸿波酒店	26949448	中旅学院实习酒店	26933288	罗芳大酒店	25128488
远东大酒店	82306688	上林苑酒店	82420948	未评星级	
粤海酒店	82228339	芙蓉宾馆	82235966	五洲宾馆	82538000
竹园宾馆	25533138	依迪酒店	83241085	麒麟山庄	26618888
丰园酒店	82253988	华洋宾馆	26697280	圣廷苑酒店	82076666
雅园宾馆	25505111	深铁大厦酒店	25584248	中南国际大酒店	82256728
京鹏宾馆	82227190	广信酒店	82238945	凯利莱酒店	28289999
环宇大酒店	25595024	广深宾馆	82236955	大梅沙海景酒店	82351222
银湖旅游中心	82431111	新安酒店	82222986	威尼斯酒店	26936888
兴华宾馆	83350483	迪富宾馆	83350568		
二星级		银都酒店	26561093		
北方大酒店	83279432	天地宾馆	83637825		

餐饮

深圳是个典型的移民型城市，因而各地风味美食亦都在此落户，川、湘、粤、淮扬、东北各类餐饮遍布全市各主要街区。但与其他城市相比较，深圳的餐饮业收费亦很贵，市中心大街的普通快餐也要 15~18 元一份，至于进正式餐馆吃高档粤菜和海鲜就更不要说了。不过如果离开市区中心干道到旁边的中小街道上去，用餐费用就可以减少许多。许多快餐店中的白切鸡、滑蛋插烧、咖喱牛腩饭套餐不过是 12~15 元，含一菜一汤一饭。另外深圳市区各处还有不少餐饮大排档，黄昏后生意尤为红火，美食品种和菜价也较正式餐厅灵活，较为有名的有盐田海鲜一条街、凤凰路美食街、岗厦汇食街、乐园路海鲜街等。

● 推荐就餐方式

城区周边的小街道上倒有不少小餐馆，饭菜价格同北京等城市持平，可是市中心的饭店太贵，建议游客就在景区门口吃快餐吧，15~18 元左右基本能填饱肚子。

另外如果住在市中心的深南大道旁的星级宾馆，对店方提供的免费早餐一定要享用，如果起床晚一定叫服务员把早餐留着不要扔掉。因为深南大道旁尽是大公司、大财团，很少有早点铺，想吃早点难上难。

市内交通

深圳市内的道路好，公交客车多达数十路，可到达城市各个方位且车速甚快，车况也好，许多车都有空调，上车 1 元钱起价的少，2 元甚至 3 元起价的大巴很多，且尽是远距离公共汽车，动不动多达 40~50 余站，相当于从北京的门头沟一直开到。另有观光专线 5 条，可带游客抵达各主要景点。

▲ 东部华侨城风光

• 出租车

¥3 公里起步价 12.5 元，乖乖，恐怕是全国最贵的。

不少人还反映这里的出租车轮子小，转的圈多但跑的路少且收费高。你可以盯紧一点儿，实在不行就投诉他们。

• 地王大厦

游 1、3、10、14、18、29、101、102、212、223 路等多路车可到。

¥观光票 60 元。

大厦内还有激光游戏等多种游乐项目，游客可任意选用。营业至凌晨 1:00。

站在 300 米高的观景厅里，只觉得脚下的大楼在微微晃动——据说超高层建筑在一定范围内摇动是正常的，"摇摇但不欲坠"的感觉挺美。

▲ 地王大厦夜景

• 世界之窗

游 1、26、101、105、113、301、204、209、223、423 路等多路车可到。

¥门票 140 元含晚上观看大型歌舞《天地浪漫》的费用。

这里比北京的世界公园强多了。

晚上 20:00 开始的歌舞表演《天地浪漫》是深圳夜生活中的大亮点，每天观众如潮。

电话：0755-26608000。

广东省

市内地铁

深圳市近年来地铁建设发展迅速，已有 5 条线路运营，在大运会到来之际形成了"四横三纵"的地铁网络结构，步入了全新的地铁网络化运营时代。深圳地铁包括 1 号线（罗宝线）、2 号线（蛇口线）、3 号线（龙岗线）、4 号线（龙华线）、5 号线（环中线）五条线路，总长约 178 公里，131 座站点，13 座换乘站。地铁计价方式按里程计算，换乘不另收费，票价 2 元起，最高 11 元。

主要景点

地王大厦观光 惊煞游客

地王大厦正好位于城市中心，是深圳最高大的建筑之一，其大型观光厅就建在大厦的顶部，离地面整整 300 米（北京著名的中央电视塔观景厅才高 270 米），游人通过专用的观光电梯登上观景台，可以把深圳城市全貌尽收眼底——巍峨高耸的梧桐山，碧波粼粼的洪湖，宽敞气派的深南大道，以"三天一层楼"被人称为是"特区效率"的速度盖起来的国贸大厦，全都会向游人一展迷人风采。

华侨城旅游度假区（5A 级景区）

世界之窗　美景纷呈

作为深圳人造主题公园中最大的亮点，世界之窗集浏览世界各地自然风光和著名景观、领略各国风土人情和观赏大型歌舞表演多项功能于一身。全园各景区的主要景点都是按固定比例微缩复制而成，游客在这里不光能看到法国的埃菲尔铁塔、美国的科罗拉多大峡谷、澳大利亚的悉尼歌剧院、非洲的原始森林部落等各大洲有代表性的诸多佳景，还可以参加"自驾红外线电控车穿越南美热带雨林"、"阿尔卑斯山高山速降滑雪"、"科罗拉多大峡谷探险漂流"等多种娱乐活动。而每晚 20:00 开始的以回顾人类社会的起源和发展、展望世界美好未来为主题的大型歌舞表演《天地浪漫》更是场面恢弘，蔚为壮观。

中华民俗文化村　游览真开心

中华民俗文化村占地达 20 万平方米，内有 24 个风格独特的少数民族村寨和其他数十处场景，集中展示了我国 56 个民族的浓浓风情。游客在这里可以仔细了解各个民族的生活习俗，品尝各类风味小吃，观看大型民族歌舞表演，学习民间工艺品制作，真是见闻广、收获多。民俗文化村内有许多游乐项目的设置和安排都颇具匠心和情趣，像著名的风情河漂流就特别奇妙诱人，游客坐在无动力的圆形橡皮船上顺流而下，一会儿经过旋涡区，一会儿经过涌浪区，一会儿被抬上岩顶，一会儿又被摔进谷底，一会儿经过光控瀑布被浇个“透心凉”，一会儿又遭到水炮射击而变成“落汤鸡”。民俗文化村内每日舞姿翩翩歌声不断，欢声笑语不绝于耳，是一个专门制造开心和欢乐的游乐胜境。

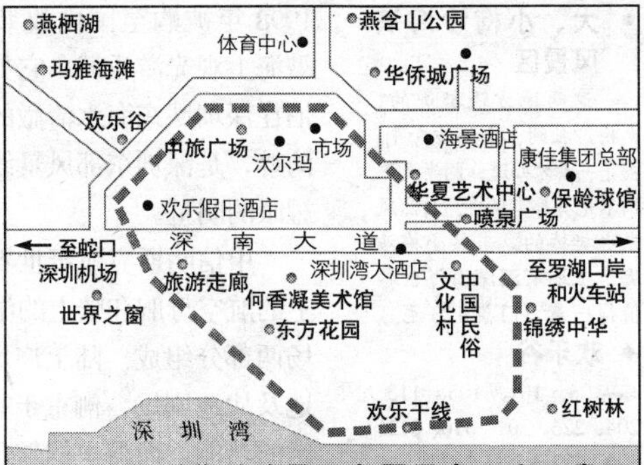

深圳华侨城景区主要景点分布示意图

锦绣中华　佳景荟萃

锦绣中华紧邻中华民俗文化村，是一处全面反映中国历史、文化、艺术、古代建筑和民族风情的大型人工微缩景区，亦是世界上景点最多的微缩景区之一。园中近百处景点均按中国区域版图位置分布设置，是中国自然风光与历史精粹的生动缩影。著名的万里长城、秦始皇陵兵马俑、布达拉宫、黄果树瀑布等传统老景当然在园中占据重要位置；而宁夏大漕寺、成吉思汗陵、阿里山野柳、悬棺等不太为人熟知的佳景亦在这里一展雄姿风韵。此外像皇帝祭天，光绪大婚、孔庙祭典的场面和古装乐队演奏的编钟美妙音乐都带给您意味悠深的美好意境。游览锦绣中华微缩景园，真能让人在一天内“畅游大江南北锦绣河山，领略中华五千年历史风云”。

欢乐谷

继锦绣中华、中华民俗文化村、世界之窗之后兴建的大型旅游主题公园。和上述景区一起构成华侨城5A级景区，一二期竣工项目共有欢乐广场、冒险山、玛雅海滩、西班牙广场、梦幻岛、卡通城和飓风湾、金矿镇、香格里拉森林等十余大主题群近百处人造景点，每天有多项各类新奇刺激而又惊险有趣的游乐和表演，给游客带来无限快活欢欣。

欢乐谷人气很旺，每年的游客达300余万人，是国内最“火”的大型主题公园之一。

中信明斯克航母 魅力无穷

明斯克号是前俄罗斯海军舰队中一艘退役的航空母舰，

• 中华民俗文化村

游1、26、101、105、113、204、209、223、301、320、370、423路等多路车可到。

¥门票120元（与锦绣中华通用）。

电话：0775-26600626。

• 锦绣中华

游1、26、101、105、113、204、209、223、222、223、301、423路等多路车可到。

¥门票120元（与中华民俗文化村通用）。

• 观光提示

中华民俗文化村与锦绣中华已合并为一个景点，通票120元。园内晚间表演另收费。

• 笔者关照

不要只把锦绣中华这样的微缩景园当成是“哄小孩”的地方，笔者游历过全国，见到的风景名胜不计其数，但参观锦绣中华后仍觉得很有收益，此观点供您参考。

• 关于沙头角中英街

这条街早先是游客抵深圳后的观光和购物要点，现在国人去香港游览容易得跟闹着玩似的，这条街去不去就不重要了。

1998年被购至国内改装成大型海上观光游乐城，它如今停泊在深圳城东海水清澈的大鹏湾畔，是深圳东部风景线中最耀眼的明星。

▲ 明斯克航母

中信明斯克航母世界由海上的航空母舰和陆上的游乐广场两部分组成。陆上广场有炮兵阵地、坦克阵地、航空兵基地及战地剧场，侧重于军事娱乐、兵器展示、表演和海滨休闲的功能。而海上的航母更是舰体庞大、武器众多、气势恢弘、引人入胜。明斯克号的前甲板上装有各类重型远程武器，火炮、舰空导弹、舰舰导弹、反潜导弹、火箭深弹一应俱全。后甲板上，则停泊展示着米格23等世界著名战斗机和米24直升机，它们全都身材矫健，姿态勇武，给人以强烈的美感和震撼。明斯克航母内部共有5000余个舱室，宛如一座巨大的水上迷宫供游人参观游览。舰上每天都有多场海军仪仗队阅兵式和俄罗斯风情歌舞表演。

东部华侨城

位于深圳大梅沙，占地近9平方公里，是华侨城集团斥资35亿元精心打造的国家生态旅游示范区和世界级度假旅游区。东部华侨城旅游区内有茶溪谷、大峡谷两个主题公园，茶翁、茵特拉根、海菲德三座旅游小镇，四家度假酒店，两座18洞山地高尔夫球场，还有大华兴寺和天麓地产等旅游观光点和投资项目。景区内观光休闲亮点有：大峡谷探险乐园、茶溪谷度假公园、茵特拉根小镇、茶翁古镇、大华光寺、茵特拉根酒店、茵特拉根温泉、茵特拉根瀑布酒店、茵特拉根房车酒店、茵特拉根青年客栈、大华兴寺菩拉宾馆、云海谷高尔夫会员球场和公众球场等。由于建设起点高且具规模气势，所以东部华侨城颇受关注，游客人数与日俱增。

- **大、小梅沙海滨风景区**

这两地方还挺美的，大梅沙壮阔，小梅沙秀气。去了一看才知道，闹半天深圳不光有都市风情，自然风光也挺棒的。当然小梅沙海边上还有深深海洋世界值得一看（门票120元。）

- **欢乐谷**

🚌26、101、105、113、204、223、301、310、311、320、423等多路车可到。

¥门票170元。玛雅海滩门票50元，欢乐干线40元。电话：0755-26949168。

- **中信明斯克航母**

🚌游1、103、202、205、387、430路等多路车可到，在盐田区政府下车。

¥观光票130元。

观光线路：

录像厅—鱼雷舱—工艺品部—后甲板—中甲板—前甲板—官兵生活区—导弹库—餐厅—辉煌红海军展览—俄罗斯歌舞表演，游览一圈至少需90分钟。

- **笔者关照**

参观航母购票后可细看票上注明的舰上各个地方穿插进行的各类表演的时间，以便准时观看。

- **东部华侨城**

🚌乘6路、387路、J1中、53路、53路假日专线、观光1路、快线E12、快线E13均可到达。

¥门票150~220元，有时有优惠。

广东省

发烧友特别关照

世界之窗、中华民俗文化村、锦绣中华、欢乐谷、地王大厦观光，明斯克航母览胜、大、小梅沙海滨风景区及东部华侨城游览，每个地方都锋芒毕露且特别精彩，游客哪一处都不应漏掉（笔者特别关照您：深圳的大、小梅沙都是南国少有的海滨佳景，虽然知名度不高但风光挺美）。此外，像深圳海洋世界、沙头角中英街、大亚湾核电站、蛇口海上世界等景可视情游览。游览时间以3~4天为宜，二日游局促，五日游会令人备感舒适欢欣。

推荐游程

①最标准的游览方案——深圳三日游

D1：上午 8:00~9:30 乘公交车观览深圳中心干道深南大道，览高楼广厦林立的特区风采，10:00~11:30 帝王大厦观光。

13:00~19:00 游中华民俗文化村和锦绣中华。晚上在园内观看歌舞表演。

D2：8:30~10:30 明斯克航母游乐。之后顺路游大、小梅沙海滨景区。午后去东部华侨城观光，夜宿东部华侨城。

D3：早晨进园畅游欢乐谷，里面的游乐项目太多，要好好观赏、体味、享受。下午畅游世界之窗，晚上在园内观看大型歌舞表演《天地浪漫》(中外演员数百人先后登台，场面异常壮丽恢弘)。之后即可乘夜车返程。

依以上安排，你可在 3 天内游遍深圳市区的各主要景区景点。

②更宽松的游览方案——深圳四日游

D1—D3 可按三日游之安排。

D4：上午沙头角中英街购物，然后参观大亚湾核电站，下午游野生动物园，晚上去蛇口海上世界休闲娱乐。

③更紧凑的游览方案——深圳二日游

D1：早晨游中华民俗文化村和锦绣中华，停留 4 小时，下午游世界之窗，晚上在园内观看歌舞《天地浪漫》。

D2：早晨帝王大厦观光，停留 1 小时，然后明斯克航母览胜，午后游大、小梅沙海滨风光，晚上去欢乐谷观光游乐。

以上二日游程虽然紧张，但仍能游览市内的主要景点，适合只能在深圳作短暂停留的客人。

旅途中

旅游锦囊：为您的深圳游出谋划策

①世界之窗、中华民俗村（含锦绣中华）、欢乐谷、东部华侨城、明斯克航母、帝王大厦为必观之景，天气热时去大小梅沙也不错。途经世界之窗、中华民俗村、欢乐谷的欢乐干线观光车也值得一坐（车费 40 元，运行 30 分钟）。

②虽然世界之窗和中华民俗村（含锦绣中华）内游乐项目较多，但笔者认为它们支撑游客做一整天观光的动因仍显不足，所以建议每天上午安排其他地方观光而午后再进这两个地方游玩，晚上再留在园内看表演，这样就显得充实而圆满了。

③深圳的公交车线路很多，但游客记住这 3 条线就够了——一是 101 路，从火车站出发向西开，途经帝王大厦、中华民俗村、世界之窗、欢乐谷、动物园；二是 387 路，从火车站向东开，途经明斯克航母、大梅沙、东部华侨城；还有一个游 1 路，经过上述各个景点——观光客只要认准了这 3 路公交车，那游遍深圳主要景点就绝对是“小菜一碟”，明白？

旅途中

沿线亮点闪击及精彩回放

①地王大厦观光真比北京的中央电视塔还要壮观好看。中央电视塔观景厅高270米，而地王大厦高300米，中央电视台位置偏北京的一头（西三环），而地王大厦正好在深圳的市中心。站在地王大厦顶层，视野内360度全是奇观妙景，你所能干的就是口中不时发出“哇、哇”的惊叹声。

▲ 欢乐谷景区正门

②深圳真是花园般的城市，市区到处是繁花似锦、绿树成荫，每栋居民楼的楼顶，也都养满色彩鲜艳的花草，它们交相辉映，把整座城市装点得五彩缤纷。

③世界公园中的“花活”（游览消费项目）真多，让人多花了钱还特别欢乐开心。

④华侨城景区真会渲染气氛、招揽游客，他们把观光缆车都开到大街上去了（既有欢乐干线也有世界之窗景区自备的缆车，缆车轨道从空中跨越深圳中心街道），游客见了谁能不动心？

⑤明斯克航母舰体真庞大，笔者站在它脚下，感觉好像是到了北京的奥林匹克中心的主体育馆。

⑥明斯克航母共有5000余个舱室，据说生人上了舰要待半年后才能完全“门儿清”。想当初，舰上共有官兵2000人，光厨师就有100多位，每天的伙食费就要用去10多万元呢！

⑦那一天，笔者正在明斯克航母的舰首参观，听广播说下面的舱室有俄罗斯歌舞正要开演，就立即赶去。我接连下了几层舱室，绕了好几个大弯，直到20多分钟后才赶到了表演场，想想这艘军舰里的空间该有多大呢？

⑧明斯克航母上有一家军官餐厅和一家士兵餐厅，全都对游客开放。餐厅的饭菜都起了与舰上武器一样的名字，什么“反潜鱼雷”、“深水炸弹”之类的，挺有意思。

⑨明斯克航母上的游览安排挺有特色，游客必须按顺时针方向沿指定线路观光游览，而不能“戗着走”，当然走完一圈后觉得没有玩够还可重新再走一圈。笔者连玩了三圈（每圈需至少1小时），仍觉得意犹未尽，看起来，若想玩得心满意足至少要走上4圈。

⑩明斯克航母上的俄罗斯歌舞表演真好，演员选得也好——女演员都是天生一副甜美的“笑模样”，全是“热美人”而绝没有“冷美人”。

⑪深圳的锦绣中华微缩景园真好，它能非常完整地向游客展示全国各个著名景区的全貌，笔者甚至认为，把绵绣中华仔细看一遍，再看看记录各地景点的电视风光片，就可以不必去各地各景点实地游览了。

⑫中华民俗文化村真好，里边不光少数民族村寨多、歌舞表演多，还有许多可供观光的游乐的“小把戏”、“小花活”，最开心的就是风情河漂流，500多米的短短距离能让每个“漂流客”都备感欢乐充实，幸福开心。

⑬东部华侨城规模大，建设起点高，有观光和休闲度假双重价值，可景区很大，若想一天内玩得开心又宽松，希望不大啊？

珠 海 ●●●•

电话区号	0756
旅游咨询	3366901
旅游投诉	3336061
出租车投诉	2261133

珠海位于广东省珠江入海口西侧，与澳门相邻，它是一座新兴的花园式滨海旅游城市，亦是南海之滨一颗灿烂夺目的明珠。

珠海山清水秀、海域宽阔，市区及周边共有大小海岛一百多个，因而享有“百岛之城”的美誉。作为著名的沿海经济特区之一，珠海在城市规划建设上突出环保意识、旅游意识，这里环境整洁、空气清新、海水碧澈，城市整体形象甚为美丽迷人。

气候与游季

珠海全年温暖湿润，冬天不冷，最冷的 1 月和 2 月平均气温也有 14℃；夏天不算热，最热的 6、7、8 月三个月平均气温才 28℃。每年的 5 月至 10 月是雨季，总降雨量要占全年降雨量的 90%以上，所以虽然全年皆宜游览但 3~4 月与 10~12 月是珠海的最佳旅游季节。

▲ 不久前国务院决定重点开发开放与澳门仅一水之隔的珠海横琴岛，这个岛前途不可限量。本图是在横琴岛上看到的澳门风光

交通

珠海机场位于距市区 40 公里的三灶岛上，有航班飞往全国各大城市，电话 0756-8289888。珠海有拱北和香洲两大长途客运站，每日有各类巴士发往省内各主要县市，到广州只需 3 小时车程。香洲长途客运站电话 0756-2225637。拱北汽车客运站电话 0756-8888554。珠海九州港是华南交通枢纽，每日有船只往返于深圳及香港之间。售票电话 0756-3333359。

住宿

珠海当然不乏高档宾馆，但房价比广州明显便宜。如五星级的珠海度假村，门市价虽然 600 余元，但平日可优惠至 220~430 元。石景山旅游中心的湖景房平日不过 200 元出头。

- **从广州去珠海**

  最方便的是从广州火车站旁边的省客运站乘大巴，票价 60~65 元，行车 3~4 小时可到。

- **航空售票**

  0756-8287888。

- **市区交通**

  普通公汽 1~2 元起价，空调车 2.5~3 元起价。

- **珠海旅游咨询接待**

  电话：0756-3321669，可解答问题并提供接待服务。

三星级的碧海酒店海景房打折后可降至260元左右。交通大厦标间160元还含早餐。总之双标间在120~180元的宾馆在市区随处可见，笔者看好的经济型酒店是锦江之星情侣中路店，标间135~149元，0756-2219899。

订房热线电话：0756-3321669。

主要景点

珠海渔女雕塑

石雕身高8.7米，重约10吨，由优质花岗岩构成，屹立在珠海市风光秀丽的香炉湾畔，双手高擎一颗晶莹璀璨的珍珠，向人类奉献珍宝，向世界昭示光明，是珠海市的象征。

- **珠海渔女雕塑**

  2、4、9路可到。

  门票免收。

  晚间这里有彩灯，观光效果也好。马路对面的海滨公园也值得一看。

石景山

亦在珠海香炉湾畔，因其山石嶙峋古怪，酷似各种动物而得名。这里的满山怪石有的像骏马、有的像大象、有的酷似老鹰和熊猫，千姿百态且形象逼真。石景山山顶亦是登高观景之绝地，在此极目远眺，碧海蓝天、波光帆影尽收眼底。

- **石景山**

  2、4、13、20、23、43、69路可到。

  门票免费。索道费往返50元。

圆明新园

是有选择性地仿造中国清代名园圆明园而建成的大型人工园林景区，耗资6亿元于1997年建成。园内建筑分为中国古典皇家园林、江南园林和西洋古典式建筑三大类，辉煌壮阔、风采诱人。且在每一处建筑群内，都增设了参与性很强的表演娱乐内容，向游客展示不同年代和国度的历史文化和风土人情。

- **圆明新园**

  13、20、25路可到。

  门票120元。

  晚间有大型歌舞表演另收费。

- **御温泉**

  从珠海乘609路车可到。门票加洗浴138元/人，24小时内有效。

▲ 外伶仃岛上的漂亮度假村

御温泉

在珠海周边的斗门区斗门镇，是条件甚好、设施豪华舒适的大型温泉度假村。村内有咖啡温泉、酒温泉、木温泉、花草药温泉、音波喷射温泉、瀑布温泉等各类温泉池和各种洗浴方式。其环境美观程度和洗浴疗养舒适程度在广东省内同类度假区中属上乘。

海泉湾度假区

以海洋温泉为核心，配合其他各类游乐园区和设施而建成的大型温泉度假区，区内的神秘岛、海底世界及温泉洗浴区特色各俱，是珠海著名度假休闲胜境。

共乐园（唐家湾公园）

坐落在珠海唐家湾镇峨岭北麓的山岭上，是始建于清朝宣统年间的私人花园，占地 500 余亩，依山傍湖、绿荫蔽日、风光优美而宁静。是珠海著名的三大园林佳景之一。

野狸岛

在香洲区香炉湾海边，有大桥同陆地相连。岛上有野狸山、名亭公园、环岛观光路，是珠海市区休闲佳境，白天晚上皆可观光游览。途经情侣中路的公交车皆可到。门票免收。

东澳岛

万山群岛中的一处游览、休闲、度假佳境，天空明澈、海水蔚蓝、沙滩金黄、渔舟点点，且远离城市喧嚣，游后备感开心，舒适宜人。

外伶仃岛

在珠海珠江口外的万山群岛中，距珠海市区 51 公里。山石峻秀、岛姿优美，有伶仃湾、塔湾、大东湾等海滩游乐区。海滩四周水色湛蓝、旅游度假村建筑精巧、玲珑、秀美，令人观后备感赏心悦目。

- **海泉湾度假区**

在拱北口岸乘海泉湾中旅巴士可到。608 路公汽也到。

¥温泉门票 168 元。神秘岛主题乐园门票 110 元。

- **东澳岛**

珠海香洲水堤客运站每日有轮船前往，船票 50~80 元。

香洲北堤客运站电话：0756－2119925。东澳岛客轮售票处：0756－8858100。

¥上岛费 20 元。

- **外伶仃岛**

香洲客运站每日有快船前去，船费 95 元。

另外，广州、深圳、香港都有班船直达外伶仃岛。

推荐游程

三日游

D❶：观珠海渔女、石景山、情侣路、圆明新园、梦幻水城、拱北口岸。

D❷：澳门环岛游，看澳门友谊大桥、澳门中银大厦、澳督府、回归纪念碑等景点。御温泉洗浴游乐。

D❸：去外伶仃岛或东澳岛观光休闲。其他可关注的海岛游览区有桂山岛、万山岛等。

经验谈

节约旅费的窍门

珠海是个典型的旅游度假城市，每到双休日或节假日，周边省市的诸多游客就会蜂拥而至，所以这里的多数酒店都执行两种收费方式，即双休和节假日房费上浮 10%~20%，如果你选在周一至周四在珠海食宿，那就可以少花 10%~20%的费用。这个心思值得动一动。

▲ 情侣路上奇异的夜光人像

旅途中

旅游锦囊

如果你是第一次来到珠海，行程紧迫而又对当地景点风光和交通状况完全陌生且又想在极短时间内畅观珠海全貌，除去自助游之外还可考虑参加当地旅行社组织的一日游团队，短短一天内可游遍当地各主要景点。珠海一日游分为A、B两条线路：

A线：游览市容、九洲城、百货广场、免税商店、海滨情侣路、渔女雕像、拱北口岸，从九洲港乘船去澳门外海进行环岛观光游览。全包价只需130元/人且含午餐。

B线：内容与A线基本一致，只是在乘船去澳门作环岛游之前加上当地著名新景圆明新园观光。全包价220~250元/人含午餐。

上述游览每天在珠海市区发团，有专业导游陪同，乘坐空调车船，游后免费送客人回各个酒店或送至机场、车站，此外旅行社还可代购返程车、机、船票，联系电话：0756-3321669。

经典观光方式：散步情侣路

▲ 美丽的珠海情侣路

情侣路是珠海最漂亮的海滨路段之一，两侧绿荫浓密、新式楼群身姿秀美，这里白天风光如画，夜晚月光皎洁、海风沁人，令无数游客心旷神怡备觉惬意温馨，迄今已有诸多影视剧及风光片在此拍摄，当你看到剧中那美丽的画面时，是否知道它就出自花园城市珠海呢（情侣路上有9、99路公交车和观光巴士行驶运营）。笔者认为99路的日华花园一站是情侣路上的最佳观光点，白天晚上都一样。这一带城市风光华丽优美，海景也壮阔（就是海水不太干净），著名的酒吧一条街也在这，游人可重点关注。

发烧友特别关照

除了上面介绍的观光景点外，游客在珠海还可选择新的观光方式：

①澳门海上观光游

▲ 澳门风光

珠海市区与澳门特区紧紧相连，从珠海拱北即可看到澳门雄伟的跨海大桥身姿，而乘船到海上观澳门全景更是当地诱人的观光游乐方式。过去澳门海上观光游的发船地点在九州港，而现在改在湾仔旅游码头（坐5、14、60、61、62路公汽可到）。这里每天从上午到晚上发出的观光船多达10~20班，海上观光往返约需1.5小时，船票70~100元（视游览船的舒适程度而异）。游客要注意的是尽量早上船，这样才能占据好的观光位置。

②其他特色旅游方式

珠海每两年举办一次航空航天博览会和珠海电影节，在国内国外影响甚大。此外珠海还建有国际赛车场，国际赛车活动对汽车运动爱好者颇有吸引力。上述活动及比赛日期可随时向当时旅游部门查询。

大韶关旅游圈

电话区号 0751
旅游局 8885710
旅游投诉 8916131

韶关位于广东省北部，是一座环境整洁、气候宜人、风光秀丽、佳景云集的美丽城市，也是近年来广东乃至华南地区迅速崛起的旅游名城。

韶关市地处广东北部山区，气候温和，夏无酷暑（夏季气温比广州低 10℃），是华南地区不可多得的消夏胜地，而严冬时节这里亦无明显的寒流侵袭，境内所有旅游景区皆可正常观光，因此堪称全年候的观光胜境。

韶关市区有浈江、武江两条江流环绕穿行，江水碧绿，江滨城市风光旖旎动人。市内空气清新、市容整洁，是广东省内有名的宜居城市。韶关市区和周边有丰彩楼、中山公园、大鉴寺、蓬花山、文化广场、河滨公园、曲江园、张九龄墓、芙蓉山等景点。而位于市区南缘的南华寺更因其寺庙历史悠久、寺内佛教文化独具丰富底蕴而名贯中外，成为当地甚具规模声望的文化旅游佳景。韶关下辖乐昌、南雄两市和仁化、始兴、翁源、乳源、新丰 5 个县，几乎每个市县都有特色鲜明的山水名胜和人文美景，其中仁化县的丹霞山、始兴县的满堂客家大围和东湖坪民俗文化村、南雄市的珠玑古巷和梅关古道、乳源县的广东大峡谷和必背瑶寨、乐昌市的金鸡岭、九龙十八滩漂流、古佛岩溶洞和龙王潭生态旅游区风光都很美，甚具观光价值。韶关不是一座简单的孤独的城市，它的东西南北方向都有颇具吸引诱惑力的美丽风景，游人可以从容仔细观赏，在韶关逗留 1~2 天根本不可能领略到这颗“粤北明珠”的全貌，而用 1 周左右时间才可饱领大韶关旅游圈迷人的风姿神韵。

▲ 丹霞山奇异山姿

气候与游季

韶关夏季凉爽、冬无严寒，无明显旅游淡季，全年皆可开心畅游。

交通

京广铁路在韶关有站，每天有数十班客车在此停靠，北京、上海、天津、沈阳、

- **火车东站**
  电话：0751-6172222
- **汽车站东**
  电话：0751-8222848
- **汽车西站**
  电话：0751-8754176
- **住宿参考**
  区号 0751
  ①韶关西河流花宾馆 8636668
  ②金源酒店 8189988
  ③南雄迎宾馆 3822790
  ④乐昌星之光大酒店 5552208
  ⑤乳源小岛饭店 5389888
  ⑥乳源白云天园林宾馆 5377777
  ⑦新丰迎宾馆 2258888

▲ 丹霞山山光水色

哈尔滨、重庆、西安、郑州等城市开往广州的列车（包括武广高速铁路）都在韶关有站（还有部分旅客列车在韶关所辖的乐昌、乳源、曲江三市县的车站停靠）铁路交通很方便。韶关火车站地处市中心浈江东岸，有1、2、3、4、9、10路公交车可抵达。

韶关的公路交通也发达，105、106、107国道贯穿韶关境内，乘客车去往广州、深圳、珠海、清远、从化、肇庆、中山等省内大中城市都方便，还有不少省际快巴开往周边各省市。韶关有两较大的客运站，一个在火车站对面，一个是西站，两站都有多班客车开往周边的仁化、始兴、南雄、乐昌、乳源等市县和周边各个景区，旅游观光很方便。

住宿·餐饮

韶关市区和周边的仁化、始兴、南雄、乐昌、乳源等市县内遍布高中低各档次的宾馆酒店和普通旅馆，且房价适中，住宿很方便。

当地的特色美食菜肴有烧鸭、叉烧肉、金沙排骨、松子鱼、咸鱼蒸五花、姜蒜蒸腊鸭、干窝鸡、蜜制鱼头、丝瓜炒田鸡、指天椒炒牛肉、老干妈爆沙虾、酸笋焖鸭、花旗参炖斑鸠、土伏苓炖龟等。以上菜肴在市区的各家餐馆均能吃到，菜价20~30元，总体上说还算是物美价廉。

主要景点

丹霞山

位于韶关市仁化县境内，距韶关市区约45公里，距仁化县城9公里，是国家重点风景名胜区和世界地质公园。丹霞山景区的面积约有319平方公里，其山体多由红色砂砾岩构成，古人因该山到处是赤壁丹崖且“色如渥丹、灿若明霞”，所以称其为丹霞山。丹霞山是世界上发育最典型、类型最齐全的丹霞地貌景区之一，亦被称为是“中国的红石公园”。

丹霞山山形奇异且山水兼备。山上的一帆风顺、巴寨山、玉壶峰、五仙岩、燕岩等奇山怪岩形态都很挺拔秀美；而位于景区西南侧的阳元石和位于景区南侧的阴元石更因其独特的形态在山区各景中独树一帜；纵贯丹霞山景区中央的河流叫锦江，其江心清波流淌，岸边奇峰临碧水、翠竹掩村庄，风光十分绮丽诱人。目前，丹霞山共分为阳元山、大石山、翔龙湖、长老峰等景区，大小景点约有近百处，游人的观光方式主要有登高观山景、锦江乘船游乐和欣赏特色奇石等。欲览丹霞山主要景区需要1~2天时间。（韶关火车站前有旅游专线车直达丹霞山门口，门票100~120元，含观光车费。）

满堂客家大围

在韶关市东侧的始兴县城南约 60 公里处的隘子镇境内。客家围楼是建于清朝道光年间的城堡式建筑，集居住和防御等数重功能于一身，与福建省的永定、南靖土楼有异曲同工之妙。满堂客家大围主体建筑分为左中右 3 大部分，以楼房居多，配之以少许平房。围楼内有大院 4 个、祠堂 6 个、议事厅 17 个、天井 16 个、围楼内部有防火装置，亦有不少瞭望孔和枪眼，居民住在其中可自成体系且防御土匪敌寇袭击，充分体现了客家先人的勤劳智慧和匠心，游人可在其间饱览客家建筑风格和文化的魅力（先从韶关坐客车到始兴县，车程 1.5 小时。之后换当地专线车 50 分钟即到满堂客家大围。门票 40 元）。

东湖坪民俗村

在始兴县城西北缘，村内有庞大的明清古建筑群，其中九栋十八厅曾氏祠堂、永成堂围楼、藏宝秘图与曾氏银库和牌坊群都是特色鲜明的代表性建筑。村内的古屋内外有不少雕花、绘画和石像，体现出客家文化的深厚文化底蕴（从韶关到始兴县的客车经过东湖坪民俗村口，门票 10 元）。

珠玑古巷

在韶关东北方向的南雄市以北约 9 公里的珠玑镇境内，是广东省仅有的宋代古巷古道，全长约 1.5 公里，历史上这里曾是中原到岭南的交通要道，也是珠江三角洲居民的发祥地和众多海外华侨的祖居。珠玑古巷路面宽约 4 米，全由鹅卵石铺砌而成，古巷两侧分为北门、中街、南门等组成部分，有清门式的门楼 3 座，两侧有大量的古老民居和大量的各式宗祠，古巷旁还有秀丽的湖池、古桥和巨大的古榕树，风光秀美很有观光价值，其观光要点有驷马桥、南门楼、贵妃塔、双龙桥、千年古榕、沙女湖、中门楼、北门楼等（先从韶关坐客车到始兴，车程 1.5 小时。再换当地机动车，车费 3 元行驶 20 分钟即到珠玑古巷，门票 30 元）。

梅关古道

在南雄市区东北方向约 30 公里的梅岭山上。是古时连接岭南地区与内地的交通要道和重要关隘。梅关古道两侧山峰夹峙，中间石板山路起伏，其位置险要，亦是历代兵家必争之地。古道山巅有梅关城楼，城楼那边是江西，这边是广东，两省通过门楼下的通道相连。如今站在城楼间眺望两省山川风貌，仍能体味到古时行人车马往来的画面。梅关梅岭亦是革命战争年代时著名的游击区，陈毅曾带领部队在这里打了长达数年的游击战，他所写的《梅岭三章》脍炙人口，广为流传（先从韶关坐客车到始兴，之后换乘专线车，车费 5 元，40 分钟后到梅关古道道口，步行 15 分钟即到售票口，门票 20 元）。

▲ 东湖坪民俗村一角

▲ 古佛岩奇石景观

金鸡岭

屹立在韶关西北方向乐昌市坪石镇境内京广铁路边高海拔338米、长400米的陡峭石山上，山顶上有一块形态酷似公鸡的巨型岩石，这就是著名的金鸡石，金鸡岭因此而得名，是著名的广东八景之一。金鸡岭景区小而精，景点紧凑而精美集中。这里是典型的丹霞地貌，谷深壁峭、陡岩林立，象形奇石数量众多，是岭南不可多得的山岳美景。金鸡岭上的观光亮点是一字峰、观景亭、蛋谷、朝阳亭、金鸡石等，其中金鸡石形态独特，是金鸡岭的标志，适合观赏拍照；而屹立在山顶另一端的朝阳亭则是看日出、日落和坪石镇全景的绝好地点，站在金鸡岭山巅甚至可以眺望到湖南省内的风光，风景壮阔迷人（先从韶关乘火车到乐昌坪石镇，下车后步行或打摩的2元钱即到金鸡岭，门票40元）。

古佛岩

在乐昌市城西南约5公里处，是一个大型石灰岩溶洞，洞内有不少钟乳石美景，形态奇异、美观动人。古佛岩洞穴内部分为3层，观光路盘旋其中，沿途可见古佛殿、观音殿、王母殿、玉皇宫、西游宫、逍遥宫、金龙殿7处奇岩怪石集中的地点。古佛岩洞外山林秀美而旅游设施齐全（有餐厅和宾馆），可算是观光休闲佳境（先从韶关西站乘客车到乐昌，车费20元、车程2小时。再从乐昌坐专线车或打车15分钟即到。门票50元）。

龙王潭

乐昌东北23公里处的漂亮山水风景区，由龙泉、龙湖、龙谷3大部分组成。其中龙泉景区有大型的温泉度假村，能为游客提供洗浴、食宿及娱乐服务；龙湖即龙山水库，有美观好看的水面供游人观赏；而龙谷景区则是游客的观光主体，里边有苍翠山峰茂密树林和多级山间溪泉瀑布（有九瀑十八潭之称）。这里溪流汹涌、瀑布动人、空气清新生态环境好、风光美且野味甚足，是粤北山区较出色的山水景区之一，近年受到外界广泛关注（先从韶关坐客车到乐昌，乐昌有客车专线到龙王潭。门票40元）。

洞天生态庄园

地处乐昌市西北约5公里处原乐昌林场内的生态度假村。村内森林浓密、溪泉遍布、空气清新、景色诱人。这里有餐饮、住宿、娱乐各类设施供游人享用，是当地较有名气的乡野度假村（从乐昌市打车，20元车费15分钟就到。门票免收）。

广东大峡谷

在韶关以西乳源瑶族自治县境内，距韶关市区约95公里。大峡谷长约15公里，最深处约 400 米，两侧是险峻陡立的绝壁悬崖，山崖上有一股巨大的瀑水直泻谷底。谷底宽度并不大，但是丛林密集、奇石遍布、溪水奔流，有点湘西武陵源山水的味道。由于四周山峡直立，所以不论是峡谷上方俯瞰谷底还是谷底仰视周围山峰，都可看到峡区美丽的山水风光，雨季时节谷边的壶口瀑布飞流直泻，景色也很壮观迷人。大峡谷中还有 2 个水电站，站内站外激流欢涌、机声轰鸣，亦让游人观后领略到生机和活力。现在游人可从 3 条山路 3 个方向下到谷底，其中峡谷西侧由 1386 级石阶组成的“通天梯”因其狭长陡峭、游人攀爬其间感觉奇特而在外界享有盛名（先从韶关客运西站乘车到乳源，车费 20 元、车程 2 小时。乳源每天有数班客车到大峡谷，车程 1 小时，车费 15 元，门票 65 元）。

必背瑶寨

地处乳源县城东北方约 54 公里处，这里青山连绵、梯田层叠、林木葱绿、溪水蜿蜒，瑶寨就坐落在依山面水背风向阳的山腰间。聚居在必背瑶寨中的瑶族属于过山瑶，有自己独特的生活习惯和民俗风情。游人来到必背，一是可以观看山水美景和田园风光，二是可以饱览瑶族风情。山寨中有自己的歌舞表演队，游客来临时他们会聚集在一起列队欢迎并表演竹杠舞、顶杠、丰收舞并展示瑶族婚嫁场景。村中的瑶族风味餐厅可以提供各类风味美食。村中还有几家山寨旅社，供游客小住一晚体验山野风情（乳源市区有专线车直达必背瑶寨。车程 1 小时，车费 7 元。门票 45 元）。

云门寺

位于乳源县城以北 6 公里的慈云峰下，是我国佛教禅宗五大支派之一“云门宗”的发祥地。寺庙占地面积 12000 平方米，主体建筑有放生池、天王殿、大雄宝殿、藏经阁、斋堂等，许多殿堂连成一片，规模宏伟但建筑风格美观且建造精细，非常美观耐看且耐人观赏寻味。云门寺中存有一些颇具价值的文物。寺庙的后缘山坡前长满参天古树，亦有泉水欢快奔流，为古老寺院平添无限迷人风韵（乳源到必背瑶寨的客车经过云门寺，车费 3 元即可。门票 20 元）。

南华寺

南华寺是我国著名的佛教古刹，又是禅宗六祖慧能弘扬“南宗禅法”的发源地。始建于南北朝梁武帝天监元年（公元 502 年），至今已有一千五百多年的历史。这座千年古刹规模宏伟且珍藏有许多历史文物，如古建筑、碑铭、木雕、泥塑、刺绣、铜铸等，都是国家的宝贵文化遗产，亦是我国古代劳动人民的智慧结晶。南华寺是国家级重点文物，也是当今游客来韶关后的必观之景（韶关市区有多路公交车可到。门票 20 元）。

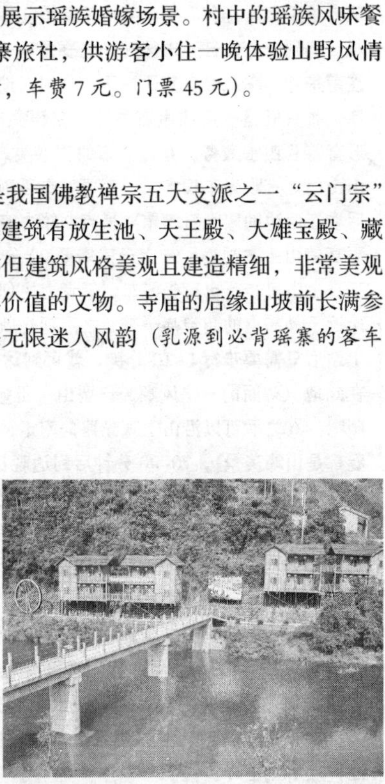
▲ 必背瑶寨一角

推荐游程

韶关市区、丹霞山二日游

D1：上午去丹霞山，游阳元石、锦江、主峰景区及阴元石等，晚上住丹霞山。

D2：回韶关市内去南华寺，游览曹溪温泉等景点，午后看市容及两江江滨秀色。

始兴、南雄二日游

D1：上午从韶关或仁化去始兴，在到始兴县城前下车观东湖坪民俗村，然后经始兴县城去满堂客家大围，往返途中观墨江沿岸风光。住宿始兴。

D2：从始兴乘车经南雄后到梅关古道，返回途中看珠玑古巷。之后回县城观三影塔，然后踏上返程。

旅途中

旅游锦囊之一：如何在韶关市区和丹霞山玩得高兴开心

①韶关交通便利、气候宜人、风光优美、佳景云集，甚具观光价值，非常值得一游，笔者给予郑重推荐。②韶关市区有浈江、武江两江流过，环境很整洁，市容很优美，令人观后感到赏心悦目。市区观光主要是看两江沿岸城市风光——白天美晚上也美；另外可关注南华寺、车八岭自然保护区、马坝人遗址等景；尤其是需要着重提示的是南华寺寺庙雄伟、香火旺盛，应该重点关注。在韶关市区观光有1~2天够用。③丹霞山特色鲜明、山形奇特且山水兼备，是韶关市的“拳头产品”，颇具观光价值，一定要重点关注。④丹霞山山门处有观光车拉客，一定要乘车否则步行很累。观光顺序一般是先乘车跨过锦江，之后看江西边的阳元石等重要景点，精力充沛的人可经阳元石旁边的九九天梯云崖栈道爬到更高的山上去观景，一上一下需要90分钟。游完了阳元石可坐观光车跨过锦江到主峰脚下，上山可步行也可坐缆车，笔者力主您坐缆车（上行40元），这样可以一步登天，上到接近于最高点的韶音亭一带，之后观光就省劲多了，否则步行上去太辛苦了。⑤到达缆车上站后只需要步行5~10分钟，就可到达山上最佳观景点韶音亭了，山上最好看的风光就在此地（对面的一帆风顺、巴寨山、玉壶峰、五仙岩等美丽山峰全在这里），好好观光拍照吧。⑥之后可以沿山上观光路向南走，依次经过龙王泉、龙王台、虹桥（从这一线向东看都是山峰美景），70~90分钟后到达观日亭（此间大部分是下坡路），这个亭子的重要程度与韶音亭差不多，都是主峰景区中的绝佳观景点，应在这里好好观光拍照。⑦从观日亭下来后经丹梯铁索、通天峡到达别传禅寺，这个庙造型不错，从庙前也能看到锦江水上风光。出了庙门不远向左走一条近路，步行30~40分钟就能到山中另一名景阴元石了。在阴元石观光有10分钟就行。之后返回，走15分钟平路即到翔龙湖边的游船码头，坐船15分钟穿过这个湖后再步行5分钟就可以出主峰景区大门了，这里有观光车送您踏上返程。⑧如果在丹霞山玩两天，那锦江水上风光可以放在第2天游览，如果是一日游，可以进景区后先看阳元石，再乘船游锦江，之后上主峰。

▲ 南华寺一角

广东省

旅途中

旅游锦囊之二：如何在始兴、南雄玩得高兴开心

①始兴县和南雄市在韶关市的东北方向，从韶关出发去仁化县游完了丹霞山后再去始兴县和南雄市一游，亦能获得满意的观光效果。②始兴县的美景中建议您重点关注满堂客家大围和东湖坪民俗文化村两处，其中满堂客家大围很有规模气势，建筑颇具匠心，充分体现了客家先祖的勤劳和智慧，游人一定要到围屋内部仔细观赏。东湖坪民俗文化村内古建筑很多，客家文化氛围浓重，也具观光价值。另外在从始兴县城去满堂围的公路边可以看到路边的墨江风光——江水青绿，岸边有不少山林和古村落美景。③南雄的主要观光亮点是珠玑古巷和梅关古道。如果是从县城出发，首先经过的是珠玑古巷，这是一个很大的古村镇观光区，游人进村后应该走一个环线，把村中的主要观光点看完，观光时间约需60~90 分钟。④梅关古道在半山腰上，下客车后再步行 20 分钟就到景区大门了。参观这个景区一定要步行到位于山颈处的梅关关楼，在刻有“南粤雄关”和“岭南第一关”大字的门楼下拍照很有纪念意义。从关楼的门洞穿过去，那边就是江西省的地界了，站在关楼下眺望雄关古道，遥想当年古道上的繁华景象，别有一番韵味在心头。

旅游锦囊之三：如何在乳源和乐昌玩得高兴开心

①乳源和乐昌在韶关的正西和西北方向，两个县市相依相连，境内都有一些美景，可以把它们连在一起游览。②乳源最有知名度的景点是大峡谷和必背瑶寨。大峡谷山谷幽深，和湘西武陵源的山水风格有点相似，到大峡谷观光可以在峡谷上方向下探望，也可下到谷底领略深谷风光。在峡谷内走一个环绕如果全程步行要 3 小时左右，如果半程乘缆车可省近一半的体力。建议从峡谷东侧步行下去之后横穿谷底，然后从西南侧电站旁走 1386 级天梯或乘缆车上来，这样基本可览峡谷全景。③乳源有客车直达必背瑶寨，该寨依山面水、风水甚佳，近年来修了一些新建筑，原始状态有点被破坏了。到寨中观光，看民族歌舞表演并品尝农家饭菜有 3 小时够了。④距乳源县城只有 6 公里的云门寺很有观光价值，游人不要漏掉。⑤乐昌的观光要点有金鸡岭、九泷十八滩漂流、古佛岩、龙王潭等，上述四处景点都应该去。其中金鸡岭和九泷十八滩一起玩好——游金鸡岭一定要上到山顶，上面的视野壮观，金鸡石也栩栩如生，下山后再玩漂流（不过漂流近期可能会停业）。龙王潭景区是真山真水，野味十足，值得一看，古佛岩的洞内风光在当地属上乘，可去那里半日观光。⑥时间充足的游客还可关注乐昌的白水寨生态园、应山古村、7011 工程旅游区、上黎家梯田、廊田楼下古村、洞天生态庄园、户昌山古村等景点。

推荐游程

乳源、乐昌三日游

D1：去乳原游览大峡谷，下午返回县城去云门寺参观。住宿始兴。**D2**：上午去必背瑶寨，返回时从镇上换车去乐昌，抵乐昌后先去龙王潭观光，再去古佛寺观洞内风景，住宿乐昌市区或古佛岩。**D3**：从乐昌乘火车去坪石，抵达后先登金鸡岭山峰，然后看 7011 工程游览区，黄昏时游览结束踏上返程。

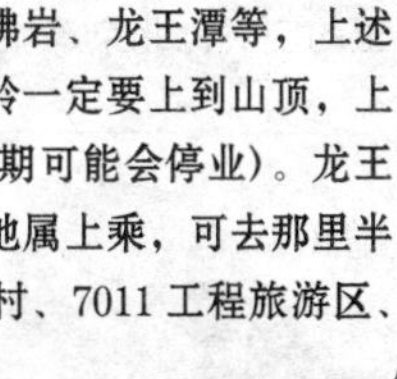

▲ 广东大峡谷谷底风光

广西壮族自治区

GUANGXIZHUANGZUZIZHIQU

广西是我国西南边陲最美丽富饶最具诱人魅力的省区之一，这里气候温和，风光优美，佳景之多之美令人头晕目眩，而方便的交通又令人无比舒畅惬意（去广西比去云南、贵州、四川、西藏等其他西南省区旅游要方便得多），所以诸多游客去西南旅游的首选目标就是广西。

黄金旅游线路

① 桂林—阳朔
② 桂林—阳朔—资源—龙胜—三江
③ 桂林—阳朔—荔浦
④ 桂林—阳朔—贺州
⑤ 柳州—金秀—融水
⑥ 南宁—大新（德天）—靖西
⑦ 北海—钦州港—防城港

说到广西，我们不必再进行那些没有新意的常规介绍——诸如全区的基本地形地貌、平均气温是多少摄氏度、聚居着多少个少数民族之类的，这样的介绍难有新意，太没劲！因为笔者近年来多次去过广西，我就着重说说对广西的亲身感受吧！

笔者对广西的亲身感受

①广西的气候太棒了，冬天你可以到那里去避寒——天气最冷的时候那里的屋中也不必生火；夏天你可以到那里去避暑——天气还没有北京热，当然太阳挺厉害，可是空气特纯净——每天当然要出汗但身上居然没有泥；盛夏时节我在广西北海曾经有过一件T恤衫连穿了5天的经历，汗一挥发了就什么都没有（连汗味也没有），你说那里的空气比北京等城市纯净多少倍呢？

◀ 桂林穿山秀色

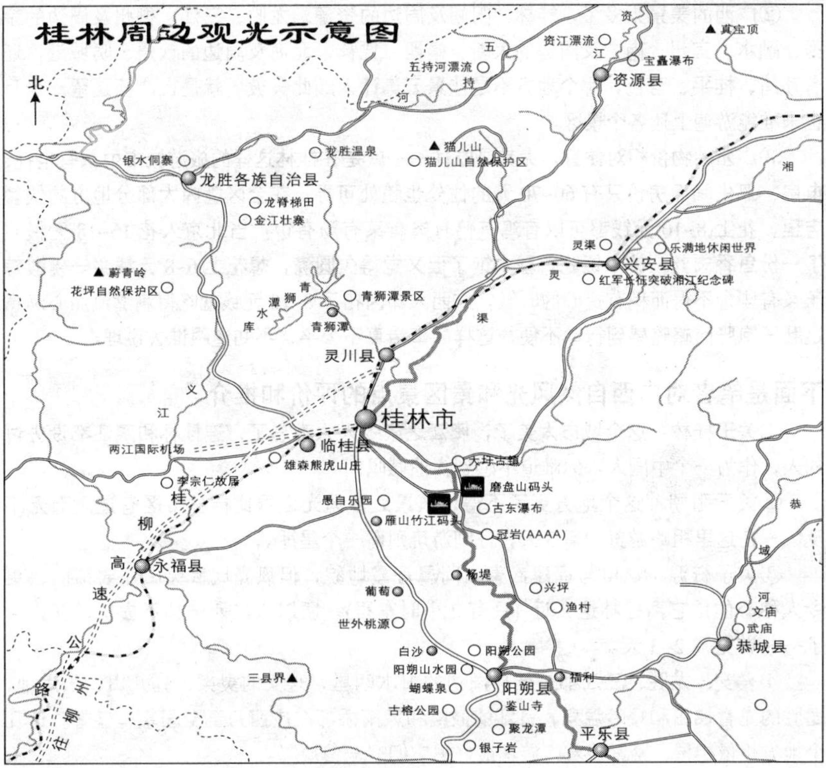
桂林周边观光示意图
北
资江漂流
资
江
宝鼎瀑布
真宝顶
五
持
河
五持河漂流
资源县
湘
猫儿山
猫儿山自然保护区
龙胜温泉
银水侗寨
龙胜各族自治县
龙脊梯田
金江壮寨
灵渠
乐满地休闲世界
兴安县
红军长征突破湘江纪念碑
灵
渠
蔚青岭
花坪自然保护区
青
狮
潭
水
库
青狮潭景区
青狮潭
灵川县
义
江
桂林市
两江国际机场
临桂县
雄森熊虎山庄
大圩古镇
磨盘山码头
李宗仁故居
愚自乐园
古东瀑布
雁山竹江码头
冠岩(AAAA)
桂
柳
高
速
公
路
永福县
杨堤
葡萄
兴坪
渔村
世外桃源
恭
城
河
文庙
武庙
恭城县
白沙
阳朔公园
阳朔山水园
阳朔县
福利
三县界
蝴蝶泉
鉴山寺
古榕公园
聚龙潭
银子岩
平乐县
柳
州
往

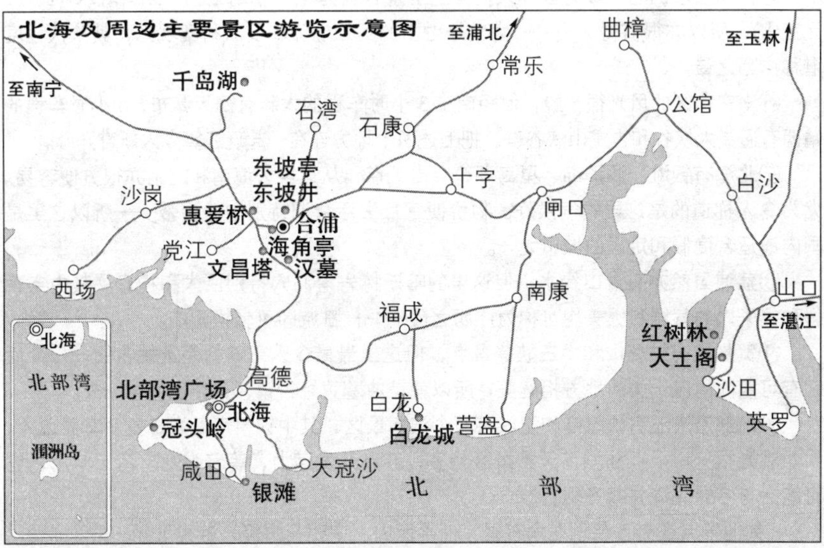
北海及周边主要景区游览示意图
至浦北
曲樟
至玉林
至南宁
常乐
千岛湖
石湾
公馆
石康
东坡亭
东坡井
十字
沙岗
白沙
惠爱桥
合浦
闸口
党江
海角亭
文昌塔
汉墓
西场
南康
山口
至湛江
北海
福成
红树林
北部湾
大士阁
高德
北部湾广场
沙田
北海
白龙
英罗
冠头岭
白龙城
营盘
涠洲岛
咸田
大冠沙
银滩
北
部
湾

广西壮族自治区

②广西的美景太多了，桂林、阳朔及周边的资源、龙胜、三江，柳州及周边的金秀、融水、宜州，南宁及周边的大新、靖西、凭祥，北海及周边的钦州、防城港，还有荔浦、桂平、百色，哪个地方不是佳景云集让人顾此失彼！就是在广西逗留一个月也未准能游遍上述各个景区。

③广西的物价相对便宜，尤其是吃住——就是在桂林这样的旅游城市中，有电视、电扇、卫生间而房价只有60~70元的住处也随处可寻；在全区境内大部分地方的快餐店里，花上8~10元钱都可以有鸡有鸭有肉有菜有汤有饭。当北京人花15~18元钱买了一份鱼香肉丝一碗米饭吃得基本饱了但又觉得欠圆满，想花上6~8元钱买一碗酸辣汤又有些舍不得而稍有费心的时候，广西人却因花了8~10元钱就吃得满嘴流油心满意足肚子饱胀而略略感到行动不便，这样的事情真不公平，不知道跟谁去说理。

下面是笔者对广西自然风光和景区景点的评价和推介

①关于桂林：这个城市太美了，漓江之旅令人太难忘了，连桂林和漓江都没去过的人，作为一个中国人，你难道不感到太遗憾吗!

②关于阳朔：这个地方更了不得，风景之多风光之秀比桂林市区有过之而无不及——在这里粗略游览约需3天，仔细游玩则需一个星期。

③关于资源：这里与福建武夷山同属丹霞地貌，但风光比武夷山还要绮丽，更令人称心的是它离桂林这么近 (只有2小时车程)，所以来广西一趟不去资源就太亏了——游览需2~3天。

④兴安、龙胜、三江都是桂林周边的山水明星，兴安的灵渠、猫儿山、乐满地，龙胜的龙脊梯田和矮岭温泉，三江的鼓楼和风雨桥都在广西乃至全国享有盛誉。这几个地方相依相偎、紧紧挨着，游客最好把它们“一勺烩”。

⑤柳州山水的名气没有桂林大，但这里东有金秀 (大瑶山风光)，北有融水 (贝江、元宝山)，所以亦很值得一去——尤其是融水的贝江漂流和民族村寨观光，其欢快程度堪称广西之最。

⑥南宁市区的风光很一般，但距南宁3小时车程的大新有德天瀑布，4小时车程的靖西有通灵大峡谷和古龙山峡谷群、把上述两个地方连在一起玩还算令人新奇开心。

⑦北海有银滩、涠洲岛、星岛湖等突出景点，从这里去海南和越南亦很方便容易。尤为令人称道的是这里的气候好、物价便宜且生活情调特别宁静温馨——所以这里是国内最适合度假和定居的城市之一。

⑧荔浦虽然亦有青山绿水，但这里的喀斯特岩溶洞穴特别巨大和神奇。其中丰鱼岩和银子岩的气派和秀美均可称为广西之最——一日游即可轻松游毕。

⑨贺州虽有姑婆山和小三峡等景点，但这里最最令人寻味的是黄姚古镇——今后它有可能同周庄一类的地方相媲美，所以就是冲着黄姚古镇，贺州也值得一去。

⑩南部沿海还有钦州港和防城港两个滨海景区，其中钦州港岛屿奇多，奇异迷人，乘船观光很开心。而防城港天然景区特多，甚具开发潜力，等着瞧吧，两三年后，它可能会与名城北海并驾齐驱。

其他景点还有百色乐业大石围、桂平西山、宁明花山等，游客可逐一关注游览。

桂林

电话区号	0773
旅游局	2825890
旅行社	5832996
旅游投诉	2800315
出租车投诉	2824692

桂林，享誉世界的山水名城。“神姿仙态桂林山，如情似梦漓江水”，千百年来，这里的奇山丽水、绚丽风光醉倒了多少慕名而来的八方游客。近年来，桂林市开始了大规模城市改造——显山露水，连江接湖，开墙通景，88 项重点城建工程的竣工已使全城面貌焕然一新；迅猛开发开放周边区县景点——兴安的乐满地大型游乐场，资源的天门山百卉谷、五排河，阳朔的世外桃源、遇龙河、兴坪古镇，荔浦的丰鱼岩、银子岩，金秀的莲花山、圣堂山，贺州的姑婆山、桂江、黄姚古镇，处处新景奇景频繁涌现，宛如夜空中升起的新星，放射出灿烂夺目的光彩。如今的桂林已不是孤独孤立的桂林，它的周边已经形成了一个庞大无比、秀丽无比的山水名胜群——不论把桂林同东、南、西、北哪个景区的风景连在一起玩，都会让人感到丰富多彩，幸福开心。

气候与游季

桂林属亚热带季风区，气候温和多雨，最冷是 1 月份、月平均气温 8℃左右，最热的是 8 月份，月平均气温达 28℃，总体上说冬无严寒、夏无酷暑，四季皆宜旅游，但是 12 月份至次年 2 月份是漓江枯水期，游览效果可能稍差(游船行驶的距离比春、夏、秋三季短)，夏季风光秀美但阳光有些厉害，游客应该注意打伞、戴帽，遮阳防晒。

▲ 桂林漓江风光

交通

航空

桂林两江机场与国内国际近百个大中城市对开航班。市内的民航大厦有专线车直达机场，单程 20 元。

铁路

桂林向北有京广线、向南有黔桂、枝柳线，从北京、武

• **桂林旅游热线**

电话：0773-2800318。可随时解答游客问题且态度友好热情。

• **重点关照**

去桂林游览最好多准备几天时间，周边的阳朔和资源风光极美，一并游览会更圆满开心。其他县市如三江、龙胜、贺州等亦有新奇美景，值得重点关注。

- **长客站问讯**

电话：0773-3820600。

- **火车站问讯**

电话：0773-3833124。

- **机场问讯处**

电话：0773-2845359。

- **机场售票处**

电话：0773-2845297。

▲ 漓江丽水奇山

- **推荐便宜且条件尚好的住宿**

①快乐酒店，是万里路青年旅馆协会成员，在桂林市最繁华的中心干道中山路边，从桂林火车站走3分钟、从桂林市汽车总站走1分钟即到，位置很好，交通极方便。这里的标准房间虽大小不一但都有空调、电视、卫生间，卫生条件很好，上下楼也方便（有电梯）。房价很实惠，标间最低60元、最高138元（中间分为几个档次）。是桂林市中心性价比最好的经济型酒店之一。酒店一楼还提供导游、订票服务，自助旅游者住这里很合适。电话：0773-3558868。

▲ 漓江名景九马画山

②东方明珠大酒店，在桂林火车站斜对面（出火车站向右走1分钟然后向东穿过马路即可看到），位置很“黄金”，交通很便利，酒店内部的条件也很好（客房为三星级装修且餐饮、游乐设施一应俱全），标间158~188元，性价比也很好。电话：0773-2166888。

汉、长沙、上海、无锡、广州、南宁等大城市均可轻松乘车抵达桂林。其中从北京乘5次特快至桂林只需22小时，硬座票237元，硬卧约440元，另有北京到桂林的K21次列车，全程运行26小时。从上海乘K181、K149次至桂林只需二十三四个小时。

公路

桂林长途客运站（在桂林火车站西北300米处）每日有大巴通往柳州、南宁、北海、湛江、广州、深圳等南方各大城市及周边阳朔、资源、兴安、龙胜、荔浦、三江各县。其中省内交通尤为方便，大巴昼夜都有，走高速路到柳州只需2小时，到南宁4小时出头，到北海7小时左右。

市内交通

公交车有数十路，四通八达，上车1元起价。出租车很多，8元起价。另外三轮车、摩托车无处不有，起价一般为2元，交通非常方便灵活。

住宿

满城尽是宾馆、酒店，星级的多，普通的更多。最方便的就是在火车站前的中山路上找地方住，双人房（有卫生间、电扇、电视）一般条件的不过50~70元，空调房便宜的亦不过80~100元。这里有许多为旅馆拉客的小姐和大嫂，跟她们去看看住宿条件不一定会吃什么亏。当然，大街上每家宾馆都大门洞开，自已按需选择绝无问题（出火车站向左侧走，街面上的旅馆更多）。

餐饮

桂林有许多当地名菜，如啤酒鸭、桂林荷叶鸭、桂林田螺、桂林米粉、罗汉气锅鸡等。市中心中山路边解放西路的小南国餐馆（连锁店）物美价廉（主营各类桂林风味），笔者向大家做特别推荐，电话0773-2885558。但如果只想填饱肚子，那最合适的用餐方式就是自选快餐，桂林街头上快餐店比比皆是，长客站和火车站前均有，店内各式菜肴琳琅满目。鱼、鸡、鸭、肉、蛋每份2~3元，素菜每份1元，米饭0.5~1元，汤白喝，即使是胃口甚好的男士花8~10元钱亦可饭足汤饱，女士一般5~6元钱即可解决问题，这点特别令人快活欢欣。

主要景点

象鼻山

位于市区桃花江与漓江交汇处，巨型山石垂入江中如象鼻饮水，形态优美生动，是桂林市的标志性景点。

伏波山

相传为古时伏波将军试剑之地，东枕漓江，孤峰雄峙，形态优美，园内集中了山、石、洞、水、庭园、文物，六美兼具，有“伏波胜境”之美誉。

叠彩山

位于桂林市区东北部，濒临漓江，与独秀峰、伏波山鼎足而立，由明月峰、仙鹤峰和四望山、于越山组成，占地面积2平方公里。园内有叠彩亭、风洞、叠彩楼、望江亭和拿云亭等诸多名胜，其中拿云亭为最佳观景点，游人登高至此，可尽览“一面晴风四面山，望疑仙境在人间”的如诗画面和优美意境。

独秀峰

在市中心靖王汉城内，孤峰突起，陡峭高峻，素有“南天一柱”之称，是桂林城区久负盛名的观光名胜。

七星公园

桂林市区最大的综合性公园，位于市区漓江东岸，因园内有七峰相连的七星山而得名，有“北斗七星”、“驼峰赤霞”、“月牙虹影”、“普陀石林”等胜景，园内的七星岩洞内还有许多钟乳奇石，千奇百怪，引人入胜。

芦笛岩

地处桂林市区东北郊，山水田园风光秀丽而尤以岩洞、奇石、怪景著称。芦笛岩洞深240米、游程达500米，洞内分布有大量的石笋、石柱、石幔、石花，琳琅满目，玲珑剔透，被称为“大自然的艺术之宫”。

穿山公园

隔漓江与象鼻山相望，与江两岸的龟山相依，形同两只相斗的公鸡，合称斗鸡山。这里山岩陡立，漓水蜿蜒，风光无限，山底还有500米深的巨型岩洞，是市区重要的观光佳景。

- **象鼻山**

2、57、58、4A路车可到。

门票48元。

从摄影留念的角度说还是中午以前到这里为好，因为上午拍照象鼻是顺光，下午就是逆光了。

- **伏波山**

2、13、15、58、4A路车可到。

门票45元。与叠彩山通用。

- **叠彩山**

2、13、15、58路车可到。

门票35元。

该山山顶是桂林市区最佳观景点，应重点关注。

- **独秀峰**

1、2、3、13、14路车可到。

门票70元。

- **晚间娱乐**

①观《梦幻漓江》大型歌舞表演，内容集歌舞、杂技于一身，背景宏大、演员众多，其表演规模在亚洲罕见。地点：七星路95号梦幻剧场，电话：0773－5850998。门票150元。

②参加两江四湖游览观光，这是桂林颇为新潮时尚的夜间观光方式。游客乘船游览市中区的榕湖、桂湖、桃花江、木龙湖等美景，感觉甚佳，售票电话：0773－2837666。

- **七星公园**

6、10、11、13、14路车可到。

门票联票95元、含进洞参观门票。

- **芦笛岩**

1、15、58、4A路车可到。

门票90元。

- **穿山公园**

多路公交车可到。

门票65元。

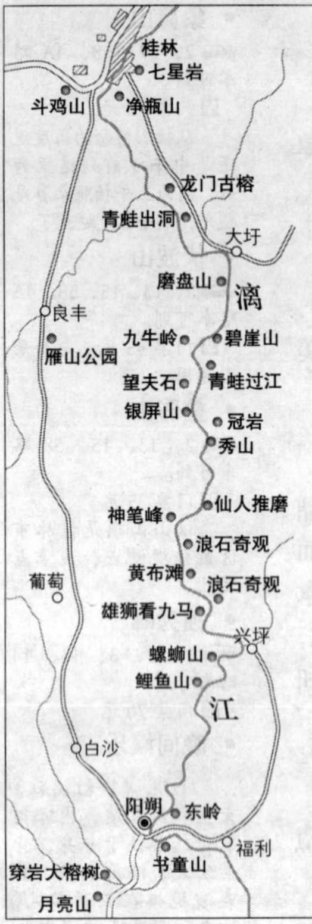

漓江游览示意图

漓江（5A级景区）

发源于桂林东北兴安县的猫儿山，流至平乐县恭城河口，全长170公里，其中桂林至阳朔段的83公里江段风光之优美绮丽实为世间所罕见——有数百处景点，人称百里画廊。这里群山叠翠，清江宛转，水映奇峰，如诗似画般的美景令古今中外无数游客倾倒沉醉。不游漓江景，枉为一世人。

推荐游程

桂林市的公园太多，游客应注意选择其要点，在这里游览时间以两天至三天为宜。其中用一天时间游市区风景——象鼻山、伏波山、叠彩山、七星岩（或芦笛岩），以上几个景区您就是“骑驴”也要去。之后有时间可游芦笛岩、独秀峰、穿山、熊虎山庄等景点。另外再用一整天畅游漓江。漓江一日游丰水期行船只需4~5小时，枯水期则需行船6~7小时。丰水期到阳朔约在下午3~4点，上岸后可游览月亮山、大榕树或世外桃源等当地名景，枯水期尤其是冬季到阳朔已是下午5~6点，天已昏黑难以继续游览。另外须特别说明的是阳朔的风光绝好，游览漓江后切记应住在阳朔次日继续游览，而不要当天回来（阳朔的住宿很方便）。

旅途中 旅游锦囊

①象鼻山适合拍照留念（它是桂林的标志），而叠彩山才是全城最佳观景点，站在山巅，桂林全景尽收眼底，风光之美，无与伦比——不要偷懒，一定要登上山顶，否则会留下极大遗憾。

②冠岩风光好开发得也好，分海陆空三层游览，令人新奇刺激，如果时间充足，可乘专线车，1小时即到冠岩景区。另外冠岩洞外有个叫河泊园的小山村，田园风光柔美，值得一看。

③漓江游览的船票上印有投诉电话，旅途中如遇不快尽可投诉，有关部门会尽快予以答复解决，保证游客利益不受侵害。

④由于桂林市内新兴建开发了不少商业娱乐街区，城市风光日益新潮气派，夜景也分外迷人，所以游客在关注山水风光的同时，亦应留意桂林城区的发展和变化，值得观赏游览的市区特色街道有中山中路商业街、正阳路步行街、上海路，等等。

- **漓江游览提示**

游览漓江在市郊的磨盘山码头上船，开船时间上午8:00~10:00。桂林全市到处有漓江一日游售票点，票价210~290元不等，视不同季节和是否含阳朔各景点门票而异。以上费用含一顿简单的免费午餐。各大宾馆、酒店都有漓江一日游联网售票处，游客只需交费给店方，次日清晨自有游览车上门来接人，非常方便。

- **另荐景点**

刘三姐景观园，是近年来新开放的景点，主要展示壮乡文化和民俗，每天还有壮族歌舞表演。坐3路可到，门票90~120元。

游览补充指点

①乘船游漓江时，因水绿山青、空气纯净，所以用自带的普通相机就可拍出好照片，因此不要相信船上有些导游小姐和“随船摄影师”招揽生意的鬼话。花几十上百元去参加他们推销的“套照”，不光质次价高，还会频繁打断你游江时观赏美景的好兴致，特烦人!

②桂林市区到处都有漓江一日游的船票发售点，但价格悬殊，从 210 元到 290 元不等，价格低的只含游江费用（导服费和车费另收）而不包括在阳朔上岸后游览的景点门票，而价格高的就包括阳朔各景点的门票费用。游客请注意最好不要买价码高的（尤其是在 11 月份至次年 2 月份之间，这期间漓江水浅游船开行慢，到了阳朔已是下午 5~6 点，天已经黑了，哪会再去游什么景点，于是景点门票钱就白交了，没人主动退还给你)。抵阳朔后到各景区门口开始游览时再买门票不晚!

③其实新年或春节黄金周时去桂林游玩挺开心，许多普通宾馆（不是主要的星级宾馆）的标间都降到了 70~80 元/间。漓江虽然水少但仍然可以乘船观光（只是观光距离短)。而周边阳朔和资源的景区都正常开放，可以玩得高兴又省钱。

发烧友特别关照

桂林周边多佳景

桂林及周边地区佳景密集，数量之多简直“海了去”了。著名的“三山两洞一条江(漓江)”和阳朔风光就不用说了，其他够级别值得一游的地方还有：

兴安县——灵渠、猫儿山、乐满地主题乐园（距桂林 1.5 小时车程)。

资源县——资江、天门山（百卉谷)、八角寨、宝鼎瀑布（距桂林 2~2.5 小时车程)。

龙胜县——森林公园、矮岭温泉、龙脊梯田、大寨金坑梯田（距桂林 2.5 小时车程)。

三江县——风雨桥、侗乡风情（距桂林 5 小时车程)。

荔浦县——“亚洲第一洞”、丰鱼岩、银子岩（距桂林 1 小时车程)。

贺州市——姑婆山、温泉、黄姚古镇、桂江（距桂林 4 小时车程)。

上述景区同具以下特点：山青水秀、风光秀美、交通便利、生活费用低(吃住便宜)，所以笔者郑重建议有条件的游客去一趟广西把它们都游遍（行程需 9~11 天、费用约需 3000 元)，不久前笔者就这样走了一趟，其间感觉之美妙就像是在人间罕见的“世外桃源”中做了一次快乐的“活神仙”。

阳 朔

电话区号	0773
旅游投诉	8828779
消费者投诉	12315
旅行社	8827103

提起广西阳朔的鼎鼎大名，国人几乎是无人不知，无人不晓。可是许多人对阳朔的印象只局限在它是游览漓江后的上船点和折返点，只知道阳朔有月亮山和大榕树，这可真是莫大的悲哀。其实，阳朔境内山水秀丽，佳景云集，风光之美比桂林市区有过之而无不及，加之当地旅游部门近年来花大力气招商引资，大力开发新奇景点，许多新景的建设起点甚高，风光特别优美。下面我们就为大家介绍阳朔境内的主要新景、美景。

▲ 阳朔奇山秀水——用一句“老话、俗话”来形容游人到阳朔后的感觉吧，就是“乐不思归、流连忘返”

阳朔新景之一：世外桃源

由台商斥巨资于 1997 年兴建，其场景风光完全按我国古代著名诗人陶渊明先生所著的《桃花源记》建成。四周田园锦绣，山水交融，景区内遍布桃花、绿草、古朴村寨和幽深岩洞，亦真亦幻，如诗似梦，是一个名副其实活脱脱的当代桃源仙境。

世外桃源的主要游览方式是乘船观光，游客坐上一叶小舟，时而漂过宁静湖水，时而穿过山间溶洞，时而漫过湖边农舍，时而进入蛮荒时期的佤族村寨。一路上可以观览到的

- **重要提示**

“桂林山水甲天下，阳朔山水甲桂林”，阳朔的风光比桂林还要美，这个牛皮真不是吹的，去看一下你就会完全信服了。

- **交通**

先到桂林市，从桂林火车站站前广场乘车，车票 15 元，70 分钟就到阳朔。桂林汽车总站还有空调快巴去阳朔，车票 18 元。

秀丽景点约有20余个，而水边村寨内村姑们的悠悠山歌和欢快舞姿，亦会让游客欢乐开心。

世外桃源的旅游接待管理工作水平甚高，不久前成功地通过了国家环境管理体系的认证，如今，几乎所有到阳朔观光的游客都要去世外桃源游览美景，它是阳朔山水中当之无愧的灿烂新星。

阳朔新景之二：山水园

山水园的位置真好，地处阳朔县城的东南缘，濒临秀丽的漓江边，满江清波就从园下而过，昼夜欢流，所以这是在阳朔观赏漓江秀色和对岸群龙迎宾群山风光的最佳地点。山水园中的导游服务更好，不论游客多少，即使只有一个人也有专职的导游小姐陪伴，她一会儿娓娓动听地为您介绍自然风光和人文佳景，一会儿为您唱壮族山歌民谣，其服务态度之真诚、工作之尽力真是感人至深。

阳朔新景之三：漓江下游景区

一般游客来漓江游览，主要是乘船在桂林和阳朔之间观赏美景，而我们所说的漓江下游景区，是指阳朔县城至下游普益乡留公村一段共18公里长的水域。这里江面开阔，山形柔美，沿岸山峰映碧水，翠竹掩村庄，风光原始古朴而又旖旎诱人。

漓江下游景区有鳌鱼洲、群龙迎宾、书童山等多处山水佳景，然而更令游客流连的是这里就是电影《刘三姐》的实景拍摄地——像电影开头部分刘三姐孤身划着竹排在碧水春波之上悠悠漂来，秀丽的画面、美妙的歌声就是拍在、录在书童山下的江心。而“对歌”一场戏则是在江边一处叫宣安码头的地方拍摄的，莫老爷和陶、李、罗三个秀

▲ 世外桃源秀色

- **世外桃源**

世外桃源位于桂林至阳朔的公路干线边。门票70元，水上及陆上游览有导游全程陪同讲解。

游览约需2小时，进门入口处的综合服务楼（一楼是商店、二楼是餐厅）的三楼平台上是绝佳观景、摄影点。

- **观光、摄影诀窍**

世外桃源服务楼三楼顶上是绝佳观景、摄影点，但一般不让外人上去，你可以先在二楼餐厅吃饭，再择机上三楼楼顶。

- **山水园**

山水园在阳朔县城东侧、西街东口旁的漓江边，步行即可到，门票30元。

有导游全程陪同讲解，游览约需60~90分钟。

- **漓江下游景区**

山水园门口有漓江下游游览的售票处，船票50元。亦可在阳朔西街东口处的漓江边乘渔民的小船，价格面议。

才就是在这里让聪明秀美的刘三姐搞得丑态百出的。现在，著名导演张艺谋先生已经正式决定在漓江下游景区重拍电影《刘三姐》，广西民间的美妙传说和秀丽的自然风光，一定能够更加完美融合、交映生辉。

阳朔新景之四：高田景区

高田位于阳朔城正南，著名的月亮山和大榕树就是该景区中的“老明星”，然而这里同样风光诱人的是近年来开发的诸多山水新秀，规模宏伟、气势非凡的佛门禅院鉴山寺（门票 20 元），绿水悠悠而又奇石遍布的聚龙潭（门票 45 元），长达 8 公里、沿河遍布翠竹古榕和原始村寨、风光绮丽的遇龙河，都会向游客争显迷人风姿。然而高田景区遍布青山绿水和奇异山石，几乎无处不是景、无景不迷人，所以这里是大家公认的广西境内山水风光最秀丽精美而非常集中的地方。1987 年美国前总统卡特先生来此参观，坐在汽车内观景后感觉特别不满足，后来临时向有关单位要了自行车，自己骑行畅游了高田风景区。现在阳朔旅游部门已在景区内修建了一条长近 10 公里的自行车道，供游人徜徉其间、畅观美景。

阳朔新景之五：兴坪古镇

兴坪古镇位于漓江至阳朔段的中段，乘船游江的客人在这里都是一掠而过，但是走进兴坪仔细游览，会发现这里真是漓江山水中的大亮点。

一是漓江沿岸最漂亮的景点都在兴坪附近，像著名的九马画山等都距兴坪甚近，所以许多游客第二次来桂林游览时都直接来兴坪，乘船游览漓江山水的精华杨堤到兴坪段，在最短的时间内观赏最多的景点。

二是兴坪江边有一座奇峰老寨山，别看它只有海拔 300 米，但游客攀上山巅，可以见到无比开阔壮美的风光——漓江从正北流向东南，又从东南流向西南，拐了一个硕大无比而又特别婉转流畅浩荡的弯，江两岸耸立的奇峰怪岩超过 200 座，全都造型奇异、挺拔秀美，其场景之壮阔、江水之清澈、山峰之绮丽，全桂林境内已经对外开放的各景区均无法与之相媲美。

三是在距兴坪镇 2 公里的地方有一个始

- **遇龙河漂流**

遇龙河是指白沙镇遇龙桥至高田大榕树旁工农桥间长约 8 公里的河道，其间两岸山峰绮丽，河心碧波荡漾，沿途有遇龙桥、夏棠佳胜、狮子山等数十处美景，风光之美妙不可言。漂遇龙河可以自助亦可参团，同样灵活、顺畅方便，本文后边有关于遇龙河漂流的详介。

- **高田景区**

去高田可乘客车，从阳朔到金宝的车全经过高田景区，10 分钟即到。

阳朔西街西口还有许多摩的载客去高田，10~12 元单程，20 元打来回。从西街上租辆自行车去高田游玩最最自在开心。

月亮山门票 9 元，大榕树门票 20 元，聚龙潭 68 元、鉴山寺 20 元、蝴蝶泉 45 元。

- **兴坪古镇**

从阳朔汽车站乘中巴，票价 7 元，1 小时就到兴坪。

登上老寨山顶约需 50 分钟，山顶上的观景亭是最佳观景点。

漓江边上揽客的小船并不合法（因为游江须统一售票），但坐上它游览便宜又开心，区区 40 元钱即可从兴坪到漓江上最美的九马画山打个来回，真是物美价廉。

建于1506年而迄今保存完好的小渔村，村中的古屋都是青砖黑瓦、坡屋面、马头墙、飞檐、画栋、雕花窗，建筑结构特色异常鲜明，村中的古建筑群占地达1.5公顷，而村对岸的鲤鱼山、金瓦山、元宝山、笔架山等亦都风采各异，美景动人。1921年冬天，曾任中华民国临时大总统的孙中山先生乘船溯漓江而上的时候，曾亲临此村登高观景，并在村前江上的船上宿夜。1998年7月美国总统克林顿先生在游览漓江时亦兴致勃勃地来此观景，所以，这个小渔村亦被人称为“总统村”。由于兴坪古镇美景集中风光多彩多姿，所以近年来此观光的游客与日俱增。

阳朔新景之六：阳朔西街

阳朔西街已有300多年的历史，可是被开发并绽放夺目光彩却绝对是近年来的事。这条位于碧莲峰下长约800米的商贸旅游街既古朴典雅又充满现代气息，街上遍布旅游纪念品商店，出售各类当地风光图片、山水字画、民族服装及竹雕、木雕和各类手工艺品，制作精细，秀美玲珑，令人爱不释手。街上亦有诸多宾馆、餐厅、酒吧、咖啡屋，为中外游客提供餐饮、食宿、休闲、娱乐方面的综合服务。白天西街上人流熙攘、游客如潮；入夜，街上的各家店铺内外都点上了光芒闪亮而又光线柔和朦胧的蜡烛和灯笼，游客们或在各家商店前随意观赏、选购，或坐在餐厅和咖啡馆内外品美酒、尝佳肴、休息谈天，其松弛、开心、快活、惬意程度自不待言。晚上是西街最美丽的时候，那种温馨浪漫的情调真是世间难寻。

- **大型歌舞表演《印象·刘三姐》**

由著名导演张艺谋先生策划、执导，场面宏大，特色鲜明，引人入胜。每晚在阳朔表演1~2场，开演时间为19:30~20:00，票价198元，但在各个售票点基本都可打折。

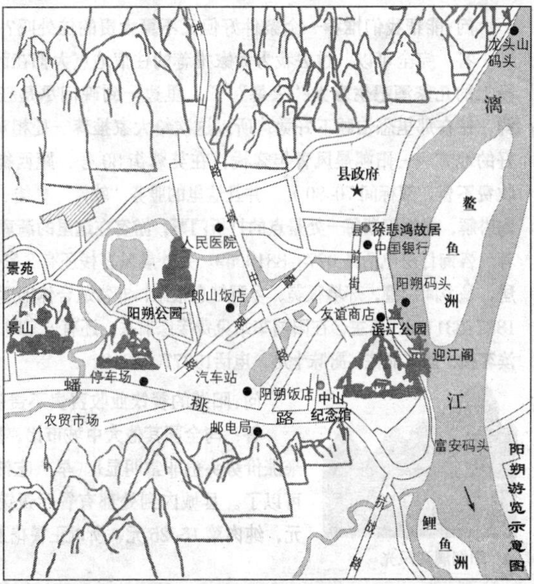

- **当地美食**

首推啤酒鱼，其他有纸包鸡、芋头排骨、锡纸漓江鱼、桂林米粉等，西街上还有不少西餐馆，味道尚可但价码已经涨起来了。当地较有名的啤酒鱼菜馆有谢大姐、彭大姐餐厅等。

- **阳朔西街**

从阳朔客运站下车后向南步行1分钟即到新西街街口，从漓江码头上岸后步行向南10分钟即到西街东口。

西街虽然红火喧嚣而又充满温馨格调，但它并不很长，短短15分钟就可以从这头走到那头。

- **西街的宾馆酒店**

①威尼斯酒店，西街东口，电话：0773-8815889。

②马可波罗酒店，西街中段，电话：0773－8827544。

- **推荐兴坪乡村酒店**

绿洲小苑，在兴坪古镇对面的大河背村，环境好、有乡野气息，双标间80~100元，电话0773-8703482。

阳朔游览必备问答（当地旅游一点通）

问：阳朔的气候怎么样，有明显的旅游淡季吗？

答：绝对没有，这里地处亚热带，气候温和，四季常青，夏天的太阳有点厉害，但只要打伞戴帽，别让它直接照在脸上、身上就成；冬天最冷的时候穿薄毛衣即可；春节的时候，阳朔人山人海，有的老外在西街上从初一一直住到初八，过得特别幸福开心，你说什么时候是旅游淡季呢？

问:如今人们都是如何到阳朔游览的？

答：第一次来广西的人当然是先游桂林、漓江，游船在阳朔停靠后上岸顺路一游。可是来过一次玩出“甜头”的人，下次来了广西后就会直奔阳朔，他们认为，在广西众多的山水名胜中，阳朔才真是最最美丽动人的。

问:外地游客怎样到达阳朔呢？

答：非常简单，先坐火车或飞机到桂林，桂林火车站站前广场发往阳朔的大巴5~10分钟一趟，票价15元，行车70分钟就到了。另外桂林长客总站有快巴去阳朔，车费18元。

问:阳朔的住宿方便吗？

答：当然方便。高中低档宾馆饭店招待所都有。豪华宾馆有阳朔度假饭店、新世纪大酒店（0773-8829901）等，房价在120~550元之间。阳朔县城北面是中小宾馆、招待所密集区，这里虽少有高楼广厦（一般是4~6层楼），但是客房的条件不差且价格便宜，带有彩电、空调、卫生间的普通标房在一般季节打折后有50~70元就可以拿下了。另外值得一提的是西街周边有多家中小型宾馆，虽然主要是个体经营，但条件好（一般接近三星级标准）服务也好，加之这里有无数的商店、咖啡馆、餐厅，吃、住、休闲、购物都方便，所以住在西街周边一定是特别舒服的。

问:能帮我们推荐一个条件好但又不算太贵的住处吗？

答：完全可以。过去我为大家推荐的住宿地点大都在西街干道上，但是近年来西街中段上的几家酒吧生意太“火暴”了，里边一到晚间尽是狂歌劲舞，闹到凌晨两点钟不新鲜，住在那里恐怕睡不好觉，所以这次给大家推荐一处相对安静而又物美价廉并且服务又好的地方——阳朔晨风青年客栈，在芙蓉街30号，距西街东段不太远，住宿条件较好而收费不贵，双标间70~80元。并且这里的服务“软件”更佳——可以为每位游客作详尽导游咨询讲解，提供阳朔每一处景点的打折门票，游客在这里的满意程度甚高，所以笔者给予强力推荐。咨询订房电话是0773-8815959。另外晨风客栈还有2家分店，一家在遇龙河畔，叫山泉居，是乡间别墅，环境很美、乡野气息很浓，非常适合休闲度假。如果客人欲去那里住，可打18877331188，店主会在阳朔车站免费接您前去；还有一家叫“微笑的鱼”，是紧邻遇龙河的河滨客栈，能吃能住，野味十足，电话15877002218。

▲ 阳朔漓江风光

问:阳朔的餐饮业收费贵不贵呢？

答：与全国其他大中城市比，阳朔的吃饭不算太贵（但是近年来涨价势头也非常明显）。早点吃油条、豆浆或米粉，4~5元钱就可以了。县城内到处都有餐厅饭馆，里边的素炒青菜也就是8~10元，纯肉菜15~25元，所以正餐花上20~30元，可以有菜、有汤、

广西壮族自治区

有饭。这里的特色名菜是啤酒鱼，最便宜的鲤鱼 20~25 元/斤。西街是消费水平很高的地段，这里餐厅中的中西餐（尤其是西式餐）有凉有热、有菜有汤、有饮料有甜点，价码已与北京、上海等大城市中的同等餐厅持平了。像沙拉一般 8~18 元、普通热菜 18~40 元，早上的套餐品种挺全，一般 18~25 元一份。

问：那么外地游客来到阳朔后应该如何安排自己的吃、住、行、游呢？

答：非常简单，两句话即可概括：住在西街或西街周边、吃在西街、休闲购物在西街而玩遍阳朔全境，这样的安排不让你舒服透顶才怪呢！

问：在阳朔游览多长时间才能宽松开心呢？

答：最少应该三天时间，要是能在这里逗留一星期，效果就太精彩圆满了。过去那种游毕漓江上了岸后，看一眼月亮山、大榕树就打道回府回桂林的方法根本不成，他们太傻了，什么好景都没看见……

问：阳朔都有哪些景点必须要看呢？

答：一是世外桃源，这是阳朔新景中的大亮点，现在许多团队都不去月亮山、大榕树，而改去世外桃源了，请相信国家 4A 级景点绝对错不了。另外高田风光仍然是阳朔风景中的精华，这里的月亮山、大榕树风光仍然很美，而且又新开发了鉴山寺、聚龙潭等多处美景，让人有些顾此失彼、眼花缭乱。另外兴坪风光“贼精彩”，在这里不光能乘渔民的小船游览漓江风景最集中的“中段”，还能登上 300 米高的老寨山观赏漓江大拐弯的壮景，美极了。

问：上面您已在正文中描绘过老寨山，现在又提到了它，这座山真是那么美吗？怎么以前没有听说过呢？

答：这座山真是太美了，主要是在山顶上看到的风光美。你去过桂林的叠彩山吗？去过福建武夷山的天游峰吗？去过云南丽江的金沙江大拐弯吗？上述三景在国内都是顶呱呱让人反复称颂的，可是老寨山和它们比也毫不逊色。站在老寨山山顶，看到的浩荡漓江拐了个 U 字形的大弯，看到的秀美山峰超过 200 座，想想是什么样的场面呢？老寨山的发现得益于一位日本友人，他来兴坪游览时无意中爬到山顶一看，哇，立刻傻了，着了魔了，现在山上的观景亭和登山路都是这位日本朋友出资修建的，供所有游客享用。

问：除了这几个地方，阳朔还有什么地方应该去呢？

答：阳朔与福利之间的漓江下游也不错，这里江面开阔，水流平缓，山景也挺美。另外遇龙河漂流也特有诗情画意，沿途经过的青山绿水、古宅古桥和美丽田园太多了。此外，阳朔城内的山水园地势好风光也很好，周总理曾在这里观景拍照，你也应该去看一看呀！至于阳朔公园什么的那几个传统老景，去不去就无所谓了。

问：在阳朔旅游，日程上应该如何安排呢？

答：假如您在阳朔停留 3 天，那第一天上午可以去世外桃源，午后返回阳朔县城游山水园，下午乘船游桂林至福利的漓江下游段。第二天可以上午漂遇龙河，下午抵高田风景区后上岸游览。第三天上午去兴坪，先乘

▲ 老寨山风光——从下往上看这座山貌不惊人，可是登上山巅，却可看到永生难忘的江山壮景

渔民小船观赏漓江中段风光，然后去总统村看渔村风情，之后一定要登上老寨山顶观看无边壮景。3 天时间这样安排已经非常圆满了，其他景点是否去玩您就自己发挥吧！

问：在阳朔，每天晚上应该怎样消磨、享受呢？

答：还用问吗?当然在西街上度过呀。这里有那么好的工艺品店，出售的小商品都特别值得欣赏、玩味；街上有许多家咖啡馆、茶馆、餐厅，店前、街心和餐桌上点满了光芒闪烁的蜡烛和彩色小灯笼，在朦胧、影绰、极为柔和美妙的烛光灯影中尝美味佳肴，品咖啡、香茶、美酒，与同来的或刚刚结识或根本不认识的游客一起轻声聊天，共享美丽时光，这是一件多么快活温馨的事呀！同样令人开心的是参加漓江夜游，乘上渔民的小船驶到江心，看月光皎洁、江波如镜、渔光闪烁，意境也是很美的。

问：请您给我们一些游览方面的实用指导吧！

答：好，世外桃源位于阳朔城北 20 公里处，乘去桂林的车 20 分钟即到，门票 70 元。山水园就在阳朔城内，步行去即可，门票 30 元。游览漓江下游可以在山水园门口购票上旅游公司的船，亦可在江边上渔民的小船（多是机动竹筏），2~3 小时打个来回没问题。去高田游览 2~4 小时或是一整天随你掌握。去兴坪可在阳朔客运站上中巴，票价 7 元，1 小时就到，兴坪江边停有不少渔民小船（多是机动竹筏），船票最低 40 元（1 个人即可开船），可载你去漓江最美的九马画山打个来回；至于攀登老寨山，一般体力的人有 50~60 分钟就行。玉龙河漂流和漓江夜游最好交旅行社操办，一切环节衔接得挺好，西街上有不少售票点，服务态度都不错。另外，租辆自行车去高田观光也挺美（西街上有租车点并配有向导，车费 1 天仅收 10 元），与大自然接触得更密切。阳朔西街上有不少旅行社和旅游咨询点，店内店外都有大量文字图片介绍，你去一问一看全都一清二楚了。

问：还有个问题，这里的治安如何？

答：绝对没问题，阳朔"县泰民安"！这里民风淳朴且管理有方，极少发生刑事案件，每天有那么多"老外"步行或骑着自行车到处乱跑，你想想治安能有什么问题吗？

问：您上面说了阳朔那么多的优点，难道这里就没有什么缺点吗？

答：当然有啊！最主要的就是风光美、佳景多，生活情调又特别宁静、柔美、温馨，所以许多中外游客一到这里就流连忘返，就不想回到自己原来的地方去过自己原来的生活，就反感大城市的拥挤、喧嚣、嘈杂、混乱，就讨厌人世间的钩心斗角、矛盾纷争，就不想再去艰苦奋斗、创建大业了。所以阳朔是个美丽舒适的地方，也是消磨人、陶醉人的地方，它对人的影响有利也有弊。别的问题都好说，最麻烦的是有的游客一来了就真的不想走了，连家中的老婆孩子都不想要了，你看这问题有多严重啊！

问：哈哈！最后请您用一句话把您对阳朔的印象总结概括一下！

答：好！阳朔这个地方太棒了，风光美，环境佳，人也好，物价又不贵，这样的地方全国能有多少呢?别的不要多说了，快去阳朔开心旅行吧，这个妙地是一定会让你心满意足的。

▲ 颇具温馨情调的阳朔西街

旅途中

如何在遇龙河上漂得舒适开心

到了阳朔是不能不漂遇龙河的，河上的山光水色真是美不胜收，而沿岸的田园风光更是旖旎动人。阳朔县城中的遇龙河漂流售票点多得是，游客交费后可享受往返、漂流观光和免费导游等一条龙服务。

▲ 开心漂流在遇龙河上

漂遇龙河分为不同的距离和方式。一是漂全程，从遇龙桥到工农桥，全程用时需5~6小时，丰水期亦要4小时左右，每条竹筏可乘2人，收费200~220元/筏。二是漂半程，从朝阳码头漂到工农桥，用时2小时左右，收费120元/筏。笔者觉得漂全程感受非常好，开船前还可到遇龙河上最漂亮的富里桥观光拍照，不缺时间经费的朋友漂全程肯定开心。当然漂半程也绝对够"美"的了——因为可以省出时间从工农桥上岸后顺路游览旁边的高田风光——大榕树、鉴山寺、聚龙潭、月亮山都在这里，所以半天时间漂遇龙河、半天时间游览高田，这样的安排非常精彩而又宽松毫不费劲儿。

另外需要关照的是如果是漂半程，那从阳朔县城到朝阳码头一般没有客车去。若是单人散客可让旅行社打电话叫撑竹筏的艄公开摩托车来接(笔者就是这样做的，没有单交交通费)；亦可在西街西口租辆自行车骑到朝阳码头，把车放在竹筏上一起漂，到了工农桥上岸后再骑车游览高田风光，然后骑车回阳朔，这样的玩法太时兴、太时尚了，许多旅友(尤其是老外)都是这么玩的。要知道这样不光灵活自在、开销也太小了——租辆自行车一天租金才10元钱(押身份证或200元押金或宾馆钥匙牌)，何乐而不为。

虽然阳朔县城中到处有售票点，但笔者劝你到西街北面芙蓉街上的晨风青年旅舍去办理漂流遇龙河的手续。这家旅舍服务质量很好且在遇龙河漂流公司有相当的股份，可以绝对保证游客的权益——节假日期间游人激增，别的售票点已没有遇龙河漂流的船票可售但这里仍然有，并且不涨价还要确保游客漂流的高兴满意。晨风青年旅舍也为游客提供优质的住宿和导游咨询服务，这里代售的阳朔每一个景点的门票都可打折。晨风青年旅舍的电话是0773-8815959。

▲ 遇龙河上

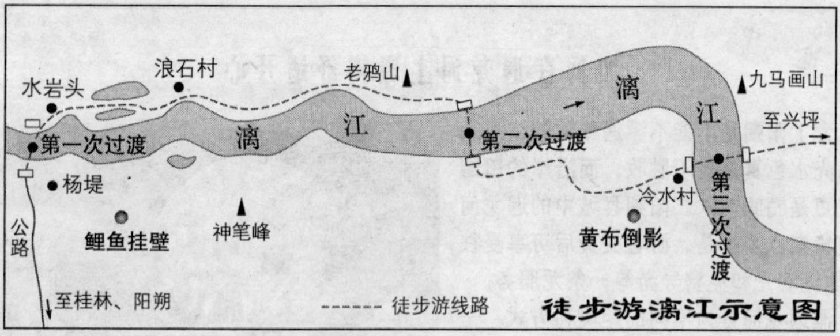

发烧友特别关照

徒步游览漓江的有关知识和注意事项

桂林与阳朔间的漓江水路长达 83 公里，但并非江上的每一个地方风光都是精彩绝伦，其山水风光精华段应属杨堤至兴坪段，这里荟萃了鲤鱼挂壁、浪石奇观、黄布倒影、九马画山等诸多佳景、奇景，观后能给游客带来终生难忘的绝佳美感。

徒步游览漓江与乘船游感受不同，乘船游漓江主要是看江山美景，而徒步游还能观赏到山间江畔许多如诗如梦般的田园秀色及当地百姓的生活场景。

徒步游漓江最好顺江走——从杨堤到兴坪，逆着江水流动的方向走会在乘车搭船方面出现小小不便。从阳朔至杨堤有直达中巴车，车费 9.5 元；从桂林出发可从桂林火车站前乘去阳朔的中巴车在杨堤道口下（车费 8~10 元），然后换乘阳朔到杨堤的中巴车（车费 3 元），20 分钟后就到杨堤乡的漓江边了(这里还收门票 80 元)。

江边有许多老乡为徒步游客提供车船和导游、陪游服务。游客可以选择不同的游览方式。一是徒步走完杨堤至兴坪的全部路段，其中需三次渡过漓江(乘江边老乡的摆渡船即可，每次每人应收 4 元钱，但购买了 80 元一张的门票后可免前两次的过渡费)，穿过 6 个自然村，总行程达 20 余公里，步行时间约需 5~6 小时。二是先从杨堤乘船至九马画山，再步行走完九马画山至兴坪的 8 公里路，这样乘船和步行相结合，仅需 4 小时就够了。此外还有选择先乘渡船过漓江，步行到浪石村再乘船或竹筏漂到九马画山再步行到兴坪等其他游览方式，都能给游客带来不同风格的观光美感。

笔者推荐的游览方式是先从杨堤乘船到九马画山，此段途中尽是江山美景，乘船向两侧观光很精彩开心(船费最低 100~120 元、机动竹筏最低 50 元)。到九马画山前在冷水村边上岸，然后步行穿过这个小村(田园风光很美)，从村南的九马画山前坐船摆渡过漓江，然后步行到兴坪。这样除乘船外完全步行的时间不超过 3 小时（另外从冷水村过江后还可乘当地村民开的摩的去兴坪，又能节约一点时间)，既得到了开心享受又不太费劲儿。在此行进线路途经的几个小村庄内，均有一些小饭店、小餐馆，游人食宿皆方便。

▲每天在漓江边洗衣、纳凉，这是阳朔人的便利和福分

▲ 看，大型水上歌舞《印象·刘三姐》的表演场面是多么美丽壮观

发烧友特别关照

观看大型水上歌舞表演《印象·刘三姐》的技巧和学问

①这个表演一定得看——不看不行——场面极宏大、表演很动人，看了它你才能领略到广西山水风光和民俗风情的精髓和灵魂（笔者不久前游历过广西所有景区，按理说见识够广了，但看了《印象·刘三姐》后仍然被感动得热泪滚滚）。

②在桂林市内和阳朔县城，到处有《印象·刘三姐》的售票点，购票极方便，每晚20：00准时在阳朔县城以南约1公里的刘三姐歌圩上演（旺季有时晚上演2场，第一场的时间在19:30），请注意应最少提前10分钟到达。阳朔西街西口有观光车直达歌圩(打摩的也成)，车费均为3元。

③看《印象·刘三姐》最重要的是看总体效果而不是看哪一个演员，所以在表演场内坐得高效果更好（一般应高于第14排），购票时可向售票人员申明。

④在阳朔的漓江边或其他一些地方，常有人拉你晚上坐渔船去看《印象·刘三姐》——是用船把客人拉到离水上表演场不远的地方远远地、偷偷地看，这样可以不买198元的表演门票而只需给船家20~30元/人的船费。笔者反对这种做法，因为表演很精彩，观看它真是莫大的享受，所以要看就正常购票后坐在看台上光明正大、堂堂正正、体体面面、舒舒服服地看，不要弄那些偷偷摸摸、鸡零狗碎的把戏。再说在船上看只能远看，角度极差、效果极差，根本不能尽兴、不过瘾。《印象·刘三姐》演出咨询电话：0773-8811982。

旅游锦囊

笔者提议——因为有了《印象·刘三姐》，建议在阳朔建立全国最大的戒毒中心

看过这个题目后，您可能会说：你这家伙是不是有毛病啊？明明是导游书，怎么跟戒毒联系上了？但是不要忙也不要误会，看过我下面发表的见解后，您是一定会赞成和支持我的观点和建议的！

如今在国际上，毒品造成的危害是很大的；而在我们国内呢，毒品和吸毒人群的蔓延和扩大的态势也很令人触目惊心。毒品真可恨——一是它会在短时间内造成一种飘然欲仙的感觉，使得不少人为了寻求和享受这一瞬间的奇妙感觉而铤而走险；二是人们吸毒后会产生严重的依赖性、会成瘾，从而使吸毒者如深陷泥潭而无法自拔，难怪人们说"只要吸一口或是扎一针，那就是一辈子的事"。

为了帮助吸毒者脱离苦海，社会各界都在动脑筋、想办法，尤其是医学界，实验制造出了许多解毒药品和戒毒方法，但是真正能够根治毒瘾的办法还是不多，原因之一就是没能从根本上找到能转移吸毒者对毒品的关注和依赖的方式方法，大家为此很苦恼啊！

不久前，在阳朔看了大型歌舞表演《印象·刘三姐》后，我真想向国家有关部门进一言，我想说：观看《印象·刘三姐》绝对是对瘾君子们行之有效的戒毒药和戒毒方式——因为这个歌舞表演太美太诱人了——它把广西乃至中国乃至世界上最美丽的自然风光和绚烂的民族风情结合在一起，美得精彩至极、盖世无双，看了它你会忘却一切的！

我觉得那些吸毒者要多傻有多傻，要多蠢有多蠢——你不就是想寻求一种亦真亦幻、飘然欲仙的美好感觉吗？那你吸什么毒啊？你为什么不去看《印象·刘三姐》呢？看《印象·刘三姐》绝对能得到美轮美奂而飘然欲仙的感觉，且效果要比吸毒精彩强烈而持久得多——你吸一口或是扎一针不过能管几个小时至多半天一天的事，可是看一场《印象·刘三姐》能美得人整整一个星期都神魂颠倒、晕晕乎乎。据说有人吸毒吸光了十万、百万乃至上千万的家财，我觉得他们要多蠢有多蠢，要多笨有多笨；与其花这么多钱去买毒品，你为什么不能用其中十分之一的钱去看十场、百场乃至千场的《印象·刘三姐》呢（就是连看1000场不过才花了十几万块钱，比你花的毒资一定少很多吧）！

所以我建议在阳朔建立大型戒毒基地，让国内所有顽固不化的瘾君子都来这里用新方式戒毒——只要毒瘾一发就让他们去看《印象·刘三姐》，看完了他们肯定会沉浸在剧中美妙的感觉当中而忘了毒品是个什么东西——高雅艺术的神奇魅力一定会战胜万恶的毒瘾，我是深信这一点的。以上的话有开玩笑的成分但绝不都是戏言，只是建立戒毒基地一定要报请当地有关部门批准，不可以随便乱来啊！

▲《印象·刘三姐》精彩片断：银色印象

广西壮族自治区

资 源

电话区号	0773
资源县旅游局	4311351
旅游咨询	4311548
资源旅行社	4318222

过去外地游客去广西旅游，总是把桂林和漓江当做观光目标的首选，但是如果你千里迢迢去广西一次只游览了桂林和漓江，那就“太傻太亏”了。因为在桂林正北 107 公里的猫儿山下，还有一个美景聚集地，那就是以奇山丽水、丹霞地貌而著称的资源县。资源境内青山高耸，碧水蜿蜒，美景之多真是“海了去了”——资江清流、八角寨群山、宝鼎飞瀑、五排河狂涛、天门生态园、高山草场、银竹老山原始公园……真是数不胜数，气象万千。

▲ 婉转而流畅的资江大拐弯

气候及游季

资源地处桂北山区，气候温和，盛夏时节气温比桂林低 3℃~4℃，凉爽宜人，适宜避暑。冬季气温稍低但无严寒天气，即使是 1 月份，资江沿岸仍有桃花吐蕊、映山红绽放（游客穿毛衣、外套即可），资江亦四季有水，全年皆宜漂流、游览。

• 不是笔者吹牛

笔者两次畅游资源，游后发现这里的丹霞地貌比福建武夷山还要壮观迷人。如果你在旅游旺季来此游遍资江、八角寨、宝鼎瀑布和五排河四大景区，相信定会得出同样观感。

交通

欲去资源应先乘火车或飞机到广西桂林市，桂林市长客总站（距火车站只有 300 米）每日 6:00~17:40 每隔 20 分钟就有一班普客发往资源，行车 2~3 小时，车费 35~39 元（全

• 当地餐饮

如果是在宾馆餐厅中进餐那当然挺贵，但县城中的快餐摊上 8~10 元钱可吃饱一顿，晚间街上还有各类烧烤可选。

- **推荐住宿**

琅东大酒店，资源最高级的宾馆，准三星级，平季打折后双标房118元/间，旺季会上浮。

- **资江漂流**

去资江漂流可从县城乘中巴，票价1元，10分钟后即到新漂流码头，漂流船票98元/人，乘橡皮船500元/船（团体客人可优惠），时间需2.5小时。

- **天门山百卉谷**

资江漂流的最后一站就是天门山百卉谷，欲进百卉谷景区需购门票，票价60元，游览约需2.5小时。

资源主要景区方位图

程柏油路)。另外桂林每日还有多班豪华快巴发往资源(7:40~16:40)，2小时可到，中间一站不停，车上提供饮料，车票37~42元。此外资源与龙胜间每日也有数班客车对开。

住宿

资源县城较小，宾馆分布较集中，琅东大酒店、丹霞宾馆、天门宾馆均是高、中档住处，标间房价在80~180元间，随不同季节浮动。县城内还有20~30家普通宾馆，带有卫生间、电视、空调的普通双标房价格在50~60元，一些普通招待所还有30元的双人间，住宿非常便宜、方便。

主要景点和游览方式

资源县的主景在资江，最诱人的游览方式当然是漂流

资江发源于猫儿山东麓，落差大，江水急，在22.5公里的游览距离内，它居然流过了45条滩，拐了31个弯，两岸有风帆石、锦鸡山、观音峰、百卉谷等60余处景点，游人乘一叶小木船或橡皮舟逐清波而下，两岸的美景就让你看全了。

资江漂流的方式明显与众不同

资江漂流不是坐船（或竹筏）一游到底，而是时动时静、时走时停，一会在江心顺流而下，一会儿又停船上岸观赏美景，在长达4.5小时的漂流过程中，导游会安排游客先后共四次上岸：第一次是观赏和拍摄资江的主景风帆石，风帆石高近80米，形态既像一张迎风张起的船帆，亦像一面猎猎招展的旌旗，身姿巍峨，甚是壮观；第二次是上岸眺望拍照对岸的奇景神象饮水（一块巨石酷似象鼻弯弯浸入江中，形态生动、惟妙惟肖）并品尝渔民自制的美味竹筒饭和酸辣烧江鱼；第三次是到浪田村参观娱乐，紧靠资江边的浪田村是一个瑶族村寨，这里的村民每天都为前来观光的游客表演瑶族歌舞，并拉着他们参加“选新郎”、“背新娘”的喜剧、闹剧，令游人特别快乐和开心；第四次是到资江最漂亮气

派的景区天门山·百卉谷，游人可以沿险峻的山路攀至天脊或神仙寨，在这里见到的资江壮景（奇峰林立、清江宛转）比在武夷山天游峰上看到的九曲溪大拐弯还要神奇壮美得多。

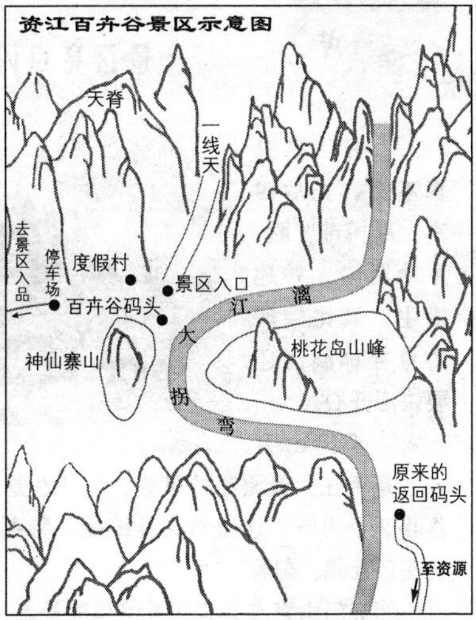

八角寨是资源境内的又一佳景

这是一处以丹霞地貌而著称的大型山岳风景区，听听这里景点名胜的名字就足够神奇诱人：降龙栈道、云台仙境、八角溢彩、群螺观天……这里巨大的山岩有的横空出世，有的壁立千仞，有的摇摇欲坠，有的拔地顶天，真是神奇怪异、巧夺天工。

八角寨景区有数处奇景颇为引人入胜

一是位于景区大门左侧的螺蛳山（亦称群螺观天），这里有四座一二百米高的巨大山岩——山头尖、底座圆、身带线条生动优美的圈状螺纹，颇像海水退潮后搁浅在沙滩上的大个海螺，且巨大的螺身上刺青天，下插地面，身姿勇武，给游客以深深的惊异和震撼；二是开凿在险崖绝壁上的降龙栈道，它上倚危岩、下临百丈深渊，游人凭栏下视，顿觉惊心动魄、毛骨悚然。龙头香是全景区的制高点，在这里环视八角寨全景，见上百座奇峰怪岩巍然耸立，连绵起伏者如海潮奔涌，波澜壮阔，挺拔俊秀者如松竹玉立，身姿俏美，妙不可言。

- **重点关照**

游天门山时一定要登上神仙寨（至少登一半）和天脊，在这里可以看到比武夷山天游峰上看到的还要精彩得多的壮丽风光。

- **宝鼎瀑布**

从县城乘面的车票6元即到，门票40元含船票，游览需1.5~2小时。

- **八角寨**

去八角寨可从县城乘去梅溪的中巴，票价8元，1小时可到，然后从梅溪换当地中巴或打摩的，票价5元，25分钟可到八角寨，门票80元，游览需2.5~4小时。

宝鼎瀑布　天降神泉

宝鼎瀑布位于资源县城以南12公里处，由九级总落差达700余米的子瀑布组成。每到盛夏时节，瀑水奔腾而下，银花飞溅，声震山谷，场面壮观，甚为迷人。

资源山水最诱人的地方就在于它的风光绮丽且风格多样，游人到此游览一次既可漂清江，又能登险峰、观飞瀑，会玩得特别满足开心。现在当地的旅游部门又开发开放了许多新景点，像艰辛神秘的原始森林探险、惊险刺激的五排河漂流等，活泼秀美的资江风光正以其迷人的风姿，笑迎八方游人。

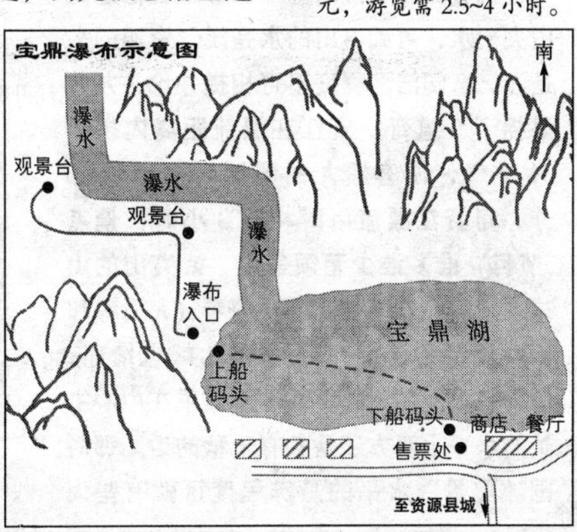

旅途中

景区亮点闪击和精彩回放

①资江漂流真不错，先后四次上岸探奇览胜，生动活泼，妙趣横生，真比乘船游览桂林漓江还要快活开心。

②天门山百卉谷是资江上最漂亮的风景，资江在这里拐3个大弯，江流浩荡且婉转，特别优美、壮阔、匀称。

③天门山百卉谷有两处绝佳观景点，一是神仙寨，可以展望资江大拐弯全貌；二是天脊，站在山巅，360度视野范围内全是千姿百态的漂亮风景。

④八角寨风光也精彩，尤其是屹立在大门入口处的螺蛳山，“螺体”真巨大(高达百十米)，令人惊诧，给刚一下车还未开始游览的游客来了个大大的“下马威”。

⑤宝鼎瀑布有点“绝”，从千米高山上跌下来、拐了两个大弯又流进宝鼎湖里，游客必须连山带瀑带湖一起玩，非常新奇开心。

新奇发现

资源山水比福建武夷山还要壮观迷人！

提起国内以丹霞地貌而著称的山岳风景区，大家都会觉得风光最美名气最大的是福建的武夷山，但如果你到广西资源走一遭，就会发现这里的风景比武夷山还要壮观迷人。

武夷山和资源的基本地形地貌都是两山夹一水，可武夷山的水是溪，资源的水是江，宽阔浩荡程度不可相提并论；九曲溪拐了9道弯，资江在漂流距离内拐了31个弯，游客漂九曲溪历时1小时45分，可资江漂流用时将近3小时，景点(节目)谁多谁少无须争议。武夷山的山峰很绮丽，从下往上看更好看(大王峰和仙女峰都是这样)，资源的山峰也绮丽，但是从山上往下看更好看。如果在中心主景的水平上双方还是各有千秋的话，那周围“配景”水平的悬殊程度可就有些大了——资源的八角寨山峰壮美程度绝对超过武夷山的一线天、虎啸岩，宝鼎瀑布的气派绝对大过武夷山的水帘洞。所以综合各方情况全面来衡量，资源山水确实秀盖武夷群山。

关于资源山水与福建武夷山的区别和差异，本章节后边另有详细介绍，敬请关注。

▲ 八角寨螺蛳山

推荐游程

在资源游览至少需 3 天时间才能宽松、快活、开心。

标准的三日游方案：

D❶：上午漂资江，下午在天门山登高（天脊、神仙寨）观资江大拐弯壮景，晚上回资源县城住宿（亦可宿天门山）。

D❷：上午游八角寨，看国内一流的丹霞地貌奇观，下午游宝鼎瀑布和宝鼎湖，夜宿县城。

D❸：五排河漂流探险，下午返回县城结束游览经桂林返家。

紧凑的二日游方案：

D❶：全天游览资江、天门山百卉谷。

D❷：上午游八角寨，下午观宝鼎瀑布。

如果您只有一天时间：

可以上午漂资江，下午游八角寨或天门山，这样亦能玩得快活欢欣。

旅途中

旅游锦囊

新年及春节黄金周时没必要去海南等旅游热点地区凑热闹，你完全可以到资源来，冬季风光虽不及夏季但山不黄、树不枯，资江水也在欢快奔流——乘船游览很开心，加之此时游人少而食宿便宜，何乐而不为呢？

▲ 山清水秀、民情绚烂——资源风光

发烧友特别关照

①到了桂林千万别因为观赏了漓江美景后心满意足而忽视了资江，只要时间允许，到资源来走一趟绝对会心满意足。

②假如您是中午才到资源，那不妨下午先去游八角寨或宝鼎瀑布，第二天再用全天时间游资江——上午漂江，下午到天门山百卉谷观光，这样才可有充足时间畅览资江和天门山百卉谷美景。

③如果中午或午后漂江而又是自助游，那到达天门山百卉谷并登高游览后估计已是下午 6 点左右，这时有两种选择，一是住在天门山，有一家宾馆有客房小楼也有竹楼、木楼；二是步行 2 华里到资梅公路旁，从这里搭顺路车回县城，车费需 5~20 元，行车至少需 45 分钟。

④在资源，参加旅行团队去游览资江、八角寨、宝鼎瀑布亦很方便舒适，旅行社派来的导游还会为大家讲述许多资源山水的小故事，并为大家唱瑶族山歌、跳瑶族舞蹈，让游客高兴欢乐之余还特长知识学问。资源县城内有数家旅行社，收费不高，手续简便，请您一试（资源旅行社在县城中心街上，可组织不同形式的当地观光游，服务态度好、服务质量有保证。电话：0773-4318222）。另外青年旅行社的电话是 0773-4316168。

⑤去五排河漂流最好参加团队，或与漂流公司联系，这样各环节衔接会更好、更方便。

龙 胜

电话区号	0773
龙胜县旅游局	7512502
旅游咨询	7518468
旅行社	7516979

龙胜各族自治县位于桂林市西北约100公里处，境内青山耸翠，自然风光十分娇娆秀美，是大桂林旅游圈边缘最引人注目的亮点之一。这里不光有驰名中外的龙胜花坪、矮岭温泉和被称为“摄影家福地、乐土”的龙脊梯田，而且瑶、侗、壮、苗等少数民族风情亦十分浓郁迷人，几乎每座依山傍水的木楼古寨中，都有新奇独特的风俗和故事，每个来龙胜观光旅游的客人，都会带着丰富新鲜的见闻和记忆满意而归。

▲ 龙脊梯田胜景

气候与游季

龙胜地处桂北，气候相对温和湿润，常年皆可游览，但冬季龙脊梯田景色相对平淡，所以观光佳季应为每年的4~10月份。

交通

欲去龙胜应该先到桂林市，桂林市琴潭车站发往龙胜的班车从6:00~17:00几乎每20分钟就有一班，普客车费25元，3小时可到。另外桂林琴潭车站每日有发往龙胜的空调快巴，车票35元，2小时即到。此外龙胜与相邻的资源县每日也有2~3班客车对开。

- **县城住宿**

最高级的宾馆是龙胜宾馆，条件甚好的双标间才100~120元，建议住便宜实惠的旅游宾馆，双标间70~80元，还有一些普通招待所有15~20元/人的床位。

龙胜游览总体指导

龙胜风光甚好且观光景点众多，绝对能为各方游客留下美好观感。全县景点的分布是以县城为中心，向西北、东北、东南方向放射出三条旅游线。西北线上的景点主要是银水侗寨，这个依山傍水的寨中民族风情浓郁，非常值得一看。东北方向主要有原始森林公园和矮岭温泉，前者园内有亚洲最大的铁索悬桥和山林及猴群（一般游客在此停留不超过1小时），后者是温泉洗浴疗养区，适合休闲度假但观赏价值有限（游客可视情决定在此是否住宿）。而东南方向则是当今龙胜观光的特大亮点龙脊梯田和大寨金坑梯田（还有黄洛瑶寨），这两处梯田佳景已是闻名全国、声震海外，每年吸引着国内国际大量游客。

至于游程安排，银水侗寨和原始森林公园及矮岭温泉可同一天去，但一定要上午去侗寨（因为有歌舞表演），当晚可住在温泉或回县城住。次日和第三日畅游龙脊梯田和大寨金坑梯田。

主要景点

龙胜温泉国家森林公园

距龙胜县城约29公里，总面积10平方公里。园中森林茂密，溪水清澈，怪石嶙峋，谷幽洞深，公园中的主景是龙胜温泉，其他景点有猴山、五剑山、横盘山、白面奇石、龙音潭瀑布等。

桂林、龙胜、资源相对位置图

龙胜矮岭温泉

位于县城以东34公里的矮岭溪边，泉水来自地下1200米深的岩层下，水质为重碳酸钙镁型，水温45℃~58℃，含有锂、锶、锌、铁等多种矿物质，洗浴饮用均可，有明显的健体、祛病、强身作用。温泉景区地处幽谷，四周碧峰林立，风光很美且设有宾馆、疗养院，可供游人疗养、度假、休闲游乐。

岩门峡漂流

漂流河段由温泉口至白面瑶寨，全程约6公里，两岸群峰嵯峨、林木葱郁，河心狭窄幽深、水流湍急，游客乘一叶小舟顺河而下，可以备感惊心动魄般的惊险刺激，领略驾驭自然、征服自已的豪然壮气。漂流费480元/船，可乘6人。

龙脊梯田

主要分布在距龙胜县城22.5公里（距桂林市80公里）的和平乡平安村一带，被称为“壮乡人民的骄傲”和“画家、摄影家的福地”。

梯田景区面积约为66平方公里，景点最高处海拔880米，最低处海拔380米。条条田垄从山脚一直盘绕到山顶，层层叠叠，如练如带，形成了“小山如螺，大山如塔”的画面和布局，风光秀美奇绝为国内外所罕见。

龙脊梯田共有15000多块，大的不足1亩，小的只能插几株秧苗，但基本上全是种植稻子的水田，因而这里春秋时节风光最美最奇最适合绘画和拍照——初春时节水田插秧灌满水，每块田池都是黑白分明，波光如镜，深秋时节稻谷成熟，满山金浪随着秋风起伏摇曳，扣人心弦，令人心醉。

- **国家森林公园**

龙胜县城有机动车前去。门票20元。

- **矮岭温泉**

龙胜县城与矮岭温泉间每日有客车对开，1.5小时即到，车票15元左右。门票7元，泡温泉、住宿另收。

- **如何去龙脊梯田？**

在龙胜旅游，龙脊梯田是当之无愧的绝佳观景点。去龙脊梯田可以从桂林市坐客车直达梯田风景区的平安村停车场，但直达车较少。最方便的是从桂林先乘车到龙胜，桂林与龙胜间每20分钟就有一趟客车，直达快巴2小时即到。再从龙胜县城换车去龙脊梯田，每日7:00、9:00、11:00、13:00、15:00、17:00发车，共有直达车6班，车票8元/人，行车不超过1.5小时。另外亦可从桂林乘车先到和平乡（白天随时有车），和平乡就是去龙脊梯田的岔路口，从这里换车只需花5元车费，1小时即可到达龙脊梯田。但是在这里上客车不一定有座位，站着有点难受。道口不远处乡里街上有微面可包租去梯田。

- **景区门票**

梯田观景票60元。

- **大寨金坑梯田**

比龙脊梯田壮观得多得多，一定要去看一看。桂林有直达大寨的客车但车次很少，可以先从桂林乘车到龙胜县城，县城去大寨的车 30 分钟一次，车票 12 元，80 分钟可到。也可先从桂林乘车到和平乡道口，这是到大寨的必经之道，在此等过路车去大寨，60 分钟可到。

¥大寨金坑梯田门票 60 元。

游大寨金坑梯田有点辛苦，下车后至少徒步 110 分钟才能登上 3 个观景台中的 1 个，要有心理准备。

- **从龙脊梯田去大寨金坑梯田**

两个梯田之间有一条山路，但徒步至少需 2.5 小时，太累，最好不要走。最好的办法是从平安村停车场先乘回龙胜县城的客车，15 分钟后到二道桥头，这里是去大寨的必经之路，在此等候过路中巴 (30 分一趟)，票价 5~7 元 40 分钟即到大寨村口。

- **银水侗寨**

从龙胜县城乘 2 路中巴 10 分钟即到。

¥参观票 50 元/人。

龙脊梯田景区主要居住有壮、瑶两种民族，他们民俗奇特，风情独具，优美的服饰和山歌舞蹈，造型奇异而精巧的木楼民居，味道醇美而喷香的茶、酒和风味美食，会给八方游客带来全新感受和诸多流连回味。

大寨金坑梯田

在龙脊梯田东北方约 11 公里的林寨乡，虽然这里与龙脊梯田同为梯田景观有异曲同工之妙，但是这里的梯田从面积到层数，高度比龙脊梯田要大得多、多得多、气派得多。龙脊梯田已很壮美，但若与大寨金坑梯田相比简直是小巫见大巫。龙脊梯田的级数一般有数十层，但大寨金坑梯田的级数许多地方都超过了 100 层；如果说龙脊梯田的精华是当地人所说的“七星伴月”和“九龙五虎”的话，那用同样的标准来比喻衡量，大寨金坑梯田就不知道有多少星、多少月，多少龙、多少虎了。所以这里是颇受游人关注的桂北山水名胜中的灿烂新星。

银水侗寨

是近年来新开发开放的少数民族村寨，位于龙胜县城西北约 2 公里处。这里是群山夹峙的一条峡谷，谷中修竹秀立、芭蕉浓密、清泉欢涌，风光奇佳。侗寨的规模并不大，只有 5~6 幢竹楼，但是这里可以展示多姿多彩的侗家风情。游人可以细观侗家生活习俗，购买当地特色手工艺品，品尝侗族家乡饭。最有袭人魅力的是每天举行的侗族歌舞表演，能给游客带来新奇感受和长久回味。

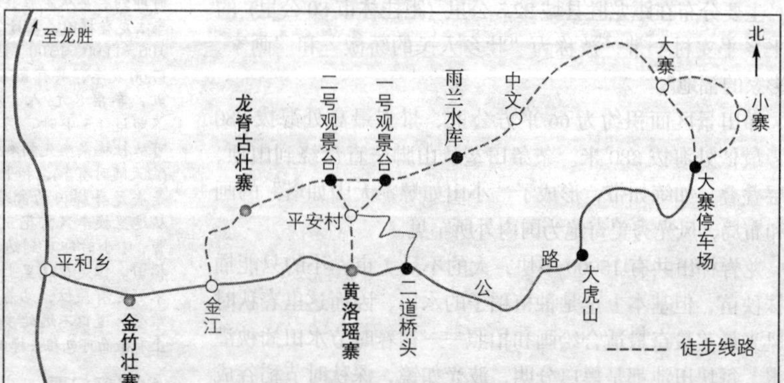

龙脊—大寨金坑梯田观光示意图

发烧友特别关照

关于龙脊梯田和大寨金坑梯田游览的最新攻略

①龙脊梯田的食宿状况

目前客车可以一直开到龙脊梯田所在地平安村村口，购买门票后步行 10 分钟，就可以进入平安村了。村中到处都是家庭宾馆和餐馆。其中较高级的宾馆是平安大酒店，是四层楼，有很干净的客房和卫生间，双人房价 80~120 元。还有新丽晴酒店，条件比平安大酒店差一点，双人房 50~70 元。还有几十家宾馆条件都差不多，有简易卫生间的双人房 40~50 元/间或 20~25 元/床，没有卫生间的双人房 20~30 元/间。吃饭可在宾馆一层的餐厅中吃，价格很贵。一般肉炒青菜要 12~25 元 1 份，纯肉菜 25~35 元 1 份，土鸡一只要 80 元以上，所以在平安村停留一天，饭费需 70 元左右。

②龙脊梯田观光

平安村后边的山上有两个观景台，离得近的这个是 2 号台，上边看到的风光主要是“七星伴月”，风景尚可。村子东头山顶上的是 1 号台，上边看到的风光主要是“九龙五虎”，风景特精彩（这个地方一定要去）。游客一定要两个观景台都看，才有满意效果。1 号台与 2 号台之间有条平坦的石板路，步行 30 分钟可到。建议先去 2 号台，看风景一般一点的，再去 1 号台看最精彩的（之后可从 1 号台下山而不必再回 2 号台）。从游客进村开始，到看完 2 个观景台再回到村中，最快的也要 2.5~3 个小时。如果是中午抵达，最好在平安村住一夜。

③大寨金坑梯田的食宿状况

目前大寨村的停车场在村外，下车后步行 20 分钟才能进村，村中也有家庭宾馆数十家，住宿条件和收费标准与平安村相等。

④大寨金坑梯田观光

目前这里有三个主要观景点，分别称为 1 号、2 号、3 号。目前游客常去的是 3 号。从大寨村爬到 3 号景点至少要步行 90 分钟，上边的景观“贼壮观”，停留 30 分钟观景仍觉不过瘾（一定要从山头东侧一直看到西南侧），所以看一个 3 号景点上下就要 4 个小时左右，如果 3 个景点都看，一般体力的人要 1 天半时间。目前一般游客来到大寨只看 3 个景点中的 1~2 个，以看 3 号景的居多，3 个都看的大都是摄影爱好者和时间体力都充足的游客。

⑤观光总体指导

游客从桂林或龙胜出发后最好先到龙脊梯田，午餐后观梯田胜景，晚上住平安村，览民俗风情。第二天早晨上山观日出，之后下山乘车去大寨观金坑梯田，下午看 3 个景点中的 1~2 个，晚间可返龙胜或桂林，也可住在大寨次日再看 1 个景点。

⑥附上几个当地旅馆电话供大家选择

平安村：揽月阁 0773-7583005，龙脊宾馆 0773-7583047，新丽晴酒店 0773-7583048，七星伴月阿蒙家 0773-7583031。大寨村：乡村咖啡厅旅馆 0773-7585606，大寨客栈 0773-7585601，龙田山庄 0773-7585669，全景楼 0773-7585688（全景楼数月前着了火，烧毁了一部分客房，现在又重新开业了，他们的车每天还能到桂林火车站接游客，可把游客直接从桂林接到大寨村，车费 40 元/人）。

▲ 梯田风光如画

兴安 ●●●•

电话区号	0773
旅游局	6222467
旅游咨询	6211188
乐满地游乐城	800-8793788

兴安位于广西东北部，南距桂林约60公里，是大桂林旅游圈的重要组成部分之一。兴安境内有猫儿山、灵渠、五里峡等山水佳景，近年来又兴建了有“中国的迪士尼乐园”之称的乐满地大型游乐城，城中有数十种游乐设施和方式且经营管理极为科学先进和完善有序，引起各省游客广泛关注。

▲ 在乐满地游乐园中乘坐过山车

交通

兴安距桂林市区甚近，从桂林长客站乘中巴和大客，票价16~20元，70分钟即到兴安县城，交通极为便利。

若从桂林包微面前去，每车亦不过70~90元车费。

桂林长客站电话：0773-3522153。

- **乐满地交通**

桂林市内每天7:00~16:00有景区专线车去乐满地，发车地点在桂林火车站前广场东侧，车费15元，90分钟可到。

- **乐满地游乐票价**

套票从110元至380元不等，含不同游乐项目和餐饮住宿。

乐满地主题公园还经常推出优惠门票，其中淡季参观游览票有时低至50~60元。

- **猫儿山**

桂林长途客运站有车直抵猫儿山。桂林各旅行社亦都开办了猫儿山一日游业务。

¥景区门票50元。

主要景点

猫儿山

距兴安县城56公里，系五岭之一的越城岭主峰，最高峰海拔2141米，山上云海苍茫，森林稠密，原始风光绮丽壮美，因山上许多地方人迹罕至，所以“二战”时一架坠毁在山上的盟军轰炸机的机体几年前才被当地居民发现，此事曾在国际上轰动一时。

灵渠

是公元前221年秦始皇为进攻岭南的军队运送粮草而下令修建的水上通道，亦是我国古代著名的水利工程之一。虽然华夏祖先的勤劳和智慧已经是昔日风采，但今天的灵渠景区水质清澈、山林相映，风光柔美精致且人烟稀少，颇具迷人野趣，仍是当地受人喜爱的美景之一。参观灵渠还可畅览我国古代劳动人民勤劳智慧的结晶，得到诸多感叹。

乐满地度假世界（5A 级景区）

是台商投巨资建成的占地达 90 公顷的大型游乐城。分为中国城、美国西部区、梦幻世界区、海盗村、南太平洋区及森林游乐区。园中观光、游览、餐饮、住宿设施一应俱全。游乐及表演项目众多，在西南地区享有盛名。由于景区内服务甚佳，游览效果极好，笔者给予强力推荐。

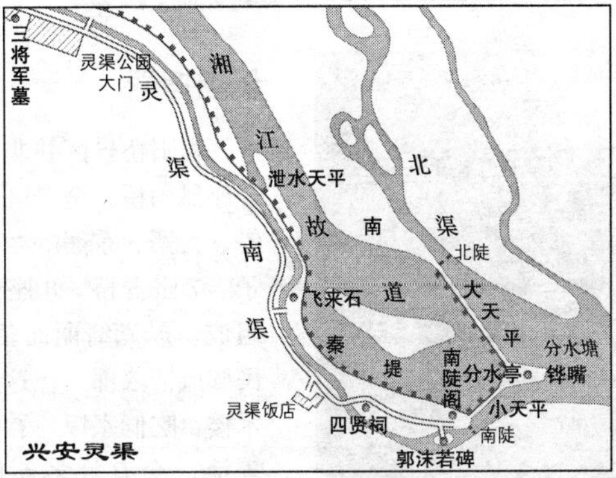

兴安灵渠

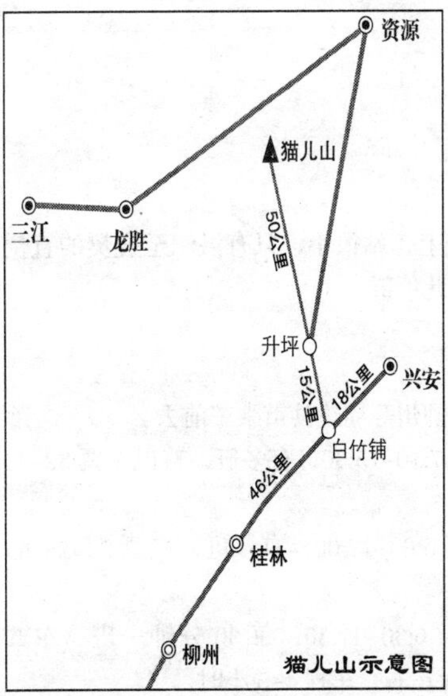

猫儿山示意图

▲ 猫儿山云海日出

• 灵渠

从兴安县城乘摩的，车费 2 元即可从灵渠的西南入口进入公园。

¥ 门票 60 元。与水街联系 110 元。

• 乐满地度假世界

从兴安县城乘各类机动车 10 分钟即到。从桂林市区乘乐园专线巴士 70 分钟即到。

¥ 平日门票 110~120 元，学生、军人、老人有优惠（有时还推出其他形式的优惠票）。

这里在国内同类景区中各方状况都属上乘，游人去一次绝不嫌多。

• 乐满地游乐咨询

乐满地度假世界位于桂林市兴安县灵湖路，电话：0773-6229988。

• 从兴安到资源

游毕兴安后去资源游资江和八角寨亦是不错的选择。兴安到资源有 1.5 小时车程足够了，且不必绕道桂林。

三江

电话区号	0772
三江县旅游局	8616567
民族风情旅行社	8612444

三江县地处湖南、贵州、广西三省区交界处，界内遍布小山和丘陵。清澈的溪河旁、苍翠的山岭上分布着许多少数民族村寨，侗乡风情奇异迷人。游客来到三江，一可领略绚丽多姿的民俗民情，二可观赏特色鲜明的侗族建筑，其中程阳风雨桥和马胖鼓楼都是闻名海内外的建筑艺术瑰宝，风姿独特颇为引人入胜。

▲ 三江风雨桥

玩家指南

程阳桥景区并非只有一座风雨桥，全景区由马安、大寨、东寨等 8 个寨子、7 座古桥、8 座鼓楼组成，风光绮丽而独特，民族风情浓郁。在这里住木楼、吃侗家饭、看歌舞表演，会有许多新鲜见闻，一日游仓促，二日游才能宽松开心。

交通

铁路

三江站位于枝柳线上，站很小，只有湛江至襄樊的直快列车和其他少数慢车在此停靠。

公路

可从桂林、龙胜、柳州等周边县市乘车前去。

桂林至三江：每天 7:10~15:30，有多班，普巴车票 32~40 元/人，车程 5 小时。

龙胜至三江：每天 6:00~17:00，有多班，车票 22~25 元/人，车程 3 小时。

柳州至三江：每天 6:30~17:30，每 30 分钟一班，车票 37~45 元/人，快巴 53 元左右，车程 4~5 小时。

- 住宿

三江县城内高档宾馆不多，像最高级的程阳桥宾馆和鼓楼宾馆中的双标间 70~80 元即可拿下。程阳风雨桥旁有程阳桥旅舍，卫生尚可，还可洗澡，15~30 元/床，电话：0772-8582468。旁边的侗寨里亦有一些个体旅社，收费都很低廉。其中一家叫鼓楼民族旅社，位置甚好，可看到周边许多美景，床价 20~25 元/天，电话：0772-8582561。另外程阳桥边新开业了 3 家家庭宾馆，大部分房间都有卫生间，房价 40~50 元。

三江至程阳桥：在三江汽车站坐三江至林溪乡的车，中途在程阳桥下，车票5元/人，车程约50分钟，每半小时一趟。

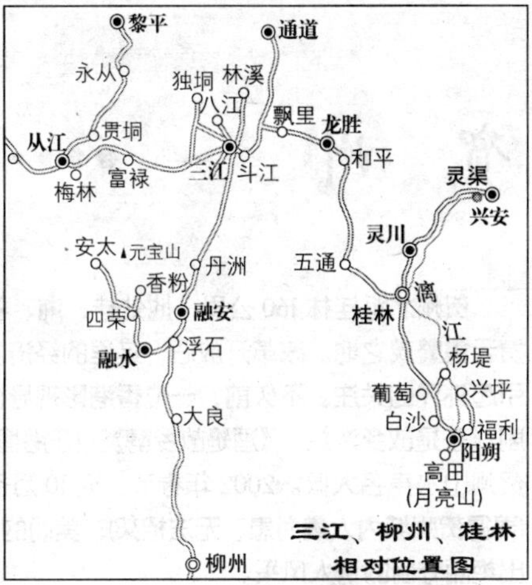

三江、柳州、桂林相对位置图

主要景点

程阳风雨桥

风雨桥是侗族建筑中的“一绝”，它集桥、廊、亭三者于一身，兼有过渡、休息、观赏等多种功能。三江境内的风雨桥有数十座，程阳桥即是其中的杰出代表。该桥位于三江县城古宜镇北面约20公里处的林溪河上，长64.4米，宽3.4米，高10.6米，整座桥不仅造型精美玲珑，而且全桥不用一钉一铆，大小梁木全用榫衔接或以凿木相吻，建造艺术高超精湛，巧夺天工，是侗族劳动人民勤劳智慧的结晶。

侗族鼓楼

鼓楼是侗家特有的建筑，它是人们议事、聚会和娱乐的场所。三江境内有许多大小不一的鼓楼，其中最著名的是八江乡马胖村的大型鼓楼。该楼高约20米，宽12米，有九层飞檐，建造十分精美，它的规模气派堪称三江之最，亦是游客在三江的必观之景。此外程阳风雨桥附近的马安屯永安鼓楼（与风雨桥门票通用）在当地亦很有名。

现在为了游人观光方便，三江县桥的大桥东头又新建了一座大型鼓楼供大家随意观览。

● 程阳风雨桥

从三江汽车站乘去林溪乡的车在程阳桥下即可，车票6元。从三江包微面去程阳桥20元即可。

门票60元。

● 餐饮

程阳桥旁的几家旅社中附设的餐厅里菜价并不便宜，图实惠可以到马安屯一位叫吴晏凡的乡民大嫂家，她的家庭旅馆标间50元、普间30元/间，正餐15元一顿、早餐6元，正餐每顿基本能吃到炒肉片、红烧鱼、炒白菜等三菜一汤，很让人称心如意。吴大嫂家的电话是0772-8582922，手机是15878203107。游客抵达前打电话找吴大嫂还能得到其他优惠。

推荐游程

D1：观程阳景区自然风光，古老水车系列，程阳风雨桥观景拍照，桥头对歌敬酒，观侗族风情表演，参观这里的七桥八寨和绿水青山。

D2：三江县城，程牛寨，仙人山（茶场），座龙寨，八协鼓楼，程牛梯田。

三江地处桂西北地区，地域稍显偏僻，单去那里游览可能收获不够丰厚，把它和龙胜、桂林连在一起玩才能物有所值。

马胖鼓楼 ▶

贺州

电话区号	0774
旅游局	5123189
贺州贵东旅行社	5126550

贺州北距桂林160公里，地处桂、湘、粤三省区交界处，自古就是交通要塞、商贾云集繁茂之地。改革开放后，这里的经济发展迅猛，而秀丽的自然风光却一直未能引起外界的关注。不久前，一位香港影视导演以贺州为外景地，拍摄了两部电视连续剧《茶是故乡浓》、《酒是故乡醇》（在港播出后收视率竟然高于《霍元甲》），这才使贺州山水声名大振。2002年春节，近10万香港游客蜂拥而来欲观赏剧中拍摄的美景（弄得贺州城内人满为患、无法招架），美丽的贺州恰似桂东山水中的灿烂新星，正焕发出艳丽夺目的诱人风采。

贺州大地山清水秀、野趣天成，岩洞奇石鬼斧神工，田园风光和谐秀美，有姑婆山、温泉、桂江、黄姚古镇等多处美景。

▲ 姑婆山风光

交通

最方便的路径是从桂林去贺州。桂林长客站开往贺州（当地人管贺州叫八步）的客车（途经阳朔）每日有至少10~15班。豪华空调快巴车费88元，2.5小时就到；卧铺大巴无空调，车费60元，4小时可到。建议游客乘快巴，条件舒适且途中一站不停，虽车费贵但物有所值。而卧铺大巴简直是招手就停，沿途频繁上下客人，车速太慢，烦人。此外，柳州、梧州、南宁、广州等周边城市，都有直达车每日同贺州对开

- **桂林长客站**
  电话：0773-3820600。
- **贺州客运总站**
  电话：0774-5283263。

W 穴其中柳州和梧州到贺州的直达车每日至少有 8 班)，交通十分方便。

住宿

贺州市内的宾馆饭店甚多，高中低各档均有，无须一一列举。推荐住贺州宾馆，院内的贵宾楼条件甚佳，常接待政府贵宾但散客亦可住宿，标房 120~180 元，还可打折；宾馆门口还有一幢普通客房楼，有卫生间、电视、电扇的普通双人间只需 50~60 元。贺州宾馆的最大特点就是正规、安全而条件好，游客尽可一试。

另外贺州国际大酒店条件好而房价稍贵 (双标 250 元以上)，八步大酒店条件尚可，标间百元上下，亦可供游客选择。

主要景点

姑婆山　自然风光绚丽迷人

姑婆山位于贺州市正北方向约 30 公里处，主峰天堂顶海拔 1844 米，是桂东第一高峰。山中多苍翠山峦、茂密丛林，幽谷深壑神奇，溪泉飞瀑清丽，原始风光甚为秀丽迷人。山中的仙姑瀑和罗汉瀑落差并不算大，但清流四季奔涌；情人谷长满两枝并依的连体树，宛如情侣相依相偎；而姑婆山的主峰则长满漫山遍野的杜鹃林，暮春时节杜鹃花盛开，一片姹紫嫣红。现在，景区中正在兴建扩建千亩茶园和九铺香酒厂，底蕴深厚的中国古代茶文化和酒文化与秀丽的自然山水风光完美交织，使姑婆山成为贺州山水中最有代表性的主景。

贺州温泉　度假佳境

贺州温泉度假区位于市区北侧的黄花村，它背依青山、前临碧溪，层林叠翠、环境优美。这里的温泉出水量达每小时 120 吨，水温 60℃，含有硫、镁、锂等 38 种微量元素，能治疗风湿性关节炎、胃溃疡及神经性头痛等多种疾病，亦可促进人的血液循环，健体强身。

桂江观光　尽览美景

桂江上接漓江、下汇西江，在贺州市昭

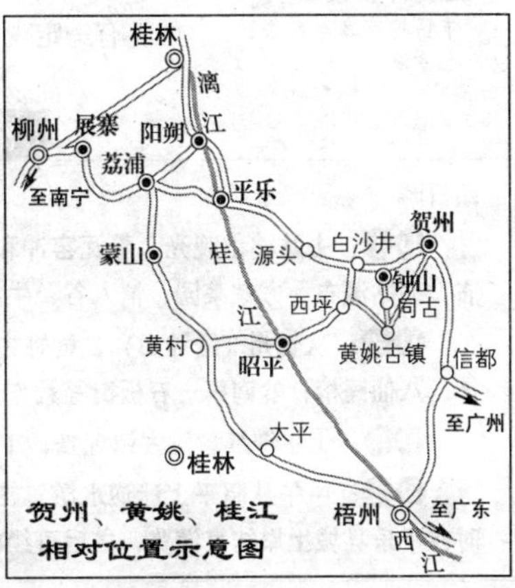

贺州、黄姚、桂江相对位置示意图

- **交通提示**

在桂林、阳朔一线，看见大巴车窗前贴着开往“八步”的字样，那就是开往贺州的。

- **推荐住宿**

①贺州宾馆，电话：0774-5211268。

②姑婆山森林宾馆，电话：0774-5236918。此地空气好适合休闲度假。

此外贺州市区还有不少中小型旅馆，可以找到 40~60 元带卫生间的普通双人间。

③黄姚古镇上的金兰居旅馆，在驴友中口碑不错，双人间 30~50 元。电话 0774-6722218。

- **姑婆山**

贺州市区每日有多班客车开往姑婆山，1 小时可到。游人包微型车前去更方便，车费约需 40~50 元。

¥景区门票 60 元，含观光车费。

游览常规景点半天时间即可，若是登攀主峰需用一整天时间且要早出晚归。

景区门口有森林宾馆可供住宿疗养，条件甚好，附设野味餐厅。

- **贺州温泉**

从贺州市内乘客车 30~40 分钟即到温泉。

¥门票 50 元。

平县境内流程达40公里，它的下游江面开阔，波平如镜，上游江水湍急，有多处险滩；江边多起伏青山、茂密竹林和原始农舍。现有机动客货船行驶其间。游人乘客货轮船漂江，时间长达4.5小时（船费只需20元），不仅能饱览山光水色，还能尽情观赏沿岸百姓生活、劳作的场景，情趣颇多，收获甚丰。

黄姚古镇 贺州绝景

黄姚古镇是贺州市内最具特色也是最为原始古朴的名景。它位于昭平县城东北40公里处，四周是典型的喀斯特地貌，奇峰林立，溶洞幽深。古镇内外有江溪穿插环绕，镇中多古树、古庙、古祠堂和各式亭台阁榭，且有山的地方必有水，有水必有桥，有桥必有亭，有亭必有联，有联必有匾，构成了古镇独特的风景。古镇的街道全部用青色石板镶嵌而成，历经数百年，至今仍保存甚好且平滑如镜。镇内建筑按九宫八卦阵布局，岭南风格特色极为鲜明。这里有文明阁、光宁庙、吴宇祠、护龙桥等八大景二十四小景，清乾隆时期镇上古商业街的各类店铺亦保存甚好，且每一座民宅、每一块石碑、每一副对联、每一块奇石都风格迥异，耐人寻味。漫游黄姚古镇，就像浏览一幅远古时代的风情画，可以从中体味到人世间悠悠千年的沧桑风雨、世态烟云，令人驻足良久，回味悠深。

玉石林和紫云洞

玉石林在距贺州市区18公里的黄田镇，是由汉白玉石柱、石笋组成的奇石景观。紫云洞在市区西南4公里处，洞中暗河和钟乳石风光奇异。以上两处景点都是近年来新开放的，有一定观光价值。

- **桂江观光**

游桂江可从昭平县逆水上行或从平乐县顺水下行，团队客人可包乘各式江轮，散客可乘江上客船。客船船费25元/人，每天上、下行至少各有一班。平乐下行的发船时间在8:00前后，昭平上行的发船时间为13:00。不过开船时间有时有灵活变动，游客出发前应作适当询问。

- **黄姚古镇**

桂林客运总站每日有数班客车直达黄姚，也可从贺州乘客车，大巴和中巴都有（去巩桥的车亦路过黄姚），车费15~17元。另外也可从贺州乘车到钟山，车费6元（从桂林方向去可直接到钟山而无须先到贺州），钟山每天有4~5班客车去巩桥和昭平途经黄姚，行驶2~2.5小时可到。另外亦可从昭平县乘客车前去，行车2小时。

黄姚古镇观光门票最新价68元。

古镇上的“玄妙”太多，外人初来乍到大都看不懂，所以游览古镇必须请导游。景区入口处有导游接待站，导游费30元。

- **玉石林和紫云洞**

市区均有客车前去，包车也方便。

推荐游程

四日游

D1：去姑婆山观光。看瓦窑冲和银河落九天瀑布、九铺香酒厂、大草坪、仙姑庙、仙姑瀑布、方家茶园、情人谷、牛头寨，夜宿景区森林宾馆或返回住市内。

D2：从贺州（经钟山）去黄姚古镇，畅览古镇风情。观古戏台、宝珠观、鲤鱼街、八仙睡榕、岭南第一石板街等景点，住宿古镇。

D3：上午继续黄姚古镇观光，下午乘车去昭平，住宿昭平县城。

D4：中午从昭平上船逆水游览桂江，开船时间13:00，游程长达4.5小时，黄昏时在平乐县城上岸结束游览，之后可经桂林返回。

荔浦

电话区号 0773
旅游局 7223050
旅行社 7210970

说来挺有趣儿，我周围的许多人对广西荔浦的了解，都是从罐头开始的——这全都得益于数年前的一段著名广告：“逢年过节，买荔浦罐头；投亲访友，送荔浦罐头；外出郊游，吃荔浦罐头；荔浦罐头（怎么怎么样……）。”这则广告在中央电视台的黄金时段反复播出以至流传甚广，让人觉得好像荔浦最出名的东西就是罐头。其实荔浦不光有罐头，还有许多美景，这里和广西的其他地方一样，河流清澈，山峦苍翠，而最最出众的则是这里遍布山间溶洞，喀斯特地貌的神奇构造和魅力被大自然演绎得绚丽多彩，韵味无穷。

▲ 银子岩洞外风光

交通

去荔浦主要有西、北、东三条线。北线从桂林、阳朔方向去：桂林市长客总站每小时都有客车直达荔浦，票价普巴 25 元、快巴 35 元，2 小时可到；阳朔开往荔浦的大、中巴半小时一次，票价 13 元，1 小时可到。西线可从柳州方向去：柳州市长客站开往荔浦的大巴基本 1 小时一次，2.5 小时可到。另外东线贺州市每日有快巴开往荔浦，行车约 3 小时可到。

- **荔浦客运站**

  电话：0773-7213088。

- **交通提示**

  开往丰鱼岩的微型车大都是在荔浦县城中的广场边发车。而不是在客运站发车。

住宿

荔浦县城内遍布各类宾馆、旅馆，价格便宜，70~80元即可住较好房间。此外，银子岩景区内至少有2家宾馆，丰鱼岩景区内外至少有4家宾馆，八卦山庄本身就是大型度假村，游客在任何地点住宿都方便。

推荐游程

如果光游荔浦县境内的主要景点，那一天时间就够，从桂林方向去的游客可先游银子岩，1.5小时就可游毕（它与阳朔紧紧挨着）。然后途经荔浦县城再游丰鱼岩，2.5小时足够。剩下的时间去八卦山庄并在十里画廊拍照。从柳州方向去可先游丰鱼岩，后经荔浦县城去银子岩。

主要景点

亚洲最大的溶洞丰鱼岩

丰鱼岩位于荔浦县城正南16公里处，因岩内盛产油丰鱼而得名。这个巨大的山间洞穴长达5.3公里，纵贯九座山峰，所以享有“一洞穿九山，暗河深十里，妙景绝天下”之美称，被地质专家认为是“亚洲第一洞”。丰鱼岩有许多大小不一的洞厅，其中最大的面积达到2.5万平方米，颇为壮丽恢弘。洞中遍布石笋、石花、石柱、石幔，千姿百态且色彩艳丽，构成了洞中不夜城、五羊迎宾、群龙戏水、宝塔天国等近百处奇景。其中“不夜城”景区中的“定海神针”直径只有14厘米而高度却达9.8米，亭亭玉立，姿态秀美，是丰鱼岩洞内诸景中的灿烂明星。

丰鱼岩内分为陆上游览区（长2公里）和暗河漂流观赏区（长3.3公里）两大部分。陆上游览区主要是观赏巨大的洞穴、洞厅和各类奇石佳景。暗河观赏区则是游客乘船沿狭长的水道前行，游览沿途经过多处急流峡谷、洞中湖泊和洞顶飞瀑。

• 餐饮

当地餐饮业收费便宜，县城街上的自选快餐8~10元可吃饱吃好(荤菜2~3元1份、素菜1元钱1份、米饭1元钱管饱)，旅游区内的餐厅稍贵，普通肉菜价格亦在15元以上。

• 丰鱼岩

从荔浦县城中心广场乘专线微型车，票价6元，45分钟可到丰鱼岩景区。

¥ 门票70元，含全程讲解费用和游船费用。

丰鱼岩洞内观光需110分钟，其中旱洞步行游需45分钟，水洞乘船游需1小时出头。

• 洞中游览指示

必须跟随导游，因为导游有走过一段路即随手关照明灯的习惯，关灯后洞内一片漆黑，有点吓人。

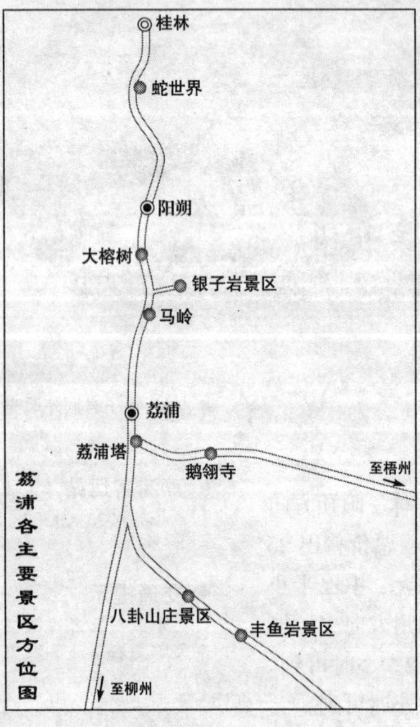

荔浦各主要景区方位图

玲珑秀美银子岩

银子岩位于荔浦县城正北18公里处的马岭镇，与丰鱼岩洞穴的宽坦壮阔形成鲜明的对比，银子岩景区的规模稍小但特别美丽精巧。它属层楼式溶洞，分为上层洞穴、中层大厅、下层洞穴三个层次，各层洞厅中都布满了各类奇异的石钟乳和水质碧澈的泉池。游人进入洞室后忽而钻进洞底，忽而又攀上洞顶，在迷宫般的美妙意境中饱览大自然鬼斧神工的杰作，真是美妙新奇、快活开心。

银子岩洞外的风光也颇为秀美迷人，四周青山环抱，中央奇峰高耸，宛若一个巨大的天然盆景。景区内现已建成完善的餐饮住宿设施，是国内外游客观光度假的佳境。

八卦山庄　风姿独特

它位于丰鱼岩以北5公里处，因其构筑在两山之间占地1万平方米的巨型天然八卦太极圈中而得名，是一处集秀丽自然风光、古典文化和现代休闲度假设施于一身的综合旅游度假村。

八卦山庄四周有青山依偎，中央八卦池中碧波荡漾映照蓝天白云，山间有面积达6000余平方米的岩洞八卦仙宫，而此溶洞洞顶和地面相当平坦且具有冬暖夏凉的特点，所以许多单位和团体都来此举办各类会议（以岩洞为会场），不少国内外易学名家也纷至沓来，在这里研讨，为弘扬民族传统文化耕云播雨。许多嘉宾贵客亦来山庄作信息咨询（山庄设有周易文化研究预测中心）。有“地下仙宫、人间天堂”之称的八卦山庄正在为更多的游人所瞩目。

十里画廊　佳景纷呈

当你驱车从荔浦县城向南即将抵达丰鱼岩景区时，你会在公路两侧看到数十座秀美的山峰。它们有的像骏马、有的像骆驼、有的像雄鸡、有的像蝙蝠，真是活灵活现、栩栩如生。而依山流过的泱泱碧水，块块嫩绿的山间农田和座座原始古朴的农舍相间相衬，更把整个景区装点得柔美多姿，如诗如梦。

▲银子岩洞内奇石

- **银子岩**

🚌荔浦县城有专线观光车到银子岩，车费5元，开行1小时就到。另外从阳朔去银子岩更方便，车行30分钟即到。

¥门票70元，全程导游讲解，游览时间约50分钟。

景区内有数家宾馆可供住宿。

时兴玩法

如今许多旅行社和散客都在游览桂林和阳朔之后去银子岩一游，效果确能锦上添花而又不费过多时间和旅费。桂林市内及阳朔县城到处有银子岩景区的售票处，阳朔每天还有多班专线车直达银子岩。

- **八卦山庄**

🚌从荔浦县城乘车去丰鱼岩的途中经过八卦山庄景区大门，这里距丰鱼岩还有15分钟车程。

¥进八卦仙宫洞内参观门票5元。

- **十里画廊**

这里是县城到丰鱼岩景区的必经之路，游客在车上观光或下车拍照都行。

发烧友特别关照

①丰鱼岩和银子岩洞内风景很不一样，一个辽阔壮丽，一个玲珑剔透，形成了巨大反差和鲜明对照，两个洞都游效果更好。

②十里画廊山景美，四周的田园风光亦佳，住下来细玩几天会有美妙感受（住在十里画廊边的八卦山庄挺好，这里风光好房价亦便宜）。

③每当大雨过后，十里画廊的山峰间均有烟雾笼罩、云霞飘飞，很有迷人韵味。

自助游程可作如下安排

①丰鱼岩景区的级别档次高，景区内的宾馆房价也真高，标间开价在200~480元，旺季打折后最便宜的也在120元左右，还是条件最普通的房间。想找便宜住处方法有两个：一是丰鱼岩景区门外有1~2家个体旅馆，条件尚可的双人间收费只50~60元；二是可以从丰鱼岩门口花2元钱车费到八卦山庄去住，这里游客少，宾馆客房便宜，一般季节标间价码在百八十元，比丰鱼岩内的宾馆便宜一半左右。笔者曾在山庄条件甚好、房间特宽阔的别墅楼中住了一星期，感觉舒适无比。

②同样的道理，在丰鱼岩景区门口外的个体餐馆用餐比在景区内的宾馆餐厅用餐要便宜得多。景区内的宾馆餐厅一顿便餐亦要30~40元，而在个体餐厅15元钱即可吃好。

天外天

天外天——还有更好的玩法

◀ 米堤风光

荔浦的洞穴风光着实不错，可外地人去广西一次光看洞穴就显得太单调了，把荔浦和周边景区连在一起玩效果就会好很多，主要线路有三条可供参考：

A.游完桂林和阳朔再南下去荔浦，阳朔县城到荔浦银子岩景区只有0.5小时车程，随时有车前去。

B.游完柳州（金秀、融水风光以及柳州市区的鱼峰山等）再去荔浦，之间只有3小时车程，大巴每小时均有1班。

C.游完贺州（姑婆山、桂江、黄姚古镇）再西行去荔浦，之间也只有3小时车程，每日有多班客车对开。

柳 州

电话区号 0772
旅游投诉 2821364
中国旅行社 2855409

柳州是广西第二大城市，它北望桂林、南依南宁，热带风光绮丽，城区地貌特色鲜明。清清柳江呈 U 字形流过市中心，江边有许多挺拔峭立的山峰。著名的鱼峰山山巅是观赏城区全貌的绝佳地点，都乐岩中的 46 个岩洞里到处有钟乳奇石佳景。周边的宜州、金秀、融水亦是桂中大地上冉冉升起且越发引人关注的山水名胜新星。

气候与游季

柳州冬无严寒，夏无酷暑，四季皆宜旅游，但最佳游览时节还是春秋二季。这里的冬天虽然草不黄、树不枯，但风光总归不太生动；盛夏时节阳光强烈，北方游客来此应携带防晒用品。此外，这里雨水偏多，游客可考虑携带必要雨具。

▲ 柳州市区风光一般，但是周边有金秀、融水、三江等观光亮点。图为三江侗寨中精美玲珑的风雨桥普济桥

交通

柳州市铁路交通发达，有客车同北京、上海、南宁、成都、贵阳、湛江等诸多城市对开。

这里的公路客运亦发达。市区 (鱼峰山西侧) 的长途客运站每天有多班大巴发往南宁、桂林、广州、深圳、珠海及金秀、融水、宜州、三江、北海等周边县市。

市内有数十条公交线路四通八达，出租车 3 公里起价 6 元，另外市区街道上随处可见摩的和板的，游人可任意选乘。

住宿

柳州的旅馆多而便宜，星级酒店有柳州宾馆等。还有许多价格低廉的中小旅馆、招待所，住宿非常方便灵活。如位于马鞍山附近的柳园宾馆 (0772-3800809)，标间价格淡季才 60 元左右，像这样的住处还有许多。

- **笔者关照**

初次来柳州观光的人，干脆就把这里的山水风光精华当做一副担子得了。中央的支点是鱼峰山，两边一头担着融水 (或宜州)，一头挑着金秀。只要游览了这三个地方 (柳州市区其他景点景色一般)，你的柳州之行就肯定是一次快活享受。

- **柳州火车站**

电话：0772-3922222。

- **柳州长客站**

电话：0772-3808400。

主要景点

鱼峰山（鱼峰公园）

位于柳江南岸市区，山高 88 米，山姿卓立，山形秀美，山下的小龙潭水色清绿，玲珑秀美，山顶有观景台，游人登攀至此可览市区全景和柳江秀色。因相传鱼峰山是刘三姐成仙的地方，所以山腰处雕有刘三姐石像。山前的露天表演场内每天有壮族同胞载歌载舞，甚至通宵达旦。

“柳州有座鱼峰山，山下有个小龙潭。常年四季歌不断，歌仙美名天下传。”过去壮族人民心目中的歌仙是刘三姐，如今歌仙的美称却属于柳州城内的许多普通人。每天 10:00~21:00，鱼峰山下都有歌舞表演和联欢，一拨儿又一拨儿的歌手轮番上场，尽情展示自己的歌喉和舞姿，游人亦可随时登台献艺，园内的观光客见此无不感到快活开心。

都乐岩

位于柳州城南 12 公里处的都乐村，由 12 座山峰、46 个岩洞、一条 3000 多米长的清溪、4 个碧波荡漾的人工湖、140 余公顷平坦绿地以及书法碑林组成，岩溶洞穴奇观和锦绣田园秀色交映生辉，风光旖旎，引人入胜。

周边美景

柳州周边美景多。从柳州乘车向西 1 小时可到宜州，那里有刘三姐故乡园等近年来开发开放的佳景；向北 1 小时可到融水，那里的贝江漂流尤其是少数民族村寨观光活动的欢快程度堪称广西之最，元宝山探险亦很神秘诱人；向东行驶 2~3 小时可到金秀，那里的大瑶山间有圣堂山、莲花山等山岳美景，更可领略浓郁独特的瑶家风情。

▲ 鱼峰山·小龙潭

- **鱼峰山**

🚌就在市中心，有多路车均可到。另外从市中心的长客总站步行 10 分钟就到鱼峰山了。

¥门票已经免收。

鱼峰山东侧还有座马鞍山，亦是当地著名景点，可与鱼峰山一并游览。

- **欢乐情怀**

坐在鱼峰山下，买上一杯冷饮，看各族歌手、舞手轮番上阵欢歌曼舞，这是柳州观光中最令人欢乐的开心享受。

- **都乐岩**

🚌从市区乘 9 路公汽可到，车程 40~50 分钟。

¥门票 35 元。

- **柳江线条美极了**

它环绕着柳州市区流了大半圈，弧线特别宛转优美，宛转优美得令人难以置信，是不是外星人开凿的运河呀？

- **周边美景**

柳州长客站每日发往上述三地的大、中巴，从早到晚接连不断，游客观赏游玩上述景区均非常方便。

补充提示

①柳州火车站前有数路公交车直到鱼峰山（20 分钟就到），下火车后先去鱼峰山一游非常方便，亦很令人快活欢欣。

②游毕柳州再去南宁和桂林易如反掌，乘大巴上高速，3 小时可到南宁，2 小时可到桂林。

③如果把柳州和融水、金秀连在一起玩，有 3~4 天时间就够了，其中融水漂贝江用一个整天，柳州观光半天即可，主要看鱼峰山和马鞍山，余下的时间可全都交给金秀，那里的大瑶山风光绮丽迷人。

金秀

电话区号　0772
旅游局　6215238
旅行社　6212606

金秀大瑶山位于广西中部，距南宁400公里，距桂林180公里，这里群峦叠翠，山高谷深，森林茂密，遍地溪泉，全县有500多平方公里的类丹霞式地貌景观，更有形态万千数不胜数的苍松翠柏，奇岩怪石。这里有圣堂山、莲花山、罗汉山、五指山、天堂山、罗香山等9处省级风景名胜区，它们集黄山之神奇、华山之峻峭、匡庐之飞瀑、雁荡之巧石于一身，景色新奇、险峻，颇为壮观迷人。金秀森林资源、野生动物资源亦丰富，全县的森林覆盖率达到88%，随处可见黑压压遮天蔽日的原始森林，林中有银杉、红豆杉、罗汉松、变色杜鹃等许多珍稀树木挺拔秀立，更有上千种飞禽走兽栖息其间，有人把金秀比作清溪瀑布的源泉，绝岩奇松、变色杜鹃的世界，中药材的宝库，庞大而美丽的自然动植物园，这是非常恰如其分的。

气候与游季森

全年皆宜游览，但冬季去当地圣堂山等景点稍有些寒冷，夏季气候凉爽，避暑观光效果甚佳。

▲ 金秀圣堂山风光

交通

游客可以从两个方面乘车去金秀：A.从柳州乘直达大巴，4小时左右可到金秀（柳州长客总站每天有多班车前往），亦可从柳州先乘客车向东行驶到头排，然后换乘当地微型车（随时有车），1.5小时可到金秀。B.从桂林方向乘客车2小时可到荔浦县城（桂林至荔浦的车每小时最少一趟，快班35元，慢班25元），之后换乘当地专线车去修仁或头排（车费5元，半小时即到），再从修仁或头排换车1.5小时即到金秀。

- **柳州客运总站**
电话：0772-3808400。

- **金秀县客运站**
电话：0772-6212317。

住宿

金秀县城内住宿不贵，一般宾馆、旅馆收费甚低，像客运站对面的民族宾馆有电视、电扇、卫生间的双人间旅游旺季只需50~60元，淡季可降至20~30元，这样价钱的住处在

- **民族宾馆**
就在长客站对面，电话：0772-6213605。楼下还有快餐厅，3~5元即可饱吃一顿。

广西壮族自治区

金秀县城内随处可见，长客站对面的街上就有4~5家。

另外圣堂山景区的山腰处有木板房旅店，包间70~100元（有卫生间及热水浴）；圣堂山山顶有家云海山庄，有卫生间、热水的双人房价格一般在150~200元之间；另一家木板房旅馆无卫生间和热水，双人房价钱在150元左右。

餐饮

金秀县城内有多家自选快餐店，里边的肉菜2~3元钱1份，素菜1元1份，米饭1元1碗，米粉4元1大碗，饭量大的男士花8元钱亦能吃饱吃好。晚间县城内有许多烧烤摊，品种繁多可任选。

主要景点

老山原始森林保健度假区

位于金秀城东16公里的金秀老山山谷中，度假区内有精美木质阁楼客房48间，床位100张，餐厅、药浴保健室、民族风情表演场一应俱全，可接待百余名客人吃、住、娱乐。

度假区所处环境位置极好，四周群山环抱，奇峰耸翠，村边古木葱茏，遍地奇花异草，这里没有任何大气污染和公害侵袭，终年微风习习、清馨扑面，空气中负氧离子含量达到13000个/立方厘米，清爽纯净，沁人肺腑；尤其是度假区内流过的两条山溪，它们不光水量充沛、欢畅奔涌，而且水质优于国家地表水环境质量的一级标准，真是“捧起来就可以喝，跳进去就可以洗”，原始森林保健度假区是游人回归大自然，旅游、度假、保健、疗养的绝佳处所。

圣堂山

位于金秀县城西南60公里处，由7座海拔1600米以上的挺拔山峰组成，主峰圣堂山顶高1979米，巍峨壮美，身姿迷人。圣堂山上多400~500米高的巨型石笋石柱，如塔林戟海，形态万千。山上的登山路起伏蜿蜒长近10公里，沿途可见石狮赏月、神秘古墙、孔雀开屏、枯木逢春、南天一柱等

- **老山原始森林保健度假区**

虽距县城不远但暂无专门客车前去，从县城包微型车需50元。

¥门票3元。

- **圣堂山**

金秀至圣堂山大部分是砂石路，每日有一班客车发往圣堂山（9:00、票价11元）2.5小时可达山脚，此地离山腰验票处还有12公里，步行需2.5小时。

¥门票50元。

从县城包车去圣堂山游览最舒适方便，微面单程约需200~250元，往返约需450元，能否再砍价看你的本领。微型车可一直开至半山腰山门验票处，进入后再步行3小时可到山顶。

山上有云海山庄等数家宾馆、招待所，食宿无大问题，但价格不便宜，最低房价亦在150元上下。

60余处佳景，山间奔涌的云海雾涛和坡上盛开的万亩变色杜鹃林更把圣堂群峰装点得神奇梦幻般瑰丽娇媚。

莲花山

位于金秀县城西北部14公里处，主峰海拔1350米，因远看山体酷似一朵含苞欲放的莲花而得名，莲花山由泥盆系紫红色砾岩和石英砂石组成，属丹霞式刚棱削面柱形地貌，山上随处可见直上青天亭亭玉立而又摇摇欲坠的陡峭石峰，其中盘天升堂和石林仙都为山中最佳景。这里的石笋石柱有的如仙女般婀娜秀美，有的似热恋中的情侣幽会于山谷，有的像老人互相依偎，现在，山上已开通一条长达6公里的环状登山路，游人环行一周可见到全山共24处佳景。

金秀瑶族民俗村

金秀是我国最早成立的瑶族自治县，这里居住的瑶族山民分为盘瑶、茶山瑶、坳瑶、山子瑶、花兰瑶共五个支系，是国内瑶族支系最多的县，形成了当地纷繁复杂的生活习俗和五彩缤纷的瑶族风情。

为了让远道而来的八方游客了解瑶族的历史文化和风俗习惯，也为了向外界展示绚丽多彩的瑶家风情，金秀县自己开发了孟村民俗村（距县城8公里）、十八家民俗村（距县城28公里）、金秀村民俗村（县城内）和古占民俗村。村中不光展示瑶族的建筑、服饰、语言、生活习俗，而且每天都有漂亮的瑶哥瑶妹为客人表演瑶家歌舞和上刀山、下火海、吞筷条等绝技，并邀请游客参与抢新娘、抬新娘、跳竹杠舞等娱乐活动，使得游客既能开眼界、长知识，又特别欢乐开心。

除此之外，金秀还有花王山庄、避暑山寨和老虎潭峡谷等景点值得一看。县城内的瑶族博物馆馆藏丰富，能向游客详尽介绍瑶族的历史、宗教、文化和特有的生活习俗，风趣生动而又耐人寻味，亦是金秀旅游时的必看之景。

▲ 民族歌舞表演

- **圣堂山山上食宿**

如果住在山顶木板房每间收费150~200元，住山顶宾馆150~200元/床，餐费是在山上用餐25元/人，在山脚下用餐15元/人。

- **莲花山**

县城至头排或柳州的客车途经莲花山，行车只需1小时。

上山游览3~4小时可打来回，山上暂无完善的食宿设施，游人应携带必要的食品及饮水。

夏季暴雨过后登山须小心，山上有时有洪水或泥石流。

¥ 门票50元。

- **古占民俗村**

¥ 门票60元/人，含晚餐和观歌舞表演费用；住宿30元/人，含次日早餐。

- **瑶族博物馆**

¥ 博物馆门票10元/人。

- **美中不足**

在金秀县城中，很少有人穿瑶族服装，这哪有一点全国最早成立的瑶族自治县的味道呢？不知是怎么一回事？

自助游程可作如下安排

D1：上午去莲花山游览，下午返县城住宿(金秀四周青山环抱，城中清溪昼夜流淌，环境优美空气特新鲜)。

D2：上午去圣堂山，全天观光并住宿圣堂山上（山光石景及云海日出都很壮观）。

D3：早晨继续在圣堂山观览美景，午后返回县城看瑶族博物馆，之后即可踏上返程。

旅游联系电话

旅游局：0772-6215238

旅行社：0772-6212606

度假村：0772-6213530

游览指导

金秀县城内只有少数几班车开往各景区，游客可包乘当地各类微型车前往。去圣堂山路程52公里，包车费约需190~200元，去老山原始森林保健度假区包车费约需50~70元。

另外圣堂山景区在县城内（长客站对面）设有游客接待站，他们组织的圣堂山观光分为1~3日多种，游客可前去请教咨询。

旅途中

景区亮点闪击和旅途花絮

◀ 圣堂山山景

①金秀境内的圣堂山、莲花山都有一些山景足可以和黄山、张家界相媲美(尤其是圣堂山，山、石、树、花、云海是全方位的出色)，可是现在才想起开发开放，真是遗憾。

②别看金秀县城内的瑶族博物馆只是一座二层小楼，可真是藏龙卧虎之地——尽是价值不菲的服饰和工艺品，据说一件瑶家手工刺绣的衣裙就价值万元以上。

③老山原始森林保健度假村的山真青，水真碧，空气真新鲜，人待在这里老觉得浑身发软，舒服得不知道身体应该怎么放。

④金秀的青山绿水和新鲜空气真养人哪——我在莲花山下遇到两个干农活的老奶奶，她们腿不软、腰不弯、头发不白，背着五六十斤的稻草在山路上行走（一点儿也不比我走得慢)，问问旁人才知道，她俩一个62岁，一个71岁，真让人目瞪口呆。

⑤金秀是一个名副其实的避暑佳境，这里的地势高、森林密，气温比桂林、柳州等城市低3℃~5℃，因而宾馆、招待所基本没有空调房。曾有外地游客夏天中午入住后因见不到空调而大为不快且出言不逊，而到了晚间睡觉时又因气温降低而必须要盖薄棉被而感到舒服不已，也为自己白天的失态惭愧不已，哈哈！

融 水

电话区号	0772
旅游局	5122038
旅行社	5127733

如果您想到广西境内探奇览胜而又厌倦了桂林、阳朔、南宁、北海这些传统老景，那我向您郑重推荐一个好去处——广西融水县，那里不光风景秀美，少数民族风情亦十分浓郁迷人。融水县有许多挺拔秀美的山峰和清澈婉转的河流，且漫山遍野都覆盖着浓密的原始森林，游客不论在这里攀山、游水，还是进行森林探险都会玩得特别精彩开心。在当地诸多的游览方式中要数贝江漂流最为活泼诱人。

▲ 苗寨中的小姑娘

气候与游季

融水气候温暖湿润，冬季不冷，无明显旅游淡季，只是盛夏时节前去应注意打伞戴帽、防晒。

贝江漂流精彩开心

贝江漂流每天 10:00 前从专用的码头出发，游船行驶 20 分钟后即可进入一个依山傍水并有浓密芭蕉、茂林修竹掩映的苗族山寨沟滩，寨中的山民会用甜香的迎宾米酒为大家接风洗尘。之后会在专用的表演场上演一台大型民族歌舞节目，其中有欢快热烈的苗寨迎宾歌和活泼奔放的芦笙踩堂舞，节目丰富多彩且妙趣横生；有的节目还欢迎游客入场参与，同唱同跳；许多不善于表演的游客虽然手脚并用、努力模仿但还是难以入流、憨态百出，场内的表演者和场外的观看者都颇感快乐欢欣。

之后在山寨里的竹楼上享用一顿丰盛的民族风味大餐，菜有炸江鱼、炒酸猪肉、炸玉米笋、炒酸泡菜等。席间身穿鲜艳民族服装的苗族姑娘和小伙不时走到桌前为客人敬酒，“敬酒不吃”的人就会被“反剪双手”并“揪着耳朵”强行“灌”酒，主人待客的友好热情和独特的迎宾方式弄得不少游客拱手求饶但仍然得不到“宽恕”，不用多久几乎每个游客都被“灌”得面红耳赤。

• 交通

先到柳州，再从柳州客运总站 (鱼峰山西侧) 乘车，票价 25~36 元，1.5 小时即到融水县城。

• 重点关照

别看融水名气不大，但确有好山好水，民族风情亦十分绚丽多姿，尤其是贝江漂流途中要到苗寨中看歌舞表演并品尝风味美食，弄得游客特别幸福开心，之后还要到另一个苗寨中观看精彩的斗马表演，令人很感惊险刺激，所以这个地方非常值得一去。

饭后继续上船游江，酒足饭饱后沐浴着清凉的微风观赏峡谷秀色真是一件美事，沿途又可看到许多奇峰怪石和翠绿竹林，之后会抵达另一个苗寨长赖观看斗马表演。上岸后大家都颇感满足开心，交口称赞一日游物有所值。

元宝山览胜

除去贝江游览外，融水县内的另一处名景元宝山风光也很不错。元宝山海拔 2086 米，是广西境内的第三高峰，山脚下有许多苗、瑶、侗族居住的村寨，山上遍布原始森林，古木参天，浓荫蔽日，山泉淙淙，是一个游人罕至的神秘世界。游客可沿细长陡峭的登山路从深山老林中攀到峰顶，亦可住在山下的少数民族村寨中，尽情领略多彩多姿的民风民情。

交通、食宿及游览指导

欲去融水旅游应先乘火车或飞机到广西柳州，然后从柳州长途客运站换乘大巴，车票普客 25 元，豪华大巴 36 元，1 小时出头就到融水县。县城中的吃住挺便宜，其中新开业条件甚好的融水大酒店中的标间房价不过 90~120 元，宾馆二楼的餐厅供应各类风味菜肴，最便宜的快餐只需 10 元钱一份。还有不少普通宾馆房价 50 元左右。游览时间以 2~3 天为宜，其中 1 天贝江漂流，再用 1~2 天去元宝山探奇览胜，即可玩得满意开心。

贝江漂流最好参团而行。一日游车、船、导游、景区门票及餐费一共只需 110~128 元。融水县城中有多家旅行社，每家都有漂流一日游业务。

去元宝山观光可以从县长客站乘车前往，行车 3 小时可到，车费 23 元，门票 25 元。

森林旅行社电话：0772-5121881。

民族旅行社电话：0772-5127733。

▶ 老外在苗寨中与村姑合影

北 海

电话区号	0779
旅游局	3032102
旅游投诉	3060142
旅行社	3030739

在广西大地的南端、辽阔的北部湾畔，屹立着一座旅游名城北海市。这里日照充足，海风沁人，环境整洁，空气清新——全年花繁叶绿，四季瓜果飘香，大气和水质质量均达国家一级标准，每立方厘米空气中负氧离子达 2500~5000 个，为内陆城市的 50~100 倍，还有许多颇具水平的风景名胜——像著名的银滩、涠洲岛、星岛湖等全都风光秀丽、景色迷人。近年来北海市又实施开展了颇具规模的银滩海滨现代化开发改造，开辟了通往邻国越南的水、陆旅游线，吸引了来自全国各地及海外的大批游客。

气候与游季

北海属亚热带海洋性季风气候。年平均气温 22.9℃，最高温度 37.1℃，最低气温 2℃。年平均降雨量 1670 毫米。北海冬无严寒，夏无酷暑，夏季虽然日照强烈但空气清洁不混浊，冬天最冷时气温也降不到 0℃不会风雪交加，是一个全年都适合旅游的观光胜境。

▲ 北海市近年来景点风光变化不大，但房地产项目却开发了不少，屹立着南珠魂雕塑的北部湾广场旁已是新楼林立

推荐游程

二日游

D1：北部湾广场（南珠魂城雕拍照）→海底世界观光→南珠宫观览购物→午后银滩嬉水游乐→晚上银滩公园观音乐喷泉奇观。

D2：自助或参加团队去火山岛涠洲岛观光，看猪仔岭→三婆庙→天主教堂→拾贝海滩→火山口，傍晚返回北海。

三日游

D1－D2同上，D3去合浦县千岛湖游览。

或D1－D2同上，D3去越南芒街作出境一日游。

• 重点提示

北海不光适合旅游观光，亦适合休养度假。这里气候温和，物价便宜，民风淳厚，生活情调特别平静温馨，是国内最适合定居的城市之一。唯一不好的是近年来这里的传销组织出现了不少，影响了社会稳定，游客可不要参与进去啊！

- **民航售票处**

电话：0779-3033757。

- **火车站问讯**

电话：0779-2208373。

- **客运总站**

电话：0779-2095899、3882319。

- **轮船码头**

电话：0779-3882319。

- **南宁客运总站地址有变化**

开往北海的快巴发车已不在火车站对面了，而是改在市区东缘的琅东客运站和市区南缘的江南客运站，上述二站发往北海的快巴至少每小时一次，车费55元。乘客可打电话0771-4519999咨询。

- **乘车诀窍**

从南宁到北海的公路客运比铁路火暴得多，70%以上的人都选择坐汽车。由于北海的火车站偏隅城市的一边，而汽车站地处市中心，所以坐汽车到北海出站后会更方便一些。

- **乘车提示**

不要贪图便宜而坐卧铺大巴，时间没有保证，还是坐豪华大巴，又快又舒服，但就是车上老放武打片，让人不得安宁，这点很烦人。

交通

航空

北海机场距市区24公里，是广西三大机场之一，与北京、上海、长沙、武汉、深圳、昆明、重庆、成都、广州、郑州、桂林、杭州等城市之间都开设有直达航线。机场距离市区大约30分钟车程，打的可以讲价到40元，亦可乘专线大巴往返。

铁路

只有南宁有火车往返北海，两城间每日对开客车2班。其中北海至南宁发车时间是9:24和12:53，南宁至北海发车时间是9:05和13:53，行车190分钟可到，票价40元。

公路

从南宁去北海最方便，南宁琅东站和江南客运站都有舒适的空调快巴开往北海，全程走高速路，58元车费，3小时即到。大约每半小时发一班车，发车时间为6:00~21:00。除了空调快班，南宁还有很多普通班车和卧铺大巴可以到北海，价钱更便宜，不过走的都是二级公路，中途频繁上下人，时间无保证。此外桂林、柳州、湛江、广州、梧州等周边城市每日都有快巴直达北海，桂林到北海走高速路只需6.5小时。

水路

主要的客运航线有4条：北海→海口、北海→东京、北海→新加坡、北海→涠洲岛。

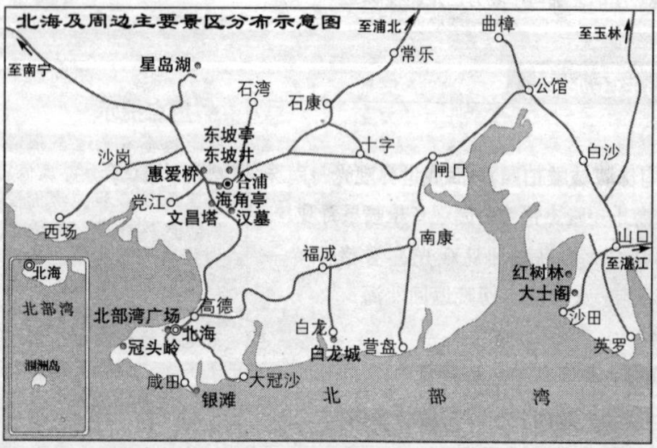

北海及周边主要景区分布示意图

市内交通

公共汽车 共有10路，可以轻松覆盖全市主要城区和风景区，运营时间6:00~22:00。皆为无人售票投币上车，起步票价1~2元。

出租车 5元起价，1.4元/公里，在市区打的一般都不超过10元，从市区到银滩需15元左右。

摩的 北海的摩的并不合法，全都是黑车运营，但它早出晚归且无处不去，所以确实方便了群众。上车起步为2元，6元钱基本可以到达市区任何一点，从市内到银滩最多不过10~12元。

住宿

北海有各类宾馆、酒店及旅馆、招待所300余家，对于一个规模不大的中小海滨城市来说，总体上接待能力大为过剩，除去“十一”黄金周外，这里的大部分宾馆饭店都不会客满，因此房价亦灵活可商。

北海最高级的宾馆有香格里拉宾馆、富丽华大酒店、海滩大酒店等，一般时候标房价格打折后在180~380元/间。中档宾馆的代表有南珠宾馆、华侨宾馆、皇都宾馆等，标房价格平日打折后在90~140元之间。此外还有大量的普通宾馆，带有电视、卫生间的房间价格不过60~80元。另外，不少普通宾馆和招待所尤其是个体旅馆由于竞争降价得厉害，最便宜的旅馆房价不过15~20元（有电视、电扇、卫生间）。所以，

北海市市内的中档旅游饭店 区号0779

名称	星级	地址	电话
中玉大酒店	三星级	北部湾西路	3903388
铁工宾馆	二星级	银滩大道7号	3882195
皇都宾馆	二星级	贵州路	3033388
华侨宾馆	二星级	四川南路	3033038
海珠宾馆	二星级	侨港镇	3881588
通洋饭店	二星级	银滩四号路	3885533
南珠宾馆	二星级	北部湾中路	2028157
国发大酒店	二星级	北部湾中路	2022788
联欧花园酒店	二星级	北部湾中路	2051898

▲ 涠洲岛一角

- **如何去银滩**

乘3路车（此车路线贯穿北海市中心），票价2元，25~30分钟即到。

从市中心北部湾广场打车到银滩至少需18元。

- **推荐星级酒店**

①海滩大酒店，在银滩公园对面，四星级，条件甚好，标房价630元，但经常可打5~6折，电话：0779-3888888。

②利源国际大酒店，三星级，标房价398元，但经常可打6~8折，夜总会的表演很有名气，电话：0779-3208816。

- **推荐便宜实惠的住处**

①北海民政干部培训中心，条件一般但房价不贵，双标间78~88元。电话0779-3992888。

发烧友关照

为您提供北海观光的最新指导

北海近年来的旅游资源开发缓慢，总体风光变化不大。虽然银滩景区经过了总体改造，但是过去的银滩公园没有了，游客反而无法抓住观光要点。星岛湖内的某些景区也有些老化，游人渐少。去越南出境游也受到限制，东兴口岸经常封关。唯一红火的观光候选地就是涠洲岛了。另外在市区去银滩的路边新开放了一处新景海洋之窗，观光效果与过去的海底世界异曲同工但是设施更全而新，游人可适当关注。另外北海市的物价尤其是食品价格比过去上涨多了，游人应有心理准备。

▲ 亚洲最大的音乐喷泉就在银滩海滨

②人防宾馆。在市中心北部湾大道旁，交通方便但条件一般而房价便宜，带电视、卫生间的普间最低 30 元/间，电话：0779-2034273。

③航标宾馆。在市中心北部湾广场西北侧，原皇都宾馆对面的小街道上，从北部湾广场步行 10 分钟可到。准三星级的装修但房价不贵，一般季节双标间 100 元。电话：0779-3088789。

此外从市中心北部湾广场十字路口向西走 150 米左右路南的小街道上有不少个体旅社，可以按床收费，每床每天 15~20 元。

- **购物**

北海市的商业中心在北部湾广场周边和北部湾路中段，有南宁百货和安商港、华联商厦、启东商城、新力购物广场、国通购物中心等大型商场，还有以销售珍珠首饰为主要特色的南珠宫、亨通珠宝、文邦珠宝等多家旅游涉外定点商场。其中南珠宫是北海最大的珍珠制品商城，店内珍珠制品繁多，价格公道透明，值得惠顾。

- **推荐便宜实惠的排档**

市区 5 路公交车邮局总站旁有家快餐店，里边各类海鱼 4 元/条、肉菜 3~4 元/份、素菜 2 元/份，人均 8~10 元可吃得很好。下了 5 路车向右手方向走 20 米就看见这家店了。坐 3 路车也能到。

这条小街上还有几家冷饮及小吃摊，各类果汁、果冻、美味小食品多的是但价码便宜，15 元钱能吃得你走不动道儿。

游客来到北海，最最省心的就是住宿问题，如果你对客房的要求不是太高，那每天的住宿费用低得可以不用计算。

餐饮

特色美食

来到北海这样一个南国海滨城市，游客最应该好好品尝的就是各类海鲜。在北海的每个餐厅内都可以轻而易举地品尝到各类海鲜美味，各类鲜货一应俱全，而海鲜餐厅聚集的地方主要有以下四处：

①外沙岛

位于市区北侧海滨，与城市只有一条小河之隔，所以毫无岛的概念。岛上有各类大型海鲜餐厅排档数十家，烹制各类刚刚出水的鲜货，品种多，味道美而醇，但菜价并不便宜(例如火爆鱿鱼卷亦要 30 元出头，比许多内陆城市都贵)。由于各旅行社是固定客户，就餐时能拿到大幅折扣，所以几乎每个团队都到这里开心美食，但散客来此用餐因饭菜不能大幅打折所以不一定划算。

②冠头岭

市区东郊的冠头岭镇上亦有不少海鲜排档，几乎都是建在海滨的竹楼上，楼上海风吹拂，楼下潮水奔涌，就餐时如赶上涨潮感觉不错，但这个地方离市区远，一般的客人不常去。

③贵州路海鲜一条街

有许多餐厅排档，由于这里海货便宜且价格水分不大，所以是北海当地人最爱消费的地方 (他们不会去外沙岛吃高档海鲜)，缺点是这里中央是马路、两侧是餐馆，环境有点儿乱。

④长青路小吃街

入夜后市中心北部湾广场东侧的长青路上的小吃排档亦非常多，不光有海鲜且有各地风味，菜价也不贵，鱿鱼、炒海虾一般都是 15~20 元一份，其他海鱼 25 元左右。由于这里地处市中心，所以外地游客来此备感方便惬意，可谓是首选美食佳境之一。

▲ 北部湾广场秀色

普通饭食

北海一般饭店餐厅中的菜价比北京、上海等大城市便宜两成，很令外地游客欢欣。更让人愿意接受的是自选快餐排档，那里的鱼、肉、鸡、鸭、香肠等荤菜3~4元钱1份，各式素菜1~2元1份，米饭1元1碗，另送1碗高汤。在这样的快餐摊上，女士5~7元钱绝对解决问题，男士8~10元钱亦能弄个肚圆，如果你每顿肯花上15~20元，那十天半个月过去，就应该好好考虑如何减肥的问题了。

另外早餐和正餐亦可在各类小饭店中吃米粉，4~5元1大碗，里边有肉有菜，饭量一般的人1碗米粉就可当一顿正餐吃。

主要景点

银滩是北海的“王牌景点”

它以沙滩平长、沙质细白、海水温清、波浪柔软、无鲨鱼出没等“五绝”著称，被誉为风光优美的“中国第一滩”。由于这里的海滩都由高品位的石英砂组成，所以在阳光的照射下，整片沙滩呈现出一种耀眼的银白色，真是别具一格、美丽壮观。在平坦的沙滩上任意嬉戏游乐，其开心畅快自不待言。银滩海滨的游乐项目多的是：乘船出海兜风，到碧波深处击水游泳，去情人岛观光，乘热气球或滑翔伞到碧空中览景区全貌，各种玩法随你挑选，可以一直折腾到累得“动不了窝儿”了算。

银滩海滨不光海景好，距北海市区也很近，加之这里即使在冬季的晴朗天气中亦能嬉水游乐，所以不论你什么时候抵达北海，最重要的事就是应该“铆足劲儿”，到银滩海滨过把“痛快瘾”。

火山之岛涠洲岛

涠洲岛是中国最大的火山岛，位于北海以南67公里处的北部湾海面，是由13000年前南海底部的火山喷发、岩浆堆积而成，这里到处可见巨大的火山岩，形状奇特、纹理清晰分明，岛上亦长满仙人掌、槟榔树、香蕉林，绿荫浓密、郁郁葱葱。

涠洲岛上有猪仔岭、天主教堂、拾贝海滩及火山口等多处景点。游人上岛后可以观光游乐，捡拾贝壳，购买珊瑚等各类纪念品。尤为值得一提的是岛四周的海水特别碧透纯净，所以，经常有外地游客携带各类专业装备到这里遨游潜水，

- **晚间美食乐土**

①长青路。晚上有百家排档开业，各类小吃及海鲜一应俱全，40元钱吃得你走不动道儿。

②北部湾广场，亦有不少摊铺，烧对虾20元一盘，还有其他各类海鲜、烧烤，让人大饱口福。

- **游览提示**

如果你是从广州、湛江方向来北海，那到北海前先经过山口红树林，可从公路入口处打车进去先行游览后再去北海市区。

- **推荐休闲方式**

早晨去北海市中心中山公园晨练并游园，中午花10元钱到快餐店吃鸡鸭鱼肉，午后到按摩中心作保健。午休后与黄昏时去海滨游玩，晚上到大排档吃海鲜，然后回去开心看电视到深夜，哇，一天又一天，把人舒服得快要死了。

- **银滩新姿动人**

银滩海滨已完成了全面清理和改造，今天的银滩（违章建筑全被拆除）不收门票，游人可步行或乘观光车在海边观景和乘船到海上游乐。

北海市内有3路车直达银滩，车费2元。从市中心打夏利约需16~19元。

- **环保观光车**

可载客在银滩海滨观光游乐。车费10~30元。

- **海洋之窗**

乘3路车可到。门票118元。

- **火山之岛涠洲**

从市区坐3路车到国际客运码头乘船前往。那里每日有两班船去涠洲岛，都是8:30开船。一班是高速快艇，120元/70分钟；一班是慢船“飞跃168”，二等舱票价120元。航程36海里，耗时2.5小时。

¥上岛门票90元。

北海各旅行社亦经营涠洲岛一日游活动，全包价最低为240元。

● 星岛湖

先从北海汽车总站坐车到合浦（6元/45分钟），再从合浦汽车总站乘专线车前往，专线车每天开4班，7:30、10:00、13:00、16:00从合浦出发，8:30、12:30、14:30、17:00从星岛湖返回，车费3元/人。包车往返需300~400元。

¥门票联票138元，含湖上船票和3个景区的门票。

● 海滩公园

在北海市内乘3路汽车可直达。

¥已经不收门票了。

● 海底世界

3路汽车可到

¥门票112元。

● 北部湾广场

1、2、3、5、7路等几乎所有公汽均到。不收门票，免费观览。

● 侨港海滨

从市区乘5路车直达。

¥海滨景区门票免收。

● 山口红树林

可从北海市区先乘车到山口镇，再换其他机动车前往。

观赏、探索热带深海中的绮丽和奥秘。涠洲岛上新建有多家宾馆和餐厅，游人从北海到这里做一日观光和数日游乐都成。——涠洲岛

星岛湖是北海周边重要的一景

它有6600公顷的辽阔水面，上有大小岛屿1026个，宛如颗颗璀璨星星散落在绿水碧波中，故因此而得名。1995年中央电视台拍摄电视连续剧《水浒传》的时候，在这里依山傍水修建了以"水泊梁山"为主题的大型外景地，犹如锦上添花，使千岛湖名声大振。现在许多到北海观光的朋友都去千岛湖一游，览湖区秀色，参观"水浒"名城，品尝各类水产湖鲜，玩得特别畅快开心。

海滩公园　夜景宜人

这里有亚洲最大的音乐喷泉群"潮"，每天晚上，伴随着《蓝色多瑙河》的美妙乐曲声，5000个喷管一齐喷水，5000盏彩灯交相辉映，场面恢弘而又变幻莫测，游人置身其中，感觉如诗如梦。

海底世界

海滨公园中新建的大型水族馆，内有海豹、海豚、海龟等数百只海兽和数千条艳丽缤纷的各类珍奇海洋鱼，颇具观赏价值和科普价值。

北部湾广场

位于北海市中心，四周椰林挺立，绿草如茵，广场中央有造型精美的《南珠魂》大型雕塑，是北海市的象征。

侨港海滨

在北海市区西南，亦有清澈的海水、辽阔的沙滩和壮美的海景，但这里游客较少，尤其是晚间十分清幽宁静，与银滩海滨的红火喧嚣形成鲜明对照，适合情侣观光，寻静探幽。

▲ 涠洲岛风光

山口红树林

在山口镇英罗港，有珍贵红树29种数万株，树丛茂密，长在海滨滩涂上，游客划船进入感觉扑朔迷离、如幻如梦。

广西壮族自治区

巴马

电话区号 0778
旅游局 6218152
旅游咨询 6218152

巴马是河池市境内的一个瑶族自治县，位于广西西北部，与百色、田阳、凤山、凌云等市县相邻。巴马山多平地少，属典型的喀斯特地貌，多山间溶洞和溪流峡谷，自然风光秀美迷人。巴马山青水丽、气候宜人、空气新鲜、环境整洁，非常有利于人类的生存。这里是世界五大长寿之乡中百岁老人分布率最高的地区，有“世界长寿之乡”、“养生天堂”的美称。近年来巴马优越的气候条件和人居环境得到了外界的广泛关注，来这里观光休闲度假的人与日俱增。当地的盘阳河、百魔洞、百岛岩、水晶宫、赐福湖、长寿村等自然和人文景观亦已向八方来客初现迷人的风采神韵。

▲ 巴马长寿乡山水田园风光

交通

乘飞机可先到广西百色，之后换汽车 1.5 小时就到巴马县城。坐火车可到南京或百色（在田阳下车也行），上述几个地方都可换公路客车去巴马。南宁（北大汽车站）、柳州、百色、金城江每日都有多班大巴直抵巴马，从南宁到巴马车程 4~5 小时，车费 80 余元。巴马县城到甲篆乡的公交专线（30 分钟 1 班）途经百岛岩、百魔洞、长寿村等观光点，交通非常方便。

食宿

巴马县城有巴马大酒店、龙凤大酒店、安远酒店、贵银大酒店、富民大酒店等星级宾馆，也有不少普通宾馆和旅馆，平日可比较轻松地找到 70~120 元的标间。在乡下风光优美的长寿村、坡纳村、坡月村都有不少农家乐旅馆，设施完备有空调、热水器，房价在 60~100 元之间。巴马特色美食有香猪、油鱼、火麻鸡、黑山羊肉、烤茄子、青椒酿、甜酒、花糯饭等。

游览

当地的观光亮点有百魔洞（喀斯特地貌神奇瑰丽，门票 70 元）、百岛岩（洞内洞外山光水色俱佳，门票 70 元）、水晶宫（洞内钟乳石百态千姿，门票 180 元）、凤山三门海（集地下河、洞中洞、天坑群于一身，门票 98 元）、赐福湖（山水壮美、岛屿成群）等等。游览时间以 2~3 天为宜。

钦州七十二泾·三娘湾

到过广西北海的人，都不会忘记银滩海滨那碧波万顷、水天一色的壮丽风光。可你是否知道，在东距北海仅 100 公里的钦州市，还有一处大型滨海名胜，这里礁岛遍布，水网密集，同银滩的开阔壮美、一览无余形成鲜明的对照，它就是被人称为“海上蓬莱”的七十二泾风景区。

何谓“泾”?其实就是海岛与海岛之间狭长弯曲的水上航道，七十二泾景区的海域面积约为 36 平方公里，内有大小岛屿 100 余个，各岛之间的水道亦多达百余条，所以七十二泾只是一种大概的叫法。站在高处极目远眺，景区内岛如明珠，泾如玉带，山环水绕，风光特别绮丽迷人。

▲ 钦州七十二泾

交通

去钦州七十二泾非常容易，可从广西壮族自治区首府南宁或北海市乘快巴，票价 38 元，1.5 小时即到钦州，在客运总站下车后原地换去钦州港的车，票价 6 元，40 分钟即到，抵达港口后想吃想住想玩就可随心所欲了。

- **钦州客运站**

电话：0777-2814848。

- **钦州港当地交通**

港区的交通工具中最方便的就是“摩的”，2~3 元钱可到港区任何地点，运营一直到深夜。当然还有一些面的和夏利，起步价 5~7 元。

- **如何去三娘湾**

从钦州市客运总站门外路边上去犀牛脚镇的中巴，票价 10 元，1.5 小时到三娘湾。

乘船游七十二泾真开心

乘船在七十二泾海面遨游，你会有三个最大的体会：一是岛屿真多，像气势雄壮宛如战舰急驰的阿公山、蜿蜒起伏如蛟龙卧海的龙门岛、山体高峻可以俯视景区全貌的鸡笼山、形态酷似一颗白菜的青菜头等，全都身姿各异，形态优美；二是水道弯曲多回环往复，游船在水道内穿来绕去，游客很快就会迷失方向“找不着北”，在这里你才能真正体会到什么叫曲径通幽、什么叫扑朔迷离；三是森林密布，七十二泾景区内长有大片大片的海上红树林，它们根系发达而又树冠茂密，且专门长在各个陆地与海水相交的海滩上，不光能防风抗浪、保护堤围，还像一圈圈绿色花环，把各个岛屿装点得特别葱茏秀美。

游七十二泾景区，还能见到两处海上胜景

一个是场面甚大的“海上牧场”——渔民们人工设置的养殖牡蛎的筏排，这些筏排少则上百、多则数千，沿着海面一字铺开，真是壮观气派；二是正在兴建的钦州大港——港区水面辽阔、塔吊林立，常有巨型轮船穿梭往返，规模气势颇为壮阔雄伟。

七十二泾景区现已成立了专门的旅游公司

公司专有的旅游码头每日有各式游船恭候游人（周边还有仙岛公园、龙门渔港、麻兰岛等海上名胜）。附近的钦州港区有以正元大厦为首的多家宾馆、旅馆和餐馆，食宿设施完备。见惯了北海和海南那些开阔壮美的海景，再去钦州七十二泾领略一下“海上迷宫”的奇谲、神秘和秀丽，会感到特别新鲜和开心。

游览指导

游船码头距汽车站太近，步行10分钟即可（或打摩的票价2元）。码头售票处会为您提供海上旅游的数条线路供选择，最简单的线路也应把七十二泾、龙门渔港、钦州港作业区和青菜头转一遍，否则就等于白来了。人数多的游客包船沿上述景区走一趟约需2小时，船费约需百元出头，若去更远处的麻兰岛观光另当别论。

发烧友特别关照

①七十二泾对面有个渔家小镇龙门港，风光好且渔家风情浓郁。镇中心的小山上有一座三层高的精美建筑将军楼，登上楼顶可以环视钦州港和龙门镇的全景，360度视野内280度都有漂亮风景，有时间尽可前去一游啊！但将军楼顶层好像被人租下来开了小酒吧，欲去楼顶观光应与老板商洽并付上2元小费即可。

②游客可以考虑把七十二泾和北海（银滩）连在一起玩，那样可以领略两种迥然不同的海滨风景，印象和感受会更美更鲜明（两地间不过2.5小时车程）。

补充提示

钦州市区及周边还有王岗山、那雾岭、五黄山、越州天湖、麻兰岛、大环半岛、三娘湾等其他景点，有时间和兴趣者可逐一游览，三娘湾景区的详细状况请见下页。

● 住宿

钦州港目前只有3~4家宾馆，最气派豪华的是三星级的正元大厦（0777-3888100），食宿娱乐设施齐全，条件甚好，还可在房间中居高俯瞰钦州港全貌，标间打折后最低也要160元左右。港区管委会对面的迎宾馆条件稍差但房价不贵，有空调的标间70~80元即可入住。此外当地还有许多小旅馆，价码“贼便宜”（20~30元/房）但住宿条件不敢恭维。

● 餐饮

在钦州港吃一般的快餐也是“贼便宜”，像正元大厦旁的正元海鲜城和迎宾馆内的自选快餐厅都有种类繁多的自助餐供您选择。若肯花10元钱，就能有鸡有鸭有鱼有肉有菜有汤有饭（海鱼都是2元钱1条），北方游客来到这里，都会感到太快活，有点受宠若惊、不知所措了。

● 当地美食和特色商品

各类海鱼、对虾、石斑鱼、海鸭蛋、青蟹、沙虫、大蚝、红椎菌等。

● 休闲娱乐

在钦州港若想找到好的娱乐消费地点那非正元大厦莫属，宾馆中健身房、夜总会、桑拿浴、游泳池、海鲜夜市无一不有且收费特便宜。像大厦下边广场上的大排档，各种凉菜几元钱1份，可乐、雪碧3元1听，在这里品海鲜、喝美酒、吹海风，凉爽舒适得叫人一坐下就不想挪窝儿，晚上七八点钟就来一直待到深夜才回去的人多的是，把钱花在这里才真是物有所值。

力荐佳景：钦州三娘湾

三娘湾位于钦州市区以南 38 公里处，是钦州市花大力气开发开放的大型滨海旅游度假区，近年来知名度与日俱增，吸引了海内外的大量游客。

三娘湾海面辽阔，海水洁净，岸边有金色沙滩和茂密树林，是当地风光原始而优美的大型海景名胜。三娘湾海边有很多小渔村，这里的百姓多年来一直靠打鱼为生，每当清晨渔船出海时，千帆竞发的场面很壮观；而渔村中常有渔家女在树下织网补网，渔家风情浓郁而生动。游客来到三娘湾，可在海边嬉水游乐，享受阳光和海水的爱抚；也可去渔家品尝海鲜，观赏渔民的生产生活场景；不论是短暂观光，还是长住度假，游客在三娘湾都可以得到欢愉和开心。

而当地最有特色的观光项目就是观赏海豚之旅。由于三娘湾海域栖息着 800~1000 只海豚，它们在海中尽情嬉戏玩耍且经常跃出海面，优美的身姿和活泼的游乐方式很令在海上观光的游客快活欢欣，所以去三娘湾看海豚已经成了广西区内乃至华南地区颇具知名度的旅游观光方式，许多游客都为在三娘湾看见了海豚而得到满足和愉悦。为了让游客出海一次肯定能见到海豚而不至失望而归，当地旅游部门采取了一种“引豚上钩”的特殊方式来吸引海豚出现，这样游客在海上见到海豚的概率超过 90%，因此，你的三娘湾之旅肯定特别生动活泼而不会枯燥无味。

从钦州市客运站门外乘中巴票价 10 元 1.5 小时可到三娘湾，景区门票 30 元，有电瓶车把游客直送海边。景区内有“列车旅馆”和许多渔家旅社，海鲜餐厅更是比比皆是，游人食宿很方便。欲参加观赏海豚之旅可与当地旅游部门联系，费用视人数多少灵活商定。

三娘湾旅游咨询电话：0777-3813879。

▲ 三娘湾中开心愉快的观赏海豚之旅

防城港

电话区号 0770
防城港市旅游投诉 2836598
东兴口岸旅游投诉 2825744

提起防城港，您也许会感到有些陌生，因为在过去的导游书刊杂志上几乎找不到它的名字。但是您如果亲身到防城港一游，那感觉八成会喜出望外甚至可能会颇感新奇震惊——怎么我以前就没有听说过这处风光如此原始又如此绚丽的滨海名胜呢?确实，防城港作为广西南部沿海的旅游城市，它的面孔太年轻而开发得也很迟缓，但是这里自然环境甚美、热带风光极为诱人，相信一两年后，它会后来居上，成为与名城北海交相辉映的南国海景巨星。

▲ 东兴金滩海滨秀色

交通

从南宁去防城港极方便，南宁江南汽车客运站和琅东客运站每日有多班客车直抵防城港，发车时间 6:00~20:00，最小间隔 30 分钟一班车。快巴行驶 2 小时，票价 42 元；慢巴行驶 4 小时，票价 32 元。

南宁江南客运站电话：0771-4519999。

防城港客运站电话：0770-2821709。

住宿

防城港有各档次的诸多宾馆、旅店，价钱适中且偏低。推荐在市区住金海岸大酒店，这是二星级涉外酒店，在当地颇有名气，标房价格 80~120 元/间，多人间 30~40 元/床，酒店内各类餐饮游乐设施齐全，门口还有快餐店，人均 8~10 元即可鱼肉全有、吃饱吃好一顿。此外在防城港的江山半岛、

• **气候与游季**

防城港地处南国海滨，气候温暖湿润，全年适宜旅游。冬季最低温度高于 0℃，从未见过冰雪，即使是 1 月份，只穿长袖衣服或毛衣即可。夏季多雨且阳光照射强烈，观光者要注意防晒——采取打伞、戴帽或抹防晒霜等措施，春秋时节旅游无比舒服开心。

• **推荐住宿**

①金海岸大酒店，电话：0770-2823411。

②长天度假村，在江山半岛大平坡海滩前。

③东兴国门酒店，电话：0770--7693188。

- **江山半岛**

从防城港北码头乘船，船票 2 元/人或包船 10 元/船，开行 20 分钟即到江山半岛。

上岛后有微面和摩的开往岛上各处。

亦可从防城和防城港乘汽车直接去江山半岛，每日有多班中巴行驶 30 分钟即到。

- **大平坡—白浪滩**

从防城港乘船到江山半岛上岸后，乘微面，车费 12~15 元，或乘摩的车费 8~10 元，20 多分钟可到大平坡—白浪滩。

长天度假村各类客房一应俱全，但节假日游客多，房间应尽量提前预订。

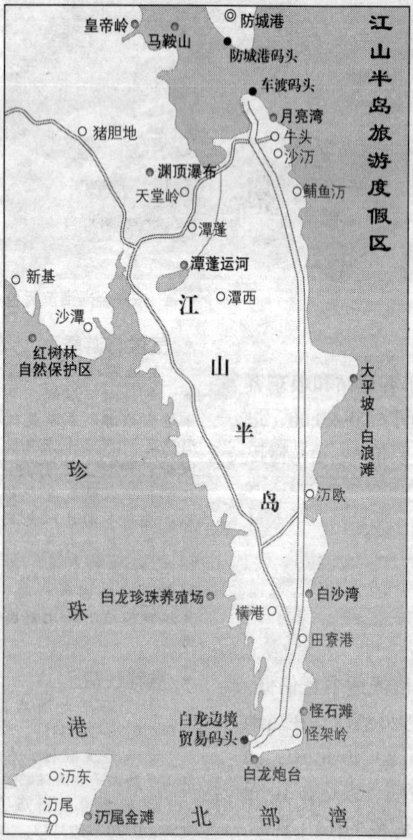

企沙半鸟、沥尾半岛上都有不少度假村可供游客住宿，本书在下面单有介绍和推荐。

主要景点

江山半岛

广西最大的半岛，与防城港市区隔海相望，是一片尚未开发尚未被外界熟知的观光处女地，亦是当地最具潜力的海滨名胜。江山半岛上长满各类热带植物，椰树、杧果、槟榔和竹林郁郁葱葱而人烟稀少，风光旖旎原始，有大平坡—白浪滩、灯架山、怪石滩、古运河等多处美景。

大平坡—白浪滩

位于江山半岛中段东缘的一处海滨美景，这里沙滩长近 10 公里、宽近 6 公里且特别平坦壮阔，海水退潮时滩平如镜，所以被称为大平坡；海水涨潮时能完全盖住沙滩，一波又一波的浪花特别秀美诱人，所以又享有白浪滩的美名，一个地方能有两个颇具特色的名字，这在海滨名胜中还不多见。这里有长天度假村等游乐餐饮住宿基地，休闲疗养、观光游乐很方便。

灯架山

在江山半岛东南缘海岸边，山势挺拔险峻，山顶曾是海军、空军观察站，现建有一座秀丽灯塔为过往航船指引方向。灯架山濒临海边，位置甚好，登上山巅可将江山半岛数十里内的山海美景尽收眼底，连海峡对面的沥尾半岛也清晰可见，这里是江山半岛的绝佳观景点。

怪石滩

灯架山下的一片海上岩石群，形态神奇怪异，有笔架石、金龟望海、鳄鱼跳水等景点，涨潮时会被海水淹没，退潮时身姿显露引人入胜。与灯架山相接，可顺路观赏。

月亮湾

江山半岛东侧的传统景点，有3个相连的海湾和多处沙滩，岸上有许多木瓜树、杧果树和简单旅馆，可供游客疗养休闲。

沥尾半岛

与江山半岛隔海相望，同是防城港三大半岛之一，岛上有金滩、万鹤山等名景，在当地颇为引人关注。

金滩

沥尾半岛上绵延10余公里的海滩，沙滩平整，沙色金黄，是理想的海滨浴场，岸边遍布度假村和海鲜餐厅，可游可住可吃，是广西境内继北海银滩之后的著名滨海名景。

万鹤山

亦在沥尾半岛上，本是一片面积数平方公里长满海边灌木的滩涂沙山，但近年飞来数万只白鹤在此栖息、繁衍。它们早出晚归，黄昏时万鹤归巢落满枝头时犹如天降大雪，场面非常壮观迷人。

边城东兴　秀色宜人

东兴位于我国大陆海岸线西南末端，濒临北部湾，西南与越南交界，是广西境内著名的边境城市，亦是通往邻国越南最重要的边境口岸。东兴市内有中越友谊大桥、中越人民友谊公园等景点，周边有沥尾半岛（含金滩、万鹤山）、竹山、十万大山等山海名胜，南国风光甚为娇美，从这里出境去越南观光更是简单方便。

竹山

是我国南方海岸线的尽头，一道长长海堤在这里连接着我国广西和邻国越南。这里山青海绿、风光如画，边防军乳白色的哨所和楼顶上迎风招展的五星红旗点缀其间，更显色彩艳丽而柔美，令人流连忘返。

- **灯架山**

  可包租微面和摩的来此，山下有石阶路，登攀30分钟可登顶。

- **月亮湾**

  从码头上岸后步行需15分钟，乘摩的3分钟即到。

  由于这里不太原始，所以观光效果比不上大平坡—白浪滩。

- **金滩**

  从防城港到东兴的途中在沥尾半岛路口下车，这里有过路车20分钟就到金滩。另外东兴市的国贸市场前有专线车随时去金滩，车票6元。

  ¥门票5元。

- **金滩夜景美**

  皎洁月光与金色沙滩相映衬，给人一种柔美朦胧而又壮丽辉煌的美感，真令人流连忘返。

- **万鹤山**

  乘车去金滩的途中路过万鹤山道口，下车后步行30分钟即到。

- **竹山**

  在东兴市内的国贸商城边有专线中巴开往竹山，车票5元，40分钟可到。

- **出境越南游**

东兴是全广西组织越南游览收费最便宜的地方，游程 1~7 日不等。防城港旅行社电话：0770-2833660。

- **十万大山**

🚌十万大山虽然在东兴境内，但因道路曲折，故而还是从南宁去更方便。南宁市江南客运站每日有快慢车多班到上思，其中空调快巴车票 38 元行车 2 小时就能到上思县城，再换乘当地微面行车 45 分钟就到十万大山山门。

¥门票 30 元。

中越人民友谊公园

在东兴市内，距中越友谊大桥不远。园内有为援越解放战争中牺牲的中国军人竖立的纪念碑，还有数处葱茏小山和碧绿湖水，是东兴市区休闲佳境。

十万大山

在东兴市和上思县境内，山体高峻，洞奇涧清，溪泉汹涌，森林浓密，是广西境内不可多得的山岳风景名胜。十万大山中的空气甚佳，负氧离子含量丰富，游人进山后备感清爽舒适，每日在山间溪泉中嬉水游乐更是令人通体畅快、舒服透顶。山门入口不远处有大型宾馆度假村，游客在此短游长住都会很开心。

推荐游程

防城港—东兴是很大的一片地方，若是游遍上面介绍的数处景点起码要 3~5 天，但绝对物有所值。日程可按如下安排：

D1：从南宁乘车至防城港市，登市区的制高点观市区全貌，下午乘船渡海或乘汽车到江山半岛，顺路游览月亮湾，然后住宿大平坡长天度假村。

D2：游江山半岛。大平坡—白浪滩观海景，灯架山、怪石滩览胜，观岛上古炮台、外贸码头、古运河遗址，晚上继续住长天度假村并尽情下海嬉水、捕鱼、游乐。

D3：早晨从江山半岛乘车到防城，换车去东兴，中午可到东兴，宿国门酒店。下午去金滩和万鹤山观光，金滩晚景挺迷人。晚上再回市内。

D4：上午去竹山看边境海景，这里的位置和地位同我国辽宁省的丹东齐名，下午回东兴游中越友好公园，继续住宿东兴。

D5：越南芒街一日游。芒街市容观光，商品街购物，观人妖、艳舞表演。16:00 后回来踏上返程。此游程未含十万大山游览，若游该山需加 2 天时间。

重要提示

十万大山的知名度虽然不甚高但风光很美，空气特别清新且景区内餐饮、住宿及休闲游乐设施齐备，《英雄虎胆》等著名影片还在此拍过外景，所以游客前去观光游乐定会觉得不虚此行。咨询电话：0770-8520988。

▲ 十万大山山珍美食

南宁

电话区号	0771
旅游局	5530413
旅游投诉	5516551
出租车投诉	3932315

位于广西的西南部，是一座历史悠久、风光旖旎、热带风光特色鲜明的南国名城。南宁气候温暖，四季如春，市内长满棕榈、槟榔、木棉等热带风情树，满目青翠，处处绿荫，享有“中国的绿都”之美称。

气候与游季

属亚热带季风区，阳光充足，雨量充沛，气温较高，夏季最热的 7~8 月份平均气温 28.2℃，最冷的 1 月份平均气温仍可达 8℃，真是鲜花常开，树木常青，四季皆宜旅游，但 5~10 月份前来要注意防晒，北方游客尤应予以重视。

▲ 南宁街景

交通

航空

吴圩机场位于市区南，距市区 33 公里，现已与北京、长沙、成都、重庆、大连、福州、广州、贵阳、海口、杭州、香港、济南、昆明、南昌、南京、上海等大中城市通航。

铁路

南宁与西安、北京、无锡、昆明、郑州、湛江、成都、凭祥、北海、百色、桂林间有直通列车，昆明与广州、湛江、北京及越南河内间的往返列车也在南宁停靠。

公路

原来南宁市汽车总站和二运公司都在南宁火车站附近，现在搬到了两处新址，一是市区南缘的江南汽车站，二是市区东缘的琅东汽车站，两处皆为大型公路客运中心，每天有

• **餐饮**

特色风味菜有蛇餐、五世起昌鱼、纸包鸡、柠檬鸭等，更让人流连的是大街上的自选快餐摊，花上 10 元钱出头可吃到两荤两素，肉菜有鱿鱼、叉烧、鸭块、香肠等，还含高汤米饭 (就是在火车站附近也是这样)。想想北京餐馆中一份火爆鱿鱼卷就要 16~20 元，而在南宁花上 10 元钱出头可以吃到含鱿鱼卷在内的四菜一汤一饭，我真为自己是个北京人而感到“不快和愤懑”，不过北京有许多优点而南宁没有，所以想想这些我心里又平衡了。

▲ 德天瀑布

数百班大型客车发往全区及华东、华南、西南的各个县市。那么游客在南宁如何区分上述两个客运站的不同功能呢——很简单，根据你所要去的目的地方向来区分：江南站在城市南缘，去广西西部、南部地方如百色、防城港、钦州绝对是这里车多；琅东站在城市东缘，去广西东部、北部地方如柳州、桂林、贺州、三江是这里车多；去旅游名城北海市江南和琅东的车一样多；以上的意思你明白了吗？

- **航空**

  民航总机电话：0771–2821613。

  民航售票处，南华大厦旁，电话：0771–2613605。

- **铁路**

  火车售票处，电话：0771–2613610。

- **市内交通**

  出租车7元起价，1.2元/公里。摩的3元起价，人力三轮2元起价。

- **青秀山**

  10路、34路车可到。

  ¥门票15元。

- **白龙公园**

  ¥门票2元。

- **广西民族文物苑**

  66、8、12路车可到。

  ¥门票8元。

- **伊岭岩**

  市区去武鸣的客车可到。

  ¥门票45元。

住宿

作为一个首府城市，南宁的住宿不贵，旅游淡季许多二星级宾馆的房价都降到100元左右甚至更低，普通旅馆中的普间不过40~50元，像火车站对面的迎宾饭店标间才60~70元，铁道宾馆条件很好的双标间才80元。出火车站向右走至汽车二运的路边还有不少普通旅馆，条件一般收费亦低廉。

主要景点

青秀山

位于市区东南约5公里处，由青松岭、凤凰岭等18座山峰组成，景区面积4.07平方公里，有海天一览、翠屏飞瀑、子夜松风等数十处景点。群峰叠翠，石奇泉清，是南宁市区传统景区之一。山巅净高60米的青山塔是广西最高最大的塔，游人登塔远望，绿都全景美不胜收。

▲ 南宁街头绿树成荫

白龙公园

市区中心的一处综合性公园，园内白龙湖清波映垂柳，岸边亭阁桥榭精美玲珑，园林景美有"小西湖"之称。

广西民族文物苑

占地2.4万平方米，是广西壮族自治区博物馆民族民俗文物室的扩展。苑内展示了广西各地各民族的风光、建筑、文物、生活习俗，乡土气息浓厚，民风民情丰富诱人，能让人在短时间内获取对广西自然风光和民族风情的全面了解，增长知识和学问。

伊岭岩

位于南宁城外18公里处的一座巨型岩洞，洞分三层，面积达2.4万平方米，各类钟乳奇石千姿百态，已开发开放八大景区供游人观览。

良凤江国家森林公园

距南宁市区14.5公里，良凤江从园内涓涓流过，四周有千余种热带花木构成的森林，绿荫蔽日，热带风光诱人（301路可到，门票15元）。

扬美古镇

在南宁30余公里外的左江下游，是保存甚好的宋代古镇。古时这里是商贾繁华之地，现仍有清代一条街、明清古建筑群、魁星楼等景点，游人抵达后可在镇上悠闲漫步，亦可到左江边乘船，从水上观览古镇风情。

周边景点

友谊关

位于广西凭祥市西南18公里处的中越边境上，扼守中越两国交通咽喉要道，位置非常险要。它的主体建筑是一座22米高的城楼，巍峨雄伟，上有陈毅元帅书写的“友谊关”三字巨匾。现在当地已开辟了过境游览项目。

宁明花山

位于南宁以南160公里处的宁明县驮龙镇的明江岸边，临江的260余米高的山崖上刻满了各类土红色的图画，整个壁画区高40余米，宽200余米，有各类图案近2000种（据考证岩画已有2000多年历史），至今仍有诸多游客和学者前来观光览胜和考察、研究，是南国边陲不可多得的古代人文佳境奇景。

- **扬美古镇**

从市区朝阳广场北面的小金山饭店前乘中巴可到。

¥ 门票10元。

- **友谊关**

可从南宁乘快巴，3个小时后即可到凭祥，再换乘当地机动车，30分钟后即到友谊关。

¥ 门票50元。

- **宁明花山**

先从南宁客运总站乘客车，3小时后可到宁明。换机动车20分钟后到驮龙镇，在此上船（驮龙桥边）即到花山。

¥ 门票80元（在船上观景）。

宁明花山是当地传统景点，随着广西境内其他景区的崛起，这里已不是观光要点，但这里风光有特色，还是值得一看。

发烧友特别关照

在南宁可用两天时间游览，依次游伊岭岩、青秀山、扬美古镇、广西民族文物苑、广西博物馆等。但是与南宁周边的景区城市相比，南宁的风光并不出众，其广西特点亦不算突出。所以游客还是把南宁当成是一个“跳板”，从这里转车去游周边美景，可选目标有北海、防城港、大新、靖西、友谊关、宁明花山等。

中越边境——大新·靖西

广西大新和靖西同处祖国的西南边陲，这里地处亚热带，阳光充足，雨量充沛，山清水秀，风光秀美。然而，在20世纪90年代之前的漫长岁月里，中越两国关系紧张，战事不断，与邻国越南隔山隔水相望的大新和靖西亦曾聆听过隆隆炮声，弥漫过滚滚硝烟。现在拂去了战争烟云，边境地带一片宁静和平，众多的山水风光佳景亦被陆续开发开放出来，迎接远道而来的八方游客。在这其间有两处新景颇为引人注目，它们一是德天瀑布，二是通灵大峡谷。

• 笔者关照

本文介绍的是自助游览大新德天瀑布和靖西通灵大峡谷的有关知识。如果您时间仓促，也可在南宁参加德天瀑布一日游，8:00 出发，15:00 开始返回，全包价 180~220 元/人。咨询电话：0771-3627088。

• 游览咨询

在南宁，大新游和靖西游都是非常热门的线路，火车站和长客站都有不止一家的旅行社和售票点，随时提供咨询及导游售票服务。游客可在详细咨询后选定自己的观光方式。

气候与游季

靖西与大新同处亚热带，气温高且日照强烈，夏季热而多雨，冬季温暖宜人。这里的气候很令人感到矛盾：冬天暖和舒适（只穿单衣加外套即可），但德天瀑布和通灵大峡谷中的瀑布水都很小，很杀风景；夏季水大瀑布好看然而日照强烈，北方人可能会有点不适应。不过从观景的角度说最好还是在 5~11 月份的丰水期前去，这样可以饱览瀑布气势。不过您可要打伞、戴帽或是抹点防晒霜什么的——就是 4 月中旬的阳光，也能叫你的肤色（如无任何防晒措施）3 天左右变成加勒比人，6 天左右变成非洲人。

交通

A.大新德天瀑布

广西壮族自治区首府南宁的北大汽车站每天有 6 班直达快巴发往大新县（8:00~16:40），票价 60~65 元，行车约 2.5 小时，慢班车则不计其数，晚间还有卧铺大巴。到大新后可换乘客运中巴，去德天瀑布约需 1.5 小时，票价 15 元，也可先到硕龙镇——这是去德天瀑布的必经之地，镇上有许多“摩的”，包车费15~17元（可乘4人）40分钟就到大新德天瀑布。

此外，南宁客运总站每天都有大新—德天一日游的大巴往返，8:00从南宁开车，15:00以后从德天返回南宁，吃、行、游、景点门票全包价每人180~220元——不只观德天瀑布，还顺路游览龙宫岩、黑水河、绿岛行云、沙屯叠瀑等沿线景点。

B.靖西通灵大峡谷

南宁北大汽车站每日亦有6班左右快巴发往靖西县(8:00~16:30)，票价56元，需行车4.5小时，慢巴和卧铺车则从早到晚都有。靖西县城目前无客车直达大峡谷，欲去游览可从县城包一辆微面，40元车票可乘5人，行车50分钟即到。

住宿

A.大新。德天瀑布景区有德天山庄和德天宾馆2家宾馆，价格较贵，房间打折后亦需200元以上，但大新县城内住宿便宜，100元左右即可住较好房间。

B.靖西。通灵大峡谷门口有一家度假村，房价在80~160元之间浮动。靖西县城内宾、旅馆均便宜，像级别最高的靖西大酒店，标间房价在100元左右，普间房价只需50~70元，靖西县的大街上还有许多家庭宾馆，双标间40元左右。除去“十一”、春节黄金周外，住宿无任何困难。

主要景点

德天瀑布——雄伟壮观的亚洲第一大跨国瀑布

大新县东距广西壮族自治区首府南宁140余公里，全县内共有国家一、二、三级景点40余处，像奇峰夹峙、树木葱茏的黑水河谷，波平如镜、石峰玉立的乔苗平湖，鬼斧神工、造型奇特的龙宫岩，多级跌落、如银练翻滚的沙屯叠瀑等，然而场面最为神奇壮观、最令游客观后备感动魄惊心的还是横跨中越两国的德天瀑布。

德天瀑布位于大新县归春河上游的硕龙镇德天村和越南接壤的浦汤岛下，落差近70米、瀑宽约120米，它与不远处的越南板约瀑布相依相接，两瀑合宽近200米，是公认的亚洲第一大跨国瀑布。

▲ 黑水河奇峰

• **南宁北大汽车站**

从南宁火车站前打摩的6~7元，15分钟可到，亦有公交车，但开行需30分钟左右。北大汽车站电话：0771－3856728。

• **靖西大酒店**

从靖西客运站打摩的1~2元即到。电话：0776－6212838。

▲ 归春河上

• **德天瀑布**

¥门票80元。

游览3小时足够。

• **中越两国无国界**

大新县与越南只隔着一条宽仅30米的归春河且河水不深（蹚水即能过河），所以常有越南人过河来赶集，中国人过河去放牛，许多中越边寨中的百姓都通婚——都是亲戚，模样长相当然更是大同小异，真是一衣带水，也真应该永远情如兄弟。

• **另荐新景古龙山峡谷群**

就在靖西县通灵大峡谷公路的入口处，风光极美，峡谷游玩极开心。

补充提示

①行程第三日如果嫌德天景区的住宿贵，可以下午游览后即从瀑布返回，瀑布景点门口和硕龙镇16:00~18:00仍有客车去大新，而大新晚间亦有卧铺大巴返南宁，这样不光可以节约旅费，还可以节约时间把游程简化到3日之内。

②大新境内还有黑水河、沙屯叠瀑、绿岛行云等景点，亚热带风光旖旎秀美，时间充足者可任意延长自己的游程，争取玩得更详细、更开心。

德天瀑布锋芒毕露、特色鲜明：一是气势磅礴，丰水时节瀑水奔腾而下，撼天动地、声震十里之遥；二是活泼生动，德天瀑布不是像许多瀑布那样一跌到底、一览无余，它的瀑水分为三级依次跌下，且水流有宽有窄、有前有后、有粗有细，仔细看去，整个景区的子瀑布多达近百条，它们高低不平、错落有致、穿插流淌、时分时合，真是欢快生动、多彩多姿。

与德天瀑布相邻的佳景——靖西通灵大峡谷

通灵大峡谷位于德天瀑布以西40公里处，谷长10余公里，由念八峡、通灵峡、古劳峡、新灵峡等数段峡谷组成，它是一条四面封闭、深陷在地平线下的盲谷（四面没有出口），谷内集溪流、瀑布群、地下河、山中洞穴、古崖葬等诸多自然景观于一身，其中贯穿通灵峡中的谷底河四季奔流、波涛汹涌；位于峡谷尽头的高崖飞瀑落差达160米，丰水期场面甚为壮观迷人。更让人感到新奇刺激的是在瀑布底下还有一条巨大的溶洞暗河，里边有多处激流瀑布、深潭旋涡，由无数奇异钟乳石构成的山中岩溶大厅更是神奇瑰丽、百态千姿。

通灵大峡谷还是一处神奇热带植物王国，这里生长近2000种热带花草树木。花树繁茂，美景纷呈，是西南边陲甚为引人关注的旅游胜景。

- **泡在瀑水中滋味很美**

德天瀑布的水帘上方有许多大大小小的水池、水泡，归春河欢快流淌且河水湛清碧绿，许多游客观赏过瀑布正面风光后，就来这里享受清凉和碧澈且在水中一泡就是几个小时，让河水“按摩”的滋味真美。

- **站在德天瀑布向下看风光也很动人**

两侧青山夹峙着一河碧水，清澈碧绿而又波平如镜的水面上不时有支着红黄相间漂亮遮阳棚的游艇划来划去，色彩相映而又动静相宜，画面特柔美。

- **通灵大峡谷**

从靖西县城乘车50分钟可到。门票90元。游览需2.5~3小时。

▲ 南国朝晖

发烧友特别关照

游德天瀑布半天时间“将够”而一天足够，主要是瀑上瀑下观景，坐船到越南一侧观光，瀑布上方水塘中的游泳和观赏不远处的53号界碑。游通灵大峡谷亦要大半天时间，内容主要是峡谷观光，看植物世界奇观和大瀑布壮景（夏季水足），欲去暗河溶洞探险须请示当地景区管理部门，并携带相应装备，切记不要轻举妄动。时间充裕的游客（尤其是自驾车的朋友）可以在观赏过大瀑布和大峡谷等景点后再去黑水河、沙屯叠瀑、跃进飞渡、绿岛行云等景点一一细玩。

- **德天旅行社有限公司**

在南宁设有办事处，接待旅游和咨询，电话：0771－3627088。

海南省

HAINANSHENG

"请到天涯海角来，这里四季春常在"。每到滴水成冰的隆冬时节，海南都要成为国内休闲旅游候选中的最热点。这些年来，有多少导游图书描写过海南，又有多少游客亲身游历过海南。依照当今国人、世人喜新厌旧、推陈出新的思维方式和处世哲学，人们早应该厌倦海南、反感海南而移情别恋（至少应该不再对海南游抱有浓厚的兴趣）。可是很奇怪，一年又一年，国人对海南游览的兴趣和热情丝毫不减——也难怪，谁让人家有那么好的气候和那么出色的热带风光呢？作为导游书的作者，我必须再写一次海南，可是我写的内容有新意而不落俗，你可一定要仔细看一看呀！

黄金旅游线路

① 海口—文昌—琼海—万宁—陵水—三亚

② 海口—儋州—乐东—三亚

③ 海口—五指山—保亭—三亚

笔者对海南的中心认识：海南是自助游的乐土

这是因为：①海南的气候太好了，虽然夏有酷暑，但冬无严寒，所以一年四季都没有冬季寒冷的威胁，人们只要穿一身短衣短裤，就可以惬意轻松地游来走去，简单、欢快、开心。②海南的食宿太便宜了，只要你不是太挑剔，那每天只花很少的开销就可以满足一般的需求；自选快餐摊上 5 元钱就可以饱吃一顿（当然不是吃海鲜大餐），一般宾馆旅馆中房价亦是便宜且灵活得很，带有卫生间、电视的标间房价在 70~80 元的住处随处可寻（甚至是星级宾馆）。所以海南是富人的天堂而不是穷人的地狱，这点又很令人舒服开心。③海南的交通太发达了，有普通大巴、豪华大巴通往全省各市县，由于白天天气热人们适宜晚间活动，所以像海口到三亚这样的交通干线上连半夜

▲ 文昌云龙湾壮景——虽然至今还有诸多游客未能对海南文昌的风光给予足够的关注重视，但笔者却认为文昌是海南最富诱人魅力的美景聚集地之一

海南东、中、北部游览示意图

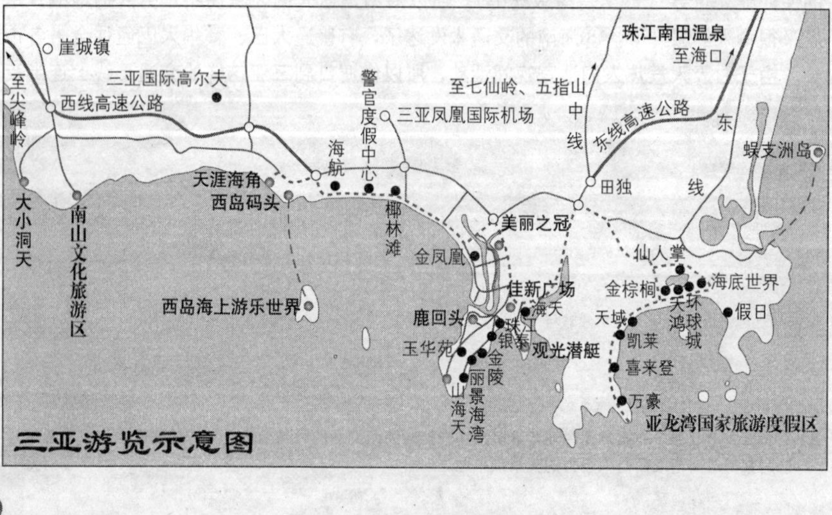

三亚游览示意图

海南省

最新信息:海南东环高速铁路已开通运营

铁路北起海口，南至三亚，中途设美兰、文昌、琼海、博鳌、万宁、陵水、亚龙湾等站点，全程运行约需90分钟，车次每日有10余班，发车时间为7:00~22:30，车费114元。

▲ 海南兴隆温泉度假区一角

时分都有客车往返穿梭，人们想去哪里几乎是随心所欲。

综上所述，海南气候太好，交通食宿太便利，又有那么多那么美的景点风光，所以你只要带上钱和身份证件，就可以独往独来，天高任鸟飞、岛阔凭君跃！

海南游览的现状：东线最火暴、中线已萧条、西线待开发

海南的中线旅游头些年确实“火”了一阵，可是因为东线修了高速路而中线还是普通路，所以来中线的团队和游客都日渐稀少，大名鼎鼎的民族文化村也歇业关了门；而西线虽有尖峰岭森林公园和鳄鱼湖等景观，可是景点稀疏、交通欠发达，所以也难成规模和气候。而景点非常紧凑集中且又有高速公路、高速铁路能“引丝穿珠”的东线就成了当之无愧的观光最热点——90%以上的团队和至少70%以上的散客玩的都是东线。因此，只要你把目光和精力对准东线（尤其是初次去海南的观光客），那就是把握住了海南旅游的精髓和要点，就能玩得非常满意和开心。

但是有一点须注意，游东线一定要老景新景一起玩而不能光玩老景——东郊椰林、兴隆温泉、民族风情园、南湾猕猴岛以及亚龙湾、大东海、天涯海角这些传统老景绝对青春犹在（东郊椰林尤为精彩），而云龙湾、博鳌水城、万泉河漂流、蜈支洲岛、西岛、分界洲岛和吊罗山森林公园这些新兴景点风光亦很奇丽诱人；如果你能在海南逗留5~6天，那就可以把这些老景新景“一勺烩”，游后包你感觉精彩、圆满和快慰。

三种游览方式任选，海南游没法不开心

①自助游

岛上到处是芭蕉挺立、椰林秀美，热带风光如诗如画，况且交通发达、食宿便宜，在这种地方再玩不出精彩效果，再得不到圆满游历，你也太笨了吧——当然本文后边会为你提供自助游方面的详尽指导。

②驾车游

岛上东西线均有高速路，中线的路况近年来也好了许多，只要你能把车从内地开上宝岛 (琼州海峡有汽车轮渡)，或是在当地租辆好的“坐骑”，那你的海南游将会无比开心快慰。

③参团游

如果你时间太紧张，也可以到海口后参加旅行社组织的团队，最便宜的二晚三天游 (可游海南东线主要景点) 收费才400元左右且途中食宿条件尚可。当然旅途中会安排一些购物时间，为导游赚点小费——这也没什么太不应该和不合理的，因为参团费太便宜了嘛!

好了，下面我们将为您提供自助游览海南的有关指导。

说到海南，请看笔者独特的开场白

“踏遍了茫茫天涯路，数不尽满岛椰子树，拨开浪涛、献上鲜花，寻求我心中的神鹿。”很早以前，曾经看过一部叫《天涯丽人》的电视连续剧（该剧讲述的是一群内地青年在海南创业生活的故事），剧中的这首主题歌旋律优美，很有海南的独特韵味。那时候我就想，什么时候我也能踏上美丽的宝岛，领略那里迷人的椰风海韵呢？

一晃这么多年过去，我已经去过海南五次了，每次都玩得非常快活开心。我攀登过海南所有著名的山峰，游览过无数美丽的海滩，亦观赏到了绚丽多姿的少数民族风情，留下的美好印象真是如诗似梦。在这里，我不想再对宝岛进行空泛的形容赞美，我只想说海南是上苍镶嵌在中国南海的一颗明珠，是大自类对人类的一个慷慨馈赠——那里有国内最宜人的气候、最优美的环境、最绚丽的风光和最温馨浪漫的生活情调，不论任何人在任何季节来到海南，都会留下美好难忘的记忆甚至可以回味终生。

下面，我要把我在海南获取的美好感受和游览经验介绍给大家，并提供最真实准确实用的出行指导。虽然这些出游指导不可能百分之百的准确无误，但我仍然可以拍着胸脯说：听我的，没错。

在本书以后的内容中，我还给各位推荐了到达海南后的多条旅游线路和多种旅游方式，但是最精彩美妙的玩法我也是早就构思好了的，但现在还未亲身尝试过呢（还没来得及尝试，无保留地贡献给大家，请各位游友先尝试一下吧!）——这就是在游遍海南各主要景点景区后，再乘车沿东西两线高速路作海南环岛游——海南的高速路好宽阔好平坦，路边的风光更是神奇壮丽。乘车绕行一周绝对可以把你在海南得到的美好感觉、美妙经历再总结回味一下，绝对可以把你对海南的认识了解聚集凝结起来升华到新的高度，从而使你得到的美好观感在心灵的记忆深处达到美好的永恒。我建议您的环岛乘车游先从三亚开始（因为一般游客的海南常规游大都是从三亚结束的），先走西线高速路到海口，（三亚到海口走西线高速路要自驾或包车，从海口到三亚走东线可乘快巴。不必乘东环高铁，车速太快看不清景点）再从海口沿东线高速路去三亚（之后从三亚踏上返程），这样可以在一天之内再次畅览海南省大部分山海佳景——你一定会一次又一次地在车窗前发出欣喜而忘情的呐喊惊呼：——哇！尖峰岭！哇！莺歌海！哇！南度江！哇！琼州湾！哇！万泉河！哇！石梅湾！哇！分界洲岛！哇！宝岛明珠三亚城！之后建议你去鹿回头山顶居高远望、凭海临风，那一刻你一定会感到欢乐溢满心胸而无法自控，你一定会情不自禁地对自己也对别人说：在宝岛留下这么美好的游历和记忆，我的海南游真是太值了！届时也请你给我发个短信，告诉我：按照你介绍的方式游海南，我开心极啦！

▲ 海南东线高速路离海南近啊——一些路段离海水的直线距离不超过5米，这是在高速路上行驶的快巴中拍到的石梅湾海上美景

海南省

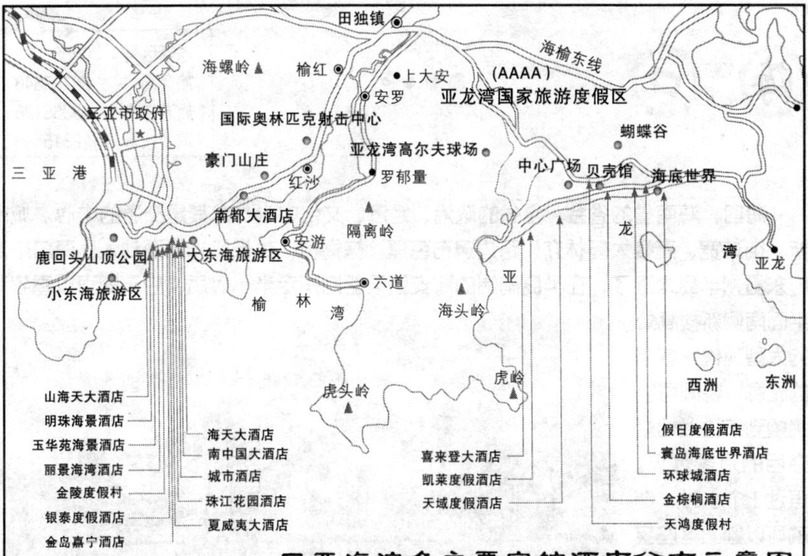

三亚海滨各主要宾馆酒店分布示意图

旅 途 中

旅游锦囊——为您推荐一条海南最佳黄金旅游线

如果您有 6 天时间，可在海南按以下游程安排观光游览，这条线路是笔者精心安排设计的，新景老景相结合，线路及游览次序合理顺畅且新颖不落俗套，包您游后觉得圆满开心，物有所值。

D1：上午海口简单观光，看五公祠、海瑞墓、游海口西海岸。午后去文昌游东郊椰林，宿百莱玛度假村。D2：在文昌游月亮湾、铜鼓岭、石头公园三大景区，午后去琼海看博鳌风光，宿琼海。D3：在琼海漂流万泉河，午后去兴隆温泉度假区观景，宿兴隆。D4：从兴隆直抵三亚，先去天涯海角观光，之后顺路游览西岛，宿三亚。D5：早上去蜈支洲岛游乐，下午 15:00 之后返回途中看亚龙湾风光，宿三亚。D6：从三亚去保亭，登七仙岭山峰，下山后宿山下温泉度假区，洗浴游乐享受。次日踏上返程（保亭有快巴直返海口）。以上游程涵盖了海南 80%左右的著名景点，观光游乐效果绝佳。需要您做到的只是 2 条，一是每天吃饱喝足（这样才有精力）；二是要勤奋，至少是早出晚归。

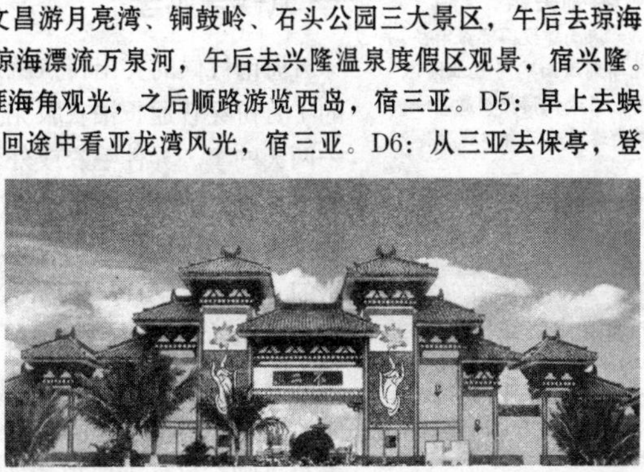
▲ 海南三亚南山景区大门

海南省

海 口

电话区号	0898
旅游局	66797846
旅游咨询	65336126
消费投诉	12315

海口，海南省的省会，全省的政治、经济、文化中心，尤其是交通的中心。城市新、街道宽、高楼大厦林立，路边遍布芭蕉、棕榈树，热带风光绮丽动人。海口市离广东雷州半岛太近了，在半岛南端的海安镇乘船向南走半小时后，白天即可以看到海平面南侧新楼高耸的大型现代化城市的轮廓，晚间可以眺望到天边上灿烂夺目的万家灯火。再过1个小时，你就可以踏上这座宝岛上的漂亮名城（此时最大的感受就是天气热），换上简单清爽的夏装，开始轻松畅快的开心游乐了。

▲ 海口的海滨风光确实比不上三亚，但是西海岸的假日海滩还是值得一去。本图是假日海滩游乐区一角。

• 特别关照

海南建设国际旅游岛，近期到海南购房置业者激增，当地住宿费明显上浮，旅游者对此应有心理准备。

• 交通信息

坐火车可从北京、上海、广州直达海南。如今坐火车可从北京、上海、广州直达三亚（途经海口）。T201 次北京 18:10 开，第三日 5:12 到三亚。K407 次广州 21:20 开，次日 12:39 到三亚。K511 次上海南 9:41 开，次日 22:17 到三亚。

气候与游季

海南气候的突出特点就是温暖炎热。在海口，冬天最冷的 1 月份穿普通长袖衣服完全可以，偶有寒流袭击也不过是一两天的事。弄件毛衣或外套就打发了。在三亚，冬天最冷的 1 月份，日最高气温亦会达到 30℃~32℃，绝对可以下海游泳，而夜间最低气温仍有 20℃左右，不开空调或风扇还有点憋闷，所以三亚常年是夏天。从每年的 3~11 月，海南全岛都可以穿单衣单裤或短衣短裤，3 月的海口气温至少相当于北京的 6 月份，而三亚 3 月份的太阳足以晒得地上冒烟，盛夏时节就更不用说了，所以应该穿什么衣服去海南游览，你就看着办吧！另外需要提醒的是，海南每年 5 月至 10 月是雨季，尤其 9 月，是降雨高峰期。6 月至 9 月间又是台风季节，在此期间，经常会受到 8 级以上的强台风袭击。因此，去海南旅游的最佳时间是每年的 11 月至翌年的 4 月间。

交通

航空

海口美兰机场位于市东南方向，距市中心 27 公里，海口民航宾馆门前有往返机场的班车，车费 15 元。

铁路

粤海铁路已修通并正式运行，搭火车到海南已经成为现实。但不是火车一直开到海南，而是开到雷州半岛南端的海安后上火车轮渡船，由渡船载至海南。现在北京、上海、广州均有列车与海南最南端的三亚市对开，另外海南东环高铁也开通了，从海口到文昌、万宁、陵水、三亚很方便，从海口到三亚只需 90 分钟。

公路

海口是整个海南岛公路网的总枢纽，有客运总站和东、南、西客运站共四大车站。海口市客运总站有开往深圳、广州、汕头、柳州、南宁、重庆、武宁、梧州、福州、武汉、杭州、岳阳、郑州、珠海的客车。南站有多班车发往海南东线的文昌、琼海、万宁、陵水、兴隆并直至三亚，过去东站始发的客车大都改在南站发了。西站的客车则开往中西线的儋州、东方、五指山市等。游客非常好区分行车方向和上车站点。

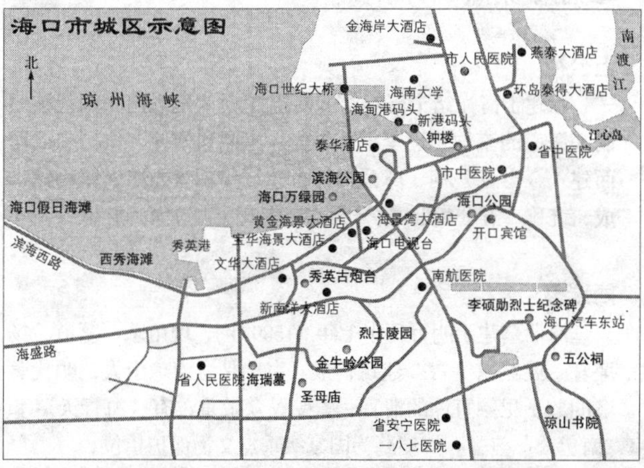

- **笔者关照**

海口的风光不能说不美，但是海南其他地方的风光更美。所以这样整洁气派而又富有热带风光秀丽的大城市，我们也只好把它当成是海南观光的一个“跳板”了，就在这里做一日短暂停留吧，之后立刻到海南其他地方去开心游乐。

- **交通咨询电话**

美兰机场，0898－65751967, 0898-65751333。

海南航空公司海口营业部，0898-66700803。

秀英轮渡码头售票处，0898 -68653315， 0898 - 65351551。

新港船务公司，0898-63221100 转 376。

- **机场巴士**

在海秀路民航宾馆前发车，6:00 开始 30 分钟 1 班，车费 20 元。

咨询电话：0898 - 66764595。

- **海口客运南站**

电话：0898-66903800。

- **海口火车站**

从市内乘 37 路可直达。

- **海口东环高铁站**

电话：0898-31686222

- **公路交通太方便**

从广州、湛江、南宁等南国城市，可以乘大巴直达海口甚至三亚。而且跨越琼州海峡时，是大巴直接开上渡船，不需乘客多走一步路，舒服极了。

- **从海安到海口**

游客要想节省车费，可以从广州、湛江、北海等城市坐普通车先到雷州半岛南端的海安镇，这里从早到晚都有去海口的轮渡，船票 36~42 元，行船 90 分钟即可。

水运

海口秀英码头与广州、深圳、北海、湛江、海安通航，并有定期客轮直驶香港。其中与广州和北海一般每日一班船，与湛江约有3~4班，开行班次最多的是到海安的跨海轮渡，每小时1班。

住宿

海口作为一个省会和旅游城市，市区的宾馆旅馆多得惊人，但总体来说，房价不贵亦不便宜，80~120元可以不费力气地找到一般宾馆的标间（有卫生间、有空调，天太热没空调不好受），而二星级宾馆的标间一般是在120元左右了，三星级的标间一般在180元以上。不过一般宾馆在此价位上还可打折，所以住宿不会对游人造成很大的不便。

餐饮

当然可以品尝各类海鲜，正式餐厅不用说，一般的排档上就可以吃到各类海味美食。海口的餐饮并不都贵，尤其是一般的普通饭食。就是在闹市区，亦有10~12元的快餐份饭和盒饭。走进市区的小胡同，小餐馆中的自选快餐8~10元钱可以吃到3荤2素1汤1饭（当然每份菜只有一点）。所以只要不摆谱而又稍稍选择一下吃饭地点，一天有30元钱饭费就可以把普通饭食吃得有滋有味了。

主要景点

五公祠

始建于清光绪十五年（1889年），是为纪念唐宋两代被贬谪来海南的李德裕、李纲、李光、赵鼎和胡铨五位历史名臣而建。今由五公祠、苏公祠等古建筑和新建的海南博物馆构成，统称“五公祠”。被誉为“海南人文古迹第一胜境”。

海瑞墓

海瑞墓建于明万历十七年（1589年），现由墓、墓道、扬廉轩、展览馆等古今建筑构成。海瑞是海南琼山人，明代著名的敢于犯颜直谏的清官，素受民众敬重，有“海青天”和“南包公”美誉。海瑞墓为国家级重点文物保护单位。

- **夜渡琼州海峡**

海安码头深夜仍有客货混装船去海口。客舱中有坐椅、有空调，挺舒服的，轮票36~42元。所以不管白天还是黑夜，只要到了海安就基本上算是到达海南了。

- **海口的四个大型公路客运站**

东站、南站是开往海南东线的，去三亚、文昌、琼中、琼海、万宁、陵水还有五指山市（快巴）都在这上车。去海南西线的儋州、东方及中线的五指山（通什）等在西站上车。而客运总站的客车是专门发往大陆的，包括广州、深圳、湛江、南宁等。三大车站功能很分明，太好区分和选择了。

- **推荐实惠住处**

①海口海油大厦，就在新港码头不远处，下了轮船步行20分钟或打摩的2元即到。三星级的装修条件较好，双标间打折后90~100元。

电话：0898-66779860。

②自助家庭旅馆，在滨海大道22号，条件一般但房价不贵，标间60~70元，也可按月付费，还可在房间中自己做饭。电话0898-66208906。

- **五公祠**

海府大道169号，1、11路公交车和海口至府城公共汽车均可到。

¥门票25元。

- **海瑞墓**

琉港大道。

海口市区到秀英的客车均可到。

¥门票12元。

▲《印象海南岛》表演场面——大型实景表演《印象海南岛》每晚在海口西海岸的印象剧场上演（20:30），票价 238 元/人。订票：6898-60898888

万绿园

总面积 71 公顷，是独具热带海滨生态园林特色的大型城市公共绿地广场，观赏植物园林与蓝天、碧海、现代化高楼大厦融为一体，是海口市内的休闲游乐中心。

假日海滩

位于海口市西部黄金海岸。长达 6 公里的海滩林木葱葱，阳光明媚，可进行海水浴、日光浴、各种沙滩活动和海上运动。主要观光游乐点有假日海滩、西丽海滩、贵族游艇会等。

从这里观赏市区远景和琼州海峡秀色画面也很美丽动人。

贵族游艇会

高档会所，在假日海滩西部，有美丽庭院、豪华客房、漂亮泳池和椰林沙滩，是休闲、游乐及朋友聚会佳境。晚间这里的露天自助餐很丰美、很诱人。

秀英古炮台

为抵御法军入侵，清光绪十七年（1891 年）建成。与虎门、吴淞、大沽并称为中国四大古炮台。但目前关闭没有开放。

热带野生动植物园

在距海口市中心约 27 公里的东山镇，规模很大，展示数百种野生动物和数千种热带植物，园内每天都有驯兽表演。

东寨港红树林

在海口美兰区演丰镇，海上红树林浓密茂盛，景观独特，乘船游览感受美好清新。

当地主要宾馆酒店 区号 0898

酒店	星级	地址	电话
海南金银岛大酒店	三星级	机场路 16 号	66763388
海口豪富大酒店	三星级	机场西路	66715666
海南兴华园大酒店	三星级	海府路 54 号	65390222
海口半岛酒店	三星级	海甸岛沿江西路	66263288
海口望海国际大酒店	三星级	海秀大道	66773381
海南海景湾大酒店	三星级	滨海大道	66798100
海口黄金海景大酒店	三星级	滨海大道	68537718
海口奥斯罗克大酒店	三星级	海秀大道 12 号	66777808
海口海润酒店	三星级	文明东路 206 号	65348666

- **万绿园**

滨海大道。

从海口市区乘 17 路巴士可到。

免门票/全天开放。

- **假日海滩**

滨海西路。

从海口市区乘公汽 25、28、37、40、50 路均可到。

免门票/全天开放。

- **贵族游艇会**

从假日海滩游乐点向西步行 10 分钟就到。坐 25、28、37、40、50 路也可到。

门票免收。

- **热带野生动植物园**

海口明珠广场万福隆超市门口上午 10:00 有专线车前往。

¥门票 95 元。

- **东寨港红树林**

从海口乘去演丰的中巴车，抵达后换去东寨港的车即到。

- **推荐游程**

一日游：上午五公祠、海瑞墓，午后假日海滩游乐，黄昏及晚上观览海口街景，休闲购物。

三亚

电话区号	0898
旅游咨询	66713896
旅游投诉	88268454
旅行社	88362529

三亚是海南省最南端亦是最美丽的城市，以同时具备阳光、海水、沙滩、绿色和清爽洁净的空气五大热带海滨旅游观光要素而著称于世。这里的亚龙湾、大东海、鹿回头、天涯海角四大景区风光之美堪称海南之最，而近年来开发开放的蜈支洲岛、西岛、三亚湾、亚龙湾热带天堂森林公园和南山及大小洞天游览区风光同样旖旎。三亚是一个典型的旅游观光和消费型的城市，城市风光好，而这里温馨浪漫舒适的生活情调更是国内难寻。游海南不能不游三亚，三亚才是海南风光中的精髓和灵魂。

▲ 三亚亚龙湾海滨美景

交通

航空

三亚凤凰机场位于市区西，距市区 10 公里。现已与北京、长沙、成都、重庆、大连、丹东、桂林、贵阳、海口、杭州、哈尔滨、昆明、南京、宁波、上海等大中城市通航。

铁路

如今北京、上海、广州都有旅客列车直达三亚（途经海口和东方），所以乘火车去海南可作为重要交通方式之一。

另外海南东环高铁已开通了，从海口到三亚只需 82 分钟，车费 114 元，途经文昌、万宁、陵水、田独等站点，乘坐很方便。

- **交通信息**

如今坐火车可从北京、上海、广州直达三亚（途经海口）。T201 次北京 18:10 开，第三日 5:06 到三亚。K407 次广州 21:25 开，次日 12:39 到三亚。K511 次上海 9:50 开，次日 22:17 到三亚。不过这些车走的是海南西线且海口和三亚的火车站都离市中心很远，有点不方便。

公路

三亚汽车站有开往广州、南宁、茂名、湛江甚至是桂林的客车。行车路线是先开至海口，上汽车轮渡过海到海安上岸，再取道雷州半岛去往目的地。

三亚至海口的专线快车每隔 20 分钟就发一班，走东线经陵水、万宁、琼海、屯昌、文昌、海口 6 市县，全线走高速，车程只需 4 小时，票价 80~90 元。另有一种既走高速又时常拐下高速路揽客的普通大巴，车程约为 5.5 小时，车费 50~60 元。

住宿

三亚作为一个旅游消费型城市，宾馆、酒店多得不计其数，且高中低各档齐备。高档宾馆的杰出代表有五星级或相当五星级的三亚凯莱度假酒店、山海天大酒店、亚龙湾度假酒店等，标房价一般在 500~700 元以上。中档宾馆如三星级的大东海酒店、中油大酒店中的标房价格在 250~400 元。不过这个价格非常灵活多变，各个同级宾馆中的房价尺度也掌握得差别甚大，如许多三星级宾馆打折后都有 200 元以下的房间，不过，笔者不会让你把旅费都花在住房上，下面我会为您推荐数处非常便宜而条件尚好的住处。

推荐便宜实惠的住处

①国际青年旅舍三亚晨光福得酒店在三亚大东海旅游区，是万里路青年旅舍协会成员。酒店位置好、交通便利（2 路公汽直达）、客房设施新，服务也好而房价不贵。酒店一层有车票机票代售点，店内餐厅提供 12 元/份的正餐套餐，足够饭量大的人吃饱，这一点很让人感到满意和方便。电话 0898-88221888。

②宏华度假酒店，在解放一路 199 号，条件尚可，双标间 98 元。电话 0898-88282888。

③春园宾馆，在河西路春园海鲜广场旁，双标间 70 元/间。电话 0898-38265886。

④宏湾宾馆，在市中心解放路 68 号，交通便利且房价便宜，双标间 70 元（请说清自己是回头客）。电话：0898-38260088。

餐饮

普通饭菜和海鲜排档

三亚有便宜实惠的普通饭食，比如在市中心解放路中段

- **发烧友关照**

  由于有亚龙湾、大东海、鹿回头、天涯海角四大传统老景和蜈支洲岛、西岛、南山等新兴景点，所以游客在三亚至少有 2~3 天时间才能玩得宽松开心。

- **三亚航空售票**

  0898-88277585。

- **三亚客运总站**

  0898-82724040。

- **从三亚到海口**

  虽然东线和西线都可以走，但是 80%以上的游客都是乘大巴走东线(途经琼海、万宁)，极少有从西线经东方、儋州去海口的。

- **当地主要中档宾馆 （区号 0898）**

  三亚夏威夷大酒店，三星级，榆亚大道，电话：88213666。

  三亚仙人掌度假酒店，亚龙湾，电话：88568866。

  三亚明珠海景大酒店，大东海，电话：88213838。

  三亚华宝石大酒店，三星级，解放二路 10 号，电话：88256588。

  三亚度假村，三星级，三亚湾海滨，电话：88331328。

  东方花园酒店，三星级，大东海，电话：88212888。

  滨海度假村，三星级，大东海，电话：88213898。

  大东海大酒店，三星级，大东海，电话：88214006。

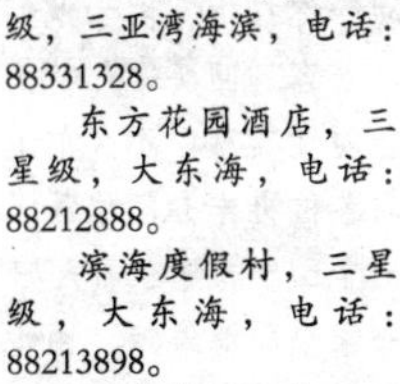

▲ 大东海一角

● **可亲可敬的2路公汽**

现在贯穿三亚市区行驶的公交线路是2路和4路，笔者曾把这两路车比作三亚市内漂亮的流动风景。这两路车真好。尤其是2路车，它的线路纵贯三亚城区几乎所有主要街道，车的密度大而车费便宜，1元钱跑完全程，车内还有空调，超级精彩！

▲ 市区秀色

的三亚客运中心（长客总站）南侧，就有多家自选快餐店，每家店中都有10余种荤菜、素菜可任选，花上10~12元钱可吃到两荤两素和高汤米饭（笔者经常乘车到那里去吃快餐）。另外走进三亚的任何一家中、低档餐馆，都可以让店主现做一份简单的快餐——在海南甚至是整个中国华南，现炒快餐的含义就是用肉炒一份青菜、沏一碗高汤外加限量或不限量的米饭。只是餐厅的级别不一样，现炒快餐的价码也不一样。在三亚的普通小餐馆中，一份现炒快餐有8~10元钱就可以了，而到了中档餐厅中，同样的饭食就要12元甚至是15元。

另外你如果听了笔者的建议住在了大东海，那晚上可以到大东海酒店门口或是海边的海鲜城门口去，这两个地方有露天排档，可以吃到各类烧烤和其他美食。

笔者特别关照：说说春园海鲜大排档

这个地方过去名声很大、食客反映很好，但近来外界对它有些众说纷纭了

春园海鲜大排档在三亚中心干道解放路吉祥道口以东约150米处，是三亚最大的超大型海鲜排档，这里有餐桌200余张，由几十个摊主、老板共同经营（分片营业），场面极壮观，就餐场面火爆动人，是三亚餐饮业中的亮点（至少过去是这样）。

与其他海鲜排档不同，春园的经营方式是销售海鲜和加工海鲜分开进行，卖海鲜的不管加工，管加工的不管卖。食客入场后，要先自己挑选购买海鲜和其他菜、肉食品，然后拿到食摊上找老板加工。加工费的标准是吃火锅先交10元锅底钱，然后海鲜1斤收加工费5元，青菜收2元；吃爆炒海鲜或青菜加工费同等但免去锅底钱。

头些年春园刚开业时海鲜卖得挺实惠便宜。管加工的摊主老板心眼更活，加工费常常主动给你打折，由于他们长年累月加工海鲜，所以厨技特高超，烹制的海鲜味道极为鲜美，所以食客"回头率"特高，但是最近由于承包和经营方式的转变，春园的海鲜已经不像过去那么便宜实惠了不久前笔者再次去海南时也验证了这一点。所以我认为春园还可以去，但是不向各位再作专门推荐了。另外许多原先在春园经营的老板都出来自己开店了——像过去春园3排5号的陈小丽夫妇（我在《自助游华南》一书中向大家推荐过），现在在第一市场旁开了一家小丽海鲜馆，由于价格实惠（在第一市场买海鲜比春园便宜一些）且厨艺好、服务热情周到，所以在当地名声挺好，食客、游客的"回头率"很高，因此笔者向大家作郑重推荐。电话13976829600。

推荐新景：亚龙湾热带天堂森林公园

在三亚城区东南方约25公里的亚龙湾旅游度假区旁，公园以山、石及森林景观为主，山顶还是居高眺望亚龙湾全景的绝好地点。由于这里是电影《非诚勿扰·2》的外景地，所以近期慕名来观光的游客与日俱增，景区人气很旺，成为三亚观光中的新亮点。从三亚市内乘15路公交和新国线大巴均可到，门票175元含观光车费。游览至少需4小时时间。

主要景点

▲ 三亚亚龙湾壮景

亚龙湾

国家 4A 级旅游景区，位于三亚市区以东 25 公里处，1992 年经国务院批准为国家级旅游度假区，享有“天下第一湾”之美誉，这里海水能见度 10 米以上，海湾近 10 公里长，集碧海、沙滩、空气、阳光和绿色为一体，还可开展攀崖、海滨沙滩排球等运动，又是最佳的潜水观光胜地。现已建设成为具休闲度假、特色观光、文体娱乐及会议展览等多重功能于一身的综合性度假旅游胜地。

- **亚龙湾**

在三亚市东南 25 公里处，从三亚乘 15 路公交或旅游专线观光大巴可直达。

¥票价亚龙湾中心广场（含贝壳馆）：30 元/人，蝴蝶谷：24 元/人。

大东海

位于市区东南部，这里风平浪静，海水清澈透明，沙滩光洁细软，平整舒适，阳光和煦，气候宜人。区内海滨度假旅游设施配套齐全，建有许多风格各异的滨海度假酒店，还设有海滨浴场、嬉水乐园、观光潜艇、潜水和跳水基地，是距三亚城中心最近的热带滨海旅游度假区。

- **大东海**

在三亚市东部，2、4 路公汽和旅游观光专线大巴均可到。

免门票/全天开放。

现在从东线进出三亚的各类机动车已经改走迎宾路而不走大东海了，所以这里清静、安宁了许多，在此观光、住宿皆舒适。

鹿回头山顶公园

因黎族青年和美丽神鹿的传说而得名，现在神话中的猎人和鹿女已雕塑成“鹿回头”巨型石雕，高 12 米，长 9 米，屹立在高峻的鹿回头山顶上。三亚市也因此而得名为“鹿城”。这里还是三亚城区东部的制高点，游人在此可俯瞰脚下浩瀚的大海，远眺起伏的山峦，三亚全景尽收眼底，尤以观夜景效果最佳。

- **鹿回头山顶公园**

位于三亚市区东南边，2、4 路公汽可到。

¥票价门票 45 元，索道 40 元/人。

开放时间：7:00~23:00。

天涯海角游览区

国家 4A 级旅游景区，位于三亚市西南滨海 23 公里处，碧海、青山、白沙、巨石、礁盘浑然一体。刻有“天涯”、“海角”、“南天一柱”、“海畔南天”的巨石雄峙南海之滨，为海南一绝。风景区既是观赏自然风光的妙处，又是可以畅游海泳、乘船出海兜风，游乐项目甚多的休闲娱乐胜境。

- **天涯海角游览区**

从市内乘旅游观光专线大巴（也就是过去的新国线大巴）可直达。途中可看到三亚湾秀丽海景。

¥门票 65 元/人。

▲ 南国海景

南山文化旅游区（5A级景区）

位于三亚市以西40公里处，是全国罕见的大型文化和生态旅游园区。

南山佛教文化苑内的南山寺、不二法门，以雕塑和建筑表现佛教文化主题，融中国、日本和欧洲园林特色为一体。南海观音巨型铜像高108米，是世界上第一尊耸立于海上的观音像，也是世界上最高大的海上雕像建筑物。园中独具特色的“天厨妙供”餐厅可供素斋，菜式达160多种。由于南山景区开发建设起点高、园内自然生态环境甚好，因此近年来知名度迅速提高。

大小洞天（5A级景区）

南山大小洞天风景区（原海山奇观风景区）总面积22.5平方公里，开山历史至今已有800多年。以其秀丽的海景、山景和石景堪称琼崖第一山水名胜。唐代高僧鉴真率日本留学僧人等35人第五次东渡日本，海上遇台风漂流万里至此登岸，并修建大云寺，传播佛教文化；风景区内至今尚有“钓台”、“海山奇观”、“试剑峰”等历代诗人摩崖石刻。大小洞天景区游客稀少，非常清幽宁静，特别适合情侣相依慢慢细玩。

蜈支洲岛

蜈支洲岛位于距三亚市东40公里林旺镇后海约2.7公里的海面上，面积1.48平方公里。最高峰海拔79.9米，岛上山峰层叠，绿树成荫，花果遍地。环岛海域海水能见度可达6~15米，海底珊瑚五彩斑斓，美丽的热带鱼四处游荡，是公认的观海、潜海胜地。岛上现由旅游公司统一开发建设，休闲客房、海滨竹楼、风味餐厅等餐饮住宿设施齐备，是三亚周边最有名的新兴景区。

西岛海上游乐世界

西岛位于天涯海角风景区对面的海上，利用其优越的自

- **南山文化旅游区**

从市区乘旅游观光专线大巴可到，旅游大巴车票视上车地点而定（8~12元）。

¥门票150元，学生有优惠。金玉观音门票25元。

开放时间：8:30~18:30。

南山文化旅游区景区内设有电瓶游览观光车，往返票价20元/人。

- **大小洞天**

从市区乘旅游观光专线大巴可直达景区门口，车费8~14元。

¥门票135元/人。

- **蜈支洲岛**

可从三亚乘28路旅游专线车到岛上的交通码头乘船上岛。也可先在三亚市内坐23路到蜈支洲岛路口下，再换摩的进去，摩的车费15~20元。

门票加船票往返：160元/人。

- **西岛海上游乐世界**

门票：148元/人（含乘快艇登岛）。

西岛开发得挺现代化，游乐设施也全，交通又方便，所以游客数量不少。但是这里的“野味”不如蜈支洲岛浓。

- **推荐旅游观光专线大巴**

过去叫新国线大巴，三亚新开通的观光专线车，从亚龙湾一直开到大小洞天，全程票价17元。有空调车和非空调双层大巴两种车辆，前者凉爽舒适，后者适合途中观景。

海南省

然条件，开发建设成了各种海上休闲娱乐项目、设施齐全的海上大型游乐世界，岛上有摩托艇、滑水、潜水、空中拖伞、海底漫步、钓鱼等游乐项目，游客可以任意选择尽情游乐。从天涯海角风景区东部的公路边的专用码头乘快艇 10 分钟即可抵达西岛。

▲ 西岛的标志——巨型鹦鹉螺雕塑

推荐游程

A. 二日游

D1：上午天涯海角，午后亚龙湾，黄昏时登鹿回头览三亚全貌，晚上大东海听涛。

D2：去蜈支洲岛观光、游乐、潜水。晚上在三亚休闲娱乐、购物。

B. 三日游

D1：游天涯海角、西岛、南山、大小洞天。晚上在市区饱尝海鲜美味。

D2：上午游亚龙湾，玩一个整天，包括去亚龙湾热带天堂森林公园观光。黄昏时游鹿回头。晚上市区休闲购物。

D3：去蜈支洲岛观光、潜水，开心游乐。

上述两种游程笔者认为都很精彩、圆满。

发烧友特别关照

①天涯海角景区不光有刻有“天涯”和“海角”等字样的巨石，这里的自然风光也很美，可是游客往往在上面的刻字巨石前拍照后就匆匆离去，这样游玩太草率，不能真正体味到天涯海角景区的韵味。

②亚龙湾太辽阔、太壮美，在这里观光、戏水太让人快乐开心，你必须把至少 4 个小时的时间扔在这里，否则无法得到海南观光中最高级绝妙的享受（不能光在海边观景，必须下海游乐）。另外位于亚龙湾的热带天堂森林公园风光尚可且因电影《非诚勿扰·2》在此拍摄所以成为近来颇受外界关注的观光新亮点，也应重点关注。

③大东海风光远比不上亚龙湾，但是这里观光不收门票，距城市又近，陆上广场空间很大加之晚上的音乐喷泉清波欢涌、场面诱人，所以还是值得一去。

④在鹿回头山顶只能看到三亚城区的海滨即三亚湾，这里海景虽然比不上亚龙湾但风光尚可，尤其是看到的三亚城市全景挺气派。建议黄昏时去鹿回头，先观看晚霞，然后看灯花如海的三亚夜景。

⑤力荐海上新景蜈支洲岛和西岛，它们共具同样特点：海水洁净、风光诱人、游乐项目多而餐饮住宿设施齐备，在岛上又住又吃又玩真是令人流连而不忍离去（相比之下蜈支洲岛野味更足）。

⑥南山是佛教和生态旅游区，建设投资大、起点高，但它似乎不是三亚观光中的必观之景（佛教、生态旅游区不是海南独有），是否前去您看着办。

旅途中

旅游锦囊——节约旅费的窍门

看看网上各位游客发表的各种信息和游记，有不少都是说在三亚消费后觉得物无所值，甚至被坑被宰之类的，总之是游览后觉得不得意不开心。其实在我看来，三亚的餐饮住宿和游览观光业收费并不贵，这里的人也不算太“黑”，但是关键的问题是游客要找到节约旅费的技巧和窍门，“算计”与“不算计”之间有天地之差。下面我就为您介绍一些关于既能省钱又能玩得开心的技巧和常识。

①住在我前面为大家推荐的那几家宾馆招待所去，可以把每人每天的住宿费控制在40~100元以内（单个客人单住1间房每日80~100元，结伴游客合住1间房分摊房费后不过每人40~50元）。

②尽量别住亚龙湾，那地方尽是四星级至五星级酒店，房价动不动就得300~500元，你还不至于有钱烧得难受吧!

③大东海附近的酒店比亚龙湾便宜不止一个台阶，100元出头的住处多得是，要住就住这里，另外春园附近也有不少便宜宾馆。

④吃海鲜可以去春园，但是春园近年来已不那么物美价廉了，大规模装修后饭菜可能会更贵。去我前边推荐的小丽海鲜店很不错，她原来在春园3排5号经营时就在众多食客中享有很好口碑，现在新开的海鲜馆回头客仍然很多。因此向各位郑重推荐。

⑤吃普通饭菜就干脆吃快餐，三亚次要街道上有不少快餐店。要是觉得不好找就干脆乘中心干道解放路上的2路车（此车线路贯穿三亚全市）到客运总站旁去吃(还可顺路看看三亚市容)。客运总站南边有不少快餐店，10~12元钱两荤三素汤免费饭管饱，加上往返车费一共12~14元钱。10元钱出头就弄个“肚圆”，这在旅游城市中不能算贵吧!

⑥不少游客反映三亚有些出租车司机乱收费，可我要说的是：这里公交车四通八达，为啥你总要打的呢?从大东海去亚龙湾，坐旅游观光专线才5~8元钱（现在又出来个更便宜的15路公交车），从解放路民航道口乘普通中巴去天涯海角才2元钱，就是去特远的蜈支洲岛——现在可以从三亚乘28路公交车直达，出租车想宰你也宰不着啊!

⑦三亚八大景点中，亚龙湾、大东海、鹿回头、天涯海角一定要去，蜈支洲和西岛可以选择去一个，而南山可去可不去，因为它是生态和佛教旅游区，这样的景区并非只有海南有，若不去南山可省门票150元。在三亚和海南，可以节约旅费的窍门还很多，有机会再为各位详介。另外要告诉大家的是，近年来三亚的普通宾馆和家庭旅馆越建越多，房价都不贵，过去一到旺季把宾馆房价动不动就炒到1000元以上的事情越来越少了，这对大家都是福音。

▲ 温馨海滨（三亚亚龙湾）

海南省

海南东海岸

东海岸是指海南省海岸东缘的多处海滨城市和滨海名胜景点，主要有文昌东郊椰林、铜鼓岭、月亮湾、云龙湾、琼海博鳌观光度假区、万宁东山岭、兴隆温泉度假区、热带植物园及南湾猴岛、分界洲岛等，上述景点的共同特点是特点鲜明、个性十足，是海南风光精华中的重要组成部分。加之海南东海岸气候好而交通方便，所以观光游乐特别令人幸福开心。

▲ 文昌云龙湾海滨美景

游览指导

①东海岸最精彩漂亮的地方是东郊椰林、椰林湾、铜鼓岭、月亮湾、石头公园、云龙湾、万泉河及兴隆热带植物园。此外博鳌水城、玉带滩、兴隆温泉度假区、南湾猴岛也值得一看。另外三亚的蜈支洲岛是新开发的海上名景，游客在从北向南游览时未到三亚就先经过去往蜈支洲岛的道口，因此可先去该岛后去三亚。

②陵水境内的吊罗山森林公园和分界洲岛近年来知名度渐高，可适当关注。

③万宁东山风光一般，是否前去视情况而定，但是兴隆温泉度假区值得逗留一天（一晚）。

④游览东海岸 3~4 天只可览主要景观，5~6 天才可以玩得宽松开心。

文昌·东郊椰林·铜鼓岭

不久前一个朋友游海南回来对我说："哇，海南真美，热带风光真绮丽，椰风海韵好醉人"，我问她："你去了东郊椰林了吗？"她说："没有啊"，我当即哑然失笑，"没去过东郊椰林，你有什么资格谈论椰风和海韵（最起码没资格谈论什么叫'椰风'）"。

在海南的亚龙湾和大东海，确实有一些挺拔秀美的椰子树，可那不过是星星点点、稀稀拉拉的三四百棵；可是东郊椰林呢——70 公里长的范围内生长的椰树竟有将近 100 万棵，想想这会是何等美丽壮观的场面。

东郊椰林不光椰树多，长得也特别漂亮优美，尤其是它们的"身材"特别多样化——有高的、有矮的，还有"中巴溜"的；有的椰树直着长、有的斜着长，还居然有"横向发展"的；所以这里的美椰树真是千奇百怪、千姿百态。没去过东郊椰林，你就不知道棕榈科中的"美少女"——椰子树会长得有多好看；没去过东郊椰林，枉为海南游。

▲ 海南极乐世界——隐藏在文昌东郊椰林深处的百莱玛度假村

笔者希求：各位读者，别看百莱玛度假村中都是木制房屋，但每间房内都有空调、彩电、卫生间，设施之新之好快接近三星级了。晚上躺在这样的林间别墅内，听海潮轰鸣、椰涛阵阵，感觉无比舒适温馨。届时你可否即兴发挥给我发个短信，说：我正在文昌百莱玛呢，舒服死了、开心极啦——我等着你们的短信啊！因为一旦收到了这样的短信，我就会立即回忆起自己在文昌、在东郊椰林、在百莱玛度假村度过的美好时光，我也会无比欢乐开心！

交通

从海口汽车东站乘客车，走高速60分钟，不走高速路90分钟即可到文昌市区。在长客站下车后可原地换乘开往东郊椰林的中巴，车费9元/人，40分钟可到海边清澜湾，然后汽车上渡船，渡船行驶10分钟即到对岸，上岸后客车再行驶30分钟即到东郊椰林中心的百莱玛度假村。从海口、三亚坐高铁到文昌也很方便。

住宿

东郊椰林中心的百莱玛度假村风光美，客房房价也绝不便宜，标房打折后通常也在160元以上。度假村西边还有国际大酒店，标间房价便宜一些，而国际大酒店北侧有几家中小宾馆房价便宜少许。笔者向您郑重推荐景区东侧的个体旅馆椰村旅馆，这家旅馆与百莱玛度假村只一墙之隔，二楼的小标间有空调、电视、独卫，24小时可洗热水澡，条件尚可而房价不贵，60~80元/间。电话0898-63538229。

另外，在百莱玛度假村门口东侧，还有港门旅馆等个体宾馆，带电视、独卫的双人间60~80元/间，游人亦可关注。

主要景区

百莱玛度假村

该度假村前临大海、背靠浓密椰林，村中有各式椰树成百上千棵，绿荫蔽日且林间隐藏着座座木制度假别墅，风光美丽而生动。游客白天可以在村边的海滩上戏水游乐；晚间可在村间品美酒，吃海鲜。夜晚的百莱玛五彩灯花随着海风轻轻摇曳，似有似无的美妙乐曲与涛声相呼应，那种情调真是浪漫温馨。

椰林湾

就在百莱玛度假村边，这里海水碧、沙滩黄，岸上椰林浓密，风光绚丽迷人，可以在此开心游乐戏水。

椰子公园

椰林深处的一处优美而玲珑的公园，里边长着不少亭亭玉立的椰子树和槟榔树，它们都是棕榈科树木中的“美女”。游览椰子公园的主要目的之一是欣赏海南怪景之一“老人上树比猴快”，并品尝那个老人飞身上树采摘下来的椰果中倒出的椰汁。当然这里的椰林非常漂亮，好好以它们为背景拍照留念吧！

- **乘车诀窍**

欲去东郊椰林，从文昌乘去东郊椰林的客车直达最好，也可从文昌汽车站门口乘去清澜的中巴，车费3元，40分钟后到清澜港海边，在这先看看海景，一会再换去东郊椰林的中巴车30分钟后即到。

- **东郊椰林门票**

门票免收。

- **文昌市区住宿**

房价真不贵，市区最高档的是五星级的维嘉大酒店，而三星级的凤凰城大酒店，双标打折后才118元，套间打折后才130~150元，且服务非常热情周到，0898-63338888。

此外市内中心公园(孔庙对面)遍布中、小宾馆旅店，有空调、彩电、独卫的双人房一般50~60元，此类旅馆至少有40余家。

- **百莱玛度假村**

就在东郊椰林的中心，度假村内环境风光均很美，订房及咨询电话：0898-63538223。

- **椰庄度假村**

从百莱玛度假村向东步行10分钟可到。本来生意挺好，可现在接近于倒闭了，怎么搞的嘛？

- **椰林奇观——老人上树比猴快**

这里真有1个60多岁的老头，身手矫健，1分钟就可从平地爬到椰树顶端，为游客摘下椰子剖开后喝椰汁。不过他并不是整天守在这里，游人需要时打电话他会来。

▲ 从铜鼓岭山巅看月亮湾远景

宋氏祖居

国家重点文物保护单位。门楼横楣上挂着邓小平题写的“宋氏祖居”匾额。祖居右旁是宋庆龄汉白玉雕像。宋庆龄纪念馆陈列着大量历史照片和珍贵文物，生动翔实地再现了已故国家名誉主席宋庆龄光辉的一生。“宋氏家族世纪观光园”正在规划建造中。

清澜高隆湾旅游区

与椰林湾相望，海湾状如弯月，沿岸椰树绿林环抱，湾内波平浪静，海滩沙质松细洁白，是理想的天然海水浴场。已建有多家海滨度假酒店和海鲜餐厅。

孔庙

始建于北宋庆历年间（1041~1048年）。后多次重建，是海南现存最完整的古代建筑群，被誉为“海南第一庙”。孔庙前庭中轴线上布有棂星门、泮池、状元桥和温文尔雅的孔子全身塑像。后院两旁的庑殿内，有孔子箴言和名家书画。

铜鼓岭旅游区

被誉为“琼东第一峰”。主峰海拔338米，伴有18座大小不同的山峰，绵亘20余公里，蜿蜒起伏，形如大海上崛起的蛟龙，美丽壮观。丰富繁茂的绿色植被，千姿百态的海蚀地貌，岭下光怪陆离的海底世界，多重美景交织，使铜鼓岭风光颇具迷人魅力。

玩家指南

到文昌游览有3天时间可以玩得十分舒适宽松，总体方针可以是住在东郊椰林椰庄度假村，玩在百莱玛度假村、椰子公园和椰林湾。时间安排可以上午游百莱玛，下午椰林湾戏水，黄昏时到椰林公园观光，晚上再到百莱玛看夜景。第二天有时间可以考虑到铜鼓岭观光，那里有铜鼓岭、月亮湾、石头公园、云龙湾四大景点，风光都很出色很振奋人心。游这几处景点1天够用、2天宽松。时间充裕的游客可再关注宋氏祖居和红树林等其他景点。

- **宋氏祖居**

在昌洒镇古路园村，从文昌市区乘客车1小时后到祖居道口再步行50分钟可到。

¥门票30元。

开放时间：8:00~18:00。

- **清澜高隆湾旅游区**

在清澜港西南侧，全天开放。

从文昌市区乘中巴3元钱40分钟可到。

这里与东郊椰林遥遥相对，海景一般，椰林也没有东郊椰林那么好看。不过这里开发了不少房地产项目，海边新楼林立。

- **高隆湾住宿**

推荐金融度假村，条件好而房价不贵，标房价一般100~160元，电话：0898-63328068。

- **孔庙**

文城镇文东路77号，在市区步行即可到。

¥门票5元。

开放时间：8:30~18:30。

- **铜鼓岭旅游区**

在文昌龙楼镇东部海滨，可从文昌市区乘客车先到龙楼镇，再包当地微面或摩的上山。从龙楼包摩的至山顶至少要25~35元。

¥门票免收。

石头公园

在铜鼓岭西南方的海滨，可供游人观光的面积将近1.5平方公里。这里遍布海滨巨型礁石，大的体积方圆达数十近百米，重量可达数千吨。这些各色岩石都是数万年前造山运动时大自然鬼斧神工堆积雕琢的成果，又经过了海水漫长时间的冲击拍打，所以外形特别怪异、轮廓极为美丽神奇，令人观后赞叹不绝。

云龙湾

在铜鼓岭和石头公园的西南侧，海滩长近5公里。形如一轮弯月，是尚未被游人熟知的观光处女地。云龙湾海水碧澈，沙滩橙黄，岸上多椰树，水边多奇礁怪石。云龙湾的正前方是无垠大海，白浪掀天且一望无际，而稠密的礁石群从海湾左侧一直绵延到数公里外的石头公园，游人沿海边沙滩、石丛穿行很感新奇神秘。

- **另荐景点月亮湾**

在铜鼓岭山下北侧，沙滩长、海水蓝、人迹稀少，风光原始而壮丽，与铜鼓岭山峰交映生辉。

- **石头公园**

在铜鼓岭西南侧，也需从龙楼镇打摩的或微面去，摩的车费20~25元。

- **云龙湾**

从龙楼打摩的去10元即可，门票免收。海边有大型度假村提供食宿，双标间一般季节200元以上。订房电话：0898-66715632。

此外在海湾北侧还有一家普通旅馆，有30~40元/间的双人房。

旅途中

沿线亮点闪击和旅途花絮

①东郊椰林真美啊！主要是椰林的面积大、椰树的姿态美。在去东郊椰林前我也描写过海南，还经常用“椰风海韵”这个词，后来才知道，自己真是“土老帽”，太可笑，连东郊椰林都没见过，你怎能体会到椰风海韵这个词的真正含义呢？

②椰子既是树上结出的果实，同时它也是一粒种子，“椰熟蒂落”后躺在地上没人管，就会自己生根发芽。在东郊椰林景区，随处可见散落在地上的椰果中长出的小椰树，真是“无意种椰椰成荫”啊！

③在北方，椰子（尤其是椰汁）是很珍贵的，一听椰汁饮料就要好几块钱呢！可是在东郊椰林，哪棵椰树上不挂着几十个椰子，地摊上买个几斤重的大椰子只要1块多钱。卖椰子的老太太下手真麻利——手起刀落，5秒钟后，你就能喝上甜甜的椰汁了。

④月亮湾的浪花真白呀！我第一次见到如此颜色的浪花着实吓了一跳：因为它白得耀眼或称为扎眼，我这才明白了“银白”或“煞白”二字的含义，也顿时恍然大悟，闹半天我以前在别处见到的海浪颜色都不过仅仅是灰白而已。

⑤月亮湾好壮阔呀！那天我在游人最容易到达的地方看到了一个巨大的半月形海湾，本想走到海湾那头去观看更美的海景，但觉得海湾太长而自己此刻体力欠佳，所以决定改天再说。可我第二天爬到铜鼓岭山顶向下一看，哇：闹半天像我昨天见到的那么大的海湾湾湾相连共有14个（之后还有同等距离长的直线状海滩），真让我触目惊心。

▲ 壮阔的文昌云龙湾海滨

海南省

琼海

电话区号	0898
旅游局	62828042
投诉电话	62932299
万泉河漂流旅行社	62819013

琼海有许多风光秀丽而又特色鲜明的风光景区，如万泉河、官塘温泉、红色娘子军纪念园和娘子军塑像等，可是这些景区谁也"火"不过博鳌。博鳌原只是万泉河入海口处的一个小镇，亦只有一些滨海旅游度假区在开发建设。但数年前亚洲经济论坛把这里选作永久会址——每年亚洲各国政要来此参加论坛峰会，一下子使博鳌声名大振。现在经济论坛已在博鳌举行四次例会。一个面积达 40 平方公里的大型豪华国际会议中心和商贸旅游区正在建设之中，博鳌有着不可限量的光辉前程。

▲ 博鳌论坛永久会址

- **琼海客运站**

在琼海市东风路。从海口东站乘车可到琼海客运站。

电话：0898-62822327。

- **高速路口停车站**

许多途经琼海的大巴都不进市中心，而是把乘客甩在东线高速路的琼海道口，这里离琼海市中心还有几公里，有客运中巴前去。

交通

从海口客运东站，乘车走高速路 1.5 小时就到琼海，快巴 25 元、普巴 18 元。走普通公路 2.5 小时足矣，从三亚乘车也可在 1~2 小时内到琼海。

琼海市区开往博鳌的客车 10 分钟一班，票价 3 元，40 分钟可到，终点是博鳌寺。另外从海口、文昌、陵水、三亚乘高铁动车可轻松抵达琼海和博鳌。

主要景区

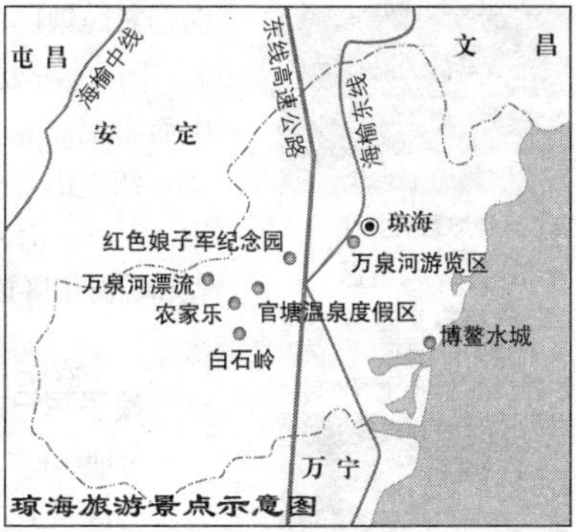

琼海旅游景点示意图

博鳌水城

位于万泉河入海口，自然生态保存得近乎完美。区域内融江、河、湖、海、温泉、山麓、岛屿于一体，集椰林、沙滩、奇石、田园于一身。其中一条狭长的分隔河海的沙洲“玉带滩”被列入吉尼斯世界纪录。博鳌水城亦在此兴建，成为亚洲论坛永久性会址所在地。已建有高尔夫球场、高档次温泉度假酒店和其他游乐设施。

博鳌亚洲论坛成立会址

在博鳌水城东侧，是一座外观多角形的白色半露天建筑，亚洲论坛的首次和第二次年会是在这里举行的，游人来此可观看会址原貌并乘船到不远的玉带滩观光。

东屿岛博鳌亚洲论坛永久会址

在成立会址西侧的东屿岛上，由五星级的会议中心、商务酒店和高尔夫球场组成，非常美观气派。在这里举办了亚洲论坛的第三、四、五次年会。从这里可乘船到玉带滩观光。

玉带滩

博鳌海边狭长美丽的金色沙滩，滩内是万泉河，河水平静，滩外是大海，浪涛汹涌，海上有圣公石等礁石美景。玉带滩是当今游客来博鳌后的必观之景。

万泉河漂流

全程长约15公里，时间约1.5小时。既有穿激流越险滩的澎湃激情，又有两岸风光尽收眼底的诗情画意。沿途可见波涛汹涌的激流险滩，神形绝妙的奇峰异石，银河奔泻的飞流瀑布，椰竹掩映的苗寨村舍，令游人恍若步入人间仙境……

官塘温泉度假村

度假区规划面积22平方公里，区内环境优美，风光宜人。温泉日流量逾万吨，水温68℃~84℃，属富含氟、硅、锂、锶、低矿化度、低铁、重碳酸钠型热矿泉水，对多种疾病有疗效。已建有四家温泉度假酒店。

- **博鳌水城**

从琼海市区乘中巴车至博鳌镇只需30~40分钟，车费3元/人。

- **成立会址**

乘客车从博鳌镇下车后即到。会址门票32元，玉带滩观光船票50元，可买联票。

- **永久会址**

虽与成立会址隔万泉河相望，但大门不在一个方向。从公交车的终点博鳌寺下车后再换摩的（车费5元左右）10分钟可到。如从琼海自驾车去不必经博鳌镇而是抵博鳌前向右行（道口有明显路标）。

会址中的国际会议中心门票70元。与到玉带滩乘船观光联票140元。

- **万泉河漂流**

由万泉河休闲漂流有限公司经营，售票处在琼海市市区东风路，电话0898-62818496，漂流收费141元/人但可打折。

漂河沿途风光原始而优美。游客在船上打水仗也很开心。因此是琼海观光中最令人高兴的游乐方式之一。

- **官塘温泉度假村**

加积镇西南8公里处，琼海市区有中巴车前往。温泉休闲中心是度假区中心。

▲ 玉带滩碧海金沙

• 白石岭风景区

从琼海市区乘中巴半小时可到。

¥门票 38 元（含缆车）。

▲ 娘子军连老战士

• 红色娘子军纪念园

东线高速公路琼官塘入口处，从琼海市区乘中巴或打车可轻松到达。

¥门票 40 元。

园内每天有娘子军军歌和成立仪式表演，还有当地少女穿着娘子军军装与客人合影留念。

• 关注爱华路

该路在市区西南侧，街区干净整洁，两侧都是中小宾馆旅店，可作住宿首选。笔者力荐的酒店是三星级的源源居，标间 100 元/间。电话 0898-62816833。

白石岭风景区

因海拔 328 米的山顶上有一颜色苍白的千吨巨石悬于空中而得名，由众多山岭组成，总面积 16.24 平方公里，有 1308 级登山石阶贴崖而上可达主峰。山上林木葱绿，怪石嶙峋，石洞幽深，神奇莫测。登高望远，可饱览万泉河绮丽风貌和琼海市区远景。

红色娘子军纪念园

占地 10 多公顷，由园前区、主题雕塑区、园林景区、游客服务区四大功能区组成，集旅游、观赏、教育多功能于一体，以形象的艺术手段，回顾展示中国现代革命史上唯一的娘子军的官兵军容风采和战斗经历。

豪华星级酒店　　区号 0898

博鳌金海岸温泉大酒店	五星级	博鳌水城	62778888
琼海官塘温泉休闲中心	四星级	琼海官塘温泉度假区	62802888
琼海金芙蓉度假村	四星级	琼海博鳌	62777888

便宜实惠的住处　　区号 0898

琼海市区爱华路上的椰庄宾馆	三星级	标间 100 元	63538128
琼海市区爱华路上的源源居酒店	三星级	标间 80~100 元	62816833

玩家指南

①游览琼海的主要观光热点是参观博鳌水城和参加万泉河漂流，其他景点如红色娘子军纪念园、官塘温泉度假村、万泉湖度假村亦值得一看。

②参观博鳌主要是参观一下亚洲论坛会址并乘船到玉带沙滩上看美丽海景，观光时间有 2.5 小时够用了。笔者要提示您的是博鳌论坛永久会址（在东屿岛上）比成立会址要好看得多（非常美观气派），因此可以重点关注。

▲ 万泉河上

③万泉河漂流很有味道，在琼海市区售票处购票很方便，全包价每人 141 元。

④从琼海去万泉河漂流码头没有客车，可以先乘客车到东平农场，再打摩的前往，这样有 20 多元钱就能到了。若是从琼海包车往返，车费约需 180~200 元。

⑤琼海市中心就有红色娘子军塑像，以它为背景拍照很方便。愿意详细了解娘子军的历史，可以去看红色娘子军纪念园。

万宁·兴隆温泉度假区

万宁过去是以被誉为“海南第一山”的东山岭著称，可是跟国内其他名山相比，东山岭确实算不了什么。真正美妙的地方是兴隆温泉度假区，这里温泉水温高、出水量足，又处在从海口到三亚的必经之路上，所以所有旅游团队都在这里观光、休闲、娱乐——每家宾馆内都有温泉泳池可任意洗浴游泳。商业街一到晚上人流熙攘、灯红酒绿，情调特别柔美温馨。在这里的南亚风情园和东南亚风情园内可览异国风情，而真正令人开阔眼界的地方是热带植物园，奇花异树太多太多而园内服务甚佳（系国家4A级景区），你可千万别忘去光顾一下啊！此外当地还有石梅湾、香水湾等新景。

交通

海口客运东站和三亚每天有数班客车直达兴隆，也可乘海口到三亚的客车在高速路兴隆出口下，然后乘过路中巴或打摩的20分钟就到兴隆。另外可从海口或三亚先乘车到万宁，万宁到兴隆随时发车，车票6~8元，走普通公路，45分钟可到兴隆，从镇上打摩的5~6元钱即到度假区。

▲ 热带风光旖旎的兴隆康乐园度假村

• 东环高铁已通车

在万宁设有站点，从海口、文昌、琼海、三亚到万宁很方便。

住宿

兴隆的酒店度假村很多，但档次差别很大，像五星级的康乐园大酒店标间开价在500元以上但条件实在是好，普通客馆也有几家，标间120~150就行了，但实在是条件一般、不舒服。笔者的建议是要么就住好的，要么就住最普通的、省钱就行。在本页右下角我为您推荐了一家普通酒店，标间只需50元。

• 推荐便宜的住处

温泉酒店，在兴隆温泉度假区内，这家店没有温泉泳池，房间面积也不太大不豪华，但室内空调、彩电、卫生间一应俱全，关键是房价便宜，双人间一般季节50~70元。电话：0898-62561016。

▲ 温泉亚洲风情园

• **南亚风情园**

在兴隆度假区，步行即可到。

¥门票 20 元/人，人妖表演单收费，开价 150 元但可砍至 90~120 元。

• **东南亚风情园**

从兴隆度假区打摩的 2 元钱可到。

¥门票 20 元/人。

• **热带植物园**

在兴隆度假区西南方，打摩的去 25 分钟可到，车费至少需 10 元。

植物园门票 45 元/人。每拨客人都有专门导游陪同讲解。

园中奇花异树太多。你知道巧克力豆长在树上是什么样吗？知道咖啡长在树上是什么样吗？知道与菠萝一字之差的菠萝蜜是什么东西吗？好好看看吧，植物园中应有尽有且美不胜收。

这个地方与云南西双版纳的勐仑热带植物园有异曲同工之妙。

主要景点

南亚风情园和东南亚风情园

为建在兴隆度假区东南方边缘上的两处人工景区。园内以展示南亚、东南亚各国的建筑、自然风光和民风民俗为主要功能。游客可以在园中观景、品尝各类热带水果，免费观看各国民俗和风情歌舞表演，但是黄昏时分开始的人妖表演不免费。

热带植物园

园中热带植物之多、花色树姿之优美令人目眩。加之这里的各类特色鲜明的观赏花木都非常紧凑地种在游览道边(就是为了方便游客观览)，所以游客几乎每走一步都会有新发现，实在令人开眼又开心。

度假区夜景

入夜，兴隆度假区内微风吹拂、霓虹闪烁，各处宾馆、餐厅、酒吧及商业店铺前都挤满了前来度假观光享乐的人群，欢声笑语相交，觥筹交错，尽享人生美妙时光，兴隆的夜晚无比甜美温馨。

主要星级宾馆 区号 0898

宾馆	星级	电话
兴隆康乐园大酒店	五星级	62552301
兴隆明珠温泉酒店	四星级	62555999
金银岛大酒店		62555888
海南寿仙温泉山庄	三星级	62555666
兴隆温泉绿都度假酒店	三星级	62551888
万宁大酒店	三星级	62229999
兴隆金新温泉山庄	三星级	62552989
兴隆温泉宾馆		62552031

玩家指南

①南亚风情园和东南亚风情园可以一看，但是村中的人妖表演没新意——如今哪里没有人妖啊；村中展销的热带水果新鲜味美但价格很贵；倒是村中各处都有的歌舞表演挺不错，既欢快有特色又可免费观看。

②去热带植物园观光特长学问，园中的服务也真好，游客人数再少也有专职导游陪同，还可免费品尝 4 道茶和 1 道咖啡，很令人满意开心。

③应该好好享受兴隆的夜晚，可以在宾馆的温泉泳池中戏水游乐，可以到街头品尝烧烤和游览购物，也可以打辆摩的把整个兴隆逛一个遍，甭管怎么玩、样样皆开心。

陵水—猴岛·分界洲岛

陵水最出名的景区就是大名鼎鼎的猴岛了，它并不是孤岛而是半岛，岛上的山峰间栖息着数千只猕猴——当然它们并不都每天下山，而每天下山的猴子不过几百只，那也能把猴岛游览区闹个地覆天翻，至少是红火喧嚣充满欢乐动感。游览区内每天有驯猴表演和“猴子仪仗队”的迎宾仪式。乘坐缆车跨过海峡去猴岛时还可在高空畅观陵水湾大海美景。对了，陵水境内的吊罗山森林公园近年来名声渐大，已为许多游客所关注。陵水观光已成为海南游览的重要组成部分。

▲ 陵水湾中的巨大鱼排阵——在去猴岛途中乘缆车可以俯瞰海上鱼排阵壮景，场面比上边的图片中还要壮阔迷人。

交通

从海口汽车总站乘客车，走高速路 3 小时、走普通公路 3.5 小时可到陵水。从三亚乘客车 1 小时即到陵水。海南东环高铁也在陵水有站点。

主要景区

南湾猴岛

一座三面环海的海洋半岛型猕猴自然保护区，1965 年设立，是一个神秘的猕猴王国和花果世界。岛上现有猕猴 2500 多只；各类热带植物数百种；鸟类、兽类各有 20 多种。这里建有我国目前最长的一条跨海客运索道，似彩带将港湾和猴

- **南湾猴岛**

陵水县南部的南湾半岛上，距离县城 14 公里。

从县城乘中巴票价 3 元/人，30 分钟可到新村镇，下车后步行 10 分钟可到售票处。

¥门票 138~143 元/人(含缆车)。

开放时间：8:30~18:30。

- **住宿**

推荐陵水县城中的庆隆达酒店，三星级，标间百元出头。电话 0898-83311111。

海南省

▲ 从行驶在海南东线高速公路上的客车中拍到的分界洲岛远景

岛连接，在这里游客可以乘索道在空中饱览渔港风情；登猴岛与群猴同乐；上渔船和鱼排阵看渔家风情并品鲜活鱼排大餐，得到多重快乐观感。

分界洲岛

陵水以北牛路岭以东海面上的秀丽小岛，岛中心中是小山，山东侧是陡立山崖而北侧是奇异礁群和弯月形海滩，风光多样、景色迷人，近年来被开辟为海上游乐中心。在海口至三亚的高速路上可清楚地看到该岛倩影，乘船上岛只需10分钟。

牛路岭

牛路岭山脉绵延直至海边，海南东线高速公路牛路岭隧道在此穿山而过，是最佳的观海点。在此观海，眼前是湛蓝浩瀚的大海，不远处是一颗翡翠似的绿岛石梅湾，右边是拥有大片银色沙滩的香水湾，风光壮阔迷人。

吊罗山国家森林公园

是我国少有的原始热带林森林区之一，面积3.8万公顷，拥有湖光峰峦、飞瀑溪潭、岩洞怪石、巨树古木、奇花异草等众多自然景观，山中热带植物种群极为丰富，达3500多种。吊罗山最高海拔1499米，常年气候凉爽，年平均气温为20℃，是理想的避暑休闲胜地。海拔近1000米的山谷天池边建有度假山庄等设施。

- **分界洲岛**

从陵水县城以北的高速路口旁的客运站乘中巴5元即到分界洲岛码头，亦可乘三亚或海口的客车在牛路岭道口下。

¥门票含船费120元。

- **牛路岭**

在东线高速公路万宁市和陵水县交界处，乘车从海口去三亚途中即可在牛路岭隧道前后看到大海风光。

- **吊罗山国家森林公园**

从陵水客运站先坐客车到本号，再换当地机动车可到。

这是一个未被外界完全熟知的观光胜境，山中有可与黄果树媲美的大瀑布。不过山中人烟有点少，欲进山探秘最好结伴同行。

旅途中

景区亮点闪击和旅途花絮

①去陵水猴岛不光可以看到猴子，乘缆车飞跨陵水湾时见到的海景和海上的巨大“鱼排阵”也很壮观迷人。一定要乘缆车而不要乘船去猴岛。

②飞跨陵水湾的缆车是国内少见的变速缆车，一会儿快一会儿慢，慢时让人感觉悠闲安逸，快时让人新鲜刺激而又动魄惊心——这是笔者见过的全国独一份。

③猴岛没本事——确切地说是岛上的驯猴员没本事，著名的“猴子仪仗队”是用铁链把猴子锁起来列队迎宾，这算什么能耐，有本事放开铁索把猴子训练得自己列队迎宾，那让人看了才舒服、才佩服。

④陵水湾上的鱼排阵上养着各类海鲜，参观完猴岛后搭上小船前去撮一顿，包你满意而归，当然需要破费不少银子。

海南中线

电话区号	0898
海南省旅游投诉	800-8768188
旅游投诉	65363333
旅游消费投诉	12315

中线是指三亚与海口之间的广阔区域，这里有起伏的岳陵山地和茂密的热带森林，中线公路干线途经五指山市（原称通什），连接海口、三亚两大名城，沿途有五指山、七仙岭、太平山及海南中华民俗村等景区景点。由于海南东线高速路的贯通和东线景区风光的迅速崛起，交通稍显不便的中线游览已逐年降温，但登攀五指山进行森林探秘及五指山河谷漂流仍可吸引一定数量的客人，群山环抱、气候凉爽而幽雅宁静的五指山市区亦不失为海南中线的避暑观光佳境。

交通

由于海南中线的二级公路已经铺通了，所以，中线的交通已比过去便利多了。如今从海口乘客车 4 小时可到五指山市（通什），而从三亚乘客车票价 25~27 元、1.5 小时就可到达五指山市区。

▲ 山水秀丽的五指山市区

主要景区

五指山

海南岛第一高峰，海拔 1867 米，以形如五指而得名。五指山有几块保存完好的热带原始雨林，是最丰富的物种基因库之一，山上终年云遮雾绕，山景扑朔迷离。这里的山寨至今保留着浓郁的黎、苗民族风情，因此更具神秘和魅力，近年来有不少游客进山尝试探险之旅，感觉味道全新。

五指山河谷漂流

五指山河谷是万泉河两个源头之一。河谷漂流是五指山特色旅游项目，以险著称。其漂流路段从五指山天湖（水库）至毛阳镇牙合村（黎族村）的万泉河源头（亦称毛阳河）河段，全程 6 公里，享有海南岛高山河谷第一漂之誉。从海榆

• 五指山

可从五指山市区乘车先到五指山乡（行车 1 小时），再换当地摩的至五指山脚下。这里有五指山国际度假山寨接待游客，房价 180 元/间，安排好食宿后即可上山游览。

¥ 门票 32 元。

若从海口、三亚出发抵达后穿越热带丛林到达山顶后返回，一般需要 2~3 天时间。即使从五指山市出发去山上游览，一天时间也紧张，所以在山下住一晚是很必要的。

• 五指山河谷漂流

电话：0898-88272965（价格：128元/人）。

▲ 五指山河谷漂流

推荐游程

五指山市二日游

D❶：上午海南省民族博物馆、阿陀岭省级森林公园、五指山革命根据地纪念园（毛阳琼崖纵队司令部旧址），五指山大峡谷漂流，在水满乡水满茶园休息购物。下午游蝴蝶生态牧场、水满黎村、热带雨林栈道风景区，在五指山国际度假山寨或水满园住宿。

D❷：攀登五指山（五指山生态旅游景观专线公路），参观民族特色产品展销中心。

中线毛阳镇186公里处及南圣镇分别到五指山水库坝下即可参与漂流。

- **海南省民族博物馆**

五指山市北面，乘摩的去即可。

¥门票5元。

开放时间：8:00~17:30。

- **太平山瀑布**

五指山市东北部通什度假村附近，从五指山市区乘机动车可到。

- **推荐住宿**

①通什旅游山庄，在市区西北角，从市区步行即到，标间120元上下0898-86623188。

②阿里山度假村，从市中心乘去技校的中巴车票1元或打摩的车费3元，10分钟可到，标间80~100元左右，0898-86626622。

海南省民族博物馆

占地面积4公顷的馆内共有8个展厅。馆舍依山面城，粉墙黄瓦，雕龙飞檐，宏伟庄重，是一座以收藏、陈列海南历史和黎、苗、回族文物以及研究海南各族传统文化为主的综合性博物馆，又是海内外宾客来海南进行文化交流的绝好地点。

太平山瀑布

太平山海拔800多米，山上长满老树古藤，岩石叠峰奇秀，山花烂漫，林木荫翳，曲径通幽。太平山瀑布奇伟壮观，雨季飞瀑倾泻，浇于丈余巨石上，飞溅起如珠似玉的水花，轰声如雷，回荡不息。

发烧友特别关照

①虽然海南中线游目前很冷清，但是五指山登山探险和五指山河谷漂流活动仍然值得参与，它们是海南中线游的亮点。

②五指山市依山傍水、风光秀丽，空气和市容亦很干净，且宾馆房价甚低，所以这里可视为疗养度假的胜地。

③用3天时间可将海南中线玩得异常宽松舒适。其中第一天从三亚到五指山市，游览市区并住宿。第二天去五指山河谷漂流并住宿到五指山下的度假村。第三天登山探秘，晚上即可返回。

▲ 五指山市区风光

海南西线

电话区号	0898
海南省旅游投诉	25358451
旅游价格投诉	12358
旅行社	96955883

海南西线主要是指乐东、东方、昌江、儋州、澄迈等县市。与红火喧嚣的东线观光相比，海南的西线游览稍显冷清安静，不过这里的尖峰岭森林公园和东坡书院及海南热带植物园仍是海南较有知名度的观光景点，到这里作一次寻幽探雅的另类观光游览亦不失为海南游览的独特方式。

▲ 尖峰岭雄姿

交通

海南西线的交通还算畅通。从海口市客运西站和三亚市客运总站乘客车，可以轻松到达西线各县市，交通很方便。

主要景点

海南热带植物园

又名华南热作两院植物园，建于1958年，面积100公顷，种植从世界热带亚热带50个国家和地区收集、引进、保存的1500余种国家一级、二级热带保护植物和珍稀濒危植物。现有热带树木、热带香料植物、药用植物、果树、油料植物、观赏植物、珍稀植物七大展区，是世界热带植物资源的宝库。

东坡书院

北宋时期为纪念北宋大文豪、谪臣苏东坡而建。院中载

- **笔者关照**

西线观光可将重点放在松涛水库、热带植物园、蓝洋温泉、尖峰岭四处景点。

- **海南热带植物园**

就在儋州市区边缘，市内有中巴车前去。30分钟可到。下车后还需乘摩的3元。

¥门票15元/人。

开放时间：8:00~18:00。

- **东坡书院**

可从海口乘客车到儋州，从儋州军屯站换车前去。开放时间：8:00~18:00。

¥门票10元/人。

儋州旅游景点示意图

酒亭、载酒堂、奥堂龛等建筑古色古香，享有“天南名胜”之美誉。其中载酒堂是苏东坡被贬昌化军（现儋州市）居住、讲学的场所，留下其许多书稿墨迹、文物史料，是院中观光中心。

松涛水库

是海南省最大的人工水库，被誉为“宝岛明珠”。主坝高 80.1 米，长 730 米，水容量 33.45 亿立方米，水面面积 130 平方公里，始建于 1958 年。库中有 300 多座岛屿，泛舟其上，如游画中。四周群山环抱，遍布莽莽苍苍的原始森林，松涛阵阵。湖中水产品丰富，其中的“鳙鱼火锅”和全鱼宴别有风味。

蓝洋温泉度假区

温泉带长 6 公里，宽 500 米，在 200 公顷范围内有大小自然泉眼十几个，日流量达数千吨，平均水温 78.4℃，对治疗风湿性关节炎、皮肤病及心血管系统疾病均有疗效，度假区内还有观光花园、观音洞、莲花岭瀑布等景点，并已建成多家温泉度假酒店。

尖峰岭国家森林公园

是我国现存面积最大、保存最好的国家级热带原始雨林森林公园，也是我国生物分布多样性程度最高的地区之一，总面积 1739 平方公里，主峰海拔 1412 米，森林覆盖率达 96%，年平均气温 19℃~24℃。公园具有山奇、水秀、森茂、洞幽、谷险等特色，游人可在此进行热带雨林科教科普、沟谷探险、生态野营、森林浴及天池泛舟等多种观光游乐。在海拔近千米的山谷天池建有多家度假酒店，是园中的疗养、避暑及休闲娱乐中心。此处攀登主峰看山海壮景和热带森林奇观亦是近年来很流行的观光方式。

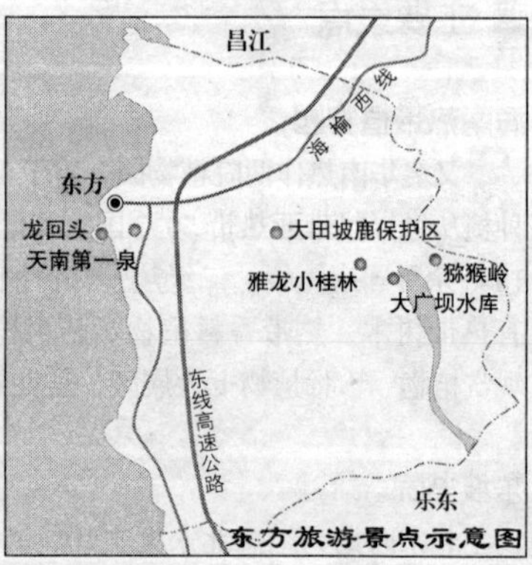

东方旅游景点示意图

- **松涛水库**

在儋州市南丰镇，从儋州市乘客车去 50 分钟可到。湖上游船票价 120 元/人。游览咨询电话：0898-23711119。

- **当地美食**

红鱼粽，吃时先把红鱼粽切成薄片装盘，加少许猪肉片、姜丝下锅蒸熟。吃时脆、松、滑、香。

那大狗肉，狗肉吃法一般采用火锅。其汤料有红枣、党参、枸杞、胡椒、熟芝麻等补药和南国独特调料十多种，将熟狗肉切块下到汤料中烫熟即可食，香味浓烈，风味自出。

- **蓝洋温泉度假区**

距儋州市区 12 公里处的兰洋镇，从儋州乘客车 25 分钟能到。

- **尖峰岭国家森林公园**

在乐东县尖峰镇，距三亚市 90 公里。

可从三亚先乘到田流的汽车（18 元），抵达后乘当地机动车车票 7 元即到尖峰岭。也可从三亚或东方乘车在西线高速路尖峰道口下，换车去尖峰岭。山上路远，光靠步行费劲，可乘摩的上去。

山上分为主峰和天池两大景区，它俩不在一个方向，游人上山时应注意。

¥门票 40 元/人。

笔者亲身游历——漂流万泉河，欢乐又开心

万泉河发源于五指山，从海南中部的琼海市境内流入大海，全长约153公里，两岸青山涌碧水、密林掩乡村，风光非常秀美迷人。不久前，笔者有幸乘船漂流万泉河，留下了非常新鲜美妙的记忆。

我是从琼海市区乘客车先到东平农场，又打了一辆摩的去万泉河漂流的起点。沿途饱览了旖旎秀美的海南中部田园风光，尤其是快到漂流起点的时候，看到路边有许多漂亮的槟榔树，它们身材匀称挺拔，又瘦又高，用一般词汇无法形容其挺拔俏丽，我觉得它们一株株都出落得像20世纪80年代的中国女排中的美女明星周晓兰似的。之后看到了隐藏在深山峡谷中的万泉河水——这真是一条宽阔浩荡而又充满生机活力的河，1月份正是海南的枯水时节，可是万泉河中仍是清波奔流甚至是汹涌澎湃，让人看后很感欢欣振奋。

在河北岸有一个规模不小的漂流码头，有完善的餐饮服务及游览接待设施。由于我到这里的时候没有其他来漂流的游客，漂流公司让我稍等一下，说一个人乘船漂流太孤单，没劲儿——我觉得也是。20分钟后，一下子等来了两拨客人，一拨是北京来的两对中年夫妇（我的同乡），一拨是12个年轻漂亮的海南小妹，据说她们都是一家五星级酒店的服务员，因为工作努力表现出色而被酒店表彰奖励，店主送她们来漂流就是"犒劳"她们的具体方式。这帮小妹既天真纯洁又年轻漂亮，她们全都穿着鲜艳的海南休闲服，皮肤细嫩鲜亮得像水葱似的。大概是因为心情愉快，她们不停地打闹嬉戏。想到能与这么活泼美丽的女孩同船漂流，我的心里也感到很美好很开心。上船时漂流公司的人送上了不少水盆、水瓢、水枪，说是给我们打水仗使用的。之后一个工作人员带我们举起右手庄严地宣讲了一段誓词（我们在船上，他站在岸上），意思是漂流过程中一定不乱扔东西、保护河水清洁，注意环保之类。之后他说：现在开船、祝你们漂流高兴开心——语音未落，他忽然弯下腰，猛地用双手向我们撩起了河水。我们没有准备，几下子就被他撩得浑身上下水花淋淋，大家急忙操起水枪水瓢对他进行还击，可这家伙非常灵活敏捷地跳上河堤跑了。

没有打着挑起事端的那个家伙，我们漂流客之间就互相攻击吧。这时候漂流船已离开了河边开到了河心，于是我们几个北京客为一船，那帮海南小妹为一船，双方在万泉河上展开了正面对攻：水盆、水瓢加上水枪，各式家什一块儿上，目标很明确，就看谁的火力猛了。一时间万泉河上碧波飞舞、银花回溅，不到10分钟，两条船上的人全都变成了落汤鸡，连开船的船工也不能幸免。虽然我们船上泼水的频率高，力度大，但是那帮小妹人多，所以在攻击的场面是我们稍显下风，正当我们准备调整阵形，加大火力的时候，第一个急流险滩到了。

▲ 漂流万泉河　欢乐又开心

万泉河上也有奔腾咆哮的河段，这个险滩长达70~80米，浪花高达1~2米，几次被波浪托到空中又跌进河心后，我们的身上就彻底湿

透了（河水冷，真是“透心凉”啊！）。但是这点遭遇还不能动摇我们对那条船上的小妹们实施报复的决心。驶过险滩后我们马上调转船头逼近她们，可女孩子毕竟是女孩子，身体就是弱，被河水彻底浇透以后，她们都蔫了，纷纷放下武器说，太冷了，不打了，不玩了！

看到她们“缴械投降”的态度还算诚恳，我们也决定休战，于是两条船不再互相摆开战斗队形前进，而是各自在河心缓缓漂游，我们开始悠闲自在地观赏起河边的美丽风光来。

万泉河真美呀，河心清波见底，两岸山峦耸翠，浓密的丛林从山头一直盖到水边，很有点“亚马逊河热带风光”的意味。记不清船工介绍说山上长着多少种树，水中活动着多少种鱼，反正我的感觉就是在做着一场“绿色的梦”，沿河美景真让我心痴如醉。

这悠闲安宁的时光持续了大约40分钟，正当我们在河心清波上舒舒服服地随波漂流尽享美妙感受的时候，有位同船客无意中回头一望，立即说：不好了！我们扭头向后看去，只见小妹们乘的那条船正在急速朝我们冲过来——准是这帮“小丫头”晾干了衣服恢复了体力又要对我们实施攻击，于是众人赶忙抄家伙准备迎战。谁知她们靠近我们的时候，这帮小妹全都在船上站起身，用手指着我们唱道：“我爱你、爱着你，就像老鼠爱大米”，逗得我们全船人都哈哈大笑，也都向她们挥手或敬礼，感谢她们的友好和善意。两条船上的船工也看出了“和平共处”是当前河面上的主流和发展方向，于是也就不再以战斗姿态前行对峙而是尽可能地把船开得舒服一些、活泼一些、潇洒一些，以便让我们能充分体味漂流的美好意境滋味，于是两条船就尽情地在万泉河清波上纵横驰骋、左盘右旋、犁波耕浪。

同样精彩美好的瞬间出现在下游的河段，当时一个当地的村民小姑娘正站在河心低下头漂洗她乌黑美丽的披肩长发，我们那艘船上的小妹们靠近她时纷纷向她招手呼喊表示问候，这个洗头发的小姑娘听见声音后也抬起头微笑并招手回以同样美好的问候，那一刻我心中真有些感动甚至是百感交集：其一是我感到眼前的画面很美很纯洁，因为这些小姑娘之间的问好没有任何地域的间隔或是地位的差别或是出乎任何一种职业或场合上的要求和需要，而是她们内心情感的真情显露和写照——无比真诚美好。其二是我看到这么友善而和谐美妙的场景画面后很为当今我们中国人能够生活在和平宁静的环境中尽享生活的温馨甜美而感到庆幸和自豪。我们的国家和民族经历了很多沧桑和磨难，如今终于找到了适合自己国情的生存发展方式，这些年来，国家的经济在发展，人民的生活水平在不断提高，中国人正在享受着从未有过的安宁稳定富足，这确是无可争议的事实。虽然在前进道路上正在遇到并且还将遇到很多麻烦和难题，但是光明的未来确实给我们带来了诸多美好的向往和希冀。我很庆幸今天来到海南后漂流了万泉河，也很庆幸能与一帮天真美丽的海南妹做伴共同观赏享受沿河美景同时也亲身制造漂流过程中的活泼生动和美妙温馨。我觉得漂流过程虽然只有短短的两个小时，但是这段难忘的游历却一定会在我心灵的深处留下新鲜亮丽的永恒记忆。

▲ 万泉河下游风光

华北地区

北京市

BEIJINGSHI

在全国所有大中城市中，北京有着得天独厚而又无与伦比的特殊地位和身份。这里有无数享誉中外的名胜古迹，每一处都闪烁着华夏灿烂文明史的夺目光辉。这里亦有无数自然山水美景，它们如珍珠散落分布在古城内外，而每一处却都是个性鲜明而又引人入胜。这里曾发生过许多轰轰烈烈的历史事件和故事，令人刻骨铭心而又感慨振奋。这里更是当今中国的“大脑主干”和“中枢神经”，从北京发出的决策指令引导推动着13亿中国人民建设现代化理想社会的豪迈进程。来北京旅游前您可要认真准备和规划，否则将无法在有限的时间内真正领略、观赏、感受到伟大首都宏伟壮美而又奇妙动人的风姿神韵。

▲ 漂亮的北京东长安街高层建筑群

☼ 气候与游季

北京是个四季分明的城市，而且四季太分明了：冬季寒冷，1月份最冷温度可达零下13℃，夏季炎热最高温度可到40℃，春季虽气温适中，但偶有风沙侵袭，4月底风沙刚刚止步，满城又飘起了洁白的柳絮，虽然给游人出行带来小小的不便，倒也显得洁白生动富有变化和情趣。5月份是全年第一个游览最佳时节，之后就是炎热的夏季。9~10月份是全年最佳的观光时节，这个时候天气真棒啊——既少风，又少雨，秋高气爽，万里无云，天空洁净清纯，阳光照在身上暖暖融融让人舒适无比。此时来北京观光最令人快活惬意。不过作为一个以古迹名胜和国际现代都市风情为主要亮点的城市来说，一年四季任何时候都能给游客带来满足和惊喜，因此可以说北京没有太明显的旅游淡季。

外地游客来北京前应留意这里的天气状况，最简单的方法是看电视台的新闻联播之后的全国天气预报——最先报的城市就是北京。

交通

北京的交通既便利也有些不便利，便利的是铁路、公路及空中运输太发达，游人在选择交通工具时几乎可以随心所欲。不便利的一是北京的人太多，任何交通方式都有些拥挤；二是北京城市太大，要想完全熟悉了解这座城市实在是太费劲；三是变化发展太快，就拿城市公交车来说，车多如穿梭，线密如蛛网，连北京当地的居民有时都说不清到底要乘哪路车才能抵达目的地。所以我们下面只把北京的交通概况和乘车要点介绍给读者。

航空

民航

民航首都机场位于市区东北 30 公里处，首都机场国内航班与各大城市通航。机场大巴有开往西单民航大厦（西长安街 15 号）、美术馆班车站（104 路车站）、海淀班车站（当代商城前）、北京站班车站（国际饭店西门）、公主坟班车站（新兴宾馆门前）等八条支线，各支线沿途有多个停靠点。行程约在 45 分钟至 1 小时之间。

联航

联航南苑机场位于市南郊 18 公里处。现已与济南、潍坊、济宁、南京、无锡、苏州、杭州、老河口、福州、佛山、海口、桂林、昆明、成都、银川、库尔勒等地通航。

铁路

北京现有北京站、北站、南站、西站 4 个客运火车站，其中最大的是新建成的北京南站。车站和市内多处售票点预售一周以内的车票，给乘客带来诸多方便。由于各处售票点

- **民航查询台** 010-962580。
- **订票热线** 010-962581。
- **西单民航大厦售票处** 010-66017755、010-66013336。
- **铁路信息咨询** 010-962585。
- **预订火车票** 010-962586。
- **北京站** 地铁、9、10、20、24、39、39 支、41 支、52、54、63、103、103 快、104、104 快、122、403、808、848、938 路北京站下车，售票电话：010-95105105。
- **北京西站** 乘 4、21、52、40、65、122、320、373、387、609、616、702、802、964 路汽车，或特 1、特 2、特 6 以及方庄专线、新建官门专线、石景山专线在西站下车，售票电话：010－95105105。
- **北京南站** 20、54、102、106、122、特 3 路和地铁四号线北京南站下车。售票电话：010-95105105。
- **北京北站** 地铁、16、16 支、21、25、44、375、375 支、387、392、902、800、812 路西直门站下车，售票电话：010-95105105。
- **预订长途汽车票** 4006008080。

▲ 慕田峪长城秀色

北京市

旅游锦囊

为您推荐去长城、十三陵、颐和园、"鸟巢"和"水立方"游览的绝佳方式，能叫您玩得保险、开心又省钱

①外省市的游客来北京后大多要到长城、十三陵、颐和园观光游览，看一看"鸟巢"和"水立方"也是大家的夙愿。但是这些年来北京市区内外总有一些不法导游和"黑车"私揽生意拉游客去上述各地游览，由于操作不规范，这些"黑车"、"黑导"旅途中乱收费用及甩客、宰客的现象时有出现，既败坏了首都旅游行业的名声又损害了消费者的权益，大家对此都很是不满。

②为了规范北京的旅游市场，保护游客的权益，北京市有关部门在天安门广场南侧的前门箭楼下设立了北京游客集散中心，专门售票并发车组织游人去八达岭长城、十三陵、颐和园、"鸟巢"和"水立方"观光，票价规范合理，往返时间准时，杜绝了宰客行为的出现，深受各方游客好评。

③八达岭长城、十三陵一日游收费160元(儿童、学生、老人收125元)，发车时间每日6:30~10:30，往返共需9小时左右。八达岭长城一日游收费100元(儿童、学生、老人收80元)，往返需7小时左右。以上两种游览项目的收费含往返车费、景点门票、随车讲解和中餐费用。另有"鸟巢"、"水立方"、颐和园、长城四景一日游，收费190元(儿童、学生、老人收170元)含往返车费、八达岭长城和颐和园门票，全程讲解费用，发车时间为8:00~9:00，往返需要9~10小时。

▲ 北京前门箭楼——北京游客集散中心就在这城楼前，从这里购票去长城、十三陵、颐和园、鸟巢、水立方观光，省钱、快捷又开心

④在北京市旅游集散中心购票上车参加上述游览，途中服务质量有保证，收费公道且安全、准时，故笔者给予郑重推荐。咨询电话：010-83531111、66057846。

地铁

1号线（长安街沿线），票价2元。

首班车　苹果园5:00　四惠东5:05

末班车　苹果园22:55　四惠东23:15

2号线（环线），票价2元。

首班车 积水潭(内环) 5:03　西直门（外环）5:10

末班车　西直门（内环）22:42 西直门（外环）23:00

售票，所以想买到指定日期内的任何车次的客票是相对灵活容易的事，只是除去在车站售票厅购票以外，在各个预售点上购票要收手续费5元。现南站已开通到天津的城际列车，时速达350公里。

市区内交通

出租车

北京共有出租车60000余辆，车费起价均为10元，夏利

北京市

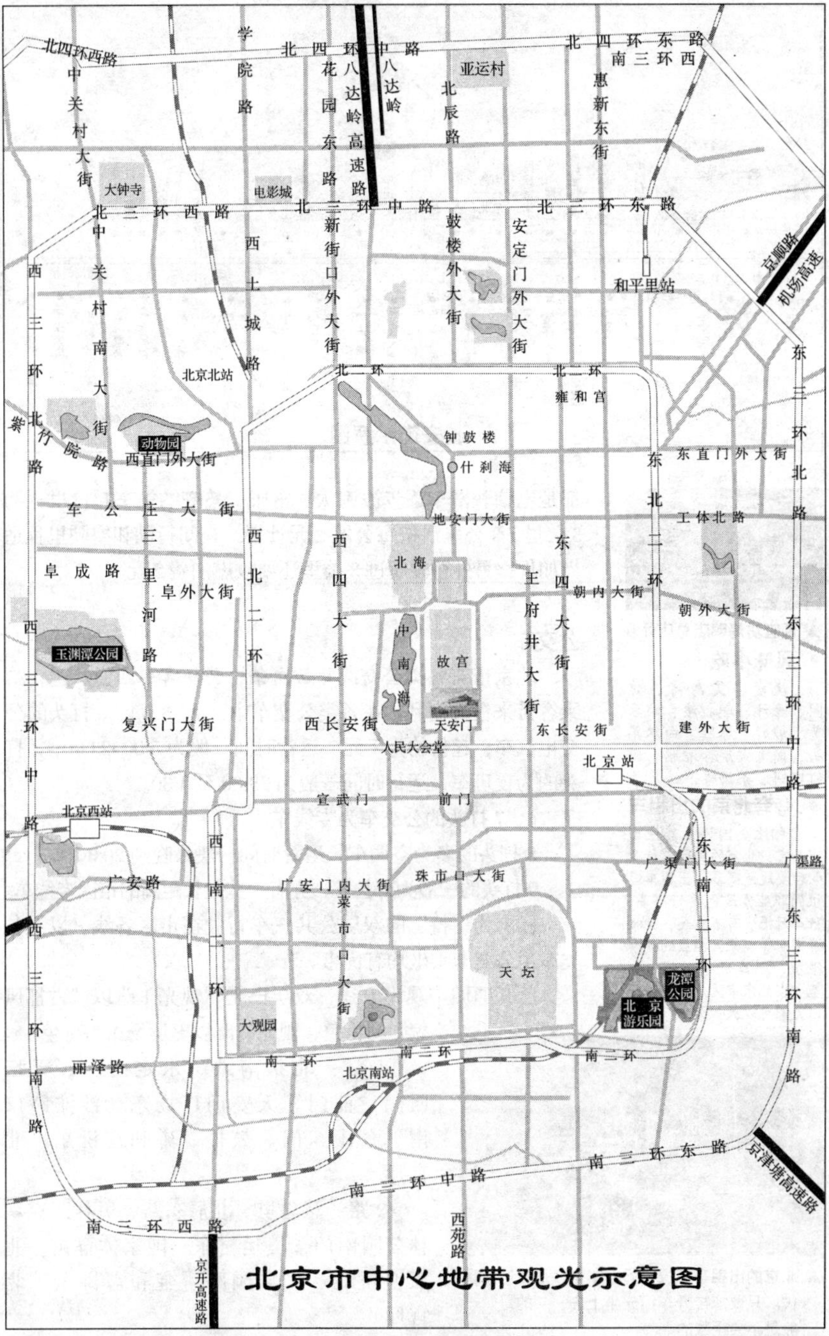

北京市中心地带观光示意图

北京市

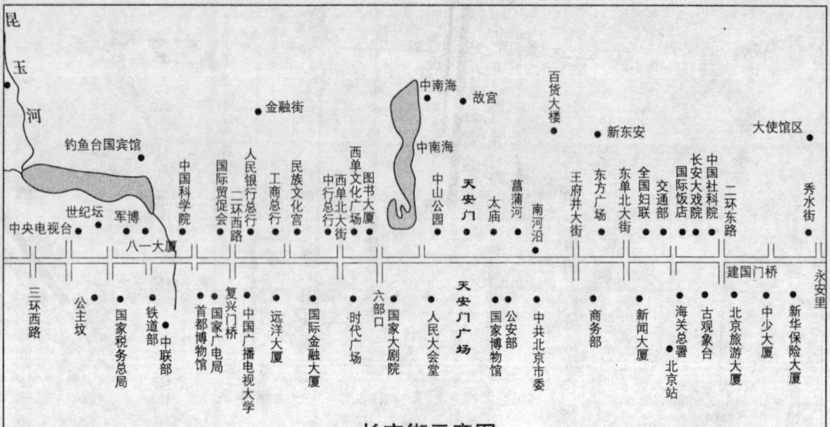

长安街示意图

▲ 便宜坊烤鸭店总店外观

- **风味小吃**

烧卖、艾窝窝、焦圈、豆汁、驴打滚、豌豆黄、炒肝、爆肚、白水羊头、卤煮火烧、灌肠、门钉肉饼、茶汤等。

- **夸夸北京的出租车**

相比全国许多其他城市而言，北京的出租车行业管理要规范得多，出租车司机的职业素质也要好得多，行车时很少有不打表、乱收费宰客等现象，拒载的概率很低、而车况也挺好——至少在北京市区是这样，所以大家可以放心乘坐。

北京市

都是电脑联网车逐步被淘汰。富康、桑塔纳等车起价里程为3公里，3公里后按每公里2元计费。夜间行驶和空驶里程适当加价，另外行驶超过3公里还要收燃油费2元。

公交车

北京市有各类公交线路数百条，公交客车四通八达，给乘客带来极大便利。在各类公交车中，1、3、4、5打头的公交电汽车，起价均为1元，运营时间一般为5:00~23:00；2打头的为夜班车，运行时间一般为23:00至4:30。

6、7打头的公交车为专线车。

8打头的多为空调车，运营时间一般最晚到20:30；

9打头的一般为郊县车，亦有一些是长距离的市区专线车。

标志为“特”的双层公共汽车行驶在市区各线。以上各类车用公交卡乘坐均有优惠。

已开通城市观光专线，双层巴士，观光1路以“古都风貌”为特色，观光2路以奥运场馆为特色。

1路：北京南站、永定门内、天坛西门、前门、天安门广场东、沙滩路口南、景山东门、鼓楼、雍和宫桥东、北官厅。

2路：慧忠里、北辰东路、奥林匹克森林公园南门，奥运村东、国家体育馆、北辰西桥北、民族园路、雍和宫桥东、北官厅。

▲ 北京的出租车车况很好，车型多是捷达和现代。只要您拉开车门先坐上去，“的哥”一般是不会拒载的。

餐饮与美食

北京本来就有品种众多的风味食品，全国各地的美食餐厅又争相来京落户，所以在北京可以选择的餐饮亮点真是太多了，短期停留根本无法体味京味饮食文化的博大精深。

焦圈、豆汁、豌豆黄、炒肝、爆肚、白水羊头、灌肠、茶汤等绝对是特色鲜明的北京小吃。可是现代社会发展神速，人们的口味亦在变化，相信许多人对这些小吃已无太大兴趣。而烤鸭、涮羊肉、仿膳宫廷菜等绝对是北京的美食中的正宗，所以来北京吃一次总不嫌多。北京的普通饮食价贵，就餐方式也不灵活，这里既没有东北三省餐馆中菜的实惠大量——1个人吃一盘菜都费劲，亦没有南方各省中的自选快餐摊上的廉价和灵活——花上6~7元钱可吃到三荤两素外加米饭和高汤，而是死板亦僵化——鱼香肉丝就是鱼香肉丝，宫保鸡丁就是宫保鸡丁，你吃就吃，不吃就算，基本上没有变化和通融（不过在北京的各个中小街道街区中，近年来出现了不少名为成都小吃店一类的饭铺，

▲ 当庭片鸭是便宜坊烤鸭店的经营特色

- **特色菜肴**

北京烤鸭、涮羊肉、仿膳大餐、满汉全席。

- **美食关照**

欲吃正宗烤鸭，一定要去全聚德或便宜坊，那里的烤鸭就是好，味道正宗、服务也佳，当然是优质优价。

▲ 完整的烤鸭套餐

发烧友特别关照

说说北京的公交卡

不久前北京废除了沿用多年的月票制度，取而代之的是新式的公交乘车卡（磁卡），市区的各个主要交通要道几乎都有公交卡销售和充值点，初次办卡只要交纳20元的工本费就可以领到磁卡，同时在售销点上向卡内充入一定数量的钱就可以刷卡乘车了。

用公交卡乘车的优点真不少，一是各类公交车上均可通用，包括乘地铁，还可以享受车票原价打四折的优惠（用现金购买车票不能享受折扣而只有刷卡才能享受），所以北京人现在几乎已是人手一卡了。欲将公交卡充值可以到市区随处可见的公交卡销售点上去，充值后会领到正式的发票和收据，现在北京的各个地铁和城铁站都可以为公交卡充值，且似乎排队等候的时间更短。另外如果想停用公交卡，可以随时退掉卡而要回那20元工本费，不过不是每个公交卡销售点都能退卡，能退卡的地方只有为数不多的几家，具体地点每个公交卡销售点都有明文告示。作为外地来京观光的游客来说，只要能在离开北京时将卡退掉而收回工本费，那在北京用公交卡乘车绝对能节省不少车费。

▲ 9字头的公交线路开往北京周边地区

北京市

▲ “簋街”夜色

里边供应的饭菜相对便宜，比如各类炒菜盖饭一般为 7~13 元 1 份，可供 1 个饭量一般的人吃饱)。加之北京各个游览区内外的餐馆中饭价都比较贵，所以笔者建议外地来京作短期观光的游客在北京采取“两极分化”的就餐方式：即白天在各大景区内外采取“低标准进食”，少花钱只要填饱肚子就成；而晚上回到旅馆放下行囊洗去风尘，再豪装在身风流潇洒地去高档餐厅如全聚德、仿膳、便宜坊、东来顺及新侨和“老莫”当中享受最美的风味和最高级的服务，留下美好的感受和记忆，您说怎么样？

- **簋街**

在东直门内，乘 24、106、107 路公汽和地铁 5 号线均可到。

▲ “簋街”上的东兴楼饭庄夜景

- **簋街用餐佳境**

嘉陵馋嘴楼，在簋街西口，供应川湘风味菜，环境一般但饭菜有特色且物美价廉，笔者强力推荐。

特色美食街

隆福寺小吃街，位于隆福大厦北侧。

王府井小吃街，位于王府井步行街好友世界商场的南侧。

东直门内大街 (簋街)，簋街以夜市餐饮闻名，沿街共有各种商业店铺 100 多家，其中餐饮服务业店铺最多。时间越晚生意越火，所以俗称“鬼街”。现在这条街已改建扩建，街道宽了，比原来气派壮阔了，各家店铺的生意依旧红火，晚上去用餐的人很多。

发烧友特别关照

说说北京的地铁

北京的地铁线路有 1 号、2 号、4 号、5 号、8 号、10 号、13 号、15 号、机场快轨、八通线和房山线等多条，9 号线也即将运行。首班车发车很早，末班车收车很晚，车次密度大且车速快，载客能力较强，是城市各交通方式中极为重要的组成部分。

北京的地铁车票便宜，各条线票价均为 2 元且换乘其他线路时不再单收费，所以花上区区 2 元钱就可以从城市一端坐到另外任何一端，这在全国各大城市的地铁中几乎是绝无仅有。

▲ 北京地铁车站大都有电梯为乘客代步，上下非常方便

由于北京的各类机动车数量太多，地面交通拥堵严重，所以车速快而又不会堵车的地铁就成了人们能准时抵达目的地的交通首选。笔者的经验体会是只要有急事，一定要乘地铁，即使不能直达也会到达邻近地段，之后从地铁下面“冒上来”再换公交车或打一段车，就能到达理想地点了。地铁加公交车或是地铁加出租车是笔者认定的北京市内远距离行进的最物美价廉的选择。

旅游锦囊

为您推荐北京的特色餐厅

①全聚德烤鸭店和平门店

这里是全聚德烤鸭店的大本营（全聚德集团公司所在地），亦是北京所有全聚德烤鸭店中规模最大的一家店——店内有各类大小餐厅数十个，占据了整整四层楼，可以同时容纳2000余人就餐，一天能烤制上千只鸭子但仍然有些供不应求(该店生意太火了，来吃饭的人太多了)，每天正餐高峰时间都要排队拿号稍候片刻才能进入——但是该店的服务质量也太好了，该店的烤鸭选材精良、制工工艺讲究，味道极为鲜美，当然价格不菲（238/只、可谓优质优价)。该店的服务质量也极好，因此笔者强力推荐。订餐电话：010-63023062。

②便宜坊烤鸭店崇文门店

该店是北京多家便宜坊烤鸭店中最大最正宗的。这里提供的焖炉烤鸭与全聚德有所不同（全聚德是挂炉明火烤鸭、鸭子又焦又香，而便宜坊的烤鸭又嫩又香），在京城中独树一帜且价格比全聚德便宜一些——158~168元一套。对该店笔者也是强力推荐。订餐电话：010-67120505。

③东来顺饭庄总店

在王府井新东安市场五楼，这里烹制的各类清真菜（尤其是牛羊肉）味道极好，吃后保你发出由衷赞叹：噢，闹半天牛羊肉能做出这样的味道啊！太棒了！这里火锅和炒菜都有，笔者强力推荐。订餐电话：010-65280932。

④新侨三宝乐西餐厅

是北京历史最古老名气也最大的西餐馆，亦是当今北京最便宜实惠的西餐厅（另一家老字号西餐厅莫斯科餐厅明显比这里贵)，这里提供各类西式菜肴，如果是零点菜，人均80~100元可吃好一顿，同样诱人的是148~178元/位的西式自助餐，能品尝到汤、凉菜、热菜、饮料、甜食等共近60余种，品种多，味道好，也很气派。笔者强力推荐。订餐电话：010-65133366。

⑤烤肉季餐厅

也是京城著名老字号，专营烤肉和各类清真菜，代表菜是烤牛、羊肉及扒肉条和它似蜜。该店地处后海东北沿，店前即是古燕京八景之一的银锭观山，游客美食后可顺路观览该地的美丽风光。笔者强力推荐。订餐电话：010-64042554。

⑥傣家村大酒店

专营各类云南傣族风味饭菜，其用料来源之广、烹调技艺之精细、味道之美确实超出常人想象。席间还可看傣家民族歌舞表演。笔者强力推荐。订餐电话：010-85759998。

⑦新疆餐厅（伊斯兰饭庄）

这里特色菜肴多（全为新疆和西部风味)、味道奇异独特且人气极旺（食客太多、用餐高峰时一座难求)。由于这里的菜肴品种味道和用餐场面明显与京城内的其他餐厅不同，特色太鲜明，所以笔者强力推荐。订餐电话：010-88365363。

▲ 全聚德烤鸭店外观

住宿

与北京的交通一样，北京的住宿既便利也不便利。便利的方面是全市宾馆旅店多达数千家，且高中低档一应俱全，不方便的是来北京旅游的人更多，所以哪家旅店也不会安静清闲，而房价也总是降不下来，所以来北京后在住宿费用上您真得破费一些。北京的高中档宾馆酒店太多，笔者不必再一一介绍，下面就给你介绍一些稍显便宜的住处吧!

推荐一些比较经济实惠的宾馆和旅馆：

哈德门饭店，二星级，崇文门外大街甲2号，010-67112244，标间380元。

齐鲁饭店，二星级，地安门西大街103号，010-66180966，标间最低298元。

建国门枫园宾馆，建华南路，010-65684003，标间260元。交通便利，笔者推荐。

推荐2家距天安门近，适合观看升旗仪式的宾馆：

①升旗宾馆，在天安门广场东南角，双标间180元/间，010-67057556。

②观旗宾馆，在天安门广场东南角，双人间180元/间，010-63038489。

为您介绍北京多家青年旅舍的住宿信息：

①北京城市青年酒店

在北京东城区北京站前站1-5号，2人间140元/间，多人间50元/床，乘1、4、10、24、54、68路公汽可到。电话010-85115050。

②北京东方晨光青年旅馆

在东城区东单3条8-16号，单人间70元/间，双人间100~120元/间，多人间50元/床。电话010-65284347。

③北京飞鹰青年酒店

在宣武区宣武门西大街19号楼，双人间168元/间，多人间50~70元/床。

电话010-63171116。

▲ 坐落在北京火车站前的北京城市青年酒店

北京市

旅游锦囊

为您介绍物美价廉的好住处

西华京兆饭店，在北京西城区煤市街81号，与京城著名的商业街大栅栏很近（出门走1~2分钟即到大栅栏街西口），位置绝好，从酒店步行10分钟可到前门箭楼，这里是北京旅游集散中心，在此乘车去八达岭长城、十三陵、颐和园、鸟巢、水立方观光，省钱又开心；从酒店步行15分钟可到天安门广场和国家大剧院，早晨观看广场升旗仪式很方便。酒店为挂牌三星级，房价却不贵，一般季节标间房价200元出头(7~10月会上浮)，在市中心繁华地带而房价又如此低的星级酒店在北京市内真不多见，笔者给予强力推荐。订房及咨询电话010-52171900.从北京站坐20路前门下，从北京西站坐821路前门下，从首都机场乘机场大巴西单下车后换826路到大栅栏下均可到。

▲ 京华西兆饭店

主要景点

天安门与天安门广场

天安门广场位于北京市中心，南北长880米，东西宽500米，面积达44万平方米，可容纳100万人举行盛大集会。是当今世界上最大的城中广场。天安门城楼坐落在广场的北端；人民英雄纪念碑屹立在广场的中央；人民大会堂和中国国家博物馆在广场的东西两侧遥遥相对；毛主席纪念堂和正阳门城楼矗立在广场的南部，总体观感异常宏伟壮丽。

中山公园

位于天安门西侧，原名社稷坛，是皇帝祭祀土神和谷神之处。为了纪念孙中山先生，于1928年改名为中山公园。1949年，人民政府对该园进行了大规模建设。现园内有拜殿中山堂、坛南区、坛西区、东坛门外、坛北区等几大部分，主要景点有长廊、保卫和平坊、柏树林、南坛门石狮、水榭、四宜轩、唐花坞等。中山公园内古木参天，环境优美，是观光游乐佳境。

太庙（劳动人民文化宫）

太庙在明清两代为皇家祖庙，在天安门东侧，面积13.96万平方米，四周有围墙三重。太庙以古柏最为著名，园内有多株已有数百年树龄的古树，是全国重点文物保护单位。太庙始建于明永乐十八年（1420年），嘉靖、万历年间和清顺治年间曾多次重修，主要建筑为三进大殿及配殿。太庙的规划和木石部分大体保持原状，是北京最完整的明代建筑群之一。

故宫（5A级景区）

又名紫禁城，建成于明永乐十八年（1420年），是明清两朝的皇宫。它位于北京市中心、天安门广场北侧，景山南门对面，东西宽753米，南北长961米，面积达72万多平方米，共有宫殿房舍8700间，是世界上规模最大的宫殿建筑群，是我国劳动人民勤劳智慧的结晶，是外地游客到北京后的必观之景。

景山公园

景山公园坐落在京城南北中轴线上，南接故宫神武门，

- **天安门与天安门广场**

交通：乘1、特1、2、特2、4、特4、5、9、10、17、20、22、44、52、53、54、57、59、110路等多路公共汽车均可到达，乘地铁一线也可达。

天安门城楼票价：15元（学生票5元）。

开放时间：9:00～16:30。

注意事项：上城楼需要寄存包，还要进行安检。

人民大会堂票价：30元（凭学生证买票5元）。

开放时间：8:00～11:30，14:00~17:00。

注意事项：不能携包进入，必须先寄存。

毛主席纪念堂开放时间：8:30～11:30（周二～周日）14:00～16:00（周二~周四）7、8月只有上午开放。

注意事项：必须寄存随身小包，并通过安全检查，瞻仰时一定要保持肃静。

中国国家博物馆开放时间：8:30~16:30。

- **中山公园**

门票：3元

开放时间：6:00～21:00

交通：乘1、2、5、9等多路公交车可直达。

- **太庙**

交通：乘1、4、10、20等发往天安门的车可达。

门票：2元。

- **故宫**

门票：淡季（每年11月1日至来年3月31日）40元，旺季（每年4月1日至10月31日）60元。学生、军人凭证半价，珍宝馆和钟表馆门票各10元。

▲ 天安门城楼

北对城北钟鼓楼，西邻北海公园，占地面积23公顷，山高43米。这里早在金代就堆土成丘，元、明年间又继续移土至此并叠积为高大的山体。清代顺治十二年（1655年）将此山改名为景山。公园有寿皇殿、绮望楼、观妙亭、周赏亭、万春亭、辑芳亭、富览亭等精美建筑，游人登临山顶可览京城全景和故宫及北海公园秀色。

有许多珍贵展品，尤为值得一看。

公交1、4、52、103、111路可达。

- **景山公园**

票价：5元。

交通：乘101、111、103、109等路公交车可达。

- **笔者关照**

景山西门直对着北海的东门，把它们连在一起游览非常方便。

- **北海公园**

门票：20元（旺季，4月1日~10月31日）/10元（淡季）。园内门票：10元。

交通：乘公交车5、101、103、109、124、812、814、846路到北海前门，乘13、42、107、111、118、810、701路公交车到北海后门。

北海公园

位于市中心区，在故宫的西北面。因与中海、南海分称三海而得名。是我国现存最古老、最完整、最具综合性和代表性的皇家园林之一。全园占地68公顷（其中水面39公顷），主要由琼华岛、东岸、北岸景区组成，著名景点有大白塔、五龙亭、九龙壁等，风光非常华丽精美。

天坛（5A级景区）

位于北京东城区，是一座巨大的祭天神庙，占地273万平方米，建筑布局呈“回”字形，由两道坛墙分成内坛、外坛两大部分。外坛墙总长6416米，内坛墙总长3292米。最南的围墙呈方形，象征地，最北的围墙呈半圆形，象征天，北高南低，这既表示天高地低，又表示“天圆地方”。天坛的主要建筑物集中在内坛的南北轴线上，主要建筑有圜丘坛、皇穹宇、祈年殿和皇乾殿等；另外回音壁等亦是园中有特色的景点。

北京市

▲ 故宫太和殿

雍和宫

是北京地区规模最大、保存最完好的喇嘛教黄教寺院。雍和宫初建于清康熙三十三年（1694年），曾是雍正继位前的府第。雍和宫南北长近400米，占地约6.6万平方米，具有将汉、满、蒙古、藏等多种建筑艺术融为一体的独特艺术风格。整个寺庙可分为东、中、西三路，中路位于南北中轴线上，由南往北，依次为牌楼院、昭泰门、天王殿、雍和宫殿、永佑殿、法轮殿、万福阁等建筑。

孔庙和国子监博物馆

孔庙位于北京东城区国子监街，占地2.2万平方米，为元、明、清三朝祭祀孔子的场所，主要建筑有先师门、大成门、大成殿、崇圣门、崇圣祠等。庙内珍藏丰富、古迹众多，体现了中华传统文化的博大精深。国子监位于国子监街15号，与孔庙相邻。其始建于元朝大德十年（1306年），是我国元、明、清三代国家管理教育的最高行政机关和国家设立的最高学府。街道中轴线上分布着集贤门（大门）、太学门（二门）、琉璃牌坊、辟雍、彝伦堂、敬一亭等建筑，这里有我国现存的唯一一所古代中央公办大学的遗址，甚有名气的首都图书馆（分部）亦在此处。

什刹海

什刹海景区是指前海、后海和西海及其周边地区146.7公顷的范围，以什刹海命名。景区中三海水面达33.6公顷(约占总面积的23%)。什刹海景区历史文化积淀深厚，有文物保护单位40余处，占西城区的三分之一以上。景区内有许多

- **天坛**

¥门票：公园门票15，园内景区另收门票。联票淡季30元，旺季35元。开放时间：8:30~18:30。

交通：乘17、54、36、20、116路公共汽车，106路电车。

- **雍和宫**

¥门票：25元（凭学生证可以买学生票）开放时间：9:00~17:00。

交通：公交13、62、116、807等路可达，也可乘地铁直达。

- **孔庙和国子监博物馆**

¥门票：20元。

乘地铁到雍和宫站下，南行200米即到；或乘13、116、807路公交车可达。

国子监街上有4座保存尚好的清代一间式彩绘木牌楼，街边槐树成行、景色优美，值得关注。

▲ 雍和宫

- **什刹海**

13、823路北海后门站下。

购物·主要商业街道

北京的主要商业街有：王府井商业街、西单商业街、东单银街、秀水市场、前门大街、琉璃厂古文化街、中关村电子市场、潘家园民间工艺品市场、红桥小商品旧货古玩市场、官园花鸟鱼市场等。其中王府井是北京最著名的商业步行街，街上有百货大楼、新东安市场、工美大厦等大型商厦,王府井小吃街和隆福寺小吃街分别在王府井商业街的中段和北端，商业街上还有全聚德烤鸭店和东来顺等著名老字号餐馆。西单、东单商业街亦很繁华热闹，但似乎西单更显气派。秀水市场主要经销各式中外服装，场面很“火”，有大批中外游人及购物者光临。琉璃厂古文化街主要经营各类古玩、古字画、仿古工艺纪念品，荣宝斋、宝古斋等著名老店都在这条街上。而中关村电子市场由中关村大厦、中芯大厦、海龙大厦等多座大型商厦组成，主要销售各类电脑软、硬件和其他各种电子产品，是颇为新潮、时尚的大型现代化电子商场。

▲ 王府井百货大楼

的王府和花园，如保存最好的恭亲王府、醇亲王府等，这一带也是原老北京主要的商业活动区。宋庆龄故居、郭沫若故居也在景区内。原来在银锭桥上就可以观赏到西山的美景，这就是著名的燕京八景之一的“银锭观山”。银锭桥边有百年老店“烤肉季”和“爆肚张”等著名餐馆。

恭王府

位于西城区前海西街的恭王府是北京保存最完整的清代王府。其前身为清乾隆时的宠臣、大学士和珅的宅第，嘉庆四年（1799年）和珅获罪，宅第入官。清咸丰帝将其赐予六弟恭亲王奕䜣，是为恭王府。恭王府分府第和花园（花园叫“萃锦园”）两部分，占地约3公顷。

中央电视塔

坐落在海淀区西三环中路玉渊潭西侧的中央电视塔是北京最高的建筑物，共有405米，也是中国大陆第三高的建筑物，身姿异常高大挺拔。建在塔颈处的室内观景厅和室外观景台可以让游客一览京城全貌，塔上的旋转餐厅能让客人边品佳肴边观八方佳景。

中华世纪坛

位于玉渊潭公园的南面，东边为军事博物馆，西边为中央电视台，是为了迎接新千年而特意兴建的。它有总长约270米的青铜甬道，上面镌刻了从有人类出现到公元2000年的时间纪年。主体建筑包括世纪大厅、东西方艺术馆、现代艺术馆和多媒体数字艺术馆，世纪大厅内的环形壁画，周长117米，是目前国内最大的同类品种的壁画。世纪坛上还经常举办各类欢庆活动。

“鸟巢”和“水立方”

鸟巢是国家体育场的别称，因其外观与鸟巢相似而得名。这个庞大的体育场南北长333米、东西宽294米，建筑面积达26万平方米，可以承担大型体育赛事和娱乐活动，2008年奥运会的开幕、闭幕式就是在这里举行的。

水立方是国家游泳中心的别称，这座建筑外观奇特，晚间灯火通明时其造型和色彩更是美不胜收。它与鸟巢相距不远且遥相呼应，成为北京城内颇具知名度的靓丽新景。

- **恭王府**

¥门票：40元，还有一种70元的套票，有导游专门讲解。

🚌乘13、111、42、107等路公共汽车可达。

▲ 中央电视塔室内观景台

- **中央电视塔**

¥门票70元，儿童半价，60岁以上老人42元/人。

🚌乘公交车300、323、901、特6路、811、921、336路在阜成路下车。

- **中华世纪坛**

¥门票：普通票30元，学生票20元，团体票25元（20人或20人以上，凭单位介绍信），大学生、60岁以上老年人、残疾人、军人凭证件20元。

🚌乘1、4、320、337路公交车或地铁1号线在军事博物馆站下车。

- **白云观**

¥景点门票：10元。

🚌乘26、45、46、48、114、308、319、650路电、汽车可达。

▲ 白云观戏台

- **“鸟巢”和“水立方”**

🚌乘公交407、656、740、753、939、运通113路或地铁奥运支线均可到。

¥鸟巢门票50元，水立方门票30元。

白云观

白云观是北京最大的道教庙宇，为中国道教协会所在地，在全国享有盛誉。其创建于唐代开元二十七年（739年），距今已有1200多年悠久历史，现存建筑主要是清代修建的。道观由层层递进的四合院组成，规模宏大、气势非凡。参观白云观可分中、东、西三路进行，主要殿堂均在南北中轴线上。从轴线南起有琉璃照壁、七彩牌坊、山门等。

西单文化广场

是近年来兴建的大型城市广场，其东侧为西单图书大厦，北侧为西单商业街，占地15000平方米，这里的地下“别有洞天”，游泳、滑冰、保龄球、餐饮、购物、电影院等游乐设施一应俱全，4万平方米的商业娱乐区甚为壮阔气派，成为京城百姓休闲娱乐的好去处。广场北边的西单商业街在北京甚有名气，是购物佳境。

动物园与海洋馆

北京动物园是中国开放最早、饲养动物种类最多的动物园，现占地约90公顷，饲养展览动物650余种5000余只。近年来进行了大规模的扩建，现建筑面积8万多平方米。

北京海洋馆坐落在北京动物园内，南倚长河，毗邻北京展览馆、天文馆和首都体育馆，作为世界最大的内陆海洋馆，该馆的总建筑面积达4.2万平方米，馆内共分六个不同内容的展示场馆，分别命名为雨林奇观、触摸池、海底环游、鲨鱼馆、鲸豚湾和海洋剧院。馆内饲养展示各类热带海洋动物、生物，缤纷艳丽，美不胜收。

香山公园

又叫静宜园，位于北京海淀区西郊，距市中心20公里，全园面积160公顷。因山中有巨石形如香炉而得名，是北京著名的森林公园。1186年，金代皇帝在这里修建了大永安寺，又称甘露寺。寺旁建有行宫。经历代扩建，到清乾隆十年（1745年）定名为静宜园。1860年和1900年惨遭抢劫和焚毁，1949年后陆续修复了大部分名胜。主要景点有鬼见愁、玉华山庄、双清别墅等。香山红叶最为著名，每年深秋时节漫山红遍、佳景迷人。

● **西单文化广场**

地铁或公交1、4、22、57路西单站下。

▲ 位于动物园东侧的莫斯科餐厅是北京历史悠久的西餐馆

● **动物园与海洋馆**

¥门票：动物园15元，海洋馆成人120元，学生凭学生证60元，不含大学证件。

乘7、15、16、102、103、111、332等路公交和地铁4线可达。

● **香山公园**

¥门票：旺季10元，淡季5元。

从积水潭地铁换乘331路，终点站下。或在西直门乘904直达香山。从动物园坐360路也到。

● **笔者关照**

游览香山一定要同时观览碧云寺、卧佛寺、樱桃沟等景点，它们均是香山景区的有机组成部分。

● **中华民族园**

¥门票：60元。通票90元；学生票价45元，通票65元。

公交380、386、406、407路可达；也可乘2路双层巴士去那儿。

▲ 中关村电子城夜景

▲ 军事博物馆主楼

中华民族园

中华民族园位于北四环路亚运村西侧，是一座集我国众多民族传统建筑、民俗风情、歌舞表演、工艺制作、民族美食以及收藏陈列于一体，全方位展现中华各民族风情风貌的大型综合性游乐园。该园浓缩了 16 个民族的建筑群落，每组建筑都以 1:1 的比例建造，重现了每个民族特有的建筑风貌。

园中全天有歌舞及民俗表演。

- 北京植物园

¥门票 10 元，温室 50 元，卧佛寺 5 元。

乘 318、330、331、360、698、714 路可达。

北京植物园

坐落在西山脚下，园内栽培陆地木本植物 15 万余株、500 余种，陆地草本植物 200 余种，温室植物 200 余种。植物园以展示我国东北、西北、华北地区植物资源为主，兼顾部分华中、华南亚热带观赏植物。既有科学内容，又有园林外貌。按照“因地制宜，借势建园，突出植物造景”的原则，植物园已建成松柏区和十几个专类花园，还有热带温室、音乐喷泉等特色观光点。园内树木葱茏，鲜花争妍，风光秀美，周边的香山、卧佛寺亦是京郊久负盛名的景点。

- 八大处公园

¥门票：10 元，学生 5 元。

动物园乘 347 路公交车可达；从北京游乐园乘 958 直达；或乘地铁到玉泉路换 389 路也可。

八大处园区内亦有红叶，金秋时节来此亦能得到美妙观感。

八大处公园

位于北京西山著名风景区南麓，始建于隋唐至明清时期，因山中有八座古刹而得名。八座古刹即指长安寺、灵光寺、三山庵、大悲寺、龙泉庵、香界寺、宝珠洞、证果寺，大部分都是建于元、明、清时期。园中的主峰叫平坡岭，顶端很平坦，登临可眺望京城远景。周围有古松柏为主体景观的百卉园，以飞流瀑布、山间小溪，平湖叠水三景合成的映翠湖，以黄栌树、火炬树为主要树种的红叶观赏区，诸多美景相映衬，使该园成为与香山齐名的京郊名胜之一。

▲ 颐和园十七孔桥

- 颐和园

¥门票：普通票：淡季 20 元（11 月 1 日~3 月 31 日），旺季 30 元（4 月 1 日~10 月 31 日）；联票：淡季 50 元，旺季 60 元（联票含门票、德和园、佛香阁、苏州街）。

乘 301、303、330、332、331、346、362、374、375、904、905 路公交车可达。

颐和园（5A 级景区）

颐和园位于北京的西北郊，原是清代的皇家花园和行宫。其前身清漪园，始建于乾隆十五年（1750 年），1860 年被英法联军焚毁，光绪十二年（1886 年）慈禧挪用海军经费和其他款项重建，并于 1888 年改名为颐和园。1900 年，颐和园又遭八国联军严重破坏，1902 年再次修复。颐和园主要由万寿山和昆明湖组成，占地 290.8 公顷，其中水面约占 3/4。环绕在山湖之间的宫殿、寺庙、园林建筑分为宫殿区、居住区、游览区三大区域。是世界上造景丰富、建筑集中、保存最完整的皇家园林，有“皇家园林博物馆”之称。

▲ 圆明园遗址公园

圆明园

有“万园之园”美称的圆明园，建成于清朝乾隆年间，原有亭台楼阁 140 多处，总面积达 350 万平方米。由圆明、长春、绮春三园组成，里面藏有为数众多的名人字画、秘府典籍、钟鼎宝器、金银珠宝等稀世文物，集中了我国古代文化艺术的精华。然而 1860 年英法联军入侵北京后，大肆搜掠园内的文物珍宝，然后放火将这座万园之园焚毁，现在游人看到的只是圆明园的遗址。

北京欢乐谷

建在北京东四环路东侧的大型主题乐园，体现时尚、动感、欢乐、梦幻的理念和魅力。园内有峡湾森林、亚特兰蒂斯、失落玛雅、爱琴港、香格里拉、蚂蚁王国六大主题景区和 100 多个游乐项目，与深圳欢乐谷有异曲同工之妙但设施和游乐方式更显新颖。

世界公园

地处北京市丰台区花乡大葆台，汇集了 40 多个国家的 100 多处著名的人文、自然景观，是目前亚洲著名的大比例微缩景观公园之一。在这里可以观赏到法国埃菲尔铁塔、埃及金字塔、美国自由女神像、印度泰姬陵等世界知名景观，园内每天还有各国民俗和歌舞表演，使游客不必踏出国门便可实现“周游世界”的梦想。

卢沟桥

卢沟桥位于北京市西南 15 公里丰台区永定河上，始建于金代，距今已有近 820 年历史，是北京现存最古老亦是最精美的石造联拱桥。以该桥美景命名的“卢沟晓月”是“燕京八景”之一，桥上雕刻的近 900 只石狮亦很有名。1937 年 7 月 7 日，这里发生了震惊中外的“七七事变”，抗日战争在此揭开序幕。现该地建有抗日战争纪念馆供人参观凭吊。

- **圆明园**

门票：联票 35 元。学生票 5 元（遗址 5 元）。

乘 331、365、375 路公交车可达，也可从王府井新东安市场附近乘 814 路达。

- **北京欢乐谷**

乘 31、41、674、713、822 路可到。

门票 160 元，淡季 120 元。

- **世界公园**

门票：65 元，儿童 35 元。

公交 937、特 7 路、905、967、744 等路可直达。

▲ 世界公园一角

- **卢沟桥**

票价：20 元，学生票 10 元。

公交 309、339 路可达。

- **石景山游乐园**

门票：普通票 10 元/人，学生票 5 元/人。蹦极 100 元/人次，通票 80 元。

乘地铁 1 号线到八角游乐园站下，或公交 337、327、325、354、385、389、817、959、958、728、622、965 路等均可直达。

北京市

▲ 琉璃厂古文化街一角

石景山游乐园

占地27公顷，是一座以欧洲园林为主要特色的大型现代化游乐园，有“北京迪斯尼”之称。乐园有原子滑车、大观览车、勇敢者转盘等50余项大中型现代化游乐项目，近年来又相继推出儿童城星球大战、章鱼、电影世界、太空船、火箭式蹦极等一批惊险刺激的新项目，带给游客全新的体验和感受。

▲ 城市中的四合院

• 国子监街

乘地铁到雍和宫站下，南行约200米即到；或乘13、116、807路公交车可达。

▲ 京剧表演

• 京剧表演

位于建国门内的长安大剧院每晚上有京剧表演，可留意观看。

• 银锭桥

乘107、111、118、13、42路公共汽车可到。

著名的京城老字号“烤肉季”餐厅也在银锭桥边，观光时顺路吃一顿很划算。

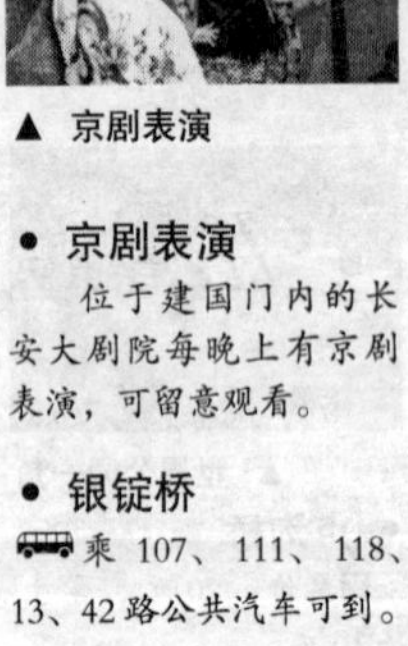

▲ 北京特色美食涮羊肉

胡同与四合院

胡同和四合院是老北京的代表性建筑，集中体现了北京传统的建筑文化。来北京不逛胡同，不算是真的游北京。四合，是指东南西北的房子都有，布局严整，院落敞亮，使人有雅静舒服的感觉，而且长幼有序，各居其室，作息方便。四合院平排并列，为出入方便，每排院落间必须留出通道，这就是胡同。北京的胡同形成于元朝，明、清以后又不断发展，所以具体数目也不一样。老北京人说：“大胡同三千六，小胡同多如牛毛。”意思是说多得数不清。世世代代的老北京人生活在胡同和四合院里，过着闲适的生活，经历着朝代更替，时事变迁，每一条胡同都蕴藏着一段历史，一个故事，耐人寻味。

钱市胡同

位于西城区大栅栏，北京最窄的胡同，最窄处只有0.4米宽，东入口不过0.8米宽。

九弯胡同

在前门附近，这里的胡同狭长弯曲，共有13个弯道。

国子监街

原名成贤街，位于北京旧城的东北部，有将近700多年的历史，属于北京20多片历史文化保护区之一。国子监是元、明、清三朝时期国家设立的最高学府。如今在国子监街上，有孔庙、国子监、牌楼等文物。1949年以后，祠堂、庙宇、大宅院等建筑都转作他用，其中以住宅居多。

银锭桥

银锭桥位于什刹海的前海和后海之间的水道上。为南北向的单孔石拱桥，因形似银锭故称银锭桥。是什刹海的风景之一，燕京小八景之一。过去站在银锭桥上可遥望西山，景名为“银锭观山”。目前该地已成为酒吧一条街，吸引了大批外国观光客。

北京市

京城水上游

水上游也是北京极富特色的旅游项目。北京的水路发达，古时达官贵人就时有驾船沿河游玩的习惯。今天游人更可以乘漂亮游船，品味沿途风光的恢弘与婀娜。

玉龙游

从玉渊潭南码头沿西护城河南下，经白云观，天宁寺，西便门船闸进入南护城河，经大观园、右安门船闸、陶然亭公园、天坛、太平街外船闸到龙潭湖为止，全长26公里。

昆玉游

从玉渊潭南码头出发，沿京密引水渠北上，经名仕花园、玲珑园，过紫御湾进水河到北展码头，全长13公里，途中经过中华世纪坛、中央电视发射塔。

慈禧水道游

是指从动物园后边北京海洋馆门前乘船沿高梁河和京密引水渠直达颐和园，途中可观赏五塔寺和紫竹院风光。以上水上观光项目根据不同季节和河道状况时开时停，游人去前应做咨询和确认，以免白跑路。

科技及文化旅游

北京是全国政治、经济、文化中心，科技在北京发展中

▲ 北京大观园

- **玉龙游**

🚌玉渊潭南码头乘1、4、52、57、320、300路等公共汽车可到。

¥单程50元，往返70元。

- **昆玉游**

🚌北展码头15、19、27、107、332、601路公共汽车可到。

- **慈禧水道游**

发船地点在动物园后边北京海洋馆大门前，去动物园和海洋馆观光后乘此船去颐和园很合适。

- **798艺术园区**

乘401、402、403、405、418、688、909、955、991路公交车均可到。

门票免收。

▲ 798一角

另荐佳景

798艺术园区

北京798艺术区位于北京市朝阳区酒仙桥路东北端大山子，原是建国初期前民主德国援助建设的“北京华北无线电联合器材厂”，即718联合厂。718联合厂于1952年开始筹建，1954年开始土建施工，1957年10月开工生产。

1964年4月上级主管单位撤销了718联合厂建制，成立了706厂、707厂、718厂、797厂、798厂及751厂。2000年12月，原700厂、706厂、707厂、718厂、797厂、798厂等六家单位整合重组为北京七星华电科技集团有限责任公司。为了配合大山子地区的规划改造，七星集团将部分产业迁出，为了有效利用产业迁出空余的厂房，七星集团将这部分闲置的厂房进行出租。因为园区有序的规划、便利的交通、风格独特的包豪斯建筑等多方面的优势，吸引了众多艺术机构及艺术家前来租用闲置厂房并进行改造，逐渐形成了集画廊、艺术工作室、文化公司、时尚店铺，于一体的多元文化空间。由于艺术机构及艺术家最早进驻的区域位于原798厂所在地，因此这里被命名为北京798艺术区。

现在，798艺术区群星荟萃，艺术家云集，这里经常举办各类新潮时尚的书展、画展及媒体新闻发布会。798艺术区已成为京城内最有影响力的文化创意产业园之一。

▲ 中华世纪坛外景

- **中关村**

🚌从西直门乘375路，运通106、105等线可到。

- **大学区**

🚌北大海淀区颐和园路5号，302、320、331、365、801、716等路公车可到。

▲ 古观象台

- **中国科学技术馆**

¥门票：常设展厅（A馆）：成人30元，学生20元；穹幕影厅（B馆）：成人30元，学生15元；儿童科学乐园（C馆）：成人（陪同）10元，儿童20元。

🚌乘21、300、302、367、380、387、406、407、422、702、718、725、731、734、735、801、825、831、834、835、967、运通201、101、104等路公共汽车可达。

- **北京天文馆**

¥门票15元。

🚌乘13、22、42、55、107、111等多路公交车可到达。

北京市

占了相当大的比例，北京集中了一大批知名的科技企业如北大方正、清华同方等。参观科技园区也是北京旅游的重要组成部分。占了相当大的比例，北京集中了一大批知名的科技企业如北大方正、清华同方等。参观科技园区也是北京旅游的重要组成部分。

中关村

被称为“中国硅谷”，南起白石桥国家图书馆，北至清华大学西门，聚集了以清华、北大为代表的39所高校以及中科院200多家科研机构。数座大型的电子城坐落其中，是华北最大的电子元件流散基地。游人置身其中，处处可以感受到现代科技发展的神奇魅力。

大学区

位于中关村的北京大学和清华大学是大学区游览的首选，它们是中国最著名的学府，其园内旖旎优美的园林风景，众多的历史文化遗迹，给游人带来超值的享受。

中国科学技术馆

位于北三环中路安华桥北，馆中展品涉及生命科学、生物和环境保护、信息科学、材料、机械、交通、能源、航空、航天、数学和基础科学以及中国古代科技等各个领域，并建有专门的儿童科技乐园。建馆20多年来，参观人数已达800万。

北京天文馆

北京天文馆落成于1957年9月29日，同年10月1日正式对外开放。是中国第一座大型天文馆。建馆以来，已接待观众1500万人次。天文馆由两部分组成：北京西直门外的北京天文馆（简称西馆）和北京建国门内的北京古观象台（简称东馆）。北京天文馆和北京古观象台同时被北京市命名为“青少年教育基地”。

北京周边游

八达岭长城（5A级景区）

八达岭长城位于北京延庆县境内，是万里长城的精华之一。这里是最早向游人开放的长城地段，在中外游客心中享有极高的声誉，人们常说的“不到长城非好汉”几乎是专指八达岭长城而言。

迄今为止八达岭长城已接待中外游人1.3亿人，先后有尼克松、里根、撒切尔夫人、戈尔巴乔夫、伊丽莎白二世、希思等370余位外国首脑和众多的世界风云人物登上八达岭观光游览。今天的八达岭同样期待着您的光临。

慕田峪长城

慕田峪长城位于北京怀柔区境内。这里的长城有鲜明独特的建筑风格——敌楼密集，关隘险要，城两侧均有垛口。尤其是东南面有3座敌楼并矗一台的正关台，为长城建筑之罕见。慕田峪长城极富有立体感。以慕田峪关地势最低，海拔仅486米，往东至大角楼（慕字一台）不到500米的距离内，长城高度陡然上升了117米。往西，从慕字四台（正关台）至慕字十九台高度起伏不大，从慕字二十台至牛角边最高处，只经过近10座敌楼，长城高度就从慕田峪关的海拔486米上升了533米，达到海拔1019米。从整体角度看，这段长城犹如在山巅腾飞的一条巨龙，非常壮观迷人。

箭扣长城

箭扣长城建筑在北京怀柔区西栅子村的山脊上，是明长城的重要地段。此段全是未经修复的原始长城，是北京市境内最险峻、雄奇的长城。由于远古时地壳运动在山脊较低处形成了一个涧口，长城在此升降横贯而过，所以人们称其为“涧口长城”。又因“涧口长城”的形状宛若一张“弓”，而坍塌的豁儿恰似搭箭的“箭扣”，随之人们便约定俗成地改称其为“箭扣长城”。

箭扣长城一带山势非常险峻。城墙随着大山的走势延伸，忽而仰向天空，忽而探下山谷，极富变化。箭扣长城有几个很出名的景点如镇北楼、箭扣、天梯、鹰飞倒仰、北京结和九眼楼等，其中最高点“九眼楼”海拔达到1200米，是登高观景的佳境。

龙庆峡

龙庆峡位于京郊延庆县城东北5公里处，是幽深秀丽的天然峡谷，长约7公里。碧绿的河水在峡谷中蜿蜒前行，两

- **八达岭长城**

¥门票45元。缆车往返60元。

交通火车：从北京到八达岭有旅游专线车，通往沙城、张家口、集宁、呼和浩特等西北城市的各次快车慢车，上行下行都要在青龙桥车站停车数分钟。可在北京站、北京南站（永定门）和北京北站（西直门）就近乘车，下车站在青龙桥西站或八达岭站。

汽车：919路公交车可到，每天6:30~18:30从德胜门发车，游1路6:00~10:00前门发车，游4路6:00~10:00动物园发车，游5支6:30~10:00颐和园发车，游2支6:00~9:30崇文门发车。

请注意在德胜门乘919路车一定要乘公交公司的车（司售人员穿蓝色制服），这个车安全正点，票价规范。

- **慕田峪长城**

¥门票：登城40元/人，缆车往返（50/35）元/人，施必得滑道往返（55/35）元/人。

交通：西直门火车站乘旅游专线至北宅（在火车站购景点门票免车票），下车后换乘汽车到达。从东直门乘936路可直达，或从东直门乘916路到怀柔转车也可。

- **笔者关照**

怀柔县城景色甚佳，是京郊明珠，值得一看。

- **箭扣长城**

可从东直门乘916路公交车直达怀柔县城，再包小面至箭扣。

岸山峦郁郁葱葱，连绵不绝，颇有南国风味，故享有“小三峡”的美名。游客到此除了可以乘游船观赏沿途风景外，还可以登山前往百花洞、神仙院景区。每年冬天在此举办的冰灯展吸引数十万游客前来观看。

十渡

有“北方桂林”之称的十渡位于北京房山区西南部拒马河畔十渡镇，著名景观有望佛台、石人峰、蝙蝠山、龙山大“佛”字、石门、棒槌岩和跳水台等。是北京周边最秀美的山水风光景区之一。

▲ 怀柔水库秀色

雁栖湖

位于怀柔区城北 8 公里处，原名北台上水库，近年来被开发成京郊著名的水上游乐园。这里三面环山，南侧是平原，湖区碧波荡漾、景色宜人，有各类游乐度假设施，是观光度假佳境。

红螺寺

位于怀柔区城北的红螺山南侧，规模宏大，有“京郊巨刹”之称。这里山光庙影相映，且有“御竹林”、“雌雄银杏树”及“紫藤寄松”三处绝景，甚具观光游览价值。

黑龙潭

黑龙潭位于京郊密云县石城乡境内，距北京市中心约 100 公里。在长约 4000 米、水位落差达 200 余米的峡谷内，由于溪水层层跌落而形成了 18 个大小不一且形态各异的水潭。溪潭相间、风光秀美而又多彩多姿。游人从景区入口处的山脚攀至山顶，可把景区内的奇山异石和三瀑十八潭尽收眼底，备感新奇刺激。从东直门乘 980、987 专线车可直达。门票 45 元。

- **龙庆峡**

门票：40 元，乘船 60 元。

交通：汽车：游 8 路（旅游专线车），始发站：前门、安定门地铁西口（每周六、日发车）；919 路（市郊车），始发站：德胜门箭楼每 5 分钟开一辆，1 小时后可到延庆县城，再乘 920 环线到龙庆峡。

火车：西直门上车，至延庆南站。

自驾车路线：走八达岭高速路过八达岭后从延庆出口下，直行，注意在路右边有“龙庆峡”的牌坊出去，行至丁字路口右转。一路有路标。

- **十渡**

汽车：前门（22 路站）发车的游 10 路专线车直达。

火车：可从北京南站乘京原线火车到十渡；每天早晨 6:37 有去太原的慢车，2.5 小时后途经十渡。

八渡是十渡景区的中心，可在此食宿并作重点游览。

- **雁栖湖**

门票 25 元，学生证半价。湖区东南侧山顶上有一座观景亭，登亭远眺视野内风光如画，感觉奇佳。

从北京市内乘游 6（宣武门、东四十条发车），或从东直门长客车站乘 936 路可到。

- **红螺寺**

从北京市区乘游 6、游 16 路可到。从东直门客运站坐 936 路可直达。也可从东直门乘 916 路先到怀柔，然后乘中巴即到。此外还有假日 1/2 次、3/4 次游览列车抵达。门票 40 元。

京东第一瀑

在黑龙潭以北约8公里处，景区山水风光特色与黑龙潭相同。这里的山间水潭没有黑龙潭多，但是瀑布景色却比黑龙潭壮阔，以落差达70米的大瀑布（“京东第一瀑”）为代表，景区有大型瀑布群至少3处，盛夏时节雨水过后瀑水奔腾，声震山谷，景色最为迷人。

青龙峡

地处怀柔区北部，田园风光和山川秀色皆美。景区内有清波荡漾的青龙湖、雄伟的湖区水坝、起伏的群山、盘踞在山顶上的古长城遗迹和完善的旅游度假设施，集观光休闲多种功能于一身。是怀柔区内重要的旅游度假区之一。

神堂峪

在京郊怀柔区境内，景区主要地形地貌是两峡夹一水——两侧青山叠翠、中央河水欢流，水色山光相映，风光非常柔和美丽。景区内人烟稀少，安宁清静，山水间的密林间有山民开设的农家菜餐厅和旅店，游人在此休闲美食，很感心旷神怡。

灵山

在京西门头沟区西部，主峰海拔2303米，是北京市最高峰。灵山山体高峻、风光壮阔，游人登顶后可一览四周群山美景，畅观京西大地秀丽风光。灵山上覆盖着茂密丛林和大片高山草甸，山间松鼠、野兔、山鸡等小动物随处可寻，偶尔还能见到野猪、狍子、野山羊的身影。灵山的气温比北京市中心低5℃~8℃，是著名的避暑观光胜境。

百花山

也在京西门头沟区境内，与灵山相距不远，因山上林木葱郁，春夏时节有百花盛开而得名。百花山气候凉爽、风光优美，适宜游人避暑休闲和观光游乐。山顶的百花草甸和草甸南侧的山岳断层，都是京郊不可多得的奇观妙景。

爨底下村（爨柏景区）

是门头沟区斋堂镇所属的一个自然村，村中有明清时期建造的民居四合院70余套、古屋数百间。这些古民居古院落大都集砖雕、石雕、木雕于一身，建筑风格独特、造型精美

• 京东第一瀑

先从市区东直门客运站乘918路车到密云鼓楼站，再换当地客运专线车即到。门票40元。

景区门口有多家宾馆度假村，亦有几家农家院，可提供方便食宿。

▲ 怀柔街景

• 青龙峡

从市区东直门客运站乘936路车可直达。也可乘916路到怀柔区，再换当地客运车前往。

¥门票40元，学生凭证半价。

• 神堂峪

从市区先乘916路到怀柔区，再换3路专线车即到。

¥门票20元。

• 灵山

从地铁1号线苹果园站口西侧200米处乘929路车，在双塘涧下车，这里距灵山景区还有30分钟车程，坐当地微型车15~20元可到。

¥门票40元，登山缆车往返60元。

• 百花山

从地铁苹果园站西侧200米处乘929路到黄塔村下，再换当地机动车上山。

¥门票40元。

• 爨底下村

从地铁苹果园站西侧200米处乘929路到斋堂站下，再换当地微型车，车费20元，15分钟可到。

¥门票35元。

村内有数十家个体旅馆，带独卫、电视的50~70元/间，普通间15~20元/床。在村中品尝农家菜肴也方便。

● 桃源仙谷

🚌从东直门客运站乘918路先到密云，再换当地客运专线车即到。

¥门票45元。

▲ 桃源仙谷美景

别致，构成了古风古韵奇异迷人的特殊风景。该村已成为京郊乡村旅游中的特大亮点。

桃源仙谷

地处密云县境内的大型旅游观光度假区，景区内有高山、有密林、有奇石、有巨瀑，尤以奇峰异石和山溪美景著称。桃源仙谷中的最大瀑布落差达70米，身姿壮美景色诱人。桃源仙谷景区内的游览距离长达8公里，游人从山门入口处走到最高点云蒙山顶往返要6~7小时，其间所见美景无数。桃源仙谷景区内处有大型度假村和许多农家院，餐饮住宿设施完备，游人来此观光度假非常快乐舒适。

旅途中

旅游锦囊——为您提供北京自助游览观光的最新攻略

①北京的名胜古迹太多，一次游遍有困难，所以首次来京的游客一定要抓住重点。

②初次来京还是游览八达岭长城（注意不是水关或居庸关长城），那里的长城有代表性且交通方便。二次来京再去慕田峪或司马台长城。

③在天安门与故宫午门之间有旅行社的售票点，他们组织的长城、十三陵1日游规范、保险、安全（出发前签订严格合同以保观光质量），游客可在游天安门和故宫时顺路订好次日的长城、十三陵一日游票。

④位于北京西三环路上的中央电视塔塔身高大，塔上有露天观景台，游人在塔上可将半个北京城尽收眼底（北京新姿非常壮观迷人），视野非常壮阔，笔者强力推荐。

⑤为了抓紧时间，可在观光时顺路光顾北京的特色餐厅品尝风味美食，如在王府井观光逛街时去东来顺、在琉璃厂逛街时去全聚德烤鸭店和平门店、在动物园观光后去新疆餐厅、在北海和后海观光时去烤肉季，上述景区和餐厅相距很近。

▲ 京东第一瀑胜景

⑥除去市区和郊区知名度很高的景点如故宫、颐和园和长城一类外，北京郊区有些景区知名度不太高但甚具观光价值，笔者向大家强力推荐的有百花山、灵山、桃源仙谷、京东第一瀑、紫云山，另外密云县境内的司马台长城地势险峻且建造神奇，观后你一定会有惊喜，你一定会惊叹："哇，我们的先人怎么这么有本事啊！"

⑦北京的人太多，为了使观光更快捷顺畅，笔者强力推荐以下交通方式——短途：打的（北京的出租车管理太好了）；中途：地铁（北京的地铁又快又便宜）加上打的；长途：乘各条专线车。别在市中心挤公交车，太累。

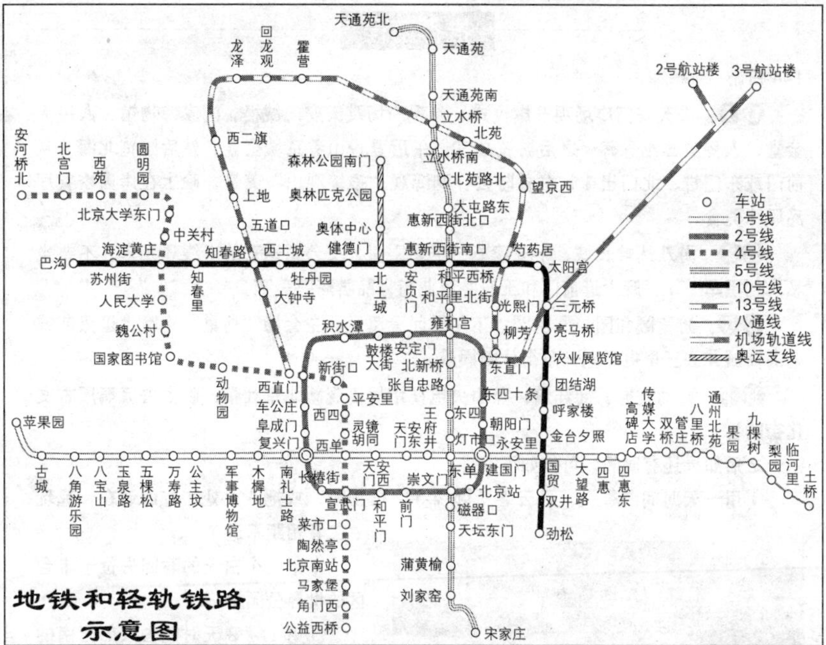

地铁和轻轨铁路示意图

发烧友特别关照

如何在北京的炎热夏季享受到秋天般的凉爽舒适

北京的盛夏时节有时候真不好过，不光气温高，而且空气湿度大，每年都有几个星期的“桑拿天”，让人痛苦不堪。下面笔者为您介绍几个京郊消夏避暑的绝佳地点，读者朋友前去一游定会在那里享受到秋天般的凉爽舒适。

①去京城西郊的百花山、灵山，这两处山岳景区都因海拔高而气候凉爽。去年夏天正值北京城内最高温的时候，我在市区热得“要死要活”的，可是到了百花山，呼吸到的空气都跟冰冻橘子汁似的，又凉又甜，真叫人舒适不已。次日又到了灵山，下午山上下了一场雨，傍晚出来一看，满街上都是披着军大衣的人，想想这里有多么凉快——不仅是凉快而简直是有点寒冷了。

②龙庆峡也是避暑佳境，由于地处京郊北缘，加之有深山环抱，这里的气温至少比北京市中心低5℃~8℃，从市区来到这里就相当于从盛夏来到了初秋，暴热烦闷一扫而空（景区内有许多宾馆可住，每晚都有消夏晚会和歌舞表演）。

③去云蒙山。云蒙山地处怀柔与密云两区县交界处，山东和山西两侧都有许多好景点。笔者认为颇具观光价值的有怀柔境内的青龙峡、幽谷神潭、紫云山和密云境内的京东第一瀑及桃源仙谷等。

▲ 百花山风光

推荐游程

1~4 日游

D❶：去天安门广场观升旗仪式、参观广场及天安门城楼、国家博物馆、人民大会堂、人民英雄纪念碑。之后游览故宫，午后登景山看京城全景，然后游览北海（从前门或东门进、北门出），黄昏时去什刹海观“银锭观山”美景，晚上在烤肉季餐厅品风味美食。

D❷：游八达岭长城、十三陵（一定要乘由公交公司运营的专线观光车，不要坐私人“黑车”），晚上逛前门和王府井商业街，品尝烤鸭美味。

D❸：游览颐和园、圆明园，下午返回看奥运会主会场“鸟巢”。晚上逛燕莎或蓝岛商城并去三里屯酒吧一条街休闲娱乐。

D❹：游动物园、海洋馆，登中央电视塔居高观新北京壮景，晚上去琉璃厂古文化街购物。

之后如果还有时间，可作如下安排：

①用一天时间游香山、碧云寺、卧佛寺、植物园，或把八大处和香山连在一起玩（二者相距不远）。

▲ 北京世界公园

②用一个白天的时间去位于丰台区的世界公园游览。

③用 1 ~ 2 天时间去京郊西南的十渡景区游览，或把十渡和野三坡连在一起玩。

④用 1 ~ 2 天去京郊怀柔区游览慕田峪长城、红螺寺、雁栖湖、青龙峡或是去游览密云区的桃源仙谷和京东第一水瀑景区。

发烧友特别关照

如果您是第一次来北京，那应该重点游览天安门广场、人民英雄纪念碑、人民大会堂、国家博物馆、故宫、景山、北海、颐和园、圆明园、八达岭长城、十三陵、天坛等景点。此处新建的奥运场馆“鸟巢”和“水立方”以及位于人民大会堂西侧的国家大剧院也值得一看。

如果游览过上述景点后还有时间或是您第二次、第三次来北京，那可以继续游览香山、碧云寺、卧佛寺、植物园、八大处、雍和宫、国子监、动物园、海洋馆、中央电视塔、慕田峪长城、雁栖湖、云蒙山、龙庆峡、黑龙潭、金海湖、云居寺、十渡、灵山、百花山、爨底下村等其他景点。

旅游锦囊

旅游锦囊:如何用3天左右的时间畅游北京相邻各省市的景点

前面我们为大家介绍了北京地区的游览观光方式，下面我再为各位推荐一些用较短时间（3 天左右）去北京周边省市开心游览的方案，这样，您只要凑出 2~3 天时间，投资不多的旅费就能得到精彩的游历和满意的观光效果。

▲ 壮丽的长白山峡谷

①夏季我向您强力推荐承德、坝上草原观光游——这条线上既有皇家园林、古迹名景，又有秀美的自然风光，尤其是坝上草原：蓝天白云与无边绿野相映的壮景会让人得到心灵上的震撼和强烈美感，而青山绿树和碧绿溪湖在那里简直是随处可寻，观光效果绝佳。游程安排可以上午出发，中午到承德，下午观光；第 2 日上午去坝上，下午抵达观光；第 3 天上午继续坝上观光，下午返京。

②同样是夏天，我推荐您去吉林长白山。那里的天池风光比新疆天山天池美观紧凑动人得多，且气候极为凉爽迷人。游程可从下午开始，13:13 乘 K215 次车去敦化，次日上午 11:10 抵达并乘车去二道白河镇；第二天畅游长白山，下午返敦化，之后换车回北京；第 3 天路过沈阳或兴城时下车作短暂观光，晚上返回北京。

③同样花上 3 天时间，去山东长岛也是精彩选择：晚上乘夜车去烟台，次日早晨到，先游烟台海滨，下午游蓬莱，黄昏时去长岛；第 2 天全天游长岛；第 3 天原路返回（4~10 月份适合游览此线）。

④冬天可以到哈尔滨观冰灯，夏天可以到哈尔滨游松花江和太阳岛，享受那里的凉爽和温馨。哈尔滨的中央大街太棒了，餐馆多、商店多，但物价都不贵，北京人肯定会觉得消费购物很便宜实惠。如今从北京乘火车到哈尔滨最快只需 8 小时，3 天时间打个来回没问题。

⑤还有一个绝佳所在是河南焦作，那里的太行山山光水秀甚为迷人。北京有 K183 次列车直达那里（运行 9.5 个小时），花 3 天功夫畅游焦作定觉物有所值（这地方春夏秋三季皆可游览）。

⑥最后说的是北京的近邻老牌滨海名景北戴河，您可别觉得这个地方“俗”，因为笔者不建议您夏天去而是让您春秋天去，那时候北戴河气候不冷不热、风光很美且游人少显得很清静（整个北戴河海滨就是一个宁静的大花园），从嘈杂拥挤的北京来到北戴河简直就像让人脱胎换了骨，那种舒适美感确是世上难寻。

▲ 焦作青天河美景

天津市

TIANJINSHI

天津北依燕山、南临渤海，既是首都北京的门户，亦是一座历史悠久、风光秀丽的文化名城和旅游名城。天津的古文化街、重庆路洋楼别墅群及其他诸多历史名人故居颇具幽远古朴之迷人风韵，而近年来新近开发开放的滨海游乐城和杨村小世界等景点以及美食游、民俗游等游乐项目亦都别致新颖、特色鲜明，加之这里吃、住、行、游诸方面的物价水平明显低于周边其他大中城市，所以已有越来越多的人把天津当作旅游观光和度假购物的乐土。

- 天津市旅游局

  022-28358812。

- 旅游投诉

  022-28359093。

- 出租车投诉

  022-23360004。

- 航空

  售票处：022-27305888。

- 火车

  天津站：022-24212628。
  天津西站：022-26182662。
  天津北站：022-26181162。

- 公路

  长途汽车公司：022-27322985。
  京津冀联运站：022-27305667。
  河北站建昌道39号：022-26328908。
  西站西青道2号：022-27323854。

- 重要交通提示

  在天津火车站（东站）原址上进行的改建扩建工程已经完工了。完工后天津站的外观变化不大但车站内部变化大，候车室内非常宽阔气派，而行车设施更是大为改进。如今乘城际快车，30分钟即可从天津到北京，车票最低58元。

▶海河·解放桥

天津市

气候与游季

属温带大陆性气候，冬冷夏热、四季分明，7月份平均温度达26℃，但1月份平均温度可至-4℃，春夏秋三季皆宜游览，即使是严冬时节，市内的历史文化游和美食游、民俗游等活动亦可照常进行。

交通

航空

天津滨海机场有航班通往上海、广州、三亚、沈阳、乌鲁木齐等国内各大城市。

火车

天津有东、西、北三个主要车站。京哈线上的列车在东站和北站停靠，京沪线上的列车在西站停靠。天津有发往秦皇岛、哈尔滨、吉林、通辽、西安、武昌、上海、镇江、太原、石家庄、乌海、承德、唐山的始发车。天津与北京间每日有多班城际特快列车对开，30 分钟即可到达。

• **水运**

天津港客运站/河西区浦口道 1 号，022－23394290。

天津站铁路轮船联运售票处：龙门大厦。

公路

天津及周边地区的公路网十分发达，有十几个汽车客运站，此外火车站广场附近亦是长途客车重要发车点，每天有大量的客车开往周边郊县及北京、河北、内蒙古、东北、山东等地。

水运

天津港是我国最大的人工港。有客轮发往大连、烟台、龙口等城市。夏季客运班次多，具体航班需向客运站问询。

市内交通

地铁：自刘园站至双林站共 23 个车站，全程约 40 分钟，票价最低 2 元，最高 5 元。运营时间：6:30~21:30。

观光巴士：从平津战役纪念馆经古文化街、文庙、食品街、旅馆街、名人故居等至历史博物馆。

出租车：起步 8~10 元，之后每公里 1~2 元，依车型不同而异。

住宿

天津市区高中低各档宾馆数量均多，房价与一般大城市持平，游客的住宿还算方便。力荐天津旅馆街上的华富宫酒店，它的客房极多，占据了整整一条街面，三星级的档次但房价不贵，南楼中的普通房打折后 120 元可拿下（公共卫浴），且这里东邻食品街、西接服装街，餐饮购物非常便利，电话 022-27350066。另外市区还有不少房价在 80~120 元的普通旅馆和招待所。

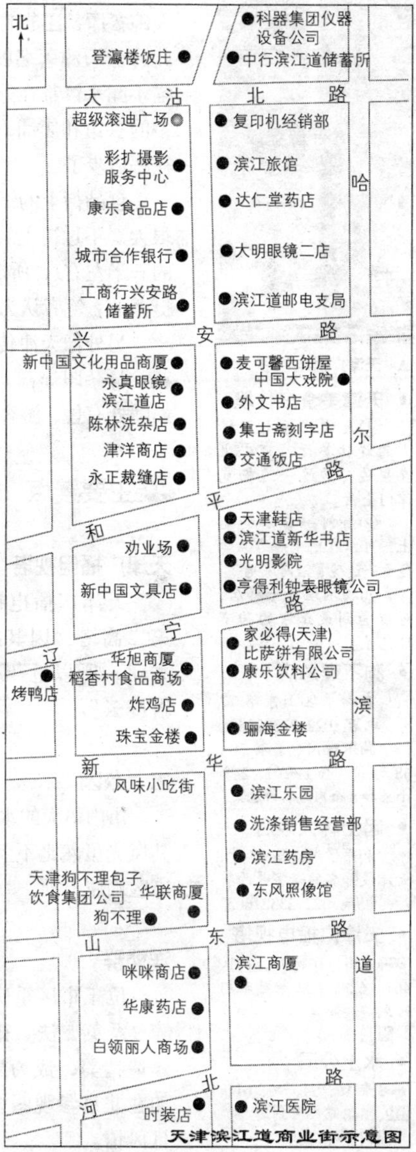

天津滨江道商业街示意图

▲ 天津广播电视塔

• 天津美食三佳境

①天津广播电视塔上的旋转餐厅，可以坐在里边一边吃一边畅览津门全景。

②海河一日游的船上，可以在中午一边品尝佳肴一边观赏沿河风光。

③狗不理包子总店，可以尝到最正宗的狗不理包子。

• 狗不理总店

在和平区山东路77号，电话：022-27302540。

狗不理肉包套餐58~68元/份，含1碗粥、2份小菜和8个肉或三鲜包。

• 起士林大饭店

和平区浙江路33号，天津最著名的老字号西餐厅，电话：022-23321603。

• 天津广播电视塔

乘8、16、94、161、461、628、832等路车均可到。

¥门票50元。

• 水上公园

乘16、94、96、611、612、848路车可到。

¥门票免收。

餐饮

天津的餐饮业收费不贵，饭菜价格比北京的同类餐馆便宜10%~15%，所以在天津品尝各类风味美食非常令人快活开心。笔者向你力荐天津美食一条街，这里会聚了国内外各种风味的餐馆数十家，四川麻辣菜馆，蓬莱海鲜酒楼，东北八大碗餐厅，江苏的淮扬饭店，各地风味酒店均在这里安了家。此外像天津著名的狗不理包子、桂发祥麻花、耳朵眼炸糕、猫不闻水饺都在这里设有专卖店。走进食品一条街，见到众多的餐馆和店铺，看得人心都慌了、眼都花了、脚都不知道往哪迈步了。

食品街上的饭菜价格过去很便宜，但最近涨价的幅度也很大。不过街上的不少餐馆推出了小盘菜（价格是标准菜价的一半左右），所以花上十几元钱能吃上两菜一汤的地方还是挺多的，笔者认为食品街二层的鸭溪酒楼最最实惠。

另外像天津传统的风味小吃三绝狗不理包子、桂发祥麻花、耳朵眼炸糕，均在各大街区各大商厦及火车站、汽车总站随处有售，游客可以任意选购。

主要景点

天津广播电视塔

天津广播电视塔，塔高415米，是世界第四、亚洲第二高塔，因其拔地倚天，与碧空白云相映，身姿异常秀丽，所以近年来新确立的天津新十景之首便称为“天塔旋云”。

水上公园

市内最大的水上游乐中心，有许多清波绿柳和精美亭阁，其风光虽然比不上北京的皇家园林颐和园和北海，但在天津市区确属上乘。

洋楼群

位于市区重庆路一带，有建筑风格各异的小洋楼几百幢（系英、法、德、日等9国在天津强占租界时的建筑），建造精美，成为津门独特的一景。在天津参观小洋楼，犹如在北京参观四合院，最能领略一个城市的古老韵味和昔日风情。

古文化街（5A 级景区）

在海河西岸，北起老铁桥、南至水阁大街，全长近 700 米，街道两侧有店铺数百家，均为明清风格的仿古建筑。这里出售各类古玩玉器、古旧书籍和传统手工艺品，其街道风貌和功能，与北京的和平门琉璃厂大街异曲同工。

津湾广场

海河边上新建的大型高端国际商业娱乐区，各类商务、餐饮、娱乐、休闲设施一应俱全。广场内有许多风味餐厅酒店和酒吧、咖啡馆，亦有影视城和歌舞表演场，成为天津市内特色鲜明的观光新亮点。津湾广场距天津火车站（东站）甚近，游客下车后走过解放桥即可抵达津湾广场开心观光娱乐。在附近海河码头上登船做水上游乐亦能使人备感欢欣。

滨江道商业街

市区最繁华的商业步行街，从东北向西南依次分布着劝业场、华旭商厦、华联商厦、滨江商厦四家大型商城，其他中小商店不计其数，人头攒动，热闹喧嚣，是天津城区购物游的范围主体和中心。

食品街

在和平区南市，这里汇集了各地域各风味的餐厅和食品店近百家，街心喷泉欢涌，街畔宫灯高悬，充满欢乐喜庆的节日气氛，是天津美食游览的中心，亦是祖国北方不可多得的最适合平民百姓消费享受的餐饮胜境。

- **古文化街**

乘 4、24、624、824 路车可到。

- **滨江道商业街**

从火车站乘 24 路等多路公交可到。

从火车站打车到商业街绝对不超过 10 元钱。

- **食品街**

在和平区南市，与服装街相邻。

多路车可到。

北京赵公口客运站还有大巴直达这里。

从火车站打车到食品街车费 10 元。

- **海河游览区**

从天津市区可以轻松地步行到海河河滨，散步观景很是开心。

火车站前解放桥一带的海滨环境及风光挺好，游客可予重点关注。

- **海河一渤海一日游**

每天 9:30~10:00 发船，从解放桥一直开到二道船闸，上岸后换乘大巴去潮音寺和塘沽外滩观光，然后开到塘沽港上船游渤海，约 18:00 返回。

¥ 观光费用 198 元/人。

海河—渤海一日游码头在火车站前的海河边，咨询电话：022-58789911。

海河游览区

海河横贯天津市内，河水碧绿（基本上没有被污染），两岸有精美护栏和许多漂亮广场以及河边花园，有“东方塞纳河”的美称。游客既可以在市中心的河道上划船嬉水，亦可乘游船向东一直驶到大沽口的海河入海口，观看天津港雄姿和渤海风光。

梁启超故居

位于天津河北区民族路 44 号，是民国初年梁启超购地所建，为意式两层砖木结构楼房，造型典雅别致。

天津科学技术馆

建于 1992 年，占地 4.5 万平方米，其中展厅面积约为 1 万平方米，有科普、青少年教育等多项功能，是一座现代化的大型科学博览城。

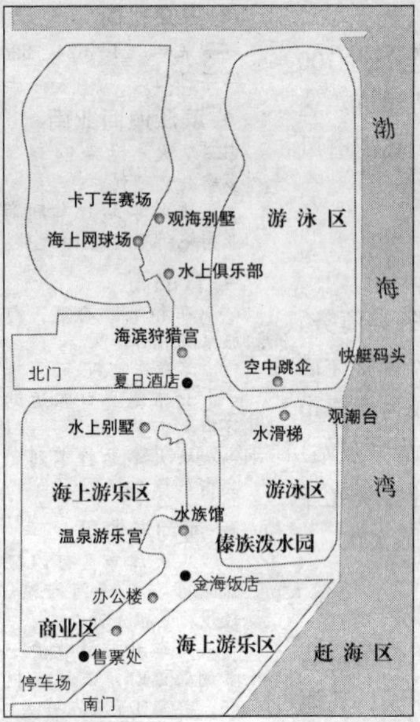

▲ 塘沽滨海游乐城

塘沽滨海游乐城

位于塘沽区高沙岭海滨，有国内最大的人工海滨浴场——面积达18万平方米，嬉水游乐及餐饮住宿设施一应俱全，是盛夏时节游客休闲游乐的极佳去处。

盘山（5A级景区）

在天津市蓟县西北12公里处，系燕山余脉，主峰864米，山姿秀美。盘山上的风光分段而异，下段以水为胜，清流潺潺、溪泉碧澈（近年来水越来越少）；中段以石为胜，多奇异山石并存有不少摩崖石刻；上段以树为胜，有苍松翠柏数千棵。以景区综合水平而论，盘山在津北、京东应算不可多得的山岳名景，非常值得一游。

黄崖关长城

在蓟县东北30公里处的山崖上，这里山势陡峭，崖壁如削，长城盘亘山岭之间，异常雄伟壮观。周边还有八卦城、太平寨、黄崖水关、百家墨迹碑林等多处景点，集雄关险景和人文园林于一身，是天津境内唯一的以长城为核心的大型综合景观。

基辅号航母

是由俄罗斯退役的航空母舰改造后建成的大型娱乐城，停泊在汉沽区八卦滩海滨，舰上观光活动很有新意，游客还可参与导弹发射、枪炮射击等活动。

- **塘沽滨海游乐城**

天津火车站前旺季有专线车直抵滨海游乐城。

另外塘沽火车站前亦有班车前往。

- **盘山**

可从天津乘火车或汽车（汽车站在建昌道的河北客运站）先到蓟县，再换客运中巴车费10元半小时就到盘山。

从北京市区东边的四惠长途客运站去蓟县盘山也方便。

¥门票100元。缆车价格：1期的上行140元，往返180元含门票；2期的单程70元，往返120元，电话：022-29821235。

- **黄崖关长城**

可从天津或北京乘车先到蓟县，然后换中巴到景区。

¥门票50元。

- **基辅号航母**

从天津市区坐去塘沽的公汽在洋货市场下车，再换133路即到。

观光票130元。咨询电话：022-59918888。

推荐游程

三日游

D1：天塔观景，在塔上旋转餐厅美食游乐，下塔后去对面的水上公园观光，服装街购物，黄昏时去食品街开心品尝各类美味，宿旅馆街上的华富宫酒店。

D2：海河之滨观景，古文化街购物，中午在狗不理总店美食，下午逛滨江道商业街，去重庆路看小洋楼别墅群。

D3：从解放桥码头上船进行海河—渤海一日游（周六上午10:00举行开桥仪式也有观看价值），或去塘沽滨海游乐城游乐。

此外在距天津不远的杨村还有与北京世界公园类似的杨村小世界，时间充足者可做一日观光游乐。

旅途花絮

"天塔"上观美景，能治"天津迷路症"

"天塔"是天津广播电视塔的简称，它是全国第二高塔，比赫赫有名的北京中央电视塔还高出一截子呢！"天塔"上既有室内观景厅又有露天观景台，均建在250余米高的塔腰上，在这个高度上眺望天津市区全景，那种开阔壮美的感觉自然是不用多说的。笔者一到天津，就迫不及待地登上"天塔"观览津门秀色，兴奋快意之余，我发现了天塔观景台的一大妙用：它能相当有效地治疗"天津迷路症"。

谁都知道天津的街道斜的多，正南正北正东正西的少，所以外地人来到天津后十有八九搞不准方向，于是问路就成了天津旅游中的一大内容。我是个方位感挺强的人，在其他地方极少迷路，可是一到天津就"晕菜"，就"找不着北"，什么东北角、西南角、南市，乱七八糟的总也搞不清。哎，谁知那天登上"天塔"一看，顿觉心明眼亮了许多。"天塔"的室内观景厅中每个大玻璃窗前均有明文提示，把在这个窗户这个角度看出去能见到的主要街道、主要建筑提示给你，按图索骥、一一对号，真有恍然大悟之感。噢，火车站在那儿，劝业场在那儿，食品街、服装街在那儿，海河是那样流过来的，它们之间的相互位置原来是那样的啊！

从"天塔"上下来，再钻进市区那歪七扭八的街道上去，心中果然有谱了许多，有时虽然在枝节问题上还要打一下"磕巴"，可总的来说，走冤枉路的概率大为降低。有时一时犯了迷糊，我就站在那儿闭上眼睛，把在"天塔"上看到的城市全景在脑海里"过一下电影"，嘿，这一下，大概的方向就又找准了。

所以我劝那些初到天津的朋友，与其拿导游图费力地一点一点"抠哧"，还不如先到"天塔"上一游，在那里既能畅观津门秀色，又可总览全局、把握方向，至少一举"好几得"，何乐而不为呢？

发烧友特别关照

①天塔上观景很壮美，海河—渤海一日游内容丰富，挺让人开心，看洋楼群旧貌能领略津门古风古韵，去滨江路商业街购物和服装街购物特别便宜、实惠、诱人，把老景、新景结合起来，把观光和购物结合起来，你的天津游会感不虚此行。

②盘山的风光虽比不上泰山、黄山，但在冀北、京东有这么一座特色鲜明的山亦属不易，去作一日至二日观光均可（从北京方向去也非常容易方便）。

▲ 盘山风光

③北京的王府井虽繁华，但商店还是在路两边，可盛夏时节的晚上，天津滨江路上的商摊全都搁在大街中央，这时你才能真正体会到步行街的味道和含义。

河北省

HEBEISHENG

河北自古便是京畿要地，燕赵古国的故土上有许多名胜古迹，可是从全国其他省份专门来河北观光的游客似乎不太多，究其原因可能是这里离北京太近，首都的耀眼光芒掩盖住了诸多周边地带上的美景。但如果你不是过于挑剔和善于攀比，还是可以在河北省内找到不少游览佳境并能从中得到新奇和快慰的。

黄金旅游线路

① 北京—北戴河—南戴河—黄金海岸

② 北京—承德

③ 北京—丰宁坝上草原

④ 北京—保定（白洋淀）—石家庄（含苍岩山、嶂石岩、天桂山、西柏坡等）

①石家庄—保定一线的风景名胜主要有苍岩山、嶂石岩、天桂山等，以上景点虽然无法和黄山、庐山相比美，但苍岩山和嶂石岩的风光水平在祖国北方的山岳风景区中仍算可圈可点，另外华北明珠白洋淀风光绝对够水平——一年四季都有佳景，游后感觉如诗如梦。

②古城承德不光是避暑胜境，避暑山庄和外八庙的建造更是气势雄浑而又独具匠心，一生中去承德游览一次绝对不嫌多。

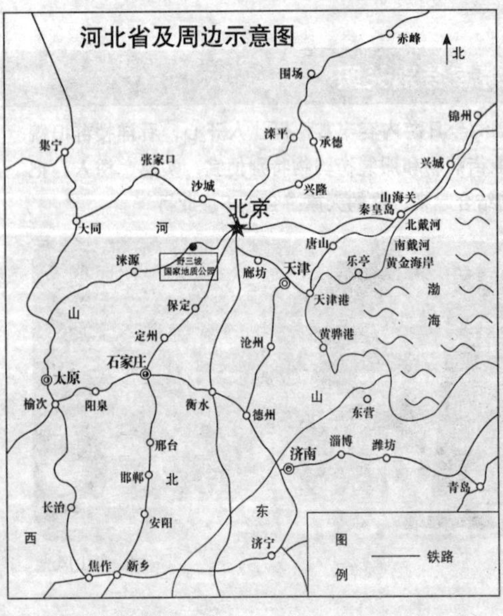

河北省及周边示意图

③坝上草原因其气候凉爽且自然风光美丽原始，所以近年来颇为引人注目，它是华北夏季观光佳景中的灿烂明星。

④北戴河曾是国内最著名的海滨名胜，近年来似乎对游客的吸引力逐渐消退，但有一个办法能让您在那里玩出新的方式和感受——把北戴河、南戴河、黄金海岸连在一起玩，古老景区定会焕发出崭新风韵。

此外在张家口和崇礼一带近年开发出万龙、多乐美的、长城岭等滑雪场和张北草原等新兴景区，在天津以东的乐亭县亦开发了一些海滨美景，值得大家关注。

秦皇岛—北戴河

电话区号	0335
秦始岛旅游投诉	3076564
南戴河旅游投诉	4050159
山海关旅游监察	5021234

秦皇岛—北戴河是渤海之滨最著名的避暑胜境。这里的秦始皇入海处和北戴河海滨度假区在华北和全国享有盛名。而东侧的山海关城楼、老龙头、燕塞湖、孟姜女庙和西侧的南戴河和黄金海岸等周边佳景则恰似众星簇月，把祖国北方这处不可多得的滨海名胜装点得更加缤纷艳丽。近年来，这里又开发开放了野生动物园、秦皇求仙入海处等诸多新景，传统而古老的景区正在焕发出引人注目的青春活力。

气候与游季

秦皇岛—北戴河，夏季天气凉爽；冬季因有海水调节温度，因此亦无明显严寒；春秋时节气温适中、风和日丽，亦适合游览。所以这里虽然是公认的避暑胜地，夏季最适宜旅游，但是春秋二季前来，也能留下美好观感。近年来，严冬时节到此进行反季游览的人亦有增加（许多宾馆餐厅冬天也营业、室内有暖气、海鲜馆冬天亦有海鲜供品尝），所以游人可任意选择观光时段。

▲ 鸽子窝晨景

交通

航空

机场位于市区东北20公里处，现已与大连、哈尔滨、上海、石家庄、太原等城市通航。

铁路

秦皇岛市拥有秦皇岛、北戴河、山海关三个铁路站，东北城市通往其他地区的列车大多在秦皇岛市境内路过或停留。秦皇岛（含山海关、北戴河）与北京、天津、唐山间有直通列车，暑假和春运期间还增开临时性列车。从北京始发的旅

- **山海关售票处**

  迎宾路169号：0335-3062579。

- **铁路**

  秦皇岛站（海港大街）：0335-3062230。

  北戴河站：0335-4019090。

  山海关站：0335-5051844。

  预售处：文化路

- **从火车站打车去海滨度假区**

  秦皇岛站前车很多，“拼缝”很方便，包一辆捷达40元/车，人均10元。

- **秦皇岛客运站**

  北环路：0335-3067007。

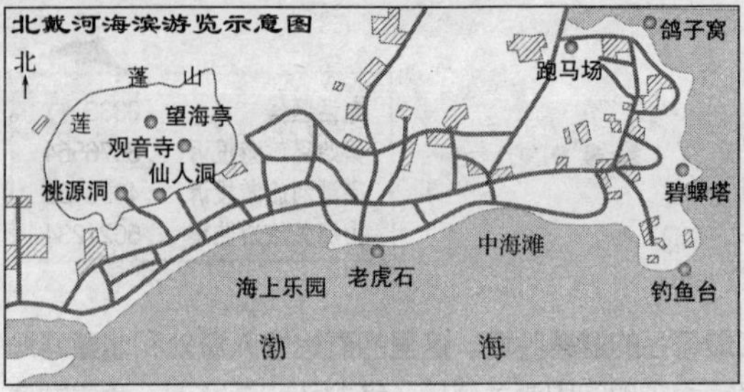

游特快短短3个小时即可到达北戴河、秦皇岛，交通极为方便。

公路

秦皇岛每日都有开往北京、天津、承德、郑州、石家庄、内蒙古、兴城、锦州、沈阳、鞍山、大连等方向的长途客车。北戴河海滨每日有专线旅游大巴同北京、天津对开，其中走京哈高速路到北京只需4个小时。

- **当地交通**

  市内交通有公汽十余路，出租车5元起步，价格便宜，比较方便。

- **从北京到北戴河**

  可乘Y509次，7:50开，10:37到，软席64元/人。此车时间合适，车内条件好。当然暑假还有多次加车。

- **从北戴河火车站到海滨**

  从北戴河站外乘5路最方便，车票1元，30分钟即到海滨景区（可在铁疗一站下），不要乘22路，它要绕道南戴河，比5路慢得多。

  包车从火车站到海滨约需30元（夏利），可乘至少4人。

- **海滨到秦皇岛市区**

  有34路直达车往返，车极多，车费2~3元。途经鸽子窝和野生动物园，一直开到秦皇岛火车站前。

- **租车游览北戴河海滨**

  租个面的从中海滩沿东海滩一直开到鸽子窝，淡季一般20元即可，包车半天一般需100~120元。海滨景区到处有机动车揽活儿，游客可随意选择。

- **网吧**

  海滨商业街区内有许多家，网费2元/小时，包夜5元。

河北省

住宿

作为海滨旅游城市和度假区，秦皇岛市—北戴河度假区内的宾馆饭店多得不计其数，尤其是北戴河海滨景区内，密密麻麻挤着百余家宾馆度假村，密度之大可谓是全国之最。这里的房价随季节大幅升降，盛夏时节双休日时二星级宾馆的标房可达180~220元甚至更高，暑假一过则可能降至78~80元/间。至于一般中小旅馆，除去7月初至8月末和“五一”、“十一”黄金周外，40~60元的房间随处可寻，亦有旅店按床位收费，最便宜的时候低到10~15元/床。

推荐便宜实惠的旅馆

①位于北戴河中海滩的煤炭疗养院，前临老虎石公园，位置好交通便利又便于游览，院内长满各类花草树木，环境优美空气极为清新。这里常年营业，旺季标房在120~200元但可议价，淡季标房最低只需70~80元/间，冬天房间有暖气，四季皆可开心住宿。电话：0335-4041017。

②从北戴河火车站下车后乘5路公汽20余分钟后在“铁疗”一站下车，下车后旁边即可看到不少中小宾馆（在草场中路上），这些宾馆中标间一般季节在70元以下（旺季单说）且距海很近，游人可予关注。

餐饮

北戴河海滨景区内遍布各类海鲜馆，但海边的餐馆价格不便宜，普通肉菜价格在15~25元，普通海鲜一般在25~50

元一份，但除去旅游最旺季之外，一般的海鲜馆中的菜价都可以打折甚至会主动打折，所以就餐前砍价是游客的必备程序。笔者曾把开价 50 元/条的海鲫鱼砍到 25 元/条，把 2 斤重的白眼鱼砍到 20 元/条，这两种鱼味道都鲜美。

欲吃普通饭食可离开海边，到当地人生活聚居的街区去(如北戴河石塘路市场的西边街上)，但这里的中小餐厅中的菜价近来上涨幅度也不小。可是笔者经过考察发现石塘路市场以北三角地有一家葛家馆，饭菜出奇的便宜实惠，肉菜 12~15 元，各类海鲜 16~30 元/份，比其他餐馆便宜 25%左右，因此给予强力推荐。这个小饭店的电话是 13933698384。

主要景点

北戴河海滨景区

东起鸽子窝、西至南戴河，有无数海滨美景，碧浪金沙诱人陶醉。其中精华部分是中海滩和东海滩，这里的老虎石、碧螺塔、金山嘴、鸽子窝等都是久负盛名的观景佳地。

莲蓬山

北戴河景区中的制高点，登上该山东可望至秦皇岛市区，西可看到南戴河、黄金海岸，海滨景区全貌开阔壮美，天气晴好时登山观景感觉甚佳。

- **刘庄和草场中路的个体旅馆**

距海滨不远的刘庄村以及草场中路有不少个体旅馆，房间不很大但条件尚可而且房价便宜，有卫生间的房间旺季 70~120 元，而淡季只需 40 元，可以适当关注。

- **长城号游船**

发船在北戴河东海滩东山码头，出海游览 45 分钟，32 元/人。

- **海滨游览最佳处**

从中海滩至东海滩再至鸽子窝，总长超过 10 公里，汇集了老虎石、金山嘴、碧螺塔、鸽子窝等著名景点，是北戴河海滨风光最佳地带，应重点游览。

- **鸽子窝和碧螺塔**

鸽子窝是传统佳景、碧螺塔是新建观景台，游客在上述两景点均可登高远望，凭海临风。

¥鸽子窝门票 20 元。

¥碧螺塔 35 元。

- **莲蓬山**

5、21 路可到。

¥门票 30 元。

参观时一定要登上最高点瞭望塔。

河北省

北戴河–南戴河–黄金海岸方位示意图

▲ 南戴河中华荷园美景

山海关景区（5A 级景区）

位于秦皇岛以东 15 公里处，是古时万里长城东端的重要关隘，现在城墙城楼均已得到修复。挂有天下第一关巨幅题匾的箭楼是最适合摄影留念的佳景。

老龙头

是万里长城东端的入海处，现大型城墙城堡已扩建一新，游客登临城堡之巅可饱览天水一色的渤海风光，其景色异常开阔壮美，与北戴河鸽子窝异曲同工。

燕塞湖

位于山海关城西 3.5 公里处，湖区蜿蜒曲折，湖心清波碧透，岸边多卓山奇峰，是深山中藏匿的一颗珍珠。

南戴河海滨

与北戴河仅一河之隔，这里景观的总体水平不如北戴河，但沙滩比北戴河宽坦，另有南戴河海上乐园、国际娱乐中心和西游记宫、神奇魔幻宫等人工景点。

野生动物园

在北戴河海滨以北 1 公里处，这里与传统的动物园最大的不同就是大多数动物都是野生放养，游客乘坐观光小火车穿行园中，可看到数千只自由自在地觅食和悠闲玩耍的野生动物，猛虎扑食、群鹿飞奔、狗熊作揖等场面很让人快活开心。

▲ 北戴河东海滩秀色

- **从海滨到山海关**

乘 34 路到四道桥车站，换 33 路即到。

- **山海关城楼**

¥ 门票 40 元，联票 50 元

- **老龙头**

🚌 从山海关乘 7、25、30、50 路可到。

¥ 门票 50 元。

这地方海景壮美，非常值得一去。

- **燕塞湖**

🚌 从秦皇岛和山海关乘一日游专车或客车均可到。

¥ 通票 90 元。

- **南戴河海滨**

🚌 从北戴河火车站或海滨景区乘 22 路均可到。

¥ 国际娱乐中心门票 100 元。

从岸边乘缆车去海上仙螺岛观光途中凭海临风，感觉挺美。

- **野生动物园**

🚌 从北戴河或秦皇岛乘 34 路均可到。

¥ 门票 90 元。

¥ 淡季,有优惠。

▲ 北戴河夏日风光

新景推荐

山海关海洋水族馆

在老龙头西侧，馆内有数百种珍稀海洋鱼类共 2 万余尾，缤纷瑰丽。另外每天有人鲨同游、潜水、喂鱼等表演，供游人观赏。

海豚表演馆

位于秦皇岛海港区河滨路 81 号，每日有海豚、海豹、海狮表演，另有数千尾观赏鱼和热带海滨风光展示。

生态观光园

在北戴河海北路中段，有包括热带雨林在内的千余种名优花卉、林木茁壮生长，另有攀岩、蹦极、空中飞人、竹筏漂流等 40 余种娱乐方式，带给游人诸多新奇趣味和丰富开心游历。

- **出海打鱼**

乘船到深海打鱼捞虾，观大海风光，上岸后烹调自己的“战利品”，享受“胜利成果”。北戴河旅行社组织此活动，船只经过挑选，安全有保证，人均收费 50 元，联系电话：0335-4042702。

- **山海关海洋水族馆**

¥门票 40 元。淡季 20 元。

- **海豚表演馆**

19 路可到。

¥门票 40 元。

- **生态观光园**

34 路可到。

¥门票 30 元。

▲ 鸽子窝风光

- **笔者关照**

当地景点还有祖山、秦皇入海处、孟姜女庙等，游客可一一光顾。

推荐游程

三日游

D1：北戴河中海滩、金山嘴、东海滩、鸽子窝、莲蓬山、野生动物园。

D2：山海关城楼、老龙头、孟姜女庙、燕塞湖、水族馆、海豚表演馆。

D3：南戴河海滨、国际娱乐中心、黄金海岸。

其中 D2 和 D3 游程可互换。

特别提示

过去大多数游客都是去北戴河避暑，其实冬游北戴河亦令人惬意舒服。中海滩景区旁的多家旅馆冬天都照常营业，客房内温暖如春（首选宾馆应该是前边介绍过的煤矿疗养院）且房价便宜，冬天有暖气的房间最低时只需 70~80 元。海鲜餐厅内美味亦很齐全，冬日的海景亦别具风韵，许多海滨人造新景观光根本不受季节影响，此点值得北京、天津等周边城市的游客重点关注。

黄金海岸

电话区号	0335
昌黎县旅游局	2289124
旅游投诉	3076564
永安旅行社	3214122

如果你酷爱海滨风光而又觉得北戴河、大连等传统景区没有新意，那笔者向你郑重推荐一处海滨新名胜，它就是河北省昌黎县境内的黄金海岸海洋自然风景保护区。黄金海岸位于昌黎城南 17 公里处，海岸线全长 50 余公里，这里的海岸沙细、滩缓、水清、日照充足、气候宜人，非常适合游人进行海水浴、沙浴、阳光浴、空气浴，且岸边有非常完善的疗养、住宿、游乐设施，是华北地区不可多得的消夏避暑胜地。

▲ 盛夏时节的黄金海岸

• 气候与游季

北方海滨景区，盛夏凉爽，冬春寒冷，4 月下旬至 9 月底为游览旺季。但是近年来严冬时节海滨的数家宾馆亦开业接待游客。室内温暖如春且有多种游乐活动，海滩辽阔可以放焰火、鞭炮，许多游客来此过春节，玩得非常高兴开心。

交通

去黄金海岸的路径有以下 3 条

①乘火车到昌黎（昌黎是铁路上的大站，许多从北京、天津方向和从沈阳、山海关方向开来的直快列车都在此停靠），出站后换乘中巴，票价 7~8 元，20 分钟即到黄金海岸，若包一辆“面的”，需车费 30~35 元（可乘 4~5 人）。

②从北戴河火车站前广场乘 22 路公共汽车南行，20 分钟即到南戴河，从南戴河换乘各类机动车向西行驶，25 分钟即到黄金海岸。

③从秦皇岛火车站前广场乘 34 路公汽，40 分钟可到北戴河海滨，从北戴河乘 22 路公共汽车西行，20 分钟可到南戴河，再换车 25 分钟就到黄金海岸。

住宿

景区内有近百家宾馆、疗养院及度假村，除去游览最旺季外接待能力绝对过剩。一般房价在 7~8 月份的周末虽可达 150 元以上，但一般季节只需 60~80 元，住宿极为方便。

餐饮

旅游旺季海边有许多海鲜排档，品尝各类海鲜无问题。淡季一纬路附近的数家海鲜餐厅仍营业，仍可吃到鱼、虾、蟹等各种美味。但在排档上购买鱼、虾等鲜货时，最好能当面挑好并到灶间看着店主烧、煮加工，因为有的店主贼心眼太多，采用“调包计”以次充好，所以游客就餐时务必多长一个心眼儿。

主要景点

黄金海岸线

沙滩辽阔、海景壮美。这里的沙滩宽度多为 40~60 米，最宽处可达 70~80 米，比北戴河海滨的大多数沙滩宽一倍还多，且沙质纯净、细柔均匀、软似绒毯、色如黄金。游人在宽坦的沙滩上奔跑、跳跃、嬉水、游乐，会感到无比舒适开心。

海上世界游乐场

位于黄金海岸一纬路南侧，场内的快艇、水滑梯、激光打靶、快活林乐园等多种设施一应俱全，可供不同年龄段的游客嬉戏、游玩。附近的飞行白宫是引进台湾的飞行器材，与当地的旅游部门合资兴办的游乐场所，主要项目有开天热气球、拖曳伞、迷宫跳跃气球、蜘蛛人等，新鲜刺激，为广大游人所喜爱。

旅游飞机场

地处一纬路北口西侧（相距 1.5 公里），旅游旺季时备有运五、贝尔 212 等中小型飞机，可载客在近千米高的碧空中自由飞翔，俯瞰黄金海岸壮丽风光。

• 主要宾馆酒店

大田园宾馆，一纬路 1 号。
中技度假村，一经路北段。
京信培训中心，一纬路。
北京海淀培训中心，一经路。
国鑫培训中心，一纬路 1 号。

▲ 碧海金沙

• 参考住宿

①中技度假村

在黄金海岸一经路北段，是景区内最气派的宾馆之一，严冬时节依然开放。电话：0335-2081248。

②大田园宾馆

在一纬路路口，是位置最好交通最便利的宾馆之一。标间 100~150 元。

③北京电视台培训中心，亦是当地条件较好、服务规范的宾馆之一。电话：0335-2288999。

▲ 踏浪

• 笔者关照

冬天，北方大地虽然是冰封千里，寒气逼人，但黄金海岸景区内却依然有不少游客。这里的北京电视台培训中心、大田园宾馆等照常营业（室内温暖如春），来自北京、天津等大城市的游客纷纷到这里观焰火、放鞭炮（海滩辽阔，随你怎么折腾）、观海景、品海鲜，室内还有桑拿等多项服务和其他游艺活动。厌倦了城市的喧嚣，到黄金海岸来过春节，真的挺开心！

国际娱乐中心

该中心虽隶属南戴河景区管辖，但离黄金海岸极近，从景区东端的五纬路向东步行25分钟（或打车5分钟）即到。娱乐中心占地约18万平方米，园内青山挺拔、海景秀丽、环境优美、空气清新，并备有高山滑沙、滑草、滑艇、卡丁赛车、旱冰场、海水浴场、森林小火车等多种游乐设施项目（最近又开发开放了中华荷园、水乡庄园等新景区），是各方游客休闲娱乐的好地方。

碣石山

位于昌黎县城以北10公里处，是久负盛名的历史名山。该山主峰娘娘顶海拔695米，是居高眺望浩瀚渤海美丽景色的绝佳地点。自古以来，共有秦皇、汉武、唐宗等七代帝王在此登山观海，并留下许多脍炙人口的动人诗篇流传至今，仅曹操的一篇《观沧海》就已让碣石山四海扬名。碣石山上现有不少古迹尚存，游人来此登山观景，定觉不虚此行。

除此之外，黄金海岸及周边地区还有翡翠岛、五峰山、滑沙场、中国神话历险宫等诸多名胜。

推荐游程

二日游览即可快活开心。

D1：可在海滨游乐、乘快艇出海或乘热气球和飞机俯瞰黄金海岸全景，并去新景翡翠岛观光（那里海滨原始风光美）。

D2：可到国际娱乐中心滑沙、游泳，乘森林小火车观光，之后有时间还可去邻近的南、北戴河继续观光度假。

- **国际娱乐中心**

是南戴河最“火”、人气最旺的人工景点。

门票100元，含10项免费游乐；如滑沙、滑草等；另有一些项目需自费，如脚踏船海上游览，30元/辆。

- **发烧友指点**

①一纬路是黄金海岸游览区的中心，但这里的沙滩却不是最好的。最漂亮的沙滩在二纬路至五纬路之间。这里的沙滩宽达60~70米，色泽金黄，宛如一块硕大的金羊毛地毯。且不说周围还有壮美的海景，还有那么多的游乐设施，单是能在这样宽坦柔软、色泽诱人的沙滩上嬉戏游乐，就足以让人欢呼雀跃一番。

②来到海边的人，都不会忘记去观赏美丽的大海日出，而笔者却要在这里提醒您：黄金海岸的月色和夜景也很动人。大海日出展示的是奇丽、壮美和辉煌，而海上生明月（尤其是农历十五前后，月亮像个金色的大圆盘悬挂在海上）则使人备感幽远、宁静和安详，那种柔和而永恒的美感叫人久久难忘。

经验谈

游览要点提示

黄金海岸沙滩辽阔、海景壮美。这里的海滨左右无港湾，正前方无岛屿，海岸平直，视野开阔。每当涨潮时分，层层巨浪从大海远处迎面扑来，如千军竞发、万马奔腾，给人带来心灵深处的强烈震撼。如果把北戴河比作雍容华美的贵妇人，那昌黎黄金海岸则更像一个身宽体壮、粗犷豪爽的北方大汉，正敞开胸襟、高扬手臂，诚邀八方游人。

到黄金海岸游览主要是登山（碣石山）和观海景，获得一种总体上的辽阔壮美感最重要，如能领略到一种典型的“北方的海”（犹如“北方壮汉”般）的独特味道，即算不虚此行。另外，黄金般美丽动人的沙滩和岸边的多种游乐设施也会给游客带来无限的欢欣。

承德

电话号码	0314
承德市旅游局	2050020
旅游投诉	2024548
消费者协会	2034315
旅行社	2027483

承德位于河北省东北部，有北京的北大门之称，作为清王朝时期的国家第二政治中心，这里自然人文佳景荟萃，古风古韵独特浓郁。避暑山庄辽阔壮丽，雄踞山城中心，外八庙如群星簇月环列周边，气势雄浑而又异彩纷呈。巍峨殿堂庙宇与秀美山光水色相映，把祖国北方的边塞名城装点得分外妖娆。

气候与游季

承德地处华北平原和内蒙古高原之间，属温带大陆性季风山地气候，四季分明，冬季较寒冷，夏季很凉爽，春天有时有风沙，每年 4 月底至 10 月中旬为游览旺季，冬季仍可游览观赏各处皇宫庙宇，但效果感觉不如夏季。

▲ 避暑山庄一角

交通

铁路

去承德旅游一般取道北京，可乘坐 K771 次，早 08:05 北京开，中午 12:31 到承德，硬座 41 元、软座 61 元。还有 6417 次慢车，16:13 北京东开，22:46 到承德，车费仅 17 元。也可以从锦州、沈阳方面前往：如乘 2066/2067 次，早 8:10 沈阳发车，晚上 21:35 到达承德。去承德北面坝上的木兰围场旅游，一般在北京北站乘京通线列车在四合永车站下车，再转乘中巴前往。

• 笔者关照

承德市区的风光景点虽然名气不小但数量依然有限，所以在那里逗留 1~2 天就完全可以了。如果欲作多日观光，应该关注承德周边的景点。如从北京出发去承德，途中经过的雾灵山、金山岭长城等值得作短暂观赏游玩，而游毕承德之后可以把目光投向坝上草原，那里夏秋时节的景色非常值得一看。

公路

从北京到承德汽车大约只需要行驶 4~5 个小时。承德长途汽车站现已开通至北京及石家庄的高级快客，在旅游季节，北京和天津都有旅游班车直达承德，平时也有固定班次的长

- **推荐相对便宜实惠的宾馆酒店**

①浦都宾馆，火神庙小区14号红楼，标间160元，电话：0314-2131111。

②塞北宾馆，市中心南营子大街12号，双标间120元，电话：0314-2025607。

③中银宾馆，条件不错，旺季双标间160元，电话：0314-2278788。

- **避暑山庄**

5、8、15路可到。

门票120元。淡季90元。山地观光另收车费50元/人。

山庄门口有导游服务处，找个导游相伴并一路讲解可以增加不少知识学问，有的工艺纪念品商摊上的店主和服务员也作兼职导游，收费比正式导游员低很多，但讲解还很热情耐心。

- **独特感受**

一般游客游览避暑山庄只是在苑景区的东南角几个湖泊相连、楼水相间的地方看一看。可是笔者爬上山庄北侧山顶上的观景亭后觉得风光特别迷人。在这里南可观山庄全景，北可望外八庙雄姿，就是爬山要费一点时间。

途汽车往返。北京开往承德的快巴车费50元（四惠站发车）。

区内交通

承德的交通非常方便，市内的小公共汽车线路全、车次也比较多，花1元钱一般可到市内各景点（到小布达拉宫和须弥福寿之庙需开行10~15分钟）。从避暑山庄大门外乘6、15、118路可到外八庙。承德的出租车起价为5元/2公里，以后1.4元/公里。此外还有一种三轮摩托车，价格比出租车便宜。

住宿

承德市区不乏宾馆、酒店，但数量和密度比不上南方那些发达的旅游城市，价格掌握得亦稍显死板。主要星级宾馆有盛华大酒店、白楼宾馆、红楼宾馆、山庄宾馆、绮望楼宾馆、露露大酒店，等等。另外还有一些中小型旅社，价格便宜但条件不甚理想，好在一般游客在承德只停留一天，因此住宿无明显困难。

餐饮

承德的饮食价格不贵且菜量较大，一般饭量的人一顿饭要一个热菜基本可吃好。风味食品的代表是莜面食品和各类野味及山珍，如兔肉、鹿肉、山鸡、狍子等，这都是古代宫廷菜肴中的佳品。尤其是鹿肉和狍子在其他地方较难吃到，且据说都是在离宫的饲养场中人工饲养的，食用时并不违反野生动物保护法，所以各位开心品尝就是，但味道也没鲜美到哪儿去。另外市区的大清花饺子馆名气很大，值得一去。

主要景点

▲ 外八庙风光

避暑山庄及周围寺庙景区（5A级景区）

避暑山庄是中国最大的皇家园林，总面积564公顷，比北京颐和园大近一倍。园内分宫殿区和苑景区两大部分，内有烟雨楼等数处佳景。宫殿区是旧时皇室处理公务的地方，游客一般只在此作短暂观

河北省

览。苑景区又分湖区、平原区和山峦区三部分，其中湖区溪湖清碧、亭台殿阁精美，是观光的要点和中心。

外八庙环列于避暑山庄之外的北、东两面的大型寺庙建筑群，以群星簇月之态势环抱避暑山庄，是清康熙、乾隆年间陆续建造的。现存庙宇有普陀宗乘之庙、须弥福寿之庙、普宁寺、普乐寺、溥仁寺、殊像寺、安远庙7座。其中普陀宗乘之庙是仿拉萨布达拉宫而建，规模宏伟，人称"小布达拉宫"；须弥福寿之庙是仿西藏日喀则的扎什伦布寺修建，亦很壮观迷人；普宁寺中有高达22.28米的千手千眼的观音雕像，是国内同种雕像高度之最。以上三处庙宇应是游客来承德后的必观之景。

棒槌山

在避暑山庄东北方向，山上有高约38.29米的上粗下细的棒槌形巨型山石，虽"头重脚轻"，但亭亭玉立、挺拔俏美，是承德市不可多得的天然胜景。游棒槌山可步行或乘缆车攀登至棒槌石下细观奇景（缆车上还可观承德市区全貌），在市区至外八庙之间远眺该山亦可获取美好观感。

双塔山

位于承德西南10余公里处滦河之滨的两座塔形石峰，挺拔孤立，山形秀美，山顶还建有小型砖塔，建造原因和手段令人匪夷所思。近年来修建了双塔山公园，游人可登上高梯，细观双塔近景。

- 外八庙

🚌从避暑山庄门口乘6、118路车可到。

¥普陀宗乘之庙和须弥福寿之庙门票联票40元，普宁寺和普佑寺联票80元。淡季有优惠。

- 游览指导

游外八庙时只要观赏普陀宗乘之庙、须弥福寿之庙和普宁寺就足可以了，没有必要统统看一遍。

- 棒槌山

🚌10路可到。亦可乘登山缆车抵达。

¥门票25元。

- 双塔山

从承德打的15元可到。

¥门票30元。

- 从承德去坝上草原

从承德去坝上自驾车只需4小时。自助游可先乘汽车从承德到围场县，围场到坝上的客车很多。若随团前去可从承德避暑山庄门口的国旅报名，二日游标价320元，打折后250元左右即可成行。费用包括交通、住宿、游览但不包吃和其他自费游乐项目。游毕承德后又想去坝上锦上添花的朋友可考虑此方案。

推荐游程

二日游

D1：避暑山庄畅游：湖区、山区、宫殿区细观各处美景（最好请导游）。

D2：眺望或登攀棒槌山，参观外八庙中的普陀宗乘之庙、须弥福寿之庙和普宁寺。之后如有时间可去游双塔山。

区号	0314
丰宁县旅游局	8012130
旅游投诉	8012130
丰宁中国旅行社	2027496

坝上草原

从河北张家口以北100公里处到承德以北100公里处的广阔地域均被人称作坝上地区，坝上地区风光最美名气最佳的地方是塞罕坝，蒙语意为“美丽的高岭”，它位于河北围场县的正北方向，在清朝时期即是著名的皇家猎苑（亦被称为木兰围场）。这里水草丰沛、禽兽繁集，自然风光原始古朴、纯洁秀丽，是众多游客游览观光、休闲度假和摄影家及画家进行艺术创作的绝佳胜地。

▲ 坝上草原风光

气候与游季

坝上草原地处北疆，地势高、气候寒冷，每年11月至来年4月份不适合游览，而5月底至10月中旬才是旅游佳季。6月底至7月初，草原上盛开大片大片的油菜花，黄绿相映，色彩鲜艳而柔美。9月底至10月初坝上草原上蓝天白云赏心悦目，大地一片耀眼金黄，是摄影家画家的丰收季节。10月中旬初雪过后，这里又披上了银色盛装，别有一番风姿韵味。不同爱好和口味的游客可选择不同时间前去。

- **塞罕坝草原门票**

进入机械化林场后收门票75元/人，之后再往里走还要收河北、内蒙古两省（自治区）间的界河过河费65元/人，如果是从围场县城乘当地客运中巴进去有时不收费（游客同当地人在车上混在一起）。草原上的有的小景点有时还要单收门票，如月亮湖景区门票40元、御道口国家公园门票45元。

- **围场县的客运站**

县城内有2个主要汽车客运站，其中北站才有车发往塞罕坝草原，这点需要注意。从四合永下火车后有当地中巴开往围场县城，车票5~6元/人，请注意问清是不是到北站。围场南北两个客运站间打的需3~4元。

交通

自驾车

可从北京出发沿怀柔、古北口、承德、隆化一线抵达围场县城，再从县城去塞罕坝草原上的机械化林场、泰丰湖红山军马场等景点集中地。北京至围场县均为柏油路，路况尚好，一般行车4~5小时可到，从围场县城至机械化林场再至红山军马场有极少路段为砂石路，行车时小有颠簸但完全无碍大局。

乘公共汽车

可从北京乘长途客车至围场县，约需7~8小时车程，再

河北省

从围场县北站换乘当地小公共汽车至机械化林场（30分钟一班，票价15元，2.5小时可到）或红山军马场（每天上午10:30前后发车，只1班，票价20~25元/人，4小时可到）。

乘火车

①从北京北站乘2559次，20:59开车，次日4:07到达河北四合永站，在此换乘微型车票价4~5元半小时可到围场县，然后再从围场去坝上草原。

②北京北站还有1456次列车（19:41开，次日02:09到四合永）和K274次列车（09:04开，15:07到四合永）两趟列车可乘，游客可视情选择。另外也可乘火车先到承德，承德到机械化林场的客车每日亦有数班。

当地租车

从围场县城包租一辆吉普车（如2020系列）每日约需450~500元，包租一辆载客十几人的小公共汽车，每日约需400元，普通微型车可议价到380元。因坝上草原风景区内路况欠佳，几乎没有游览专用车。且出于游览、摄影的需要，所以没有自备车的朋友在当地包租车辆去景区游览是明智选择。在机械化林场或红山军马场租车更方便（各类机动车太多）。

住宿

机械化林场、红山军马场、泰丰湖等地均有度假村及招待所，普通宾馆的住宿费在20~40元/人（三人或多人间），双标间80~120元，旺季7~8月间的周末标间可能涨到200元以

游览日程安排

塞罕坝国家森林公园内的佳景集中地带主要有机械化林场、红山军马场等地，前者周围有月亮湖、百花坡、泰丰湖、七星湖、亮兵台等美景，后者周边有将军泡子、乌兰布通古战场、大峡谷、七彩山、野鸭湖、欧式风情区、影视基地等景点。此外，坝上草原到处有葱绿小山、碧澈湖水、无尽草原和艳丽花海，观光及摄影者可乘车尽兴发挥任意遨游，随心所欲地畅览各处美景。日程安排以2~3日为宜。

D❶：北京—围场—机械林场—月亮湖—七星湖—泰丰湖，宿泰丰湖或机械林场或红山军马场。

D❷：红山军马场—欧式风情区—影视基地—将军泡子—野鸭湖—机械化林场，宿机械化林场或直接踏上返程。

▲ 坝上秋光

• 两个草原观光点

塞罕坝草原上的2个主要游客集散地分别是机械化林场和红山军马场，前者距围场县城近、后者远，但也应该去。

• 在草原上包车也方便

游客也可先乘客车从围场到机械化林场或红山军马站后再包租当地的微型车去草原上观光游览。这样能稍微省一点钱。在机械林场包车一般需300元/天，但在红山军马场包同样的车就需400元/天。在草原上观光一般需要2天时间，包车出游非常快捷方便，对结伴出游者来说尤为划算。另外欲从机械化林场到红山军马场包车，一般司机要价50~80元甚至100元，最低能砍至60元/车。

• 住宿机械林场和红山军马场

机械林场和红山军马场都可算是坝上游览的中心了，从情理上说应该住在这两个地方。这里有许多宾馆、旅店，基本上形成了两个大型度假村了。一般旅馆的条件尚可，亦有二星级和三星级宾馆度假村。房价亦随不同季节大幅升降，旺季的7~8月间，100元以下的房子不好找，淡季一切好说。

• 推荐便宜住处

红山军马场招待所，有20元/床的普通间，虽是公共卫浴但卫生条件较好，笔者着重推荐。

• **游览提示**

盛夏时节周一至周四去坝上住宿会便宜一些，可轻而易举地找到100元左右的宾馆标间。双休日住宿贵，房价会在上述标准上翻番。

上，机械化林场有一家准四星级酒店，红山军马场最高级的宾馆是北京军区红山军马场贵宾楼（三星级）。对客房要求不是太高的游客可选择北京军区红山军马场度假村所属的招待所（在贵宾楼马路对面），住宿费很便宜，即使在旺季，也有20元/床卫生条件尚好的普通间（公共卫浴）。这样档次的普通宾馆、旅店当地还有数家。

旅途中

旅游锦囊——为您提供坝上观光游览方面的最新攻略

①在红山军马场附近游览可以在欧式风情区、影视基地、将军泡子观光（将军泡子应是重点），并在泡子北边的马兰跑马场骑马游乐；亦可骑马去野鸭湖看水草茂盛、水鸟翻飞的湖区风光（去野鸭湖往返要3~4小时），同时乌兰布通古战场亦有一些战场遗迹可观赏。

②在机械化林场可以游览的地方有泰丰湖——蓝天白云和碧绿湖水相映的画面挺美，湖边还有一些游乐设施。不远处的七星湖上也有乘船观光项目。在机械化林场与围场县城之间路边有月亮湖和塞罕塔（塔上能眺望绿茵如海的塞罕坝草原全景）等景点，游人可视情况游览。

③摄影爱好者常去且易出好片的地方有喇嘛庙、将军泡子、西大泡子、五棵树、大峡谷、五斜山、胡家湾子、桦木泡、三岔口、小红山等地，可在抵达坝上后向当地人或其他"驴友"请教。在机械林场可买到坝上景区的导游图，图上清晰地标明了上述一切。

④坝上草原气温较低，4月底或9月中旬，这里的夜间温度可达0℃，观光者应注意携带保暖衣物。

⑤红山军马场已建有加油站，给自驾车游客提供方便。

⑥在坝上驾车漫游应注意时间，太阳落山后应速回住宿点，否则可能因方向难辨而迷路。

⑦若是从北京、承德方向去坝上，住在机械化林场是很好的选择，这里比红山军马场稍稍现代化一些，宾馆多商店多，关键是租车便宜，因为这里是私家车司机上街自行揽客自由竞争，脑瓜活的司机就会首先降价（微型车300余元/天）。但红山军马场是统一管理统一定价，所以各类机动车价钱都在每天400元以上。

▲ 夏天雨后的草原风光

石家庄

电话区号 0311
石家庄市旅游局 86689181
旅游投诉 86061715

石家庄位于华北平原腹地、太行山东麓，于1968年被确定为河北省省会，成为全省政治、经济、文化、科技及信息中心。石家庄市区西侧井陉县内的苍岩山和市区南侧赞皇县境内的嶂石岩系国家级重点风景名胜区，此外市区周边还有赵州桥、隆兴寺、天桂山、西柏坡等自然和人文景观，是河北省内名胜古迹较为集中的地区之一。

气候与游季

石家庄属温带大陆性季风气候，年平均气温约在12℃~12.8℃之间，四季分明、冬夏季温差大、春夏秋三季皆可旅游，但秋季观光气候及感觉最佳。

▲ 位于赵县县城内的柏林禅寺寺庙正门

交通

航空

正定机场位于市区以北正定县新城铺镇，距市区32公里，现已与上海、包头、长沙、成都、广州、海口、哈尔滨、呼和浩特、昆明、兰州、南京、秦皇岛、沈阳、深圳等城市通航。市内民航大厦有往返机场的班车。

铁路

石家庄站是河北省内重要交通枢纽，过往列车很多，与北京西站之间每日还有5对城际列车对开，3小时即到。火车站位于石家庄市中心，有3、8、18、20路等多路公汽可到。

公路

1. 客运总站有发往北京（六里桥）、天津（西站）、郑州（总站）、秦皇岛、承德、张家口、保定、太原、济南、安阳、邯郸、邢台、沧州的高速客车。

2. 客运北站有开往平山、西柏坡、驼梁、天桂山、陕西省和山西省的客车。电话0311-87061944。

• **机场**

0311-88027131。

• **问讯处**

0311-88027326。

• **民航大厦售票处**

中山东路：0311-85054084。

• **铁路**

总服务台：0311-87022790。
问询处：0311-87923712。
售票处：0311-87922172。

• **西王汽车客运站**

有开往井陉、苍岩山、抱犊寨、鹿泉的客车。电话0311-83661755。

• **南焦客运站**

有客车开往赵县、栾城、赞皇、嶂石岩、巨鹿、邢台、邯郸。电话0311-86033083。

河北省

- **客运总站**

车站街83号：0311-87025775。

- **苍岩山**

从石家庄市区西缘的西王汽车站有直达车去苍岩山，上午7：00和8：00有车发。亦可先从石家庄市乘车到井陉县，再转车去苍岩山很方便（车程约1小时）。

¥ 门票50元。

- **赵州桥**

从石家庄南焦汽车站乘车1小时即可到赵县，车票10元。下车后乘当地机动车去赵州桥，20分钟可到。

¥ 门票35元。

- **请关注嶂石岩**

这是位于市区西南赞皇县境内的大型山岳景区，风光壮美、景色多样、旅游设施完善，甚具观光价值。

住宿

作为河北省省会，石家庄交通便利，经济发达，来往流动人口很多，宾馆饭店数量亦不少，光是星级宾馆即有百余家。此外还有许多中小型旅馆招待所，一般说90~130元就可住上条件中等偏上的房间了。

餐饮

石家庄市内的餐厅是以河北风味为主，特色风味菜有金毛狮子鱼、狗肉全席、菊花鱿鱼及石家庄扒鸡等，总体上说特色不太鲜明，但这里的饭菜价格比北京等大城市便宜且菜量大，所以用餐时仍能使人感到快慰开心。

主要景点

苍岩山

位于市区西南约70公里处的井陉县境内，山高近千米，山岩陡立、层峦叠翠，有炉峰夕照、山腰奇柏等“苍岩十六景”，是河北省内风光秀丽且不可多得的山岳风景区。建在山间断崖之间石拱桥上的桥楼殿凌空屹立、飘然欲飞，是与著名的北岳恒山悬空寺齐名的国内三大悬空寺庙之一。

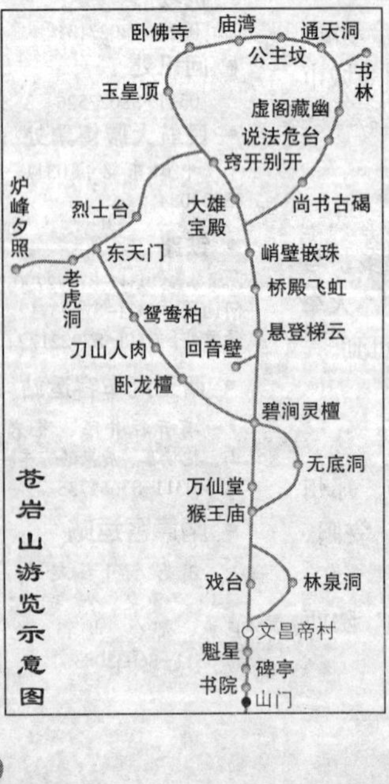

苍岩山游览示意图

赵州桥

又称安济桥，在石家庄市区45公里处赵县城南的洨河上。建于1400多年前的隋开皇末年，是世界上第一座单孔敞肩式石拱桥，桥形轻灵优美、建造颇具匠心，曾被世界权威机构选定为国际历史土木工程里程碑之一。

柏林禅寺

坐落在赵县县城东南角，始建于汉献帝建安年间，现有钟鼓楼、观音殿、怀云楼、云水楼、普贤阁、万佛楼等，规模宏大，是河北省佛教文化建筑的代表。从石家庄南焦客运站乘车可直达，车费10元，门票免收。

嶂石岩

在河北赞皇县境内，距石家庄100公里，由九女峰、圆通寺、纸糊套、冻凌背四个小景区组成，总面积达120平方公里。丹崖、碧岭、奇峰、幽谷间有近百处佳景，部分路段山岩之绮丽险峻可与西岳华山和张家界相媲美。

抱犊寨

位于石家庄市区西17公里处，海拔580米，山巅有全国最大的山顶门坊南天门，全国首座山顶地下石雕五百罗汉堂及气势雄伟的长城寨墙等，全长1800余米的登山客运索道亦是山间重要景观。

隆兴寺

建在正定县城内，是国内规模较大的佛教寺院之一，现为全国重点文物保护单位。主体建筑有天王殿、摩尼殿、弥陀殿、大悲阁等。其中大悲阁中高达21米有42只手臂的铜铸菩萨像是驰名中外的佛学艺术珍品。此外隆兴寺北侧按照古典文学名著《红楼梦》中描绘的意境而建造的荣国府和宁荣街等仿古建筑群及赵云庙亦值得观赏寻味。

西柏坡中共中央旧址

西柏坡位于河北平山县境内，距石家庄约90公里。1948年5月至1949年3月这里是中共中央和人民解放军总部所在地。毛主席和党中央在此指挥了解放战争中著名的辽沈、淮海、平津三大战役，并召开了具有重大历史意义的党的七届二中全会。

- **嶂石岩**

石家庄南焦汽车客运站有车直达嶂石岩。最常见的是先从南焦乘车到赞皇县城，这里去嶂石岩的中巴每天有无数班。

¥门票50元。淡季30元。

- **抱犊寨**

石家庄市有游5路车直达。

¥门票50元。缆车单程30元。

- **隆兴寺**

从石家庄火车站乘31路公交即可到达正定县，车票2元。再换1路即到隆兴寺。

¥门票40元。

- **西柏坡中共中央旧址**

石家庄客运北站有车直达。亦可先从石家庄乘车到平山县城，再换车前去。

¥门票凭证件领取。参观点含中共中央旧址、陈列纪念馆、石刻园、纪录电影《新中国从这里走来》、“无名丰碑”展览馆。

推荐游程

二日游：

D1：苍岩山、西柏坡中共中央旧址。亦可游毕苍岩山后在井陉县境内游览娘子关、石头村等景点。

D2：正定隆兴寺、荣国府、宁荣街、柏林禅寺、赵州桥。

游毕上述景点如时间充裕可视情考虑到嶂石岩（风光尤为精彩壮观）、抱犊寨、天桂山等地游玩。

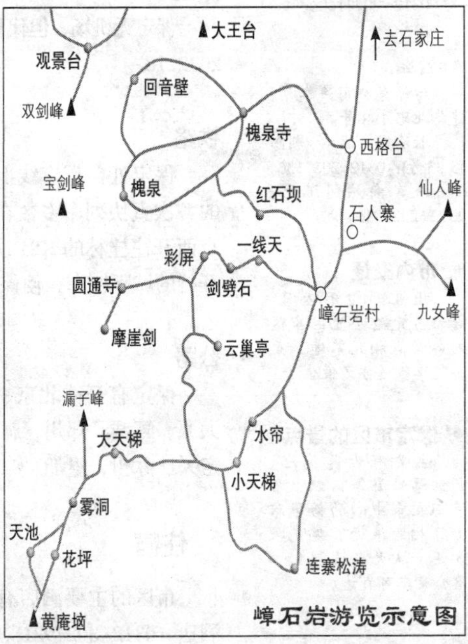

嶂石岩游览示意图

保定

电话区号	0312
保定市文物旅游局	5038943
旅游投诉	5081610
国际旅行社	5082111

保定位于河北省中西部，与京津呈三足鼎立之势，有北京南大门之称，亦是全国历史文化名城。“华北明珠”白洋淀、挺拔险峻的狼牙山、规模宏大庄严凝重的易县清西陵及山清水秀的避暑胜地野三坡，均是保定市周边个性鲜明的游览胜境。而位于市区的古莲花池、直隶总督署诸景亦有相当的观光价值。

▲ 白洋淀晨曦

• **火车站问讯处**

0312-2022160。

• **公路**

运输总公司汽车站：建华北路188号。

长途客车北站（朝阳路63号）：0312-2037136。

汽车南站问讯处：0312-2023946。

• **市内交通**

出租车1.2元/公里，起步5元/2公里。市区内各景点相距不远，乘公交车往返亦方便。

• **保定市区的景点**

主要有古莲花池、直隶总督署等，以上各景都在市中心的裕华路上且相距很近，观光很方便。从火车站乘1、4路公交车可直达。

气候与游季

属暖温带大陆季风气候，年平均气温12℃，四季分明，冬季寒冷有雪，夏季炎热干燥，春季多风沙，夏末秋初天气好，最适宜旅游。

交通

航空

保定无机场，但代售各地民航机票。民航售票处电话0312-2032218。

铁路

保定处在京广线上，由北京发往石家庄、郑州及太原间的各次直快列车多数在保定停靠，亦有一些特快列车（如北京西开往桂林的K21次）在保定有站，北京与石家庄间每日开行的城际快车，使保定往来北京、石家庄非常快捷方便。

公路

保定有开往北京、石家庄、天津、沧州、衡水、任丘、太原、鄄城、郑州、廊坊、张家口、秦皇岛、威海、高碑店、定兴、涿州、望都、涞水及各区县的客车。

住宿

市区的主要酒店有保定大酒店（0312-2097799）、燕赵大酒店（0312-3027921）、古城宾馆（0312-2096778）等。白洋淀所在的安新县城有不少宾馆和度假村，游览时亦可住在老乡家或渔民家，农家饭中的贴饼子、熬小鱼真好吃。其他主要景点如清西陵、野三坡、涿州影视城都有宾馆，游览时住宿方便。

餐饮

风味食品有市区各主要街道口都能买到的卤煮鸡、驴肉火烧等。若去白洋淀游览，则可以品尝到各类美味湖鲜。尤其是住到渔民家中，又焦又香的玉米面贴饼子和柴锅熬小鱼味道真是美。此外保定人擅长做冰糖葫芦，冬季前去游人可留意品尝这个甚具特色的小东西。

主要景点

白洋淀（5A 级景区）

位于保定以东 45 公里处的安新县境内，是华北平原上最大的淡水湖，共有大小湖泊 140 余个，水乡风光旖旎生动。白洋淀风光四季各异，春季水静湖清、盛夏荷花盛开、秋天芦花飘舞、冬天雪后湖区一片银白。乘上渔家小船驶入淀内，见河河相贯、淀淀相通、碧波蜿蜒，感觉之奇如入梦境。

清西陵

位于保定西南约 100 公里处的易县境内，占地面积达百余平方公里，是以清朝四个皇帝陵为首的庞大古陵墓群。陵区异常辽阔且凝重气派，其中雍正皇帝的泰陵气势最为壮观，共有各式建筑 60 余座。这里还有华北最大的古松林，绿荫如海、葱郁迷人。

野三坡（5A 级景区）

在河北涞水县境内，是 20 世纪 80 年代初期才开始被游人关注的风景名胜。这里太行山群峰高耸、拒马河碧波欢涌，山光水色相映，是与京郊名景十渡齐名的避暑游乐胜境。主要景区有百里峡、拒马河、佛洞塔、白草畔森林、龙门峡和金华山 6 处，其中百里峡全长约 105 公里，由三条子峡组成，是风景区中的主景。

冉庄地道战遗址

位于清苑县冉庄镇境内，系抗日战争时开始挖掘修建的地下通道群，抗日及解放战争中，冉庄民兵曾利用地道同敌人作战数十次，新中国成立后，这里还曾拍摄过《地道战》、《平原游击队》等著名老影片。

● **白洋淀**

从保定汽车南站乘客车，1 小时后可到安新县城。白洋淀就在县城东南边，有专线车直达，车程不超过 15 分钟。

¥门票（入淀费）30 元。包船：淀上游览人力船最低 80 元/船、机动船最高 800 元/船。搭乘游船一般 20~30 元/次。淀内小景点还要单收门票。

淀中的王家寨度假村可住宿。

● **白洋淀观光提示**

白洋淀近年来水量存储不足，水少时风光不美，游客前去时可事先作有关方面的咨询。

另外，在当地食宿购物时请务必事先问清价钱，以免发生纠纷和不愉快。

● **清西陵**

从保定或易县乘车可轻松到达清西陵。若从北京出发可从丽泽桥长客站乘车（半小时）到易县清西陵。

¥景区通票 122 元。

● **野三坡**

从北京南站乘车去野三坡极方便。7095 列车上午 6:37 开，9:52 到野三坡。游 7 次 7:30 开，2 小时后到野三坡。

¥景区门票百里峡 90 元，苗寨 30 元，风景苑 25 元，白草畔原始森林 60 元，龙门天关 40 元。

● **冉庄地道战遗址**

从保定客运站乘车先到清苑县再换车去冉庄。

¥门票已经免费了。

▲ 涿州影视城中的拍摄现场

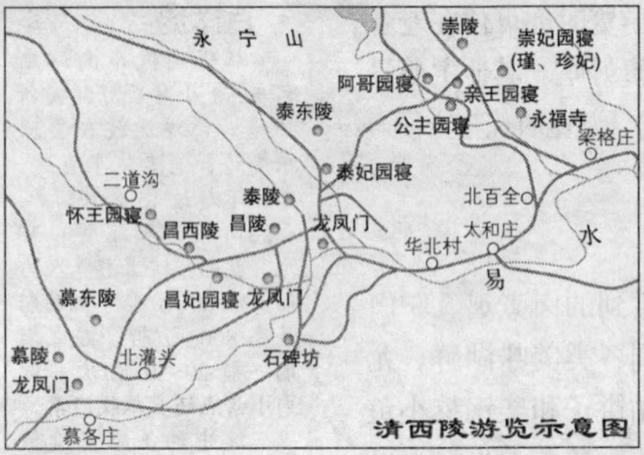

清西陵游览示意图

涿州影视城

在河北涿州市城东，是中央电视台斥巨资兴建的亚洲最大的影视拍摄基地，由唐城、宋城几部分组成，迄今已有数百上千部影视作品在此拍摄，因而享有“东方好莱坞”之称。

狼牙山

屹立在河北易县西南40公里处，因群峰尖立似狼牙而得名。主峰海拔1105米，异常直立陡峭。抗日战争时期在此英勇杀敌的“狼牙山五壮士”的事迹至今还广为传诵，此外该山的自然风光亦同样壮丽迷人。

定州塔

在定州城内南门里东侧，从宋真宗咸平四年（1001年）开始，耗时55年才建造完成。该塔高84.2米，是世界上现存最大的砖木结构古塔，在冀中平原上颇具挺拔秀丽之风姿神韵。

- **涿州影视城**

从涿州火车站前或经济开发区乘4路中巴，50分钟后可到影视城。若从北京出发沿京石高速路行驶，可从涿州影视城道口向东拐，10分钟后即到。

¥ 门票50元。

在城中可抵近观看影视拍摄过程，令游客挺新奇开心。

- **狼牙山**

可从保定乘车先到易县，再换易县到管头镇的中巴，在狼牙山路口下，在此换去西水村的班车即到狼牙山。若从易县包车去狼牙山，车费约需30~40元。

¥ 门票57元。索道往返60元。

河北省

另荐佳景：清东陵

清东陵位于遵化市境内，是我国现存规模最宏大、体系最完整、布局最得体的帝王陵墓建筑群，是河北省首批被列入世界文化遗产名录的景点，国家AAAA级旅游景区。占地78平方公里的15座陵寝中，埋葬着5位皇帝、15位皇后、136位妃嫔、3位阿哥、2位公主共161人。

清东陵至今已有300多年的历史，建筑恢弘、壮观、精美。由580多个单体建筑组成的庞大建筑群巧夺天工，每一座陵寝都记载着辉煌或衰败的历史，每一座陵寝都传承着动人或神秘的故事。主要景点有：孝陵、定陵、昭西陵、孝东陵、景陵、裕陵等。

交通：由北京驾车从京通快速路到102国道，经过蓟县东行，由邦宽路石门收费站向北行即到清东陵，沿途路标明显，交通十分便捷。从唐山或遵化均有直通景区的公共汽车。

门票：120元/人，通票150元/人含孝陵祭祖大典。

发烧友特别关照

①白洋淀是上苍撒在华北平原上的一把珍珠，只要有水，风光就非常好看。

②易县清西陵与狼牙山相距不远，一次游两地更加物有所值。

③单游野三坡感受尚可，把它和北京房山十渡一起玩可能更加圆满开心。

④涿州影视城内有许多人造佳景，更有许多摄影组在此拍摄影视剧，游人可在近距离内观看拍摄全过程，还有可能看到影星大腕们的迷人风采。

内蒙古自治区

NEIMENGGUZIZHIQU

黄金旅游线路

① 呼和浩特—鄂尔多斯—包头

② 呼伦贝尔—满洲里—阿尔山

③ 锡林浩特—东乌珠穆沁旗—科尔沁右翼前旗

内蒙古自治区地处祖国北部边陲，形态狭长，东西跨度较大，其版图形状如同一匹昂首奔腾的骏马。这里有无数辽阔草原、广袤沙漠，边塞风光旖旎诱人。而勇敢、剽悍的民族精神和豪放刚烈的性格气质，又在这块辽阔疆土上铸造成就了数不胜数的英雄人物和英雄壮举，留下诸多壮丽史诗和传奇佳话。到内蒙古草原上观赏“天苍苍、野茫茫，风吹草低见牛羊”的边塞美景，领略体味蒙古族人民的豪放气概和独特生活习俗，你会得到无尽新鲜美感和丰富收获。

景区划分

内蒙古自治区东西方向的跨度较大，因此可将呼和浩特和包头归为中部景区，将东北部的锡林郭勒、赤峰和呼伦贝尔归为东北景区。从景点类型来看，中部景区的蒙古族历史古迹众多，保存尚好，但自然旅游资源相对较少。东北部景区以草原风光见长，也是内蒙古风景最美最吸引游客的地方。这里也有一些古迹，但分布不如中部地区那么紧凑集中。额济纳旗位于内蒙古自治区最西端，以美丽无比的胡杨林和众多古代城池遗迹著称，是非常理想的观光、摄影胜地。由于这里的风光较有特色，因此可予以适当关注。

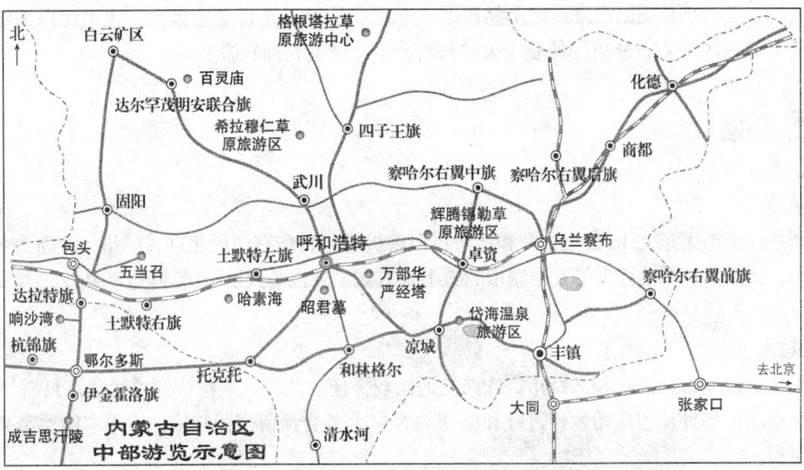

内蒙古自治区中部游览示意图

呼和浩特

电话区号	0471
呼和浩特市旅游局	4607395
旅游投诉	4608315
旅行社	6963560

呼和浩特又称“青城”、“召城”。“青城”是蒙古语中“青色的城”之意，“召”在蒙古语里意指寺庙。呼和浩特名不虚传，这里既有特色鲜明的塞外风光，又有甚具深厚历史文化积淀的人文遗迹。全市共有大小庙宇 50 多座，周边有希拉穆仁草原、格根塔拉草原、辉腾锡勒草原等自然风景区，是祖国北疆颇有知名度的塞外城市。

▲ 造型别致、规模宏大的内蒙古自治区博物馆

气候与衣着

呼和浩特属中温带季风气候，冬天很冷，最低气温-25℃~-45℃，有时有暴风雪。呼和浩特最佳旅游季节是每年 4~10 月，要是去草原，最好是在七八月份，这时的水草最为丰美，8 月底以后草就渐渐枯萎了。草原和沙漠上昼夜温差极大，夜里比白天温度要低 20℃左右，所以即使夏季去呼和浩特也要带上长袖衣服。

交通

航空

位于市区东北 15 公里处呼和浩特市白塔机场，目前有往返北京、广州、深圳、上海、武汉、桂林、西安等大中城市的数十条航线。乘机场大巴 10 元可到市中心。

铁路

京包铁路途经呼和浩特市，铁路交通比较方便。从北京乘特快到呼和浩特只需 10 个小时，另外从包头始发经过呼和浩特的客车大多会预留一些座位，给乘客购票带来便利。

公路

有呼包高速公路贯穿，周边各旗县都通公路。

住宿

七星商务宾馆很实惠，标间 88 元，0471–2234529。

昭君大酒店电话：0471–6962211。

宾悦国际青年旅舍，在昭乌达路 52 号，标间百元出头，0471–6605588。

餐饮与特色食品

风味美食有手把肉、奶制品、马奶酒、酸奶子、奶茶、奶皮子、酥油、奶酪等。特色米面食品有莜面、荞面、刀切酥、哈达饼、王小二大饼、一窝丝等。

主要景点

大召

在呼和浩特市内。蒙古语名“伊克召”，意思为“大庙”，是呼市最大的黄教寺庙。该庙又称为无量寺、银佛寺，寺内的银佛、龙雕、壁画称为“大召三绝”。

席力图（小召）

蒙古语意为“法座”、“首席”，此庙因四世达赖的老师长期住持而得名。建于明隆庆、万历年间。是呼和浩特市最精美的寺庙，又名延寿寺，每年都会在这里举行佛会、跳“恰木”等宗教活动。

五塔寺

原名金刚座舍利宝塔，塔始建于清雍正年间，高约 16 米，塔座是一个长方形高台，台上矗立着五座小塔，塔身均以琉璃砖砌成，非常美观。

内蒙古自治区博物馆

在呼和浩特市区东缘的二环路边，建筑规模宏大、馆里藏品繁多，是了解、学习蒙古族历史、文化的绝佳场所，也是市内的观光新亮点。在火车站前坐 2 路公交车可直达。

昭君墓

是远嫁塞外的古代美女王昭君的墓地。地处呼和浩特以

• 青年旅社

①伊泰青年旅舍，东影南街 69 号，电话：0471–2233388。

②宾悦酒店青年旅舍，在昭乌达路，电话：0471–6605666。

• 餐饮推荐

市区的蒙古大营一带聚集了许多当地特色餐馆，提供蒙古族美食，游人尽可前去品尝。晚间的美食佳境有东影南路夜市街等。

• 大召

就在呼和浩特市城区，乘 6 路公交或步行均可到。

¥ 票价：35 元。

▲ 昭君墓景区大门

• 席力图（小召）

与大召隔街相望，乘 6 路车可到。

¥ 门票 30 元。

• 五塔寺

位于市区，坐 1 路可以到。

¥ 门票 35 元。

▲ 五塔寺倩影

• 昭君墓

昭君墓在市区南，坐 1 路到农校一站换 44 路可到或乘专线旅游车昭君墓站下车即到。

¥ 门票 65 元。

内蒙古自治区

南的大黑河畔，距市区距离约为9公里。每当入秋后，各处草地都已枯黄，唯有昭君墓上的草保持着青色，故称昭君墓为“青冢”，“青冢拥黛”亦成为古代呼和浩特市的美景之一。

清公主府

位于呼和浩特市北郊，是清康熙帝第六女恪靖公主的府第，现已被辟为呼和浩特市博物馆，经常举办文物陈列和展览。

希拉穆仁草原

位于呼和浩特市正北90公里处。希拉穆仁河从这里穿过，河畔有建于清乾隆三十四年（1769年）的清代喇嘛召庙“普会寺”，该寺院原为呼和浩特席力图召六世活佛的避暑行宫。这里是距呼和浩特市最近的草原旅游区之一。

格根塔拉草原

在呼和浩特以北的四子王旗境内，也是当地著名的草原旅游度假区，与希拉穆仁草原有相似之处但近年来受游客关注的程度更高。

辉腾锡勒草原

位于呼和浩特东北150公里处。辉腾锡勒蒙古语意为“寒冷的山梁”。这里冬季寒冷，夏季凉爽，平均最高温度为18℃，有黄花沟、99泉、两羊卜村山石、风力发电厂等景观，风光诱人。整个旅游区规模庞大且食宿设施完善，可供游客在夏秋之季开心游乐。

- **清公主府**

在呼和浩特赛罕路东，乘公交车可到。

¥门票15元。

- **希拉穆仁草原**

从呼和浩特去希拉穆仁草原，可以自己乘车去。有44路车直达，另外在火车站旁的长途汽车站乘去召河的车也可到，车票17元/人。

从呼和浩特市汽车北站乘去科布尔镇的客车可到。

- **格根塔拉草原**

先从呼和浩特乘客车到四子王旗，再换当地机动车即到。

- **辉腾锡勒草原**

草原风光独特，且有巨大的风力发电厂，诸多风力发电机组成的风车阵很壮观。另外附近的黄花沟景区也很美。

游客可从呼市先乘火车到卓资山（直快车费16元），卓资山火车站前有不少个体车去辉腾锡勒草原，30分钟即到。推荐个体司机郝师傅，服务态度很好，电话13947410315。

卓资山火车站前有大巴去呼和浩特，车程1.5小时，车费22元。

发烧友特别关照

为您提供呼和浩特旅游的最新攻略

呼和浩特市区可圈可点的观光亮点并不多，游人看过大召、席力召、五塔寺、昭君墓和内蒙古自治区博物馆就完全可以了。大召位于市区内，应算必观之景；席力召就在大召马路对面，寺庙规模小，人气也没大召那么旺盛；五塔寺距大召不算太远，寺庙精巧玲珑，值得一去；昭君墓在呼市南郊，来此观光的团队和散客都不少；内蒙古自治区博物馆建在东缘的二环路上，建筑规模很大，馆内藏品很多，看后很长知识学问。以上几处景点如果抓紧时间，可在一天内游完，如果二日游览，那就非常宽松自在了。呼市周边有4~5处草原风景区如希拉穆仁草原、格根塔拉草原、灰腾锡勒草原等，游人可任选其中1~2处前去观光游玩；笔者推荐的是格根塔拉和灰腾锡勒草原。

包头

电话区号	0472
包头市旅游局	5148142
消费者协会	4145315

包头位于内蒙古中部偏西，北依大青山，南临黄河，是内蒙古最大的城市。包头在蒙古语中称为“包克图”，意思是有鹿的地方，由于这里有包钢这座现代化大型钢铁生产基地，所以包头又有“草原钢城”之称。包头市中心的昆都仑区新楼林立，现代都市风光华丽气派。民族英雄成吉思汗的陵墓距包头市 100 多公里，是当地著名古迹。新近开发的响沙湾景区虽在鄂尔多斯市境内但距包头不远，从包头出发去响沙湾观光非常便利。

气候

包头属于温带大陆性气候，春季多风，夏季凉爽，最佳旅游季节是每年的春夏两季，这里的年均最高气温是 21℃，夏日前来避暑效果甚佳。

▲ 包头市中心秀丽气派的蓝天广场

交通

包头是连接中国华北、西北和蒙古国的重要枢纽，京包、包兰铁路在此交会，铁路交通非常发达。包头市有多个火车站（中心站包头站位于昆都仑区），在包头乘火车一定要搞清楚是哪个火车站，否则将给您带来不必要的麻烦。

住宿

包头旧区（东河区）在东面，向西约十几公里是新中国成立后建的新区（青山区和昆都仑区），环境很好、出行方便，建议住在新区。包头市内的住宿条件很好，有各种档次的宾馆可供选择但房价不贵。

餐饮

包头的风味小吃有马奶酒、燕麦片、熏鸡、素锅盔等。位于包头西部的钢铁大街汇集了许多不同风味的餐馆。

• **推荐便宜住宿**

①昆都仑区的政法培训中心交通便利位置不错，双标间 100 元。

②基泰招待所，距包头车站不远，一般季节双标间（带空调）80~100 元。电话 0472-4111125。

• **餐饮**

东河餐厅主营蒙古族菜，在包头市南门外大街 7 号，东河商厦旁边。

小肥羊餐厅总店在昆都仑区中心，距上面介绍的政法培训中心不远，专营蒙古族风味，菜价不贵。

主要景点

五当召

位于包头东北70公里处，是内蒙古地区保存较完整的喇嘛教寺庙，“五当”在蒙语中是“柳树”的意思。五当召是以西藏扎什伦布寺为蓝本而建的，它的藏式建筑颇具特色。召内有很多制作精美的佛像和壁画，堪称艺术精品。

美岱召

在包头以东约80公里处，是城寺结合、人佛共居、特色鲜明的喇嘛庙建筑群，总面积4000余平方米。寺庙依山傍水、景色秀丽，寺内有大量精美壁画，有较大观赏价值及考古价值。

南海

南海湿地景区位于包头市东河区南侧的黄河北岸，景区总面积约1664公顷，中心地带是南海湖，湖心有秀美岛屿、湖畔有茂密芦苇丛和金色沙滩，四周还有不少溪河和芦荡美景，是当地观光休闲胜境。游人来此的观光游乐方式主要有游船水上游和乘观光车陆上环湖游和垂钓及品尝湖鲜等。

▲ 成吉思汗陵旅游区一角

周边景点

成吉思汗陵

位于包头以南180公里处的鄂尔多斯市伊金霍洛旗境内，现今的陵园建于1954年，规模宏大，建筑雄伟，是全国重点文物保护单位之一。

成吉思汗陵旅游区（5A级景区）

与成吉思汗陵相距不远，是以介绍蒙古族历史文化和成吉思汗生平和征战史为主要功能的大型文化旅游区。景区内建筑规模宏大，历史文化底蕴深厚，游人观后会得到明显教益。

响沙湾（5A级景区）

距包头市以南50公里处，地处鄂尔多斯市达拉特旗境内，景色非常壮阔，主要特色景观有沙漠风光和响沙奇观，还有沙湖和沙地绿洲等景点，与敦煌鸣沙山景区有异曲同工之妙。这里是在内蒙古体验沙漠风情的绝佳去处。

- **五当召**

包头昆区二旅馆汽车站和东河区包头火车东站前均有客车直达但车次不多车程2小时。也可从包头东站先乘车到石拐镇(车很多)，再换车前去。

¥门票：50元，导游：30元（不限人数）。

- **美岱召**

乘包头到呼和浩特的班车，1小时可到。

¥门票30元。淡季20元。

- **南海**

有5、18等多路公交车抵达。

门票40元。

- **成吉思汗陵**

可从包头昆区的二旅馆客运站或东河区的长客总站乘车先到东胜，从东胜鑫泉汽车站乘客车可直达，或乘车先到伊金霍洛旗后转车去也可。

¥门票：110元。

- **成吉思汗陵旅游区**

交通方式与成吉思汗陵相同。

门票：90元。

景区内有大型度假村提供食宿。中午和晚间还有民族歌舞表演。

- **响沙湾**

从包头昆区二旅馆汽车站或东河区长客总站乘去东胜的客车到响沙湾道口（车程1~1.5小时）下，再换过路车西行2公里即到。

也可先从上述两站乘车到达拉特旗（车程1小时车费15元），再打车30元钱即到响沙湾。

从包头直接打车往返要210~240元。

¥门票：80元（含缆车）。淡季有优惠。

景区内有宾馆餐厅提供食宿。每天中午的蒙古族婚俗表演很欢快诱人。

推荐游程

笔者认为在包头观光需要 2~4 天时间，其中包头市区及周边景点观光要 2 天时间，去响沙湾和成吉思汗陵游览需要再加 2 天时间。推荐观光方式如下：

D❶：上午从包头火车站坐 22 路车（车费 1 元）半小时后到阿尔丁广场，观光半小时，之后向东步行 15 分钟即到蓝天广场，观光 45 分钟；之后坐 5 路车向东坐 4 站到劳动公园，观光 50 分钟，之后再坐 5 路车，40 分钟后到终点站包头东站，下车后打车（起步价 6 元就够了）行驶 6 分钟即到南海景区大门，进去游览 150 分钟，晚上在东河区或昆都仑区住宿。

D❷：早上乘车去五当召，在那观光 60 分钟。下午返回东河区从客运总站乘车去东胜。2.5 小时后抵达，夜宿东胜市区。

D❸：早上从东胜鑫泉汽车站乘车直达成吉思汗陵，先游成吉思汗陵旅游区，再游成吉思汗陵景区，两个景点观光要 3.5~4 个小时。之后立即返回东胜，乘去包头的车在响沙湾道口下，在此换过路车去响沙湾，住宿在响沙湾景区内（如果时间紧张，也可住东胜市区，次日再去响沙湾）。

D❹：上午畅游响沙湾景区，之后在景区午餐并看歌舞表演，下午踏上返程。

发烧友特别关照

为您推荐包头旅游的最新攻略

①昆都仑区是包头市区的主城区，这里新楼林立，非常华丽气派，现代都市风光诱人，游人去后会有意想不到的观感。

②昆都仑区的游览要点有阿尔丁广场（又称市府广场）、蓝天广场、劳动公园等，其中蓝天广场面积极大、景色甚美（地上鲜花绿草映衬头上蓝天白云），应属包头旅游中的必观之景，而阿尔丁广场夜色挺美亦有观光价值。另外位于东河区的南海景区和位于固阳县的五当召寺庙也在包头各主要景区中占有重要位置，值得重点关注。而响沙湾和成吉思汗陵两大景区论确切位置应该是在鄂尔多斯市境内。

③南海景区可算是草原钢城边的一颗明珠——中间是碧绿湖水和湖心岛屿，湖四周有茂密芦苇丛和金色沙滩，远处的起伏青山和都市楼群身姿也很动人，游人乘观光车或游船绕湖一周视觉感受绝佳，笔者给予强力推荐（当然夏季观光效果更好）。

④五当召距包头市中心有一定距离，从包头东河区前去往返要 4~5 小时，若从昆都仑区出发来回要 6~7 小时。所以这处寺庙虽然具有观光价值但是游览它却要花上至少大半天时间，游人要有心理准备。美岱召在包头和呼和浩特之间，距美岱召火车站不远，可在从呼市到包头的途中顺路观览。

◀响沙湾沙漠驼铃

阿尔山

电话区号 0482
旅行社 7120999

阿尔山位于内蒙古自治区东北部，大兴安岭西南麓，其地域广阔、地貌奇异、森林茂盛、河湖众多且遍布火山遗迹，颇具观光科考价值。景区内有大小景点数十处且风姿各异，代表性景点有驼峰天池、阿尔山天池、石塘林、三潭峡、杜鹃湖、不冻河、龟背岩、大峡谷等。另外还有数处温泉度假区，如阿尔山温泉群、五里泉温泉都在当地享有盛名。阿尔山气候凉爽，是避暑胜地，盛夏时节观光休闲效果最佳。

▲阿尔山市区风光

气候·交通·住宿

阿尔山天气寒冷，旅游旺季持续得很短，大致只有6月15日至9月15日3个月时间，深秋及冬春季节皆不适宜观光，其最佳游览时间是每年的7~8月份。

去阿尔山主要是火车和汽车两种交通方式。阿尔山在旅游旺季每天有两班火车与吉林省白城市对开，运行8~9小时可到。乘汽车去阿尔山车次最多的是乌兰浩特（车费60元，车程4.5小时）和呼伦贝尔（车费60元，车程3.5小时），另外从白城和满洲里也可乘汽车直达阿尔山。

阿尔山市区内有二十余家宾馆酒店，房价随季节大幅波动，7~8月间，一个最普通的宾馆标间也要180~200元/间，但是到了9月下旬，80~100元/间的标间在市区随处可寻。森林公园内有不少林业局职工开设的旅店宾馆但条件一般。

餐饮

阿尔山市内的餐饮价格不低，普通的肉炒青菜一般不低于14元，鱼香肉丝、烧肉段等家常菜18~25元但菜量不少，米饭2~3元/碗。森林公园内的餐饮收费还要更高。

旅途中

旅游锦囊：为您介绍阿尔山观光的简明攻略

阿尔山森林公园（门票180元）内无客车，游人必须包租出租车上山，标准租车价为280元/天。游人应注意租车的时候必须说清至少应去驼峰天池、杜鹃湖、龟背岩、石塘林、三潭峡5处景点（上述5处景点皆为观光亮点），此外大峡谷景区也值得一去。如果要轻松游遍上述几处景点要花一整天时间，游客应注意早上出发时不要晚于10:00。笔者推荐的玩法是先乘车到最远的大峡谷，再倒回来依次游览上述名景，这样观光效果更好。

满洲里

电话区号	0470
旅行社	6247788

满洲里地处内蒙古自治区东北部的中、俄、蒙三国交界处，位置重要，是扼守亚欧第一大陆桥的交通要冲，享有“亚洲之窗”的美称。这里是我国最大的陆路口岸，对俄边境贸易非常繁忙红火，每天和俄罗斯之间的大量人员和货物往来，构成了北方边陲独特的城市风情。满洲里满街都是新建的具有俄式建筑风格的漂亮楼群，市容美观漂亮且整洁干净。白天主要街区的数百座大、中型商厦店铺内人流攒动、交易繁忙，晚上各大宾馆、酒店、咖啡厅、夜总会内霓虹闪烁、灯红酒绿，充满温馨浪漫的气氛，生活方式、生活情调非常舒适迷人。

气候与游季 · 交通

▲国门雄姿

5~9 月份为观光佳季，冬季气温较低，不适宜户外观光。满洲里机场位于满洲里市西南 9 公里处，目前已开通的航班有满洲里至北京、上海、杭州、广州、哈尔滨、呼和浩特的直飞或中转航班。满洲里火车站位于满洲里市中心，目前亦有旅客列车开往哈尔滨、牡丹江、长春、沈阳、北京。满洲里汽车客运总站也在市中心，有多班客车与齐齐哈尔、哈尔滨、大庆、阿尔山、呼伦贝尔、乌兰浩特、额尔古纳等城市对开，公路交通便利。

住宿

满洲里城市中的宾馆、酒店房价也随季节大幅波动。夏天 7~8 月份的时候，普通宾馆的标间可能涨到 160~200 元/间，但是 10 月份至来年 4 月份，同样的客房可能会降到 80~100 元/间，住宿总体上说还算方便。如果图住在繁华街区、交通购物方便，可以选北国商务宾馆，双标间一般季节 120~160 元，电话 0470–6239000；如果图便宜实惠可住电子商务酒店，标间 100~160 元，电话 0470–3988888。

餐饮

满洲里城内遍布各类中、西餐馆，里边的消费价格并不太贵，西餐馆中的各类汤一般 5~12 元、沙拉 6~18 元、各类肉菜 15~25 元，基本上花 30~40 元左右就可吃一顿西餐便饭了，比北京、上海等城市中的西餐馆便宜得多。

主要景点

国门景区

在满洲里市中心以西约9公里处，是边境口岸，其主体建筑国门是一座横跨在中俄铁路线上巍然屹立的乳白色巨型楼房，高43.7米，其正面刻有“中华人民共和国”7个大字，非常壮观醒目。登上“国门”大楼可以临窗远眺，将俄罗斯后贝加尔斯克市和中国满洲里市的远景尽收眼底，中俄国际客货运列车就从国门下方隆隆驶过，景色非常美丽生动。

套娃广场

地处满洲里市中心与国门景区之间的迎宾大道北侧，是当地观光亮点之一。广场是以俄罗斯传统工艺品套娃为主体造型而兴建的大型旅游娱乐广场。广场宽阔，建有大小不一的套娃200余个，其色彩鲜艳形态各异，颇具观赏价值。

俄罗斯艺术馆及东欧风情园

都在套娃广场西侧。前者是俄罗斯艺术品收藏家刘殿川独资建设的，里边陈列有许多不同时期的珍贵艺术展品，总数约有2000余件，其中不乏价值连城的艺术珍品。东欧风情园就在俄罗斯艺术馆前，风情园中绿草如茵，屹立着由数十座以苏联卫国战争和其他现实主义题材的雕塑作品，其中《战士——解放者》、《铸剑为犁》、《农妇》、《苏动归来》、《托尔斯泰》、《牧马人》等都造型美观很有艺术感染力，成为满洲里迎宾大道边的靓丽风景。

呼伦湖

中国第五大湖，也是内蒙古自治区第一大湖。位于呼伦贝尔草原西部新巴尔虎左旗、新巴尔虎右旗和满洲里市中间，湖长93公里，最大宽度41公里，水面开阔、烟波浩渺，在湖边的许多地方都能见到天水一色的湖区风光，美景动人颇具观光价值。目前湖区的观光方式主要有湖边观景和乘船游湖。呼伦湖中水产资源丰富，有鱼类33种，主要有鲤、鲫、红鳍帕、鲶鱼以及白虾等。到湖边品尝丰美水鲜也是游客享乐的方式之一。

- **国门景区**

  从市中心北方市场广场旁坐6路公交车可到，车程15分钟、车费2元。若打车去时25元，回来10元。

  ¥门票60元。

- **套娃广场**

  从市区乘6路公交可到。打车车费14元左右。

  ¥门票免收。

- **俄罗斯艺术馆及东欧风情园**

  从市区乘6路公交可到。打车车费15元左右。

  ¥门票免收。

- **呼伦湖**

  先从满洲里乘2路公交车到扎区。之后换车到灵泉电厂（车费1元、车程35分钟），抵达后再打车即到呼伦湖边（打车车费25元左右）。

  ¥门票20元。

推荐游程

在满洲里观光有2~3天够用，但是这个城市精巧玲珑，生活情趣很好，非常舒适温馨，所以时间充足的游客在此待上十天半个月也是不会嫌多的。当地的观光亮点是国门景区、套娃广场、俄罗斯艺术馆及东欧风情园和呼伦湖（市区东部还有个欧式旅游观光婚礼宫），其他景点可适当关注。建议游程第1天早晨先去看国门景区，逗留2个小时，返回途中顺路看套娃广场并观俄罗斯艺术馆和东欧风情园。中午在市区午餐。下午去看欧式旅游观光婚礼宫。晚上在市区品尝西餐并看俄罗斯风景歌舞表演。第2天去呼伦湖观光。

山东省

SHANDONGSHENG

在我国华北旅游大区的各个省份中，山东真是最令旅游爱好者新奇亢奋而又幸福开心的乐土仙境。这里的气候温和，冬无严寒(相对北方其他省份而言)、夏无酷暑；这里物产丰富——德州的烧鸡扒鸡、肥城的蜜桃、莱阳的香梨、青岛的海鲜，哪一样不是味道鲜美令人垂涎欲滴呢?这里更有数不胜数、美不胜收的旅游景点和古迹名胜——中部的泰山拔地倚天、身姿岿巍、气势雄浑；南侧的曲阜是儒家学说的发祥地，古迹云集、文物荟萃，备显华夏远古文化的深厚底蕴；省会济南因遍布泉眼而享有“泉城”之美称；而最具风姿神韵的是沿海岸线排列有序的各个滨海名城——青岛、威海、烟台、蓬莱，哪个不是风光瑰丽而又特色鲜明?此外非常值得一提的是山东省内的公路建设颇具水准，新路四通八达行车异常快捷便利，所以到山东旅游，可以在很短的时间内纵横驰骋，畅览风光各异的多处古迹名胜，令人非常快活开心。

黄金旅游线路

① 济南—泰山—曲阜
② 济南—泰山—曲阜—青岛
③ 烟台—蓬莱—长岛
④ 烟台—蓬莱—长岛—威海
⑤ 青岛—威海—烟台

①青岛的风光太美丽，国内风景这么好的海滨城市再也找不出第二个，不去一次可真不成——即使是一般游览也要在那里至少逗留三天。

②威海的风光秀美程度与青岛有较大差距，但是那里的环境非常整洁，空气和水质亦达到国内一级标准，亦有成山头、刘公岛等著名景点，所以还是值得一游——二日游览即可宽松开心。

③烟台左有蓬莱、右有威海，位置绝佳但突出的景点不是很多——烟台山、滨海旅游线风光尚好，所以在这里停留1天“将够”，而二日游览就非常宽松充裕了。

④蓬莱城市虽小，但仅一处仙阁就足以让八方游客慕名前来探奇览胜——仙阁依山面海、身姿绮丽，确实

▲ 屹立在五四广场上的“五月的风”是青岛最新最美的雕塑

不能不游，但这里的景点分布很紧凑，一日观光即可览其全貌。

⑤长岛风光好，海产丰饶，上岛后真可谓美景看不够、海鲜吃不完——至少停留 3 天（含周边岛屿游览）才能玩得开心。

⑥实话实说，泰山的特色在国内各山岳风景区中并不鲜明突出——它险不过华山，奇不过黄山，云海日出的瑰丽程度比不上峨眉山，但是泰山毕竟在中原大地上巍然耸立、拔地倚天（且有诸多古迹遍布全山），所以它仍是山东旅游中不可遗漏的著名景点——步行上下至少需要 2 天时间。

⑦曲阜有“三孔”等古迹名胜并已入选“世界文化遗产”，且与泰山距离甚近，应与泰山一并游览（一日游即可）。

⑧济南风光的诱人之处就在于城市遍布名泉，可就是像趵突泉这样的景区若没有泉水喷涌亦只是死水一潭，所以到济南观光最好选在盛夏雨季，满城清泉喷涌的场面确是全国独一份儿。

其他较有名的景区景点还有乳山银滩、大乳山、荣成天鹅湖、荣成石岛等，游人可予适当关注。

另外值得一提的是，乳山银滩海滨度假区内近年来开发了不少房地产项目，到处是造型别致、外观精美的新式楼群。加之那里气候好、环境整洁、公共设施齐全，所以可以作为居家及休闲度假的绝佳地点。

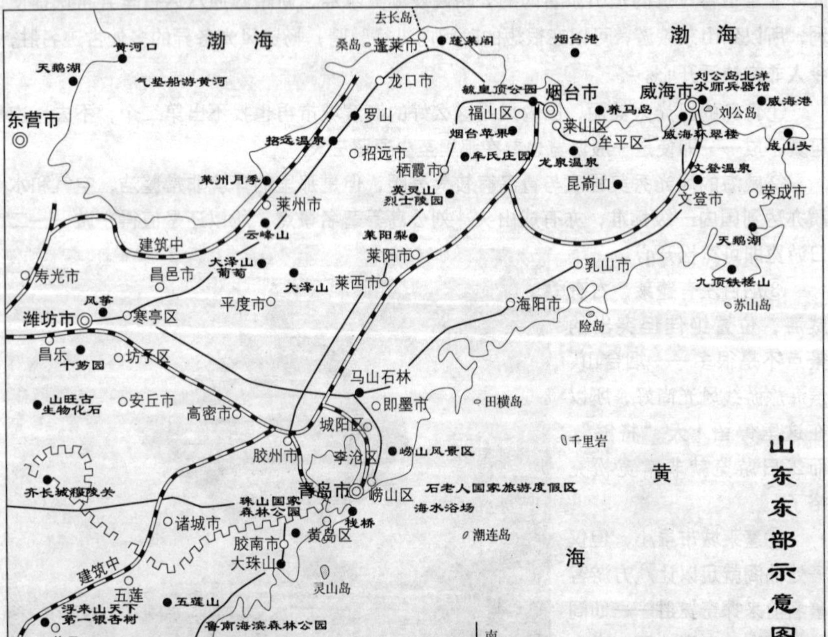

山东东部示意图

青 島

电话区号	0532
青岛市旅游局	85912029
旅游投诉	85912000
青岛国际旅行社	83893012

如果你是在很多年前来过青岛而又在不久前故地重游，那你一定会非常惊异地发现：这座城市近年来变化真大，大到几乎叫人不敢相认了。

当然，前海栈桥、鲁迅公园、崂山这些传统老景绝对青春犹在、风采依然。但是那铺天盖地映入眼帘的现代城市风光却实在叫人惊奇、欣喜而又由衷赞叹。翻开导游图，上边呼啦啦冒出二三十处从前没有听说过的新景点。乘上公交车四下转一转，你会发现到处都是新修建的宽敞道路、漂亮楼群和美观气派的街心花园。过去出了老城区到了山东路一带就觉得很空旷、荒凉，可如今，那里建设的新城区已有数百座高楼大厦耸立在蓝天白云之间。望路边，一座座商贸中心、金融中心、文化娱乐中心让你看不尽；去海滨，银都花园、海豚表演馆、海洋游乐城个个新景叫人数不清；色彩鲜艳、造型美观的新式建筑群一直向东延伸，青岛市区都快跟崂山连在一起了——真叫人折服：人类的勤劳和智慧竟有如此的伟力；也叫人困惑：再这样发展下去，青岛市将如何了得；更叫人为难：若是五年之后再来青岛，我们是否还能辨清方向?我们会不会傻得、土得像“刘姥姥走进大观园”呢?

不知青岛今后还将如何变化，如何发展?但有一点毋庸置疑，那就是：今天的青岛(别看已有百年市龄) 像一个妙龄少女，只会越变越成熟、越变越娇美、越变越好看。

◀青岛鲁迅公园一角

• 重要提示

别老拿着多少年前的老眼光看青岛，别老觉得见过了前海栈桥、鲁迅公园和第一浴场就够本了，就无须了解青岛市今天的风姿和神韵。近年来，青岛已经面貌一新、万象全新(走遍全国也找不到这样漂亮和气派并存的滨海城市)，所以您今天最应做的事之一就是到青岛去故地重游——在那里，您可以充分领略人类勤劳和智慧的神奇伟力，也可能被这个城市显示出来的青春活力和蓬勃朝气所感染，从而在心理和精神上年轻10岁。

气候与游季

青岛的气候非常湿润宜人，除去冬季气温稍低、海景略显清冷惨淡以外，其余时候皆宜游览，旅游旺季可从3月中旬一直持续到11月初，而夏季这里的气温一般在20℃~28℃之间，凉爽舒适，避暑观光效果甚佳。另外每年7月的国际海洋节、8月的国际啤酒节都是青岛市的重大节日，节日期间青岛市内外嘉宾云集、朋友满座，且有各类文体节目表演，是青岛最放光彩的时候，各位“驴友”千万不要失此良机。此外，每年的4~5月及9~10月，青岛的气温适中、空气纯净，山光海色诱人但游客不多，而此时不是旅游旺季，游人的吃、住、行都很便宜，这时到青岛一游，真是物美价廉、舒服透顶 (春秋时节这里海风不小，可考虑穿戴风衣、帽子，戴上眼镜亦有必要)。

交通

航空

• 航空

航班问讯：0532-85775555。

售票处 (中山路29号): 0532-82874275。

订送票中心：0532-87610000。

流亭国际机场位于市区以北32公里。现已与北京、成都、福州、广州、桂林、贵阳、海口、杭州、昆明、兰州、南昌、南京、宁波、上海、哈尔滨、长春、深圳、乌鲁木齐、厦门、西安、银川、郑州等近百个大中城市通航。

公路

青岛公路交通发达，与烟台、潍坊、济南等城市有高速公路相通，亦可乘车轻松抵达威海、蓬莱、荣成、乳山等胶东各市，公路客快十分快捷方便。

铁路

青岛站有列车同北京、广州、福州、兰州、成都、通化、丹东、南昌、郑州及济南对开，其中与济南间的特快只运行 4 小时即到。动车组仅需 3 小时。市区在原址上新建的火车站将在今年内竣工并投入使用。

水运

青岛有通往上海的航线，但是属暑期季节性航线，班期根据旅游流量需要安排，现在经常停航。

市内交通特别提示

1. 出租车 1.2 元/公里，起步价 7 元/3 公里。加燃油附加费 1~2 元。

2. 游船：青岛有两个主要游船码头，一个位于莱阳路，游船往返于小青岛、鲁迅公园、太平角等处；一个位于西陵峡路，主营青岛市区海滨观光全景游。

主要星级宾馆

区号 0532

汇泉王朝大酒店	青岛市南海路	82873366
东方饭店	青岛市大学路	82865888
海天大酒店	青岛市香港西路 48 号	83871888
华天大酒店	青岛市太平路	82871900
中旅国际大酒店	青岛市香港中路 41 号	85828666
北海宾馆	青岛市海门路	83868888

住宿

作为国内最著名的滨海游览城市，青岛的各类宾馆饭店真是太多了，但星级宾馆的房价却不算太便宜。不过在青岛要想节约住宿费，方法还是多得很，比如不住星级住普通（旅馆），不住市中心住郊区，躲开旺季而在淡季前去，等等。对了，还有一条要提示，青岛市有全市统一的酒店预

▲ 青岛市区风光

- **公路**

汽车站（温州路 2 号）：0532-83718060。

汽车西站（馆陶路 46 号）：0532-82825598

汽车东站（哈尔滨路）：0532-85615680。

- **铁路**

车站售票处（普集路）：0532-82962777。

车站问讯处：0532-82865741。

- **从机场到市区**

乘机场大巴车票 15 元即到。不必打的，车票贵（至少 80 元）。

- **推荐便宜的住处**

①青岛奥博维特国际青年旅社。设施新、条件不错，24 小时空调热水、有自助洗衣房和自助厨房，可上网。多人间 50~60 元/床。电话 0552-82822626。

②青岛巢城青年旅舍，在青岛北区馆陶路 28 号。旅舍房间是原来德驻时期的丹麦大使馆，室内室外均是欧式建筑风格，很有特色。多人间床价 30~40 元，虽是公共卫浴但很干净有洗衣房、能上网、24 小时可洗热水澡。从机场乘机场大巴 2 号线到中山路下或从火车站打车起步价即到。电话 0532-82825198。

③海军中天宾馆，距火车站和海栈桥很近，从火车站步行 7 分即到，位置很好交通方便，条件尚可的标间 140~180 元。电话 0532-82869268。

- **推荐特色食街**

劈柴院小吃街，江宁路。

小麦岛海鲜街。

中苑美食街，云霄路。

泰山路烧烤街。

- **推荐特色餐厅**

春和楼，中山路146号，0532-82827371。

青岛饭店，中山路53号，0532-82879069。

聚福楼，台东西二路30号，0532-83832249。

碧波湾火锅城，临清路12号，0532-82823225。

红房子，日本料理，清蒸红岛海蛎子是招牌小吃，广西路33号，乘26、6、201路车在栈桥站下车，0532-82896924。

景福宫，韩式料理，香港中路31号，0532-83976029。

谷香村，保定路12号，0532-82847382。

- **云霄路美食街**

就在青岛最繁华的中山路北侧，2、25、304、801等多路公汽可到，在浮山所一站下车，这里有一个非常大的建筑是青岛国际新闻中心，新闻中心的斜对面（东北方向）就是云霄路，海鲜餐厅大都集中在路的西侧。

山东省

订电话：0532-85770100、0532-85783892，出行前打个电话既可咨询又能预订，可以得到许多方便。

餐饮

青岛的海产丰饶，游客来到这里当然想品尝各类海鲜美味。当地名菜有干烧或红烧对虾、葱烧海参、清蒸加吉鱼、红烧石斑鱼、干炸鲜贝、烤鱿鱼等，正规宴席的做法亦分为“四一六”和“四二八”等多种规格。至于分布在市区内外的各类海鲜店更是琳琅满目、令人目不暇接。当地有名的海鲜馆一条街有云霄路美食街、大麦岛海鲜街、汇泉小吃街、泰山路烧烤街等，街上的各类餐厅及餐厅中的各类海鲜美味当然应有尽有。另外闽江路上会聚了国内各地的多家风味餐馆也值得关注。但是游客应注意在品尝前货比三家——可以多走走看看或问问餐厅中走出来的各位食客用餐后的反映，另外在点菜时问清分量和价码并注意适当议价，否则有可能对菜肴质量大失所望，或是用餐后发现海鲜比内地城市的还要贵。在选择美食地点时可询问住在宾馆中的各位游友，他们的话比当地出租车司机更可信，此外地点稍微冷清一点的餐馆烹制的海味并不一定比上述几条美食街上的差，价格可能会更便宜，此点望各游友参考。

最新印象及游览要点提示

青岛的老景，就像夏日里盛开的玫瑰，叫人百看不厌、流连忘返。

青岛的新景，犹如变幻莫测的七巧板，令人目不暇接、眼花缭乱。

如果你喜爱旅游而没有来过青岛，那就像山沟里的人没见过城市的高楼，就像沙漠中的人没见过浩瀚的大海，是一种深深的缺憾。

如果你喜爱旅游又来到了青岛，那包你每天生活在幸福的浪花中，美丽的风景一个星期也看不够，开心的事一个星期也做不完。

到了青岛，你起码应该游遍以下景点（否则等于白来）：

前海栈桥、鲁迅公园、海产博物馆、海军博物馆、第一海水浴场、琴岛、青岛新市区、海洋公园、崂山。

到了青岛，如果您时间充裕，下列地方亦值得一看：

中山公园、八大关、太平角、小鱼山、信号山、观象山、北九水、动物园、石老人、中山路、国际啤酒城等。

青岛很美，美得难以用语言来形容，我自己也不想当蹩脚的导游，但考虑到有些朋友从未来过（或是近几年未来过）青岛，我暂且根据自己不久前的游历，把自己粗略的感觉和大致的印象向大家做一简单介绍，然后推荐几种游览方案，谨供各位游友参考。

主要景点

青岛市区示意图

前海栈桥

青岛的标志和象征，亦是青岛的第一胜景，桥长440米，如一道美丽、飘逸的彩虹，静卧在青岛湾碧蓝的海面，桥头有回澜阁，四周有漂亮的围栏，是眺望青岛市区风光和壮阔海景的最佳地点。

琴岛（小青岛）

青岛湾上的一颗珍珠，因从空中俯瞰颇像一把平放在水面上的古琴而得名。它位于前海栈桥东南方，有长堤同陆地相连，岛上山岩峻峭、林木葱郁，岸边波涛起伏、浪花飞溅，景色优美，妙不可言（岛上的最佳观景点在灯塔北侧的山坡上）。

鲁迅公园

位于汇泉湾北侧、琴岛和第一浴场之间，是青岛历史最悠久也是特色最鲜明的临海公园，集苍松翠柏、幽雅石径、红色礁石和精美亭阁于一身。园内有望海亭，游人在此登亭远眺，见汇泉湾上波光闪烁、鸥鸟竞翔、风帆点点，煞是好看。

海产博物馆

地处鲁迅公园内，始建于20世纪30年代初，是我国最早兴建的综合性海洋生物博物馆，现全馆由水族馆、陈列馆、南极馆、淡水鱼馆、珍稀动物陈列馆5处展馆组成。其中最多姿多彩、引人注目的是水族馆，馆内饲养、陈列着几百个品种、数千条来自世界各地的海洋珍稀鱼，其品种之繁多、色彩之艳丽、形态之优雅，远超出常人想象，真可谓精华荟萃、美不胜收，是每位游客必观之景点。

海军博物馆

坐落在青岛湾东侧，位于小青岛与鲁迅公园之间，是我国目前规模最大的反映中国人民海军总体面貌的综合性博物馆。

- **前海栈桥**

乘2、5、6、8、25、218、304、307、501、801路等多路公交车可到。

¥栈桥门票免收。回澜阁门票4元。

- **琴岛**

乘6、26、223、304、311、501、801路等多路公交车可到。

¥门票15元。

- **鲁迅公园**

乘6、26、220、223、304、311、501、801路等多路公交车可到。免门票。

- **水族馆**

就在鲁迅公园内。

¥门票50元。观动物表演另收。

- **笔者关照**

青岛湾、汇泉湾沿岸的风光（含前海栈桥、琴岛、鲁迅公园、第一海水浴场、水族馆、海军博物馆诸景）之美堪称青岛之最，应为游客所首选。

该馆建于1991年，现包括军服礼品展厅、武器装备展区和海上展舰区，展出总面积达4万余平方米，馆内珍藏的数千件珍贵文物，从不同侧面真实地再现了人民海军发展壮大的光辉历程。

博物馆的精华是武器装备展区和海上展舰区。这里露天陈列着数百件海、空军兵器实物（各式火炮、鱼雷、飞机、导弹一应俱全），岸边的码头上还锚泊着6艘高大的火炮或导弹驱逐舰、护卫舰，外加一艘常规动力潜艇和数艘导弹快艇（游客可登舰、入艇参观）。远远望去，艘艘战舰风姿威武，舰炮高昂炮口、导弹怒视苍穹，气势威严，甚为壮观。

• 海军博物馆

与鲁迅公园相邻，乘车路线相同。

¥门票50元，进潜艇内部参观另收10元。

海军博物馆内的众多文物和展品（尤其是许多参加过实战的飞机和舰艇实物）既能使人增长知识、开阔眼界，又能培养公民的爱国主义、英雄主义精神，因此，它颇受广大男性游客的青睐，中、小学生和儿童更会在展区内乐不思蜀、流连忘返。

第一海水浴场

位于美丽的鲁迅公园东侧，是青岛众多海滨浴场中的精华和佼佼者，恰似一颗璀璨的明珠，镶嵌在汇泉湾畔。浴场东西长约1公里，形如一轮弯月，这里沙滩金黄、海水蔚蓝，岸边有各类更衣、洗浴、戏水、游乐设施，是游人到青岛后纳凉、休闲、游乐的绝好地点。

• 第一海水浴场

与鲁迅公园相邻，乘车路线相同。

¥门票免收。存衣洗浴收费8~10元。

山东省

▲八大关别墅群

八大关

是青岛著名旅游观光区，因景区内由武胜关路、嘉峪关路、宁武关路等八条由关字命名的道路而得名。

八大关景区东起太平角，西至汇泉角，北到岳阳路，南到大海边，风光秀美而环境绝佳。这里繁花似锦，绿树成荫，外观精美别致的西式别墅成群，是世界各式建筑集中荟萃之地，具有极高的历史文化价值和游览观光价值，其中位于景区东南角的花石楼和位于景区西北角的公主楼名气最大，是观光要点。

• 八大关

乘6、26、220、304、311、801路等多路公汽均可到。

进入八大关街区不收门票，但是花石楼需购门票才能进入。

公主楼改成医院了已不让人进内部参观。

青岛东部新市区

1992年，青岛市政府决定将办公地点从老城区搬到当时还很荒凉的城市东部，在那里建设新的市中心，以形成新的开发建设热点。现在的青岛新市区内已建成新楼近千座，金融贸易中心，商业购物中心，文化娱乐中心，旅游中心及各类高、中级公寓，写字楼等座座高楼大厦全都平地拔起、直刺蓝天。色彩鲜艳、新颖气派、风格各异的各式精美建筑千姿百态、争奇竞秀，使前来参观的游客目不暇接、眼花缭乱。青岛新市区已成为青岛市区内最具魅力的旅游新热点。

• 青岛东部新市区

青岛新市区高楼林立、新景云集，又有海滨游乐城和海豚表演馆等诸多娱乐场所，所以非常值得一看。

青岛极地海洋世界

地处市区东部石老人旅游区内的大型海滨公园，有极地

• 青岛极地海洋世界

乘11、104、304、317、501、801路均可到。

¥门票120~150元/人。老人、儿童有优惠。

海洋动物馆、海洋科技馆、休闲餐饮一条街、渔人码头、度假酒店等数个大型功能区，能为游客提供吃、住、行、游、购、娱各类服务。极地海洋动物馆外形像巨型帆船、身姿诱人；极地海洋剧场内每日有海豚、白鲸、海狮、海象等海洋动物表演，活泼欢快，引人入胜。

奥林匹克帆船中心

坐落在青岛市东部新区浮山湾畔，邻近东海路和五四广场，有场馆区、停船区、奥帆博物馆、奥帆大剧场、心海广场等多组建筑群。2008年奥运会的帆船比赛就是在这里进行的。现在该中心已成为集旅游、美食、休闲、娱乐多功能于一身的大型综合性景点，受到外界广泛关注。

青岛国际啤酒城

是以啤酒文化为主题的大型高档游乐园，坐落于石老人旅游度假区，由101大道、啤酒海鲜街、啤酒乐园等多部分组成，平日里可供游客参观游乐，啤酒节期间城内还有汽车展、摄影展、酒标展等活动，人潮滚滚，热闹非凡。

崂山——著名的“海上仙山”(5A级景区)

崂山位于青岛东部的黄海之滨（距市区40公里），山依海而立，山与海相连，山上多奇峰、怪石、森林和古庙，有众多的自然景观和人文景观。

崂山全山由巨峰、登瀛、流清、太清、上清、棋盘石、仰口、北九水、华楼共九大景区组成。目前，青岛山内最流行的崂山一日游只游览崂山东南部的太清、上清景区（这里交通最方便）、仰口景区和北九水景区，余下的其他景区可根据游客自身的时间、经费状况自行安排游览。

- **奥林匹克帆船中心**

🚌 210、224、234、317路可到。大门票免收。有些小景点要单独收费。

- **国际啤酒城**

¥ 门票60元（节日期间）。

- **崂山游览**

①上清及垭口景区。

🚌 从市区乘304路公交车和802路专线车即可到山门处，车票6.5~10元，之后换景区专线车才可进入。

②仰口景区。

🚌 乘123、312、371路可到，另外从上清景区入口处乘免费班车30分钟可到。

③北九水景区。

🚌 乘107、110、311、365路车可到，每天车不多。

¥ 崂山进山票100元，含上清、仰口景区和观光车费，不含索道费。北九水和崂顶观光门票另收。

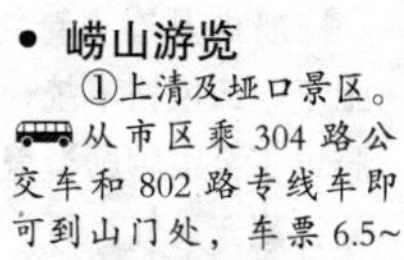

▲ 崂山风光

推荐游程

一、青岛老市区—崂山—青岛新市区三日游

这是最标准的游览方案，游览日程安排如下：

D1：游前海栈桥、鲁迅公园、水族馆、第一海水浴场、琴岛

美妙的游程就从市区最美的青岛湾开始吧！清晨，游人可先来到这里，借着金色的霞光，以秀美的前海栈桥为背景，拍下最有意义的纪念照（可惜现在栈桥周围环境有点乱）。然后向东步行30分钟（或乘坐1~2站公共汽车），去游青岛最美的临海公园——鲁迅公园，并参观公园内的海产博物馆和公园西门处的海军博物馆。游鲁迅公园1小时足够，参观海产博物馆（含看海豚表演）和海军博物馆（必须登上战舰参观才够味儿）各需1.5小时。上述各景点玩完肯定已过正午，游人可在附近的街上吃午餐。下午的时光应交给青岛最漂亮的浴场——第一海水浴场（紧挨鲁迅公园）。沐浴着金色的阳光和清爽的海风，您可在清澈的海水和飞溅的浪花间任意嬉戏、游乐，玩它一个忘乎所以，玩它一个天翻地覆。

▲ 栈桥海滨秀色

晚餐后去小青岛（琴岛，从鲁迅公园向西步行15分钟即到）游览，那里的轻柔海风、皎洁月光、朦胧灯影和无尽涛声会使游人如痴如醉，流连忘返。

D2：全天游“海上仙山”——崂山

崂山是座很奇特的山，奇就奇在它的上下半部风格不统一。它的上半部（从山腰到山顶）大都是裸露的白色巨型岩石，而山腰以下至山脚则覆盖着浓密的树林。观崂山，上半部你会觉得粗犷壮美，下半部又让人觉得葱茏秀气，同一座山却显出两种不同的味道，只有崂山才有这么“绝”啊！

从青岛市区去崂山非常方便，游人可乘304路远途公共汽车，一直开到崂山景区的山处（车行1.5小时，票价6.5元，乘802路则车票10元），下车后即可购票并换乘景区提供的专线车进入景区游览。人们游崂山的程序基本一样，即先在垭口观赏风景，然后向下步行约15分钟，参观崂山脚下的太清宫。太清宫依山傍海、位置极佳，宫内古树参天、殿宇森然，有三清殿、关岳祠、神水泉等多处景点，它既是崂山东南景区的主景，又是青岛市最大的道教名观。

午餐后从上清宫上行，乘索道（上行30元）途经瑶池和蟠桃峰，直抵全景区最高的景点——玄武峰南麓的明霞洞（索道缆车运行20分钟，若步行需2小时）。明霞洞海拔550米，是观赏崂山山光海色的绝好地点，这里既有千年古树，又有碧水清泉，高旷幽静，值得一看。

游毕明霞洞，游人应沿松竹掩映、清溪相伴的石板路下山（向西走），途经另一深山古刹上清宫，最后抵达崂山八水河上的名景——龙潭飞瀑（从明霞洞走到龙潭需90~100分钟）。龙潭瀑布落差26米，平日为一涓涓细流，水声叮咚如琴鸣，十分悦耳动听；但每当暴雨过后，瀑布会骤然加大，以气吞山河之势奔腾而下，水雾漫天、声震峡谷，煞是壮观。

看过龙潭飞瀑，崂山东南景区的主要景点就算全都游过，一日游即可结束，一般的游客也会从此下山返回市。但笔者力主你在景区内住一天（最好住在来时去过的崂山垭口，该处有两家旅馆），以便第二天一早在此观看日出。大海日出本来就非常壮美，而因崂山紧靠海滨，居高临下，在此观日出效果会更佳。不久前，笔者就在垭口东侧的山崖上有过一次永生难忘的经历：清晨，当一轮红日从海面上喷薄而出，万丈光芒普照大地的时候，那种绮丽、壮美和辉煌绝不是用语言能轻易形容的。

D3：游青岛新市区和海滨乐园，观海豚表演

清晨起个大早，先在崂山观日出，然后乘车返回市区，在山东路、南京路一带下车，游览青岛新市区。游人应打辆“的”，在新城区的近百座高楼大厦间仔细转一转，好好领略一下改革开放和人类勤劳智慧的神奇和伟力，也畅想一下青岛这美丽的海滨城市光辉灿烂、令人神往的未来和明天。

午餐后去看欢快活泼的海豚表演或是去参观奥林匹克帆船中心，之后到青岛市著名的八大关（八大关很有迷人韵味）和太平角看一看；晚餐后去青岛最有名的商业街中山路游览购物，然后即可乘夜车返回。

按上述行程安排，三天时间里您从西到东，攀山下海，游遍了青岛市区及崂山上最有代表性的主要景点，就是让土生土长的青岛人来衡量评判，他也会说这是一个相当完美顺畅、各方兼顾（新景和老景）且又令人无比舒服快活的游览方案，三天内您的吃、住、行、游约需开销1000元。

二、青岛老市区—崂山—青岛新市区四日游

若您的时间有宽裕，可在前面三日游的基础上增加一天时间，去崂山西北侧的北九水景区游览（从市区乘311路公共汽车可到）。北九水景区是崂山的一部分，因山有九折、水有九曲而得名，山奇水丽，有“九水画廊”之美誉，去那里一游，更可观览秀丽崂山之全貌（此景夏秋时节景色更佳）。四日游比三日游需多开销250元。

三、青岛老市区—崂山—青岛新市区五日游

前四日游程与上面四日游相同，即：

D1：游青岛老市区

D2：游崂山

D3：游览崂山和青岛新市区

D4：去崂山北九水风景区观光

D5：抖擞精神，跨越青岛新老市区，把尚未去过的其他主要景点如：团岛、信号山、观象山、小鱼山、汇泉角、青岛啤酒城等玩个遍，这样安排游览内容更丰富、效果更圆满。五日游比四日游需多开销250元。

▲ 青岛市区风光

补充说明

不是笔者自吹，我设计的这个游览方案是非常精彩圆满的，不信您打开携程旅游网看看，网友们推荐的游览方式大都比不上我这个。再说许多“驴友”照我上边的推荐游览青岛后都给我发短信说效果绝佳，真的！

泰山 (5A级景区)

电话区号	0538
景区管委会	8574050
旅游咨询	8272114
旅游投诉	8285462
旅行社	8228797

泰山位于山东省中部，山体以主峰为中心，呈放射状向四周分布，全景区共有山峰56座，溪谷130余条，瀑潭64处，寺庙58座，是一个集壮丽山川、秀美溪瀑和众多人文佳景于一身的大型风景名胜区。泰山主峰玉皇顶在泰安境内，海拔1532.7米，拔地倚天，气势岿巍，山间林密石奇；山巅云海日出，神奇而又瑰丽。古时曾有司马迁、李白、杜甫等名人雅士登山观景，留下诸多美文诗句，更有无数当今海内外游客登临泰山绝顶，饱领“一览众山小”的豪迈情怀。有“五岳独尊”之称的泰山已成为国人国内旅游中不可遗漏的首选景点之一。

▲ 泰山十八盘风光

气候与游季

泰山气候四季分明且各具特色。盛夏时节山上非常凉爽，7月份平均气温仅为17℃，尤其是山顶清风袭人，避暑观光甚佳，暴雨之后，还有可能见到波澜壮阔的云海奇观。春秋两季气温适中皆宜登山，特别是秋天秋高气爽无风沙侵袭，游览效果更佳。冬天山上气温较低，但山上雪景迷人，见到日出的机会亦多。因此总体上说泰山四季皆可游览，尤以4~10月份为最佳游季。

交通

铁路

京沪线上每日有多趟直快、特快列车在泰安（泰山）站经停。从北京到泰安站仅需4小时，从济南乘火车40分钟即到泰安站。

公路

距济南、曲阜仅1小时车程，距淄博2小时车程。泰安汽车站有客车发往周边各市县。

- 火车站问讯

  0538-8223252。

- 笔者关照

  虽然俗话说“黄山归来不看岳，”但因泰山风光美且景点分布非常紧凑集中，加之山上旅游设施完备，观光旅游一点都不费劲。所以笔者认为各位游友一生中至少应该去泰山玩一次。

山东省

市内交通特别提示

出租车 1.5 元/公里，起步 5 元/2 公里，但一般要讲价。

景区交通：火车站有 3 路公交车到泰山红门（车票 1 元），从这里可步行登山。火车站的 3 路公交车也可到天外村，这里有专线车直达泰山山腰处的中天门（车费 18~20 元），下车后步行或乘缆车登顶均可。旅游 2 线：火车站—桃花峪—桃花源索道，票价：上行 13 元，下行 12 元。登山索道：中天门索道单程 80 元、往返 140 元。后石坞索道上下行均为 20 元，桃花源索道上行 40 元，下行 30 元。

住宿

游泰山可选择住在山下市区或住在山顶两种方式。山下市内的宾馆酒店多、条件好而房价不贵（至少比山上便宜），如果不是旅游最旺季，那二星级宾馆的标房砍价后可能 100 元左右即可拿下，三星级的标间可能在 150 元左右，但住山下市区风光肯定不及山上好，不能看到日出和云海。泰山宾馆商务酒店，准三星，就在岱宗坊旁，0538-8229299。

泰山山顶上亦有不少旅店、宾馆，如三星级的神憩宾馆以及南天门宾馆、岱顶宾馆和仙居宾馆等，其他小型旅馆、招待所还有数十家。这些地方的共同特点是房价比山下贵，因缺水造成游客不能每天洗澡和床单被罩不能随时清洗，所以住着不是太舒服。不过若想在山上观赏日出和仔细游玩，在山上住一天还是应该的。

泰山山顶东侧的宾馆、旅馆的一大特色是窗户都挺大且都向东开，这样在房间里就能看到日出，以此来吸引游客入住，不过日出并不是每天都能看到。

餐饮

虽然当地各类风味美食的名气比泰山的风光要逊色很多，但还是有以“泰山三美”（白菜、豆腐、水）为主要原料烹制的豆腐宴——菜肴多达百余种和野菜宴等特色宴席名扬海内外。其他风味菜肴和食品有泰安煎饼——可卷大葱或其他蔬菜、赤鳞鱼、酱包瓜、白蜜食、泰山牙枣等。与其他山岳风景区一样，泰山亦是越往上走饭菜越贵（在山顶吃早餐，豆浆可卖到 2~3 元/碗、面条 8~10 元/碗），所以在泰安市区吃饱喝足并带够食品和饮水后再爬山，可以省下不少伙食上的开支和消费（也可享用山路边服务站供应的开水，每杯 1 元）。推荐到泰山饭店用餐，人不多、实惠、环境尚好。

- **汽车站**

东岳大街：0538-8332656。

- **主要星级宾馆**

华侨大厦，四星级，东岳大街中段。

泰山宾馆，三星级，红门路岱宗坊，电话：0538-8224678。

新大都饭店，二星级，东岳大街，电话：0538-8227813。

仙居宾馆，一星级，岱顶天街 2 号，电话：0538-8226877。

泰安宾馆，火车站东侧，电话：0538-8333183。

- **泰山门票最新价**

淡季 100 元，旺季 125 元，学生半票。

- **山顶住宿推荐**

①八一宾馆，岱顶日观峰旁，便宜、位置好，观日出方便。0538-8226957。

②工商宾馆，客房干净，岱顶天街东 50 米处向左拐 100 米就到，0538-8223078。

③空军宾馆，有 20~30 元/人的床位和 100 元/间的双人间，条件尚可。电话 0538-8226957。

- **常见的四条上山路线**

①从红门进入，这是最传统的路线，门票 125 元。(24 小时售票)

②从天外村上行，可乘车直到中天门。

③从天外村沿小路上山，途中可见一些野景。

④从桃花城上山。

- **山顶夜景迷人**

别光在山顶上盯着日出和云海，这里的夜景也很动人——是从山上往下看，泰安市区的万家灯火非常灿烂生动，不信你试试看。

- **推荐最圆满精彩而省力的玩法**

先从山下乘车到中天门，换乘缆车“一步登天”到南天门，下车后在山顶畅观名山秀色，夜宿山顶。

次日早上在山顶观云海日出，然后步行下山，看全从南天门到中天门到红门的所有沿途景点，获得对泰山完整而美好的观感（上下全乘缆车效果不好）。

- **眺望十八盘**

中天门山路边有不少望远镜观景点，交上1~3元即可环视四周佳景——其中以眺望十八盘登山路上的人群最有趣，因为视野内有像蚂蚁一样多的人在登山，而每个人的体态姿势都不同，千姿百态且每时每刻都在变化，观后令人很开心。

主要景点

岱庙

位于泰山脚下，殿宇高大，松柏苍翠，多精美壁画、石刻，是泰山封禅祭祀古街道上的大型古建筑群。

经石峪

在岱庙至中天门之间，清澈溪流旁的巨石上有镌刻于1400年前的《金刚般若波罗蜜经》经文，是泰山山上诸多石刻中最著名的一处。

中天门

在海拔847米的泰山山腰处，是泰山中路上山道和西路盘山公路的交会点，亦是登山游客上山时的必经之地。人们抵达后可选择继续步行经“十八盘”上山，亦可在此乘缆车一步登天——10分钟内直达山顶的南天门。此外，在这里通过大型观光望远镜仰望十八盘和南天门远景及游客登山众生相，画面生动，效果绝佳。

泰安、泰山示意图

十八盘

泰山山腰中天门与山顶南天门之间的一段登山石阶路，共有1594阶，有“紧十八、慢十八、不紧不慢又十八”三段陡峭山路，是考验登山者体力和意志的最艰辛的路段。

南天门

是十八盘登山路尽头飞龙岩和翔凤岭两山之间的门楼式建筑，游客从门楼下的通道通过，即可到达泰山极顶。

▲ 泰山之巅观云海日出

玉皇顶

亦称天柱峰，是泰山最高点。这里地势稍显平坦，有玉皇顶、碧霞祠等精美古建筑，雕有“泰山极顶”、“灿烂东海”等大字的巨型摩崖石刻等在这里随处可见，游客在这里可以好好领略泰山“平地拔起，直顶蓝天”的雄伟，亦可饱览日出、晚霞和云海奇观。

日观峰

在玉皇顶东南，有长 6.5 米伸向前方的观海石和长约 30 米的观日长廊及诸多门和窗户都向东开的观日旅馆，是观赏泰山日出的最佳地点。

- **从泰山去青岛**

游毕泰山后立即去青岛，把山东省内最有名的山和最美的海滨城市连在一起玩非常令人欣喜开心。目前两地间有直达列车：T161/160 次 14:17 从泰山开，19:17即可抵达青岛。

- **游山新方式**

①从红门沿传统线路上山，次日从桃花城乘索道下山，下山后乘 16 路车可直达泰安火车站。

②从天外村上山，沿天柱峰下山，亦是有别于传统玩法的新路线。

- **夜游泰山**

泰山的山路石阶完整，路边亦有路灯，登攀毫无困难。夜间登山到山顶观日出是热门观光方式，尽可一试。

- **何时易见日出**

在泰山之巅并非每日都能看到日出，只要东边地平线上有云彩，看日出就没门儿。

而头天晚上刮了西北风，次日容易看到日出，因为把云彩刮到大海那边去了，这是诀窍，请切记。

推荐三条最常见的游览线路

第一条

D❶：王母池→红门宫→斗母宫→经石峪→壶天阁→中天门→五松亭→南天门→碧霞祠

D❷：玉皇顶→后石坞→南天门（索道）→中天门（汽车）→天外村→普照寺→岱庙

第二条

D❶：王母池→红门宫→斗母宫→经石峪→中天门（索道）→南天门→碧霞祠→玉皇顶→后石坞

D❷：南天门→五松亭→中天门（汽车）→天外村→普照寺→岱庙

第三条

D❶：乘汽车至中天门→五松亭→南天门→碧霞祠→玉皇顶→后石坞

D❷：南天门（索道）→中天门→经石峪→斗母宫→红门宫→王母池→普照寺→岱庙

以上线路所游景点有同有异，但均可观览山上大部分主要景观，可供一般游客作常规游览时所筛选。

山东省

济南

电话区号	0531
济南市旅游局	82066676
旅游投诉	87937762
山东旅行社	82600122

济南位于山东省中部偏西，因地处济水（今黄河）之南而得名。它不光是山东省的政治、经济、文化中心，还是一个以“百泉争涌”而著称的旅游名城。济南城市分布着趵突、黑虎、五龙潭及珍珠四大泉水群，共有泉眼100余处。虽然由于近年来地下水位下降，上述泉群已不能常年有水，但盛夏时节暴雨过后，各大名泉复喷后的淙淙清流和勃勃生机仍能令人兴奋快慰。众泉汇流后形成的大明湖湖面开阔，绿柳成荫；城南的千佛山间有许多人文佳景，它们和趵突泉一起合称为泉城三大名胜。

▲ 趵突泉泉池

- **机场问讯处**
  0531-86949418。
- **东航售票处**
  0531-82611500。
- **联航售票处**
  0531-86923359。
- **火车站问讯处**
  96519/86012520。
- **电话订票**
  0531-82428862。
- **笔者关照**
  单游济南不过瘾，但从济南乘客车，1.5小时可到泰安、4.5小时可到青岛，把济南同泰山、青岛串起来玩，才会精彩圆满。

气候与游季

济南冬冷夏热，春季风沙较大，夏秋时节游览效果较佳。秋季天清气爽、景色优美，而盛夏时节（7、8月份）雨水过后，各大泉群可能恢复喷涌，届时场面非常生动、诱人。

交通

济南的机场叫遥墙国际机场，距市内40公里。有航班同北京、上海、广州、桂林、成都、哈尔滨、乌鲁木齐、张家界、郑州等数十个大中城市通航。济南市区的航空大厦每天6:00~17:00每小时有一趟班车开往机场，车程约1小时，车票15元；另外乘公交16路支线车亦可到达。如打车从市区到机场一般需要80元出头（按计价器算）。

铁路

济南处于京沪与胶济铁路的交会处，京沪线上的几乎所有直快和大部分特快及出入烟台、青岛、威海等山东东部城市的列车均在济南停靠，济南与北京、青岛、威海、烟台、乌鲁木齐等城市通有直达列车。其中到北京只需5小时车程。

公路

济南长途汽车总站有开往本省各市县及北京、天津、石家庄、唐山、秦皇岛、郑州、新乡、开封、许昌、洛阳、上海、南通、宁波、温州、合肥等地的长途车，发往青岛、烟台、潍坊、龙口、蓬莱的省内客车尤其多，另还有发往省内各个著名景点的自助旅游专线车。

市内交通特别提示

出租车分为两种：7元/3公里，超过3公里1.5元/公里；还有9元/3公里，超过3公里1.6元/公里。

住宿

作为一个省会城市，亦是山东省内的交通枢纽，济南城中的宾馆、酒店很多，可满足不同游客的要求。星级宾馆有龙都国际大酒店、贵都大酒店、贵和皇冠假日酒店、泉景大酒店、东方大厦、富华饭店、济南宾馆等，中小旅馆不计其数，游客可酌情住宿。

- **总站问讯处**

济泺路：0531－85818369（火车站、火车南站、火车东站都可购票）。

- **主要星级宾馆**

区号 0531

龙都国际大酒店，五星级，北园路，85918888。

玉泉森信大酒店，四星级，泺源大街68号，86938888。

中豪大酒店，四星级，历下区解放路165号，86968888。

齐鲁宾馆，四星级，千佛山路，82966888。

贵友大酒店，三星级，英雄山路，82980088。

泉城大酒店，三星级，南门大街2号，86921911。

- **推荐便宜的住处**

纬回路距火车站不远，这里有不少便宜的宾馆

①五月花宾馆，客房条件较好，有电脑的标间130～150元/间，电话0531-86051566。

②锦江商务酒店，客房装修很好，100元/间，电话0531-81271888

③鸿雁宾馆，标间100元，0531-87916789。

山东省

▲ 大明湖公园一角

主要景点

趵突泉

位于济南市老城区西南，其泉水分为三股从地下喷出，奔腾跳跃，活泼、秀美而生动。它的名气和地位均列济南七十二名泉之首，因而享有“天下第一泉”的美称。趵突泉公园内还有金线泉、漱玉泉、柳絮泉等泉眼，共同组成了一个庞大的泉水群，场面壮阔，风光迷人。

大明湖

在济南老城区东北，由城区众泉水汇流而成，湖边有数百株依依垂柳，过去曾有人用“四面荷花三面柳，一城山色半城湖”的优美诗句来形容它。近年来湖区新开拓了观光游览水道，游客可以乘船一次游览许多景点。

千佛山

在济南城南，海拔 285 米。山上有许多始凿于隋代的石佛，还有古刹兴国寺及齐烟九点坊、唐槐亭等景点，近年来新建了大型景点万佛洞，洞区有诸多壁画、彩绘构成的石窟艺术博物馆。登上千佛山山巅，还可北眺济南全城远景。

灵岩寺

在济南市南约 95 公里处的泰山西北麓，有千佛殿、辟支塔、墓塔林等数十处景点，是一处有 1600 余年历史的佛教名刹，系全国重点文物保护单位。

- **推荐著名小吃街**

芙蓉街上中小餐馆林立，特色小吃品种繁多，值得关注。街上有名的餐馆有会仙楼饭店（订餐电话 0531-86092299）等。

- **趵突泉**

乘 5、41、49、K54、K96、游 66、85、104、102、103 路车可到。

¥门票 40 元。18：00 以后门票可能有优惠。

- **大明湖**

乘 6、11、30、31、33、36、37、41、游 66、K54 路车可到。

¥门票 40 元。游船票 6~10 元。

- **千佛山**

乘 2、31、48、K51、K56、游66、游68路车可到。

¥门票 30 元，万佛洞 20 元。

▲ 灵岩寺彩塑

- **灵岩寺**

解放桥车站有专线车（60 路）前去。位于堤口路的长途客运中心也有车去。

¥门票 45 元。

推荐游程

一日游：

趵突泉—黑虎泉—千佛山—大明湖。

二日游：

D1：同上。

D2：灵岩寺—四门塔—五峰山。

发烧友特别关照

①只要泉眼能喷（涌）水，趵突泉就“贼好看”——里边还有漱玉泉等其他许多名泉，由于水土保持有方，近年来该泉一直在连续喷涌，这是所有游客的福音。，

②千佛山、大明湖名气都不小，但风光与趵突泉有差距，看不看随您便。

③趵突泉的夜景十分迷人，由于有彩灯映照，所以泉流溢彩流光，格外动人。加之晚上门票还能打折，所以夜游该泉真是绝佳观光方式。

④济南还有灵岩寺、四门塔、五峰山等景点，时间充足者可前去游览。

曲 阜

电话区号 0537
旅游咨询 4414002
旅游投诉 4490799

曲阜位于山东省西南部，是我国古代伟大思想家、教育家、儒家学派创始人孔子的诞生地，亦是国家首批确定的 24 个历史文化名城之一。这里有被列入世界历史文化遗产的孔庙、孔府、孔林等多处名胜古迹，颇具东方文化、儒家文化之特殊魅力。

气候与游季

属大陆性季风气候，四季分明，7 月份最热，月平均气温 27.4℃，1 月份最冷，月平均气温 1.4℃，虽常年皆可旅游，但以 3~11 月为游览佳季。

▲ 孔庙一角

交通

曲阜距兖州仅 15 公里，京沪铁路线上的许多列车（多数是直快、少数是特快）都在兖州停靠，出站后换汽车去曲阜易如反掌。

兖州火车站对面就是汽车站，每天 6:30~21:30 平均 15 分钟就有一班车发往曲阜，车票 5 元，40~50 分钟可到。

此外兖石铁路在曲阜城南通过，并设有曲阜站，北京、郑州、日照、济南开来的列车在这里停靠，从火车站至市内可乘 5 路公交车直达。另外，曲阜与济南、泰山、徐州间有高速公路通达，每日有多班客车穿梭其间，交通方便。

主要景点——明故城（三孔）旅游区（5A 级景区）

孔庙

位于曲阜市中心，是一处规模宏大的宫殿式古建筑群，与北京故宫、河北承德避暑山庄齐名，是曲阜旅游的主景。

孔府

位于孔庙东侧，系孔子嫡系长子长孙的官署和私第，占

- **孔庙**
  乘 1、3 路车可到。
  门票 90 元。
- **孔府**
  乘 1、3 路车可到。
  门票 60 元。
- **孔林**
  乘 1、3 路车可到。
  门票 40 元。
- **景区门票**
  孔庙、孔府、孔林三处景点联票共 150 元。淡季有优惠。
- **游览提示**
  孔庙紧挨曲阜汽车站，而孔府又紧挨孔庙，从孔府到孔林亦有观光车前往，所以游客到曲阜后不一定非要乘人力三轮车，当地车夫的素质在众“驴友”的口碑中极差。

山东省

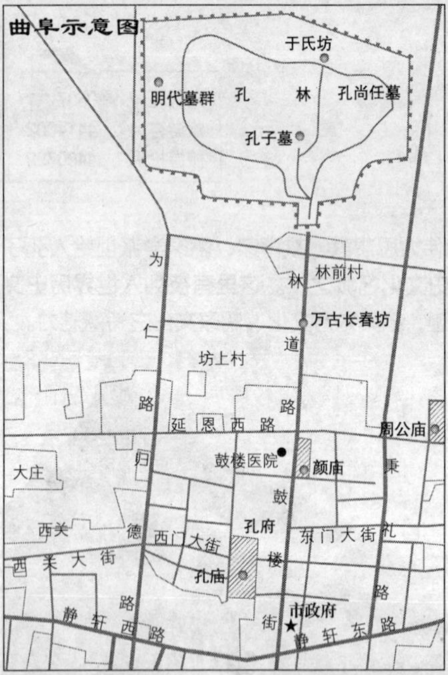

地 16 公顷，是国内最大的封建贵族庄园之一。

孔林

孔子及其后代家族的墓地，在曲阜城北，碑碣林立、古树参天，是占地达 200 公顷甚具规模气派的大型人造园林。

推荐游程

一日游

主要游览“三孔”——孔庙、孔府、孔林。兼游颜庙、万古长春坊等景点。这样安排游览已能看遍曲阜的有代表性的景点。

二日游

在一日游的基础上增加少昊陵、尼山、孔子六艺城、《论语》碑苑等景点，但这些景点水平很一般。

发烧友关照：推荐当地实惠的宾馆和餐厅

①孔庙后门附近的曲阜国际青年旅舍，多人间 30~50 元/床，条件尚可。

②市中心的贵都大酒店，双标间 130 元，条件很好。电话 0537-448733。

③孔林大酒店的餐厅不错，菜品便宜实惠。电话 0537-4415941。

▲ 烟台城市风光

电话区号	0535
烟台市旅游局	6246929
旅游咨询	6253679
旅游投诉	6270842
国际旅行社	6221802

烟 台

烟台是我国北方著名的海滨旅游城市之一，气候温和，景色宜人，是理想的观光、休闲、度假胜地。主要游览观光景区有烟台山、毓璜顶、金沙滩、长达10公里的滨海游览线等。此外烟台的地理位置非常绝妙，这里左有蓬莱、右连威海，三座城市相依相偎，形成了一条颇具水准的黄金旅游带，游人如能沿黄、渤海滨一次游遍上述三地，定能获得物美价廉的超值享受。

气候与游季

烟台是海滨城市、避暑胜地，气候尚显温和，虽然严冬时节亦能旅游但风光稍显惨淡冷清，4~10月为游览旺季。

▲ 烟台海滨第一浴场及矗立在海边的滨海国际酒店

交通

航空

烟台莱山国际机场位于城南莱山镇，距市区15公里，现已开通至北京、上海、广州、深圳、厦门、海口、大连、沈阳、哈尔滨、成都、昆明、武汉、济南、西安等20多个大中城市的航线。位于大海洋路的民航售票处有民航班车直达机场。

海运

有直达大连、天津、秦皇岛、旅顺、营口等地的客轮、滚装轮、快船。其中至大连、旅顺的客轮每天有10班以上，行驶6小时即到，高速船只行驶3小时即到。

铁路

可直达北京、天津、上海、南京、济南、青岛、潍坊、淄博、佳木斯、西安等城市，其中与北京之间对开的K285/286次快车行车12小时即可到达。

- **航班问讯**
  0535-6299138。
- **民航售票处**
  0535-6245596。
- **机场售票处**
  0535-6299140。
- **烟台港客运码头问讯处**
  东港池：0535-6242715。
- **火车站**
  北马路海港路口：0535-6243917。
  有2、6、9、12、16、17、26路等多路公交车到达。
- **长途汽车**
  客运站问询：0535-6241508。
  售票处：0535-6243401-914。

▲ 水上游乐场

- **从烟台去蓬莱**

从北马路车站（火车站旁约400米）上车，15分钟一班，车票17~19元，1.5小时即到。

- **从烟台去威海**

可从火车站北广场上车，约20分钟一班，1小时可到，车费22~28元。

近期内发车点可能会移到市区东北缘新建的客运站去。

- **长达10公里的滨海游览线**

火车站广场是17路起点，烟台新技术开发区是终点。该车沿海岸线行驶，单程约需70分钟，车费2~3元。

- **烟台山**

乘3、43、46路车可到。

门票30元。到灯塔顶端观光另收6元。

- **毓璜顶公园**

乘3、17、41路车可到。

门票免收，玉皇庙收费10元。

公路

每日与青岛、济南、威海、蓬莱等地有对开班车。行车1.5小时可到威海、蓬莱，3.5小时可到青岛，5小时可到济南。

市内交通特别提示

有公交车数十路。出租车起步7元。

住宿

旅游城市，宾馆旅馆云集，还有大量的度假村及各类培训中心，仅涉外饭店就有百余家，星级宾馆有数十个，住宿毫无问题。除去7~8月游览旺季外，一般宾馆的标间80~90元可拿下，普通旅馆房价更低。

餐饮

烟台是国内八大菜系中鲁菜的发祥地，当地的海货亦算丰美，欲尝各类有代表性的风味美食，可到各大中餐厅和海鲜馆，特色菜肴有芙蓉干贝、白扒鱿鱼、葱烧海参、原汁鲍鱼、芫爆乌鱼卷、糖醋对虾等。欲吃普通饭食，街头的小餐馆可作首选，肉丝芹菜、麻辣鸡块等炒菜不过13~20元/份。欲尝海鲜最省钱的方式是到居民区的集市上购买鲜货，然后拿到中小餐馆中做来料加工，付加工费10元就可以了。

主要景点

滨海游览线

即滨海路。南起烟台山，北至烟台大学，沿途有第一、第二浴场、维多利亚湾、栈桥等近20处景点，火车站前始发的17路公交车贯穿全线，游人可乘车开心观赏游览。

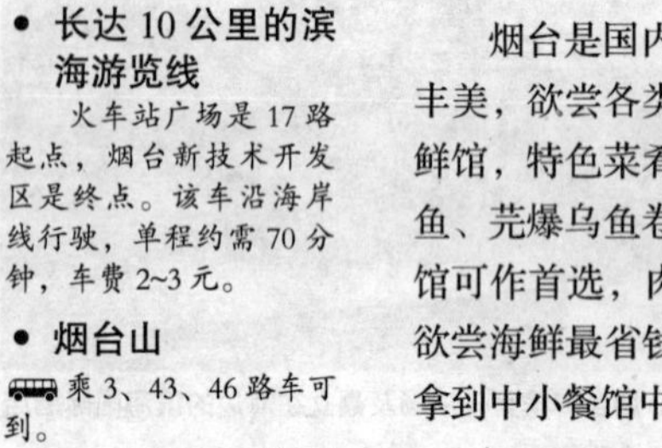

▲ 烟台海滨风光

烟台山

在烟台市区北端，是烟台市的标志。三面环海，山峦叠翠，林木葱郁，山脚及山腰处有燕金台、惹浪亭等景点，山顶的灯塔净高40米，登临塔巅观赏城市风光，大海秀色颇感壮观迷人。烟台山东侧有1200米长的滨海景观带，海景很美，是市区观光要点。

▲ 如今 17 路已由双层观光大巴换成了普通公交车，但是乘车观海景效果依然很好。请记住：从火车站出发时应坐在车窗左侧，右侧看不到海上风光啊。

毓璜顶公园

亦称小蓬莱，位于芝罘区南侧的小山上，是始建于元代扩建于明清的古建筑群，主要建筑有小蓬莱坊、玉皇庙、玉皇阁等，在此登高观海，风光亦很壮美。

金沙滩

在烟台城西的经济开发区，长近 10 公里的海滩潮净、坡缓、沙平，适合嬉水游乐。岸边还有秦始皇东巡宫、七彩戏水乐园和多家滨海别墅度假村，是烟台市近年开发的海滨新景区。

养马岛

位于烟台城东牟平区以北 9 公里的黄海中，有海堤与陆地相连。因相传古时秦始皇下令在此饲养战马而得名。现岛上有海水浴场、度假村等休闲设施，另外每周都有大型赛马比赛，场面红火动人。

- **金沙滩**

从烟台市区乘 28 路公交可到（开发区医院下，再向北走 10 分钟即可）。若打车约需 50 元。

- **养马岛**

可从烟台乘车先到牟平，再转车前往。

¥门票 30 元。

- **另荐景点张裕酒博物馆**

馆中介绍葡萄酒的酿造历史和工艺，宣传酒文化，游客参观时还可品酒和获赠贴有自己照片的美酒礼品。

乘 3、43、46 路可到，博物馆门票分为 30 元和 50 元两种，与烟台山联票 40 元。

- **笔者关照**

论风光，烟台确实比不上青岛，市区景点也挺有限（当然烟台山和滨海游览线景色还挺迷人），所以在烟台停留 1 天将够而两天足够。请切记，把烟台和蓬莱、长岛或威海连在一起玩才能物有所值。

▲ 金沙滩

推荐游程

推荐二日游程

D❶：上午观长达 10 公里的滨海游览线（乘 17 路），看滨海景观带，午后到第一海水浴场嬉水。黄昏时烟台山顶看市区全景（上到灯塔顶端）。晚上再乘 17 路看滨海路美丽夜景。

D❷：上午毓璜顶观光，下午去金沙滩看海景、游泳、品海鲜。时间紧迫者只进行 D1 日游程效果也不会太差。

游览指导

①不要舍不得花门票钱，不要怕费一点劲，游烟台山一定要登上山顶的灯塔之巅，上面的风光妙不可言。

②可以在火车站乘 17 路公交通览滨海游览线风光，坐到烟大新校区即可返回，既舒服又省钱。

③滨海游览线的夜景也非常迷人，浪花拍岸、彩灯如练，给人无尽温馨美感。

山东省

蓬莱

电话区号	0535
烟台市旅游局	6246929
旅游咨询	6253679
旅游投诉	6270842
	6262255

蓬莱位于山东半岛最北端，城市小巧玲珑，海景瑰丽迷人。蓬莱仙阁是风光独特而又个性鲜明在国内甚具知名度的滨海楼阁胜景，八仙过海的古老传说和频繁出现的海市蜃楼奇观同样引人入胜。蓬莱还是目前通往庙岛群岛的唯一陆海通道，从这里渡海到长岛观光可以饱览北方"海上仙山"的瑰丽风光。

▲ 换个角度看蓬莱仙阁

气候与游季

蓬莱属温带季风性大陆性气候，夏无酷暑、冬无严寒，1月份平均气温-2.3℃、7月份平均气温24.6℃。虽然作为海滨景区7~9月份游览最佳，但4~6月及10月上旬风光仍然很美，且因游客少而食宿便宜、交通便利。所以每年4~10月游览均可。

- **汽车站**
  0535-5642797。
- **海运**
  蓬莱港客运站，0535-5642551。
- **从烟台来蓬莱最方便**
  烟台北马路客运站发往蓬莱的客车随时有，1.5小时可到，车票14.5元。
- **最佳观景地点**
  是蓬莱仙阁最高处(仙阁山顶的北端)，从这里向北看黄、渤海海面辽阔，长岛轮廓秀美如海上仙山；向东看三山门的海滨水上白浪滔滔、岸边金沙耀眼，风光壮美令人沉醉流连。此外三仙门海边观海景画面也美。

交通

公路

长途汽车站有通往烟台、青岛、济南、潍坊、龙口等地的长途汽车。与烟台对开的大巴、中巴，每15分钟一趟，票价17~19元，1.5小时即到，交通十分方便。

海运

蓬莱有开往长岛、大连、旅顺的客船。其中到长岛的轮渡每天6:00~18:00有10~20班，45分钟可到。

市内交通特别提示

出租车分段计费，起步6元/3公里。蓬莱城区不大，市内行车一般不会超过10元。

住宿

蓬莱是典型的旅游城市，在距中心景点蓬莱阁1公里的范围内分布着多家宾馆、酒店。星级宾馆有蓬莱阁宾馆、八仙居度假村、蓬莱宾馆等，中小旅馆数量亦极多，如果对条件不是太挑剔，花上50~60元即可轻松解决住宿问题（最便宜的家庭旅社20元/床可以住上）。

餐饮

在蓬莱吃海鲜是太方便了，可以在饭店里坐享其成，海参、对虾、扇贝、黄鱼、墨鱼、鱿鱼、牡蛎随你选。若想吃出派头和级别，还可在大餐厅中领略八仙宴的美味——以对虾、海参、鲜贝、螃蟹、海螺等海货为主要原料，做成8个拼盘、8个热菜和1份热汤，造型精美、香味袭人，极具诱惑力，当然价钱不菲。

欲寻物美价廉的吃法可到海边的海货市场去选购刚出水的海鲜，然后到小餐馆里烹煮加工（适当付加工费），当地的海鲜真是太便宜了——汛期小黄鱼不过5元钱左右一斤，真该放开海量大吃大嚼。若是在饭馆中品尝海鲜成品，请注意点菜时一定要杀价并最好看着海鲜下锅，这样可以保证菜品不被"调包"而缩水。

主要景点

蓬莱仙阁（5A级景区）

位于蓬莱市北侧的丹崖山巅，与湖北黄鹤楼、湖南岳阳楼和江西滕王阁一起被称为国内四大名楼。它依山面海、地势绝佳，布局奇巧、造型精美，是祖国北方不可多得的海滨奇景。游人登上烟云缭绕的仙阁顶端，可以眺望黄、渤海交汇处的景色和远处长山列岛的风姿。现在仙阁已与周边的田横山、水城和古船博物馆连为一体，游人购买通票后，可一次游遍上述四大景区，获得全方位的综合享受。

蓬莱水城

在仙阁东侧丹崖山下，是古人用来锚泊船只躲避风浪的地方。如今不光其水门、防浪堤、码头、灯塔、城墙等古建筑设施保存完好，而且这里仍然是繁忙、喧嚣的渔港，每日渔轮穿梭，场面活泼而生动。如今水城已成为仙阁景区的一部分。

- **从蓬莱去长岛**

客运码头在仙阁—田横山西侧，从市区打的6元钱即到。

- **当地宾馆酒店**

①蓬莱阁宾馆，0535-5648989。

②蓬莱宾馆，0535-5642411。

- **便宜旅馆**

在客运站和三山门海滨之间的街道上有很多，有15~20元的床位和30~40元的房间。

▲ 三山门海滨的八仙雕塑

- **游览提示**

现在蓬莱阁景区扩建了，新的城墙已经建到了汽车总站对面，游客一下车就可看到，但是笔者不建议您从这个城门口进入，而是最好从客运站东北角的十字路口向北走，走到海边再向左拐进蓬莱阁的东北门，这样一开始可以看到路边许多宾馆餐厅（便于了解食宿状况），之后可看到三山门海景，之后再入蓬莱阁，综合收获更大。

▲ 八仙渡海口

- **蓬莱仙阁**

从蓬莱长客站下车出站后即可遥望到仙阁雄姿，步行20分钟或打的5分钟即到。

¥单购门票90元。联票100元（通票）。

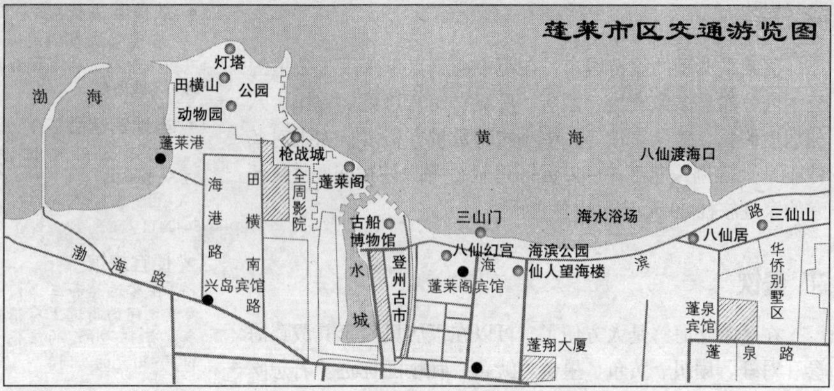

山东省

- **登州古市**

与仙阁景区一起游览。

- **三山门海滨**

可在蓬莱阁上向东俯瞰海滨全景，亦可走到海滨沙滩上踏浪、观光。

- **八仙渡海景区**

¥ 门票60元。

- **三仙山**

与八仙渡海景区相邻，门票120元。

- **海市奇观又出现**

2006年10月12日，蓬莱海上又出现了长达数十分钟的海市蜃楼奇观，令众多游客看客大饱眼福。

登州古市

位于蓬莱阁景区内，古时是商贾云集的集市街，20世纪80年代后恢复昔日风光。街上有登州钱庄、常生鱼栈、古市商场等，出售各类古玩、奇石、海货和旅游纪念品。

三山门海滨

仙阁东侧的壮阔海滩，沙滩平，海水清，是蓬莱最漂亮的海滩。东侧有八仙渡海口和三仙山两大新景点。

八仙渡海景区

在蓬莱阁东侧的海滨，是近年来兴建的人工景点。内有八仙过海汉白玉照壁、八仙祠、环形步廊等建筑，还有海底世界等景观。蓬莱汽车总站有电瓶车直达景区。

推荐游程

蓬莱城市小，景点相对集中，一日游即可通览市区全貌。应把主要目标对准蓬莱仙阁（含水城、古船博物馆、田横山、登州古市）、三山门海滨。三山门海滨东缘的八仙渡海和三仙山景区也有观光价值。另外在客运码头对面新开放一个景点叫极地海洋世界，游客可适当关注，门票120元。

如欲渡海到长岛观光，需再加上2~3天时间。

游览提示

①蓬莱是名副其实的旅游城市，到处都是旅馆和饭店（尤其是距蓬莱仙阁1公里的范围内），游人不论是就餐还是住宿都非常方便。

②蓬莱仙阁景区和古船博物馆院内每天都循环放映“海市蜃楼”的录像片（该片真实记录了1987年5月17日出现在长岛海面上的“海市”奇观），该片的片长虽只有短短8分钟，但展现的却是常人罕见的极为绚丽奇特的精彩画面，游人不可不看。

③从蓬莱返回烟台时，可从客运站门口拼车（普桑可乘4人，每人20元），60分钟即可到达。

电话区号	0535
长岛县旅游局	3215406
旅游投诉	3210939
长岛旅行社	3211305

长 岛

长岛又名长山列岛、庙岛群岛，它位于辽东半岛与山东半岛之间，由大小共32个岛屿组成，犹如一把晶莹闪亮的珍珠，撒落在碧波万顷的渤海海面。长岛四面环海，环境优美、空气清新、佳景众多，这里不光有九丈崖、半月湾、宝塔礁、万鸟岛（又名车由岛）等滨海名胜，频繁出现的海市蜃楼、海滋、平流雾、龙吸水（龙卷风）、过龙兵（鲸鱼）等众多海上奇观更是如梦如幻、神奇诱人。长岛还是重要的水产养殖、捕捞基地，素有“中国的鲍鱼、扇贝、海带之乡”的美称。到长岛一游，人们可以品尝到最丰美的海鲜，呼吸到最清爽的空气，观赏到祖国北方最瑰丽的海景。长岛是大自然给予国人的慷慨馈赠，每个来到“海上仙山”游览度假的朋友，都会玩得舒服自在、快活开心。

▲ 长岛半月湾

气候与游季

虽然夏无酷暑，冬无严寒，但冬季海景风光仍显惨淡，最佳游季在4月中旬至10月中旬间。

• 笔者关照

长岛真是个好地方，游人来此后真感到美景看不够、海鲜吃不完，北方能有这么个海上名胜真是难得，您就在那里开心游乐吧!

交通

长岛四面皆海，无铁路、公路和空中航班同陆地相连，去长岛的唯一途径是从蓬莱港口乘船。蓬莱与长岛之间的对开轮渡每日有十多班，从早 6:00 到晚 18:00 基本每小时（甚至是 30 分钟）都发一班船（船票 23 元，快船 20 分钟、慢船 45 分钟就到）。因此可以说，欲去长岛应先到蓬莱，到了蓬莱基本上就算到了长岛。

各地游客可选不同路径去蓬莱：

①华南、华中地区的游客可乘火车途经济南到烟台，再从烟台乘中巴或大客，1.5 小时即到蓬莱。蓬莱汽车站问询 0535-5642797。济南亦有汽车直抵蓬莱。

②华北地区的游客既可乘火车经济南到烟台，也可从天津港乘船到烟台或龙口，下船后再换汽车去蓬莱。

③东北三省的游客可从大连或旅顺直接乘船到蓬莱，大连到蓬莱每日发 1 班船。旅顺到蓬莱每日至少发 4 班船，1 小时就到，坐席票价只需 60~70 元。此外从大连或旅顺乘船到烟台（每日有客轮至少 6~8 班）再换汽车到蓬莱也方便。

岛上交通与食宿

住宿

长岛县城位于南长山岛中部偏西侧，城内遍布高、中、低各档宾馆、招待所。主要星级宾馆有长岛宾馆 0535-3212223、金兰湾大酒店、长国宾馆 0535-3211994、银厦大厦宾馆等多家。这些宾馆的标间价旺季可达 150~280 元，淡季可降至 80 元甚至更低，而其他一般旅馆的普间，旅游旺季需 50~80 元（带电视、卫生间），淡季只需 40~50 元。此外岛上的各个渔村中都有村民接待客人，每人每天 70~90 元食宿全包，还可亲身体验渔家生活（亦称为“渔家乐”），新鲜快活，其乐融融。

餐饮

岛上各类饭馆餐厅俱全，普通饭菜价格并不比北京等大城市便宜多少，但菜量给得不少，挺实惠。尤其是海鲜，不但品种全，价码也灵活可商，砍价后绝对能比内陆城市的同等菜肴便宜，像黄花鱼一类的海鱼做熟后不过 25~30 元钱一大盘，鱿鱼可降到 15~18 元/盘，如果去渔民家参加“渔家乐”，那吃到的海货就更便宜丰美了，因此品尝各类海鲜应是游客在岛上就

- **蓬莱港客运站**

在市区的西北角，从汽车站去港口打车 6 元即到。也可乘 5 路公交，车费 1 元。0535-5642551。

- **自驾车去长岛**

先开车到蓬莱，然后直接驾车上滚装船，船票 110~130 元/车，45 分钟后人车同上长岛，即可开车开心漫游。

- **岛上住宿提示**

长岛县城中心和周边各景点都有不少宾馆，招待所，尤其是县城，宾、旅馆之多简直能“扎堆儿”。所以上岛后自己找住处很方便，没必要跟渡船（从蓬莱到长岛）上的“拉客小姐和先生”走，他们要拿回扣，介绍的住处房价肯定会贵。

山东省

- **岛上渔村旅社**

①福源之家旅社，就在旅游局对面，因服务较好而成为旅游局定点接待单位，0535-3216898。

②王沟村，张顺太家，0535-3094538。

③店子村，“渔家乐” 23 号，0535-3994292。

④连城村，“渔家乐” 82 号，0535-3218526。

⑤黑石嘴村，“渔家乐” 153 号，0535-3216080。

以上渔家均可以“渔家乐”的方式接待游客食宿，但入住时仍须与店主详细议清收费及食宿标准（一般每人每天吃住共收 70~90 元，但收费高的可达 120 元，主要是伙食好一些），以免产生误会和纠纷。

另外岛上这样的地方还很多，游客可视情任选。如打电话预约，一般店主可到码头车接。

▲ 海上晨光

餐时的首选。另外这里烹调海货一般不过油而直接用白水煮，可做成后味道还挺鲜美，这一招应该被各位游友学以致用。

交通

岛上的公交车有名无实，除去旅游最旺时节岛上有价格便宜的中巴车外，一般时候游人只有打“的”了。岛上共有400多辆“面的”和夏利，收费不贵，均为6元钱起价。若以长岛客运码头为中心出发计算，出租车到岛上最远的景点九丈崖约需25~30元，到半月湾25~30元，到望夫礁15~20元，到仙境源15~20元，到烽山10~12元，到林海公园15~20元。司机收费到底掌握上限还是下限，主要看不同旅游季节，也取决于游客砍价的水平和决心。

乘船出海游览的船票价依季节和人数面议，一般出发一天游览长山岛、北长山岛周边主要景点（庙岛、大黑山岛、小黑山岛、万鸟岛等），每人需100~150元（人数越少船票越贵）。

岛上主要景点

九丈崖

位于北长山岛的西北角，西依珍珠门水道，北临国际海上航线，这里危崖高耸，岩礁密布，乱石穿空，狂涛击岸，海景甚为壮观。

半月湾

又称月牙湾，坐落于北长山岛东北端，这里有长达2000米的弯月形海滩，海滩上布满如珠似玉般的球状鹅卵石，仿佛是一处流光溢彩的珠宝世界。这里的海水清、阳光足、空气洁净，非常适合游人进行海水浴、空气浴、阳光浴。海滩上有各类游乐设施，可供不同爱好的游人任意挑选。

望夫礁（望福礁）公园

望夫礁屹立于南长山岛东北角，因形状酷似一位怀抱婴儿伫立海边的妇人而得名。相传多年以前一位渔夫出海打鱼，突遇风浪而不归，他的妻子悲恸欲绝，整日怀抱年幼的孩子站在海边，盼望丈夫平安归来。多少年过去，亲人仍无音信，这位

▲ 海边奇石

• 长岛门票最新价

通票150元/人，含半月湾、九丈崖、望夫礁、仙境源、烽山、林海公园六大主要景点。还有南长山岛三大景点和北长山岛三大景点的套票，分别是100元/人。

• 九丈崖

从县城乘车25分钟可到。

¥门票可买通票100~150元。

是岛上最佳景点之一，应重点游览。停留时间最少2个小时。

游览时最好先从右侧走，即先沿海边游览再钻山洞返回，不要反着走。

景区门口有简易旅馆。

• 半月湾

从县城中心（客运码头）乘车15分钟可到。

¥门票可买通票100~150元。

亦是岛上绝佳景点。在这里单纯观景1小时够用，戏水游乐半天时间亦不嫌多。

景区北边山坡上有大型度假村。

• 望夫礁（望福礁）公园

从县城中心（客运码头）乘车10分钟可到。

¥门票可买通票100~150元。

▲ 九门洞

妇人就化成了一座美丽的石像——望夫礁，永远伫立在那里，表示着对真挚爱情的忠贞。也许是这个动人故事发生的年代已太久远加之渔岛风情已经发生巨变，现在当地人已将望夫礁更名为望福礁，赋予传统老景新的内涵。

仙境源

地处南长山岛东侧，为一新近开发开放的旅游新景点。这里山崖陡峭，海景壮阔，有三仙山、黄渤阁、珠玑沙滩、海滨栈桥、唐王东征浮雕等数十处自然景观和人文景观。因仙境源依山面海、位置极佳，所以游人不光可以在此居高观赏绚丽的大海日出，还有可能看到海市蜃楼、海滋变幻、平流雾龙、龙兵（鲸鱼）闹海等当地四大奇观。

烽山

耸立于南长山岛南部，因明代抗倭名将戚继光曾在山顶设立烽火台而得名。该山山势灵秀，树木繁茂，不光有鸟展馆和蛇类馆等特色展厅，还是全岛制高点。游人攀上山顶，东可观黄海日出，西可望渤海日落，脚下的长岛县城全貌尽收眼底，南方地平线上的蓬莱仙阁雄姿清晰可见。烽山是长岛上当之无愧的最佳观景点。

林海公园

位于南长山岛南端距县城约3公里处，是一处集山、林、海、礁、崖、洞于一身，景源丰富、风光奇绝的海滨新景点。在这里，游人既可饱览黄、渤两海交汇处的壮丽风光，亦可端详形态细长优美、徐徐隐入海中的长山尾（当地人说的“长岛的尾巴”）秀色。登上屹立在海边危崖上的名景拂云亭，前方浩瀚大海水天一色、波澜不惊，身后山风徐徐、松涛阵阵、虫鸟轻鸣；置身于这幽远辽阔、宁静柔美的山光海色之中，游人仿佛进入了一种融入自然、荣辱俱忘、四大皆空的美妙意境。

此外，长岛县城附近的明珠海水浴场、水晶宫、长岛博物馆及周边海上的宝塔礁、石帆礁、龙爪山、罗汉礁、万鸟岛等都是不可漏掉的名胜佳景，游人可住下来一一游玩。

- **仙境源**

从县城中心（客运码头）乘车10分钟可到。

¥ 门票可买通票100~150元。

这里有景区管委会组织的“渔家乐”活动，游客可关注、参与。

- **烽山**

从县城中心（客运码头）乘车8分钟可到。

¥ 门票可买通票100~150元。

游客一定要登上山顶的雄鹰雕像处，在此看北岛全景“贼壮观”。

- **林海公园**

从县城中心（客运码头）乘车15分钟可到。

¥ 门票可买通票100~150元。

- **岛上其他游览项目价格**

¥ 庙岛妈祖文化公园50元含船费，钓鱼岛景区40元含船费，登庙岛并观赏海貌礁、宝塔礁58元含船费，赴猴矶岛、高山岛赏鸥鸟翱翔120元含船费。

▼ 望夫礁

旅途中

旅游锦囊——在长岛包车游览很方便舒心

出租车司机并不专门为你一人（或一行人）服务，而是把你拉到景点后商定好在此逗留的时间，之后你进景点游玩他去拉别的客人，到点后准时赶回接送你到下一个景点，你去玩他再去拉别的客人。一天之内如此往复循环，可以轻松带你游遍岛上六大主要景点而不必花太多车费（淡季 100~120 元、旺季 150~200 元，车上可乘 4~5 人）。照此游览游客应注意的一是要仔细商定车费和在景区的逗留时间，二是全天游览结束后再付车费，以上两点很重要。照此行事，你的包车游即可高枕无忧。

最后提醒你一句：要敢于砍价！

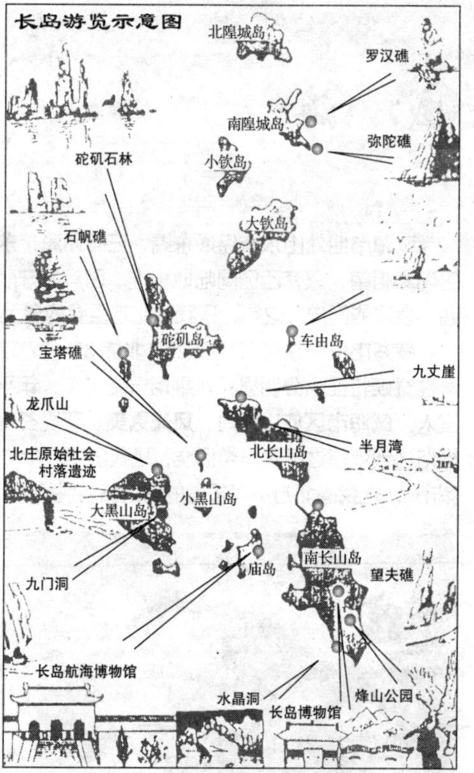

推荐游程

游览长岛至少需两个整天，以笔者的体会是应该重点突出，远近分明。科学、合理的游览日程方案推荐如下：

D1：陆上游览

把精力和时间全放在县城所在地南长山岛上，上午游烽山（观日出）、九丈崖、半月湾，下午游望夫礁、仙境源、林海公园。如游人怕辛苦不愿登山，可舍去烽山游览，而增加其他景点的游览时间。由于上述各景点均有中巴或出租车到达，一天内都玩遍是绝对没有问题的（另外也可早上先去九丈崖、半月湾、望夫礁，午后再游仙境源、烽山和林海公园）。

D2：海上观光

早晨从客运码头乘游船出海，兜上一大圈，观赏庙岛、大黑山岛、小黑山岛、龙爪山、九门洞、聚仙洞、宝塔礁及万鸟岛等海上奇观（如欲节省时间和旅费，亦可单去游万鸟岛），黄昏时返回长岛县城，尚未尽兴的可住下来继续观光、疗养（岛上环境幽雅宁静，极为凉爽清新，美景看不厌，海鲜吃不完，住上一个星期绝不嫌多），心满意足者尽可乘船经蓬莱返家。

威海

电话区号	0631
威海市旅游局	5313343
旅游投诉	5315555
旅行社	5234528

威海市地处山东半岛最东端，三面环海，东与朝鲜半岛、日本列岛，北与辽东半岛隔海相望，只有西侧同陆地相连。因其扼守航道要冲，位置险要，素有“渤海的钥匙、京津的门户”之称，是我国北方重要的海上交通枢纽和商品进出口岸。

威海市位于东经121°~122°、北纬35°~37°之间（恰好处在我国南北平分线上），海洋性气候特征十分明显：年平均气温12℃，年平均降水量800毫米，四季分明，气候宜人。威海市区依山傍海，风光秀美、环境整洁，大气质量、水质和噪声环境质量指标均达到或超过国家一类标准，是我国第一个“国家级卫生城市”，也是“国家级园林城市”，是我国北方不可多得的海滨旅游胜境。

▲ 成山头狂涛

• 二日游

D❶：上午刘公岛观光，下午国际海水浴场游乐，黄昏时登环翠楼看威海全景。晚上逛韩国服装城。

D❷：去成山头观壮丽海景，兼游野生动物园和海驴岛，途中顺路游览圣水观。

之后如有时间可去中央电视台威海影视城大风车游乐场游玩，门票30元。另外在威海市中心客运码头的北侧，新开放了一个景点致远舰，是仿制北洋水师同名军舰而成的仿真舰，有兴趣者可登舰参观，门票50元。如果是携带小孩的游客，可去威海影视城大风车景区参观。

气候与游季

威海属温带海洋性气候，气候温和、无酷暑严寒。11月初威海市区依然是繁花似锦，4月上旬，这里已是绿草如茵，盛夏时节这里空气清新凉爽当然适合避暑休闲度假，而除去严冬时节外春秋二季亦宜游览。

交通

航空

威海现已与北京、长春、广州、上海等城市通航。

公路

有通往全省各地与邻近外省的长途客车。其中威海长客站至烟台火车站间对开的中巴车从6:00~18:00几乎15分钟一趟，车票22~28元，豪华快巴30元。另外从威海乘客车3小时可到青岛，6~7小时可到济南。

铁路

威海并不处在铁路干线上，因而这里的火车每天只有3班：

威海始发及到达列车时刻简表

K411 次北京 22:33 开，次日 13:41 到威海。K8261 次济南 23:55 开，次日 7:30 到威海。K412 次威海 20:58 开，次日 12:26 到北京。K8262 次威海 7:35 开，16:10 到济南。

海运

威海港与大连港辟有航线，每日对开多班客轮，7 小时可到。

市内交通特别提示

公交车很多但部分线路收车早。出租车起步 6 元/2 公里，8 公里以内 1.2 元/公里，超过 8 公里 1.8 元/公里。

住宿

作为一个滨海旅游城市，威海市区的宾馆、度假村及各类培训中心实在太多了。高档的有金海湾国际酒店、海景花园大酒店、威海宾馆、金海岸大酒店等，但是中低档条件尚好而房价不贵的住处更多。除去 7~8 月份外，许多位置不在市中心闹市区的宾馆标间都可降至 60~80 元/间。笔者看好的实惠住处是威海教师之家宾馆，在环海路上，从市区乘 4 路中巴 1~2 元钱就到。这里的客房除最旺季外 60~100 元/间，条件尚好、位置绝佳，在宾馆内的许多房间里都能看到刘公岛全景，笔者给予郑重推荐。电话 0631-65261213、65261385。

- **航空售票处**

  机场咨询，0631-8641172。

- **汽车总站问讯处**

  东城路，0631-5222867。

- **火车站问讯处**

  0631-5928593。

- **铁路票务中心**

  0631-5213255。

- **威海港客运站售票处**

  海滨北路，0631-5233220。

- **旅游船售票处**

  海滨北路旅游码头，0631-5231985。

- **星级宾馆参考**

  国际信托大厦，三星级，海滨北路，0631-5318888。

  海云天大酒店，三星级，环海路 7 号，0631-5262789。

  华海宾馆，二星级，环翠区七星楼路，0631-5261888。

  宝泉宾馆，一星级，环翠区，0631-5224871。

  东山宾馆，东山路 26 号，0631-5232712。

  白天鹅宾馆，文化东路 12 号，0631-5231891。

观光指导

①威海市的自然风光（山青海碧）和城市建设（整洁气派）比常人想象的好得多，非常值得一看。

②游刘公岛时哪怕费点劲，也要登上主峰旗顶山（步行登顶需 45 分钟，亦有缆车可乘），该山是观赏黄海秀丽风光和威海全貌的绝佳地点。

③威海近年来新开放的景点有仙姑顶和华夏城。前者是海拔 375 米的山峰，在山颠眺望海景和威海市区全貌美不胜收；后者是集观光、休闲、房地产开发诸多功能于一身的大型景区，白天游人可入园观光、每天晚上演一台大型实景歌舞表演，可予关注。

④成山头地形独特，位置险要，四周的海面上风疾浪高，景色异常壮美，到威海不去成山头定会留下颇多遗憾。

⑤威海周边还有乳山银滩、荣成天鹅湖、荣成石岛等景区景点。尤其是荣成天鹅湖，它由 10 余个滩涂潟湖组成，是天鹅理想栖息地。每年 11 月份至来年 3 月份，有大量天鹅来此越冬，此时的天鹅湖万鸟竞翔、风光无限，值得重点观览。

餐饮

海鲜馆很多，韩国料理也很多，可以按需品尝。但应注意吃海鲜不必在客运码头附近，这里流动人口多，价码不便宜，而清静路段上的餐馆往往很实惠。至于普通饭菜，这里的饭价还真不算贵，肉炒青菜一般在12~15元，纯肉菜在15~20元，一个人花20元出头填饱肚子没问题。特别推荐敬兰快餐店，在市中心威胜大厦一楼，15~18元可吃好一顿。电话0631-5200099。

主要景点

刘公岛（5A级景区）

地处距威海市区约4公里的黄海海面。全岛山峦起伏、地势北高南低，远看颇像一艘破浪远航的战舰。岛上有苍松翠柏近3000亩，是国家级森林公园，亦有北洋水师的码头船坞和丁汝昌寓所等甲午战争遗址，全岛最高峰旗顶山巅（山巅古炮台门票3元）则是观赏威海市区全景的最佳地点。

市中心海滨有旅游码头，去刘公岛的船几乎20分钟一班，20分钟即到，船票加上岛上门票138元，含甲午战争博物馆和刘公岛博览园观光。（注意应在旅游码头买船票）

环翠楼公园

市区制高点之一，登楼近可观威海市区风光、远可眺望刘公岛威武身姿，江泽民总书记在此观景后曾欣然题词，表达对威海城市建设的赞誉和祝愿。

国际海水浴场

位于威海市区西北侧，沙滩金黄，海水幽蓝，自然风光十分纯洁优美，岸边的游乐设施亦非常齐全完善，这样好的海滨浴场在祖国北方真不多见。

成山头

在威海以东的荣成市龙须岛镇，这里是山东半岛最东端，山岩峭拔、海景壮美，由于海面上经常刮起五六级大风，所以常见水石相击、惊涛拍岸，浪花似雪花般漫天飞舞，气势恢弘，风光无限。

- **住宿提示**

在城市北缘的国际海水浴场周边有不少宾馆，因这里不是市中心，所以房价很便宜，一般季节可轻而易举地找到100元以下的普标间，海滨的风光也挺美。从市中心乘7路车（大客、中巴都有）即可到。

- **威海教师之家宾馆**

是环海路同等路段上最便宜实惠的宾馆之一，旺季时人家的标间250~300元可这里120~150元，淡季时人家的标间120~150元可这里60~80元，超级实惠。加之这家宾馆位置环境俱佳，且大部分是海景房，在屋子里就能看见刘公岛，所以笔者给予强力推荐。电话：0631-65261213、65261385。

- **就餐提示**

不必去出租车司机推荐的餐馆去吃海鲜，菜价肯定贵，因为回扣的关系……尤其在码头附近。

- **环翠楼公园**

公园在市中心，步行即可到。

¥门票3元。

一定要登上楼顶观光。

- **韩国商品很丰富**

威海与韩国一海相隔，因而有不少韩国人来威海做生意，所以威海市内韩国商品种类极丰富，游客可适当关注。主要商业街有威海港公园旁的威胜大厦、海港大厦、老港服装城等，另外光明花园财富广场也挺热闹。

- **国际海水浴场**

乘7路车可到。

- **成山头**

威海汽车站每日6:10~14:00有直达车去成山头，车票13~16元，80分钟可到。如果没赶上直达车，可先乘车到龙须岛，威海到龙须岛的车随时发，抵达后步行半小时或打车5分钟即到成山头。

¥成山头门票150元，与海驴岛联票100元。野生动物园观光120元。

山东省

山西省

SHANXISHENG

山西简称晋，因地处太行山西侧而得名。它是一个"缺点与优点"均很突出的省份。山西干旱而少雨，交通亦不算便利，经济发展相对迟缓而生活水平稍低。然而，山西黄土高原的景色奇特且有众多名胜古迹，原始古朴而粗犷雄奇的三晋风情会给游人带来特色鲜明的全新经历和记忆。五台山、恒山、云冈石窟、太原天龙山、晋祠和壶口瀑布是当地为人熟知的传统老景，而平遥古城、王家大院、乔家大院等新景亦在近年来迅速崛起。如果您有时间有兴趣，可以乘火车沿京原铁道穿行，沿途可见诸多风格迥异的北方奇特地貌，亦可乘汽车从太原沿杏花村、柳林和离石直至陕西延安，道路两侧映入眼帘的才是黄土高原最最原始真实的风情写照。

黄金旅游线路

① 太原—平遥—壶口
② 太原—五台山—恒山—应县木塔
③ 大同—恒山—应县木塔—五台山

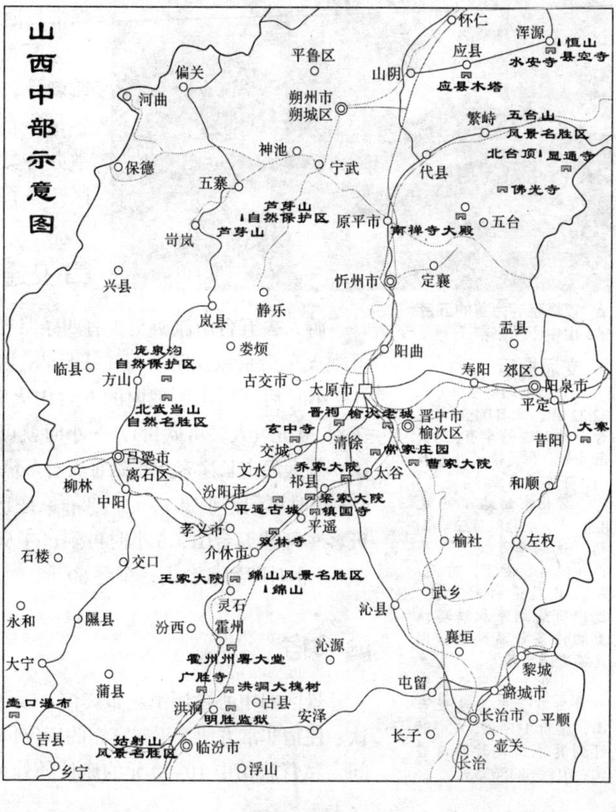

气候与游季

山西为温带大陆性气候，冬季长而寒冷干燥；夏季短而炎热多雨，春季温差大，风沙多；秋季短暂，气候温和。年平均气温为10℃~20℃，最低气温为0℃~7℃；年平均降水量为400~600毫米。

五台山

(5A 级景区)

电话区号	0350
旅游投诉	6542380
消费者协会	6523440

五台山因有东、西、南、北、中 5 座峰顶平坦如台的高山而得名，山势高峻、庙宇众多，现有各类寺庙 70 多座，全都依山而建，巍峨壮丽、金碧辉煌，庙宇内布满精美雕刻和彩画塑像，是研究了解博大精深的佛学文化的好地方。五台山高 3000 余米，气温比平原地带低近 20℃，素有"清凉世界"之美称，是华北地区最著名的避暑胜地之一，游人来此，既能登山观景，又可消暑纳凉，获取诸多方面的综合收获和享受。

▲ 以塔院寺为首的五台山中心庙宇群

气候与游季

五台山气温甚低，盛夏时节游览最为适宜 (7 月上山亦应携带长袖衣服)，春秋季节进山须穿厚衣，冬季冰天雪地、寒风刺骨，游客较少前来，但近年每年春节期间，景区内都要举办各类欢庆活动，为古老景区开辟了新玩法。

交通

游人去五台山旅游至少有四条路径可选：①从北京出发可乘火车沿京原铁路西行 (每天早、晚各有慢、快车一趟)，7~9 小时后可到山西境内的五台山火车站，在此换乘汽车，车费 20 元 (人多可砍价)，一小时就可到五台山的中心台怀镇；②太原市长途客运东站每天有多班长途客车开往五台山，4~5 小时可到，车票 74 元；③石家庄市长途客运站每日有数班客车开往五台山，5 小时可到；④从山西大同长客站乘汽车 3.5 小时即到五台山，车费 60 元。

- 交通提示

①北京站的 K601 次 22:22 开、次日 04:30 到五台山站，这趟车有空调、条件好，但是凌晨到五台山，下车后有点冷。

②北京西站 6095 次 6:20 开，15:38 到五台山站，这趟车是慢车，条件差但车费便宜，21 元/人，且因是白天行驶，途中可看到京原铁路线上的许多壮丽风光。因此笔者强力推荐。

③北京六里桥长客站每日有大巴直达五台山，票价 155 元，6 小时可到具体出发时间请咨询：010-68380333。

食宿

景区的中心台怀镇遍布宾馆、饭店、招待所，游人的餐饮、住宿非常方便。正式宾馆的床位价格一般在 60~220 元之间，私营旅馆中 10~20 元的床位随处可见 (许多私营旅馆有热水洗澡)。所有饭店中的菜价都由景区政府统一制定最高限价，但几乎所有店主在制定菜单时都是掌握上限 (像鱼香肉丝这样的家常菜便宜的 12 元而贵的能卖到 25 元)，所以游客用餐时有百分之二十左右的议价余地，如在正式餐馆吃普通饭菜在价格上基本无“遭受痛宰”的可能，但店主在菜量上可能会打折扣。

五台山是座特色鲜明的山

特色之一：山体高大

五台山海拔超过 3000 米，是华北地区的最高峰，并且山体极大，群峰绵延近 200 公里 (北京的香山、八大处与之相比不过是个小土包)，所以这片山的态势用虎踞龙盘来形容是非常恰当的。五台山与黄山、张家界一类的山岳风景区很不一样，黄山、张家界是一群单个“竖”着的山——平地拔起、奇峰卓立、挺拔秀美；而五台山则是老大一片“横”着的山——既群峰逶迤、连绵起伏，又巍峨壮丽、高耸入云。尤其是五台山的五大主峰（东、西、南、北、中五个台顶），它们的高度都在海拔 3000 米上下，常年挺立在浓云密雾、怒风猛雷之中，山姿异常壮美，景色特别迷人。所以有人说去黄山、张家界旅游后得到的是新奇美妙的观感，而登临五台高峰却能让人感受到一种心灵上的强烈震撼，这是非常恰如其分的。

特色之二：庙宇奇多

作为国内四大佛教名山之首，五台山上分布着近 50 座大型庙宇，这些庙宇在外观和建造布局上却有极大的不同，真是五花八门、千奇百怪、异彩纷呈。像五台山中心的台怀镇干道西侧，“一疙瘩”就密密麻麻地挤着七座大型寺庙，周围数公里的距离内又分布着南山寺、碧山寺等诸多庙宇群。这些庙宇全都背依青山、面向台怀镇，风水极好，位置甚佳。更让游客感到不可思议的是在东、南、北、中四座 3000 米高耸入云的台顶上，都各有一座造型精美奇特的大型庙宇存在，中国古代高超的建筑水平和佛教高僧名师们的独具匠心真是令人感叹和震惊。

▲ 东台晨曦

- **当地宾馆**

①五台山宾馆，提供吃住游综合服务，电话：0350-6542342。

②云峰宾馆，电话：0350-6542566。

③友谊宾馆，电话：0350-6542122。

- **用餐提示**

一定要在挂有景区管委会核定的统一票价表的正式餐馆中用餐，如“挨宰”立即投诉，一投诉一个准。

- **景区门票**

¥进山票 168 元，淡季有优惠。军人、学生凭证半价。旅游专线车费 50 元。

山上还有几处小景点单收门票。

- **五台山游览**

景区中心台怀镇上有旅游车和各类机动车可租乘 (租车点在马路东侧)，乘车到达各处庙宇和攀上各个台顶毫不费劲。

车票标准大致是单去一个台 50~60 元/人，去相邻 2 个台 80 元/人，五个台都去 160 元/人，一般每辆车凑够 3~4 人才开车。

台怀镇中心的塔院寺内有五台山的标志大白塔，显通寺是山上最大的寺庙，菩萨顶位居山巅位置甚佳，黛螺顶上可居高俯瞰台怀镇全貌，上述各庙应是游客必观之景。

山西省

▲ 南台花海——五台山的味道明显与其他山岳景区不同，游人应该好好观览

- 显通寺

¥门票10元。

- 塔院寺

¥门票5元。

- 菩萨顶

¥门票8元。

- 黛螺顶

¥门票8元。

上山有缆车可乘，上行车费35元。

特色之三：气候凉爽

五台山海拔超过3000米，气温常年比山下低约20℃，所以气候特别凉爽宜人。在这里，七八月的正午时分，人站在阳光下居然可以一点汗都不出（只要不做剧烈运动），晚上睡觉必须关闭门窗并盖厚棉被。所以，夏秋时节到五台山一游，会感到无比舒适惬意、快乐欢欣。

主要景点

显通寺

位于台怀镇北侧，始建于东汉永平年间，占地达8公顷，是五台山最大的寺庙，气势恢弘，颇为壮观。

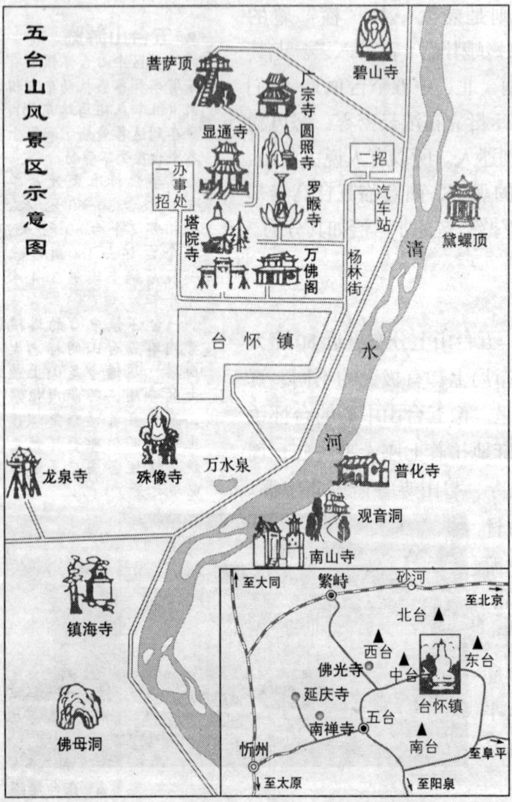

塔院寺

是五台山著名的五大禅院之一，寺内有高50多米的大白塔，塔身巍峨身映蓝天白云，是五台山的标志性景点和绝佳摄影点。

菩萨顶

地处台怀镇北侧灵鹫峰上，地势极佳，有殿堂、禅房430间，主体建筑大雄宝殿前香火旺盛，各类佛事活动频繁，每日吸引了大批游客。

黛螺顶

位于台怀镇东侧山巅，创建于明成化年间，该寺背依东台高峰，位置险要且峭立无比，是登高环视五台山全景和台怀镇全貌的极好地点。

南山寺

在台怀镇以南3公里处，

有高低错落的殿堂300余间，在北方山地寺庙中气势异常壮观，寺内有释迦牟尼雕像和汉白玉送子观音等佛教珍品。

罗睺寺

在台怀镇东侧，有天王殿、文殊殿、藏经阁等建筑，寺内的“开花献佛”装置为五台山一绝（木制大莲花中藏有四尊阿弥陀像，花瓣可开可合），现每天为游客进行开花表演。

- 南山寺

¥门票4元。

- 罗睺寺

¥门票5元。

- 摄影佳景

台怀镇塔院寺南面有宽阔空场，从那里以大白塔为背景拍摄人像纪念照最有五台山特色。

游览指导

在五台山游览有两天时间基本够用，第一天游览台怀镇中心寺庙群（塔院寺、显通寺、菩萨顶等），并登上黛螺顶山峰观赏台怀镇全景。第二天乘车去五个台顶观光——可选择性地去1~3个顶。照此安排游程即可玩得圆满开心，如欲避暑休闲或研究佛学文化则当然应住下慢慢细玩。

▲ 台怀镇一角

五台山附近有恒山、悬空寺、应县木塔、大同云冈石窟等名景，把上述景区同五台山一起游览备感圆满开心。

发烧友特别关照

①五台山天气较凉爽，即使7~8月中，亦应穿长袖衣裤。四五月或九十月去，可考虑带薄羽绒衣，至于冬天上山，应该穿什么，不用再说了，自已想吧……

②五台山山高且空气纯净，因而阳光中紫外线含量极高，所以夏季到五台山还要注意防晒。否则天气并不热也没出什么汗，可是一天就能让你“黑一轮”。

③旺季到台怀镇后欲住正式宾馆应自己入住并到总台询问价钱办理手续（当然别忘货比三家和砍房价），千万不要由当地人带路去。带路人要拿回扣，订房反而会贵。

④欲找导游还是到台怀镇街面上的旅行社当中去找而不要找“街上”揽客的“野导”，旅行社中的导游素质好、导游效果也好，收费规范，服务有保障，而找“野导”易出矛盾纠纷。推荐五台山假日旅行社，电话：0350-6545606。

⑤在台怀镇用餐时应选择店内挂有风景区管委会统一制定限价的菜单表的正式餐馆，点菜时有必要再敲定一下菜价和菜量，如遇挨宰应坚决投诉。

⑥五台山每逢农历十五有不少香客上山烧香，另外夏季的双休日游客也明显增加。躲开上述时间（如周一~周四）山上的住宿费可以降低许多。

⑦五台山山高且空气清新，所以游人在山上仰望夜空会觉得星光非常明亮灿烂，五台山上见到的星空美丽无比，一定要留意观看。

► 台怀镇壮丽全景

恒 山 ●●●•

电话区号	0352
旅游局	8322142
消费者协会	2036038
旅行社	8323806

恒山山脉西衔雁门、东跨河北，共有大小山峰108座，主峰天峰岭坐落在山西浑源县城正南4公里处，海拔2016.1米，自古就有“北天一柱”、“绝塞名山”之美称。恒山是一座“特别粗糙的北方的山”，山上绝少有流泉飞瀑、茂密丛林，却随处可见峥嵘的奇峰、险峭的岩石、挺拔的孤松和大块大块裸露的黄土梯田。如果我们把黄山、庐山、雁荡山那些烟云缭绕、娇柔秀美的“南方的山”比作电影明星唐国强，那北岳恒山则更像是杨再葆——一个满脸胡须、粗犷豪爽、身腰强壮、铁骨铮铮的硬汉。

▲ 北岳恒山悬空寺

• **景区门票最新价**

¥恒山进山票20元，景区门票35元。恒山缆车往返55元。

¥悬空寺门票130元，淡季有时有优惠。

• **笔者关照**

①虽说从四面八方去恒山都方便，但最方便的还是从大同去，大同到浑源县的中巴车收费仅20元/人，车程1.5小时，从浑源到恒山普通中巴车费只2元，打的20元。

②从大同火车站前包车去恒山及悬空寺亦方便，一般夏利每辆车往返只需200~220元（议价后），可乘4人。

主要景点

北岳极顶

恒山的最佳观景处是海拔2016.1米的北岳极顶，游人在此居高远眺，可以清清楚楚地看出数十公里远。头顶蓝天白云，俯瞰辽阔大地，你会感到与浩瀚永恒的大自然相比，人类是多么的渺小不起眼，一个人的生命又是何其短暂，真可谓“人在天地间，似蝼蚁千万”。壮阔的北国山川景色会令人心潮起伏、感慨万千。难怪许多游客都说：登临北岳极顶后能让一个人心胸开阔，耳目全新——会对自然、社会和人生中的一切事情看得更清醒、理智、准确和客观。

悬空古寺

恒山上有会仙府、甜苦泉、姊妹松等诸多佳景，而建在主峰对面翠屏峰半山腰上的悬空寺更是特色鲜明。它共有大小殿堂40余间，全都建在离地面数十米的绝壁上，上依危岩、下临深谷、傍崖而栖、凌空欲飞。从古至今，晋北地区曾发生过多次强烈地震，一些建在平地上的坚固房屋都明显受损，但悬空寺却完好无缺，安然挺立，中国古代高超的建筑水平真令世人拍案叫绝。由于北岳恒山既有壮美的山川景色，又有中外驰名的悬空古寺，所以这里一

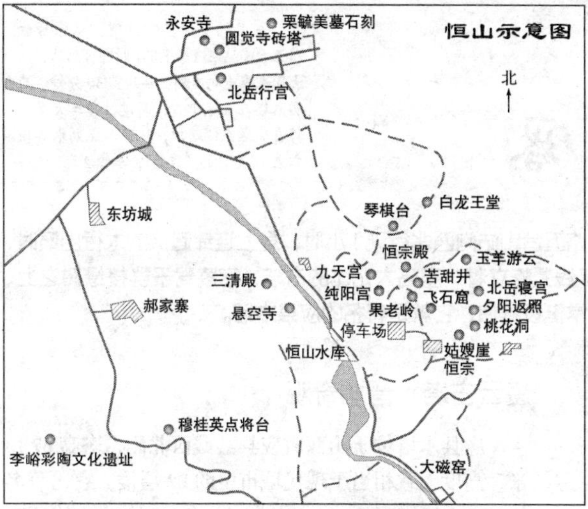

直是闻名遐迩的观光佳境，每年吸引着大量慕名而来的游人。

- **换位观景**

你在浑源县城中向南眺望，看到山姿雄伟且顶端有一座金属通信发射塔的就是2000多米高的恒山主峰了，当时你一定会想：这山挺高啊，我能登顶吗?可当你先坐汽车、又换缆车又步行，1.5小时后，就能站在山巅那座金属塔下俯瞰浑源县城全景了。这时你会想：刚才我是在县城的哪个地方，仰望脚下的这座高山呢!

- **推荐住宿**

①华泰酒店是浑源县城中条件较好的，电话：0352-8330688。

另外县政府招待所有非常便宜的普通房。由于回大同仅需两小时的车程，所以游客不必非要住在浑源。

②恒山景区内的鑫龙酒家可以住宿，标间80元，条件一般，电话：13096589653。

游览指导

游人去恒山旅游大致有四条路线可选：①从北京乘火车沿京原铁路到灵丘，然后换汽车两个小时就到恒山。②从山西省会太原乘汽车，5小时到浑源县县城，再乘汽车15分钟可到悬空寺，半小时可到恒山。③从大同市乘汽车1.5小时即到恒山（一日游班车和中巴客车均很多）。④亦可在游毕五台山后乘车向北经应县去浑源登恒山，五台山到恒山行车需2.5~3小时。由于恒山停车场已建在恒山半山腰，而登山又有索道可乘，缆车开行20分钟后即可到达山颈处，所以游客下汽车后只需1小时出头即可登上2016.1米高的北岳极顶，眺望晋北大地的壮丽风光（能清楚地看出百八十里远）。

悬空寺距恒山主峰只有15分钟车程（在县城与恒山之间），进入寺内游览半小时足够，所以，用一整天的时间游览恒山和悬空寺会玩得特别舒适宽松。恒山景区和悬空寺景区内有不少饭馆而少有宾馆，愿意多玩几天的游客住宿在浑源县城可能更方便。

特别提示

许多游客都对广西龙胜的龙脊梯田情有独钟且游后倍加赞美，笔者提示您在恒山主峰上向南方俯视亦可看到许多梯田——这里的梯田不像龙胜梯田那样是水田，而是赤裸裸的黄土旱田，虽不娟秀精美但线条形状粗犷，亦能给人带来独特观感，游人可留意观看。

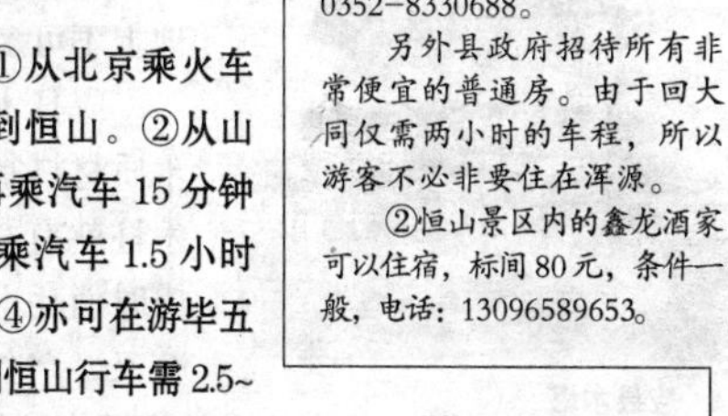

▲ 陡峭的恒山登山石阶

应县的交通非常方便，从京原铁路五台山站乘汽车1.5小时即可到达，从大同乘车走高速到应县只需30分钟。应县木塔在县城中心，而过往客车大多只停在城区东侧路口，从下车点到木塔还需乘10分钟的“摩的”，车费2元。

应县木塔

当你乘汽车从京原铁路五台山站向西北行驶1小时，登上连绵起伏的太行山巅时，会发现10公里以外的地平线上屹立着一座高大无比的古塔，它凌驾于群楼绿树之上、耸立在蓝天白云之间，异常挺拔雄伟，它就是著名的应县木塔。

▲ 应县木塔

凌云古塔　晋北奇观

应县木塔位于山西省应县县城西北侧，塔高67.13米，高度大致相当于现代城市中的22层楼。它比著名的西安大雁塔高3.3米、比北京北海公园的大白塔还高16.4米，且造型古朴典雅、轮廓精美玲珑，是晋北大地上不可多得的奇观妙景。

应县木塔外观为五层，而塔身内有九层，全部由木质材料制成，其中共用斗拱54种，支撑主塔的巨型木柱就有312根，全塔的各类构件多达数十万件，建塔时消耗木料约为7000吨。如此之多的木质构件纵横交叉，严丝合缝，且层层叠叠、错落有致，其内外结构之神奇严密、设计建造之高超精湛，令古今中外登塔参观的众多游人新奇惊讶、目瞪口呆。

历经沧桑　耸立千年

应县木塔建于辽清宁二年（1056年），至今已有950余年的历史，其间历经数次强烈地震和水灾的侵袭，亦多次在战乱中被枪炮击中，但是木塔依旧巍然屹立、挺拔高耸，堪称我国古代建筑史上的奇迹，也成为中华民族勤劳智慧的有力象征。应县木塔不光外形高大雄伟，登上塔台还可以眺望晋北高原的风光和应县县城全貌，所以来此参观的游客络绎不绝、与日俱增。

● **应县木塔真高大**

木塔里边可以开中型餐厅，或是驻军一个营也绰绰有余。现在只允许游客上到木塔的三层，可是站在三层上就可以望出三四十公里远，欲览应县全貌，那更是小菜一碟。听说木塔要维修或今后要限制登塔人数，所以要快去……

● **游览关照**

应县和浑源两县相邻，从应县县城到浑源仅有1小时车程。所以最好把应县木塔和恒山及悬空寺放在一起玩，一天时间绰绰有余。可以乘7:30在大同火车站上发的一日游专线车，亦可乘客车进行自助游。游览顺序以先游木塔后去恒山为宜。

观光指导

木塔门票60元，游览观光需30~60分钟。

木塔前的应县中心街上有许多旅馆、餐馆，消费便宜，其中国利假日酒店条件较好，电话：0349-5034166。

太 原

电话区号 0351
旅游局 5679006
旅行社 4433928

太原是我国重要的能源生产基地，素有“煤都”之称。近年来，这里的城市建设改造和旅游资源的开发开放日益加快，城市风貌焕然一新。

太原市内有当地人引以为骄傲自豪的迎泽大街，它是全国各省会城市中宽度仅次于北京长安街的宽敞大道；有清波绿树相映的迎泽公园，每年在园中举办的“煤海之光”大型灯展吸引着来自海内外的八方游客；城南的双塔寺造型精美，壮观绚丽，成为太原城市的标志；雕凿在天龙山山巅的龙山石窟高大雄伟、庄重古朴，是我国北方不可多得的道教名胜。

太原市山水的精华是位于市区西南 25 公里处悬瓮山下的晋祠，这里有亭、台、楼、阁、桥、榭数百处（间）、精美的宋代彩塑侍女像 43 尊，整个园林古木参天、山环水绕、风景优美，而穿园而过、碧波粼粼、晶莹透亮的难老泉水更是为历代文人墨客所经久称颂。近年来，太原周边地带又开发出许多颇具水平的旅游新景，像平遥古城，祁县乔家大院和酒乡杏花村等，古老的三晋风光正为越来越多的游人所瞩目。

气候与游季

太原冬季干冷严寒，而夏季炎热，雨量集中，秋季天高气爽，4 月至 10 月为旅游季节，一年一度的煤海之光灯展在国内享有盛名。

▲ 太原双塔寺

交通

航空

武宿机场位于市西南，距市区 15 公里。现已与北京、长沙、成都、重庆、大连、福州、广州、海口、杭州、合肥、香港、昆明、兰州、南京、青岛、秦皇岛、上海、沈阳、深圳、天津、温州、武汉、厦门、西安、银川、郑州通航。民航售票处有班车往返机场。另外 201 路公汽也到机场。

铁路

太原与运城、宜昌、成都、宝鸡、广州东、商丘、长沙、石家庄、北京（含西站、南站）、青岛、杭州、上海、天津、

- **从北京直达太原**

  北京丽泽桥长客站有豪华大巴，车票 145 元，4 小时到太原市中心的迎泽大街上。

- **民航售票处**

  迎泽大街 158 号。

- **武宿机场**

  问讯处电话：0351-7012355。

- **铁路**

  问讯处电话：0351-4159430。

  送票室（建设北路）电话：0351-4126657。

汉口、大同间有直通列车，北京西与运城、西安，唐山与临汾，天津与西安，西安与长春间的列车均在太原经停。

公路

太原客运站每日都有开往本省各市县及北京、天津、石家庄、郑州、西安、延安等方向的长途客车。其中太原至北京（高速直达）每20分钟一趟。开往五台山、悬空寺、应县木塔等景区景点的旅游包车。但开往平遥和五台山的客车可不在这里发车。

- **客运总站**

迎泽大街，电话：0351-4042346。

主要开停长途客车。

- **两个新建车站**

欲去平遥要到建南车站上车，去五台山要到客运东站。这两个车站都不在迎泽大道上。

- **推荐实惠的住处**

①金广快捷酒店，标间156元，条件较好，电话：0351-6535123。

②金广快捷长风店，标间169元，条件也好，电话0351-6535123。

- **煮卖方便面，太原人的拿手好戏**

卖方便面的小摊只有一张小桌、几把小椅子，外加一个小炉子和一个小锅。一包方便面扔进去，打个滚就捞出来。1块钱一包的捞出来卖2块，每加1个鸡蛋外加5毛钱。没有兰州拉面的熊熊炉火、也不必弄得人满身面尘，更不会污染市容环境，而且方便面的味道一般人都可接受，你说这事办得聪明不聪明。

住宿

太原市的宾馆酒店房价比其他省会城市略低。四星级酒店的代表是三晋国际饭店、太平洋酒店、山西大酒店、愉园大酒店等；三星级酒店的代表是山西饭店、并州饭店、山西国旅大厦等；二星级的酒店有经贸宾馆、煤乡宾馆、铁道大厦等。背包族游客可在火车站前的迎泽大道前找住处，便宜实惠的旅馆有新华书店开办的新华宾馆（标准间60元/间）等。

餐饮

太原的各类面食真是种类繁多，刀削面、手拉面、猫耳朵、拨鱼、炒疙瘩、炒莜面、饸饹荞面，真看得人有些眼花缭乱，每样都吃不可能，肚子也受不了，就拣一两样有代表性的品尝吧！

另外餐桌上不可缺少的调料是山西老陈醋，在高中档餐厅用餐时，不管你要没要，吃饭前先盛上一小碟摆在你面前，尝也可以不沾也可以，其重要地位真跟正式西餐中的开胃酒似的。正宗的山西老陈醋确实香，应该尝一尝。

还有一个重要的菜肴是过油肉，总是出现在餐馆菜单中的第一行（跟北京饭馆里的鱼香肉丝似的），可见当地人对它是多么器重。虽然尝过后并没觉得它和炒肉片的味道有多大差别，但它是当地最常见的肉炒菜，吃一回总不嫌多吧！

其他特色食品菜肴还有太原羊脑、羊杂碎汤、灌肠、六味斋酱肉、高平豆腐等，你有胃口就逐一品尝吧！

主要景点

晋祠

全国重点文物保护单位，在太原市西南约25公里处，是太原市最漂亮的标志性景点，园中的周柏、宋塑侍女像和难老泉等景全国闻名。

天龙山景区

佛教圣地，位于太原西南40公里处，主峰高1700米，层峦叠嶂。山间有龙山石窟和苍峰碧溪，这里石雕精美气派、山景秀丽宜人，是太原市仅次于晋祠的名胜佳景。

双塔寺

又名永祚寺，位于太原城南，双塔并立、造型精美，塔高50余米，登临极顶可览太原市区远景，是太原标志性景点。

纯阳宫

位于太原市五一广场西北隅，始建年代不祥，明万历二十五年（1597年）晋藩王朱新扬对宫内重新规划，扩建和改建洞石亭阁。现为省博物馆。有陈列室数十个，馆藏文物甚多，许多陶器、漆器、石雕、竹雕、书画、刺绣等都是当地文物珍品，颇具观赏价值。

崇善寺

位于太原市区东南隅。现有大雄宝殿等明代建筑，寺内有多尊巨型佛像。亦收藏有诸多藏经、古书、绘画等文物。

迎泽公园

太原市区迎泽大道中段东侧，是太原最大的市内公园。有假山、花径、河湖，园内每年一度举办的“煤海之光”大型灯展久负盛名。

- **游程推荐**

在太原观光有两天时间可以玩得非常快活宽松。

D1 可游晋祠、天龙山、双塔寺。

D2 可游崇善寺、纯阳宫、省博物馆和煤炭博物馆（展示采煤全过程）。

D3~D4 有时间可游览平遥和周边景区。

- **晋祠**

市区有804、848、856路等多路公交车直达。

¥门票70元。学生、军人、老人有优惠。

- **关注难老泉**

只要晋祠中的难老泉有水，那它一定是国内最漂亮的泉池美景之一，因为这股泉水的清澈碧透难以用语言来形容。

- **天龙山景区**

从晋祠门口乘中巴15分钟到。

¥门票45元。

- **双塔寺**

从市区乘820路公交车可到。

¥门票20元。

- **纯阳宫**

3、4、5路公交车可到。

¥门票5元。

- **崇善寺**

2、3路公交车可到。

¥门票4元。

- **迎泽公园**

1、4路公交车可到。

因在市中心，步行前去亦可。

¥门票免收。

旅途中

推荐景点：常家庄园

位于太原东南晋中市榆次区，是清代晋商巨贾常氏一族的私家庄园。园内堂室高大精美，且多窗饰、彩绘、楹联、木雕、碑刻等文化珍品，附近还有60多公顷大的“静园”，湖宅相映，气派宏大，景色优美，是可与祁家大院、乔家大院相媲美的古宅名景。游人可予适当关注。从榆次乘K12路公汽可到，门票60元。

平遥 ●●●●

电话区号 0354
旅游局 5624312
旅游咨询 5629678

平遥地处晋中，位于太原市以南 90 公里处，城市不大但特色鲜明。已有 2700 年历史的平遥古城是我国保存得最好的四座古城之一，已入选《世界文化遗产名录》。古城中的日升昌票号是中国最早的银行，周边的乔家大院、王家大院等无一不是国内明清古代建筑群中的瑰宝。游览古城平遥，可以饱领中国古代历史文化的丰厚幽深，得到风味独特的美好观感。

▲ 平遥古城北门城楼——城楼只是平遥古城内的景点之一，这里的必观景点还有日升昌票号、城隍庙、文庙和旧县衙等

气候与游季

平遥属典型的温带大陆性气候，气候温和干燥，四季分明，冬夏温差大，冬春季常有风沙。年平均气温为 10.2℃，年降水量约 540 毫米且集中在夏季。对于一个以古城古迹古代名家大院为主要景观的风景集聚区来说，这里夏秋时节游览较舒服，冬春时节虽然气候不够宜人但也无碍大局。

- **平遥门票最新价**

古城门票 150 元。含古城内所有景点，有效期 3 天，在古城城门入口处和各个小景区门口都有售票处。双林寺门票 25 元。

- **火车站**

问讯电话：0354－5673197。

从平遥火车站前乘中巴 1~2 元或乘电瓶车 2~3 元就到古城。

- **汽车站**

问讯电话：0354－5673233。

- **县内交通**

因县城内的景点相对集中，一般无须乘汽车，步行或乘人力车或电瓶车即可，一般 2 元/人。

交通

铁路

从太原乘火车向南行驶，2 小时即可到平遥，每日有快慢客车 8 班以上，另可从北京、石家庄、运城、西安等城市乘火车直达平遥。

公路

从太原市市区东缘的建南客运站乘车 2 小时出头即到平遥，车票快巴 25~30 元、普客 15 元左右（从太原火车站乘 611 路公交车可到建南客运站）。

住宿

平遥古城内外有许多宾馆、旅馆，总体上说价格不贵，古城外的宾馆条件尚可但没有当地古老民居的韵味。古城内有数十家颇具特色的在古民居中开设的家庭旅馆，房屋非常古老但房内设施一点都不差，一般都有电视、空调、卫生间，住在其中感觉挺舒服。可供选择的有云锦成民风宾馆，南大街 62 号，电话：0354-5680944。协顺隆宾馆，明清街 72 号，电话：0354-5683856。光绪客栈，明清街 13 号。天元奎客栈，明清街 173 号，电话：0354-5680069 等。房价则差别极大（主要看地点和人气不同而异），旅游旺季时双人标准间 50~150 元。

特色食品及风味小吃

特色食品有平遥牛肉、凉粉、山药灌肠、黄酒、各类面食尤其是莜面窝窝、拨鱼及猫耳朵、油糕、刀削面等，其中平遥牛肉在街上随处有售，可谓是美食和馈赠亲友之佳品。平遥坨坨是一种集凉粉和灌肠于一身的食品，味道独特请君一尝。特色餐厅在县城中心的步行街上比比皆是。

特色商品

各类古董（真的和仿制的全有），推光漆器、各类杂木旧家具，但切记购买时坚决砍价。

主要景点

平遥古城

平遥古城，明朝初年为防御外敌入侵而建，此后经过各朝代共十余次的重修扩建，才形成了今天的规模，古城城墙总长 6163 米，墙高 12 米，中段有多处敌台，四周有高大城楼，非常壮观雄伟。古城墙把面积 2.25 平方公里的平遥县城隔为两个世界，墙内的街道、铺面、市楼保留着明清制式、墙外为平遥新城，是一座古代与现代建筑各成一体，交相辉映的游览观光佳景。

1997 年 12 月，平遥古城入选《世界文化遗产名录》，由于城内建筑保持着完整的 14~18 世纪的建筑风格，所以它已成为研究中国古代政治、经济、文化、艺术和宗教发展的实物标本，有极高的观赏、研究价值。

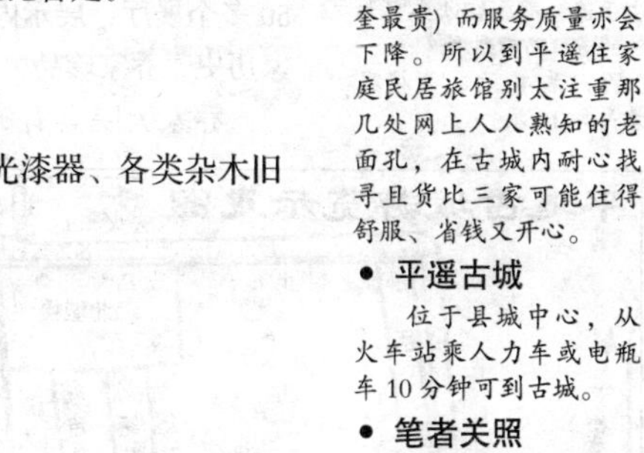

平遥古城示意图

- **节省旅费的窍门**

在平遥火车站有许多机动车拉客，2 元钱就可把你送到古城，但是你入住旅馆后店主要给这些司机回扣，所以房费就不会太便宜。若想免去这个麻烦可以在搭车时跟司机说自己是来平遥找朋友办事的，不需要住宿，而乘车从古城西门进城到西大街与南大街交界处时自己下车就成了，这里离天元奎、云锦成、德居源等旅馆都近，自己入住房价会好商量得多。

- **住宿提示**

平遥城内有许多家庭宾馆已经名声在外，但出名后游客数量猛增，有时房价就会上涨（天元奎最贵）而服务质量亦会下降。所以到平遥住家庭民居旅馆别太注重那几处网上人人熟知的老面孔，在古城内耐心找寻且货比三家可能住得舒服、省钱又开心。

- **平遥古城**

位于县城中心，从火车站乘人力车或电瓶车 10 分钟可到古城。

- **笔者关照**

平遥分新城、老城两部分，建议在老城内食宿，更能领略老城的风韵。骑自行车逛城很方便舒服，这里有不少租车点，车费每小时 5 元，押金 100 元。

- **日升昌票号**

  票号就在古城内，步行即到。

- **乘车逛古城**

  古城里的主要景点都在西大街和南大街上，相距不远，找一辆摩的20~30元钱就可以逛遍，司机还可兼作导游，讲解水平虽有限可态度挺认真也挺有耐心，当然要记住，游完景点后再付车费。

- **乔家大院**

  从平遥火车站前乘开往太原方向的客车，半小时后可到乔家堡站，下车后沿一串大红灯笼掩映的路行走几百米就到乔家大院。

  如果你是从太原乘车去平遥，那先经过乔家大院的道口而后到平遥。

  ¥门票40元，上楼观景另加10元。

日升昌票号

位于平遥西大街38号，始建于清道光三年（1823年），是我国第一家经营汇兑业务的票号，亦被人称为平遥乃至中国的第一家银行。

票号的出现，结束了现银镖运的历史，开辟了中国金融业的新纪元。日升昌票号业务发展的鼎盛时期年汇兑额可达3800万两银元，规模可观，以“汇通天下”而盛名远扬。

现在的日升昌票号已开辟为中国票号博物馆，共设有20余个展厅，人们徜徉其间可以了解中国民族银行业的发展。

周边景点

乔家大院

位于太原市西南22公里外的祁县境内，始建于清代，原是当地一位富商的私宅，现被开辟为民俗博物馆，馆内共有50多个展厅，展示内容以民风民俗及风土人情为主，包括乔家历史、乔家珍品、商俗展示、民间工艺品等。

乔家大院具有鲜明的清代建筑风格，共有19进院落，

平遥古城游览示意图

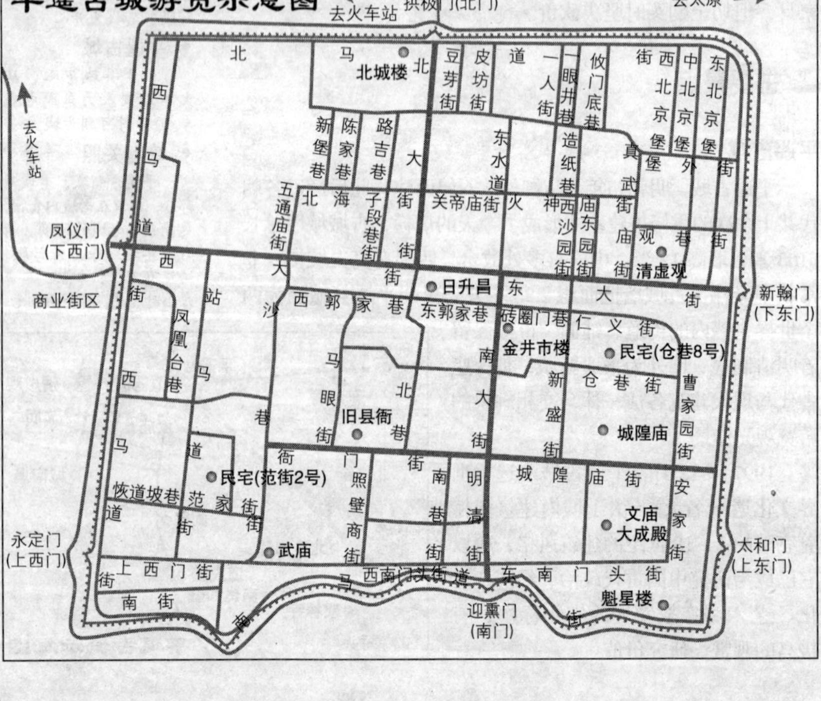

300余间宅室，呈双喜字形构筑，房屋结构美观大方、建筑风格精致古朴，且因这里是电影《大红灯笼高高挂》的外景拍摄地，所以备受海内外各方游人的瞩目。

王家大院

位于灵石县静升镇，是灵石亭门大户王氏的故居，分为高家崖和红门堡两大部分，其建筑规模很大，有“民间故宫”之称。

高家崖已开辟为“中国民居博物馆”，它是一座封闭式的城堡式建筑，共有院落26个、房间200余间且依山而建、气势宏伟壮阔。院内随处可见精美砖雕、木雕、石雕，秀丽、雅致、迷人。红门堡与高家崖相邻相望，因堡门是红色的，故得此名。堡内有许多特色鲜明的石雕，融南北风情于一身，是清代雕刻艺术的精品。

张壁古堡

在介休市东南约10公里的龙凤乡张壁村，是一座集军事、居住、生产、宗教活动于一体的城堡遗址。“地上是明堡，地下是暗道”，就是这座古堡的建筑特色。张壁古堡东西长374米、南北长244米、城堡周长1300米，堡墙分布，纵横交错、四通八达，游人置身其中，倍感新奇神秘。目前张壁古堡已为外界广泛关注并成为晋中一带的观光亮点之一。

- **便宜的住处**

贞君泉客栈，在平遥古城内，双人间40~50元，电话0354-5680490。

- **王家大院**

¥门票66元。

王家大院在灵石县境内，可从平遥乘火车或汽车先到灵石县，再换旅游专线车半小时后可到12公里外的王家大院。

🚌从介休火车站对面供贸宾馆前乘11路公交车也可到，包车单程需30~35元。

- **张壁古堡**

🚌从介休市内乘旅游专线车可到。

¥门票60元。

▲ 平遥古街一角

山西省

推荐游程

以二日游为宜

D1：游平遥古城墙、日升昌票号，文庙、城隍庙、旧县衙、中华镖局（镖局很值得一看）等，夜宿平遥。

D2：乘车到灵石观王家大院，午后乘灵石去太原的客车途中在祁县乔家堡下车，游乔家大院，然后乘车向北返回太原。

旅途中

旅游锦囊

去山西光游平遥一地肯定不过瘾，最好把平遥同太原和壶口一起玩，太原市的晋祠、天龙山均颇具特色，而从平遥乘火车或汽车向南行驶3小时即到临汾，从临汾乘客车5~6小时就到壶口瀑布，且此线既可正玩亦可反向游览，一次游上述三地只需5天时间（当然不要漏掉祁县乔家大院和灵石王家大院）。

补充提示

①北京西每日有K603次列车开往运城途经平遥，北京17:03开，次日5:12到平遥，另外北京西还有1163次车（19:03开）开往韩城途经平遥。

②在平遥不能只看古城墙和日升昌票号。文庙和旧县衙（每日有升堂表演）也甚具规模和气势，亦是必观之景点。

大同

电话区号	0352
旅游局	5022674
旅行社	5101326

大同位于山西省最北部，是我国历史名城之一。这里又是我国北方重要能源生产基地，素有煤都之称。1500多年前北魏曾在大同定都，前后时间跨越达90余年，著名的云冈石窟即是始凿于北魏而保留至今的当地最杰出的古迹名胜。此外，大同市区和周边还有华严寺、九龙壁、恒山、悬空寺、应县木塔等景点，在晋北乃至于整个华北地区均享有盛名。

▲ 云冈石窟大佛雕像

气候与游季

大同市地处黄土高原，年平均气温6.8℃，冬季非常寒冷，夏季天气凉爽，是避暑的好去处。大同气候的显著特点是昼夜温差大，你最好多带一件衣服，以便早、晚外出时备用。每年的春夏秋三季是旅游的较佳时间。另外大同是我国主要的产煤区之一，城市尤其是郊区污染比较严重，游客对环境卫生不要有过高要求。

- **旅游咨询**

  大同国际旅行社在火车站大厅设有咨询接待站，为游客提供咨询服务。

- **火车售票**

  电话：0352-7122962。

- **长客北站**

  电话：0352-2818411。

- **长客南站**

  电话：0352-6036784。

- **大同到五台山**

  大巴车费61元。2.5小时可到。

交通

大同有列车直达北京、太原、呼和浩特、包头、银川、兰州等城市。火车站位于大同市区北部，乘2、4、8、14、15路公交车均可到。

大同汽车站有长途车可通达太原、张家口、北京等地。长途汽车北站位于火车站前，乘2、4、8路等公交车可到，长途汽车站亦有到五台山、恒山等旅游区的直达车。

住宿

星级宾馆有大同宾馆、宏安国际酒店、京原迎宾馆等。总体房价在国内同等城市中仍算便宜，一般的普通标准间只需80~100元。

餐饮

▲ 大同善化寺一角

大同有不少风味独特的美食品种，特色小吃有羊杂粉汤、大同黄糕、豌豆面、莜面窝窝、荞面圪坨、阳高杏脯等。比较好的美食地点有永和红旗饭店，那里就餐条件好而物美价廉。此外像迎宾路上老孙家酒店里的各式火锅、康乐街一带的烧烤店摊、老爷庙附近的粗粮馆、大西街上的美味兔头等均值得游客留意和关注。大同普通餐馆中的饭食挺便宜，如果吃面食加一碟凉菜，有10~12元钱就可打发了。

主要景点

云冈石窟（5A级景区）

在大同市西郊16公里处的武周山下，凿于北魏，距今已有1500余年历史，其规模和艺术价值与敦煌莫高窟、洛阳龙门石窟齐名。云冈石窟现存洞窟53个，共有佛像石雕51000余个，其中20号窟前的露天释迦牟尼坐像石雕高14米，轮廓优美、表情生动，是整个石窟景区的代表作，亦是我国古代石雕中不可多得的艺术珍品。

九龙壁

建于明洪武末年，位于大同市区东街西侧，壁高8米，长45.5米，由426块五彩琉璃拼砌而成，上布九条飞龙，五彩斑斓、形态生动，是国内三大九龙壁之一，比著名的北京北海公园九龙壁还要壮观迷人。

华严寺

在大同市中心，是辽金时期我国佛教华严宗的重要寺庙之一，分上下两院，同在一寺之中。前院有山门、佛堂、云水堂、大雄宝殿，后院的主体是薄伽教藏经大殿，专门用来存放佛经。全寺殿宇嵯峨、雄浑而壮观。

善化寺

大同城南的大型寺院，始建于唐，是国内现存辽、金时期寺院布局最完整的一座。寺内的大雄宝殿、三圣殿、山门等均很壮观，殿内壁画亦有很高美学价值（门票20元）。

- **永和红旗饭店**

电话：0352-5100333。

- **五台山**

如今从大同驱车只需3小时，就可以到达佛教圣地五台山了。把大同的云冈石窟、浑源恒山、悬空寺及应县木塔同五台山连在一起玩是当今很时兴的玩法，短短3~4天内即会获取圆满观感。

- **云冈石窟**

在火车站前乘3-2路公交车可直达云冈石窟。亦可在站前乘4路公交车到新开里，新开里车站有3路公交车发往石窟。

包车从市区到云冈需30~35元。

¥门票130元。

在国内三大著名石窟中，云冈石窟大部分石像的色彩比敦煌和龙门石窟美观，应该关注这一特点。

20号石窟前的大佛非常气派，是标志性景点，以它为背景好好拍照吧。

- **九龙壁**

4、17路公交车可到。

¥门票10元。

- **上、下华严寺**

大同火车站前有公交车直达，步行前去亦可。

¥门票各20元。

- **推荐游程**

D1：恒山—悬空寺、应县木塔，住宿大同。

D2：云冈石窟、市区善化寺、上下华严寺、九龙壁。

绵山 ●●●•

电话区号 0354
旅游咨询 7055099

绵山又称介山，属太岳山脉，地处山西省介休、灵石、沁源三市县交界处。绵山绵延50余公里，最高峰海拔2072米，其山势陡峭，多悬崖绝壁，苍松翠柏，自然风光非常优美，山上亦有多处人文佳景，是山西省内著名的省级风景名胜区和旅游避暑佳境。

▲ 绵山蜂房泉景区秀色

交通

绵山距太原市约170公里，距运城市约260公里，距介休市只有20公里，交通尚属便利。欲去绵山可以先乘火车或汽车到介休，抵达介休火车站后换乘专线车前往绵山，车程1小时，车费前山6元；后山12元。如果从介休打车到绵山，车费需70~75元。绵山目前主要有龙头寺、龙脊岭、栖贤谷、介公岭、水涛沟等十四大景区共数百处景点。景区门票：旺季110元/人，免票：60岁以上老人、残疾人，学生半价；记者、军官和1.2米以下儿童也可免费进山。绵山景区的风景散布于6公里长的山间旅游公路沿线，起点为龙头寺，中间为云峰寺，终点为水涛沟。游客可以乘坐旅游观光车前往各个景区，去开始“绵山十里山水画卷”之旅。

绵山食宿较为方便，龙头寺、一锅泉、云峰寺、水涛沟均有游客接待处，山上共有7家大中型宾馆、酒店，住宿便利。欲住星级宾馆可选云峰寺的云峰野苑，这是一家三星级酒店，紧贴悬崖而建，其建筑本身就是一大景观，酒店内部条件设施很好，追求舒适的游客可以下榻于此。绵山的每家宾馆酒店都附设餐厅，提供山西风味饭菜，团体游客还可在云峰野苑观赏席间宫廷乐舞表演。

观光指导

绵山景区的地形特点是两侧是高山，中间是峡谷，半山腰有一条盘山公路一直插进山里边，沿途每隔一段就有一座宾馆或一个景点，游人可以逐段游玩观光并选择合适地点住宿。在绵山各主要景区中，笔者认为龙头寺、蜂房泉、大罗宫、云峰寺、水涛沟是必观景点。尤其是水涛沟，溪水潺潺、风光灵秀而生动；是不可多得的深山美景。

在绵山作1日观光太紧张，作2~3天游览才能玩得高兴开心。

东北地区

辽宁省

L I A O N I N G S H E N G

辽宁位于我国东北地区的南部沿海，西北与内蒙古相邻，西南与河北接壤，北与吉林相连，东部则与朝鲜民主主义人民共和国隔江相望。省内有东北最大的辽河平原，是我国著名的商品粮和水果产区，重工业城市有省会沈阳、煤都抚顺、钢都鞍山等。

辽宁并不是我国的旅游资源大省，但其自然风光和古迹名胜的秀美程度在东北地区仍属上乘。省内各主要海滨城市都有绮丽迷人的风光，其中丹东、大连、兴城都是祖国北方颇具魅力的旅游名城。主要风景区有鞍山千山、本溪水洞等。

黄金旅游线路

① 大连—旅顺口—千山
② 沈阳—本溪（水洞）—丹东
③ 丹东—大连—千山
④ 兴城—锦州（笔架山、医巫闾山）

对辽宁省内景点风光的评价

①大连市的自然风光美、城市面貌新，又开放了金石滩、滨海路等诸多新景，甚具迷人风姿，是全省各旅游城市中的灿烂明星——游览至少需要 2~3 天。

②鞍山千山风光好而又宣传不够，所以前去一游，八成会有喜出望外的意外观感收获——1~2 日游览均会新奇开心。

③丹东市区的鸭绿江景区与朝鲜民主主义人民共和国相依相连，边陲风光特色鲜明，周边的青山沟、凤凰山风光美而绮丽，是祖国北方不可多得的边境旅游名城——在丹东观光有 3 天时间基本够用，欲去朝鲜作出境游还须 3~4 天工夫。

④兴城海滨虽然开发开放的时间短，但那里风景活泼美丽而生动 (山、海、岛、泉、古城一应俱全)，是北方海滨景区中冉冉升起而光芒夺目的闪亮新星——在那里作 2~3 天观光或长期疗养度假均可。

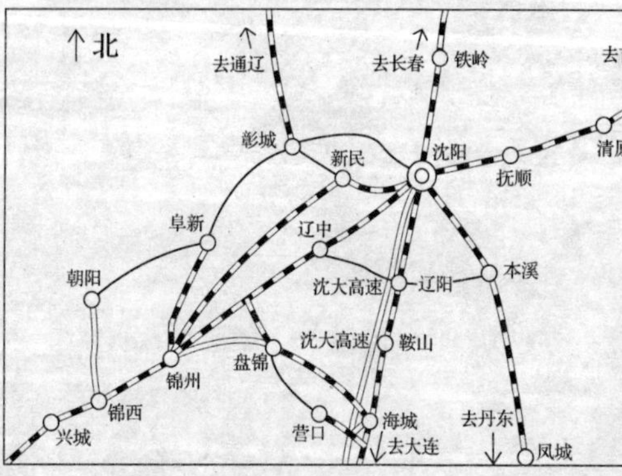

辽宁中部交通示意图

⑤沈阳有北陵公园、故宫等古迹名胜，而城市建设亦在近年来有突飞猛进的发展，市区的五里河一带荟萃了许多新颖而美丽的宏伟建筑，观后令人惊叹和感动——二日游即可圆满称心。

⑥其他值得关注的地方还有东北最大的溶洞游览区本溪水洞、盘锦海滨的红海滩等，游人有机会可一一驻足。

沈 阳

电话区号	024
消费者投诉热线	12315
旅游投诉	22821999
沈阳中国旅行社	22837818

沈阳位于辽宁省的中部，是全省政治、经济、文化中心，亦是东北境内重要的交通枢纽和重工业城市。沈阳迄今已有2000余年历史，汉、辽、金、元、清等朝代均在此或建城或立都，至今仍保留有故宫、东陵、北陵等古迹名胜。近年来，随着当地经济的发展，沈阳的城市建设有相当大的改观，出现了不少宏伟建筑、商业街区和餐饮游乐城，城市风情红火喧嚣，在辽宁省内独树一帜。

气候与游季

沈阳夏季凉爽，比华中、华南一带至少低3℃~5℃，而冬季寒冷，春秋季短促，4~10月为游览佳季。

▲ 沈阳北陵景区大门

交通

航空

沈阳桃仙国际机场是东北地区最大的航空港，距市中心约22公里，现已与北京、长沙、成都、重庆、大连、福州、桂林、贵阳、海口、杭州、哈尔滨、呼和浩特、香港、济南、昆明等全国各大中城市通航。沈阳市内的马路湾民航售票处及万豪酒店前有开往机场的班车，车票10元。

- **桃仙机场售票**
  电话：024-89392335。
- **航班问讯**
  电话：024-89392510。
- **上海航空公司沈阳营业部**
  十一纬路11号。
- **火车站问讯处**
  电话：024-62062222。
- **火车站售票处**
  电话：024-62064262。
- **北站售票处**
  电话：024-62043162。
- **北站问讯处**
  电话：024-62043522。
- **长途客运总站**
  崇山东路，电话：024-86617489。

铁路

沈阳是京哈线及哈大线铁路线上的大站，北京通往东北各省的列车都在沈阳停靠。沈阳有通往东北地区大连、丹东、营口、鞍山、本溪、通化、锦州及东北以外的北京、上海、广州、金华、太原等城市的直通列车。其中与北京对开的特快列车可夕发朝至。目前沈阳有沈阳站和沈阳北站两大火车站。

公路

长途客运总站，开往方向：长春等。

远征客运有限公司，沈阳火车站东北、北四马路，开往

- **站间交通**

沈阳站与沈阳北站之间有203、216、502、602路等公交车往返，换乘较方便。打车10元钱即可。

- **住宿窍门**

沈阳市区有许多洗浴中心，既能洗浴又能住宿。如皇姑区天时洗浴中心，是东北最大的洗浴中心，不光可洗澡，还可观看22：00的大型演出并休息一夜，而门票才59元还含次日早餐。适合在当地作一日停留的游客。

- **当地宾馆酒店**

①富利华大酒店，人民路，电话：024-25893883。

②海天白云大酒店，海滨西路，电话：024-22403399。

③沈阳迎宾馆，电话：024-22820088。

- **推荐实惠的住处**

帅府国际青年旅舍，在沈阳路103号，从火车站打车9元10分钟就到。双标间128元，普通30~40元/床。性价比很好。电话：024-24844868。

- **晚间娱乐**

沈河区刘老根大舞台剧场每晚有二人转表演，极具东北特色。是休闲娱乐佳境。

- **沈阳故宫**

13、213、215、227、503路公交车可到。

门票60元。

- **北陵（昭陵）**

220、231、242、246、605路公交车可到。

门票30+6元。

- **另荐景点**

张氏帅府，是张学良和赵四小姐的故居。

门票50元。

▲ 机车博物馆一角

方向：长春、大连、抚顺、哈尔滨、北京、天津。

沈阳北站，沈阳火车站北站南侧，开往方向：哈尔滨、北京、大连、吉林、长春、天津。

住宿

市内高、中、低档宾馆均多。五星级酒店有皇朝万豪、都喜来、洲际饭店等。四星级、三星级的有凯莱大酒店、金都饭店、沈阳假日酒店、房地产大厦、东盛大厦、沈阳迎宾馆等。二星级的有兰亭宾馆等。若想找条件尚好而房价便宜的住处，可考虑位于市中心沈阳路上的帅府国际青年旅舍等。

餐饮

沈阳的美食佳肴种类多样，借鉴传统宫廷菜的烹调艺术而又荟萃了中华名菜精华的满汉全席，风格独特且富精深美食文化底蕴，当然是级别档次最高的美食佳品，但它价格昂贵、尚不能属于每位大众食客。

欲吃当地物美价廉的风味小吃，可选以下地点的餐厅和小饭馆。火锅——沈河区小南街风雨坛和刘老根大舞台一带；烤牛肉及韩国菜——西塔地区的朝鲜族风情街;红焖羊肉——沈阳区小北街。特色餐厅有中街路上的老边饺子店（煸馅蒸饺是招牌，10~12元1屉，味道鲜美无比），正阳街88号的李连贵熏肉大饼、沈阳路80号的那家馆白肉血肠、正阳街24号的马家烧卖馆、沈河区朝阳街上的原味斋烤鸭店等。其中李连贵熏肉大饼价廉物美，吃后定感美味称心。

主要景点

沈阳植物园（5A级景区）

位于沈阳市的东郊，在辉山风景区和东陵之间，距市区1公里，建于1959年，植物园总占地面积200万平方米，全园以翠湖为中心，到目前为止已建成各类观赏园（丁香园、草坪植物区、杜鹃园、观果园、动物观赏区）20个。

沈阳故宫

在沈阳市区沈阳路171号，系清太祖努尔哈赤和清太宗皇太极营造和使用的宫殿，是我国现存仅次于北京故宫的最完整的皇宫建筑群。

北陵（昭陵）

是清朝第二个皇帝皇太极和皇后的陵墓，位于皇姑区泰山路 12 号北陵公园内，规模之大堪称“清关外三陵”之最。陵区开阔、林木苍郁，风光幽静迷人。

▲ 西塔风情街街景

“九一八”事变纪念馆

位于望花立交桥西北角，造型独特别致，整座建筑外观是一本翻开的大型“台历”，刻有“1931 年 9 月 18 日”巨幅大字，馆藏文物图片记录了“九一八”事变的全过程，激励国人不忘国耻、振兴中华的决心和志气。

怪坡

在沈阳沈北新区清水台镇帽山西麓，坡长约 80 米，宽约 15 米，走势西高东低。当您把汽车开到坡下熄火后，它会自动地滑行向更高的坡顶，怪坡因此而得名，现已开发成综合游览园区。

五里河城市建筑风光

在沈阳城南的五里河一带，有许多新颖、高大、气派的城市建筑，如夏宫——外形酷似悉尼歌剧院、沈阳科学宫、河畔花园等，它们与不远处清波荡漾的浑河穿插相映，构成了一幅充满现代气息的优美画卷。五里河旁还有东北最大的 IT 产业区三好街，周边还有沈阳音乐学院、辽宁艺术学院等艺术院校。

西塔朝鲜风情街

位于西塔朝鲜族聚居区，全长约 700 米，街上分布大量的商企机构，各式朝鲜餐馆、商店、酒吧、娱乐城更是五花八门、数不胜数。夏秋时节，沈阳“韩国周”活动时街上狂欢可通宵不息，甚具迷人之异国风情。

- **“九一八”事变纪念馆**

  🚌 18、212、213、229、325、328、611 路公交可到。

  免费开放。

- **怪坡**

  🚌 从沈阳市内马路湾乘 328 路公交车可到。

  ¥ 门票 20 元。

- **另荐新景世博园**

  是世博会会址，园区大、景观多、娱乐设施全，是沈阳观光新亮点。

  火车站北站每早有专列前往，站前的 168 路公交车也到。门票现在只需 35 元。

推荐游程

一日游

上午参观北陵公园，重点是清太宗皇太极的昭陵。然后看“九一八”事变纪念馆。午后故宫观光，黄昏时五里河览城市新区风情，晚上在西塔街美食、休闲、游乐。

之后还有时间可安排 1 个整天畅游世博园和棋盘山森林公园。如果是在冬季游沈阳，棋盘山景区内的冰雪大世界可以选择关注。从市内坐 168、330、331 路可到。门票 20 元，其他游乐项目另收费。

大 连

电话区号	0411
大连市旅游局	83621437
滨城旅行社	82657399
旅游投诉	84339970

大连本来就是祖国北方最漂亮的海滨城市之一。改革开放后这里发生的巨大变化更是翻天覆地，如今大连城市及景点景区建设之精彩、漂亮、气派，几乎让所有来此观光的游客都赞叹不已；而国际服装节、中华烟花爆竹迎春会、出口商品交易会和国际马拉松赛等国际盛会更把大连装扮点缀得飘逸妩媚、多姿多彩。大连已成为国人去东北地区旅游时“不可遗漏”的观光胜境。

▲“北国明珠”大连市市容

- **机场总机**

电话：0411-83886699。

- **民航售票处**

西岗区中山路，电话：0411-88361000。

- **民航问讯**

电话：0411-86652071。

- **北方航空公司售票处**

西岗区中山路143号，电话：0411-83638173。

气候与游季

大连是东北最暖和的地方，年平均气温10℃左右，8月平均气温24℃，1月平均气温-5℃，旅游旺季从5月下旬延续到9月中旬，但4月和10月亦可观光。冬季海景虽显萧条惨淡，但游览项目仍有不少，如烟花爆竹迎春会、冰峪沟灯会，此外大连的许多宾馆酒店都设置了室内海水游泳池，冬天亦可嬉水游乐，因此冬季休闲度假来大连亦会有美好观感。

交通

航空

大连周水子国际机场位于市西郊，距市区10余公里。现已与北京、长春、长沙、常州、上海、成都、重庆、福州、广州、桂林、海口、杭州、哈尔滨通航。

市区民航大厦有往返机场的班车，乘516、532、610、701、710路公交车亦可直达。

大连市主要景区示意图

铁路

大连与北京、沈阳、哈尔滨、大庆、牡丹江、佳木斯、齐齐哈尔、赤峰、朝阳等市间有直通列车。火车站位于市中心。

公路

大连长途客车开往沈阳、丹东、营口、通化、梅河口、辽源、长春、白山、北京、天津、哈尔滨、赤峰。

水运

大连港有开往烟台、龙口、威海、青岛、石岛、上海、天津、连云港的客轮，其中开往烟台的航班每天有6~8班。

住宿

市区有高、中、低档宾馆招待所多家，市中心及主要干道也多高档宾馆，豪华气派，总的趋势是距市中心越远房价越便宜，市区主干道西端的黑石礁便宜住处稍多且交通便利，去旅顺口观光也必须通过这里，可供选择。

餐饮

各类海鲜名菜数不胜数，原壳鲍鱼、八仙过海、清蒸干烧或油炸扇贝、红烤大虾、珍珠海胆、灯笼海参、鱿鱼戏龙螺等皆为海鲜菜佳品。有代表性的餐厅有延安路和同泰路上

- **火车站售票处**

电话：0411-16823456。

- **北岗桥长途汽车站**

电话：0411-83628681。

- **黑石礁长途客运站**

中山路，电话：0411-84692712-8107。

- **港湾桥汽车站**

电话：0411-82823173。

- **客运站问询处**

电话：0411-82625612。

- **市内交通特别提示**

出租车起步价6~8元，依车型而不同。以后1.6~1.8元/公里。

- **主要星级酒店**

①国信大酒店，友好广场，电话：0411-82825222。

②裕园大酒店，新开路78号，电话：0411-83680787。

③海景酒店，港湾街2号，电话：0411-82728888。

- **特色街区提示**

有胜利桥旁的俄罗斯风情街以及天津街（美食街）和日本风情街等。

的天天渔港、港湾广场上的新东方酒店、中山广场上的三山岛酒店、黑石礁西侧的小平岛酒家等。此外，站前广场旁的烧烤一条街、盐场海鲜一条街等都是小吃美食摊店集中地带，值得光顾。

▲ 大连人民广场

欲吃普通快餐可选择当地有名的天添乐快餐店和本浩快餐店，它们均在火车站边，里边红烧牛肉、鱼香肉丝、红烧鸡块等荤菜一般10~12元1份、汤1元钱1碗、米饭1元钱管饱，花上15元钱即可吃好一顿，算是物美价廉。

游客在大连重要的游览项目有：

金石滩（5A级景区）

金石滩是大连最最壮阔气派的海滨新景区，海域辽阔、奇石密布、美景云集且开发起点甚高，是游客必游的首选佳景（从香炉礁站乘轻轨或从建设路乘专线快巴50分钟即到金石滩，需停留至少一天时间）。本书后面将有详细介绍。

老虎滩海洋公园·极地海洋动物馆（5A级景区）

老虎滩乐园观光虽是传统老景但已面貌全新，除有海滩、礁石奇景外，近年来新建了极地海洋动物馆、水下世界、鸟语林、海豹表演场等新景，游乐项目多，已成为大型综合游览区，从这里上船还可去当地名景棒棰岛观光。

极地海洋动物馆是近年来新建的世界上最大的极地海洋动物馆，由极地动物区、表演区、鲨鱼区、极地体验区四部分组成。馆内白鲸、海象、海狮、企鹅和鲨鱼、北极熊等动物种类繁多、憨态可掬，动物表演妙趣横生，游后令人甚为快乐开心。

▲ 金石滩海滨奇景

星海公园

亦是传统老景，海景一般，但园内新建了亚洲最大的通道式水族馆圣亚海底世界，陈列展出上千种上万条（只）珍稀而美丽的

- **天添乐快餐店**

火车站前店，在大连火车站广场西南角，门面不大但游客出站后很好找，刚下车的游客先在这里填饱肚子吧！10块钱可吃得心满意足。

- **畅游金石滩**

¥景区通票90元。含中华武术馆表演。

具体游览指南见本书后边介绍。

- **老虎滩海洋公园观光**

🚌4、30、102、402、403、404、712路公交车可到。

¥门票15元，去棒棰岛观光船费13元，详细游览需停留2~3小时。

- **极地海洋动物馆游乐**

¥联票190元，含大门票、极地馆、珊瑚馆、鸟语林。0411-82686295。

这里是我国目前唯一一个国家极地科普教育基地，极地科考船（"雪龙号"）不定期地到大连巡展，游客可登上船参观。

- **星海公园观光**

🚌23、28、202、406路公交车可到。

¥圣亚海底世界门票100元，圣亚极地世界80元，两景联票150元。以停留2小时为宜。

海洋鱼类，缤纷瑰丽、美不胜收。不久前，这里又开发了以南北极和青藏高原景观为背景，以极地探险为主题的圣亚极地世界，与美国好莱坞及迪斯尼乐园异曲同工，颇为神奇诱人。从星海公园上游船还可沿海岸线观赏到燕窝岭、金沙滩等10处滨海佳景，快乐又开心，星海公园东侧的星海广场异常辽阔壮美，非常值得一看。

动物园

大连动物园本来在北方同等园林中已享有盛名，迁至新址后，规模面积扩大了11倍且园区建造布置得美丽、生动、富有情趣，就是北京、上海等大城市的游客观后也甚觉开心快慰。

滨海路

滨海路是大连近年来新开通开放的沿海新路，全长35公里，分为南、北、西三段，沿途有海之韵广场、棒棰岛、老虎滩、北大桥、燕窝岭、秀月峰、傅家庄、银沙滩、金沙滩等数十处景点，山光柔美，海景旖旎，宛若一条玉带串联起无数颗珍珠。游客可乘出租车（从棒棰岛或老虎滩乐园至星海广场，反向行走更好）游览半程或全程，把山海美景尽收眼底。

广场风光

大连市内的广场特多且风格各异，以乘801路车为例，沿途可看到大连最大最气派华美的星海广场、最漂亮的人民广场（市政府前花园锦簇、鸽羽成群）、最繁华的胜利广场（火车站前商业街）、最喧嚣热闹有“音乐广场”之美称的中山广场（每晚有大量市民聚集在此载歌载舞）。广场风光大检阅内容绝对精彩丰富，是在人民广场上与漂亮的和平鸽群合影，是到胜利广场逛街购物，还是去中山广场与大连人一起轻歌曼舞，请你随心所欲、任意选择。

旅顺口

旅顺口是大连的一个区，距大连市不到1小时车程。这里依山傍

冰峪沟旅游风景区游览示意图

- **游览动物园**

¥门票60元，观二期工程另收60元。需逗留至少2小时。

- **滨海路乘车观美景**

🚌从兴海广场打车至棒棰岛需45~50元。

- **广场风光大检阅**

🚌可乘801路随意观览，车上观光和下车细玩皆可。

- **旅顺口观光**

大连火车站前的胜利广场有大巴直达旅顺，20分钟/班，车票9~13元。另外也可从大连城西的黑石礁乘中巴（5分钟1班），票价7元，1小时即到旅顺。

在旅顺观光可包出租车，一天需100~120元（游览当地各主要景点含老铁山观海景），只含车费，不含门票。

- **蛇岛观光**

过去非常神秘诱人的蛇岛已于数年前开放，但接待游客的时间不定期，欲去蛇岛观光可与大连或旅顺的旅行社联系。另外设在旅顺城内的蛇岛博物馆可向游客展示蛇岛全貌，很值得一看。

辽宁省

海、山清水秀。旅顺的主要景点有军港、建在白玉山顶的公园和海军兵器馆、蛇岛博物馆、203高地、阴森恐怖的日俄大狱以及数处古炮台，近年新建的海洋馆也很大很有气派，从旅顺上船还可去蛇岛观光，从这里去山东蓬莱亦只有4小时船程（详细游览旅顺至少需大半天时间）。

冰峪沟

冰峪沟位于大连东北方向的庄河市境内，由凌云峰、英纳河、小峪河三个游览区组成，有花果山、双龙江、仙人洞、云雀峰等数十处景点且山水兼备，有“北方小桂林”之称，是春夏秋冬四季景色不同，皆宜观光的新景区（自助游可以，在大连市内参团前去更佳）。

• **乘车游滨海路**

推荐出租车司机刘师傅，服务态度好且收费公道，手机：13941174886。

• **游览冰峪沟**

大连火车站前胜利广场有观光巴士直达，发车时间6:20~16:30，票价45元，2小时可到。另外在北岗桥汽车站，每天6:00和7:25各有一班车直达冰峪沟，车票22~34元。亦可先乘车从大连到庄河，庄河到冰峪沟的车20~30分钟一班，票价7~8元。

¥景区门票120元，含所有景点及船票。

辽宁省

推荐特殊游览方式

一天内游遍大连市和旅顺口的主要风景区

按照一般人的游览观光速度，游大连和旅顺口应该是放在两天时间里分别进行的，但由于一些游客时间紧促，加之大连和旅顺口各景点之间的交通非常方便通畅，所以一天内既游大连又游旅顺口是完全可以实现的，最简明快捷的方法是参加大连市各旅行社举办的大连—旅顺一日游（大连火车站前广场东、西两侧均有售票点），只要游客在7:00前到售票点报名交费，都来得及参加当天的旅行团队，去畅游大连市区和旅顺口的迷人风光（头一天预约更好）。

大连—旅顺口一日游日程和收费标准如下：

①景点安排：先乘车从大连去旅顺口，游览白玉山、兵器馆、万忠墓、电岩炮台、胜利塔军港及旅顺口大狱珍珠园等。然后返回大连，游星海公园（含圣亚海底世界）、星海广场、滨海路、燕窝岭、北大桥、金沙滩、群虎奔海雕塑、老虎滩乐园及人民广场、水晶广场、中山广场等，一日内基本游遍了大连市区及旅顺口的各主要景点（亦可按相反顺序游完大连再游旅顺）。

②收费标准：每人130~140元，含全程往返车票、导游服务费、保险费及旅顺各景点的门票费用，大连市的景点门票则由游客自理。上述标准只是指导价，团体游客还可适当优惠。

大连—旅顺口一日游虽略显紧张、仓促，但内容丰富、收费不贵，有要事缠身不能久留的游客尽可一试。九龙旅行社咨询电话：0411-82734440，该社可以上门接送游客。

游览安排

在大连游览有3天时间可玩得详细、全面而舒适、宽松。

D❶：金石滩观光游乐：游黄金海岸、恐龙生态园、金石缘公园、金石高尔夫球场等。

D❷：市区观光：老虎滩乐园、极地海洋动物馆、棒棰岛、滨海路、星海公园、动物园，乘车观览市区各广场。

D❸：旅顺口游览：军港、白玉山、大狱、电岩炮台、胜利塔等，亦可加上蛇岛观光。

节省旅费的窍门

A.大连金石滩海滨边的星级宾馆都“贼贵”，但是旁边的乡村中有便宜旅馆，可去一试。城市西边的黑石礁有些便宜旅馆可关注。另外泊锚在老虎滩海滨的104号驱逐舰上也可让游人住宿，最低40元/人。

B.吃快餐便宜实惠，大连市内有许多快餐连锁店，如著名的天添乐和本浩快餐店（它俩分别在火车站广场的西南角和西北侧）中的肉菜都在10~12元左右，汤1元，米饭1元管饱，15元钱就可饱吃一顿，这在北方各大城市的闹市区中并不多见。

发烧友特别关照

①游大连要有新视角、新方式，不能光玩传统景点，金石滩、滨海路、星海广场、极地海洋动物世界以及现代博物馆等都是新景区中的明星，旅游者切不可把它们遗漏。

②星海广场甚为开阔壮丽，广场上有许多美景和游乐方式，几乎成了大连市区的必观之地。滨海路依山傍海，路上的金沙滩、银沙滩、燕窝岭、棒棰岛风光皆美，绝不可不游。

③大连全年皆宜游览，盛夏季节自不待言，严冬时各大宾馆内仍是温暖如春，许多宾馆还建立了室内海水浴场，三九天仍能游泳、踏浪。

④更为精彩的时间段是金秋9月，此时正值一年一度的国际服装节开幕，大连市内外高朋满座、精英荟萃、胜景如云，此时的“北国明珠”最具奇光异彩，最是飘逸动人。

天外天

天外天——更好的玩法

①把大连和丹东连在一起玩，观赏东北两座沿海名城，大连丹东间每日有多班大巴对开，行车走高速路只需3小时，走一般公路需6小时，车票60余元即可，途中还可看到黄海海景，丹东市况可参照本书后面内容。

②把大连和千山连在一起，山光海色尽收眼底，本书稍后为您详细介绍这条游览线，可供参照。

③把大连和山东半岛的蓬莱、烟台、威海、青岛等海滨城市一起玩（从大连渡海去山东只需4~6小时船程），线路全新、味道全新，本书前边有山东各大城市及景区的详细介绍，供您参考。

▲ 旅顺口海滨风光

大连金石滩（5A级景区）

电话区号　0411
游览咨询　87900700
　　　　　87900241

到过大连的人，都不会忘记老虎滩、星海公园等滨海名胜的迷人风光，但如果你以为它们就是大连风光中的精华所在，那可真是大错特错了。大连新近开发开放了一处国家级旅游度假区金石滩，风光之美“统镇”大连从前所有的传统老景。

辽宁省

金石滩位于大连东北端的黄海之滨，海岸线总长近30公里

这里海景壮美、沙滩漫长、奇石密布、巧夺天工。景区的东部遍布生成于震旦纪、寒武纪的巨型沉积岩石，在大自然千万年的海蚀风摧的雕琢下，形成了近百处海滨奇景。这些巨石有的像石猴观海、大鹏展翅，有的如巨龟探路、猛虎回头；其中最生动形象的是景区的主景“恐龙吞海”，那长达三四十米的巨型岩石酷似一只硕大的恐龙，正步履蹒跚地爬到海边张开大嘴吸食海水，其身姿、神态惟妙惟肖、栩栩如生。由于金石滩海滨奇石众多、形状独特，所以这里被人称为“中国独一无二的、世界极其罕见的、地球不能再生的‘神力雕塑公园’”。

金石滩海滨空气清爽、沙滩洁净、自然环境十分幽雅迷人

目前景区内已建有数十家宾馆、度假村和观光游乐场所，像著名的金石高尔夫球场、金湾高尔夫球场、国际赛艇俱乐部、黄金海岸度假区、金石缘公园、名人蜡像馆和金石锚地俱乐部等都是游人休闲度假的好地方。这里特别值得一提的是中、美、中国香港三方合资兴建的金石高尔夫球场，它三面环海、一面依山、环境优美、空气清新，整个球场就是由蓝天、绿地、碧海、银球、鲜花、红楼构成的一幅鲜艳夺目的风景画，堪称金石滩海滨的一颗明珠。盛夏时节走进金石高尔夫球场，你会对以下两个词语体会颇深：一是风光如画——视野内到处是盛开的花朵、如茵的绿草和低飞盘旋的花喜鹊群；二是沁人肺腑——迎面吹来的微微海风甭提多清凉、多爽快、多宜人。这时候你才能真正体会到人头攒动的大城市是多么令人燥热难忍、空气是多么混浊不堪，你才会从心底发出这样的赞叹：哇！原来人类理想的生存环境是这样的啊！

▲ 金石滩奇景“恐龙吞海”

游览金石滩，白天夜晚皆开心

白天可以观光、嬉水、荡舟，到金石缘公园看岩石奇景，到奇石馆看近千件珍贵石藏精品，到黄金海岸游泳、打沙滩排球，到金石蜡像馆观赏数百尊中外名人蜡像。即使你不是会员，也可到金湾高尔夫球场训练场打高尔夫球（只要购买了景区通票，即可在球场上免费打三场），晚上的活动亦同样令人快活开心，既可以到海边纳凉、吹风、观夜景，还可参加金石锚地俱乐部等团体举办的夜餐和歌舞晚会，金石发现王国主题公园的各国演员们每晚都会为游客献上一台歌舞表演，金石滩的夜晚很凉爽、很舒适、很欢乐、很温馨。

游览指导

外地人去金石滩旅游非常容易，可以先乘火车到大连，从大连火车站西北角的轻轨车站上车可直抵金石滩，车程 52 分钟，车票 8 元。抵金石滩出站后即看到了游览中心和观光车始发站，购买景区门票后即可乘车出发游览。

金石滩有众多的宾馆、饭店、招待所，其他服务设施也一应俱全，所以游客的饮食、住宿均非常方便。游览金石滩一天工夫只能走马观花，用 2~3 天时间才能玩得从容、开心（景区通票 120 元，含金石缘公园、名人蜡像馆、金湾高尔夫球场、影视艺术中心、狩猎场、中华武术馆表演等 10 余处景点）。景区环路观光车票 20 元/人，10~20 分钟发 1 班车（购买 120 元的套票后可免费乘车），可载游客沿海岸线环行，观览游玩上述所有景点。笔者力荐您去景区东缘的金石高尔夫球场一游，那里的空气、环境俱佳，风光亦是妙不可言。另外新开放的金石发现王国大型主题公园中游览观光项目多而诱人（疯狂眼镜蛇、太空梭、星际旅程、沙漠风暴、翻江倒海、水上大冲撞等游乐项目都很刺激），还有歌舞表演，是金石滩观光新亮点，门票白天 170 元、晚间 100 元。

旅途中

旅游锦囊——在金石滩节省旅费的窍门

①位于海边的金石滩国际会议中心和锚地宾馆地点均好，条件亦佳，但房价都不便宜，而锚地宾馆以东不远有几家宾馆和一家普通度假村稍稍实惠一些（观光车可到）。

②金石滩度假区东北角有个叫满家滩的地方，是当地人的聚居地(观光车和客车均可到)，这里有普通旅店和普通餐馆，收费低廉。

③锚地宾馆的餐厅（是宾馆以东路北侧的这家）每天有 16~20 元的套餐，含 1 菜 1 汤 1 饭，量不小足够 1 个人吃饱，是海边景区内相对便宜的用餐方式。锚地宾馆总台电话：0411-87902012、87900027。

▲ 金石高尔夫球场

辽宁省

电话区号	0412
千山管委会	5410231
旅游投诉	5536485
旅游咨询	5568187
千山旅行社	5410004

鞍 山

鞍山地处辽东半岛北部，东临千山山脉，西接辽河平原，是中国北方最大的钢铁工业基地，亦是东北境内集自然风光、温泉康复和宗教文化多种资源为一体的旅游名城。鞍山市及周边的风景名胜有千山、汤岗子温泉、海城白云山及盘锦红海滩等，其中千山是国家级重点风景名胜区，面积达72平方公里，风光甚好，享有“东北第一名山”之称。

▲ 千山秋色

气候与游季

鞍山属大陆性气候，冬冷夏热，四季分明，1月最冷，7月最热，4~10月为游览最佳时节。近年来亦有不少游客冬季到千山观赏雪景，冬天到汤岗子温泉洗浴疗养更是舒适宜人。

交通

铁路

沈大铁路途经鞍山，有列车直达沈阳、大连、长春、哈尔滨、北京、上海、广东。其中有2549次列车同北京对开且直达，行车8小时即到。

公路

长客站位于火车站东南侧，有大巴直达沈阳、大连、丹东、本溪、天津、北京。其中行车到沈阳只需1小时，到天津和北京可夕发朝至。笔者坐过鞍山到北京的快巴，很快也还算舒服。

住宿

鞍山市区宾馆众多，星级宾馆有环球酒店、国际大酒店、天河酒店、五环酒店等，房价在全国各中等城市中属中档，另

- **火车站问讯**

电话：0412-2224750。

- **客运站问讯**

电话：0412-2225019。

- **住宿提示**

①住在火车站前广场，优点是交通太方便，一般宾馆的标准间也就是100元上下。条件稍好的三星级宾馆有天河宾馆等，房价不贵的二星级宾馆有蓝天宾馆、邮电宾馆等。

②住在千山山门处，空气好，游览方便，既有星级度假村，亦有床价在30元左右的个体旅社。

③住在千山山门内，积翠宾馆条件很好，电话：0412-5410121。

有不少普通宾馆和招待所，标间只需 70~100 元。此外在千山风景区大门外，还有大批观光宾馆、度假酒店和各类度假村，接待不同需求的游客。

千山游览示意图

主要景点

千山

在鞍山市区东南约 30 公里处，层峦起伏、千峰叠翠，共有大小山头 999 个，因而享有“千朵莲花山”的美誉。共分北沟、中沟、南沟、西沟四大景区，其中北沟是开发最早的传统景区，沟内海拔 550 米的五佛顶是千山最佳观景点之一。近年来，千山又发现了一座由整座山岩组成的巨型天然弥勒佛像，高约 70 米，可与四川乐山大佛媲美。千山山深林密，气候凉爽，风光秀美，因而成为东北境内著名的游览观光胜地。

玉佛苑

位于鞍山市东山景区内（在鞍山至千山的必经公路旁），内有玉佛阁、玉带桥、山门等组成的巨大仿古建筑群。其中玉佛阁内有一块高 7.2 米、宽 6.8 米、厚 4.1 米的巨型玉石王，上有 120 名玉雕师用 18 个月时间雕刻成的精美释迦牟尼像，成为价值连城的世界最大玉佛（1997 年入选吉尼斯纪录），每年吸引众多观光游客观览瞻仰。

汤岗子温泉

地处鞍山市南 15 公里处，共有泉眼 18 个，地下涌出的温泉水温高达 72℃，含有钾、钠、硫、镁多种微量元素，可饮可洗，有明显的健体强身和祛病的作用和功效。现建有大型洗浴疗养中心和宾馆酒店群。

周边景点

本溪水洞

在本溪市区以东约 35 公里处，是北方罕见的大型充水溶

- **千山**

从鞍山火车站乘 308 路汽车可直达千山。

景区门票北沟 80 元。南沟 30 元。

观光车 10 元。

景区北沟的五佛顶、天上天、大佛景区和南沟的仙人台都是绝佳观景点。

- **郑重关照**

游览千山北线最好乘缆车上而步行下，否则全程步行上下太费体力和时间。

- **玉佛苑**

从火车站乘 308 路可到。

门票 70 元。

- **汤岗子温泉**

从鞍山火车站乘 113 路公交车可到。

- **本溪水洞**

从本溪火车站乘游览专线车可到。

水洞门票通票 167 元，含地质博物馆门票和电瓶车费。

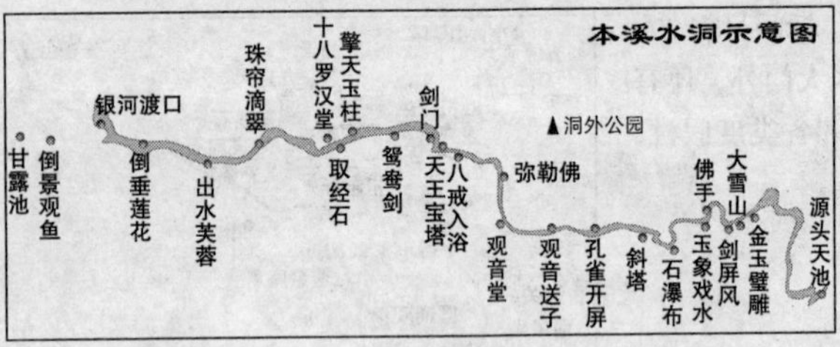

洞，分为水洞和旱洞两大部分，全长约6公里，目前已经开发开放的游览线长约2.8公里，内有三峡、七宫、九湾等多处景点，游客可步行和乘船进洞参观。

- **盘锦红海滩**

北京、沈阳、抚顺、鞍山都有火车直达盘锦，另外从沈阳或鞍山乘汽车，3小时可到盘锦，盘锦市内的锦江宾馆前有专线车到达红海滩，车费6元，车程1小时，包租微型车前去亦方便。

¥门票110元含观光车费。

景区门口有度假酒店提供食宿。

盘锦红海滩

在辽宁省盘锦市以南的辽河三角洲海滨，因海滩上长满紫红色的碱蓬草而得名，风光奇异，在国内各海滨景区中独树一帜。此外这里还有数十平方公里的滨海苇丛湿地，人迹稀少、野味甚足，游人来此可以观赏到丹顶鹤、野鸭、海鸥等上百种鸟类、飞禽，得到新鲜独特的观光感受。

发烧友特别关照

千山风光真不错，山头众多、森林茂密，还有许多溪泉、奇石和庙宇，北方能有这样的山真是不可多得、来之不易，加之千山空气清爽、环境洁净、旅游设施完备且景区管理非常规范有秩，因此游客来此一游必觉物有所值（从北京来千山观光也很容易，有23：55始发的2549次列车直达鞍山且夕发朝至，全程运行只需8小时）。所以来鞍山别的地方可灵活掌握，千山可不能不游并且最好在这逗留两天时间。

千山景区内的五佛顶景区是传统老景点，而景区的天然大佛和弥勒大佛宝塔是近年新开发开放的景点，也颇具观光价值，因此应该把它们通览一遍。住在景区内的积翠宾馆是绝佳选择，环境好、条件也好。尤其宾馆餐厅内的10~15元/份的自助早餐品种丰盛，吃完了到中午都不饿。笔者强力推荐这家宾馆。

游览咨询接待电话：0412-5410231。

▲ 美丽千山——千山景区大而风光秀丽，非常值得一看

丹东

电话区号	0415
丹东市旅游局	3147949
旅游投诉	3147943
金方舟国际旅行社	2165447

丹东是中国最大的边境城市，它位于辽宁省东南鸭绿江与黄海交汇处，与朝鲜民主主义人民共和国新义州市隔江相望。丹东风光旖旎、气候宜人，边陲美景，特色鲜明——鸭绿江水碧波荡漾、中朝友谊大桥挺拔雄伟，锦江山、鸭绿江、国门、端桥诸公园四季秀逸，凤凰群山雄奇俊美，周边的青山沟、五龙背温泉、大孤山古庙、大鹿岛和虎山长城等山水美景亦都像群星簇月、光芒映衬、熠熠生辉。此外，丹东市的每家旅行社，都开办赴朝旅游的业务，游客只需交纳费用并提供身份证原件（无须办理护照），就可以出境到朝鲜民主主义人民共和国进行一天至七天的开心旅行。

气候与游季

丹东四季分明，但冬夏季较短而春秋季节较长。游览佳季为 4 月中旬至 10 月底。

▲ 鸭绿江风光

交通

航空

丹东机场位于市区以南的浪头镇，与济南、北京、成都、威海、上海、深圳、海南等地有航班互通。丹东市区有 5、8、10 路公交车直达机场，此外市内的民航售票处（位于锦江路）亦有专线车去机场。

铁路

丹东有多次客车开至各地，其中距沈阳 277 公里，特快开行 3.5 小时左右即到，丹东到北京间有 K27 次特快运行，行车只需 13 小时，硬座票 143 元。

公路

丹东市有各类公路大巴发往周边各省市，乘汽车往返极为方便，其中大连到丹东走高速公路只需 3 小时，沈丹高速公路早已修通，从沈阳到丹东走高速路只需 2.5 小时。

- **笔者关照**

丹东这个城市挺干净、挺稳定，风光美又有边陲风情，去一次应有满意收获，有工夫你就去吧！

- **航空问讯**

电话：0415–10060。

- **丹东火车站问讯**

电话：0415–2020114。

- **客运站问询**

客运站距火车站甚近，电话：0415–2134571。

• **参考住宿**

①鸭绿江大厦，九纬路，电话：0415-2125901。

②丹东宾馆，山上街，电话：0415-2127312。

• **锦江山公园**

23路公交车可到。

¥门票免费。

一定要登上中朝友谊亭，定能得到壮美观感。

• **鸭绿江江滨风景区**

从火车站乘6、21路公交车可到。

¥端桥公园门票30元。

江滨景区各段都有游船码头，有各式游船随时载客去鸭绿江心游览。船费50元/人。

雨季时江面上涨满了水，游船可开至离朝鲜岸边只有几米的地方，新义州市清晰可见。

• **游览鸭绿江提示**

游船可开到距南岸朝鲜新义州只有几米间隔的江滨，但切记不可随意登上岸，也不可对朝鲜士兵随意拍照，否则有可能发生政治纠纷，不是闹着玩的。

• **沿江经济开发区**

6、21路公交车可到。

住宿

在丹东，非常有名的酒店是山上街69号的丹东宾馆，从这儿可以俯瞰全市风光和鸭绿江秀色，其他三星级酒店还有永立大厦、国际酒店、鸭绿江大厦等，中小旅馆数量不少。与其他中等城市相比，丹东市的住宿不是太便宜（可能因为途经丹东的出境观光客不少），中等条件的宾馆标间打折后亦在100元左右，火车站前有些小型旅店，房价低但条件不甚理想。

餐饮

因与朝鲜相邻，所以丹东市区内有不少朝鲜风味餐馆，随处可吃到泡菜、冷面、狗肉、打糕等朝鲜族饭食。又因沿江靠海，所以街面上的海鲜餐厅亦有不少，欲吃大黄鱼、对虾、海蟹等非常容易。丹东一般餐厅中的菜价比北京等大城市略微便宜一些，即使在享乐消费设施齐备的沿江开放区内的海鲜餐厅中用餐亦没有贵到哪里去，所以笔者推荐到鸭绿江边观景后就地品尝当地美食（不必回市区吃），但最好避开最豪华的东海渔港一类而选择菜价标在门外招牌上的中档餐馆。

主要景点

锦江山公园

锦江山公园位于市区制高点锦江山上，园内繁花吐艳，绿树成荫，山巅有中朝友谊亭，站在亭顶极目远眺，鸭绿江浩浩荡荡，从东北一直流向西南，几乎占据了180度的宽阔视野。入夜，鸭绿江大桥彩灯如练，身姿迷人，锦江山是俯瞰丹东市区全景和对岸朝鲜新义州风光的绝好地点。

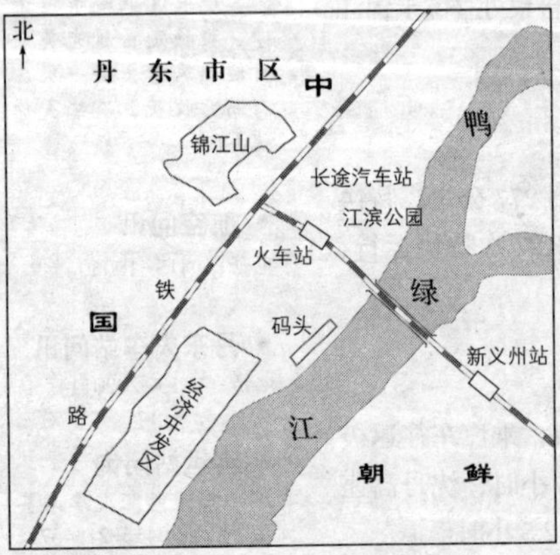

鸭绿江江滨风景区

这里一字排开分布着三家公园，分别是鸭绿江大桥公园、国门公园、端桥公园。鸭绿江大桥公园内有多种游览设施，是丹东最传统的景点。国门公园位于鸭绿江大桥正下方，在此可以看到国际客货列车从头顶上隆隆驶过，充分感受“国门”的气氛。端桥公园的主体是鸭绿江上的一座在战争时期被炸断的巨大铁桥，登上桥顶，可以饱览鸭绿江两岸的绚丽风光。

▲ 凤凰山山景

沿江经济开发区

位于丹东鸭绿江大桥西侧，紧邻端桥公园，长近1公里的距离内建满新颖别致的各式建筑群，宾馆、写字楼、大型商厦、夜总会、洗浴城、美食城一应俱全。开发区道路平展，路边种满鲜花绿树，江边亦有游船码头，是乘船游江和眺望对岸朝鲜风光的最佳地点。

抗美援朝纪念馆

建在锦江山西麓，由纪念塔、陈列馆、全景画馆三大部分组成。馆内陈列的大量图片、文字和实物向游客完整、全面地反映为时三年的抗美援朝战争的历史（连上甘岭的坑道在馆中都有1:1比例的复制让人观赏），是游客接受爱国主义教育的好地方。

凤凰山

耸立在丹东以北57公里处的凤城市城东，山势挺拔，山路艰险，有百步紧、天下绝、老虎口等多处奇景，游客登山可以看秀丽风光，下山后可以去不远处的五龙背温泉洗浴（温泉泳池门票25元），作一日游览很合适。丹东市各旅行社均有此业务，从丹东出发去凤凰山作自助游亦方便。

虎山长城

一段长度不大但形态很美的长城，盘踞在鸭绿江畔的虎山之巅（距丹东约40公里），它才是万里长城真正的最东端（山海关的老龙头并不是）——清江秀色、长城雄姿及不远处的朝鲜异国风光，游客登上虎山可随意观览。

青山沟

丹东东北部宽甸满族自治县境内的新兴山水风景区，有青山湖、虎塘沟、飞瀑涧三大景点，近年来知名度迅速提升（门票110元含满家寨）。此外，丹东附近还有大孤山、天桥沟国家森林公园、大梨树村等景点。

- **抗美援朝纪念馆**

  🚌 3、4、5、21、22、23、24路公交车可到。

  ¥门票免费。开放时间8:00~16:00。

- **凤凰山**

  从丹东乘各类客车向北，只需1小时即到凤凰山。

  ¥门票60元。

- **虎山长城**

  从丹东客运站乘客车车费4元可到。

  ¥门票60元。

- **青山沟**

  可从丹东客运站经宽甸县后抵达青山沟。

凤凰山游览示意图

辽宁省

兴城

电话区号	0429
旅游投诉	3152927
葫芦岛市旅游咨询	3126907
港中旅行社	5138855

兴城市位于辽宁省西部，西南距山海关约 100 公里（从北京乘火车 4 小时即到）。它是我国唯一一个集山、海、岛、泉、城为一体的游览疗养胜地。这里有：美丽富饶的兴海湾——海岸线全长 14 公里，已开发 2 公里；巍峨壮美的首山——居高临下、地处要冲，扼守辽西走廊重要关隘；海景壮阔的菊花岛——辽东湾上最大的岛屿；北方罕见的温泉——水温高达 70℃，含十几种矿物质和微量元素，可饮可洗，能治多种疾病；特色鲜明的明代宁远古城——我国迄今为止保存得最完整的四座古城之一。

全景区 42 平方公里的范围内竟分布着 50 多处名胜古迹。只要你来到兴城，不论是攀山，还是游海，不论是消夏避暑，还是寻古探幽，都可以玩得有滋有味、新奇刺激。近年来，每到盛夏时节，对北戴河、大连已少有新鲜感的游客正越来越多地涌向兴城海滨，美丽的兴城风光正为越来越多的游人所了解和喜爱。

▲ 兴城海滨风光

气候与游季

北方海滨风景区，夏秋凉爽宜人，冬季稍显寒冷（年平均气温 8.7℃），4 月末至 9 月底为游览佳季。

- **笔者的游览印象**

这个小城市真不错，风光美、人口密度小、物价又便宜，可惜冬天有点冷。

- **旺季乘车应注意**

去兴城提前购票很重要，尤其是暑期中的双休日，“临时抱佛脚”常常是不行的。另外从兴城返回时火车票不一定好买，此点应有心理准备。解决这个问题有个好招，可以从兴城买火车站票或乘汽车到山海关、秦皇岛，这里始发列车多。另外兴城有大巴直达天津、北京，提前一天买票更好。

交通

京哈铁路上的许多直快（还有少数特快）在兴城停靠，从北京或沈阳乘特快到兴城只需 4~5 个小时，从山海关或锦州到兴城只需 1 个多小时。

从北京到兴城有 1713 次、1138 次、2589 次等列车可乘，运行 5~6 小时左右可到兴城。

住宿

兴城市区及兴海湾风景区内外遍布各种档次的宾馆、旅馆和度假村，总数有百八十家。除去盛夏时节外，接待能力严重过剩。从游览观光方便的角度衡量，住在兴海湾比住市内更合适，可以轻而易举地下海游泳和观赏日出。条件好而位置奇佳的宾馆首推兴海湾边的钓鱼台宾馆，标间旺季才140~200元。房价便宜的宾馆有景区门外的海浪花宾馆、金海宾馆等多家，旺季80~120元、淡季50~60元的住处不难找寻。

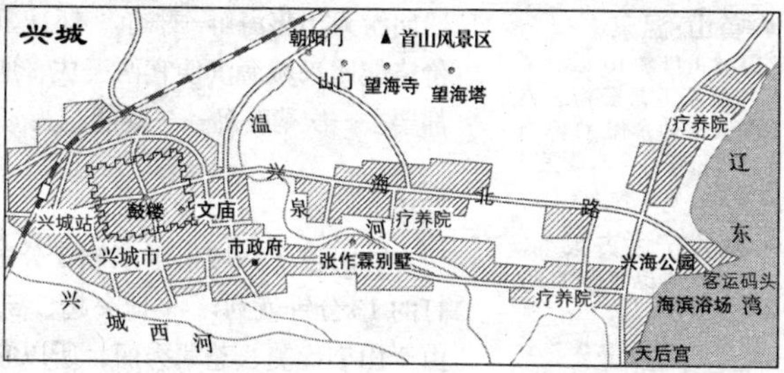

餐饮

兴城市区餐馆内的菜价非常便宜，一般餐馆中有不少8~15元钱的炒菜，凉菜多在5~8元，海滨景区内的海鲜馆菜价不便宜但可以砍价。以笔者的观察这类餐厅中的肉菜一般不能砍价，但海鲜砍下20%的价钱完全可能。要注意的是砍价一定要对养在鱼缸鱼盆中游动的或是从冰箱中取出的冷冻的海鲜实物砍价，而不能光对着菜谱砍价，否则只能是纸上谈兵——价码砍低了而上菜的分量（尺寸）也降低了，岂不是自欺欺人，枉费心机。

主要景点

兴海湾

从兴城火车站前广场西侧乘1路公交车（票价1元），沿着笔直的兴海大道，只需半小时，就来到了美丽的海滨风景区。海滨景区以高大的菊花女神像为中心，全长近1500米，是一个典型的半月形海湾。这里海水洁净、坡缓沙平、海滩上有多处浴场和各类嬉水游乐设施，供游人任意享用。登高空缆车观远景、乘摩托艇出海兜风、到碧波深处击水游泳，游人可以“由着性儿折腾”（笔者力荐各位游友乘一次兴海公园内的圆形轮盘式高空缆车，这虽然是一种“小儿科”式的游乐观光项目，但是缆车升至顶端后能让你看到无比开阔壮美的兴海湾全景）。海滨景区内还有众多依山面海的宾馆、招待所——游人在房间里就可以看到美丽的大海日出；各类海鲜餐厅更是星罗棋布——海货繁多任君品尝。

菊花岛

菊花岛与兴城隔海相望（45分钟船程），它是渤海辽东湾上最大的岛屿，岛上的唐王洞、八角井等景点虽然风光一般，但岛周围的海景却挺壮美，加上这里每天都有出海归来的海

- **推荐海滨便宜而实惠的住处**

环海大酒店，就在兴海湾景区大门斜对面（在大门的东北方向马路对面），一楼是海鲜餐厅，价格透明公道；二楼至五楼是客房，条件甚好的标间房价一般季节只需80~100元。电话：0429-5428888。

- **品尝海鲜要注意**

要弄清海鲜海货菜肴的详情，一次笔者在海滨餐厅吃番茄鱼，发现竟是用罐头加热后制成的。又有一次买了一份20元一盘的“刀鱼”，吃时发现就是普通带鱼（带鱼在海边亦叫刀鱼）。在北京饭馆中16元一盘的带鱼我都常常舍不得吃，却到海边去吃20元一盘的带鱼，你说可笑不可笑。

- **兴海湾**

从火车站去兴海湾可乘1路公共汽车，票价1元。若打的、包车只需12~15元。

¥兴海湾门票5元。

- **菊花岛**

¥兴海湾东侧有游船码头，去菊花岛往返船票60元。

¥门票通票130元。其中往返船票60元。

菊花岛上有旅游车，乘车游览很省劲，车票15元，包岛上往返。岛上的雷屯村和码头附近有不少渔家旅社，可吃可住，收费不贵。

• **首山·温泉**

¥首山门票10元。

如果不想登山，在兴海大道的东侧（1路汽车沿线）可以向北遥望首山远景，轮廓挺美。

• **明代宁远古城**

从火车站步行15分钟就到古城。

¥登上古城城楼环行一周可看尽城区全貌，收费通票50元。

• **古城西门**

“李向阳占领城南关”的镜头画面是在这里拍的，好好看看吧!

• **古城南门**

门外是兴城现在最繁华的商业区，街景古朴而又红火喧嚣，不论你买什么东西，都可以到这里来。另外这里有家天福商城，一楼的快餐厅“贼实惠”，你一定得在这里吃一顿，看看我说得准不准。

船向游人出售海鲜——鱼、虾、蟹，各种货色一应俱全，而价格能比兴城海滨便宜两三成，所以几乎所有来兴城的游人都要去一次菊花岛——既能购买海鲜，又可畅览海景。

首山

首山位于兴城市区东侧3公里处（从海滨风景区大门外打的15分钟就到），平地突起、高近330米，为全城制高点。由于山姿优美、苍翠秀丽，所以它被誉为兴城景区内有名的“睡美人”。登上主峰顶端的烽火台，游人可将山海关内外辽阔壮美的山光海色尽收眼底。

兴城有2处温泉，一处在乡下，游人很少去，另一处就在市政府东边的兴海大道上（1路公交车在此有站）。这里的温泉无色无味清澈透明、水温达70℃，泉水中含有十余种矿物质和微量元素，内饮外洗皆宜，可治多种慢性病、疑难病，即使是只洗浴一次，也会叫人通体轻松畅快，舒适无比。现在，兴城市内的许多宾馆、疗养院都已把温泉水引到了室内，游人不必出门，就可以酣畅淋漓地尽享温泉浴的美妙滋味。

明代宁远古城

宁远古城始建于明宣德三年（1428年），至今已有500余年的历史。全城呈正方形，四周有巨型方砖堆砌的城墙。城墙高近10米，周长约3.2公里（要1个多小时才能绕行一圈）。全城东、西、南、北四座门楼和城内的鼓楼、炮台、石坊等古建筑全都保存完好，中心街道“明代一条街”经修复也都恢复了古时的旧貌，游人在古香古色的城内走一遭，仿佛感到了时空逆转、自己又回到了遥远的古代。由于兴城古城是我国保存得最完好的四座古城之一，所以它一直是众多影视作品首选的外景地，像大家熟知的《平原游击队》、《三进山城》、《吉鸿昌》等都是在这里拍摄的。想一想“李向阳占领城南关”、“烧鬼子的粮库”、“端松井的老窝”那一个个精彩片段中的镜头在这里是否似曾相识？追寻“李向阳的踪迹”，会给你的古城游平添颇多情趣。

推荐游程

在兴城游览至少也要两天工夫，游程可作如下安排：

D1：上午游海滨景区，菊花女神像拍照并嬉水游泳。下午乘船去菊花岛，看海岛风光并购买海鲜。晚上品海鲜美味、览海滨夜色。

D2：早上观大海日出，继续海滨游乐，然后，出兴海湾去眺望或登攀首山，正午时游览古城。下午即可返回。

虽然兴城还有不少美景，但只要游了兴海湾、上了菊花岛、攀了首山、洗了温泉、逛了古城，您的兴城之旅即算非常圆满，其他地方是否前去可视情而定。

吉林省

JILINSHENG

> **黄金旅游线路**
>
> 长春—吉林—长白山

吉林省因境内的吉林城而得名，是满语“吉林乌拉”（意为“沿江”）的简称。省内既有长白山、大黑山、龙岗山等巍峨高山，亦有松花江、图们江、鸭绿江等浩荡江河，白山黑水相映，风光特色鲜明。古时吉林曾是清朝的发源地，从而留下诸多古代王朝遗址，自然山水风光以松花湖、长白山最具迷人风韵；吉林市区因丰满电站排水造成水、气温差而形成的雾凇奇观是海内外公认的“中国四绝”之一，严冬时节频繁出现尤为引人入胜。

①长春市区有南湖、净月潭等园林景区，特色旅游可以观赏“八大部”与伪满皇宫遗址，此外长春电影城亦甚具规模，观赏电影拍摄过程并了解中国和世界电影发展史应会不虚此行（在净月潭附近新建的电影世纪城规模大，观赏及游乐项目多，亦是当地著名新兴景点）——在长春观光 1 天稍显紧张，2 天时间则显惬意宽松。

②吉林市最著名的景点是松花湖，水域面积大、湖鲜美味多，在此作短暂观光或长期度假均可。但实话实说松花湖的风景比不上黑龙江省的镜泊湖，如果从内地游览到东北后还欲去镜泊湖，那就不必对松花湖太留恋，在这里做一日游就完全可以了。

③吉林市区冬季出现的雾凇奇观“贼精彩”，可惜不是每天都有，找个宽松的时间住在吉林等待雾凇出现——工夫肯定不会白费。

④长白山太够味儿了，山势陡峭险峻、森林密、溪泉多、瀑布美而天池奇观更是国内一绝——比新疆天山天池美丽且紧凑集中多了，只有去一趟长白山你的东北之旅才能算不虚此行——2~3 天游览即可。

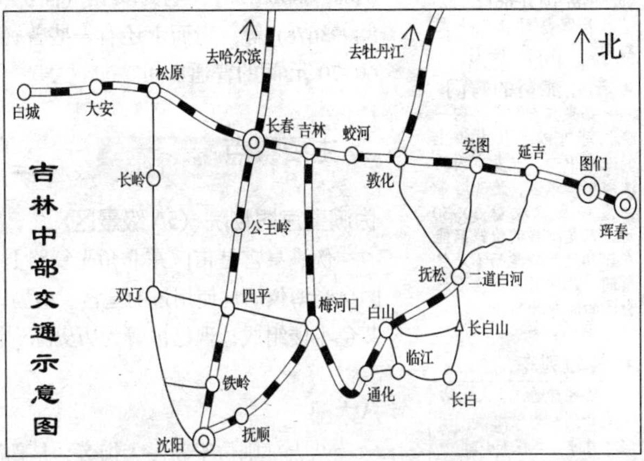

吉林中部交通示意图

长春

电话区号	0431
旅游投诉	88982014
旅行社	88527928
消费者协会	88588315

吉林省的省会，当然是全省的政治、文化、交通中心，因历史上曾是伪满洲国的国都，因而城市中遗留下大量伪满殖民遗迹，主要代表有伪满皇宫和国家级重点风景名胜“八大部”等。自然山水风光中较有名的是南湖公园和净月潭风景区，近年来兴起的以“一汽”为主体的工业观光游和以长影厂为中心的影视文化游在长春也很盛行。

▲ 长影世纪城一角

气候与游季

长春四季分明，冬季寒冷漫长，夏季温暖但短促，秋季晴朗天气多，夏、秋、冬季皆宜旅游，夏季避暑效果好、冬季冰上雪上游乐项目多，游人可择机前去。

住宿

三星级宾馆有吉林省宾馆（人民大街72号，电话：0431-88488999）、华侨饭店（湖滨街1号，电话：0431-85599888）、吉祥大酒店（解放大路80号，电话：0431-85620111）、邮政宾馆（长白路21号，电话：0431-82987888）等。二星级宾馆有长客宾馆（西安大路129号，电话：0431-87905168）、国土宾馆（建设街60号，电话：0431-88525725）、电力宾馆（面汇街12号，电话：0431-88993678）等。街面上还有一些普通旅馆招待所，可以找到60~70元/间的普通房间。

- **交通**

①有空中航班飞往全国各大中城市（长春新建的龙嘉国际机场甚具规模），飞机售票处电话：0431-87988781。

②火车站位于市区北部，电话：0431-86122222。

长客总站在火车站对面。

- **节省旅费的窍门**

如果只在长春停留一晚，那可以去住大街上的洗浴中心。长春市内的洗浴中心很多，连洗浴带休息一夜只收费30~50元，只是这样的价钱只能在休息大厅睡觉而不是住单间，睡觉时应注意看好自己的随身物品。

- **轻轨列车**

已经开通，从火车站一直开到长影世纪城，途经净月潭，车程1小时。

主要景点

伪满皇宫博物院（5A级景区）

伪满皇宫是市区东北角光复路上占地达12公顷的伪满洲国皇帝溥仪居住使用过的皇宫。由勤民楼、怀远楼、嘉乐殿等黄色小楼组成，现已被辟为历史陈列馆和博物馆向游人开放。

八大部

八大部则位于新民大街旁，是伪满洲国治安部、司法部、

游览指导

在长春观光应把重点放在长影世纪城、净月潭和伪满皇宫博物院及八大部。其中后者是长春传统古迹名景，而长影世纪城则是新兴的观光亮点，颇具长春特色。如果抓紧时间，1日内游遍上述景区是可能的。但要注意净月潭景区很大，步行观光费劲最好坐观光专线车。

外交部、交通部等八个部的遗址，八处遗址八幢大楼建筑风格均不同，外观宏伟而又个性鲜明，有较高的史学和观赏价值。

南湖公园

市区最大的公园之一，园区壮阔而幽静，湖区面积达92万平方米，陆上和湖滨有许多亭、桥、阁、榭，亦有大片的白桦树林。这里夏天可避暑观光，冬季可开展雪上爬犁等游乐活动，是长春人主要的休闲胜地。

净月潭（5A级景区）

长春市区东南12公里处的大型旅游度假区，由净月潭风景名胜区、国家森林公园和旅游度假区三大部分组成。景区范围很大，有森林、高尔夫球场、水上游乐场、滑雪场等观光游乐区，餐饮住宿设施也很完备。

长春电影世纪城

是在净月潭附近新建的大型电影文化主题公园，集美国好莱坞影城和迪斯尼乐园特色于一身，城内有三维巨幕电影、4D特效电影、水幕电影等观光游乐项目数十个，游客可在娱乐中了解电影制作过程，畅享高品位精神愉悦。

长春世界雕塑公园

主干道人民大街南端，占地92公顷，是目前国内最大的雕塑艺术馆。馆内有大批中外雕塑精品，其中来自非洲的马孔德木雕非常值得一看。

- **伪满皇宫和八大部**

  乘18路车可到伪满皇宫。

  ¥门票80元。

  乘9、13、221路车可到八大部。

- **264路车**

  264路小公共途经电影宫、南湖公园、文化广场、伪满国务院、伪满皇宫，可视为长春市内的旅游专线。

- **南湖公园**

  13、25、62、264路车可到。

  ¥门票免收。

- **净月潭**

  160路专线车可到。

  ¥门票30~40元，周一至周五半价。

- **长春电影世纪城**

  乘102、103、115、120、160路等公交车均可到。门票旺季240元、淡季120~198元，皆为通票。

- **长春世界雕塑公园**

  240、252、270路直达。

  ¥门票30元。

- **笔者感受**

  虽然吉林省内的观光亮点在长白山和松花湖，但是长春市内的伪满皇宫、八大部以及净月潭和长影世纪城均值得一看，因此可作1~2日短暂游览。

推荐游程

A. 二日游

D1：上午参观伪满皇宫，午后看八大部和世界雕塑公园。黄昏时去南湖公园。晚上到人民广场、重庆街浏览购物。

D2：去长春电影世纪城开心游乐。下午顺路看净月潭景区。黄昏时回市内坐一坐从红旗路至和平大街的有轨电车，古风浓郁很有特殊味道。

B. 影视文化一日游或一汽制造厂半日游

可去长影世纪城—吉林电视塔—长春广播电视中心观光，或去一汽参观汽车制造全过程。

长白山 (5A级景区)

电话区号	0433
景区管委会	3222220
客服热线	5710800
旅游投诉	3224385

长白山位于吉林省东南部安图、抚松、长白三县交界处，南部和东南部与朝鲜民主主义人民共和国相邻，是总面积达200余平方公里的大型山岳风景区和自然保护区。

长白山异常挺拔高峻，这里海拔2500米以上的山峰有16座，其中主峰白头山高2749米，常年为冰雪覆盖、峰高云绕，身姿特别秀丽迷人。长白山上的风光风格多样而又个性鲜明，山上原始森林密布——有针叶林带、阔叶林带、亚高山岳桦林带、高山苔原带等多种植被分布；溪泉瀑布清澈而汹涌——有东北境内最漂亮的长白瀑布；而位于白头山顶的天池波平如镜，水映蓝天白云，更是把游客带入到如诗似画般的优美境地。近年来，山上又发现了长达数十公里的长白山大峡谷等多处新景奇景，频繁在天池之中出现的“长白水怪”亦给人带来无尽的兴趣和新奇。到长白山观美景已成为我国东北境内旅游中最最令人快活开心的事情。

▲ 长白山天池风光美，天池边的山峰也身姿奇异、美丽动人

☼ 气候与游季

• **发烧友关照**

长白山风光好，天池更“够味儿”——这里的天池风光比新疆的博格达峰天池要精美、紧凑、集中得多，交通也要方便得多，所以欲观山顶天池秀色，内地游客的首选目标绝对应该是长白山而不是天山。

长白山属温带大陆性山地气候，夏季凉爽，冬季寒冷而漫长。旅游旺季从6月中旬到9月中旬，尤以7~8月游客最多。冬天的长白山虽然气温甚低，但近年来冰雪旅游的项目逐年增加，因此严冬时来此观光游览的人数亦是与日俱增。但要特别注意冬季游览需带足御寒衣服（厚羽绒衣、帽子、围巾、手套、棉鞋等均不可缺），另外在野外一定要循大路行走，不可随意进入无人的雪野和山谷，以免发生意外。

交通

航空

风景区周边的城市如长春、通化、吉林、延吉都有机场，其中延吉机场离长白山较近。如果乘飞机到长白山的话，可以先飞到延吉市，再从延吉市乘汽车抵达长白山，车程约 4 小时。从延吉有到北京、上海长春、等大城市的航班，北京到延吉天天有航班。另外距二道白河镇 90 公里的长白山机场不久前已通航，有飞长春和北京的航班。

铁路

白河站是离长白山景区最近的火车站，有发往吉林和通化的列车。从吉林乘 K7388 次列车到白河，12:29 发车，次日 05:48 到白河。从通化乘 4245 次列车，8:02 开，14:21 到白河。

经敦化：从北京（关内）及沈阳、长春、吉林方向来的游客先乘长图线火车到敦化站下车（从北京乘 K215 次，13:13 发车，次日 11:10 到敦化；从长春乘 K7365 次，8:46 发车，14:32 到敦化），再转乘汽车沿 201 国道前往二道白河镇，敦化至二道白河镇，车程约需两个多小时，车费 25 元左右。若包车（夏利）前往的话，大约两个多小时可到，车费约在 200 元上下。

经延吉：从长春、吉林乘 251 次或 631 次火车在延吉下车，转乘长途客运车或出租车到二道白河镇后即可轻松抵达景区。

公路

到长白山一般先到二道白河镇，201 国道、202 省道经过白河镇。从敦化走 201 国道、从延吉走 202 省道、从通化走 201 国道都可到二道白河，另外从安图方向乘车可到达长白山风景区。

三条登山线路

线路一：北坡登山

从山北长白山自然保护区管理局所在地二道白河镇出发，沿途观赏长白山林区风貌（针叶林、阔叶林、桦树林、高山苔原带一应俱全，红松林尤为好

▲ 落差达 68 米的长白山瀑布是东北最美的瀑布之一

• 关于二道白河镇

二道白河镇距北坡山门 28 公里、距长白瀑布 50 公里、距西坡山门 76 公里，是长白山旅游的中心，至少是长白山北坡游览的中心。二道白河分为二道镇和白河镇两大部分，其中二道镇离长白山更近，此点旅游者需注意。

• 长白山门票

进山费 100 元。天池景区 68 元。环保客车票 68 元，老人、儿童、军人有优惠。

长白山天池

▲ 长白山瀑布远景
(可惜不久前山坡上新建了登山长廊，破坏了这个好画面)

看)。1小时后到山门购票拍照并继续行进，20分钟后到天池倒站岔路口，从这里可选择两种游览方向和方式：A.乘倒站车去天文峰（途中可看到垂直分布的长白山植被和森林景观以及观景台、黑风口等景点），并从峰顶向下俯瞰天池全景和池边群峰秀色。B.从岔路口步行或乘车去瀑布和温泉方向，抵达温泉停车场后经过约60分钟的攀登，可沿登山路到达天池边，近观天池秀色（可触及池水并下湖游泳），下山后去温泉洗浴、品尝用温泉蒸煮的鸡蛋，顺路观赏小天池等景点。返回二道白河镇途中还可看峡谷浮石林和东北虎林园等其他景观。

这条线路和游览方式是目前游览长白山最常规的玩法。

线路二：从西坡登山

是指先从吉林和长春或其他地方先乘车到长白山西侧的松江河镇，然后乘汽车进山。进入山门后可以观赏的景点有原始森林、双梯子河、高山苔原、老虎背、喘气坡、天池及天池十六峰、锦江峡谷和瀑布等，其中沿千层台阶登顶俯瞰天池感觉亦很壮观。然后原路返回或向北走途经二道白河镇返回。

由于北坡与西坡间有山间公路，所以两者间亦可融会贯通，目前二道白河和松江河镇上的旅行社都开辟了同时游览北坡、西坡的线路，所以从哪条线路上山已变得非常灵活自如，如游人系自驾车游览，那当然就更方便了。此外还有从长白朝鲜族自治县上山游览南坡的方式，风光亦很美丽诱人。

• 关于长白山的怪兽

近年来，长白山天池中出现“怪兽”的消息频传，且各类版本五花八门，坐落在山脚下二道白河镇上的长白山博物馆为此单设了一个“怪兽馆”供游人参观——怪兽最后一次出现据传是在2003年的夏季（非典过后），但这个玩意儿到底是何物至今仍无定论。

• 推荐便宜实惠的住宿地点

二道镇上有蓝景花园酒店、信达宾馆、邮电宾馆等条件很好的宾馆，但价格不菲。笔者发现了两处特便宜的住宿地点，一是缘坤圆宾馆，房价至少比上述几家便宜50%~70%，电话：0433-5715478；二是白河车站边的兴杰旅馆，房间不大但卫生条件尚好，有电视的普通双人间20~30元/间，电话：13843327138。

• 景区客服热线

0433－5710800，提供预订酒店和租包车服务，可预订返程车票。

▲ 雨雾中的天池——郑氏兄弟

住宿

长白山景区的宾馆、旅馆和酒店主要分布在二道白河镇、山门附近和瀑布及倒站口附近的三大区域。其中二道白河镇上的宾馆、酒店数量多而价格便宜，加之这里有火车站、汽车站和许多大餐厅、大商店，交通购物都便利，所以许多游客都住在二道白河镇。这里既有标房价60~380元/间的高、中、低档宾馆，也有40~50元/间的普通招待所和家庭旅社，且一般时候住宿不会满员，所以可作为长白山观光时的住宿首选。

山门附近有白山大酒店等数家宾馆，房价已比二道白河镇上高一截，标房价约在250元以上。而瀑布景区附近有大宇饭店、国际宾馆、天上温泉宾馆等酒店，价格又会上一个台阶，普通房50~70元/床，标房价约在450元以上，旺季可达600元甚至800余元。不过这两个地方距景区很近，便于游览，所以受到团队客人的青睐，生意也挺红火。

餐饮

长白山区有许多特色美食，杰出代表有松蘑、雪蛤等。在景区内外的大宾馆的餐厅中用餐当然很贵，平民百姓可在二道白河镇上尽享各类美味佳肴，这里有专营烧烤的小吃街，餐馆聚集的饭店街，大小餐馆小吃摊林立，其中有不少经营朝鲜族风味——各类泡菜、腌菜很新鲜适口，狗肉汤很浓热量也大得惊人，食后浑身发热，充满青春活力。

主要景点

长白山天池

在长白山主峰白云峰及朝鲜将军峰山颈处，海拔2194米，亦是中朝两国界湖，池水南北长约4.5公里、东西长约3.5公里，水质清澈晶莹，倒映周围16座俏丽山峰和天空中朵朵白云，风光优美，引人入胜。

长白山瀑布

在天池北侧，系天池之水从山崖缺口处泄漏而成。瀑高68米，夏秋时节急流飞溅、声震峡谷，严冬之时冰凌花盛开，千姿百态、魅力袭人。

天然温泉群

在瀑布下方1公里处，有泉眼数十个，水温最高的达82℃（可以煮熟鸡蛋）且含有镁、氢、钙等多种元素，现已开辟成洗浴疗养区。

长白16峰

白云、孤隼、冠冕、观日、华盖、锦屏等16座山峰，全部环长白天池而立，高低形态各不相同，但全都高耸入云、挺拔秀美，是长白山佳景中的精华和极致。

▲ 天池秀色

- **山上观光最新提示**

从二道白河上长白山，必须先乘公交客车或出租车到长白山山门，客车车费10元左右，而出租车到山门要40~50元（最低可砍到30~35元/车）。

从二道白河镇到长白山门约有30公里，行车50~60分钟即可到，游客须在这里买进山门票和专线车票，之后乘专线车向西行20余公里抵达一个岔路口，此时游客可有两种选择或是从这个道口换乘景区提供的“倒站车”往上走，20多分钟后可到长白山主峰，从观景台向下俯瞰天池全景；或是从这个道口继续乘专线车向西走3公里，下车后步行20分钟可到长白山瀑布，再步行50分钟可走到天池水边，可在这里近观天池美景并戏水游乐。

另外需要提示的是任何客车、出租车和私家车都不能进入长白山山门内，进山门后游客必须乘景区提供的专线车（车费68元），而想去顶峰必须先从山门乘专线车到景区内的岔路口，之后换乘景区指定的“倒站车”，才能上顶峰俯瞰天池（每人收车费80~130元），但“倒站车”通常只在顶峰逗留二三十分钟，很不尽兴。

- **遗憾之处**

原来从正面遥望长白山天池，画面挺美的，但近年来瀑布右侧修了一条所说的登山走廊，颜色欠佳形状也不美，破坏了原来的好画面，真煞风景！

吉林省

长白山大峡谷

在白山市抚松县境内，长达70余公里，谷底有锦江激流涌过，两岸多怪石奇岩和茂密山林，风光壮阔可与美国科罗拉多大峡谷媲美。

锦江瀑布

在长白山西坡，瀑高70米，分二级跌落，烟雾弥漫、水声如雷、遥传数公里。

高原冰雪训练基地

位于海拔1640~1820米的长白山间，有高山滑雪、越野滑雪场及速度滑冰场等训练场地十几处，亦有完备的餐饮、住宿、娱乐设施，是冰雪运动项目冬训的重要基地，亦是游客冬季观光的必游之地。

- **安全提示**

乘“倒站车”到峰顶观天池全景时因山势太高，所以常遇狂风劲吹及云摧雾卷，有时颇有几分艰辛和危险，游客应遵守当地有关管理人员的提示和忠告，在狂风中下车观景切记注意安全。

- **包车游览西坡**

西坡景点稍显分散，建议包车游览，可在4:00左右出发游览西坡天池并观日出，上午观锦江瀑布，14:00之前抵大峡谷，这样才有足够的时间观览峡谷风光。

推荐游程

三日游

D1：早晨从敦化长途客运站乘车（车票25元左右），向长白山脚下的二道白河进发，2.5小时后到达（大部分是柏油路）。二道白河分为二道镇和白河镇两部分，游人应在二道镇下车。这里宾馆饭店很多，其中镇上的多家个体宾馆旅社收费低廉，条件尚可，应为工薪阶层游客住宿的首选地点。午休后去二道镇西侧的长白山博物馆参观，了解“绿色宝库”长白山秀丽的山川风貌和丰富的自然资源。博物馆中的怪兽馆记录了近年来长白山天池中多次发现神秘“怪兽”的经过，游人不可不看。晚上在二道镇品尝当地特有的干豆腐炒肉和朝鲜人爱吃的香辣泡菜和香喷喷的狗肉汤。

D2：游人清晨从二道镇上租车西行，经山门购票后（门票100元，车费68元）乘专线车抵达岔路口，如欲上顶峰观天池可换车上行，如欲到长白瀑布观景并到天池边观光游乐可继续乘车或步行向西约3公里即到温泉停车场。购门票（门票40元）进入景区后翻越两座小山（步行20分钟），即可见到落差达68米、水流湍急、壮观无比的长白山瀑布，这是东北境内最美的瀑布，游人尽可以它为背景拍照留念。游毕瀑布沿陡峭的山路上行，穿过一段叫天池长廊的室内洞穴式的登山路，四五十分钟后即可到达著名的长白山天池。天池海拔约2194米，池水晶莹、波平如镜，池边环列着16座形状奇特的锥形火山。游人在这里可以尽览秀丽的湖光山色和火山喷发后的遗迹，体质好的游客还可下到清凉的池水中游泳。中午下山回到停车场，用餐后洗个痛快的温泉浴（如此时游兴未尽，可从岔路口乘汽车直上长白山顶峰，从那里俯瞰壮丽的天池全貌），然后带着一身轻松和爽快返回二道镇。

D3：可从白河镇包车或参加旅行社组织的一日游团队，去长白山西坡游乐。观赏原始森林，双梯子河、老虎背、喘气坡、锦江峡谷等景点。这样可以看全北坡、西坡的几乎所有主要景点。当然时间紧迫的游客可舍去第3日游览，早晨即乘车经敦化返回。

以上行程是为游客头一天晚上乘火车到敦化次日去长白山而设计的，如果游客在头天晚上已到长白山下（二道白河镇），那次日可直接上山而不必参照本文推荐的第一天行程。

长白县

电话区号 0439
旅游咨询接待 8207878

长白朝鲜族自治县位于吉林省东南边陲，地处中华名山之一的长白山南麓和举世闻名的鸭绿江源头。境内山川壮美、河流密布、森林茂密，是吉林东部颇具规模、水平的美景聚集地。长白县与朝鲜民主主义人民共和国隔江相望，边境线长 260.5 公里，边陲风光奇异动人。因长白县林海浩荡、空气清新且盛产人参、鹿茸、灵芝以及长白奇石等珍宝，故享有“林海之乡、人参之乡、天然氧吧、绿色宝库”之美誉。近年来随着交通条件的改善和当地旅游资源的开发，长白县日益受到外界的广泛了解和关注。

气候与游季 · 交通 · 住宿

旅游佳季为 4~10 月份，盛夏时节观光最佳。

乘火车到长白县可在松江河一站下，然后换客车 1.5 小时即到长白县。沈阳、长春、哈尔滨、通化、白山、临江等城市都有汽车直达长白县。

长白县有各档次的宾馆酒店，其中果园朝鲜族民俗文化村食宿非常便利，可作首选。

▲ 从长白县长白山南坡看到的天池美景

主要景点

长白山

长白县主要的观光亮点之一是长白山。长白山天池南坡是国家 4A 级风景名胜旅游区。面积辽阔且风光多样而美丽诱人。从长白县城驱车前往长白山主峰的天池景区，车程长达 1.5 小时，行车顺序是先沿江（鸭绿江），再爬山，途中所见美景无限——前半程公路主要沿鸭绿江前伸，行进途中可见沿线奇山丽水和多处原始古朴的边陲村落，对岸朝鲜境内的景色和百姓生活状态也新鲜独特，游人观后很开心。后半部经过长白山山门后公路即在山区盘旋，路两边依次可见碳化木生成带、长白山大峡谷（长达 10 公里崖壁陡峭、奇石林立）、针叶林景观带、岳桦林景观带和高山花园等生态景色和自然奇观。抵达山巅后见到的长白山天池全景更是辽阔壮美而仙姿独具，使人观后久久难忘并从中感到深深的震撼（从长白县包租各类机动车均可到，门票 180 元含观光车费）。

塔山

塔山公园位于县城西北部；海拔高度 894 米，是东北地区最高的公园。这里有唐渤海时期的灵光塔，还有英华楼、观月台、南无门、望乡峰、烈士陵园等景点。由于塔山公园雄居长白县城北侧而又山势高峻，所以该山还是瞭望长白县城全貌和对面朝鲜第二大城市惠山市远景的绝好地（从县城步行前往即可，门票5元）。

长白望天鹅峡谷风景区

是以怪石飞瀑取胜的山间峡谷景区，景区内古树参天、鱼跳蛙鸣、涌泉飞瀑、怪石叠立，风光奇秀、美景动人（县城有客运中巴前去。门票40元）。

国门口岸景区

地处长白县西南缘的鸭绿江边，这里有高19.2米、宽10米、跨度41米、建筑面积为850平方米的国门大楼，其外观气派、造型精美，适合观光拍照。由于国门口岸景区与对岸朝鲜民主主义人民共和国近在咫尺，所以这里还是眺望异国风情的极好地点。站在国门口岸旁，朝鲜境内的普天堡战斗胜利纪念塔、两江道大学艺术馆及惠山市的民居建筑全都历历在目（就在县城中，步行前去即可）。

果园朝鲜族民俗文化村

在长白县城东缘的马陆沟镇，是当地朝鲜族民俗旅游观光度假中心。民俗村背依青山、前临鸭绿江，地势绝好，风水极佳。村中民居全是典型朝鲜族建筑形态，其建造工整、排列有序，另有民俗演艺广场、朝鲜族民俗馆、文化墙、阿里郎标志等建筑设施，向游人展示朝鲜民族的民族文化生活习俗以及绚丽多姿的民风民情。民俗文化村集观光、住宿、餐饮、休闲度假多重功能于一身，游人入村后可以入住典型的朝鲜族民居，品尝味道鲜明的朝鲜族风味美食，观看歌声悠扬、舞姿优美的朝鲜族民族歌舞表演。如果恰逢有朝鲜族新人在村中举行婚礼，那热闹的场面、纷繁的礼仪程序和红火欢快的欢庆方式更会使外来游客眼界大开、如痴如醉。果园民俗村已是当地观光中的焦点和亮点，由于村中食宿条件好又能提供完整的停车和导游服务，所以近年来吸引了大量的自助游和自驾游客人，亦被外界称为吉林东部的自助游和自驾游中心。

旅途中

旅游锦囊：为您介绍长白旅游的最新攻略和观光指导

长白县地理位置独特且风光秀美，旅游资源特色浓郁而重点突出（自然风光、边境美景和跨国游以及朝鲜少数民族风情游三者齐备且都很诱人），颇具旅游观光价值，笔者强力推荐。去长白县旅游至少需要在那里逗留2~3天时间，否则行程太仓促不宽松不舒服。其中长白山南坡及天池风光、望天鹅景区和边境美景是三大观光亮点；多彩多姿的朝鲜族民族风情和赴朝跨国游也很吸引人。住宿地点力荐长白县城东缘的果园朝鲜族民族文化村，该村背依青山、面向鸭绿江，地势好、风水极佳。村内有朝鲜族民居和标准的宾馆客房可住，条件都很好。其中朝鲜族民居内是火炕，特色浓郁，可做饭可洗热水澡，每幢房可住5~6人，特别适合结伴旅游者。在民俗文化村内每天还可以见到绚丽多彩的民族风情展示，很让人新鲜开心（就在县城东缘，订房及咨询电话0439-8207878）。

吉林市

电话区号 0432
旅游局 2433569
旅游投诉 2457524
旅游咨询 2445630

吉林市是吉林省的第二大城市，这里四面环山、三面临水，有“北国江城”之称。主要观景点有国家重点风景名胜松花湖、北山公园和吉林陨石博物馆等，冬季出现的雾凇是与桂林山水、云南石林和长江三峡并称的中国四大奇观，每年吸引着慕名而来的众多游客。

气候与游季

吉林市属温带大陆性气候，虽然四季分明，夏热冬冷，但四季皆可游览。辽阔的松花湖是北方著名的避暑观光区，严冬时节出现的雾凇奇观更是神奇瑰丽，姣美诱人，因此不论冬夏到吉林游览都会有开心收获。

▲ 劈波斩浪在松花湖上

交通

航空

二台子机场 2005 年停止对民用飞机开放，所有民用航班转至长春龙嘉国际机场。

铁路

吉林与北京、天津、上海、沈阳、哈尔滨、大连间有直通列车。在此乘车，还可东去抵达敦化（长白山）、延吉和图们。

公路

有开往长春、通化、辽源、白山、敦化、牡丹江、宁江、前郭、双阳、双辽、四方台、沈阳、五常、哈尔滨、佳木斯等地的客车。到长春只需行车 1.5 小时。

餐饮

风味美食有三套碗、人参鸡、鹿茸三珍汤、清蒸白鱼、

- **民航售票处**
  重庆路，电话：0432-2454260。
- **吉林机场**
  电话：0432-3513000。
- **北方航空公司吉林售票处**
  电话：0432-2017782。
- **火车站问讯处**
  重庆路，电话：0432-2552132。
- **公路客运公司**
  岔路乡，电话：0432-2563022。
- **当地星级宾馆**
  世纪大酒店，电话：0432-2168888。
- **推荐住宿**
  ①天使宾馆，在市区吉林大桥西北角，位置好房价不贵，电话：0432-2481848。
  ②坝下白山电厂招待所，在丰满大坝西侧电厂生活区，坐 33 路车可到，多人间 20 元/床。

荷花田鸡油、白肉血肠、沙锅老豆腐等。另外松花湖中捕捞的各类湖鲜肉质清纯细嫩，尤以季花鱼、鞭花鱼、鳌花鱼等口感最佳。

主要景点

松花湖

松花湖位于吉林市东南15公里处，是拦截松花江水修建丰满水电站后形成的大型人工湖，水域辽阔，湖区面积近500平方公里，湖形呈狭长形，宛若摇头摆尾的游龙。湖区的主要景点有丰满水库大坝、金龟岛、五虎岛、卧龙潭等，大坝东南侧有大型游船码头，每日有各式游船载客去湖区遨游。

北山公园

吉林市历史悠久的名胜，就在市区边缘。园内以山地景观为中心，主峰海拔270米，辅之以楼阁亭台、清湖碧荷。主要景点有玉皇阁、药王庙、关帝庙、钟鼓楼等，夏季园中荷花盛开，香飘四野。

陨石博物馆

位于吉林市江南公园南部，陈列展出了较大陨石138块，共重约2600余公斤，它们都是在1976年3月8日15时左右陨落在吉林省永吉县境内的，此次陨石雨中坠落的陨石之多，之重、科研及观赏价值之高都是世间罕见的。参观陨石博物馆可以让游人同“天外来客”见面互访，领略浩瀚宇宙间万物万象的新鲜和奇妙。

北大湖滑雪场

在吉林市永吉县五里河镇，距吉林市约56公里，这里海拔1200米以上的山峰有9座，冬季气温低但因山峰遮挡而风速较小，是理想的滑雪和游乐区。这里滑雪和高山速降设施全，还有三星级的运动员村，住宿餐饮条件较佳，曾举办过第八届、第九届全国冬运会。

- **松花湖**

市区有33路及9路车前去，50分钟可到。

¥景区门票30元，船票去五虎岛40~50元，去卧龙潭60~70元。

- **游览指示**

松花湖的风光不能说不辽阔不壮美，但是游湖还是有些窍门儿，找到了观光要点效果才能达到最佳。笔者提示您开船后一定要在船舷北侧观光，好景都在这边；二是在五虎岛上岸后一定要登上那座观景亭（高五层）的顶层，上边可看到湖区壮丽全景。

- **北山公园**

7、8、49路公交车可到。

¥门票10元。

- **陨石博物馆**

3、30路交车可到。

¥门票80元。

- **北大湖滑雪场**

吉林客运中心有专线车直达滑雪场，车费18~20元，车程1小时左右。

¥门票20元。其他游乐项目另计。

吉林省

吉林雾凇

因松花江水汽在寒冷的冬季凝结在沿江的树枝上再结冰而形成，雪白晶莹、玲珑剔透、千姿百态，美不胜收。

松江中路

位于市区中心的松花江滨，从临江门大桥起到吉林大桥止。道路宽阔、绿化甚好，街边多精美雕塑和喷泉，街景非常美丽气派。冬季这里则是观赏江城雾凇奇观的绝佳地点。

- **雾凇泊**

吉林摄影协会在乌拉街设有雾凇泊游览接待中心，能为观光者提供摄影、食宿方面的服务。

从市区去雾凇泊可从火车站前乘车，1小时后到乌拉街，换机动三轮车20分钟后到韩屯下车即到。

- **松江中路**

是城区必观之景。

江边有观光步行道，夏季、冬季都能给你带来美好观感。

推荐游程

一日游：

上午游松花湖、看五虎岛、卧龙潭等景点，亦可在水库大坝旁参加工业旅游，看大坝壮景和发电场风光，品尝美味湖鲜，黄昏时返回市区游北山。

二日游：

D1：同上。

D2：在松江中路或去乌拉街、韩屯、土城子、曾通屯一带观雾凇（吉林市有雾凇预报电话，公开接受游客问询），午后返回市区看陨石博物馆、龙潭山公园。

玩家指南

如何在吉林观赏雾凇美景

吉林市区冬天出现的雾凇奇观，是丰满水电站下游江面上的水流水温高于气温而形成水雾、水汽，蒸腾后凝结在沿江的树木枝干及枝叶上而形成，晶莹剔透且千姿百态，如千万朵银花竞相怒放，游人观后如入仙域梦境。

雾凇发生的时间在11月下旬至来年4月间，但并不是每天都有，在以下条件下容易形成雾凇：①气温较低，达到-15℃~-20℃。②有风但不能太大，一般不超过2~3级。在正常情况下，雾凇每月出现的次数在4~8次之间，所以抵吉林后能否看到雾凇还需要一点运气。

观赏雾凇一定要在早晨和中午之间，7:00~9:00效果最佳否则10:00以后雾凇有可能逐渐融化。最佳观景点有丰满水库大坝下的吉诺尔观赏区，长约2公里；市区松江路的十里长堤景区；市区北边约40~60公里处的乌拉街、韩屯观赏区（有雾凇泊）及土城子—曾通屯一带，上述地点均可观赏拍摄到美丽的雾凇奇观。

观拍雾凇要注意御寒保暖，棉衣或羽绒衣、手套、棉鞋不可缺（可在当地购买）。由于气温很低，电子相机、傻瓜相机一般无法工作，机械相机手动对焦最可靠保险，一般电池电量可能不足，带上锂电池最保险。

雾凇美景 ▶

黑龙江省

HEILONGJIANGSHENG

说起黑龙江，最普通的说法当然是它是我国位置最北、纬度最高的省份，有广袤群山、茂盛森林，林海雪原风光壮丽迷人，等等，但是这样的叙述太一般化，还是让笔者谈谈自己到黑龙江畅游后的亲身感受和对当地自然风光的论述评价吧！

黄金旅游线路

① 哈尔滨—五大连池—黑河
② 哈尔滨—牡丹江—镜泊湖
③ 哈尔滨—大兴安岭—北极村

①省会哈尔滨作为全省的政治、交通、文化中心，地位重要但确实没有太突出的风景（冬季的冰雪旅游项目还不错），作2日观光即可。

②镜泊湖风光很美，会超出一般人对它的想象，所以游后您八成会发出如此感叹：哇，真没想到东北还有这么个好地方。

③亚布力滑雪场设施齐全、游乐项目多，严冬时节能为游客带来快活欢欣。

④五大连池火山爆发后的遗址保存完整但自然风光一般，边城黑河城市小景点少但边城特色浓郁，还可以从此出境去俄罗斯作异国游，所以把五大连池和黑河连在一起玩才能物有所值。

⑤如果不是对丹顶鹤情有独钟，那不必专门去齐齐哈尔的扎龙。

⑥漠河夏天的极昼和北极光非常动人，严冬时节冰封大地更显北疆特有风情，最冷或最热的时候去定有新奇收获。

⑦如果欲观边城红火喧嚣的商贸交流盛况，应去绥芬河，那里比黑河热闹得多得多，抵达后再花一千几百元钱，还可到俄罗斯符拉迪沃斯托克览异国景色。

⑧双峰雪乡是牡丹江周边观赏北方雪景和林区秀色的好地方，去后定觉不虚此行。

⑨其他值得关注的景区还有伊春、鹤岗、兴凯湖、乌苏里江珍宝岛等，游客有时间可一一驻足。

最后要提醒大家的是，去黑龙江最好是在盛夏或严冬，夏季这里空气凉爽，非常舒适惬意，而严冬时节千里冰封、万里雪飘的场景在内地根本见不到。另外不必对冬季的寒冷太担心，那里的宾馆、旅馆（包括旅馆列车）保暖采暖设施特棒，室外天寒地冻，室内温暖如春，一冷一热，全都能给人带来全新感受，绝了。

▲ 黑龙江源头风光

哈尔滨

电话区号	0451
哈尔滨市旅游局	84664600
旅行社	53609696
消费者协会	12315

哈尔滨——中国东北北部最大的政治、经济、文化中心，由于它地处在中国版图上形状酷似一只展翅欲飞的天鹅的黑龙江省下方，所以被人誉为是“天鹅项下的珍珠城”。

哈尔滨风光优美、空气凉爽清新，是国内著名的避暑胜境和旅游名城。美丽的松花江从市区蜿蜒流过，宽阔的太阳岛像明珠般在松花江北岸熠熠生辉，巍峨秀美的防洪胜利纪念塔是城市的鲜明标志，有近百年历史的中央大街会聚了浓郁的欧亚建筑风情，一年一度的哈尔滨之夏音乐会为北国夏夜平添温馨、凉爽和舒适，而红火喧嚣、热闹非凡的哈尔滨冰雪节则在严冬时节为慕名而来的八方游客带来无限的新鲜刺激和欢乐开心。北国江城的迷人新姿和奇异风采，正在为更多的游人所关注喜爱。

▲ 哈尔滨中央大街街景——中央大街是哈尔滨最繁华的商业步行街，街上遍布商厦、餐馆，是观光、美食、购物佳境，能带给游客无尽的便利和舒适温馨

气候与游季

哈尔滨属温带大陆性气候，四季分明，冬季寒冷而漫长，夏季凉爽而短暂，这里盛夏时节是避暑胜地，严冬时节则是冰雪观光和游乐的胜境。特冷和特热时来此游览易出好效果，春秋时节来此反觉特色不够鲜明。

交通

航空

哈尔滨太平国际机场是东北地区第二大国际航空港，位于哈尔滨市西郊，有班机飞往北京、天津、上海、南京、青岛、温州、厦门、广州、深圳、沈阳、大连、西安等数十个大、中型城市。机场与市区对开的民航大巴车费20元。

- **民航售票处**
  中山路99号，电话：0451-82622337、2661188。
- **民航查询**
  电话：0451-82894219。
- **机场问讯处**
  电话：0451-53643475、82894220。
- **订票**
  电话：0451-82651188（24小时）。
- **民航大厦**
  （中山路99号）有往返机场的班车，票价15元。

铁路

哈尔滨是东北地区仅次于沈阳的第二大铁路枢纽，京哈、滨绥、滨洲、滨北、拉滨五大铁路在此交会。哈尔滨站是途

▲ 冰雕美景

经哈尔滨的各次列车的主要接发站，哈尔滨东站则是大部分由哈尔滨始发列车的起点站和到达哈尔滨列车的终点站（当然主要的上、下客地点还是在哈尔滨站，车站只是停车和发车）。哈尔滨有多趟旅客列车同北京、天津、上海、广州等多个大、中型城市对开；与省内的齐齐哈尔、牡丹江、绥化、佳木斯等城市还开通了高速快车和旅游专列。

- **票务中心**

  北京街71号，电话：0451-53679042。
- **火车站问讯处**

  电话：0451-82345628、86420115。
- **预订火车票**

  电话：0451-53602828。
- **火车站售票处**

  电话：0451-86432162。
- **哈尔滨旅游超市**

  电话:0451-82261626，可以咨询旅游有关事项并提供租车订房服务。
- **笔者关照**

  哈尔滨火车站前的治安状况已比过去好了许多，但游客仍无须在站前作无谓停留。

公路

有数十条长途公交线路，通往省内各主要城镇和省外各邻近城市。

南岗客运站，火车站旁，电话：0451-53665901、53665902。

发车方向：佳木斯、七台河、鹤岗、牡丹江、齐齐哈尔、大庆、吉林、长春、沈阳、白城等地。

道外公路客运站，承德街，电话：0451-88384540。

发车方向：克山农场、逊克、汤旺河、嘉荫、延寿、双城、榆树、尚志、东宁、肇东、肇源、肇州等地。

三棵树客运站，桦树街1号，电话：0451-57682671、57682646。

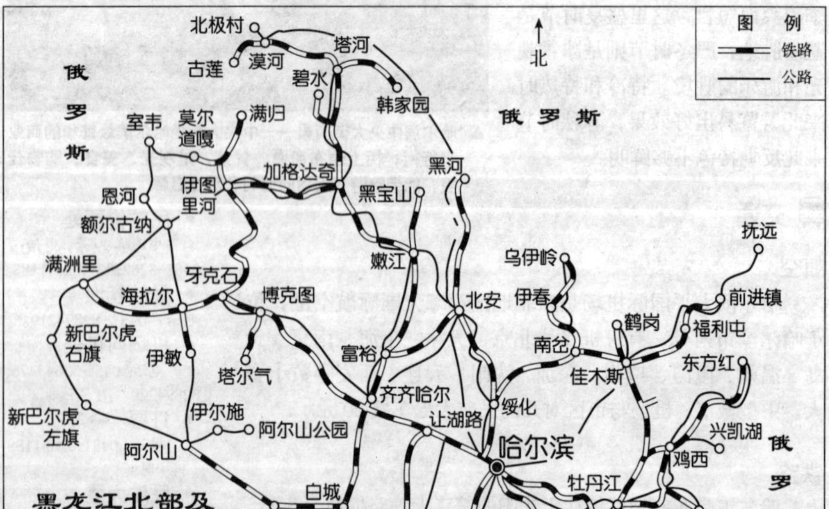

黑龙江北部及周边交通示意图

发车方向：巴彦、青冈、克山、依兰、达连河、七台河、桦南、宾县、方正等地。

市内交通

哈尔滨市现有百余条公交线路，遍布市区郊区各地。并有数千辆出租车昼夜行驶、随时载客。

市内出租车起价 8 元/3 公里，之后 1.9 元/公里。公交车上车为 1 元，空调专线车 1~2 元起价。

住宿

三星级宾馆有大庆宾馆，位于国民街 23 号，电话：0451–82577888；民航大厦位于中山路 101 号；海燕大酒店，电话：0451–53666888；双鹤大酒店，电话：0451–86798888；凯莱商务酒店，电话：0451–84638855；星河宾馆等。另有许多普通宾馆、旅店，只要游客稍稍留点心，即使是在市区主要街道上，60~80 元/间的住处亦不难寻。

餐饮

在哈尔滨吃家常饭菜，最大的感受是与内地饭店相比这里菜价不便宜而菜量极大，一般的肉菜价码都在 18 元之上，而数人聚餐人均点一个菜就够吃了。风味菜肴可考虑西餐和东北的各类炖菜、沙锅白肉及血肠、杀猪菜等游客可择情选用。但是在中央大街上有许多物美价廉的餐馆，比如老上号砂锅饺子馆，人均 10 元出头即可饱餐一顿。游人可关注。

主要景点

中央大街

市内最繁华的商业街，北起松花江防洪胜利纪念塔，南至经纬街，始建于 1898 年，全长近 1.4 公里。两侧共有 71 栋欧式和仿欧式建筑，地面则全由条石铺成。这里是亚洲最长的步行街之一，欧陆建筑风格浓郁、精品商厦鳞次栉比而又缤纷艳丽，是目前哈尔滨市区内最红火喧嚣而又温馨舒适的商业街区。

• 推荐住宿

①黄金宾馆，在中央大街中央商城旁，条件很好，房价适中，双标间 100~150 元还含早餐，门厅中的老式吊箱电梯很独特很有名。此宾馆在网上知名度很高，笔者给予特别推荐。电话：0451–84618013。

②卡兹国际青年旅舍，设施一般但位置好且有便宜床位（40 元/床），电话：0451–87654211。

• 推荐特色餐厅

①华梅西餐厅，在中央大街 142 号，专营正宗西餐，在哈市名气甚大，内有各类套餐及零点，人均消费 60~70 元即可吃得很好。

订餐电话：0451–84619818。

②巨人西餐厅，俄罗斯独资，厨师和许多服务员是俄国人，保证了口味的地道和醇正。

哈尔滨市东大直街大世界写字楼六楼。

③中央饺子王和老上号沙锅饺子馆，也在中央大街上，中餐饭菜有特色且物美价廉，尤其是老上号非常实惠。笔者强力推荐。

④杏花村杀猪菜总店，南岗区南直路，电话：0451–55323680。

• 中央大街

1、2、8、12、13、15、16、20、23、64、67、85 路等多路车均可到。

▲ 哈尔滨市中心示意图

斯大林公园

松花江南岸的开放式沿江公园，与太阳岛隔江相望，有许多花园、绿地和精美建筑，其中防洪胜利纪念塔造型独特，一度成为哈尔滨市的标志。

圣·索菲亚教堂

地处哈尔滨市内，是远东地区最大的东正教堂，教堂的四周墙体全用红砖砌成，顶部为洋葱头形状的巨大穹顶，布局奇异、外形精美，颇具别致典雅的古典艺术风情。

太阳岛公园（5A 级景区）

位于哈尔滨市区的松花江北岸，与南岸的斯大林公园隔江相望，有水阁云天、长堤垂柳、太阳山、荷花湖、俄罗斯风情小镇、沿江风景线等数十个景区景点，总面积约为 38 平方公里，是游人进行野游、野浴、野餐的乐园。20 世纪 80 年代初，因纪录影片《哈尔滨的夏天》中的美妙插曲《太阳岛上》而声名大振。每年冬天在太阳岛上举办的雪雕博览会场面也很诱人。

东北虎林园

建在松花江北岸，与太阳岛相邻，是为挽救保护濒危动物而修建的世界上最大的野生东北虎林园，已开放园区面积达 36 公顷，目前放养着东北虎百余只，游人可乘游览车行进在虎群中观景。

冰灯游园会和冰雪大世界

冰灯游园会每逢冬季在兆麟公园内举办，从 1 月 5 日延续到 2 月末，场地上有冰雕艺术家雕刻创造的冰灯冰景作品 1500~2000 件，晶莹透亮，千姿百态，流光溢彩，是冰的世界、灯的海洋。冰雪大世界则坐落在松花江北的太阳岛西区，严冬时这里有大量冰雕、雪雕和各类游乐活动，是哈尔滨冬季冰雪节的主会场。

玉泉狩猎场

在哈尔滨东 60 公里处的阿城区玉泉镇，狩猎区面积达 3000 余顷，有 10 余座数百米高的山头，栖息放养着飞龙、山鸡、黄羊、狍子、马鹿等数十种动物数千只，是我国最大的封闭式狩猎场。场内有狩猎区、养殖观赏区、游戏区、餐饮食宿区等，供游人游猎、观光、度假。

- **圣·索菲亚教堂**

🚌1、2、5、8、13、15、16、20、23、64、66、113、114 等路公交车均可到。

¥门票 30 元。

- **太阳岛**

🚌乘 2、3、8、9、12、13、79、101、102、103 路公交车再转乘游船和索道，可直达景区，另在友谊路有 29 路公交车直达太阳岛。

¥门票 30 元。冬季雪雕博览会门票 120~150 元，学生有优惠。

- **东北虎林园**

🚌85 路公交可到。

¥门票 65 元。

- **冰灯游园会和冰雪大世界**

🚌8、13、15、16、20、23、64、83、101、102、103、113、114 等路公交均可到冰灯会。

¥门票 100~150 元学生有优惠。

🚌乘 29、85、88、118 路公交车可到冰雪大世界。

¥门票 260~280 元，学生票 150 元，并有免费班车等优惠。www.hrbicesnow.com，或电话 0451−84884263。

- **玉泉狩猎场**

🚌从南岗客运站乘 22、23、24、27、28、32 路公交车先到玉泉镇，再换景区车即到。

¥门票 88 元含滑雪冰球游乐。

▼ 圣·索菲亚教堂

推荐游程

哈尔滨城市风光一日游：

游览防洪胜利纪念塔、中央大街步行街，圣·索菲亚教堂；参观极乐寺、文庙、红旗小区，闽江小区安居工程。

哈尔滨生态环境一日游：

太阳岛风景区游览（参观新潟友谊园、水阁云天、太阳山、观赏植物花卉园）；东北虎林园观赏东北虎；游览森林植物园、欧亚风情园。

哈尔滨建筑艺术一日游：

游览防洪胜利纪念塔、中央大街步行街、圣·索菲亚教堂、省美术馆、博物馆广场、哈尔滨铁路局、哈尔滨工业大学、建筑工程大学等，天主教教堂，大直街东正教教堂与天主教教堂等欧式建筑及具有东方建筑艺术风格的极乐寺、文庙。

哈尔滨冰雪风光二日游：

D❶：松花江上观冬泳，冰雪大世界娱乐，参观冰灯游园会，参观文庙、圣·索菲亚教堂，中央大街步行街。

D❷：太阳岛上观雪雕、赏雪，虎园观虎，中俄民贸一条街参观购物。

▲ 太阳岛公园正门

附近景点

亚布力滑雪中心

位于哈尔滨以东194公里处，距牡丹江120公里。严冬时节山上积雪厚度可达100多厘米，可供游客进行各类雪上运动，黄金滑雪游乐时间是每年11月中旬至来年3月下旬。

亚布力滑雪中心分为两大部分

A. 滑雪场：占地面积200公顷，落差近600米，共有专门为旅游者设计的雪道11条，长度从1000米到5000米不等，适合不同水平的旅游滑雪者。

B. 风车度假饭店：系三星级涉外饭店，地处滑雪场门口，它分为假日楼、风车别墅区、乡村别墅区及青年公寓几部分，可为游客提供餐饮、住宿、娱乐方面的综合服务。订房电话：0451-53455088。此外滑雪场周围还有不少小型的家庭别墅楼旅馆（如明朗别墅，0451-53455027）等，条件尚可，房价不太贵亦可供游客选择。

交通及门票

A. 从哈尔滨方向去。哈尔滨龙滨客运站每天8:00和13:20各有一班车直达亚布力，行车3.5小时左右。亦可从市区的南岗客运站乘877、977、978路长途汽车到亚布力镇，下车后换中巴，车票12元，20分钟即到亚布力。乘火车去亚布力亦方便，哈尔滨8:00发车的K409次和14:20发车的K411次行驶2小时后即到亚布力镇，出站后即可换汽车去亚布力滑雪场。B. 从牡丹江方向去，乘各类客车1.5小时可到亚布力。门票10元。缆车费200元。滑雪另收费。

▲ 雪上游乐

兴凯湖

电话区号	0467
旅行社	2365949

兴凯湖位于黑龙江省密山市境内，距离密山市区35公里左右。其东西宽60公里，南北垂直纵距140公里。兴凯湖由大、小两湖组成。小兴凯湖温柔恬静，鱼跃鸟飞，帆影点点；大兴凯湖烟波浩渺，天水一色，气势磅礴，壮观秀丽。兴凯湖景区辽阔、风光壮美、气候凉爽宜人，是黑龙江省内著名的避暑观光胜地。近年来当地交通、食宿及观光游乐和休闲度假设施日益发展完善，游客人数逐年递增，兴凯湖已成为祖国北部边陲盛夏时节最诱人的观光度假区之一。

▲ 天水一色的兴凯湖风光

气候与游季

兴凯湖气候凉爽，4月下旬至9月下旬为旅游季节，尤以7~8月份观光效果最佳。冬天湖区冰天雪地，不适合旅游。

交通·住宿·餐饮

兴凯湖机场目前有航班与哈尔滨和北京对飞。坐火车去兴凯湖，可在密山车站下（哈尔滨、牡丹江都有列车直达或途经密山。其中哈尔滨到密山每天有4班客车，车程10~12小时；牡丹江到密山的列车每天也有3~4班，快车行驶5小时），抵密山后换乘汽车行驶70~90分钟就可到兴凯湖的中心档壁镇。

兴凯湖的旅游中心档壁镇上档次较高的有金水湾宾馆（电话：0467-5608678），金星宾馆（电话：0467-5608555）等，房价100~250元。此外镇上还有一些小型宾馆旅馆，房价70~120元/间。

档壁镇上有许多餐馆和鱼味馆，主营各类水鲜和东北菜肴，品种齐全，风味各具，代表菜有煎蒸白鱼、活鱼两吃、干妈鱼头、荷巴鲫鱼、番茄鳊花、五彩鳌花等。

推荐游程

D1：上午抵达后安排好住宿，然后开心畅游大兴凯湖，观湖区美景、岸边游乐、下湖游泳、乘快艇去湖心兜风，玩上一整天。晚上品尝大白鱼和其他水鲜，休闲娱乐。

D2：清晨早起观湖上日出，早饭后继续湖边游乐。然后自驾车或包租当地机动车向小兴凯湖进发。途中登蜂蜜山居高看两湖美景，然后参观兴凯湖博物馆并游览湿地公园（园中水上栈桥是观景的好地点），最后到新开流码头上船畅游小兴凯湖（小湖的金沙滩浴场也不错）。下午返回档壁镇看王震纪念馆，之后即可踏上返程。

五大连池——黑河（5A级景区）

电话区号 0456
黑河市旅游局 8224398
旅游投诉 8221780

在我国的东北边陲，有一条风光秀美、佳景云集的黄金旅游线，它集壮丽火山、清澈湖水、边境名城和异国风情于一身，且这里夏季清风习习、凉爽舒适，冬季千里冰封、白雪皑皑，一派辽阔壮美的北国风光。这条黄金旅游线的南端是塞北明珠五大连池，北端是边陲重镇黑河市，下面就让我们背上行囊，到那里进行一次开心畅快的游览游览吧！

▲ 盛夏时节的黑龙江风光

☼ 气候与游季

五大连池至黑河一线地处高纬度地区，气候非常凉爽宜人，是国内最佳避暑胜地之一，而严冬时节虽然气温很低但仍然适合旅游。因为这里冬季空气极为纯洁，因有冰雪覆盖地面，所以风力再大也刮不起土，透着一股纯净和爽快。加之黑龙江各地的宾馆、旅馆取暖设施齐全先进而房屋的保暖性能又好，所以室内的温度通常可达到23℃以上，室外的寒冷和室内的温暖都让人感到很舒服（加之冬季这里还有多种室外游乐活动），所以，只要携带适当保暖衣服，冬游黑龙江绝无问题。

• **从北京去黑河**

没有直达列车。游客可乘K265次列车12:33离京，次日4:25到哈尔滨，出站后吃点早点，打个车车费10元到松花江边看看夜景，然后换乘4031次列车，哈尔滨06:52开，20:00到黑河，全程只需29个小时。哈市到黑河间还可看到东北平原上的独特风光。

• **关于4031次列车**

直快，但车速很慢，沿途可见不少东北平原特殊景色。硬座车厢上人员成分较复杂，因此建议买卧铺票，94元/人，能休息好并保证自身安全。

• **从黑河到漠河**

黑河每日有客车发往边境县城呼玛，次日再换车可到塔河、漠河。沿此线行进可饱览北方边陲独特风光尤其是北极村秀色。

• **住宿提示**

五大连池的各家疗养院都愿意接待大型疗养团队，而对散客不屑一顾（就是有七八个人，宾馆也会嫌人数太少），建议游人声称自己是为单位旅游团打前站的，这样会受到礼遇，房价也会得到优惠。

▲ 黑河国际饭店主楼

• **黑河国际饭店**

就在市区黑龙江边，从火车站打车车费6~8元，7分钟可到。电话：0456-8276001。

• **其他宾馆酒店**

华源商务酒店，新装修的三星级宾馆，条件较好，标间188元含早餐，电话：0456-8276700。

金融宾馆，南大街64号，电话：0456-8231930。电业宾馆，中央街365号，双人间76元，晚20:00后有热水洗澡，电话：0456-8232201。

交通

从哈尔滨乘火车去五大连池和黑河最方便，哈尔滨市每天有三班列车开往黑河方向。其中4031次6:52开，13:30到北安市（下车后在站前乘去药泉的中巴车票价10元，2小时后即可到达五大连池游览区的中心药泉山），19:59抵黑河。

黑河火车站到黑河市区还有6~8分钟车程，乘中巴票价1元，打夏利票价7元即到，黑河城内的交通主要有乘坐客运中巴和打车两种方式，中巴车上车1元，打车7元钱可到城区任何一点。

住宿

住宿在五大连池

五大连池宾馆、旅馆不多但疗养院奇多，范围不大的疗养区内至少有疗养院数十家，有名的如五大连池工人疗养院、大庆油田疗养院、鸡西疗养院等。这里的疗养院其实就是宾馆客房加上医务室和少数医护人员（他们为客人提供温泉洗浴及治病方面的简单指导），所以每家疗养院都对外开放接待游客，房价在80~250元/间不等，淡季当然还会大幅打折。此外在疗养区西侧还有一些民居旅舍，最便宜的15元/床。

住宿在黑河

作为一个边陲旅游边贸城，黑河市的宾馆、旅馆亦是多得不计其数。最高级的是准四星级的商贸大厦，条件甚好房价不便宜，最一般的标间亦在200元以上。经济实惠的住处有工商银行招待所、公安招待所，等等，标间价格在80~120元。还有一些小型旅馆内有40~60元的房间但条件稍差。笔者向您郑重推荐中档宾馆二星级的黑河国际饭店，该宾馆是14层高的大厦，地处黑河市中心的黑龙江边，位置奇佳，住在高层房间内，南可览黑河全貌，北可观江对岸俄罗斯布拉戈维申斯克市风光，视觉感受甚好，标间房价238元一般季节都可打折，淡季最低价可降至150元左右。

黑河商贸大厦虽然级别最高，但地点不太好，既不挨市区，又不邻火车站，出门必须乘车而无法步行，加之房价贵，所以绝非散客之首选。

火车站附近亦有不少旅店，因这里距市区有3公里路，所以住宿客人不多因而房价便宜，欲去市区打的5元钱6分钟即到。

▲ 五大连池一角

餐饮

黑龙江省内的饭馆特点几乎一样，就是菜价贵而菜量足，一般的纯肉菜在20元左右甚至更高，但菜量之大简直到了两位女士一顿正餐合吃一个菜都能吃饱的地步。在五大连池，在街上的个体餐馆比在疗养院中的餐厅吃饭要便宜灵活许多。在黑河，虽然总体上饭菜价格贵但能找到便宜、实惠的菜肴，这其中特别让人流连回味的一是尖椒干豆腐，二是沙锅氽白肉，它们都是当地最常见的家常菜，每家餐厅都有。尖椒干豆腐由尖椒、干豆腐皮和肉片或肉丝一起炒成，8~10元钱满满的一大盘，饭量小的女士光吃这一盘菜而不吃饭即可吃饱。沙锅氽白肉10~12元钱一份，里面有许多酸菜、粉丝和五花肉片，不论是菜量营养价值还是口味，都能满足一个人一顿正餐的需要（男士当然需要再吃一碗米饭），且吃后暖暖和和、舒舒服服，感觉美极了。

主要景点

五大连池

五大连池位于黑龙江省五大连池市境内，素有火山公园之美称，全景区由14座新老期火山、5个汐水相连的火山堰塞湖、60多平方公里的“石龙”（玄武岩台地）和多处极具医疗保健价值的矿泉、药泉组成。这里山姿奇异、湖水辽阔、熔岩地貌千姿百态、泉水医疗功效神奇，是我国北方不可多得的集观光、度假、科学考察和疗养健身多项功能于一身的大型风景名胜区。

五湖景区

五大连池的景区中心是五个汐水相连的串珠状湖泊，分别被称为头池、二池、

▲ 连池朝晖

- **从哈尔滨乘汽车去五大连池**

在龙运客运站上车，车票95元，行车5.5小时可到。

- **餐饮提示**

请注意，黑河市内的饭店里有两种氽白肉，笔者推荐的沙锅氽白肉10~12元钱1份，虽是一个小沙锅，但足够一个人吃饱；还有一种18~22元钱一份的叫氽白肉（没有沙锅2字），但反而是一个大沙锅，不光贵了8~10元钱且里面东西太多，一个人吃下去费劲，所以不要买它。

当地江中盛产的大马哈鱼也好吃，肉丝挺粗，跟牛肉似的，但应切记必须要红烧或干烧的，葱烧的真不好吃。

除大马哈鱼外，其他江鱼也很美味。另外当地盛行的风味菜“杀猪菜”是把猪的下水混在一起做，听起来很害怕，但吃起来味道有些独特。

当地的烧烤也有特色，逮住什么烤什么，大街上卖的煎饼也有特色，逮住什么就卷什么，不光好吃，还让人挺开眼界。

- **五湖异彩**

从五大连池风景区中心的药泉山乘各类微型车，3~5分钟即到池边。

黑龙江省

▲ 冬季的老黑山火山口

- **景区门票**

可买通票 195 元。含所有景点。也可单独购票。

- **火山奇观**

从五大连池风景区的中心药泉山乘各类机动车，20 分钟可到老黑山，15 分钟可到火烧山。

¥门票 80 元，含火烧、老黑两山。

- **老黑山—火烧山**

它们皆为五大连池火山群中的代表景点，应该重点观览。

- **药泉山**

处在五大连池景区中心，山并不高，但是登顶后可览五大连池全貌，游人可适当关注。

¥门票 50 元。

- **三园览胜**

三园就在风景区中心，步行前去即可。

¥门票 25 元。

三池、四池和五池，它们都是由 280 年前火山喷发，岩浆堵塞了河水而形成的火山堰塞湖。五池中以头池最小，面积仅 0.11 平方公里，而三池最大，丰水期时水域接近 9 平方公里。五池相连纵长近 20 公里且水质清澄碧透，宛如五块晶莹而硕大的美玉，在祖国北疆的辽阔旷野中熠熠生辉。

五大连池各湖之间均有暗河相连、水源充足、终年不枯，湖中盛产鲤、鲫、鲢鱼和珠贝，每到夏秋时节，雨水过后，总会有大片大片的云彩飘临湖上，那条条小鱼湖中游，朵朵白云水上走的佳境妙景真是如诗如画，令人心醉。

火山奇观

五大连池风景区内共有 14 座死火山，组成了一个庞大的火山群，它们呈东、西方向分成两组有规律地排列，每组各有 7 座火山锥。

五大连池火山群中海拔最高的也不过是 500~600 米，它们既没有华山的险峻挺拔，亦没有黄山的神奇怪异，然而，每座火山喷发后形成的火山熔岩地貌都非常完整地保存下来，规模之宏大、形态之多样实为国内外所罕见。像火山群中具有代表性的老黑山，山顶的火山口深 136 米，直径达 350 米以上；又如著名的火烧山，它的火山口直径达 415 米。火山群内漫山遍野都是 200 多年前喷发时留下的火山砾、火山渣、火山弹，而岩浆奔涌流淌冷却后形成的石河、石湖、石海随处可见，整个火山区就是一个烈火焚烧过的世界，满目疮痍，一片焦土，然而，这里又是一个保存甚好的火山博物馆，地质工作者到此如获至宝，各方游客亦可在此畅观火山遗迹，尽情想象昔日火山喷发时的壮观场面。

三园览胜

五大连池景区还有不少人工兴建的景点，其中最具代表性的是益身园、长寿园、山泉园三处园林佳景。

益身园独具观赏游乐性，园中有长廊、有古亭、有瀑布、有涌泉，还有长近 1 公里的药泉湖，集自然风光和精美建筑于一身。而长寿园和山泉园则是在优美园林的环境中增设了许多洗浴、疗养、保健设施，为游客服务。长寿园中设有大型泉水洗浴中心和日光浴场，山泉园中设有大型矿泥浴场，它们的主要功能是让游客（患者）通过矿泉水和矿泥洗浴治疗疾病，健体强身。

▲ 黑河夜景

药泉圣水

五大连池景区内遍布各类喷泉、涌泉，泉水中含有锰、钡、锌、钴等多种微量元素，祛病强身的功疗非常明显，通过"饮、浴、晒、泥"四种疗法，可以治疗胃及十二指肠溃疡、肝硬化、糖尿病、湿疹、牛皮癣、冠状动脉硬化、慢性肾炎等数十种内外科疾病，其中对消化系统疾病和皮肤病患者有奇效。因此，当地建有大、中型疗养院数十座，而景区的南饮泉、北饮泉（门票20元）、翻花泉、南洗泉附近每天都是人头攒动、门庭若市，来自全国各地的无数患者和游客在这里连喝带洗，有病的治病、没病的强身，甚至还有不少海外人士慕名而来观光、疗养。风光秀美而又独具矿泉、药泉资源的五大连池已成为祖国北疆颇具诱人魅力的旅游新热点。

边城黑河

观赏了五大连池秀色，再让我们乘车向北，到黑龙江边的小城黑河作一番观光游乐。黑河位于黑龙江省的北端，与俄罗斯布拉戈维申斯克市隔江相望，这里有江滨公园、爱辉古城、影视城和鄂伦春族原始村寨可供游客观光游览，而最能给人带来新奇感受的事还是去大黑河岛商贸城购物和去黑龙江对岸的俄罗斯布拉戈维申斯克市参观游乐。

大黑河岛商贸城

大黑河岛位于黑龙江主航道中方一侧，距俄罗斯布拉戈维申斯克市只有几百米远，是中俄两国最重要的陆上口岸之一，而商贸城就建在岛中心，是整个黑河市的标志性建筑。它的营业面积达5.8万平方米，经营家电、家具、日用百货、文具用品、服装、鞋帽、箱包等上万种商品。商贸城中最令中国游客耳目一新而又爱不释手的进口商品有各类皮货——用银狐、紫貂、水獭、海狮、海豹皮制作的各式皮衣皮帽不光保暖性能绝佳，而且设计独特、样式美观，一件皮衣（皮

- **当地新景**

¥ 龙门石寨，门票40元。冰雪洞，联票40元。水上风景区门票40元。

- **药泉圣水，祛病强身**

对于胃溃疡、十二指肠溃疡等消化系统疾病，饮用药泉水后2小时后即可见效，对于风湿病等慢性顽症，用泉水洗浴数日后即有明显疗效。

- **当地趣事**

五大连池疗养区"提暖壶的多,打开水的少。剃光头的多,想当和尚的少。成双成对的多,是夫妻的少。穿白大褂的多,是医生的少。"以上这段顺口溜反映的是当地的生活场景和社会现象,具体是什么含义供您去后细观细想。

- **疗养在五大连池**

如今人们闲暇时间多，手头亦宽裕，所以如果您身体不适，那真不妨到五大连池小住一段。可住在便宜的个体旅店，泉水饮用和洗浴都可买月票，开销不大，个把月后，定会疾患消除（至少会缓解），躺着来、抬着来而站着、走着回去的人亦有不少呢!

- **医疗提示**

五大连池的药泉洗浴和饮用并不能包治百病，有的病越洗越喝反而更重，如血压高、脑出血等，因此药泉治病须遵医嘱，不可乱来。

▲ 黑河风光

帽）就是一件工艺品；各类俄式相机、望远镜和手表——虽然外观不够小巧但结实凝重，耐使耐用且价钱便宜；各种工艺纪念品——如木版画、桦木雕刻、套娃和各类邮票和古钱币，各类风味食品——如鱼子酱、伏特加酒、各式奶酪、巧克力。

走进大黑河岛商贸城，最大的感觉一是开心快活，二是担心忧虑，新奇开心的是有这么多款式新、质地好的商品可以自由选购，担心忧虑的是想买又不敢买——因为惹人喜爱的东西太多，如果不是坐飞机直接返家，那这么多东西又怎么带回去呢？

江滨公园

黑河市区还有一个游览观光的好地方，那就是沿黑龙江边修建的带状公园。它西起黑河码头、东至大黑河岛桥，全长近3公里，分为历史文化园区、中西文化园区和科技文化园区三大部分，园内遍布鲜花绿树、幽雅石径和精美石雕。站在公园的石栏前，即可俯瞰黑龙江秀色和对岸的俄罗斯布拉戈维申斯克市风情。盛夏的黑龙江水欢快流淌，游船穿梭往返江心，两岸有无数的中外游客在荡舟、游泳、纳凉；严冬的江面全为冰雪覆盖、一片萧瑟宁静，而此时仍有不少人在江上溜冰、滑雪、堆雪人、做冰雕，开心游玩嬉戏。黑龙江就像一首旋律多重的交响乐，又像一幅四季不一的风情画，每时每刻都向人们展示、奏响优美的画卷和动人的旋律。

异国风光

与黑河市仅一江之隔的俄罗斯布拉戈维申斯克市有许多漂亮的城市建筑，异国风情非常浓郁迷人，整座城市全为浓浓绿荫所笼罩，宽阔的列宁广场、胜利广场，展品众多的阿穆尔州博物馆和建在原始森林深处、山间绿湖之间的穆欣度假基地都是中国游客游览观光的好去处。现在黑河市内的各大旅行社都经营去俄布市出境游的业务，游程安排分为一日至七日游多种，游人可以根据自己的时间、兴趣和经济实力各取所需。

赴俄游览手续非常简单，只需提交身份证件交纳旅费，次日即可成行（但必须先在户口所在地办好护照），详细程序可打电话到旅行社先作咨询。

- **大黑河岛商贸城**

大黑河岛地处黑河市区东南缘，从市中心坐中巴票价1元或打车票价7元10分钟就到。

进入商厦不收门票。

- **商贸城购物**

男士首选该是打火机吧，款式足有好几十种，精美玲珑令人爱不释手。女士首选应是毛皮服装和俄罗斯套娃，套娃大的里边套小的，小的再套更小的，一套就有8~10个，可以从大到小斜着摆上一大溜，可爱极了。

- **江滨公园，风光优美**

江滨公园在市区北侧，是游客来黑河后的必游景点，从公园北缘走到南缘约需1小时。

公园免收门票，但在江边刻有“中俄边境”大字的石碑前留影要适当交费。

- **黑河的旅行社**

①大黑河岛国际旅行社，电话：0456-8260529。

②黑河国旅，电话：0456-8221589。

③五大连池旅行社，电话：0456-6325888。

其他景点和游览方式

黑河周边还有不少景区供观赏游乐。如参观《中俄瑷珲条约》的签订地瑷珲古城；去市区16公里外的卧牛湖嬉水游泳、垂钓，品尝全鱼宴；到距市区90公里远的鄂伦春人聚居地新生乡去领略“马背上的民族”鄂伦春族的奇异民风民情，并品尝狍子、野猪肉和黄花菜、猴头蘑等野味山珍。此外去逊克县沾河景区观赏森林小火车并参加水上漂流也会使人得到快乐欢欣。

黑河市又是一个休闲度假的佳境，全城遍布宾旅馆、餐厅和夜总会、游乐城，餐饮、食宿、娱乐设施完备且收费不贵。这里社会稳定，治安状况良好，民风民情亦很淳厚、朴实。所以，不论您是来此短暂观光还是休闲长住，都会过得非常舒适开心。

游览指导

如何游览五大连池

必游景点是老黑山和火烧山，这两个地方的火山喷发遗迹特别壮观迷人，且游老黑山一定要登上山顶观看火山口奇观。五池和三园可以有选择地去离疗养区近的一两个。药泉山名气大，登上山顶可览疗养区全貌，但火山喷发的迹象不如老黑山和火烧山明显，所以不必前去，因此在五大连池有两天时间即可玩得特别宽松开心，而如果是休闲度假或是欲通过温泉洗浴健体疗病当然应该延长在此逗留的时间。

如何游览黑河

重点是沿江带状公园观光，眺望对岸俄罗斯风光，大黑河岛商贸城购物亦非常开心，此外去俄布拉戈维申斯克市二日游是最新奇的事。在黑河，最低限度也要游览三日——第一天黑河市区观光购物，第二天去俄布市二日游，第三天下午返回，如果再去黑河周边景区或去俄罗斯作多日游另当别论。

黑龙江省

旅途中

景区亮点闪击及精彩回放

①老黑山是五大连池景区中观赏火山喷发遗迹最好的地方之一，这里到处都是烈火焚烧过的遗迹，说得通俗一点，满地都是焦黑色的“炉灰渣”。

②在五大连池看到那长达十数公里由熔岩冷却而形成的岩石河流，遥想当年火山喷发、岩浆奔流的场面该是多么的灼热和壮观。

③五大连池的泉水真棒，不是温泉、不是矿泉，而是药泉，喝了洗了立马就能治病——“抬着过来、躺着过来而站着起来、走着回去的人”还真有不少。

▲ 俄罗斯布市风光

④大黑河岛商贸城中精美的工艺品、纪念品太多了，人一进去十有八九会犯晕——眼花缭乱、顾此失彼。

⑤每天晚上，在黑河各大宾馆饭店夜总会中，都有俄罗斯风情歌舞表演，这其中俄罗斯小姐的身姿、舞姿最优美——她们时而激情似火、时而柔情似水，可把人类的美丽精灵和聪慧尽情展示给各方观众。

漠河

电话区号	0457
旅游局	2884546
旅游咨询	2884546
旅行社	2884546

漠河位于我国最北端的黑龙江畔，由于其地理位置奇特，所以被人誉为“金鸡冠上的璀璨明珠”和“中国的北极村”。漠河气候寒冷，是盛夏时节的避暑胜境，这里出现的极地白昼和北极光奇景，亦是中国大地上的独一份，漠河隔黑龙江与俄罗斯阿穆尔州和外贝加尔边疆区相望，边陲风光奇异动人，近年来当地在每年夏至前后举办的“北极光节”，亦吸引了大批慕名而来的八方游客。

▲ 北极村北垭口

气候与游季

漠河是中国最冷的地方，夏季只有短短两个月，而冬季则长达七个月，冬季温度常保持在-30℃~-40℃之间，最低温度曾达到-52.3℃，所以盛夏时节这里是中国最好的避暑观光度假佳境，而冬天漠河及大小兴安岭内外千里冰封、万里雪飘，风光非常壮美诱人，所以来此观看北国冬景的人也有不少。只是因为气温极低，所以冬季游客来此须备足御寒衣物——一般的衣服根本不管用，须有过耳棉、皮帽，皮衣皮裤最好，或厚棉衣、裤及厚羽绒服也成，鞋子也要备一双比原来尺码大 1 号的（因为要穿双层袜子），这些衣物须在哈尔滨或齐齐哈尔等城市准备好，到漠河再买恐怕不成。

- **北极光节**

  每年 6 月 22 日夏至前后在漠河举办。

- **推荐个体司机**

  漠河县城中的赵师傅，开捷达轿车，服务态好而车费便宜，还可帮游客安排实惠旅馆和购买返程车票，去北极村和周边景区找他很合适。电话：13604871839。

▲ 北极哨兵雕塑

交通

漠河机场已通航，目前每天有 1 个航班从北京经哈尔滨到漠河。乘火车前去也方便，离漠河最近的车站是漠河县城所在地的漠河火车站。哈尔滨和齐齐哈尔市分别有列车开往漠河站。其实火车到的漠河只是漠河县的所在地，真正的漠河村（北极村），还要从漠河县往北坐 2 个小时的客车（打车 1.5 小时即可）。

一般游客可先抵达哈尔滨，从哈尔滨乘火车经齐齐哈尔、嫩江、加格达奇至漠河。K7041 次列车 21:55 从哈尔滨开，次日 18:32 到漠河县，当日或次日再换汽车去北极村。K7042 次列车每晚 19:46 从漠河开出，次日 14:25 可直达哈尔滨。大连去漠河的 2667 次列车 08:13 开，次日 20:16 到。

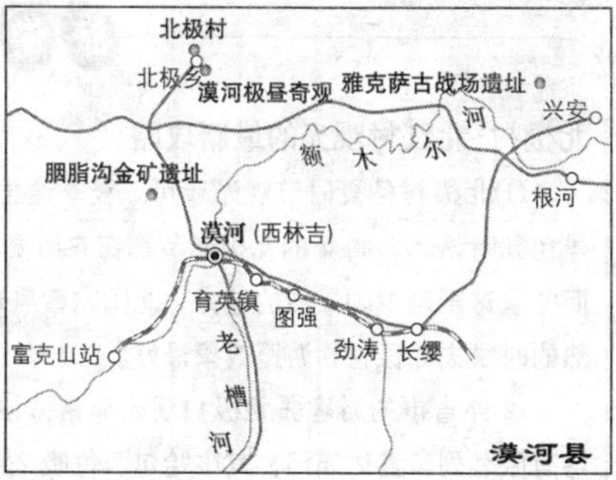

餐饮住宿

漠河县城有数家宾馆招待所，其中漠河宾馆为二星级，标房价 120~220 元/间。北极宾馆是准三星级，房价稍贵一些。北极神州酒店条件不错，标间 120 元，电话 0457-2838666。普通招待所中有 70~100 元/间的房间。北极村中有中型度假村北极山庄（房价挺贵）和多家家庭旅馆，旅馆中的标房 60~120 元/间，多人间 20~40 元/人，旺季还要上浮。明珠旅馆条件不错，电话：0457-2826258。

在当地可以吃到的特色菜主要是各种做法烹制的江鱼，以及猪肉炖粉条、小鸡炖蘑菇等各类农家饭菜，特点是菜量大而价格高，普通的肉菜也要 25~30 元甚至更贵。

景点门票

北极村近日成立了专门的管委会负责当地景区的开发开放，村中观光不收费的历史也已结束，目前游客去北极村要收费 60 元/人。观光车费 20 元/人。

北极村·北红村自然风光和游览项目

漠河地处北纬 52 度 10 分至 53 度 33 分，是中国的最北端。独特的地理位置，造成这里每年冬至前后昼短夜长，白天只有 7 个小时左右，而夏至来临时又变为昼长夜短，甚至出现朝晖与晚霞同现天空的极昼现象。因此，这里又被称为是“北疆不夜城”。

更为精彩的是每年出现次数甚少而只有少数“幸运者”才能见到的北极光奇景。它是由太阳光照射地球外部的电离层而形成的奇特发光现象，是中国境内只有黑龙江沿线地域才能见到的天然佳景。

此外漠河小镇上的邮电所被人称为“北疆第一邮”，驻守在此的边防军哨所营地被人誉为是“北疆第一哨”，住在村北侧黑龙江边的一户居民被称为“中国最北人家”，再往北还有北极沙洲、北望垭口、“我找到北了”石碑和北极点钢雕等景点、看点，北极村附近的洛古河村黑龙江源头两江交汇处的清江碧水、宽阔草甸和江对岸原始古朴的俄罗斯风光亦很旖旎动人。

到漠河旅游夏季可以观白昼和北极光奇景，冬天可以尽览千里冰封、万里雪飘的北国银色世界，到黑龙江边眺望异国风光和以神州北极、北极点、北极村、中华北陲等石碑石雕为背景拍摄留念（意味着你来到了祖国的最北端）也是非常有纪念意义的事情。仅在北极村观光时间一天完全够用。另外从漠河北极村乘车到黑龙江边更原始古朴的北红村观光的方式也很盛行，那里有黑龙江第一湾、乌苏里江浅滩、142 号界碑等景点，值得一去。车费需 500~600 元。

▲ 边陲名景——黑龙江第一弯

旅游锦囊

北极村·北红村观光的最新攻略

①北极村冬夏时节观光皆可。夏季这里气候凉爽，黑龙江风光柔美，极昼和北极光景色独特诱人，每年的北极光节都在农历夏至时开幕，可见这里夏天的观光效果不会差。而冬季这里是中国最冷的地方，北国冰雪风光绮丽，应该是国内的独一份。所以最冷和最热的时候去北极村，游览效果最好。

②外省市的游客去北极村观光非常方便，可以先到哈尔滨或齐齐哈尔，上述两城市均有旅客列车直达漠河，其中哈尔滨每晚 21:55 始发的 K7041 次是快车，车况较好，可作为乘坐首选。该车途经齐齐哈尔、加格达奇，次日晚 18:32 到漠河站。

③从漠河下车出站后可有两种选择，一是在漠河县城住一晚，次日去北极村，也可从火车站前打车立即去北极村。漠河县城去北极村有 88 公里路（全程是柏油或水泥路面），出租车行驶 1.5 小时即到，车费捷达、夏利往返 240~260 元、微面 200~220 元。

④漠河县城每天只有 2 班大客车发往北极村，开车时间 9:00 和 17:00 左右，车程 2 小时，车费 25 元/人。对于一般游客来说，这个车的发车时间并不合适，租车去北极村也很好。

⑤北极村并没有令人看后惊心动魄的壮丽风光，但总体风貌还算宁静柔美。笔者认为观光要点如下：一是进村前有一段山坡上的森林景色不错（树很高大、尽是栋梁之材）；二是进村前有个中华北陲的石碑可拍照留念；三是刚进村口时有个北极村的石刻也可拍照留念；之后就进了村子中心，可以在村中央黑龙江大街上的村邮政所盖个邮戳作纪念；之后再走 10 余分钟就到了黑龙江边，这里有个神州北极石雕，以它为背景拍纪念照效果会很好；这里还有个面积很大的广场，是各方旅客来此的集散地；该广场前边 10 米处就是黑龙江，站在江边沿江山光水色尽收眼底——对岸的俄罗斯境内只有山林而少有人烟。到了神州北极广场还不算完，向东南方向走 2 公里（45~50 分钟）可到有“北疆第一哨”之称的边防军哨所，而向北走 30 分钟可到“中国最北人家”，再向北走约 15 分钟可到北极沙洲广场和“北极点”钢雕，这个地方才最有观光和拍照留念价值。以上景点大多有观光车代步。

⑥综上所述，笔者认为北极村的主要精华地带就在黑龙江边，其中以神州北极广场、“中国最北人家”和中国“北极点”石雕三个地方最重要，以上三个地方不能漏掉任何一处，而边防军的哨所内部是不让游客进去的，所以去不去那个地方可以视情而定。

▲ 被称为“北疆第一哨”的北极村边防军哨所

⑦较好的游览方式是乘火车抵漠河后在县城住一晚，次日坐客车或租车去北极村，出租车或客车开到北极村口后再换乘景区观光车到各个风景点上（观光车费 20 元），因此观光一点都不费劲，游览一个白天，黄昏时即可返回县城乘晚班火车离开。

⑧如果欲去北红村，需要 1 天时间，车费 500~600 元，游毕北极村再去北红村更感新奇开心。

齐齐哈尔

电话区号	0452
旅游局	2719697
旅游投诉	2712054
旅行社	2424177

齐齐哈尔位于黑龙江省西部，达斡尔族语中是“边城”的意思。这里有许多古迹遗址和观光名胜，最最著名的就是被誉为“丹顶鹤之乡”的扎龙自然保护区，此外地处嫩江之滨的明月岛和颇具考古价值的昂昂溪遗址以及位于市区的龙沙公园等，亦是当地知名度较高的旅游观光景区。

▲ 齐齐哈尔市站前广场城市风光

气候与游季

齐齐哈尔地处北方边陲，气候寒冷，年平均气温只有3℃，冬天冰天雪地，夏季短而凉爽宜人，每年的5~8月为游览较佳时节。

交通

航空

齐齐哈尔现已与北京、广州、上海浦东通航。

铁路

齐齐哈尔与哈尔滨、大连、杭州、北京间有直通列车，其中哈尔滨至齐齐哈尔特快列车5小时即到，另外包头与呼伦贝尔、沈阳与加格达奇、沈阳与呼伦贝尔间的列车在齐齐哈尔停靠。从齐齐哈尔乘车，还可到边陲名胜漠河观光游览，如6345次列车从齐市直达漠河。

公路

客运总站有客车开往哈尔滨、大庆、黑河、五大连池、绥化、满洲里等周边市县。

- **民航售票处**
  齐昂公路，电话：0452-2424445、2424903。
- **机场问讯**
  齐昂公路，电话：0452-2347840。
- **铁路售票处**
  站前大街，电话：0452-2130822。
- **问讯处**
  电话：0452-2929115。
- **汽车客运东站问讯处**
  电话：0452-2128180、2133166。
- **客运西站**
  电话：0452-2441522。

▲ 龙沙公园正门

黑龙江省

• **扎龙自然保护区**

齐齐哈尔市火车站门前广场东北角有316路公交车前往扎龙保护区，车程约1小时，单程9元，往返15元。

¥景区门票50元。乘船观光50~60元。

欲观野生丹顶鹤可到景区内的观鹤台，使用望远镜2元/人。但野生鹤群并非每日随时可见。

人工放养的丹顶鹤每天上下午各放飞1~2次。

• **明月岛风景区**

¥门票加船费30元，观光车费15元。

• **安全提示**

1.丹顶鹤是一种比较凶猛的动物，尤其在产卵期，经常会发生攻击人的事件，所以靠近时一定要注意保护自己，必要时手里拿根木棍什么的。

2.千万不要自己随意下到沼泽中去，否则有生命危险。

• **交通提示**

在淡季去扎龙自然保护区可在火车站前乘9路公交车到大岗子，这里有许多中巴开往扎龙镇，镇上与保护区还有一点距离，另买2元钱车票可到。

• **龙沙公园**

14、16等多路公交车可到。门票免收。

主要景点

扎龙自然保护区

位于齐齐哈尔东南约30公里处的乌裕尔河下游，是中国最大的以鹤类为主的珍稀鸟类和湿地生态类型自然保护区。这里河溪纵横、湖泽遍布，苇丛浓密，栖息着6种丹顶鹤和其他数百种野生珍禽，堪称鸟类的王国。盛夏时节，扎龙保护区碧波泱泱、草苇青青，是不可多得的避暑观光胜境。保护区范围甚大，一般游客最常去的是保护区的中心扎龙湖观鹤旅游区。

明月岛风景区

流经齐齐哈尔的嫩江江心中的一座孤岛，距齐齐哈尔市区约7公里，全岛面积360公顷，林荫浓密、繁茂葱茏，洋溢着一派盎然生机。岛中央建有以月宫厅、指高亭及明月山庄为首的大型古建筑群，气势雄浑但又典雅秀美，还有全国最长的儿童游览列车铁路。岛上餐饮、住宿、娱乐设施全，夏季观光效果最佳。

龙沙公园

市区最大的综合性公园。园内有青山翠湖和漂亮游船以及诸多观光游乐设施，是休闲度假佳境。

昂昂溪遗址

位于齐齐哈尔市昂昂溪区境内，是由若干沙丘组成的新石器遗址群，遗址群总数近40处，出土过大量珍贵文物，系全国重点文物保护单位。

住宿

齐齐哈尔有高、中、低各档宾馆招待所，总体上价格适中（好像比哈尔滨稍稍便宜一点）。如果是首次前去可住站前交通便利的白鹤宾馆，三星级，标间160~280元/间。另外扎龙自然保护区内有观鹤宾馆，标间168元。

发烧友特别关照

如果您不是摄影家或是对丹顶鹤情有独钟的话，单去齐齐哈尔可能有些不值得。但是从这里北上可以到达大兴安岭和北极村，那观光的效果和味道恐怕要精彩许多，何去何从你就自己考虑吧！

牡丹江

电话区号	0453
旅游局	6920067
旅游投诉	6925633
旅行社	6250008

牡丹江位于黑龙江省东南部，是中国东北通往俄罗斯及日本等国家的交通要道上的中心城市，亦是黑龙江省内重要的交通枢纽。牡丹江境内山川秀丽、江湖纵横，气候凉爽，是北方边陲著名的游览胜境。这里夏季适宜避暑，严冬时节可开展冰上雪上观光娱乐，主要游览区有镜泊湖、牡丹峰及双峰林场（雪乡）等。

气候与游季

牡丹江冬季寒冷，夏秋凉爽，较佳游览季节是每年6~9月，此时这里气温比华北、华南低，而正值雨季，河湖水量充沛，溪流瀑布形态最美（镜泊湖尤为明显），最适合游玩。但严冬时节，这里大地银装素裹，别有一派雪乡风光，所以冬季游览近年来亦很盛行。

▲ 镜泊湖上的漂亮游船

交通

航空

牡丹江现已与北京、广州、上海、烟台等城市通航。

铁路

牡丹江与北京、图们、大连、济南、哈尔滨等城市间有直达列车。其中从北京乘特快到牡丹江只需21小时，从哈尔滨到牡丹江特快只需行驶5小时。

公路

客运总站在火车站前，有客车开往哈尔滨、大庆、佳木斯、绥芬河、鸡西、密山、七台河等。另有旅游专线车直抵镜泊湖。其中乘大巴直达哈尔滨只需4个小时。

- **民航牡丹江**

  航空站：爱民街，电话：0453-6939627。
- **火车站问讯处**

  光华街，电话：0453-8943772。
- **客运总站**

  小爱民街，电话：0453-6252408。
- **民航售票处**

  东二条路，电话：0453-6939627。
- **笔者关照**

  牡丹江有两处美景，一是镜泊湖，夏季风光特美；二是双峰雪乡，冬季景色“贼精彩”。一冬一夏、一冷一热皆宜游览，好事都让这个地方占全了，也美了我们外地的诸多游客。

- **当地宾馆酒店**

①金典宾馆，条件尚好，标间 100 元。电话：0453-5900678。

②牡丹江宾馆，爱民街，电话：0453-6252940。

③北方宾馆，七星街，电话：0453-6228035。

④朝鲜族大饭店，西长安街，电话：0453-6426873。

- **镜泊湖**

¥从牡丹江市乘旅游专线大巴，票价 22 元，1.5~2 小时即到湖区的游览中心镜泊山庄。

景区门票 80 元。游湖船票须根据不同船型和线路长短面议。

游湖最好坐大船而不是坐快艇，坐快艇来去匆匆，无法细观秀丽镜泊之美景。

- **从长白山到镜泊湖**

游毕长白山后可从南线吉林敦化市北去镜泊湖，敦化客运总站每日有多班车开往东京城，游客乘此车中途可在杏山一站下——杏山亦就是镜泊湖道口，在此上过路车半小时即到湖区。

- **吊水楼瀑布**

从镜泊山庄乘观光车 10 余分钟即到吊水楼瀑布。游人在夏季暴雨过后才能见到飞瀑壮景。

¥景区门票含在大门票中。

住宿

牡丹江市区的住宿非常方便，中档星级宾馆有牡丹江宾馆、北方宾馆等。去镜泊湖游览可住湖区，有大小宾馆、度假村数十个，其中镜泊山庄是游客集散地，那里当然不乏星级宾馆和高档度假村，但湖滨小型旅社中 40~50 元/间的房间亦能找到，旅游淡季甚至能有 30 元/间的住处。

餐饮

在牡丹江市可以吃到各类东北菜，在双峰雪乡可以品尝鲜蘑、木耳、山鸡等野味，去镜泊湖游玩可以好好领略各类美味湖鲜——鲤、鲢、鳌花、红尾等鱼种一应俱全，尤以湖中生长的鲫鱼味道更鲜美——吃全鱼、中段或鱼头都成。

应该注意的是这里的菜肴价码不便宜，一般肉菜价格也在 20 元以上但菜量甚大，一般饭量的人一顿饭点 1 个荤菜足矣，甚至 3 个人点 2 个菜也勉强够吃，所以应注意适量点菜以免造成浪费。

主要景点

镜泊湖（5A 级景区）

位于牡丹江市南约 110 公里的宁安市境内，南北长 45 公里、东西宽最大达 6 公里，是近万年前因火山爆发熔岩堵塞了牡丹江河道而形成的大型火山堰塞湖。湖区青山环抱、碧波千顷，近百座造型精美、色彩艳丽的亭、台、楼、阁掩映在湖滨的万绿丛中，而蜿蜒曲折的湖心上有大小孤山、白石砬子、珍珠门、道士山等八大胜景。这里风光美且空气清新，是黑龙江省内最漂亮的湖泊景区，亦是祖国北方著名的避暑胜境。

吊水楼瀑布

镜泊湖区最重要的风景名胜，在湖区中心镜泊山庄北侧，系镜泊湖的出水口。瀑布落差 12 米，宽近 40 米，盛夏时节暴雨过后急流飞泻，震耳欲聋。瀑布旁有观景亭台，供游客畅观美景。

地下森林

在镜泊湖西北约50公里处的张广才岭的深山内，是万年前火山爆发后遗留下来的一组共10个火山口“陷坑”，最大的一个直径达550米，深约200米，山口内壁上长满茂密森林，亦常有小动物出没其间，是国内少有的存在于火山口内的“动植物园”。

八女群雕

1938年10月，东北抗日联军八位女战士在遭遇日军战至弹药绝尽之时，毅然投进乌斯浑河中，壮烈殉国。为了纪念“八女投江”的英雄壮举，在牡丹江市江畔公园内建造了八女投江群雕，雕像高13米，宽8.8米，八女形象神圣庄严，游人观后肃然起敬。

双峰雪乡

深山之中的林业开发区，位于牡丹江大海林业局境内，张广才岭中段。这里山深林密，冬季雪景动人，适合观赏拍照森林景色，体验北国雪乡风情，是近年来知名度迅速提高、颇受外界关注的观光胜境。

- **地下森林**

从镜泊湖中心镜泊山庄有专线中巴车直达地下森林，车费15元，1小时可到。

¥门票40元。

- **双峰雪乡**

可从牡丹江乘客车直达，也可乘车经海林到长汀，再从长汀乘汽车即可到双峰雪乡。

如果是从哈尔滨乘汽车，那到海林即可下车而不必绕道牡丹江。

¥双峰雪乡门票75元。

- **推荐著名向导、导游**

陈甲岱，与雪乡相邻的东升林场人，在当地知名度很高，可提供雪乡观光咨询、导游、订车订房等诸多优质服务，还可带游客进行雪乡徒步穿越，手机13766985803。

推荐游程

二日游

D1：去镜泊湖——游大小孤山、白石砬子、珍珠门、道士山、老鸹砬子及毛公山各景，品尝“湖鲫”等水鲜，住宿镜泊山庄。

D2：观吊水楼瀑布，地下森林、熔岩隧道、唐代渤海国上京龙泉府遗址（门票20元），下午回牡丹江市区观八女投江雕塑，览城市夜景。

冬季如欲从牡丹江市去双峰雪乡观雪景并体验林区风情，往返需2～3天时间。

发烧友特别关照

①镜泊湖风光极美，全东北也找不出这么美而开发得又这么好的湖泊景区，比吉林的松花湖味道强多了，就在那里好好玩个痛快吧！

②冬天去双峰雪乡也不赖，别有一番北国风情。

③到了牡丹江，乘车向东走2小时即到绥芬河，在那里交上1000多元钱，就可以去俄罗斯的远东名城海参崴一游，他乡异国，风味全新，包你满意而归。

旅途中

旅游锦囊——为您提供双峰雪乡观光的最新攻略

①双峰雪乡在牡丹江西南方向的海林市大海林林业局内，面积约500公顷，海拔在1200米以上，降雪期一般在10月~来年4月间，当地积雪最大厚度可达1~2米，雪景雾凇奇观和密林、山村景色相映，是祖国北方最著名的冬季游览特色景区之一。

②从牡丹江市和哈尔滨市去双峰雪乡皆方便。牡丹江市客运中心站每日下午14:00有直达客车到雪乡，车费25元，晚间才能抵达，车主电话13946391766。亦可从牡丹江乘车先到长汀（车费12.5元），100分钟可到，长汀每日6:30、13:00、16:50有客车去双峰，车费14元，2~3小时可到。从长汀包租车去双峰也方便，一般每车需车费160~200元。

③从哈尔滨去双峰雪乡也成。哈市铁路街53号（火车站西边）每天有2班大巴去长汀。第1班上午9:30开，14:30到。第2班15:00发，20:00到。抵达长汀后再乘客车或租车去雪乡。

④欲从哈尔滨乘火车前去，可不必坐到牡丹江，在牡丹江前一大站海林下火车，这里有客车去长汀，8.5元行车1.5小时，抵长汀后换车去双峰雪乡。

⑤双峰雪乡气温很低，冬季前去必须穿厚棉衣或羽绒衣，裤子至少要棉毛裤加绒裤或毛裤。必须戴有护耳的帽子或普通帽子加上毛线护耳和围巾以便护耳挡脸，光着头去可能会冻掉鼻子。鞋子最好要棉鞋、皮鞋有毡垫也成但应有两层袜子，由于白雪反光刺激眼睛，戴上墨镜为佳。

⑥双峰雪乡有大量乡民办的家庭客栈，也有一些宾馆。住家庭客栈条件尚可，尤其是保暖没问题，晚上睡热炕还可能热得睡不着觉，一般有公用卫生间的房子每床25~35元。有些旅馆可包餐，吃住全算一天70~100元。可供选择的有周大姐家（在当地有点名气），能上网，能洗澡，电话：0453-7410798；雪松家庭旅馆，电话：0453-7410807；东北人家，电话：7410893；于师傅家族旅馆，电话0453-7410822等。

⑦双峰雪乡的门票是75元。在这观光游乐的主要内容是观拍雪景（百态千姿），乘马拉雪橇出游，去滑雪场游乐登羊草山（门票30元）以及徒步穿越和观赏民俗等。

⑧雪乡有两家大的滑雪场，一家是部队的训练营地，一般不接待游客。一家是对游人开放的，滑雪收费不太便宜，旺季人多时2小时收费120~180元，有时会有优惠。笔者觉得在这里看雪景就挺好，不非要滑雪，因为滑雪场在北方城市中哪里都有，不如省下这一二百元钱到老乡家吃香的——猪肉炖粉条、小鸡炖蘑菇、排骨炖土豆，“可劲儿地招呼”，大楂子粥更是香气扑鼻。

▲ 双峰雪乡风光

⑨还要关照您的是，虽然是冬天天气越冷雪乡的风光就越有特色，但春节黄金周期间还是别去——那时游客太多，人满为患，雪乡的野味锐减，观光感觉会大打折扣。

⑩近年来，在双峰乡与东升林场之间进行的野外穿越活动吸引了大批游客参与，如果您对此项活动感兴趣，可打0451-53552803或13766985803找东升林场陈甲岱咨询联系，此人在当地很有名气，能为大家提供导游、食宿及向导各方面的优质服务。

港澳台地区

香港特别行政区

电话区号	00852
查询电话	1088\1083
旅游热线	25081234
消费者委员会	29292222
亚洲旅游交流中心	28630000

香港特别行政区地处南海之滨，珠江口之东，由香港岛、九龙半岛、新界组成，面积约为1104平方公里。香港在150多年前，曾被形容为“荒芜之地”，但如今已是亚太地区国际金融、贸易、航运和信息产业的重要中心，亦是世界著名的旅游胜地。1997年7月1日，香港在接受英国管治半个世纪后，回到了祖国怀抱，成为中华人民共和国的特别行政区。美丽的“东方之珠”从此更显迷人风姿神韵。

香港的主要观光热点有海洋公园、太平山顶、维多利亚港、兰桂坊、迪斯尼乐园、赤柱、湿地公园等。

▲ 香港会议展览中心

- **旅游热线电话**

25081234，每日8:00~18:00用多国语言答疑。

- **海洋公园**

1.先搭地铁到金钟站，出闸后往B出口转乘香港海洋公园的专车巴士629线，车费单程10.6元。在中环站附近的交易巴士总站也可搭乘629路，车程约20分钟。

2.假日可乘107、170、171城巴在香港海洋公园站下车。

主要景点

海洋公园

位于香港岛南侧，是东南亚规模最大的主题公园之一，享有“全球最受欢迎的主题公园”之美誉。

海洋公园内有海洋天地、集古村、绿野花园、雀鸟天堂、山上机动城、急流天地、水上乐园、儿童王国等八大景区。全园建筑分为山上山下两大部分，中间以观光缆车相接。整个公园三面环海，地理位置甚佳、布局精巧美观且园内观光游乐设施齐备，是八方游客来港旅游时的必观之景、必游之地。

太平山顶

太平山顶海拔428米，是观览香港维多利亚港风光的绝佳地点。这里白天山光海色开阔壮丽，夜间景色柔美而温馨，亦是游客赴港后的必游之地。

游客去太平山顶观光毫不费力，山下有登山缆车和观光巴士载客上行，山上的杜莎夫人蜡像馆和众多美食娱乐场所亦能为游客提供观光和美食方面的综合服务。

维多利亚港

是香港最著名最漂亮的港湾，地处香港岛中环与尖沙咀之间，南北两岸的美景如织，香港会展中心、天星小轮、香港艺术馆、香港太空馆等临海代表性建筑造型皆美，而新楼鳞次栉比的都市新姿同样气派迷人。入夜，香港岛和九龙半岛上的万家灯火交相辉映如星空灿烂，而地处中间的维多利亚港就成为美丽夜色的最佳观景点之一。晚间在会展中心前码头乘游轮观赏维多利亚港周围建筑是必备游览项目。

迪斯尼乐园

位于香港大屿山，是一座融合了美国加州和世界其他迪斯尼乐园风格特色于一身的大型主题公园。园内有美国小镇大街、探险世界、幻想世界、明日世界等4大景区，给游客带来新鲜体验和奇妙感受。

兰桂坊

是香港名气最大而特色鲜明的酒吧区，位于香港岛中环皇后大道的南侧。这里有多家酒吧和食肆，外观装饰风格美观多样，内部环境及格调美妙温馨。每天黄昏过后，这里灯红酒绿，街景迷人，各方客人络绎不绝地来到兰桂坊，在各处美丽空间中畅享生活的芬芳和甜蜜。

交通

航空

香港国际机场位于大屿山赤鱲角。距离市区40公里，是世界十大航空港之一。每天都有往来于国内各地及国外主要城市的航班，进出十分便利。机场交通：

1.机场快线：12分钟一班，全程23分钟，列车的服务时间由每天早上5:50分至凌晨1:15分。机场快线到青衣站175元/人，九龙站105元/人，香港站120元/人，如果买往返票可以优惠。其中香港站和地铁中环站可以接驳，乘客可从这里转乘地铁前往沿线各站。

2.穿梭巴士：每12或24分钟一班，

● **太平山顶**

1.于中环6号码头对出的停车湾乘15C线巴士至中环花园道山下缆车站，然后转乘山顶缆车往山顶。

2.于中环码头乘15大巴。

3.于机场快线香港站公共运输交汇处乘1线专线小巴。

● **维多利亚港**

海底隧道：第一条过海铁路隧道：荃湾线（接驳港岛金钟站及九龙尖沙咀站一段）。

第二条过海铁路隧道：将军澳线（接驳港岛鲗鱼涌站及九龙茶果岭一段，与东区海底隧道一同兴建）。

第三条过海铁路隧道：东涌线和机场快线（两路线使用同一隧道，接驳港岛香港站及九龙的九龙站一段）。

轮渡：

天星小轮航线包括：中环←→尖沙咀、中环←→红磡、湾仔←→尖沙咀、红磡←→湾仔航线。新渡轮，在维港内经营有：中环←→长洲、中环←→梅窝、中环←→坪洲、尖沙咀←→梅窝←→长洲、北角←→红磡及北角←→九龙城航线。

新世界第一渡轮（澳门）有限公司则经营由尖沙咀往返澳门的航线。

▲ 香港迪斯尼乐园一景

• **迪斯尼乐园**

1.最好的方式是搭乘港铁到迪斯尼乐园，每个地铁站都能换乘到达。

2.直接从机场去那边也很近，有专门的巴士，就算是从机场打的也不贵，因为离得比较近。

3.乘地铁荃湾线（往荃湾方向）到荔景站下车转地铁东涌线（往东涌方向）在欣澳站下车转迪斯尼专线到达终点香港迪斯尼乐园站。

• **兰桂坊**

地铁中环站D1出口右转循毕打街直走，沿皇后大道中右转，再左转德已立街直行，共走约10分钟到兰桂坊。

▲ 香港最受游客喜爱的购物场所之一——铜锣湾时代广场

• **住宿参考**

①兰桂坊酒店，在中环，电话23116280。

②丽都酒店，在湾仔。电话35521111。

③港丽酒店，在金钟，电话25213838。

④港岛太平洋酒店，在西环，电话21311188。

20~50元不等，服务时间每天06:18~23:10来往于九龙站或九龙站和香港机场。

铁路

港铁公司提供往返香港与内地的城际客运服务，三条直通车线分别为北京线、上海线及广东线。

1.广东线直通车由红磡往返东莞（常平）、广州东、佛山及肇庆。目前，来往红磡与广州东之间的直通车每日对开十二班，全程约1小时40分钟，其中十班停靠东莞（常平）站。一班于佛山停站，以肇庆为终站，全程约4小时。

2.北京线及上海线直通车每隔一天开出。由红磡开往北京西的直通车全程约24小时，开往上海全程约20小时。

公路

深圳皇岗口岸汽车站有发往香港机场的大巴，30分钟一班，票价150元。

运营时间：早8点到晚6点。广州到香港有港中旅巴士可以乘坐，单程130元，每日班次甚多，广州的巴士上车地点在中国大酒店，香港市区内有多个停靠点。

水运

澳门－香港

香港与澳门之间的船只班次是固定的，航班往来于香港机场海天码头，尖沙咀的中国客运码头，香港上环信德中心的港澳码头和澳门外港的客运大楼之间，乘客还可以在乘船过程中欣赏珠江三角洲和香港离岛的美丽风景。快艇24小时提供客运服务，全程1小时左右，船上有饮料、零食供应。根据平日和周末、日航和夜航的区别，往返港澳之间的航船价格有所不同。

咨询电话：香港(00852)28593333。

▲ 海洋公园一角

推荐游程

(一)香港岛一日游：金紫荆广场→海洋公园→浅水湾→铜锣湾→太平山顶→兰桂坊

7:30 金紫荆广场（交通：乘地铁至湾仔站步行前往）。

9:30 金紫荆广场→海洋公园（交通：由地铁湾仔站往金钟站，再转乘 629 专车）。

游览点：登山缆车、海洋馆、山上机动城、太平洋海岸、水母馆。

午膳于集古村酒楼。

15:00 海洋公园→浅水湾（交通：乘的士）。

游览点：海滩、巨型天后像及观音像、影湾园商场。

于影湾园露台餐厅享用下午茶。

16:30 浅水湾→铜锣湾（交通：于浅水湾道乘 63 线巴士 [周一至周六] 或 40 线绿色小巴）。

购物点：时代广场、金百利商场、世贸中心、名店坊、崇光百货及渣甸坊露天广场。

19:00 铜锣湾→太平山顶（交通：乘地铁至中环站，由 J2 出口步往花园道山下缆车站，搭乘山顶缆车）。

游览点：乘缆车、赏夜景、参观香港杜莎夫人蜡像馆。

餐饮/购物点：山顶广场、凌霄阁。

22:00 太平山顶→中环兰桂坊（交通：乘缆车下山，于山下缆车站步行前往；或于山顶广场乘 1 线绿色小巴）。

夜生活：时尚西餐厅、酒吧、迪斯科。

(二) 九龙半岛一日游：花墟 / 金鱼街 / 雀鸟花园→花园街→又一城商场→啬色园黄大仙祠→尖沙咀香港太空馆 / 香港科学馆 / 香港艺术馆 / 购物 / 星光大道 /[幻彩咏香江]汇演→庙街夜市

9:00 花墟/金鱼街/雀鸟花园（交通：地铁太子站）。

领略花鸟鱼的闲情。

附近购物点：花园街露天市场、新世纪广场。

12:00 太子地铁站→又一城商场（交通：地铁九龙塘站）。

15:00 又一城商场→黄大仙祠（交通：地铁黄大仙站）。

附近购物点：荷里活广场（地铁钻石山站）。

17:00 黄大仙祠→尖沙咀（交通：地铁尖沙咀站）。

游览点：香港太空馆（逢星期二休馆）/香港科学馆（逢星期四休馆）/香港艺术馆（逢星期四休馆）。

购物点；海港城商场、广东道、柏丽购物大道、加连威老道、美丽华商场。

20:00 [幻彩咏香江] 汇演/星光大道。

晚餐于尖沙咀诺士佛台的西餐厅。

21:30 尖沙咀→庙街夜市（交通：地铁佐敦站）。

(三) 新界 / 离岛一日游：三栋屋博物馆→宝莲禅寺 / 天坛大佛 / 心经简林 / 昂坪市集→香港迪斯尼乐园

9:00 三栋屋博物馆（逢星期二休馆，交通：地铁荃湾站）。

11:00 荃湾→大屿山宝莲禅寺/天坛大佛/心经简林/昂坪市集（交通：在地铁荃湾站乘 E31 线巴士至东涌市中心，再转乘昂坪缆车或 23 线巴士）。

于宝莲禅寺享用斋菜午膳。

15:00 宝莲禅寺→香港迪斯尼乐园（交通：乘昂坪缆车或 23 线巴士返回东涌，乘地铁至欣澳站再转往迪斯尼站）。

21:00 香港迪斯尼乐园→返回市内或住宿乐园内之酒店。

澳门特别行政区

电话区号	00853
旅游局	28315566
旅游热线	28333000

澳门位于南海之滨，珠江口西侧，自古以来是我国的领土，1999 年 12 月 20 日我国恢复对澳门行使主权，建立澳门特别行政区。

澳门市区三面环海，风光优美，有众多名胜古迹，市区内外分布着许多风格独特且中西合璧的特色街区和建筑群，显示出当地特有的历史文化魅力。澳门的旅游博彩业非常发达，各类娱乐方式和设施齐备，每年吸引着数量众多的八方游客。

▲ 大三巴牌坊

主要景点

澳门历史城区

是澳门规模最大、保存最完整最集中的东西方风格共存的建筑群。它以澳门旧城区为核心，由多处相邻的街道和广场连接而成，主体建筑和主要部分有妈阁庙前地、亚婆井前地、岗顶前地、大堂前地、耶稣会纪念广场、妈阁庙、港务局大楼、郑家大屋、圣若瑟修院及圣堂、圣奥斯定教堂、民政总署大楼、大三巴牌坊、大炮台、东望洋炮台等。

澳门历史城区已于 2007 年 7 月列入世界遗产名录。

大三巴牌坊

在澳门大三巴斜港，是圣保禄教堂前壁的遗迹。“三巴”是“圣保禄”的译音，又因教堂前壁貌似中国传统的牌坊，所以称大三巴牌坊。

大三巴牌坊分为上下四层，顶部为三角楣，外观奇特、造型精美。牌坊上的多座塑像显示出深厚的基督教文化韵味。已有 350 年历史的大三巴牌坊如今已成为澳门公认的标志性建筑。

玫瑰圣母堂

澳门众多教堂中具有代表性的一座，地处市区板樟堂街，

- **乘坐免费巴士**

  在澳门海关门口，有去威尼斯人度假村（赌城）的免费穿梭巴士，路过市区，即使是不去赌博的人也可乘坐，给游客带来不小的方便。

- **澳门历史城区**

  有多路公交车可到。步行前去亦可。

- **大三巴牌坊**

  乘 2、3、3A、10、10A、11、21A、26A 等公交车在新马路下车，沿议事亭前地及步行径前往可到。也可乘 17、18、26 路在白鸽巢下再步行前往。

由16世纪时天主教的西班牙“多明我会”教士初到澳门时设立，至今已有400余年历史。玫瑰圣母堂供奉有花地圣母像，堂内还收藏有不少艺术品，有较高的参观欣赏价值。

威尼斯人度假村

是美国金沙集团投巨资兴建的占地11万平方米的会展场地，也是全球第二大和亚洲最大的赌场度假村综合建筑。内有规模很大数量很多的博彩、会展、餐饮、住宿、购物及休闲娱乐设施，是当今澳门最有影响力的观光游乐场所。

- **玫瑰圣母堂**

有多路公交车可到。外观和内部陈设都美观，值得一看。下午参观更适宜。

▲ 现做现卖的地方特色食品是澳门最受游客欢迎的旅游商品

- **威尼斯人度假村**

市区有免费豪华巴士接客人前往。该度假村可算是澳门最大规模的博彩点，值得一看。

交通

航空

澳门国际机场位于凼仔，24小时开放。与中国内地机场不同的是，澳门国际机场有客机和直升机两种交通方式供选择。

客机

有10多家航空公司的航线来往澳门与内地、台湾省，菲律宾、泰国等地的不同城市之间。旅客可直接由澳门国际机场往本地区内各目的地，或乘坐客机转往亚洲、欧洲及美洲等地。

机场内部交通

澳门国际机场离澳门客运码头只需15分钟的车程，距路凼边境只有5分钟的车程。机场与市区之间有专线公共汽车连接（AP1，MK1，MK2），沿途经过主要的酒店。

公路

澳门–广东。

岐关车路有限公司每天上午7:15至晚上9:30之间都有客车从内港万事发酒店附近的岐关车站开出，来往澳门与中国广东省各大城市之间。

1.经澳门由陆路进入中国内地必须经过两个出入境通道：澳门关闸边检大楼和拱北边检大楼，其开放时间为07:00至24:00。

2.莲花大桥是连接澳门与中国内地的第二条陆路通道。旅客可经路凼城边检站进出澳门，旅客出入境时间为09:00至20:00。

查询电话：（00853）28933888。

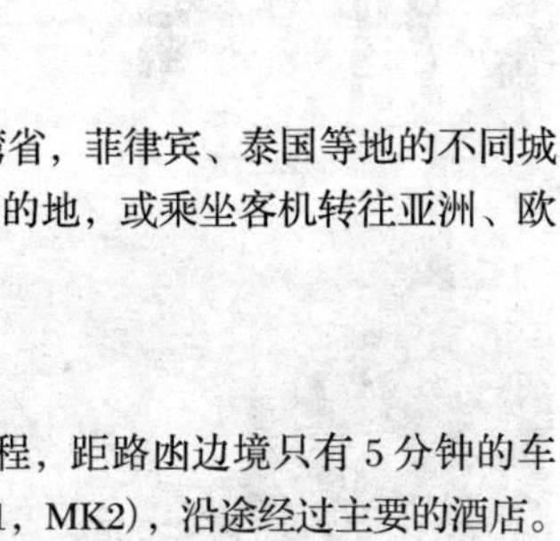

▲ 葡京娱乐场夜景

台湾省

电话区号 00886
旅游局 (02) 27173737
旅游咨询 (0800) 011-765

台湾岛位于我国东南海面上，隔台湾海峡与福建省相望。岛上自然资源丰富而风光优美，自古以来享有“祖国宝岛”之美誉。台湾岛上多山地，除了岛西岸一带是平原外，占全岛 2/3 左右的地区都是崇山峻岭。台湾的主要大城市有台北、高雄、台南、南投、嘉义、台东等；而日月潭、阿里山、阳明山、故宫博物院、台北 101 大楼、安平古堡、玉山公园等则是当地有较高知名度和影响力的观光热点景区。

▲ 日月潭风光

主要景点

日月潭

在台湾岛中部的南投县境内，四周群山环抱、林木葱郁，中央潭水晶莹、波光涟涟，水色山光皆美。日月潭的面积约为百余平方公里，游人可以通过乘水上游船和乘陆上观光车等不同方式观览湖区各个景点，领略“青山拥碧水、明潭抱绿珠”的美丽潭区风韵。

• **大陆居民赴台旅游**

从 2008 年 7 月开始，大陆居民可参加旅行社组织的团队去台湾观光旅游。2011 年 6 月 28 日，大陆居民赴台个人游正式启动，首批试点城市为北京、上海和厦门。本文后面有详细行程介绍，敬请关注。

▲ 台湾美食

阿里山

在嘉义县东北，属玉山山脉的支脉，隔同富溪与玉山主峰相望。阿里山由大武峦山、尖山、祝山、塔山等 18 座山峰组成，最高峰海拔 2905 米。阿里山的日出、云海、晚霞各景都很秀丽，而山上丰富的森林资源和独特的登山铁路，亦为山区美景增色不少——尤其是乘火车从海拔仅 30 米的嘉义爬升到海拔 2216 米的阿里山顶，更是当地盛行的山区观光经典方式。

阳明山公园

位于台北市北方，海拔 443 米，以多山间溪流、温泉和森林茂密著称，是风光原始古朴且最具自然风味的山丘景区，亦是台湾四大公园之一。

▲ 台湾东海岸的旅游风景区

阳明山国家公园分为前山公园和后山公园两大部分，其中后山公园是其精华所在。山上的莲花亭、鱼乐园、快雪亭、水河台、阳明飞瀑等景点均有较高的观光价值。

故宫博物院

在台北市林外双溪，原称“中山博物院”，落成于1965年孙中山诞辰纪念日，其建筑风格仿北京故宫设计，外观庄严宏伟。故宫博物院院藏艺术珍品数量极多且品种丰富，是名副其实的艺术品收藏宝库。

台北101大楼

总高度达508米的摩天大楼，造型宛若劲竹节节高升，建筑外观独特而个性鲜明，是台北市的标志性建筑。

101大楼内遍布商店、餐厅及娱乐场所，具有商贸、餐饮、休闲、娱乐等综合功能。大楼与台北市政府大楼、国际会议中心、世贸中心等相距很近，上述各建筑相依相连，构成了新颖气派的现代化都市美景。

孔庙

在台南市中区南门路，建于明永历十九年（公元1665年），是台湾目前历史最悠久，建筑最壮观的孔庙。其中心建筑大成殿结构特殊，殿中没有柱子和回廊，只用厚墙外的排梁支撑，堪称中国古建筑中的杰作。每年的孔子诞辰日，庙中举行的祭孔典礼气氛庄严、场面隆重，观后令人发思古之幽情。

发烧友特别关照

大陆各旅行社已于 2008 年 7 月开通赴台旅游业务，2011 年 6 月北京、上海和厦门三城市启动赴台个人游

现在北京和其他省市的多家旅行社都已经开办了大陆公民赴台旅游业务，但是各旅行社安排的行程小有区别。下面为大家推荐介绍北京中国旅行社组织的台湾环岛经典 8 日游行程安排：

台湾经典环岛 8 天

第 1 天　北京-台北　交通：飞机；大巴/餐饮：晚餐。

桃园机场-台北-饭店。

住宿：优馆精品休闲旅馆或同级。

第 2 天　台北-花莲。

台北-◎国父纪念馆-◎“故宫博物馆”-◎野柳风景区-苏花公路-花莲-饭店。

住宿：丽格休闲饭店或同级。

第 3 天　花莲-台东知本。

花莲-◎太鲁阁峡谷风景区-◎大理石工艺馆-◎北回归线标志-◎八仙洞-◎三仙台-◎水往上流-台东知本-饭店。

住宿：统茂温泉会馆或同级。

第 4 天　台东-高雄。

台东-南回公路-◎垦丁公园（鹅銮鼻-猫鼻头）-高雄-◎夜游爱河-◎六合夜市-饭店

住宿：人道国际酒店。

第 5 天　高雄-嘉义。

高雄-◎佛光山-◎西子湾-◎打狗领事馆-◎钻石精品店-◎莲池潭风景区（龙虎塔、春秋阁）-嘉义-饭店。

住宿：皇爵大饭店或同级。

第 6 天　嘉义-南投。

嘉义-◎阿里山森林游乐区（三代木、姊妹潭）-◎阿里山高山茶-南投-◎中台禅寺-饭店

住宿：天水莲大饭店。

第 7 天　南投-台北。

南投-◎日月潭风景区（游湖、玄光寺、文武庙）-台北-◎宝龙艺口店-◎台北 101 大楼商圈-饭店。

住宿：三德大饭店或同级。

第 8 天　台北-北京。

台北-桃园国际机场办理出境手续；搭机离境。

以上十日行程收费人民币 5580 元，含往返机票、交通、食宿、导游、景点门票及保险费用（另有小费 400 元需交当地导游）。有关参团旅游的事项可向北京中国旅行社垂询，电话：010-64622288、64673355，其他省市的游客可向所在地区的旅行社咨询了解。

真情互动·坦诚交流

（部分读者发给本书作者的手机短信）

《自助游中国》一书问世七年多来，受到了国内外各界读者的广泛喜爱和关注，有不少读者阅读本书后给笔者发来了手机短信，或对书中内容表示赞扬鼓励，或提出批评指正，使笔者受到很大启发和鼓舞。现把读者发来的部分手机短信摘录如下，期待着有更多的读者和旅游爱好者朋友关爱本书。笔者将把大家的鼓励指导化作前进的动力，把本书修改得更好更完美，从而为大家提供更优质的导游服务。《自助游中国》永远是旅游爱好者的真诚朋友。

鲍先生，您好！您第七版《自助游中国》写得非常精彩，文笔优美流畅，各方面叙述也很实用，语言幽默、亲切。祝您生活愉快。

手机号 13699284399 的读者

我觉得你的书写的真的很好，搞得我心痒痒的，巴不得立即背上包旅游去。期待你有更好的作品。

手机号 13886645047 的读者

鲍威老师您好！我已从网上买到《自助游中国》七版，它是我旅游的指南和必需，谢谢了！我们内蒙古赤峰的大草原是非常美丽的，石林比南方的还要漂亮。请您在百忙中来游览，热情欢迎您。

手机号 15547636269 的读者

您的游历和您写的《自助游中国》都很精彩。您是中国为数不多的“幸福指数最高（这也算是一个类型吧）”的人之一，我敬仰您、羡慕您、佩服您！

手机号 13908648880 的读者

鲍威先生您好！抱歉这么晚了打扰您！我今天到书店想挑一本旅游的书，在浏览了很多大而空的自助游书籍后，刚看了您的书几页就被深深吸引了！于是赶紧买了，回家读到现在已经深夜了，还不舍得放下！这真是一本又实用又详实的好书！谢谢您为我们大家提供了这么好的书！我在这里代表全家祝您工作顺利，身体健康，写出更多更好的作品来！如果以后能出一本带我们自助游世界的书就更好了！

手机号 13261210933 的读者

鲍先生好，您的《自助游中国》真的是非常精彩、非常权威。每有新版本我都会买，阅读它很有帮助，它成为了我旅游的好伙伴。谢谢你。

手机号 13901544518 的读者

鲍哥哥，感谢你的书，我和老公在海南东郊椰林，这里太美了，太舒服了，就是海鲜太贵了。我们会带着你的书继续向前。

手机号 13426464612 的读者

您的书是我读过的有关书籍中原创性最高的。

手机号 13761155347 的读者

鲍威先生：您的书是用心写的，我用心看了两遍，感觉相见恨晚、爱不释手！提一个建议：书名改为“鲍威带您游××”以彰显特色，确立品牌。祝君步履矫健、文思如泉、佳作频频。

手机号 13705500917 的读者

鲍威，你好！春天去开封看孩子后到新华书店闲逛，偶尔发现你的佳作《自助游中国》，写得真是太棒了！内容翔实丰富且文趣横生，让我爱不释手。每有闲暇必读，感觉美轮美奂。此佳作也推荐良友与我共同分享。

手机号 13803933408 的读者

鲍兄：自去年“十一”前买您的《自助游中国》后，我感到出行尤其是外出旅游方便多了。你的足迹遍及大江南北、心领神州秀色，很了不起，向你致敬！希望你将此书经常更新，希望你成为当代徐霞客！不要写游记噢，那样太累！

手机号 13839726218 的读者

刚买的《自助游中国》，物有所值，即使是“没有时间没有金钱”，此书在手阅读，也犹如跟着作者身临其境其景，享受中国大江南北无限风光！

手机号 13107957620 的读者

鲍先生您好，我是陕西汉中阳县的。昨天在汉中一书店偶然购得先生所著《自助游中国》第七版一书，如获至宝爱不释手。因为我是职业司机，爱好旅游，有了它我以后外出更方便了。

你的陕西游怎么没有汉中的描述，汉中古汉台、石门栈道、长青华阳古街、留坝张良庙等景色也很美。希望先生有时间来汉中旅游，我一定做好先生的导游。

手机号 13571676646 的读者

您好，我是个昆明姑娘，看了您写的《自助游中国》，哇噻，您怎么可以把云南混得这么熟悉呢？太板扎了！书写得太好了。要是在书里加入每个城市的经典方言会不会有意思呢？例如武汉的“搞摸司沙”、咱昆明的“太板扎了”，呵呵！

手机号 15987241359 的读者

鲍君，不知你现在在什么地方旅行。读了你的《自助游中国》，很是兴奋。我也是一个旅游爱好者，每年的薪水差不多都投入在这了，可还是乐此不疲！你的生活是很多人羡慕的，也包括我，这差不多是我今生最大的愿望了。希望我们能结识为好友！支持你！

手机号 13774825677 的读者

鲍威先生：您好！我现在正躺在床上，听着音乐看着您的《自助游中国》。思绪早已随着书中的描述飞到天南海北，书中的介绍既实用又丰富。真希望有一天能像您一样踏遍万水千山。不知您现在又在哪旅行……

手机号 13866342162 的读者

鲍威《自助游中国》，内容详实收获多，绝美山河收眼底，堪称当代徐霞客。

手机号 15809338008 的读者

被您的书吸引，我们来到风景如画的桂林和阳朔，更承蒙您百忙之中的短信关照，使我们完成了一次快乐之旅。祝好人一生平安。

手机号 18918892232 的读者

第 8 版后记

从 2004 年到 2011 年，《自助游中国》一书每年都有新版，而每一个版本虽然都经过加印，但都会销售一空。对于广大读者给予的关注和厚爱，我非常感激和感动，而回报这种关注和厚爱的最好方式就是把下一版的新书做好，为广大读者和旅游爱好者提供最真实精准而又明确实用的导游服务。在 2011 年暑假到来之际，我把修改充实后的新版《自助游中国(第 8 版)》奉献给大家。

在本书的修改、充实过程中，笔者根据自己近来的亲身游历，对全国各省各主要景点景区的交通、食宿、游览、娱乐、通信、购物等综合方面的各类信息作了全面调查、核实、修改、订正，还酌情增加了不少介绍新景区、新游览线路方面的内容，目的就是为了把这本书编写成国内最具权威性和实用性的自助游指南性图书，从而为大家提供最真实、准确、实用的导游服务。如果您从书中得到了自助游方面的有效指导从而在旅途中玩得更顺利、更圆满、更加开心，我将备感欣慰；如果您发现本书某些内容小有瑕疵（有关交通、食宿及通信方面的部分信息可能会有误差和变动），请理解这些都是因为国内旅游业的发展太快且变化神速所致（尤其是近来因油价上涨，国内各地交通费用调价频繁、上涨很快），而我们已经倾尽全力但仍然是鞭长莫及。如果您希望经常在神州大地上作潇洒愉快的观光旅行，那么请把这本《自助游中国》作为您旅行的伴侣，我将不断地充实和完善这本书，它将会为您带来全新的内容和全新的指导，伴随您在广阔天地间开心游乐，得到难忘的美好享受。

以下人士和机构参与帮助了本书部分内容的编写或为本书提供文字和图片资料，他们分别是赵燕平、乔爱琴、黄光琼、许国祥、李爱、杨素英、乔春琴、高原、何洁、王莉、郭喜亮、刘洁、赵海营、田新元、赵瑞生、徐霁、程海平、谢菊月、胡建东、曹永利、陈玲、谢梅仂、顾振江、黄远见、郭蕊、孙兆顺、郭云霞、汪利爱、胡秀兰、程海军、黄高利、叶启松、程秀云、贾淑梅、程永年、金鸿斌、李长红、程亚军、李伟兵、谢来进、梁胜伟、林建、谢添、刘恒林、汪顺利、彭加松、谢荷月、任国钢、余岳华、程润三、孙南妹、谢美英、汪冬冬、程秀琴、文军、肖华芬、谢小银、周振天、王红书、温森龙、鲍名剑、常琨、董炳金、郭冀华、胡文凯、江云、荣晓华、孙巧琳、杨永春、谢俊武、赵彩云、金卫列、王文康、刘飞、冯建利、郭邦、聂磊磊、张留存、王兴海、谭安文、林玉芳、吴燕征、粱伦、纪建宇、周建、张萍、陈淑玲、崔竞中、乔翠琴、李兴旺、白兰东、许国钦、常福明、常袁、张康、聂满堂、王志强、刘昆鹏、郑军方、林国文、杨俊、张建军、林国付、王志强、许国忠、宋培亮、张公志、郭政、林文先、李金星、赵千文、朱云闯、刘同乐、陈且莲、白桂花、郭咏梅、张公臣、林国贵以及中国图片网等，四川瓦屋山景区为本书提供了精彩图片，江西婺源清华镇的吴老师为本书提供了彩虹桥图片，此外各地旅游局对本书的编写提供了诸多支持，在此特予以说明并向他们表示感谢。

本人诚交旅游爱好者和社会各界的朋友，我的手机号码是 13811108708 和 13552123830（欢迎发送中文短信），在网络上输入我的名字或输入“自助游中国”或输入“鲍威的书”四个字还可查询到我创作的所有导游图书的信息，希望能和大家多交流，更期待来自各方的指导和教诲。

鲍威

2011 年 8 月 20 日

责任编辑：王建华　王　丛
封面设计：彭辉忠
责任印制：冯冬青

图书在版编目（CIP）数据

自助游中国/鲍威编著. —8版. —北京：中国旅游出版社，2011.8
ISBN 978-7-5032-4210-6

Ⅰ.①自…　Ⅱ.①鲍…　Ⅲ.①旅游指南-中国　Ⅳ.①K928.9

中国版本图书馆CIP数据核字（2011）第143315号

书　　名：自助游中国（第8版）
编　　著：鲍　威
出版发行：中国旅游出版社
（北京建国门内大街甲9号　邮编：100005）
http：//www.cttp.net.cn　E-mail：cttp@cnta.gov.cn
发行部电话：010-85166503
排　　版：北京中文天地文化艺术有限公司
经　　销：全国各地新华书店
印　　刷：北京新魏印刷厂
版　　次：2011年8月第8版　2011年8月第1次印刷
开　　本：880毫米×1230毫米　1/32
印　　张：28　彩页：64页
字　　数：1210千字
定　　价：38.00元
I S B N　978-7-5032-4210-6

《自助游中国（第 8 版）》联系卡

亲爱的读者：

感谢您购买本书！

为加强与您的联系，请将《自助游中国第 8 版》联系卡填妥后剪下寄回。把您对本书的看法和建议告诉我们，您将免费获赠万里路·中国青年旅舍会员卡，如对赠卡有特殊要求，请直接来电咨询。详情请登陆中国青年旅舍官方网站：www. chinayha. com。同时，我们将定期在该网站上对您提出的旅游问题予以解答，以满足您出行旅游的需要。

《自助游中国（第 8 版）》联系卡在 2012 年 12 月 31 日前寄出有效。

我们的联系方式：

地址：北京市建国门内大街甲 9 号 2 号楼中国旅游出版社

《自助游中国》读者俱乐部

联系人：王　丛

电话：010－85166735

邮政编码：100005

Email：zzyzg@ tom. com，zglynj@ 163. com

您的资料：（加 * 为必填项，请用正楷规范填写）

* 姓名：________________　　* 身份证号：________________

* 地址：________________　　* 邮政编码：________________

* 电话：________________　　E-mail ________________

您对本书的建议：

《自助游中国（第8版）》联系卡

你的年龄：

□16岁以下　□16－20岁　□21－25岁　□26－30岁

□31－40岁　□41－50岁　□51－60岁　□60岁以上

您的性别：　□男　□女

您的学历：

□初中及以下　□高中或中专　□大学　□硕士及以上

您是在通过何种途径知道这本书的：

□广告　□报刊　□书店陈列　□亲友介绍　□其他______

您是在何处购得本书的：

□新华书店　□民营书店　□商场书店　□书摊

□书市及图书节　□邮购　□其他__________

哪些因素促使您购买了本书：

□个人兴趣　□亲友推荐　□报刊介绍　□书名

□封面　□装帧设计　□图书内容　□作者

□目录　□价格　□插图　□其他______

您对本书内容结构的意见：　□好　□尚可　□不好

您的建议：__________________

您对本书装帧设计的意见：　□好　□尚可　□不好

您的建议：__________________

你最偏爱的旅游地点：__________________

如果本书改版重印，您认为哪些方面需要改进：

□书名　□内容　□目录结构　□封面　□装帧设计

□纸张　□印刷　□插图　□价格　□其他______